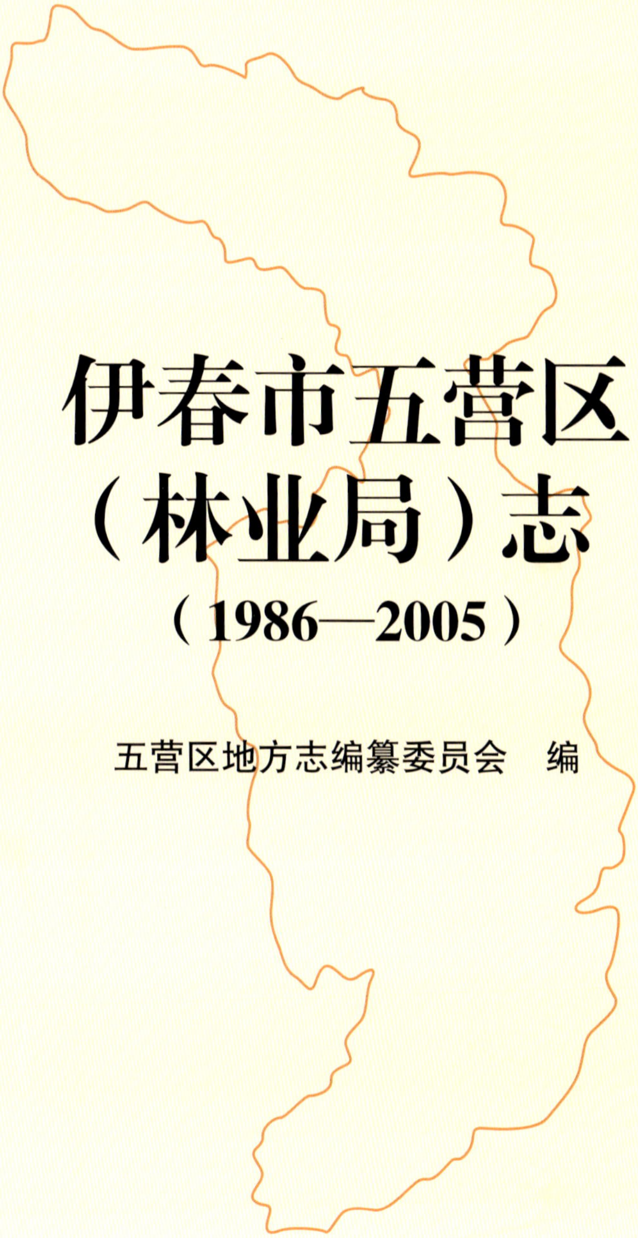

伊春市五营区（林业局）志

（1986—2005）

五营区地方志编纂委员会　编

方志出版社
Publishing House of Local Records

图书在版编目（CIP）数据

伊春市五营区（林业局）志：1986—2005 / 五营区地方志编纂委员会编． -- 北京：方志出版社，2019.4

ISBN 978-7-5144-3124-7

Ⅰ．①伊… Ⅱ．①五… Ⅲ．①区（城市）—地方志—伊春—1986-2005 Ⅳ．① K293.54

中国版本图书馆 CIP 数据核字（2018）第 160749 号

伊春市五营区（林业局）志（1986—2005）

编　　者：五营区地方志编纂委员会
责任编辑：刘　芳

出 版 者：方志出版社
　　　　地址　北京市朝阳区潘家园东里 9 号（国家方志馆 4 层）
　　　　邮编　100021
　　　　网址　http://www.fzph.org
发　　行：方志出版社图书经销中心
　　　　电话　（010）67110500
经　　销：各地新华书店
印　　刷：廊坊市晶艺印务有限公司

开　　本：889 × 1194　1/16
印　　张：53.5
字　　数：1667 千字
版　　次：2019 年 4 月第 1 版　2019 年 4 月第 1 次印刷
印　　数：001 ~ 800 册

ISBN 978-7-5144-3124-7　　定价：498.00 元

序 一

贫困问题一直是困扰人类社会发展的重大问题。中国作为世界上最大的发展中国家，为解决贫困问题进行了长期不懈的努力。改革开放以来，特别是党的十八大以来，以习近平同志为核心的党中央把脱贫攻坚作为全面建成小康社会的底线任务和标志性指标，纳入“五位一体”总体布局和“四个全面”战略布局，以前所未有的力度推进精准扶贫、精准脱贫，扶贫开发成就举世瞩目，显著改善了贫困地区和贫困群众生产生活条件，具有重大的现实意义和深远的历史意义。身处中华民族几千年发展历史上将首次整体消除绝对贫困现象的伟大时代，如何更好地发挥地方志的存史、育人、资政的作用，是新时代全国地方志系统必须深入研究和着力解决的重大课题。

党的十八大以来，在党中央国务院的正确领导下，全国地方志系统深入学习贯彻习近平新时代中国特色社会主义思想和党的十九大精神，紧紧围绕党和国家事业发展需要，深入推进地方志改革创新发展，凝心聚力，稳扎稳打，勇于担当，主动作为，全国地方志形势和地方志工作者的精神面貌发生了深刻变化，取得了优异成绩。其中，为贯彻落实《全国地方志事业发展规划纲要（2015—2020 年）》，经中国地方志指导小组领导批准，中国地方志指导小组办公室于 2015 年、2017 年先后启动民族地区与贫困地区志书、年鉴出版资助工程（以下简称“志鉴出版资助工程”），对国家级贫困县（区、旗、县级市），中西部地区、少数民族边疆地区面临出版经费困难的志书和综合年鉴给予出版资助。实施志鉴出版资助工程是紧扣时代脉搏、坚持创新发展、传承弘扬中华优秀传统文化的一项创举，不仅有力推动了“两全目标”的实现，而且数十部资助出版的志书、年鉴及时记述了民族地区与贫困地区在全面建成小康社会伟大征程中取得的新成绩和新经验、出现的新情况和新问题、涌现的优秀人物和典型事迹，留住地方文化的“根”和“魂”，为这些地区的经济社会发展、地域文化传播、爱国主义教育、精神文明建设等提供了历史借鉴和智力支持，对全面提升民族地区与贫困地区文化建设水平、确保民族地区与贫困地区和全国其他地区同步全面建成小康社会具有重要意义。

尤为可喜的是，志鉴出版资助工程促成了一批扶贫志书的编纂出版，在文化脱贫攻坚中发挥了独特的作用。例如，《贵州省减贫志》全面系统客观记述了从 1978

年至2015年贵州省扶贫、减贫工作的历程及取得的经验，为贵州省实施大扶贫战略提供了有力的资政辅治参考，集中体现了地方志工作因时而动、顺势而为的新作为。前不久，由福建省地方志编委会和人民网共同编纂的《闽宁扶贫协作图志》，是全国首部扶贫协作图志，图文并茂、直观立体、全方位地展现闽宁扶贫协作波澜壮阔的历程，弘扬“闽宁一家亲”“携手奔小康”的深厚情谊和滴水穿石、久久为功的精神，是贯彻落实习近平总书记扶贫工作重要论述精神，服务国家精准扶贫、精准脱贫战略的有力举措。希望各地以此为鉴，编纂出版更多、更好的扶贫志书、年鉴，助力国家精准扶贫、精准脱贫战略的实施，充分展现地方志的独特价值和作用。

当前，我国脱贫攻坚已进入全面决战决胜的关键时期，尚未脱贫的贫困地区集中分布在中西部深山区、极端干旱山区、高寒阴湿地区等，文化建设还比较薄弱，文化产品还不够丰富，文化精品更是少之甚少。同时，这些地区往往是民族文化、历史文化、红色文化、生态文化富集区，具有发展文化旅游、推进文化扶贫的巨大潜在优势，也是繁荣发展地方志事业的巨大文化宝库。要发挥好文化扶贫凝聚人心的优势，善于利用方志文化优势为贫困地区“赋能”，在脱贫攻坚中做出方志人应有的贡献。要发挥好中国名镇志文化工程、中国名村志文化工程的引领作用，大力加强乡镇村志编纂，让百姓记得起乡情、记得住乡愁，凝聚贫困乡镇村庄的强大民心，补齐贫困乡镇村庄的文化短板，以“扶智”的方式“扶志”，践行习近平总书记强调的“扶贫先扶智，扶贫必扶志”的重要理念。

求木之长者，必固其根本；欲流之远者，必浚其泉源。扶贫扶起的是志气骨气，传承的是家国情怀，守护的是绿水青山。扶贫既要富口袋，也要富脑袋。必须坚持文化脱贫和物质脱贫两手抓，筑牢贫困地区文化之基，补足信仰精神之钙，引领脱贫发展之舵。全国地方志系统要围绕中心、服务大局，坚决投入脱贫攻坚这场必须打赢的硬仗，积极参与脱贫攻坚战，发挥优势和特长，深入挖掘文化资源，着力补齐文化短板，努力帮助民族地区与贫困地区的文化建设实现较大的发展提升，在全面建成小康社会、实现中华民族伟大复兴中国梦的征程中贡献方志人的力量。

是为序。

中国社会科学院院长
中国地方志指导小组组长　谢伏瞻

序　二

当前，在以习近平同志为核心的党中央的坚强领导下，全国各族人民正在全面建成小康社会的决胜阶段奋勇向前、阔步迈进。全面建成小康社会，最艰巨最繁重的任务是在革命老区、民族地区、边疆地区、贫困地区。消除贫困、改善民生、实现共同富裕，是中国特色社会主义的本质要求，是中国共产党的重要使命。为了全面实现小康，党中央高度重视扶贫开发工作，全力推进脱贫攻坚工程，实施精准扶贫、精准脱贫。习近平总书记明确提出，全面实现小康，一个民族也不能少，不能落下一个贫困家庭，丢下一个贫困群众。扶贫开发是个系统工程，发展是第一要务，只有发展，因地制宜找准路子，才能最终实现精准扶贫、精准脱贫。“治贫”必先“治愚”，在加强经济和基础设施建设、提高教育水平等方面的同时，扶贫开发还要注重文化扶贫，特别是通过挖掘革命老区、民族地区、边疆地区、贫困地区的文化内涵、历史底蕴、地情资源，让广大干部群众了解地情、了解历史、了解本地区的优势和劣势，在思想上脱贫，尤为关键。

赓续不断地编修地方志是我国独有的优秀文化传统，绵延千年而不断。党中央、国务院高度重视地方志工作，近几年来，习近平总书记、李克强总理、刘延东副总理作出了一系列的重要指示。2015 年 8 月，国务院办公厅印发《全国地方志事业发展规划纲要（2015—2020 年）》（以下简称《规划纲要》），明确要求到 2020 年必须全面完成第二轮修志规划任务，这是全国地方志工作在全面建成小康社会进程中的硬性任务，也是全国地方志系统为全面建成小康社会的献礼。届时，将同步实现省省有省志、市市有市志、县县有县志，这不仅在中国文化发展史上是绝无仅有的，在世界文化发展史上也是罕见的。从目前来看，要实现这一目标任务，还存在不少困难和问题，特别是民族地区与贫困地区，面临着缺乏人才、资金等诸多困难。实现到 2020 年必须全面完成第二轮修志规划任务，一个省、一个市、一个县都不能少。自 2015 年 8 月，经中国地方志指导小组批准，中国地方志指导小组办公室启动民族地区与贫困地区志书出版资助工程（以下简称“资助工程”），对经国务院扶贫开发领导小组办公室认定的国家级贫困县（区、旗、县级市），中西部地区、少数民族边疆地区、经济欠发达地区存在出版经费困难的省市县三级综合志书进行出版资助。截至目前，已经确定资助两批 20 多部志书。2016 年 4 月，该工程成功入选国家新闻出版广电总局实施的“十三五”国家重点图书、音像、电子出版物出版规划项目。当前正处于全面推进扶贫开发工程的攻坚阶段，深入推进资助工程，是全国地方志系统配合推进精准扶贫、精准脱贫的重要工作，必须引起高度重视。

资助工程是地方志系统的政治工程。革命老区、民族地区、边疆地区、贫困地区蕴含着极为丰富的文化内容，编纂出版志书，对于继承和发扬优秀传统文化、民族文化、革命文化，加强民族团结、促进当地经济社会建设意义重大。革命老区、民族地区、边疆地区、贫困地区的志书是充分展示在中国共产党领导下这些地区经济社会建设取得的巨大成就、各族人民生活幸福安定的历史依据。特别是边疆地区的志书，是历代王朝、社会主义新中国对该地区行使主权的文化宣示，是真实记录边疆地区与祖国一脉相承、荣辱与共的重要载体。《规划纲要》明确要求到2020年全面完成第二轮修志规划任务，是党中央、国务院对各级政府和地方志工作机构的政治要求，必须不打折扣坚决完成，革命老区、民族地区、边疆地区、贫困地区也不能例外。资助工程既是全国地方志系统的文化扶贫工程，又是确保到2020年全面完成第二轮修志规划任务的推进工程，具有重要的政治意义。

资助工程是促进民族地区与贫困地区文化建设的基础工程。地方志书是全面系统地记述本行政区域自然、政治、经济、文化和社会的历史与现状的资料性文献，记述内容包罗万象，记述对象丰富多彩，是对一个地方的文化普查和历史资料的全面梳理。一个地方的经济社会建设，离不开文化支持。发展是硬道理，只有真正实现全面、协调、可持续发展，才能最终实现小康。与此同时，发展也必须是有序的而不是盲目的，必须是实事求是的而不是凭空设想的，必须是因地制宜的而不是照搬照抄的。实践证明，脱离当地的自然条件、历史基础、文化传承、人文习俗等搞所谓的建设，要么是盲人摸象、坐井观天，要么是揠苗助长、掩耳盗铃，要么是削足适履、画蛇添足，最终会落得个水土不服、无疾而终。对于民族地区与贫困地区来说，立足本地的资源、市场、人文旅游等优势，因地制宜找准发展路子，是确保科学发展的首要任务。民族地区与贫困地区，尤其是那些自古以来还没有编修过志书的地区，开展志书编纂既是对当地自然、政治、经济、文化、社会、生态等方面的发展历史、发展脉络、发展规律的全面摸底和调查，又是总结历史经验、汲取历史教训、挖掘历史智慧的全面梳理和探求。通过学习、利用地方志书，让各级领导干部、广大人民群众了解当地的历史、了解实实在在的地情，从历史中汲取营养和智慧为现实提供借鉴和服务，是确保民族地区与贫困地区发展不走弯路、不走冤枉路的有效手段。

资助工程是全国地方志事业协调发展的促进工程。第五届中国地方志指导小组成立以来，一直把走基层、探实情作为一项重要任务，截至目前，已经到30个省（自治区、直辖市）开展了调研。通过座谈、实地考察等多种形式，充分了解了当前全国地方志事业发展面临的主要困难和问题。其中，区域发展不平衡，中西部地区特别是边疆少数民族地区地方志工作与东部地区相比还存在不少差距，是制约全国地方志事业实现全面、协调、可持续发展的瓶颈所在。有的地方甚至出现了花费了大量的人力、物力，经过十余年的艰辛努力编纂出志书，因为缺乏出版经费迟迟未能出版的状况。正是基于以上了解到的情况，中国地方志指导小组及其办公室才下定决心启动资助工程。到2020年全面建成小康社会时，地方志事业区域发展不平衡问题必须得到妥善解决，这也是深入贯彻《规划纲要》的应有之义。而作为主业的修志编鉴，到2020年全面完成第二轮修志规划任务、实现综合年鉴编纂全覆盖的"两全目标"，是中西部地区特别是边疆少数民族地区地方志工作发展的重中之重。从现实意义来说，资助工程对于实现全国地方志事业全面、协调、可持续发展具有重要的促进作用。

在党中央、国务院的高度重视下，全国地方志事业发展迎来重大战略机遇。越是发展的关键时期，越要有大局观，越要从全国一盘棋的角度考虑问题。《规划纲要》作为顶层设计，确定的各项目标任务都要落到实处，而作为"两全目标"之一的到2020年全面完成第二轮修志规划任务，实现省、市、县一个都不能少的目标，是关键中的关键。希望借助资助工程的深入推进，进一步引起全国地方志系统对实现"两全目标"的重视，确保按期保质完成，用志书客观而忠实地记述中国共产党人带领全国各族人民全面建成小康社会的光荣与曲折历程，为全面建成小康社会贡献"志"礼。

是为序。

中国社会科学院原院长 王伟光
中国地方志指导小组原组长

民族地区与贫困地区志书出版资助工程领导小组

组　　长：谢伏瞻　中国社会科学院院长、中国地方志指导小组组长

常务副组长：高　翔　中国社会科学院副院长、中国地方志指导小组常务副组长

副 组 长：冀祥德　中国地方志指导小组秘书长、中国地方志指导小组办公室主任

成　　员：高京斋　中国地方志指导小组办公室党组书记

邱新立　中国地方志指导小组办公室副主任

民族地区与贫困地区志书出版资助工程领导小组办公室

主　任：冀祥德　中国地方志指导小组秘书长、中国地方志指导小组办公室主任

副主任：邱新立　中国地方志指导小组办公室副主任

成　员：于伟平　方志出版社总编辑

陈　旭　中国地方志指导小组办公室方志处处长

杨海峰　中国地方志指导小组办公室方志处负责人

王丹林　中国地方志指导小组办公室方志处副处长

徐　宏　方志出版社地方史编辑部副主任

伊春市五营区(林业局)地图

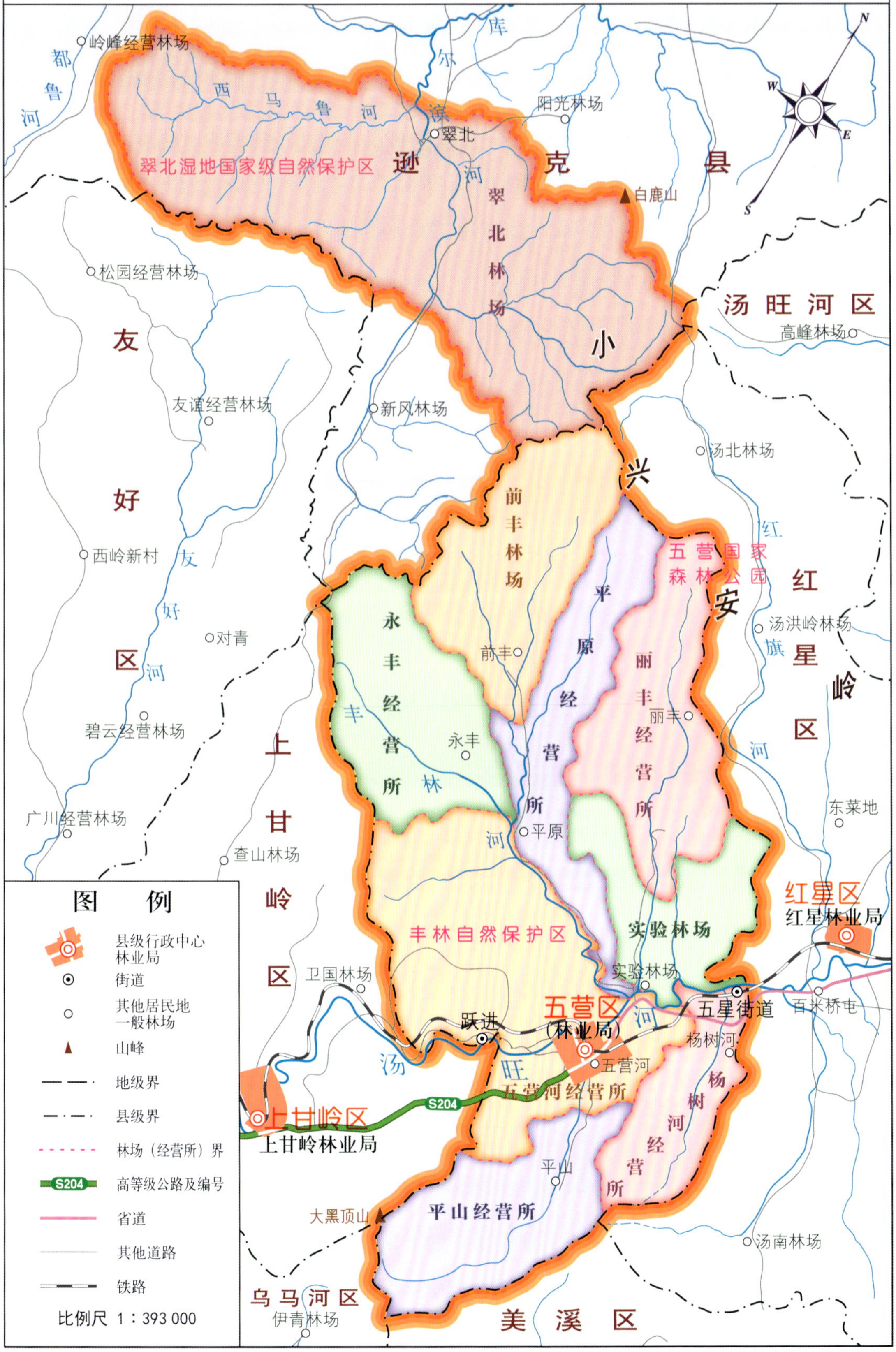

哈尔滨地图出版社 编制　　黑S（2019）001号　　资料截止到2005年

◎城镇新貌
CHENGZHENXINMAO

五营区中心大街一隅

五营区中心大街夜景

五营宾馆

◎特色旅游
TESELÜYOU

五营国家级森林公园

少奇号森林小火车

丰林自然保护区

观涛塔

夏季公园

翠北湿地保护区

松塔

风景如画

◎经济振兴
JINGJIZHENXING

黑木耳经济

木材生产

长瑞纸业成品库房

鑫源饮品生产车间

五味子种植

◎教育兴区
JIAOYUXINGQU

青少年活动中心

区第一中学

◎民生改善
MINSHENGGAISHAN

河北新桥

棚户区改造

社会福利院

◎森林防火
SENLINFANGHUO

森防表彰大会

防火宣传

《伊春市五营区（林业局）志》第一届编纂委员会

《伊春市五营区（林业局）志》第二届编纂委员会

主　　任　张跃文（2005 年 2 月—2009 年 8 月）

　　　　　孟庆彬（2009 年 8 月—2012 年 4 月）

　　　　　冯奎阳（2012 年 4 月—2013 年 8 月）

副 主 任　高迎春（2007 年 9 月—2009 年 8 月）

　　　　　迟洪训（2005 年 2 月—2006 年 12 月）

　　　　　金春林（2006 年 12 月—2009 年 6 月）

　　　　　杨　军（2009 年 6 月—2012 年 12 月）

　　　　　齐　君　李长胜　闫立海　尤安祥　田　宁

　　　　　蔺成君　郭凤斌　杨玉鼎　赵玉田　林宏伟

　　　　　张宝森　于亚凤　孙长林　方春彪

委　　员（按姓氏笔画为序）

　　　　　乜关锁　于国林　于盛斌　王殿学　王荣昌

　　　　　王树范　王淑华　王英新　王立峰　方云山

　　　　　马洪升　马振明　尹艳玲　尹景辉　方云山

　　　　　王立峰　王沛桥　王学刚　王英新　王树范

　　　　　王荣昌　尹远新　关　华　任红波　朱延吉

　　　　　朱云泽　朱云志　刘照法　刘　健　闫庆阶

　　　　　吕志国　孙立平　孙立君　吴修真　李永华

　　　　　杜龙江　杜　娟　邹建途　苏东哲　宋国祥

　　　　　毕连柱　邢振昌　严兆林　范绍军　单玉宏

　　　　　陈玉辉　张宝森　张景芝　季平山　周　艺

钟敬民　郝　波　胥亚林　胡春雨　高　军

高　伟（信访）高洪升　高　伟（工会）

郭凤斌

梁久荣　盖德怀　盛贤臣　曹　颖

崔怀文　崔卓军　蒋喜凤　颜承友

《伊春市五营区（林业局）志》第三届编纂委员会

（2013—2016 年）

主　　任　宗　元（2013 年 4 月—2016 年 12 月）

副 主 任　刘国辉（2013 年 4 月—2015 年 8 月）

杨　军　方春彪　于亚凤　蔺成君　郭凤斌

赵玉田　张宝森　孙长林

委　　员（按姓氏笔画为序）

马立国　马喜峰　于　娜　于海波　王长顺

王志刚　王胜海　王荣昌　王晓峰　王世鹏

王　琦　王惠波　尹燕玲　牛衍明　申　文

兰亚旭　田希伟　卢法林　白　森　吕守双

庄福新　庄兴平　邢振昌　齐彦峰　朱云志

孙　雷　孙　刚　孙　利　杜　娟　宋宝金

宋继辉　吴丽民　李金城　李春风　李正春

李淑娟　张希跃　张淑萍　张玉光　张秋菊

金年盛　孟凡慧　周雅慧　苗炳超　修　超

郝　华　胡文海　高　伟　徐贵强　郭艳琴

商继荣　曹　颖　蒋焕鑫　颜承君

《五营区(林业局)志》编纂人员

（2004—2016 年）

主　　编　张跃文（2004 年—2005 年 1 月）

金春林（2007 年—2009 年 6 月）

方春彪（2015 年 8 月—2016 年 12 月）

常务副主编：孙立君（2004—2005 年 12）

总　　纂（特邀）魏鹏飞（2004—2007 年 9 月）

（特邀）赵建民（2016 年 9 月—12 月）

王瑞玉（2006 年 1 月—2016 年）

编　　辑　黎家顺　王辉华　王国栋　宫万财

宫晓辉　孙树义　赵庚信　徐仁清

聂耀宗

编　　务　牛淑艳　谢桂英　张林英

摄　　影　宋国君　聂耀宗

终审单位：伊春市地方志编纂委员会办公室

终审人员：刘树波　黑龙江省地方志办公室市县指导处处长

曲　伟　黑龙江省农垦总局地方志办公室主任

马　燕　伊春市地方志办公室主任

周　尧　伊春市地方志办公室指导科科长

《伊春市五营区（林业局）志》

（1986—2005年）

供稿人（按姓氏笔画为序）

于占晨　于盛彦　于振才　马洪升　牛春玲　方云山

尹燕玲　王长山　王恩功　王传江　王志宏　王晓峰

王明强　王淑玲　王吉春　王殿华　孙玉华　孙　雷

孙洪伟　史志君　田喜峰　卢凤杰　齐跃辉　兰　春

李永华　李宝祥　李海江　李　莹　李敬波　李明如

李忠奎　李金成　李万云　李晓菊　李俊双　关春生

庄茂华　吕守全　任红波　刘　宁　刘　健　刘秀匀

刘淑兰　刘明华　刘慧贤　肖　敏　肖国振　张　明

张长兴　张景伟　张晓明　张世军　时玮炜　陈元林

宋继辉　杨福田　汪保民　汪如甫　杨卫东　周春丽

周景文　郑　健　郑秀林　郑宗奎　郑长顺　赵树文

赵艳秋　苗炳超　尚庆祥　钟祥科　姚俊英　姚淑坤

南相兴　南极月　胡文海　姜西林　康晓强　高　伟

高景海　贾长利　崔立波　葛增元　黄　伟　黄学敏

董　丽　韩光荣　裴金有　暴秀敏　蒋喜凤

序　言

《伊春市五营区（林业局）志（1986—2005）》终于付梓成书，这是五营区（林业局）的一件喜事、一件大事，可喜可贺。这是五营沐浴着党的十八大的春风，全面贯彻落实《全国地方志事业发展规划纲要》的丰硕成果；是五营文化建设事业百花园中又一朵盛开的奇葩。

五营区（林业局）位于伊春市北部，小兴安岭南麓，汤旺河上游。五营山清水秀，人杰地灵，这里有驰名中外的丰林自然保护区，古树参天，林海茫茫，地腴物丰，是保护生物与非生物资源科研基地，也是自然森林公园和自然博物馆。吸引大批国内外游人和专家学者参观考察。五营AAAA级国家森林公园，素有"小兴安岭一颗明珠"之美誉，接待过国家领导人和众多中外游客；这片土地上的人们，具有红松挺拔向上的奋斗精神和抗联艰苦卓绝浴血奋战的卫国精神；涌现出五营人引以为豪的杰出劳动模范王仁宽等，他们为五营、为家乡做出过重大贡献，为我们留下宝贵的物质和精神财富。

"治天下者以史为鉴，治郡国者以志为鉴"。《伊春市五营区（林业局）志（1986—2005）》真实地反映出五营自改革开放以来的奋斗历程，客观地反映了五营人民取得的伟大成就和翻天覆地的巨大变化。可以说五营区志是五营区一段伟大变革时代的科学记录，是五营人的奋斗史、创业史、发展史，是反映五营区历史和地情的文化典籍和珍贵的百科全书。

值此，《伊春市五营区（林业局）志（1986—2005）》即将与全区人民见面之际，我们仅代表中共五营区委、五营区人民政府、五营林业局向热心为修志事业辛勤工作的各位领导、编纂人员，以及提供帮助的各单位、各部门的工作人员，表示诚挚的问候和衷心的感谢！

盛世修志，惠泽千秋，修好志只是前提，用好志才是目的。我们希望，广大读者在认真阅读五营区志的同时，认真研究五营的历史，温故知新，总结经验，进一步解放思想，全力推动五营的和谐发展，为建设富裕安康的新五营，再创新佳绩、再谱新篇章、再铸新辉煌。

中共五营区委书记：吴凤祯

五营区人民政府区长：宗　元

2016年1月

凡　例

一、《伊春五营区（林业局）志》以马克思列宁主义、毛泽东思想、邓小平理论、“三个代表”重要思想、科学发展观、习近平新时代中国特色社会主义思想为指导，坚持辩证唯物主义和历史唯物主义的立场、观点和方法，实事求是地记述五营区自然、经济、政治、文化、社会等方面历史和现状。

二、本志以2005年五营区（林业局）的行政区域为记述范围，全书共有24篇97章，160余万字。

三、本志采用“详近明远”的原则，上限始于1986年，适当上溯，下限至2005年。

四、本志坚持横排竖写，采用述、记、志、传、图、表、录诸体裁，以志为主。

五、本志采用现代语体文，寓观点于记述之中，大事记采用编年体和记事本末体相结合记述方法。

六、本志以篇、章、节、目四个层次记述，篇、章下多设无题序。

七、入志人物以本籍为主，对五营区有贡献的客籍人物也有载入。人物传记，坚持生不立传原则。对在世人物具有重大贡献事迹，按以事系人的要求加以记述。

八、资料来源，以省、市、区档案资料为依据，适当选用区机关各部门、基层各单位提供的文字资料和考证的口碑资料。

九、各项数据，以统计部门为准。统计部门没有的，采用各部门提供的数据。

十、标点符号、数字用法、计量单位一律遵循国家相关规定。

十一、表序以篇、章序为单位排序，如表1-1-1，意为“第一篇第一章第一张表”。

十二、历史纪年一律采用公元纪年。

目录

第三篇 城镇建设

第四篇 体制改革

第五篇 经济综合管理

第六篇 财政 税务

第七篇 林业

第九篇 工业

第十篇 商贸 服务业

第十一篇　旅游

第十二篇 交通 邮电

第十三篇 银行 保险

第十四篇　中国共产党五营区地方组织

第十五篇　五营区人民代表大会

第十六篇 五营区人民政府

第十七篇　中国人民政治协商会议五营区委员会

第十八篇　人民团体

第二十一篇 教育 科技

第二十二篇 文化 体育 卫生

第二十三篇　社会生活

第二十四篇　人物

概 述

一

五营区（林业局）以下简称五营区（局）位于黑龙江省东北、伊春市北部，地理坐标北纬47° 54′ 31″ ~48° 28′ 13″，东经128° 20′ 03″ ~129° 12′ 14″，小兴安岭腹部，松花江支流汤旺河上游和黑龙江支流库尔滨河上游地段。行政区划面积1470平方公里，区（局）址设在国铁汤林线179公里处、五营车站东南500米处。铁路距伊春市区75公里，公路距伊春市区58公里。五营区（局）周界以山脉、分水岭划定，区境四邻东与红星区（局）为邻，西与上甘岭区（局）接壤，南与美溪区（局）、乌马河区（局）塔界，北与逊克县、友好区（局）毗连。

五营区（局）属于小兴安岭山地低山丘陵地带，平均海拔高度在300~400米之间，最高海拔1047米，最低只有277米。有大小山峰百余座。境内共有河流18条，汤旺河是最大河流，与黑龙江和松花江两大水系相通。全境地貌可概括为“九山、半水、半路田”。气候属中温带大陆性湿润季风气候，年平均气温 -4℃，年积温1800℃~2300℃，年平均积温2135.9℃，平均年水量626.7毫米。无霜期在90~130天，年均111天，最长135天。

五营区（局）自然资源丰富。五营区（局）施业区总面积120573公顷，林业用地面积113233.4公顷，占施业区总面积93.91%，比2000年减少3.28%。经过30年集中过量采伐，到2005年活立木总蓄积7074147立方米，比1986年下降726167立方米，森林覆被率89%。针叶树种占92.7%，其中红松占76.2%。

五营区（局）素有“红松故乡”之称。有红松、云杉、黄菠萝等针阔叶树木170余种；其中，经济植物177科595属1390种，资源植物17类826种；故有“天然植物园”之称。药用植物也较为繁多，有仙鹤草、龙胆、接骨木、元胡、党参、黄芪等；果类植物有山葡萄、越橘、蓝靛果、山樱桃等；食用菌类植物有榛蘑、元蘑、猴头蘑等，还有猴腿、蕨菜、山葱等绿色食用植物。有兽类6目18科67种，其中国家一级保护动物有紫貂，占兽类2.2%，二级保护动物有驼鹿、水獭等9种，占兽类20%。有鸟类18目49科274种，其中国家一级保护鸟类有丹顶鹤等7种，占鸟类3.6%，二级保护鸟类有花尾榛鸡、黑琴鸡等25种，占鸟类13%。昆虫类有5目、55科、444种，鱼类有胖头鱼等20多种，此外，有两栖、节肢、爬行类动物。还有矿产资源：金属类有铁、锌、铅、镍等；非金属类有石灰石、石英石、磷酸钙等。旅游资源：山岭连绵起伏、森林植被茂密、生态环境优良。自然风光，春天，杜鹃盛开，满山红遍；夏天，千山叠翠，百水争秀；秋天，枫叶经霜，层林尽染；冬天，万里雪飘，山舞银蛇。

五营区（局）总人口从1986年至2005年，呈折线形变化。1986年，总人口为44003人。1989年，总人口为45075人，面积1472.45平方千米，人口密度每平方千米为30.61人；2000年，有汉、回、满、朝鲜、蒙古、赫哲、藏、彝、布衣、侗、独龙、苗、维吾尔等13个民族。2005年，总人口为36775人，共有6个民族。汉族人口为35247人，占总人口的95.85%；少数民族人口1528人，有回族、满族、朝鲜族、蒙古族、赫哲族，占总人口的4.15%。

二

五营林区的历史。清末，是鄂伦春人生息游猎的家园。1905年，属汤原县所辖。日伪时期，建有木营掠夺木材。东北抗联曾建有军营，在此阻击日寇。1950年4月，中央林业部决定在伊春地区开发新林区。1954年10月1日，成立丰林森林工业局筹备处。1957年2月，成立丰林森林工业局，9月建立丰林森林工业局森铁管理处。1958年5月，改称丰林林业局。1980年10月，改称五营区人民政府，与丰林林业局政企合一。1984年11月19日，更名为五营林业局，为政企合一单位，沿用至今。区（局）机关位于五营区中心大街151号，是伊春市所属17个区（局）之一。全区行政区划面积为147251公顷，其中丰林国家级自然保护区面积18165公顷，丽林实验林场面积8128公顷。五营林业局为省属森工大二型企业，隶属伊春林业管理局，五营区人民政府隶属伊春市人民政府。五营区（局）属县团级政企合一体制。实行区委统一领导，区人大依法监督和区政协、区工会民主监督的区政府区长负责制。2005年，五营区辖有10个街道办事处，下设10个社区，2个行政村（星龙村、跃进村）和102个区属、市属企事业单位。

三

五营区（局）的开发建设，虽经50余年的过量采伐，木材产量急剧下降，但由于先后实行了“采育并举”“限额采伐”和“天然林保护工程”等重要举措，成为由单一的木材生产到以林产工业、多种经营做为治危兴林的突破口和启动点，以种、养、采为基础，以系列加工和矿产采掘为重点，从发展规模经济入手，努力实现农、林、牧、副、渔五业并举，国营、集体、个体等多种经济并存的新型林区小城镇。

2005年，五营区（局）工农业总产值64224万元，1986—2005年，累计生产商品材1326立方米，1986—2005年上缴利润总额714.7万元，为国家经济建设做出了积极的贡献。

四

1986—2005年，五营区（局）林业经济走过一段艰难岁月，改革开放促进了森工、农业、交通邮电、文化教育、卫生医疗、科研等各项事业的发展。

营林　1986年，五营区（局）根据省、市的指示精神，贯彻以营林为基础的方针，加大苗木培育、更新、三林（幼林、母树林、天然林）抚育力度，培植速生丰产林、经济林，适当封山育林，休养生息。丽丰、前丰、永丰、平原、平山、杨树河、五营河等单位实行目标管理，即成本包干。营林处实行经费包干。1987年，五营区（局）制订综合立体开发实施方案，尽快培育、恢复和发展森林资源。1990—1993年，八个林场（所）和营林处已由目标管理转向承包经营，由计划经济向市场经济过渡打下了坚实基础。1997年，推广铁力和中植经验，对八个林场（所）和营林处，全部实行整体委托经营，局只管一个受托人、一纸合同和一本资源资金账。同时，精简机构，定岗定编。1993年年末，国家对天然林资源实施保护，逐年减少对红松的采伐，到2004年，伊春市第1号令下发，全面停止了天然红松采伐。1998—2005年，加快实施天然林保护工程的步伐。五营区（局）贯彻执行了“严管树、慎用钱、质为先”的方针，在五营森林公园实施红松树挂牌管理，严格执行造林成果收购制和造林质量追究制，森林资源管护经营承包面积5.8万公顷，封山育林8442公顷。完成森林抚育2.5万公顷，完成更新造林2551公顷，发展民有林3.5公顷，森林总蓄积逐步回升，森林覆被率由“九五”期间的89%提高到“十五”末期的89.2%。

木材生产　五营区（局）自建局开发以来，长期执行指令性计划，过量采伐，采育失调，可采资源濒临枯竭。1986年提出“木材产量调减”的目标改革方向，确定综合立体开发实施方案。1991年夏季，局决定封停贮木制材车间，开始全部销售原木。1998年实施“天保工程”以来，全面停止采伐红松，木材产量逐年递减。2005年，木材生产完成4.5万立方米。

林区大事，防火第一　1986—2005年，全区共发生森林火灾、火情13次，共出动人员3985人次，过火面积275.19公顷。至2005年，五营区（局）共支援友好、乌伊岭、汤旺河、红星等区（局）扑灭森林火灾、火情12次，共出动人员1090人次，灭火机68台，车辆23台。2005年，为提高森林扑火队伍的整体作战能力和专业作战水平，五营区专业扑火队调整为1个，60人。将丰林国家级自然保护区专业扑火队、丽林实验林场扑火队纳入林场（所）快速扑火队增至11个165人，民兵扑火基干革命营300人，群众扑火队400人。配备风力灭火机115台，对讲机88台，运输车辆28台。2005年，本区投资200万元购买防火灭火机具、通信设备和扑火物资等。至2005年年末，共打烧各类防火线1624千米，每年平均出动人员5400人次。

农业、多种经营　五营农业作物主要为蔬菜、大豆、玉米、饲料。1986—2005年，播种面积60664.92公顷。种植业以药材、木耳菌、果树栽培为主。1988年，人参面积达到18.61公顷，产人参2.36万斤。2005年，平贝34.4公顷，黄芪12.93公顷。2005年，将中心苗圃建成北五味、刺五加育苗基地，培育北五味种苗100万株，刺五加种苗200万株。1986年，居民栽种果树有李子、沙果、樱桃等。1987年，栽种沙果树2000余株。1990年，收李子3500千克，1991年，收沙果2500千克，收获葡萄3500余千克。2005年，产果235吨。2004—2005年，养蜂均为1000箱，为历史巅峰时期。2005年，山野菜类采集160吨。山野果类有笃斯、山茄子、刺梅果、山葡萄、猕猴桃、山里红、托盘等20余种，2005年，采集250吨。1993—2005年的13年间，五营区各林场（所）共生产木耳菌11812.91万袋，产耳2981.6吨，创产值10589.18万元。

交通邮电　1986—2001年，共新建公路166.8公里，投资548.65万元。2002年，建204省道伊嘉公路五营段。2005年，全区公路达450.37公里，运输木材生产公路养护里程为5739.64公里。新修各类桥33座，涵洞225道。2005年，有营运客车13台，发往伊春方向7台，每天发送7个班次，运输旅客达150人；区内发往各林场（所）6台，每天发送12个班次，运输旅客达250人。

通信网络发展迅速　至2005年，全区电信运营商有中国网通、中国移动、中国联通、铁道通信、中国电信和伊春林业电话。有固定电话10000户，小灵通3300户，中国移动用户2800户，中国电信用户400户，铁道通信用户5500户。

2005年，五营供电分局主变容量为22545万千伏安。有高压配电线路172515千米，低压配电线路主干线124.25千米。全年供电量1980万千瓦小时。居民用户13000户，五营区单位（含个体户）1300户。

城镇建设　截至2005年，共建职工住宅129548平方米，投资5488.99万元，2877户。高山水池建场区总面积为1688平方米，建843平方米储水量为2000立方米储水池。1986—2005年，共建公厕18座，投资17.80万元。集中供热住宅楼1217户，总面积为55128.62平方米，门市楼254户，总面积为11710.26平方米。共安装路灯285盏（组）。累计栽植各类绿化树177080株。建中心大街休闲广场7000平方米，河北三角地休闲小区18000平方米。健身广场5600平方米，为各种文体活动演出场所。

商贸粮食　1986年，改革商品流通体制，主体为国营商业、供销合作社，积极发展集体和个体商业，形成了多种经济成分，多条流通渠道、多种经营形式的商品流通新格局。五营商业网点设立19个，设副食品、糖酒、百货、五金交电、纺织品五大专业公司，经营品种4000余种。1998年，个体经济发展到高峰，全区个体2340户，从业人员达3154人，其中个体商业1070户，从业人员达1321人。2005年，个体商业505户，从业人员1115人。

1986—1998年，粮食企业三次改革。将五营粮食分局分为五营粮食局、五营粮库、五营饲料公司三大家。粮库下设一部一站九大粮店。1999年，国家粮改，粮油供应推入市场。粮企原有职工199人，定编40人。

教育　1986年，全区有小学14所，其中，有5所林场学校。另外有实验小学、铁路小学。1997年，共有教学班134个，学生3801人，教职工463人。2005年，有小学6所，84个教学班，在校生2227人。1986年，五营区有8所中学，实验林场学校也设有初中班。中学入学率达95%。2005年，3所中学有初中毕业生329人，考入市一中公费20人，自费69人；友好三中公费54人，自费29人，升学率57.9%。中考成绩全市排名第9位，初中毕业考试成绩全市排名第4位。

科技　1986—2005年，五营区（局）有科研单位5个，学会14个，会员311人，各类技术人员27479人。五营区（局）科技项目228项；丰林自然保护区管理局31项，丽林实验林场28项，五营林业气象试验站科研项目3个。在科技成果中，列入省科研项目5项、其中2项是列入省星火计划；国家科委1项；申请国家专利产品6项，爱因斯坦世界博览会国际金奖1项；绿色食品3项。

体育　五营区为国家、省、市输送谢玉臣等数名运动员，都获得第1名的优异成绩；群众体育、社区体育也开展得比较活跃。1995—1996年度，五营区获省体委、省教委全省“百万青少年上冰雪”活动先进集体奖励。2000—2001年度，获省体育局先进体育社区奖励。2001—2002年度，获国家体育局群众体育运动先进集体荣誉称号。2003年，在市第七届运动会和七运会田径赛中获风格奖。

文化　五营区的文化活动场所有五个。文化馆、图书馆是全区文化艺术的活动中心。1998年，图书馆藏书量为27343册书刊。文学作品：1993年，宫万才自由诗《雨后》在哈尔滨《大森林文学》杂志上发表；1994年，自由诗《大山蜿蜒》《正月雪》在哈尔滨《大森林文学》上发表；1990年，王英新自由诗《静谧的林冈》在北京《儿童文学》上发表。

医药卫生　五营区卫生医疗事业健康发展。有五营职工医院、五星卫生院、基层卫生所，防保中心，计划生育指导站；社区卫生服务站；个体药店，个体卫生所等。在五营职工医院，占地面积20000平方米，建筑面积达6350平方米。内科心衰、呼衰等，外科开颅等都能医治和处理。卫生防疫、妇幼保健、爱国卫生、环境卫生乃至红十字会等卫生事业都相应地得到一定的发展。

社会保障　1987年，五营区开始招收工人684人，实行劳动合同制，1988年，正常退休与死亡职工子女不允许顶替接班。五营区基本养老保险合同制工人于1988年开始缴费。1992年，全区各企事业单位职工开始参加失业保险。1993年12月，五营区基本养老保险正式实施。1997年，成立区再就业服务中心。2000年8月，启动森工企业基本养老保险市级统筹。2003年12月1日，五营林业局职工基本医疗保险正式启动实施，林业局参保人员5572人。2004年12月1日，五营区正式启动工伤保险。2005年，在册职工8567人，有参保企业3户即森工、粮食和中植集团。林业局集体职工参加养老保险，共有9859人参保。城镇居民第一类保障对象按最低生活保障全额发放，截至2005年，五营区最低生活保障金发放8483户，17983人次，1390.5万元。

旅游 五营区的旅游早在1958年，就创建的了丰林自然保护区，1988年，被列为国家级自然保护区，是亚洲面积最大、保护最完整的红松林保护区。它跨越了20世纪60、70、80年代，有国内外科考和观光者达14万余人次。1997年，丰林自然保护区又被联合国教科文组织纳入人与生物圈网络成员。五营森林公园于1990年创办，素有“红松故乡”之美称，2002年，五营森林公园跨入国家AAAA级旅游景区行列。2002年，翠北湿地自然保护区创建。2001年、2004年，“两漂”（丰林河漂流、汤旺河漂流）先后“启航”接待游客。2005年4月19日，经黑龙江省森工总局批准，兴建黑龙江省伊春大黑顶山森林公园，它与自然保护区、五营国家森林公园形成三足鼎立之势。五营森林公园景点14处。2005年，各类餐馆162家，提供餐位3000个。2004—2005年，镇区内五营宾馆、忠芝酒楼、丽丰度假村等14家馆所，提供标准床位1200张。2004—2005年，有商铺594家。全区大中小娱乐场所有72处。接待游客27万人次，直接收入5500万元，间接收入11000万元。

大事记

1986 年

1 月 14 日　区委召开 1986 年第一次常委（扩大）会议。

1 月 30 日　区委、区政府召开 1985 年度劳模大会。对出席会议的先进单位代表、标兵 438 人进行了表彰奖励。会上，区委书记孙芳礼代表区委讲话。

2 月 4—5 日　区委、区人大、区政府、区政协（以下简称“区四大班子”）领导，走访基层单位和慰问老干部、老模范、老教师、科技人员、荣复军人、民主人士等。

3 月 2 日　市整党工作组到五营，检查验收区机关整党工作。

3 月 15 日　五营区建委成立建筑设计室。

4 月 3 日　省委书记孙维本、市委书记张慧芳等领导到五营检查护林防火工作。区委书记孙芳礼、区（局）长杨海等领导陪同。

4 月 7 日　五营区（局）第十五届职代会暨 1986 年计划工作会议在工人文化宫召开。

4 月 15—16 日　区委书记孙芳礼到伊春参加全市端正党风工作会议。

4 月 30 日　省委书记孙维本，省长侯杰乘专机到五营，考察丰林自然保护区。于当日离开五营。

5 月 8 日　区公安分局根据伊春市公安局统一部署，于零点进行大搜捕，对 18 名嫌疑人员收容审查。

5 月 9 日　区委书记孙芳礼参加市召开的县、区人武部改制交接工作会议。

5 月 13 日　3 时，商业科青年综合厂发生火灾，烧毁库房 222 平方米及大量商品。经济损失 3.25 万元。

5 月 21—23 日　市总工会召开职工促进党风和社会风气根本好转工作五营现场会议。

6 月 17 日　省、市刨花板改造技术鉴定会议在五营刨花板厂召开。林业局副局长于喜文负责的“五营刨花板生产线技术攻关”项目产品质量达到国家标准，通过黑龙江省科学技术委员会的鉴定，并荣获省科技进步一等奖。

7 月 8 日　国务委员、国家计划委员会主任宋平由市委书记张惠芳陪同到五营，考察丰林自然保护区。区（局）长杨海、区委副书记黄凤林陪同。

7 月 15 日　全国林业种苗会议与会领导到五营参观，区（局）长杨海接待并陪同。

8 月 2 日　东北抗联创建人李兆麟的夫人金伯文、抗联战士张玉林到五营丰林自然保护区参观，副区（局）长于喜文陪同。

8 月 29 日　中共中央政治局委员、国务院副总理乔石到五营，考察丰林自然保护区。区委书记孙芳礼陪同。

9月10日 国务院副总理田纪云到五营考察工作，参加了第三小学庆祝教师节活动，参观了丰林自然保护区。区委书记孙芳礼，副区（局）长王利民、李学平陪同。

9月21日 区（局）长杨海赴泰国考察。

10月25日 区委、区政府召开史志编纂工作会议。副区（局）长王利民主持。市史志办公室主任侯宝年出席会议。

10月29日 区团委召开第八次团代会。区委书记孙芳礼、区（局）长杨海等领导出席会议。

11月30日 区四大班子成员及副科级以上干部近二百人，在教师进修校参加省统一组织的经济理论考试。

本月 区广播电视科承担的“电视卫星地面接收站”正式落成。在这个卫星上C波段共租用两套转发器，可使全区人民看到一套中央节目、一套综合节目，丰富了群众的文化生活。

12月9—20日 区组成五个检查团，分别由四大班子领导带队对全区各级精神文明单位进行复查，对非文明单位的精神文明建设情况进行了抽查。

12月27日 撤销工业公司、林产工业科；司法科改称司法局；撤销社队企业科，增设乡镇企业管理科；设立土地管理科、标准计量科、二轻工业科，重新组建卫生队。

本月 将全民企业与集体企业管理体制划开，组建集体经济管理处。

本年 根据中发〔78〕55号文件精神，对五营区1958年在“反右派斗争”期间被错划为“右派”的24人，全部予以纠正。对他们在政治上、工作上、生活上给予妥善安排。

1987年

3月13日 经市林管局批准，五营河林场苗圃更名为五营中心苗圃；杨树河林场更名为杨树河森林经营所；丽丰林场更名为丽丰森林经营所。

3月19日 区委、区政府在平山林场召开五营区（局）15年无森林火灾总结表彰大会。会上表彰了平山经营所等单位。

5月3日 区委、区政府在工人文化宫召开庆祝建局30周年纪念大会。

5月29日 区人大常委会召开换届选举工作会议。会议由区委副书记黄凤林主持。区委书记孙芳礼、区人大常委会副主任邓满林出席会议。

6月11日 经中共伊春市委决定：区（局）长杨海调离，王利民任五营区人民政府代区长、五营林业局局长。

6月12日 省人大常委会主任李剑白到五营考察工作。区委书记孙芳礼接待并汇报工作。

6月29日 枝桠站更名为枝桠烧柴管理站，增加烧柴供应存贮职能。

7月25日 区人大常委会换届选举日。区四大班子的主要领导，亲自赴各自选区参加选举工作。

7月31日 区委书记孙芳礼、区（局）长王利民到驻军某部慰问解放军。区委常委、区委办公室主任任柏风、副区（局）长杜兴堂、区工会主席林宪凤慰问军烈属。

是日 晚间，区委、区政府在工人文化宫召开庆祝“八一”建军节60周年纪念大会。

8月15日 区政府进一步明确：除防疫站、林业电话所为副科级单位外，其他各直属单位均为科级单位。撤销区职工学校，成立区成人培训中心学校和教师进修学校合署办公；撤销商业贸易中心，恢复商业科；撤销供销社联合社，职能并入商业科；撤销教育科、职工培训中心，成立教育委员会；撤销生活管理科，原所属敬老院隶属民政科领导，其他业务归到区政府办；成立防汛指挥部办公室，与城建环保科合署办公；成立房地产管理科，与房产管理处合署办公；成立安全生产委员会办公室；成立公证处，设在司法局；成立经济技术合作委员会办公室，负责全区经济工作，提出大力发展替代产业，大搞市场调查和市场预测，大力发展多种经营和开发新产品。

8月28—29日　区委、区政府召开经济工作会议。区委书记孙芳礼、区（局）长王利民等领导出席会议，并分别在会上做了重要讲话。会上，汽运处等6个单位和个人先后介绍了经营管理和脱贫致富经验。

本月　五星俱乐部因有倒塌危险，经区政府决定将其拆除。

本月　根据伊发〔87〕23号文件精神，经区委、区政府研究决定：成立五营区老龄工作委员会。

9月2日　区政府召开第十五次区（局）长办公会议。会议讨论企业升级方案等6项议题。

9月17日　伊春市在五营召开安全宣传教育工作会议。会上，五营区介绍了“警钟长鸣”的经验。

10月15—17日　中共五营区（局）第十二次党员代表大会召开。大会听取并通过了区委书记孙芳礼代表上届委员会所做的《关于加强党的建设、继续深化改革，为摆脱困境振兴经济繁荣五营而奋斗》的工作报告。会上选举产生了新的一届委员会及纪律检查委员会。

11月3—4日　市长聂秉林到五营基层单位检查工作。区委书记孙芳礼、区（局）长王利民、区委常委、副区（局）长于喜文等领导陪同聂市长到基层单位检查，并听取工作汇报。

中旬　局生产科将“木材生产统筹技术”应用在汽车运输木材上，实现汽车运原条统筹法。

12月11日　区委书记孙芳礼、区（局）长王利民赴伊春参加市委、市政府召开的“科学技术进步一局、一厂、一品活动”表彰奖励大会。

12月14日　区委书记孙芳礼、区（局）长王利民赴北京，向国务院领导汇报五营林业两危情况（经济危困、资源危机）。

12月15日　区委成立“敬老周”活动领导小组，并召开第一次会议。研究“敬老周”活动有关事宜。

12月17日　区委召开“敬老周”活动动员大会。“敬老周”活动中，评选出朱桂英98岁、董玉臣95岁等10名老寿星，张洪仁、刘金顶等10名好儿子，韩相云、孙桂英等10名好儿媳，10名好女婿，10名好女儿。通过开展这“五个十”活动。促进了敬老、爱老、养老良好风气的形成。

本年　五星木器厂设计的KE-3型高低可调式学生桌，荣获团省委五小成果三等奖。

1988年

2月5日　五营区纪委成立监察局。

2月6日　区委、区政府在工人文化宫二楼会议室召开五营区（局）1987年度“双文明”先进集体、先进个人表彰奖励大会。会上表彰先进单位22个，先进科室20个，先进集体标兵5个，先进集体153个，先进个人标兵17名，先进个人438名。

4月15日　区委召开全区知识分子工作会议。

5月4日　区委书记孙芳礼赴经贸部汇报工作。

5月6日　林业部副部长刘广运到五营检查森林防火工作。

5月17日　市长聂秉林到五营区检查工作。

5月24日　区（局）长王利民主持召开勤工俭学工作会议。

6月5日　区委书记孙芳礼赴巴布亚新几内亚考察。

6月13日　市公安局党委书记范传兴一行3人，到五营公安分局，指导公安体制改革工作。

6月16日　区委召开第十次常委会议。讨论公安分局改革方案等三项议题。20日，区（局）长王利民、区委副书记霍明瑜、陈显义出席公安分局改革动员大会。

6月21日　区（局）长王利民、区委副书记陈显义出席全区知识青年安置工作会议。

7月1日　区委在工人文化宫二楼会议室召开纪念“七一”建党67周年暨表彰奖励大会。会上有14个先进党支部、31名优秀党员受到表彰。

8月2日　五营区职称改革工作领导小组成立。

9月7日　伊春市中级人民法院在五营区第一中学校园内召开公判大会，判处1988年3月28日强奸杀人犯关某某及1988年5月25日强奸少女犯黄某某死刑，立即执行。

9月9日　省委副秘书长张厚生到五营检查工作。区委书记孙芳礼、区（局）长王利民、区委副书记霍明瑜接待并汇报本局资源枯竭、经济危困的基本情况等工作。

10月26日　五营区桦树皮仿自然立体画，荣获全国星火计划成果展览交易会铜牌奖。

11月3日　五营区住房制度改革领导小组成立。

本月　五营区成立职业高级中学。

12月16日　市委书记杨光洪到五营检查工作。区委书记孙芳礼、区（局）长王利民陪同并汇报工作。

12月30日　五营区第一中学被黑龙江省教育委员会授予先进学校称号。

1989年

1月9—10日　市长聂秉林到五营到杨树河、平山、苗圃、前丰、永丰、丽丰、平原等林场（经营所）检查工作。区委书记孙芳礼、区（局）长王利民陪同并汇报工作。

3月25日　省长邵奇惠到五营考察，区委书记孙芳礼、区（局）长王利民陪同。

本月　市委、市政府决定：将五星木器厂、五星水泥厂、五星农场3个单位由市二轻局、市工业局所属下放给五营区所属。

4月1日　区委决定，原基建工程处所属砖厂，晋格为副科级单位，名称为五营林业局建材厂（业务隶属集体经济管理处）。

4月3—4日　区委、区政府召开地方经济工作会议。查找阻碍地方经济发展的主要原因，提出今后一个时期发展地方经济的基本思路、目标和措施。

4月5日　区委召开副处级以上领导干部会议，传达省长邵奇惠到五营考察时所作的指示。

4月7日　区委、区政府在永丰经营所召开计划生育工作现场会。会议对永丰经营所计划生育超生问题作了严肃处理，给予单位主管负责人党内警告处分，分别给予当事人罚款处理。

4月26日　省档案局为五营林业局颁发省级先进企业档案管理合格证书。五营林业局跨入省级档案管理先进行列。

本月　区城建工程队更名为区第二建筑工程公司。

5月3日　区团委召开的纪念“五四”青年节大会。会上表彰了65名优秀团员和6名振兴五营好儿女。区委书记孙芳礼出席会议并讲话。

5月27日　区委书记孙芳礼出席全区中小学运动会开幕式。

6月21日　区召开公判大会，宣判8名刑事犯罪分子及20名劳教人员。

7月14日　市政府决定：将友好林业局所属的翠北、翠巍两个经营林场移交五营林业局，更名为五营林业局翠北林场、五营林业局翠巍林场。

7月15日　区委召开第十次常委会，听取翠北、翠巍林场交接情况汇报。

7月17日　市委书记杨光洪到五营检查工作。区委书记孙芳礼、区（局）长王利民陪同并汇报工作。

8月25日　五营区人武部举行“全区专武干部着装仪式”，从此专武干部着装“85式”军服，佩戴人武部帽徽、领花和肩章。

9月14日　区召开企业升级工作会议。区委书记孙芳礼、区（局）长王利民出席会议。

9月15—16日　区委召开十二届三次全委（扩大）会议。会议并印发了五营区五年经济发展规划和五个部门的“五以”战略实施方案等四项议题。“五以”即以智取胜——发展科教兴区；以林为本——打好营林基础；以大解危——以三大潜力（森林资源、资产和管理中的三大潜力）缓解三危（森林资源危机、经济危困和生态环境危机）；以林带地——依托林业发展地方经济；以联促活——推进横向联合，增强内在活力。

12月28日　五营区成立良种繁育场。

本年　前丰、永丰、平原、平山、杨树河（林场、经营所）网电上山，结束了各林场（所）用柴油发电机发电、每天22点停电的历史。

1990年

1月3日　区（局）长王利民主持召开第一次区政府常务会议。听取职称改革情况的汇报；讨论关于知识分子浮动工资等九项议题。

1月6日　市政协副主席关祥文等一行五人到五营检察木材科样品室等7个单位非林替代产业的产品。区委书记孙芳礼陪同。

同日　区（局）长王利民去哈尔滨市联系赴苏劳务有关事宜。

1月23日　区委、区政府召开表彰奖励大会，对破获“1988·12·17”红林街杀人案有功人员给予表彰奖励。

2月22日　区委书记孙芳礼、区委常委、组织部部长唐世平等领导到翠北林场宣布翠北、翠巍两个林场合并，名称为翠北林场。

2月24日　市委决定：区委副书记、区（局）长王利民调任伊春市林业管理局副局长；孙芳礼任区委副书记、林业局局长、代任区长；刘殿武任中共五营区委书记。

同日下午　区委、区政府在工人文化宫二楼会议室召开区（局）1989年“双文明”先进集体和先进个人表彰大会。会上表彰了32个先进单位，37个先进科室，15名先进个人标兵，107个先进集体，541名先进个人。

3月4日　五营区（局）召开纪念“三八”国际劳动妇女节80周年暨表彰大会。会上表彰：先进妇联5个、先进妇代会16个、“三八”红旗集体13个、“三八”红旗手120名、勤俭之家35个。

3月11—12日　共青团中央办公厅主任柴东亮、团省委书记宋思华、团市委书记耿意志等领导到五营检查共青团工作。区委书记刘殿武、区委副书记陈显义、区团委书记郭裕宁陪同。

3月20日　区委、区政府召开社会治安综合治理工作会议，会上各基层单位负责人与区政府签订了责任状。

5月25日　召开五营区“四代人”报告会。由林业开发建设各时期涌现出的优秀人物代表（20世纪60年代董德林1923年生、70年代王仁宽1937年生、80年代杨德义1958年生、90年代王英梅1978年生，第四小学学生）在会上作报告。区委书记刘殿武、区（局）长孙芳礼在会上做了重要讲话。

本月 区人武部投资10万元，修建炸药库，增设气象、避雷针等设施。

5月31日 召开五营区“忆当年、讲传统、育后人、建五营”座谈会。会上，老领导、老劳模、老干部、老工人，将自己亲身经历切身体验发了言。忆当年、讲传统情真意切。区四大班子领导、基层党委、总支、支部书记、团支部书记、机关科室负责人参加了会议。区委书记刘殿武作了重要讲话。

6月2日 区举行扑救大面积火灾实战演习，出动警力36名，消防车4台。

6月20日 五营区成立城镇防火指挥部办公室。

7月23日 召开中共五营区第七次常委会议。会议议题：讨论治危兴林方案等三项内容。

8月24日 区四大班子领导参加全区万人迎亚运火炬传递活动。

9月1日 五营区成立五营区爱国卫生运动委员会办公室。

9月20日 国家档案局为五营林业局颁发国家二级企业档案管理合格证书。

10月10—11日 五营区召开区人大换届选举工作会议。

本月 翠北林场经市政府同意，以木材换电方式，从逊克县库尔滨水库电站接通网电，线路长40公里。

11月19—21日 召开中共五营区（局）第十三次党员代表大会。会上区委书记刘殿武代表上一届委员会作题为《加强党的建设、发挥政治优势，带领全区人民为治危兴林振兴五营而奋斗》的工作报告。会议选举产生了新的一届委员会及纪律检查委员会。

1990年年末，五营林业局获省级先进企业称号并获奖牌。

1991年

1月1—9日 区（局）长孙芳礼亲自带队前往辽宁省所辖7个市清欠货款（共清回333万元）、考察市场、推销产品。

1月4日 区四大班子领导及有关部门负责人，共分7个组，走访慰问老干部、劳模、教师、困难户。

1月8日 区政协召开治危兴林献计献策大会。区委书记刘殿武，区委副书记陈显义参加。刘殿武在会上讲话。

1月12日 在区工人文化宫二楼会议召开五营区（局）治危兴林大讨论再动员大会。会上平山经营所、汽运处等单位介绍经验。

2月5日 举行新建小区自来水进城剪彩仪式。区（局）长孙芳礼、区委常委、副区（局）长于喜文等领导参加剪彩。

2月6日 在工人文化宫二楼会议室召开五营区（局）1990年“双文明”表彰大会。会上树立表彰了26名“双文明”标兵、472名“双文明”先进个人、175个“双文明”先进集体、27个“双文明”先进单位、28个“双文明”先进科室。

2月12日 区委常委、副区（局）长于喜文看望离退休后，从事区志工作的老干部、老同志吴跃忠、王玉林、王震、王亚彬、袁道生。

2月21日 区委常委、副区（局）长于喜文赴加拿大考察有关毛丝鼠项目事宜。

3月22日 区委书记刘殿武、区（局）长孙芳礼、区委副书记陈显义、唐世平、区委常委、区委组织部部长高兴学、区人大常委会主任赵祉贵等领导看望在家养病的原区人大常委会主任、离休老干部荆宝库。

3月30日　在工人文化宫二楼会议室召开五营区（局）1991年政府工作会议暨五营林业局十六届三次职工代表大会。

4月12—13日　召开中共五营区委第八次常委会议。会议议题：讨论本区“八五”计划和十年规划等6项事宜。

4月16日　召开五营区农业、多种经营、土地工作会议。会上杨树河经营所等4个单位作了典型发言。

4月23日　区四大班子领导欢送省劳模刘杰赴哈尔滨参加全省劳模表彰大会。

本月　五营区组建桦林街道办事处。

5月7—14日　区委书记刘殿武赴绥芬河海关联系五营区赴俄罗斯劳务有关事宜。

5月10日　老干部、共青团员、少先队员义务营造速生风景林活动。区委副书记唐世平参加。

5月25—30日　五营区先后两批600名扑火队员，赴友好林业局扑救山火。30日，区四大班子领导、党政机关干部、职工、学生千余人，迎接扑救友好山火队员胜利归来。31日，区委书记刘殿武、区（局）长孙芳礼到扑救友好山火参战单位及部分队员家中走访慰问。

5月31日　召开中共五营区委第十五次常委会议。会议议题：讨论区委党建三项制度；讨论在全区开展向优秀共产党员标兵王仁宽学习的决定等。

6月6—22日　区委书记刘殿武、区委常委、副区（局）长于喜文赴京联系五营区治危兴林的立局项目，造纸厂扩建事宜。

6月9日　原区人大常委会主任、离休老干部荆宝库病故。区委副书记陈显义、区委常委、区委办公室主任李柏林、区人大常委会主任赵祉贵一同到其家中慰问家属。10日，区（局）长孙芳礼召集区四大班子领导研究帮助料理荆宝库同志逝世后的有关事宜。11日，区四大班子领导及区直机关干部，参加了荆宝库遗体告别仪式。

6月17日　共青团中央宣传部部长谭志伦，科技、文体处处长恽明举，团省委宣传部部长李岩到五营检查共青团工作。区委副书记陈显义陪同。

6月30日　区委召开庆“七一”暨表彰奖励大会。会上表彰先进党支部17个、优秀共产党员98名、模范党务工作者13名。

本月　区人武部首次筹集4万元资金，对全区专武干部着装、着衔。

8月19日　五营区第六小学撤销并入第四小学。

8月20日　召开治危兴林平山现场会。五营区四大班子及各林场所参加，会上平山、汽运处等单位介绍经验，并参观平山治危兴林项目。

9月12日　区委、区政府召开严厉打击破坏森林资源，加强森林管理前丰林场现场会。会上对有关盗伐林木者进行处理。

9月19日　区政协举办中秋节各界人士座谈会。区委书记刘殿武，区委副书记陈显义参加会议。

9月27日　宁宝利任区人武部政委、周守仁任区人武部部长。

10月7日　召开区委党建思想政治工作经验交流会。会上16个基层单位介绍经验。

11月7日　翠兰区党政领导到五营参观非林替代产业、多种经营项目。区委书记刘殿武、区（局）长孙芳礼等有关领导陪同。

12月2—6日　区四大班子副处级以上干部及有关人员分12个组，分别对全区68个基层单位党风廉政建设等项工作进行检查。

12月9日　区委、区政府在局中心苗圃会议室召开全区老干部工作表彰会议。会上授予老干部工作先进单位3个、模范老干部16名、先进老干部工作者7名。

12月11—12日　市人大代表团到五营视察。区委书记刘殿武、区（局）长孙芳礼陪同。

12月17日　区委书记刘殿武、副区长李晓明等赴加拿大等地考察毛丝鼠项目

12月20—21日　召开五营区科协第四次代表大会。会上审议通过了区科协《关于执行黑龙江省科协章程》等事项。

12月27日　副市长宁士敏到五营检查工作。区（局）长孙芳礼、区委副书记陈显义、副区（局）长杜兴堂接待并汇报五营科技兴区工作。

1992年

1月18日　区委书记刘殿武、副区长李晓明等赴加拿大等地考察毛丝鼠项目归来。

1月25日　五营区（局）召开1991年"双文明"先进集体、先进个人表彰大会。会上表彰了29个先进单位、189个先进集体、28个先进科室、6个治危兴林先进单位、469名先进个人、26名标兵。

4月21日　区政府召开五营区成人教育工作会议。

本月　五营公路管理处并入汽运管理处。

5月20日　区四大班子领导及党政机关干部参加植树劳动。

6月10日　举行种猪示范场揭牌剪彩仪式。区四大班子领导参加。

6月22日　全国政协副主席、民革中央主席李沛瑶到五营考察。

同日　召开黑龙江省伊春北方经济贸易总公司成立新闻发布会。

6月23日　区（局）长孙芳礼在五营宾馆与俄罗斯外商签署议项合同。

本月　区人武部，在苗圃施业区2公里处修建长300米、宽100米的军训射击靶场。

7月9日　区委中心组学习邓小平南方重要讲话。

7月29日　区委、区政府召开"破大案、打团伙"总结表彰大会。会议表彰奖励了14名政法干警。

本月　成立民族宗教事务局、侨务办公室。

8月10日　国务委员宋健到五营考察。省、市领导陪同。

9月1日　召开中共五营区（局）第十三届五次全委（扩大）会议。会上讨论本区发展经济若干规定等5项议程。

10月9日　省森林工业总局"四文明"（做文明人、说文明话、办文明事、建设文明单位）兴林杯大赛检查组，到五营检查 "四文明"兴林杯大赛活动开展情况。区四大班子领导陪同。孙芳礼获金牌、赵庚信获银牌。

11月7日　中共伊春市委决定，五营区（局）党委书记刘殿武调任伊春市委组织部副部长，华景伟任中共五营区（局）党委书记。

1993年

1月14日　召开五营区春节大集筹备领导小组成员会议。

1月15日　举行五营春节大集开集仪式。市委、市政府有关领导、区四大班子领导参加了开集

仪式。

2月1日　召开中共五营区委第十三届五十七次常委会。会议议题：讨论《五营区党政机关工作人员从事生产经营活动的若干规定》等共6项事宜。

2月4—5日　举办五营元宵大集开集仪式。

2月22—23日　召开中共五营区第十三届五十九次常委会议。会议议题：讨论《五营林业局公有住房出售实施细则》等11项日程。

3月8日，五营“三八”大集开集。

3月17—18日　召开中共五营区委第十三届六十次常委会议。会议议题：讨论《五营区知识分子拔尖人才选拔管理办法》及推荐出席省、市党代会议候选人建议人选等。

5月10日　19时1分居民楼区突然出现一次飑风（局部刮大风），将10号楼铁皮房盖连同木方框架一齐被强风卷到7号楼4楼口4楼正厅王某家阳台上，其子小腿处被撞重伤，两处骨折。连夜送往哈尔滨医院医治3个月。

6月30日　五营区成立五营区关心下一代工作委员会。

8月7日　召开中共五营区委第十三届六十六次常委会议。会议议题：讨论首批区级企业家人选和区级企业家协会理事会组成人员建议名单等3项议程。

8月20日　区（局）长孙芳礼、区委副书记唐世平看望慰问参加哈伊公路会战的五营区筑路工程队全体同志。

9月8日　区四大班子领导参加五营大市场开业庆典并剪彩。

9月9日　召开五营区1993年小兴安岭森林节五营新闻发布会。

9月11日　中共伊春市委决定：区（局）长孙芳礼退休；陈茂华任中共五营区委副书记、林业局局长、代区长。

9月13日　省政协主席周文华到五营参加森林节开幕式。

10月4日　林业部以林造批字〔1993〕166号文件批准成立五营国家级森林公园。

10月8日　市长滕昭祥、副市长孟宪斌到五星水泥厂调查研究，现场办公。区四大班子领导陪同。

10月19—21日　召开中共五营区（局）十四次代表大会。会上华景伟代表上届委员会作题为《用邓小平同志建设有中国特色社会主义新型林区而奋斗》的工作报告。大会选举产生了新一届党的委员会和纪律检查委员会。

本月　中共伊春市委决定：人武部部长周守仁调伊春市直属机关任职。高兴学任区人武部部长。

10月30—11月1日　区人大召开第十届一次大会。会议批准：陈茂华为五营区区长。

11月1日　召开全区打击刑事犯罪百日攻坚战动员大会。

11月24—25日　召开区政协四届一次会议。

12月8日　区委书记华景伟为全区团干部作赴美国考察情况报告。

本月　林业部、人事部授予五营林业局1990—1992年三年无森林火灾先进单位。

本年　有线电视上山，平山经营所居民首先看到有线电视。1994年1月，翠北、前丰、永丰；1995年4月，区址住宅楼区居民户；本年，平原、丽丰、杨树河林场（经营所）；1996年6月，山下居民住户等大面积安装有线电视。2003年7月，五星办事处所属居民户安装有线电视。

1994年

1月6日　召开中共五营区委第十四届六次常委会议。会议议题：讨论《五营区1994年经济体制改革总体方案》等8项议程。

1月20—26日　区委、区政府在全区范围内开展“增感情、送温暖十、百、千活动”。区四大班子成员组成十个组，抽调一百名机关干部，走访一千户。

3月9—11日　召开中共五营区（局）十四届二次全委（扩大）会议，五营区（局）经济计划工作会议暨五营林业局第十六届六次职工代表大会和全区科技工作会议。区四大班子领导参加了会议。

3月16日　黑龙江省丰林自然保护区召开35周年无森林火灾表彰大会。区四大班子领导参加会议。

4月25日　召开全区政治工作会议。会上表彰26名优秀思想工作者。

6月1日　市委书记王东华到五营考察非林替代产业。区四大班子领导陪同。

6月2日　市委、市政府向伊春市1993年度享受政府特殊津贴的本区高级科技人员于喜文、林宝岱，颁发国务院的政府特殊津贴证书。

6月6日　省委书记岳岐峰在市委书记王东华、市长滕昭祥和区四大班子领导陪同下，考察五营部分企业。

7月8日　全国政协副主席胡绳到五营考察。

7月9日　国务院原副总理方毅到五营考察。

同日　中共中央顾问委员会原秘书长李力安到五营考察。

同日　出席伊春森林节的客商在区四大班子领导陪同下参观五营部分企业。

7月10日　全国人大常委会副委员长吴阶平、李沛瑶到五营视察。

7月12—13日　召开中共五营区第十四届十六次常委会。会议议题：讨论《工业小区发展若干政策规定》和《五营区接待工作规定》等16项议程。

7月25—26日　召开区工会第十七次职工代表大会。区党政领导参加会议。

7月30日　召开共青团五营区第十次代表大会。区党政领导参加会议。

9月8日　五营区（局）长陈茂华赴美国考察。

10月18日　五营区邮政局的三千门程控电话开通。

11月16日　副省长马淑杰及省科协领导，在副市长沙英华陪同下，到五营指导科技工作。考察了良种繁育场、平原罐头厂等企业，并支持五营科技费10万元。

12月26日　全市首届“光明杯非公有制经济知识竞赛”在五营举行。区四大班子领导参加了知识竞赛。

1995年

1月7—8日　省森林工业总局局长王长福在市林管局副局长张玉明陪同下到五营检查工作。

4月4日　以市人大副主任丁增林为团长的市人大代表视察团到五营视察多种经营基地建设翻两番落实情况及春耕准备情况。

4月15日　林业部副部长程光耀到五营检查森林防火工作。

4月22日　李光复任中共五营区纪律检查委员会书记。

本月　由五营区地方企业联合开发公司发起组建黑龙江中植企业集团。

5月　撤销项目开发办公室、总工办公室，成立非国有经济办公室、经济合作开发办公室。

同月　区工会主席任柏枫被全国总工会授予全国优秀工会干部。

7月16日　凌晨3时许，区物资局机动车配件仓库被盗，丢失物资折合人民币2.6万元。案发后，区公安分局干警连夜奋战于次日凌晨1时许，将犯罪嫌疑人李某某（男，29岁，汽运处青年）等5人抓获。

8月7日　中共伊春市委决定：中共五营区委书记华景伟调任市委秘书长、市委办公室主任。霍明瑜任中共五营区委书记、兼任五营区人民武装部党委书记。

10月13日　五营区桦林办事处并入五营办事处。

11月7日　五营区开通无线通信业务。

11月8—9日　召开五营区第五次妇女代表大会。

11月9日　市政府同意关闭五星木器厂。

11月24日　区政府决定：在经济发展上，实行两分战略，即：分户经营、分块搞活。成立了区分块搞活改革领导小组。组长：区（局）长陈茂华；副组长：副局长王玉斌、总经济师徐景和。下发了《五营林业局关于印发五营林业局国有林业企业分块搞活试点方案》的通知。

12月12日　区政府决定：集体经济管理处机构实行改革，返还原所属各单位借贷款，原所辖各单位，实行独立经营，使经营职能与管理职能完全划开。

本年　五营林业局工会被全国农林工会评为职工技术协作先进集体。五营区第一小学，被国家少工委授予国家“雏鹰”大队光荣称号。

1996年

1月2日　撤销联合企业公司，多种经营局、多种经营公司，成立永恒实业开发公司。

1月18日　林产工业科与林产工业公司合属。多种经营科改变隶属关系划归区政府。

2月2日　召开五营区（局）1994—1995年度“双文明”先进集体、先进个人表彰大会。会上表彰：先进单位13个、先进科室17个、先进个人标兵16名、先进个人407名、先进集体97个。

同月　成立五营区人民武装部收归军队建制工作领导小组。

3月　加拿大客商肯活地租赁经营毛丝鼠养殖公司。机修厂实行委托经营。

4月1日　区人武部收归现役正团级编制，下设军事科、政工科、后勤科。

4月4日　五营区生产技术科改称生产调度科。

4月10日　区政府决定，强化木材一个口销售，只保留森工产品经销公司，设在木材科，取消设在永恒公司和创收办的森工产品经销公司经营木材权。

4月21日　林业部副部长刘云鹤到五营检查春季防火工作。

6月26日　林宝岱总工程师同台商签订租赁胶合板厂合同。

本月　蓝剑木业公司与联合企业公司前身集经处财产合并，合并后名称仍为蓝剑木业公司，局木器厂财产，作为林业局股份，入股蓝剑木业公司。

7月7日　人武部全体军官参加伊春军分区举行的人武部军官授衔仪式。人武部政委宁宝利被授予上校军衔，正团职军官。

10月3日　下午2时30分，苗圃护林队员高建波（男，39岁）在护林队解散后，找苗圃领导要求另行安排工作未果，酒后腰绑炸药包，到苗圃领导办公室，在与领导交谈中发生争吵，高将炸药引爆身亡。在场3人被炸成重伤。

11月1—15日　区（局）长陈茂华赴韩国考察、洽谈木材出口业务。

11月8日　市委决定：区（局）长陈茂华调任市林业经济研究所所长。李江任中共五营区委副书记、五营林业局局长。

11月12日　防汛指挥部办公室与水利局并入农业委员会。

1997年

1月　工商银行五营办事处升格为工商银行五营支行。

3月3日　召开中共五营区委第十四届五十四次常委会议。会议议题：讨论推荐解植坤、刘永文出席省劳动模范，推荐任柏风为全国“五一”劳动奖章获得者等。

3月20日　中植集团出资200万元，买断良种繁育场，更名为中植牧业公司。

4月　区工会主席任柏枫被黑龙江省政府授予“劳动模范”。

5月1日　区工会主席任柏枫获全国“五一”劳动奖章。

5月13日　五营区营林处更名为营林公司，设立营林科。

8月24—26日　全国森林旅游产品营销座谈会在五营召开。林业部原副部长董智勇、林业部旅游处处长王兴国、市林管局副局长张玉明参加了会议。

10月16日　五营区再就业服务中心挂牌成立。

11月3日　召开五营区第十届人民代表大会。会上李江当选为五营区区长。

12月5日　五星木器厂破产终结。

本月　区志办公室被评为省史志工作先进集体。

本年　中心大街铺设沥青路面。长1100米，宽9米。

1998年

1月9日　全国妇联书记处书记康泠、全国妇联儿童基金会副秘书长王萍及省妇联主席王桂香、省妇联儿童基金会主任曲秀珍到五营考察并参观五营国家级森林公园。区领导李江、唐世平、武学忠、潘若飞陪同。

2月18日　原翠峦区委常委、纪委书记迟洪训交流到五营任区委常委、纪委书记。

3月24—30日　区委常委、区委宣传部部长郭庆兰带领区“三情”（区情、场情、家情）教育宣传队到基层单位进行巡回宣讲。

本月　中国农林工会全国委员会，授予本局工会为全国农林系统先进基层工会。

4月1日　在工人文化宫二楼会议室召开五营区（局）1996—1997年度劳模大会。会上表彰：先进单位13个、支援林区建设先进单位15个、先进科室16个、劳动模范标兵14名、劳动模范362名、先进集体105个。

4月3日　召开全区政法队伍集中教育整顿动员大会。

4月6日　区四大班子领导参加区第四小学教学楼（4层）开工仪式。于同年10月末竣工交付使用。

4月28日　召开区个体劳动者，第五次代表大会。

4月29日　区工会举办第四届五营之春演唱会。

5月14日　区政府召开拍卖会，以10600元价格拍卖了商业收购部，以协商价20万元出卖青年电影院。

5月16日　区委书记霍明瑜主持召开产权制度改革推进会议。

5月20日　全市职工家庭经济工作会议在五营召开。区委书记霍明瑜、区（局）长李江出席会议，区工会主席任柏枫在会上作了典型发言。

同日　省信访工作检查组到五营区检查指导工作。区委书记霍明瑜、区（局）长李江汇报本区信访工作情况。

6月8日　全国总工会农林工会主席韩艺敏在省、市委及工会领导陪同下，到五营考察工作。区委书记霍明瑜等领导陪同并汇报五营工会工作情况。

6月9日　区纪委监察局在区中心街组织开展行政监察法宣传一条街活动。

6月10日　区委书记霍明瑜主持召开林政管理杨树河经营所现场会。会议确定加大打击盗伐林木资源力度，落实林政资源包片看护责任制等事项。

6月11日　全市北片体制改革工作会议在五营营林公司招待所举行。区（局）长李江出席了会议。

6月18日　省委组织部、省卫生厅组织的省医疗专家义务医疗队到五营义诊。

6月23日　省人大常委会副主任赵林茂、省政协副主席谭方之等领导在市委书记王利民、市人大常委会主任印延文等领导陪同下到五营考察。区委书记霍明瑜、区（局）长李江等领导向省、市领导汇报了五营政治、经济和社会情况。

7月18日　区（局）长李江、区委常委、区纪委书记迟洪训等领导赴伊春参加‘1998’小兴安岭森林节暨伊春林区开发建设50周年纪念活动开幕式。

7月24日　区（局）长李江参加伊春1998年小兴安岭森林节暨林区开发建设50周年纪念活动总结表彰大会。五营区（局）被评为先进单位、黑龙江省中植企业集团获得市特殊贡献奖。

8月6日　第四次全国卫生城市检查团到五营检查城镇卫生工作。

8月14日　全市下岗分流工作先进事迹报告团到五营作报告。

8月16日　全国政协广东省政协委员视察团到五营参观视察五营国家级森林公园建设。区四大班子领导陪同并汇报了五营国家级森林公园建设情况。

同日　全国政协副主席万国权到五营考察。

8月18日　长江、松花江、嫩江流域发生特大洪水，为了支援灾区人民重建家园，五营区委、区政府高度重视，组织召开了全区救灾捐赠动员大会。区委书记霍明瑜在会上作动员讲话。

9月20—22日　召开中国共产党五营区（局）十五次代表大会。会上区委书记霍明瑜代表上届委员会作题为《高举旗帜，团结奋斗，带领全区人民为把五营建设成为新型林区而奋斗》的工作报告。会上选举产生了新的一届委员会及纪律检察委员会。

10月　毛丝鼠养殖有限公司搬迁到原五营技工学校。

11月18—24日　区委书记霍明瑜、区（局）长李江赴北京参加伊春市开发建设50周年成果展暨（北京）家具林木产品展销会。

11月28日　志淳木制品有限公司五星木制品厂开业，区四大班子领导参加开业庆典。

12月7日　全市综合治理检查组到五营检查综合治理工作。区委副书记武学忠、区政法委常务副书记刘义华向检查组汇报了五营区的综合治理工作。

12月27日　楚某某妻子杨秀环为居住在三角线建林街的好友王某某看家，当晚8时许烧土暖气时，其本人不知锅炉结冻又无经验，点着炉子后，土锅炉咔咔作响，未将火熄灭致使土锅炉爆炸，火墙崩塌，炕崩坏，玻璃全部震碎，杨秀环当场身亡，时年41岁。

12月30日　第一中学被省教育委员会授予先进学校。

本月　汽运处运木材汽车出售给职工个人。汽运处国有资产入股兴业路桥公司，实行股份制经营。

本月　五营铁路车务段撤销。

本年　国家全面起动天然林保护工程。

1999年

1月21日　召开全区科级以上干部大会，市委组织部领导在大会上宣读市委关于调整五营区委领导班子的决定：区委书记霍明瑜任市委副秘书长、市委办公室主任职务，原乌伊岭区委副书记王希宇任中共五营区委书记兼任区人大常委会主任。区（局）长李江主持会议。

2月3—10日　区四大班子领导走访慰问教育、卫生、政法战线和林产工业、林场（所）等基层单位以及老干部、统战成员、社会救济户、伤残军人、党政机关中的困难户。

2月4日　区委副书记武学忠召集信访办、公安分局、法院、教委、党委办公室等部门参加的有关“五星砷中毒案件”会议。

3月3日　召开全区科级以上干部会议，市委组织部领导在会上宣布市委决定：区（局）长李江调任市政府副秘书长职务，原区委常委、副区（局）长潘若飞任中共五营区委副书记、林业局局长。在9日区人大十一届八次常委会上，任命潘若飞为五营区政府代区长。

3月8日　刨花板厂实行租赁经营，改称五营人造板厂。

3月11日　区委副书记武学忠主持召开信访专项会议。

3月22日　五营区政府在区政府二楼会议室召开全区经济工作会议。

4月8日　哈慈集团租赁原毛丝鼠养殖公司场房，建立哈慈保健茶加工厂。

4月12日　区委党校举办基层支部书记“三讲”（讲学习、讲政治、讲正气）教育研讨班。

4月22日　区机关幼儿园解体，实行幼儿教育社会化。

5月3—4日　召开五营区青年联合会第一届委员会第一次会议。

5月4日　召开纪念“五四”运动80周年表彰大会。会上表彰模范团组织8个、先进团队组织17个、基层优秀团干部20名。

5月10日　召开中共五营区（局）党员代表会议。会议选举陈学平、王希宇、潘若飞、刘利敏、郭庆兰、迟洪训、李涛、徐家伟、刘淑荣为出席市第九次党代会代表。

同日　召开五营区各界声讨大会。会上，社会各界人士代表纷纷发言，严厉谴责以美国为首的北约组织用导弹袭击我国驻南斯拉夫联盟共和国大使馆的野蛮暴行。

5月25日　召开全区严厉打击木材领域违法犯罪分子公开处理大会。经区人民法院审理，盗伐林木罪犯1人，判处拘役6个月，并处罚金2000元。

5月27日　召开处级领导干部救济贫困儿童会议。26名处级领导救济贫困儿童26名，救济金额为5200元。

6月6日　建材厂和平原罐头厂实行产权出售，变为私营企业。于红军出资购买了第二百货大楼及楼后区域库房，并将购买的平原罐头厂址迁到原第二百货大楼改称鑫源野生食品加工厂。建材厂由盛贤臣买断后，组建永盛建筑材料有限责任公司。

6月7日　全区进一步加大城镇建设步伐，在住宅楼房区新建1万平方米草坪，沿主街路两侧摆放300盆盆花，安装25部公用磁卡电话。

6月18日　省人大农林办副主任康建华率检查组到五营检查新《中华人民共和国森林法》（以下简称《森林法》）贯彻落实情况。区委书记王希宇、区委副书记武学忠、区委常委、副区（局）长刘永文向检查组汇报本区贯彻落实新《森林法》工作情况。

6月25日　市委书记王利民在市委秘书长姚大为、副市长耿意志的陪同下到五营区检察工作。区委书记王希宇、区（局）长潘若飞汇报工作情况。

7月1—2日　省政协副主席刘文泮率林业视察组到五营检查“天保”工程实施情况。区委书记王希宇、区（局）长潘若飞向视察组汇报本区实施“天保”工程情况。

7月5日　中共中央政治局常委、全国政协主席李瑞环在省委书记徐有芳、省政协主席周文华、伊春市委书记王利民等领导陪同下到五营视察。区委书记王希宇、区（局）长潘若飞陪同。先后视察了丰林国家级自然保护区、中心苗圃、看望了全国劳动模范王仁宽。

7月7日　全国人大常委会委员、全国人大农业与农村委员会主任委员高德占率全国人大《森林法》执法视察组，在省人大常委会副主任孙魁文、省政府副秘书长王长福、省林业厅厅长赵向东、省森工总局副局长邵树云、市委副书记张永刚、市人大常委会副主任陆世贵、市林管局副局长张玉明陪同下，到五营视察《森林法》执行情况，并视察丽丰经营所和五营国家级森林公园。区委书记王希宇、区（局）长潘若飞向视察组汇报五营区（局）贯彻执行《森林法》情况。

7月9日　林业局工会举办推进厂务公开制度培训班。

7月12—15日　区委党校举办全区厂、场（所）长、经理“三讲”教育研讨班。

7月21日　召开全区处、科级干部大会。会议主要议题：取缔本区“法轮功”邪教组织。

7月26—29日　区人大、区政协、区群团部门组织召开全区各界人士会议，批驳李洪志及其“法轮功”邪教组织的歪理邪说。

8月2日　全国政协副主席周铁农到五营国家级森林公园考察。区委书记王希宇、区政协主席高兴学、副区（局）长刘永文等领导陪同并汇报了五营情况。

8月17日　召开木材生产经营方式改革座谈会。

8月22日　全国政协副主席张思卿率农村文化工作视察团到五营视察。区委书记王希宇、区（局）长潘若飞、区委常委、副区局（长）刘永文陪同。视察团在五营国家级森林公园观看了市文工团和五营文工队“三下乡”汇报演出。

8月23日　召开五营林业局局情发布会暨“兴区富民”合理化建议恳谈会。

8月26日　沈阳军区副司令员罗友礼、沈阳军区装备部部长邢树成，到五营区检查人民武装部工作。28日，沈阳军区司令员梁兴烈，到五营区检查人民武装部工作。

本月　区质量技术监督局由市垂直管理。

同月　台商租赁兰剑木业公司，改称伊春市洪森木业有限公司，机修厂退股。

9月2日　五营区召开非公有制经济工作会议。

9月9日　五营区召开全区干部任职前公示制会议。

9月17日　召开五营区社会各界人士纪念人民政协成立50周年座谈会。

9月29日　五营区举行庆祝中华人民共和国成立五十周年文艺晚会。

10月7日　五营区技工学校解体。

10月9日　五营区召开全区明晰劳动关系工作会议。

同日　区委书记王希宇主持中心组学习中共十五届四中全会通过的《中共中央关于国有企业改

革和发展若干重大问题的决定》等内容。

10月26日　五营区召开庆祝黑龙江省环卫工人节大会。

11月12日　五营区召开全区思想政治工作会议。

11月29日　财政部副部长高强在副省长王东华、市委书记王利民等领导陪同下，到五营考察。区委书记王希宇、区（局）长潘若飞、区委常委、副区（局）长刘永文陪同考察中心苗圃、丽丰经营所和五营国家级森林公园。

本月　林业局对伐区阶段木材生产经营方式进行改革，集材拖拉机、绞盘机等生产设备和工具，全部出售给职工个人，彻底取消段队制。职工以自愿约伙方式组成生产作业承包组，承担林业生产作业任务。

本月　省军区参谋长高凤楼，到五营区考察人武部正规化建设。

12月13日　区委副书记刘利敏赴哈尔滨市参加省街道社区党建工作南岗区现场会议。

12月17日　五营区举办迎澳门回归革命歌曲演唱会。

2000年

1月4日　五营区召开全区扶贫解困动员大会。

1月11日　举行中植企业集团向区教育和广播电视事业捐款仪式，共捐款40万元。区（局）长潘若飞参加仪式并讲话。

1月12日　区委、区政府召开林政案件公开处理大会。经区人民法院审理，对盗伐林木2人，分别判处管制1年并各处罚金3000元。

1月24日　副市长李长祥、市总工会副主席冯武成代表市委、市政府到五营走访慰问困难户。

1月26—31日　春节前区委书记王希宇、区（局）长潘若飞、区委副书记武学忠、刘利敏、区政协主席高兴学、区人大常委会副主任李光复分别带领一个走访慰问组，深入到各基层单位的困难职工、离休老干部、患病的科级干部、统战成员、伤残军人、社会救济户、劳动模范家中走访慰问。同时还走访了敬老院、人武部和森警大队。

2月19日晚　五营区（局）领导走上街头与全区万名群众一起观赏花灯，参加焰火晚会，欢度元宵之夜。

3月15日　召开五营区（局）1998—1999年“双文明”建设表彰大会。会上表彰奖励了51个先进单位，29个先进科室、16名劳模标兵、279名劳动模范。

3月20日　区广电中心有线部分和无线转播部分隶属关系归市。

3月22日　区（局）长潘若飞赴香港参加2000年伊春市（香港）产品展示及经贸洽谈会。

本月　黑龙江省人民政府授予五营林业局1997—1999年森林防火先进单位。

4月5日　中共伊春市委组织马永顺事迹报告团到五营区作报告。

4月19日　召开中共五营区委十五届二十八次常委会议。会议议题：听取关于五营区招商引资优惠政策及奖励办法方案的汇报等6项议程。

4月25日　成立旅游局为政府职能部门，同时组建旅游公司，两个机构，一套人马。

4月27日　举行五营区第一部《五营区志》首发式。

4月29日　副省长申立国到五营检查森林防火工作。区委书记王希宇、区（局）长潘若飞汇报本区森林防火工作。

5月10日　区四大班子领导带领全区机关干部及离退休老干部、青少年、妇女代表到区址东山风景林地，义务植树造林。

5月18日　召开区“十五”计划和2015年长远规划编制工作会议。区（局）长潘若飞参加会议并讲话。

6月4日　丰林办事处一居民家因液化气罐爆炸引起火灾，受灾居民达8户。区领导王希宇、潘若飞、武学忠、刘利敏、齐君等很快赶赴现场组织指挥扑救。大火扑灭后，区领导连夜召集民政、公安等有关部门负责人参加的专题会议，研究对灾民救助事宜。会议决定：区民政局给每户灾民发放2000元救助金，受灾户所在单位帮助灾民恢复住房。

6月5日　五营区召开全区防火紧急会议。同日，区委、区政府领导为液化气罐爆炸受灾的每户送去救济金2000元。

6月30日　省长宋法棠在省、市领导和区委书记王希宇、区（局）长潘若飞陪同下，考察了五营丰林自然保护区。

7月10日　召开五营区“三讲”教育总结大会。9月5日，召开五营区“三讲”教育深入整改和“回头看”动员大会。

7月11日　省政协主席马国良在市领导和区委书记王希宇、区（局）长潘若飞陪同下，考察五营国家级森林公园。

7月19日　参加小兴安岭漂流节的客人，到五营国家级森林公园观光旅游。区委书记王希宇、区（局）长潘若飞向客人介绍木器厂、五营国家级森林公园的建设情况。

7月21日　全市食用菌、药材推进工作现场会在五营召开，副市长李长祥出席会议。区委书记王希宇、区（局）长潘若飞参加会议。副区（局）长刘树茂在会上作了五营区发展黑木耳经济的经验介绍。

7月30日　全国政协旅游团，到五营国家级森林公园参观考察。

7月31日　澳门旅游团，到五营国家级森林公园参观考察。

本月　五营区成立中国联通伊春分公司五营业务处。

8月3日　五营区召开全区中小学校德育工作班主任工作经验交流会。

8月5日　五营区工人文化宫因危房二层楼拆除。

8月8日　区长潘若飞率劳动、民政、地税等部门负责人到市参加全市两个确保工作会议。会议决定从2000年8月起启动森工企业基本养老保险市级统筹，确保低保生活费按月发放、确保基本养老金按时足额发放。

8月10日　全国政协副主席王文元到五营考察国家级森林公园。

8月11日　“五营之夏”演唱会在区公安分局门前场地召开。区领导和全区近万名群众观看演唱会。

8月17—22日　国家审计署天保工程资金审计组到五营审计“天保”工程资金使用情况。区委书记王希宇、区（局）长潘若飞汇报了本区“天保”工程实施情况。

8月23日　省旅游局局长宁士敏到五营区考察旅游业发展情况。

8月25日　举行全区新一轮扶贫解困捐款仪式，区四大班子领导带头踊跃捐款。全区捐款额85483元。

本月　人武部政委宁宝利退休；张晓东任五营区人武部政委。

9月1—7日，区四大班子在教师节前夕走访各学校并到困难教师家中慰问。

9月11日　国家旅游局“争创优秀旅游城市”检查组到五营区检查工作。五营国家级森林公园被评为国家文明公园。

9月25日　召开五营区开展警示教育活动动员大会。

本月　刘长军任五营区人武部部长。

10月5日　财政部副部长张佑才一行三人，到五营考察森林资源和旅游资源情况。

10月8日　经过一年的扩建，五营基督教会堂落成，举行献堂典礼。

10月22日　五营区利民液化气站落成。

10月25日　在纪念中国人民志愿军抗美援朝出国作战50周年之际，区委书记王希宇、区委副书记武学忠、区委常委、副区（局）长刘永文及人武部、民政局领导，走访慰问五营区3位曾经参加过抗美援朝志愿军老战士刘洪久、刘茂和、徐金生。

10月26日　五营区召开庆祝黑龙江省环卫工人节大会。

11月1日　五营区与全国同步开展第五次人口普查入户调查工作。

11月10日　五营区7000平方米休闲广场交赴使用。

11月12—14日　丽丰、平山、杨树河经营所先后进行管护经营责任制分户招标活动。

12月8日　五营区矿产资源管理工作归市垂直管理。

12月19日　根据体制改革的需要，区编委会决定：撤销局汽运管理处，保留原与之合属的公路养护管理处；撤销物资经销总公司及局物资供应科，成立局燃料公司；撤销区公用事业管理处，成立区物业管理处，区环境卫生管理处，区自来水公司；撤销枝桠管理站，局林副产品综合厂、局绣服饰品厂、局果仁厂、局新兴针织厂。同时决定：撤销对原已改制的局林业建材厂、局平原罐头厂机构。

12月28日　区委宣传部、区文体委举办迎接新世纪演唱会。区四大班子领导观看了演出。

2001年

1月6日　伊春联通分公司在五营召开庆祝全省联通GSM用户超百万大会。

1月9日　市委常委、市委宣传部部长华景伟代表市委、市政府到五营走访慰问贫困户、伤残军人和民政救济户。

2月7日　市委决定：区（局）长潘若飞调任市生产局局长，原美溪区委常委、副区（局）长张恒芳任五营林业局局长。

2月22日　区第十一届人大常委会召开第十八次会议，选举张恒芳为五营区副区长、代理区长。

3月4—6日　张恒芳代理区长赴哈尔滨参加省政府专题工作会议。会议决定：本省本年召开中国黑龙江国际森林生态旅游节；同时确定：五营为森林生态旅游示范区。

3月14日　区政府（林业局）召开第五次区（局）长办公会议，专题讨论产权制度改革问题。

3月15—16日，五营区第十一届人民代表大会召开第五次会议。会议审议通过了张恒芳代理区长代表区政府所作的《政府工作报告》等事项，会议选举张恒芳为五营区区长。

3月26日　省森工总局森林采伐限额执行情况核查和伐区验收检查组，到五营林业局检查工作。

5月8日　市监察局执法检查组到五营区检查《中华人民共和国行政监察法》贯彻执行情况。刘永文副区长作了情况汇报。

5月9日　召开全区绿化工作会议。

5月16日　市政府下发伊政批字〔2001〕46号文件，关于撤销五营区五星镇成立五星街道办事处的批复。

5月25日　林业局召开林业电话所改制动员会，区（局）长张恒芳作动员讲话，5月起林业电话所并入区电信局。

本月　五营办事处成立桦林、松林、育林、丰林、建林、茂林、新林、森林8个社区。

6月21—26日 区领导走访慰问区内不同革命历史时期、不同战线的老党员，老战士、老干部、优秀党员、优秀党务工作者、劳动模范代表。

6月22日 胶合板厂实行租赁经营。

同日 成立五营区社区建设工作领导小组。

6月27—29日 全省森林资源监督研讨会在五营区召开。

6月28日 成立“天保”工程森林资源管护办公室及森林资源管护稽查大队。

6月29日，召开全区庆祝中国共产党建党80周年表彰大会。会上表彰：先进党组织26个、优秀共产党员126名、模范党务工作者26名。

6月30日，区领导观看了庆祝建党80周年广场文艺演出。

7月12日 召开全区“三个代表”重要思想学习教育动员大会。

7月17日 全国人大常委会副委员长曹志、全国人大常委会副秘书长刘镇在省人大常委会副主任单荣范、秘书长傅亚文、市委副书记关庆波、市人大常委会副主任李长富、秘书长闫子河等领导陪同下，到五营考察丰林国家级自然保护区。

7月19—20日 参加首届中国黑龙江国际森林生态旅游节的中外来宾游览五营国家级森林公园。

8月1日 区党政领导参加区人武部组织召开的纪念建军节74周年议军习武大会。

9月3日 以省人大常委会副主任孙魁文为组长的全国人大伊春视察组，在市人大副主任陈丛礼、伊春林管局副局长张玉明、市人大秘书长闫子河陪同下，到五营区对实施“天保”工程及旅游业发展情况进行视察。区（局）长张恒芳汇报情况。嗣后，视察组在区委书记王希宇、区（局）长张恒芳陪同下参观五营国家级森林公园。

9月8日 副区长刘树茂率农业办、鑫源、雪源负责人赴齐齐哈尔参加中国首届绿色食品展销会。

10月25—26日 区（局）长张恒芳、副区长刘树茂及区经贸委负责人，赴市参加全市发展非公有制经济工作会议。会上授予五营鑫源野生食品加工厂厂长于红军、雪源饮品有限公司经理赵广为全市2000年度发展非公有制经济“光彩之星”；授予区经贸委主任李忠臣为2000年度发展非公有制经济先进个人。

10月30日 召开全区发展木耳经济工作会议。区委书记王希宇在会上讲话，区（局）长张恒芳主持会议。

10月31日 召开全区创建优良经济发展环境和促进非公有制经济发展工作会议。区（局）长张恒芳在会上讲话，区委书记王希宇主持会议。

11月2—16日 副区长刘永文赴四川省瓦屋山参加全国旅游景点工作会议。会上授予五营国家级森林公园为全国文明公园，并颁发标志牌。

11月7日 区领导高兴学、李光复、沈智锋、任柏枫带领计统委员会、生产科、8个林场（所）、职工医院和一些机关科室负责人共36人去双丰林业局实地学习“双丰经验”。

12月7日 五营区召开区（局）机关机构改革动员大会。区（局）机关机构改革工作正式启动。此次机构改革政府机构设置15个，林业局机构设置3个；人员精减23%。

12月10日 翠北林场进行分户经营，正式实施森林资源管护承包经营责任制。至此，森林资源管护经营承包责任制在全局8个林场（所）全面推开。

12月18日 区委、区政府召开扶贫解困爱心助残捐款动员大会。会后全区共捐款19.47万元。

12月31日 五营区全国第二次基本单位普查工作正式开始。普查员进行入户调查。

2002年

1月1日　中共伊春市委决定：中共五营区（局）党委书记、人大常委会主任王希宇调任市委副秘书长。马新民任中共五营区（局）党委书记、人大常委会主任。

1月8日　全国政协常委、国家计委原副主任郝建秀一行5人，在省计委主任王涛志、代市长李延芝等领导陪同下，到五营区考察指导工作。

1月18日　以国家计委高科司顾大伟处长为组长的国家计委机关党校，2001年秋季所办进修班调研组一行9人，在副市长姜言福、市政府秘书长李洪斌等领导陪同下，到本区调查研究。

1月28—31日　区党政领导走防慰问特困职工代表和生活困难的伤残军人，社会救济户、统战成员、离退休老干部及老干部遗孀。

本月　人武部政委张晓东调走；敖明柱任人武部政委。

2月4—7日，区领导分组走访慰问区人武部、森警部队、劳动模范、患病的科级干部以及民主党派、党外知识分子，台属和宗教界代表。

2月26日　区领导马新民、张恒芳、刘永文、齐君率经科贸委等部门负责人，赴市参加全市重点工作推进会议。

同日　晚间，区领导与全区近万名群众一同欣赏花灯展和观看焰火。

3月21日　五营区出现2002年第一次沙尘暴天气。

3月30日　区（局）长张恒芳、副区长沈智锋率经科贸委、建设局等部门负责人与美国北美第一开发集团代表亚洲执行副总裁宋康侯、北京代表副总经理袁也洽谈合作开发五营生态旅游项目事宜。

本月　区政府决定：撤销平原、平山、丽丰、永丰、杨树河经营所学校，学生全部安排到区址内第一小学就读。区政府每月给每名住宿生补助伙食费50元（学校设有食堂）。

4月18日　区委、区政府召开2000—2001年劳动模范表彰大会。会上表彰奖励了12个先进单位、17个先进科室、81个先进集体、21个为支援林区建设先进单位、11名劳模标兵、198名劳动模范。会议号召全区向劳模学习，不断推进各项工作的提高。

4月20日　区（局）长张恒芳率五营区出席省森工总局劳动模范代表、省森工总局先进集体代表赴哈尔滨参加省森工总局第三届劳动模范表彰大会。

4月29日　伊春客商陈艳租赁贮木场空心门车间，生产细木工板、租赁期2年，年租金2万元。

5月8日　五星医院实行改制，由医院职工选举代表承包经营，承包期2年。

5月15日　召开中共五营区委第十五届七十九次常委会议，讨论体制改革有关事宜等6项议题。

5月22日　哈慈集团与林业局解除1999年4月8日租赁原毛丝鼠养殖公司场房合同，办理了交接手续，正式退出。

6月10日　区政府（林业局）召开第五次区（局）长办公会议。会议议题：（1）讨论关于贮木加工厂办公楼及院内房屋出售事宜；（2）讨论五营职工医院股份制经营有关事宜；（3）讨论蓝剑公司经营事宜；（4）讨论中心苗圃改制事宜。区（局）长张恒芳主持会议。

6月16日　丽丰经营所居民攀庆修、于桂玲夫妇在林中放养木耳菌袋时，遭雷击身亡。

6月18日　区（局）长张恒芳率财政局、计划统计局、经科贸委负责人赴市参加全市财源建设工作会议，并在会上代表区政府作典型发言，于当日下午参加全市金融工作会议。

7月23日　区委决定：成立非国有经济办公室党委。

8月16日　参加第二届中国黑龙江国际森林生态旅游节的宾客百余人，到五营国家级森林公园参观游览。

8月18日　全国政协副主席杨汝岱一行5人，在省政协副主席谭方之、市政府秘书长李洪斌、市政协副主席沙英华等领导陪同下到五营区考察。

8月27日　全区项目财源建设工作会议在区政府四楼会议室召开。区（局）长张恒芳、副区长沈智锋出席会议并分别作了重要讲话。副区长刘永文主持会议。

8月29—31日　区长张恒芳、副区长闫立海率政府办、经科贸委、翠北林场等单位及部门负责人赴甘南县兴十四村考察学习。

9月4日　市委决定：刘永文调任上甘岭区（局）长职务，免去五营区委常委、副区（局）长职务，张跃文任五营林业局副局长职务，免去区委组织部部长职务。

9月20日　召开区第十一届人大常委会第二十九会议。会议选举任命张跃文、田宁为区政府副区长；会议审议通过了《五营区城镇市容和环境卫生管理办法》及《五营区园林绿化管理办法》。

9月24日　劳动和社会保障部部长张左己一行5人在副省长王东华、省劳动和社会保障厅厅长秦玉德、副市长姜言福、市政府秘书长李洪斌等领导陪同下到五营区考察工作。

本月　五营国家级森林公园被国家旅游局批准为国家AAAA级旅游景区。

10月2日　省长宋法棠一行5人，在市长李延芝、副市长姜言福等领导的陪同下到五营区检察工作。

10月18日　李长胜副局长参加伊春网通分公司五营通信分局挂牌仪式。

10月23日　张跃文副区长列席中国人民政治协商会议五营区第五届第二十次常委会议，代表区政府作关于政协委员提案办理情况的通报。

10月28—29日　召开中国人民政治协商会议五营区第六届第一次全体会议。

10月30日—11月1日　区第十二届人民代表大会召开第一次全体会议。会议选举张恒芳为区人民政府区长、选举张跃文、齐君、田宁为区人民政府副区长。

本月　区址连接204省道的新建“汤旺河大桥”交付使用。桥长245米、宽12米（含两侧人行道各1.5米），耗资450万元（由省交通厅投资），省桥梁建筑工程公司第五处承建（2001年破土动工）。

11月8日　区领导在公安分局三楼会议室集体收看中国共产党第十六次全国代表大会开幕式。25日，区委作出关于认真学习贯彻党的十六大精神的部署。

11月25日　全市北片林政管理工作会议在本区召开。

11月28日　全市北片非国有经济工作情况汇报会在本区召开。副市长李醒峰到会并作重要讲话。

12月10日　区委书记马新民主持区委中心组学习党的十六大报告。

12月18日　区领导参加伊春市讲师团在本区举行的宣讲党的“十六大”精神报告会。

2003年

1月16日　区政府召开林政管理工作紧急会议。安排部署林政管理工作，要求区政府各部门副科级以上干部到林政检查站，林政监控室值班加强林政管理，确保森林资源安全。张恒芳区（局）长到会并作重要讲话，张跃文副区长主持会议。

1月17日　召开全区第二轮扶贫解困工作总结暨第三轮扶贫解困动员大会。区委常委马新民、刘利敏、迟洪训、董雅光、郭庆兰、高迎春、张跃文参加会议。区委书记马新民在会上作了重要讲话。区委副书记刘利敏主持会议。

2月22日　中共五营区委第十五届九次全委（扩大）会议在区公安分局四楼会议室召开。区委书记马新民，副书记、区（局）长张恒芳，刘利敏，迟洪训，董雅光，区委常委郭庆兰，高迎春，张跃文，敖明柱参加会议。区政协主席高兴学、区人大常委会副主任刘义华列席会议。会上，传达市委九届九次全会精神；听取并讨论了区委书记马新民所作的题为《聚精会神搞建设，一心一意谋发展，全力启动全面建设小康社会的伟大工程》的报告。会上张恒芳作了重要讲话。

2月28日　召开第三次区（局）长办公会议，专题讨论伊春森远木业有限公司在五营区投资事宜。

3月4日　中共五营区委第十五届九十三次常委会议在区公安分局三楼会议室召开，区委书记马新民主持会议。会议议题：听取关于蓝剑公司和局木器厂租赁经营有关事宜的汇报等5项议题。

同日　全区安全工作会议在区政府四楼会议室召开。会上表彰了全区2002年安全生产优秀单位4个，安全生产先进单位10个。会上，区政府与生产单位签订了安全生产责任状等事宜。张恒芳区（局）长出席会议并作重要讲话，李长胜副局长主持会议。

3月8—21日　区（局）长张恒芳赴日本考察。

3月19日　全区挖潜增效工作在区政府四楼会议室召开。会议听取了自来水公司企业管理经验介绍，会议号召全区各单位及部门向自来水公司学习。张跃文副区（局）长到会并讲话。

3月26日　全区政治工作会议在区公安分局四楼会议室召开。区委常委马新民、张恒芳、迟洪训、郭庆兰、高迎春，区政协主席高兴学，区人大常委会副主任刘义华参加会议。区委书记马新民、区（局）长张恒芳在会上分别讲话。张恒芳主持会议。

4月1日　召开五营区残疾人联合会第二次代表大会。区委副书记董雅光在会上讲话。副区（局）长张跃文当选残联主席团主席。

4月18日　张恒芳区长、田宁副区长率卫生局、防疫站、职工医院负责人赴市参加全市非典型肺炎防治工作会议。

4月20日　五营区第一次防治非典型肺炎防治工作会议在区政府三楼会议室召开。会上传达了全市非典型肺炎防治工作会议精神，就如何抓好本区非典型肺炎防治工作进行了安排部署。

4月21日　全区城建绿化综合治理工作会议在区公安分局四楼会议室召开。会上宣读了《五营区户外牌匾、广告、标志设置管理办法》、《五营区义务植树绿化工作方案》，安排部署了本区城建、绿化主要工作任务。区（局）长张恒芳、副区（局）长沈智锋出席会议并分别作重要讲话。区委常委、副区长张跃文主持会议。

4月30日　区委召开第十五届九十六次常委（扩大）会议，区四大班子领导参加会议。会议听取了防治“非典”工作情况汇报。

5月1—3日，区（局）长张恒芳等领导深入实验林场、职工医院、防疫站、公路防治非典检查站、五营火车站、丰林自然保护区管理局、永丰经营所，检查防治非典工作并慰问医护人员及公安干警。

5月7日　区党政领导在宾馆四楼会议室，收看全市第二次防治非典工作电视会议。嗣后在公安分局三楼会议室召开全区防治非典工作指挥部第一次会议。

5月8日　田宁副区长在网通公司三楼会议室收听全省卫生系统防治非典工作电话会议。

本日　2003年第一次编制委员会会议在政府三楼会议召开。会议传达了伊编发〔2003〕8号、伊编发〔2003〕49、56、48号文件精神，讨论通过了《五营区人员编制管理办法》。

5月10日　以市防疫站副站长闫继成为组长的市防治非典督查组，到五营区检查指导防治非典工作。同日，全区防治非典指挥部第二次工作会议在区政府四楼会议室召开。

5月11日　区（局）长张恒芳，副区（局）长沈智锋率有关部门负责人深入到黑龙江小兴安岭食品有限公司、森远木业、忠芝木业等企业进行现场办公，解决企业在经营中遇到的问题。

5月19日　温州市市长钱兴忠在副市长耿意志陪同下到五营区考察。

5月20日　省委党校经济管理大专班五营分班开班典礼，区委书记马新民，区委副书记董雅光、区委常委、组织部部长高迎春到会，区委书记马新民就加强学习问题作了重要讲话。

同日　副市长张金铸一行8人，到本区对实施工业立市战略和企业改革发展创新两项工作情况进行调研。

同日　本区举办大型防火宣传活动，区委常委马新民、张恒芳、刘利敏、郭庆兰、高迎春、敖明柱参加宣传活动。

5月25日　以省人事厅助理巡视员部庆田为组长的省防治非典指挥部专项督查组，到五营区检查指导防治非典工作。

5月28日　中共中央政治局常委，全国政协主席贾庆林在省委书记宋法棠，省委副书记、省长张左己、市长李延芝，市政协主席孟宪斌等领导陪同下到五营国家级森林公园考察。

6月3日　齐君副区长列席区第十二届人大常委会第三次会议，代表区政府作关于区人大代表建议、批评和意见办理情况的报告，非国有办主任孙立平受区政府委托向会议作关于非国有经济工作发展情况的报告。

6月5日　区（局）长张恒芳等区领导到伊春参加全市防治非典工作会议。

6月6日　召开中共五营区委第十五届九十八次常委会议。区委书记马新民主持会议。区委张恒芳等9名常委全部到会。区政协主席高兴学、区人大常委会副主任刘义华等列席会议。会议讨论区“十佳”公仆、干部任免等三项议题。

6月14日　区（局）长张恒芳在五营宾馆与美罗药业副总裁罗国良先生洽谈经贸项目。

6月17日　全区“两风”建设动员大会在区公安分局四楼会议召开。区委常委马新民、张恒芳、刘利敏、迟洪训、董雅光、郭庆兰、高迎春、张跃文、敖明柱，区政协主席高兴学，区人大常委会副主任刘义华等出席会议。区委书记马新民在会上作重要讲话。区（局）长张恒芳主持会议。

7月3日　中共五营区委第十五届常委会在公安分局三楼会议室召开。区委常委张恒芳等9名常委全部出席会议。区政协主席高兴学、区人大常委会副主任刘义华等列席会议。会议议题：学习胡锦涛总书记在中央党校省部级领导干部“三个代表”重要思想理论研讨会上的讲话及《中共中央关于在全党掀起学习贯彻“三个代表”重要思想新高潮的通知》精神等3项议题。

7月5日　国家质检总局局长李长江在副省长王利民等领导陪同下，到五营国家级森林公园参观考察。

7月18—20日　区政府组成考察团沿着市委工作会议路线，赴全市13个县、（市）、区、局，对25个企业进行了参观考察。

7月23日　区（局）领导张恒芳、张跃文陪同美溪区（局）考察团到丽丰经营所、五营国家级森林公园参观考察。

7月25日　全国人大常委会副委员长、国家科协主席周光召到五营区考察五营国家级森林公园。区（局）马新民等领导陪同。

7月29—30日　参加第三届中国黑龙江森林生态旅游节的国内外宾客游览五营国家级森林公园，并在丰林河漂流。

8月1日，国务院参事室党组书记、主任，中央编制办公室副主任，全国政协文史资料委员会副主任崔占福到五营国家级森林公园参观。区（局）领导陪同。

8月7日，广东省人大常委会副主任钟启权在市人大副主任王培生、市政府巡视员齐秀娟等领导陪同下，到五营国家级森林公园参观。

8月22日　全市“十佳公仆”先进事迹报告团到五营区做宣讲报告，全区党政机关200多人参加了报告会。

8月27日　水利部部长汪恕诚在副省长申立国、代市长许兆君等省、市领导陪同下到五营国家级森林公园考察。

9月15日　全市小康之家先进事迹报告团到本区在公安分局四楼会议室作先进事迹报告。区委副书记刘利敏，区委常委、宣传部部长郭庆兰参加会议。

9月17日　区委书记马新民到国家级丰林自然保护区管理局、丽林实验林场、杨树河及五营河经营所等单位检查防火工作。

9月19—20日　参加第四届黑龙江五花山观赏节的宾客到五营国家级森林公园游览。

本月　区第三小学三年级学生陈泽伊（8岁）在《少儿画苑》第07届全国少儿书画作文大赛中，绘画作品水彩画“看谁飞得高”荣获金奖。并入选日本“世界儿童画展览”。

10月8—9日　区（局）长张恒芳主持召开第二十七次、二十八次区（局）长办公会议。分专题研究有关企业改制及讨论启动实施职工基本医疗保险事宜。

10月15日　省民委副主任吴立卓一行5人到五营区考察民族经济发展项目。

10月28—29日　区长张恒芳、副区长齐君去伊春市参加五营旅游公路竣工验收工作会议。

本月　伊嘉公路204省道水泥混凝土路（高等级）五营段竣工通车，路宽9米，全长21.8千米。本段路钢筋混凝土桥3座，计182米长，桥宽11米，涵洞27个。由省交通厅投资兴建。

10月30日　全区防治非典型肺炎工作总结表彰大会在区公安分局四楼会议室召开。区委常委、区纪检委书记迟洪训主持会议。区（局）长张恒芳在会上作重要讲话。会上表彰先进集体10个，先进个人83名。本区未发生疑似病例及非典型肺炎病例。

11月11—12日　召开中国共产党五营区（局）第十六次代表大会第一次全体代表会议。会议听取并审议了区委书记马新民所作的题为《坚持与时俱进的创新精神，谱写全面建设小康社会新的伟大历史篇章》的工作报告。会议选举产生了新的一届委员会及纪律检查委员会。

11月17日　区长张恒芳、副区长张跃文、副局长尤安祥出席区应急供水工程开工典礼。12月3日，耿意志副市长一行12人，到本区检查应急供水工程施工情况。

12月2日　副市长李醒峰、市长助理姚立亭一行6人，到五营区远东北药公司、科力奥公司、獭兔养殖场、兴博木业等企业检查指导工作。

12月30日　全区非公有制企业负责人座谈会在政府四楼会议室召开。区（局）长张恒芳到会并讲话，区委常委、副区长张跃文主持会议。

2004年

1月6—15日　区委书记马新民、区（局）长张恒芳等党政领导分组走访慰问区人武部、森警大队官兵、特困职工、伤残军人、社会救济户、统战成员、离退休老干部、劳动模范、优秀教师代表及患病的科级干部。

1月13日　省、市直单位及民营经济代表迎新春座谈会在宾馆三楼会议室召开。区委书记马新民在会上讲话。

2月10日　中共五营区委第十六届四次常委会议在公安分局三楼会议室召开。区委书记马新民主持会议。张恒芳等8名常委到会。会议传达市委九届十二次全委（扩大）会议精神；讨论《关于发扬艰苦奋斗作风的若干规定》等4项议题。

2月29日　区委书记马新民、区（局）长张恒芳去伊春市参加全市招商引资改善经济发展环境工作会议。区（局）长张恒芳代表五营区委、区政府在会上作了典型发言。五营区被评为全市招商引资先进单位，区（局）长张恒芳被评为全市招商引资先进个人。

3月20—4月5日　区（局）长张恒芳随市政府组织的考察团赴巴西参观考察。

4月8日　区（局）长张恒芳与安徽亳州华佗药业客人洽谈经贸项目。

4月9日　省委副书记栗战书在市委书记杨喜军等领导陪同下，到五营区考察工作。区委书记马新民等领导陪同。

4月16—19日　区（局）长张恒芳赴杭州临安招商引资。

5月12日　国家林业局资源司周宏处长一行3人，在省资源局副局长刘德成陪同下，到本局调研资源林政管理情况。

5月17—18日　区（局）长张恒芳会见到访的以副总裁钱仁根为首的浙江天松集团考察团，就旅游、矿产开发、木材交易市场等项目进一步展开洽谈寻求合作。

5月20日　区委副书记高迎春出席五营区青少年“走向文明”宣誓仪式。

5月23日　以吉林省委副书记林炎志为首的吉林考察团在省委副秘书长庞义华、市委书记杨喜军陪同下，参观五营国家级森林公园。区委书记马新民、区（局）长张恒芳陪同参观考察。

5月27日　区四大班子领导参加五营区困难职工帮扶中心（办公室设在区工会）成立揭牌仪式。

同日　区委书记马新民到第一小学看望帮扶学生。

5月29日　市长许兆君、林管局副局长马建路率市资源局、林政局、公安局等部门负责人，到丽林实验林场检查森林资源管理情况，并考察伊春远东北药发展有限公司。

6月3日　以佳木斯市委书记郭晓华为团长的考察团，在市委书记杨喜军、市长许兆君等领导陪同下，到五营国家级森林公园考察。

6月7日　区（局）长张恒芳去市参加全市发展民营经济工作会议。五营区被市委、市政府授予2003年度全市发展民营经济先进单位。

同日　本区遭受多年罕见的春季冻灾，最低气温 -5.6℃。全区农田出土的秧苗及住户房前屋后种植及栽培的秧苗冻死90%以上，只有预防措施得当的少部分秧苗免受灾害。此次冻害给农户、菜农造成巨大经济损失。

6月9日　国务院参事室调研组到五营国家级森林公园考察。区（局）长张恒芳陪同。

6月10日　全国人大常委会副委员长、农工民主党中央主席蒋正华率考察团在省人大常委会副主任马淑洁、市委书记杨喜军、市长许兆君的陪同下考察五营国家级森林公园。

6月12日　台湾地区记者采访团到五营国家级森林公园参观。区（局）领导陪同。

6月18日　重庆市人大考察团到五营国家级森林公园参观考察。区（局）长张恒芳陪同。

6月22日　区（局）长张恒芳与浙江精诚集团总经理陈浩、杭州圣博汽车装置有限公司总经理裘德兴洽谈经贸项目。

6月30日　五营区庆祝建党83周年暨表彰“先、优、模”大会在公安分局四楼会议室召开。会上表彰了2003—2004年度20个先进基层党组织、74名优秀共产党员、21名模范党务工作者。

本月　五营国家级森林公园被国家旅游局、共青团中央授予“2002年旅游业青年文明号”荣誉称号。

本月　陈泽伊荣获第十七届“双龙杯”全国少年儿童书画大赛银杯奖。

7月2日　中共五营区委下发《关于邓小平同志诞辰100周年纪念活动的通知》文件。

7月5日　全国人大常委会副委员长韩启德一行在省人大常委会副主任沈根荣等领导陪同下，到五营国家级森林公园考察。区委书记马新民、区（局）长张恒芳陪同。

7月9日　省天然林保护工程检查组在伊春林管局副局长马建路陪同下，到五营林业局检查工作。

7月10日　全国政协原副主席、中国工程院院士钱正英在省长助理李延芝、市委书记杨喜军等领导陪同下，到五营国家级森林公园考察。区委书记马新民、区（局）长张恒芳陪同。

7月20日　省委常委、省委组织部部长刘海生在市委书记杨喜军等领导陪同下，到五营国家级森林公园考察。

7月21—22日　参加第四届中国黑龙江（伊春）森林生态旅游节的国内外宾朋，到五营区游览五营国家级森林公园，进行丰林河漂流。

7月31日　全国人大常委会副委员长、民进中央主席许嘉璐在省人大常委会副主任李希明、市人大常委会主任关庆波、市长许兆君等领导陪同下，考察五营国家级森林公园。

8月1—21日　区委书记马新民，区委常委、副区（局）长张跃文参加市委、市政府组织的赴南方部分省、市经贸合作招商团到深圳、东莞、泉州、丹阳、无锡、杭州、临安、义乌、大连等城市进行招商引资活动。

8月3日　五营区深入开展党风廉政建设和工作作风建设动员大会，在公安分局四楼会议室召开。区（局）长张恒芳出席会议并在会上作重要讲话。

8月5日　浙江省委、省政府农业考察团到五营区调研。区（局）长张恒芳等领导陪同参观了五营区黑木耳养殖基地、北药加工基地和五营国家级森林公园。

8月9日　中国市长协会咨询委员会主任储传享一行21人，在省政府秘书长师伟杰、副市长李前龙等领导陪同下，到五营国家级森林公园考察。

8月10日　中共五营区委办公室、五营区政府办公室印发关于《五营区创建“平安五营”活动实施方案》的通知。

8月18日　原国家主席刘少奇女儿刘爱琴、女婿沃宝田及黑龙江省原省长李范武女儿李黎丽，北京市原副市长叶子龙女儿叶利亚，老将军、总参谋部顾问付秋涛女儿付圆一行6人，到五营国家级森林公园参观。

8月20日，中共五营区委办公室组织收听收看邓小平同志诞辰100周年纪念大会实况。

8月21—26日　浙江天松集团副总裁施永强、钱仁根、吴文锦等一行5人，到五营区进行经贸项目考察。

8月28日　全国政协副主席、中共中央统战部部长刘延东在省委副书记栗战书、省政协副主席、省委统战部部长王涛志、市委书记杨喜军等领导陪同下到五营区丽丰经营所职工孙卓明家了解该所职工群众发展黑木耳培植情况，并考察五营国家级森林公园，区委书记马新民，区（局）长张恒芳陪同。

8月29日　哈尔滨市副市长聂云凌一行10人，在伊春林管局副局长马建路陪同下，到五营国家级森林公园参观考察。

9月10日　五营区庆祝第二十个教师节大会在公安分局四楼会议室召开。会上授予3个单位为区教育系统先进单位，9个学年组为区教育系统先进集体，9名区优秀教师标兵，59名区优秀教师，15个单位为尊师重教先进单位，20名同志为尊师重教先进个人。

9月15日　五营区关心下一代工作培训班在区委党校举行开班仪式。区委副书记高迎春在开班仪式上讲话。

9月25日　全国人大常委会原副委员长彭珮云一行5人，在省人大常委会副主任赵林茂、省妇联主席符凤春、市委副书记姚大为、市人大副主任刘国志等领导陪同下，到五营国家级森林公园考察。

10月13日　市长许兆君、伊春林管局副局长杨国栋、马建路、市公安局局长李伟东等领导，到五营区检查指导工作。

10 月 30 日　全国人大法律委员会主任杨景宇一行，到五营国家级森林公园考察。

11 月 4 日　五营区（局）工会第十八次职工代表大会在区公安分局四楼会议室召开。区委书记马新民等党政领导出席会议，区委书记马新民在会上作重要讲话。

11 月 5 日　五营区第六次妇女代表大会在区公安分局四楼会议室召开。区委书记马新民等党政领导出席会议，区委书记马新民在会上作重要讲话。

12 月 5 日　副省长刘学良在省林业厅厅长韩连生、省森工总局局长刘忠敏、市委书记杨喜军、市长许兆君等领导陪同下，考察五营国家级森林公园。

12 月 13 日　中共中央党校五营工作站 2004 年本科班开班仪式在区委党校举行。区委常委、区委组织部部长冯丹发出席开班仪式并讲话。

12 月 20 日　市委决定：张恒芳同志调任友好区（局）长，免去五营区委副书记、区（局）长职务。

本日　中共伊春市委组织部印发伊组干字〔2004〕207 号文件，市委常委会决定：刘义华任五营区人大党组书记、代任五营区人大常委会主任。

12 月 29 日　在区党政领导干部会议上，市委组织部领导宣布市委决定：张跃文任中共五营区委副书记、林业局局长，建议五营区人大按照法律程序任命区长。

同日　区十二届人大常委会第十一次会议召开。会议补选张跃文为出席市第十一届人民代表大会代表，并任命张跃文为五营区人民政府代区长职务。

2005 年

1 月 5 日　区四大班子中的党员及保持共产党员先进性教育领导小组成员，在五营通信分局三楼会议室收听收看中共中央保持共产党员先进性教育活动工作电视电话会议。

1 月 7—12 日　以国家林业局驻内蒙古专员办林政处处长李国臣为组长的国家林业局冬季伐区质量检查组一行 5 人，到五营林业局检查工作。

1 月 8 日　上海市闵行区考察团到五营国家级森林公园参观考察。区委书记马新民等领导陪同。

1 月 18 日　区委副书记董雅光、高迎春等领导和有关部门负责人，到区通信分局三楼会议室收听收看全省保持共产党员先进性教育活动动员大会。

1 月 22 日　区委书记马新民、代区长张跃文到市参加全市保持共产党员先进性教育活动动员大会。

1 月 23 日　省创建“平安龙江”领导小组到本区检查创建“平安五营”工作，区委书记马新民向省检查组汇报了五营区创建“平安五营”活动的开展情况。

1 月 31 日　下发中共五营区委关于张跃文等任免职的通知，张跃文任五营区人民政府党组书记。

2 月 8 日　区委副书记、代区长张跃文，区委常委、宣传部部长郭庆兰，区人大常委会副主任刘义华、区政协主席高兴学等领导慰问节日期间工作在一线的职工和公安干警。

2 月 20 日　区政府（林业局）召开第四次区（局）长办公会议。会议议题：（1）讨论即将在区十二届人大四次会议上所作的《政府工作报告》；（2）安排部署天松集团接收宾馆、森林公园有关事宜；（3）讨论 2005 年财务计划指标。代区长张跃文主持会议。

2 月 21 日　中共五营区委十六届十七次常委会议在公安分局三楼会议室召开。区委书记马新民主持会议，张跃文等 8 名常委参加会议，区人大常委会副主任刘义华、区政协主席高兴学及学习中心组成员列席会议。会议听取关于中共五营区（局）十六届三次全委（扩大）会议筹备情况的汇报并讨论了区委全会报告；讨论了政府工作报告；听取关于五营区第十二届人民代表大会第四次会议及政协五营区第六届委员会第四次会议筹备情况的汇报。

2月27日　刘义华在五营区第十届人民代表大会第四次会议上当选为五营区人大常委会主任；张跃文在本次会议上当选为五营区人民政府区长。

3月2日　先进性教育活动党支部书记培训班在武装部会议室举办，会议由区委常委、组织部部长冯丹发主持，区委副书记高迎春在开班仪式上讲话。

3月4日　区委书记马新民、区（局）长张跃文、副区（局）长迟洪训、齐君率经科贸委负责人赴市参加全市对外开放、招商引资工作会议。会上，市委、市政府授予五营区为全市2004年度招商引资工作先进单位。

3月11日　省先进性教育督导组一行4人在市委副秘书长王希宇陪同下到五营检查指导先进性教育活动的开展情况。听取了区委书记马新民关于本区先进性教育活动学习阶段开展情况的汇报。省督导组组长张超武对五营先进性教育活动给予充分肯定。

3月22日　五营区保持共产党员先进性教育活动市场经济理论专题报告会在区公安分局四楼会议室召开。天松集团总裁施永强在会上作专题报告，区委书记马新民作总结讲话。区委副书记张跃文等7名常委出席会议。

3月25日　五营区第一批先进性教育活动学习动员阶段总结暨分析阶段动员大会在区公安分局四楼会议室召开。区委副书记董雅光等5名常委出席会议，区委书记马新民、市委先进性教育督导组组长成亚茹分别在会上作了重要讲话。

3月28日　中共五营区委十六届十八次常委（扩大）会议在公安分局三楼会议室召开。区委书记马新民主持会议，张跃文等8名区委常委参加会议，区人大常委会主任刘义华、政协主席高兴学及中心组成员列席会议。会议学习传达中共中央政治局常委、国家副主席曾庆红考察黑龙江省讲话精神；会议讨论并通过第二中学迁到高中学校，第三中学迁到第二小学校，都变一套班子两块牌子。会议讨论增设区人大常委会内设信访办公室，成立区项目管理办公室、成立区国有资产管理办公室、成立区低保管理服务中心四个机构。

本月　省政府授予：伊春市五营区2004年省级文明城市建设先进区。

4月1日　区政府与浙江杭州市天松集团办理五营国家级森林公园交接事宜。天松集团以1000万元租金，租赁五营国家级森林公园经营，租赁期70年。

4月14日　中共五营区委十六届二十次常委会在公安分局三楼会议室召开。区委书记马新民主持会议，张跃文、董雅光等8名常委参加会议，区人大常委会主任刘义华、区政协主席高兴学及中心组成员列席会议。会上学习了中共中央总书记、国家主席胡锦涛在省部级主要领导干部提高构建和谐社会能力专题研讨班上的讲话；传达全市职工自营经济会议精神等3项内容。

4月30日　流经本区汤旺河发生有史以来最严重的春汛，最高水位达286.13米，（以海平面为基点）多处居民区进水。跃进村47户居民房屋被大水围困，低洼处水深达半米，5户居民屋内进水，水深10余厘米，村民及时转移到临近铁路路基上，无人员伤亡。市民政局局长李光前及时赶到五营区检查汛情。

5月8—12日　区（局）长张跃文赴国家林业局参加翠北湿地自然保护区晋升国家级保护区评审工作会议。

5月21日　区政府（林业局）召开第十次区（局）长办公会议。会议议题：讨论《五营区项目管理办法》与《五营区国有资产管理办法》；研究落实国家2005年1%人口抽样调查工作事宜等4项内容。

5月24日　省政府副省长程幼东到五营考察国家级森林公园。区（局）长张跃文、副（局）区长迟洪训、副区长田宁陪同。

5月26—30日　国家林业局驻省专员办林政执法检查组到五营林业局检查工作。

5月31日　市妇联授予陈泽伊伊春市“六讲六做”（正直、礼貌、友善、诚信、卫生、自立；是非分明、言行分明、关爱他人、表里如一、身心健康、自强上进）十佳好儿童荣誉称号。同时，陈泽伊被团市委、市教育局、市少工委评为伊春市第十届“十佳”少年。

6月1日　五营区关心下一代工作会议在区公安分局四楼会议室召开，区委副书记高迎春、区委常委、宣传部部长郭庆兰出席会议。区委副书记高迎春就关心下一代工作在会上发表重要讲话。

6月10日　中国煤炭运销协会理事长刘彩英一行6人到五营国家级森林公园参观考察。

6月15日　市政府顾问团唐永旭一行3人到五营区调研绿特色食品发展情况。

6月23日　区委副书记董雅光、高迎春、冯丹发，区委常委、宣传部部长郭庆兰，区委常委、组织部部长刘国辉在区电信局三楼会议室，收听收看中央第二批先进性教育活动工作电视电话会议。

6月25日　区委书记马新民，区（局）长张跃文，区委副书记高迎春，区委常委、区宣传部部长郭庆兰，区委常委、区组织部部长刘国辉在区通信分局三楼会议室收听收看黑龙江省第二批先进性教育活动工作电视电话会议。

6月29日　大庆市委书记盖如垠率团一行39人，在市领导杨喜军、许兆君、关庆波、孟宪斌等陪同下，到本区丰林河漂流，并参观考察五营国家级森林公园，区委书记马新民、区委副书记董雅光、区委常委、副区（局）长迟洪训陪同。

6月29—30日　区委常委马新民、张跃文、董雅光、高迎春、冯丹发、迟洪训、郭庆兰、刘国辉在“七一”前夕走访慰问困难党员。

本月　中共伊春市委组织部、中共伊春市委老干部局授予五营区老干部活动室党支部“先进离退休干部党支部”称号。

本月　中共黑龙江省委、省人民政府授予五营区黑龙江省平安建设平安区奖牌。

7月4日　市政府副秘书长杨清河率工作组到五营区开展就业、再就业和职工弱势群体调查。

7月5日　中央纪律监察委员会驻交通部纪检组组长金道铭一行8人在副市长耿意志、市政府副秘书长徐兴福等领导陪同下参观五营国家级森林公园。

同日　区政府（林业局）第十四次区（局）长办公会议在区公安分局三楼会议室召开。会议议题：讨论《五营区旅游行业管理办法》（共8章、42条）讨论恢复五星“星龙村”村委会等6项事宜。

7月6日　省人大常委会副主任张成义考察五营国家级森林公园。

7月11日　区委第二批保持共产党员先进性教育工作会议在公安分局四楼会议室召开，区委常委马新民、张跃文等8名出席会议，区委书记马新民、市委先进性教育督导组组长成亚茹分别在会上讲话。

7月13日　市政法委副书记单玉波一行3人到五营区检查验收“四五”普法工作。

7月15日　香港包陪庆女士一行6人在市委统战部部长关艳芝等领导陪同下参观五营国家级森林公园。

7月16日下午二时许，区第七小学六年一班学生姜部（14岁）、厉岩平（14岁）等5名同学到区址东山风景林山脚下，204省道东侧建筑用风化岩砂场玩耍，厉岩平、姜部相继跳入3米深沙坑积水洗澡，沉水未浮，经同学、运砂工人和民警多方抢救无效，两名同学不幸溺死。

同日　第五届中国黑龙江生态旅游节宾客到五营区参观五营国家级森林公园，区委书记马新民，区（局）长张跃文，区委副书记董雅光、高迎春，区委常委、副区（局）长迟洪训接待并陪同。

同日　张跃文区（局）长到伊春参加第五届中国黑龙江伊春森林生态旅游节开幕式。

7 月 19 日　河北省衡水市考察团到五营区参观五营国家级森林公园，区委书记马新民，区（局）长张跃文，区委副书记董雅光、高迎春，区委常委、副区（局）长迟洪训到公园接待。

7 月 22 日　全国政协副主席周铁农一行 5 人在省政协副主席、省民革主委何小平、市长许兆君、市政协副主席沙英华等领导陪同下考察五营国家级森林公园。区委书记马新民、区（局）长张跃文陪同。

7 月 23 日　中共中央综合治理委员会办公室主任陈冀平一行 3 人在省政法委副书记、综治办主任王爱文、市委副书记陈学平等领导陪同下参观五营国家级森林公园。

7 月 25 日　全区上半年经济运行分析会议在区公安分局四楼会议室召开，会议由区委常委、副区（局）长迟洪训主持，区（局）长张跃文在会上作重要讲话。

7 月 26 日　台湾妇女合唱团一行 5 人，在省台办副主任王令华、市委统战部部长关艳芝等领导陪同下参观五营国家级森林公园。

7 月 27 日　中国工业经济联合会主席团主席、高级副会长、中国矿业联合会会长、国家地质矿产部原部长、全国政协原秘书长朱训一行 6 人在副市长王志山等领导陪同下参观五营国家级森林公园。

7 月 31 日　副省长刘学良一行 9 人，在市委书记杨喜军、区委书记马新民、区（局）长张跃文陪同下考察五营国家级森林公园。

同日　市委副书记陈学平到五营区检查防汛工作。

同日　区（局）长张跃文参加天松集团公园大门奠基仪式。

8 月 3 日　以建设部建筑安全委员会主任秦春芳为团长的国家建筑检查团一行 6 人，在副市长李前龙、副局长李长胜陪同下，考察五营国家级森林公园。

8 月 3—5 日　副区长田宁率区防疫站小分队一行 10 人，赴金山屯区支援洪灾防疫工作。

8 月 8 日　民盟中央名誉主席、全国政协常委、北京大学光华管理学院院长厉以宁教授到五营区考察五营国家级森林公园。

8 月 10 日　国家税务总局纪检组组长贺邦靖等一行，在省国税局局长孙云志、省地税局局长于柏青、市委书记杨喜军、副市长张书杰、市委秘书长李洪斌、区（局）长张跃文、副区（局）长迟洪训等领导陪同下，考察五营国家级森林公园。

8 月 16 日　中纪委驻国家劳动和社会保障部纪检组组长崔会烈一行，在省劳动和社会保障厅纪检组组长高喜民、伊春林管局副局长张伟光等领导陪同下，考察五营国家级森林公园。

同日　区政府（林业局）召开第十六次区（局）长办公会议，专题讨论大黑顶山景区开发建设事宜。

8 月 17 日　区委副书记董雅光、区委常委副区（局）长迟洪训在区党委五楼会议室收听收看全市推进“平安伊春”建设工作电视会议。

8 月 20 日　国家开发银行劳模调研团姬巧玲一行，在国家开发银行黑龙江分行行长刘延平、副市长李前龙等领导陪同下，考察五营国家级森林公园。

8 月 22 日　副市长张书杰、市政府副秘书长刘利军率市财税调研工作组到本区调研财税工作情况，走访、调研 5 户规模企业，听取区（局）长张跃文所作的情况汇报，市领导对五营区的财税工作给予肯定，同时提出要求。副区（局）长迟洪训、副区长齐君陪同调研。

8 月 23 日　区政府（林业局）召开第十八次区（局）长办公会议，专题研究东北虎林园建设相关事宜。

8 月 29 日　受高空低涡影响，五营区地面产生飑线过境天气现象，伴随雷雨大风，最大风速达 24 米 / 秒，风力达 10.5 级，区境部分树木被刮倒、折断，工厂、居民房屋受损。将五营国家级森林公园760年树龄的红松树王连根拔起。五营林调队调查29日雷雨大风将五营国家级森林公园大树刮倒折断3647株，蓄积量2776立方米；云杉649株，蓄积量310立方米；冷杉1026株，蓄积量402立方米；其他树种361株，蓄积量104立方米。

8月30日　全区第二轮先进性教育活动巡回检查组工作汇报会在公安分局四楼会议室召开，区委副书记高迎春、区委常委、区组织部部长刘国辉出席会议。

8月31日　五营区“弘扬正气警钟长鸣作人民满意公仆演讲比赛”在公安分局四楼会议召开，区委常委马新民、高迎春、冯丹发、郭庆兰、刘国辉出席比赛开幕式。

本月　中共黑龙江省委组织部、中共黑龙江省委老干部局授予伊春市五营区离退休干部党支部为先进离退休干部党支部。

9月1日　区政府（林业局）召开第二十次区（局）长办公会议。会议议题：讨论《中共五营区委五营区人民政府关于加快教育改革与发展的意见》等4项内容。

同日　国家税务总局副局长崔俊慧一行在副市长李前龙陪同下到本区参观丰林国家级自然保护区。

9月2日　省人民检察院党组书记、检察长姜伟在市委副书记陈学平、市人民检察院检察长王汝轩等领导陪同下到五营区参观五营区国家级森林公园。

同日　全市第五届十佳公仆苗颖杰等4人到五营区在公安分局四楼会议室作先进事迹报告，区委副书记董雅光，区委常委、区宣传部部长郭庆兰出席报告会。

9月4日　国家林业局驻省专员办副专员刘志忠到五营区检察五营国家级森林公园8月29日遭风灾损失情况，张跃文局长、阎立海副局长陪同。

9月6日　五营区教育工作会议暨教师节表彰奖励大会在公安分局四楼会议室召开，区委常委马新民、张跃文等8名领导出席会议。会上表彰奖励先进集体9个、尊师重教先进单位13个、优秀教师10名、突出学科贡献奖5名。区（局）长张跃文主持会议、区委书记马新民在会上做重要讲话。

9月6—14日　区（局）长张跃文、副局长李长胜率林场（所）行政领导考察团赴南方经济发达省市（上海、浙江、杭州、温州、义乌等地）进行考察。

9月7日　副区长田宁参加长瑞纸业为区第二小学、第三中学捐资助学活动。为第二小学一年一班捐40套学习用具、价值1140元，为2名特困学生捐款1000元。

9月8日　区政府组织召开全区“爱心永恒”助残公益活动工作会议，副区（局）长迟洪训参加并在会上讲话。

9月9日　林业资源型城市转型报告会在公安分局四楼会议室举行，伊春市黑大分校讲师崔春梅作题为《关于伊春市加快林业资源型城市经济转型实现可持续发展》的报告。区委副书记高迎春，区委常委、区宣传部部长郭庆兰出席报告会。

9月16日　市长许兆君到五营区考察五营国家级森林公园。

9月22日　中共五营区委、五营区人民政府印发关于表彰五营区第五届“十佳公仆”的决定，授予高军等10名同志为五营区第五届“十佳公仆”称号。

9月24日　黑龙江省部分全国人大代表到五营区调研“关于森林资源保护和管理问题”情况。

同日　中国音乐家协会党组书记、常务副主席、著名作曲家徐沛东率中国音协采风团在省文联主席马顺强、副市长张书杰、秘书长何忠海等领导陪同下到五营国家级森林公园采风。

10月4日　区（局）长张跃文到平山所施业区老黑顶山调研景区开发建设情况。

10月19日　区委副书记高迎春，区委常委、区宣传部部长郭庆兰出席全区妇联举行的“爱心献春雷”资助仪式，区委副书记高迎春在会上发表讲话。

10月21日　中共五营区委十六届二十四次常委会议在公安分局三楼会议室召开，区委常委马新民、张跃文等9人参加会议，区人大常委会主任刘义华列席会议，会议讨论决定：区林政局与资源科合并等3项内容。

10月26日 区委副书记董雅光，区委常委、区武装部政委敖明柱到伊春军分区收听收看省军区政治部传达贯彻全国民兵预备役政治工作会议精神电视电话会议。

本月 区委决定：物业管理处更名为热力公司。

11月4日 全区资源林政管理工作会议在区政府二楼会议室召开，区（局）长张跃文、区委常委、副区（局）长迟洪训出席会议。

11月14日 中共五营区委、五营区人民政府印发《关于表彰全区发展职工自营经济先进集体和先进个人的决定》表彰先进集体丽丰、五营河经营所等5个单位，先进个人刘永胜、景秋华等10人。

同日 下发《中共五营区委关于成立所场两级发展职工自营经济产供销服务公司的通知》。

11月15日 五营区发展职工自营经济工作会议在公安分局四楼会议室召开，区委常委张跃文、董雅光等7人出席会议，区（局）长张跃文在会上发表重要讲话。

11月23—25日 哈尔滨段松花江水受吉林石化工厂爆炸污染，本区紧急向哈尔滨供应天赐湖纯净水2000箱（48000瓶）。

11月25日 区委书记马新民，区委常委、副区（局）长迟洪训，区委常委、区宣传部部长郭庆兰到区党委五楼会议室收听收看全市加快建设节约型社会电视电话会议。

11月30日 五营区关心下一代工作会议暨《黑龙江省关心下一代工作细则》培训班在公安分局四楼会议室召开，区委副书记高迎春，区委常委、区宣传部部长郭庆兰出席会议。

12月7日 区（局）长张跃文、副局长阎立海和有关部门负责人在网通分公司三楼会议室收听收看全市坚决杜绝超额采伐严厉打击涉林违法犯罪电视会议。

12月13日 中共五营区委办公室印发关于《五营区直机关领导班子和领导干部工作实绩暂行办法》和《五营区基层党政领导班子和领导干部工作实绩考核暂行办法的通知》。

12月15日 市委常委会决定：刘国辉任中共五营区（局）区委常委、区组织部部长。

同日 五营区保持共产党员先进性教育活动工作会议在公安分局四楼会议室召开，区委常委、区组织部部长刘国辉主持会议，区委副书记高迎春在会上发表讲话。

12月18日 市长许兆君到本局贮木场检察市政府1号令贯彻执行情况和“全市坚决杜绝超额采伐严厉打击涉林违法犯罪”电视会议精神落实情况。

12月23日 区（局）长张跃文、副局长尤安祥和有关部门负责人到网通分公司会议室收听收看全国城乡规划效能监察电视电话会议。

12月26日 全区安全生产和食品安全工作会议在政府二楼会议室召开，会议由区委常委、副区（局）长迟洪训主持，区（局）长张跃文在会上发表重要讲话。

12月28—29日 全市资源林政管理督导检查组到本局检查资源林政管理情况。

本年 区委书记马新民被市委、市政府授予2005年度对外开放招商引资先进工作者。

第一篇　建置区划

五营区（局）位于黑龙江省东北部、伊春市北部，地理坐标北纬47° 54′ 31″ ~48° 28′ 13″，东经128° 20′ 03″ ~129° 12′ 14″。位于小兴安岭腹部，松花江支流汤旺河上游和黑龙江支流库尔滨河上游地段。区（局）址设在国铁汤林线179公里处五营车站东南500米处。铁路距伊春市区75公里，公路距伊春市区58公里。

1986年，五营区（局）辖2办1镇，3个林场，3个经营所和1个林场苗圃。1987年，五营区（局）2个林场更名为经营所，1个林场苗圃更名为中心苗圃。1989年8月，恢复成立山上林场（所）街道办事处。同年9月，友好林业局翠北、翠巍2个林场划归本区（局）经营。1990年2月21日，区政府决定翠巍林场合并到翠北林场。1991年4月，成立桦林街道办事处。1995年10月，撤销桦林街道办事处，合并到五营街道办事处。2001年5月，伊春市政府决定，撤销五营区丰林街道办事处，合并到五营街道办事处；撤销五星镇人民政府，成立五星街道办事处，下设10个社区。2005年，五营区（局）辖10个街道办事处，含林场（所）街道办事处8个，2个林场，6个经营所。

第一章　区　域

第一节　位　置

五营区（局）位于黑龙江省东北部、伊春市北部，地理坐标北纬 47° 54′ 31″ ~48° 28′ 13″ ，东经 128° 20′ 03″ ~129° 12′ 14″ 。地处小兴安岭腹部，松花江支流汤旺河上游和黑龙江支流库尔滨河上游地段。区（局）址设在国铁汤林线 179 公里处五营车站东南 500 米处。铁路距伊春市区 75 公里，公路距伊春市区 58 公里。五营区（局）周界以山脉、分水岭划定，区境四邻东与红星区（局）为邻，西与上甘岭区（局）接壤，南与美溪区（局）、乌马河区（局）搭界，北与友好区（局）、黑河市逊克县毗连。

五营区图

第二节　面　积

1986—1989 年 6 月，五营区（局）施业区面积 104095 公顷。1989 年 6 月，伊春林业管理局将友好区（局）翠北、翠巍两个林场，面积 43150 公顷，划给五营区（局），使五营区（局）行政区划总面积增加到 147245 公顷，其中，五营区（局）施业区总面积 120573 公顷，占行政区划总面积 81.9%；黑龙江省林业科学院（后简称黑龙江林科院）所属丰林国家级自然保护区管理局施业区面积为 18165 公顷，黑龙江林科院所属丽林实验林场施业区面积 805 公顷，共占行政区划总面积 17.8%。其他占 0.3%。

第二章　区　划

第一节　行政区划

1986年，五营区辖2办1镇，即五营街道办事处、丰林街道办事处、五星镇。

1989年4月，区政府决定五营街道办事处增设圃林居委会（从农林居委会划出）、松林居委会（从红林居委会划出）。6月，区政府撤销跃进大队，成立跃进村委会，隶属五营街道办事处所辖。8月，五星镇增设长治居委会，丰林办事处增设振林居委会。恢复成立前丰、永丰、平原、丽丰、平山、杨树河、丽林等7个街道办事处。9月11日，将友好林业局的翠北、翠巍2个林场总面积43156公顷划归五营林业局经营，全区行政区划面积增至为147251公顷。区政府决定将原林场的街道办事处分别更名为五营区人民政府翠北街道办事处、五营区人民政府翠巍街道办事处。

1990年2月21日，区政府决定翠北、翠巍2个林场合并，场名为翠北林场。撤销翠巍街道办事处，人口迁到翠北林场。

1991年4月，区政府决定从五营街道办事处中划出汤旺河以南的桦林、农林、圃林、红林、松林等5个居委会，成立桦林街道办事处。1995年10月，撤销桦林街道办事处并入五营街道办事处。同年12月，五星镇撤销五星大队，成立星龙村委会，隶属五星镇所辖。2000年3月，撤销星龙村，划归友好居委会。

2001年5月，伊春市政府批复撤销丰林街道办事处、五星镇人民政府。丰林街道办事处合并到五营街道办事处，成立五星街道办事处。

2005年7月5日，第14次区长办公会议决定恢复星龙村。本区辖10个街道办事处，其中全能办事处2个（五营街道办事处、五星街道办事处）；8个林场（所）街道办事处，翠北、前丰、永丰、平原、丽丰、杨树河、平山、丽林（省属）。下辖10个社区（丰林、育林、建林、桦林、松林、森林、新林、茂林、兴业、创业），2个行政村（星龙村、跃进村）。全区行政区划面积为147251公顷，其中，丰林国家级自然保护区面积18165公顷，省属丽林实验林场面积8128公顷，五营林业局施业区面积120573公顷。

第二节　林业区划

1986年，五营林业局施业区面积为77420公顷，划区分为前丰、丽丰、杨树河3个林场，永丰、平原、平山3个经营所和1个五营河林场苗圃。

1987年3月13日，伊春市林管局决定，五营河林场苗圃更名为五营中心苗圃，杨树河林场更名为杨树河森林经营所，丽丰林场更名为丽丰森林经营所。

1989 年 9 月 11 日，林业部决定，将友好林业局的翠北、翠巍 2 个林场总面积 43156 公顷划归五营林业局经营，全局施业区面积增至为 120573 公顷。

1990 年 2 月 21 日，林业局决定，翠巍林场合并到翠北林场。

2005 年，五营林业局施业区划分为前丰、翠北 2 个林场和平原、平山、杨树河、永丰、丽丰、五营河（中心苗圃） 6 个经营所，施业区面积仍为 120573 公顷。

第三节　街道办事处、林场（所）、村屯

一、街道办事处

（一）五营街道办事处

五营街道办事处是五营区政治、经济、文化的中心，是区政府所在地。东和南临 204 省道，北隔汤旺河与省林科院丽林实验林场相望，西连永绪铁路养路工区。

五营街道办事处四面环山，位于盆地中央，南北高，中间低。气候属中温带大陆性湿润季风气候，四季气候变化大，春季天气多变，风天多，降水少，易发生干旱和风灾；夏季受副热带海洋气团影响，降水集中，雨水充沛，气候湿热，日照时间长，适宜农作物生长，但时有洪涝和低温冻害发生；秋季降温急剧，常有早霜，冻害发生；冬季在极地大陆气团控制下，气候严寒，干燥漫长。

1986 年，五营街道办事处下设 11 个街道居民委员会（即丰林、营林、永林、育林、壮林、爱林、向阳、桦林、农林、建林、红林），设书记、主任各 1 人、副主任 2 人。职工 48 人，干部 19 人。下设跃进大队、红林生产队、永丰生产队、手推车运输队。

1989 年 4 月，从农林居委会划出圃林居委会，从红林居委会中划出松林居委会。同年 6 月，撤销跃进大队，成立跃进村委会，隶属五营办事处所辖。

1991 年 4 月，区政府决定，从五营街道办事处中划出汤旺河以南的红林、农林、松林、圃林、桦林、向阳 6 个居委会，成立桦林街道办事处。同年办事处编制 47 人。

1995 年 10 月，撤销桦林街道办事处，合并到五营办事处。设支部书记、主任各 1 人，副主任 6 人。

2001 年 5 月，撤销丰林街道办事处，合并到五营办事处。办事处下设 8 个社区，即丰林社区、育林社区、建林社区、桦林社区、松林社区、森林社区、新林社区、茂林社区。

2005 年，五营街道办事处下设丰林、育林、建林、松林、桦林、新林、茂林、森林等 8 个社区和跃进 1 个村。全办事处有 259 个居民组，居民总户数 10328 户、总人口 28541 人，其中，男 13622 人，女 14712 人，少数民族有 454 户，1416 人，有回族、满族、朝鲜族、赫哲族、蒙古族。

2005 年年末，区属企事业单位有贮木加工厂、燃料公司、热力公司、自来水公司、环卫处、森林调查队，局中心苗圃、公路管理处等；司法部门有公安分局、人民法院、人民检察院等；文化教育卫生单位有第一中学、第二中学、第四小学、第三小学、第七小学、成人教育中心、伊春广播电视综合信息网络有限公司五营分公司，职工医院、防疫站；个体工商户、民营企业有天松集团、远东集团、忠芝集团、鑫源野生食品加工厂、林城食品加工厂、雪源饮品有限责任公司、福林木业、森远木业等 1679 户；歌舞厅、饭店、宾馆等公共娱乐和服务场所 261 个。通信单位有中国铁通五营营业厅，中国移动通信集团黑龙江省移动通信有限责任伊春五营分公司，黑龙江省通信分公司伊春分公司五营通信分局，中国电信五营客户服务中心，中国联通伊春分公司五营业务处；三权在上单位有五营供电分局、五营交通分局、邮政支局、交通征费所、粮食分局、伊春市国土资源局五营分局、伊嘉公路五营收费站、五营区国家税务局、五营区地方税务局、五营车站、黑龙江丰林国家级自然保护区管理

局；金融保险企业有中国工商银行股份有限公司伊春五营支行、中国农业银行伊春市分行五营支行、中国建设银行伊春市分行五营分理处、伊春市农村信用合作联合社五营信用社、中国人民财产保险股份有限公司伊春市五营支公司、中国人寿保险股份有限公司伊春分公司五营营销服务部、泰康人寿保险公司伊春支公司五营营销服务部。

（二）五星街道办事处

五星街道办事处位于五营区东北部边缘，距区址15公里处，居于汤旺河南岸。东与红星区毗邻，南接杨树河经营所，西、北隔汤旺河与省林业科学院丽林实验林场相望。头道杨树河横穿境内，流入汤旺河。占地1200公顷，属于杨树河经营所施业区版图。地下矿产资源主要有铁矿和石灰石矿、大理石等。

五星街道办事处地形为丘陵山地，地势从东向西逐渐低缓，四周环山，谷地狭长，地势低洼。属小兴安岭山区寒温带气候。气温多变，春来较晚，夏季短，冬季多西北风少雪而寒冷，夏季多东南风，早晚凉爽，午间闷热，因受西伯利亚高寒空气影响，秋霜来得早，易发生在8月末至9月上旬。

1986年，机构设有五星镇党委、五星镇人民政府、镇人大。设镇党委书记、副书记兼人大常委会副主席、镇长各1人，副镇长2人。镇政府设民政、工业、计划生育、林政、综合治理、武装、房产、人事工资、物价、财务、土地、司法、文教卫生等助理员，下设卫生院、卫生队、广播站、俱乐部等，镇办企业厂队有农业大队、幸福农业大队、瓦厂、砖厂、被服厂等，下辖矿山委、友好委、勤俭委、爱厂委等4个居委会；编制78人，其中干部36人、工人42人。

1987年，增设副镇长1人，瓦厂、砖厂、被服厂等企业由个人承包。1989年8月，增设长治居委会。1990年后，镇人大主席团主席由镇党委书记兼任。1992年，撤销广播站；1994年，编制增至95人，是五星镇编制人数最多的一年。1995年，撤销物价助理，同年12月，撤销五星农业大队，成立星龙村委会，隶属五星镇所辖。1996年3月23日，五星镇创办兴隆公司。1998年，撤销林政助理。1999年，撤销兴隆公司。2000年3月，撤销星龙村，划归友好居委会。

2001年3月，撤销镇人大、镇纪委。同年5月，根据伊政批字〔2001〕46号文件，撤销五星镇人民政府，成立五星街道办事处，下设2个社区，即兴业社区、创业社区。党总支书记、主任各1人，副主任4人。同年12月，成立五星街道党的工作委员会，党工委书记由区委常委兼任，专职党工委副书记1人。同年，办事处机构改革，办事处定编46人，机关工作人员20人，党工委副书记、主任各1人，副主任2人，武装部长由副主任兼任。下设民政、司法、文教卫生、计划生育、土地、工农业、人事工资、房产、财务、综合治理等助理员。2005年，定编43人，党工委副书记、主任各1人，副主任2人。五星街道办事处有居民1477户，人口4018人。男2087人，女1931人。

辖区区属单位有第三中学，第二小学，五星派出所；民营企业有中植水泥，五星果酒，五星木糠，宏远木业，三权在上单位有供电所，五星车站，五星石矿，五星邮政所。

（三）丰林街道办事处

丰林街道办事处位于区政府所在地东北部，汤旺河东岸，与五营街道办事处接壤，北起丽林实验林场大桥，南至路电处，西起汤旺河，东至五营河经营所施业区。

地势东高西低，南北呈狭长的地形地势，全境呈南北长的坡形地势。全境南北长3500米，东西宽2000米，总面积是7平方公里。

1986年，办事处辖有胜林、新林、茂林、青林、森林等6个居委会。有职工29人，其中干部12人，代干15人，工人2人。党总支书记、主任各1人，副主任2人，下设民政、计统、土地、计生、文教、科技、农牧、人事助理各1人，财政助理2人，街道干部12人。1989年8月，增设振林居委会。1991年，人员增至32人。1997年，人员编制27人，设党支部书记、主任各1人，副主任4人。2000年，丰林办事处在岗职工36人，7个居民委员会，111个居民小组，5299户居民，人口

15888人。2001年5月，经伊春市政府批准，撤销丰林街道办事处，合并到五营街道办事处。

生产单位有公路养护管理处、贮木加工厂、胶合板厂、机修厂、刨花板厂、造纸厂、局木器厂、河北商店、青年电影院、消防大队、基建工程处；文教单位有第二中学、第四小学、第六小学（90年后与四小合并）。个体私营企业31户，各类服务网点208处。

（四）桦林街道办事处

桦林街道办事处位于区西南部，东至局中心苗圃，南以树林为边，北以汤旺河为界，西至五营第七小学。

1991年5月桦林办事处成立，下设桦林、松林、农林、圃林、红林等5个街道居委会，编制33人，设支部副书记、主任各1人，副主任3人。下设民政、计生、计统、土地、建设、文教、卫生、农牧、人事、财政助理各1人，街道干部12人；1993年，人员编制增至41人；1995年，编制为41人，设支部副书记、主任各1人，副主任5人，其中机关工作人员15人。

辖区内企事业单位有针织厂、第一中学、河南看守所、交通局、建材厂、河南第五粮店、河南商店、卫生所、敬老院、苗圃、进修校、技工校。

1995年，撤销并入五营街道办事处。

二、林场（所）

（一）翠北林场

翠北林场位于五营林业局西北部，距区（局）址78公里处。地处小兴安岭主脉北坡，库尔滨河上游，翠宏山脚下，地理坐标北纬48° 29′ 50″，东经128° 43′ 48″，东与汤旺河林业局、红星林业局接壤，西与友好林业局相接，南、北与上甘岭林业局毗邻。总面积43150公顷，其中有林地37003公顷，森林蓄积量265万立方米。

翠北林场施业区平均海拔450米，地势东高西低，地域宽阔而平坦，有库尔滨河、西马鲁河两大水系，有近200个湖泡。属温带湿润大陆性季风气候，无霜期为90~95天。受太平洋寒流和西伯利亚冷空气双重影响，四季分明，春来迟缓，多大风，降水少；夏季短暂而湿热，降水多，雨量多集中6—8月份，对植物生长有利；秋霜早临；冬季漫长，寒冷而干燥。施业区内草塘面积大，为伊春市六大火险区之一。翠北林场施业区森林以针叶混交林和阔叶混交林为主，划分100个林班。森林覆被率为85.9%。主要有蕨菜、黄花菜、榛子、蘑菇、笃斯、刺五加、灵芝等山特产品及金雕、灰鹤、马鹿、棕熊、水獭、狍子、刺猬、野猪等珍稀动物。境内铁矿资源丰富。

翠北、翠巍林场原系友好林业局所辖，翠北林场建于1964年，当时命名永续林场，1984年，更名为翠北经营林场。翠巍林场建于1973年，初称团结林场，1984年更名为翠巍经营林场。1989年7月1日，翠北、翠巍一并划归五营林业局经营。1990年2月22日，翠巍林场合并到翠北林场。翠北林场下设木材生产、营林、多种经营、准备作业、后勤等5个生产段，其中管理人员50人，在册职工465人。设翠北综合厂，有465人。林场设书记、场长各1人，副场长4人，资源监督员1人，工会主席1人。1994年，变更为书记兼场长1人。1995年11月，增设副书记兼副场长1人。1998年，撤销准备作业段，后勤段改称机关总务股，撤销综合厂。2005年，场下设木材生产段、营林段、多种经营段、机关总务股。全场在册职工437人，其中管理人员19人，在岗职工80人。设书记、场长各1人，副场长3人，工会主席1人，资源监督站长1人；设团结和振兴居民委，下设21个居民组，居民458户，人口1132人，其中，男671人，女461人。以汉族为主。设有林场小学、卫生所等。

翠北林场是五营林业局主伐林场，以木材生产和营林生产为主，多种经营生产为辅的林业基层单位。木材生产，场木材生产段下设6个小工队，1989—2005年，共生产木材67.7万立方米，平均年产4万立方米，最高年产5.2万立方米。随着木材产量下调，木材产量逐年下降，到2005年，木材产量调减至4861立方米。（主伐）营林生产，设苗圃1个，面积3公顷。1989—2005年，共完成更新造林7321公顷，其中，1989—2000年，完成更新造林6845公顷，2001—2005年，完成更新造林476公顷。

翠北林场设有多种经营段，全面负责多种经营生产工作。1989年后，多种经营有了一定发展，1999年，开始发展袋栽木耳生产。2000年，发展袋栽木耳50万袋。2003年，全场发展袋栽木耳增至110万袋。2005年，全场袋栽黑木耳200万袋，种植平贝11亩，养猪75头，羊45只，牛25头。

2000年，国家开始实施天然林保护工程，对施业区实行公共管护，封山设卡3个，专业管护人员48人，管护面积27793公顷。2001年，翠北林场实行管护经营承包责任制，管护承包职工232人，管护面积10806公顷；专业管护人员降为37人。2002年，管护承包职工调整为228人，管护面积为10616公顷。2003年，专业管护人员增至58人。2005年，有专业管护56人，封山设卡3个，管护面积32499公顷；管护经营承包职工228人，管护面积10616公顷，管护面积合计43115公顷。

（二）前丰林场

前丰林场位于五营林业局西北部，丰林河干线28公里处，东部与平原经营所为邻，南部与永丰经营所相接，西部与上甘岭林业局接壤，北部、东北部与翠北林场和红星林业局毗连。总面积13774公顷，林木蓄积量72万立方米，其中有林地面积12737公顷。

前丰林场属丘陵山地，由北向南逐渐低缓。境内河流有丰林河，安全河、二连河分别在24公里、25.5公里处汇入丰林河。丰林河发源地29林班，径流44公里汇入旸旺河。气候属于小兴安岭山区寒温带气候，冬季大多为西北风，寒冷雪少，夏季多为东南风，雨量较大，早晚凉爽，午间闷热，受西伯利亚高寒冷空气的影响，早霜出现在9月上旬，晚霜在5月下旬，全年无霜期95天。

1986年，前丰林场下设木材生产段、营林段、家属生产队、青年综合厂。有职工220人，其中管理人员30人。设书记、场长各1人，副场长2人，工会主席1人。1989年8月，恢复前丰街道办事处；同年11月，增设资源监督专员1人。1991年，在册职工315人，其中管理人员18人，生产工人188人。1991年后，家属生产队解体。1994年，青年综合厂撤销。1997年，在册职工274人，生产工人127人，管理人员9人。2005年，下设木材生产段、营林段、多种经营段、后勤段。在册职工276人，在岗职工196人，管理人员21人。设书记、场长各1人，副场长3人，资源监督站站长1人，工会主席1人。设1个居民委，居民户数为239户，总人口687人，男性421人，女性266人，附设林场小学1所，卫生所1个。

场下设3个木材生产小工队，从事木材生产活动。

1986年生产木材3.4万立方米，主要是生产原条。1988年，木材产量最高，达到3.55万立方米，1990年后，随着资源减少，木材产量调减，至1995年，木材产量下降为1.73万立方米。2000年，随着天保工程的实施，林业局决定，不再生产原条，变更生产原木。2005年，场木材产量为0.9万立方米，以抚育伐生产为主。1986—2005年，木材生产总量38.89万立方米，其中原条34.21万立方米，原木1.07万立方米，其他3.61万立方米。

营林生产　1986—2005年营林生产，更新造林5413.4公顷，其中，1986—2000年，更新造林5094.4公顷，2001—2005年，更新造林319公顷。

1986年，场多种经营除经营人参、黄芪外，其他多种经营项目均由个人经营。1992年后，个体运输业兴起。1999年，开始袋栽黑木耳生产。2000年，全场有个体客车2台，四轮车2台，三轮车108台，汽车2台，食杂店8家，串店1处，饭店3家，年产黑木耳400万袋。至2005年，种植业，生产黑木耳500万袋，产干耳18.9万公斤，产蘑菇1.80万公斤，果类6000公斤。养殖业养鸡1826只，养鸭435只，养鹅1401只，养猪，存栏345头，年出栏641头。牛存栏89头，年出栏12头；羊年存栏194只，年出栏121只；养兔204只，年出栏119只。采山野菜108吨，山野果45吨。

2000年，实施天保工程，专业管护25人，管护面积6266公顷，封山设卡1个，面积3654公顷。2001年，开始实行管护经营承包责任制，管护经营承包职工130人，管护面积12026公顷。2002年，专业管护增至47人。2005年，管护经营承包职工130人，管护面积12026公顷；专业管护43人，管护面积1729公顷，管护面积合计13755公顷。

（三）永丰经营所（街道办事处）

永丰经营所位于五营区西北部，丰林一支线5公里处。东部、东北部与平原经营所接壤，北部与前丰林场相连，西北部与上甘岭林业局和友好林业局搭界，东南部与黑龙江丰林国家级自然保护区毗邻。总面积12952公顷，其中：有林地面积12536公顷，林木蓄积量91万立方米。地势北高南低，平均海拔300米，全所地貌特征是“六山一水三分田”。永丰经营所气候属寒温带，全年平均气温1℃，7月最热，月均气温27℃ ~28℃，1月最冷，月均气温 –27℃ ~–28℃。年降水量671.5毫米，季降水量99.2毫米，全年无霜期100天。永丰经营所施业区划分为28个林班，540个小班，以红松、云杉、冷杉、白桦为主要树种，山特产品有刺嫩芽、猴腿、刺五加、松子、榛子、山丁子等。

1986年，永丰经营所下设营林队、木材生产第一小工队、多种经营段、青年综合厂、学校、卫生所等。有全民职工195人，其中干部21人；设书记、所长各1人，副所长2人，工会主席1人；管理人员14人。1989年8月，恢复永丰街道办事处，同年，增设资源监督专员1人。1990年，职工增至322人，管理人员14人，技术人员6人。1995年，有职工188人，其中，管理人员13人，技术人员9人，生产工人121人。1996年，卫生所撤销。1997年，木材生产第一小工队改称生产工组，营林队改称营林工组。1998年，撤销青年综合厂。2000年有职工103人，其中：木材生产工人22人，森林管护25人，技术人员9人，管理人员10人。2002年2月，撤销永丰小学。2005年，下设营林工组、生产工组。在册职工183人，其中，在岗职工117人，管理人员11人；设书记、所长各1人，副所长3人，工会主席1人，资源监督站站长1人；设居委会1个，居民组17个，居民总户数206人，总人口462人，男255人，女207人；附设卫生所1个（个体）。

永丰经营所是以营林为主。木材生产，多种经营生产为辅的基层生产单位。1986年，木材生产为原条，产量为1.12万立方米，到1988年增至1.39万立方米。1995年，木材产量调减为0.74万立方米。2000年，天保工程实施，木材产量调减为0.5万立方米。2002年，木材生产改为生产原木，2004年，木材生产为抚育伐，2005年，木材产量为0.8万立方米。1986—2005年，木材生产为18.44万立米，其中原条12.87万立方米，原木1.78万立方米，其他采伐3.8万立方米。

1986—2005年，营林生产，更新造林2843.6公顷，其中，1986—2000年更新造林2592.6公顷，2001—2005年，更新造林251公顷。

1986年，永丰经营所种植人参1公顷，产值18万元。养殖业，有鸡、猪、羊、鸭、鹅、兔等。加工业，有挂面加工、豆制品加工等。采集业由青年综合厂和个人来完成。1988年，新上北山酒厂、根雕树皮画车间、刺绣车间各1个；培植蘑菇园1处。1997年，开始发展袋栽黑木耳生产。1999年，种植黑木耳32户，115万袋。个体私营经济从业户数达68家。行业规模较大的有：白酒厂、饲料加工厂、食品加工厂。运输业有客车2台，各种运输车辆达30台。2005年，个体私营从业户数189户，种植黑木耳700万袋，产干木耳184吨。养鸡1705只，出栏2358只；养鸭492只，出栏32只；养鹅1485只，出栏71只；猪年存栏386头，出栏602头；牛存栏87头，出栏18头；采集山野菜102吨，采集山野果44吨。蘑菇16吨；产鱼2000公斤；林蛙210公斤；养兔197只，年出栏78只；养羊，年存栏185只，年出栏149只；养蜂180箱，产蜜6000公斤。

2000年，实施天保工程，封山设卡1个，面积3654公顷，专业管护人员25人。2001年，永丰经营所开始实行管护经营承包责任制，承包人95人，管护面积9266公顷；专业管护人员23人。2002年，专业管护人员增至39人，管护经营承包人增至96人。2005年，专业管护34人，专业管护面积3654公顷，管护经营承包人96人，管护面积9266公顷，管护面积合计12920公顷。

（四）平原经营所（街道办事处）

平原经营所位于五营区西北部，距局址19公里。辖区东部与丽丰经营所为邻，南部隔丰林河与黑龙江丰林国家级自然保护区相望，西部与永丰经营所、前丰林场搭界，北部与红星林业局接壤，总面积10555公顷，其中有林地9925公顷，森林蓄积量63万立方米。

平原经营所 地势属于低山丘陵地带，平均海拔289米，划分为26个林班，449个小班；南北长33.75公里，东西宽6.25公里，境内有丰林河。林种有针叶混交林、阔叶混交林、针阔叶混交林、特用林等。林木有红松、云杉、冷杉、落叶松、白桦等。山特产品有刺嫩芽、猴腿、蕨菜、蘑菇、刺五加、松子、榛子、山丁子等。珍贵动物有马鹿、猞猁、獐子、熊、松鼠、野兔、飞龙等。气温较全区低0.1℃~0.4℃，早霜和结冰较山下早，无霜期和生长期均在110天。

1986年，平原经营所下设生产段、营林段、多种经营段、后勤段、青年综合厂、学校、卫生所。有职工242人，其中干部23人，工人219人；设书记1人，副所长3人，工会主席1人。1988年3月，增设所长1人；管理人员21人，全所有职工225人。1989年8月，恢复平原街道办事处。同年11月，增设资源监督员1人。1990年，全所有职工279人，其中管理人员17人，书记、所长各1人，副所长3人，工会主席、资源监督站长各1人。1996年，撤销青年综合厂。1997年，管理人员减至9人。1998年，撤销后勤段。2001年，在册职工190人，在岗职工162人。2002年，撤销平原小学。2005年，下设生产段、营林段、多种经营段；在册职工218人，其中在岗职工130人，管理人员16人；设书记、所长各1人，副所长3人，工会主席1人，资源监督站长1人。同年，设居委会1个，下设居民小组6个，居民146户，总人口395人，其中，男204人，女191人；附设卫生所1个。

木材生产设生产段1个，62人。1986年，生产木材1.1万立方米。1987年，木材产量增至1.31万立方米。1994年，生产木材8.81万立方米。2002年，木材生产改为原木生产。2004年，原木生产改为抚育伐生产。1986—2005年，生产木材17.39万立方米，其中，生产原条13.27万立方米，生产原木1.12万立方米，其他采伐木材3万立方米。

营林生产设营林段1个，34人。1987年，增设小型苗圃1个，面积13公顷。1986—2005年，更新造林2643.4公顷，其中1986—2000年，更新造林2371.4公顷，2001—2005年，更新造林272公顷。

1986年，种植人参2674平方米；平贝2515平方米；黄芪1375平方米，培育木耳7000段。实行段队承包，联产计酬。1992年，取消多种经营基地。1994年后，主要是职工家庭经济。2000年，生产木耳菌70万袋，2003年发展到150万袋。2005年种植大豆3.93公顷，产量6吨，发展袋栽木耳菌500万袋，收干木耳159吨。养鸡，存栏824只，出栏2135只；养鸭，存栏452只，出栏42只；养鹅，存栏1408只，出栏81只；产禽蛋41吨。养猪，年存栏381头，出栏623头；养牛，存栏92头，出栏11头，养羊，存栏131只，出栏126只；养兔256只，年出栏201只。采集松子91吨，榛子2吨，采集山野菜122吨，山野果39吨。

1986年，平原所建山野菜罐头厂。1988年，山野菜罐头厂投产实现产值3.5万元。1990年10月，山野菜罐头厂“亚翔牌”山野菜罐头在中国旅游购物节产品评比中荣获“天马优秀奖”。1991年11月，在“七五”全国星火计划成果博览会上荣获银奖。1992年，平原罐头厂从平原经营所分离出去，成为独立单位。

2000年，实施天然林保护工程。封山设卡1个，面积3205公顷，专业管护人员27人。2001年，开始实施管护经营承包责任制，管护承包82人，承包管护面积7302公顷。2003年，专业管护人员增至38人。2005年，管护承包82人，管护面积10507公顷。

（五）平山经营所（街道办事处）

平山经营所位于五营区东南部，距区址9公里。辖区东部与美溪林业局为邻，南部与乌马河林业局搭界，西部与上甘岭林业局接壤，北部与局中心苗圃毗连。总面积12098公顷，有林地11506公顷，森林蓄积量74万立方米。平山经营所的山脉有2条，一条临美溪林业局，呈东北至西南走向；另一条靠上甘岭和乌马河，大致呈西北至东南走向。这两条山脉在平山南端相接，形成一个“V”字形山脉。两条山脉总长约46公里，是平山地理上的分界线。

大黑顶山，位于平山西南，是五营林业局和上甘岭林业局交界的山脉，海拔1047米，是平山经营所最高山，也是小兴安岭的第二座大山。

平山经营所冬季漫长而严寒，降雪较多，蒸发弱，夏季短暂而炎热，降水较多，蒸发快，属温带针叶林气候，无霜期约105天。

境内有五营河，发源于大黑顶山，全长21.87公里，水量充沛，由南向西流经局中心苗圃注入汤旺河。

平山经营所野生动物主要有马鹿、狍子、野獐子、黑熊、兔、松鼠、花鼠等。森林属针阔叶混交林，主要树种有红松、臭松、鱼鳞松、黄花松、杨树、桦树、椴树、色树、黄菠萝、水曲柳等。山特产品有刺嫩芽、狗枣子、山葡萄、五味子、刺五加、蘑菇、猴腿、木耳、党参、山芹菜等。

1986年，平山经营所在册职工284人，其中，干部30人（含技术人员15人），设书记、所长各1人，副所长2人、工会主席1人。1988年3月，实行所长负责制，全面实行承包改革，通过招聘答辩，共招聘管理干部19人。1988年年末，全所有职工263人，其中，全民职工204人，合同制工人40人，干部19人。设书记、所长各1人，副所长2人，工会主席1人。1989年8月，恢复平山街道办事处。1990年，增设资源监督员1人。1993年，增设副书记1人。在册职工248人，管理人员12人，技术人员5人。1995年，撤销平山综合厂。1997年，书记、所长各1人，副所长5人，管理人员6人，2001年，在册职工217人，在岗职工189人。2002年，撤销平山小学。2005年，下设木材生产段、营林段；在册职工226人，在岗职工78人，其中，管理人员15人；设书记、所长各1人，副所长2人，资源监督站长1人，工会主席1人；设居委会1个，居民164户，总人口421人，其中，男210人，女221人，附设卫生所1个。

营林生产，下设1个营林段，人员28人。1986—2005年，更新造林2971.9公顷，其中，1986—2000年，更新造林2704.9公顷；2001—2005年，更新造林267公顷。

木材生产，1986年，设1个生产段，人员54人，生产木材1.07万立方米。1991年，生产木材达到1.51万立方米，为历史最高年产量。2001年，木材生产改为原木生产，产量0.27万立方米。2004年，木材生产为抚育伐生产。1986—2005年，木材生产总量为19.19万立方米，其中原条15.55万立方米，原木1.2万立方米，其他采伐2.44万立方米。

1995年，多种经营为职工家庭经济。1997年，个人养殖林蛙。1999年，开始袋栽黑木耳生产。2000年，袋栽木耳100万袋，产干耳25吨。2005年，种植大豆19.67公顷，产大豆30吨。种植木耳菌300万袋，收干木耳156吨。种植蘑菇14吨。养鸡，存栏2658只，出栏2560只；养鹅，存栏1458只，出栏64只；养猪，存栏678头，出栏364头；养牛，存栏184头，出栏36头；养奶牛25头，产奶28吨；养羊，存栏210只，出栏198只；养兔521只，出栏405只；养蛙1720公斤。采集松子89吨，榛子2吨，采集山野菜148吨，山野果42吨。

2000年，实施天然林保护工程，封山设卡1个，面积944公顷；管护承包职工76人，管护面积11138公顷；专业管护人员25人。2002年，专业管护人员增至41人。2005年，专业管护人员36人，管护面积951公顷；管护承包职工76人，管护面积11131公顷，管护面积合计12082公顷。

（六）丽丰经营所（街道办事处）

丽丰经营所位于五营区址北部，丽林公路干线 7 公里处。南部、东南部与省林业科学院丽林实验林场为邻，北部、东北部与红星林业局接壤，西部与平原经营所毗连。总面积 14141 公顷，其中有林地面积 12884 公顷，森林总蓄积量 85 万立方米。

地势以低山为主，山地和缓，多是立梭台地。最高海拔 700 米，最低海拔 300 米，平均海拔 300~400 米。地势起伏，东南略低，西北偏高，阳坡陡短，常有石塘裸露，阴坡缓长，常有地带性积水。平均坡度 15~17 度。全施业区内山脉纵横，按走向分为一支线，二支线（南皮沟）和三支线（包括月牙沟、杏山沟、白浪河三大沟系）。山脉主要有：与红星林业局交界的西北、东南走向的 1 条；与平原经营所的大界 1 条；一支线与二支线交界的 1 条，共 3 条主要山脉，由一支线河，南皮沟河、白浪河与丽林河汇聚成丽林河水系。经丽林实验林场注入汤旺河。最长的河流为丽林河，发源于所施业区、汤洪岭分界处，流经 89 林班及所施业区内长达 28 公里，是丽丰经营所最大的河流。

气温特点，冬长夏短，冬寒夏炎，冬季时间 6 个月，占全年一半以上，平均气温为 -0.4℃，最低气温是在 1 月份，-34.3℃。夏季月均气温 20.2℃，无霜期短，一般在 90~105 天。农作物生长期一般在 110 天，普通农作物不成熟，适合种植小农作物，如马铃薯、白菜、萝卜、大葱、菠菜等；还适合种植人参、平贝、黄芪等。

树种主要有红松、落叶松、云杉、冷杉等 35 种。山特产品有山葡萄、山茄子、山樱桃、五味子、刺五加、三棵针、党参、蘑菇等。珍贵动物有猞猁、獐子、熊、飞龙等。

1986 年，丽丰林场下设木材生产段、营林段、后勤段、多种经营段、青年综合厂、学校；机关设工青妇、财务、人事工资、调度、材料、生产、营林、行政等办公室；有职工 245 人，干部 13 人；设党支部书记 1 人、场长 1 人，副场长 2 人，工会主席 1 人。1987 年 3 月 13 日，丽丰林场更名为丽丰森林经营所。设所长、书记各 1 人，副所长 2 人。1988 年，撤销后勤段。1989 年 8 月，恢复丽丰街道办事处，同年撤销多种经营段。1990 年，增设资源监督员 1 人，有职工 407 人，其中，管理人员 17 人，生产工人 107 人。1994 年，有职工 279 人，其中管理人员 14 人，技术人员 5 人。1997 年，有职工 217 人，其中生产工人 150 人，管理人员 9 人。2001 年，在册职工 264 人，在岗职工 138 人。2002 年，撤销丽丰小学。2005 年，设营林段 1 个，在册职工 264 人，在岗职工 60 人；设副书记 1 人，所长 1 人，副所长兼资源监督站长 1 人，副所长 3 人，工会主席 1 人，管理干部 9 人；设 1 个居民委，5 个居民小组，居民总户数 196 户，全所总人口 799 人，其中，男 399 人，女 400 人。

木材生产　1986 年，生产木材 2.90 万立方米。1987 年始，木材产量逐年调减，至 1990 年木材产量调减 2.26 万立方米；1995 年，木材产量 1.15 万立方米。2000 年，生产原木，产量 0.09 万立方米。2003 年，木材生产为抚育伐生产，产量 0.03 万立方米。2005 年，木材产量为 0.05 立方米。1986—2005 年，木材生产 23.75 万立方米，其中原条 22.50 万立方米，原木 0.44 万立方米，其他采伐 0.81 万立方米。

营林生产　2005 年，下设营林段 1 个，人员 26 人。1986—2005 年，更新造林 4313.2 公顷，其中，1986—2000 年，更新造林 4161.2 公顷，2001—2005 年，更新造林 512 公顷。

1986 年，开垦种植经营基地，种植人参 2050 平方米，蘑菇 125 平方米，培育木耳菌 3 处，年出售木耳菌 7 万瓶；蘑菇菌 1 处，年出售蘑菇菌 2 万瓶；培育木耳椴 10000 椴；果树园 1 处，种植秋果 1000 棵，李子 1000 棵；养牛 50 头；松枝油厂 2 个，职工家庭副业有所发展。1988 年，实行承包到户。1990 年，通过政策引导典型示范，资金、技术场地支持，木耳生产规模扩大，到 1996 年，有 20 户从事木耳菌生产，培植木耳菌增至 50 万袋。1998 年，117 户人家生产木耳菌 200 万袋；1999 年，提供房舍累计为 1200 平方米，开发扶持资金 3 万元，各种信息 36 条，为养菌户划出疏林地 150 公顷。生产木耳菌户 120 户，产量 400 万袋，产值 425 万元。2001 年，栽培木耳菌 600 万袋，产值 500 万元。

2005年，栽培木耳菌1000万袋，产干木耳318吨。养鸡，存栏2242只，出栏1752只；养鸭，存栏483只，出栏36只；养鹅，存栏1468只，出栏67只；养猪，存栏681头，出栏329头；养牛，存栏78头，出栏24头；养奶牛4头，产奶2吨；养羊，存栏156只，出栏24只；养兔，存栏184只，年出栏116只；养林蛙180公斤；采集松子9200公斤，榛子2000公斤；采集山野菜134吨，山野果35吨，蘑菇12000公斤。

2000年，开始实施天然林保护工程，专业管护人员25人，管护承包职工80人，封山设卡4个，面积2456公顷。2001年，专业管护人员24人（最少年份）；2002年，专业管护人员增至40人（最多年份）；2005年，有专业管护人员36人，管护面积6409公顷；管护承包职工80人，管护面积7705公顷，管护面积合计14114公顷。

（七）局中心苗圃（五营河经营所）

局中心苗圃（五营河经营所）位于五营街道办事处境内，汤旺河南岸，属山上林业生产单位，与局址一河之隔。水源充足，电力、交通极为方便。南有204省道，西临区第一中学，东连森调队，北靠汤旺河。施业区面积6684公顷，其中，有林地面积4664公顷，森林总蓄积量27万立方米。海拔高度886米，年平均气温0℃，无霜期120天，土质为轻黏土壤，适合红松、落叶松、云杉、冷杉等播种育苗。圃地面积28公顷，作业面积21.33公顷。

1986年，五营河林场苗圃设总务、林政管理、材料、调度室、资料室（资源管理）、生产股、多种经营、工资、计统、工会、育苗室等11个股室。下设生产股、营林段、育苗室、护林队、后勤段、青年队、车队等7个段队。有职工262人，青年265人，其中，干部26人，书记、主任各1人，副主任2人。1987年3月，五营河林场苗圃更名为五营中心苗圃，系一套班子两块牌子。1988年，设支部书记、主任、副主任、工会主席各1人，增设代理副主任1人，设管理人员32人。同年，苗圃实行厂（场）长负责制，股室干部，管理人员制定了目标管理责任制，进行招标聘任，苗圃成立管理委员会，管委会由9人组成。经过招聘，中标管理人员21人（包括党政工领导在内）。1989年，增设资源监督员1人。1992年，苗圃有职工355人，其中，管理人员21人，技术人员9人。1997年10月，实行体制改革，精减非生产人员、办公室人员减至28人，进行段队重组，下设木材生产、营林、育苗、多种经营段、护林队等段队。2000年，撤销木材生产段。2001年，办公室人员进行一次调减，管理人员减至19人（含所领导、段队负责人在内）。2005年，有在册职工541人，在岗职工350人，下设营林、育苗、护林、绿化等段队。设书记、主任各1人，副主任3人，工会主席1人，资源监督站长1人。

木材生产　1986年，木材生产产量为0.3万立方米，机械生产为主，设备为50拖拉机2台，2115型绞盘机1台，生产工人为计件工资制。1990年，增至0.41万立方米（最高年份），2000年，木材产量降为0.12万立方米（历史最低年份）。1986—2000年，木材生产总量为3.97万立方米，2000年后停产。

营林生产　育苗生产下设育苗段。营林生产下设营林段。1986—2005年，更新造林2395.9公顷，其中1986—2000年，更新造林2210.9公顷，2001—2005年更新造林185公顷。

2000年，实施天保工程，为森林管护承包试点单位，全场职工实行抽签承包地块，当场抽签，当场落实，当场公证，区（局）有关领导、各有林单位领导到会观模。签订管护承包合同62份，33名职工中标，管护面积4151公顷；专业管护人员36人。2002年，专业管护人员增至57人。2005年年末，有管护承包职工33人，管护面积4101公顷；专业管护人员52人，管护面积1830公顷，管护面积合计5931公顷。

1986年，建塑料薄膜大棚1200平方米，种黄瓜4公顷，种各种蔬菜2.67公顷，平贝331平方米；还有养殖业、采集业、商饮业等项目。1988年，种植人参11333平方米，所里承包给个人经营；栽植沙果树600株。新建育苗温室86平方米，大棚1000平方米。新建针织厂车间1个。并新增劳务、运输等行业。1990年，针织厂独立。1998年后，多种经营主要是职工家庭经济。2003年，发展木耳菌生产，种山特产品和药材，饲养家禽、养鱼、蛙等。2005年，多种经营产值实现1400万元，其中工业产值160万元，农业产值1050万元，建筑业产值130万元，商业饮食产业产值60万元。

（八）杨树河经营所（街道办事处）

杨树河经营所位于五营区址东南，204省道伊嘉公路68公里处。北部和西北部边界隔汤旺河与黑龙江林业科学院丽林实验林场相望，东部和东南部与红星林业局接壤，南部和西部与平山经营所、五营河经营所相接，总面积7216公顷，其中，有林地面积6270.4公顷，森林总蓄积量为28万立方米。

辖区地势从北向南逐渐高起，最高海拔600米，属丘陵山地。辖区气温平均比中心区低0.1~0.4℃，解冻期与晚霜期比山下晚7~10天。受地形影响，具有山区“小气候”特点。辖区边缘地带比中心区的降水次数多。辖区主要矿产有，石灰石、大理石、铁、铅、锌等。

森林主要以天然针阔混交林、人工针叶纯林组成，主要树种有红松、落叶松、云杉、冷杉、水曲柳、黄菠萝、杨树、椴树、桦树等。山特产品有刺五加、五味子、榛蘑、蕨菜、元蘑、猴头、木耳、金针菜等。兽类有黑熊、野猪、獐子、狍子、鹿、松鼠等；主要的鸟类有松鸡、飞龙等。

1986年，杨树河林场设调度室、材料组、财务组、民政公安组、生产组、营林组、多种经营组、林政防火组、工会、共青团、妇联等群团组织机构；下设木材生产段、营林段、多种经营段、青年综合厂、学校等；在册职工284人，其中，管理人员18人，技术人员12人；设书记、场长各1人，副场长2人，工会主席1人。1987年3月，杨树河林场更名为杨树河森林经营所（简称杨树河经营所）1988年，有职工293人，其中，干部25人，全民职工214人，合同制职工79人。1989年8月，恢复杨树河街道办事处。1990年，增设资源监督员1人。1993年，撤销多种经营段。1995年，撤销青年综合厂。2000年，撤销木材生产段。2002年，撤销杨树河小学。2005年，职工254人，其中，管理人员15人，留守教师10人，工人219人，在岗职工42人，设书记、所长各1人，副所长2人、工会主席1人，资源监督站长1人；下设营林段；有居民委员会1个，下设居民小组，有居民262户，688人，其中男368人，女320人。

木材生产　1986年，生产木材2.34万立方米。1987年后，木材产量逐年调减。至1990年调减至1.34万立方米。1995年，降至0.48万立方米。1998年，改为原条、原木混合生产。2000年，生产木材0.09万立方米。1986—2001年生产木材总量为13.97万立方米，其中，原条为12.77万立方米，原木为0.62立方米，其他采伐为0.58万立方米。

营林生产　下设营林段32人。1986—2005年，更新造林面积3856.6公顷，其中，1986—2000年更新造林3584.6公顷，2001—2005年更新造林面积272公顷。

多种经营　1986年，设有多种经营段，段长1人，验收员2人，以种植人参、木耳栽培养殖业以及采集业为主。1986—1987年，种植人参面积2336.63公顷，人参生产方式

林场所新貌

实行专业承包，联产计酬责任制。1988 年，人参种植 3.53 公顷。1990 年后，市场形势变化，人参产品滞销。2000 年，开始发展袋栽木耳菌 80 万袋，木耳菌栽培户 40 户；职工家庭经济总户数 200 户，从业人员 280 人，种植业 120 人，加工业 30 人，采集业 50 人，商服业 40 人，其他行业 40 人。2005 年，木耳菌增至 400 万袋，养鸡，存栏 2234 只，出栏 1861 只；养鸭，存栏 335 只，出栏 38 只；养鹅，存栏 1468 只，其中出栏 72 只；养猪，存栏 682 头，出栏 348 头；养牛，存栏 84 头，年出栏 8 头；养奶牛 4 头，产牛奶 4 吨；养羊，出栏 148 只，存栏 162 只；养兔，468 只，年出栏 324 只；采集山野菜 296 吨，山野果 36 吨；收干木耳 152 吨；蘑菇 12 吨。多种经营产值实现 1174.2 万元，其中全民 86.88 万元，集体 20 万元，个体 1067.32 万元。

2000 年，实施天然林保护工程，专业管护人员 30 人，管护面积 332 公顷，管护承包职工 73 人，管护面积 6869 公顷。2001 年，专业管护人员 28 人，是专业管护人员最少的一年。2002 年，管护承包面积调整为 6833 公顷。2003 年，专业管护人员增至 42 人，管护面积 368 公顷。2005 年，有专业管护人员 42 人，管护承包职工 73 人，管护面积 368 公顷，管护面积合计 7201 公顷。

村屯

（一）跃进村

跃进村位于五营区址西部，东与育林社区相连，西至永绪工区，南临汤旺河，北靠丰林国家级自然保护区。

跃进村的前身为跃进大队，1986 年，跃进大队隶属五营街道办事处，耕地承包给个人。1989 年 6 月，撤销跃进大队，成立跃进村委会，隶属五营街道办事处；设村委会主任、副主任各 1 人，委员 3 人。2005 年，设村委会主任 1 人，会计民政助理 1 人，在册居民户数 108 户，254 人，完成劳动力转移 39 户 178 人，现农业生产经营户 69 户，178 人。附设小学 1 所。

跃进村在册耕地面积 66 公顷，村民自留地、开荒地 36.42 公顷。跃进村土地肥沃，适宜种植蔬菜、土豆、黄豆等农作物，是五营区重要蔬菜基地。2005 年，全村人均年收入 3120 元。

（二）星龙村

星龙村位于区五星办事处东北部，北边至五星车站，耕地面积 44 公顷。

星龙村的前身是五星农业大队，隶属五星镇人民政府领导。1986 年，五星农业大队，设队长 1 人。1995 年 12 月，五星镇撤销五星大队，成立星龙村委会；设村委会主任 1 人；隶属五星镇政府所辖。2000 年 3 月，五星镇撤销星龙村，划归友好居委会。2005 年 7 月 15 日，经 2005 年第 14 次区长办公会议决定恢复星龙村，隶属五星街道办事处领导，设村主任 1 人，有村民 53 户 76 人。星龙村土地肥沃，适宜种植黄豆，是五营区重要饲料基地。

第二篇　自然·环境

五营区（局）属中温带大陆性湿润气候，除受纬度、地理条件和大气环流控制外，还受森林和局部地形影响，致使五营区（局）四季气候变化很大。五营区森林资源丰富，是全国用材林生产基地之一，兴安落叶松、红皮云杉、红松树种是具有代表性主要造林树种。境内自然条件得天独厚，野生动植物繁多，此外还有矿产资源。

第一章 地质 地貌

第一节 地 质

五营区（局）位于新华夏构造体系第二隆起带——张广才岭隆起带之北侧。

一、元古界兴东群

境内平山经营所西部及邻区红星区（局），共青、向阳等地均有所出露，是由各种混合岩、片岩、大理岩、板岩、千枚岩等组成。

二、古生界

（一）泥盆系下统黑龙宫组

主要出露于五星办事处附近和五星至红星区（局）所属向阳林场一带，呈北西向分布。地层倾向为北东 30°~50°，倾角 40°~50°，构成境内北沟至丽丰经营所复背斜的北西翼。主要岩性分为上、下两部分：上部以硅化大理岩及白云质大理岩为主，含有白云岩、石英岩和硅质、炭质板岩，最顶部为藻类灰岩等组成，厚度大于 1415 米；下部以中薄层条带状泥质、炭质结晶灰岩和大理岩为主，夹泥质粉砂质板岩，厚度 1247 米。上部与下部连续沉积，本组地层在五星附近出露较全。五星南杨树河两岸下泥盆统下黑龙宫组地层剖面自上而下为（见表 2–1–1，表 2–1–2）：

上段上覆地层岩石名称一览表

表 2–1–1

序号	岩石名称	厚度（米）
10	白色厚层状大理岩，夹泥质条带状大理岩、藻类灰岩及含藻类化岩	725
9	白色厚层状硅化大理岩，夹中薄层姜黄色白云岩，风化后呈糖粒状	100
8	黑色千枚状炭质板岩，夹粉砂泥质板岩	208
7	灰黄色厚层状白云岩，夹薄层灰白色硅化大理岩，白云岩风化后为糖粒状	72
6	白色中厚层硅化细粒大理岩，局部为灰色条带状大理岩，其中夹少许灰色、褐色硅质板岩及黑色粉砂泥质板岩。硅化大理岩中的硅质呈细小条带状，有的呈分散团块状，风化后突出表面	258
5	灰色中厚层大理岩，局部含泥质，砂质条带	154
4	灰白色、灰褐色石英岩，风化后呈褐色蜂窝状	104
3	白色细粒、硅化大理岩，受矽卡岩化，形成铅锌矿	118
2	灰色、黄色中薄层泥质灰岩、夹薄层灰岩、泥灰岩中含丰富的动物化石	62
1	白色厚层硅质条带状大理岩、风化后呈糖粒状，与下段连续沉积	＞414

下段上覆地层岩石名称一览表

表 2-1-2

序号	岩石名称	厚度（米）
5	黑色薄层状泥质条带蚀变灰岩、风化后呈铅灰色、染手	152
4	黑色硅质、泥质板岩	87
3	深灰色粉砂质、板岩夹铁质斑点板岩	443
2	深灰色薄层泥质、炭质条带状硅化结晶灰岩	296
1	灰色细晶质结晶灰岩夹黑色炭质条带状结晶灰岩，底部被华力西晚期花岗岩侵入	269

以上剖面是本区下黑龙宫组出露最完整，沉积厚度最大的地段。属闭塞的海渗沉积。

（二）二叠系上统红山组

出露于五星办事处东南和西北部，面积不大。上部以粉砂泥质板岩、炭质板岩、砂岩和沉积砾岩为主。岩层多为北东走向、倾向南东 120° ~140° 左右，倾角为 40° ~60° ，总厚度 2550 米。下部主要是流纹斑岩质凝灰熔岩、熔凝灰岩、凝灰岩、熔岩角砾岩、凝灰砂岩和凝灰砾岩夹粉砂泥质岩、板岩。

五星大桥北上二叠统红山组地层剖面岩石名称一览表

表 2-1-3

序号	岩石名称	厚度（米）
4	灰色、灰绿色流纹斑岩质凝灰熔岩及灰色流纹斑岩质凝灰岩、夹少许含砾凝灰岩、凝灰质板岩及泥质板岩	＞126
3	灰色、灰绿色流纹斑岩质凝灰岩、凝灰角砾岩、顶部为黑色泥质板岩	104
2	灰黄色、凝灰质砂岩、流纹斑岩质凝灰岩及黑色泥质板岩、凝灰质砂岩中含植物化石	—
1	浅灰绿色粗粒石英砂岩、底部含砾，砾石由 0.8~30 厘米不等	＞77

三、中生界

（一）侏罗系上统友好组（J3Y）

只在本区永丰经营所北、南有零星出露。主要由灰绿色—浅黑色辉石安山玢岩，安山玢岩及灰紫色、灰绿色中—酸性火山岩和火山碎屑岩等组成。按其岩相、火山喷发旋回可将其分为上下两个岩性段。永丰经营所附近只出露有下段（J3Y）。主要是灰绿—暗灰绿色辉石安山玢岩，角闪安山玢岩、安山玢岩夹有少量的英安玢岩。厚度大于 520 米。

（二）侏罗系太安屯组（J2T2）

呈片状大面积分布于五星火车站一带，主要是流纹斑岩质火山碎屑岩，局部相变为流纹斑岩。

四、新生界

境内只有第四系，且不甚发育，只沿河谷地带有出露。

（一）更新统（QP）

仅出露于汤旺河两侧，各大支流流入汤旺河口处开阔地带的一级阶地堆积，由亚黏土、砂、砾等组成。

（二）全新统（QH）为现代河谷

（丰林河、五营河）冲积层、主要由黏土、砂、砾、卵石等到组成。

五、侵入岩及其分布

境内侵入岩以先后顺序有如下三种：

（一）远古代晚期侵入岩

境内有零星出露，分布于丽丰经营所沟系，主要有白岗质花岗岩，花岗细晶岩等；五星附近一带分布有混合花岗岩、片麻、状混合花岗岩、混合花岗片麻岩、混合片麻岩等。

（二）华力西晚期侵入岩

第一侵入期辉长—斜长花岗岩岩组。在本区分布出露于丽丰经营所、五营河、原向阳林场等地，呈北东方向出露，主要为混染破碎斜长花岗岩、花岗闪长岩、花岗岩，其次是辉长岩和闪长岩。五营河岩体含有褐帘石、绿帘石、黄铁矿、辉钼矿和白钨矿。第三侵入期白岗质花岗岩岩组。主要出露在平山经营所大黑顶子山，岩石以中细粒白岗质花岗岩为主，局部出现中细粒黑云母花岗岩，岩石为浅灰红色。

（三）燕山早期侵入岩

第二侵入期花岗岩岩组（Y526）。只以岩株形成出露于原森铁车站至原胜利林场一带，主要由花岗岩和花岩闪长岩组成。第三侵入期白岗质花岗岩岩组（XY52C）。在杨树河经营所有零星出露，以白岗质花岗岩为主，杂以白岗岩与花岗岩。

六、地质构造

五营区（局）地质构造由于受新华夏构造体系第二隆起带控制，主要构造线方向为北东及北北东向。

（一）华夏系构造体系

是境内最老的构造体系，发育在上元古界及上古生界和华力西晚期侵入岩中。

褶皱　（1）五星向斜：位于五星至红星区（局）二杨林场一带，轴向北西 320°。断续 8 公里长。轴部由红山组沙砾岩夹流纹斑岩及凝灰岩、凝灰栎岩组成，两翼为下黑龙宫组砂板岩及大理岩。（2）杨树河背斜：位于五星南杨树河一带，轴向北西 320°~330°，略具弧形，断续出露长约 12 公里。两翼岩层倾角不等，西南翼较陡，约 80°；北东翼较缓，45°~50°。轴部为下黑龙宫组下段泥质炭质大理岩、砂板岩，两翼为该组上段白云质大理岩、砂板岩、褶皱中段下凹，出露红山组火山碎屑岩。该褶皱遭到不同期断裂破坏，北西端被华夏系构造体系汤旺河断裂所断，南端被新华夏系构造体系向阳断裂所断，并向南西位移约 0.5 公里。两翼都在不同程度上受到新华夏系构造体系扭断裂的破坏。

断裂　汤旺河断裂，沿境内汤旺河河谷地段，走向北东 40°~50°，倾向南东，两侧岩石碎裂，属压性断裂。

（二）新华系构造体系

通过本新华夏构造体系主要有：（1）丽丰经营所断裂：位于丽丰经营所西南部，断续长 30 公里，走向北东 25°~30°，属压性断裂。（2）八公里断裂：位于五营南 8 公里，长 9 公里，走向北东 65°，属压扭性断裂。（3）五星断裂：位于五星南至红星二杨一带，长 7 公里。走向北西 330°~335°，倾向北东，倾角约 50°，系破碎带，有构造角砾岩，正断层，属张扭性断裂。（4）丽林河断裂：沿丽林河，长约 20 公里，走向北西 330°~340°，属张扭性断裂。（5）五营河断裂：沿五营河展布，规模 12 公里，走向北西 345°，属张扭性断裂。

第二节 地 貌

一、地貌特征

全境地貌可概括为九山、半水、半路田。小兴安岭山地主脉在境内北部，呈东西方向通过，成为汤旺河与库尔滨河分水岭，并形成南北两坡。南坡东南部地势较高，西北部略低，属于汤旺河流域；北坡南高北低，属于库尔滨河流域，境内山地居多，平原极少，属于小兴安岭山地低山丘陵地带。山体平缓，平均坡度 15°~17° 之间，局部最大坡度可达 35°~40° 。岗脊较宽平，一般宽度在 50~150 米之间，多呈起伏波状。阳坡较陡，坡长较短，间有裸露石塘。阴坡较缓，坡长较长，局部有浅洼地带，雨季常出现积水。境内按坡度级分布分别为：沟谷平地面积占总面积 12.7%；缓坡地带占 68.2%；斜坡地带占 18.4%；陡坡占 0.7%。汤旺河两岸、地势较平坦、土层深厚、水源充沛、土质肥沃，适宜农业蔬菜种植。

二、海拔高度与主要山脉

（一）海拔高度

本区平均海拔高度为 300~400 米之间，最高海拔 1047 米；最低只有 277 米。

（二）山脉

大黑顶子山　位于平山经营所施业区 174 林班，是境内最高山峰。海拔 1047 米。

笔架山支脉　为小兴安岭主脉支脉之一，是库尔滨河、西马兽河分水岭。走向西偏北，支脉长 11 公里，并有 11 条余脉，有山峰 20 座，最高山峰即笔架山，海拔 617 米。

二指山支脉　为五营区（局）与友好区（局）界山，也是库尔滨河与东都鲁河分水岭，走向西北转北。有山峰 67 座，最高山峰即二指山，海拔 546 米，平均海拔高度 475~546 米之间。

九埃山支脉　此支脉是库尔滨河与永续河分水岭，也是本区（局）与友好区（局）界山。走向西偏北，支脉长 11 公里，并有 6 条余脉。海拔高度在 525~707 米之间。有 11 座山峰，最高山峰即九埃山，海拔 707 米。

其他为无名山。

第二章 气候 物候 水文

第一节 气 候

五营区（局）属中温带大陆性湿润季风气候，除受纬度、地理条件和大气环流控制外，还受森林和局部地形影响，致使五营区（局）四季气候变化很大。春季天气多变，风天多、降水少，易发生干旱和风灾；夏季受副热带海洋气团影响，降水集中，雨水充沛，气候湿热，日照时间长，适宜农作物生长，但时有洪涝和低温冻害发生；秋季降温急剧，常有早霜、冻害发生；冬季在极地大陆气团控制下，气候严寒，干燥漫长。

一、四季气候特征

（一）春季（4—5月）

贝加尔湖、蒙古人民共和国低压向东移动，经过黑龙江省时，在其前部经常出现强盛西南气流，后部有猛烈的西北气流入侵，受其影响，大风天较多，5 级以上大风天约占全年日数 30%。有扬沙天气。全季常有冷空气侵入，回暖迟缓、乍暖还寒，是春季气候主要特征，给人们一种忽冷忽热的感觉。时而出现晚霜冻，晚霜一般在 5 月下旬结束，个别年份在 6 月中旬曾发生冻害，平均气温为 2.2℃。春季年均降水量 94.4 毫米，占全年总降水量 15% 左右。日照总时数平均为 644 小时。

（二）夏季（6—8月）

全季平均气温 18.4℃，平均降水量为 379.6 毫米，平均日照时数为 620 小时。该季太阳辐射最强，全年气温达到最高。7 月是全年最热月份。此季是夏季风全盛时期，受到热带海洋气团影响，温暖多雨、光照充足、湿度大。因气温高，蒸发量大多形成对流空气，使全季多为阵雨、雷阵雨，降水变率大，1991 年夏季降水量 525 毫米，而 1994 年只有 277.1 毫米。全季降水量占全年总降水量 61%，平均湿度 78%。

（三）秋季（9—10月）

平均气温为 6.4℃，降水量 114.3 毫米，日照总时数为 352 小时。此季，太阳辐射减弱，高纬度冷空气开始入侵，并逐渐加强，气温下降迅速，常有秋涝、早霜发生。初霜一般出现在 9 月中旬左右，个别年份曾在 8 月下旬和 10 月上旬出现。全季降水占全年降水量 18% 左右。

（四）冬季（11月—次年3月）

平均气温零下 18.1℃，降水量 38.6 毫米，日照总数 574 小时。该季在极地大陆气团控制下，气候寒冷、干燥漫长。本区地处蒙古高压前部，阿留申低压后部。时有冷锋影响，冷锋之前风雪交加，冷锋之后，急剧降温，最冷为次年 1 月，月平均气温零下 23.5℃。全季降水量占全年总降水量 6% 左右。年均降雪深度 25 厘米，各年积雪深度极不均衡，1990 年只有 7 厘米，而 1996 年积雪深达 39 厘米。

二、区境气象

（一）气温

本地空气对热量吸收和散发均较迟缓，气温日变化较大，最低气温出现在日出之前，最高值出现于午后 2 时左右。日较差（即日中最高与最低气温之差）1 月与 7 月均在 1℃和 20℃之间，1 月日较差略大于 7 月。气温夏高冬低呈正弦曲线变化。如下图：

表 2-2-1

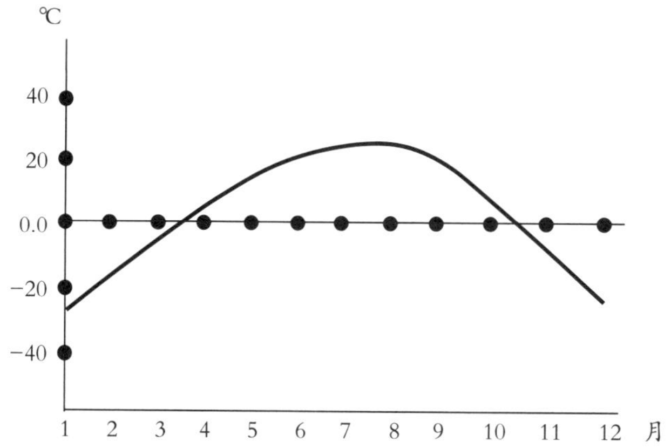

五营区（局）各月平均气温示意图

五营区（局）1—12 月平均气温一览表

表 2-2-2

单位：℃

月份	1 月	2 月	3 月	4 月	5 月	6 月	7 月	8 月	9 月	10 月	11 月	12 月	年均
温度	-23.5	-18.1	-8.1	3.7	11.0	17.0	20.3	8.0	11.0	1.8	-10.4	-20.4	0.2

各月平均气温在 7 月前逐月上升，之后逐月下降，相邻月间的气温升降最大值，出现在 10 月—11 月，为 12.2℃；次大值出现于 3—4 月，为 11.8℃；最热天气（7 月），平均气温 20.3℃，极端最高气温出现在 1999 年，为 34.9℃；最冷天气（1 月）平均气温 -23.5℃，极端最低气温出现于 1990 年，为 -42.5℃。日平均气温稳定通过零度的初、终日数在 160~200 天，积温最多年份是 2000 年，为 2758.8℃，最少年份是 2005 年，只有 1813.5℃，历年平均积温 2135.9℃，无霜期年均 111 天，最长 135 天，由平均气温稳定通过大于或等于 10℃的初终日数在 90~130 天，积温 1800℃ ~2300℃，基本能够满足小麦、大豆、玉米等作物生长对热量条件要求。

境内翠北林场，地处小兴安岭北坡，海拔高，年平均气温 -2℃左右，年积温在 1600℃ ~1750℃之间，无霜期 90 天左右，农作物生育期 85~90 天，农作物为蔬菜类，是五营区最寒冷地区。

（二）降水

五营区历年平均水量为 626.7 毫米，降水分布特点是夏季多，冬季少，季节雨量差异大，大雨暴雨多发生在夏季，各月降水分布如下图：

表 2-2-3

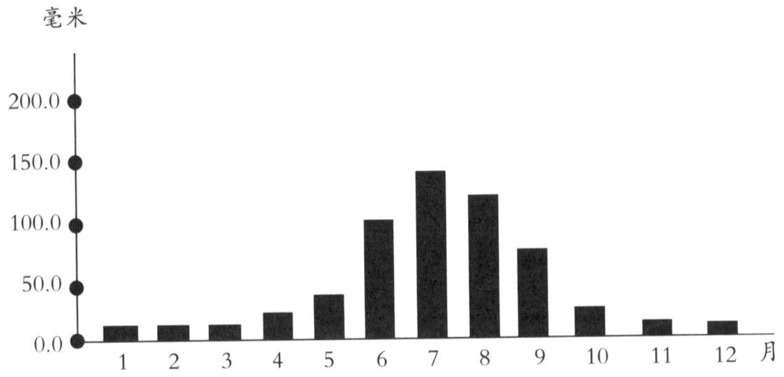

五营区（局）各月降水变化示意图

历年不同降水量级日数为：日降水量大于或等于 0.1 毫米日数 130~150 天，1 毫米日数 70~90 天，5 毫米日数 30~40 天，10 毫米日数 10~20 天，25 毫米日数 2~8 天，50 毫米日数 1~2 天。1 日最大降水量一般为 50~100 毫米；1 小时最大降水量一般为 20~40 毫米；10 分钟最大降水量一般为 10~20 毫米。常为阵雨性质，多出现在 7—8 月份，年降水量最大值 808.5 毫米，出现于 1991 年，最小值 470.5 毫米，出现于 1999 年。初雪一般出现在 10 月上旬左右，并开始结冰，终雪在 5 月上旬左右。

（三）湿度

五营区（局）历年平均相对湿度为 71%。四季湿度特点是：（1）春季气温上升较快、风速大、湿度小、空气中的水汽含量增加缓慢，致使春季相对湿度最小，平均值为 60%。（2）夏季降水量增多，空气中的水汽含量迅速增加，相对湿度也随之增大，平均值为 79%。（3）秋季无云天气较多，太阳辐射增加，相对湿度减少，平均值为 74%。(4)冬季风速较小，蒸发量小，相对湿度加大，平均为 72%。

（四）风

境内南坡，常年多为西南风或偏南风，平均风速 2.1 米 / 秒。历年最大风速 15 米 / 秒 ~18 米 / 秒。处于冷暖交替时期的春秋季节，风力最大，岗脊山口地带风力可达 10 级，大风日数多为 3~5 天。地处北坡的翠北林场，受地形影响，全年以东风为最多。春秋两季西北风频率占有一定比例，夏季东南风较多，平均风速 2.4 米 / 秒。

（五）日照

1986—2005 年历年平均日照 2190 小时，春季 644 小时，夏季 620 小时，秋季 352 小时，冬季 574 小时。

1986—2005 年五营区气象情况统计表

表 2-2-4

年份	全年										
	极端气温						平均气温（℃）	日照（小时）	降水量（毫米）	平均风速（米 / 秒）	积温（≥ 10℃）
	最低（℃）	月	日	最高（℃）	月	日					
1986	−41.3	1	23	33.2	6	13	−0.2	2，211.5	530.7	2.0	2133.7
1987	−41.4	1/12	12/30	31.4	6	21	−0.9	2108.1	642.3	1.9	1929.7
1988	−39.6	2	3	32.9	6	28	0.5	2199.3	573.9	1.8	2397.6
1989	−39.9	12	18	33.9	8	6	1.2	2390.6	500.7	2.1	2031.6
1990	−42.5	1	22	30.6	7/8	20/1	1.7	2050.0	716.6	2.4	1979.6
1991	−34.1	1	16	30.9	8	5	0.4	2006.3	808.5	2.3	2068.5

续表 2-2-4

年份	全年										
	极端气温						平均气温（℃）	日照（小时）	降水量（毫米）	平均风速（米/秒）	积温（≥10℃）
	最低（℃）	月	日	最高（℃）	月	日					
1992	−33.1	1	29	33.1	7	6	0.6	2095.5	587.5	2.0	1956.8
1993	−35.5	12	15	30.2	7	2	0.8	2123.9	673.5	1.8	1982.1
1994	−40.0	1	11	34.1	7	22	0.8	2140.0	536.9	2.1	2317.4
1995	−34.9	1	29	32.3	6	14	1.4	2174.7	806.6	1.7	1903.4
1996	−39.9	12	19	31.6	7	14	0.3	2101.0	535.7	2.2	2185.6
1997	−38.2	1	20	34.5	6	14	1.1	2184.0	774.9	2.3	2025.1
1998	−39.6	1	1	33.4	6	26	1.3	2132.6	518.6	2.3	2033.9
1999	−36.5	2	13	34.9	7	13/15	0.5	2133.8	470.5	2.3	2192.6
2000	−39.4	1	24	34.5	7	4/9	0.3	2347.4	584.3	2.2	2758.8
2001	−41.5	1	11	35.7	6	25	0.6	2416.0	497.5	2.4	2139.3
2002	−37.4	12	9	33.5	7	9	1.0	2218.3	536.6	2.2	2323.3
2003	−37.6	1	1	30.1	6	5	1.5	2197.9	591.6	1.9	2235.4
2004	−36.7	1	13.15	33.1	6	16	1.5	2392.6	513.8	1.6	2309.4
2005	−36.1	12	17	32.0	7	12	1.0	2326.6	670.9	1.7	1813.5

第二节 物 候

五营区森林资源丰富，是全国用材林生产基地之一，兴安落叶松、红皮云杉和珍贵的红松树种是本区有代表性主要造林树种。掌握主要造林树种物候期特点，做到适时采种、适时育苗、适时造林，对提高造林成活率、保存率，培育后备森林资源，增加森林资源覆被率，实现青山常在、永续利用具有重要意义。

一、叶芽开放期

有鳞片的芽，鳞片裂开、芽上部出现新鲜颜色或形成新的苞片而伸长，如果是隐蔽芽，当明显看出绿色叶芽，则为时芽开放期。各树种叶芽开放期出现于 5 月上中旬。各年度季节气温变化不同，叶芽开放期也不同，有的年份早几天，有的年份晚几天。红松叶芽开放期在 5 月上旬至中旬，平均日期在 5 月 10 日；红皮云杉叶芽开放期在 5 月中旬，平均日期在 5 月 13 日；兴安落叶松叶芽开放期在 5 月上旬，平均开放期在 5 月 5 日。年际间上下最多只差 4~6 天。

二、展叶期

阔叶树种指新叶完全展开，针叶类树种、新针叶长度达到老针叶一半时为展叶期。五营区三个主要用材树种展叶期限相差较长。平均日期分别为红松 6 月中旬至下旬；兴安落叶松 5 月上旬至中旬；红皮云杉 5 月中旬至下旬。各种树种展叶期年际间变化不大，一般只差 3~5 天左右。

三、种子成熟期

果实或种子变为成熟颜色，即为果实或种子成熟期。兴安落叶松、红皮云杉均为小粒种子，但成熟期也有一定差异，兴安落叶松 9 月上旬至中旬成熟；红皮云杉 8 月底至 9 月上旬成熟。红松为大粒种子，种子成熟期在 9 月下旬至 10 月上旬。

四、种子脱落期

松属树种种子脱落为散布。红松种子脱落期为 10 月中旬至下旬；兴安落叶松 9 月中旬至下旬；红皮云杉在 9 月上旬至中旬。

五、叶变色及落叶期

叶变色指正常季节变化，导致叶子变颜色。兴安落叶松叶变色在 9 月下旬。于 10 月上旬、中旬落叶。红松、红皮云杉均为常绿树种。

1991—2005 年各树种物候期日期一览表

表 2-2-5

年份	树种	叶芽开放（月、日）	展叶（月、日）	种子成熟（月、日）
1991	兴安落叶松	5.1	5.22	9.2
	红松	4.30	7.4	9.28
	红皮云杉	5.12	5.30	—
1992	兴安落叶松	5.8	5.26	9.10
	红松	5.12	6.30	9.26
	红皮云杉	5.14	6.2	—
1993	兴安落叶松	5.4	5.20	9.8
	红松	5.10	6.30	9.28
	红皮云杉	5.12	6.4	8.26
1994	兴安落叶松	5.8	5.24	9.12
	红松	5.10	7.2	9.28
	红皮云杉	5.16	6.4	9.14
1995	兴安落叶松	5.6	5.26	9.8
	红松	5.16	7.2	9.24
	红皮云杉	5.16	6.2	8.28
1996	兴安落叶松	5.6	5.20	9.6
	红松	5.14	6.28	9.26
	红皮云杉	5.18	6.2	8.26
1997	兴安落叶松	4.30	5.22	9.6
	红松	5.10	6.26	9.28
	红皮云杉	5.14	5.30	8.26
1998	兴安落叶松	4.30	5.18	9.4
	红松	5.8	6.24	9.26
	红皮云杉	5.8	5.26	8.24

续表 2-2-5

年份	树种	叶芽开放（月、日）	展叶（月、日）	种子成熟（月、日）
1999	兴安落叶松	5.4	5.26	9.6
	红松	5.14	6.28	9.26
	红皮云杉	5.12	5.30	8.26
2000	兴安落叶松	4.30	5.22	9.6
	红松	5.10	6.24	9.28
	红皮云杉	5.8	5.28	8.26
2001	兴安落叶松	5.2	5.16	9.8
	红松	5.12	7.4	9.26
	红皮云杉	5.10	5.24	8.25
2002	兴安落叶松	4.30	5.10	9.10
	红松	5.14	6.28	9.24
	红皮云杉	5.8	5.20	8.26
2003	兴安落叶松	5.4	5.18	9.12
	红松	5.16	6.18	9.26
	红皮云杉	5.10	5.26	8.28
2004	兴安落叶松	5.6	5.16	9.14
	红松	5.18	6.24	9.24
	红皮云杉	5.16	5.28	8.30
2005	兴安落叶松	5.8	5.26	9.2
	红松	5.28	6.28	9.24
	红皮云杉	5.28	6.2	8.26

1991—2005 年各树种物候期日期一览表

续表 2-2-5

年份	树种	生育期		
		种子脱落（月、日）	叶变色（月、日）	落叶（月、日）
1991	兴安落叶松	9.12	9.18	10.4
	红松	10.4	—	—
	红皮云杉	—	—	—
1992	兴安落叶松	9.14	9.26	10.6
	红松	10.4	—	—
	红皮云杉	—	—	—
1993	兴安落叶松	9.14	9.22	10.2
	红松	10.6	—	—
	红皮云杉	9.2	—	—
1994	兴安落叶松	9.14	10.6	10.12
	红松	10.2	—	—
	红皮云杉	9.18	—	—

续表 2-2-5

年份	树种	生育期		
		种子脱落（月、日）	叶变色（月、日）	落叶（月、日）
1995	兴安落叶松	9.10	9.24	10.6
	红松	9.30	—	—
	红皮云杉	8.30	—	—
1996	兴安落叶松	9.10	9.26	10.8
	红松	9.30	—	—
	红皮云杉	8.28	—	—
1997	兴安落叶松	9.10	9.24	10.6
	红松	10.2	—	—
	红皮云杉	8.30	—	—
1998	兴安落叶松	9.8	9.22	10.4
	红松	10.4	—	—
	红皮云杉	8.28	—	—
1999	兴安落叶松	9.10	9.24	10.8
	红松	10.6	—	—
	红皮云杉	8.28	—	—
2000	兴安落叶松	9.10	9.24	10.12
	红松	10.4	—	—
	红皮云杉	8.30	—	—
2001	兴安落叶松	9.12	9.26	10.10
	红松	10.12	—	—
	红皮云杉	8.30	—	—
2002	兴安落叶松	9.14	9.28	10.8
	红松	10.8	—	—
	红皮云杉	9.2	—	—
2003	兴安落叶松	9.16	9.26	10.6
	红松	10.2	—	—
	红皮云杉	9.4	—	—
2004	兴安落叶松	9.18	9.24	10.8
	红松	9.28	—	—
	红皮云杉	9.4	9.22	10.10
2005	兴安落叶松	9.8	—	—
	红松	10.3	—	—
	红皮云杉	9.2	常绿	自然脱落

第三节 水 文

一、地表水

境内地表水资源丰富，均属黑龙江流域汤旺河水系和库尔滨河水系。

（一）汤旺河

汤旺河水系，主流：汤旺河；支流：丰林河、五营河、丽丰河、头道杨树河、小股营河、综合甸河、大肚河。

汤旺河 发源于小兴安岭南坡，伊春市乌伊岭区桔源林场43林班，由东北流向西南，流经五营区境内腹部。五营至汤旺河源头146公里，其中流经五营区境内里程39.5公里。流域面积4160平方公里。汤旺河弯曲度较大，弯曲系数一般在0.55左右，河床坡度为6.4米/万，水面比降为3.00×10－4左右，河床糙率在0.035左右。

1986—2005年五营区汤旺河水位特征值统计表

表2-2-6

年 份	年平均（米）	年最高		年最低	
		水位（米）	日 期	水位（米）	日 期
1986	282.90	284.11	7.16	282.58	2.26
1987	282.94	284.35	8.3	282.36	3.21
1988	282.98	284.79	4.16	282.57	3.9
1989	282.71	283.84	7.21	282.44	3.18
1990	282.91	284.77	8.26	282.29	2.15
1991	283.06	284.98	6.19	282.33	3.17
1992	282.96	284.77	8.29	282.56	3.16
1993	282.88	284.92	6.11	282.48	3.20
1994	282.88	284.30	9.7	282.46	1.31
1995	282.89	284.43	4.23	282.37	2.20
1996	282.71	284.60	8.4	282.24	3.11
1997	282.90	284.66	8.13	282.38	2.25
1998	282.74	283.66	6.11	282.30	3.4
1999	282.59	284.15	7.13	282.28	3.20
2000	282.65	283.99	5.13	282.24	3.5
2001	282.68	284.39	8.10	282.12	1.31
2002	282.67	284.43	7.7	282.20	3.10
2003	282.74	284.85	8.16	282.27	3.2
2004	282.67	284.22	7.24	282.28	2.24
2005	282.99	286.11	4.30	282.29	2.10

1986—2005年五营区汤旺河流量特征值统计表

表 2-2-7

年 份	流量（立方米/秒）				
	年平均	年最大	日期	年最小	日期
1986	24.9	190	7.16	0.49	12.31
1987	32.4	225	8.3	0.14	2.28
1988	34.2	276	7.17	0.56	2.29
1989	14.6	152	7.21	0.57	2.27
1990	40.3	292	8.26	0.16	1.16
1991	50.4	325	6.19	0.28	2.1
1992	39.6	290	8.29	0.55	2.27
1993	33.0	314	6.11	0.62	3.2
1994	32.0	221	9.7	0.29	1.31
1995	34.9	239	4.23	0.16	2.21
1996	19.7	264	8.4	0.46	2.26
1997	50.5	273	8.13	0.48	2.26
1998	20.0	131	6.11	0.26	2.23
1999	26.4	200	7.31	0.16	3.1
2000	14.6	178	5.13	0.113	2.21
2001	39.5	234	8.10	0.011	4.1
2002	36.8	239	7.7	0.069	2.26
2003	43.7	306	8.16	0.105	2.26
2004	42.6	203	7.24	0.127	2.26
2005	44.1	565	4.30	0.127	2.26

1998—2005年五营区汤旺河解冻、封冻时间一览表

表 2-2-8

年 份	开河日期	封河日期	河面宽（米）	封河天数
1998	4月15日	11月17日	82	151
1999	4月16日	11月15日	83	152
2000	4月17日	11月16日	79	151
2001	4月16日	11月18日	83	149
2002	4月16日	11月16日	82	151
2003	4月15日	11月17日	84	151
2004	4月17日	11月17日	80	150
2005	4月20日	11月19日	82.5	144

说明：实测地点中心苗圃营林段房后

丰林河　汤旺河右岸支流，发源于五营区前丰林场29林班，流经前丰林场、平原经营所，于五营区址北部汇入汤旺河。丰林河是汤旺河五营境内最大支流，全长44.5公里，有平原、胜利、上游、红旗、安全5个10公里以上长度沟系，集水面积628平方公里，平均河宽126米左右，断面流量7.25

立方米 / 秒。

丽林河　汤旺河右岸支流。发源于丽丰经营所施业区 89 林班，流经丽丰经营所丽林实验林场，于五营区址北部汇入汤旺河，流长 35 公里，集水面积 208 平方公里，河床宽度 9.5 米，断面流量 1.15 立方米 / 秒。

五营河　汤旺河左岸支流。发源于五营区平山经营所 17 林班大黑顶子山，流经平山经营所，五营河经营所，在区址东南部汇入汤旺河，全长 23 公里，集水面积 196 平方公里，河宽 15 米，断面流量 2.07 立方米 / 秒。

头道杨树河　汤旺河左岸支流。发源于五营区杨树河经营所 134 林班。流经杨树河经营所、五星街道办事处，注入汤旺河，河流全长 16.8 公里，河宽 7.4 米，集水面积 72 平方公里，断面流量 0.63 立方米 / 秒。

综合甸河　汤汪河右岸支流。发源于五营区丽林实验林场施业区与红星区分界岗下，流经丽林实验林场，在场址东北部汇入汤旺河，全长 12 公里，河宽 4 米，集水面积 31 平方公里，断面流量 0.25 立方米 / 秒。

小股营河　汤旺河右岸支流。发源于丽丰经营所 113 林班，流经丽丰经营所、丽林实验林场，于丽林实验林场场址东北部汇入汤旺河，全长 13 公里，河宽 5.5 米，集水面积 44 平方公里，断面流量 0.15 立方米 / 秒。

大肚河　汤旺河左岸支流。发源于五营区五营河经营所 150 林班，流经五营河经营所，于本区跃进村附近汇入汤旺河，全长10公里，河宽3.5米，集水面积22平方公里，断面流量0.17立方米/秒。

（二）库尔滨河水系

库尔滨河水系主流：库尔滨河；支流：宏川河、西马兽河两条。

库尔滨河　发源于小兴安岭北麓上甘岭区新风林场南端 514 林班，流经五营区翠北林场施业区 25 公里，于逊克县城正东 42 公里处注入黑龙江，在五营区集水面积 432 平方公里，断面流量 3.30 立方米 / 秒，平均流速 0.27 米 / 秒。河两岸形态为柳条子、塔头甸子等，平均河宽 18 米。

宏川河　发源于五营区翠北林场 470 林班，流长 22.1 公里，平均河宽 12 米，下游水深平均 1 米，流速平均 0.4 米 / 秒，集水面积 156 平方公里，由西南向东北流向，在友好区（局）原宏川森林铁路车站西 200 米处，注入库尔滨河。

西马兽河　发源于翠北林场与友好区岭峰林场之间 442 林班，流长 34.5 公里，平均河宽 5.5 米，下游水深 1.4 米，平均流速 0.4 米 / 秒。集水面积 155 平方公里，由西南向东北流向，在翠北林场场址西北 2.4 公里处，注入库尔滨河。

二、地下水

区域地质含水层主要有砂砾石孔隙潜水；大理石岩溶水；火山碎屑岩、变质砂岩、花岗岩风化裂隙水。

第四系冲洪积砂砾石孔隙含水层分布在汤旺河谷、杨树河河谷地带。含水层由沙砾、卵石组成。杨树河河谷含水层厚度 1.78 米，单位涌水量 2.654 升 / 秒・米，渗透系数 74.99 米 / 日。汤旺河河谷含水层厚度 3.60 米，单位涌水量 1.196 升 / 秒・米，渗透系数 24.039 米 / 日。

风化裂隙含水层大面积分布在可溶岩的周围，按含水介质不同划分为：（1）华力西晚期、燕山早期花岗岩风化裂隙含水层，大面积分布在测区西、南、北部，由钾长花岗岩、白岗质花岗岩、斜长花岗岩、黑云母斜长花岗岩、花岗斑岩组成，含水层平均厚 34.31 米，单位涌水量 0.00614~0.1062 升 / 秒米，渗透系数 0.0326~0.230 米 / 日。（2）泥盆系下统杨树河组寒武系下统五星镇组变质砂岩风化裂隙含水层，分布在杨树河及西山北部，由粉砂质岩、变质细砂岩、粉砂岩等组成，含水层厚度

9.19~60.22 米，平均厚度 35.35 米，单位涌水量 0.0076 升 / 秒米，渗透系数 0.0197 米 / 日。（3）二迭系上统红山组、泥盆系下统顺利河组火山碎屑岩风化裂隙含水层。分布在测区东部、由凝灰砾岩、凝灰质砂岩及含砾凝灰质砂岩、安山质凝灰岩、安山岩等组成。含水层厚度 8.07 米 ~60.22 米，平均厚度 36.71 米，单位涌水量 0.00898 升 / 秒米，渗透系数 0.0265 米 / 日。

泥盆系下统杨树河组，寒武系下统五星镇大理岩含水层分布在一水源、二水源、南沟、西山、原养鸡场等地。含水层由白色、灰白色大理岩、白色、灰色、深灰色、白云质大理岩组成。按岩溶发育强度和储水空间特征划分大理岩溶洞含水层。分布在一水源，面积 5.217 平方公里，由白色、灰色大理岩组成。含水层厚度 18.24~116.52 米，平均厚度 32.94 米。钻孔单位涌水量 3.314~26.807 升 / 秒 · 米，渗透系数 13.071~69.141 米 / 日。大理岩裂隙溶洞含水层，分布在二水源，面积 4.296 平方公里，由白色、灰黑色、大理岩组成。含水层厚度 19.80~106.46 米，平均厚度 45.47 米。钻孔单位涌水量 0.616~4.714 升 / 秒 · 米，渗透系数 0.961~12.704 米 / 日。大理岩、白云质大理岩溶洞裂隙含水层。分布在南沟和白灰厂一带，面积 12.564 平方公里，由白色、灰黑色大理岩组成。含水层平均厚度 35.01 米。单位涌水量 0.0162~5.611 升 / 秒 · 米，渗透系数 0.036~3.34 米 / 日大理岩、白云质大理岩裂隙含水层，分布在西山、原养鸡场，面积 12.195 平方公里，由燧石条带状大理岩、白云质大理岩组成。含水层厚度 47.81 米，静水位标高 344.26~381.43 米，单位涌水量 0.125 升 / 秒 · 米，渗透系数 0.61 米 / 日。

三、地下水补给径流排泄条件

区域地下水补给来源主要为大气降水，地面茂密植被、湿润气候又为降水渗透提供有利条件。地下水运动主要受地形、构造、岩层走向和岩溶发育程度控制，地下径流畅通。地下水以泉的形式排泄，此外，以侧向经济补给区外含水层。岩溶水与地表水在不同水域其关系亦相互转化。如杨树河流域，从分水岭至五星公路大桥，是岩溶水以泉或渗透形式补给河水，但在大桥 16.5~18.5 站之间，却是河水补给岩溶水。汤旺河流域在平水期、枯水期是岩溶水补给河水；在雨季当河水丰满、水位超过岩溶水位标高时，河水通过砂砾石孔隙水补给岩溶水，但时间较短，补给水量甚少。

四、岩溶水水质评价

岩溶水的温度为 3~5 度，无色、透明、无嗅、无味、无悬浮物、酸碱度 pH 酸碱度 6.5~8，总硬度 3.14~17.22 德国度，矿化度 0.03~0.34 克 / 升，细菌总数 2~15 个 / 毫升，大肠杆菌小于 3 个 / 升，以上及其他成分含量均符合国家基本建设委员会、卫生部颁发的“饮用水卫生标准”要求指标。岩溶水总硬度 10~12 德国度，色度小于 2.5 度、浑浊度 0.5~2.5 毫升 / 升、耗氧量 0.28~5.2 毫升 / 升、氯 0 毫升 / 升，铁 0.0036~0.184 毫克 / 升，锰 0.003~0.09 毫克 / 升，固形物 172~205 毫克 / 升，酸碱度 pH 酸碱度 7~7.3。依据水文地质手册造纸用水要求进行评价。以上各项指标均在要求限度之内，适宜造纸用水。

第三章 土壤 植被

第一节 土 壤

一、土壤形成

五营区（局）在远古时期，就已变为陆地，后经多次地壳变迁和升降运动，并长期受外力作用影响，逐步形成了五营区地貌特征。地下岩层主要由花岗岩、玄武岩、片麻岩、大理岩等多种岩石构成。这些岩层经多次地壳运动等外力作用下，并经长期受物理、化学、生物及长期风吹、日晒、雨淋、霜冻侵蚀、风化沉积、堆积形成区域成土母质。由于成土母质组成不同和地形差异，大体构成了残积母质、坡积母质、淤积和冲积母质四种成土母质。

残积母质由花岗岩、玄武岩、片麻岩风化物构成。外表层由于直接受物理、化学、生物等直接侵蚀作用，质地变细、变小，越向下越粗，常伴有碎石砾、石块含于其中，并逐步过渡到岩石层，形成的土壤是沙质土，土层较薄，渗水性能好，主要分布于丘陵顶部、山脊和陡坡的上部。

坡积母质由山坡部位的岩层风化后，在外力与水的作用下，顺山坡向下堆积而成，混有沙粒和石粒，土层自上而下逐渐加厚，植物生长所需要营养成分较丰富，地力较强，主要分布于山坡中、下部。

淤积和冲积母质由河流和雨水长年冲击作用，携带大量泥沙淤积形成，多为沙土层或混有沙质黏土层，土层明显而深厚、肥力高，主要分布于河流两岸、山间低谷、河滩低地、沟塘子或沼泽地带，土壤湿度大，排水性能差。

二、土壤类型及其分布

1983 年，五营区进行了土壤普查，经过外业调查、标本采样、理化分析，查清了土壤类型、分布规律及特点。全区可分为暗棕壤、沼泽土、泥炭土、草甸土 4 个类型；典型暗棕壤、原始暗棕壤、潜育暗棕壤，典型沼泽土、腐殖质沼泽土、腐殖质泥炭沼泽土、泥炭土、草甸土 8 个亚类；典型暗棕壤、埋藏典型暗棕壤、石质典型暗棕壤、河岸原始暗棕壤、山地原始暗棕壤、潜育暗棕壤 6 个土层，12 个土种。

（一）暗棕壤

暗棕壤是小兴安岭山地典型性土壤，它是在温带湿润地区针阔混交林下发育的山地地带土壤，分布面积广，森林覆被率大，是本区最大土壤类型，约占总面积 89.1%。暗棕壤在本区可划分为典型暗棕壤、原始暗棕壤、潜育暗棕壤三个亚类。

典型暗棕壤　按土层厚度可分为 3 个土种，厚度 5~10 厘米为薄层典型暗棕壤；厚度 10~20 厘米为中层典型暗棕壤；厚度 20 厘米以上为厚度典型暗棕壤。按土壤所含成分和土层层次又可分为埋藏典型暗棕壤；石质典型暗棕壤。埋藏典型暗棕壤特点是新土层埋在原发生层次之上；石质典型暗棕壤特点是土壤里而含有石砾、石块等。

原始暗棕壤　按其所在位置可分为河岸原始暗棕壤和山地原始暗棕壤。河岸原始暗棕壤多分布于海拔 320~490 米之间的河漫滩、沟谷边及山的下部平地。山地原始暗棕壤多分布于海拔 500~540 米之间山的上部山脊、陡险坡顶部。

潜育暗棕壤　多分布于海拔 304~440 米之间的中、下部位置。

（二）沼泽土

该土类由于长期受地表积水侵蚀、形成泥炭化或潜育化，渗水性能不良，多分布在河流两岸、山间沟谷的低洼积水处，占总面积 7.4%。沼泽土按土层厚度及明显程度可分为三个亚类。

典型沼泽土　分布在河漫滩洼地和宽谷洼地、地下水位高、地面积水有季节性涨落特点，表层为腐殖质层。

腐殖质沼泽土　表层无明显泥炭层。长期受水浸泡、渗水性能差，形成结构不规则的腐殖质层，其下为潜育层。

腐殖质泥炭沼泽土　多分布于宽谷洼地、多为无林地。

（三）泥炭土

多分布于山间低地、山下部平地、沟谷边缘地带，地面多为低洼沼泽地，长年积水，土层深厚，林内阴冷而又潮湿，60 厘米以下多为永冻层，占总面积 0.5% 左右。

（四）草甸土

多分布于河流两岸、漫滩、河岸阶地、宽谷地带边缘等地。特点是渗水性能好、土层深厚、土质肥沃、具有良好的可耕性，适宜农作物生长。在本区翠北林场、五营河经营所有少量分布。

五营区各类土壤分布区域统计表

表 2-3-1　　单位：公顷

单　位	土壤类别			
	暗棕壤	沼泽土	泥炭土	草甸土
合　　计	99881	16022	1614	131
翠北林场	30683	10445	1196	101
前丰林场	12266	1190	70	—
永丰经营所	12044	651	—	—
平原经营所	9026	1283	—	—
丽丰经营所	12789	954	—	—
五营河经营所	5023	812	43	30
平山经营所	11606	182	110	—
杨树河经营所	6444	505	195	—

第二节　植　被

一、自然植被

（一）原生植被

境内原生植被开发利用前，原生植被类型是以红松为绝对优势针阔叶混交复层异龄林，针叶树种占全林 92.7%，其中红松林占 76.2%，阔叶树种只占 7.2%。林木总蓄积 2316.6 万立方米，公顷蓄积 223 立方米。森林覆被率 97.6%。

建局前，国家根据资源状况，气候特征及各项因子综合全方位考虑、反复论证、测算，确定年产商品材 20 万立方米的定位数量，才能达到青山常在、永续利用目的。

（二）原生植被演替

五营区（局）于 1957 年建局，当时处于中华人民共和国成立初期，国家各项建设事业急需木材，1957—1959 年年均生产商品材 23.6 万立方米；20 世纪 60 年代，年均生产商品材 32.5 万立方米；20 世纪 70 年代，年均生产商品材 33.2 万立方米。由于长期过量采伐，采伐迹地更新不及时，使森林植被发生了重大变化，原生森林植被逐渐减少，大片杨、桦等阔叶次生林成长起来，取代了以红松为主的原生植被，到 1986 年采伐面积达 75000 公顷，原生森林植被面积所剩无几；活立木总蓄积由建局时的 2316.6 万立方米下降到 817.8 立方米，公顷蓄积也由建局时的 223 立方米下降到 106 立方米，森林覆被率由建局时的 97.6% 下降到 82.5%。1992 年，森林覆被率降至建局以后最低点，只有 68.9%，比 1986 年下降 13.6%。到 2000 年，成、过熟林面积只有 716 公顷，可采蓄积只有 118946 立方米，森林覆被率为 89.2%，比 1992 年上升 20.3%。2005 年，成、过熟林面积 479 公顷，蓄积 73453 立方米，森林覆被率 89.0%，比 2000 年减少 0.2%。

（三）森林植被类型

1986 年，有红松、樟子松林等 11 种类型；1990 年，有红松林、兴安落叶松林等 16 种类型，比 1986 年增加 5 种类型；1995 年，有红松林、椴树林等 17 种类型，比 1990 年增加 1 种类型；2000 年，有红松林、柞树林等 16 种类型，比 1995 年减少 1 种；2005 年，有红松林、云杉林等 14 种类型，比 2000 年减少 2 种类型。

二、人工植被

沿汤旺河、库尔滨河两岸冲积平原和林场（所）附近平缓地带开垦耕地，形成人工植被类型。耕种农作物主要有黄豆、玉米、小麦、马铃薯及各种蔬菜。

第四章 资 源

1986年，五营自然资源林相是以红松为绝对优势的针叶混交复层异龄林，针叶树种占92.7%，其中，红松占76.2%，素有“红松故乡”之称，阔叶树种占7.3%，森林覆盖率97.6%。经过30年集中过量采伐，1986年，活立木总蓄积量由区划时的2316.6万立方米下降到780.314万立方米；公顷蓄积量也由223立方米下降到100.7立方米；森林覆被率下降到82.5%。到2005年，活立木总蓄积量7074147立方米，比1986年下降726167立方米，公顷蓄积量65.8立方米，比1986年下降34.9立方米，森林覆被率上升89%。

境内自然条件得天独厚，野生动植物繁多，据不完全统计有113科568种，32变种12变型，故有“天然植物园”之称。

林木植物：针叶乔木有红松、兴安落叶松、红皮云杉、鱼鳞云杉、冷杉、樟子松等；阔叶乔木树种有白桦、枫桦、榆树、色树、水曲柳、大青杨、椴树等。灌木有兴安杜鹃、黄花忍冬、刺五加、青楷槭、花楷槭等。

药用植物也较为繁多，有扁猪牙、仙鹤草、龙胆、接骨木、元胡、党参、黄芪、天南星、芦根等；果类植物有稠李子、山葡萄、越橘、蓝靛果、山樱桃等；食用菌类植物有榛蘑、花脸蘑、榆黄蘑、元蘑、猴头蘑等，还有猴腿、蕨菜、山葱、山韭菜等绿色食用植物。

野生动物：兽类有6目16科45种，其中国家一级保护动物有紫貂，占兽类2.2%，二级保护动物有驼鹿、水獭等9种，占兽类20%。鸟类有16目、42科192种，其中国家一级保护鸟类有丹顶鹤等7种，占鸟类3.6%，二级保护鸟类有花尾榛鸡、黑琴鸡等25种，占鸟类13%。1986年后，逐年减少。

昆虫类有5目、55科、444种；鱼类有胖头鱼等20多种，此外，有两栖、节肢、爬行类动物。

此外还有矿产资源：金属类有铁、锌、铅、镍等；非金属类有石灰石、石英石、磷酸钙等。

第一节 用材林

1986年，五营区（局）有林地面积63821公顷，用材林面积62496公顷，占97.92%。有林地蓄积量7380974立方米，用材林蓄积量6939000立方米占94.01%。

1990年，有林地面积84833公顷，用材林面积81549公顷，占96.13%，比1986年减少1.79%。有林地蓄积量7844368立方米，用材林蓄积量7277870立方米，占92.78%，比1986年减少1.23%。

1995年，有林地面积92689公顷，用材林面积89405公顷，占96.46%，比1990年增加0.33%。有林地蓄积量8237828立方米，用材林蓄积量7624124立方米，占92.55%，比1990年减少0.23%。

2000 年，有林地面积 107481 公顷，用材林面积 102243 公顷，占 95.13%，比 1995 年减少 1.33%。有林地蓄积量 5911769 立方米，用材林蓄积量 5406589 立方米，占 91.45%，比 1995 年减少 1.1%。2000 年，国家实施天然林保护工程，逐步减少用材林面积，增加防护林面积。

2005 年，有林地面积 107505.4 公顷，用材林面积 20203 公顷，占 18.79%，比 2000 年减少 76.34%，有林地蓄积量 6771530 立方米，用材林蓄积量 1383370 立方米，占 20.43%，比 2000 年 91.45% 减少 71.02%。

1986—2005 年五营区用材林与有林地总面积、蓄积量变化与比重一览表

表 2-4-1

年份	面积（公顷）			蓄积量（立方米）		
	有林地	用材林	比重（%）	有林地	用材林	比重（%）
1986	63821	62496	97.92	7380974	6939000	94.01
1987	62494	61169	97.87	7275179	6825000	93.81
1988	60843	59518	97.82	7225000	6766000	93.64
1989	84699	81395	96.09	7822620	7268000	92.91
1990	84833	81549	96.13	7844368	7277870	92.78
1991	83711	80427	96.08	7826184	7252000	92.66
1992	82952	79671	96.04	7877075	7293000	92.59
1993	89909	86625	96.35	8036700	7435540	92.52
1994	92959	89675	96.47	8131358	7519366	92.47
1995	92689	89405	96.46	8237828	7624124	92.55
1996	92565	89281	96.45	8324858	7707015	92.58
1997	92545	89261	96.45	8429111	7800414	92.54
1998	107493	102286	95.16	5780879	5301648	91.71
1999	107481	102274	95.16	5821693	5330970	91.57
2000	107481	102243	95.13	5911769	5406589	91.45
2001	107465	102234	95.13	6024888	5504930	91.37
2002	107454	23391	21.77	6162029	1562458	25.36
2003	107477	20203	18.80	6346934	1355460	21.36
2004	107506	20203	18.79	6552323	1363992	20.82
2005	107505.4	20203	18.79	6771530	1383370	20.43

经济林　1997 年，第四次森林经理普查，依据林地实际，区划 11 公顷，其中丽丰经营所 3 公顷、杨树河经营所 8 公顷，两块林地蓄积量 43 立方米，因其林内经济价值较高珍贵树种占多数而区划为经济林。至 2002 年，该林实地调查、林木长势衰退，有些珍贵树死掉而又改划为用材林。

第二节　特种用途林

1986 年，五营区（局）有特种用途林 1307 公顷，占有林地总面积 63821 公顷的 2.05%，蓄积 439250 立方米，占有林地总蓄积 7380974 立方米的 5.95%。

1990 年，特种用途林增加到 1632 公顷，占有林地总面积 84833 公顷的 1.92%；蓄积量 365288 立方米，占有林地总蓄积量 7844368 立方米的 4.65%，比 1986 年减少 1.3%。

1995 年，特种用途林有 1629 公顷，占有林地总面积 92689 公顷的 1.76%，比 1990 年减少 0.16%；蓄积量 400248 立方米，占有林地总蓄积量 8237828 立方米的 4.86%，比 1990 年增加 0.21%。

2000 年，特种用途林有 1450 公顷，占有林地总面积 107481 公顷的 1.35%，比 1995 年减少 0.41%；蓄积量 233976 立方米，占有林地总蓄积量 5911769 立方米的 3.96%，比 1995 年增加 0.9%。

2005 年，特种用途林增加到 30438 公顷，占有林地总面积 107505.4 公顷的 28.31%，比 2000 年增加 26.96%；蓄积量 2191414 立方米，占有林地总蓄积量 6771530 立方米的 32.36%，比 2000 年增加 28.4%。

1986—2005 年五营区特种用途林面积、蓄积量变化一览表

表 2-4-2

年份	面积（公顷）	蓄积量（立方米）	年份	面积（公顷）	蓄积量（立方米）
1986	1307	439250	1996	1629	406652
1987	1307	448128	1997	1629	433508
1988	1604	351116	1998	1388	222946
1989	1636	357772	1999	1388	227562
1990	1632	365288	2000	1450	233976
1991	1632	307441	2001	1450	238881
1992	1629	378494	2002	4601	374832
1993	1629	388244	2003	30409	2021402
1994	1629	395667	2004	30438	2105543
1995	1629	400248	2005	30438	2191414

第三节　防护林

1986 年，五营区（局）区划防护林 18 公顷，活立木蓄积量 2257 立方米。

1988 年，第三次森林经理复查时，重新区划和认定 1382 公顷、蓄积量 165641 立方米为防护林。

1989 年，上级林业部门将友好区（局）划给五营区（局）290 公顷防护林重新认定，蓄积量 2778 立方米，使本区（局）防护林面积增加到 1672 公顷，蓄积量增加到 197596 立方米。

1990 年，根据部分零星区划的防护林，因其面积小，起不到防护作用，又不便于经营管理，20 公顷、蓄积 2815 立方米，改划为用材林。

1993 年，从用材林中区划 3 公顷、蓄积量 620 立方米为防护林，防护林面积为 1655 公顷，比 1989 年的 1672 公顷减少 17 公顷，蓄积量 216711 立方米，比 1989 年的 197596 立方米增加 19115 立方米。

1998 年，第四次森林经理普查，重新区划、调整、认定防护林面积 3808 公顷，比 1993 年增加 2153 公顷，蓄积量 256242 立方米，比 1993 年增加 39531 立方米。

2001 年，经测定，将不起防护作用 7 公顷幼龄林改划为用材林，防护林面积减少为 3801 公顷，蓄积量 281027 立方米，比 1998 年增加 24785 立方米。

2002 年，重新区划和认定防护林，面积增加到 35956 公顷，比 2001 年增加 32155 公顷，蓄积量

1613660 立方米，比 2001 年增加 1332633 立方米。

2005 年，防护林面积 20265.4 公顷，比 2002 年减少 15690.6 公顷；蓄积量 979783 立方米，比 2002 年减少 633877 立方米。

1986—2005 年五营区（局）防护林面积、蓄积量变化统计表

表 2-4-3

年份	有林地					
	合计		幼龄林		中龄林	
	面积（公顷）	蓄积量（立方米）	面积（公顷）	蓄积量（立方米）	面积（公顷）	蓄积量（立方米）
1986	18	2257	—	—	—	—
1987	18	2257	—	—	—	—
1988	1382	165632	118	3560	534	40501
1989	1672	197596	181	8202	761	65323
1990	1652	201216	181	8876	755	67055
1991	1652	206267	197	10830	747	69359
1992	1652	211932	180	10353	762	72661
1993	1655	216711	188	11252	757	73951
1994	1655	219842	188	12201	757	74502
1995	1655	217059	188	13235	821	83590
1996	1655	214882	188	14357	901	95820
1997	1655	218569	188	15580	927	102191
1998	3808	256242	977	24708	2228	172686
1999	3808	263117	977	26618	2254	179348
2000	3808	271157	977	28565	2286	187961
2001	3801	281027	970	30536	2286	194561
2002	35956	1613660	20007	583118	14988	930228
2003	20266	878247	13956	491404	6045	348215
2004	20266	927276	13956	527602	6045	360254
2005	20265.4	979783	139554	566814	6045	372741

续表 2-4-3

年份	有林地				疏林地		散生木蓄积（立方米）	四旁树蓄积（立方米）
	近熟林		成熟林		面积（公顷）	蓄积（立方米）		
	面积（公顷）	蓄积（立方米）	面积（公顷）	蓄积（立方米）				
1986	—	—	18	2257	—	—	—	—
1987	—	—	18	2257	—	—	—	—
1988	612	94778	118	26793	—	—	—	—
1989	612	96793	118	27248	—	—	—	—
1990	598	97510	118	27775	—	—	—	—
1991	590	97898	118	28180	—	—	—	—
1992	592	100229	118	28689	—	—	—	—

续表 2-4-3

年份	有林地				疏林地		散生木蓄积（立方米）	四旁树蓄积（立方米）
	近熟林		成熟林		面积（公顷）	蓄积（立方米）		
	面积（公顷）	蓄积（立方米）	面积（公顷）	蓄积（立方米）				
1993	592	102300	118	29208	—	—	—	—
1994	595	104291	115	28848	—	—	—	—
1995	559	100249	87	19985	—	—	—	—
1996	492	87930	74	16775	—	—	—	—
1997	466	83753	74	17045	30	1809	4289	5363
1998	551	57204	52	1644	43	1329	5901	—
1999	525	55483	52	1668	43	1374	6040	—
2000	493	52939	52	1692	43	1421	6184	—
2001	493	54214	52	1716	43	1470	6333	—
2002	762	79231	199	21083	—	29598	63705	—
2003	249	32888	16	5740	—	21548	56724	—
2004	249	33573	16	5847	—	22252	56831	—
2005	249	34272	16	5956	—	—	—	—

第四节 野生动物资源

一、兽类资源

（一）种类

1990 年，经黑龙江省综合大队普查：五营区（局）共有兽类资源 6 目 16 科 45 种，其中，食肉目 15 种，占 33.3%；啮齿目 14 种，占 31.1%。国家一级保护动物有 1 种：紫貂，占 2.2%；二级保护动物有棕熊、黑熊、黄熊、黄喉貂、水獭、猞猁、雪兔、原鹿、马鹿、骑鹿等 9 种，占兽类总数 20%。

（二）区系组成

五营区动物地理区划属于古北界、乐北区、长白山地亚区。北方型：黑熊、棕熊、赤狐、马鹿、驼鹿、雪兔、狍子、松鼠、红背鼠、棕背鼠、狗獾、巢鼠、褐家鼠等广为布种；东北型：紫貂、东北兔、花鼠、原鹿、大林姬鼠、东北鼠、东方田鼠和高山兔鼠等，都具有长白山地、动物地理分布特征代表性。

狍子

1990年五营区（局）主要经济类野生动物（兽类）数量统计表

表2-4-4

种类	数量/场所	永丰经营所	前丰林场	平原经营所	丽丰经营所	五营河经营所	平山经营所	杨树河经营所	翠北林场	全区（局）
狍子	数量（只）	54~84	34~56	45~64	34~63	13~23	39~71	25~37	133~219	377~617
	精度（%）	78.30	76.18	82.33	70.55	72.69	70.43	79.74	75.48	75.68
马鹿	数量（只）	20~41	13~29	22~32	27~66	2~12	17~35	8~22	56~172	165~353
	精度（%）	64.58	63.10	80.00	65.22	30.00	64.55	54.00	65.81	61.49
驼鹿	数量（只）	20~31	3~5	4~9	8~16	—	7~12	—	32~57	74~130
	精度（%）	77.22	—	62.35	66.17	—	—	—	70.45	69.28
黄鼬	数量（只）	65~100	56~81	44~61	68~104	13~25	66~104	35~62	197~256	544~793
	精度（%）	79.00	81.23	84.18	80.63	63.92	77.59	72.56	84.21	78.61
松鼠	数量（只）	53~108	65~125	37~110	31~91	25~29	44~112	30~60	66~135	351~800
	精度（%）	65.50	65.88	50.56	50.51	59.8	56.92	—	66.11	59.33
黑棕熊	数量（只）	10~20	3~5	5~6	4~5	—	7~8	1~2	10~16	40~60
野猪	数量（只）	20~30	20~40	20~30	10~20	—	30~40	4~7	26~40	130~207
原麝	数量（只）	15~20	10~40	1~5	20~30	—	20~25	2~3	35~57	101~158
东北兔	数量（只）	100~120	80~100	40~60	50~60	—	80~100	20~30	240~300	610~770

1990年五营区（局）主要经济类野生动物（兽类）种群密度统计表

表2-4-5

林场所/密度/种类	狍子	马鹿	驼鹿	黄鼬	松鼠	黑棕熊	野猪	原麝	东北兔
全区（局）	0.4256	0.2142	0.1128	0.5703	0.6289	0.0472	0.1437	0.1105	0.5886
永丰经营所	0.5369	0.2357	0.1982	0.6423	0.6280	0.1169	0.1949	0.1364	0.8576
前丰林场	0.3306	0.1549	—	0.5043	0.6860	0.0294	0.2206	0.1103	0.6617
丽丰经营所	0.3488	0.3007	0.0859	0.6183	0.4380	0.0532	0.2417	0.0290	0.4835
五营河经营所	0.3403	0.1241	—	0.3515	0.7780	0.0323	0.1078	0.1797	0.3953
平山经营所	0.4640	0.2199	—	0.7164	0.6580	—	—	—	—
杨树河经营所	0.4492	0.2232	—	0.7090	—	0.0631	0.2947	0.1894	0.7578
翠北林场	0.3939	0.1616	0.0745	0.2328	—	0.0219	0.0803	0.0365	0.3652
翠巍林场	0.4389	0.2466	0.1395	0.8671	0.5000	0.0336	0.0918	0.1791	0.6047
平原经营所	0.5278	0.2607	0.0657	0.5076	0.7140	0.0273	0.0621	0.0199	0.6735

二、鸟类资源

（一）种类

中华秋沙鸭

1990年，黑龙江省森林调查综合大队普查：五营区（局）共有鸟类16目、42科、192种，占黑龙江省鸟类种类总数的58%。其中，雀形目102种；非雀形目90种。夏候鸟111种，占57.81%；冬候鸟10种，占5.20%；旅鸟33种，占17.19%；留鸟38种，占19.79%。夏候鸟和旅鸟144种，占五营区（局）鸟类的75%；冬候鸟和留鸟48种占25%。国家一级保护鸟类有：白鹳、黑鹳、丹顶鹤、中华秋沙鸭、金雕、玉带海雕、细嘴松鸭7种，占鸟类总数3.6%。国家二级保护鸟类有：鸳鸯、红琴鸡、黑琴鸡、花尾榛鸡、短耳等25种，占鸟类总数13%。五营区（局）国家级保护鸟类合计有32种，占全区（局）鸟类总数192种的16.66%。省级保护鸟类160种，占鸟类总数83.33%。

（二）区系组成

五营区（局）鸟类属于古北界东北区、长白山地亚区。广布种43种，占全区（局）鸟类总数22.39%；古北种144种，占75.0%；东洋种5种，占2.6%。广布种鸟类主要有大白鹭、山斑鸠、普通夜鹰、普通翠鸟、戴胜、金腰燕、黑喉石鵖等；古北种鸟类有鷦鷯、红点颏、小嘴乌鸦、灰喜鹊、松鸦、斑鸫、黄腰柳莺等；东洋种有黑枕黄鹂、棕腹杜鹃等。

三、鱼类

五营区（局）主要鱼种：胖头、柳根、葫芦子、红翅子、泥鳅、草根、川丁子、板撑子、老头、七星、哲罗、细鳞、鲤鱼、鲢鱼等20余种。

四、两栖、节肢与爬行类动物

（一）两栖类

主要有林蛙、黑龙江林蛙、东北林蛙、无斑雨蛙、花背蟾蜍、大蟾蜍等。林蛙在境内广为分布。

（二）节肢、爬行类动物

节肢动物有拉蛄；软体动物有田螺、蛤蜊、蜗牛；环节动物有蚯蚓、水蛭；爬行动物有极北小鲵龙江草蜥、麻蜥、灰键游蛇、蝮蛇等。

五、昆虫

五营区（局）境内昆虫种类繁多。1986年以来，丰林国家级自然保护区管理局所采集的昆虫标本统计有6目、55科、444种之多。

有益昆虫主要有蜜蜂、姬蜂、茧蜂、小蜂、蜻蜓、七星瓢虫、步甲虫、螳螂、大黑蚂蚁、小黑蚂蚁、黄蚂蚁等。

有害昆虫主要有落叶松毛虫、落叶松鞘蛾、落叶松球蚜、落叶松花蝇、落叶松绿球蚜、红松球蚜、鱼鳞松球蚜、大黑鳃金龟、黑绒金龟、松大象、落叶松切梢象、松十二齿小蠹、云杉八齿小蠹、落叶松八齿小蠹、红松切梢小蠹、落叶松黑小蠹、长角灰天牛、小灰长角天牛、松幽天牛、云杉大黑天牛、云杉小黑天牛、云杉花黑天牛、松皮云杉天牛、松瘿小卷蛾、红松梢果螟、松梢螟、古毒蛾、红松象鼻虫、松大象鼻虫、小地老虎、非洲拉姑、十八星瓢虫、草爬子（蚍虱）、大牛虻、蚊子、瞎康等100多种。

第五节 野生植物资源

五营区（局）野生植物属于长白山植物区系，共有113科、568种、32个变种、12个变型。

一、乔木

乔木有红松、兴安落叶松、红皮云杉、鱼鳞云杉、冷杉、樟子松、白桦、枫桦、榆树、色树、水曲柳、黄波萝、胡桃楸、钻天柳、山槐、柞树、紫椴、椴、山杨、大青杨等。

二、灌木

灌木有杜鹃、黄花忍冬、疏、瘤枝卫矛、翼卫矛、青楷槭、花楷槭、刺五加、水冬瓜、山梅花、白丁香、山桃等。

三、药用植物

主要有木贼（节骨草）、升麻（龙眼根）、柴胡（大叶柴胡）、野薄荷、桔梗、兴安杜鹃（达子香）、紫菀（山白菜）、酸浆（红菇娘）、平贝母、马勃（马粪包）、贯众（粗茎鳞毛蕨）、短梗五加（刺拐棒）、老鹳草（老乌嘴）、秦艽（大叶龙胆）、穿地龙（穿山龙）、透骨草（山野豌豆）、苍术、苍耳子（老苍子）、独活（走马芹）、艾叶益母草（益母蒿）、大蘚（枪刀菜）、小蘚（苣荬菜）、沙苑子（沙菀蒺藜）、野玫瑰、南沙参（草参）、黄芪（宁古塔芪）、党参（三叶菜）水红子（蓼实子）、托盘（婆婆头）、五味子（山花椒）、白屈菜、元胡（延胡索）、接骨木（毛接骨木）、珍珠梅（山高粱）、狼毒（鸡树条）、打草乌、蒲公英（婆婆丁）、七叶一枝花（北重楼）、天南星（山苞米）、马齿苋（蚂蚁菜）、芦根（芦苇）、猪毛菜（刺沙莲）、鸭跖草（蓝花菜）、天仙子（山烟）、山苏子、赤芍（山芍药）、环留行（王不留）、卷柏（万年青）、蒲黄（阔叶香蒲）、漏斗菜（血见愁）、土三七（费菜）、地榆（黄瓜香）、水菖蒲（臭蒲）、茜草（娘娘全）、列当（兔子捌棒）、香附（茴香、小茴香）、白蘚皮（八股牛）、曼陀罗（洋金花）、丁香（暴马子）、刺嫩芽、松罗（树挂）、小蘖（狗奶子、三棵针）、黄柏（原柏）、龙胆（龙胆草）、茵陈（白毛蒿）、青蒿（香蒿、臭蒿）、冰凌花（顶冰花、冰里花）、山扁豆（山茶花）、车前子（驴耳朵菜子、车轱辘菜子）、石苇（石茶、独叶茶）、问荆（节骨草、笔头菜）、扁蓄（猪牙草、扁猪芽）、红异莲（中心菜）、寄生（冬青）、仙鹤草（龙牙草）、萱草（黄花菜）等。

四、果类植物

有平榛、毛榛、稠李子、山丁子、猕猴桃（狗枣）、山葡萄、东方草莓、越橘（笃斯）、蓝靛果（山茄子）、山梨、山樱桃、野玫瑰（刺玫果）等。

五、食用菌类植物

有榛蘑、元蘑、花脸蘑、油蘑、扫帚蘑、榆黄蘑、草蘑、鸡腿蘑、松耳蘑、猴头蘑、木耳、沙耳。以榛蘑、元蘑、草蘑为多。

六、山野菜类植物

有刺嫩芽、蒲公英、蕨菜、山韭菜、山葱等。

七、其他类植物

有黄花乌头、白芥子（大芥）、败酱草（苦麻茶）、刺针草（小刺叉、一包针）、波叶大黄（土大黄）、牡丹皮（牡丹）、铃兰（铃铛花）、冬葵子（青麻子）、老头草（老头艾）、梓实（臭梧桐）、山红萝卜根、羊蹄（羊蹄叶）、藜芦、芦莲、老汉葱、莱、威灵仙（山辣椒秧子）、野西瓜苗（打瓜花、山西瓜秧）、玉竹、黄精（山藜芦）、泽兰（地环）、荆三棱、马蔺（马蔺子、马兰）、百合（卷莲花）、龙葵（天天、星星）等。

第六节　矿产资源

一、黑色冶金矿产

五星多金属矿床。1955—1958 年，先后有省地质（局）工业厅所属单位进行普查。1970 年后，省冶金局 707 地质队又对矿床进行详查与勘探，发现与证实以铁矿为主多金属矿床，位置在五星区域西南 2 公里。

丰林沟（铁山）铁矿。1958 年 7 月，在五营区址西北 918 公里处修森铁线路时发现铁矿石。8 月，找到原生矿并小量开采过。

五星熔剂灰岩矿床。1968 年，在五星车站东南 2 公里处，发现熔剂灰岩矿床。经省地质局第三地质队普查、该矿属沉积变质型。矿石矿物主要为方解石、次为白云石，还有绢云母、炭质质点等。矿体规模大、质量好，已开采。它除冶金工业用做熔剂外，还可以用做水泥、化工及玻璃原料。

翠宏山铁、钼、钨多金屋矿床。1973 年地质初探资料记载，翠北林场东南两公里处，矿床为砂卡岩型，矿石工业类型为磁铁矿、铁钼钨矿、铁锌矿等矿体，长 500~800 米，储量很大，伴有辉钼、钨、闪锌、锡石及黄钢矿。分散元素有硒、铟、镉等。矿体近直立，埋深 100 米，水文地质条件复杂。

翠北铁矿，位于翠北林场东北 2.2 公里处，属于翠宏山矿区，有砂卡岩性矿床，含磁铁矿、铁钼钨矿、铅锌矿 3 个矿体。铁精矿品位 61.28%，回收率 85.71%，水文地质条件简单。该矿区于 1971 年始建矿，1972—1979 年间开采过，设计年产矿约 3 万吨。

二、有色冶金矿产

杨树河铅锌矿床。黑龙江省冶金局 707 地质队于 1970 年，在五星南 2.5 公里处，发现杨树河铅锌矿床。1971 年后，进行了深部找矿工作。矿石矿物主要有方铅矿、闪锌矿，次为磁铁矿、赤铁矿、磁黄铁矿、黄铁矿和白银矿等。

三、五星石英矿

省冶金机械局地质队于 1960 年，在五星车站东南 1.8 公里、与五星熔剂灰岩矿区相毗邻处，发现石英矿点，并对该矿进行了普查。此矿成因属沉积变质型，质量较劣。

四、有成矿条件异常区

平山经营所黄铜矿Ⅱ级异常区位于平山经营所南，面积 10 余平方公里，在区内取 11 个样品，有了样含铜各含 1 粒。

前丰林场钍石Ⅲ级异常区位于前丰林场，面积 35 平方公里，在区内取样 20 个，其中有 12 样品含钍石，出现较连续，一般含量十几粒，最高含量几十粒。伴生矿物为磷灰石和赤铁矿。

丰林（原森林铁路丰林工区）铜、铅二级异常区位于工区东，呈不规则三角形，面积 25 平方公里，区内取样铜元素出现较普遍，二级含量高，一般含量为 0.005%~0.01%；钴、锌元素有零星分布。

原胜利林场铜Ⅲ级异常区位于原胜利林场东，呈北西向带状分布，面积 12 平方公里。区内取样，铜元素出现虽不连续，但含量很高，一般在 0.005%~0.008%。最高达 0.01%。

永续工区钴、镍Ⅲ级异常区位于永续工区北 9.5 平方公里。区内样品中，钴元素含量 0.003%~0.004%，最高达 0.02%；镍元素含量 0.004%~0.01%。个别样品中含锌量 0.03%。

五营河经营所钴Ⅲ级异常区位于五营河经营所西南约 2 公里处，分布面积约 6 平方公里。近似圆形。样品中钴元素含量 0.003%~0.006%。

第五章 灾 害

第一节 风 灾

1986 年春，连续大风天使苗圃小粒种子无法播种，使育苗生产拖后 5 天；拖延适时播种时间，使播后种子因风大干旱无法破土，造成出苗不齐，给育苗生产带来严重损失。

1986 年 5 月，一次带有旋风大风天，将丽丰经营所红松种子林 13 林班一处山口林木，风倒风折达 108 株，其中胸径 30 厘米以上有 31 株、29 厘米以下有 77 株，形成小范围“倒木圈”。

1988 年春，一场大风，刮坏部分温室大棚，推迟蔬菜上市时间 8~10 天。

1989 年春，一次 8 级大风天，将当时河北街道办事处所属部分草盖、油纸盖简易房毁坏 31 户，有的房草被全部刮走，油纸被卷翻在地。

1991 年春播时期，由于连续大风天，土壤干旱缺水，大田作物出苗不齐，保苗率低，农作物贪青，使大豆、玉米品质低劣。

1992 年 5 月，连续几天大风天，到 5 月底统计，种子林内环形公路周围（林缘部位）风倒风折 89 株，其中胸径 32 厘米以上就有 48 株。

1993 年 5 月 10 日，从早晨起风，风力逐渐加大，阵风可达 8 级以上，把小区原 10 号楼房顶盖刮落地面，造成 1 人重伤。

1995 年 4 月 22—26 日，连续大风天，吹倒刮坏居民住房、棚厦达 50 多户，居民停止生火做饭达 4 天（白天）之久。

1997 年 4—5 月，丽丰种子林风倒风折木，不完全统计 125 株。根据区（局）林调队反映，全区（局）每年风倒风折木不少于 1000 立方米。这些风倒风折木多数处于山顶或山口地带，由于交通不便，无法运出而烂掉。

1999 年，因大风骤起不息，拖后播种 4 天，出苗率降低 10%。连续大风不止，还使造林苗木穴位严重失水而干旱；1999 年 5 月，连续大风无雨，使造林成活率降低 8%。

2000 年，春大风数日不止、干旱无雨，使造林苗木干尖失水严重和造林穴位极其缺水，导致造林成活率降低 12%。

2000 年 3—5 月，5 级以上大风天长达 40 天，又 70 多天无雨，使豆角等蔬菜拖后 15 天上市。

2005 年 8 月 29 日下午 4 时 30 分，一场狂风暴雨，将五营国家级森林公园林木吹倒折断 3647 株，蓄积 2776 立方米。其中红松 1611 株，蓄积量 1960 立方米；云杉 649 株，蓄积量 310 立方米；冷杉 1026 株，蓄积量 402 立方米；其他针、阔叶树 361 株，蓄积量 104 立方米。有着 760 年红松树王也被从根部折断。其他各林场所也有不同程度危害。

2005 年 8 月 29 日下午 4 时 30 分，一场大风，夹杂着暴雨和冰雹，仅河南社区就有 30 余处简易房被毁坏。

2005 年 8 月 29 日下午 4 时 30 分，天空阴云密布，狂风大作，刮得天昏地暗，大风夹杂着暴雨和冰雹，五营区蔬菜基地 30 多个大棚全部被毁，蔬菜被害率 85%，经济损失 30 万元。

第二节　霜　冻

一、春霜

1986 年 4 月上旬，发生霜冻，使 0.29 公顷红皮云杉着冻被害率 50%，造成经济损失 1872 元。5 月下旬又发生霜冻害，地面最低温度零下 5.2℃，使 0.3 公顷兴安落叶松着严重霜冻，被害率达 100%，造成经济损失 1118 元；使 0.33 公顷杨树苗被害率达 100%，造成经济损失 800 元。1994 年 6 月 9 日一场霜冻，使 0.33 公顷红皮云杉苗木被害率达 50.4%，造成经济损失 3.17 万元；使 1.4 公顷兴安落叶松苗木被害率达 61.6%，造成经济损失 11.89 万元。2001 年 6 月 6 日发生冻害，地面最低温度零下 5.1℃，使 0.13 公顷兴安落叶松苗木被害率达 100%，造成经济损失 5890.45 元。2004 年 6 月 7 日发生冻害，地面最低温度零下 6℃，是一次较严重的霜冻害，使中心苗圃损失各类树种苗木 12842 千株，造成经济损失 82.68 万元；使 133.33 公顷大田作物全部冻死毁种，蔬菜定植拖后 5~7 天。

二、秋霜

秋霜对农作物造成歉收减产，籽粒品质下降。1988 年秋，由于提前降霜，大豆、玉米减产 60%。1993 年、2000 年，因秋霜早临，农作物减产 30%；中心苗圃因秋霜早来，苗木没有达到木质化，使树苗失水干尖，降低上山苗木质量，直接影响造林成活率达 7% 左右；秋菜因秋霜早也影响生长，造成减产。

第三节　冰雹　洪涝　雷电

一、冰雹

1989 年 6 月 24 日，发生雹灾，使中心苗圃损失兴安落叶松苗木 369 万株、红松苗木 49 万株、红皮云杉 488 万株，直接经济损失 9.32 万元。同时造成第二年、第三年造林苗木短缺，间接经济损失 10 万元。

1990 年 6 月 7 日，发生冰雹，造成 1.67 公顷兴安落叶松、红皮云杉苗木减产，经济损失 2415 元。

2002 年 6 月 18 日，冰雹过后，1 公顷红皮云杉苗木受灾，造成 2.62 万元经济损失。

二、洪涝

1988 年 7 月 14 日，一场暴雨过后，中心苗圃兴安落叶松播种区地面水深 50 厘米，被害率达 100%，造成经济损失 2.41 万元。

1996 年 7 月 29 日，一场特大暴雨过后，0.87 公顷红皮云杉播种区水深 70 厘米，造成绝产，直接经济损失 1.51 万元。

2003 年 8 月 3 日，发生强降雨，使中心苗圃损失红皮云杉苗木 74.5 万株，造成经济损失 7.42 万元。

三、雷电

1987 年 6 月 20 日，在丽林实验施业区内发生一起雷击火，过火面积 2.55 公顷，

除实验林场从人力、机械投入扑火外，五营区（局）动用12台大板车、4台小车、摩托车10台，组织494人次扑火，经4个多小时努力，扑灭山火并清理完火场。

1998 年 4 月 29 日，在丰林国家级自然保护区管理局施业区内，发生一起雷击火，过火面积 0.03 公顷，除了保护局全体职工、汽车、摩托车等全部投入扑火外。五营区（局）森防部门动用了 3 台大板车、3 台摩托车、组织 40 名精干扑火队伍，及时赶到火场，仅用 1 小时把火扑灭，并清理完火场。

第四节　鼠、虫、病害

一、鼠害

1986 年，森林鼠害，占全区防治总量 80%。各年度都发生程度不同鼠害，并有逐年上升趋势。鼠类危害林木主要是啃食树皮，把林木根部周围树皮啃食掉，使树木死亡；或爬到树梢啃食嫩皮、嫩芽，使树木丧失主干，逐渐干枯死掉。五营区（局）危害林木鼠类主要有棕背、红背等，主要危害幼龄林；还有一种取食林木种子，主要有花鼠、松鼠等。

营林部门每年春秋两季组织技术人员配合各林场所鼠、虫、病害防治员对幼龄林进行调查。根据鼠害发生面积、危害程度作出防治计划，由各场、所逐级上报以准备防治药物等，限定时间完成防治任务。

1986—2005 年部分年份防治鼠害统计表

表 2-5-1

年份	鼠害面积（公顷）	其中		防治经费（万元）	其中		防治效果（%）	其中	
		春季鼠害（公顷）	秋季鼠害（公顷）		春季经费（万元）	秋季经费（万元）		春防效果（%）	秋防效果（%）
1986 年	1840	504.4	1334	11	3	8	90.35	90	90.7
1990 年	2780	1371	1409	16.57	8.20	8.38	90.8	90.6	91.0
1995 年	3379	1234	2145	20.27	7.40	12.87	94.5	95.0	94.0
2000 年	3200	2000	1200	29	18	11	91.05	93.7	88.4
2005 年	2333	333	2000	21	3	18	89.3	89.4	89.2

二、虫害

危害森林主要害虫有松毛虫、松梢象甲等。松毛虫体形长圆，身上有节、多毛，呈绿褐色，专食松树的嫩芽和针叶，该虫繁殖力强，毁林威胁甚大。1987 年、1988 年夏季，丽丰经营所红松种子林发生松毛虫害，受害面积 940 公顷，发生防治经费 3.52 万元。

1989 年、1991 年、1992 年，五营河经营所、永丰经营所等场所发生松梢象甲，危害面积 762 公顷，使许多红松嫩芽、针叶被吃光，受害严重地块，红松林木枯死率达 20%，发生防治经费 4.53 万元。

1997 年，翠北林场、五营河经营所发生大面积松毛虫害，灾情严重地块，使兴安落叶松变成光杆无叶树，不但停止生长，严重者慢慢干枯死掉。发生防治经费 4 万元。

2005 年，夏季平原经营所、翠北林场发生松毛虫，面积达 667 公顷，发生防治经费 5 万元。

其他常见森林害虫还有落叶松鞘蛾；落叶松球蚜；松针毒蛾；红松梢小蠹；落叶松腹叶蜂；小卷蛾；花蝇；松卷蛾；云杉大黑牛等虫害也时有发生。

三、病害

主要是苗木“立枯病”。1986—2005 年，平均每年发病 2 公顷。发现苗木病状后，立即组织人力进行药物喷撒。苗木出土后只要做到勤观察、早发现、早防治，一般不会造成更大危害。除了苗木立枯病外，平山经营所落叶松于 1992 年、1993 年、1994 年、1996 年发生“早落病”，在落叶松林生长旺季，受到病毒侵害，针叶大面积早期脱落，使 80% 以上落叶松停止生长，少部分受害严重，撒药不及时的林木死掉。病害发生后，利用百菌清药物喷洒，控制病毒漫延，发生防治经费 1.5 万元。1999 年，森林公园发生“落叶松针病”，发病面积 595 公顷，使大片红松针叶脱落，发生防治费用 4.46 万元。2000—2005 年在森林公园发生“红斑病”，累计发病面积 1433 公顷，发生防治经费 10 万元。

第三篇　城镇建设

1986年，五营区建委负责环境保护工作，一套人员，两块牌子。五营楼房拔地而起，居住及办公条件改善。自来水进城入户、入单位，饮用水质量提高。7条主要道路安装路灯，方便行人，亮化城镇，道路连续升级硬化，相互联通。道路升级47.8千米，修路280.8千米。

1990—1997年，为保护环境五营区政府相继下发了多个文件、通知，整治环境污染。

2002年9月20日，经区第十一届人大常委会第二十九次会议审议通过了《五营区城镇市容市貌和环境卫生管理办法》28条。

2003年，规范了房屋产权户籍管理、房屋权属登记实行三级审批制，做到房、图、卡、档四相符。明令收费标准，将房屋产权交易、论证、评估收费标准全部公示上墙。

2004年，五营区建委被省政府授予省级文明城市建设先进区。

2005年，五营沿河公园的兴建工程启动，并在当年完成。区政府东西走向五条主路、南北走向四条主道相互联通。

1986—2005年，五营区建筑各类房屋总面积为241597.18万平方米，基本建设、环境保护总投资35569万元。截至2005年，集中供热15.54万平方米。

1986年，五营区（局）市政工程建设，自来水工程、排水联通、公共卫生设施不断兴建和迅速完成。集中供热面积越来越大，道路建设硬化里程越来越长，并连续升级，加宽和相互联通；照明设施不断完善，市容市貌不断改善。截至2005年，高山水池建场区总面积为1688平方米。建263公里长专用公路1条，检查栏杆1个。场区门前修建400平方米停车场，建843平方米储水量为2000立方米储水池和52平方米职工休息室各1处。1986—2005年，共建公厕18座，投资17.80万元。截至2005年，集中供热的住宅楼总户数1217户，总面积为55.128.62平方米，门市楼总户数为254户，总面积为11710.26平方米。

第一章 基本建设

第一节 机 构

1986年，五营区（局）设基本建设科、城建环保科。同年3月15日，成立建筑设计室，与基本建设科合署办公。1989年8月，基本建设科改称基本建设委员会；城建环保科改为称城镇环保局。1990年9月，城建环保局撤销改称城乡建设局及环保局。

1991年，区委决定：基本建设科与城建环保科合并，改称建设委员会，编制5人。1992年12月，区城乡建设局、环保局与基本建设委员会合署办公。1995—1996年，建设委员会编制43人，主任1人，副主任2人。1998—1999年，建设委员会编制14人，主任1人，副主任2人。2000年，建设委员会编制13人，主任1人，副主任2人。2001年12月7日，建设委员会更名建设局，编制22人，局长1人，副局长2人。2002—2005年，建设局编制22人（含设计室14人）局长1人，副局长2人。

第二节 施工单位简介

一、基建工程处（第一建筑安装工程公司）

1986年，单位占地面积4万平方米，房屋建筑面积1884平方米，围墙250米。职工387人，其中，工程技术人员10人。设有党支部、主任室、财务、材料等12个办公室，8个栋号，一个运输材料队，2个青年点（瓦厂、砖厂），青年584人，并设有卫生所、托儿所，理发室、浴池、宿舍、食堂、烘炉、修理部、电工室。有固定资产678385元。主要施工任务：建筑居民住宅、办公房屋、厂房及小型桥涵，修筑林场（所）运输木材道路、镇内路面修筑等。工程质量、合格率均达到国家规定标准。

1990年，定编353人，其中，工程技术人员7人，管理人员17人。机构：书记1人、主任1人、副主任4人、工会主席1人，另设五股一队，即财务、材料工程、人事工资、安全保卫、总务股、车队。1993年3月26日，改称第一建筑安装工程公司。

1995年，定编189人，其中工程技术人员6人，管理人员20人，基建工人103人，其余为服务人员。

1996—1997年，由副经理冯森培带队承包修筑哈伊高等级水泥混凝土路，铁力新暑光路段2千米，北关路段2.5千米，全部运用机械施工。施工队伍70余人，其中，管理人员11人。施工质量经筑路工程指挥部检查验收为优等工程。其余职工在区内，建筑住宅楼等工程。1998—2000年，由副经理冯森培带队承包修筑伊鹤高等级水泥混凝土路美溪路段2.3千米，职工70余人，管理人员11人。

主要机械与修筑哈伊公路时相同。施工质量经筑路工程指挥部检查验收为优等工程。

2000年，实行委托经营、自负盈亏，区（局）未给定编、未给经费，职工工资由经营者支付。书记、经理各1人，副经理4人，仍设五个股，即财务、材料工程、人事工资、安全保卫、总务股。2002年9月，办公地址从五营河北搬迁到区河南大桥北侧，地税局大楼南端。2005年，职工298人，其中，管理人员16人（干部9人、代干7人）、工人282人（其中，木工40人、瓦工68人、电工6人、水暖工12人、钢筋工28人）。书记、经理各1人，副经理3人，工会主席1人。资格等级为三级企业。

二、自用木材加工厂

1986年，职工16人，1990年职工16人。设备：圆锯3台、一号带锯、截锯、二号锯各1台。木材来源，1986—1992年4月，林业局每年按房屋建筑、维修所需木材量，列入计划，由自用木材加工厂组织员工到指定林场（所）自采木材，自行运回，按不同建筑所需木料规格加工后备用。1992年4月，林业局将自用木材加工厂撤销，基本建设所需木料，推向市场。

三、建材厂（砖厂）

1986年，职工500人，其中，干部3人、工人9人、集体工人155人，青年333人。占地面积25万平方米，房屋建筑面积2350平方米。隧道窖1座，长70米、底宽10米，中、上宽9米。年生产红砖800万块，可满足五营区年建筑平房需求。1989年4月1日，基建工程处所属建材厂（砖厂），更名为五营林业局建材厂，为副科级独立单位，隶属集体经济管理处领导。

四、房地产管理处（科）

1986年，占地面积2万平方米。办公室340平方米，仓库（包括风雨库）750平方米，车库640平方米（包括修理部、气电焊、充电室及车库室）。有职工243人，其中，干部28人，工人215人。书记、主任各1人，副主任2人，工会主席1人。机构设置：党支部、主任室、工会、人事工资股、财务股、工程股、房产管理股、行政股、材料股、调度室、车队。1987年7月，成立五营区房地产管理科，与房产管理处合署办公，一套机构，两个牌子，房地产管理处下设房产交易所。1987年11月，组建房建工程队，隶属房产管理处，营业执照为注册第7060号，注册资金135万元，主要任务为房屋建筑及维修。建立管理条例细则3章47条。

1990年，职工301人，其中，管理人员30人、工程技术人员2人、工人269人。书记、主任各1人、副主任2人、工会主席1人。机构设置与1986年同。主要机械有140型汽车3台、四轮车3台、大客车4台，通往各林场（所）客运。1992年3月，撤销房地产管理处，职工及干部和机械设备等并入基建工程处，房产管理处归区建委，大客车归属北方贸易总公司管理（1993年年末大客车归属区政府办公室管理，1994年8月24日，成立客运站仍归属区政府办公室管理）。

五、五营区城建工程队（第二建筑工程公司）

1987年，机构设置：会计室、计统调度办公室。人员分工：会计兼预算员、出纳兼保管员、工程师兼计划调度职务。职工276人，其中，书记、正副经理各1人，干部9人（含领导），工人67人，青年32人，富闲71人。

1989年4月，城建工程队更名第二建筑工程公司为科级单位。职工150余人，其中，管理人员7人（干部5人，代干2人），工程师1人，其余是集体工人。施工期间，人力不足，雇用临时工。产值450万元。

1995年，职工236人，其中，全民职工17人（含干部6人），其余209人为集体工人。书记、经理各1人、副经理2人。产值150万元（主要工程修筑二百货至本区火车站混凝土路段）。机构设置：书记室、经理室、财务室、经贸公司（材料），附设芳菲化工厂，生产卫生球。

2000年，因产品难以销售而停产。

2005年，职工216人，其中，全民职工17人（含干部4人、工人13人），集体工人48人、闲置人员151人。书记、正副经理各1人。机构设置：书记室、经理室、工会、财务室、工程股、安全股。施工期间，设备不足，租用解决。经营方式：自负盈亏，自主经营。

第三节　基本建设管理

一、投资

1986—2000年，五营区基本建设投资额累计10271.4万元。资金来源：国家投资130.00万元，更改资金2913.55万元，育林资金921.7万元，其他资金6306.15万元。投资构成：建筑安装6927.04万元，设备购置2169.08万元，其他1175.28万元。投资用途：生产建设3034.15万元，非生产性建设7237.25万元。2001—2005年，五营区基本建设投资多元化，即国家、区（局）、集资、个体、招商引资，投资额25297.6万元。1986—2005年，五营区基本建设投资完成总额累计为355690万元。

二、计划管理

1986—1990年，每年的年度基本建设计划，由基本建设科、计划科，共同制定。

1991—2001年由建设委员会、计划委员会制定计划。2002—2005年，由建设局、计划统计局，根据本区（局）经济状况和基本建设规划，作出计划，纳入年度区（局）国民经济和社会发展规划，经区人民代表大会审议通过。将基本建设项目下达到基本建设施工单位，组织实施。超过基本建设管理权限的大型工程建设项目，需呈报伊春市基本建设管理部门审批后方能列入计划。

三、财务管理

1986年，五营区承担基本建设施工任务单位都设有财务，按各自所承担的基本建设施工量，各自与五营林业局财务科结算基本建设项目资金。超支部分由林业局财务科挂账处理。外委工程，由承担施工项目单位各自与甲方进行资金结算。

四、物资管理

（一）基建工程处（一建公司）

1986年—1992年4月，建筑所需木材由林业局划拨，基建工程处组织职工到指定林场（所）自采、自运，运到基建工程处自用木材加工厂加工备用。1992年4月，自用木材加工厂撤销。1993—2005年，基建所需木料，由市场调节。

红砖：1986年—1989年4月，由基建工程处建材厂（砖厂）自产红砖，产量可满足基本建设所需。1989年4月，建材厂独立为科级单位。至2000年，全区基建所需红砖由该厂提供，2001年，建材厂出售给个人变为私营企业，建设所需红砖市场调节。石料：基建工程处建有打石场，可满足基本建设需求。沙子：基建工程处组织职工，到沙场自行装运，可满足基本建设需求。其他建筑材料，推向市场。各种物资都有专人负责验收，按工程项目所需，凭票领料，严格管理。

（二）房地产管理处

1987—1992年，基本建设所需木材，林业局划拨，房地产管理处组织职工到指定林场（所）自采、自运，运到房地产管理处存放，自行加工备用。1993年，房地产管理处撤销。石料：房地产管理处有打石场，可满足基本建设需求。沙子：房地产管理处组织职工到指定沙场，自行装运，可满足基本建设需求。其他建筑材料，推向市场。

（三）城建工程队（二建公司）

1987—2005年，基本建设工程材料，都是按需求自行采购。

五、施工管理

1986—2005年，各建筑单位对施工质量安全等加强管理，建立健全各种管理机构，制定各种规章制度和采取各种保障措施。

（一）管理机构

建立施工组织机构、质量管理机构、安全管理机构、防火管理机构、文明施工等机构，机构组长由栋号长担任，有关负责人为成员。

（二）管理规章制度

建立安全生产管理制度7条，安全检查制度8条，质量检查员责任制度6条，材料员质量责任制度6条，还制定了安全技术措施、施工现场“十不准”等70余条，总计近500余条。规章制度，责任明确，管理细化，各尽其职，各负其责，把施工纳入管理有序的轨道。

（三）工程质量管理

质量方针：信守承诺、规范管理。质量承诺：人员到岗、工作到位。质量目标：监理目标实现率100%，业主满意率100%。坚持百年大计、质量第一。不同工程，有不同的工程质量管理办法、措施与手段。

道路工程质量管理，首先从路基抓起，按设计要求及路基土质实际和路基宽度，挖到一定深度，即不能起冻害的程度，铺垫风化岩，层层压实。达到设计路标高后，铺垫20厘米厚石料，用压道机压实。再按筑路宽度设计要求，在路的两侧边上，设置20~22厘米高档水泥板，板板相接到百米左右长。按砂石水泥配料标准严格配料，用搅拌机搅拌好，装入翻斗车，将泥浆运至所修路段，铺展成路面，用振动捣固机捣固，用三轮整平机整平路面。凝固后盖上草帘子喷水养生，以确保质量达标。在质量检查中，对所筑混凝土路的厚度，采用凿洞检查并化验配料比例等方法，以达质量要求。

房屋建筑质量管理，开工有报告，图纸有会审、施工有措施。分为电路、墙壁（平面垂直度）管理与检查，暖气安装质量要求管理和给排水安装验收管理，建筑中，质量检验员随时抽检。建筑完工后有关部门，组成联合检查组检查验收，对未达标工程项目，限期返工整改直至达标。

（四）施工安全管理

职工上岗前进行安全知识教育。施工现场成立安全文明施工领导小组，切实加强施工全过程的安全作业管理，确保职工在劳动过程中的人身安全。各级施工管理人员、工程技术人员、操作工人必须熟悉掌握《建筑安装安全技术规程》和该工种的《安全技术操作规程》。各种安全措施齐备，否则，不准施工。还坚持安全自检制度，搞好隐患整改，做到定人、定时间、定措施。进入施工现场必须戴好安全帽。高空作业必须系牢安全带，正确使用个人安全防护用品等。作到安全措施完善，环环相扣，把施工操作人员对生产作业的意识提升到安全第一的高度。

（五）材料经营管理

购买建筑材料，必须购买合格产品，不得购置次品。有专人负责材料保管，凭领料单拨付材料，对易变质的材料必须加强管理，经常检查，以防损失。

第四节 设计 施工 验收

一、设计项目

1986—2005年，基本建设工程项目，五营区（局）建筑设计室负责设计。设计方案制成图纸后，区（局）主管领导、基本建设科（建设委员会、建设局）、计委（计划科、计划统计局）、消防科、电业局等有关部门，对图纸进行共同审理。市管规模内项目的设计图纸须呈报市建设局审批后，交施工单位施工。

二、施工生产

（一）建房

1986—2001年，建筑房屋施工现场，运送砖瓦、泥沙料及水泥预制板，采用提升机、卷扬机和单轮人力车运送。2001—2005年，建筑房屋施工生产，机械化程度效率大为提高，运用搅拌机搅拌混凝土、白灰、沙石料，采用塔吊运料。既减轻了工人劳动强度，又提高了工效还利于安全。仅塔吊运送红砖为例，塔吊一次可吊运400块红砖，人力单轮车一次只能运送40块，而且速度慢、不安全，塔吊运红砖是人力单轮车运送红砖的10倍。

（二）筑路

1986—2005年，筑路采用推土机、挖掘机作业。装车用撮装机和勾机。投砂石运土方料，用翻斗汽车或四轮翻斗车运输，筑路工效得到显著提高。筑砂石路采用压道机层层压实路基，刮道机刮平路面等施工方式。

三、工程验收

1986—2005年，每项工程竣工后，由基建部门牵头，协同设计，工程管理部门、财务科、计统科、消防、电业等有关部门及施工单位负责人组成联合验收组，进行实地检验，签署验收意见。在建筑施工过程中，边施工质检员边进行质量检查，以做到问题早发现、早解决，确保质量合格。每项工程竣工后，要进行全面的数据测算和重点部位的检验，或试验或化验认定。重点工程实行“竣工一道工序，验收一道工序，严格把住质量关”的办法，保障了验收质量合格。

第二章　生产基地建设

第一节　林场（所）基地建设

1985年年末，职工住房，多为木搭楞，板夹泥。前丰林场已有建筑房屋总面积为4399平方米。

永丰经营所　1985年，已有建筑房屋总面积为3972平方米。

平原经营所　1985年年末，已有建筑房屋总面积为2583平方米。

丽丰经营所　1985年年末，已有建筑房屋总面积为3952平方米。

杨树河经营所　1985年，已有建筑房屋总面积为3772平方米。

平山经营所　1985年年末，已有建筑总面积为4883平方米。1987年以后，逐步进行住房改造开始建筑砖瓦结构住宅。

前丰林场　1987—1991年，翻建职工住宅2928平方米，83户居民喜迁新宅。永丰经营所1987—1990年，翻建职工住宅1020平方米，28户居民搬进新居。平原经营所1987—1991年，翻建职工住宅2800平方米，80户居民喜迁新居。

丽丰经营所　1987—1991年，翻建职工住宅2732平方米，76户居民迁进新居。平山经营所1987—1993年，翻建职工住宅2628平方米，73户居民搬迁新居。

杨树河经营所　1987—1990年，翻建职工住宅2664平方米，74户居民喜迁新居。

翠北林场　1989年，房屋建筑总面积为20000平方米（其中，办公室及其他公用房屋建筑面积为7000平方米，居民住宅为13000平方米）。公用房中办公室700平方米，学校、俱乐部各600平方米，宿舍400平方米，食堂240平方米，老年活动室100平方米，其余为其他用房。1990—1994年，翻新职工住宅15220平方米，395户居民喜迁新居。

平原经营所　1992年，建车库150平方米，建原料库500平方米。

平山经营所　1994年以后，职工住房全部解决，不需再建。2005年年末，公用房面积为1639平方米。其中：办公室489平方米，宿舍及食堂400平方米，车库150平方米，医务所60平方米，仓库510平方米，锅炉房30平方米。其余公用房，均在2005年前，出售给职工个人。

第二节　中心苗圃建设

1985年年末，中心苗圃建筑办公室610平方米（含会议室、卫生所），标本室240平方米，圃地29.33公顷。圃地道路两条，分别长450米、宽6米；长500米、宽4.5米。泵水房两座，其中一

五营林业局中心苗圃图

座在圃地东南角，五营河岸边砖瓦结构48平方米；另一座建在晒水池沟道上，属加压喷灌送水房，13米高清水阁，形状美观而适用。晒水池容水量1500立方米。喷灌管道7176米，其中，主管道920米，支管道6256米。储存苗木窖4处，共800平方米，砖瓦结构。其中，1990年后翻修3处，存储苗木数量为400万株 / 年。

1987—1996年，新建职工住宅，砖瓦结构1080平方米，30户职工喜迁新居。

2000年，维修排水沟310米。

第三节 企业基地建设

一、汽运管理处（公路养护管理处）

1986年，公有房屋建筑总面积为5469平方米。其中，办公室936平方米，车房1891平方米，材料库340平方米，材料办公室125平方米，修理部2081平方米，职工食堂60平方米，卫生所36平方米。1987—1993年，建筑砖瓦结构职工住宅1296平方米，36户职工喜迁新居。2000年12月19日，撤销汽运管理处，人员及固定资产并入公路养护管理处（原一套班子、两块牌子）。

二、贮木场

1986年，贮木场占地总面积为191000平方米，选材平车线1502米，绞盘机走行线1634米。运材国铁专用线2条，长度分别为1300米和600米。场区汽车运材路5条，纵向2条，长度分别为520米、110米；横向3条，长度分别为680米、420米、200米。同时，还安装大火车桥式起重机（桥式吊、龙门吊）。1987—1993年，建砖瓦结构职工住宅1296平方米，36户职工喜迁新居。

第三章　房屋建设与管理

第一节　公用房屋建设

一、校舍新建翻建

1986 年，建高中校舍 900 平方米，第四小学教室翻建 350 平方米。1987 年，建职业高中校舍 4390 平方米。1988 年，建第二中学教室 378 平方米。建第一小学教学楼 1230 平方米。1989 年，第一中学校舍改造 3805 平方米，建第三小学教学楼 1000 平方米。

1998 年 10 月，建第四小学教学楼（4 层）2800 平方米。

2004 年，第一小学办公室翻建为二层楼 500 平方米，第二小学校舍翻建 2000 平方米。

2005 年，第二小学危房改造 2193 平方米，第三小学平房教室改造，建 4 层教学楼 3646 平方米。至 2005 年，校舍新建翻建 24732 平方米。

二、校舍房屋维修

1986 年，高级中学教室大修 20 平方米。

1996 年，高级中学房盖大修 1800 平方米，第一小学房盖大修 120 平方米，第一小学办公室大修 350 平方米；第一中学房盖大修 120 平方米；第二小学教室大修 430 平方米。

1997 年，平原及丽丰经营所学校大修各 380 平方米。1997 年，高级中学教学楼楼盖大修 450 平方米。

1999 年，第一小学教室房盖大修 800 平方米；第七小学锅炉房大修 80 平方米，第七小学教室打混凝土地面 400 平方米；第三中学教室房盖大修 830 平方米。

2005 年，第三、四小学及第四中学更换房盖彩钢瓦 1609 平方米。

1986—2005 年，校舍房屋维修 4200 平方米，其他维修 2029 平方米。

三、文化医疗设施建设

1988 年，建离退休老干部活动室 180 平方米。建局职工医院门诊部大楼 6 层 2500 平方米。1990 年，局职工医院住院处平房改造，建 4 层楼房 3640 平方米，投资 140 万元。1997 年，局职工医院门诊楼楼盖大修 550 平方米。2001 年，建休闲广场 7000 平方米，建广场商服楼（第三层内设舞厅）200 平方米。2005 年，第二小学建混凝土篮球场 510 平方米，在局职工医院东侧建健身广场 5600 平方米，在河北大桥东侧、旅游路西侧建三角地休闲广场 18000 平方米，建汤旺河沿河公园 116000 平方米。1988—2005 年，文化卫生建设共 154160 平方米。

四、其他建设

1986—2005年，其他建设61231.38平方米，投资4670.46万元，含办公楼、厂房、车库、锅炉房等。

1986—2005年五营区其他建筑统计表

表3-3-1

年份	单位	建筑物名称	面积（平方米）	投资（万元）
合计			25040.78	944.92
1986	营林处	职工宿舍	200	4.00
	营林处	车库、仓库	350	10.30
	供应站	食堂翻建	150	2.60
	粮食分局	办公楼	1100	40.00
	工商银行	办公楼	742	26.00
1987	集经处	办公楼	324	6.50
	局木器厂	房舍	1031	5.50
	公安分局	交警队楼	400	20.00
	公安分局	五营派出所	340	17.00
	交通局	办公楼	570	40.00
	五营粮库	办公楼	320	6.40
	杨树河（所）	库房	200	4.00
	杨树河（所）	烘炉	150	3.00
1988	森警支队	办公楼	1067	28.00
	局木器厂	建厂房	2250	77.10
	局木器厂	厂房	200	4.00
	基建工程处	综合厂	200	4.00
	营林处	综合厂	650	13.00
	集经处	厂房	1200	24.00
	局木器厂	仓库	300	4.50
	刨花板厂	锅炉房	100	2.00
	林业局	锅炉房（小区）	2390	47.80
	五营气象站	办公楼	740	12.00
	林业局	二百货商店楼	2429	78.90
	林业局	档案等综合楼	2310	75.10
1989	中植集团	办公楼	1428.89	128.60
	建设银行	办公楼	1158.72	83.20
	邮电局	办公楼	1270.17	139.72

续表 3-3-1

年 份	单 位	建筑物名称	面 积（平方米）	投 资（万元）
1989	苗圃综合厂	厂房	280	8.40
	刨花板厂	办公室	450	13.50
	木制品厂	库房	160	3.50
	平原综合厂	库房	200	4.00
	加工厂综合厂	库房	100	1.50
	林产品综合厂	车库	50	1.00
	刨花板厂	车库	80	2.00
	福利厂	成品库	150	3.80
1990	公用事业管理处	车库	300	8.00
		高山水池水源地四小泵水房	1038	41.52
1991	农行办事处	办公楼	2265	158.60
	公安分局	消防队楼	1090.54	65.00
	地企公司	印刷厂	1400.3	70.20
1992	平原经营所	原料库	500	17.30
	良种场	车库	240	10.00
	平原经营所	车库	150	5.20
	建材厂	电工室	75	2.30
	良种繁育场	鹅舍	300	7.50
	林业局	北方贸易总公司	1123	78.60
1994	五营铁路车务段	办公楼	3700	333.00
1995	营林处	检查站（种子林）	80	6.70
	营林处	标本室楼	400	21.00
	中植集团	宾馆	1245.3	87.17
	林业局	机关幼儿园	2000	150.00
1996	林业局	宾馆扩建	1276	114.84
1997	五营地税局	办公楼	930	260.00
	中植集团	售给信用社做办公楼	1325	119.25
		一建办公楼	223	16.61
1998	国税局	办公楼	1400	300.00
	林业局	公检法办公大楼	4017	361.53
1999	防火办	扩建一层楼	216	15.30
2001	区政府	人大、政协办公楼	1649.46	148.50
	董大明股份	百货商场	578	52.02
	一建公司	地下车库	832	47.40
2002	远东北药公司	厂房	3000	270.00
	唐德文	车库	365	20.00
2003	公安分局	看守所改扩建	1724	240.00
	个体（股份）	加油站、车库	420	40.00
	雪源饮品有限公司	装修（购置设备）	1200	658.00
2005	林业局	局长办公楼（二层）	1128	顶账

第二节 民用房屋建设

一、住宅建设

1988 年 11 月 3 日，区住房改革领导小组成立。1992 年 4 月，林业局住房制度改革，将公产住房出售给职工个人，变为私产住房。1993 年以后，本局取消职工福利住房的分配制，实行职工住房商品化。

1986—2005 年，投资 5488.99 万元，共建职工住宅 129548 平方米，2877 户。

1986—1994 年五营区平房（住宅）建设统计表

表 3-3-2

年份	建房单位	面积（平方米）	投资（万元）	户数	说明
1986	林业局	400	6.80	12	—
	房产处	3240	502.00	90	—
	林业局	1000	18.70	50	—
1987	林业局	10780	215.60	295	国投国补
	永丰经营所	432	—	12	自建公助
	前丰林场	1008	—	28	自建公助
1987	平原经营所	720	—	20	自建公助
	丽丰经营所	648	—	18	自建公助
	杨树河经营所	936	—	26	自建公助
	平山经营所	1080	—	30	自建公助
	中心苗圃	360	—	10	自建公助
	公路管理处（山上点）	360	—	10	自建公助
	营林处	360	—	10	自建公助
	贮木加工厂	1440	—	40	自建公助
	公路管理处（山上）	360	—	10	自建公助
	汽运管理处	360	—	10	—
	胶合板厂	360	—	10	—
	枝桠管理站	540	—	15	—
	物资供应站	216	—	6	—
	镇内统建房	1600	—	40	—
1988	林业局	1900	27.60	55	分配
	局木器厂	300	—	10	分配
	林产品综合厂	150	—	5	分配
	前丰综合厂	300	—	10	分配
	永丰综合厂	300	—	8	分配
	丽丰综合厂	150	—	4	分配
	杨树河综合厂	300	—	10	分配
	集经处	400	—	8	分配

续表 3-3-2

年份	建房单位	面积（平方米）	投资（万元）	户数	说明
1989	**山上（改造自建）**	**5724**	**43.40**	**2882**	—
	前丰林场	1332	9.30	670	—
	平原经营所	1296	12.60	653	—
	丽丰经营所	864	6.00	435	—
	永丰经营所	432	3.00	218	—
	杨树河经营所	1080	7.50	544	—
	平山经营所	360	2.50	181	—
	中心苗圃	360	2.50	181	—
1989	**山下小计**	**3672**	**30.60**	**1849**	—
	枝桠管理站	720	6.00	363	—
	贮木加工厂	1152	9.60	580	—
	基建工程处	360	3.00	181	—
	房产处	180	1.50	91	—
	造纸厂	180	1.50	91	—
	胶合板厂	180	1.50	91	—
	物资供应站	216	1.80	109	—
	公路管理处	144	1.20	73	—
	机修厂	180	1.50	90	—
	营林处	180	1.50	90	—
	森调队	180	1.50	90	—
	集经处机关	500	10.00	8	—
	局木器厂	300	6.00	10	—
	刨花板厂	150	4.00	4	—
	丽丰综合厂	300	4.00	10	—
	杨树河综合厂	300	4.00	10	—
	永丰综合厂	300	4.00	10	—
1990	**统建**	**2914**	**73.40**	**79**	—
	三角线	2792	71.20	76	—
	红林街	122	2.20	3	—
	山上自建	**11124**	**185.00**	**309**	—
	前丰林场	288	2.00	8	—
	丽丰经营所	720	5.00	20	—
	翠北林场	8100	162.00	225	—
	永丰经营所	288	2.00	8	—
	平原经营所	720	7.00	20	—
	杨树河经营所	648	4.50	18	—
	中心苗圃	360	2.50	10	—
	山下	**1980**	**16.50**	**55**	—
	胶合板厂	360	3.00	10	—

续表 3-3-2

年份	建房单位	面积（平方米）	投资（万元）	户数	说明
1990	机修厂	180	1.50	5	—
	基建工程处	360	3.00	10	—
	公路管理处	180	1.50	5	—
	枝桠管理站	540	4.50	15	—
	房产管理处	180	1.50	5	—
	营林处	180	1.50	5	—
1991	平原经营所	144	1.00	4	—
	丽丰经营所	360	2.50	10	—
	翠北林场	1800	22.00	50	—
	平山经营所	180	1.25	5	—
	汽运管理处	720	6.00	20	—
	森调队	288	2.40	8	—
	基建工程处	180	1.50	5	—
	永林街	540	16.20	15	—
	房产处	720	13.80	20	—
1992	翠北	1800	22.00	50	以木换房含救灾材用折旧基金
	翠北	900	18.90	25	
	木制品厂	144	4.50	4	
1993	**山下**	**576**	**23.50**	**16**	局自筹资金
	汽运处	216	8.50	6	局自筹资金
	机修厂	180	7.50	5	局自筹资金
	基建工程处	180	7.50	5	局自筹资金
	山上	**2088**	**83.00**	**58**	局自筹资金
	平山经营所	1008	40.00	28	局自筹资金
	翠北林场	1080	43.00	30	局自筹资金
1994	翠北综合厂	540	17.00	15	局自筹资金

1988—2005 年五营区住宅楼建设统计表

表 3-3-3

年份	建设单位	面积（平方米）	投资（万元）	户数	备注
合计	—	73984.8	4101.84	1314	—
1988	林业局	14714	470.85	345	—
1989	林业局	12200	390.40	168	以木换房
1992	林业局	5966	417.62	143	原 10、11 号楼
1993	林业局	3166	221.62	71	现 10 号楼
1994	林业局	4400	270.00	72	现 11 号集资楼
1994	林业局	4000	280.00	63	现 21 号集资楼
1995	地企公司	4048	283.00	48	现 25 号集资楼
1997	中植集团	2262	158.34	52	集资 4 号楼

续表 3-3-3

年份	建设单位	面积（平方米）	投资（万元）	户数	备注
1999	林业局	5000	300.00	80	集资现 7 号楼
2000	中植集团	3212	224.84	24	集资新 3 号楼
2000	中植集团	1165	79.90	20	集资 6 号楼（26）
2001	一建公司	3312	188.80	72	党华承建
2001	林业局	2322	208.98	30	经济实用住宅楼
2002	林业局	1756	122.92	30	现 16 号楼
2002	鑫源公司	3200	240.00	48	现 28 号楼
2002	唐德文	300	18.00	5	私人建楼
2003	百叶箱厂	718.8	49.24	7	原北贸东侧
2005	林业局	2243	177.33	36	经济实用住宅楼

二、商用房建设

截至 2005 年，投资 1416.96 万元，门市房建设 22615 平方米，368 户。

1988—2002 年五营区门市房建设统计表

表 3-3-4

年份	建设单位	面积（平方米）	投资（万元）	户数	备注
合计	—	22615	1445.06	368	—
1988	林业局	383	12.26	12	原 3 号楼
		466	14.91	12	原 4 号楼
		319	10.21	12	原 5 号楼
1989	林业局	128	4.10	2	原 6 号楼
		513	16.42	6	原 7 号楼
		505	16.16	6	原 8 号楼
1992	林业局	90	6.30	2	原 10、11 号楼
1993	林业局	583	36.15	11	现 22 号楼
1995	中植集团	558	38.06	8	现 25 号楼
1997	中植集团	118	8.32	2	现 27 号楼
1999	一建公司	85	5.10	4	在 7 与 6 号楼间
	林业局	941	58.46	15	现 17 号楼集资
2000	中植集团	335	25.10	8	现 26 号楼
		535	37.45	6	集资新 3 号楼
2001	一建公司	441	30.87	8	营林处东侧
2001	董大明等股份	578	52.02	60	百货商场出租
	中植集团	4176	375.80	36	广场商服楼
	一建公司	1656	94.30	40	现 1 号楼
	营林处	486	28.10	4	该处东侧
	林业局	1156	104.04	26	现 18 号楼

续表 3-3-4

年份	建设单位	面积（平方米）	投资（万元）	户数	备注
2002	林业局	2640	150.48	24	原电话所处
	林业局	990	6.93	15	现 16 号楼
	唐德文	1200	72.00	11	个人投资
	鑫源公司	1600	120.00	16	一、二层楼
	百叶箱厂	479	32.76	5	北贸东侧
	林业局	1654	88.66	17	经济实用住宅楼一、二层

第三节　房屋管理

1986—1991 年，房屋管理由房地产管科理处（科）、（局），房屋交易所（房管组）负责房屋管理，工作人员 3 人。1992 年 3 月，房地产管理处（科）、（局）撤销后，房屋管理由建设委员会（建设局）房地产交易管理所、房屋产权产籍认证办公室，房屋动迁办公室负责管理，工作人员 5 人。

1986—1993 年，民用住宅，实行企业单位职工住宅福利住房分配制度，每月由主管部门，对每户按住宅面积收取 0.05 元 / 平方米房费。1993 年 3 月—2005 年，企业公有住宅，逐步改革为民用商品住房。

其他公有房屋管理规定不得随意改建、扩建或拆除，确需改变原设计，须上报主管部门审批并备案。办公楼、门市楼、住宅楼，不得随意改变结构，各种类房屋图、表、卡、册归档四项要相符要求。

1986 年—1993 年 3 月，公有住宅产权属林业局。1993 年 4 月后，林业局将公有住房出售给职工个人，变为私产房屋，产权归属购买住房者个人。私有房屋产权归属持房照者个人，单位自管房屋产权隶属持照单位，集体自管房屋产权隶属持照集体单位，公有房屋产权隶属国家。

第四章　路桥建设

第一节　公　路

1986—2001年，道路建设提档升级，人们出行越来越方便。共新建公路166.8公里，投资548.65万元。

2002—2005年，国家投资省交通厅修筑五营区与上甘岭区及红星区交界204省道伊嘉公路五营段，道路升级在原砂石路基础上，修筑混凝土路，路面宽9米。运输木材生产公路养护里程为5739.64公里，投砂总量1096007立方米，路况不断改善。新修各类桥33座，其中钢砼水泥桥6座（长696米），木桥27座；维修桥梁37座、涵洞225道；新修永久涵洞117道。

一、公路建设

1986年，修建木材生产公路5.5公里，投资14.6万元（贮木场进场线路2公里，投资2万元，营林处瞭望台公路3.5公里，投资12.6万元）。

1987年，修建木材生产公路51.2公里，投资213.55万元（永丰路5公里，75万元；种子林公路13.5公里，72.4万元；前丰干线5公里，24.6万元；公路复建27.7公里，41.55万元；含胜利支线、丽丰三支线、杨树河大16岔线、平山大支线、贮木场西线5个地点）。

1988年，修建公路27.1公里，投资68.5万元，营林公路5公里，投资17.5万元。地点分别在永丰北沟复建2.5公里，5万元；种子林2.5公里，12.5万元。道路延伸21.5公里，投资49万元。（含前丰干线11.5公里、八支线4公里、丽丰三支线6公里。）五星公路0.6公里。

1989年，修建公路83公里；投资252万元（含前丰干线至翠北公路73公里，投资219万元；营林公路5公里，投资20万元；中心苗圃环圃路2公里，投资4万元；平山线路3公里，投资9万元）。

1990—2005年，没有修建公路。

1986—2005年，修建木材生产公路186.8公里。

二、道路升级

1986年，五营区址沙石路升级为混凝土路1公里，投资3万元。

1987年，三角线沙石路升级为混凝土路0.395公里，投资1.18万元。

1988年，河南大桥桥南端经一中至交通局沙石路升级为混凝土路0.80公里。

1989年，集经处投资10万元，修筑三角线（原沙石路）混凝土路1公里。

2002年，新汤旺河大桥东端起至五营国家级森林公园路，在原砂石路面上铺设沥青路面17.5公里，新修汤旺河大桥两端引桥混凝土路0.8公里；中心大街在混凝土路面上铺沥青路面1.1公里。国家投资，省交通厅修筑204省道，伊嘉公路五营段路（原沙石路）21.8公里混凝土路。

2003年，中心大街东端至区第一小学沙石路加铺沥青路面0.382公里。2004年，区政府二道街原巷道沙石路，修筑混凝土路1.1公里。对中心大街至河南大桥沥青路面进行修筑1.3公里。铺沥青路面1.5万平方米（长1.3公里）。

2005年，河南大桥经木材小区修筑到远东北药公司混凝土路1.8公里（原沙石路）。2005年，中心大街沥青路由9米宽路面加宽4米，增至13米宽并维修区第四小学门前至贮木加工厂门前沙石路面6600平方米（长约1.5公里）。

1986—2005年，道路升级49.76公里。

1986—2005年五营区运输木材公路养护统计表

表3-3-5

年份	养护（公里）	投砂量（立方米）
合计	5739.64	1096007
1986	265.85	56623
1987	24.99	41980
1988	260.1	33484
1989	260.25	24650
1990	263.3	45580
1991	283.15	91282
1992	309.77	85540
1993	314.17	82808
1994	320	87410
1995	312	85785
1996	269	90033
1997	276.8	85708
1998	267.65	70917
1999	310	60987
2000	112.6	29082
2001	331.2	25835
2002	336.45	21748
2003	336.45	21748
2004	319.5	22000
2005	314.5	22007

第二节　桥梁涵洞

1986年，五营河北公路蓝桥，修长10米钢筋混凝土桥一座，修建其他桥涵4座。1987年，桥梁翻建3座，即杨树河K16岔线1座、贮木场西线建2座。

1988年，五星水泥厂东南处建2孔钢砼水泥桥桥长24米、宽5米，造价20.5万元。1989年，建设桥梁6座，维修木制涵洞125道，更替永久涵洞30道，维修桥梁2.5座，中修桥梁4座。1994年，维修木桥 10 座。

1995 年维修木桥 10 座、93 米长。1996 年，维修木桥 11 座、105 米长，维修木涵 100 道，更替永久涵洞 20 道。1997 年，前丰—永丰修建永久桥 2 座，永丰、平原、种子林各建桥 1 座，投资 60 万元。平山、种子林修建涵洞 10 道，道投资 2 万元。1998 年，修建永久桥 3 座 22 米，投资 36 万元，平山、丽丰、翠北各建 1 座。1998 年，建永久涵洞 15 道，投资 6.3 万元。修建木桥 1 座，长 20 米，投资 4 万元。

1999 年，永丰支线、丽丰干线，各建 10 米长木桥 1 座，共投资 20 万元；建涵洞 15 道，投资 7.5 万元。

2002 年，五营段修筑钢筋混凝土桥 3 座，总长 182 米（其中 56 公里处建 1 座 100 米长大桥），建永久涵洞 27 道。在区府所在地东侧汤旺河上国家投资修筑大桥 1 座，桥长 245 米，宽 12 米，桥面主道宽 9 米，两侧人行道各宽 1.5 米。规模壮观，为五营桥梁之首，大桥东侧与 204 省道丁字形相接并联通本区（局）各林场所及五营国家级森林公园路，西桥头往西为镇区中心大街路，联通镇区内各主要道路及通往国家级丰林自然保护区管理局和去红松原始森林路。

2005 年，五营区北山防洪截流沟更换涵管 5 道 9 节，共 18 米长；区内汤旺河河岸加高 0.8 米、加宽 2 米，并砌石、种草加固河堤、堤岸上面修 3 米宽人行彩砖步道，年内，修筑区第四小学至贮木加工厂门前路段，投放涵管 11 道共 36 节，总长为 72 米。

第五章　市政工程建设

第一节　供水　排水

一、机构

1990—2000 年 12 月，自来水由公用事业管理处水电段负责管理。2000 年 12 月，公用事业管理处体制变更后，成立自来水公司。

自来水公司办公楼 733 平方米，设书记、经理、副经理、工会、材料、办公室。下设安装、供水、稽查收费 3 个大队。担负五营区 4478 户居民、575 户个体、63 户事业机关单位（含省、市、直单位）的自来水安装、供应及维修。2004 年，书记、经理、副经理、工会主席各 1 人，职工 90 人，其中，干部 9 人、工人 81 人。

2005 年，定编 65 人，其中，干部 9 人（含书记、经理、副经理、工会主席各 1 人），工人 56 人。

二、自来水设施建设

1987 年，经有色金属总公司 707 地质队勘测，测得水源地位于北纬 48° 10′，东经 129° 18′。地质情况为寒武系下统五星镇组（五星办事处），地层主要分布在泉河至红星一带，宽约 3 公里，深度距地面 130 米。水质为大理石熔岩地下水，水源充沛。

1988 年 5 月给水始建，由城建科组织实施并管理，黑龙江勘察公司、绥化分公司及五营区（局）基建工程处两家负责分段施工。

1990 年，五营通往五星公路六公里道东测山顶修建 2000 立方米高山水池，在五星水源地，打自来水井 3 眼，井深 130 米并建深水井泵站，井口为全封闭式。1 号井下安装一台 28 千瓦电机、水泵 1 套，2 号井和 3 号井下，各安装 30 千瓦电机、水泵 1 套。在第四小学院内建加压水泵。年内，修给水干线工程 12 公里。1990 年 12 月，一期供水工程结束正式供水。

2003 年，延伸自来水管网 21 公里。2004 年，自来水主管网铺设 21.7 公里，支管网铺设 1.6 公里。

2005 年，高山水池位于海拔 350~355 米的高山处，建 843 平方米，储水量为 2000 立方米，水源地场区面积为 849 平方米，职工休息室 63 平方米，室内设有通信设备两部，可随时与高山水池联系，建配电室、电话室和 7 平方米 3 号井房；设有 120 千瓦变压器 1 台和 1.5 公里的输电线路；建安全防护铁栅栏 120 米，刺线围栏 800 米，设立标语牌 12 块。

地下水经水泵泵到地面后，由两根 300 毫米输水管道送到高山蓄水池，从高山水池到居民家中输水，利用地势的自然落差所产生的压力，完全可以达到供水规定的压力标准，满足所有用水户的需求。五营区茂林街，由于地势比较高，自来水到该处需二次加压，才能将自来水送到用户家中。为此，在区第四小学院内建一座 80 平方米砖瓦结构的泵水房；泵水房内，设有扬程为 48.8 米离心式清水泵两台，实施供水工作，满足五营区茂林街337户居民用水。年内，三角线自来水主管道更换934延长米。

三、排水设施建设

1996年，为防止北山洪水涌入城区，从火车站东北靠山一侧，沿铁路路基边，砌石截流山水，排水沟长达1500米，将水引入汤旺河。1998年，改造中心路两侧排水管道。

2001年，从火车站南，工商路西侧路边至二百货—三小学—西大坝，挖近3米深，埋设直径80厘米涵管，长为770米排水管道，管道投资70万元。

2004年，在五营区政府路二道街，新筑的混凝土路北侧，在地下近3米深处，埋设排水直径80厘米涵管900延长米，投资78万元，本排水管道与工商路、中心大街路排水主管道相联通，构成了排水网络。

2005年，在四小学门前路至贮木场路，修筑石砌排水沟1100延长米。清理涨山防洪截水沟1500延长米，确保排水畅通。自来水公司备有水泵8台，以强排区内积水，确保城区不受水害。

四、管理

1990年，自来水公司配有自来水管道维修工5人，维修电话4部，传呼机2部。维修人员实行24小时值班制度。自来水出现漏水故障随叫随到，及时抢修并负责全区34819米自来水主管道和62眼阀门的检查和维修工作。小故障当时解决，大故障抢修不过夜。

2000年，成立稽查收费大队，负责五营区自来水用户，按水表字数计费收缴和自来水正常使用户、冻害户、空房户的统计、建档工作。稽查员和收费员，在执行公务时，一律佩戴胸卡，接受用水户的监督。

2001—2005年，自来水公司为事业单位，实行企业化管理方式，执行经理负责制。公司通过职工代表大会讨论制订20项149条管理制度，细化各工作岗位工作标准和员工职责，规范员工行为。公司领导经常深入各工作岗位检查工作开展制度落实情况发现问题及时处理。实现了制度健全、责任明确、管理严格。

第二节　公共设施建设与管理

一、机构

1986年，五营区（局）公共卫生管理由五营办事处负责管理，有20余名家庭妇女及社会富闲人员从事公共卫生清运工作，工资以自收卫生费为主，不足部分由五营区（局）财政予以补贴。清运垃圾运力有四轮车4台、解放汽车1台；卫生箱投放，仅有主道中心大街投放卫生箱。

1990年，城建环保科负责对卫生队人员管理，负责公共卫生清运人员，由近百人增至200余人，有职工、有知青，工资列入区（局）计划。1990—2000年12月，公共卫生设施由公用事业管理处所属环卫段负责。从事卫生清运人员200余人。

2000年12月，公用事业管理处体制变更后，成立环境卫生管理处，增设专门机构进行专项管理。

2001年，环卫处职工286人，其中，管理人员4人，282人为卫生服务人员。办公室及车库面积为564.5平方米。设书记室、主任室、工会、办公室、生产段、后勤段、车队、监察队。书记、主任、副主任、工会主席各1人。另设8个卫生清扫工组：即中心大街公路、工商路清扫组、小区、巷道、旅游路、丰林街、营林街5个清扫组，永林街与建林街；育林街与爱林街各是1个清扫组，此外，下水送工组：5人，负责全区下水道的疏通（含楼房）。

2005年，共有职工236人，其中，管理人员14人，服务人员222人。机构与领导职数与2001年同。8月，环卫处下设利民物业公司员工8人，招聘保安员6人，经理1人负责住宅楼区绿化、卫生管理及保安工作。截至2005年年末，共有各种机械15台，其中：三吨装载机、东风140吸排粪罐车、15马力四轮车各1台，东风140吊斗车、解放141翻斗车、时风四轮车各3台。

二、公厕

公厕修建　1986—2005年，投资17.8万元，共建公厕18座。

1986—2005年五营区公厕修建统计表

表3-5-1

年份	建设公厕地点	座数	面积（平方米）	投资（万元）	备注
合计	—	18	479	17.8	—
1986	松林、桦林街	7	189	4.00	—
1990	振兴小区	2	60	2.00	—
1991	建林、永林街	5	100	5.00	—
1992	区址	2	50	2.00	—
1993	河北原基建工程处	1	30	2.5	—
2005	林政局路边	1	50	2.3	水冲式

公厕管理　配2人负责，每天清扫1次，并建立公厕清扫制度5条、管理制度4条，环卫处领导不定期进行检查。另外，五营国家森林公园内建环保公厕10座，有专人负责管理。

三、卫生箱、斗、筒

1988—2005年，投资26.8万元，共购置卫生斗80个、卫生筒10个。

四、管理

1986—2005年，各主要道路、巷道、休闲广场、住宅楼区人行步道及水泥院卫生，清扫配专人、专车清除，定时间、定地点天天清扫，重点道路或地段全天有环卫工人随时清扫保洁。实行环卫处领导、生产段、卫生清扫工组组长三级负责管理，每周例会，随时检查。冬季区（局）址、三角线居民区大雪堆积，环卫处集中人力、运力及时清运，确保道路畅通与清洁。环卫工人着装上岗进入清扫区域或路段，进行卫生清运。

第三节　供　热

一、机构

1988—1990年5月14日，城建环保科负责集中供热设施建设与管理。

1990年，定编242人（含从事自来水、环卫工人），1990年5月16日，公用事业管理处始建。1991年，编制360人，其中，管理人员27人，工人333人。设书记、主任各1人、副主任3人、工会主席 1 人。下设人事工资、材料股、锅炉段、卫生段、水电段、液化气供应站等机构。

2000 年，编制 492 人，其中，管理人员 16 人，工程技术人员 6 人。12 月，公用事业管理处改制成立物业管理处，专门负责管理供热工作。

2005 年，定编 171 人，其中，管理人员 6 人，书记、主任、副主任、工会主席各 1 人。下设人事组、材料组、收发室、4 个供热工段，小区锅炉房工段、苗圃锅炉房工段、热力公司办公楼锅炉房工段、资源林政科、营林处锅炉房工段。同年 10 月，物业管理处更名热力公司。

二、供热设施建设

1985 年前，建大招待所锅炉房。安装 2T 锅炉 1 台。集体经济管理处锅炉房，安装 2T 锅炉 1 台。苗圃锅炉房安装 4T 锅炉 1 台。1988 年，建小区锅炉房 2390 平方米，并安装 10T 锅炉两台。

1991 年，建消防队锅炉房，安装 1T 锅炉 1 台。

2003 年，小区更换锅炉 1 台，投资 100 万元，供热管网改造 1600 米，投资 50 万元。

2005 年 10 月，建资源林政科、营林处锅炉房，安装 1T 锅炉 1 台；改造供热面积 7349 平方米；维修改造锅炉 5 台，更换锅炉 2 台。

三、供热

（一）住宅楼与门市房集中供热

五营区门市楼房集中在中心大街及工商路临街楼房，一楼多为门市楼房，与住宅楼统一供热。截至 2005 年，住宅楼总户数 1217 户，总面积为 55128.62 平方米，门市楼总户数为 254 户，总面积为 11710.26 平方米。

（二）零散门市房集中供热

2005 年，零散门市面上房集中供热总户数为 89 户，总面积为 7791 平方米。

（三）机关办公楼集中供热

截至 2005 年，办公机关集中供热总面积为 15085 平方米，其中区党委办公楼 2143 平方米，区政府办公楼 2810 平方米，武装部 1149 平方米，区人大、政协办公楼 1649 平方米，原财务核算中性 344 平方米，公检法办公大楼 4066 平方米，营林科 1900 平方米，林政局 1024 平方米。

（四）基层单位集中供热

截至 2005 年，基层单位集中供热共 29 处，总面积为 49319.18 平方米。

四、供热管理

（一）公用供热管理

1986—2005 年，供热锅炉、管道、暖气片安全管理，采取日常勤检查，做到问题早发现、早解决。每年停止供热后，根据锅炉、管道、暖气片运用的实际状况，适时进行中修或大修。每年供热前，提早点炉实施供气试验，发现问题，及时处理。暖气部件管理有专人负责保管，入库有验收，出库有领料单，管理严密，手续完备。

（二）民用供热管理

1985—2005 年，民营企业忠芝木业有限责任公司（忠芝集团）负责集中供热。忠芝锅炉房 4T 锅炉 1 台，建于 1985 年前（在原面食厂院内）。截至 2005 年年末，供热面积为 20857.06 平方米，其中住宅 192 户，11258.19 平方米（含中植集团新、旧集资 3 号中植大厦楼，集资 4 号楼，集资 6 号住宅楼，鑫源公司建的经济适用住宅楼）。企事业单位及营业性用房供热 9598.87 平方米（含一建公司办公楼、五营信用社、地税局、交通局、客运站、印刷厂、服装厂原人事劳动局综合办公楼、门市房 40 户）。

第四节　路灯灯箱

一、路灯灯箱

20 世纪 90 年代初，五营区城镇亮化工程开始启动。1994 年，中心大街安装路灯 31 盏。

1998 年 6 月，中植集团在中心大街安设广告灯箱 16 个、工商路安装广告灯箱 4 个，共 20 个。2002 年，新建汤旺河大桥安装路灯 18 组，2003 年，旅游公路安装路灯 104 盏，2004 年，中心大街更换路灯 29 盏。

2005 年 6 月，区址二道街公路安装路灯 28 组，8 月沿河公园新建汤旺河大桥西桥头至河南大桥北桥头一段沿河步道安设路灯 46 盏（其中迎宾灯 2 盏、花灯 3 盏），新建汤旺河大桥两端又增设路灯 10 组，河南大桥维修加固后安灯 10 盏。工商路安灯 22 盏，河南大桥南桥头至工业小区安装路灯 6 盏；三角线主干线安装路灯 12 盏。截至 2005 年，共安装路灯 285 盏（组）。

二、管理

1990 年前，路灯、灯箱由城建环保科负责管理。1990 年—2000 年 12 月，由公用事业管理处负责。2000 年 12 月—2005 年年末，由物业管理处（热力公司）电工室负责管理开灯、关灯、维修等事宜。

第五节　绿　化

一、机构

1985 年，五营区绿化工作业务由林业局城建科负责管理。1986—2005 年，绿化工作归属营林处管理，设绿化办公室，配备业务干部 3 人，技术工 5 人，负责全区的绿化植树、管护工作。其中，包括城镇绿化、机关庭院、场（所）、村屯的绿化工作。

二、城镇绿化

1986—1992 年，中心大街以建花坛、种花美化市容。

1993 年始，城镇绿化纳入重要日程，先后为区第三小学、森警队、物候、气象站购进草籽、种植草坪 2000 平方米。

1997 年，在区党委办公楼前、武装部、区宾馆院内种植草坪，摆放花盆 300 盆。

1998 年后，城镇绿化重点工程区域是：区中心大街、工商路、党政机关院内、丰林小区、三角线坝外、河北大桥至森林公园路段等。

2002 年，中心大街摆放花盆 300 盆，庭院摆放花盆 1500 盆。

2003 年，中心大街摆放花盆 300 盆，庭院摆放花盆 3000 盆。

2005 年，中心大街摆放花盆 1000 盆，庭院摆放花盆 1080 盆，植绿篱灌墙 170 米，种植草坪 41000 平方米。建河北植物园（汤旺河北岸，河北大桥东侧）20000 平方米。在沿河公园河东段（三角线坝外）植树 8000 余株，累计栽植各类绿化树达 177080 株。

三、风景林和场所绿化

1998 年，风景林、场所绿化纳入日程，同年，在杨树河经营所施业区内 100 林班，建四大班子（党、政、人大、政协）绿化基地 1 处。

1999 年，在区址东山风景林地带建四大班子、机关干部基地各 1 处。振兴小区种草坪 10000 平方米。

截至 2005 年，共建义务林基地 10 处。

四、甬道

1989 年，中心大街路两侧铺甬道 400 平方米。1990 年，振兴小区铺甬道 510 平方米。1994 年，振兴小区铺甬道 117.3 平方米，投资 4.5 万元。1998 年，中心大街路两侧铺六边形、配色水泥块甬道 3600 平方米。

2002 年，中心大街路两侧铺六边形、配色水泥块甬道 10000 平方米，投资 30 万元。

2005 年，住宅楼区铺长方形马路砖甬道 2214 平方米，投资 15 万元，区址南侧汤旺河岸防护堤，铺设长方形马路砖人行步道 1160 米、宽 3 米，为 3480 平方米。

截至 2005 年，共铺设甬道 2177 平方米。

五、综合管理

（一）绿化工作管理

1986 年，按上级要求和五营区的具体情况，制定了总体方案。

1987—2005 年，五营区（局）每年春季召开绿化动员大会，传达部署绿化植树任务。制定了区域性管理、包片、管护细则，提高绿化植树的工作力度。绿化办公室工作人员，对绿化工作定期或不定期到各单位检查，发现问题及时解决。除此，还下设绿化看护大队，派专人负责镇内绿化树的管护、剪枝、喷药、涂抹白灰等保护措施。五营区各单位建绿化档案，把栽植的每一株树管理落到人头，写上名，挂上牌，做到栽一株，活一株，负责到底。

2005 年，五营中心大街路两旁及整个镇内，至五营国家级森林公园，公路两侧绿化树、郁郁葱葱，绿树成荫。

（二）市政管理

1989 年，五营区政府决定，中心大街路两侧不准乱建、乱挂、乱贴，建筑房屋不得低于五层楼房。

1990—1998 年，分别由城建环保科、建设委员会、建设局负责统一规划与管理。1998 年 7 月，五营区成立城管监察大队，参与市容市貌管理。

1998 年，区政府河南、河北两座汤旺河大桥防护铁栏杆刷了油漆，中心大街路两侧建筑物粉刷 54840 平方米，并在路边摆放的 40 个卫生箱也刷了油，对路两侧新建楼房墙体外加贴面，更换归牌匾 64 块，路旁种花、种草，电线由地上移至地下埋设，增设了广告灯箱。

至 2005 年，市容市貌逐渐达到绿化、美化的标准要求。

第六节　公益设施建设

一、休闲健身场所

2001 年，在中心大街路南中心地段，区政府建休闲广场 7000 平方米。为五营区大型文艺演出、各种文体活动和职工群众休闲散步，以及五营区大型会议等场所。

2004 年，河北大桥北岸东侧，建三角地休闲小区 18000 平方米。

2005 年夏，五营林业局职工医院东侧，新建健身广场 5600 平方米，安装 20 台（套）各种健身器材，供群众休闲健身所用。

沿河休闲广场

二、液化气供应

1989 年—1990 年 5 月，物资科所属的液化气供应站负责设居民液化气工作。用户将液化气罐送到物资供应科供气站，给用户开收罐凭证。统一去伊春液化气站充气，用户再拿凭证取回。

1990 年 5 月—1998 年，由公用事业管理液化气站负责居民液化气供应工作。液化气供应建两个储存液化气罐车，车载量 7 吨。到伊春液化气站到大庆运回液化气，送到伊春液化气站储存供应统一灌罐，1996—1998 年，运回的液化气，送新青液化气站储存供应。

1998 年—2000 年 10 月，公用事业管理处液化气站由李群承包，供气工作改为上门服务，由 4 个人，分管四个居民区，至用气居民家中收送液化气罐供应工作。

2000 年 10 月 22 日—2003 年 7 月，五营区宋树贵与友好区在五营管辖的红林社区向阳委，建 1 所利民液化气站。仍由 4 个人分管 4 个居民区，负责供气工作。

2003 年 7 月—2004 年年末，由五营李勤接管液化气站（私营）。液化气站储气罐存储量为 25 吨，液化气由大庆石油公司液化气管理站，按本区需要量送给。

2005 年，供气站由孙友志承包，仍为 4 人各负责一片居民区液化气收罐、充气、送罐到家供气工作。

第六章　环境保护

第一节　整治“三乱”

1989—1995 年，五营区政府对中心大街、工商路火车站至河南大桥两侧，开展滥建、乱挂、乱泼整治活动，要求房屋建筑不得低于五层楼。活动分别由城建科、环保局、建设委员会、建设局等主管部门负责。

1996 年，五营区贯彻执行（国发〔1996〕31 号）“实现 2000 年全国所有工业污染及排放污染物要达到国家或地方规定”文件精神，成立 2000 年工业污染及排放污染物达标领导小组，加强了治理工业污染领导力度。7 月 15 日，五营区环保局配合区人大对五营区环保执法突击检查。对水泥厂治理污染，改善环境给予肯定，对其他单位暴露的问题，提出整改要求。

1998—2005 年，公安分局中城管大队参与环境管理。严把建筑审批关，主管部门经常深入街道巡回检查，发现滥建、乱挂、乱泼现象及时治理教育。

第二节　污水治理

1986 年以来，五营区主要污水源是造纸厂、林业局职工医院。区政府一直很关注这两个重点单位，不断进行检查和加强整治力度、采取相应措施。

1990 年 4 月 17 日，五营区政府下发《关于造纸厂停产治理污染函》，关停了污染严重的林业局造纸厂。开展对林业局职工医院的污水治理工作，区政府投资 17 万元，为职工医院建次氯酸污水处理站，治理医院污水，污水处理站运行良好，直至 2005 年。

1991—2005 年，五营区址 3 条主干道积水，均由地下排放管网排入汤旺河，振兴小区住宅楼污水经划粪池处理，达到国家防污染规定标准后也排入汤旺河。

第三节　烟尘治理

1986 年，五营林业局，投资 0.4 万元，为局职工医院购置焚烧炉 1 台；投资 1.5 万元，为生活科、公路处、石矿、局职工医院购置除尘器各 1 台；投资 0.3 万元，为城建科购置烟尘测试器 1 台，。

1987 年，五营林业局为宾馆、公路处各购置除尘器 1 台，投资 1 万元；局职工医院焚烧炉改造 1 台，投资 0.4 万元。

1991 年 4 月 6 日，五营区人民政府下发《关于严格控制锅炉烟尘排放问题的通知》，要求区属各单位，凡使用锅炉取暖生产的，必须安装除尘器进行烟尘治理，达到国家烟尘排放标准方可使用。此后，主管部门严格把关，凡新安装锅炉必须配套购装除尘设备，或采用二次燃烧新型炉，否则，不得投入使用，直至 2005 年。

五星水泥厂，建厂早，设备落后，灰尘污染严重。自 1992 年，产权划归中植企业集团后，投入大量资金，进行设备改造，购置旋粉机、除尘器、新建全封闭贮藏罐，大大地减轻粉尘对周围环境的污染。至 2005 年。

2000—2005 年，投资 1 万元，为公用事业管理处购除尘器 1 台。

第四节　噪音治理

1986—1993 年，城建、环保科、环保局有专人负责噪音管理工作。

1994 年，个体经营者增加，噪音问题比较突出。1 月 15 日，区政府下发《关于噪声适用功能区规划的批复》的文件，完成了噪声功能区规划工作。

1995 年，五营区政府决定开设河南工业小区，对居民区内的小木材加工厂点，责令限期迁到工业小区，治理带锯、圆锯给居民带来的噪音问题。

1998 年，对群众反映强烈的卡拉 O K 歌厅噪音扰民进行清理整顿。室外的卡拉 O K 坚决取缔。对于居民区内卡拉 O K 歌厅责令其采取隔音措施，并规定在晚间不超过 50 分贝、混杂区不超过 60 分贝，居民区域噪音，白天不得超过 55 分贝，营业时间不得超过晚上 10 点。

2000—2005 年，主管部门加大管控工作，业主们能自觉按有关规定经营卡拉 OK 歌厅。这期间并没有放松管理，定时或不定时地检查，噪音治理工作保持稳定。

第五节　机动车辆乱停治理

1986—2000 年，五营区交通相关部门对机动车辆乱停问题，开展专项治理，教育引导起司机自觉执行规定。

2001—2005 年，五营区交通及城管部门对中心大街、中植宾馆至新汤旺河大桥路段，大型机动车辆均不得停放，设立机动车辆禁停警示牌。交警、城管部门经常巡回检查；对机动车辆在该路停放的，视情节采取教育劝其开走，不听劝告者对当事人进行罚款或扣留车辆。

第四篇　体制改革

1986—2005 年，五营区（局）在经济体制改革方面，有农业经济的家庭联产承包，乡镇企业的改革及个体私营经济的崛起，企业制度、产权制度的改革，租赁经营、股份合作制、承包、转让、拍卖，有限责任公司等，市场经济体制的建立、发展及完善，商贸市场、粮油市场、城镇大集，劳动合同制、招聘制度等，先后涌现私营、民营经济的滋生、壮大，财税、金融、价格等的改革。在社会养老保险、住房制度、医疗制度、教育、科技、文化体制，城镇居民社会保障制度，招商引资、对外贸易、对外经济技术合作等方面的改革仍需完善。

五营区（局）的经济体制改革，首先从农村的家庭联产承包责任制改革入手，明确了土地产权关系。1986—1990 年，进行第一轮林业企业制度改革，重点是实行经济承包责任制，分别实行成本、利润承包、费用包干、放开经营，基层单位普遍实行了场（所）长负责制，正职实行选任制，副职实行聘任制或试任制。1991 年后，进行第二轮林业企业制度改革。实行局长负责制后，加大了人事制度、劳动用工制度，内部分配制度改革，对部分企业实行股份制改造，实行自主经营，委托经营，稳步推进了产权制度的改革和“天保工程”的实施。对地方工业实行全方位改制，宜改则改，宜卖则卖。商业企业按照“四放开”原则，全部实行自我经营，自我发展，自我约束，自负盈亏。对粮食流通领域和财税金融体制实行改革。

五营区（局）的政治体制改革是随着经济体制改革的不断深入而开展的。首先从党政机关的改革入手。1986 年，对区（局）机关机构设置 47 个中对职能交叉业务相近的部门进行合并压缩。1993 年，区（局）机关合并撤销 14 个科室和部门。1997 年、2001 年、2005 年，分别实行了区（局）机关机构改革，党政机关机构改革和乡镇机构改革，精减人员，提高效能。

第一章 经济体制改革

1986 年 3 月，五营区（局）根据国务院《关于经济体制改革的决定》成立五营区（局）体制改革委员会，编制 6 人，设主任 1 人，副主任 2 人。7 月，五营区（局）根据国务院《关于加强工业企业管理若干问题的决定》成立企业管理科，1997 年，企业管理科和体改委合署成立企管处。2001 年 12 月 5 日，区经济贸易委员会与科学技术委员会、体制改革办公室合并，组建区经济科技贸易委员会，加挂企业管理科、安全办牌子，体改办的职能归属区经济科技贸易委员会，主任 1 人、副主任 3 人，编制 7 人。负责企业管理、承包经营、企业体制改革、“双增双节”等项工作。

第一节 农村经济体制改革

一、第一轮土地承包制

1983 年，五营区在跃进村、五星星龙村开始实行包干到组、包干到户。1984 年，林业职工家属生产大队——河南大队、河北大队、三角线大队、幸福大队、七个林场（所）家属生产大队撤销，耕地全部承包给个人。1985 年，全区所有耕地 553.2 公顷，均承包给个人，完成了第一轮土地承包任务，承包期一般 15 年不变。

1986 年后，继续稳定和完善农村家庭联产承包责任制，发展商品生产，农村经济开始由自然经济向商品经济转化。出现一些养殖大户、种植大户、高产大王等专业户，农牧副业的产品产量、种植面积有所增加。年内播种蔬菜、大豆、玉米、饲料总面积 1064.33 公顷，其中，播种春、夏、秋菜面积为 312.33 公顷，蔬菜产量为 10391 吨，基本保证了市区居民对蔬菜的需求，增加了农民的收入。

二、第二轮土地承包制

1997 年，按照中办发〔1997〕16 号文件和伊春市《关于进一步稳定和完善农村土地承包关系的通知》文件精神，五营区（局）成立领导小组，制定《五营区第二轮农村承包工作方案》，本着“大稳定，小调整”的工作方针和原则。

1998 年，全部完成第二轮土地承包。五营区共向农民土地承包者发包土地 1131 公顷，土地承包年限一般 30 年不变，个别 50 年不变。并向土地承包者发放了“土地承包证书”，其中顺延占 81%，小调整占 19%。

第二轮土地承包后，根据中央省市有关农村问题的工作要求，五营区（局）积极进行了减轻农民负担的税费改革。1996 年，农业税每亩为 20.9 元，土地费每亩 20~25 元。2001 年，农业税每亩为 18.8 元，土地费每亩 16~18 元。2003 年年末，农业税费全部取消。对贫困农民孩子上中小学的学杂费区别情况实行减免。对涉农负担案（事）件实行责任追究制，保护了农民的权益。

三、调整农村产业结构

2000—2005年，五营区（局）把调整农村产业结构，作为振兴区域经济的一项重要措施，取得较好成效，种植业、养殖业、加工工业产业结构趋于合理。一是种植业结构向质量效益生态型发展，突出发展大豆、土豆、菜豆和玉米为主的高产、高效、优质作物，稳定经济效益高的白菜、萝卜、倭瓜、胡萝卜和反季蔬菜及大棚、日光温室等经济作物面积；二是畜牧、养殖业向优质专业化发展。以市场为导向，突出发展养猪、奶牛、羊、林蛙、黑木耳、鸡、兔、香菇、渔业等均已形成规模；三是农副产品向深加工发展。建成山野果加工基地的鑫源野生食品加工厂、雪源饮品有限责任公司加工厂、忠芝饮品佳佳加工厂、林城野生食品有限责任公司、建成山药材加工基地的远东北药厂、木材深加工的忠芝木业厂、丰林山特产品有限责任公司，实现采集业加工总产值272.2万元。

第二节　林业企业体制改革

一、第一阶段（1986—1990年）

五营林业局体制度改革重点是推行厂长负责制和实行经济承包责任制。主要形式有：

成本承包。对承包单位的党、政、工全体领导干部实行节约奖励、超支罚款。承包范围包括木材生产各阶段成本、营林生产单项成本、制材生产加工成本，实行单项指标考核、综合计算效益。执行单位，永丰经营所、前丰林场、平原经营所、丽丰经营所、平山经营所、杨树河经营所、五营河经营所（中心苗圃）、汽运处、贮木加工厂、公路管理处共十个单位。1989年7月1日后，原友好林业局的翠巍、翠北两个林场全建制移交五营林业局管辖，也实行经济承包责任制。

利润承包。利润单位按增利额计发单位奖金。执行单位，胶合板厂、枝桠站、供销联社、造纸厂，共四个单位。

费用包干。实行单位费用包干、超支不计、节约奖励。执行单位，各中小学、职工学校、进修学校、技工学校。

放开经营。基建工程处、机修厂，实行全民所有、集体经营、财经独立、银行立户、自负盈亏。

引入竞争机制和约束机制。对中层领导干部的正职实行选任制、副职实行聘任制或试任制，同时实行民主推荐、民主评议制度、健全任期目标责任制和离职审计制度。

企业升级达标。1986年下半年，根据国务院《关于加强工业企业管理若干问题的决议》精神和《黑龙江省森林工业省级先进企业标准》要求，在五营区广泛开展了以“抓管理、上等级、全面提高企业素质”为中心内容的企业升级活动。企业各项技术指标分别达到或超过了省级先进企业标准，各项管理工作也达到了升级工作要求。1990年，五营林业局获得了省级先进企业称号，同年，五营区（局）在能源管理、档案管理方面均晋升为国家二级标准企业，并获合格证书。

二、第二阶段（1991—1997年）

（一）实行局长负责制

1991年，五营区（局）实施了《全民所有制工业企业厂长工作条例》，明确了局长受国家的委托，是林业局的行政负责人，生产经营方面的问题，由局长负全责。局长要尊重职工代表大会职权，接受职工代表大会的监督，局长对局党委及上级主管单位直接负责。

（二）林业集体企业延伸

1991 年，五营林业局联合企业公司分别与新兴针织厂、良种繁育场、建材厂、公路处综合厂、贮木综合厂、刨花板厂、木制品厂、福利厂、平原综合厂签订了经济承包责任状，教委与一小印刷厂签订了承包责任状，汽运处与修理厂检修段签订了内部承包合同。

（三）林业内部深化

1992 年，区（局）改革工作向劳动用工制度，人事管理制度内部分配制度深化。

改革劳动用工制度。推进“企业职工”制度，实行全员合同管理，打破干部与工人、固定工人与合同制工人的身份界限。企业职工只有岗位区分，无身份差别，在劳动工资保险等方面享有同等权益，在劳动组合方面实行优化组合，双向选择，竞争上岗，动态管理，能进能出。

改革人事管理制度。打破干部终身制、干部能上能下，中层领导干部实行选任制和聘任制，采取动态管理方式，以取得的政绩高低决定升降去留，属党群部门的正职由党委任命、副职由正职选聘，属于政企合一的职能部门，采取组织调整的办法，由人大重新任命，并由正职聘任副职；纯企业的科室主要领导由局长聘任，正职聘任副职。基层单位的中层干部：企业单位包括林场（所）和山下单位行政的正职由局长聘任，正职聘任副职；事业单位的行政正职采取聘任制；检、法两院实行定岗定员定责竞争上岗。一般干部，在定编、定岗、定责的基础上，由所在单位和部门层层聘任，凡是未聘任的干部下去当工人，原地安排工作，但保留干部身份，享受工人待遇；工人被聘任为干部的享受企业干部待遇，解聘后恢复原身份。

改革工资分配制度。建立职工工资能升能降的激励机制，实行一岗一薪、移岗易薪、无岗无薪的制度，以劳动技能、劳动责任、劳动强度、劳动环境、政绩业绩、贡献大小为基础确定岗位技能工资，适当拉开一、二、三线，苦脏累险工种与一般工种，高级管理人员、高级技术人员与普通工作人员之间的工资差别，在什么岗挣什么钱，干多少活挣多少钱，消除平均主义。

（四）转换企业经营机制

1993 年初，对物资科改制为半放开机制，成立物资经销总公司，对企业内部实施拨供职能，对外搞市场销售。经一年多运作，给林业局节省管理费 77 万元。

1993 年年初，对机修厂、胶合板厂、电话管理所实行放开经营，签订了为期 3 年的承包合同，使这 3 家亏损单位实现了扭亏或减亏的目标；对商业企业推行“四放开”（经营、价格、分配、用工）政策，商贸公司区别情况实行经理牵头，进行国有民营租赁柜台等经营形式；组织新兴针织厂、五星水泥厂公开招聘承包经营者工作。1994 年，对五营河北商店、副食品公司实行出售，对五星商店、旅店、饭店管理权下放到五星镇政府。当年对八大林场（所）公有住房制度改革。1995 年初，林业局与 59 个基层企业和部分科室签订了目标管理、费用包干，成本包干合同扩大放开经营范围，同年对区内的浴池、客运站、理发室、文化宫、新华书店、宾馆、木材科招待所以及各林场（所）的商店、粮店、食堂、卫生所、浴池、理发室等福利和服务型单位实行分块拍卖和租赁经营。

股份制试点。1993 年，市政府和市体改委决定在五营地方企业中搞股份制试点，经过一个多月的积极筹备，于同年 4 月 18 日，正式成立五营区第一户股份制企业——宏源有限公司，挂牌营业。1994 年，共有 3 户企业实行股份制改造，其中宏业矿产开发有限责任公司当年支付了红利。

组建乡镇企业集团。1995 年，以原地方工业企业联合开发公司为核心组建了黑龙江省中植企业集团，由核心层、紧密层、松散层组成注册资本为 5000 万元。将原良种繁育场组建成“伊春恒业养殖加工有限责任公司”，注册资本 1000 万元，对百业箱厂进行定价拍卖变成私营企业，对严重亏损的五星木器厂实行关停，分立重组，划小核算单位分为 6 个小厂，分散突围，对资不抵债的五星水泥厂实施破产自救。

部分全民和集体企业转换经营机制。1995 年，将商贸公司、外贸公司、电话所、机修厂、北贸公司、物资经销公司、第一建筑安装公司等7个全民单位全部推向市场，对林产工业公司和多种经营公司所辖7个企业实行租赁经营。

（五）发展非国有经济

1995年初，成立非国有经济办公室，定编15人，主抓此项工作。1997年，因机构精减职能合并撤销非国有经济办公室，其职能分别并入经济贸易委员会和计划统计委员会机构中。

2001年11月5日，成立区非国有经济管理办公室（挂乡镇企业局和非国有经济发展局牌子）。主管全区个体经济、乡镇企业、林产工业、地方工业、多种经营等工作。个体工商户400户，从业人员700人，私营企业4户，从业人员400余人。

2002年，个体户599户，从业人员1050人，私营企业6户，从业人员160人；

2003年，个体户新增169户，私营企业新增5户；

2004年，个体户新增171户，私营企业新增7户；

2005年，个体户达3484户，从业人员达9136人，私营企业60户，其中中规模以上21户，小规模以上39户，安置富余人员就业4300人，人年均工资4000元。非国有经济生产总值比重达82%，税收对财政收入的贡献也都超过了50%以上，达72%。

（六）医疗教育、住房和社会保险制度改革

根据五营区的实际情况，因地制宜地确立了职工医疗、家属医疗、公私伤等费用，确保职工群众的正常就医；教育体制改革，继续完善校长负责制和定岗定编工作；住房制度改革山下住房出售全部到位；社会保险制度改革从全民职工扩大到集体职工和个体私营企业主。

（七）精减机构

1996年，区（局）制定了“三定”方案（定职责职能、定岗位编制、定人员经费），机关科室人员编制在1993年初定编基础上压缩30%，各单位管理人员编制压缩30%，非生产人中压缩5%。

1997年，落实全市三级干部会议精神，推广铁力“一改、两管、三分”（即坚持改革；管住资源、管住资金；分流人员、搞活分配、分散突围）经验，按市委市政府要求以产定员5248人，局原有职工8551人，应分流3303人，按市政企合一区（局）新编287人（其中司法专项编制12人），机关科室实有人数489人，应分流202人。全区（局）机关机构由原来的50个减少到35个，其中撤并11个，整体划转4个。

三、第三阶段（1998—2005年）

（一）产权制度改革

1998年，五营区（局）对地方国有企业、林办集体、乡镇企业及林业局附属企业进行产权制度改革，对28户企业改制24户企业，占总户数的85.7%。

按照市产权制度改革工作部署，对改制企业实行股份制，股份合作制、出售、兼并、破产等五种形式，在已改制的24户企业中实行股份制改制的6户包括中植集团、蓝剑公司、汽运处、机修厂、宏源化工厂、平原罐头厂；股份合作制改制的9户包括强力包装股份合作公司、社会福利厂、林副产品综合厂、物资局、建材厂、五星白灰厂、水泥构件厂、造纸厂、五星丰茂厂；破产企业2户：五星木器厂、五星水泥厂；出售企业5户：养殖加工总厂、刺绣厂、针织厂、商茂公司、果仁厂；中外合资企业2户：毛丝鼠养殖公司、志淳木业公司。

（二）国有资产的清产核资和出售

1999年4月，区（局）组织财政局、房地局、机电科等部门组成清产核资小组，由企管处牵头、总经济师带队，历经一个月时间对全区30多个基层单位及7个林业集体企业的机电设备，房屋建筑设施进行清查和重新登记造册。制定《五营林业局国有资产出售出租管理办法》，自1999年10月1

日起实施。

1999 年 7 月，将国有国营的平源罐头厂整体零价出售给于红军变为民有民营。平原罐头厂债权债务，应收应付由购方一并接收。并将第二百货及其库房面积2658平方米，以58万元出售给于红军，厂名更为鑫源野生食品加工厂。1999 年 9 月，将建材厂以 40 万元的价格出售给王永才个人经营，组建成永胜建材有限责任公司，7 名公伤人员用原建材厂 100 万块红砖销售利润开支及医药费支出。并将商贸公司蔬菜部面积 1417 平方米，以 20 万元的价格出售给赵广组建成雪源饮品有限责任公司。原文化馆、老淳商行、保真配件商店均作价出售给个人经营。

1999 年 10 月，区（局）党委下发《五营林业局伐区阶段木材生产经营改革实施意见》的通知，改变生产工具的所有权变国有国营为民有民营，出售拖拉机 42 台，收回资金 26 万元；出售搅盘机 8 台，收回资金 1.8 万元。

2000 年，出售运材汽车 48 台，收回资金 89 万元。

2001 年，将木制品厂、造纸厂、果仁厂等 3 户企业进行整体出售；果仁厂以 8 万元价格出售给个人经营；木制品厂实行零价出售，债权债务及其在册职工全部由买方接收；造纸厂以 69.19 万元出售给长瑞纸业公司。

（三）推进收编收摊，实施一企一策

2000 年，山上林场（所）办公场地仍是四合院，办公人员 20 多名，五营林业局学习“双丰经验”加大收编收摊改革力度，对林业生产单位制定了“一减、二压、两改”的管理办法。“一减”就是将林场（所）的管理人员减少到 10 人以下，使一人兼多职；“二压”就是压缩管理费用、压缩办公用房面积，各林场（所）的管理费用压缩 40%，年节约资金 40 万元，将林场的四合院办公房收归为一栋房与林场小学合在一起，其余办公用房卖给林场（所）职工发展多种经营，既减少了费用支出又活化了资金；“两改”就是改造林场（所）的锅炉，进行大改小、洋改土，改变燃料结构，春秋两季以废弃的枝桠代替燃煤，节约燃煤消耗，当年改造安装小锅炉 89 台减少取暖费 50 万元，同时将林场（所）的居民用电与单位用电分表记量，节约电费 70 万元，并出售闲置房屋 3081 平方米，回收资金 99 万元。加快国有经济退出步伐，2000 年，撤销枝桠管理站出售给个人经营；撤销物资供应科和物资经销总公司的管理机构，撤回林场（所）物资分库组建五营区（局）燃料公司、五营区配件公司、五营区材料公司。燃料公司负责全区生产生活所需燃煤油的销售工作，实行公司化经营并负责库存物资的清仓压库工作。组建的材料公司、配件公司性质属民营、自主经营、自负盈亏；撤销汽运管理处，完善和规范伊春兴业路桥有限责任公司；撤销公用事业管理处，划小核算单位，成立五营区物业管理处、五营区环境卫生管理处、五营区自来水公司。新成立的两处一公司在经济上实行单独核算自成体系，实行收费和政府定额补贴相结合，并强化收费力度，逐渐减少政府定额补贴，物业、环卫、自来水 3 家企业仍然实行企业化管理。

（四）强化企业管理

1998 年，积累多年企管工作经验，总结出几个方面的做法：加强计划统计管理，科学部署依法统计，实行滚动定额，严格控制资源消耗，加强造材管理，严格执行定点发车、定点装车、定点卸车的“三定”运输原则。

加强企业基础管理、制度规范、责任明确。加强财政财务管理，严管严查环环扣紧。严格资金审批，无论现金支出或银行转账 1000 元以下，由总会计师把关，1000 元以上必须行政一把手审批；费用单位核死经费超支不补，节余留用；生产单位加强成本管理，制定成本指标，同时加大财政检查。1998 年，对亏损企业五星白灰厂、破产企业五星木器厂进行解剖，处理 7 名违纪干部，查收资金 60 万元，为国家挽回经济损失 1.5 万元。对 33 个单位进行严格审计，查出违纪资金 19 万元。加大清欠力度，共清回欠款 1078 万元，比 1997 年提高了 20%。

加强林政资源管理，采取管培并重抓实抓靠的办法。1998 年，全区共出动人力 2700 余人次，动用大小车辆 1000 多台次，检查木材加工点 102 个，查出违纪木材 190 立方米，查处林政案件 13 起，行政拘留 12 人，追究刑事责任 4 人，逮捕 4 人，行政处罚 55 人，罚款 4.29 万元，收缴非法所得 1.3 万元。扣押非法运输木材车辆 9 台，拆除五星镇内 36 家非法加工点，封停 30 家木材加工点。

加强劳动工资管理采取联审联批分配公开的办法。执行“年度定量分配法”，采取联审联批及工资表上墙制度，仅林场（所）一项就比 1997 年节支 129.1 万元。

加强物资供应管理采取购销合理、管放结合的办法。1998 年，从厂家直接进货比例达 80% 以上，当年节约资金 200 万元。

加强驾驶机械、电力管理，采取统筹规划的办法。加强产品营销管理，采取统一销售的办法。加强固定资产管理，采取明晰产权灵活配置的办法。加强医疗卫生管理，采取优化服务提高质量的办法。

（五）规范改制企业管理

2001 年，五营区（局）制定并下发《关于进一步加强固定资产出租管理的通知》，对改制企业进行规范完善，对路桥公司的资产、宏业矿产公司的股权、蓝剑公司的产权明确关系，建立健全企业档案 36 户，实行“一企一档”管理。对改制不到位手续不健全，按照缺啥补啥，与财政局等有关部门补办资产评估报告，改制手续按《公司法》进一步规范。注销了挂靠林业局的营业执照 30 户。五营区（局）组成治乱减负工作组，重点对城建、环保、交通、土地、公安、工商、税务等行政收费部门下发治乱减负征求意见函 48 份，通过新闻媒体进行公开承诺，公布治理“三乱”（乱收费、乱摊派、乱罚款）举报电话扩企业投诉中心投诉电话，还组织工商、税务、土地、银行等有关部门与民营企业主私营企业者和个体工商户召开座谈会，听取他们对发展非公有制经济的意见和建议。并根据具体情况帮助解决其实际问题。

2001 年 10 月，评选出两户出席市发展非公有制经济“光彩之星”企业。分别是鑫源野生食品加工厂、雪源饮品有限责任公司。并为鑫源野生食品加工厂、永盛建材有限责任公司、林城野生食品有限责任公司 3 户企业，向省里争取 2002 年扭亏增盈专项资金。

2002 年，对宏源化工厂、水泥构件厂实行租赁经营；对绣服饰品厂、福利厂两户欠缴租金由原租赁者代管；对机修厂、五星丰茂厂、林副产品综合厂实行租赁经营，由留守人员收取租金并管理；将毛丝鼠厂闲置厂房租给韩国汉城金刚有限公司；燃料公司闲置厂房租给伊春墙外红实业有限公司；对职工医院进行股份制改造，与哈尔滨中益交通设施有限责任公司合作；将五星卫生院彻底推向市场，自主经营，自负盈亏；将贮木加工厂空心门车间租赁给福建客商经营；对物业、环卫、自来水三个单位实行企业化经营。

2003 年，胶合板厂实行出售。宏源化工厂出售给哈尔滨力绿木业有限公司；对贮木加工厂部分厂房进行出售，买方经营旅游服务项目；对一建公司、水泥构件厂实行零价租赁盘活资产安置人员；对刨花板厂实行租赁经营，生产高质量的刨花板和细木工板；将物资科部分闲置厂房租赁给伊春电子工业公司和伊春市五营区红旗电缆电线厂；将局木器厂全部租给森远木业和福林木业公司。

（六）科技工作与招商引资

1997 年，五营区（局）领导十分重视科技在经济工作中的突出作用，与科研单位大专院校进行广泛接触和网上联系，引进新技术提高区域特色经济科技含量。组织完成了全市推广的“数字林业管理工程”，采取先进无线远程监控技术，在各林政检查站和贮木场等地段设立了闭路监控系统，有效地杜绝了木材运输过程中丢车、摘帽现象发生，把住木材流失口子。

2002 年，雪源饮品有限公司聘请原吉林省通化果酒厂高级技术人员林占海、刘冬梅为该厂的技术主管，经过两个月的实验开发了具有高附加值的无糖型山野果系列新产品，在哈洽会上深受客商好评。

2002 年，区政府制定《五营区鼓励外来投资优惠政策》加大对外来投资企业个人及本地投资者政策扶持力度，为投资者提供体质服务，实行“代理式办公，全程式服务”做到急事急办，特事特办让投资者满意。加大治理“三乱”力度，给企业创造宽松的发展环境。同时组建招商公司精心挑选有吸引力的招商项目进行招商，侧重以森林生态旅游，绿色食品黑木耳加工项目引进人才、技术，提高产品的科技含量与品位。

2003 年，制定和完善了《五营区招商引资优惠政策》《五营区招商引资奖励办法》和《招商引资公司章程》，利用哈洽会（十四届）网上洽谈会、大连展销会、浙江企业联合会、广交会等各种经贸洽谈契机广泛宣传五营丰厚的资源优势、独特的地缘优势和优惠的招商政策，先后有科力奥生物有限公司、伊春市远东电子工业公司、伊春市双玉兔业有限公司、伊春市五营区红旗电缆电线厂等企业落户五营并为其办理了营业执照、进出口权证书，并发放贵宾卡。把浙江省杭州市作为五营招商基地。一方面宣传推介五营资源优势、良好政策环境和招商项目，另一方面以杭州为中心辐射其东南沿海及南方发达地区，把外来投资引到五营。杭州康恒参茸保健食品有限公司在五营落户后，引来伊春远东北药发展有限公司，2003 年，又引来远东电子工业有限公司和远东人造板有限公司，2004 年，远东北药总经理刘相春又引来 200 万元，从事高能散热气片生产项目。2005 年年底共引进 5 个项目，引资 2910 万元，其中有延寿县金龙木制品厂投资 500 万元、从事白酒果酒生产，杭州康恒参茸保健食品公司投资 270 万元、进行人造板生产项目，哈尔滨客商王毅投资 400 万元、从事禽蛋精深加工项目，大连金州双玉牧场投资 690 万元、从事獭兔精深加工项目，浙江天松集团有限公司投资 1050 万元、从事山特产品及涂料加工与贸易。2005 年 1 月，天松集团以 1000 万元资金取得了五营国家森林公园旅游经营权。

（七）精简机构

根据伊发〔2001〕19 号《关于伊春市辖区党政机构改革实施意见》和伊办发〔2001〕478 号关于《伊春市群众团体机构改革方案》文件精神，五营区党委机构设置 5 个，区政府机构设置 15 个、林业局机构设置 3 个，群团机构设置 5 个。五营区（局）党政机构由 35 个科室部委办调减到 28 个，精简幅度为 20%；人员由 287 人调减到 220 人，精简幅度为 23%。

第三节　商贸粮食流通体制改革

一、粮食流通领域改革

1986—1999 年，国家粮食收购政策实行“双轨制”，即国家定购与议价购销并存，国家定购与保护价并存。每年由省粮食局统一安排品种、数量计划调拨，采取进货与取货方式双方共同检质检量，然后由伊春市农业发展银行结算。

1998 年，根据国务院国发〔1998〕15 号文件《关于深化粮食流通体制改革的决定》，按“四分开一完善”，即实行政企分开、中央与地方责任分开、储备与经营分开、新老帐目分开，完善粮食价格机制。五营粮食分局积极转换经营机制，对收储企业和附营企业分开、储备和经营分开，实行独立核算、自主经营、自负盈亏的经济实体，财务新老挂帐分开，不再发生新的亏损和挂帐。通过减亏增效、改善经营、降低费用，进一步完善粮食价格机制。同年，国务院办公厅国发明电〔1998〕5 号《关于进一步做好粮食购销和价格管理工作的补充通知》明确规定敞开收购、顺价销售、收购资金封闭运行的三项政策，加快国有粮食企业自身改革，提高市场竞争力。五营粮食分局认真贯彻三项政策，坚持敞开收购余粮，保证收购资金封闭运行，积极拓宽粮食销售市场，认真做好粮食顺价销售。

2000 年，国家进一步放开粮食市场，五营粮库采取自行收购，实行定购价与保护价同质同价。

2001 年，根据国务院 28 号《关于进一步深化粮食流通体制改革意见》，五营粮食分局进一步落实粮食风险基金包干管理办法，加快国有粮食收购等项制度的企业改革政策，完善经营机制，不断增强企业活力。

2003 年，国家取消定购价粮，对保护价粮实行总量控制订单收购。

2004 年 6 月 8 日，国务院发布《粮食流通管理条例》，是为保护粮食生产者积极性，促进粮食生产，维护经营者的合法权益，保障国家粮食安全，维护好粮食流通秩序而制定的；同时规定 1998 年 6 月国务院发布的《粮食收购条例》、8 月发布的《粮食购销违法行为处罚办法》一并废止。2004 年，省政府全面放开粮食收购市场，2005 年，五营区粮食产供销完全走向市场。

二、商务体制改革

1986 年，五营区商业科更名为五营区商业贸易总公司，内设机构有财务股、业务股、计统股、行政股、林场股、保卫股，设正副总经理 3 人，党总支书记 1 人。下辖五个分公司：副食品公司、糖酒公司、百货公司、五金交电公司、纺织品公司。各分公司分管各自的商店、商场，各店场均设 2 名营业主任，商贸总公司共有职工 380 人。五营商业科对下实行三级管理，商业科直属领导店、场、部，店、场、部直接领导营业组，实行统一进货，统一管理，统一核算。

1987 年，初商贸总公司将下辖 5 个分公司变为 3 个批发公司，即：副食品批发公司、百货批发公司、糖酒批发公司，总公司直辖 9 个零售网点：五营百货商场、第二百货商店、副食品门市部、糖酒公司门市部、五营河北商店、五营河南商店、供销商店、五星商店、民得利副食品门市部。各网点设营业主任 1 人，总公司任命。同年 10 月，五营区政府根据伊春市精简机构精神，将商贸总公司与五营供销联合社合并，挂两块牌子，分别为“伊春市五营区商业科”“伊春市五营区供销联合社”。

1989 年，五营区商业科更名为五营区商业局。

1992 年，五营区政府颁布了《五营区商业供销系统推行“四放开”改革政策》，对商业流通领域深化改革，全面推行以经营放开、用工放开、价格放开，分配放开为主要内容的“四放开”改革工作，变国有为民营、自主经营、自负盈亏。

1993 年，商业局机关由 6 股室减少到 3 股室，机关工作人员由 31 人压缩到 10 人。所有制结构发生了根本变化，由过去的管理制度变为服务型，实行多种经营体制（集体承包、个人承包、租赁）负责管理工作；由过去的三级管理变为二级管理。

1996 年，五营商业局再次更名为具有经济实体的部门。挂“伊春市五营区商业局”“伊春市五营区商贸公司”两块牌子，设公司经理、副经理各 1 人，书记、工会主席各 1 人，职员 4 人。

2001 年，企业实行干部聘任制，员工实行合同制，公司董事会统一管理各店、场、部，直到 2005 年 1 月。

2005 年 2 月，五营商贸公司与区经济科技贸易委员会合署办公。

三、经营机构改革

1986 年，五营商业贯彻落实了中小企业和小型企业开发经营责任制，把工资总额与职工切身利益结合起来，实行了所有权与经营权分离。

1987 年，对五大专业公司精减组成副食品，糖酒、百货三大批发公司，实行承包责任制。对 9 家国营商店零售企业实行放开经营，对集体商店实行独立核算，自负盈亏，供销系统实行多种承包机制，经济责任与职工利益挂钩。

1989 年，商业局对下属三大批发公司签订承包经营责任状，全系统实行 8 种经营方式；对五营第一百货商店等企业实行百元销售含量制度；对第二百货五金商店等企业实行销售计划与工资挂钩；

对运输加工企业实行计件工资；对饮食肉食加工、烧酒等企业实行公开招标；对旅店、回民饭店实行租赁经营；供销系统全部实行承包经营；实行风险抵押金制度和代销、联销、联营制度，到 1991 年，全区个体零售网点增加到 307 个。

1992 年 4 月 30 日，根据伊政办《关于全市商供系统实行"四放开"政策的通知》，在全区国营集体企业全面推行经营、价格、分配、用工、"四放开‘经营改革。对五营一百、二百、五金等企业实行集体承包，细划核算单位，实行销售、资金、毛利率、费用、利润"五定"到组，定死基数，确保利润上缴；实行"一店多制"个人承包，也可小组承包。对河南商店、三角线商店实行场地承包租赁，对青年商店、夜销店实行剥离经营、自主经营、自负盈亏，对蔬菜副食等企业实行柜台租赁，对河北商店实行拍卖出售，对肉食加工业、烧酒厂实行关停。

2001 年，商业企业改造股份制后，五营百货商场继续实行承包经营。至 2005 年，五营商贸公司与区经济科技贸易委员会合并。

第四节 财税金融体制改革

一、财税改革

（一）财政（务）制度改革

1993 年 7 月 1 日起，五营区（局），企业会计核算执行新的会计制度。

建立资本金制度。企业盘盈或出售固定资产的净收入，企业报废、盘亏、毁损的固定资产净损失，不再增减资金、直接列为企业营业外收支；企业固定资产计提折旧，不再冲减资金，直接列入成本费用；企业库存材料物资因国家调整拨价格而产生的价差不再增减有关资金，按其实际购建成本入账，直接体现损益；企业收回对外投资与投资对帐面价值差额不再调整合并资金，计入投资损益；企业以实物、无形资产对外投资，其资产重估确认价值与其账面净值的差额，也不再调整有关资金，计入资本公积金；企业资金按资金来源不同划分固定基金、流动基金、专用基金，并取消专户存储办法，允许企业灵活有效地统筹运用资金。

改革固定资产折旧制度。改革固定资产折旧方法，在一定范围内实行快速折旧方法；改进固定资产折旧分类办法，简化折旧分类；适当提高折旧水平，制定固定资产折旧年限的弹性区间。

改革有关成本管理制度。实行制度成本法；建立坏账准备金制度；完善低值易耗品摊销办法；取消提取大修理基金办法；企业成本管理制度改革除上述内容外，还对成本开支范围进行了一些调整：劳动保险费用计入成本费用，企业职工奖金开支逐步纳入成本管理等，同时还明确规定了企业业务招待费等内容。

实行财务会计报告制度。把当时实行的以资金平衡表、利润表、成本表、专用基金以及其他各种统计性质的报表等为特征的报表体系，改为以资产负债表、损益表、财务状况变动表以及有关附表为特征的报表体系，并编制企业财务状况说明书。把当时实行国家考核企业财务状况的办法改为企业财务评价的办法，建立新的企业财务指标体系。

（二）税务体制改革

1994 年，五营区（局）税务体制主要从以下几个方面进行改革：全面改革流转税税制，实行较为规范的增值税为主体，消费税、营业税并行，形成内外统一的流转税制。

改革企业所得税制，将过去对国营企业、集体企业和私营企业分别征收的多种所得税金并为统一的企业所得税。

改革个人所得税制。将以前对外国人征收的个人所得税、对中国人征收的个人收入调节税和个体工商业户所得税合并为统一的个人所得税。

对资源税、特别目的税、财产税、行为税做了较大幅度调整，扩大资源税的征收范围，并征土地增值税，取消了盐税、奖金税、集市交易税等7个税种，并将屠宰税、筵席税的管理下放地方政府，新设了遗产税和证券交易税（但未立法开征），直至2005年。

二、金融体制改革

（一）机构改革

1986年，中国工商银行伊春市分行五营办事处设正副主任各1人，内部设机构设计划股、会计股、出纳股、信贷股、储蓄股、人秘股、五星分理处，共有职工56人。1996年，中国工商银行伊春市分行五营办事处晋升为中国工商银行伊春市分行五营支行，设正副行长各1人，内设机构不变，由股变科或部。至2005年，内设机构改为“一办两部”即办公室、业务管理部、市场营销部，职工39人。

1986年，中国农业银行伊春市分行五营办事处设正副主任各1人，内设会计出纳股、信贷股、储蓄股、信用合作股、人秘股、编制21人。2000年，更名为中国农业银行伊春市分行五营支行，设正副行长各1人，内设机构由原来的五股变为“一室两部”即营业室、客户经理部、综合管理部。至2005年职工27人（含红星办事处12人）。

1989年4月17日，中国建设银行新青支行五营办事处正式组建，设正副主任各1人，内设人秘股、信贷股、会计股、储蓄股和储蓄专柜，职工23人。1990年4月1日，变为中国建设银行伊春分行五营办事处，机构编制不变。2002年，更名为中国建设银行伊春分行五营分理处，设正副主任各1人，内设机构为人秘股、信贷股、会计股、储蓄股、储蓄专柜。至2005年有职工23人。

1996年，伊春市农村信用合作联合社五营信用社和农行分家，成为具有法人资格独立核算的经济实体，配正副主任各1人，内设会计股、信贷股、储蓄股、人秘股、编制14人。至2005年，内设机构不变，人员增至17人。

（二）结算制度改革

1984年，中国人民银行和中国工商银行分设时，在结算制度上仍然使用适应计划经济管理模式的结算制度，有8种方式：支票，委托收款，汇兑，托收无支付，保付支票，国内信用汇，托收支付，付款委托书。

1989年4月1日，开始实行新的《中华人民共和国银行结算办法》，规定了5种结算方式：汇票——银行汇票、商业汇票、银行承兑汇票，银行本票——定额本票，支票——转账支票、现金支票、定额支票，汇兑，委托收款。此外还有信用卡结算方式。新办法中废止了6种结算方式做法，其中包括托收承付结算——同城托收支付和异地托收承付，托收无支付，付款委托书，保付支票，信用汇，省内限额支票，另外在汇兑结算中取消了信汇自带。新结算办法中，对银行汇票结算方式实行了改革，扩大汇票的通汇面和兑付面，汇票可以转让，汇票可分支取，还可转汇票款，将全国跨系统签发汇票，改为只对本系统签发汇票，取消全国通用密押，改为系统自己管理汇票和印章，防假手段改为使用压数机的小写金额，对跨系统汇票通过同城票据换由本系统兑付，收妥抵用。

1990年4月1日起，恢复办理异地托收支付结算方式，保留的结算方式有：汇票包括银行和商业汇票，支票（现金支票、转账支票、定额支票），汇兑（信汇及电汇），委托收款。

三、价格改革

（一）机构改革

1986年，五营区物价局内设物价检查所，设局长1人，工作人员3人，编制4人。

1992 年，撤销区物价局，保留物价检查所，归属区计划委员会。

1997 年，根据上级要求，恢复成立区物价局与区计划委员会（合署办公），一套人马两块牌子。物价局内设物价检查所、价格认证中心、价格调节基金办公室，设局长 1 人、物价员 2 人，延续至 2005 年。

（二）价格制度改革

1986—1998 年，物价管理制度经历了由计划价格管理模式向市场经济转换并过渡到以宏观调控为主的过程。主要分三个阶段。

第一阶段，1986—1990 年。主要以计划价格为主，适当放开小商品价格，国家掌握绝大多数商品价格，经营者必须严格遵守执行物价政策，不得随意改变产品、商品价格违者必究。

第二阶段，1991—1993 年。国家把价格管理分为三种形式，一种为国家定价，第二种为国家指导价格，第三种为市场调节价。1993 年 1 月 1 日，五营区依照《伊春市征集价格调节基金暂行规定》，制定了《五营区开展征集价格调节基金工作实施方案》并公布实施。

第三阶段，1994—1998 年。按照市场经济的经营机制，价格管理由过去三种形式，转变为国家实行并逐步完善宏观经济调控下，主要由市场形成的价格机制，大多数商品和服务收费实行市场调节价，极少数商品和服务价格实行政府指导价或政府定价。1998 年 5 月 1 日《中华人民共和国价格法》公布实施，黑龙江省物价局下发《关于运用价格杠杆，促进经济结构调整的若干意见》，区物价局认真贯彻执行，促进粮食流通领域的体制改革，完善粮食价格形成机制，认真执行粮食顺价销售政策，认真实施“价格民心工程”“价格公示制”“价格民心工程明白榜”，并把中小学收费、药品价格和医疗收费向社会公示。1999 年，国家对物价实行宏观经济调控管理，并逐步完善，主要由市场形成的价格机制正常运行，由物价部门掌握物价总水平，延续至 2005 年。

第五节　地方工业改革

1986 年，五营区（局）单独设立工业科主管地方工业工作，当时有地方工业企业 18 家，其中，国营地方企业 2 家（五星木器厂、五星水泥厂）、集体企业 16 家（文具厂、印刷厂、食品厂、服装厂、综合厂、腐乳厂、汽水厂、晨光厂、美术厂、油化厂、光华厂、铸造厂、五星白灰厂、五星砂石厂、华昌商店、供销经销部）。五营区委区政府对发展地方工业很重视，在发展方向、格局、套路、产品质量等都给予多方支持，产品质量不断提高。五营腐乳厂生产的青红方腐乳运销东北地区的哈尔滨、长春、沈阳、大连和华北地区的石家庄、北京、济南等地。当年地方工业总产值计 3820 万元。同年 12 月 27 日，撤销工业科，设立乡镇企业管理科、二轻工业科。全系统职工人数 1751 人（含五星水泥厂 273 人、五星木器厂 209 人）。

1989 年 3 月，乡镇企业管理科改称乡镇企业管理局，撤销二轻工业科。1989 年年末，成立地方企业联合公司，乡企局并入地方企业公司。乡镇企业所属各厂由地方企业公司领导。

1995 年 4 月，在地方企业联合公司的基础上组建成黑龙江中植企业集团，1997 年，撤销乡镇企业管理局，成立经济贸易委员会。

2001 年 12 月，经济贸易委员会、科技科、安全科、体改办合署办公，机构定名为经济科技贸易委员会，管理地方工业业务。五营的企业只有五星水泥厂、养殖总厂、印刷厂、服装厂等，其余企业相继停产或转卖。

第二章　政治体制改革

第一节　党政机构改革

一、机构改革

1997年，五营区（局）党政机关机构改革，以市委、市政府《关于政企合一区（局）党政群机关机构设置方案》为依据，对所属机构进行调整。设党委工作部门5个，群团部门5个，政府部门20个，林业局工作部门5个，区人大、政协、纪检委总编制为275人（含工勤人员）。

（一）党委机构

撤销区委老干部办公室，职能并入区委组织部，保留老干部活动室为事业单位隶属区委组织部；档案局实行局（馆）合一体制，按事业单位管理（党史办、区志办职能并入）隶属区委办公室；区广播电视局更名为广播电视中心，按事业单位管理，隶属区委宣传部。调整后区委机构设置5个（不含区纪委）：区委办公室（含政策研究、机要、保密等工作，归口管理档案局）、区委组织部（含老干部工作）、区委宣传部（含精神文明建设、对外宣传、对台工作，归口管理广电中心，区委统战部与其合署办公，挂两块牌子）、区委政法委（综合治理办司法局与其合署办公，挂三块牌子）、直属机关党总支。

（二）政府机构

区计划委员会与统计局合并组建计划统计委员会；文化局与体育运动委员会合并组建文化体育委员会；人事局与劳动局合并组建人事劳动局；组建经济贸易委员会，物资局、商业局转为经济实体，其职能并入经济贸易委员会；撤销区经济委员会，组建地方经济发展局；人防办并入区政府办公室；撤销民族宗教局，职能并入区政府办公室；撤销老龄工作委员会，职能并入民政局；撤销房地产管理局，职能并入建委，撤销区农委组建农业办公室；撤销安全科保留安全办，安全科职能并入安全办，在人事劳动局挂牌子，原机构职能不变；撤销区志办公室，职能并入档案局（馆）；撤销非国有办公室，职能并入经贸委和计划委员会等机构中；撤销局基建科，职能并入区建委；区计划生育办公室更名为区计划生育局。

调整后的区政府机构设置20个：区政府办公室（含法制、侨务、外事、民族宗教、人防、地方经济发展局、经贸委）；区计划统计委员会（归口管理物价局）；区经济贸易委员会（包括内贸、外贸、经办、商业、物资、地方经济发展局与经贸委合署）；区建设委员会（包括矿产资源管理、城市规划、公用事业、基本建设、房地产和房改工作环境保护与建委合署）；区教育委员会；区科学技术委员会（包括地震工作等）；区文化体育委员会；区农业工作办公室（包括畜牧、农机、水利、水产防汛工作、多种经营局与农工办合署办公，加挂乡镇企业管理局牌子）；区公安局；区监察局（与区纪检委合署办公）；区民政局（包括老龄委、地名、行政区划等工作）；财政局（包括国有资产、税收财务、物价检查小车定编购置、控购等）；审计局；区人事劳动局（机构编制委员会办公室与人劳局合署办公，加挂安全办牌子，归口管理定额站、劳动服务公司两者为事业单位）；区技术监督局；区土地管理局；区林政局（森林防火指挥部与其合署办公）；区卫生局（包括医疗保险、含地方病防治及爱卫委等工作）；区计划生育局；区信防办公室。

（三）林业局机构

撤销木材检验科，职能并入生产技术科；营林处更名为营林科；企管科更名为企管处。调整后林业局机构5个。企管处（体改委与其合署办公）；生产技术科（归口管理木材验收队为事业单位）；营林科（归口管理林木种子站、物候站、病防站、营林验收队和森林公园均为事业单位）；森林资源管理科（归口管理伐区拨交队为事业单位）；机电科。

（四）群团机构

群团机构有5个，即工会；团委；妇联；科协；工商联。

二、精简机构

2001年11月5日，根据《伊春市辖区党政机构改革实施意见》要求，五营区（局）对机关部门进行重新设置，区党委和政府机关机构由35个减到28个，其中党委5个、政府15个、林业局3个，群团部门5个、人大政协内设机构按上级要求执行总编制220人。

（一）党委机构

区委办公室（区直属机关党委与其合署办公，区信访办由党办管理）；区委组织部（归口管理老干部管理办公室）；区委宣传部（挂统战部牌子）；区委政法委员会（综合治理办公室与610办公室合署办公）；纪律检查委员会（监察局与其合署办公）。

（二）政府机构

区政府办公室（负责外事、侨务、人防、法制、民族宗教、旅游、档案（区志）等工作）；区经济科技贸易委员会（负责企业管理、体制改革、外经外贸、商业物资、安全生产监督、科技信息产业等）；计划统计局（保留物价局牌子）；教育局；文化体育局；司法局；公安局；民政局；财政局；人事劳动局；审计局；卫生计划生育局；建设局；林政局（挂防火办公室牌子）；农业委员会（挂北药开发办牌子）；档案馆（与档案局、区志办合署办公）为区政府直属事业单位。旅游事业管理局（隶属政府办公室）为具有行政职能的事业单位。成立非国有经济管理办公室（挂乡镇企业局和非国有经济发展局牌子）并履行林产工业科的职能，为区政府直属具有行政职能的事业单位（不占机构和人员编制）。成立社会保险事业管理局，隶属区人事劳动局，为副科级事业单位。监察局、老干部办、信访办不计机构个数。

（三）林业局机构

将生产技术科与机电科合并，组建生产机械科，企管处更名为企管科。调整后林业局机构3个。资源科（局）（归口管理伐区拨交队，为事业单位）。营林科（局）（归口管理林木种子站、物候站、病防站、营林验收队，以上均为事业单位）；木材生产机械科（归口木材验收队，为事业单位）。

（四）区人大，政协机构设置

区人大、政协的内设机构根据上级规定设置。

（五）群团机构

群团组织机构设置5个：工会（内设机构5个办公室、生产宣传部、生活部、女工部、组织民管部）；团委；妇联；科协；工商联。

（六）上派机构

国家森林资源管理专员驻五营林业局办公室，专员1人，办公人员3人（不占机构数和人员编制限额）。撤销木材销售科，其职能并入木材经销公司；撤销商贸公司，其管理职能并入经济科技贸易委员会；撤销林产工业公司，其职能并入非国有经济管理办公室。

第二节 干部人事制度改革

1986—1990年，对中层领导干部的正职选任制。副职实行聘任制或试任制，同时还实行了民主推荐、民主评议制度，健全任期目标制和离职审议制度，防止任职期间搞短期行为。

1991—1999年，不断改革人事管理制度。1991年，实行局长负责制后，在人事管理上打破干部终身制，干部能上能下，中层领导干部实行选任制和聘任制，采取动态管理方式，以取得的政绩高低决定升降去留，属党群部门的正职由党委任命，副职由正职选聘，报组织部门考核备案；局机关科室的正职属于政企合一的职能部门，采用组织调整的手段，由人大重新任命，并由正职聘任副职，纯企业的科室主要领导由局长聘任，正职聘任副职。基层单位的中层干部，企业单位包括林场（所）和山下单位行政的正职由局长聘任、副职由正职聘任；事业单位的行政正职采取聘任制；检法两院实行定岗定员定责竞争上岗。一般干部，在定编、定岗、定责的基础上，由所在单位和部门层层聘任，凡是未聘任的干部下去当工人，原地安排工作，但保留干部身份，享受工人待遇，工人被聘为干部的享受企业干部待遇，解聘后恢复原身份。

公开选拔干部

公示制 五营区委于2000年起，对拟提拔的领导干部实行公示制，采用公开、公平、公正、公认的选拔干部原则，广泛地接受群众监督。

竞聘领导岗位 2000年7月，五营区委在全区在职干部中进行公开招聘。招聘经过组织考核，基础知识考试、面试、群众评议等考核办法，第一轮笔试取前5名，第二轮面试取前3名，经过组织考核录取最优秀者1名，其他4名为副科级后备干部。有10名一般干部被选拔为副科级领导干部，试用期为1年，2001年均已转正，延续至2005年。

第三节 社会养老保险

1987年10月1日起，五营区（局）启动失业保险。

1988年年初，合同制职工参保，开始缴费。

1992年1月1日起，至2004年年末，五营区（局）共参保6户，参保人员8253人，其中森工参保7687人，地方工业481人，工商银行23人，农行33人，建行18人，粮食11人。1992年前，单位按职工标准工资总额的1%记入失业保险费（1992年1月1日—1999年7月31日，单位每人每月以1元缴纳记入；1990年8月1日后，企业以职工工资总额的2%记入缴纳费用，个人则按工资的20%记入）。

2003年，除森工按全市核定的每人278.75元缴费外，其他企事业单位，由社保为依据参保单位上月职工工资总额核定缴费基数。五营区（局）实际缴费额为1987年8000元，1988年79274元，1989年72932元，1990年185144元，1991年102424元，1992年185144元，1993年244102元，1994年237386元，1995年225922元，1996年242908元，1997年139403元，1998年147600元，1999年151738元，2000年195496元，2001年527660元，2002年416943元，2003年630798元，

2004 年 475075.45 元，2005 年 1006184.62 元。

1993 年 12 月，五营区（局）养老保险正式启动。实行社会统筹和个人账户相结合，以工资总额为基数，由企业和职工本人分别缴费。企业的比例为 30%，个人以工资总额为基数。（个人账户：1993 年 12 月至 1995 年 12 月，缴费的比例为工资总额的 2%；1996 年 1 月至 1997 年 12 月，个人缴费的比例为 3%，企业转 10%，省划转 3%；1998 年至 2004 年 6 月，个人账户总额为 11%，其中个人 1998 年缴费的比例为 4%，1999 年为 4.5%，2000 年为 5%，2001 年为 6%，2002 年为 7%，2003 年为 8%，2004 年 7 月后，个人账户总额为 8%，全部由个人缴纳）。2000 年 8 月，进入市统筹。之前，养老保险金实行自收自支，差额拨款；之后，实行全额拨款。

2003 年，离退休人员全部纳入社区管理。2003 年年初，五营区（局）离退休 3888 人，其中森工 3435 人，粮食 104 人，地方工业 349 人。离休 74 人，其中森工 73 人、粮食 1 人。中华人民共和国成立前离退休职工 62 人，其中森工 59 人，地方工业 3 人。离退休人员森工部分每月由伊春市承担 1237684.21 元，林业局承担 429638.98 元，包括高寒补贴、粮煤补贴、书刊费等。2003 年年末，五营区参保 9870 人，其中森工、粮食、地方工业 8584 人。一次性安置 1286 人。森工参保 7844 人，实际缴费为 700 人，粮食参保 114 人，地方工业参保 626 人。2003 年 12 月 1 日，正式启动医疗保险，至同年年底全局共有 6480 人参保，其他于 2004 年年底启动。2004 年，五营区局买断人员 1499 人。

2005 年 5 月，进入省统筹。森工离退休人员 33410 人，其中离休 69 名，退休 3372 人。每人每月林业局平均承担 49 元，包括书刊费，肉价补贴、洗理费、科技津贴等。同年，五营林业局森工部分进入统筹的职工 7780 人，参保者每人每年交养老保险费 436.50 元。有大集体工人 4620 人，其中林业集体工人一次交费 5861.85 元，地方工业集体一次交费 9337.54 元。以后每年按全市平均工资的 20% 交费，直到女 50 周岁、男 60 周岁退休为止，每人每月可享受 280 元工资。

第四节　住房制度改革

1986 年，五营区（局）实行福利房制度，即没有住房的职工，可以申请，经单位领导（或分房领导小组）批准，可分给住房，职工按月按要求缴纳房费。

1988—1990 年，共建楼 9 栋，468 户，面积为 25306 平方米。

1993 年，五营林业局根据伊春市《住房制度改革实施方案》，制订《五营区住房制度改革实施方案》，并在此基础上制订了《五营林业局公有住房提租补贴实施细则》《五营林业局公有住房出售实施细则》。经多方征求意见，局第十六届五次职代会讨论通过，区委常委会议及局长办公会议研究决定下发实施。此次房屋改革，林业局共出售公有平房 2601 户，面积为 93636 平方米；没有售出的 171 户，面积为 6156 平方米，自修自住的 115 户，面积为 2875 平方米。

至 2004 年，共建住宅楼 30 栋 1667 户，114048 平方米。其中福利楼 15 栋 873 户，面积为 50182 平方米；集资楼 9 栋 472 户，面积为 42330 平方米；经济适用住宅楼 4 栋 274 户，面积为 17840 平方米；商服楼 2 栋 48 户，面积为 3696 平方米。

2005 年，建经济适用住宅楼 1 栋 36 户，面积为 2243 平方米。另外，门市楼 17 户，面积为 1654 平方米。

1999 年 12 月至 2005 年年末，全局累计收缴住房基金 812180 万元。林业局缴至同年 12 月月末，职工按工资总额的 5% 收缴。在 812180 万元中，有林业局缴的 316184 万元。

第五节 医疗卫生制度改革

1986 年，五营区（局）根据中共中央、国务院《关于卫生改革与发展的决定》、国务院 149 号令《医疗机构管理条例》、省《关于医药卫生体制改革实施意见》、市《城镇医药卫生体制改革实施细则》等文件精神，制订、下发与实施了五营区《医疗机构设置规划》《五营林业局职工医疗费用管理办法》等文件。1999 年，成立医疗机构设置规划领导小组，进行以卫生体制及医疗费用为中心的一系列改革，为全区（局）人民提供了预防、医疗、康复、保健、计生指导等基本医疗卫生服务。

1999 年，将原事业单位管理机制，改为企业化经营管理机制，对医疗机构的医疗质量、医疗道德、经费、药品采购及价格、人事制度等，都予以重新明确及实施。按照《五营林业局职工医疗费用管理办法》《关于职工医疗费用管理办法的补充规定》，医疗费用由企业、单位、个人合理负担，确定“指标分解”“负担分流”“统一标准”“严格管理”的改革原则。

1994 年后，五营医院控制使用转诊费，不得超过 6 万元。对需转诊的危重病人，局长一次可批药 2000 元，对确定癌症患者，局长一次可批给 5000 元。2000 年后，对医疗费用不定期的由审计、财政、卫生、医院、公安共同组织审核。对外诊的医疗费用，1 人 1 袋，并附有姓名、单位、年龄、性别、票据张数及票据金额，予以审核。2001 年 7 月 1 日后，五营林业局制订了《住院医疗费和外诊医疗费的管理规定》《因病转诊的管理规定》《关于转诊借款的管理规定》《关于转诊借款的标准》《关于转诊医疗费用的核销规定》等，同时林业局下发了“医疗手册”，除对老干部的医疗费用全部核销外，职工住院每人每年凭定点购药单据，可核销 75 元。

2002 年 7 月 25 日至 2012 年 7 月 24 日，由哈尔滨公司孙剑飞（以下简称甲方）与林业局（以下简称乙方），签定了“合作协议书”。以现金 200 万元流动资金与五营林业局职工医院（含五营区妇幼保健站、五营区爱婴医院、五营区结核病防治所、五营区计划生育指导站）进行合作。合作后的五营林业局职工医院（以下简称合作医院），为具有法人资格的单位，依法实行自主经营、独立核算、自负盈亏，对外独立承担民事责任。合作医院实行董事会领导下的院长负责制，董事会由股东会选举产生。董事会由 5 名董事组成，甲方委派 3 人，乙方委派 2 人，董事会成员任期三年。董事长是合作医院的法人代表，由甲方委派代表担任；副董事长 1 名，由乙方委派代表担任，董事会议每年至少召开 1 次。合作医院管理委员会由 3 名委员组成，双方股东各派代表 1 名，职工代表 1 名。注册资金 608.3105 万元（以实际接收资产价值为准）。林业局医院以房屋、土地使用权、设备、器械、药品等物（经资产评估机构评估作价为 408.3105 万元）出资，甲方出资人民币 200 万元。合作医院对原五营林业局职工医院的债务不承担任何责任。甲、乙双方按 7∶3 的比例承担盈亏。赢利后合作医院根据章程规定每年从盈余中提取公积金、公益金。乙方在前五年内不参与赢利分配，不承担亏损。在保证全局职工享受医疗福利待遇的前提下，五营林业局的职工医疗补助费用及开展妇幼保健、结核病防治、计划生育指导业务费用，每年定额为人民币 84 万元，由乙方每年划拨到合作医院，保证足额到位，该资金实行专款专用，不跨年度，由甲方以费用包干的形式负责发放，乙方委派人员监督使用。合作医院接受审计部门的审计。合作医院全员接收五营林业局职工医院的职工，合理安置，优化组合，建立健全培训制度，加强人员的培训工作，保证提供必要的劳动条件和福利条件。甲方保证职工工资按时足额发放，并保证职工的各种待遇不低于五营林业局职工的待遇。甲、乙双方应认真履行协议，任何一方违约或单方面解除合同，应退赔另一方投入的全部资产，并赔偿对方违约金，违约金按双方出资总额的 5% 计算。甲方要保证医院职工正常开支，不下岗；一切费用由经营者自理；院方原来一切设备，由甲方自己投入，自己维修；人员调出调入也须经区人事劳动局。协议期限为 10 年。

2002 年 4 月 30 日，五星医院选举院长，闫金霞当选，与五星办事处签订了承包经营合同书，规定从 2002 年 5 月 8 日起，至 2004 年 5 月 8 日止。2005 年末，医院无人承包，将诊所全部推向市场。

第六节　教育、科技、文化体制改革

一、教育教学改革

1985 年，中共中央、国务院下发《关于教育体制改革的决定》，省市委也相应地作出决议，五营区委、区政府制定《贯彻中共中央关于教育体制改革的决定》和省市委决议实施细则。1992 年，中共中央、国务院下发了《中华人民共和国教育法》，1999 年 6 月下发《江泽民在第三次教育工作会议上的讲话》，同年，中共中央、国务院下发了《关于深化教育改革全面推进素质教育的决定》，国务院批转《面向二十一世纪振兴行动计划》《关于基础教育改革发展的决定》《2001—2010 年全国基础教育课程改革的目标》。2002 年，下发《国务院关于大力发展职业教育的决定》。五营区（局）围绕“二次创业，富民兴区”的总体部署，把握教育适度超前发展的主题，巩固两基成果（基本普及九年义务教育，基本扫除青壮年文盲），组织有关人员结合实际认真学习贯彻上述文件精神，以课程、教材改革为重点，树立以人为本的教育思想，以德育为灵魂，注意培养学生的创新精神、实践能力，建立有素质教育实施的评价体系，从启发教育、创新教育、学前语言教育、分试择优教育等方面，提高学生的素质。至 2001 年，坚持了教育创新，优化教育结构，合理配置教育资源，提高了教学质量和管理水平。2003 年，加强了师资队伍建设，提高老师的师德和业务水平，积极发展职业教育和成人教育，使五营区（局）教育基本形成职前和职后教育，学历教育和非学历教育、职业教育和普通教育相衔接、相沟通的体现终生教育特点的现代化社会教育体系。

学前教育

1990 年，五营区（局）组织有关部门、单位，认真学习贯彻教育部颁发的《幼儿园教学指导纲要》，把语言教育作为学前教育的重要内容，形成了各小学、社会力量办园为主体的办园格局，全区（局）幼儿园数逐年增加，办园质量逐年提高。至 2005 年，有幼儿园 11 所，学校学前班 7 个，4 岁儿童入园（班)75 人，6 岁儿童入园（班）为 351 人，基本满足了学前一年级教育人数、质量的需要，坚实了语言教育的基础。

素质教育

1996 年后，五营区（局）认真贯彻中共中央、国务院《关于深化教育革命全面推进素质教育的决定》《心理健康教育》《优化课堂教学发挥学生主体作用》《基础教育课程改革纲要》等，推进素质教育，优化课堂教学，促进教育教学改革和教学质量的提高。各校把启发教育、个性教育、人格教育，作为知识教育的基本方式和中小学的进修课，因人而异，启发引导、自我发展，培养学生独立意识、独立个性、独立人格。各学校把创新教育，作为教育改革的方向，狠抓了培养学生的创新精神，实践能力，摈弃智育目标狭隘化的做法，使学生的认识能力、做事能力和生存能力都有提高。2002 年，各校开展了读书教育、法制教育、反邪教教育、环保教育、社会实践等内容丰富，形式新颖的活动，重点抓了以社会公告为主要内容的行为习惯养成教育。

师资队伍建设

2002 年，通过开展“如何做新时期人民教师大讨论”和“立师德、正行风、树形象”教育活动，增强了广大教师的事业心、责任感和爱岗敬业、无私奉献精神。通过函授教育、请进来走出去等多种形式对五营区（局）中小学教师进行了继续教育。2005 年，五营区（局）小学、初中教师学历达标率分别达到 95%、90%；小学、初中学历提高到专科和本科分别占 35% 和 40%，中小学教师的业务能力有较大提高，以中青年教师为主体的骨干教师队伍初步形成。

学制改革

山上各林场（所）于1986年取消了初级中学班，一律到山下区政府所在地就读。2003年，小学由五年制变为六年制，初级中学由四年制变为三年制。2005年7月，山下小学、初级中学合并，五营二中与四小合署办学，五星中、小学亦合署办学，皆挂两块牌子。

教育经费

1986年后，全区（局）投入500万元，购买教学仪器。1990年后，改造危房1220平方米。三小学、四小学相继盖起楼房，三小学的楼房3100平方米，四小学2800平方米。

基础教育教学研究

2003年，五营区（局）举办了新课程培训班，突出了新课程与教学理论的应用研究，新课程与教师角色的转变。新课程实施与教学改革、新课程与教学评估、新课程资源与管理等方面的理论和实践问题，使教师了解了基础教育新课程基本理念、课程体系及推进策略，明确了基础教育课改革的目标、内容、结构和特点，掌握了教材的标准解读，提高课改质量奠定了基础。，2005年开展了各种竞赛活动，音体美大赛，学生广场绘画、绕城赛跑，组织中小学生乐器会演等，促进了学生全面发展的素质教育教学改革。

成人职业教育

1986—2001年，五营区（局）实践教育体系和实训基地建设，加强教学管理，确保教学质量的提高。2002年，五营区（局）认真贯彻《国务院关于大力推进职业教育改革与发展的决定》（国发〔2002〕16号），以就业为导向，改革与发展职业教育。2005年，多渠道增加经费投入，培养大批高素质劳动者和高技能专门人才。

二、科技体制改革

1990年，利用新闻媒体发表宣传文章，介绍有关知识产权保护，科技成果转化等方面知识。

1998年，全国科技大会的召开，揭开了科技体制改革的新篇章。科技人员创新创业激励机制得到落实。尊重知识、尊重人才、信任、关怀、放手并创造良好的竞争环境，使科技人员的作用得到充分发挥。科技队伍相对稳定以及拔尖人才的使用、职称评定、聘用，科技人员收入增加等，调动了科技人员的创造性、主动性和积极性。科学发展观，科技是第一生产力的精神得到贯彻。五营区（局）围绕产业产品结构调整和中低技术产业提升，以技术创新和产业优化为依托，发挥政府的引导和市场对资源的配置作用，坚持自主创新和技术引进相结合，科技与经济相结合，制定科技发展指南，落实重点科技攻关项目，出现了科技兴区、兴林、兴农、兴企，在企业技术改造、科技体制改革、科技示范、开发引进、成果推广、技术转化、科普及青少年科技活动等方面，都取得前所未有的效益。

2004年，开展学术、技术交流合作，科学普及等，体现了改革精神。

2005年，在科普基地建设、科技致富、科技进社区等，取得成效。

三、文化体制改革

1986年，出现了统一、开放、有序的文化市场体系，依法经营平等竞争的文化市场频频涌现。由国营、个体书店共同发展，向着私营书店、歌厅、舞厅、健身房、台球馆室、音响、出租放录像带、出售音像制品、电子游戏厅方面发展。

1998年，五营区（局）文化馆撤销，图书馆无人员编制和开馆场地，图书借用由新华书店一处放置。2000年8月5日，五营文化宫作为危房拆掉；2003年，原图书馆人员从新华书店先后转出，其所藏图书仍在新华书店；2004年4月1日，五营区下发了《关于加强文化建设的通知》，提出“文化进社区”和“繁荣小兴安岭文化，造就大森林文艺劲旅”的战略要求，加强社区文化建设，增加了社区文化设施，建立了社区文化站、文化室等。

2005 年夏，五营区（局）决定将所藏图书一次转交给“五营高中”，新华书店只剩 4 人，经营学生课本及其他书籍。

第三章 开 放

第一节 招商引资

1986年，五营区（局）下发了《五营区招商引资管理责任制》《五营区工作方案》。

1987—2000年，五营区招商引资工作滞后。

2001年，五营区（局）贯彻《五营区招商引资管理责任制》，派人参加上海展销会、哈洽会招商引资，会上引资800万元，全年引资1900万元。2001年10月27日，制定下发《五营区鼓励外来投资优惠政策》《五营区奖励办法》。

2002年，五营区（局）组团参加哈洽会、中国—欧盟经贸洽谈会。会上签订意向合同金额1.3亿元。对长瑞纸厂在建设、办照、招工等方面实行全方位服务。至2002年年末，生产再生纸1800吨，实现产值560万元，创利税100万元。同时，引进保定满城纸业、杭州恒康药业、哈市中益公司、伊春光泰木业等8户外来企业落户五营区（局），引资额达1920万元。

2003年，共引进10户企业，招商引资金额5330.3万元，超额完成市下达的1700万元的计划指标。直接安排600多人就业，创产值出口创汇34.6万美元。利用哈洽会、网上洽谈会、大连展销会、浙江企业联合会、广交会宣传五营，有科力奥生物工程有限公司、伊春远东电子工业公司、伊春双玉兔有限公司、伊春红旗电缆电线厂等企业，在五营落户。通过市经贸委、市建行，为外来投资者刘向春贷款100万元，为鸿远煤炭公司等五家企业代办营业执照；为森远木业有限公司、福林木业有限公司代办进出口权证书；为林诚野生食品有限责任公司，办理进出口业务；为长瑞纸业、双玉兔等外来投资6户企业办理落户手续。以商招商，通过远东北药，引来客商李军业承租刨花板厂，森远木业引进延寿金龙木业，通过王风才引进资金，成立科力奥生物工程有限公司等。

2004年4月19日，五营区（局）将奖励办法改为《五营区招商引资奖励办法细则》。全年共引进外来投资项目11个，落地5个项目，到位资金2910万元。产品招商，着力引进和发展劳动密集型工业项目解决职工就业问题，着力引进技术密集型项目解决产品结构优化升级，增强区域经济竞争力问题。通过天津春交会、上海外商投资项目洽谈会、广交会、珠江三角洲暨浙、鲁、辽、沪招商活动等，签订技术合作项目5项，合同金额5600万元，签订合作意向12项，金额38000万元，签订经贸合同17项，贸易金额23000万元。

2004年，从杭州引资200万元从事高能散热气片生产项目，五营区（局）与浙江天松集团就多个项目进行合作。在5个外来投资项目中，延寿木制品厂投资500万元从事白酒、果酒生产；杭州保健品公司投资270万元，进行人造板生产项目；哈市客商投资400万元，从事禽蛋精深加工项目；大连金州牧场投资690万元，从事獭兔精深加工项目；浙江天松集团投资1050万元，到位700万元，取得森林公园和五营宾馆的经营权，将五营宾馆改为天松大酒店。

2005 年，五营区（局）共引进东北虎建设项目、翠宏山铁矿开采及选矿项目、鑫盛铅锌采矿、大黑顶山旅游建设项目和宏远铁矿采选等 5 个项目，引进到位资金 3300 万元。伊春丰林天然饮品有限公司，引进外资 20 万美元。

第二节　对外贸易

1986 年，五营区（局）外贸出口商品有木材、山野菜、松子等。

1988 年，实行横向经济联合，全民所有制有 6 项，集体所有制有 29 项、个体经营的 12 项，计 47 项。总投资额为 49.86 万元，当年实现产值 913 万元，实现利税 104.6 万元。

1990 年，开展对俄劳务输出 70 人，并向国内进货，销往东北。

1991 年，五营区（局）成立伊美达毛丝鼠厂，与加拿大美德公司合资经营。

1992 年，五营区（局）成立北方经济贸易总公司，下属 15 个厂家，形成十大支柱产业，有化工业、种植业、造纸和三板（单板、胶合板、刨花板）、加工业、食品加工业、工艺美术业、木制品业、针织业等，年实现产值 1 亿多元。这些产业的产品外贸出口，加大了外贸往来。

1993 年 6 月，五营区成立项目开发办，加强多种经营的管理，加快了替代产业的发展。全年出口木材 3000 多立方米、山野菜 410 多吨，创收 20 余万元。1993 年小兴安岭森林节期间，五营区（局）洽谈项目 33 项，金额 4185.8 万元。

1994 年，伊春小兴安岭森林节家具展销会，经贸洽谈会期间，签约金额 20456 万元，引进资金 9890 万元，与国内外签订贸易合同 82 份，贸易总额 16256 万元，展销会中心展厅零售商品 17 万元。

1995 年，参加哈伊联谊会、哈洽会、亚冬会展销及烟台、香港的招商引资活动，共签订内外经贸协议 17 份，总签约额 5020 万元。同时，利用中植集团的经贸优势，分别在青岛、烟台、深圳、北京、鞍山等地建立了驻外窗口，拓宽了对外开放渠道。

1997 年，全市有跨地区、跨行业、跨所有制、跨国经营的国家级乡镇企业集团和国家大二型工业企业。中植企业集团年生产多功能旅游桌凳 8900 套、百叶箱 1000 余个；多种经营的果仁 240 多吨、罐头 30 万瓶、电线 240 千米、山野菜 970 吨、山野菜 140 吨，创造可观的外汇价值。

1998 年，参加哈洽会、森林节和北京展会，共签订 20 个贸易项目，签约总额 18895.73 万元。为纪念林区开发建设 50 周年，市委、市政府决定在北京举行小兴安岭家俱展销会，五营林业局共签订 5 个经贸项目，签约额达 3994.7 万元。

1999 年，五营区（局）抓住天然林资源保护工程的有利契机，加大内引外联工作，全年经贸合同 4 项，引资总额达 1505 万元。

2002 年，参加哈洽会，五营区（局）在经贸上签订合同 1.3 亿元；2003 年，全区（局）共经贸上签订合同 10 个，资金总额 5330 万元，创汇 34.6 万美元。

2004 年，五营区（局）把森林资源、景观资源、闲置资产、土地、社会公益事业等全部推向市场，实现资源的有效配置，调动内外投资者参与改革的积极性，提高融资能力。全年已有 24 户内外资企业参与盘活闲置资产 2620 万元，引进工业项目 21 个，融资总额达 7400 万元。同时，实行工业园区整体招商，提高产业聚集效应，形成企业集群的竞争优势。共签订经济技术合作合同 5 项，合同金额 5600 万元，签订合作意向合同 12 项，意向金额 38000 万元。五营区（局）还与浙江天松集团就多个项目进行合作。

2005 年，五营区（局）采取举办新闻发布会、商业推介会等形式多次开展对外贸易。建立了与浙江省经贸委、杭州市政府的密切联系，扩大了经贸合作领域。五营区（局）共签订经济技术合作项目 4 项，合同金额 4337 万元，签贸易协议 16 项，合同金额 14690 万元。

五营区（局）副区（局）长于喜文会见加拿大客商

第五篇　经济综合管理

五营区工商分局，担负着对各种类型的工商企业、饮食服务业及个体工商业户进行登记管理，审核发放营业执照、歇业、吊销营业执照、市场的准入退出等各项业务。负责产品商标注册，审查广告宣传，各类经济合同签证工作。维护流通领域的经济秩序，对各类经济形式和经营活动进行监督检查。严厉打击查处一切生产、流通领域中的各种违法犯罪行为，维护社会主义市场经济秩序，保护广大消费者的合法权益。

五营区审计局，1986 年以来，在经济领域开展了一系列审计监督检查工作。主要是对各级财政、企事业单位、基本建设单位和其他设有会计核算单位的财务收支、资金运用、经济效益、执行财经政策等情况进行审计监督检查。实行对在职和离任的主要领导干部经济责任审计制度。开展对经营承包、租赁、转让、出售单位的清产核资审计。

五营区物价局负责全区市场价格监测，地方工业产品作价，商品作价。审核行政、事业单位的收费项目及标准。严厉查处掺杂使假、哄抬物价、欺行霸市，生产、销售假冒伪劣产品、商品等违法行为。整顿规范市场价格秩序和行为，确保公平交易、合法竞争，保护国家、生产者和消费者的合法权益。

五营区质量技术监督局，在全区范围内开展全面质量管理工作和全区计量管理工作，负责本区标准化管理工作，做好“锅容管特”（蒸汽锅炉、压力容器、管道、特种设备）管理工作。确保安全生产，预防各种事故的发生。开展对生产和流通领域的质量、计量、标准化、锅容管特方面的指导监督检查，查处一切违规违法行为。维护国家和消费者的根本利益，促进全区经济有序健康发展。

第一章 计 划

第一节 机 构

五营区人民政府、黑龙江省五营林业局是政企合一的单位，一套人马，两块牌子，具有双重职能。

1986 年，计统科定编 7 人，正副科长各 1 人，科员 5 人，负责全区计划、统计工作。

1989 年，计统科更名为五营区计划委员会（以下简称计委），同时设立五营区统计局。五营区计委、统计局合署办公，一套人马两块牌子，编制 13 人，其中计委主任兼统计局长 1 人，副主任、副局长各 1 人，工作人员 10 人。

1992 年，五营区物价检查所划归计委管理，物价检查所编制 3 人。

2001 年 12 月，五营区计委更名为计划统计局（含物价局），局长 1 人，副局长 2 人，职员 9 人。

2005 年，五营区计划统计局（含区物价局、天然林保护工程办公室、项目管理办公室）全员编制 11 人，其中局长 1 人，副局长 3 人。

第二节 计划编制

一、“七五”计划（1986—1990 年）主要任务

1986 年，开始编制“七五”（1986—1990 年）计划，根据国家和省、市经济发展的总体规划，结合五营区的经济具体情况，确定“七五”计划的指导思想是：坚持四项基本原则、坚持改革开放搞活的方针、坚持艰苦奋斗、勤俭建国、依靠政策和科学技术、巩固和加强营林、教育两个基础，实行综合立体开发、多层次经营、提高林木生态、社会和经济三个效益。确定“七五”期间的奋斗目标是：工农业总产值计划 23532.4 万元。

1990 年年末，全区年工农业总产值达到 4873.9 万元（1980 年不变价），平均每年递增 3.7%。计划期内更新造林总面积 6800 公顷，三项（天然林、成林、幼林）抚育 12067 公顷，更新率达 100%，造林成活率达 95%。木材生产年产量稳定在 12 万立方米，锯材年产量 3.5 万立方米。刨花板年产能力达到 0.5 万立方米，造纸厂设备改造后年产纸箱板 0.2 万吨。木器厂新建年产 2 万件家具生产线，胶合板厂增设细木工板设备。地方工业，白云灰年生产能力达到 2.4 万吨，钢铸件 0.5 万件，服装 2.6 万件。

农业方面，重点加强菜篮子工程和多种经营生产。“七五”末期蔬菜产量达到 0.53 万吨，生猪存栏 1.30 万头、禽 15 万羽。“七五”期间，新增营林、运材公路 23 千米、网电上山 42 千米，修建部分镇内居民集中供热及自来水工程，新建职业高中楼，翻建医院门诊部。科技教育要完成 11 项林业

科技项目。小学入学率达 99%，中学入学率达 93%。

二、“八五”计划（1991—1995 年）主要任务

1991~1995 年，为“八五”计划时期，随着国家经济体制，政治体制改革，该规划中期开始由计划经济向市场经济过度，由全面计划管理转向间接的宏观调控。“八五”计划的指导思想是：认真贯彻落实党的十三届七中全会精神，以经济建设为中心，以治危兴林为主题，以营林为基础，以调整产业结构为重点，依托五营区资源优势，发展替代产业，壮大地方经济，建立具有“以林为主，综合开发，多种经营，全面发展”的经济格局。

五营区（局）“八五”期间奋斗目标是：工农业总产值计划实现 56133.4 万元，该目标从“两危”（资源危机，经济危困）现状出发，考虑国民经济发展由速度型向效益型转化提出的。

“八五”末期，工农业总产值安排 13000 万元（1990 年不变价格），平均每年增长 2.24%。其中森林工业产值 8351.5 万元，每年递增 1%。地方工业产值 2131 万元，每年递增 3%。农林牧副渔产值 2517.5 万元，每年递增 6.3%。到 1995 年年末，森林工业总产值中比重为 64.2%，地方工业为 16.5%，农业为 19.3%。

“八五”期间，更新造林安排 9733 公顷，森林抚育，一是幼林抚育跟上造林，保证成活率；二是搞好成林抚育，促进林木生长，成林抚育安排 10860 公顷。按森林经营方案及国家对森林实行限额采伐的要求，1992—1999 年，木材产量每年 8.5 万立方米。采伐消耗资源控制在林木生长量的 65% 以内。

“八五”期间，林产工业重点利用三个剩余物（采伐剩余物—枝桠，造材剩余物—木截头、木材加工厂剩余物—树皮、板条），发展人造板和造纸工业。三剩利用率达到 45% 以上。林产工业主要产品安排：锯材 1 万立方米，机制纸 0.93 万吨，胶合板 0.7 万立方米，刨花板 2.5 万立方米，家具 10 万件，卫生筷子 2.6 万箱。

五营区（局）以多种经营作为治危兴林的突破口和启动点，以种、养、采为基础，以系列加工和矿产采掘为重点，从发展规模经济入手，努力实现农、林、牧、副、渔五业并举，协调发展。具体项目主要是安排新建珍珠鼠场，年产原皮 11.7 万张。改扩建平原罐头厂，开发翠北铁矿、平山花岗岩石矿，杨树河铅锌矿，兴办中国鹅养殖场及羽绒制品厂。“八五”期间，多种经营产值达到 389.34 万元，每年递增 14.4% 以上。30% 的劳动力转移到多种经营。

“八五”期间，农业安排开荒 120 公顷，播种面积 5193 公顷，总产量 6.93 万吨。畜牧业生产坚持国家、集体、个人相结合原则，安排养猪 4.7 万头，出栏 3.5 万头，养禽 71.5 万羽。

地方工业，“八五”期间是发展替代产业的主攻方向，努力实现投入、产出、利税，积累同步增长。主要产品产量安排白灰 12.4 万吨，木制家具 22 万件，水泥 17 万吨，红砖 1900 万块，百叶箱 5600 个，活性炭 0.02 万吨，青红方腐乳 0.13 万块，印刷品 0.06 万吨，面包糕点 0.09 万吨。

基本建设根据“三保三压”（保基础设施、重点工程、生产设备；压非生产性投资，楼堂馆所、办公用房）的原则，固定资产投资安排改造职工住宅 20 平方米，医院住院处 3600 平方米，幼儿学校 500 平方米，给排水工程续建，万吨纸厂改造等 15 项工程，投资总额 10853.7 万元。“八五”期间要努力发展科技教育，医疗卫生事业。严格控制人口增长，出生率控制在 14.5%，自然增长率控制在 9.91%。

三、“九五”计划（1996—2000 年）主要任务

“九五”计划时期，计划经济开始转向市场经济，编制计划是地方经济实施宏观调控，企业规划也只计划发展的总体方向。体现大的方面管住，小的方面放开的原则。指导思想：认真贯彻党的十四届五中全会精神，坚持以经济建设为中心，以改革开放为动力，以科技进步为先导，在抓好国有大中

型企业转换经营机制的同时，大力培植新的经济增长点，加快对资源的二次开发，提高产业层次和延长产品加工链，积极发展替代产业，充分开发地上、地下资源，促进五营区经济持续、稳定、健康的发展。

主要任务：工农业总产值计划120000万元，比1995年平均递增22.6%，到2000年年末达到3600000万元。其中农业总产值累计安排22000万元，年递增17.7%，2000年年末达到600000万元。工业总产值累计安排9800000万元，2000年末达到30000万元。在工农业总产值中森林工业产值累计安排42000万元，年递增9.9%，2000年年末达到10000万元。地方工业产值累计安排56000万元，年递增38.3%，2000年年末达到2000万元。

主要产品产量安排：更新造林10000公顷，幼林抚育43000公顷，成林抚育19000公顷。农业总产量9.9万吨，生猪饲养量10万头，家禽饲养量11万羽。森林工业安排木材产量45万立方米，锯材13万立方米、刨花板5.5万立方米，胶合板0.5万立方米，家具10.6万件。地方工业安排木制家具2.2万件，水泥8.9万吨，白云灰5.4万吨，铅笔板279万箱，机械配件7.5万件，饮料550吨，青红方1000吨，牛皮纸4200吨，水泥电柱2万根。交通运输业、邮电业、商业、服务业要满足全区人民的生活需要。基本建设投资总额计划818300万元，其中经营性重点项目投资5095万元，专项基金投资2440万元。

计划生育工作再登新台阶，人口出生率由1995年的10.8‰到2000年年末降至8.6‰，人口自然增长率由1995年的4.72‰到2000年年末降为2‰。

四、“十五”计划（2000—2005）主要任务

2001—2005年，是五营区经济发展关键的，也是实现缓危解困、富民兴区、构筑五营经济发展新格局的重要时期，根据伊春市国民经济和社会发展“十五”计划纲要，结合本区经济和社会发展的客观实际，确定全区国民经济和社会发展总的指导思想是：高举邓小平理论伟大旗帜，深入贯彻党的十五届五中全会精神，以“三个代表”重要思想为指导，坚持以发展为主题，以结构调整为主线，以实施“天保”工程为重点，以改革和科技创新为动力，以提高人民生活水平为根本出发点，正确处理好改革、发展和稳定的关系，制定有利于区域经济发展的政策和措施，促进全区经济健康发展和社会各项事业全面进步。

奋斗目标 工农业总产值规划安排164990万元。工业127520万元，其中：森林工业53620万元、地方工业6310万元、乡镇工业2747000万元、校办工业120万元、个体私营工业40000万元。农业37470万元，其中：种植业3800万元、养殖业1012000万元、营林及林副业23550万元。

主要产品产量 到2005年种植业总产量达到2.2万吨。养殖业到2005年生猪饲养量达到5万头；毛丝鼠养殖达到1万只；林蛙养殖量达到1000万只。“十五”期间规划更新造林总面积2700公顷，封山育林总面积74750公顷，成林抚育面积为17000公顷。造林成活率达到85%以上，面积保存率达到100%。到2005年木耳菌产量达到5000万袋，年产木耳1100吨。

木材产量由当时的6万立方米调减到定产水平5万立方米。森林覆盖率由当时的89.2%增加到91.1%。木材加工企业要以木材产量为依据，合理调整生产布局，规划好工业小区建设。重点扶持和发展木材精深加工企业，使有限的木材资源产出更大的经济效益。优先和重点发展特色工业。建立起以鑫源野生食品加工厂为龙头的山野菜加工基地，以雪源饮品有限公司为龙头山野果加工基地，以哈磁五加参加工厂为龙头的山药材加工基地。在重点抓好上述三个龙头的同时，要加大招商引资和对上争取的力度，加快开发含锌矿泉水、木耳加工、水泥刨花板、物理活性炭等新项目的建设。到“十五”期末力争新项目增加值达到5600万元。继续发展地方工业、乡镇工业、校办工业和民营工业。对现有的工业企业主要进行技术改造和产品质量的提高，同时以市场为导向不断扩大生产规模，

促进企业的发展。在巩固、提高、发展老工业企业的同时，重点发展民营工业企业，到“十五”期末民营工业企业由当时的6户增加到10户。建筑业在“十五”规划期内要高质量地完成全区的基础设施和重点项目建设，实现国内生产总值590万元，年均增长5.4%。

流通服务业 交通、通信，是五营区经济发展的基础产业，“十五”规划期内在协助省、市抓好伊五路建设的同时，千方百计筹集资金对五营区镇内道路进行改造，力争建设五营至森林公园公路；通信事业在现有的基础上重点开发五营至林场（所）有线和无线通信。全力发展森林旅游业。“十五”期间要加快对五营国家森林公园建设步伐，采取多渠道筹集资金，按照省规划设计院、东北林业大学和北京大学对五营国家森林公园总体规划设计要求，进行公园景点建设和基础设施建设，森林公园年环境容量规模达到50万人次，到“十五”期末年游客达到30万人次，实现国内生产总值1810万元。进一步发展商饮服务业。按照社会主义市场经济的要求，鼓励个体经营者投资，形成合理的经营布局和网络，提高服务质量，文明经商，繁荣五营商业市场。

固定资产投资 “十五”期间，固定资产投资规划安排21100万元，其中林业全民企业规划投资10450万元，其他单位投资9250万元，经济实用住宅建设投资1400万元。在投资总额中按项目划分：经营性项目投资规划安排15310万元；非经营性项目投资规划安排5790万元。

经济转型 “十五”期间，逐步加速非国有经济的发展，缩小国有企业战线，林业企业把重点转移到森林培育和发展非国有经济上来，进一步加大企业改革的力度，对国有企业闲置的资产能出售则售、能出租的出租，最大限度发挥资产使用效率。要加快国有经济退出市场的步伐，对林业局附属的全民单位、林办集体单位，要逐个定转型目标，定改制模式、定退出期限；加快公共服务业市场化运作、产业化经营，尽快将其从林业局母体中剥离出来，推向社会。到“十五”期末，国有经济在国内生产总值中由当时的30%调整为20%，非国有经济由当时的70%调整到80%。

“十五”期间科技发展规划 夕阳红玫瑰茄保健茶；野生猕猴桃的栽培；OY905复合无铅汽油、节能柴油；木耳料袋料代用品的试制；刺五加的栽培试验；变频调速系统的推广与应用。规划投入科技开发资金104万元。规划科技成果转化率为80%以上。

教育发展规划 小学入学率100%，中学入学率为98%。小学巩固率为100%，中学巩固率为99%。小学普及率为100%，中学普及率为98%。小学合格率为100%，中学合格率为85%。九年义务教育普及率为98%。小学在校辍学率控制在0.5%，中学在校生辍学率控制1%。

人口发展计划 到2005年，全区人口自然增长率为0.4‰比2000年下降0.1‰。人口出生率为6.5‰，比2000年下降0.3‰。计划生育率为98%，比2000年下降0.9%。到“十五”期末，全区人口为39990人，比2000年增加140人。

改善医疗条件 每千人口拥有医院床位5张，初步建立起以养老、医疗、失业保险为主体的较为完善的社会保障体系。不断提高人民群众生活水平，人均住房面积达到9平方米，局址自来水入户率由现在的25%提高到80%。广播电视有较大发展，闭路电视进入省级网络，全区闭路电视普及率达到80%以上。

第三节 计划实施

一、“七五”时期

主要经济指标工农业总产值完成24029.1万元，完成计划的102.11%。比“六五”期间完成增长14.1%。“七五”末期工农业总产值完成5174万元，年递增速度达到8%，大大地高于规划指标3.5%。

更新造林累计完成8067公顷，比计划指标增加1267公顷。三项抚育完成11000公顷，少于规划指标 1067 公顷。更新造林成活率达到 93.6%，三年保存率达到 97.4%。

木材产品累计完成 67 万立方米，比计划增加 7 万立方米。锯材产量累计完成 12700 万立方米，比规划减少 4.8 万立方米。“七五”末期胶合板生产能力达到 0.15 万立方米，机制纸生产能力 0.15 万吨、蔬菜总产量 0.83 万吨，生猪存栏 0.45 万头，禽 11.5 万羽。营林公路、运材公路、网电上山工程全部完成，城镇居民集中供热及自来水工程按计划进度实施，新建职业高中楼和医院门诊部翻建项目按期竣工。

“七五”期间，共完成科学技术研究项目 11 个。中小学入学率分别达到 93% 和 99% 规划指标。

1986—1990 年，工农业总产值除 1988 年因地方工业由伊春市管辖下放到五营区管理和个体工商业户纳入区计划管理受计划调整后没有完成以及 1990 年受市场疲软、经济萎缩影响外，其余三年均超额完成计划。

二、“八五”时期

“八五”期间，共实现工农业总产值 56103.6 万元，完成规划的 99.95%，比“七五”期间增长 1.33 倍。“八五”末期，工农业总产值完成 13189 万元，年均增长 2.5%。其中：森林工业完成 6439 万元，年均增长 4.1%，地方工业完成 3880 万元，年递增 16%，农业完成 2700 万元，年递增 7.8%。三大产业（森林工业、地方工业、农业）比例关系由 1990 年的 12%、70%、18%，调整到 1995 年的 15%、54%、31%。

“八五”期间，累计完成更新造林 9493 公顷，封山育林 7048 公顷，幼林抚育 37333 公顷，成林抚育 15467 公顷。木材生产完成 49.8 万立方米，锯材 6 万立方米，机制纸 0.9 万吨，刨花板 2.5 万立方米，家具 10 万件，卫生筷子 2.6 万箱，门窗套扇 107 万件。

农业连续五年大丰收，粮豆累计生产 0.27 万吨，蔬菜生产 5.9 万吨，生猪饲养量 9.9 万头，其中出栏 5.2 万头，家禽饲养 58 万只。

“八五”期间，固定资产累计投资 6827.3 万元，林业全民投资 4682.4 万元，林业集体投资 1417.4 万元，地方企业投资 727.5 万元。总投资中职工住宅 1472.2 万元，住宅面积增加 2.7 万平方米，500 多户职工喜迁新居。住院处改造完毕，自来水一期工程竣工。

“八五”期间，科技教育、计划生育等社会事业有了新发展。科研获奖项目 30 项，适龄儿童入学率达 100%，人口出生率为 11.3‰比规划下降 3.2‰，人口自然增长率 5.18‰，比规划下降 4.73‰。

三、“九五”时期

“九五”期间，实现工农业总产值 10288 万元，比“八五”期间完成增长 94.82%。“九五”末期完成工农业总产值 26040 万元，年均增长 19.5%。

“九五”期间，累计完成更新造林 10387 公顷，幼林抚育 25160 公顷，成林抚育 18300 公顷，育苗面积 50 公顷，产苗 13678 万株，封山育林 8200 公顷。

农业总产量 10.25 万吨，生猪饲养量 17.8 万头，其中出栏 12.86 万头，家禽饲养 66.35 万只。

木材生产累计完成 42.7 万立方米，锯材 3.9 万立方米，综合板方材 4.87 立方米，胶合板 0.03 万立方米，框柱 3.65 万立方米，地板块 0.03 万立方米，家具 4.98 万件，门窗半成品 16.37 万件。

地方工业累计完成锯材 4.27 万立方米，白灰 2.02 万吨，高钙灰 0.2 万吨，水泥 10.7 万吨，门窗半成品 0.58 万立方米，组合家具 2.41 万件。

基本建设累计投资 5523.9 万元，其中林业投资 2970.5 万元，地方工业投资 2553.4 万元。

在基本建设投资总额中，尤其是 1998 年投资总额完成 1734.5 万元，比上年增长 75.5%。其中全民林业投资 1012.5 万元，比上年增长 73.7%；地方投资完成 722 万元，比上年增长 4.5 倍，固定资产投资增长幅度较大，工程进度按期完成。新建 2600 平方米第四小学教学楼 1 栋，改造了中心街人行道 3600 平方米和部分排水系统，安装广告灯箱 23 个，对林业生产道路重点地段进行了升级，改造了平原至永丰、平原至前丰的通信线路，购置一台 B 超机和部分小型医疗设备。保证了生产、生活正常运行，城镇面貌也有了较大改观。

“九五”期间，九年义务教育普及率达到 98%，小学入学率达到 100%，中学入学率达到 97%。

“九五”末期，人口出生率为 6.8‰，比八五末期的 10.8‰下降 4‰，人口自然增长率为 0.5‰，比八五末期的 4.72‰下降 4.22‰计划生育率为 98.9%。

四、“十五”时期

“十五”期间，完成工农业总产值 257254 万元，比“九五”期间完成增长 1.35 倍。十五末期，完成工农业总产值 64224 万元，年均增长 29.33%。

“十五”期间，更新造林完成 2533 公顷，幼林抚育 18600 公顷，成林抚育 25000 公顷，封山育林 74733 公顷，育苗面积 52 公顷。

农业总产量 9.17 万吨，生猪饲养量完成 18.2 万头，禽饲养量完成 84.65 万羽，林蛙养殖量完成 883 万只，木耳菌袋产量完成 20784 万袋，总产木耳 5196 吨。

“十五”期间，木材生产完成 22.67 万立方米，锯材完成 11.06 万立方米，刨花板完成 1.78 万立方米，家具完成 27.45 万件，实木门完成 14.9 万扇，水泥完成 15.23 万吨。

“十五”期间，经济结构调整，由“九五”末期国有经济在国内生产总值中占 30% 到“十五”末期调整为 15%，非国有经济由 70% 调整到 85%，实现了规划目标。

“十五”期间，固定资产投资完成 27452.9 万元。其中：国有经济完成 9430.2 万元，非国有经济完成 18022.7 万元。

在固定资产投资总额中生产经营性投资 19781.7 万元，非经营性投资 7671.2 万元。

“十五”期间，完成科研项目 4 项，投入资金 60 万元。有三项发明和实用新技术获得国家专利，研制成功的新产品 20 多种，特别是无糖越橘果酒、冻干洋参胶囊、哈士蟆油胶囊等新产品投放市场后，深受广大消费者喜爱。

“十五”期间，教育成果明显，累计投资 612 万元新建教学楼 4700 平方米，改造中小学危房 2833 平方米，新增现代化教学设备 90 台套，更换了部分学生桌椅，大大改善了教学条件和校园环境。实现小学入学率达到 100%，中学入学率达 98%，九年义务教育普及率达到 98% 以上，教育事业得到健康发展。

到 2005 年，工农业总产值达到 38260 万元，年均递增 8%。到 2005 年工业总产值达到 28760 万元，年均递增 6.4%。其中森林工业产值达到 11800 万元，年均递增 5%；地方工业产值达到 1310 万元，年均递增 2%；乡镇工业产值达到 6370 万元，年均递增 8%；校办工业产值达到 30 万元，年均递增 14.9%；个体私营工业产值达到 9250 万元；年均递增 8%。到 2005 年，农业总产值达到 9500 万元，年均递增 13.9%。其中：种植业产值达到 790 万元，年均递增 2%；养殖业产值达到 2270 万元，年均递增 6%；营林及林副业产值达到 6440 万元，平均递增 20.5%。

到 2005 年年末，全区人口自然增长率为 –3.1‰，比“九五”末期下降 3.6‰。人口出生率为 3.7‰，比“九五”末期下降 3.1‰。计划生育率为 98%，比“九五”末期上升 0.9%。

1986—2005 年五营区（局）工农业总产值计划及完成情况统计表

表 5-1-1

年份＼项目＼金额	工农业总产值计划（万元）	工农业总产值完成（万元）	完成计划的 %	与去年同期比升（+）降（-）%
1986	3544.70	3594.60	101.41	+2
1987	3253.20	4432.40	136.25	+23.3
1988	5162.90	4630.50	89.69	+4.5
1989	5981.90	6197.60	103.60	+20
1990	5589.70	5174.00	92.56	−16.5
七五时期合计	23532.40	24029.10	102.11	—
1991	11781.60	11422.60	96.95	+120.77
1992	11424.90	10671.00	93.40	−6.6
1993	9223.70	9419.00	102.12	−11.7
1994	10003.20	11402.00	113.98	+21.1
1995	13700.00	13189.00	96.27	+15.7
八五时期合计	56133.40	56103.60	99.95	—
1996	16670.00	16688.00	100.11	+26.5
1997	20030.00	20158.00	100.64	+20.8
1998	22180.00	22181.00	100.00	+10.4
1999	24180.00	24221.00	100.17	+9.2
2000	26040.00	26040.00	100.00	+7.6
九五时期合计	109100.00	109288.00	100.18	—
2001	28730.00	34554.00	120.27	+32.7
2002	37018.00	42561.00	114.97	+23.2
2003	47906.00	48880.00	102.03	+14.8
2004	59220.00	64322.00	108.62	+31.6
2005	75280.00	64224.00	85.31	平
十五时期合计	248154.00	257254.00	102.57	—

1986—1990 年五营区（局）工农业总产值完成情况统计表

表 5-1-2 单位：万元

项目＼金额＼年份	合计	1986	1987	1988	1989	1990
工农业总产值	24029.10	3594.60	4432.40	4630.50	6197.60	5174.00
其中：综合利用	6388.40	1152.80	1769.70	1613.40	1852.50	—
一、林业全民产值	10751.60	1757.90	2219.50	1841.20	2076.00	2857.00
其中：综合利用	3046.90	642.50	909.60	662.80	832.00	—
二、林业集体产值	3193.80	541.30	895.50	991.40	765.60	—

续表 5-1-2

项目＼金额＼年份	合计	1986	1987	1988	1989	1990
二、林业集体产值	3193.80	541.30	895.50	991.40	765.60	—
其中：综合利用	4014.60	510.30	860.10	950.60	1693.60	—
三、地方工业	2707.90	361.00	360.70	400.20	677.00	909.00
四、农业产值	1748.00	54.90	74.70	54.90	769.50	794.00
五、多种经营	4144.60	870.50	780.80	1005.80	1487.50	—
六、其他产值	37.20	9.00	7.20	11.00	10.00	—
七、乡镇企业	1446.00	—	94.00	326.00	412.00	614.00

1991—1995 年五营区工农业总产值完成情况统计表

表 5-1-3　　单位：万元

项目＼金额＼年份	合计	1991	1992	1993	1994	1995
工农业总产值	56103.60	11422.60	10671	9419	11402	13189
一、工业	46218.30	9782.30	7621	8969	9357	10489
1. 森林工业	30587.2	77387	6407	4435	5567.50	6.439
2. 地方工业	9835.40	1498.4	1710	1984	2233	2410
3. 乡镇企业	2969	303.00	433	611	826	—
4. 校办工业	83.1	17.6	18.00	15.00	16.50	16
5. 私营个体工商业	2743.60	224.60	401	576	744	798
二、农业	9885.30	1640.30	1720	1798	2045	2700

1996—2000 年五营区工农业总产值完成情况统计表

表 5-1-4　　单位：万元

项目＼金额＼年份	合计	1996	1997	1998	1999	2000
工农业总产值	109288.00	16688.00	20158.00	22181.00	24221.00	26040.00
一、工业	90050.00	13715.00	16722.00	18540.00	199871.00	21092.00
1. 森林工业	43153.00	7862.00	7968.00	8659.00	9422.00	9242.00
⑴木材采运	13869.00	3042.00	2962.00	2998.00	2877.00	1990.00
⑵林产工业	23843.00	3686.00	4018.00	4597.00	5455.00	6087.00
⑶其他工业	5441.00	1134.00	988.00	1064.00	1090.00	1165.00
2. 地方工业	8903.00	2370.00	3372.00	986.00	986.00	1189.00
3. 乡镇企业	18498.00	1703.00	2120.00	4947.00	5392.00	4336.00

续表 5-1-4

项目 \ 金额 \ 年份	合计	1996	1997	1998	1999	2000
4. 校办工业	80.00	20.00	20.00	13.00	15.00	15.00
5. 私营个体工商业	19413.00	1760.00	3242.00	3935.00	4166.00	6310.00
二、农业	19238.00	2973.00	3436.00	3641.00	4240.00	4948.00
1. 种植业	3537.00	672.00	729.00	701.00	720.00	715.00
2. 养殖业	8010.00	1428.00	1632.00	1584.00	1673.00	1693.00
3. 营林及林副业	7691.00	873.00	1075.00	1356.00	1847.00	2540.00

2001—2005 年五营区工农业总产值完成情况统计表

表 5-1-5　　单位：万元

项目 \ 金额 \ 年份	合计	2001	2002	2003	2004	2005
工农业总产值	257254.00	34302.00	42434.00	51972.00	64322.00	64224.00
一、工业	202891.00	27439.00	34968.00	42304.00	52880.00	45300.00
1. 森林工业	58940.00	8870.00	9541.00	11907.00	14811.00	13811.00
⑴木材采运	16007.00	1936.00	1936.00	4036.00	4043.00	4056.00
⑵林产工业	39467.00	6210.00	6830.00	7838.00	9089.00	9500.00
⑶其他工业	3466.00	724.00	775.00	33.00	1679.00	255.00
2. 地方工业	12335.00	1933.00	2097.00	3315.00	3720.00	1270.00
3. 乡镇企业	30262.00	5278.00	5730.00	6317.00	6420.00	6717.00
4. 私营个体	101354.00	11358.00	17600.00	20765.00	27929.00	23702.00
二、农业	54363.00	6863.00	7466.00	9668.00	11442.00	18924.00
1. 种植业	27037.00	3259.00	3747.00	4827.00	6378.00	8826.00
2. 养殖业	13853.00	1910.00	2006.00	2761.00	3234.00	3942.00
3. 营林、副业	13473.00	1694.00	1713.00	2080.00	1830.00	6156.00

第四节　计划管理

1986 年，五营区（局）计划管理工作实行统一领导分级管理原则，即年度计划、中长期规划由区（局）计划委员会组织编制，月份、季度计划由各基层单位和有关部门制定。场（车间）设计划统计员，负责场（车间）计划统计工作。工段（小队）设核算员，负责工段（小队）原始记录和提供编制计划最基本资料工作。

五营区（局）计划管理的最高决策机关是区人民代表大会；企业计划管理的最高决策机关是职工代表大会。一切长、中、短期计划都要经区人民代表大会或企业职工代表大会审议通过，然后由各基层单位和有关部门共同组织实施。各项计划在实施过程中，按照要求和时限，由各基层单位和有关部门，分月、季、年度编制计划完成情况报表，报送区计委，由区计委审核汇总，经领导审批后报送上级主管部门。区计委每年七月份对计划执行情况进行一次全面检查，及时向区（局）办公会议汇报计划完成情况，存在问题，并提出解决问题的建议。同时召开全区经济活动分析会，全面分析经济形势，总结经验，取长补短，制定措施，保证各项计划全面完成。

计划的调整，一般是采取月分析、季检查，每年第三季度进行调整。对长远规划、企业年度计划，根据国民经济发展情况和上级要求进行不定期调整和修改。企业的年度计划原则上不予调整。因客观条件发生重大变化，自然灾害等，由单位提出调整计划报告，经区（局）长办公会议讨论通过，报请上一级机关批准后方可调整。1996 年，工作的重点放在宏观调控上，把经营自主权还给企业，除森工企业的木材、锯材和国家控制的特殊产品必须按计划完成外，其他行业由企业根据市场需求，选择发展方向和突破口，调整产品结构和供、产、销关系，按市场经济发展规律办事。区计委帮助企业出谋划策，解决难题，促进区域经济的健康发展。

2005 年，进一步加强计划管理，科学编制年度计划。重点加强工资管理，严格控制不合理的工资支出。工资审批实现了管理微机化，录入程序化，提高了工资的审批质量。对人员变动及时进行调整，该调减的必须调减，特别是从岗位上退休或调到外地工作的全部进行了调减，全年纠正不合理的工资支出 20 多起，节约支出上万元。加强预算管理，严格执行预算审查制度，经常深入施工现场，及时掌握各项工程数量，全年审查各类工程预算和维修项目 135 项，调减不合理的资金支出 154.71 万元。加强取暖面积管理，对全区供热面积认真地进行了清理，按照供热面积重新进行了用煤量的核定，及时了解取暖面积增减变化情况，全年共清理减少供热面积 8630 平方米，节约支出 30 多万元。加强计划管理，严格控制计划外项目的发生。对计划内的支出项目，严格履行审批程序，按进度计划支出。对计划外的项目，必须经区（局）长审批后方可列支，否则由企业自行承担，不准进入财务账内，形成挂账。有效地控制了计划外项目的发生。加强用电管理，对闲置的设备用电容量做了必要的调整，减少基本电费支出。对大马拉小车的变压器、能耗大的设备和照明设施及时更换，降低了电量消耗。同时要求各单位及部门严格执行电费支出审批制度，实行单位或部门领导、电工和机电管理部门三级电费审核办法，全年减少电费支出 40 万元。严把费用支出关，全年共节约资金支出 225.71 万元。

第五节　项目开发

1986 年，项目由区（局）计统部门管理。木材生产任务量大，没有剩余劳力，因此项目工作没有摆到议事日程，随着木材产量逐年削减而劳力不断增加，到 20 世纪末期，森林可采资源基本枯竭，劳力过剩，经济危机，全民企业下岗职工增多，再就业困难，靠大木头吃饭行不通了，在这种情况下必须开拓新的生产门路，寻找新的经济增长点，增加就业机会，因此项目开发工作显得十分重要。

2000—2002 年，区项目管理办公室根据国家现行经济政策和上级要求，结合本区实际情况，先后开发储存项目 27 项，编制项目建议书 2 项，可行性研究报告 7 项，正式设计 1 项，被上级部门批准纳入年度计划 4 项，争取项目开发建设资金 320 万元。

2003 年，广泛开展了项目征集工作，进一步完善和丰富了项目库的内容，项目库的储存量由过去的 27 项增加到 55 项。其中：森林生态旅游开发项目 13 项、绿色食品加工项目 20 项、木材精深加工项目 7 项、北药开发项目 1 项、矿产资源开发项目 5 项、其他工业项目 9 项。

2004 年，项目库新增储备项目 6 项，其中绿色食品加工项目 2 项、北药开发项目 1 项、矿产资源开发项目 1 项、其他工业项目 2 项。项目开发到 2004 年年末编制可行性研究报告 11 项，项目建设书 1 项，项目初步设计 1 项。

2005 年，区项目管理办公室以项目库建设为中心，广泛开展了项目的征集工作。项目库的储存量由 2004 年的 61 项增加到 70 项。其中森林生态旅游开发项目 14 项、绿色食品加工项目 24 项、木材精深加工项目 7 项、北药开发项目 2 项、特色畜牧业养殖 1 项、矿产资源开发项目 7 项、其他工业项目 15 项。共编制可行性研究报告 9 项，项目建议书 1 项，初步设计 2 项。

第六节　项目管理

1986 年，五营区（局）项目管理工作采取战线领导负责制，由主管部门承办，区（局）项目办综合协调，全面推进方式进行。建立项目管理档案，根据市场变化趋势，确定近期项目和中长期项目，按项目程序做好项目的前期准备工作，并将资料装入项目管理档案备用、备查。建立区项目库，及时更新待开发项目资料。增加可开发项目的储备，为吸引资金提供翔实完备的资料依据。建立项目资金管理和使用制度。在资金管理上严格执行“三专”制度，即专项资金专户储存、专人管理、专款专用，保证建设项目的按期完成。在资金使用上严格遵守项目的初步设计和施工图纸设计，按工程进度经过有关部门验收后拨款，确保工程质量和进度。对周期短、见效快的项目加大运作力度，建立督办制度，跟踪问效，加快项目的开发速度，确保项目的可行性、实效性，用较少投资，取得更大的经济效益。

2002 年 7 月，五营区（局）制定了《五营区项目管理办法》。

2005 年，五营区（局）修订《五营区项目管理办法》，实行项目建档管理构造完善的项目库。制定了《五营区项目奖励办法》，建立重点项目季报制度。

第二章　统　计

第一节　机　构

1986 年，设立计划统计科，正、副科长各 1 名，科员 5 名。

1989 年，将原计划统计科更名为五营区计划委员会，同时成立五营区统计局，但仍是一套人马两块牌子，定编 13 人，其中，5 人负责统计工作。

2001 年 12 月，五营区计划委员会、统计局更名为五营区计划统计局，配备局长 1 人，副局长 2 人，职员 9 人，其中，4 人负责统计工作。

2005 年，五营区计划统计局全员编制 11 人，其中，局长 1 人、副局长 3 人。专职负责统计工作 5 人。

第二节　统计报表

1986 年，五营区（局）统计报表只有工业生产统计报表、劳动工资定期报表两个方面，统计报表基本上为林业企业服务。

1989 年，五营区（局）统计工作开始由企业职能转为政府职能，统计工作内容由单一的生产统计转为能够全面反映全区总体水平的综合经济指标。按照《中华人民共和国统计法》和上级主管部门的部署，结合该区（局）统计工作实际情况，开始实施“7+1 套表”，即工业统计报表；农业统计报表；固定资产投资报表；建筑业统计报表；贸易统计报表；劳动工资报表；国民经济核算统计报表和基本单位统计报表。另有人口、计划生育、文教、卫生等专业统计报表。

统计报表分月、季、年由基层单位和有关部门报送区统计局，由区统计局汇总整理后，经主管领导审阅无误报送上级主管部门，规范统计报表程序。

2005 年，继续执行上述统计报表种类、报表时间、报表制度及原则，及时准确全面地为区（局）领导和上级部门提供决策依据。

第三节　统计分析

1986 年，五营区（局）统计局坚持每个季度为领导提供主要经济指标完成情况资料及统计分析报告，根据各专业的综合年报的数据与同期有关数据进行对比分析，并根据数据差异进行分析原因，从中找出存在问题症结，同时提出解决问题的办法，为领导当好参谋。

1999 年，通过统计资料分析，发现区经济运行中存在两个主要问题：发展速度与经济效益不同步，效益低，质量差，造成企业发展后劲不足；产品结构不合理。统计局及时提出四点建议：企业要在管理上下功夫，提质降耗，增加收益；要开发适销对路的产品；要打通黑木耳的销售渠道；要培育新的经济增长点。

2005 年，区统计局紧紧围绕全区重点工作，不断拓宽服务领域，加大统计信息监测和宣传工作力度，及时对全区各项进度统计数据进行整理分析，共撰写综合分析 4 篇，专题分析 1 篇，及时报送给区委、区政府领导。

第四节　统计调查

1986 年以后，区统计局参加全国性普查和重点调查有：1990 年的全国第四次人口普查；1992 年首次进行投入产出调查；1993 年全国第三产业普查；1995 年全国第三次工业普查；1996 年全国第一次基本单位普查；1997 年全国第一次农业普查。

1999 年，完成伊春市统计局布置的个体工业抽样调查、商品交易市场调查、旅馆业抽样调查、房屋土地占用情况抽样调查、个体批零餐饮业抽样调查；2000 年，开展全国第五次人口普查；2002 年，按期完成了上级下达的基本单位普查准备工作和全国第五次人口普查收尾工作。

2004 年，经济普查工作完成了人员抽调、清查摸底、个体户调查、城镇居民可支配收入情况调查等项工作。

2005 年，区统计局完成了经济普查入户登记、普查数据的录入、审核、处理和汇总工作。完成普查数据的质量抽查和评估工作。经过普查，全区共有法人单位 139 个，其中第一产业 3 个，第二产业 34 个，第三产业 102 个。按经济类型分，国有经济 82 个，集体经济 13 个，股份合作制经济 7 个，私营经济 23 个，其他经济 14 个。同年，1% 人口抽样调查工作全面启动，区成立了领导小组和办公室。制定 1% 人口抽样调查工作计划，完成全区乡以上地图绘制和人口数摸底核算工作，完成居委会和村委会及人口数摸底核实。

第五节　统计管理

1986 年，五营区统计局遵循全国的统一领导分级负责的统计管理体制，担负着全区统工作任务。各林场（所）和有关单位设专职计划统计员，各车间（段队）设兼职计划统计员，负责原始资料记录整理工作。区统计局制定了《五营区统计管理办法》。区统计局利用统计年报会，统计专业会、学习、宣传、贯彻《中华人民共和国统计法》《中华人民共和国统计法实施细则》和《黑龙江省统计监督处罚条例》，并根据“三五”普法的要求，给基层统计人员征订《统计普法宣传手册》，组织基层统计人员参加统计法知识竞赛活动。先后举办专兼职统计员培训班 8 期共 200 人次。

1998 年，开展统计信息网络系统建设，投入 2000 元，把原有微机进行升级，实现了与市统计局 NT 网络传输，改变以往人工上报方式，提高了统计工作效率和信息管理水平。

2004 年，投资 20 万元购置交换机、路由器、服务器等统计信息设备，进一步完善统计信息网络系统建设，使统计工作进入了信息化管理时代。

2005 年，召开全区统计年报会议。会上分专业对各基层单位的统计人员进行业务知识培训，要求全区各基层单位统计人员必须依法统计，对经手的一笔数据要认真审核，笔笔有踪。并要求统计局各专业人员，对基层上报的统计数据进行评估论证，在确认数据无误，经区（局）主管领导审批后，方可上报市局，保证了全区各项统计数据的质量。

第三章　审计监督

第一节　机　构

1986—2005 年，五营区审计局在经济领域开展一系列审计监督检查工作。主要是对各级财政、企事业单位、基本建设单位和其他设有会计核算单位的财务收支、资金运用、经济效益、执行财经政策等情况进行审计监督检查。实行对在职和离任的主要领导干部经济责任审计制度。开展对经营承包、租赁、转让、出售单位的清产核资审计。对经济领域各种违反法纪行为进行专项审计。为新开办的企业资金鉴证、咨询服务等项工作。

1986 年，五营区（局）审计局，定编 7 人。其中，副局长 1 人，审计员 6 人。1988 年，定编 9 人。其中，局长 1 人，副局长 2 人、审计员 6 人。1996 年，定编 12 人，领导指数未变，审计员 9 人。1997 年，定编 10 人，领导指数未变，审计员 7 人。2003 年 7 月 1 日，设立财政核算中心，基层单位实行报账制，编制 6 人。其中，局长 1 人，副局长 2 人，审计员 3 人。2005 年，原有的 19 个核算单位，撤并为 12 个。

第二节　国家审计

1995 年 1 月 1 日起《中华人民共和国审计法》（后简称《审计法》）实施。组织审计人员，在五营中心大街、区政府门前张贴标语，在繁华路段悬挂横幅标语，宣传、贯彻、落实《审计条例》和《审计法》。

1999 年，按照《县级以上党政领导干部任期经济责任审计暂行规定》，开展领导干部任期经济责任审计工作，以法人为单位，建立经济责任审计档案，形成审计工作制度。审计局指定审计人员包干单位，定期或随时进行监督检查，发现问题及时指导或纠正，避免或减少造成经济损失。对全区 23 户全民企业和 15 户集体企业，进行全面的清产核资工作。

2000 年，按照伊林审字〔2000〕7 号文件要求，在全区范围内开展一次企业财务挂账情况的审计调查。对该局财务科和 29 个基层单位进行审计调查，检查中发现财务科决算内挂账 5005.8 万元，基层单位财务挂账 3818.3 万元，合计挂账总额 8824.1 万元。

2001 年，实行财务集中管理，由局财务科核算，基层单位实行报账制。对五营区（局）职工医院由审计局牵头，进行财产清查，提出改革经营管理办法，即实行股份合作制，并在合作协议书上签订每年必须由审计局进行审计检查的条款，以防国有资产的流失。

2002 年，对“跃进村”进行审计调查。对该村 1993—2002 年的财务收支进行全面审计，按照财务公开的原则，对村资产出售、土地出租、救灾等也进行审计检查，并在全体村民大会上公布了该村 10 年的财务收支情况。

2003 年、2005 年，对五营区（局）预算外资金进行两次检查，及时清理未上缴的预算外资金。配合财务部门清查固定资产和财务挂账资金。对固定资产出租实行跟踪调查，确保国有资产的合理使用和保值增值。彻底查清改革，改制单位的资产和经营状况。对天保资金，转移支付资金和专项资金项目，进行自检自查，按照财务法规认真进行规范管理。对预算外资金，重点是学校收费问题，收费项目是否执行“一费制”的原则，对不符合规定的坚决纠正过来，解决群众反映比较强烈的乱收费问题。

1986—2005 年五营区各项审计工作统计表

表 5-3-1　　金额单位：万元

项目 金额 时间	被审单位数	其中						违纪单位数	违纪金额	应上缴区财政金额	已缴区财政金额
		财务收支审计	经济效益审计	离任经济责任	承包经济责任	专项资金审计	预算外资金审计				
1986	32	10	1	4	—	—	17	10	31.50	1.20	1.20
1987	41	10	1	11	—	2	17	8	122.90	0.10	0.10
1988	33	—	1	11	2	2	17	4	25.50	—	—
1989	29	10	—	14	4	1	—	22	39.40	12.40	12.40
1990	37	9	—	20	4	4	—	10	47.20	10.50	10.50
1991	21	2	—	12	5	2	—	7	95.40	2.40	2.40
1992	27	7	—	14	6	—	—	6	91.40	—	—
1993	32	19	—	13	—	—	—	5	216.20	9.10	9.10
1994	28	2	—	20	6	—	—	5	77.50	3.90	—
1995	39	—	5	23	4	—	7	5	69.30	3.90	—
1996	25	4	—	9	5	1	6	3	124.90	—	—
1997	47	2	—	19	2	2	22	12	88.60	—	—
1998	33	—	2	—	19	1	11	1	19.70	—	—
1999	24	12	—	8	4	—	—	7	37.40	—	—
2000	22	1	2	5	13	1	—	3	10.60	—	—
2001	25	8	4	11	2	—	—	—	—	—	—
2002	24	19	—	5	—	—	—	—	6.69	—	—
2003	19	8	—	11	—	—	—	—	—	—	—
2004	11	3	4	4	—	—	—	—	—	—	—
2005	14	—	—	13	1	—	—	—	4.35	—	—

第三节　内部审计

1986 年，五营区（局）审计局，审计企事业单位 32 户，其中，财务收支审计 10 户，经济效益审计 1 户，离任经济责任审计 4 户，林业预算外单位资金审计 17 户。发现违纪单位 10 户，占被审单位的 31.22%，违纪金额 31.5 万元，其中，截留利润 8.5 万元，占违纪金额的 27%，在违纪资金总额中除应收缴区财政 1.2 万元，其余违纪资金作更正处理。

1987年，全区审计企事业单位41户，违纪单位8户，占被审单位20%，比上年下降11.22%，违纪资金总额122.9万元，比上年增加91.4万元。在违纪资金总额中仅少结转销售成本隐瞒亏损金额高达88.8万元，占违纪资金总额的72.33%；计划外基本建设13.8万元，占11.23%。搞计划外基本建设的按规定程序补办审批手续，其余违纪资金作调账处理。

1989年，审计企事业单位29户，违纪单位22户，占被审单位的66.67%，比1987年增加14户，上升46.67%。违纪资金39.4万元，比1987年减少83.5万元。在违纪资金总额中乱挤滥摊成本的12万元，占30.46%，截留各项收入的12.2万元，占30.96%，漏缴税金的6.9万元，占17.51%。上述违纪资金收缴区财政12.4万元，追缴税款6.9万元，其余20.9万元按规定作适当处理。

1993年，在圆满完成伊春市审计局布置的对五营区（局）13个基层单位的多种经营贴息贷款调查任务后，全年又审计企事业单位32户，违纪单位5户，占被审单位的15.63%，比1989年下降51.04%。违纪金额216.2万元，比1989年增加176.8万元。在违纪资金总额中私设小金库176万元，占81.41%（90%以上花掉），收缴区财政9.1万元，其余款按规定给予处理。对违纪严重单位主要责任人1人提交区检察院审查处理。

1996年，在完成市审计局安排的对本局育林基金的审计调查后，全年共审计企事业单位25户，违纪单位3户，占被审单位的12.%，比1993年减少2户。违纪资金124.9万元，比1993年减少91.3万元。在违纪资金总额中销货款不入账，形成体外循环的资金66.3万元占53.08%，乱挤滥摊，虚列成本的58.6万元，占46.92%。对上述问题按照财务规定分别给予纠正、调账处理。

1999年，完成审计调查4项（基层单位固定资产、建材厂债权债务、良种场资产摸底调查、宏源化工厂清产核资调查），调查单位41户，审查总金额15729万元。审计企事业单位24户，违纪单位7户，占被审单位的29.17%，比1996年增加4户。违纪金额37.4万元，比1996年减少87.5万元。在违纪资金中截留各项收入25.2万元占67.38%，乱挤滥摊成本11.7万元，占31.28%，其他0.5万元，占1.34%。违纪资金上缴业务主管部门5万元，其他32.4万元作更正处理。共向区（局）领导和上级主管部门提供审计报告28篇。

2002年，共审计企事业单位24户，查出违纪资金6.69万元，是17年来违纪金额最少的一年。2003年，审计企事业单位19户，在实施审计过程中对原始单据、记账凭证、账簿的启用、会计核算等进行统一规范。对天然林保护工程的重点项目森林管护费、政府经费、教育经费进行审计检查。2004年，共审计企事业单位11户，没有发现违纪问题。

2005年，共审计企事业单位14户，其中，离任经济责任审计13个，任期内经济责任审计1个，查出违纪资金4.35万元，并按财经法规给予纠正。对当年没有审计的单位，按照年初确定的指标，采取送达式审计。

第四章 物 价

1986—2005 年，五营区物价局，在认真做好宣传、贯彻、执行国家、省、市制定的各项物价方针政策法规的前提下，行使物价局管理职能。负责全区市场价格监测，地方工业产品作价，商品作价。审核行政、事业单位的收费项目及标准。对辖区内刑事、民事、经济、行政以及仲裁案件涉及的各种扣押、追缴、没收和纠纷的财物价值进行价格鉴定、认证、评估作价。对流通领域和收费单位实行定期检查，临时抽查，专项检查和突击检查。严厉查处掺杂使假、哄抬物价、欺行霸市，生产、销售假冒伪劣产品、商品等违法行为。整顿规范市场价格秩序和行为，确保公平交易、合法竞争，保护国家、生产者和消费者的合法权益。

第一节 机 构

1986 年，五营区物价局内设物价检查所，编制 4 人。其中，局长 1 人，工作人员 3 人。1992 年，撤销区物价局，物价检查所归计划委员会管理。1997 年，按上级要求，复建区物价局，与区计委合署办公，一套人马两块牌子。物价局内设物价检查所、价格认证中心、价格调节基金办公室，配局长 1 人、物价员 2 人延续至 2005 年。

第二节 物价管理

1986 年，以计划价格管理为主，适当放开小商品价格。

1991 年，国家把价格管理分为三种形式。国家定价：县级以上（含县级）各级人民政府物价主管部门，按照价格定价权限和范围制定的价格，价格标签为红色，代表国家定价商品。国家指导价格：县级以上各级人民政府物价主管部门，按照定价权限和范围，通过基准价和浮动幅度、差率、利润率、最高限价和最低保护价，指导经营者据以制定的价格，其价格标签为蓝色。市场调节价：从事生产、经营或者提供有偿服务的法人，其他组织和个人，依法自主制定并在市场竞争中形成的价格。五营区物价部门按照国家规定的三种价格管理方法，分别采用不同的管理手段加强价格管理，控制物价总水平的稳定。1993 年 1 月 1 日，五营区按照《伊春市征集价格调节基金暂行规定》，制定了《五营区开展征集价格调节基金工作实施方案》并公布施行。

1994 年，根据改革开放搞活经济的要求，按照市场经济的经营机制，价格管理由过去三种形式，逐步转变在国家宏观经济调控下而主要由市场形成的价格机制，大多数商品和服务收费实行市场调节价，极少数商品和服务价格实行政府指导价或政府定价。

1998 年 5 月 1 日,《中华人民共和国价格法》(后简称《价格法》) 公布施行。区物价局认真贯彻落实《价格法》和黑龙江省物价局《关于运用价格杠杆，促进经济结构调整的若干意见》精神，按照中央的统一部署，促进粮食流通领域的体制改革，完善粮食价格形成机制，培育粮食市场体系，监督国有粮食，企业按保护价敞开收购，认真执行粮食顺价销售政策。共征集价格调节基金 20 万元。元旦、春节期间拨款 4.5 万元，补贴五营粮食分局供应优惠价豆油 3375 公斤。

1999 年，春节期间投放 8.4 万元，补贴粮食分局和养殖加工总场。

2005 年，对全区农药、农膜、化肥批发、零售环节实行最高限价控制。把农资价格的有关规定在销售网点进行公示。把药品定价品种和最高零售价格及时通知批、零销售网点和医疗单位，进行严格检查。通知到该区河北、河南加油站，监督加油站按新规定价格执行。并要求加油站设专人负责成品油价格管理，制定价格管理制度，建立价格台账，在显著位置上对成品油价格、质量、容积换算关系、密度及品质比率进行公示。共征集价格调整基金 12 万元。

第三节　产品　商品定价

一、工业品价格

1986—1997 年，工业品生产企业的价格由企业提报产品成本，物价部门考核后，按物价管理权限，分级审批执行。1998 年按照市场价格执行，延续至 2005 年。

二、农副产品价格

1986—1997 年，农副产品收购、销售价格由市以上物价部门定价，区物价局监督执行。土豆、白菜、萝卜等秋菜价格由市物价局制定，其他农副产品价格，按差价控制，其中，果菜价格综合差价率最高不超过 30%，叶菜价格综合差价率最高不超过 50%，猪肉价格综合差价率最高不超过 20%。1998 年，按照市场价格执行，延续至 2005 年。

三、流通企业商品价格

1986—1990 年，流通企业商品价格管理，按物价管理权限实行行业管理。商业部门主要负责所属公司、商店商品价格制定。物价部门负责企办商店商品价格的制定。

农业生产资料作价。农业生产资料包括化肥、农膜、农机具、农药等，计划内调拨的执行全省统一零售价格。商业企业之间调拨按市场零售价倒扣规定的差价率执行。

日杂商品的作价。日杂商品主要有陶器、瓷器、日用杂品、竹藤制品、铁制炊具、喜庆商品、炉具、冬寒品等。从产地进货，在产地进货价格的基础上加综合差价率和运杂费制定。销地零售价格在销地批发价格基础上顺加批零差价率制定。

百货、文化商品的作价。产地批发价格是在出厂价格基础上，加一定的进销差率为产地批发价。进销差价区别不同商品，有高有低，一般为 8 % ~12%，省产地为 11%。销地批发价是在产地批发价格的基础上，加规定的运杂费率和大中城城差率、中小城城差率制定二、三级批发站的批发价格。零售价格在三级站批发价的基础上加批零差价率制定。

针纺织品的作价。针纺织品是人民生活中不可缺少的衣着用品，一般可分为两大类，一是针织品，包括棉毛衫裤、汗衫背心、毛线、毛织物、毛巾、枕套、各种毯子等。另一类是纺织品，包括棉纺、毛纺、丝纺、麻纺、化纤纺织品等。按作价程序可分为三个环节。第一道环节产地批发价格，在出厂价格的基础上除以1减进销差率制定；第二道环节销地（中心城市）批发价格的制定，是在产地批发价格的基础上乘以1加运杂费和大中城城差率制定；第三道环节是在中心城市批发价格的基础上顺加运杂费和中小城差率制定。本区零售价格是在本区批发价格的基础上加规定的批零差率制定。

1991—1994年，随着改革开放不断深入，国家对物价政策采取了部分商品国家定价、国家指导价、市场调节价。国家利用上述三种形式控制物价总水平，既保持社会安定，又满足人民生活的需要。

1995—2005年，随着改革开放深入发展，国家对物价管理实行并逐步完善在宏观经济调控下，主要由市场形成的价格机制，物价部门掌握物价总水平。

第四节　物价检查与监督

1986年，五营区物价检查所，依据《中华人民共和国价格管理条例》的规定，按照市物价局的部署，区物价部门开展物价检查监督工作。1986—1990年，共查处违犯物价政策案件11起，处理价格违法行为251件。1991—1994年，共查处违犯物价政策案件6起，处理价格违法行为392件。1995—1998年，共查处违犯物价政策案件8起，处理价格违法行为264件。1998年，按照《价格法》的规定，全面清理地方法规、规章以及政府行为文件，先后撤销收费项目18项，并将清理结果向社会公布，同时上报市局备案。强制推行明码标价的监督检查工作和伊春市“首批开展制止暴利的商品和服务项目”的通知精神结合起来，制止不正当的价格竞争行为。进行为期3天的明码标价专项大检查，重点检查五营宾馆、中植宾馆、粮食招待所、电业招待所、邮电招待所等10余家旅店业；五营大市场、百货商场、河北市场及个体商店30余家；饮食业及服务娱乐业40余家。完成市物价局交办的75个品种的监测任务。为公、检、法涉案物品价格评估12次，评估金额4.8万元。

1999年，对五营区中小学、医疗、土地、工商、交通收费及取消收费项目等进行专项大检查，共检查有价单位47家，查出违价金额0.34万元。对批准取消的收费项目分行业向社会公布，并进行跟踪检查。发放“减轻企业负担登记卡”50家。为公检法涉案物品价格评估16件，评估标的额2.50万元；为市价格事务所联合办案6件；评估标的额7万元；为13个单位资产评估，评估总额540万元。

2000年，全年共换发行政事业性“收费许可证”51本，收费单位持证、使用统一票据，如不持证收费，交费者有权拒缴。共发放“企业负担登记卡”24本，对上年发放的50本进行跟踪问效。为企事业单位印发伊春市取消收费项目，降低收费标准、调整收费项目目录50本，让社会和群众监督。同时对国家、省、市明令取消的收费项目，会同本区纪检委、财政局、经贸委到行政事业收费单位进行专项检查、督促各收费单位做到收费项目、标准上墙公示。制定《五营区价格监督检查工作方案》，对教育、卫生防疫、技术监督、民政、公安、交通、交警、林政、旅游、环保和药品价格等进行专项检查。全年共受理举报案件2件，查处2件，退还给企业及消费者款2300元。设立监测点7处，即五营市场、百货商场、小区市场、一粮店、康宁药店、液化气站、燃料经销总公司。实行定点、定人、定时的监测办法，圆满地完成市局交办的6类46个品种的监测任务。为公、检、法涉案物品价格评估18件，评估标的额6万元，为企业11个单位进行资产评估评估金额400万元。

2004年，开展了化肥、农药、农膜、种子等涉农物资的价格检查，规定最高差价率（进价加3%为批发价；批发价加1%为零售价）。进一步规范液化气、成品油的价格管理办法，严格执行提价申报制度，确保价格的相对稳定。药品价格实行招投标制度管理，进一步规范医疗机构药品正当采购行为。

2005年，区质监局配合市物价，联合检查组对职工医院进行检查，发现一次性医疗器具加价率没按规定标准执行，部分药品没执行规定价格，收取患者取暖费每人提高 0.5 元，以上三项违价金额 1.16 万元。检查组对违价行为进行批评教育并指令立即改正，同时给予罚款 0.3 万元的处理。在对防保中心进行检查时发现，该部门自立项目收取食杂店检测费，从业人员体检只收费不服务，两项违价金额 1.13 万元。检查组对此违价行为给予 0.2 万元罚款处理。在对全区中小学进行检查过程中发现擅自收取学生春、秋两季教辅资料费、毕业证费、学生报名册费、学生学籍费等问题，全区中小学共查出违价金额 13.97 万元，对此违价行为给予 0.55 万元的罚款处理。1 月 18 日至 21 日，对全区各收费有价单位和服务性单位的收费公示制及服务性行业的明码标价进行全面专项检查。检查药店 9 家、医院 1 家、个体工商户 170 家，规范修理行业 5 家、汽车配件商店 5 家。共为公、检、法机关办理涉案物品评估案件 45 件，评估总金额 8.8 万元。

第五章 技术监督

1986—2005年，五营区质量技术监督局，在全区范围内开展全面质量管理工作。认真宣传贯彻执行国家《产品质量法》和黑龙江省《产品质量监督管理条例》，负责新产品生产标准的制定，监督检查，开展企业全面管理定级升级工作。

负责全区计量管理工作。按照国家《计量法》和《计量法实施细则》的规定，对在用的各种衡器、主要设备、仪表、仪器、游标卡尺等进行检定，确保衡器的准确和公平交易，重要设备、仪表、仪器的安全正常运行，维护广大消费者的利益，保护国家、集体、个人财产和人民生命的安全。

负责该区标准化管理工作。按照国家《标准化法》《标准化实施细则》和黑龙江省《信息技术标准监督管理办法》等有关规定，为全区企事业单位办理组织机构代码证，经常深入基层宣传、贯彻、落实“一法”“一则”，认真执导，细致工作，实现标准化生产、工作。

做好“锅容管特”（蒸汽锅炉、压力容器、管道、特种设备）管理工作。确保安全生产，预防各种事故的发生。

开展对生产和流通领域的质量、计量、标准化、锅容管特方面的指导监督检查，查处一切违规违法行为，确保本区产品质量提高和计量器具的准确度，按标准化生产和工作。维护国家和消费者的根本利益，促进全区经济有序健康发展。

第一节 机 构

1986年8月，成立五营区（局）标准计量科、产品质量科，一套人马两块牌子，配正、副科长各1人，工作人员4名。标准计量科下设计量所，配检定员4人，木材检验队，检验员25人。

1987年，增挂五营林业局全面质量管理办公室牌子，人员编制未变。

1990年，标准计量科更名为五营区技术监督局，同时把木材检验队划归生产科管理。

1996年，五营区（局）机关精简机构，配科长1人，工作人员2名，计量所2人。

1997年，计量所升为副科级单位，配所长1人，检定员6人，隶属技术监督局管理。

1999年8月1日，根据黑政发〔1999〕31号文件，五营区技术监督局将人、财、物正式移交给伊春市技术监督局，成立伊春市五营区质量技术监督分局，配局长1人，工作人员4名。下设计量所，编制6人。同时撤销五营区（局）产品质量科、五营林业局全面质量管理办公室。延续至2005年。

第二节 质量管理

1986 年，对全区森工产品原木、锯材，工业产品胶合板、刨花板、卫生筷子、家具、食品等进行监督检查，指导提高产品质量，为新建企业制定产品质量生产标准，完善管理体系。

1987 年，为加强产品质量管理，五营林业局成立全面质量管理办公室，到 1990 年，五营林业局全面质量管理已达到三级合格企业。

1998 年，完成质量管理定级升级工作。木制工艺品“范青山”牌旅游桌椅，申请国家专利局，被批准为专利产品，行销本省、吉林、辽宁、河北、山东等省。伊春市雪源饮品有限公司生产的“野生山笃斯（越橘）”果酒、果汁系列饮品，荣获’98 中华首届食品、饮品、保健品博览会金奖，绿博会产品畅销奖。产品远销美国、日本、新加坡等国家。前丰林场生产的森工产品“原木”荣登新闻榜。

2000 年，新建大宇肉联厂，没投产前就进行指导，帮助制定产品质量标准，办理组织机构代码证、准产证等。在制定产品质量标准时，局工作人员尚庆祥利用工余和节假日时间找资料、查信息，在 1 周内为该厂起草 3 种产品企业标准，不收一分钱，并登记备案，使企业顺利地按时投入生产。

2004 年，为忠芝木业有限责任公司、福林木业有限责任公司等 13 家企业建立质量档案，实行微机动态化管理。深入雪源饮品有限公司等 5 家企业，完善食品安全市场准入认证工作。指导企业做好各项原始记录，并对长发蛋糕城、刘家香肠等 10 家食品生产单位进行调查摸底，指导生产、让消费者吃上放心食品。

2005 年，开展“优质服务月”“3·15”活动，对生产企业实行动态和微机化管理，随时更新企业档案资料。开展工业产品生产许可证的宣传预受理，获证企业的监督管理和证件超期企业申（换）证工作。对食品及食品相关产品生产企业进行专项调查和食品生产加工企业监管量化分级管理工作，并与食品生产加工企业签订“食品生产加工企业食品质量安全承诺书”。9 月开展“质量月活动，发放宣传单 300 份，解答咨询 15 人次，出版报 4 块。开展送法到企业活动，与 8 家企业签订“质量安全倡议书”。与 18 家企业签订“产品质量安全承诺书”确保全区产品质量和食品安全。

第三节 计量管理

1986 年 7 月 1 日起，实施《中华人民共和国计量法》。

1987 年 2 月 1 日起，实施《中华人民共和国计量法实施细则》。区质量技术监督局计量所，按照《计量法》与《计量法实施细则》要求做好计量管理工作，建立四项计量标准：四等砝码标准器；血压表检定装置；精密压力表检定装置；检定游标量具标准器组。

同年，按照《计量法》和《实施细则》等有关法律规定，在全区范围内开展计量器具调查检定。重点是各种衡器、血压计、血压表、生产和生活用锅炉压力表、游标卡尺等。通过检定统计，全区共有衡器 304 件，其中，台案秤 160 件、杆秤 144 件、精密压力表 43 块、压力表 214 块、游标卡尺 46 件。对上述量器具实行每年按季度、半年、年终定期检查和临时抽查相结合的方法进行检定。

1989 年，全年检定 4 次，共检定各种量器具 587 件，受检率 90%。1990 年，五营林业局计量工作已达到二级合格企业。1992 年，对全区在用的各种量器具定期检查 2 次，重点抽查 2 次。共检定各种量器具 621 件，受检率 93%。1995 年，按照上级部署，结合本区实际情况，全年定期检测各种量器具 4 次，重点抽查 2 次，共检定 701 件，受检率 95%。1998 年，实行重点单位、主要设备、衡器、仪表、仪器等进行检定，全年共检测 573 件，受检率 88%。

2002 年，按照《计量法》和《实施细则》的要求，进一步整顿和规范量器具市场。全年共检定各种量器具 4 次 725 件，受检率 98%。

2004 年，加强法制计量监督，以集贸市场、眼镜配制行业、石油、定量包装等行业的计量专项整治工作为重点，加大计量监督执法力度。引导企业强化计量管理，建立工业计量档案，把定量包装企业及能源消耗大户纳入微机管理，帮助企业完善计量检测体系，实施生产过程的计量监控，提高产品合格率，保证安全生产。

2005 年，按照市局《关于开展“世界计量日”宣传活动的通知》要求，在全区主要街道和企业单位进行宣传活动，围绕“计量与节能”的主题，向企业宣传贯彻“抓计量、促节能、增效益”的理念，出动宣传车 15 台次，散发宣传单 327 份，免费为残疾人、下岗职工检测计量器具 5 台、调修 1 台。全年共检测计量器具 293 台件。

第四节　标准化管理

1987 年，五营区（局）标准化管理工作启动，按照上级主管部门的要求，结合区（局）的实际情况开展工作。

1988 年，局贮木场、杨树河、平山等五个场（所），工程处、胶合板厂等 9 个生产单位，汽运处、路电处等 5 个辅助生产单位和区（局）机关开展标准化定级升级工作，配备专兼职人员 155 名，举办两期学习班，50 多人参加学习，基本掌握标准化的全部内容。1989 年 4 月 1 日,《中华人民共和国标准化法》实施。

1990 年，全局制定有关企业标准 27 类 189 项 3116 条。其中，技术标准 8 类，森林工业通用语言技术标准、采伐技术标准、产品标准、苗木运输标准等 46 项 1249 条；管理标准 17 类，森林资源管理标准、营林生产管理标准、伐区生产管理标准、贮木场管理标准等 101 项 1517 条；工作标准 2 类，工人工作标准、一般干部通用工作标准、中层以上干部通用工作标准、区（局）党委书记、局长工作标准等 42 项 350 条，林业局标准化工作已达到三级合格企业。

1992 年，指导并帮助区果仁厂制定“兴安果仁”产品标准，为城建队制定“洁测芳香球”生产标准。1995 年，为加强标准化管理，下基层走家串户地指导帮助解决存在的问题，并为五营区文具厂制定旅游桌、学生桌产品标准。为鑫源野生食品加工厂制定各种饮料标准 9 项。

1999 年 10 月 1 日,《黑龙江省信息技术标准化监督管理办法》实施。深入基层、机关、企事业单位办理组织机构代码证 103 个，同年已通过省、市技术监督局验收组检查验收，成为伊春市第二批消灭无标准生产工作区（局）。

2000—2002 年，为全区企事业单位办理组织机构代码证 219 个。2004 年，根据市局关于标准化工作的部署，与五营区农业委员会一道深入丽林、平山等 6 个黑木耳种植示范点，按产品标准要求进行检查指导，为当年黑木耳的丰收提供技术保证。为长发蛋糕城、百顺面包房等 5 家企业索取产品标准。指导雪源饮品有限公司、鑫源野生食品加工厂等 5 家企业重新登记备案。为丰厚食品加工厂生产的香乡蛋、香乡豆、熏蒸鸡系列产品制定生产标准。对福能达饮品有限责任公司、永盛建材有限责任公司等 13 家企业强制性标准执行情况进行检查指导。

2005 年，向全区 16 家食品加工企业发放 GB2760 等 4 项强制性标准 36 份。积极推动采标工作，区质监局以引导养殖户采用国家标准为重点，对六个种植示范点进行生产技术操作规程指导，现场提供生产技术操作规程 28 份，带动了全区业户开始按照国家标准进行生产，提高质量，降低成本，增加经济效益在此基础上申报第二批示范区 1 家。共办理组织机构代码证书 40 家企业，完成年度计划。

第五节 “锅容管特”管理

2001年4月20日，原由伊春市技术监督局直接管理的“锅容管特”工作（蒸汽锅炉、压力容器、管道、特种设备），正式移交给五营区质量技术监督分局管理。对辖区内在用设备进行普查登记，深入现场核实，发现问题及时帮助解决，对司锅工进行岗前培训。

2002年，制定并公布考核办法，按照谁主管谁负责的原则，与设备使用单位签订责任状。按掌握的情况，有针对性地对使用单位进行执法检查，相继检查在用蒸汽锅炉40台、塔吊5台，压力容器8台，下达监察意见书166份，对违者罚款0.62万元。

加强“锅容管特”安装、维修、化学清洗工作管理。在责任状和条款中严格规定“锅容管特”安装、维修和化学清洗规则及有关必要手续。全区共安装锅炉2台，特种设备1台，全部履行手续，实现安全施工。

2003年，在检查“锅容管特”工作中，对非法安装、维修、改造、安全附件未检，司炉工无证上岗等违规行为严加查处，对液化石油气钢瓶的使用和充装违法者进行严肃处理，规范气瓶市场安全秩序。

2004年，举办司炉工培训班1期34人，培训合格率达100%。全年共检查特种设备使用单位45家，压力容器40台，气瓶150支，厂内机动车辆14台，起重机械7台，查处特种设备违法案件5起，罚款0.9万元。对司炉工无证上岗，安全附件未检等现象也给予处理。

2005年，建立健全特种设备重大危险源档案、进一步完善管理制度，并与29家使用单位签订了承诺书，制定了监控措施，实行数据微机管理，并建立设备实物档案，组织一期司炉工复审班。

第六节 监督检查与服务

一、监督检查

1986年，五营区（局）标准计量科，配合市标准计量局进行专项执法检查，对该区（局）按季在生产和流通领域的计量、质量、标准化进行监督检查。在打假扫劣活动中，重点对生产、经销假冒伪劣产品、商品短斤少两等进行查处。

1989年，共查处林业、工业、商服业、粮食、个体商贩等违犯《计量法》198件、《质量法》96件、《标准化法》41件。

1993年，在各项检查中发现违犯《计量法》264件、《质量法》108件、《标准化法》32件。1997年，对质量、计量、标准化等进行执法监督检查4次；该区技术监督分局自行检查共6次，专项抽查2次，共发现违犯《计量法》138件、《质量法》96件、《标准化法》27件。对上述违法案件分别给予批评教育、停业整顿、限期改正等处理。

2001年，查处违法案件84起。其中，大要案4起，端掉黑窝点2处（无证生产劣质饮料、糕点各1处），罚款4.3万元。2002年，分局全员出动查“毒米”，遍查全区售粮点，并通过电视播出《请注意“毒米”》的警示文章，堵住“毒米”流入本区市场。3月5日前在区政府的支持下成立五营区“3·15”活动领导小组，制定活动方案，在电视上重新公布举报电话，悬挂大型标语“质量——关系生命安全、关系百姓生活”。4月春播前开展农用物资大检查，对辖区所有种子、化肥、农用薄膜销售点进行检查，对存在一般问题给予指导，处罚3家，净化了农用物资市场。全年共查处案件56起，其中，大要案6起，端掉黑窝点5处（豆腐房、食杂店、饮料厂各1处，面食加工2处），罚款3.45万元。

2003年，建立健全各项管理制度和岗位责任制，推行“六项制度”（首问责任制；服务承诺制；限时办结制；失职追究制；否定报备制；无偿代办制）；严格执行质监系统“八严禁”“五停止”“十不准”“五公开”的规定，收效甚佳。共检查28家6类26个品种，查出假冒伪劣产（商）品价值0.50万元，同时进行集中销毁。在防治“非典型肺炎”工作中，对全区流通领域和医疗场所销售的“非典”用品、药品进行多次检查，出动车辆30次，参检人员80人次，检查产（商）品150个批次，共办理各类案件53起，其中：大要案2起，罚没款2.53万元。

2004年，开展各项检查28次。检查生产企业19家，经销企业21家，检查商品11类，26个品种，56个批次。办理各种案件19起，罚没款1.5万元。共检定各种衡器、压力计量器具231台件，检定合格率、受检率均达到95%。

2005年，组织了木材生产产品质量大检查，木材综合合格率由过去的90.3%增加到95%，为林业局增加上百万元的经济效益。根据省局下发的《关于开展食品质量安全月行动的紧急通知》《关于2005年深入开展农资专项打假工作的通知》精神，对辖区企业进行全面检查，共检查企业20家，均无质量问题。对该区22家饭店、小吃部、酒楼进行检查，对未配备计量器具的企业及不符合通知要求的单位，提出整改意见，限期改正。按照伊质监发〔2005〕27号关于开展粮食市场计量专项监督检查工作的通知精神，对全区11家经销粮食的企业进行检查，对存在问题的3家企业给予查处。共检查生产企业16家，对存在的问题进行及时处理，确保标准覆盖率达到95%以上。开展两次特种设备专项安全大检查，严厉查处两起非法安装锅炉案件，加大矿山企业在用储气罐的查处力度，加强气瓶充装站和锅炉安装，制造单位的监管力度，共检查锅炉压力容器使用单位35家，78台设备，检查气瓶240只，起重机械7台，发现隐患13项，下达安全监察意见书11份，杜绝特种设备各类事故的发生，确保安全生产。共办理案件12件，罚没款1.5万元。

二、技术服务

1986年，为保证计量器具的准确度，方便基层单位和群众，在检定工作中，始终坚持用户需要就登门服务。至1990年，检定各类器具累计810件。1991—1994年，为用户检定各种衡器具654台件。1995年，贯彻落实《标准化法》和《标准化法实施条例》，做好标准化工作。至1995年，登门为企事业、机关单位共办理组织机构代码174个，为用户检定各种器具740台件。

2000年，质量技术监督局拟定了“目标责任状”“行风建设和信访工作目标责任状”“为经济建设服务、树行业新风活动方案”。截至2000年年底发放“反馈卡”98份。

2001年，为用户发放“反馈卡”84张，征求意见表60份，收回58份。征得有价值建议26条、意见30条，经过梳理研究确定整改方案，为企业办好事10件。较为突出的有为鑫源野生食品加工厂归纳整理材料，指导建立质量保障体系，使该厂顺利通过准产证验收，并被评为“质量信得过”企业；帮助林业局木制餐具厂制定产品标准；指导雪源饮品有限公司提高产品质量，使该公司获得准产证。

2002年，深入雪源饮品有限公司、鑫源野生食品加工厂等5家企业，帮助建立质保体系，提高产品质量；帮助丰林国家级森林自然保护区劳动服务公司等3家企业制定和修改产品标准。

2003年，根据市技术监督局的安排，重点抓标准化示范区工作。年初下发《五营区黑木耳经济标准化示范区实施方案》，制定《无公害食品、黑木耳生产技术操作规程》。制定《五营区质量兴区方案》和《五营区质量管理若干政策》，广泛深入地开展“质量月活动”创建“质量信得过企业”“质量效益型企业”“购物放心店”活动，在冬季木材生产中抽调专人，定期深入到林场（所）、局贮木场生产一线，检查指导提高产品质量，使全区木材产品的等级合格率、径级合格率、长度合格率都有较大提高，前丰林场生产的原木产品质量荣登新闻榜。派人深入到公园进行现场指导，帮助建立标准的公共信息图形符号，建立和完善各项规章制度，使该单位顺利通过 ISO 9001 质量管理体系认证晋升为国家 AAAA 级风景区。

2004 年，为林业局贮木场原木检验员办培训班 1 期，为森林公园完善公共信息图形标志等 5 件。向新闻、出版单位推荐稿 29 篇，发表 23 篇。为企业办理代码证 44 份。

2005 年，指导帮助雪源饮品有限公司等 5 家企业建立并完善计量管理体系，强化化验室的计量检测及有关制度，为其申请办市场准入证打下基础。到五营区国家级森林公园和忠芝企业集团，将最新版本的《国家标志用公共信息图形符号》送到该企业，指导企业规范标志符号。使五营国家级森林公园通过 ISO 9001 质量管理体系认证，在国家 AAAA 级旅游风景区的基础上，又被省质量协会评为“全省用户满意”单位。

第六章 工 商

1986—2005 年，五营区工商分局，担负着对各种类型的工商企业、饮食服务业及个体工商业户进行登记管理，审核发放营业执照、歇业、吊销营业执照、市场的准入退出、产品商标注册，审查广告宣传，各类经济合同签证等项业务。严厉打击查处一切生产、流通领域中的各种违法犯罪行为，维护社会主义市场经济秩序，保护广大消费者的合法权益。为个体劳动者就业，技能培训，参加各种政治和社会活动。

第一节 机 构

1986 年，五营工商行政管理分局，下设财务股、市场股、个体股、企业股、合同股、经检股、五星工商行政管理所、个体劳动者协会，全员定编 17 人。

1987 年，增设园林市场管理所。

1988 年，增设市场派出所。同年 4 月成立五营区消费者协会。全员编制 21 人。

1993 年，内设财务股、企业股、个体股、收费所、市场所、河北（车辆）所、五星工商所、稽查所，撤销合同股，园林市场管理所与车辆所合并更名为河北所。全员编制 19 人。

1994—1995 年，增设法制股，全员编制 20 人。

1996 年，增设木材管理所，云河消费品综合市场管理所，编制 28 人。

1997 年，原稽查所更名为稽查股。

1998—1999 年，下设财务股、企业股、个体股、市场股、经检股、合同股、法制股、稽查股、市场治安民警队、五星工商所、河北工商所、车辆所、木材所。

2000 年，内设管理股、办公室（含财务）、收费股、法制股、稽查股、五星工商所。

2001 年，下设经检股、企业股（含商标、广告）、办公室、法制股、中心所、市场所、河北所、车辆所、五星工商所。

2001—2005 年，下设监管股、办公室、法制股、登记股、个体股、云河所（河北、五星所合并云河所），个体劳协、消费者协会，全员编制 22 人。

第二节 企业登记管理

1986 年，五营工商分局共办理企业登记 41 户。其中，全民企业 22 户、集体企业 19 户。年末全区共有登记企业 239 户。其中，全民企业 110 户、集体企业 129 户。

1990 年，企业开业登记 15 户，变更登记 7 户，年末实有企业 291 户。其中：国有企业 95 户，集体企业 196 户。

1994 年，《中华人民共和国公司法》和《中华人民共和国公司登记管理条例》颁布实施，标志着公司登记管理步入法制轨道。年内，企业开业登记 30 户，变更登记 21 户，年末，实有企业 294 户，其中，国有企业 92 户，集体企业 202 户。

1998 年，根据有的企业退出市场不申报，合并、停业不办手续等情况，经过清理整顿，年末开业登记 7 户，变更登记 12 户，实有企业 318 户。其中，国有企业 95 户，集体企业 219 户，股份制企业 4 户。

1999 年 8 月 30 日，《中华人民共和国个人独资企业法》公布并实施。根据五营区国有企业改革和调整产业结构的需要，实行集体企业和国有 27 户亏损企业进行兼并、出卖，经严格审核对有发展前途有经营能力的 7 户企业进行重组登记注册。经过调整、兼并、重组出卖减少企业 20 户。年末，共有企业 298 户。其中，国有企业 90 户，集体企业 204 户，股份制企业 4 户。

2002 年，全区共有企业 256 户，其中，国有企业 83 户，集体企业 147 户，股份制企业 7 户，私营企业 19 户。

2004 年，全区实有企业 266 户，其中，国有企业 73 户，集体企业 157 户，股份制企业 7 户，私营企业 29 户。

2005 年，企业登记管理工作，重点是开展按照上级的部署，结合本区（局）实际情况，年初全面清理整顿工作。由于林业局木材产量降到最低谷（年产 40000 立方米），林业局所属全民企业和集体企业进行关、停、并、转、重组、出租、出卖；中植集团总部迁出五营，从事木材加工企业大部分退出市场，经过一年来清理整顿，至年底全区（局）实有企业 107 户，其中，国有企业 22 户，集体企业 43 户，各类公司 23 户，私营企业 19 户。

第三节　个体工商业管理

1986 年，五营区共有个体工商业 340 户，从业人员 580 人，其中，工业 68 户，从业人员 170 人；商业 272 户，从业人员 410 人。全年收缴管理费 2.87 万元。

1988 年 6 月 25 日，《中华人民共和国私营企业暂行条例》出台，五营工商分局本着指导、扶持、保护的原则，凡是符合条件，具备生产经营能力的待业青年、闲散劳力和下岗职工积极给予办理登记手续，核发营业执照，鼓励他们搞个体经营，走自谋职业致富之路。

1990 年，个体工商户发展到 1437 户，比 1986 年增加 1097 户，是 1986 年的 4.23 倍，从业人员 1765 人，比 1986 年增加 1185 人，是 1986 年的 3 倍。其中，工业 287 户，从业人员 574 人；商业 1150 户，从业人员 1191 人。同年收缴管理费 6.88 万元，比 1986 年增收 4.01 万元。

1993 年，由于实行各种宽松政策和优惠待遇，鼓励支持发展个体工商业户年末个体工商业户达到 1992 户，比 1990 年增加 555 户，从业人员 2185 人，比 1990 年增加 420 人。其中，工业 301 户，从业人员 464 人；商业 1691 户，从业人员 1721 人。同年收缴管理费 1.86 万元，比 1990 年少收 5.02 万元。

1998 年，黑龙江省政府出台《个体户管理条例》，使个体工商业管理更加规范化、法制化。年末共有工商业 2340 户，比 1993 年增加 348 户，从业人员 3154 人，比 1993 年增加 969 人，私营企业 6 户，从业人员 190 人。其中，个体工业 332 户，从业人员 690 人；商业 2008 户，从业人员 2464 人。为历年之最。

2003 年年末，全区共有工商业户 797 户，比 1998 年减少 1543 户；从业人员 1431 户，比 1998 年减少 1723 人，私营企业发展到 15 户，从业人员 824 人。当年收缴个体工商户管理费 56.36 万元。

2004 年，全区共有个体工商业 466 户，从业人员 924 人，私营企业发展到 29 户，从业人员 900 人。当年收缴个体工商业户管理费 61 万元。

2005 年，全区（局）共有个体工商业 505 户，从业人员 1115 人，私营企业 19 户，从业人员 852 人。全年收缴个体工商业户管理费 55.5 万元。

1986—2005 年五营区个体工商业情况统计表

表 5-6-1

项目 数量 时间	年末实有户数	从业人数	注册资金（万元）	工业总产值（万元）	社会商品零售总额（万元）	收缴管理费金额（万元）
1986	340	580	180	594	1205	2.87
1987	359	600	190	615	1247	3.35
1988	661	950	350	973	1975	467
1989	1276	1600	675.5	1639	3325	704
1990	1437	1765	760.75	1808	3668	6.88
1991	1494	1822	791	1867	3787	12.75
1992	1663	1992	880.4	2041	4140	13.14
1993	1992	2185	1054.56	2239	4541	1.86
1994	1753	1803	928	1847	3747	2509
1995	1632	1882	864	1928	3625	25.74
1996	1035	1744	661	1937	4204	29.39
1997	1703	2271	770	2532	4470	26.00
1998	2340	3154	1164	2675	5855	2910
1999	2090	3159	1300	3550	6200	3200
2000	1600	2255	1520	3320	4450	28.00
2001	599	1050	1040	3320	3440	40.00
2002	723	1261	1967	3320	3800	48.43
2003	797	1431	2058	3320	3800	5636
2004	466	924	1725	2045	2714	61.00
2005	505	1115	2119	3220	3800	55.50

1996—2005年五营区私营企业情况统计表

表5-6-2

项目数量 时间	年末实有户数	从业人员数	注册资金（万元）
1996	7	137	350
1997	6	120	250
1998	6	190	1165
1999	7	240	334
2000	4	130	200
2001	6	160	370
2002	10	190	475
2003	15	824	1285
2004	29	900	24236
2005	19	852	11415

说明：1995年以前未发展私营企业

第四节　合同商标广告管理

一、合同管理

1986年，五营工商分局为加强合同管理工作，举办两期合同管理工作培训班，共17户企业21人次参加学习，通过学习初步掌握了《中华人民共和国合同法》的基本内容和应注意的事项，使合同管理工作逐步走向规范化管理轨道。

1987，五营区经济合同仲裁委员会办理经济合同纠纷案件8起（调解1起），办理合同签证8份。

1988年，办理经济合同纠纷案件3起，签订合同5份。同时五营工商分局合同股和仲裁委员会成员一道参加为五营林业局清理外欠货款，通过解决合同纠纷，办理合同案件20余起，索回欠款10万元。

1989—2000年，办理经济合同纠纷案件5起，合同签证32份，办理抵押登记合同7份，为五营林业局联合企业公司办理抵押贷款登记手续，此间进行合同法规宣传教育2次。

1995年10月，五营区经济合同仲裁委员会按上级要求撤销。

2001年，办理合同抵押登记3份（五营林业局、五营林海旅游公司、伊春市雪源饮品有限公司），合同签证1份。

2003年，全区被评为市级“守信用重合同单位”3户（远东北药开发有限责任公司、五营区鑫源野生食品加工厂、忠芝木业有限责任公司）。

2005年，开展“守合同重信用”活动（以下简称“守重”）帮助引导企业积极参加“守重”评比活动。通过考评全区两户企业（鑫源野生食品加工厂、忠芝木业有限责任公司）被评为省级“守重”单位，1户企业（远东北药开发有限责任公司）被评为市级“守重”单位。

二、商标管理

1986—2000年，共办理商标违法案件4起，罚款0.15万元。

2001 年，五营区有 1 户商标印刷企业——五营区印刷厂。

2004 年，五营全区现有有效注册商标 15 件，2003 年“赵广牌”被伊春市政府评为伊春市知名商标（伊春市第一届知名商标）。能正常使用的商标是“雪源牌”“顶峰牌”“春雪牌”“鑫源牌”“中植牌”。由于国有企业改革改制，实行出租、转让、出售、兼并等部分企业已退出市场，使多数商标闲置起来。2004 年 10 月起，凡是印刷商标的企业必须经过审核批准，方可有资格印刷。同时归档备案。

2005 年，查办利用商标或知名商标包装装潢进行不正当竞争案 3 件，罚款 1.2 万元，收缴销毁假冒商标标识 1200 份，有效打击了假冒知名商标和品牌欺诈行为。

三、广告管理

1986 年，五营工商分局设有专人负责广告管理。按照黑龙江省工商行政管理局《关于扩大广告经营单位的通知》精神，国务院公布实施的《中华人民共和国广告法》（后简称《广告法》）《中华人民共和国广告管理条例》（后简称《广告管理条例》），开展 “一法一例”宣传。扩大广告经营范围，加强广告管理，防止虚假广告，误导消费者。凡是刊登、播放、灯箱、张贴等广告，必须经过严格审核，确认广告内容与实际相吻合，方可进行广告宣传。

1997 年，五营区有广告经营权的只有 1 家，即五营区广播电视服务部。对广告经营单位实行定期检查和不定期抽查，按照《广告法》和有关规定，检查经营行为。每年配合市工商局进行年度检查，对各企业进行的广告宣传活动，实行登记备案制度，审核广告的真实性及合法性。2005 年，五营工商分局每年都开展专项工作检查。1997—2005 年，共发现各类违法广告案件 17 起，罚款 1 万元。

第五节 市场管理

1986 年，五营工商分局遵循改革开放搞活经济，繁荣市场扩大就业，走国家、集体、个人共同富裕之路，区在原有 2 处市场的基础上发展到 4 处，即中心市场，轻工业品市场、五营河北市场、五星市场。经营面积共 1400 平方米。

1993 年，五营区云河大市场建成并投入使用。大市场占地面积 2464 平方米，为全封闭式，内设摊位 288 个，两侧有营业单间 64 间（撤销原区中心市场），入场经营者 200 多人。轻工市场有摊位 50 个（五营区内原 6 号楼 1 楼，后 14 号）营业面积 480 平方米，入场经营者 50 人。原五营百货商场出租给个体经营（两层楼面积 600 平方米，内设拦柜 60 节），入场经营者 30 人。2000 年，商场售出，并拆除重建一幢六层楼，一楼仍为商场占用，面积 600 平方米，基本保持原经营状况。

2001 年，工商部门实行监管方式改革，由原来驻场式管理变为巡查式管理机制，由对有形市场的监管向社会主义大市场，无形市场全方位进行监管的转变，对市场主体经营行为以及所经营的商品都进行全程监管。

2005 年，五营工商分局专门成立了预防高致病性禽流感领导小组，设立专用举报电话 1 部，领导小组先后召开 8 次会议，研究部署预防工作。全年出动 150 人次，对辖区 50 多家（含五星、各林场所）出售禽类及其产品进行经常和突击性相结合的检查方法，进行全面监督检查。

1986—2005年五营区市场管理费收缴情况统计表

表5-6-3

时间	收缴管理费金额（万元）	时间	收缴管理费金额（万元）
1986	1.94	1996	22.43
1987	2.88	1997	21.90
1988	4.27	1998	16.16
1989	5.35	1999	15.35
1990	7.08	2000	12.00
1991	7.98	2001	14.00
1992	8.19	2002	16.69
1993	12.00	2003	13.96
1994	13.35	2004	6.63
1995	13.37	2005	4.49

第六节　经济监督

1986年，共查办案件25起，其中，五营区城建队等3户企业违反《企业登记管理条例》，罚款0.33万元；福利厂等22户企业非法出售原材料，处以罚款7.11万元，全年共收缴罚款7.44万元。

1987年，伊春市工商行政管理局联查组和五营工商分局经济检查股共同联检，共查办主要案件10起，其中，超范围经营案件2起，处以罚款0.15万元；五营林业局加工厂等企业倒卖木材案件8起，处以罚款3.45万元，全年共收缴罚款3.6万元。1990年，对全区市场进行4次执法检查，有31人次违反有关市场管理规定，销售劣质香烟等行为罚款0.1万元。

1994年，对主要节日市场监察中，有2名市场经营者，6名个体工商户违反市场管理规定，共处罚款0.07万元。

1998年，对全区市场监察中，有2名市场经营者违反《集贸市场条例》，罚款0.03万元。对国营、集体、个体工商户经销各类食品进行检查中，发现山西产假酒31瓶，捣毁生产假洗衣膏黑窝点1处，在清理粮食市场中，立案查处2起非法经销粮食者，并处以罚款0.1万元。对全区工商业、集贸市场、粮食销售点共检查26次，出动检查车40台次，参加检查人员124人次。

2001年，全面落实（伊工商发〔2001〕65号）文件《全市工商系统整顿和规范市场经济秩序工作方案》和黑龙江省工商局《治理整顿“三无”企业和无照经营实施方案》（“三无”即无场地、无人员、无资金）的要求，在本次整顿活动中，纠正违章违法经营行为29起，协助查扣报废拼装汽车11台，清理并收缴假冒伪劣商品价值0.2万元；清理“三无”企业41户，处理无照经营者5起。共查处案件26起。其中，违法广告1起，冒充注册商标1起；欺诈消费案1起，无证经营案8件；违反《企业法人登记管理条例》案3件；违反《公司登记管理条例》案1件；违反《市场管理条例》案11件；共处罚款5.6万元。

2002年，在各项检查中，查处各类案件69起。其中，无照经营39人次，处以罚款2.9万元；处理市场经营者出售未经检疫猪肉2人，罚款0.05万元；处理个体工商户超范围经营案7件，罚款0.35万元；处理违法广告案8件，罚款0.55万元；办理逾期年检案4件，罚款2.3万元；查办逾期缴费案5件，罚款0.1万元；处理非法出租柜台案2件，罚款1万元；处理欺诈消费案1件，罚款0.3万元；查办不正当竞争案1件，罚款0.96万元，全年累计收缴罚款8.5万元。

2003 年，对辖区 1 处市场、3 处大集、797 户个体工商业、15 户私营企业、83 户国有或其他类型企业进行随时监管。在监察活动中，规范开发企业 3 户，立案查办 3 件，查结违法案件 1 起，罚款 0.5 万元，收取房屋租赁管理费 0.56 万元。抽调法制股，办公室各 1 人，对五营国家级森林公园内的经营者进行规范，突破以往市场监管壁垒，取缔无照经营 4 户，补办手续 5 户，罚款 0.21 万元。秋季对松子交易市场进行管理，清理无照经营 25 人，补办执照 5 人，收取管理费 3 万元。查处不正当竞争案 2 件（冒用认证标志和冒用知名商品包装），罚款 1 万元。实现了监管市场主体的延伸和监管人员水平的提高。3 月 15 日，分局云河所根据日常巡查掌握的线索，进行突击检查，出动汽车 2 台，14 人次，检查 45 户业主，一举端掉 1 个面食加工黑窝点，收缴各种不合格食品价值 0.22 万元，教育处理 11 人，罚款 0.08 万元。组织各类专项、重点、突击、联合检查 18 次，参检人员 180 人次，收缴“毒鼠强”35 袋，吊销营业执照 1 户，查处各类案件 34 起，收缴罚款 3.13 万元。其中：无照经营案 17 件，罚款 1.07 万元；超经营范围 5 件，罚款 0.7 万元；非法广告案 6 件，罚款 0.21 万元；非法收购报废汽车案 2 件，罚款 0.5 万元；反不正当竞争案 2 件，罚款 0.4 万元；冒用认证标识案 1 件，罚款 0.2 万元；虚假宣传案 1 件，罚款 0.05 万元。

2004 年，开展禽流感防治，不合格奶粉专项检查、食品安全专项检查、校园周边环境治理、清理网吧、治理无照经营、商品质量检查等。在检查整治过程中，工商分局共出动车辆 28 台次，人员 280 人次，对辖区内（包括五星办事处和周边 7 个林场所）企业，进行拉网式检查 10 次，在检查过程中共发现并取缔无照经营摊点 28 个，查处食品行业无照经营 34 户，收缴各类伪劣食品 13 种 300 千克。补办营业执照 32 户、查处无照经营 6 户、查处黑网吧 5 处、非法广告 2 件、假冒知名商品包装装潢案 1 件，共收缴罚款 2.02 万元。

2005 年，区消协和工商分局联合，重点对“苏丹红”食品添加剂、食用盐、婴幼儿奶粉、儿童食品等专项大检查。全区共检查经营网点 121 家，查出超储、变质食品 4 类 9 种，金额达 0.48 万元，全部公开销毁。元旦、春节期间开展对猪禽等白条商品进行大检查，凡未经卫生防疫部门检疫的一律不准上市销售，一经发现立即查封，并给予处罚，确保消费者节日安全。

第七节 消费者权益保护

1988 年 4 月 19 日，成立五营区消费者协会，办公地点设在五营工商分局内，主要职能是保护广大消费者的合法权益不受侵害，调解处理消费者和经营者之间的争议事宜。第一任会长由五营工商分局副局长孙桂昌兼任、刘丰昌任副会长。1994 年内，消协举行第二届换届选举工作，工商分局李君成当选副会长。

1994 年 1 月 1 日，《中华人民共和国消费者权益保护法》（后简称《消费者权益保护法》）颁布实施。

1997 年，受理消费者投诉案 825 件，98.7% 的案件都得到了妥善处理，为消费者挽回经济损失 14.6 万元。处理投诉电话 59 次，开展市场检查 32 次，打假扫劣 8 次，涉及企业、个体工商业户 2500 家，共查出假劣、超保质期商品 13 类 63 个品种，总价值 3.7 万元。捣毁制售假“神雕牌”洗衣膏 10 人团伙 1 处，没收肥皂、包装塑料封口机等制假物品，价值 0.2 万元。按举报电话查获假“蓝浪牌”洗衣膏 115 箱，价值 0.35 万元。选出环球家电商店、中心药店等 12 家为“消费者满意商店”。

1998 年，“3・15”期间，以宣传《消费者权益保护法》为核心，开展纪念“国际消费者权益日”活动，在人员较为密集的场地挂宣传标语、设咨询台、发放宣传单、彩画，在区委的宣传橱窗设置板报，扩大宣传面，在咨询台上摆放查获的山西朔州产的假酒，毒酒及收缴的超储变质食品让消费者加以甄别。还组织秧歌队沿繁华大街进行宣传。为加大打假力度，切实维护消费者合法权益，5月，捣毁一个无任何证照制售米醋、酱油的黑加工点；7月，又查封一家无任何手续做饮料的黑加工点。全年受理消费者投诉案件57件，金额达2.15万元，为消费者挽回经济损失0.9万元。接待来人来访43人次。

1999年，采取电视讲话、出板报、发放宣传单、画册、播放《消费者权益保护法》录音，设立咨询台，悬挂宣传标语，设立假冒伪劣商品曝光台，向经营者发放《消费者权益保护法》《消费者权益保护条例》法律法规书籍。查出假冒乳品、AD钙奶、超储变质食品、化妆品、油漆、无“三证”（生产许可证、产品合格证、经营许可证）的助听器、门铃等70个品种，总价值0.17万元。3月15日，将上述假冒伪劣、超期变质商品，在工商分局门前展览曝光，当场全部销毁。共受理消费者投诉案件51件，金额达0.82万元，为消费者挽回经济损失0.29万元。接待来人来访37人次，都妥善予以处理。

2001年，区消协与“12315”（消协举报电话专用号码）投诉举报中心密切配合，协同工作，全年受理消费者投诉案件87起，为消费者挽回经济损失3.1万元。

2003年，消协与“12315”投诉举报中心全年共受理消费者咨询101件，法律咨询45件，消费纠纷122件，调解处理122件，价值4万元。“12315”投诉举报中心收到消费者赠送锦旗一面。

2004年，消协与举报中心全年处理投诉85件，受理咨询67人次，办结案件10起，罚款0.59万元，为消费者挽回经济损失5万元。消协在“3·15”期间邀请区人大、政协、党委宣传部、技术监督局、广播新闻中心的领导共同举行纪念活动，发宣传单5000份，消保法规手册67本，悬挂条幅2条，出板报4块，现场处理投诉2件，解答咨询21人次，并为区内咏梅化妆品商店“诚信经营”举行挂牌仪式。

2005年，开展以打假维权、消费维权及《消费者权益保护法》《省消费者权益保护条例》的宣传工作。在“3·15”保护消费者权益日活动中，同区质监局一起在区工商分局门前设立咨询台，现场接受消费者咨询、投诉，向广大群众散发宣传资料3000份、法规书籍46册、悬挂横幅3条，设立宣传板4块。解答消费者现场咨询39人次，接受消费者投诉2件。元旦、春节期间，对上市的猪肉、白条鸡等实行“两章、两证”（检疫章、检疫员章、卫生许可证、营业员健康证）上市制度。6月，对市场销售的奶类产品、儿童食品进行专项检查，在对101家经销单位的检查中，发现超期、变质等食品9种价值0.5万元，全部没收公开销毁。共受理消费者投诉37件，处理36件，为消费者挽回经济损失1.4万元，接待消费者咨询52人次。

第八节　个体劳动者协会

1984年7月，成立五营区个体劳动者协会，顾问由五营区人大常委会主任担任；名誉会长由区长担任；会长由五营工商分局副局长担任，副会长2名由私营业主、个体业主各1人担任；聘请律师为法律顾问。

1990年，有5名个体业主被评为出席区劳动模范表彰大会。

1996年，有20名个体业主被评为区“双文明”（精神文明、物质文明）先进个人；4人评为市个体劳协“先进个体会员”。

1998年4月28日，五营区个体劳协进行第五届换届选举，五营工商分局副局长杨占军当选会长。劳协举办两期职业技能培训班，培训65人；办普法学习班1期，30人参加学习。迎“七一”庆祝香港回归一周年，组织40多人秧歌队庆祝活动。有3名会员光荣加入中国共产党；5名会员当选区政协委员（2名为常务委员），20名会员评为出席区“双文明”先进个人。5名评为市“先进个体会员”。

1999 年 7 月，区个体劳协带领个体工商业者和私营企业 30 人，参加市政府召开的发展非国有经济个体工商业者“五十强”表彰大会。本区顺达养殖场、金龙木器加工厂进入市“五十强”行列。9 月 2 日，区个体劳协带领 50 名个体业者，参加区政府召开的发展非国有经济表彰大会，会上有 10 名个体工商业者和私营企业受到表彰。11 月，区劳协组织个体工商业户迎澳门回归知识竞赛，选出 3 名优胜者参加市劳协组织的迎澳门回归知识竞赛并受到表彰。

2001 年，工商分局与劳协共同在业户当中开展以“庆祝申奥成功，爱我锦绣中华”为主题的一次爱国主义教育活动。

2004 年，广泛开展普法教育活动，主动配合工商分局组织的各项检查与整治工作，大力开展“一帮一”扶贫解困关爱活动，全年组织结成帮扶对子 11 对，慰问特困和受灾业户 2 次 5 户，赠送慰问金 2500 元。在“十一”国庆节期间，劳协组织会员 12 人到区福利院进行“光彩之周”献爱心服务活动，为孤寡老人义务理发、修表、打扫卫生等。

2005 年，组织 5 期 150 人次参加学习《食品卫生法》《消费者权益保护法》《城乡个体工商户管理暂行条例》及《劳动法》等法律知识。为忠芝木业有限公司无偿发放扶贫资金 2000 元，为遭受火灾的建林食杂店、利民药店发放救急补助款各 200 元。

第七章　土地　矿产

第一节　机　构

1986年前，土地资源管理无章可循，占用土地建房、开工厂、采石、打沙、挖土等现象随处可见。1987年，设立土地管理科，隶属区（局）和市土地管理局双重领导，以区（局）领导为主。1998年4月，市政府决定在全市范围内实行土地垂直管理体制要求，撤销五营区（局）土地管理科，成立伊春市土地管理局五营分局，编制4人，2001年10月，更名为伊春市国土资源局五营分局，延续至2005年。

第二节　土地资源管理

1988年，对全区（局）1982年5月之后全区非农业建设用地情况进行调查、清理，并探索管理办法；研制地籍管理各种图、表，土地使用证件、印章等。为土地清查工作打下基础。

1991年，开展用地申报、登记工作，查清全区（局）单位、各家各户使用土地地界、面积、用途、四邻等，并填表登记画图标界，明确土地使用权。在此基础上填证、认证，核查准确后，加盖印章，并下发给土地使用单位、个人土地使用证。结束了过去使用土地无证、乱挖、滥占的历史，使土地使用、管理工作步入依法持证有章可循的使用土地轨道。

1993年，为了合理利用和保护好有限的土地资源，加强宏观控制和计划管理，充分发挥土地综合效益，经过调查，在全面掌握各类土地面积、土质状况和矿产资源及其分布、水文、地质等状况后，编制了《五营区（局）土地利用总体规划方案》。根据上级土地管理部门批示对使用政策进行了改革，由过去无偿、无限期、无滚动使用改革为有偿、有限期、有滚动使用。

2001年，五营区土地分局根据土地利用总体规划要求，将全区土地划分4片监察责任区，设专人实行土地用途管制，从人大、政协、纪委等部门特邀8名土地监察员，通过学习有关法律法规执法范围的监察内容后，严格限制农用地转为建设用地，控制建设用地总量，对于地籍权属不合法、界址不清、面积不准、私结乱建等问题，做到依法整改和处罚当事人；根据市土地管理的部署，通过多年努力完成五营区土地利用总体规划修编工作；根据市局部署完成了土地使用变更调查统计工作。五营区（局）土地总面积为103995.54公顷，其中林地面积100710.93公顷；耕地面积766.31公顷；园地面积122.59公顷；城镇和工矿用地1256.03公顷；道路用地面积307.73公顷；水域面积469.71公顷；未利用地面积362.24公顷。

2005年，五营区土地分局每年都根据伊土资发〔2001〕第25号文件规定的职责范围抓好各项工作，开展土地管理法律法规宣传，做好土地执法监察工作，制定了监察、检查工作方案，重点为土地利用总体规划和年度计划执行情况，耕地保护、土地市场规费收缴、地籍变更、矿产资源开采等严格监察，并对私接乱建房屋、非法采石沙、拒不缴纳地租用地户进行处罚。年内，为天松集团、科力奥公司、远东北药等办理了用地审批手续；对集体企业、私营企业和矿山企业到省、市争取优惠政策并办理许可证书和完善相关的用地手续，使之纳入合法经营轨道。

第三节 矿产资源管理

1986—2005年，五营区开采矿产资源铁矿4处；石灰石矿4处；建筑用花岗岩石矿2处；铅锌矿1处；制砖黏土矿1处。上述各矿种开采规模较小。

1986—2005年五营区（局）矿山开采情况统计表

表5-7-1

经济类型	开采方式	生产规模	矿区面积（公顷）	矿种
国有	露天	15万吨	4.8	石灰石
私营	露天	6000立方米	0.35	建筑用石
私营	地下	5000吨	2.48	铁矿石
私营	地下	5000吨	1.1	铁矿石
有限责任公司	露天	5000吨	0.44	铁矿石
私营	地下	3000吨	3.6	铁矿石
有限责任公司	地下	1.5万吨	0.877	铅锌
私营	露天	4000立方米	0.02	建筑用石
私营	露天	500吨	0.025	石灰石
私营	露天	300吨	0.12	石灰石
私营	露天	500吨	0.06	石灰石
私营	露天	100万块	1.0	黏土

第八章　劳动安全

1986 年，安全监察科负责全局安全生产知识宣传教育、技术培训、工伤事故的鉴定及事故处理、劳动保护品发放工作。

1987 年 8 月，安全监察科负责全区交通安全、防火安全等项工作。

1990 年 5 月，安全监察科负责全区交通安全、林业生产安全、防火安全工作。

1997 年 5 月，安全办负责全区交通、防火、矿山、锅炉压力容器、林业生产安全工作。

1998 年，制定实施《林业生产安全风险抵押金办法》。

1999 年，在矿山、建筑行业，实施了安全抵押金办法。

2003 年，区政府制定《五营区矿山管理办法》《五营区火工材料管理办法》，制定《林场所安全生产考核标准》《运输车辆安全考核标准》等。

第一节　机　构

1986 年，林业局设安全监察科，编制 6 人，副科长 2 人。

1987 年 8 月，增设科长 1 人。同年 8 月，成立安全生产委员会办公室，编制 4 人，设副主任 1 人。

1990 年 5 月，安全监察科与安全生产委员会办公室合署办公。

1997 年 5 月，安全监察科、安全生产委员会办公室并入人事劳动局；并设安全生产委员会办公室（简称安全办），编制 5 人，设主管安全的副局长 1 人。

2002 年，成立安全生产监督管理局，与经济科技贸易委员会合署办公。设主管安全的副主任 1 人，工作人员 1 人。延续至 2005 年。

第二节　安全教育与监察

一、安全教育

1986 年，五营区（局）贯彻国务院、省、市有关安全生产指示精神，贯彻执行各项法规、条例、规程，自上而下进一步健全安全工作网，推行安全工作目标管理，对油锯手、绞盘机手、拖拉机手、汽车驾驶员、司炉工、爆破手等特种作业人员，从安全知识入手到技术操作规程全过程，分期分批重点进行培训。

2000 年，共计培训人员 1942 人。

2002年6月，组织开展了主题为“安全生产责任重于泰山”的安全生产月活动，沿街张贴安全标语138幅，张贴宣传画96幅，制作宣传板56块，出动宣传车56台次。同时加强了对新《中华人民共和国安全生产法》(后简称《安全生产法》)的宣传力度。举办安全生产培训班9期，其中消防班2期，特种岗位班7期，受教育人数达280人，要求特种岗位工作人员在培训考试合格后持证上岗。

2004年7月，根据市安全生产监督管理局的统一要求，对全区生产单位的主要领导及安全员进行了岗位培训，由省安全生产监督管理局对培训后考试合格的29人颁发了“安全资格证书”。

2005年，区安监局积极学习宣传《安全生产法》，制定下发了《五营区2005年“安全生产月”活动方案》。在“安全生产月”活动期间，6月1日在区中心街悬挂宣传月主题标语“遵章、关爱生命”，安全生产月宣教系列挂图60幅；在6月12日的安全生产宣传咨询日，区广播电视中心集中报道了活动开展情况，区政府主管领导发表了电视讲话，并参加咨询活动；组织秧歌队进行宣传，组织青少年上街宣传，出动车辆宣传；共计培训人员2731人。

1986—2000年五营区安全教育培训情况统计表

表5-8-1

年份	绞盘机手（人）	拖拉机手（人）	油锯手（人）	司炉工（人）
1986	20	30	40	50
1987	25	30	30	60
1988	30	20	40	40
1989	20	21	20	50
1990	20	25	25	92
1991	25	30	30	50
1992	20	25	20	90
1993	30	30	25	30
1994	40	20	26	42
1995	50	22	27	40
1996	40	30	30	46
1997	20	30	25	40
1998	50	40	21	45
1999	20	20	10	40
2000	20	10	15	30

二、安全监察

1986年，五营区（局）安全生产监察主要方法是现场监察。在林业安全方面，认真贯彻“安全第一、预防为主”的方针和“管理生产必须管安全”“谁主管谁负责”的原则，建立安全员例会和生产挂牌制度，对基层单位坚持经常检查外，并配合生产科、区工会、消防科、交警队进行全面检查多次。

1998年，制定实施《林业生产安全风险抵押金办法》。在锅炉压力容器方面，该区配合市劳动局每年进行2次专项检查、检验，发现问题及时下达整改意见书并督促整改；在矿山建筑行业，实行不定期对矿山、基本建设进行现场监察。

1999年，对矿山、建筑行业实行《安全风险抵押金办法》。

2001年，区安全办组织有关部门在生产旺季和春秋防期深入基层检查指导工作，还抽调公安、消防、工会等部门的专业人员到各单位检查指导工作。冬运期间，安全主管部门三分之一的时间都在安全生产一线检查工作，共发现各类隐患52处，当即整改，下发安全意见监察书20份，对20多人次进行了罚款，加强了对火供材料的特殊管理，对不合格炸药进行了销毁，取缔了工作人员无证上岗作业。

2002年，加强冬运期间安全生产检查，纠正各种违章25人次；与公安消防部门、文化、各街道办事处积极配合，对全区的企业和公共聚集场所进行全面检查，下发限期改正通知书44份，责令整改通知书18份，打通防火通道56处，清理超贮烧柴120立方米，全区6家网吧全部进行关闭整顿，对区内经营化学危险品的单位和个人进行了清理整顿，除4家合格外，其余全部进行停业整顿；加强了对矿山企业、建筑工地的检查，下发了《非煤矿山安全治理整顿工作实施方案》，对不符合规定的7户矿山进行整改，责令2户停产整顿，下达安全整改意见书9份。

2004年，按照2003年制定的《五营区矿山管理办法》《火工材料管理办法》《五营区非煤矿山专项治理整顿实施方案》的要求，对全区的13家矿山进行认真细致的检查，下达安全整改意见书4份，整改率达100%。在各项专项检查和综合检查过程中共查出各类隐患19处，与2003年同期相比，隐患率下降28%，隐患整改率达100%。

2005年，按照《五营区非煤矿山专项治理实施方案》的要求，对全区的15家矿山进行认真细致的检查，下达安全整改意见书4份，整改率达到100%。在各项专项检查和综合检查过程中共查出各类隐患19处，与2004年同期持平，隐患整改率达100%。

第三节　劳动保护

1986—1992年，劳动保护用品的管理与发放，由安全监察科和物资供应科负责，安全监察科按标准编制计划，物资供应科负责采购、加工、发放。执行原发放规定。

1992年，对劳动保护用品发放进行改革，全局职工的护品发放按照《黑龙江森林工业职工劳动保护用品标准》的要求，由各单位工资员、安全员做成护品费，由安全科负责审批，以工资形式发放给上岗职工，此方案实施一年。根据省市主管部门精神，由于林业局资源危机、经济危困，职工劳动保护品改为实物，由安全科做计划，审批，物资局采购发放，护品发放范围只限发给林业一线职工和公用事业管理处，发放护品种类有棉鞋、棉手套、棉、单安全帽、半皮手套、绝缘鞋、靴、手套，平均每人护品费42元/年，于1999年停发。

第四节　事故处理

1986年，区（局）轻伤92人，重伤3人，死亡1人。1987年，轻伤增至102人，死亡增至2人，重伤1人。1991年5月1日,《企业职工伤亡事故报告和处理规定》执行。1995年，轻伤63人，重伤1人，死亡1人。2005年，发生轻伤5人次。事故处理，死亡、重伤、事故，按照《企业职工伤亡事故报告和处理规定》执行。死亡、重伤的按照《企业职工伤亡事故报告和处理规定》进行赔偿；轻伤事故按照《企业职工伤亡事故报告和处理规定》进行修病假，工资正常。

1986—2005年五营区生产伤亡事故情况统计表

表5-8-2

年份	轻伤（人）	重伤（人）	死亡（人）
1986	92	3	1
1987	120	1	2
1988	64		—
1989	44	1	1
1990	89	—	—
1991	81	2	1
1992	100	—	1
1993	64	1	1
1994	70	—	1
1995	63	1	1
1996	74	1	—
1997	45	—	—
1998	22	—	—
1999	14	—	1
2000	10	—	—
2001	—	—	—
2002	—	—	—
2003	—	—	—
2004	3	—	—
2005	5	—	—

第六篇 财政 税务

1986年，五营区（局）财政局、五营林业局财务科，是政企合一的单位，一套人马两块牌子，担负着全区（局）对国家财经政策的贯彻落实，负责财政、财务监督检查指导与核算工作。编制财政预决算、并按时对区领导和上级财政部门报告工作、确保财政工作有序进行，达到财政收支平衡，为国家各项经济建设事业积累资金。

1986—1993年，五营区国家税务分局，隶属于市税务局领导，人、财、物及业务由市局管理。五营税务局负责本区域内税收政策法规的宣传贯彻落实工作，使之家喻户晓。积极培植、扶持扩大税源，不断增加税收，8年共为国家积累资金6297万元。1994年6月，国家为了强化税收，增加中央财力，实行了国家税务局、地方税务局分管，各负其责，加大了税收力度，1994—2005年，国税局累计征收税款3196.54万元，地税局累计征收税款4144.5万元，两税合计征收7341.04万元，支援了国家经济建设。

第一章 财 政

第一节 财政体制

一、机构

1986 年，五营区（局）是政企合一单位，区（局）财政局、财务科具有双层职能，负责全区（局）财政、财务工作。业务主管部门是市财政局和市林管局财务处。区下属单位只设经费核算员，实行报账制。

1990 年 8 月，区（局）成立清理资金办公室，为正科级单位，人员编制 4 人。负责各种债权的清理、回收工作。

1998 年 3 月，成立收费管理分局，为副科级单位，人员编制 3 人（由财政局在编人员兼职）。负责非税收入管理工作；成立政府采购办公室，为副科级单位，人员编制 3 人（由财政局在编人员兼任）。负责物资采购等管理工作。

2003 年 8 月，成立财政核算中心，为副科级单位，人员编制 8 人，隶属区财政局领导。同时撤销物业管理处、自来水公司、环境卫生管理处、森林调查设计队、五营街道办事处、五星街道办事处、预防保健中心、行政办公室等 9 个基层单位，财务实行由财政核算中心统一管理会计核算工作。

2005 年 4 月，区政府成立国有资产管理办公室，为正科级单位，人员编制 3 人（由财政局在编人员兼任）。负责全区（局）的国有资产管理工作。同时，清理资金办公室撤销。2005 年年末，区（局）财政局编制 25 人，实际 23 人，其中，局长 1 人、副局长 3 人、工作人员 19 人。

二、管理体制

1986 年，按全区税收总额的 18.2% 留给区财政局使用。1991 年停收建筑税。

1994 年，停征国有企业所得税、集体企业所得税、个人收入调节税等 6 个税目。

1995 年，农业特产税（原木）原税率 8% 降到 5% 征收。

1998 年，固定资产投资方向调节税停征。

2001 年，实行全区税收分成制，即增值税全年收入额的 75%、土地增值税的 50%、地税局营业税的 50% 缴上级财政，其余留给本区，其他税种收入全部留给区财政局使用。农业特产税停收（原木）影响财政收入。

第二节　财政收入与支出

一、财政收入

五营区财政收入，主要是税收收入和其他收入两部分。区财政局使用的资金分两个阶段。1986年，全区财政收入共499万元。1986—1990年，全区财政收入共3465.8万元，年均收入693万元。

1991年，财政收入共731.8万元。1991—1995年，财政收入共3117.8万元，平均收入624万元，比前5年下降10%，减收348万元。1996—2000年，财政收入实现2104.8万元（含罚没款收入17.3万元），平均收入421万元，较前5年下降32.49%，减收1013万元。

2001年，五营区财政收入共363万元。2005年，五营区财政收入共398.2万元。

2001—2005年，五营区财政收入共1317.1万元，平均收入274.34万元，较前5年下降34.83%，减收733.1万元。截至2005年，五营区财政收入累计为10060.1万元。

二、财政支出

1986年，财政支出累计为499万元。1991年，财政支出累计为731.8万元。

2000年，财政支出累计为363万元。2005年，财政支出累计为398.2万元。截至2005年，财政支出合计为10060.1万元，保持财政收支平衡。

1986—2005年五营区财政收支情况统计表

表6-1-1

项目/金额/时间	财政总收入（万元）	财政总支出（万元）
合　计	10060.10	10060.10
1986	499.00	499.00
1987	551.40	551.40
1988	753.00	753.00
1989	836.70	836.70
1990	825.70	825.70
1991	731.80	731.80
1992	759.70	759.70
1993	777.90	777.90
1994	459.40	459.40
1995	389.00	389.00
1996	430.70	430.70
1997	402.00	402.00
1998	416.20	416.20
1999	492.90	492.90
2000	363.00	363.00
2001	275.60	275.60

续表 6-1-1

项目 金额 时间	财政总收入（万元）	财政总支出（万元）
2002	288.80	288.80
2003	409.10	409.10
2004	321.90	321.90
2005	398.20	398.20

第三节　监督管理

1986 年，五营区（局）财政局，在财政管理上，主要是严肃财经纪律，执行各项财经政策和规章制度、资金一支笔审批制度、大额资金支出平衡会制度、政府采购制度、财务票据审核制度、基建项目预算审批制度、收支两条线制度。行政事业性收费和罚没款收入，政府性基金、预算外资金全部纳入专户管理、专户存储，有效地防止了坐收、坐支和私设小金库现象发生。实行工资发放联审联批制度（人事劳动局、计划统计局、财政局），防止套取和冒领工资现象发生。

1998 年，五营区（局）财政局对社会公开发行国库券 257 万元，顺利完成了上级部门安排的国库券发行任务。

2003 年 11 月，制定《五营区固定资产管理若干规定》，对固定资产投资、报废、调动、出售、出租等 8 个方面管理做了详尽规定。

2005 年，按照上级财政部门的要求，结合五营区实际情况，加大财政监管力度，在中植集团总部搬迁，对五营区税收影响较大的情况下，为全面完成年初确定的税收工作任务，区政府多次组织召开两税（国家税务局、地方税务局）联席会议，共同研究挖掘现有财源，寻求培植扩大新兴企业的进展情况，定期听取税收和财政收入进展情况。

在严格控制财政支出，搞好增收的同时，坚决控制和压缩一般性支出，始终坚持执行资金一支笔审批制度、大额资金支出平衡会制度、政府采购制度和财务票据审核制度，保证了职工工资的足额发放。还积极对上争取再就业、最低生活保障金和财政转移支付资金达 458 万元。确保城镇困难群众最低生活保障金的按时发放和解决下岗待业职工生活费的领取。严格执行了收支两条线制度，对行政事业性收费和罚没收入全部纳入专户管理，有效地防止坐收、坐支和私设“小金库”现象的发生。严格控制财政供养人员、计划外经费和计划外项目开支。

第二章 林企财务

第一节 机 构

1986年，五营区财政局、五营林业局财务科，是政企合一单位，一套人马两块牌子，编制15人。其中，科长1人、副科长2人、职员12人。担负着全区（局）财政，财务管理和会计核算工作。

1998年，为加强财务管理，先后成立政府采购办公室、收费管理分局、财政核算中心，同时撤销9个基层单位财会，实行统一管理和核算。

2005年，财政局（财务科），编制增加到25人，在岗23人。其中：科长1人、副科长3人、职员19人。

第二节 会计核算

1986—2005年，五营林业局始终实行两级核算制，即林场（所）核算直接成本。局财务科核算全部经营成果，局所属基层单位实行内部银行管理，资金按照年初财务计划核定数使用，期末有存款的单位按专业银行存款利率付给利息，超支单位按贷款利率收取资金占用费。基层单位实行报账制，月终向财务科报决算，列核当月发生的费用。财务科负责全局业务指导、审核、检查与监督会计核算工作，汇总会计报表，经营成果的综合分析，向领导和上级主管部门定期编报各类会计报表，全面反映会计核算的最终结果。

第三节 成本核算

一、木材生产成本核算

根据生产过程直接生产成本分为三个阶段进行核算，即伐区、运材、贮木场阶段。企业管理费按有关生产产品直接成本相加之和除以报告期内总额，求出百分比例后，按参加分配企业管理费的产品直接成本额，乘以百分比求出应摊管理费额。

1986年，全年木材总产量是11.93万立方米，单位成本89.86元。为历年最低。1992年，全年木材总产量是11.5万立方米，单位成本184.25元，为历年最高。

比1986年单位成本提高2.05倍，主要原因是伐区分散，集、运材距离拉长，企业管理费大幅度上升等因素影响所致。

1993 年，国家出台新的会计核算办法，将原企业管理费科目改为管理费用科目核算，把利息单设财务费用科目核算，企业管理费不在木材生产成本中核算，而把育林费并入木材生产成本中核算。当年总产量完成 8.5 万立方米，总成本 2179.5 万元，单位成本 256.35 元。

1996 年，全年生产木材 9.6 万立方米，总成本成 2139.4 万元，单位成本 222.85 元。比 1993 年单位成本减少 33.5 元，下降 13.1%。下降主要原因是产量比 1993 年增加 1.1 万立方米，而总成本两年基本接近，所以单位成本下降。

2000 年，全年生产木材总产量完成 6 万立方米，总成本 680.2 万元，单位成本 113.37 元，为历年最低。

2005 年，总产量完成 4.5 万立方米，总成本 684.9 万元，单位成本 152.26 元。比 2000 年单位成本增加 38.89 元，上升 34.3%，为历年最高。主要原因是伐区作业条件太差，劳动效率过低，同样时间、设备、工具、劳力，两年的生产总成本只差 4.7 万元，而总产量 2005 年比 2000 年则减少 1.5 万立方米，影响单位成本上升。

二、锯材生产成本核算

1986 年，锯材产品单位成本最低，全年总生产量 3.8 万立方米，总成本 768 万元，单位成本 202.09 元。

1991 年，全年总产量 1.53 万立方米，总成本 952.8 万元，单位成本 621.89 元。比 1986 年单位成本增加 419.8 元，上升 3.08 倍，主要原因单位加工成本高达 101.89 元，应摊企业管理费 230.08 元，两项占单位成本的 53.4%，产量减少 2.27 成立方米，导致成本上升过多。

1992 年，共生产锯材产品 8000 立方米，总成本 387.8 万元，平均单位成本 484.75 元。

1993 年，锯材生产停产。

1986—2005 年五营区木材生产成本统计表

表 6-2-1　　单位：立方米、万元、元

年份	总产量（立方米）	单位成本（元）	总成本（万元）	其中					
				直接生产成本		应摊企业管理费		按规定提取育林费	
				单位成本（元）	总成本（万元）	单位金额（元）	总金额（万元）		
1986	119302	89.86	1072.10	60.67	723.80	29.19	348.30	—	—
1987	136100	96.31	1310.80	68.38	930.70	27.93	380.10	—	—
1988	122302	96.48	1179.90	65.81	804.90	30.66	375.00	—	—
1989	140.002	113.61	1590.60	75.68	1059.50	37.93	531.10	—	—
1990	139700	139.07	1942.90	79.23	1106.80	59.85	836.10	—	—
1991	142.909	155.11	2216.70	83.80	1197.60	71.31	1019.10	—	—
1992	115.001	184.25	2118.90	98.43	1132.00	85.82	986.90	—	—
1993	85.020	314.64	2675.10	128.80	1095.10	58.29	495.60	127.55	1084.40
1994	85003	247.19	2101.20	128.29	1090.50	—	—	118.90	1010.70
1995	85007	236.99	2014.60	126.15	1072.40	—	—	110.84	942.20
1996	96003	222.85	2139.40	121.91	1170.40	—	—	100.93	969.00

续表 6-2-1

年份	总产量（立方米）	单位成本（元）	总成本（万元）	其中					
				直接生产成本		应摊企业管理费		按规定提取育林费	
				单位成本（元）	总成本（万元）	单位金额（元）	总金额（万元）		
1997	93000	231.77	2155.50	136.85	1272.70	—	—	94.92	882.80
1998	90000	25004	2250.40	135.16	1216.40	—	—	114.89	1034.00
1999	88000	249.34	2194.20	121.14	1066.00	—	—	128.20	1128.20
2000	59999	113.37	680.20	113.37	680.20	—	—	—	—
2001	46987	145.59	684.10	145.57	684.10	—	—	—	—
2002	44996	134.57	605.50	134.57	605.50	—	—	—	—
2003	44996	14.095	634.20	14.095	634.20	—	—	—	—
2004	44999	128.47	578.10	128.47	578.10	—	—	—	—
2005	44983	152.26	684.90	152.26	684.90	—	—	—	—

1986—1992 年五营区锯材产品生产成本统计表

表 6-2-2

项目 数量 时间	生产量（立方米）	单位成本（元）	总成本（万元）	锯材加工成本	
				单位成本（元）	加工费总金额（万元）
1986	38003	202.09	768.00	46.71	177.51
1987	25007	315.25	788.30	40.48	101.23
1988	15003	335.89	503.90	46.30	69.46
1989	13000	354.19	460.40	60.38	78.49
1990	10032	421.05	422.40	70.28	70.50
1991	15321	621.89	952.80	101.89	156.11
1992	8000	484.75	387.80	92.25	73.62
合　计	124.366	342.83	4263.60	58.45	726.92

说明：1993 年停产

第四节　销售与利润

一、销售

五营局销售的主要产品是木材（原木）和锯材两大主导产品。

1986 年，销售木材产品 10.93 万立方米，销售收入总额 1150.8 万元，平均售价 105.31 元，销售利润为 -22.6 万元。亏损的主要因素，当时木材统配价格由国家定价，销价较低，而木材销售全部成本 1173.4 万元，单位成本 107.38 元，超过平均售价 2.07 万元。销售锯材产品 4.32 万立方米，销售收入总额 1217 万元，平均售价 281.74 元。实现利润 241.3 元。

1987 年，销售木材 14.27 万立方米，销售收入 2921 万元，单位售价 198.43 元，销售全部成本 2248.7 万元，单位成本 152.76 元，实现利润 672.3 万元。比去年同期销售量增加 3.79 万立方米，单位售价增加 93.12 元，上升 88.42%，全部销售单位成本增加 45.28 元，上升 42.26%，虽然销售单位成本上升，但单位售价大幅度提高，是实现利润根本原因。销售锯材产品 19639 立方米，销售收入总额 734.4 万元，平均售价 373.98 元，实现利润，110.7 元。

1993 年，销售木材 8.84 万立方米，销售收入 4947.2 万元，平均售价 559.68 元。销售单位成本 324.22 元，实现利润 2081.2 万元，是 20 年来单位售价最高的一年，比 1987 年单位售价增加 361.25 元上升 1.82 倍，利润增加 1408.9 万元，增长 2.1 倍。年内，锯材生产停产。

2001 年，全年销售木材 4.7 万立方米，收入 1790.6 万元，平均销价 381.08 元，单位销售成本 271.57 元，实现利润 514.2 万元。为 1993 年以后单位售价最低的一年。比 2000 年单位售价 420.11 元每立方米减少收入 39.03 元。比 1993 年每立方米减少收入 178.6 元。

2005 年，全年销售木材 4.5 万立方米，销售收入 2039.9 万元，平均售价 453.48 元，销售全部成本 1248.4 万元，单位成本 277.53 元，实现利润 791.5 元。比 2001 年平均售价增加 72.4 元，销售单位成本基本持平，比 2001 年销售利润增加 277.3 万元。

二、经济指标完成情况

（一）利润

1986—2005 年，累计亏损 3918.3 万元（上缴利润总额 714.7 万元），年均亏损 195.92 万元。20 年间，盈利年份只有 1987 年 29.1 万元、1988 年 728.7 万元、1989 年 972.3 万元、1992 年 250.3 万元、1996 年 22.8 万元、1997 年 33.3 万元，其余年份全都亏损，其中亏损最少的是 1998 年 25.1 万元，最多是 2001 年，956.2 万元。亏损的主要原因是：林业资源危机、经济危困、劳力过剩，改革开放后林业局除木材生产外，其他各业均推向市场，由集体、私营和个人自主经营自负盈亏。由于五营区（局）是政企合一单位，担负着政府和社会职能，虽然精减合并一些管理机构，人员压缩到最低程度，但每年发生的管理费用都在 2000 万元以上（包括劳动保险费），因此导致年均亏损 196 万元。

（二）育林基金

1986—2005 年，累计提存育林费 15675.9 万元，累计上缴 15684.8 万元。

（三）上级管理费

1986—2005 年，累计上缴上级管理费 2948.4 万元，其中上缴省森工总局、市林管局 2788.8 万元，师专经费 159.6 万元。

1986—2005 年五营区木材销售、利润情况统计表

表 6-2-3

项目 / 数量 / 时间	销售数量（万立方米）	销售收入		销售成本		销售税金（万元）	销售费用（万元）	销售利润（万元）
		单位售价（元）	金额（万元）	单位成本（元）	金额（万元）			
1986	10.9275	105.31	1150.80	101.83	1112.70	58.10	2.60	−22.60
1987	14.7205	198.43	2921.00	135.91	2000.70	244.70	3.30	672.30
1988	13.3101	258.42	3439.40	135.83	1807.90	279.50	3.30	1348.90
1989	13.4626	337.77	4547.20	185.04	2491.10	528.60	—	1527.50
1990	13.3147	288.46	3840.80	198.95	2649.00	412.40	—	779.40
1991	14.0016	340.50	4767.60	240.77	3371.20	251.50	—	1144.90
1992	12.3379	385.79	4759.80	268.13	3308.10	250.20	1.10	1200.40
1993	8.8397	559.68	4947.20	293.90	2598.00	258.20	9.80	2081.20
1994	8.9481	541.70	4847.20	250.16	2238.50	239.80	14.10	2354.80

续表 6-2-3

项目 / 数量 / 时间	销售数量（万立方米）	销售收入		销售成本		销售税金（万元）	销售费用（万元）	销售利润（万元）
		单位售价（元）	金额（万元）	单位成本（元）	金额（万元）			
1995	8.6325	516.87	4461.90	226.64	1956.50	223.10	31.20	2251.10
1996	9.6366	484.29	4666.90	223.16	2150.50	215.00	37.10	2264.30
1997	9.1798	450.59	4136.30	230.89	2119.50	206.80	50.00	1760.00
1998	9.4648	472.23	4469.60	251.87	2383.90	223.50	78.40	1783.80
1999	9.2150	470.88	4339.20	253.41	2335.20	216.90	40.80	1746.30
2000	5.9999	420.11	2520.60	222.60	1335.60	126.00	41.30	1017.70
2001	4.6987	381.08	1790.60	244.68	1149.70	81.00	45.70	514.20
2002	4.4996	421.95	1898.60	244.27	1099.10	94.90	42.90	661.70
2003	4.5671	425.17	1941.80	254.43	1162.00	97.10	35.60	647.10
2004	4.4999	445.03	2002.60	240.18	1080.80	—	34.90	886.90
2005	4.4983	453.48	2039.90	270.17	1215.30	—	33.10	791.50
合计	184.7549	376.12	69489.20	214.15	39565.30	4007.30	505.20	25411.40

1986—1993 年五营区锯材产品销售利润情况统计表

表 6-2-4

单位：立方米、万元

项目 / 数量 / 时间	销售数量	平均售价	销售收入	销售成本	销售税金	教育费附加	实现利润	单位利润
1986	43197	281.74	1217.00	844.90	130.20	0.60	241.30	55.58
1987	19639	373.98	734.40	544.40	78.60	0.70	110.70	56.37
1988	152.33	432.09	658.20	495.20	70.40	0.60	91.30	59.91
1989	13831	420.96	582.20	469.40	31.10	0.60	81.10	58.60
1990	15972	496.37	792.80	603.20	42.40	0.80	146.40	91.67
1991	14088	674.11	949.70	787.40	50.90	0.90	110.50	78.46
1992	12027	686.67	825.90	660.60	19.70	145.30	120.84	—
1993	停产	—	—	—	—	—	—	—
合计	133987	429.91	5760.20	4405.80	423.30	4.50	926.60	69.16

1986—2005 年五营区其他销售情况统计表

表 6-2-5

单位：万元

项目 / 数量 / 时间	营业收入	营业成本	营业税金	营业费用	营业利润
1986	856.10	751.40	56.40	—	48.30
1987	1773.30	1491.00	144.80	—	137.50
1988	2203.60	1558.50	213.60	—	431.50
1989	2370.60	1715.40	145.10	—	510.10

续表 6-2-5

时间 \ 项目 数量	营业收入	营业成本	营业税金	营业费用	营业利润
1990	2383.70	1898.60	111.70	—	373.40
1991	1924.80	1802.00	65.30	—	57.50
1992	2182.20	1814.60	107.20	10.60	249.80
1993	2623.70	1880.60	107.50	1.20	634.40
1994	3315.90	2377.30	96.50	0.80	841.30
1995	3930.50	2752.30	125.90	—	1052.30
1996	3570.70	2557.60	92.00	—	921.10
1997	3879.60	2616.40	19.90	—	1243.30
1998	1697.00	937.40	11.90	—	747.70
1999	561.50	352.10	14.50	—	194.90
2000	290.50	227.80	5.90	—	56.80
2001	363.40	295.20	2.50	—	65.70
2002	324.50	287.50	2.50	—	34.50
2003	156.20	98.80	4.30	—	53.10
2004	55.10	56.50	1.00	—	−2.40
2005	130.30	158.30	4.40	—	−32.40
合计	34593.20	25629.30	1332.9	12.60	7618.40

1986—2005 年五营区营业外支出情况统计表

表 6-2-6　　单位：万元

时间 \ 项目 数量	支出合计	其中				
		子弟校经费	技工校经费	公检法司经费	劳动保险费	其他支出
1986	484.10	211.40	21.80	44.00	206.90	—
1987	795.10	253.60	30.10	68.20	366.50	76.70
1988	1035.60	327.80	36.80	88.60	501.20	81.20
1989	1107.80	332.00	30.70	85.90	572.60	86.60
1990	1456.30	384.70	35.50	123.20	819.70	93.20
1991	1461.70	418.90	47.80	140.80	738.10	116.10
1992	1552.10	416.90	41.50	169.80	844.10	79.80
1993	1604.70	473.10	50.20	187.50	432.80	461.1
1994	899.80	481.90	52.60	178.20	—	187.1
1995	956.60	500.50	52.50	163.40	—	240.2
1996	1049.70	532.20	51.10	205.60	—	260.8
1997	978.00	446.60	55.80	223.90	—	251.7
1998	754.50	497.90	37.90	218.70	—	—
1999	787.90	547.90	27.00	213.00	—	—

续表 6-2-6

单位：万元

时间 \ 项目 数量	支出合计	其中				
		子弟校经费	技工校经费	公检法司经费	劳动保险费	其他支出
2000	1054.00	705.50	6.60	341.90	—	—
2001	1043.80	752.10	—	291.70	—	—
2002	1118.00	762.30	—	355.70	—	—
2003	1073.50	751.90	—	321.60	—	—
2004	1135.10	822.10	—	313.00	—	—
2005	1178.90	817.50	—	361.40	—	—
合计	21527.20	10436.80	577.90	4096.1	4481.90	1934.5

说明：1993 年劳保费总额 978.40 万元，其中由管理费用列支 545.6 万元，1994—2005 年劳保费全部由管理费用列支，1999 年 10 月技工校撤销，从 2000 年起教育经费、公检法司经费由天保工程经费中列支

1986—2005 年五营区费用支出情况统计表

表 6-2-7

单位：万元

年份 \ 项目 数量	管理费用	其中	财务费用	说明
		劳动保险费		
1986	449.30	—	78.20	1986—1992 年劳保费在营业中列支。1986—1993 年管理费在生产成本中核算，此间管理费用中包括财务费用。 1993 年劳保费支出总额为 978.40 万元，其中在营业外支出中列支 432.80 万元
1987	532.10	—	87.80	
1988	553.30	—	62.00	
1989	742.80	—	69.30	
1990	1153.50	—	141.30	
1991	1410.20	—	252.90	
1992	1274.20	—	216.50	
1993	1996.70	545.60	205.50	
1994	2647.50	1198.80	276.80	
1995	2353.70	1098.00	332.50	
1996	2401.60	1028.20	233.90	
1997	2084.20	846.00	555.40	
1998	2131.70	1119.70	184.70	
1999	1313.60	550.70	1014.50	
2000	1642.90	1032.10	—	
2001	1334.60	1003.20	—	
2002	1423.50	995.00	188.60	
2003	1128.50	8456.60	127.00	
2004	1289.50	936.80	331.10	
2005	1175.50	548.90	−12.20	
合计	29038.90	11749.60	1833.70	

1986—2005年五营区主要经济指标完成情况统计表

表6-2-8 单位：万元

时间＼数量＼项目	利润总额		育林费		上级管理费		
	完成额	上缴额	提存额	上缴额	合计	其中	
						总局、管理局费用	师专经费
1986	−186.30	—	183.10	136.40	21.40	21.40	—
1987	29.10	70.00	613.40	576.90	21.50	21.50	—
1988	728.70	—	524.30	552.90	26.30	26.30	—
1989	972.30	—	954.90	597.40	38.50	38.50	—
1990	−176.60	105.00	806.60	473.00	51.60	51.60	—
1991	−32.70	136.30	1239.60	730.60	62.40	62.40	—
1992	250.30	330.00	1116.40	1023.60	60.80	60.80	—
1993	−319.20	—	1084.40	671.90	60.80	60.80	—
1994	−259.00	—	1063.90	1116.60	97.80	82.80	15.00
1995	−96.60	—	942.20	987.80	101.50	94.00	7.50
1996	22.80	46.30	969.00	1270.50	116.20	108.70	7.50
1997	33.30	27.10	863.30	1253.30	124.30	114.30	10.00
1998	−25.10	—	1034.00	1346.00	256.20	244.00	12.20
1999	−476.40	—	1128.20	1350.00	156.60	144.00	12.60
2000	−344.70	—	655.40	804.10	374.40	361.80	12.60
2001	−956.20	—	465.60	763.80	374.40	361.80	12.60
2002	−920.60	—	493.60	510.00	208.70	196.10	12.60
2003	−694.10	—	504.90	490.00	265.00	246.00	19.00
2004	−824.80	—	502.70	500.00	265.00	246.00	19.00
2005	−642.50	—	530.40	530.00	265.00	246.00	19.00
合计	−3918.30	714.70	15675.90	15684.80	2948.40	2788.80	159.60

第五节　资金管理

一、固定资产管理

1986年，五营局固定资产原值4986.4万元。其中，生产用3253.3万元，占固定资产总值的65.2%，非生产用434.5万元，占总值的8.7%，林区公路1161.2万元，未使用的45.9万元，土地91.5万元。

1995年，全局固定资产原值增加到11847.4万元，比1986年增加6861万元，增长1.38倍，其中生产用固定资产4910.8万元，占总值的41.5%，非生产用固定资产3161.6万元，占总值的26.7%，林区公路2541.6万元，不需用的固定资产1139.2万元，土地92.4万元。

1998年，为适应经济体制改革的需要，有效发挥固定资产的使用效率，对闲置的固定资产，局财务科在有关部门的配合下，进行了全面认真的清理核查，发现问题及时处理，并根据实际情况能出租的出租能出卖的出卖，既盘活了资金又提高了固定资产的使用效率，还增加了企业经济收入。

2003年11月24日，区财政局为加强固定资产管理，制定了《五营区固定资产管理若干规定》，以五政发〔2003〕36号文件下发到区（局）属各单位及部门。

2005年，固定资产原值为16446.1万元，比1995年增加4598.7万元，增长28%。其中生产用固定资产2473.6万元，占总值的15.1%，非生产用固定资产7585.5万元，占总值的46.1%，林区公路4345.5万元，占总值的26.4%，不需用的511.3万元，占总值的3.1%，土地1530.2万元，占总值的9.3%。

2005年4月，成立了国有资产管理办公室，编制3人，负责全区（局）国有资产管理工作。6月，国资办制定了五政办发〔2005〕14号文件《五营区国有资产清理整顿工作实施方案》，并由区政府办公室下发区（局）属各单位及部门。

1986—2005年五营区固定资产及折旧情况表

表6-2-9 单位：万元

项目 数量 时间	固定资产原值	累计折旧	其中：当年提取折旧	固定资产净值
1986	4986.40	1043.30	26.00	3943.10
1987	6305.80	1283.80	190.70	5022.00
1988	7465.50	1475.30	198.10	5990.20
1989	8968.20	1818.30	266.70	7149.90
1990	9480.80	2123.20	304.90	7357.60
1991	9898.30	2417.90	294.70	7480.40
1992	10161.20	2715.90	327.20	7441.70
1993	9600.90	2558.40	336.90	7042.50
1994	10417.00	2901.10	342.70	7515.90
1995	11847.40	3624.20	294.80	8223.20
1996	10986.20	2639.30	331.80	8346.90
1997	11653.40	2906.50	317.30	8746.90
1998	12885.40	3168.90	267.80	9716.50
1999	15389.30	3327.90	292.80	10261.80
2000	13270.20	2070.60	298.20	11199.60
2001	13318.20	2217.60	224.00	11100.60
2002	14917.50	2438.10	249.00	12479.40
2003	15573.80	2663.40	269.90	12910..40
2004	16163.20	2939.90	265.70	13223.30
2005	16446.10	2470.90	351.70	13975.20

1986—2005 年五营区固定资产及折旧情况表

表 6-2-10

单位：万元

项目/数量/时间	其中							
	生产用	非生产用	林区公路	租出固定资产	未使用固定资产	不需用固定资产	封存固定资产	土地
1986	3253.20	434.50	1161.20	—	45.90	—	—	91.50
1987	4117.20	488.20	1498.90	—	—	69.20	40.80	91.50
1988	4516.60	1019.50	1664.40	—	78.10	53.80	40.80	92.30
1989	4942.20	2004.50	1756.50	—	78.10	53.80	40.80	92.30
1990	5269.40	2287.00	1806.30	—	—	22.30	—	95.80
1991	4684.70	3099.50	2007.80	—	—	12.10	—	94.20
1992	3490.80	3953.80	2103.10	—	—	—	519.30	94.20
1993	5060.80	2618.10	1831.30	—	—	—	—	90.70
1994	4215.40	3684.90	2425.50	—	—	—	—	94.20
1995	4910.80	3161.60	2541.60	—	—	1139.20	—	94.20
1996	5080.10	3126.20	2685.70	—	—	—	—	94.20
1997	3524.80	3014.20	3078.00	766.90	—	1175.30	—	94.20
1998	3832.90	3594.30	3348.40	840.30	—	1175.30	—	94.20
1999	3839.80	4195.80	3443.90	840.10	—	1175.30	—	94.20
2000	3313.90	3397.10	3574.60	345.40	—	1109.00	—	1530.20
2001	3328.20	3460.60	3590.80	345.40	—	1062.40	—	1530.20
2002	2521.00	6214.00	3972.10	260.80	—	419.40	—	1530.20
2003	2598.10	6940.10	4024.80	260.80	—	219.80	—	1530.20
2004	2515.70	7565.80	4070.90	—	260.80	219.80	—	1530.20
2005	2473.60	7585.50	4345.50	—	—	511.30	—	1530.20

二、流动资金管理

1986 年，流动资金占用 2419.1 万元，其中定额资金占用 970.7 万元，占 40.1%；非定额资金占用 1448.4 万元占 59.9%。在定额资金占用中储备资金占用 467.3 万元、生产资金占用 125.2 万元、产成品资金占用 378.2 万元。

1992 年，流动资金占用总额为 7767 万元，比 1986 年增加 5347.9 万元，增长 2.2 倍，其中定额资金占用 1884.4 万元，占总额的 24.3%；非定额资金占用 5882.6 万元，占总额的 75.7%。

2000 年，流动资金占用 10923.1 万元，比 1992 年增加 3156.1 万元，增长 40.6%。其中定额资金占用 1577.8 万元，占总额的 14.4%；非定额资金占用 9345.3 万元，占总额的 85.6%。

2005 年，流动资金占用总额 8801.9 万元，比 2000 年减少 2121.2 万元，下降 19.4%。其中定额资金占用 571.8 万元，占总额的 6.5%；非定额资金占用 8230.1 万元，占总额的 93.5%。在定额资金占用中储备资金占用 442 万元，生产资金占用 129.8 万元，产成品资金占用连续 3 年（2003—2005 年）零库存。

三、专用基金管理

（一）育林基金

1986 年，森工企业按生产木材总产量每立方米提取育林费 15 元，小规格材、薪炭材每立方米提取 5 元。

1987 年，按照上级要求改为按木材销售收入总额的 21% 提取育林费。

1991 年，根据林业部 1991 年林财字 74 号文件规定，育林费按木材销售收入的 26% 提取，延续至 2005 年。

1986—2005 年，累计提取育林基金 15675.9 万元，上缴市林管局 15684.8 万元（含前期欠缴部分）。

（二）大修理基金

五营区（局）按照应计提大修理费的固定资产总值采用综合提存率的 3.4% 按月计提，由财务科集中掌握使用。

1986—1992 年，累计提存大修理基金 1324.8 万元，支出 1019.6 万元，结余 321 万元。1993 年以后停止提取大修理费。

（三）福利基金

福利基金是按照国家规定提取，提取标准 1992 年前为职工工资的 11%。1993—2005 年提取标准提高到 14%。

1986—2005 年，累计提取福利基金 5181.4 万元，上级拨补 2292.2 万元。累计支出 10609.6 万元，前期超支结转 233.7 万元。2005 年年末累计超支 3369.7 万元。

（四）奖励基金

1986—1989 年，五营区（局）按规定提取职工奖励基金共 17200 万元，前期结转 9.5 万元。累计支出 379.1 万元，超支 197.6 万元。

1990 年以后停止提取奖励基金。

1986—2005 年度五营区总资产情况统计表

表 6-2-11

时间＼项目＼数量	资产总计（万元）	其中：流动资产（万元）	流动资产			
			平均余额（万元）	周转天数（日）	周转次数（次）	百元销售收入占用流动资金（元）
1986	6619.80	2419.10	2482.10	269	1.36	74.71
1987	8998.30	3605.10	2997.90	174	2.10	48.31
1988	10672.50	4399.20	3448.70	171	2.13	47.57
1989	11495.00	4148.70	4272.40	1792.04	2.04	49.72
1990	13569.10	6101.30	5201.70	253	1.44	70.37
1991	14297.20	6653.70	6147.30	211	1.73	76.21
1992	15497.30	7767.00	6801.90	321	1.14	89.09
1993	13356.20	5694.20	6004.40	266	1.37	72.80
1994	14430.80	6062.90	5879.40	257	1.42	70.51
1995	14590.30	5208.80	5636.40	245	1.49	67.16

续表 6-2-11

时间＼数量＼项目	资产总计（万元）	其中：流动资产（万元）	流动资产			
			平均余额（万元）	周转天数（日）	周转次数（次）	百元销售收入占用流动资金（元）
1996	16356.40	6711.10	5959.90	264	1.38	72.35
1997	17495.80	7377.50	7044.30	320	1.14	87.88
1998	20636.20	9681.30	8529.40	507	0.72	138.32
1999	22358.40	10818.10	10249.70	760	0.48	209.15
2000	23374.70	10923.10	10870.60	1404	0.26	386.70
2001	22640.90	10288.30	10605.70	1825	0.20	492.37
2002	22557.40	8826.00	9557.20	1587	0.23	429.90
2003	23952.20	9789.80	9299.40	1587	0.23	443.25
2004	23967.10	9491.80	9640.80	1710	0.21	468.52
2005	23967.10	9491.80	9640.80	1710	0.21	468.52

1986—2005 年五营区定额流动资金统计表

表 6-2-12

时间＼数量＼项目	定额流动资金（存货）					周转天数（日）	周转次数（次）	百元销售占用资金（元）
	平均余额（万元）	年末占用额（万元）	年末占用额中					
			储备资金（万元）	生产资金（万元）	产品资金（万元）			
1986	1305.20	970.70	467.30	125.20	378.20	131	2.79	36.26
1987	1394.20	1406.00	909.70	8.30	488.00	89	4.10	24.77
1988	1577.60	1338.80	678.60	117.20	543.00	69	5.29	19.16
1989	2054.70	2076.20	1004.90	16.10	1055.20	84	4.35	2061
1990	2493.60	2351.10	1197.60	149.00	1004.50	102	3.58	29.91
1991	2659.60	2481.30	1001.50	298.40	1181.40	122	2.99	33.93
1992	2219.90	1884.40	1282.20	323.90	278.30	109	3.45	30.39
1993	2157.30	2162.60	882.40	581.40	698.80	96	3.80	26.16
1994	2676.50	2730.00	985.10	543.70	1201.20	117	3.12	32.10
1995	2685.30	2545.90	1286.40	417.40	842.10	117	3.12	32.00
1996	2750.90	2590.90	1480.80	355.80	754.30	122	299	33.39
1997	2820.00	2368.30	1524.50	302.60	541.20	129	2.83	35.18
1998	2578.40	2105.10	1793.00	113.70	198.40	153	2.39	41.81
1999	2190.40	1826.50	1701.00	102.60	22.90	163	2.24	44.70
2000	1729.90	1577.80	1457.50	97.40	22.90	224	1.36	61.54
2001	1300.30	883.20	757.90	102.40	22.90	220	1.66	60.37
2002	1002.60	913.70	791.20	99.60	22.90	164	2.23	45.10
2003	855.70	896.60	811.50	85.10	—	149	2.45	40.79
2004	1031.00	1091.10	1007.70	83.40	—	180	2.03	49.67
2005	868.80	571.80	442.00	29.80	—	146	2.50	40.03

1986—2005年五营区营林拨款及支出情况统计表

表6-2-13 单位：万元

时间＼数量＼项目	上级拨款	营林支出						
		合计	生产作业成本支出	费用支出	其中：三项费用支出			
					小计	道路	设施	设备
1986	28.70	112.10	50.00	62.10	—	—	—	—
1987	290.00	385.40	276.40	109.00	94.70	50.40	16.40	27.90
1988	434.50	534.80	342.50	192.30	156.20	59.00	78.00	19.20
1989	666.00	487.00	368.60	118.40	109.60	40.80	43.70	25.10
1990	271.00	518.60	413.80	104.80	87.00	39.90	16.20	30.90
1991	700.00	612.20	466.90	145.30	118.00	71.60	24.70	—
1992	803.60	516.70	413.80	102.90	82.10	39.00	20.60	22.50
1993	432.90	697.20	548.00	149.20	131.20	75.00	22.00	34.20
1995	769.60	1136.10	200.40	935.70	217.30	54.00	118.90	44.40
1996	1274.80	1049.60	178.80	870.80	128.60	76.10	7.60	44.90
1997	1191.90	1491.60	292.80	1198.80	368.40	265.80	86.80	15.80
1998	1056.30	1261.30	202.40	1058.90	501.60	191.40	307.40	2.80
1999	1292.80	976.30	258.20	718.10	114.00	84.00	—	30.00
2000	667.60	969.70	138.20	831.50	134.40	110.90	9.00	14.50
2001	890.60	521.20	113.90	407.30	65.50	10.00	42.30	13.20
2002	546.90	1111.00	149.30	961.70	545.10	395.00	119.90	30.20
2003	533.40	463.00	120.70	342.30	98.70	40.60	39.70	18.40
2004	70280	58700	123.30	463.70	102.40	46.10	30.90	25.40
2005	995.10	641.70	124.50	517.20	247.00	136.60	45.50	64.90
合计	14506.00	15113.70	5590.60	9523.10	3534.9	1899.6	1082.6	552.70

第六节 财务制度

1986年，五营林业局严格执行国家和上级有关部门关于财经方面各项规定，完善制定各项财务管理制度和办法。

1987年，原财务制度规定育林费提取标准按木材产量每立方米分别提取15元和5元，变为按木材销售收入总额的21%提取。

1991年，林业部林财字〔1991〕74号文件规定育林费提取标准改为按木材销售收入总额的26%提取。当年根据黑龙江省税务局黑税伊字〔1991〕237号文件规定，从1月1日起，木材产品税将原按木材销售收入总额的10%降到5%缴纳。按照上级主管部门的要求，森林保护费原在木材销售中核算，改为营林费用中列支。

1993年7月1日起，国家财政为与国际接轨，进行财务制度改革，与原财务制度、会计核算具有很大变化。五营区财务原构成固定资产单位价值1000元以上、使用年限1年以上的改为2000元以上、使用年限2年以上的可为固定资产。取消“待核销基建支出”科目，分别转入“待摊费用”或“递延资产”科目。“长期投资”科目，原制度中在一年以内的投资并能随时变现的为“短期投资”。

原“发出商品”科目，新规定改为“应收账款”科目，原“发出商品”有余额的结零止。“专项工程支出”科目，改为“在建工程”科目。取消原制度中所有基金科目，改为“实收资本”“资本公积”“盈利公积”科目，并相应地把余额进行冲抵。所有利润统一在“本年利润”“科目核算”。新增加“坏账准备”科目，按年末应收账款余额的1%提取计入“管理费用”。“原企业管理费”科目改为“管理费用”科目，把利息单设“财务费用”科目核算；劳动保险费改为“管理费用”中核算，“管理费用”“财务费用”不在产品成本中核算，改为在“本年利润”中核算；把原在木材销售中核算的育林费改为木材生产成本中核算。“资金平衡表”改为“资产负债表”。原“利润表”改为“损益表”。

1997年，为进一步完善财务制度，加强财务管理，五营区（局）制定并下发《五营区（局）财政、财务管理办法》，共9章、31条。

1998年，按照国家财政部的统一报表要求，取消了年度财务决算报表中的“财务状况变动表”，新增“现金流量表”。实施“天然林保护工程”，特制定《五营林业局天然林保护工程专项资金管理与财务核算暂行办法》。

2003年，制定《五营区固定资产管理若干规定》并下发到区（局）属各单位及部门。详细规定了固定资产投资、报废、调动、出售、出租、赠予、清理等共10项。1月1日，营林生产由原二级核算变为一级核算。

2004年1月起，国家考虑林区“两危”现状，决定免除木材生产企业原木销售的农业特产税（即按木材销售收入5%缴纳的税金）。通过逐步完善企业各项财务规章制度和核算办法，按照国家实行财务制度改革后的要求，到2005年，使企业财务制度、会计核算，更加规范化、标准化、国际化，逐步达到与国际接轨。

第三章 税 务

第一节 机 构

一、五营区国家税务分局

1986年，五营国家税务分局（后简称国税分局）下设国营股、集体股、个体股、集贸股、计会股、人秘股。编制24人，正、副分局长各1人。

1989年，国税分局在原机构增设五星税务所，编制30人，领导指数未变。1990年，国税分局下设检查股、管理股、个体股、计会征收股、集贸股、人秘股、五星税务所、税务治安派出所。

1994年6月，根据国务院文件和国税函发〔1994〕267号文件精神，组建五营地方税务分局。应由地税分局管理的税收业务从国税分局分出。此时国税分局下设稽查股、个体股、集贸股、计会股、办公室、五星税务所、税务派出所，编制23人，正副局长各1人。

1995年，国税分局下设办公室、集贸股、稽查股、五星所、税务派出所，编制21人，另有助征员14人，局长1人、副局长2人。

1997年，撤销税务派出所，编制23人，另有助征员8人。领导指数未变。

2000年，增设综合业务股，延续至2005年。

二、五营区地方税务分局

1994年6月，根据国务院有关文件要求，组建五营区地方税务分局（后简称地税分局），隶属黑龙江省地方税务局，人员编制和经费开支由省局核定，下设检查一股、检查二股、检查三股、办公室、计会股、五星税务所，编制13人，局长1人。

1996年3月，地税分局将原检查一、二、三股更名为稽查股。编制14人，正、副分局长各1人。

1999年，地税分局下设办公室、综合股、计征股、稽查股、个体股、车辆股、五星所，延续至2005年。

第二节 税种 税率

一、国税分局税种

1986—2005年，五营国税分局征收的税种有产品税、增值税、营业税、国有企业所得税、集体企业所得税、城乡个体工商业户所得税、个人收入调节税、建筑税、固定资产投资方向调节税、城市维护建设税、车船使用税、城镇土地使用税、国有企业奖金税、房产税、个人所得税、印花税、牲畜交易税、屠宰税计18种。另征收国家能源重点建设基金；国家预算调节基金；征收教育费附加。

产品税 税源大，征收范围广，有20个类别209个税目。1986年，国税分局对五营辖区内工业性加工、木材产品、委托加工产品、农副产品采购等开征产品税，税率为5%和10%。1994年，税制改革取消产品税。

增值税 开征初期有13个税目。1986—1990年，增值税征收范围扩大到31个税目12档税率，以14%为基本税率。1994年，税制改革，实行价外税，减并税率凭增值税专用发票抵扣税款制度。实行两种纳税人标准，即一般纳税人和小规模纳税人。一般纳税人执行两档税率，即基本税率17%、低税率13%；小规模纳税人按6%征收。

营业税 1986—1993年，商品销售税率分别为3%和5%。1994年10月—2005年，国税分局只征收个体工商户的营业税，企业由地税分局征收。

国有企业所得税 从1986年开始，国家对有盈利的国有企业征收的一个税种，按比例税率和超额累进税率征收。1994年废止。

集体企业所得税 国家对有盈利的集体企业征收的一个税种。1986—1993年，按八级超额累进税率征收。1994年废止。

城乡个体工商业户所得税 1986—1993年，实行十级超额累进税率征收。1994年废止。

个人收入调节税 1987—1993年，根据个人不同的收入来源，实行超倍累进税率和比例税率征收。1994年废止。

建筑税 1986—1990年，实行差别税率，以自筹基金建设投资和更新改造设施项目中的建筑工程投资为依据，税率按10%征收。对未列入国家计划或超过计划的投资实行高税率20%和30%征收。1991年停止。

固定资产投资方向调节税 是对固定资产投资行为征收的一个税种。税目分为基本建设项目和更新改造投资项目、实行差别税率，分为0%、5%、10%、15%、30%五个档次。1991年始征此税，1994年10月—2005年，改由地税分局征收。

城市维护建设税 以缴纳产品税、增值税、营业税的单位和个人为征收对象，这三税的税值按缴纳基数计算，税率分别为7%、5%、1%。五营区政府所在地执行7%，五星镇5%，林场（所）1%。1986—1994年9月税款由国税分局征收。1994年10月—2005年国税分局只征收个体户的城市维护建设税，企业由地税分局征收。

车船使用税 1986年开始，对本国境内拥有并使用车船的单位和个人应征的一种地方税。国税分局征收载货机动车执行年42元/吨；客车年144~180元/辆。1994年10月—2005年，国税分局只征收个体车辆税款，其余由地税分局征收。

城镇土地使用税 1986年开始，以城市、县城、建制镇、工矿区范围内使用土地的单位和个人为纳税人，以纳税人实际占用的土地面积为计税依据，计税标准以0.2~10元/平方米，本局执行1元/平方米征收。1994年10月—2005年，国税分局只征收个体户的城镇土地使用税，其余划归地税分局征收。

国有企业奖金税 是对国有企业发放的各种形式的奖金，就是超过国家规定的部分交纳的一种税。企业为纳税人。1988年开征，税率分别为20%、50%、100%、200%。1994年税制改革停止。

房产税 1986年10月开征，是对城市、县城、建制镇、工矿区房产权所有者征收的一种税。计税依据房产原值一次减去30%后的余额按税率1.2%征收；房产出租按租金收入12%的税率征收。1994年10月—2005年，国税分局只征收个体部分，企业划归地税分局征收。

个人所得税 1986—1993年9月，采用累进税率和比例税率征收。1994年10月—2005年划归地税分局征收。

印花税 1988年开始，设有13个税目，税率由万分之零点三至千分之一；许可证和非记载资金的账簿按年5元/件贴花。1994年10月—2005年划归地税分局征收。

牲畜交易税 1986—1993年，以牛、马、骡、驴、骆驼交易为对象，在成交时由购买者交税，税额以1头（匹）为起征点，以成交额为计税依据，税率5%。1994年税制改革停征。

屠宰税 1984年作为独立税种存在。黑龙江省自1996年开征屠宰税，划归地税分局。

国家能源交通重点建设基金。是从各地区、各部门、各企事业等单位的预算外资金中，由国家税务机关按15%征集。从1987年开征，1997年停止。

国家预算调节基金 征收对象同能源交通基金，征收率10%。从1990年开征，1997年停收。

教育费附加 是按产品税、增值税、营业税的税款1%、2%、3%征收。从1988年开征，1998年停收。2001—2005年恢复征收。

二、地税分局税种税率

营业税 1994年1月1日起《中华人民共和国营业税暂行条例》正式实施，税制改革后，营业税征收范围包括提供劳务、转让无形资产和销售不动产等，税率分别是交通运输业、建筑业、邮电通讯业、文化体育业等为3%；金融保险业、服务业、转让无形资产、销售不动产等为5%；娱乐业为5%~20%。延续至2005年。

企业所得税 1993年改革企业所得税税制，1994年1月1日开始实施《中华人民共和国企业所得税暂行条例》。中华人民共和国境内的企业（外商投资企业和外国企业除外），应当就其生产、经营所得和其他所得，缴纳企业所得税。企业的生产、经营所得和其他所得，包括来源中国境内、境外所得。纳税人应纳税额，按应纳税所得额计算，税率为33%。

个人所得税 《中华人民共和国所得税法》的修改方案于1993年10月31日经八届全国人大常委会第四次会议通过，自1994年1月1日起施行。个人所得税税率见表。

1994年个人所得税税率一览表（一）

表6-3-1

级数	全月应纳税所得额	税率%
1	不超过500元的	5%
2	超过500元至2000元的部分	10%
3	超过2 000元至5000元的部分	15%
4	超过5 000元至20.000元的部分	20%
5	超过20 000元至4000元的部分	25%
6	超过40 000元至60000元的部分	30%
7	超过60 000元至80000元的部分	35%
8	超过80 000元至100.000元的部分	40%
9	超过100.000元的部分	45%

说明：该表所计算的应纳税所得额，是指每月收入额减除费用800元后的余额或者减除附加减除费用后的余额。本表适用于工资、薪金所得

1994年个人所得税税率一览表（二）

表6-3-2

级数	全月应纳税所得额	税率%
1	不超过5000元的	5%
2	超过5000元至10.000元的部分	10%
3	超过10.000元至30.000元的部分	20%
4	超过30000元至50000元的部分	30%
5	超过50000元的部分	35%

说明：该表适用于个体工商业户的生产、经营所得和对企事业单位的承包、承租经营所得税。该表所计算的全年应纳税所得额，是每一纳税年度的收入总额，减除成本、费用及损失后的余额

资源税 1994年1月1日起施行了《中华人民共和国资源税暂行条例》。

资源税税目税额幅度一览表

表6-3-3

税 目	税额、幅度
一、原油	8~30元/吨
二、天然气	2~15元/千立方米
三、煤炭	0.3~5元/吨
四、其他非金属矿原矿	0.5~20元/吨或立方米
五、黑色金属矿原矿	2~30元/吨
六、盐	—
1. 固体盐	10~60元/吨
2. 液体盐	2~10元/吨

固定资产投资方向调节税 1991年4月16日,《中华人民共和国固定资产投资方向调节税暂行条例》发布并施行。固定资产投资方向调节税税目有：农、林、水利投资项目；能源工业投资项目；交通运输、邮电、铁道投资项目；原材料、地质、医药、钢铁投资项目；机械、电子工业投资项目；汽车工业投资项目；国防工业、国防科研投资项目；轻工业投资项目；科学投资项目；文教、卫生、广播、体育、新闻、出版投资项目；商业、供销、物资投资项目；城市建设投资项目；综合投资项目；其他投资项目等，上述14个投资项目的税率分别为0%、5%、30%。1998年停收。

土地增值税 1994年1月1日起《中华人民共和国土地增值税暂行条例》实施。土地增值税实行四级超率累进税率。增值额未超过扣除项目金额50%的部分，税率为30%。增值额超过扣除项目金额50%，未超过扣除项目金额100%，税率为40%；增值额超过扣除项目金额100%，未超过扣除项目金额200%的部分，税率为50%；增值额超过扣除项目金额200%的部分，税率为60%。五营区按上述各条款执行。

城市土地使用税 1988年11月1日开征。城镇土地使用税是按每平方米年税额缴纳。五营区执行每平方米征0.7~1元。

车船使用税 1986年10月1日开始。五营区自开征以来，严格按辆税额标准执行。

房产税 1986年10月1日开征。房产税依照房产原值一次减除10%~30%后的余值计算缴纳，税率为1.2%；依照房产租金收入计算缴纳的税率为12%。

印花税 1988年10月1日起《中华人民共和国印花税暂行条例》实施。税目、税率是：购销合同

按金额3‰贴花；加工承揽合同，按收入额5‰贴花；建筑工程勘察设计合同，按收入费用的5‰贴花；建筑安装工程承包合同，按承包金额的3‰贴花；财产租赁合同，按租赁金额1‰贴花，税款不足1元的按1元贴花；货物运输合同，按运输费用5‰贴花；仓储保管合同，按仓储保管费用1‰贴花；借款合同，按借款金额0.5‰贴花；财产保险合同，按投保金额0.3‰贴花；技术合同，按所载金额3‰贴花；产权转让书据，按所载金额5‰贴花；营业账簿，按记资金的账簿，按固定资产原值与自有流动资金总额5‰贴花，其他账簿按件贴花5元；权利、许可证照按件贴花5元。

城市维护建设税　1985年7月1日开征。纳税人所在地在市区的税率为7%；纳税人所在地在县城、镇的税率为5%；纳税人所在地不在市区、县城或镇的税率为1%。

农业特产（原木）税　1994年1月1日开征（代伊春市财政局征收）。税率8%，1995年1月1日减按5%征收。2000年停收。

屠宰税　1995年6月26日开征，定额征收牛、骆驼每头15元；猪、马、骡、驴每头（匹）10元；羊每只3元。

教育费附加　1986年7月1日开征，税率1%。1989年4月11日起税率为2%。1994年1月1日—2005年税率为3%。

第三节　稽征管理

一、税收征管

（一）国税征管

1986年，五营税务分局，税收管理采取各股室全方位参与管理，对纳税人既检查，又进行纳税辅导，宣传税收政策、法规，同时负责发票检查和管理。全年完成税收507.9万元。

1990年，为适应税制改革的需要，税务分局实行征、管、查三分离，各负其责。检查股负责税收检查，征收窗口负责征收，管理股负责税收管理、税法宣传、发票管理、纳税辅导、促产征收、投放税务周转金、办理减免税和业务解答等工作。1990年完成税收任务839.9万元，比1986年完成507.9万元，增收332万元。

1994年9月，按照上级文件要求，成立地方税务局，国税、地税分设，分设后国家税务局只征收增值税、营业税、城市维护建设税、车船使用税、城镇土地使用税、房产税的个体业户部分。年征收税款190.6万元。

1998年，五营国税分局对各股、室、所签订税收目标责任状，作为主要指标考核，年终奖惩兑现。重点抓税源大户的监控，召集经营规模较大的木器行业业主会议，确定预缴税款保证金，同时对黑龙江中植集团等税源大户的生产经营状况，税款的实现、征收、欠缴情况按月跟踪监控，及时反馈信息，确保重点户的税款征收入库。并对物资、粮食系统等进行重点税源调查，以掌握情况，做到心中有数。同年4月深入到全区（局）8个林场（所），签订了代征、代缴税款委托书，促进了个体税收的增长。全年完成税收任务178.9万元。

2001年，执行国务院提出的“加强征管、堵塞漏洞、惩治腐败、清理欠税”十六字方针，强化征管，严格按规定程序操作，由计会征收股把市局下达的年度各项主要指标分配到各股（所）和每个人头上，落实给重点企业。同时按年度计划编制季、月税收计划，每月、季终了，由计会征收股负责对月、季税收计划完成情况进行分析、考核。建立了组织收入责任制和监督审核责任制，对辖区内税源大户木材经销行业，在发票的使用上实行源泉控制，对欠税企业不供给发票，并通过银行实行强制扣缴。全年实现税收入库326万元，完成年度计划的178%。

2002年，先后制定了《税收征管应用文书使用管理制度》《税收征管工作业务程序》《税收征管业务流程图解》《税收征管业务岗位责任制》和《行政执法过错追究管理办法》。成立了“过错追究领导小组”，层层落实，局长负责副局长，副局长负责相应股、所；股长、所长负责各职能人员。形成一级负责一级，一人出现差错，主管局长、股长、所长承担连带责任。制定了金税岗位责任制，定期进行全员计算机培训，保证涉及金税工程人员都能使用微机、熟练操作、熟悉业务，做到了“存根联采集率、档案采集率、报表差错率、抵扣联重号率”各项指数达标。9月，全面进行办公自动化试运行，手工传递和网络传递同步运行，定期进行全员培训，购进办公自动化附属设施，12月1日，完全实现了无纸化办公，成为国税分局办公史上一次重大突破。

2003年，五营国税分局制定了《行政执法过错责任追究实施方案》。全年实现税收收入376万元，完成年度计划的107.4%。

2004年，以规范办税流程，简化办税手续为目标，加强对纳税户的户籍管理，采取定期与工商部门、地税局交换信息的方法，从源头上控制了漏征、漏管户。信息共清理出30户未办理税务登记的工商业户，及时催办税务登记，增加了税源。全年实现税收收入321万元，为年度计划260万元的123.46%。

2005年，在税收征管基础建设中，始终坚持“依法治税，依法行政”的基本原则，按照市局要求对近两年的征管基础资料进行重新梳理、补充。对废旧物资减免税企业进行严格的核查，发现问题及时纠正。在金税工作中，在信息上传、“四票”管理、增值税运输发票；海关完税凭证抵扣清单；废旧物资发票抵扣清单；代开增值税专用发票抵扣清单。及代开增值税专用发票等环节要严格把关，避免违规操作，确保不出问题。为纳税人提供公平、公正、公开的办税环境。推进一窗式、一站式全程服务，健全了首问负责制、限时服务等项制度。全年共完成税收入库额为540万元，完成年计划的169%。同比增长68.2%，增收219万元。实现了两税分家后，税收收入创历史新高。

（二）地税征管

1994年9月开始，五营地税分局按所有制性质划分管理。检查一股负责国有企业、二股负责集体企业、三股负责林业局税收管理，按一员进厂，征、管、查统管的方式进行税收管理。当年完成税收任务79.4万元。

1996年1月，成立稽查股，改变了专管员进厂、征、管、查统管的格局，稽查股负责稽查或指定业户检查工作。

1997年1月，成立综合股负责对纳税企业管理，同年饮食服务行业划归地税局管理，对国税、地税分局共管户，地税分局按40%征收税款。全年完成税收收入396.4万元。

1998年，加强税收征管基础建设，按照省局制定新的《征管运行机制》和市局的部署，制定了《资料内部传递程序》《窗口数字统计制度》《违反操作规程处罚规定》《申请延期纳税审批制度》《发票购买局长鉴批制度》等，从税务登记、税款征收、纳税检查、税款减免和提退等都按市局的规程严格操作，并认真地履行各种税收征管法律文书，做到程序化、规范化、制度化。同年征收入库税款390.4万元。

2001年，五营地税分局层层分解落实税收计划。与股长签订完成税收任务责任状，同全年目标考核挂钩。全员实行按完成任务比例开支，按月进行考核，半年兑现责任状。执行税收申报制度，每月征期局领导亲自坐台，对逾期申报纳税人早期发现，及时解决；对拒不执行税收申报制度的纳税人，坚决给予严厉处罚，使本局纳税申报率达100%，纳税申报处罚率100%。制定了《五营地税局目标管理考核办法》《税收计划完成奖罚制度》《限时服务承诺制度》《文明办税承诺制度》《资料传递责任追究制度》等。实行文明办税“八公开”增加办税透明度。“八公开”即公开地税的权利与义务；公开税收执法程序；公开地税制度和政策；公开纳税人的权利与义务；公开地方税收执行结果；公开地税机关内外监督机制；公开现场办公制度；公开税收法律责任界限。超额完成税收计划，实现税款入库 679.7 万元。比年计划 215 万元超收 464.7 万元，完成年计划的 316%，比去年同期完成 202.8 万元多完成 476.9 万元，是去年的 3.35 倍。企业所得税完成 478.5 万元，是计划的 11.6 倍，比去年同期多完成 475.3 万元，是组建地税分局以来，完成税收任务最好的一年。完成社会养老保险费 713.8 万元；完成失业保险费 57.6 万元。

2004 年，五营地税分局成立了由稽查股、个体股、车辆股组成的清理小组，对全区的漏征漏管户进行清理，先后清理出未办理税务登记的企业 1 户、个体业户 15 户，同时补办了税务登记手续。严格审查企业财务账目，引导企业严格按照新财务制度管理账目，正确核算税金。采取企业自查、税务重点检查相结合的方法，对 35 户国营、集体、私营企业进行汇算清缴工作，汇算面达 100%。贯彻执行新《中华人民共和国税收征管法》及其实施细则，推行税收执法责任制，实行统一的岗位职责和工作规程。全年完成税收入库 223 万元，完成年计划的 121.33%，超收 38.4 万元。完成社保费 1056 万元；完成失业保险费收入 47.5 万元；完成工伤保险金收入 9.5 万元。

2005 年，全年实现税款收入 303 万元，完成年计划的 150%，超收 101 万元，同比上升 38.74%，增收 84.6 万元；完成社保费收入 1003.5 万元；完成失业保险费收入 60.2 万元；完成工伤保险费收入 21 万元。

1986—2005 年五营区国税局税收情况统计表

表 6-3-4

单位：万元

项目 数量 时间	年度合计	产品税	增值税	营业税	集体企业所得税	城乡个体工商业户所得税	个人收入调节税	建筑税
1986	507.90	394.10	—	54.50	13.00	1.20	—	16.60
1987	655.00	456.90	69.40	80.70	2.60	0.30	—	4.10
1988	836.50	528.40	137.40	101.60	2.80	0.50	—	11.10
1989	1053.30	614.60	169.20	141.20	8.00	1.10	0.90	12.60
1990	839.90	448.40	149.90	133.80	8.40	1.70	1.50	5.30
1991	779.00	366.60	133.80	166.30	6.50	3.40	0.80	12.20
1992	810.70	362.00	165.60	176.20	6.00	2.70	1.00	—
1993	814.70	383.00	162.20	166.70	6.70	3.50	—	—
1994	190.60	—	180.30	2.50	—	4.60	—	—
1995	128.80	—	125.80	0.60	—	—	—	—
1996	112.94	—	100.50	6.00	—	—	—	—
1997	178.90	—	147.30	31.60	—	—	—	—
1998	178.90	—	142.00	34.80	1.10	—	1.00	—
1999	239.30	—	158.40	77.80	2.00	—	1.10	—
2000	257.00	—	117.00	73.00	—	—	1.00	—
2001	326.60	—	143.70	80.30	—	—	1.00	—
2002	346.50	—	198.00	33.00	—	—	1.50	—
2003	376.00	—	259.00	15.00	—	—	1.00	—
2004	321.00	—	205.00	—	—	—	1.00	—
2005	540.00	438.00	—	—	—	—	3.00	—

1986—2005年五营区国税局税收情况统计表

表6-3-5　　单位：万元

项目 数量 时间	固定资产投资方向调节税	城市维护建设税	车船使用税	城镇土地使用税	国有企业奖金税	房产税	个人所得税	印花税	国有企业所得税
1986	—	28.50	—	—	—	—	—	—	—
1987	—	38.30	0.50	—	0.30	1.90	—	—	—
1988	—	49.20	0.80	—	0.10	4.60	—	—	—
1989	—	61.70	2.00	27.00	0.20	6.90	—	7.90	—
1990	—	52.30	3.90	20.50	—	7.60	—	1.70	4.90
1991	4.80	44.10	5.20	17.60	0.50	11.20	—	2.00	4.00
1992	14.30	42.00	5.40	11.50	0.30	21.00	—	1.50	5.10
1993	8.90	46.50	3.20	11.20	—	20.10	1.20	1.50	—
1994	—	2.20	0.40	0.10	—	0.50	—	—	—
1995	—	1.50	0.30	0.10	—	0.20	—	0.30	—
1996	—	1.10	1.90	0.40	—	1.00	2.00	0.04	—
1997	—	—	—	—	—	—	—	—	—
1998	—	—	—	—	—	—	—	—	—
1999	—	—	—	—	—	—	—	—	—
2000	—	—	—	—	—	—	66.00	—	—
2001	—	—	—	—	—	—	101.60	—	—
2002	—	—	—	—	—	—	114.00	—	—
2003	—	—	—	—	—	—	101.00	—	—
2004	—	—	—	—	—	—	115.00	—	—
2005	—	—	—	—	—	—	99.00	—	—

1994—2005年五营地税局税收情况统计表

表6-3-6　　单位：万元

时间 数量 项目	1994	1995	1996	1997	1998	1999	2000	2001	2002	2003	2004	2005
总　计	**79.40**	**361.10**	**418.90**	**396.20**	**390.40**	**532.20**	**202.80**	**679.70**	**265.70**	**324.70**	**223.00**	**309.30**
一、工商税合计	79.40	111.70	103.60	112.80	141.30	270.30	202.80	672.80	257.70	316.70	218.40	303.30
其中：营业税	—	44.40	46.60	55.80	62.00	186.00	105.10	117.30	143.40	173.60	108.60	156.40
企业所得税	—	3.40	3.30	3.10	4.10	3.70	3.20	478.50	9.80	10.90	0.50	0.30
个人所得税	—	0.50	1.20	3.50	16.30	24.30	26.10	19.70	30.20	37.70	20.90	23.50
资源税	—	10.00	4.00	2.00	2.00	5.20	0.50	1.10	1.20	1.30	1.30	32.40
土地增值税	—	0.30	0.10	0.10	0.10	0.20	0.10	0.20	0.20	0.20	0.20	0.20
城镇土地使用税	—	20.60	19.40	17.30	18.50	20.10	20.90	14.80	20.50	27.50	27.80	24.30

续表 6-3-6

项目 \ 时间 数量	1994	1995	1996	1997	1998	1999	2000	2001	2002	2003	2004	2005
车船使用税	—	3.70	3.60	5.00	5.30	6.10	4.40	4.30	5.10	6.90	5.00	5.10
房产税	—	12.20	12.10	14.20	16.50	19.70	21.70	15.10	22.10	28.00	29.50	35.50
印花税	—	2.10	2.70	2.90	3.00	4.20	3.00	3.40	3.90	4.50	4.40	4.30
城市维护建设税	—	14.80	10.00	850	13.00	—	16.60	16.90	20.00	26.10	20.20	21.00
屠宰税	—	—	0.40	0.40	0.50	0.90	1.10	1.60	1.30	—	—	—
二、农业特产税	—	246.10	—	277.40	249.10	261.90	—	—	—	—	—	—
三、教育费附加	—	1.20	1.10	2.80	—	—	—	6.90	8.00	8.00	4.60	6.30
四、固定资产投资方向调节税	—	2.10	2.00	3.20	—	—	—	—	—	—	—	—
五、滞纳金罚款	—	0.30	0.20	0.20	—	—	—	—	—	—	—	—

说明：总计中不包括滞纳金罚款，屠宰税 1995 年 6 月 26 日全省开征，五营区从 1996 年开征，农业特产税从 2000 年停收，固定资产投资方向调节税从 1998 年起停收

二、税收方法

（一）国家税务税收方法

1990 年，建立健全税收岗位责任制，制定了各项管理目标，开设征收窗口，对企业实行自行核算当期税款，在征期内到税务机关征收窗口办理纳税申报，经审核员审核无误加盖审核章后，由企业办税人员送达开户行划缴入库，将完税缴款单返给征税窗口；对个体工商业户实行定期定额征收方法，个体工商业户必须在规定的纳税期限内，按定额主动到征收窗口申报纳税；对集市贸易和其他零散税源，聘用协税员直接征收。

1998 年 4 月，为加强个体业户税收管理，五营国税分局成立两个小组分别深入到全区 8 个林场（所），落实税收管理办法，并同各林场（所）签订了代征、代缴税款委托书，堵塞漏洞，防止税款流失，确保应收税款及时足额入库。税收方法延续至 2005 年。

（二）地方税务税收方法

1994 年，五营地税分局税收采取以下方法进行征收：工商税种中的营业税，采取纳税人自行填写纳税申报表到税务机关申报，依率计征。纳税人按规定时限、按定额标准自行到征税窗口申报缴税。企业所得税、个人所得税、纳税人主动申报，按月、季预缴，年终汇算清缴，多退少补。资源税、固定资产投资方向调节税、土地增值税、土地使用税、车船使用税、房产税、印花税、屠宰税等，纳税人主动申报，按税务机关稽查的方法计征。1998 年 1 月 1 日起，对个体饮食、服务、娱乐业采取定额划卡缴税方法缴纳。税收方法延续至 2005 年。

第四节 税收监督与服务

一、国税监察与服务

1986—1994 年，五营区国税分局，税收监督检查工作主要由专管员按月、季和半年深入企业进行检查，年终会同财务、物价等部门进行全国性税收大检查。通过查阅账簿、核对票据，检查企业申报纳税是否属实，有无偷、漏税，隐瞒不报等问题，在实施检查过程中，发现漏记、漏缴、计错、纳税界定不清、适用税率不准等问题，均给予纠正和处理。先后补缴税款 76.5 万元，并处滞纳金罚款 15.3 万元。

1995 年，地税分立后，国税分局变管户为管事，实行两人以上进厂检查，对增值税一般纳税人按月检查，对小规模纳税人实行季度检查，年终进行全面税收大检查，做到了应收尽收。

1998 年，加强对个体户征收管理，成立两个清理小组，深入到全区 8 个林场（所）进行检查，共清理检查出漏征、漏管 20 户，补缴税款 1.2 万元。

1999 年，国税分局实行全方位规范化服务，完善基础设施建设，改善办税条件；规范服务内容，确定服务时限；明确服务标准，严格服务纪律；改进服务方式，提高服务质量；转变思想观念，抓好组织落实等五项措施，建了 120 平方米的办税服务厅，内设供纳税人使用的桌椅、办公用品、磁卡电话、饮用水、政策宣传板、咨询台等。实行“一站式”服务制和“首问式”服务意识，由过去的税收单纯管理，向管理和服务相结合的模式转变。

2002 年，开展平时稽查、专项稽查和专案稽查。对全区木材行业的重点检查，对个体经营户的日常检查，对沙石场、加油站、集贸市场、事业单位、跨地区集团企业等专项检查。特别对零散税源的管理，定期开展专项清理检查工作，建立健全相互制约机制，堵塞漏洞，做到了应收尽收。同时加强横向联系，建立协税护税网络，取得了五营区公安局、街道办事处等部门的支持和配合，对偷、逃税行为得以有效的监督，减少税款的流失。共处理群众举报案件 2 起，市稽查局转办案件 1 起，查补税款 0.18 万元，罚款 0.17 万元。坚持为纳税人解难题、办实事，减少企业负担，采取一事一议、一厂一策、特事特办、急事急办的方法，为中植企业集团调整账面虚增收入 4195 万元，解决了企业税金长期挂账问题。国税分局只用两天时间就为长瑞纸业有限责任公司、旧纸箱纸板收购公司企业办理了一切纳税手续。使企业的当月投产，实现利税 43.20 万元。落实优惠政策，减轻企业负担累计 1408 万元，缓解了企业资金紧张的局面。

2004 年，加大稽查工作力度，严厉打击涉税违法犯罪活动。对辖区内纳税人进行日常稽查 326 次，其中：国有企业 16 户、集体企业 21 户、有限责任公司 5 户、股份有限公司 4 户、私营企业 29 户、个体工商业户 251 户；立案检查 8 户，其中：偷税案件 6 起、发票违法案件 2 起，均作专案查办。做到查办的案件违法事实清楚，定性准确，手续完备，程序合法。查补税款、滞纳金、罚款共计 2.46 万元。

2005 年，深入开展税收专项检查工作，共清理漏征漏管户 48 户，查补税款 1.2 万元。开展以查“假发票、假申报、造假账”为重点的专项整治活动，共对 38 户企业及个体工商户的涉税违法行为进行了查处，共查补税款 11.5 万元，罚款 2.5 万元。

共清理收回陈欠和呆账 95 万元。全年组织和参加各类专业培训班共计 30 多次，培训人员 80 人次，在职人员人均参训 5 次以上。

二、地税监察与服务

1994 年，五营区地税分局对纳税人开展经常性稽查、重点检查和专项检查，全年先后查补漏征税款 30.7 万元。

1995 年，地税局在实施各项税收检查中，清理出漏征漏缴税款 30 万元。

1996—1997 年，开展了专项检查和财务、税收、物价联合大检查，先后检查了辖区内纳税企业 64 户，查补税款 35 万元。

1998 年，加大稽查执法力度，以查促收。到木材科、木材加工大户当中，先后查出个体大户一次征收个人所得税 1.5 万元。开展了地方“四税”（营业税、车船使用税、娱乐业、饮食业）和个人所得税及难点税种的稽查，查补入库地方“四税”37 万元，企业所得税 4.4 万元。对个人诊所、饭店厨师、办班讲学等征收个人所得税 0.27 万元。进一步清理整顿个体运输市场税收秩序，地税局抽调专人对全区 70 多台个体运输出租车进行检查、申报率为零，清理整顿后，月纳税申报率达到 60%，增收税款 1.1 万元。在向个体纳税户的清理检查过程中，对征管范围的重新划分和调整税额，在 7、8 月份由副局长带队组成两个清查小组，先后清查出个体漏征漏管户 22 户，特别是个体稽查员对中心街的歌厅、串店进行清理整顿，补缴税款 0.6 万元。

1999—2000 年，重点开展专项稽查和难点税种的征收工作，按月、季稽查计划，以营业税、个人所得税、车船使用税等为重点的，在当地公安局交警与经侦队的配合下，先后清理个体出租车 948 台次，入库车船使用税 2.07 万元；清理歌厅、串店累计 84 家，补交税款 0.71 万元；清理个体木材加工点累计 36 家，征收个体所得税 10 万元；清理催缴欠税款 23.9 万元。

2001—2005 年，清理歌厅、串店累计 30 家，补交税款 0.37 万元；清理个人出租车 95 台次，补税 0.41 万元；检查木材加工点累计 94 户，增收个体所得税 4.22 万元；在清理漏征漏管户和整顿规范税收秩序工作中，重点检查了 246 户，查补税款 2.22 万元。严厉查处偷逃税案件，根据举报，对五星水泥厂李某偷税案进行立案查处，补交个人所得税 0.1 万元。对纳税人实行急事急办，特事特办和“一站式”服务，在走访中了解到本区第一建筑工程公司由于原材料一次投入较大，纳税有困难这一情况后，主动为其缓缴税金 15 万元，为特困下岗职工经营的日月明食杂店、丁香食杂店、十八子串肉店连续两年办理了免税照顾。

第七篇 林 业

五营区（局）施业总面积不断调整变化，1957年建局时为104095公顷，1986年减少到77420公顷，2005年为107505.47公顷，森林覆被率达89%，珍贵树种丰富，主要有红松、樟子松、黄柏、钻天柳等。五营区（局）森林资源有幼龄林、中龄林、近熟林、成熟林、过熟林五个种类，分布在永丰经营所、前丰林场、平原经营所、丽丰经营所、杨树河经营所、五营河经营所、平山经营所等地。

五营区（局）营林生产管理机构为营林处，以营林为基础，努力培养后备森林资源，至2005年，完成森林抚育2.5万公顷，完成更新造林2551公顷。木材生产随计划经济向市场经济转变的历史进程而变化，由危困局面变为实现木材的综合利用。

第一章 林木资源

第一节 资源面积

五营区（局）施业区总面积，经过几次调整变化，1957 年建局时 104095 公顷，到 1986 年减少到 77420 公顷。活立木总蓄积量由区划时的 2316.6 万立方米减少到 780.314 万立方米，公顷蓄积量也由建局时的 223 立方米减少到 100.7 立方米。森林覆被率由建成局时的 97.6% 下降到 82.5%。

1989 年，经上级林业部门批准，友好区（局）邻近五营区（局）两个林场面积 43150 公顷，蓄积量 237 万立方米，划归五营区（局）经营，使施业区总面积增加到 12073 公顷，其中有林地面积 84699 公顷，比 1986 年 63821 公顷，增加 20878 公顷，活立木总蓄积量由 1986 年的 780314 万立方米增加到 8667317 万立方米。全年林业、非林业经营活动消耗林木蓄积量 332576 立方米，林木总生长量 256741 立方米，消耗蓄积量大于生长量 75835 立方米。森林覆被率由 1986 年 82.5% 下降到 70%。

1991 年，有林地总面积 83711 公顷，比 1989 年的 84699 公顷减少 988 公顷，全年林业、非林业生产经营活动消耗蓄积量 265849 立方米，林木总生长量 270883 立方米，生长量大于消耗蓄积量 5034 立方米，是 1986—2005 年期间第一次，也是五营区（局）建局以后第一次实现生长量大于采伐量，森林覆被率 69.5%，比 1989 年的 70% 下降 0.5%。

1998 年，有林地总面积 107493 公顷，比 1991 年的 83711 公顷增加 23782 公顷。活立木总蓄积量 6095579 立方米，比 1991 年的 8694313 立方米减少 2598734 立方米。全年林业、非林业经营活动消耗蓄积量 180424 立方米，林木总生长量 320902 立方米，生长量大于消耗量 140478 立方米。森林覆被率 76.8%，比 1991 年的 69.5% 增加 7.3%。

1999 年以后，由于国家调减木材产量，大力营造速生丰产林，加大营林工作力度，提高造林成活率，在经营管理上实行集约经营，科学管理，加快森林抚育，提高林木生长量，缩短森林培育周期。2000 年，有林地总面积 107481 公顷，比 1998 年的 107493 公顷减少 12 公顷，活立木总蓄积量 6214301 立方米，比 1998 年的 6095579 立方米增加 11822 立方米。森林覆被率 89.2%，与 1998 年持平。

2005 年，有林地总面积 107505.4 公顷，比 2000 年的 107481 公顷增加 375.6 公顷；活立木总蓄积量 7074147 立方米，比 2000 年的 6214301 立方米，增加 859846 立方米。森林覆被率 89%，比 2000 年的 89.2% 下降 0.2%。

1986—2005年五营区森林面积蓄积量变化统计表

表7-1-1

单位：立方米

年份	活立木总蓄积量（立方米）	生长量	本年减少活立木蓄积量			
			合计	林业经营活动	非林业经营活动	其他
1986	7800314	163157	324694	323250	1444	—
1987	7703177	168149	265286	262705	2581	—
1988	7663000	238720	278689	277849	840	—
1989	8667317	256741	332576	332576	—	—
1990	8689279	266874	281657	219742	61915	—
1991	8694313	270883	265849	211380	54469	—
1992	8755943	277719	193040	172072	20698	—
1993	8291580	271514	144881	128281	15600	—
1994	9025898	284402	157100	131587	25513	—
1995	9127871	298234	156902	131302	25600	—
1996	9221302	304503	178112	152112	26000	—
1997	9324206	320902	180424	154424	26000	—
1998	6095579	210040	174293	148293	26000	—
1999	6120824	217101	172983	146983	26000	—
2000	6214301	236626	124708	99708	25000	—
2001	6326548	243396	104245	84245	20000	—
2002	6459397	247333	90458	80129	10329	—
2003	6643983	260255	72789	72570	—	219
2004	6851286	273553	63280	63280	—	—
2005	7074174	287189	62878	62859	—	19

年份	活立木总蓄积量（立方米）	有林地					
		合计		幼龄林		中龄林	
		面积（公顷）	蓄积量（立方米）	面积（公顷）	蓄积量（立方米）	面积（公顷）	蓄积量（立方米）
1986	7800314	63821	7381000	19488	880993	32671	3605617
1987	7703177	62494	7275179	19406	922930	32084	3575285
1988	7663000	60843	7225000	19334	979000	30528	3461000
1989	8667317	84699	7822620	17930	630368	44529	3903568
1990	8689279	84833	7844368	19617	721251	44550	3985887
1991	8694313	83711	7826184	19669	780114	44857	4059187
1992	8755943	82952	7877075	19715	842869	45661	4237595
1993	8921580	89909	8036700	27448	971681	46423	4411479
1994	9025898	92959	8131358	31302	1070215	46975	4578049
1995	9127817	92689	8237828	31411	1164534	48316	4823073

续表 7-1-1

年份	活立木总蓄积量（立方米）	有林地					
		合计		幼龄林		中龄林	
		面积（公顷）	蓄积量（立方米）	面积（公顷）	蓄积量（立方米）	面积（公顷）	蓄积量（立方米）
1996	9221302	92565	8324858	31587	1262989	49357	5008056
1997	9324206	92545	8429111	31538	1359577	50568	5193008
1998	6095579	107493	5780879	41048	1007029	60063	3938006
1999	6120824	107481	5821693	41130	1079068	60996	4018208
2000	6214301	107481	5911769	41170	1160884	61402	4073873
2001	6326548	107465	6024888	40975	1235985	61771	4140319
2002	6459397	107454	6162029	40774	1308465	62094	4201983
2003	6643983	107477	6346934	40797	1407334	62094	4275908
2004	6851286	107506	6552323	41463	1554047	61665	4352258
2005	7074147	107505.4	6771530	41769.5	1681453	61426	4444184

年份	有林地						疏林地		散生木蓄积量（立方米）	四旁树蓄积量（立方米）
	近熟林		成熟林		过熟林					
	面积（公顷）	蓄积量（立方米）	面积（公顷）	蓄积量（立方米）	面积（公顷）	蓄积量（立方米）	面积（公顷）	蓄积量（立方米）		
1986	—	—	11662	2894390	—	—	8	700	418638	—
1987	—	—	11004	2776964	—	—	8	719	427279	—
1988	—	—	10981	2785000	—	—	3645	208145	353540	—
1989	16456	2274601	5707	993689	77	20394	8811	425805	415102	3790
1990	15356	2182570	5233	934063	77	20579	8718	420645	420409	3857
1991	14310	2089354	4798	876728	77	20801	8523	420808	443623	3698
1992	13315	1988363	4184	787329	77	20919	8458	427358	447687	3823
1993	12668	1939507	3293	692903	77	21130	8388	436211	444578	4091
1994	11643	1814268	2979	651714	60	17112	8359	445679	444483	4378
1995	10473	1653784	2429	579165	60	17272	8276	440125	445235	4683
1996	9363	1499182	2218	543410	40	11221	8276	445119	446314	5011
1997	8250	1323556	2149	541664	40	11306	8243	440032	449700	5363
1998	5583	710483	681	96292	118	29069	3088	80789	233911	—
1999	4639	607759	598	87420	118	29238	3095	79341	219790	—
2000	4193	558066	598	89538	118	29408	3095	79959	222573	—
2001	4071	537553	530	81452	118	29579	3086	80772	220888	—
2002	3950	541703	518	80128	118	29750	—	82645	214723	—
2003	3950	552257	518	81514	118	29921	—	83887	213162	—
2004	3762	536565	498	79360	118	30093	—	86552	212411	—
2005	3713	542174	479	73453	—	—	—	—	—	—

1986—2005年五营区森林覆被率变化统计表

表7-1-2

年份	覆被率（%）	年份	覆被率（%）
1986	82.5	1996	76.8
1987	80.7	1997	76.8
1988	78.7	1998	89.2
1989	70.0	1999	89.2
1990	70.0	2000	89.2
1991	69.5	2001	89.0
1992	68.9	2002	89.0
1993	74.6	2003	89.0
1994	77.1	2004	89.0
1995	76.9	2005	89.0

第二节　珍贵树种

一、珍贵树种简介

（一）红松（果松）

松科、松属。常绿针叶乔木，树高30米左右，树龄400~800年，胸径60~120厘米，20年以前长势缓慢，后期加快。是五营区（局）主要造林树种。

红松纯林图

（二）樟子松（海拉尔松）

松科、松属。常绿针叶乔木，干通直，树高可达30米，中龄以前生长迅速，成林快。

（三）黄菠萝（黄柏）

芸香科，黄檗属。阔叶落叶乔木，树龄百年左右，树高20米，树冠大、树皮淡灰色，内层薄呈鲜黄色，外层厚木栓发达。五营区（局）仅有零星分布、蓄积甚少。

（四）钻天柳（上天柳、顺河柳）

杨柳科、上天柳属。阔叶落叶乔木，树干较挺直，树高可达25米，冠圆柱形，树皮淡褐灰色，片状纵裂，小枝黄色或红黄色无毛，叶长椭圆状，先端尖或渐尖，基部楔形，五营区（局）仅有零星分布。

（五）山槐（怀槐）

蝶形花科，怀槐属，亚乔木阔叶落叶树种，树高13米，树皮为黄褐色或淡绿褐色，叶卵形或倒卵状矩圆形，先端急尖基部宽楔形或圆形，荚果暗褐色，五营区（局）仅有零星分布。

（六）柞树（蒙古柞、蒙古栎）

壳斗科，栎属，阔叶落叶树种，立地条件不同，生长情况差异较大，在原始林内树高可达25米，林外散生木比较矮小，五营区（局）翠北林场分布较多，其他场所稀少。

（七）水曲柳

木樨科，白蜡属，阔叶落叶乔木，树高25米左右，树龄可达250年，生长较快，是珍贵树种中速生树种；五营区分布较少。

（八）胡桃楸（核桃楸、山核桃）

胡桃科、核桃属，阔叶落叶乔木，树高20~25米，树干较直，树龄可达200年以上，皮暗灰或灰黑色，交叉纵裂、裂沟菱形；五营区（局）有零星分布。

（九）紫椴（籽椴）

椴木科、椴树属。阔叶落叶乔木，树干较直。树高可达25米，树龄300年以上，喜光，深根性，多生于湿润、肥沃、土层深厚山的腹部；五营区（局）有零星分布。

二、珍贵树种管护

1986—1989年，五营区（局）对珍贵树种管护只是口头上宣传教育，措施不够得力，时有盗伐珍贵树种事件发生。

1992—1993年期间，根据中央林护字〔1992〕56号文件和黑森字〔1992〕64号文件“关于保护珍贵树种的通知”要求，区委、区政府召开全区保护珍贵树种动员大会。为保护珍贵树种各基层单位积极行动起来。区（局）森保、林政部门利用宣传车深入林场所和街道实行定点宣传和流动宣传。广播、电视电视讲座每周1次，山上场所职工群众宣传教育率达100%。山下职工群众宣传教育率达90%以上。盗伐珍贵树种案件得到控制。

1993—1995年，各场（所）普遍建立与完善“谁主管、谁负责”管护责任制度，并把珍贵树种保护作为伐区检查验收一项重要内容来抓，对出现的问题实行公开处罚。

1997年，不准采用皆伐方式采伐红松林，其他采伐方式，胸径24厘米以上红松全部保留，其他珍贵树种发现1株保护1株。

2004年9月1日，开始停伐红松林木至2005年。

第三节 林地面积

一、施业区面积

1986年，五营区（局）施业区总面积77420公顷。

1988年，第三次森林普查，施业区总面积77423公顷。

1989年，友好区（局）43150公顷划给五营区（局）经营后，施业区总面积增加到120573公顷，延续至2005年。

二、林业用地面积

1986年，林业用地面积73009公顷，占施业区总面积94.3%。

1990年，林业用地面积116765公顷，占施业区总面积96.84%，比1986年增加2.54%。

1995年，林业用地面积116876公顷，占施业区总面积96.93%，比1990年增加0.09%。

2000年，林业用地面积117185公顷，占施业区总面积97.19%，比1995年增加0.26%，

2005年，林业用地面积113233.4公顷，占施业区总面积93.91%，比2000年减少3.28%。

（一）有林地面积

1986年，有林地面积63821公顷，占林业用地面积87.41%，占施业区总面积82.43%。

1989年，友好区（局）有林地面积23426公顷，划给五营区（局）经营，使五营区（局）有林地面积增加到84699公顷，占林业用地面积72.25%，比1986年减少15.16%；占施业区总面积

70.24%，比 1986 年减少 12.19%。

1996 年，有林地总面积 92565 公顷，占林业用地面积 79.2%，比 1989 年增加 6.95%；占施业区总面积 76.77，比 1989 年增加 6.53%。

2000 年，有林地总面积 107481 公顷，占林业用地面积 91.72%，比 1996 年增加 12.52%；占施业区总面积 89.14%，比 1996 年增加 12.37%。

2005 年，有林地面积 107505.4 公顷，占林业用地总面积 94.94%，比 2000 年增加 3.22%；占施业区总面积 89.16%，比 2000 年增加 0.02%。

（二）苗圃地面积

1986 年，五营区（局）只有 1 处苗圃（中心苗圃）面积 26 公顷，占林业用地面积 0.04%；占施业区总面积 0.03%。1988 年，增划平原苗圃 11 公顷，全区有两处苗圃，总面积 37 公顷，占林业用地面积 0.05%，比 1986 年增加 0.01%；占施业区总面积 0.05%，比 1986 年增加 0.01%。其中区（局）中心苗圃 26 公顷，平原经营所苗圃 11 公顷。

1990 年，平原经营所苗圃、部分圃地因土层薄，改土又很困难，面积 5 公顷改为造林用地，使平原经营所苗圃用地由 11 公顷减少到 6 公顷，区（局）中心苗圃 26 公顷未变，全区（局）苗圃总面积 32 公顷，占林业用地面积 0.03%；比 1988 年减少 0.02%。占施业区总面积 0.03%，比 1988 年减少 0.02%。1991 年，区（局）中心苗圃增划 9 公顷，由 26 公顷增加到 35 公顷，平原经营所苗圃 6 公顷未变，苗圃总面积 41 公顷，占林业用地总面积 0.04%，比 1990 年增加 0.01%；占施业区总面积 0.03%，与 1990 年持平。

1992 年，增划翠北林场苗圃，面积 3 公顷，五营区（局）苗圃总面积增加到 44 公顷。

1998 年，平原经营所苗圃增划 7 公顷，由 6 公顷增加至 13 公顷，中心苗圃、翠北林场苗圃面积仍保持原数。全区（局）苗圃总面积增至 51 公顷，占林业用地总面积 0.04%，与 1991 年持平；占施业区总面积 0.04%，比 1991 年增加 0.01%，延续至 2005 年。

（三）疏林地和灌木林地面积

疏林地面积　1986 年，疏林地面积只有 8 公顷。1988 年，第三次森林经理普查，依据林地实际情况重新确认疏林地 3188 公顷，占林业用地总面积 4.28%，占施业区总面积 4.11%。1993 年，疏林地面积 8388 公顷占林业用地总面积 7.17%，比 1988 年增加 2.89%；占施业区总面积 6.95%，比 1988 年增加 2.84%。1998 年，疏林地面积 3088 公顷，占林业用地总面积 2.63%，比 1993 年减少 4.54%；占施业区总面积 2.56%，比 1993 年减少 4.39%。2005 年，疏林地面积 3085 公顷，占林业用地总面积 2.72%，比 1998 年增加 0.09%；占施业区总面积 2.55%，比 1998 年减少 0.01%。

灌木林面积　1986 年，灌木林面积 67 公顷，占林业用地总面积 0.09%；占施业区总面积 0.08%。1988 年灌木林改划为疏林地。1998 年，重新认定 81 公顷为灌木林，占林业用地总面积 0.07%，占施业区总面积 0.07%。2005 年，灌木林增加到 92 公顷，占林业用地总面积 0.08%，比 1998 年增加 0.01%；占施业区总面积 0.08%，比 1998 年增加 0.01%。

（四）未成林地面积

1986 年，未成林地面积 5834 公顷，占林业用地总面积 7.99%，占施业区总面积 7.53%。

1992 年，未成林地面积 16644 公顷，占林业用地总面积 14.24%，比 1986 年增加 6.25%；占施业区总面积 13.80%，比 1986 年增加 6.27%。

2000 年，未成林面积 2079 公顷，占林业用地总面积 1.77%，比 1992 年减少 12.47%。占施业区总面积 1.72%，比 1992 年减少 11.08%。

2005 年年末，成林地面积 2192 公顷，占林业用地部面积 1.93%，比 2000 年增加 0.16%；占施业区总面积 1.82%，比 2000 年增加 0.10%。

（五）无林地面积

1986 年，无林地面积 3239 公顷，占林业用地总面积 4.43%，占施业区总面积 4.18%。其中宜林荒山荒地 11 公顷；采伐迹地 3215 公顷；火烧迹地 13 公顷。

1990 年，无林地面积 9687 公顷，占林业用地总面积 8.29%，比 1986 年增加 3.86%；占施业区总面积 8.03%。比 1986 年增加 3.85%。其中宜林荒山荒地 308 公顷；采伐迹地 2478 公顷；宜林沼泽地 6897 公顷；林中空地 4 公顷。

1995 年，无林地总面积 7952 公顷，占林业用地总面积 6.80%，比 1990 年减少 1.49%；占施业区总面积 6.59%。比 1990 年减少 1.44%。其中宜林荒山荒地 252 公顷；采伐迹地 1298 公顷；宜林沼泽地 6398 公顷；林中空地 4 公顷。

2000 年，无林地面积 4398 公顷，占林业用地总面积 3.75%，比 1995 年减少 3.05%；占施业区总面积 3.64%，比 1995 年减少 2.95%。其中宜林荒山荒地 134 公顷；采伐迹地 179 公顷。

2005 年，无林地面积减少到 308 公顷，占林业用地总面积 0.27%，比 2000 年减少 3.48%；占施业区总面积 0.25%，比 2000 年减少 3.39%。其中宜林荒山荒地 128.7 公顷；采伐迹地 179 公顷。

除面积较大地块无林地有账可查外，还有一些零星荒山荒地、林中空地、采伐迹地等小面积地块，由属地场所完成更新造林或采取人工促进天然更新方式恢复森林。

三、非林业用地面积

1986 年，非林业用地面积 4411 公顷，占本区（局）施业区总面积 5.69%。其中：农业用地 1092 公顷；牧地 86 公顷；重沼泽地 406 公顷；道路 963 公顷；河流沼泽 750 公顷；其他 1114 公顷。

1990 年，非林业用地总面积 3808 公顷，占施业区总面积 3.15%，比 1986 年减少 2.54%。其中农业用地 709 公顷；牧地 55 公顷；重沼泽地 117 公顷；特种用地 749 公顷（含道路 690 公顷）；江河湖泊 518 公顷；多种经营用地 99 公顷；其他 1561 公顷。

1995 年，非林业用地总面积 3697 公顷，占施业区总面积 3.06%，比 1990 年减少 0.09%。其中农业用地 693 公顷；牧地 55 公顷；重沼泽地 117 公顷；特种用地 1467 公顷（含道路 648 公顷）；江河湖泊 518 公顷；未利用地 72 公顷；多种经营用地 149 公顷；其他 626 公顷。

2000 年，非林业用地总面积 3388 公顷，占施业区总面积 2.80%，比 1995 年减少 0.98%。其中农业用地 933 公顷；江河湖泊 310 公顷；未利用地 837 公顷；其他 1308 公顷（含牧地、重沼泽地、特用地、多种经营用地、道路用地等）。

2005 年，非林业用地面积 7339.6 公顷，占施业区总面积 6.09%，比 2000 年增加 3.29%。其中江河湖泊湿地 310 公顷；其他湿地 4057 公顷；造林地 803 公顷；道路 30 公顷，其他 2139.6 公顷。

1986—2005 年五营区各类土地面积变化统计表

表 7-1-3　　单位：公顷

年 份	施业区总面积	林业用地			
		合 计	有林地面积	苗圃地面积	疏林地面积
1986	77420	73009	63821	26	8
1987	77420	73030	62494	36	8
1988	77423	74316	61278	37	3188
1989	120573	117219	84699	37	8811
1990	120573	116765	84833	32	8718
1991	120573	116851	83711	41	8523

续表 7-1-3

年 份	施业区总面积	林业用地			
		合 计	有林地面积	苗圃地面积	疏林地面积
1992	120573	116847	82952	44	8458
1993	120573	116854	89909	44	8388
1994	120573	116847	92959	44	8359
1995	120573	116876	92689	44	8276
1996	120573	116871	92565	44	8276
1997	120573	116881	92545	44	8243
1998	120573	117075	107493	51	3088
1999	120573	117143	107481	51	3095
2000	120573	117185	107481	51	3095
2001	120573	117155	107465	51	3086
2002	120573	113082	107454	51	3086
2003	120573	113204	107477	51	3085
2004	120573	113225	107506	51	3085
2005	120573	113233.4	107505.4	51	3085

年 份	林业用地				非林业用地面积
	灌木林地面积	种子园地面积	未成林地面积	无林地面积	
1986	67	14	5834	3239	4411
1987	67	—	6989	3436	4390
1988	—	—	5576	4237	3107
1989	—	—	10590	13082	3354
1990	—	—	13495	9687	3808
1991	—	—	15406	9170	3722
1992	—	—	16644	8749	3726
1993	—	—	10067	8446	3719
1994	—	—	7311	8174	3726
1995	—	—	7915	7952	3697
1996	—	—	8855	7131	3702
1997	—	—	9503	6546	3692
1998	81	—	1779	4583	3498
1999	81	—	1986	4449	3430
2000	81	—	2079	4398	3388
2001	81	—	2074	4398	3418
2002	92	—	2086	313	7491
2003	92	—	2188	311	7369
2004	92	—	2183.3	307.7	7348
2005	92	—	—	308	7339.6

第四节　森林资源分类

一、按龄组分类

（一）幼龄林

1986年，幼龄林面积19488公顷，占五营区（局）施业区总面积25.17%；蓄积量880993立方米，占活立木总蓄积量11.29%。

1990年，面积19617公顷，占施业区总面积16.27%；比1986年减少8.90%；蓄积量721251立方米，占活立木总蓄积量8.30%，比1986年减少2.99%。

1995年，面积31411公顷，占施业区总面积26.05%；比1990年增加9.78%；蓄积量1164534立方米，占活立木总蓄积量12.76%，比1990年增加4.46%。

2000年，面积41170公顷，占施业区总面积34.15%，比1995年增加8.10%；蓄积量1160884立方米，占活立木总蓄积量18.68%，比1995年增加5.92%。

2005年，面积41769.4公顷，占施业区总面积34.64%，比2000年增加0.49%；蓄积量1681453立方米，占活立木总蓄积量23.77%，比2000年增加5.09%。

（二）中龄林

1986年，中龄林面积32671公顷，占施业区总面积42.20%；蓄积3605591立方米，占活立木总蓄积46.22%（含近熟林面积、蓄积）。1990年面积44550公顷，占施业区总面积36.95%；比1986年减少5.25%；蓄积量3985887立方米，占活立木总蓄积45.87%，比1986年减少0.35%。

1995年，面积48316公顷，占施业区总面积40.07%；比1990年增加3.12%；蓄积量4823073立方米，占活立木总蓄积量52.84%，比1990年增加6.97%。

2000年，面积61402公顷，占施业区总面积50.93%；比1995年增加10.86%；蓄积量4073873立方米，占活立木总蓄积量65.56%，比1995年增加12.72%。

2005年，面积61426公顷，占施业区总面积50.95%；比2000年增加0.02%；蓄积量4444184立方米，占活立木总蓄积量62.82%，比2000年减少2.74%。

（三）近熟林

1989年，近熟林面积16456公顷，占施业区总面积13.65%；蓄积量2274601立方米，占活立木总蓄积量26.24%。

1995年，面积10473公顷，占施业区总面积8.69%；比1989年减少4.96%；蓄积量1653784立方米，占活立木总蓄积量18.12%，比1989年减少8.12%。

2000年，面积4193公顷，占施业区总面积3.48%；比1995年减少5.21%；蓄积量558066立方米，占活立木总蓄积量8.98%，比1995年减少9.14%。

2005年，面积3713公顷，占施业区总面积3.08%；比2000年减少0.40%；蓄积量542174立方米，占活立木总蓄积量7.66%，比2000年减少1.32%。

（四）成熟林

1986年，成熟林面积（含过熟林面积）11662公顷，占施业区总面积15.06%；蓄积量2894390立方米（含过熟林蓄积），占活立木总蓄积量37.11%。

1990年，面积5233公顷，占施业区总面积4.34%；比1986年减少10.72%；蓄积量934063立方米，占活立木总蓄积量10.75%，比1986年减少26.36%。

1995年，面积2429公顷，占施业区总面积2.01%；比1990年减少2.33%；蓄积量579165立方米，占活立木总蓄积量 6.35%，比 1990 年减少 4.40%。

2000 年，面积 598 公顷，占施业区总面积 0.50%；比 1995 年减少 1.51%；蓄积量 89538 立方米，占活立木总蓄积量 1.44%，比 1995 年减少 4.91%。

2005 年，面积 479 公顷，占施业区总面积 0.40%；比 2000 年减少 0.10%；蓄积量 73453 立方米，占活立木总蓄积量 1.04%，比 2000 年减少 0.40%。

（五）过熟林

1986年，过熟林面积77公顷，占施业区总面积0.06%；蓄积量20394立方米，占活立木总蓄积量0.24%。

1995 年，面积 60 公顷，占施业区总面积 0.01%，比 1989 年减少 0.05%；蓄积量 17272 立方米，占活立木总蓄积量 0.20%，比 1989 年减少 0.04%。

2000 年，面积 118 公顷，占施业区总面积 0.11%，比 1995 年增加 0.10%；蓄积量 29408 立方米，占活立木总蓄积量 0.47%，比 1995 年增加 0.27%。

2005 年，五营区（局）已不存在过熟林。

二、按优势树种分类

1986—2005 年，按优势树种分类，各林种面积、蓄积量变化情况如下表。

1986—2005 年五营区按优势树种分类统计表

表 7-1-4

年份	红松林		兴安落叶松林		冷杉林		云杉林		樟子松林	
	面积（公顷）	蓄积量（立方米）	面积（公顷）	蓄积量（立方米）	面积（公顷）	蓄积量（立方米）	面积（公顷）	蓄积量（立方米）	面积（公顷）	蓄积量（立方米）
1986	12101	2127086	3013	292027	—	—	—	—	73	6000
1987	11708	2089000	2971	297000	—	—	—	—	73	6000
1988	11277	2059000	2971	310000	—	—	—	—	73	6000
1989	9122	1317619	1890	225487	2836	292496	1267	118524	60	5263
1990	8742	1284967	3887	220315	2756	291899	1255	122238	60	5632
1991	8413	1260082	3880	222782	2709	292776	1255	122284	60	6014
1992	8231	1256152	3880	231296	2692	299515	1226	121608	60	6639
1993	9549	1265611	9434	272083	2671	304753	1547	127183	60	7341
1994	9976	1246674	12314	288490	2656	309506	2896	232660	60	8036
1995	9894	1225550	12333	301447	2646	315375	2849	232893	60	8886
1996	9971	1226185	12333	316742	2571	311724	2951	254449	60	9830
1997	9990	1219600	12315	328066	2569	316509	2841	255036	60	10761
1998	9288	427851	14107	261064	1244	94169	1577	25102	131	3430
1999	9339	452334	14107	279932	1244	95448	1577	27652	131	3652
2000	9397	477125	14030	298162	1202	93461	1507	29692	131	3897
2001	9468	512207	13969	316947	1120	81061	1458	30729	131	4196
2002	9434	536387	13813	335198	974	73798	147	6468	131	4501
2003	9434	558380	13837	367290	974	75771	1458	37949	131	4916
2004	9434	581912	13754	401967	1003	79673	1458	42450	131	5373
2005	9434	604126	13693	439512	1003	82899	1458	47606	131	5877

续表 7-1-4

年份	云冷杉林		柞树林		椴树林		白桦林		枫桦林	
	面积（公顷）	蓄积量（立方米）	面积（公顷）	蓄积量（立方米）	面积（公顷）	蓄积量（立方米）	面积（公顷）	蓄积量（立方米）	面积（公顷）	蓄积量（立方米）
1986	3476	397024	—	—	—	—	4561	227024	—	—
1987	3403	395275	—	—	—	—	4518	230000	—	—
1988	3297	394000	—	—	—	—	4518	246000	—	—
1989	22580	2434250	88	6869	56	6000	4525	181519	—	—
1990	22413	2447582	88	7053	56	5943	6020	231246	—	—
1991	22260	2438756	88	7293	56	6126	6020	245181	—	—
1992	22099	2474231	88	7541	56	6316	6014	265146	—	—
1993	21909	2515419	88	7799	56	6512	6014	283280	—	—
1994	20720	2453845	88	7873	47	4858	6000	303620	—	—
1995	20772	2480377	88	8256	47	5015	6000	325160	—	—
1996	20856	2475999	88	8662	47	5176	6000	347845	—	—
1997	21260	2488894	88	9095	47	5343	5913	369241	—	—
1998	18300	1394910	136	4400	46	1949	6209	257693	461	24112
1999	18334	1384774	136	4498	46	2016	6216	268623	461	25060
2000	18419	1366522	136	4645	46	2086	6248	285247	461	26141
2001	18419	1375081	136	4796	46	2158	6322	316131	354	15057
2002	—	—	136	4914	46	2228	6123	317100	354	16142
2003	—	—	136	5072	46	1963	6123	337156	354	17349
2004	—	—	136	5235	46	2026	6185	364469	354	18658
2005	—	—	136	5405	46	2091	6185	389277	354	20082

年份	杨桦林		杨树林		山杨林		水曲柳林		珍贵混林	
	面积（公顷）	蓄积量（立方米）	面积（公顷）	蓄积量（立方米）	面积（公顷）	蓄积量（立方米）	面积（公顷）	蓄积量（立方米）	面积（公顷）	蓄积量（立方米）
1986	—	—	104	11000	—	—	—	—	—	—
1987	—	—	104	13000	—	—	—	—	—	—
1988	—	—	104	13000	—	—	—	—	—	—
1989	—	—	629	26781	—	—	—	—	—	—
1990	—	—	632	28972	—	—	—	—	4	10
1991	—	—	632	31562	—	—	—	—	4	11
1992	—	—	632	34430	—	—	—	—	4	12
1993	—	—	693	38602	—	—	23	231	4	13
1994	—	—	698	42113	—	—	28	372	4	14
1995	—	—	698	46080	—	—	28	405	4	15
1996	—	—	698	50581	—	—	28	442	4	16
1997	—	—	698	56104	—	—	28	481	4	17
1998	4544	188378	114	8477	—	—	—	—	—	—

续表 7-1-4

年份	杨桦林		杨树林		山杨林		水曲柳林		珍贵混林	
	面积（公顷）	蓄积量（立方米）	面积（公顷）	蓄积量（立方米）	面积（公顷）	蓄积量（立方米）	面积（公顷）	蓄积量（立方米）	面积（公顷）	蓄积量（立方米）
1999	4287	175607	114	8875	—	—	—	—	—	—
2000	4209	180959	114	9354	—	—	—	—	—	—
2001	4065	183749	114	9839	—	—	—	—	—	—
2002	—	—	85	8664	29	1652	—	—	—	—
2003	—	—	—	—	114	10748	—	—	—	—
2004	—	—	—	—	114	11284	—	—	—	—
2005	—	—	—	—	114	11853	—	—	—	—

年份	人天混林		针混林		阔混林		针阔混林		其他	
	面积（公顷）	蓄积量（立方米）	面积（公顷）	蓄积量（立方米）	面积（公顷）	蓄积量（立方米）	面积（公顷）	蓄积量（立方米）	面积（公顷）	蓄积量（立方米）
1986	3842	265024	30997	3523035	1845	238034	3809	295031	—	—
1987	3842	277000	30355	3470027	1734	215000	13001	294000	—	—
1988	3842	289000	29282	3386000	1734	238000	3745	295000	—	—
1989	5426	196416	15996	1587349	3613	204442	14611	1219605	—	—
1990	5426	211813	15614	1574297	3632	211064	14248	1201337	—	—
1991	5394	225192	15384	1571230	3562	211824	13994	1185071	—	—
1992	5333	238658	15201	1556720	3528	214211	13908	1164600	—	—
1993	5477	263329	15100	1564484	3494	215652	13790	1164408	—	—
1994	5429	280862	15493	1608541	3548	225377	13001	118517	—	—
1995	5174	293405	15563	1644238	3558	231398	12975	1119328	—	—
1996	4965	304734	15483	1639285	3574	245482	12936	1127706	—	—
1997	4679	318365	15522	1649782	3621	260500	12910	1141317	—	—
1998	—	—	18500	1214975	3909	199010	28916	1675316	11	43
1999	—	—	18544	1202002	4118	211698	28816	1679478	11	44
2000	—	—	18618	1210852	4204	226474	28748	1697105	11	47
2001	—	—	18331	1178952	4441	247234	29079	1746701	11	50
2002	—	—	37082	2595189	8652	458592	29137	1773535	—	—
2003	—	—	37081	2641035	8652	477566	29137	1811730	—	—
2004	—	—	36996	2683451	8638	498770	29257	1857055	—	—
2005	—	—	36888	2740384	8668	522088	29395	1900330	—	—

说明：本表不含疏林地面积、蓄积量，不含散生木、四旁树蓄积量

三、按单位蓄积量分类

1986 年，有林地面积 63821 公顷，有林地总蓄积量 7380974 立方米，公顷平均蓄积量 115.65 立方米。其中：幼龄林面积 19488 公顷，蓄积量 880993 立方米，公顷蓄积量 45.2 立方米；中龄林（含近熟林）面积 32671 公顷，蓄积量 3605591 立方米，公顷蓄积量 110.36 立方米；成熟林（含过熟林）面积 11662 公顷，蓄积量 2894390 立方米，公顷蓄积量 248.19 立方米。

1990 年，有林地面积 84833 公顷，有林地总蓄积量 7844368 立方米，公顷平均蓄积量 92.46 立方米。比 1986 减少 23.19 立方米。其中：幼龄林面积 19617 公顷，蓄积量 721251 立方米，公顷蓄积量 36.77 立方米，比 1986 年减少 8.43 立方米；中龄林面积 44550 公顷，蓄积量 3985887 立方米，公顷蓄积量 89.46 立方米；近熟林面积 15356 公顷，蓄积量 2182570 立方米，公顷蓄积量 142.13 立方米；成熟林面积 5233 公顷，蓄积量 934063 立方米，公顷蓄积量 178.49 立方米；过熟林面积 77 公顷，蓄积量 20597 立方米，公顷蓄积量 267.49 立方米。

1995 年，有林地面积 92689 公顷，蓄积量 8237828 立方米，公顷平均蓄积量 88.88 立方米，比 1990 年减少 3.58 立方米。其中：幼龄林面积 31411 公顷，蓄积量 1164534 立方米，公顷蓄积量 37.07 立方米，比 1990 年增加 0.3 立方米；中龄林面积 48316 公顷，蓄积量 4823073 立方米，公顷蓄积量 99.82 立方米，比 1990 年增加 10.46 立方米；近熟林面积 10473 公顷，蓄积量 1653784 立方米，公顷蓄积量 157.90 立方米，比 1990 年增加 15.77 立方米；成熟林面积 2429 公顷，蓄积量 579165 立方米，公顷蓄积量 238.44 立方米，比 1990 年增加 59.95 立方米；过熟林面积 60 公顷，蓄积量 17272 立方米，公顷蓄积量 287.86 立方米，比 1990 年增加 20.37 立方米。

2000 年，有林地面积 107481 公顷，蓄积量 5911769 立方米，公顷平均蓄积量 55.00 立方米，比 1995 减少 33.88 立方米。其中：幼龄林面积 41170 公顷，蓄积量 1160884 立方米，公顷蓄积量 28.19 立方米，比 1995 年减少 8.88 立方米；中龄林面积 61402 公顷，蓄积量 4073873 立方米，公顷蓄积量 66.35 立方米，比 1995 年减少 33.47 立方米；近熟林面积 4193 公顷，蓄积量 558066 立方米，公顷蓄积量 133.09 立方米，比 1995 年减少 24.81 立方米；成熟林面积 598 公顷，蓄积量 89538 立方米，公顷蓄积量 149.73 立方米，比 1995 年减少 88.71 立方米；过熟林面积 118 公顷，蓄积量 29408 立方米，公顷蓄积量 249.22 立方米，比 1995 年减少 38.64 立方米。

2005 年，有林地面积 107505.4 公顷，蓄积量 6771530 立方米，公顷平均蓄积量 62.99 立方米，比 2000 年增加 7.99 立方米。其中：幼龄林面积 41769.4 公顷，蓄积量 1681453 立方米，公顷平均蓄积量 40.26 立方米，比 2000 年增加 12.07 立方米；中龄林面积 61426 公顷，蓄积量 4444184 立方米，公顷平均蓄积量 72.35 立方米，比 2000 年增加 6.0 立方米；近熟林面积 3713 公顷，蓄积量 542174 立方米，公顷蓄积量 146.02 立方米，比 2000 年增加 12.93 立方米；成熟林面积 479 公顷，蓄积量 73453 立方米，公顷蓄积量 153.35 立方米，比 2000 年增加 3.62 立方米。

四、按起源分类

1986 年，有林地天然林面积 56459 公顷，占有林地总面积 88.46%；蓄积量 6999947 立方米，占有林地蓄积量 94.84%。有林地人工林面积 7362 公顷，占有林地总面积 11.54%，蓄积量 381000 立方米，占有林地总蓄积量 5.16%。

1990 年，天然林面积 76758 公顷，占有林地总面积 90.48%，比 1986 年增加 2.02%；蓄积量 7541366 立方米，占有林地蓄积量 96.14%，比 1986 年增加 1.30%。人工林面积 8075 公顷，占有林地总面积 9.52%，比 1986 年年减少 2.02%；人工林蓄积量 303002 立方米，占有林地总蓄积量 3.86%，比 1986 年减少 1.30%。

1995年，天然林面积73374公顷，占有林地总面积79.16%，比1990年减少11.32%；蓄积量7727951立方米，占有林地蓄积量93.81%，比1990年减少2.33%。人工林面积19315公顷，占有林地总面积20.84%，比1990年增加11.32%；蓄积量509877立方米，占有林地总蓄积量6.19%，比1990年增加2.33%。

2000年，天然林面积85100公顷，占有林地总面积79.18%，比1995年增加0.02%；蓄积量5403229立方米，占有林地蓄积量91.39%，比1995年减少2.42%。人工林面积22381公顷，占有林地总面积20.82%，比1995年减少0.02%；蓄积量508540立方米，占有林地总蓄积量8.61%，比1995年增加2.42%。

2005年，天然林面积85078公顷，占有林地总面积79.14%，比2000年减少0.04%；蓄积量6004803立方米，占有林地蓄积量88.68%，比2000年减少2.71%。人工林面积22427.4公顷，占有林地总面积20.86%，比2000年增加0.04%；蓄积量766727立方米，占有林地总蓄积量11.32%，比2000年增加2.71%。

第五节　森林资源分布

1986年，永丰经营所有林地面积12090公顷，占有林地总面积18.94%；有林地蓄积量106万立方米，占有林地总蓄积量14.36%。前丰林场面积11990公顷，占有林地总面积18.78%；蓄积量154万立方米，占有林地总蓄积量20.86%。平原经营所面积9367公顷，占有林地总面积14.68%；蓄积量91.8万立方米，占有林地总蓄积量12.44%。丽丰经营所面积11321公顷，占有林地总面积17.74%；蓄积量150.7万立方米，占有林地总蓄积量20.42%。杨树河经营所面积4604公顷，占有林地总面积7.21%；蓄积量65.1万立方米，占有林地总蓄积量8.82%。五营河经营所面积3931公顷，占有林地总面积6.16%；蓄积量4.57万立方米，占有林地总蓄积量6.19%。平山经营所面积10518公顷，占有林地总面积16.49%；蓄积量1247974万立方米，占有林地总蓄积量16.91%。

1993年，永丰经营所面积11407公顷，占有林地总面积12.69%，比1986年减少6.25%；蓄积量1172886立方米，占有林地总蓄积量14.59%，比1986年增加0.23%。前丰林场面积9639公顷，占有林地总面积10.42%，比1986年减少8.36%；蓄积量879692立方米，占有林地总蓄积量10.95%，比1986年减少9.92%。平原经营所面积9543公顷，占有林地总面积10.62%，比1986年减少4.06%；蓄积量881225立方米，占有林地总蓄积量10.97%，比1986年减少1.48%。丽丰经营所面积11845公顷，占有林地总面积13.17%，比1986年减少4.57%；蓄积量959139立方米，占有林地总蓄积量11.93%，比1986年减少8.48%。杨树河经营所面积5126公顷，占有林地总面积5.71%，比1986年减少1.50%；蓄积量362716立方米，占有林地总蓄积量4.51%，比1986年减少4.3%。五营河经营所面积4343公顷，占有林地总面积4.83%，比1986年减少1.33%；蓄积量391925立方米，占有林地总蓄积量4.88%，比1986年减少1.31%。平山经营所面积10757公顷，占有林地总面积11.96%，比1986年减少4.53%；蓄积量1018217立方米，占有林地总蓄积量12.67%，比1986年减少4.24%。翠北林场面积27519公顷，占有林地总面积30.60%；蓄积量2370900立方米，占有林地总蓄积量29.5%。

1998年，永丰经营所面积12536公顷，占有林地总面积11.66%，比1993年减少1.03%；蓄积量750240立方米，占有林地总蓄积量12.98%，比1993年减少1.61%。前丰林场面积12737公顷，占有林地总面积11.85%，比1993年增加1.43%；蓄积量672462立方米，占有林地总蓄积量11.63%，比1993年增加0.69%。平原经营所面积9925公顷，占有林地总面积9.24%；比1993年减少1.38%；蓄积 575910 立方米，占有林地总蓄积量 9.96%，比 1993 年减少 1%。丽丰经营所面积 12899 公顷，占有林地总面积 12%，比 1993 年减少 1.17%；蓄积量 606683 立方米，占有林地总蓄积量 10.49%，比 1993 年减少 1.45%。杨树河经营所面积 6279 公顷，占有林地总面积 5.84%，比 1993 年增加 0.13%；蓄积量 183230 立方米，占有林地总蓄积量 3.18%，比 1993 年减少 1.34%。五营河经营所面积 4667 公顷，占有林地总面积 4.34%，比 1993 年减少 0.49%；蓄积量 178285 立方米，占有林地总蓄积量 3.08%，比 1993 年减少 1.8%。平山经营所面积 11506 公顷，占有林地总面积 10.7%，比 1993 年减少 1.26%；蓄积量 583469 立方米，占有林地总蓄积量 10.09%，比 1993 年减少 2.58%。翠北林场面积 36944 公顷，占有林地总面积 34.37%，比 1993 年增加 3.77%；蓄积量 2230600 立方米，占有林地总蓄积量 38.59%，比 1993 年增加 9.09%。

2002 年，永丰经营所面积 12536 公顷，占有林地总面积 11.67%，比 1998 年增加 0.01%；蓄积量 806601 立方米，占有林地总蓄积量 13.08%，比 1998 年增加 0.1%。前丰林场面积 12737 公顷，占有林地总面积 11.85%，比 1998 年增加 0.22%；蓄积量 657871 立方米，占有林地总蓄积量 10.68%，比 1998 年减少 0.95%。平原经营所面积 9925 公顷，占有林地总面积 9.24%，与 1998 年持平；蓄积量 580886 立方米，占有林地总蓄积量 9.43%，比 1998 年减少 0.53%。丽丰经营所面积 12884 公顷，占有林地总面积 11.99%，比 1998 年增加 1.5%；蓄积量 704601 立方米，占有林地总蓄积量 11.43%，比 1998 年增加 0.49%。杨树河经营所面积 6271 公顷，占有林地总面积 5.83%，比 1998 年减少 0.01%；蓄积量 211，926 立方米，占有林地总蓄积量 3.44%，比 1998 年增加 0.26%。五营河经营所面积 4646 公顷，占有林地总面积 4.32%，比 1998 年减少 0.02%；蓄积量 209250 立方米，占有林地总蓄积量 3.4%，比 1998 年增加 0.32%。平山经营所面积 11506 公顷，占有林地总面积 10.71%，比 1998 年增加 0.01%；蓄积量 634524 立方米，占有林地总蓄积量 10.3%，比 1998 年增加 0.21%。翠北林场面积 36949 公顷，占有林地总面积 34.39%，比 1998 年增加 0.01%；蓄积量 2356370 立方米，占有林地总蓄积量 38.24%，比 1998 年减少 0.35%。

2005 年，永丰经营所面积 12536 公顷，占有林地总面积 11.66%，比 2002 年减少 0.01%；蓄积量 874432 立方米，占有林地总蓄积量 12.91%，比 2002 年减少 0.17%。前丰林场面积 12737 公顷，占有林地总面积 11.85%，与 2002 年持平；蓄积量 694796 立方米，占有林地总蓄积量 10.26%，比 2002 年减少 0.42%。平原经营所面积 9925 公顷，占有林地总面积 9.23%，比 2002 年减少 0.01%；蓄积量 619082 立方米，占有林地总蓄积量 9.14%，比 2002 年减少 0.29%。丽丰经营所面积 12884 公顷，占有林地总面积 11.98%，比 2002 年减少 0.01%；蓄积量 812606 立方米，占有林地总蓄积量 12.00%，比 2002 年增加 0.57%。杨树河经营所面积 6270.4 公顷，占有林地总面积 5.83%，与 2002 年持平；蓄积量 250678 立方米，占有林地总蓄积量 3.70%，比 2002 年增加 0.26%。五营河经营所面积 4644 公顷，占有林地总面积 4.32%，与 2002 年持平；蓄积量 246666 立方米，占有林地总蓄积量 3.64%，比 2002 年增加 0.24%。平山经营所面积 11506 公顷，占有林地总面积 10.70%，比 2002 年减少 0.01%；蓄积量 696884 立方米，占有林地总蓄积量 10.29%，比 2002 年减少 0.01%。翠北林场面积 37003 公顷，占有林地总面积 34.42%，比 2002 年增加 0.03%；蓄积量 2576386 立方米，占有林地总蓄积量 38.05%，比 2002 年减少 0.19%。

第六节　林分类型蓄积量和树种组成蓄积量

一、林分类型蓄积量

1986 年全区（局）有红松林等 10 种林分类型，活立木总蓄积 7381258 立方米；1990 年由于细化林分类型，使类型增加到15种，比1986年增加5种，活立木总蓄积8649165立方米，比1986年增加1267880立方米；1995年有16种林分类型，比1990年增加1种，活立木总蓄积9075190立方米，比1990年增加426，025立方米；2000年有15种林分类型，比1995年减少1种，活立木总蓄积6214254立方米，比1995年减少2860936立方米；2005年有13种林分类型，比2000年减少2种，活立木总蓄积7074107立方米，比2000年增加859853立方米。

1986—2005年五营区各林分类型活立木蓄积量统计表

表7-1-5 单位：立方米

年份	红松林	樟子松林	兴安落叶松林	云杉林	冷杉林	云冷杉林	柞树林
1986	2127086	6000	292027	—	—	397024	—
1987	2089000	6000	297000	—	—	395275	—
1988	2059000	6000	310000	—	—	394000	—
1989	1416220	5106	269502	145212	331722	2658599	6821
1990	1379648	5632	266676	149980	332709	2679043	7053
1991	1358967	6014	270346	150206	333870	2447582	7293
1992	1357410	6639	280120	150374	341789	2704766	7541
1993	1371855	7341	334083	158106	346395	2748963	7799
1994	1354290	8036	355815	271734	352730	2678508	7873
1995	1322868	8886	369836	270701	357559	2709102	8256
1996	1322962	9830	384665	289085	351770	2699047	8662
1997	1317034	10761	397605	291261	357301	2708612	9095
1998	496497	4120	280449	68262	121781	1411553	4400
1999	515723	4359	297413	69240	120907	1399676	5187
2000	542199	4621	315419	70777	118860	1381860	5349
2001	579054	4938	333187	70835	105959	1388969	5516
2002	576677	5246	370285	42805	76487	—	4914
2003	598798	5664	401626	46458	78469	—	5072
2004	621790	6124	434568	51214	82394	—	5235
2005	644119	6631	471576	56473	85630	—	5405

年份	椴树林	白桦林	枫桦林	针混林	阔混林	针阔混林	人天混林
1986	—	227024	—	3523035	238034	295031	265024
1987	—	230000	—	3497000	216000	294000	277000
1988	—	246000	—	3386000	238000	295000	289000
1989	5758	191274	—	1755120	201000	1352978	224216
1990	5943	243201	—	1738703	246979	1324624	238728
1991	6126	260696	—	1739790	247471	1306469	252755
1992	6316	280823	—	1706172	249464	1288630	266973
1993	6512	299531	—	1722196	252360	1286225	290591
1994	4858	318619	—	1767992	262743	1239307	308657

续表 7-1-5

年 份	椴树林	白桦林	枫桦林	针混林	阔混林	针阔混林	人天混林
1995	5015	340709	—	1803406	269927	1239756	320767
1996	5176	363657	—	1800711	284168	1248242	332067
1997	5343	385197	—	1807057	300274	1261676	345738
1998	28746	271836	61922	1233606	203201	1710562	—
1999	26970	282217	62479	1219245	216028	1715395	—
2000	29169	297684	64613	1228625	230923	1732253	—
2001	28770	328947	52892	1197645	251832	1782739	—
2002	2228	327373	17824	2674249	480316	1800627	—
2003	1963	347625	19036	2721180	499428	1907866	—
2004	3144	37514	21520	2765610	519930	1953281	—
2005	3212	400164	22952	2826314	543416	1996352	—

年 份	杨桦林	杨树林	山杨林	水曲柳林	珍贵混林	合 计
1986	—	11000	—	—	—	7381285
1987	—	13000	—	—	—	7314275
1988	—	13000	—	—	—	7236000
1989	—	27796	—	—	9	8591333
1990	—	30236	—	—	10	8649165
1991	—	32854	—	—	11	8420450
1992	—	35753	—	—	12	8682782
1993	—	40213	—	358	13	8872541
1994	—	43802	—	500	14	8975478
1995	—	47851	—	536	15	9075190
1996	—	52420	—	576	16	9153045
1997	—	58037	—	618	17	9255626
1998	188456	10145	—	—	—	6095536
1999	175688	10253	—	—	—	6120780
2000	181043	10859	—	—	—	6214254
2001	183836	11381	—	—	—	6326498
2002	—	8664	1662	—	—	6459317
2003	—	—	10758	—	—	6643943
2004	—	—	11294	—	—	6851246
2005	—	—	11863	—	—	7074107

说明：本表活立木蓄积量，不含疏林地、散生木、四旁树蓄积量

二、树种组成蓄积量

五营区（局）开发初期，森林资源主要以红松为优势针阔叶混交复层异龄林，针叶树种组成蓄积占活立木总蓄积量 92.7%，其中红松蓄积占针叶树种总蓄积量 76.2%；阔叶树种蓄积占活立木总蓄积量 7.3%。

1986—2005年五营区针、阔叶树种组成蓄积量占活立木总蓄积量比重一览表

表7-1-6

年份 \ 树种	活立木蓄积量（立方米）	针叶		阔叶	
		蓄积量（立方米）	比重（%）	蓄积量（立方米）	比重（%）
1986	7800314	7155914	91.74	644400	8.26
1987	7703177	6759177	87.75	944000	12.25
1988	7663000	6682500	87.20	980500	12.80
1989	8667317	7548317	87.09	1119000	12.91
1990	8689279	7522515	86057	1166764	13.43
1991	8694313	7333046	84.34	1361267	15.66
1992	8755943	7368829.5	84.16	1387113.5	15.84
1993	8921580	7501873	84.09	1419707	15.91
1994	9025898	7588304	84.07	1437594	15.93
1995	9127871	7815054	85.62	1312817	14.38
1996	9221302	7682356.5	83.30	1538945.5	16.70
1997	9324206	7727636.5	82.88	1596569.5	17.12
1998	6095579	4471570.5	73.36	1624008.5	26.64
1999	6120824	4484256	73.26	1636541.5	26.74
2000	6214301	4528507	72.87	1685794	27.13
2001	6326548	4571952.5	72.27	1754595.5	27.73
2002	6459397	4681083	72.47	1778314	27.53
2003	6643983	4806148	72.34	1837835	27.66
2004	6851286	4938360.5	72.08	1912925.5	29.92
2005	7074147	5088939	71.94	1985208	28.06

第二章 营林生产

1986年，根据黑龙江省伊春市的指示精神，五营区（局）贯彻以营林为基础的方针，努力培养后备森林资源。加大苗木培育、更新、三林（幼林、母树林、天然林）抚育力度，培植速生丰产林、经济林，适当封山育林，休养生息。人工促进林木生长，提高林木生长量，搞好两防（防火、防治病虫鼠害），在培育后备资源上下功夫。丽丰、前丰、永丰、平原、平山、杨树河、五营河等单位实行目标管理，即成本包干。营林处实行经费包干。

1987年，五营区（局）制订综合立体开发实施方案，尽快培育、恢复和发展森林，本着少采伐多造林，快抚育，提高郁闭度、增加覆被率，提高蓄积量的原则，以实行森林集约经营为重点，以大面积营造落叶松速生丰产林为突破口，发展后备森林资源。

1990—1993年，五营区（局）在治危兴林实践活动中，八个林场（所）和营林处已由目标管理转向承包经营，实行成本费用和利润包干，定死基数，节余留用，超支不补，为营林生产由计划经济向市场经济过渡打下了坚实基础。

1997年，推广铁力和中植经验，对八个林场（所）和营林处，全部实行整体委托经营，五营区（局）只管一个受托人，一纸合同和一本资源资金账。同时，精简机构，定岗定编。年末，国家对天然林资源实施保护，五营区（局）逐年减少对红松的采伐，到2004年，伊春市市长第1号令下发，全面停止了天然红松采伐。

1998—2005年，加快实施天然林保护工程的步伐。其主体是营林生产，五营区（局）贯彻执行了严管树、慎用钱、质为先的方针，在五营森林公园实施了红松树挂牌管理，有效地保护了天然红松林资源，加大森林资源培育力度，严格执行了造林成果收购制和造林质量追究制，森林资源管护经营承包面积5.8万公顷，封山育林8442公顷。完成森林抚育2.5万公顷，完成更新造林2551公顷，发展民有林3.5公顷，森林总蓄积逐步回升，森林覆被率由“九五”期间的89%提高到“十五”末期的89.2%。

第一节 机 构

一、营林处

1986年，营林处下设生产技术指导股、技术室、调度室、财务室、森林病虫鼠害防治、林木良种繁育、森林物候气象3个站，机械、检验2个队。全处职工94人，其中科技人员20人，设党支部书记、主任各1人，副主任2人，其他副科级以上干部6人。

1997年5月，根据上级指示精神，机构改革，撤销营林处，成立营林公司，设立营林科，一套人马，两块牌子。营林科下设林木种子站、森林病防站、森林物候站（三站升为副科级单位），营林验收队、森林公园管理处林业局核定编制36人，营林科在册职工101人，其中科技人员30人（营林工程师5人，助理工程师8人，营林技术员9人，工人技师8人）；公司（科）设书记、主任（经理）各1人，副主任（副经理）2人，其他副科级以上干部10人。

2000年，营林公司（科）下设股室站队与1997年相同，新设森林公园队，种苗、后勤服务2个股室。林业局核定编制41人，公司在册职工132人，其中科技人员30人；公司设书记、主任各1人，副主任2人，其他副科级以上干部8人。

2005年，营林公司（科）下设营林验收队（生产股）调度室，绿化办、后勤股，森林病虫鼠害防治站，林木种子繁育站、森林物候气象站。全体职工119人，林业局核定编制33人。其中科技人员19人；公司设书记、主任各1人，副主任2人，其他副科级以上干部4人。

二、苗圃

1986年，五营河林场苗圃设书记、主任各1人，副主任2人，工会主席1人；职工总数432人。

1987年3月13日，由伊春市林管局决定五营河林场苗圃更名为五营中心苗圃，五营河林场和中心苗圃合署办公，一套人马，两块牌子。负责生产苗木，供应本局的造林种苗，是生产种苗的基地。同时完成本局的营林生产任务。

1997年，中心苗圃设书记1人，主任1人，副主任3人，工会主席1人，职工总数为470人。

2002年，设领导指数同1997年相同，职工506人。2005年，设书记1人，主任1人，副主任3人，工会主席1人，职工538人。

第二节 种 子

种苗生产是营林生产的基础，由五营中心苗圃负责种苗培育，由营林处下设的林木繁育良种站，负责种子的供应。1986—2005年，一直沿用1986年以前的生产模式，进行种苗生产。

一、种子收购

1986，营林科林木繁育良种站，负责五营区（局）林木种子的采集、收购，运输管理等项工作。为种苗生产提供优质的种子，同时预测预报种子的结实情况，对红松等各种树种的种子结实情况进行调查。

种子收购工作一般在每年9月下旬开始，按国家规定价格分等号级收购。收购种子品种主要是：红松、落叶松（球果）、红皮云杉（球果）。

2000年，收购水曲柳、刺嫩芽、山花椒、刺五加、核桃楸等种子。

2001—2005年，红松种子进入市场经济，每年设点收购红松种子。

1986—2005年五营区林木种子收购数量统计表

表7-2-1

单位：千克

年度	红松	落叶松	红皮云杉
1986	86000	700	—
1987	120400	—	—
1988	7000	—	27200
1989	596420	—	22770

续表 7-2-1

年度	红松	落叶松	红皮云杉
1990	19480	—	—
1991	170000	—	—
1992	189000	—	—
1993	52000	13000	120000
1994	—	—	—
1995	—	—	—
1996	105000	—	—
1997	30000	—	—
1998	—	—	—
1999	—	—	—
2000	11500	990.5	2100
合 计	1.386.801	14.690.5	172.070

说明：1994 年、1995 年没有收购种子，2000 年收购水曲柳 75 千克、刺嫩芽 1.5 千克、山花椒 4 千克、刺五加 10 千克、核桃楸 90 千克，2001—2005 年没有收购种子

二、育苗

1986 年，由于受计划经济影响，生产种苗种类单一，培育品种主要是“老三松”，即红松、落叶松、云杉。

1994 年以来，通过大胆改革，步入市场经济阶段，开发了绿色、经济品种，如刺嫩芽、山槐、桃红、老金梅、丁香、茶条槭等，获得了经济效益。1998 年，良种站对落叶松进行花枝水培，并成功的推广应用。

1999 年，平山、杨树河经营所进行刺五加、五味子栽培试验，获得成功培育，于 2000 年投入生产。

2001 年，永丰经营所试验栽植山槐纯林和山槐混交林。

2004 年，受国家农业政策调整的影响，苗木市场由卖方市场转向买方市场，苗圃经营状况降低，需要改制建设。20 年的育苗生产，保证五营区（局）的统一用苗，且质量完全符合国家标准。

1986—2005 年五营区育苗面积苗木产量统计表

表 7-2-2

项目 / 数量 / 年份	育苗面积（亩）	产苗量					
		总产苗量（万株）	成苗量（万株）	上山成苗量（万株）	出苗率（%）	保苗率（%）	成苗率（%）
1986	161	1544.8	1260	351	70	88	94
1987	223.9	2690.1	1976	551.3	88	77	95
1988	226.1	1938.7	1538.5	664.3	80.4	82.5	95.1
1989	251	2440.3	1270.6	435.2	88.5	60.2	93
1990	243	2851.7	1705.1	687.7	85	67.7	91.7
1991	203	3207.3	1920.4	514.7	82.2	63.8	91
1992	208	3113.5	1972.3	421	82.2	62.2	92
1993	243	3129.4	1526.5	589.7	80.6	61	95
1994	248	2880	1892.5	582	85	58.7	96

续表 7-2-2

项目 数量 年份	育苗面积（亩）	产苗量					
		总产苗量（万株）	成苗量（万株）	上山成苗量（万株）	出苗率（%）	保苗率（%）	成苗率（%）
1994	248	2880	1892.5	582	85	58.7	96
1995	227	2276	1395	575	67.3	61.3	93.3
1996	220	3349.4	2494.3	660.2	77.3	68.3	97.2
1997	230	3280.1	2126.3	842	80.3	70	96.9
1998	239	3076.08	—	615.51	—	—	90
1999	223	3677.2	—	546.6	—	—	90
2000	235	2913.5	—	384.4	—	—	90
2001	240	1808	—	347.4	—	—	90
2002	230	1883.73	—	207.1	—	—	85
2003	168	1782.4	—	266.5	—	—	80
2004	207	1042.13	—	69.55	85	63	43.2
2005	176	1167.93	—	465	86	62	50

三、种子林基地

1986 年，种子林是红松种子的主要产地，在丽丰经营所辖区 89—116 共 23 个林班地域内，建有两层办公楼，内设种子标本室、林木病虫害实物研究室和会议室等，属营林科管理，确定为五营林业局的种源基地；为五营区提供种子，为中心苗圃提供种源；种子林由营林处人员管理，内设 28 人，其中营林生产 16 人，森林管护 12 人；主要是对种子林进行森林抚育。

1993 年 10 月，林业部林造批字（QD1993）166 号文件正式批准种子林为国家森林公园。公园已成为风景秀丽的旅游胜地。公园面积为 14141 公顷，是亚洲唯一的一块红松母树林，已纳入联合国教科文组织林业生物圈保护区网络。现已成为五营区支柱产业。

1986—2005 年，除丽丰种子林外，还有苗圃、平山、平原处。丽丰种子林，以下称母树林，母树林类型主要有云冷杉林、红松林，是天然林，面积为 14141 公顷，其中天然林的幼龄林、中龄林、近熟林、成熟林，1990 年统计合计面积为 1114 公顷；苗圃母树林面积为 152 公顷，为天然落叶松林；平山母树林面积为 29 公顷，其中人工红松为 18 公顷、人工落叶松为 11 公顷；平原母树林主要是人工樟子松，面积为 7 公顷。

四、苗圃标准化建设

1986 年，苗圃原有 349 亩圃地。1990 年，增育苗面积 70 亩，每年可生产种苗 700 万株。至 1997 年，新建、改建 650 平方米的苗木窖；维修了 1000 延长米的排水沟；翻建 1680 立方米的贮水池；1998 年，翻建 120 平方米的水泵房，进行输变线路的改造，购置了动力牵引车、积肥车、筑床机、五铧犁、旋耕机、缺口金耙、农用运输车、打药机、生物培养箱等。延续至 2005 年。

1986 年，苗圃育苗能力，可以提供五营区（局）下达的更新造林所需苗木量，1989 年后，增加两个林场，营林生产量也随之增加，苗圃扩建和升级，刻不容缓。至 2005 年，苗圃发生变化，购置的工具，促使苗圃育苗生产作业由传统笨重的手工作业方式转变为半机械或机械化作业，主要是翻耕地、筑床、打药、切根、起苗、运输等。提高了生产效率，把育苗职工从繁重的手工作业中解放出来。截至 1990 年，提高苗木质量，由原来产上山苗不足 400 万株，提高到年产上山成苗 650 万株以上。至 2005 年，上山成苗达到 2000 万株以上。

育苗生产作业标准化，根据《国有林区育苗技术规程》《国有林区更新造林树种苗木标准》，从良种壮苗抓起，在各项作业环节上，都分别制定了育苗生产的必要的管理措施：有上岗前的业务人员的培训制度、种源不清，无品级主管部门的检验单不准使用制度。

1986—1990 年，实行苗圃标准化建设，苗圃始终保持黑龙江省一级苗圃标准化建设。1991 年被评为省标准化苗圃。1999 年，全国政协主席李瑞环到伊春检查工作时曾专程视察五营中心苗圃；美国、新西兰等国外专家也曾到中心苗圃光临指导。2000 年，五营中心苗圃被国家林业局授予“无检疫苗圃”。2002 年 9 月，被国家林业局授予“质量信得过苗圃”的称号。刘淑兰、韦庆和、郭庆兰、王喜志、景化杰撰写的《新型生物助长剂的育苗实验》论文，发表在 1995 年第 4 期《林业科技》杂志上，并获 1995 年伊春市科技进步二等奖，1996 年黑龙江省森工总局科技进步三等奖；韦庆和写的《果尔（GDQL）除草剂在森林苗圃的应用》，发表在 2000 年第 7 期《林业科技》杂志上；韦庆和、付应科、范洪彬等写的论文《108 生根宝在林业育苗的应用实验》发表在 2001 年第四期《防护林科技》上；韦庆和、付应科、范洪彬的论文《山槐苗木的培育实验》发表在 2001 年第六期《黑龙江林业》上；韦庆和的论文《浅谈森工苗圃的经营机制转换及产品结构调整》，发表在 2001 年第五期《黑龙江省森工管理干部学院》杂志上，并被收入《中国当代管理科学成果荟萃》一书。

五、种苗生产管理

1986—2005 年，为确保种苗的供应，营林科加强林木种子管理。配合五营区（局）工作，1993 年，营林科与有关部门联合成立了林木种子稽查大队，依据《种子法》和省、市有关林木种子管理办法的规定，结合五营区（局）实际，制定了林木种子的采集、收购、运输管理办法。规范五营林业局种子采集收购、运输，广泛宣传种子管理条例，采取措施制止掠青，严格种子管理。同时，营林科还制定了各树种种子的采集收购价格。鼓励职工按时采集珍贵阔叶种子，为培育阔叶树苗实现树种结构调整奠定基础。为完成上级交给的红松种子收购任务，稽查人员坚决执行种子管理条例，稽查大队起早贪黑，不分昼夜，堵截偷拉私运人员，制止私收私运现象，保证红松种子收购工作步入正常轨道，收到了比较好的效果。强化种苗管理力度，重点抓了苗木生产和外销工作，以中心苗圃为主，在保证林业生产用苗的基础上，统筹规划，加强指导，大力发展私人苗木生产，以量化促外销，创造效益，促进了育苗产业的发展。

第三节 更新造林

一、调查设计

造林地调查设计，由局森林调查设计队会同林场（所）有关人员进行。根据区划小班实测面积和调查因子等外业资料进行系统分析，确定具体的造林技术措施，编制设计资料，交局森林资源管理科审批，并报市营林局、资源局审批后，将造林外业调查设计资料交给作业部门具体实施。1990—2005 年，森调队按 1989 年 12 月末划分的三个经营区分类，进行更新造林。

二、割带和整地

割带是营林生产秋整地中一项重要环节，主要为秋整地创造良好环境条件。一般在采伐迹地上进行割带，规格要求保留带 4 米，间隔带 1 米。清除带内藤条灌木及地被物。1986—2005 年割带沿用此方式。

整地是为栽植树苗创造良好的空间，消灭杂草，疏松土壤，改良封的理化性质，给幼苗创造良好生长条件。1990—2005年，沿用整地的方式有五种 新采伐迹地带状起草皮整地。新采伐迹地灌木、杂草丛生较少，可采用带状起草皮，行间距1.5米，株距1米，进行带内松土或挖穴整地。

丘形块状整地。此法不分迹地条件优劣，均可进行，规格50×50厘米，深度18~20厘米。丰产林规格60×60厘米，深度20~20厘米，刨穴前先按规格打带，割除灌丛及杂草，清除带内地被物。

鱼鳞坑整地。含水量低，干旱不易蓄水，保墒陡坡地采用鱼鳞坑形，阻截水土冲刷，作业时沿山坡走向横带定位挖穴，其挖穴方法类似块状丘形整地。

明穴整地。与鱼鳞坑整地立地条件相似，为辅助坑穴水分充足，预防春旱，穴面不呈丘形，略下陷地表面，刨穴中心留坑位定植点。

筑高台整地。在排水不良，常年积水的地方。为防止积水浸渍，叠筑高台，突出地面30厘米，按1×1、1×2规格进行整地，每个高台可植苗5株，以栽植落叶松为宜。

三、植苗

1986年，植苗沿用1985年前的方法，更新造林季节性强，一般于每年4月下旬开始到5月中旬结束。为争取时间，按树种和土壤化冻情况安排作业。本着化一块造一块，先造阳坡后造阴坡，先造已整地块，后造随整随造地块；先造萌芽早的树种，后造萌芽晚的树种。植苗造林基本要求：质量好、严要求、速度快、高标准。力争在短时间内保质保量完成造林任务。1990年，根据《黑龙江更新造林技术规程》的有关规定，对植苗提出新的要求，对纤维林（包括树种有兴安落叶松培育年限20年，造林比例为70%；大青杨培育年限为10年，比例为30%）和；速生丰产林必须使用良种壮苗，用种子园或优良母树林的种子育苗，杨树应选用经过鉴定的优良无性系的条穗繁殖，实行大苗造林。至2005年。

四、造林技术

1986年造林技术措施是用造林镐采用明穴栽苗法，即看苗刨穴；栽入苗木必须保持根系舒展不窝根，苗根与土壤密合不出现空隙，保持苗木直立栽在苗穴正中。1990—2005年，造林采用合理密度能保证幼树及时郁闭成林，良种壮苗是提高成活率，保存率的关键。采用秋整地春季造林方式，造林时间赶早不赶晚，抓住时机顶浆造林。合理利用迹地上的现有天然更新幼苗、幼树（尤其是珍贵树种）。充分利用具有天然下种能力地方，栽针保阔，最后形成针阔混交林。至2005年，植苗沿用新植幼林补植进行造林。更新造林结束后，各林场（所）进行自检，局营林验收队探子发小班、小号进行验收，合格一块，验收一块，不合格者立即返工，株数密度达不到设计要求的地块，要进行补植，达到合格为止。各林场（所）对本单位更新造林地逐块检查验收，然后局营林验收队对全部更新造林地进行检查验收。

1986—2005年五营区更新造林统计表

表7-2-3 单位：公顷

年份 \ 数量 \ 项目	人工更新	人工促进更新	更新造林	
			公益林	私有林
1986	21600	1035	—	—
1987	27755	154	—	—
1988	30143	611	—	—
1989	31682	821	—	—
1990	43162	—	—	8111
1991	36572	11182	—	6117
1992	27657	6418	—	7692
1993	20117	3917	—	—
1994	25927	4033	—	—
1995	31716	—	—	—
1996	32570	—	—	—
1997	37085	—	—	—
1998	48675	—	5603	—
1999	50411	—	—	—
2000	17500	—	7500	—
2001	8000	1178	3000	169
2002	9000	—	1200	1000
2003	6500	3300	1200	1734
2004	5222	3018	1204	1000
2005	5202	—	—	—

第四节　森林抚育

一、集约经营区的森林抚育

（一）中、幼林抚育

人工中、幼龄林抚育。1990年，对集约经营区的落叶松、杨树丰产林应提高成林抚育质量，加快成林抚育步伐，扩大营养面积，促进林木快长，力争早创经济效益，使之达到速生、丰产、优质的目的。特别是定向培育的纤维林初植密度大，如不及时抚育，必将影响林木生长。针对落叶松速生丰产林实行“四向一皆”的经营方式：第一次透光抚育从第5年开始，间隔期为6年，以培育大径材为目的，经营密度采用0.6，最终保留株数根据“人工林经营密度表”确定。杨树速生丰产林第4年进行一次性透光抚育，透光抚育后到主伐前一个龄级进行二次间伐抚育，最终保留株数为816株。

天然中、幼龄林抚育。1990年，统计集约经营区内现有天然中幼龄林面积为17637公顷，其中郁闭度为0.6以上的中幼龄林面积为3760公顷，对天然中幼龄林适时进行抚育间伐，增加中间利用，促进林木生长，待成熟后采伐利用，更替速生树种。

速生丰产林，1989年开始造林，对速生丰产林的抚育，主要技术措施，参照《黑龙江省林区森林抚育技术规程》执行。

新植林抚育。1990 年开始抚育措施：坚持“三分造、七分管”的原则，在幼林郁闭前每年要及时进行除草、松土、培土、扶正，及时割除杂草、灌木和施肥。也可实行林农间作，以提高土壤肥力，增加培育效益。抚育次数和年限：兴安落叶松抚育 4 年，即“3211”分年次抚育方法。大青杨抚育 3 年，即“321”分年次抚育方法。抚育质量按《黑龙江省林区更新造林技术规程》标准造林。

二、常规经营区的森林抚育

1986 年，五营区（局）的常规经营区森林抚育中、幼龄林总面积 61068 公顷，占用材林总面积为 72.6%，其中幼龄林面积 17415 公顷，中龄林面积 43653 公顷。幼中龄林的总储积 4220506 公顷，占用材林总蓄积量的 56.2%。因此，后备资源较为丰富，抚育间伐时必须克服单纯取材的思想，加强抚育管理，坚决制止一切以抚育为名单纯取材为实的错误做法。森林抚育间伐的砍伐木确定，执行“五砍五留”（砍小留大，砍弱留强，砍病留健，砍密留稀，砍针留阔）的原则。严禁造成人为“天窗”抚育后的保留木，分布要均匀，疏密度适当。森林抚育质量和技术标准用《黑龙江省林区森林抚育技术规程》与《黑龙江林区“更新造林技术规程”》，一直沿用到 2005 年。

三、保护经营区的森林抚育

（一）防护林抚育

1989 年 12 月末统计，五营局有天然防护林 1630 公顷，人工防护林 35 公顷，其中：中幼龄林 942 公顷，采取封山保护措施，近成过熟林 723 公顷，实行更新采伐。1990 年抚育强度不宜过大，以便最大限度的发挥防护效益，并在天窗处进行补植，人工未郁闭透光抚育 264 公顷，以保护林分的稳定性。

（二）母树林抚育

1986 年，针对五营局母树林 1302 公顷的现状，为提高母树结实能力，缩短母树成熟期，扩大营养面积，对未抚育过的母树林应采取适时措施进行疏伐抚育，使其郁闭度控制在 0.5 左右。每公顷保留株数在 200 株左右。截至 1989 年 12 月，对母树林抚育 1022 公顷，对母树林中的各种林分类型（包括：天然红松、云杉及落叶松）抚育方法，按《黑龙江省森林工业林木种子生产基地经营管理办法（试行）》执行。对风景林、实验林、疏林地全部采取封山保护措施。延续至 2005 年。

1986—2005 年五营区抚育面积统计表

表 7-2-4

单位：亩

年份 \ 项目 数量	人工成林抚育	天然幼壮林抚育	天然林生长抚育	母树林抚育	改培丰产林	封山育林
1986	6000	—	—	250	—	—
1987	23393	—	—	—	—	—
1988	25395	—	8046	2000	—	—
1989	26200	—	6300	—	189	—
1990	25500	—	11500	500	—	—
1991	25583	—	8440	735	—	—
1992	20113	15000	6000	—	—	—
1993	20172	18249	10057	800	440	—
1994	23086	21261	9450	1050	621	—

续表 7-2-4

年份 \ 项目数量	人工成林抚育	天然幼壮林抚育	天然林生长抚育	母树林抚育	改培丰产林	封山育林
1995	20555	20770	7861	2229	450	—
1996	25663	23050	8625	1201	762	—
1997	27528	18002	6900	1500	450	—
1998	30000	18000	10050	1050	—	6000
1999	12964	25848	15063	—	—	—
2000	30002	153011	16436	464	—	20950
2001	23043	160944	32922	—	3612	—
2002	40001	131255	—	—	—	—
2003	20000	10000	77200	—	—	—
2004	10007	20023	—	—	—	—
2005	10007	20023	—	—	—	—

第三章　木材生产

1986—2005 年，木材生产随着计划经济向市场经济转变的历史进程，有了新的变化。五营林业局，1986 年处于林业主体经济危困，可采资源寥寥无几，并遭受人为的乱砍滥伐，已达无林可采境地，这将给其他各业带来诸多不利因素，为缓解面临的危困局面，1987 年开始调减木材产量，以经营为主恢复森林，并不断为发展木材综合利用和多种经营生产创造条件。1987 年，成立枝桠管理站，为科级单位，负责贮存木材生产完成的枝丫任务，实现木材综合利用。1998 年，枝丫站撤销，租卖给个人。到 1988 年，五营区（局）森林资源中用材成过熟林面积 2504 公顷，蓄积 43.7 万立方米。随着木材生产发生和发展的需要，对基层木材生产战线进行一些组建和调整。1989 年，友好林业局的翠北、翠巍两个林场划归本局，并将其合为翠北一个林场。1990 年，根据林木资源状况，将丽丰、杨树河林场改为经营所。1991 年，将贮木综合加工厂制材车间撤销，单一经营原木生产。1992 年，撤销公路管理处，保留公路养路管理处。1993 年，又实行了限额采伐生产方式（采伐量小于生长量），年定产商品材 85000 立方米。1997 年，撤销机修厂。1998 年，实施天然林保护工程，严禁采伐红松。2000 年，根据黑编〔2000〕9 号文件，五营区编制委员会召开会议，决定撤销五营区（局）枝桠管理站，汽运管理处，保留公路养护管理处。基层单位经过组建、调整后有翠北、前丰 2 个林场，丽丰、永丰、平原、平山、杨树河 5 个经营所和中心苗圃并设有生产科、木材科、贮木厂、汽运管理处等生产单位和辅助单位。至 2004 年，伊春市市长许兆君下发 1 号令，全面停止采伐红松。

第一节　机　构

1986 年，设生产技术（调度）科，编制 25 人，含木材检验队 15 人，科长 1 人，副科长 2 人。

1987—1988 年　编制 9 人，科长 1 人，副科长 2 人。

1989 年，编制 10 人，科长 1 人，副科长 2 人。

1990—1991 年　编制 11 人，科长 1 人，副科长 2 人，1991 年，木材检验队 29 人，隶属本科。

1992 年，编制 32 人，含木材检验队 20 人，科长 1 人，副科长 1 人（3 月份前副科长 2 人。）

1994—1995 年　编制 11 人，科长 1 人，副科长 2 人。

1996 年，编制 12 人，科长 1 人，副科长 2 人。4 月生产技术（调度）科，改称生产调度科。

1997 年，编制 12 人，科长 1 人，副科长 3 人。

1998—2000 年 12 月 7 日，编制 8 人，科长 1 人，副科长 3 人。

2000 年 12 月 7 日　改称生产机械科，编制 38 人，含木材检验队 27 人。科长 1 人，副科长 3 人。

2003 年，编制 6 人，科长 1 人，副科长 3 人。

2005 年，编制 8 人，科长 1 人，副科长 2 人。

第二节 伐区调查设计

一、机构

1986 年，五营林业局森林调查设计队（科级单位）简称森调队，负责五营林业局伐区调查设计、营林调查设计。设书记 1 人，队长 1 人，副队长 2 人、工会主席 1 人，职工 67 人；下设后勤、内业和 3 个调查小队（小组）。

1989 年，友好林业局翠北林场划归五营管理，森调队人员扩编。

1997 年，设书记 1 人，队长 1 人，副队长 2 人、工会主席 1 人，职工 154 人，下设办公室、技术室、后勤和 4 个外业调查队；负责伐区调查设计工作。

2005 年，森调队下设领导职数 5 人，书记 1 人，队长 1 人，副队长 2 人、工会主席 1 人，总编制 135 人，在岗职工 124 人，下设办公室、技术室、质检队、后勤和 6 个外业调查小队。主要包括择伐、散生木、更新采伐等设计；营林调查设计主要包括抚育伐调查设计、更新造林等设计；其他林业区划设计。

二、伐区调查

1986—2005 年，伐区调查以小班为单位，调查林木蓄积量、伐前更新、郁闭度、灌丛覆盖度、地况、土壤、植被等内容。

林木蓄积量调查。五营林业局林木蓄积调查，基本采用全林每木和标准地调查两种方法小班蓄积量精度达到 90% 以上。

伐前更新调查。在进行森林蓄积量调查的同时，以小班为单位选设带状标准地，分别树种对幼树、幼苗按计算具体规定进行调查，对濒死的幼树幼苗不计数，调查结果有幼树幼苗，将幼苗折半，按幼树计算有效更新株数。

郁闭度调查。在实际调查中，多采用树冠投影法和抬头观测法两种。树冠投影即在更新调查标准地上，用树冠垂直投影压线法调查，以林木径级 8 厘米以上树冠垂直投影压线总长与测线总长之比计算郁闭度。抬头观测即在林分内选设有代表性测线，以测线上整米处为观测点，在每个观测点仰望树冠层，有树冠遮蔽的观测点数与总观测点数之比值计算郁闭度。

灌丛覆盖度调查。凡榛柴、藤条等需要清除灌丛，利用更新调查标准地或样地进行调查。即每米测线上灌丛占地长度 50 厘米以上计，不足者不计。

地况、土壤和植被调查、地况调查通过目测法，观测地形、地势确定坡向、坡位、坡度；土壤调查包括土壤种类、土层厚度、结构和湿度；植被主要调查指示性植物种类、高度和覆盖度。

1986—2005 年五营区采伐面积、采伐蓄积量统计表

表 7-3-1

年 度	采伐面积（公顷）	采伐蓄积量（立方米）	年 度	采伐面积（公顷）	采伐蓄积量（立方米）
1986	皆伐 1286	211000	1996	皆伐 119	10079
	—	—		择伐 5508	136177
1987	皆伐 266	41000	1997	皆伐 9436	149424
	择伐	7000		—	—

续表 7-3-1

年 度	采伐面积（公顷）	采伐蓄积量（立方米）	年 度	采伐面积（公顷）	采伐蓄积量（立方米）
1988	皆伐 1327	225000	1998	—	—
	择伐	17000		择伐 5647	141649
1989	皆伐 1980	216000	1999	—	—
	择伐 2012	74000		择伐 6679	136919
1990	皆伐 1489	193000	2000	—	—
	择伐	76000		择伐 3911	87640
1991	皆伐 1122	84000	2001	—	—
	择伐 3512	109000		择伐 5354	84248
1992	皆伐 731	49000	2002	—	—
	择伐 4051	116000		择伐 1523	25855
1993	皆伐 631	46156	2003	—	—
	择伐 3337	80167		择伐 1452	24104
1994	皆伐 772	59408	2004	—	—
	择伐 3148	69060		择伐 69（1 季度）	1701
1995	皆伐 351	27198	2005	皆伐 998	12526
	择伐 4255	98302		择伐 3399	32459

第三节　伐区生产

一、准备作业

（一）集材道

拖拉机集材道。1986—1993 年，使用拖拉机集材。

畜力集材道。1994—2005 年，使用畜力集材。

（二）山上楞场

装车场。装车是伐区生产过程中最后一道工序，衔接伐区作业和运输作业。装车场面积一般为 1600~2000 平方米。

楞场　每年一般 9—10 月修楞场，原木储存时，按每立方米占地 1.5~2 平方米计算。1986—2005 年一直沿用作业方式。

（三）运材岔线

冻板道施工期，一般多在 9—10 月修筑。道影伐开后，挖除伐根，清除倒木、灌木丛，曲线处按平面设计规定执行。路面上的坑洼，取土填平并夯实。

二、采伐

1986 年，采伐方式为皆伐（小面积皆伐）、择伐、渐伐。

1990—2005 年，根据《森林更新管理办法》，采伐方法分为五种：用材林主伐、中幼龄林抚育伐、防护林更新择伐、母树林疏伐、补充主伐（疏林地改造）。

三、造材

1986 年，五营局主要是原条木流水作业生产，但对高山脚、跳石塘、陡坡及出材量零散伐区，不适宜原条生产，而采用在伐区内造材。造材工在造材时，本着优先造长材，造好材，后造短材、一般材，好材不带坏材，优材不带劣材的原则。造材长度一般分为 2、4、5、6 米居多。做到合理造材，合理利用。2003 年，原条木造材结束。

四、集材

（一）机械集材

主要使用了 J-50 型拖拉机集材。1990 年前，有丽丰、前丰两林场采用 J-80 型拖拉机集材（俗称“大骡子”集材）。拖拉机集材，实行拖拉机不下道，单根绞集的方法，将原条直接集到装车场。山场造原木的伐区，有的也采用拖拉机集材。

拖拉机集材

（二）畜力集材

畜力集材伐区基本上在坡度大、高山脚、跳石塘及出材量零散之处。畜力集材牛、马均有，执行封号集材制，集一号、净一号、封一号、开一号。伐区阶段原木生产量很少，年平均生产万余立方米。

五、清理林场

清理林场是伐区生产最后一道工序，为促进森林更新和充分利用采伐剩余物，必须对采伐迹地进行清理。凡直径在 3 厘米以上有利用价值枝丫，全部集运下山，3 厘米以下无利用价值枝丫仍散铺。择伐伐区要求 5 月前清完，皆伐伐区清材不能影响当年更新造林。

1986—2005 年一直沿用此作业方式。

六、归楞与装车

（一）归山楞、中楞

根据山场作业条件，分别归山楞和中楞。山楞是采伐地点距装车点较远，临时归集楞场，中楞是直接装车楞场。人力归楞工具有杠子、扒门、绳套、掐钩、搬钩、压角子等。中楞场归楞一般采取半清楞，只分材长，不分等级和树种。

（二）山场装车

原木装车以人力为主，原条装车实行机械作业。1986—2005 年一直沿用此作业方式。

1986—2005 年五营区采伐量统计表

表 7-3-2　　单位：立方米

项目 数量 年份	合计	生产方式		作业方式
		原条	原木	机械作业
1986	127368	116900	10468	127368
1987	144929	118477	26452	144929
1988	132659	110001	22658	132659

续表 7-3-2

项目 数量 年份	合计	生产方式		作业方式
		原条	原木	机械作业
1989	138721	138425	296	138721
1990	149216	131700	17516	149216
1991	156722	145400	11322	156722
1992	128794	121000	7794	128794
1993	95800	94300	1500	95800
1994	95671	93571	2100	95671
1995	94640	84500	10140	94640
1996	106480	92013	14467	106480
1997	103831	94621	9210	103831
1998	100355	90436	9919	100355
1999	97500	82941	14559	97500
2000	66455	56415	10040	66455
2001	49539	24031	25508	49539
2002	46286	11179	35107	46286
2003	44996	—	44996	44996
2004	44999	—	44999	44999
2005	44983	—	44983	44983

1986—2005 年五营区集材量统计表

表 7-3-3

单位：立方米

项目 数量 年份	集材量			集材方式	
	合计	原条	原木	拖拉机	畜力
1986	127368	116900	10468	116900	10468
1987	144929	118477	26452	118477	26452
1988	132659	110001	22658	110001	22658
1989	138721	138425	296	138425	296
1990	149216	131700	17516	131700	17516
1991	156722	145400	11322	145400	11322
1992	128794	121000	7794	121000	7794
1993	95800	94300	1500	94300	1500
1994	95671	93571	2100	93571	2100
1995	94640	84500	10140	84500	10140
1996	106480	92013	14467	92013	14467
1997	103831	94621	9210	94621	9210
1998	100355	90436	9919	90436	9919
1999	97500	82941	14559	82941	14559
2000	66455	56415	10040	56415	10040

续表 7-3-3

项目 数量 年份	集材量			集材方式	
	合计	原条	原木	拖拉机	畜力
2001	49539	24031	25508	24031	25508
2002	46286	11179	35107	11179	35107
2003	44996	—	44996	—	44996
2004	44999	—	44999	—	44999
2005	44983	—	44983	—	44983

第四节　木材运输

一、机构

汽运管理处是五营局下属科级单位。1986 年五营局汽运管理处设立党支部书记 1 人，副书记 1 人、主任 1 人，副主任 3 人，职工 398 人。下设生产段、机修段、后勤段、综合段。

运材车

1992 年，公路管理处撤销，其业务范围划归汽运管理处，书记 1 人，主任 1 人，副主任 2 人，在岗职工 73 人，又增设养路段、道桥段。机关下设生产技术室、调度室、材料室、工资财务室、计划统计室。

1998 年，机构改革，汽运管理处固有资金入股兴业路桥公司，汽运管理处改名为伊春兴业路桥有限公司。仍然实行汽车公路运材，汽运处运材车（新型解放 141）全部出售给个人承包。其他业务范畴、人员未变。

2000 年，撤销汽管理处，保留公路养护管理处。

2005 年，公路养护管理处设书记 1 人、主任 1 人，副主任 2 人，其他人员 2 人，在岗职工 17 人，机关下设科室，生产段未变。

二、车辆管理

1986 年，汽运管理处拥有运材汽车 49 辆，其中 CA-10B 共 7 辆，CA-15C 共 42 辆。1987 年更替 CA-141 共 7 辆。1988 年，更替 CA-141 共 9 辆。1989 年，更替 CA-141 共 14 辆。1990 年，更替 CA-141 共 10 辆。1994 年，更替 CA-142 共 7 辆。1995 年，更替 EQ-140 共 2 辆。至此运材汽车 49 辆全部进行更替。

车辆维修是按其车辆运行里程确定维修级别。行驶 7000~8000 千米，须进行一次二级保养；行驶 45000~50000 千米，须进行一次中修；行驶 70000 千米以上时，则须进行一次大修。日间维修保养时由本车司机进行，其他维修保养统由检修段负责完成。

三、道路管理

1986年，公路里程为276.05公里，其中干线62.5公里，支线112.15公里，岔线101.4公里。

1989年，友好林业局翠北、翠巍两个林场划归该局后，将原森铁线路改为公路。改建（森铁线改公里）和新建153公里，其中支线99.65公里，岔线54.25公里。

1997年末，公路养护总长350.4公里，其中干线77.5公里，支线141.5公里，岔线131.5公里。林区道路网密度为299米/公顷。

1998年，共养护公路267.65公里，重点养护121.4公里，每公里投砂400立方米；一般养护79.8公里，每公里投砂200立方米；巡回养护66.45公里，每公里投砂150立方米。各路段承包给各道班，每月按各路段投砂量和路况程度支付道班员工资。公路养护时间为每年4月中旬至10月中旬。冬季由一个机械道班负责路面防滑。

2005年，公路养护里程314.5公里，投沙总量22007立方米；重点养护91.05公里，投砂量22 007立方米，其中双行线养护54.95公里，投砂量13738立方米；单行线10.8公里，投砂量1944立方米，防滑炉灰每公里36.11立方米，投砂总量2200立方米。养护路线：实验林场—翠北上甘岭路段—翠北林场42.95公里，丽丰干线14.5公里王青干线8.5公里，交通局南新路一路公处东新路9.8公里，工程处大桥两端0.3公里，东山大桥2公里，物资局—伊五新路2公里，北大桥两端0.3公里。贮木场北道口—两线—公用事业处2.55公里。贮木场西线北道岔口0.2公里，平山岔线1公里，永丰支线5公里，杨树河支线2公里。

1986—1996年，改建和新建桥梁21座，长度279延长米，涵洞157个。

1997年至2005年，桥梁65座，1117.6延长米，涵洞969个，沿线桥梁和涵洞维修由道桥班负责完成。

四、运材管理

1986年，运原条汽车全部使用拖车带丝杠，空车运行时，主车载拖车，到装车场用绞盘机通过架杆将拖车卸下装车，少部分汽车运原木和枝丫材。

1987年，在省林业总局、伊春林业管理局倡导下，木材运输中实行了统筹运输法。具体措施是配备通信设备。林业局调度和各基层生产单位调度及有关环节，配备了无线电报话机，运输车辆一部分也配备了报话机，做到了联系及时、调度指挥及时。

设立统筹调度。林业局生产科设立统筹调度，其职责是根据运输计划，现有车辆、装卸车时间、运输里程等因素，编制统筹运输图。值台调度按统筹运行图指挥车辆运输。

制定奖惩制度。林业局生产科设立统筹运输仲裁委员会，并制定了统筹运输奖惩制度，从而使三大工序之间密切合作，提高车辆周转率，缩短等待装卸时间，为各工序生产创造有利条件。延续至2005年。

第五节 木材贮存

一、机构

贮木厂下设造材段、装运段、后勤段、综合段、机修段、检验队、护厂队、包装物、青年综合车间、机关等段室股。机关下设人事工资股、计划室、统计室、调度室、财务室、材料股。

1986年，贮木厂职工960人，设书记1人、厂长1人、副厂长4人，机关管理人员20人；技术人员42人；木材生产人员184人。

1990年，贮木厂职工930人，其中生产工人152人，技术人员68人，管理人员29人。

2000年，贮木厂职工825人，设书记1人、厂长1人、副厂长4人，机关管理人员15人；技术人员42人，木材生产152人，在岗324人，富余人员476人。

2005年，贮木厂职工549人，设书记1人、厂长1人、副厂长5人，机关管理人员15人；技术人员42人，木材生产137人，在岗276人，富余人员476人。

1990年，贮木厂总面积38.5公顷，其中，贮木场面积为10.78公顷，加工厂15.6公顷，其他12.2公顷。贮木场场区国铁专用线从南至北进入，将贮木场分成东西两个贮木区。东区有100个楞位，桥式吊车一架，起重量30吨，造材线1条长730米，造材台3座，南北直线排列，西区楞位50个，原条进场线一条，南北走向，桥式吊车一架，起重量为25吨，造材线一条长580米，造材台2座，南北排列，占地113000平方米，共设180个楞位，吞吐量25万立方米，设国铁专运线1条，长2187米，支线1条716米，有选材平车线1502米，绞盘机走行线1634米，房屋建筑面积10390平方米。主要设备有桥式吊3座（30吨、25吨、15吨各1个），绞盘机21台，电瓶车20辆和车、刨、铣等机床12台。

二、卸车造材

1986—2005年，卸车是贮木作业的第一道工序。卸车分东、西两线，各安装一座桥式起重机。桥式起重机把原条吊起放在造材台上，原木卸车也用桥式起重机。

原木卸到造材台后，量材员根据木材规格标准和生产计划指标逐根进行量材画线，采用弓形尺量材。电锯手全部用K-5电锯按量材员所划之线进行造材。造完的原木，由检尺员检量径级，确定材种，等级，度在小头端面加盖号印。

木材装卸

三、选材归楞

选材作业自1987年冬运起，由电瓶车改为人力推平车。一台平车配选材工1人，在造材台装满车后，选材工将平车推向楞区，按材种、材长、径级、等级分卸于楞头上。归楞。归楞作业质量要求严格，一律按木材品等归楞。作业方式全部使用电动绞盘机。

四、木材检验

1986—2005年，木材检验分两个组织形式分别进行检验，即局木材检验队和贮木场检验队。

1990年前，局木材检验队隶属质检科管理，后隶属生产科管理。

（一）局木材检验队

由伐区装载的原条运至贮木场后，司机把“运输交接单”（上写装车工队、下运时间、司机车号）交给验收员。原条卸车后，检验员逐根进行检尺验收，然后将交接单和野帐交与内业，进行计算、汇总上报。枝丫下运至枝丫站或刨花板厂后，司机把“运输交接单”交给检尺验收员，检尺员逐车进行检尺验收。

（二）贮木场检验队

原条造材后，由贮木场检验队检尺员在造材台上进行量材，评等区分、检尺入账。对原木车入场后，要逐车、逐根验数，办理交接手续。如贮木场验等数与装车数不等时，以贮木场验收检尺数为准。

木材检验标准依据，1986—1995 年执行国家制定的 1984 年木材检验标准。

1995—2005 年执行国家制定的 1995 年木材检验标准。

1986—1995 年五营区完成木材生产产量统计表

表 7-3-4

单位：立方米

项目 数量 / 年份	1986	1987	1988	1989	1990	1991	1992	1993	1994	1995
年产量	82335	141104	125002	141002	140000	142909	115001	85020	85003	85007
原条	69183	116944	99763	120002	119098	119909	93894	69802	70017	70007
直接用原木	4031	7305	8583	12000	8476	11563	8486	5987	6223	6511
特级原木	—	3058	6802	10656	9581	7178	4000	4793	6004	7686
针叶加工用原木	56886	89875	65615	78014	79758	78910	61173	37543	35680	42524
阔叶加工用原木		9318	3944	3931	7995	7227	5529	8497	8699	8000
小径原木	—	—	—	4000	—	—	—	—	—	—
次加工原木	2081	—	9023	5000	4544	4505	9023	5033	6005	—
车立柱	772	—	1006	810	852	1125	726	—	—	—
等外造纸	5413	7388	4730	5591	7892	9401	4957	7949	7406	5286
薪材	9538	13620	23001	21000	20902	23000	2110	14991	14302	15000
小规格	3370	10540	2298	—	—	—	—	—	—	—
胶合板	—	—	—	—	—	—	—	227	684	—
檩材	244	—	—	—	—	—	—	—	—	—

项目 数量 / 年份	1996	1997	1998	1999	2000	2001	2002	2003	2004	2005
年产量	96003	93000	90000	88000	59999	46987	44996	44996	44999	44983
原条	77948	70394	79448	80719	58161	—	—	—	—	—
直接用原木	8470	9277	8756	11062	13051	—	—	—	—	—
特级原木	7436	8945	6252	3499	929	—	—	—	—	—

续表 7-3-4

项目数量 / 年份	1996	1997	1998	1999	2000	2001	2002	2003	2004	2005
针叶加工用原木	47233	42206	52385	53684	37004	—	—	—	—	—
阔叶加工用原木	8709	3099	6038	5664	3003	—	—	—	—	—
小径原木	—	—	—	—	—	—	—	—	—	—
次加工原木	—	—	—	—	—	—	—	—	—	—
车立柱	—	—	—	800	327	—	—	—	—	—
等外造纸	6100	6867	6017	6010	3847	—	—	—	—	—
薪材	18055	19779	10552	6212	1838	—	—	—	—	—
胶合板	—	2827	—	1069	—	—	—	—	—	—

第六节　木材销售

一、机构

1986 年，局产品销售科，编制 9 人，其中设科长 1 人，副科长 2 人，计划（统计）2 人，调度 1 人，会计 1 人。

1988 年，下设森工产品经销分公司，设科长 1 人、副科长 2 人，其他科员 6 人。1989 年木材划拨业务由贮木场移交木材科，配划拨员 4 人，统计员 1 人。

1997 年 5 月，机构改革更名为森工产品经销公司，设经理 1 人，副经理 1 人，科员 13 人。

2001 年 12 月，机构改革将原产品销售科、森工产品经销分公司撤销，成立五营林业局木材经销公司，设经理 1 人，副经理 1 人，科员 10 人。

2005 年，在册职工 31 人，在岗 20 人，其中，经理 1 人，副经理 1 人，科员 8 人，稽查员 10 人，不在岗 11 人。负责全局的木材销售工作。

二、销售

1986 年，木材销售主要以商品计划经济为主。全年木材销售量 109275 立方米。

1990 年以后，国拨材计划逐年减少，商品材进入市场，国家下达的统配材计划到 1997 年年末终止，执行非统配材计划销售，木材销售逐步由计划经济进入市场经济。销售形式与送货方式未变，按照订货合同，与铁路部门共同编制供货时间和配车计

木材竞价销售会图

划，根据规定，谁责任谁承担。结算方式，除部分预付款外，大多则采用托收承付制。全年木材销售量 133147 立方米。

2005 年，全年木材销售量 44971 立方米。

销售计划为：1.741.900 立方米，实际完成 1.753.380 立方米，完成计划 100.66%，其中：统配材计划 871.443 立方米，占总量的 50.03%，销售完 931.2 立方米，完成计划的 106.86%；非统配材计划 870.457 立方米，占总量的 49.97%，销售完成 822.136 立方米，完成计划的 95.45%。1990—1993 年销售综合利用材 66.007 立方米，主要产品有锯材、人造板、刨花板、成品、半成品林副产品。1986—1993 年销售协作材 3.830 立方米；企业自用材 57.285 立方米；政策材 4 立方米；救灾材 3 立方米。交国家合同 521.254 立方米，交拨林业系统加工原料 409.99 立方米。

1986—2005 年五营区原木销售情况统计表

表 7-3-5

单位：立方米

项目/数量/年份	合计	中央各部	省、市、自治区	零字单位	林业系统加工原料	省森工总局	包装物（车立柱）
合计	—	—	—	—	—	—	—
1986	109.275	16.451	18.995	2.191	56.754	14.148	736
1987	147.205	17.642	62.619	2.315	49.841	13941	847
1988	133.101	17.349	62.662	—	39.542	12894	654
1989	134.626	18.033	69.392	—	37.707	8.452	1.042
1990	133.147	13.599	52.363	—	54.367	12.077	741
1991	140.016	10.882	72.333	—	32.593	23.228	1.000
1992	123.379	—	123.379	—	—	23208	—
1993	88.397	3.804	75.593	—	—	9.000	—
1994	89.481	4.000	74.481	—	—	11.000	—
1995	8.6325	—	86.325	—	—	—	—
1996	96.366	—	96.366	—	—	—	—
1997	91.798	—	91.798	—	—	—	—
1998	9.000	—	41.990	—	48.010	—	—
1999	88.000	—	57.287	—	3.0713	—	—
2000	59.999	—	19.229	—	40.770	—	—
2001	46.987	—	—	—	46.987	—	—
2002	44996	—	—	—	44996	—	—
2003	44996	—	—	—	44996	—	—
2004	44999	—	—	—	44999	—	—
2005	44971	—	—	—	44971	—	—

三、木材售价与流向

（一）售价

1986 年，国拨材计划销售。从 1990 年起，国拨材计划逐年减少，商品材进入市场，国家下达的统配材计划到 1997 年年末终止，执行非统配计划销售。进入市场经济后，林业局严格按照黑龙江省森工总局及伊春林管局下达的年度计划，年产年销，结转下年不超过 5% 的原则销售木材，并在总局和管局最低保护价的指导下，根据市场变化和需求及时调整木材价格，为企业增加经济效益。木材结算方式，1993 年以后，将托收承付制改为预收货款制，木材送货办法未变。

木材销售价受市场变化的影响，不断进行对价格的调整。1986 年，原木平均售价 105.32 元，锯材平均售价 281.74 元。1997 年原木平均售价 450.59 元，国家下达的统配材终止，执行非统配材计划销售。1998 年商品材最高售价 1150 元。2005 年，原木平均售价 451.34 元。

1986—2005 年五营区木材平均售价统计

表 7-3-6　　单位：元 / 立方米

项目/数量 年份	原木	锯材	备注
1986	105.32	281.74	—
1987	198.43	373.98	—
1988	258.42	452.09	—
1989	337.77	420.96	—
1990	288.46	496.43	国拨材减少
1991	340.50	674.11	商品材进入市场
1992	348.01	686.67	—
1993	476.42	492.16	—
1994	541.70	—	不下达锯材任务
1995	516.87	—	—
1996	484.29	—	—
1997	450.59	—	国家下达的统配
1998	470.59	—	材终止，执行非统
1999	472.22	—	配材计划销售，最
2000	420.11	—	高售价 1150.00 元
2001	381.21	—	—
2002	420.44	—	—
2003	425.17	—	—
2004	445.03	—	—
2005	451.34	—	—

（二）流向

1986—2005 年，五营局生产以红松为主，并有冷杉、落叶松、枫桦、白桦等树种。材质优良，销路畅通。统配材流向主要有中央、国家所属 9 个部门和 13 个省、市、自治区及 1 个国防军工单位。还有省森工总局及拨付林业系统加工原料。非统配材流向主要有 12 个省、市、自治区和国家所属部门及拨付林业系统加工原料。其他的有政策材、救灾材、车立柱、包装物等。

1986—2005年五营区原木统配非统配木材流向流量统计表

表7-3-7

单位：立方米

流向	流量		流向	流量	
	统配	非统配		统配	非统配
一、中央、国家各部门	254.693	4.994	吉林省	17.989	94.033
能源部	108.961	—	辽宁省	61.371	197.128
轻工部	96.677	—	内蒙古自治区	—	1.834
农业部	2.413	—	山东省	27.635	52.179
铁道部	800	—	山西省	18.763	5.564
纺织部	35.092	—	河北省	32.670	87.441
水利部	1.067	—	河南省	—	12.162
经贸部	330	—	江苏省	13.554	326
林业部	53	—	**三、国防军工**	670	—
中国汽车工业联合会	300	—	05	670	—
其他地区	9.000	4.994	**四、省森工总局**	148.667	—
二、省、市、自治区	279.000	641.415	**五、林业系统加工原料**	237.263	172.727
北京市	—	54.325	**六、政策材**	4.000	—
天津市	—	20.226	**七、车立柱**	6.951	—
上海市	—	10.058	**八、救灾材**	—	3.000
黑龙江省	107.018	106.139	—	—	—

第四章　林产工业

1986年，林产工业产品生产厂家有胶合板厂、造纸厂、刨花板厂等八家。职工有782人，1990年2870人，1995年2761人，这期间产品产销两旺。

1996—2000年，厂家逐渐减少，只有造纸厂，刨花板厂、蓝剑木业公司等3家，职工在1400人左右，此期间，产品产销下滑。

2001—2005年，厂家只剩社会福利厂1家，职工减至70人，其他厂家或撤销或出租或变卖或停产。

林产工业产品生产类型有：人造板（胶合板、刨花板、细木工板）、造纸、木制品、活性炭。林产工业产品生产原料，主要是木材生产剩余物。1986~1992年，木材生产产量在11万立方米~14万立方米之间，本时期林产工业产品生产原料较为充足，林产工业产品生产，产销两旺。1993，木材生产量调减，在9万立方米；2005年，木材生产量4.2万立方米，本时期林产工业产品生产原料短缺，林产工业产品生产量逐年下降。

第一节　机　构

1986年，组建集体经济管理处，从此将全民企业与集体企业划开。其职能是对林业集体企业全面管理。

1987年末，集体经济管理处升格为副处级单位。主任1人，副主任3人。下设党支部、办公室、工会、人劳科、计财科、生产技术科、供销科、多种经营科、农业科、农牧局，处机关编制23人。

1991年3月，成立林产工业科。同年4月，集体经济管理处更名为五营林业联合企业公司（即多种经营局、农业委员会）包括多种经营公司、林产工业公司（对上保留集体经济管理处）。设主任（经理）各1人，副主任（副经理）各1人，编制103人。

1995年12月12日，区政府决定：集体经济管理处解体（对外保留集体经济管理处）。

1996年1月8日，林产工业科与林产工业公司合署办公，名称延用林产工业科，编制5人，隶属林业局。本月，组建永恒实业开发公司（替代集体经济管理处职能）编制7人。总经理1人，副总经理3人。设立财务部、综合部、经销部。

2000年，编制4人，经理1人。

2005年，编制4人，经理1人。10月，恢复集体经济管理处名称，主要职责为负责林业集体单位债权、债务及退休职工管理等。

第二节　木材加工

一、制材加工

贮木加工厂制材车间负责锯材加工生产。1986 年，锯材加工生产 40000 立方米，锯材生产出材率 68.75%；

1989 年，锯材加工生产为 10000 立方米，锯材出材率 64.5%，锯材合格率 95%，锯材特级一等品率 65%。

1990 年，本厂制材车间，停止生产。

2003 年，林业局将其厂房出售。

2005 年，木材加工，锯材生产由个体木材加工厂所代替。全局锯材加工生产 34000 立方米。

1990—2005 年五营区锯材产量统计表

表 7-4-1

单位：立方米

年度	产量	年度	产量
1990	8000	1999	39100
1991	15000	2000	5000
1992	8000	2001	15500
1993	500	2002	10000
1994	21770	2003	20000
1995	12200	2004	2000
1996	8340	2005	34000
1997	14000	合计	195410
1998	39100		

二、小材加工

1986—1997 年，小材加工厂家，有木器厂、木制品厂、林副产品综合厂、社会福利厂、刨花板厂。1998—2005 年停产。

1986—1997 年五营区小材加工产量统计表

表 7-4-2

项目 数量 年份	合计	小板方（立方米）	包装箱板（立方米）	中薄板（立方米）	床板（立方米）	包装箱（个）
合计	11100	7100	1300	2250	450	112300
1986	3700	2500	800	400	—	5000
1987	400	—	—	400	—	—
1988	—	—	—	—	—	60000

续表 7-4-2

年份 \ 项目数量	合 计	小板方（立方米）	包装箱板（立方米）	中薄板（立方米）	床 板（立方米）	包装箱（个）
1989	900	600	—	300	—	14000
1990	4000	4000	—	—	—	22000
1991	900	—	—	500	400	—
1992	650	—	—	650	—	2000
1993	—	—	—	—	—	2800
1994	—	—	—	—	—	1500
1995	—	—	—	—	—	2000
1996	550	—	500	—	50	—
1997	—	—	—	—	—	3000

三、建材生产

1986—2004 年，建材生产厂家：有基建工程处建材厂、房地产管理处综合厂、木器厂、木制品厂、林副产品综合厂、社会福利厂。

1986—2004 年五营区建材生产产量统计表

表 7-4-3

年份 \ 项目数量	灰条子	实木门（件）	地板块	窗扇（件）	门扇（件）	门套（件）	门窗半成品		配套房料
							（立方米）	（千件）	
合 计	1600	120600	76430	1147750	267100	326600	45100	3023.7	10240
1986	—	—	—	82000	17500	16000	5300	—	7240
1987	—	—	—	48000	10000	10000	3000	—	3000
1988	—	—	—	183500	23000	26500	—	—	—
1989	—	—	—	263000	36600	36600	—	—	—
1990	700	—	—	236000	72000	72500	7600	—	—
1991	700	—	—	61000	41000	41000	6800	—	—
1992	200	—	—	189000	40000	109000	5500	—	—
1993	—	—	—	16000	3000	3000	—	3000	—
1994	—	—	—	—	—	—	—	23.7	—
1995	—	15600	500	6000	—	4000	700	—	—
1996	—	2000	1130	31000	12000	4000	—	—	—
1997	—	—	30000	32250	12000	4000	—	—	—
1998	—	—	18000	—	—	—	9200	—	—
1999	—	2000	1800	—	—	—	2000	—	—
2000	—	5000	20000	—	—	—	5000	—	—

续表 7-4-3

年份＼数量＼项目	灰条子	实木门（件）	地板块	窗扇（件）	门扇（件）	门套（件）	门窗半成品		配套房料
							（立方米）	（千件）	
2001	—	8000	5000	—	—	—	—	—	—
2002	—	8000	—	—	—	—	—	—	—
2003	—	40000	—	—	—	—	—	—	—
2004	—	40000	—	—	—	—	—	—	—

第三节　木材综合利用

一、人造板

（一）胶合板

1986 年，生产大胶合板 1500 立方米，小胶合板 500 立方米。胶合板出材率 33%，合格率 90%，一等品比率 30%。1986—1995 年 2 月，按区（局）下达生产计划，由厂领导班子组织生产经营与管理。1995 年 3 月之后，或租赁或委托经营管理。2003 年 10 月 9 日，厂房卖出，不再生产胶合板。1986—2002 年，生产大胶合板 18730 立方米，生产小胶合板 1500 立方米。2003—2005 年停产。

1986—2002 年五营区胶合板产量统计表

表 7-4-4　　单位：立方米

年份＼数量＼项目	大胶合板	小胶合板
1986	1500	500
1987	1200	200
1988	2500	—
1989	1000	—
1990	1000	800
1991	1000	—
1992	700	—
1993	1000	—
1994	1200	—
1995	1000	—
1996	1250	—
1997	380	—
1998	1000	—
1999	1000	—
2000	1000	—
2001	1000	—
2002	1000	—

（二）刨花板

1986 年 6 月 17 日，林业局刨花板厂组织开展的“五营刨花板厂生产线技术攻关”项目产品产量达到国家标准，通过了黑龙江省科学技术委员会的鉴定，并荣获省科技进步一等奖。年内生产刨花板 67500 立方米。

1994 年，下半年起刨花板市场滞销，当年生产刨花板 6000 立方米。

1997 年，下半年对外承包经营。当年生产刨花板 1000 立方米

2005 年，刨花板厂由浙江杭州刘湘春租赁经营。年内生产刨花板 5000 立方米。

1986—2005 年五营区刨花板产量统计表

表 7-4-5　　单位：立方米

年 度	产 量
1986	4000
1987	4000
1988	6000
1989	6500
1990	4000
1991	3000
1992	4000
1993	6000
1994	6000
1995	3000
1996	1900
1997	1000
1998	—
1999	—
2000	2500
2001	3100
2002	3500
2003	3000
2004	1000
2005	5000

（三）细木工板

1986—1996 年 6 月木器厂，由厂班子集体领导，按区（局）计划组织实施生产经营与管理。1996 年 7 月以后，生产经营与管理体制多变，2002 年以后，停止细木工板生产。

1987—2001 年五营区细木工板产品产量统计表

表 7-4-6　　单位：立方米

年 度	产 量
1987	200
1988	400
1989	—

续表 7-4-6

年 度	产 量
1990	800
1991	450
1992	1000
1993	450
1994	—
1995	—
1996	500
1997	—
1998	500
1999	—
2000	500
2001	500

二、造纸

1986 年，造纸厂班子实行集体领导，组织实施生产经营与管理。由于设备陈旧，生产能力低，效益差。当年生产机制纸 1000 吨。

1989 年，生产机制纸 2000 吨。

1992 年，机制纸生产停产。

1997 年，撤销造纸厂。留守人员并入贮木加工厂。

2002 年 8 月，河北省保定王长瑞买断改称长瑞纸业，经营生产沙管纸，生产原料为废旧报纸、书刊及纸箱等。

2005 年，生产沙管纸 26500 吨。产品销往浙江省。

三、木制品

木制品生产单位，有木器厂、木制品厂、社会福利厂、林副产品综合厂等 4 家。主要产品有筷子、门窗（成品、半成品）、学生桌椅、工具把、茶叶筒、窗扇、门扇、窗套、门套、太阳桌面、纸夹板等。还可根据客户需求，承订不同规格的产成品加工生产，原料由清林材解决。1986—1993 年，产品产销两旺。1994—2000 年，木制品生产原料开始不足，产量急剧下降。2001—2005 年，集体生产厂家，有的停产有的变卖，未有生产厂家。

1986—1993 年五营区木制品产品产量统计表

表 7-4-7

产品名称	单 位	合 计	年 度							
			1986	1987	1988	1989	1990	1991	1992	1993
门窗成品	千套	12	—	—	—	—	—	—	—	—
	千件	151.95	—	—	—	—	—	—	—	25

续表 7-4-7

产品名称	单位	合计	年度							
			1986	1987	1988	1989	1990	1991	1992	1993
门窗半成品	千件	3	—	—	—	—	—	—	—	3
	立方米（万）	3.45	0.53	—	—	—	—	0.68	0.55	—
工具把	万把	10	—	10	—	—	—	—	—	—
	立方米（万）	2.71	—	—	0.14	0.25	0.2	0.55	0.3	—
木旋品	万根	96.4	—	—	20	75	—	—	—	—
	万件	66	—	—	—	—	50	—	—	—
学生桌椅	万套	1.6	0.18	0.18	0.18	0.82	—	0.09	—	0.15
窗扇	万件	97.92	8.2	4.8	18.35	26.3	23.67	6.1	8.9	1.6
门扇	万件	24.38	1.75	1	2.35	3.63	7.25	4.1	0.04	0.3
门套	万件	20.56	1.6	1	2.65	3.66	7.25	4.1	—	0.3
窗套	万件	20.36	—	1.2	3.15	2.76	4.75	4.2	4	0.3
茶叶筒	千个	8	3	2	3	—	—	—	—	—
太阳桌面	千个	7.5	—	2	5.5	—	—	—	—	—
纸夹板	千件	1	—	—	—	5	5	—	—	—
木衣夹	万对	61000	—	—	—	—	—	—	—	—
小木制品	千件	2	—	—	—	—	—	—	—	—
木珠	千克	6500	—	—	—	—	—	—	—	—

四、活性炭

1986 年，五营区有桦林街道办事处生产队、丰林街道办事处先锋综合厂生产活性炭。1999 年，林副产品综合厂生产活性炭，共生产活性炭 2027 吨。2000 年后，停止生产。

第四节 企业简介

一、桦木筷子木制品厂

五营区（局）筷子生产的产品类型有三种，即桦木筷子、卫生筷子、天削筷子。

1986—1995 年 5 月，实行厂长负责制，组织生产经营与管理。

1995 年 6 月—1999 年由孙志刚租赁经营与管理（个体）。1999—2001 年，由孙志刚买断经营与管理。

2002—2005 年，由五营区李春明租赁经营与管理（个体）。

1989—2005 年，共生产 530000 箱。

丽林实验林场所属天削筷子厂，1993 年 3 月建厂，6 月投产，至 2004 年年末停产，共生产 43977 箱。

1986—2005年五营区筷子生产产量统计表

表7-4-8

项目 数量 年份	桦木筷子（万把）	卫生筷子（箱）	天削筷子（箱）
合 计	444.2	530000	43977
1986	20	—	—
1987	20	—	—
1988	10	—	—
1989	20	15000	—
1990	30	10000	—
1991	30	—	—
1992	30	—	—
1993	30	6000	—
1994	15	—	—
1995	10	20000	—
1996	5	32000	3712
1997	7	52000	4395
1998	2	58000	2313
1999	10	55000	3243
2000	2.2	35000	2827
2001	200	57000	1487
2002	2	50000	8000
2003	1	50000	9000
2004	转产	50000	9000
2005	转产	40000	—

二、忠芝木业

忠芝木业有限责任公司于1995年成立，公司坐落于五营区工业小区内，距区政府所在地2公里。创建时，以几万元起家，十几名职工的小锯材加工点。发展到2005年，拥有职工305人，总资产3000万元，是五营最大的民营企业之一。

1996—2005年，加工板方材3万立方米。削片加工产量2.8万立方米。产品销往佳木斯等地。

1996，生产加工各种规格的学生桌、办公桌、经理桌、实木门、家具等木制产品，年加工生产家具1500件。2003年，生产实木门15000扇，产品销往全国各大、中等城市。忠芝集团公司于2004年10月，被评为伊春市“光彩之星”企业。2004年12月，被伊春市人民政府授予2003—2004年“重合同，守信用”企业。2005年4月11日，伊春市第二十一届劳动模表彰大会上，市政府又授予忠芝公司总经理谢忠民“市级劳动模范”称号。

第五章 林政 森林防火

第一节 森林资源管理

一、机构

1986 年，五营区（局）森林资源管理科，为区（局）职能科室。

1989 年，根据林业部〔1988〕144 号文件要求，区（局）成立森林资源监督办公室，同时成立林场所森林资源监督管理站，配副科级资源监督员。

2005 年，管理站和监督员受省驻区（局）资源专员和资源管理科双重领导。管理科与场所监督站职责主要是宣传、贯彻、组织实施《中华人民共和国森林法》(后简称《森林法》) 和《中华人民共和国森林法实施细则》(后简称《森林法实施细则》)，执行党和国家及各级政府关于林业方针、政策和法令。代替林业局行使森林资源管理权。

二、伐区拨交与验收

（一）伐区拨交

1986 年，实行两级拨交制度。即林业局拨交到林场、经营所资源监督站，监督站拨交到生产作业工队或其他生产作业单位。森林资源管理科根据上级批准伐区文件，每年分 1 次至 2 次向林场、经营所拨交伐区，以作业区或小班为单位，按森林调查设计规定，签发采伐许可证。林场、经营所根据林业局签发采伐许可证，拨交到生产作业工队或其他生产作业单位，组织采伐作业。未经拨交发证伐区，不准采伐。各场所监督站对生产作业单位，实行以集材道为单位进行拨交，开一道、采一道、净一道、验一道，生产单位要按采伐许可证规定项目进行生产作业。两级拨交伐区制度至 2005 年未变。

（二）伐区验收

1986 年，五营局开始伐区日常管理和作业质量检查，由林场（所）采运技术员及生产作业单位领导负责，资源监督管理站负责监督，发现违章作业，有权停止采伐。伐区生产作业即将结束前 5 天，根据签发采伐许可证规定，由主管木材生产副场（所）长、采运技术员、生产作业单位领导、资源监督员组成伐区验收小组进行自检、写出自检情况报告后，向森林资源管理科提出伐区验收申请。森林资源管理科接到申请后，待生产作业结束时，会同木材生产科、林调队、营林处、专员办公室等部门组成联合检查验收组。伐区检查验收以采伐许可证和伐区调查设计文件为依据，按林业部下发《东北、内蒙古林区伐区作业质量检查评比标准》文件进行。经检查合格伐区发给验收合格证，持证申请拨交新伐区。因资源利用，伐区清理不合格的，要限期纠正，直到合格后方能发证，转移新伐区。验收注意事项：一是标准地设置要规定比例，在图纸上或现地随机确定，不准提前定点；二是标准地内要实测，不准漏项，不准估算；三是坚持原则，不准打人情分，对超强度采伐，单纯取材的生产作业单位，要按乱采滥伐木材处罚，同时也要追究林场（所）资源监督管理站责任。这种验收制度延续至2005年。

三、档案管理

1986年前，森林资源档案实行区（局）、林场（所）二级管理制度，并在二级管理机构内，设专人负责统计和资源档案管理。但管理比较粗放，经常出现统计资料不实，误差较大，个别场（所）在生产大忙季节，档案员挪作他用，时有形同虚设而无人管状态。还有的场（所）档案资料没有专室、专柜，常发生资料乱抓、乱放，用时找不到现象。1986—2005年，仍执行二级管理，对全区（局）8个场（所）档案员进行了调整，并建立了每年1次培训等管理制度，健全专室，专柜存放，使档案管理上了一个台阶。区（局）森林资源档案以场（所）为单位，分别记载林场（所）、区（局）的森林资源消长和林地面积变化情况；林场（所）的森林资源档案以小班为单位，记载小班、林班、林场（所）的森林资源变化。区（局）资源管理科每年根据森林经营活动消耗的森林资源和林木的生长量，对资源档案进行修订，并对森林资源消长变化做简要分析说明后，区（局）森林资源管理科将统计资料印刷成册，上报市森林资源局和供各级领导和有关部门参考使用。

四、设计管理

1981年9月15日，资源管理科成立，森林调查设计归属于资源系统管理。依据1980年林业部颁发的《东北、内蒙古林区林业企业采伐、营林调查设计规程》和1982年林业部木材生产局关于《开展伐区调查质量检查评比工作的通知》中提出的《东北、内蒙古国有林区伐区调查设计质量检查评比标准》，进行各项林业生产作业调查设计。调查设计文件的审批程序：森调队将编制完整的调查设计文件，提交给以主管局长为首的调查设计领导小组进行审查，经审查合格的设计文件，报市资源局审查批准。

1991年，林业部颁布了《森林采伐更新调查设计规范》和《黑龙江省营林技术标准》作为各项林业调查设计的依据。

1994年，为贯彻执行国家制定的各项林业方针、政策，加强森林资源系统管理，伊春市资源局将各林业局森调队行政正、副职人员收回资源局管理。

2001年，在国家实施天然林保护工程中，国家林业局森林资源管理司下发了《关于加强重点国有林区调查设计和作业质量检查验收管理工作的通知》，对调查设计提出更具体要求和标准。规定调查设计成果应具备："由具有丁级以上资质的林业调查设计单位完成；有具有乙级以上资质的林业调查规划设计单位编制，经过省级以上林业主管部门批准使用的一元立木材积表、材种出材量（率）表、生长率表和根径材积表；伐区区划、林分因子调查方法和采伐工艺设计方法符合省级以上林业主管部门的有关规定；伐区调查设计说明书、伐区调查设计表和伐区调查设计平面图。伐区设计质量合格的条件：符合森林经营方案和森林分类经营区划确定的森林经营目标；设计资料完整、准确、规范，平面图、表格数字清晰。工程及费用概算依据充分；小班区划合理，区划测量界线明显，区划线交点标志齐全，测线闭合差小于1／150，各小班面积之和与区划整体面积误差小于±1%，小班面积误差小于±3%；一个小班内不出现1公顷以上的不同林分类型；林分因子调查准确、林分起源不允许有错，树种组成（目的树种或优势树种）允许误差±1成，年龄允许误差±1个龄级，但龄组不允许有误差，平均胸径允许误差±1个径级；伐前株数调查允许误差±5%，伐前蓄积允许误差±10%；采伐株数、采伐蓄积、出材量允许误差±5%；采伐工艺设计合理；采伐类型、采伐方式、采伐强度确定符合《森林采伐更新管理办法》和天然林保护工程的有关规定，道路、集材道、楞场设计合理；采伐木标记检查允许误差±5%；更新设计和工程设计按有关规定进行执行；调查设计质量评分低于90分的伐区设计为不合格设计；调查设计应在允许时间范围内使用，若超过一个生长季，检查时要考虑林分因子的变化情况”。对上述设计管理都一一遵照执行。

2005年，省森工总局下发了《黑龙江省森工国有林区林业局林业调查设计队目标化管理办法》规范林业调查设计队伍。

五营林业局调查设计队伍，1986年76人，1995年124人，2005年122人。

五、野生植物管理

采集山野菜、山野果和中草药由资源管理科统一管理，入山者必须办理入山采集证，对采集量大、人多的，入山前需办培训班，对保护资源措施、采集技术、安全、防火等提出具体要求，培训后发证入山。

采收野生植物要遵守如下制度，按资源管理部门确定采集地点和范围采收，严禁乱采滥挖。对红松、落叶松、云杉种子采收中，不准掰枝、毁树，对刺嫩芽、越橘、猕猴桃、蓝靛果、托盘等只许摘果、掰芽，不准毁坏母株。对珍贵药材刺五加只准采叶和嫩枝，不准砍伐主干和挖根；采集五味子只准摘果，不准毁秧；采集黄柏，不准剥黄菠萝活立木树皮。山野果、野生药材成熟期方可采集，不准随意乱采，不准“杀鸡取卵”确保母株安全，以利于生长和利用。上述制度一直持续到2005年。

六、野生动物管理

1986年，五营区（局）认真贯彻和执行《中华人民共和国野生动物保护法》、国务院关于《坚决制止乱捕、滥猎和倒卖、走私珍贵野生动物紧急通知》《黑龙江省森林工业总局野生动物管理暂行办法》和《伊春市野生动物资源保护管理实施细则》。建立健全保护野生动物组织机构，定期、不定期组织有关部门对市场、旅饭店、收购部、林场（所）等部位进行抽检，1986—2005年，共收缴各种无证枪支600多支。收缴猎枪统一保管；道口设永久性标语牌，加强野生动物保护，直至2005年。

第二节　森林保护

1986年，五营区（局）在林政管理上制定了《林政管理细则》，开展了林政大检查，加大了对盗窃木材行为打击力度。1993年，林业局对偷拉私运木材，倒卖黑材进行专项打击。1994年，伊春市政府下发《关于放开木材加工、大力发展小木制品的决定》，成立五营区（局）林政稽查大队。林政局增设木材加工厂（点）管理人员。1995年，五营局制定《五营区林政管理细则》。1997年同年，五营局木材加工厂（点）发展到102家。1998年，天保工程实施后，林业局加大了对木材加工厂（点）规范力度和木材运输稽查力度。2004年，林业局制定了《五营林业局冬运木材生产林政管理办法》《五营林业局林政案件报告制度》以及《五营林业局林政案件行政领导责任追究制度》。2005年，五营区林政管理局合并到林业资源局，称资源林政局。木材加工厂（点）50家，林政案件降到历史低点。

1986年，在森林防火工作中，积极贯彻“预防为主，积极消灭”方针，建立以专业扑火队为骨干，快速扑火队伍和远征扑火为主要力量的扑火队伍。加强了“四网三化”建设（公路交通网、观察瞭望网、防火林带网、通信联络网、队伍专业化、工具机具化、灭火科学化）。严格了火源管理，制定了《用火制度》。建立区（局）领导森林防火分工负责制和联防制度。在病虫鼠害防治工作中，积极贯彻“预防为主，综合治理”方针，形成防治体系。即建立预测预报网络，防治服务网络。1990年，五营局防火办被黑龙江省森工总局评为连续三年（1987—1989）无森林火灾先进单位。1993年8月，五营局防火办被林业部、人事部评为连续三年（1990—1992）无森林火灾先进单位；1994年，五营局防火办被黑龙江省人民政府评为1991—1993年度森林防火省级先进单位；被黑龙江省森工总局评为连续（1991—1993）无森林防火省级先进单位。1997年，五营局防火办被黑龙江省森工总局评为连续（1994—1996）无森林防火省级先进单位。2001年，五营局防火办被市政府评为森林防火先进单位；2003年，五营局防火办被黑龙江省政府评为森林防火先进单位。2004年，五营林业局纳入全国重点火险区治理工程。森林防火连续19年无森林火灾。

1989年，五营局营林处病防站晋升一级站。1991年，五营局营林处病防站晋升为省级标准化站。1997年五营局营林科病防站升格为副科级事业单位。2000年，五营林业局纳入全市鼠害治理示范区。同年，五营局营林科病防站晋升为国家级标准站。2005年，病虫鼠害得到全面治理。

第三节 机 构

一、机构

（一）五营林业局机关

1986年，区林政科编制6人，设副科长2人，与区防火办公室合署办公。下设林政股，股长1人，内业1人。1987年8月，副科长杨延广提升为科长（兼任防火办主任）。1988年，防火办公室改称森林防火指挥部办公室，与林政科合署办公。1989年，增设副科长1人；8月，区林政科改称区林政管理局。1990年，林政股增至3人。到1993年年末，林政股增至7人。1994年11月，成立区（局）林政稽查大队。规格为科级机构，林政稽查大队长由区林政局长兼任，副大队长分别由公安局副局长、林政局副局长、公安局森保科长兼任。林政稽查大队由林政局林政股7人和公安局森保科5人组成。1997年，机构改革，区编委给林政局定编7人，设局长1人（兼防火办主任），副局长2人，干部4人（与森林防火指挥部办公室合署办公）。下设林政稽查队8人（不含公安）。2001年机构改革，林政局（挂防火办公室牌子）负责全区林政监督管理和检查及森防工作，查处违反森林法的案件和对违反森防条例规定的售货员依法进行处理。2003年，林政稽查队人员增至11人（不含公安）。2005年，区林政管理局合并到区资源局，称区资源林政局，设局长1人，主管林政副局长1人，编制54人，林政稽查队6人（不含公安）。

（二）基层机构

1986年，五营区有4个林政（防火）检查站，分别是向阳站、大桥站、平山站、杨树河站。平山站、杨树河站分别属于平山经营所、杨树河林场管理。

1989年，经省公安厅、省森工总局批准，在原向阳店基础上建立公路林政防火（木材）检查站。

1990年6月，将平山检查站、杨树河检查站归属区林政局直接管理。

2000年，在河南工业小区大门外设立小区检查站，由区森警队负责检查；2001年小区检查站由区林政局管理。

2003年，国家林业局批准本区设立防火检查站5处，主要有翠北检查站、公路检查站、杨树河检查站、大桥检查站、平山检查站。

2005年，五营区林政（防火）检查站划归资源林政局管理，检查站有6处。每个站设站长1人，检查员2~5名不等，

（三）森警队伍

1987年，经伊春市批准，在五营区成立森林警察大队，受伊春市森林警察支队领导。大队编制40人。

1988年，经国务院批效准森警部队列入武警系系统，五营森警大队全称为黑龙江省武装森林警

察总队伊春支队驻五营森林警察大队（营级建制），有官兵 42 人，教导员 1 人，队长 1 人，管理员 1 人，战士 39 人，配备三轮摩托车 4 台，东风 140 汽车 1 台，风力灭火机 8 台。

1990 年后，增设副队长 1 人，人员编制调整为 60 人，设正、副队长各 1 人，教导员 1 人。陆续配备吉普车、运兵车、对讲机、电台、卫星定位仪等装备。

1998 年 10 月，五营森警大队改称武警五营森林大队。

2002 年，根据《中国人民解放军参谋部关于森林部队编制高速的批复》和武警总部关于警种部队编制调整的批示精神，武警伊春森林支队对部队编制再次进行高速撤销五营森林大队，成立武警五营森林中队（正连级建制）。设中队长 1 人，指导员 1 人。

2005 年，五营森林中队，配有扑火队员 40 人，手持结讲机 5 台，灭火机 10 台，车辆 1 台。

二、护林队伍

1986 年，五营局林政科下设林政股，配有工作人员 2 名，林政（防火）检查人员 10 人。

1990 年，林政专职干部由原来 2 人增加到 3 人，林政检查站增至 16 人。

1993 年，林政股增至 7 人。

1994 年 3 月，区林政局设木材加工厂（点）管理人员 2 人，林政稽查队 7 人，公路运输监装员 5 人（五星 3 人，五营 2 人）。

1996 年，区林政增设打号员 1 人。

1997 年，林政检查站 17 人。

1998 年，区林政局有木材加工厂（点）管理人员 4 人，林政稽查队 8 人，监装员 4 人，负责铁路、公路运输监装。

2003 年，林政稽查队人员增加到 11 人，票证监装员 5 人，林政检查站人员达 22 人。

2005 年，林政资源合并后，区资源林政局配有驻场员 8 人，稽查队 6 人，监装员 3 人，票证员 1 人，木材加工厂（点）管理人员 4 人，林政检查站 22 人。

第四节 林政管理

一、木材管理

1986 年，五营局制定《林政管理细则》，对各项木材运输和零星木材审批，林地开发利用等明确规定。局村政科主要检查伐区质量，伐区拨交验收手续是否健全和禁止小工队烧好材，通过对 7 个林场（所）检查，没有发现伐区滥砍滥伐、超采、手续不健全等问题。

1990 年，区林政局认真执行伐区拨交验收制度，严格按计划作业，没有拨交手续不准搞经营活动，不经验收不再拨给新伐区。对单位为了取材而破坏资源的，按其情节轻重予以经济制裁，严惩的追究刑事责任。通过对 8 个林场（所）检查，没发现林场所伐区滥砍滥伐、私卖木材行为。

1995 年，五营区制定了《五营区林政管理细则》，共 7 章。

1999 年，区林政局要求林场所管好自己的施业区，并根据五营区委《五营区 1999 年重点工作推进落实方案》的通知精神建立了林场（所）党政领导资源消长任期限目标责任制，林政部门负责记载掌握定期向上级有关部门提供各林场（所）资源管理情况，强化林政管理。通过检查全区林场（所）均没有发生截留木材，私卖木材或以木易物、以木抵资等行为。

2002 年，区林政局为防止效益流失，封堵各林场（所）临时道口，非生产岔线 38 处，要求各林场（所）有林单位安排专人巡护，责任到人。因玩忽职守，致使责任区出现偷盗林木、滥砍滥伐、违规操作、烧柴超标等违法行为的责任人将受到党纪政纪处分，并在年终先进集体、先进个人评比打分时把林政管理工作将作为一项重要内容，行使一票否决权。

2003 年，各林场（所）对各自的施业区划分了林政管理责任区，封堵临时道口、非生产岔线 48 处，安排专人看护，目标明确责任到人。

2004 年，五营林业局制定《五营林业局冬运木材生产林政管理办法》《五营林业局林政案件报告制度》《五营林业局林政案件行政领导责任追究制度》《五营林业局冬运木材生产林政管理办法》《五营林业局林政案件报告制度》《五营林业局林政案件行政领导责任追究制度》。

2005 年，区资源林政局加大对林场林政案件查处力度，认真执行《五营林业局林政案件报告制度》《五营林业局林政案件行政领导责任追究制度》。对发生在本施业区的破坏林木资源案件，党政一把手负主要责任，分管领导负具体责任，严格执行罚缴分离制度及执法过错追究制度。

二、运输监督管理

1986 年，五营局除主伐生产原条外，木材副产品运输一律到区林政科办理木材运输证明，由林政检查站验证放行，没有运输证明一律不准放行。

1990 年，凡是在林场（所）下运的除主伐生产的原条外，其余副产品运输过程中实行盖回头章制度。1991 年，五营局为加强木材运输管理，林业局决定木材副产品运输一律到生产科办理运输手续，由林政检查站负责验证检查，并向局调度报点，实行运行图统筹管理，从而使木材运输工作走向正轨，防止了偷拉私运现象的发生。

1993 年冬运期间，区林政局加大对木材运输稽查力度，开展夜查和路查等 5 个方面工作。夜查：区林政局领导和工作人员，轮流进入检查站查下运副产品车辆，下运地点、接收单位及上图报点车数、车号是否与运输证相符，是否按指定地点卸车、盖接章。路查：区林政局在主要道口关卡设林政员检查车号，用对讲机与检查站联系，是否有此号车通过，检查副产品车辆，是否货证相等，是否车号与运输证相符，是否按指定地点卸车。检查站除 2 名当班人员在岗处，还另派 1 名专人在检查站用对讲机向林政局指挥台把过站车号、报点，指挥台上运输图记录，第二天早 8 时与生产科核对车数及车号，以便及时发现没按指定地点下运车辆和漏报等问题。专业队组建林政稽查大队，上路巡查，分前半夜、后半夜晚两组。纪检委协同配合进入检查站把关。在冬运期间，查出货证、车证、下运地点不符等 3 个问题，共收缴库木材 23 车。

1995 年，区林业局制定了《木材运输监督管理办法》共 12 条。

1998 年，区林政局严把木材运输关，采用对讲机向山上装车点与检查站报点，现场缴库检验对检三点一致的报点方式，检查站要认真核对树种、根数，过站验证时，必须核准三联单记载及林场（所）的报点人签名并加盖名章，核对无误后方可放行，对过站半小时后，不进厂的运输车辆跟踪查检，有效地控制了以往的摘帽和调包行为的发生。

2001 年，区林政局组成两个稽查组，配备两台专用车辆，对木材生产车辆跟踪稽查严防“跑、冒、滴、漏”效益流失，同时林政局 5 名科级领导干部进驻检查站对木材运输车辆进行监督检查。春节过后，在公安局有关科、所队长的配合下，全天 24 小时流动稽查，在生产线上和重要岔线及临时道口，控制了盗伐偷拉私运的发生。加强冬运木材运输管理，在两条主要生产线上的大桥检查站和平山检查站安装监视器，对来往车辆进行监督。

2002 年，监控室有 1 名副科级领导干部带班，对过站的木材车辆全面监控，发现生产牌照和车风挡上的标号不符时的运材相比较，是否存在“调包、摘冒、抽签”现象，控制住运材车辆过站后到贮木厂卸车期间“跑、冒、滴、漏”等效益流失现象，实行 24 小时监控，做到及时发现及时查处，为抓好木材运输环节管理提供了保障。

2003 年，区政府（林业局）投资 6.5 万元在燃料公司道口，新建汤旺河大桥桥头，贮木场新增设 3 处监控点，完善了中心监控室设施等，扩大社会监控覆盖面。

2005 年，冬运木材生产运输伊始，成立两个稽查组，监控室加强管理。

三、木材加工厂（点）管理

1986 年，全区有木材加工厂（点）43 家，其中：全民 5 家、集体 24 家、个体 14 家。到 1988 年全区木材加工厂（点）增至 45 家。其中：全民集体 29 家、个体 16 家。1990 年，全区有木材加工厂（点）14 家，全民 3 家、集体 11 家。区林政局通过检查，所有加工点基本没有私自加工木材行为。1993 年，有木材经营许可证的加工厂（点）有 30 家，其中：全民 6 家、集体 23 家、私营 1 家。

1994 年 3 月，区林政局设木材加工厂（点）管理人员 2 人。根据伊政办〔1994〕6 号文件精神，区林政局对全区所有木材加工厂（点）进行大检查，并清理整顿一些不具备条件的木材加工厂（点）。五营区同年有木材加工厂（点）41 家，其中：全民 6 家、集体 30 家、个体 2 家。中外合资 2 个、股份制 1 个。通过检查，封停 10 家暂不具备生产条件木材加工厂（点），其中个体 2 家。同年，伊春市政府下发《关于放开木材加工、大力发展小木制品的决定》。1995 年，区政府制定下发《木材加工厂（点）管理办法》。1996 年，区林政局封停山上林场（所）木材加工厂点 8 家。到 1997 年，全区木材加工厂（点）增加到 102 家，其中：国有 8 家、集体所有制 55 家、个体所有制 33 家、中外合资 2 家有限责任公司 4 家。102 家木材加工厂（点）两证齐全（工商执照、木材加工许可证）86 家，有工商执照，无加工许可证的 15 家，两证全无的 1 家。同年 6 月，区政府组织了由纪检委、林政局、森保科、工商局等 4 个部门联合成立木材加工厂（点）联合检查组，区政府对此次工作非常重视，责成 1 名副区亲自负责，6 月 13—23 日，对五营区辖区内的所有木材加工厂（点）进行了全面细致的检查，这次检查的方法特点是从基础一证一照开始，一直查到原料来源、生产加工销售待各个环节，通过检查认定为合格的 44 家，限期整改的 17 家，封停的 18 家，取缔的 4 家，需搬迁的 19 家。

1998 年 5 月，区政府组织了由纪检委、林政局、森保科、工商局等 4 个部门联合组成的木材加工厂（点）联合检查整顿工作组，对全区所有木材加工厂（点）进行一次细致彻底地清理，检查站从最基本的一证一照开始，并着重查原料的来源，生产加工经营销售等方面的问题。辖区内原有木材加工厂（点）98 家，其中：国有企业 8 家、集体企业 46 家、个体企业 13 家、中外合资企业 2 家，有限责任公司 3 家、山上林场所加工点 8 家，正在筹建中的 18 家。98 家厂点两证齐全（工商执照、木材经营许可证）54 家，有工商执照无加工许可证的 17 家，两证全无的 27 家，经检查确认为合格的企业 26 家，限期整改的企业 19 家，比 1998 年多 2 家，封停的企业 40 家，取缔的 5 家，搬迁的 8 家，检查中对发现问题的木材加工厂（点）除收缴非法收购的木材及非法所得外，还处以下等方面制裁。即：第 1 次发现有违法行为强行对其设备上锁封停整改，第二次发现有违法行为即刻拆除加工设备，并视情节决定取缔与保留。仅 9—10 月上旬就对非法收购木材加工厂（点）强行封停 7 家，拆除加工设备柴油机 11 台，收缴已加工的盗伐木材 10 多立方米。

1999 年，五营区制定并下发《五营区木材加工厂（点）清理整顿管理办法》，主管战线领导组织纪委、监察局、公安森林案件侦查大队、工商局等有关部门由林政局协调，集中精力先后两次，对全区木材加工厂（点）进行清理整顿。通过清理整顿，彻底拆除林场（所）木材加工厂（点）8 家，取缔和靠近林缘居民区搬迁区内的木材加工厂（点）11 家，取缔五星工业小区 1 处。同年，区林政局在打击私收乱购方面，在管理加工厂（点）上狠下功夫，对木材加工厂（点）实行 24 小时不定时间突击检查制度，严格按照《五营区林政管理细则》《五营区木材加工厂（点）管理办法》规定进行管理，对厂（点）原料缴库情况及时掌握，并加强外销木材监装打号制度；加强木材加工台账呈报制度；对于长材短造问题，林政部门要求必须由厂（点）申请，林政部门主管售货员现场监督，以便很好地掌握材种、数量及断造的规格等。各木材加工厂（点）基本上能够守法经营、违法违纪行为相对减少。在市林政局组织的全市木材加工厂（点）检查中给予了肯定。

2001年，区林政局木材加工厂（点）管理人员每天对厂（点）检查1次，并将结果向主管科长汇报，对木材加工厂（点）私收乱购问题一经发现坚决查处，决不手软。对无原料的厂（点）实行锁锯封存俯视制度，并派专人看护，防止私收木材进行加工。

2002年，对全区木材加工企业清理整顿专项治理过程中，打掉汽运处综合厂院内黑窝点加工厂1家，取缔造纸厂、五星白灰厂、五星综合厂院内无证加工厂点3家。对无原料的22家厂点、设备进行封停。

2003年，对上述3家违规操作的加工企业进行了处罚，对无证经营的汽运处院内带锯设备进行了拆除。对保留下来的木材加工厂（点）鼓励其向木材精深加式方向发展，严禁出售原料。加大对木材台账管理力度，检查进厂原料发票、地拨单、外运证明等有效证件是否齐全、合法，及时填写入管理台账，对库存原料数量认真检查、统计，防止“黑材”进厂加工销售。

2005年，区资源林政局要全区范围内开展大规模清理整顿木材加工厂（点）专项治理工作，对全区67家木材加工厂（点）按照伊政办发〔2004〕76号文件规定，认真清理。对无木材加工许可证经营的11家木材加工厂（点）予以取缔；对有木材加工许可证的五营汇鑫木制品厂、五营苗圃综合厂因违反林业法规，亦予以取缔；对设在工业小区外有证照、规模较小，无定型产品、长期闲置的5家木材加工厂（点）责令其转产经营或限期迁入加工小区生产经营，否则不予审验木材加工许可证，对其他符合规定的45家木材加工厂（点）予以保留。

整顿后全区现存木材加工厂（点）50家，其中工业小区外各25家，大部分是林业局改制企业。因规模较小，长期闲置，需转产搬迁的木材加工厂（点）5家，木材加工厂（点）经营性质属于国有2家，集体6家，有限责任7家、私营30家（不含搬迁、转产的加工点）。从事深加工木材厂（点）23家，粗加工22家，年加工能力321700万立方米，因林业局木材产量不足及外部销售市场等原因，一部分木材加工厂（点）处于停业状态。

四、票证管理

1986年，五营区木材运输证明由区林政科林政股负责。设1名兼职管理人员，负责非统配木材运输证明发放工作。到林政科办理木材运输证明的必须持各种有效证件，经主管领导审批后方可办理，否则不予办理。1994年，国家取消统配木材后，区林政局设专人负责木材运输申请单发放、使用及管理，执行鉴证一支笔审批制度。同时规办理木材运输证明有关一些规定：辖区内的木材经营加工单位要及时向林政局提供原始木材发票如林业局木材发票、调拨令、外购木材运证等，林政局设专人负责审验登记，并设有专项管理台账，对辖区内的木材经营加工单位木材运输实行总量控制，办证人员依据其购进木材数量为其提供相应数量的木材外销运输证明，凡是申请单上填写的数量、材种、规格与审验登记不符的不予签发木材运输证明。对办理区内木材倒运证明者，必须提供木材来源证件；办理外销木材证明的，必须由监装员现场监督，主管林政负责人签字后方可销。办理出省证明，必须持木材加工厂（点）出具申请单、介绍信、木材发票，由主管林政负责人签字后，加盖林政局公章后，再去市林政局办理。1995年，区林政局制定《办证员工件职责》。2003年，区林政局制定《票证监装管理制度》包括林政部门设有专人负责木材运输申请单发放使用及管理，执行签证一支笔审批制度等七个内容。同年，区林政局办理木材证明过程中严格执行伊春市林政局的三公开承诺制度。2005年，区林政局合并到资源局后，木材运输证明继续执行原林政局规定，由原林政局票证员负责。

五、监装管理

1994 年始，区林政局设监装员 5 人，其中五星 3 人，五营 2 人。负责公路运输木材监装，监装员依据办证员开具的外运证明到指定地点监装，监装员要认真检查验证手续，及时核对材种、数量是否与木材运输证明一致，不准多装或少装，发现问题及时向领导汇报。1995 年，区林政局制定《监装员工作职责》规范监装工作。1996 年，区林政局增设打号 1 人，实行监装打号制度。1997 年，区林政局设监装员 4 人，负责公路、铁路运输木材监装工作，打号员 1 人。2003 年，区林政局制定《票证监装管理制度》，对监装人员工作提出明确的要求及工作不到位对监装员处罚规定。2005 年，区资源林政局监装员 3 人，负责公路木材运输监装工作。

六、稽查管理

1994 年 11 月始，成立五营区（林业局）林政稽查大队，1995 年，区政府制定《林政稽查大队管理办法》，对林政稽查大队工作进一步进行规范。1999 年，林政稽查大队 8 人分成 4 个班常年值班、值宿，设立了举报电话，接到举报立即出击使盗伐林木，偷拉私运，私收乱购，以木谋私的得到有效遏制。

2002 年，区林政局制定《五营区林政管理责任追究制度》，完善《五营区林政管理执法人员职责》，依据有关法律、法规制度的具体内容制定了上岗聘用书，并交纳上岗风险抵押金。聘用书中对上岗人员行为有明确的规定，要求在岗人员必须懂法、知法，善于运用法律手段解决和处理种类问题，严格按照准确、公正、公开的原则认真查办各类破坏森林资源林业行政案件，严格履行行政执法公示制度和执法过错追究制度。充分发挥稽查队执法人员作用，认真按照区委、区政府对林政管理工作的部署开展工作，适时开展专项治理和专项打击活动，经常性地对林场（所）烧柴、靠近林缘居民区的烧柴进行检查清理。对木材加工市场进行两次清理整顿。

2003 年，林政稽查队增至 11 人。

2004 年，区林政局制定了林政工作程序化方案，方案中明确规定：稽查队工作售货员在工作中对查获的“黑材”明知是赃物而不按规定查处的，一经查实，开除林政队伍，数量较大的移交司法机关处理；稽查队工作人员在工作中为不法分子通风报信，提供方便的，一经查实坚决开除林政队伍，情节严重的移交司法机关处理；稽查队工作人员要加强自身廉政建设，增强防腐意识，不得利用职务之便以权谋私、办人情案、关系案、徇私枉法，发现失职、渎职玩忽职守的视情节轻重给予严肃处理，触犯刑律的依法追究。制定《稽查队工作人员管理制度》，共 5 条。

2005 年，区林政局合并到区资源局，称区资源林政局，林政稽查队 6 人。

七、木材检查站管理

1986 年，区林政科管理检查站有向阳检查站、大桥检查站，负责检查木材副产品运输手续。1989 年，经省森工总局、省公安厅批准在原向阳站基础上设立公路林政防火木材检查站，有力地控制木材及木制品的外流和非法运输。1990 年 6 月，将平山检查站、杨树河检查站划归区林政局管理，解决木材运输管理混乱问题。林政检查站人员 16 人。1991 年，区林政局调整检查站，将不适应本职工作的 3 名人员调出检查站，重新配备 3 人。1992 年 7 月 24 日，在公路检查站，2 名检查员由于勒索运材货主钱财而开除林政队伍，并分别给予罚款 100 元的处分，重新配备了工作责任心强，懂业务的 2 名检查员。1993 年，区林政局制定《林政防火检查站工作制度》，共 11 条，包括检查员职责以及工作不到位要给予相应处罚。1995 年，区政府制定《林政检查站管理办法》，对林政检查站工作进一步进行规范。1997 年，区林政局对公路检查站进行扩建，新建仓库 32 平方米，围墙 26 米，水泥地面 80 平方米，水井 1 口。1998 年，公路检查站被国家林业局授予“达标站”称号。对每个检查站安排 1 名科级领导干部、林政稽查、公安森保三位一体的驻站 24 小时监督检查，哪个站出现问题，就追究哪个站人员的责任。因工作失职，共清除林政队伍 23 人。受行政记大过处分 1 人。

2000 年，区林政局两次办班，组织检查员对《森林法》《森林法实施细则》《五营区木材检查站管理办法》进行认真学习和考评。林企路设置检查站 3 处，都具有省批检查站证书及检查站牌。建立健全木材检查站制度、站长及检查员守则、交接班记录、往来车辆记录、站务会记录、学习记录。并且制定廉政措施“三公开”（执法检查范围公开、处罚标准公开、处理结果公开）、“八不准”（不准无证上岗、不准超范围检查等），交纳一定数额风险押金。在检查站门上挂当日值班员姓名牌、照片，并且公示举报电话，对违反规定一律扣抵押金。

2003 年，加强林政检查站工作，发挥检查站监控设备作用，监控室由科级干部带班，对过往木材车辆进行 24 小时监控，防止“黑材”和偷拉私运木材行为的发生，因措施得力，减少了运材车辆过站后贮木厂卸车期间“跑、冒、滴、漏”效益流失现象，确保了冬运木材生产秩序。同年林政检查员增至 22 人。

2004 年 12 月，五营林业局制定《五营林业局冬运木材生产林政管理办法》3 章，《林政检查站复写》共 5 条。同年，区林政局又制定《木材检查站工作人员管理制度》共 7 条。

2005 年，林政检查站，在进行常规检查的基础上，必须坚持昼夜放杆，对其他机动车辆如农用车、吉普车、三轮车、面包车等非生产车辆进行认真检查，防止伪装等方式逃避检查，造成效益流失。同年配备林政检查员 22 人。

八、外埠进材管理

1998 年，五营区制定《五营区外埠进材管理办法》，对外埠购买木材进入本区做出进一步规范。1999 年，区林政局侧重抓外埠进材管理，木材加工厂（点）原料来源，原则上必须在林业部局木材经销单位购买，不足部分在外埠或其他单位购买时，则必须要出具协议书、发票（财务予付款收据）进材时持上述手续找本区主管林政区（局）长签字，将签字后的手续交林政科、森保科各 1 份备查，木材还必须按局指定地点卸车，每车要有甲方检验野账，同时提清林政局打号印，如由于货主没及时提请检尺打号印，造成材种数量等混乱，要追究其责任，并予以处罚。为确保木材生产的正常秩序，从外埠进材运输时只许走国道，一律禁止从局内生产线运输外埠木材，如有特殊情况需提前向区（局）请示，区（局）召集有关部门研究，定出可行办法后实施，严格控制借从外局进材之机偷位私运本局木材。按区政府要求对局贮木场院内两处木材装运线进行彻底清理。从 1999 年开始，两处装运线周围绝不允许代贮代存各单位及个人的木材。2002—2005 年，本区木材加工厂点在外埠买木材运到本区加工时，只须出具正规木材发票，如实申报纳入木材加工厂（点）管理台账，方可落地，外销时，出具外部购买木材发票即可外销。

九、烧柴管理

1986 年，区林政科把烧柴管理纳入林政管理范围，经常深入林场（所）、居民区检查居民烧柴，对用好材作烧柴的要给予处罚，并予以没收。1991 年，区政府《关于居民烧柴供应的若干规定》（五政办〔1991〕49 号），山上林场所居民烧柴规定由林场所供应，区内居民烧柴到枝桠站购买。五星居民到杨树河经营所购买烧柴。1995 年，区政府制定《五营区林政管理细则》中第五章“烧柴管理办法”共 7 条，对烧柴管理进一步作了规范。1997 年，区林政局对烧柴管理做如下最新规定：区内居民要提倡以煤代木，引火柴到枝桠站购买；山上林场所居民要烧 3 厘米以下枝丫；林场（所）生产暂设点烧柴一律烧枝丫或无利用价值的倒木等；区内居民禁止到保护区、风景林、人工林等封山育林打拉烧柴，违者没收，并根据情节给予处罚。

2001 年，对区内居民及林场所超标准烧柴进行全面清理，并颁布《严禁进入封存山育林区打拉烧柴》通告，在数次清理过程中，收缴超标准烧柴 112 榴，行政处罚 19 人；在整顿超标准烧柴过程中对个别林场（所）有超标准烧柴问题，在对超标准烧柴查处过程中提出整改意见。

2002 年，区林政局抽调专业队 20 人，组成 4 个小组，配备两台专用车辆，重点对东山风景林、向阳国道周边，汽运处，回民坟地等封山育林区进行看护，对靠近林缘居民区的烧柴重点检查，劝阻和罅进入封山育林区拣集烧柴和入山打拉超标烧柴，因防范措施得力，宣传到位，打拉超标准烧柴问题得到明显遏制。

2005 年年初，将稽查队分组，配备专用车辆 3 台，每天早 5 时，晚 8 时巡护在向阳国道、东山风景林、汽运处、良种场等靠近林缘居民地带，按照出台的《关于严禁居民进入封山育林区打拉烧柴的通告》《五营区烧柴管理办法》开展工作，部署主要道口，重点岔线布岗设卡，同时劝阻居民不得进入封山育林区，对自然保护区，如发现有进入“两区”内拣集烧柴的居民一律按盗伐林木罪论处。对木材生产作业暂设点烧柴的重点部位进行拉网式排查，在检查中发现超标烧柴一律收缴，并按相关规定进行处罚，共收缴超标烧柴 40 榴。

十、宣传教育

1986 年，五营区贯彻实施《森林法》，区 63 个基层单位（包括三权再上）及 58 个区（局）科室部门，普遍组织职工学习《森林法》，并抽出机关干部深入街道居民家中广泛宣传《森林法》，区林政科配备宣传车 1 台，深入街道、村屯、林场（所）宣传《森林法》。

1990 年，五营区贯彻《森林法实施细则》，并下发宣传提纲，对基层 54 个单位，41 个街道进行了两次林政大检查，两次森林抚育大检查，召开了基层领导干部工作会议，就加强林政工作，保护和发展林业做了具体部署，利用宣传车，走街串巷，深入各林场（所）宣传《森林法》及《森林法实施细则》和各项林业方针、政策。区广播站、电视差转台、各林场所的广播站都举办了《森林法》讲座和《森林法实施细则》讲座等专题节目，各单位利用各种会议、黑板报、大字块、标语等多种形式反复学习，学校组织学生上街宣传《森林法》及《森林法实施细则》，有的还将森林法编排成文艺节目进行宣传。

1995 年，《五营区林政管理细则》出台后，各基层单位、各科室认真组织干部职工进行学习。同时，区林政局把《五营林政管理细则》印发给各木材加工厂（点）。利用林政宣传车，深入街道、村屯、林场（所）宣传《五营林政管理细则》。区广播电视局利用有线电视媒体全文播发《五营林政管理细则》。

1997 年，区林政局十分注重抓好宣传教育工作，召开林政管理工作会议，专题研究，精心部署各阶段的任务，多次召开宣传林业政策、法规座谈会，同时配备 1 辆林政宣传车，走街串巷进行宣传《森林法》《黑龙江省森林管理条例》《五营林政管理细则》等政策法规。区林政局制定木材加工厂（点）负责人定期学习制度，每月的 25 日为《森林法》《黑龙江省森林管理条例》及《五营制定的若干林政管理规定》，重点由机关企事业单位，向阳林场（所）及社会各角落延伸，在有线电视上区主管战线领导和林政局领导分别作了关于严厉打击乱砍滥伐、盗伐、偷拉私运、私收乱购犯罪行为的电视讲话，举办了新《森林法》宣传一条街活动，到各有林单位、各木材经营厂张贴《黑龙江省森林管理条例》80 张。2002 年，区林政局在国道两侧各有林单位、木材加工的小区内设立永久性宣传牌共 42 块，张贴林政宣传标语 1200 张。

2003 年，要全区范围内深层次开展爱林、护林林政宣传工作，建立横向与新闻中心配合，辐射全区；纵向与 11 个有林单位协作，到家到户，消除宣传工作中出现的死角死面，配备了 1 台宣传车走街串巷地宣传《森林法》《森林实施条例》。在常规宣传基础上对林政管理中的正面典型给予表彰奖励，反面典型公开曝光以案说法，起到教育他人的目的。林政局领导带领行政执法人员深入到各林场（所）有林单位，组织相关人员学习林政管理工作法律、法规及林业局2003年林政管理的总体思路，互相交流经验，及时沟通情况，统一思想，增强林政管理人员保护森林资源意识和紧迫感，提高他们对森林改善生态环境和可持续发展战略重要性的认识。同年4月，举办了木材加工厂（点）负责人法律培训班，对他们进行知法、守法、懂法宣传教育，提高了他们依法经营意识。

2004年，区广播电视中心在五营节目中，全文播发《伊春市政府一号令》，关于禁伐红松的命令。区林政局利用林政宣传车，走街串巷宣传《森林法》《森林法实施条例》及《伊春市政府一号令》。

2005年，区广播电视中心在五营节目中，全文播发《五营区烧柴管理办法》《关于严禁居民进入封山育林区内打拉烧柴的通告》，区林政局利用林政宣传车，深入林场（所）、村屯、街道宣传《森林法》《森林法实施条例》《五营区烧柴管理办法》《关于严禁居民进入封山育林区内打拉烧柴的通告》。

十一、依法治林

1986年，区林政科查办林政案件2件，其中：盗伐1件、盗窃1件。刑事处罚3人，收缴木材50.644立方米，收木材差价款0.78万元，收缴赔偿林木损失款0.28万元，罚款0.04万元。

1993年，区林政局查办林政案件11件，其中：盗伐林木3件，滥伐林木1件，盗窃木材1件，倒卖木材3件，倒卖票证2件。私拉滥运1件，案件涉及21人，其中收审8人，罚款总金额3.69万元。

1998年，区林政局查办林政行政案件43件，其中盗伐少量林木案件28件，收购盗伐林木案件12件，追究刑事责任16人，批捕11人，取保候审5人，行政拘留39人，行政处罚106人，收缴罚没款6.98万元。林木补偿费0.79万元，收缴木材123.978立方米，扣押非法运输车辆9台，收缴柴油机16台。是本区历史上林政行政案件最多的一年。

2001年，区林政局查办林政案件23件，行政处罚23人，其中：非法收购2件，无证加工1件，乱砍滥伐1件，打拉超标准烧柴19起，收缴木材1.943立方米，收缴超标烧柴112榴，收缴木材、超标准烧柴2项罚没款0.54万元。

2005年，因非法收购木材立案查处1件，收缴木材2.176立方米。行政处罚1人，罚款0.23万元；因破坏木耳菌基地周边林木资源，毁林搭木耳菌晾晒架，行政处罚10人，罚款0.59万元。全年累计挽回经济损失0.82万元，并收缴违法运输车辆5台，其中大车2台，面包车2台、吉普车1台。

1986—2005年五营林业局林政案件统计表

表7-5-1

项目 数量 / 年份	案件总数	收缴木材（立方米）	赔偿林木损费（元）	罚款（元）
1986	2	50.66	2 786.79	390
1987	1	17.08	297.50	850
1990	4	14	—	1 980
1991	3	29.33	—	10 232.62
1992	2	—	—	5 655.51
1993	11	133.3	—	36 978.59

续表 7-5-1

年份＼数量＼项目	案件总数	收缴木材（立方米）	赔偿林木损费（元）	罚款（元）
1994	8	—	—	—
1995	4	1.90	—	600
1996	5	—	—	—
1997	6	82.63	—	23 725
1198	43	123.99	7 870.10	69 788.12
1999	34	145.81	—	20 521.66
2000	25	12.85	—	13 207.83
2001	23	1.94	—	5 409.62
2002	4	2.60	—	1 648.72
2003	3	0.45	—	780
2004	4	—	—	2 290
2005	1	2.18	—	—

第五节 护林防火

一、防火机构

（一）区（局）防火机构

1986 年，本区（局）森林防火工作由五营区护林防火领导小组领导。领导小组政委由区委书记担任，副政委由 1 名区委副书记担任。总指挥由区（局）长担任，副总指挥由 1 名副区（局）长担任。成员由区委宣传部、公安局、武装部、劳动科、卫生科、行政办、丰林自然保护区、丽林实验林场、营林处等相关部门、单位负责人组成。下设指挥组、宣传组、后勤组、救护组等。领导小组下设防火办公室，与林政科合署办公。副主任 2 人（杨延广副主任负责全面工作），设内业、外业各 1 人，下设专业扑火队。1987 年，设主任 1 人，副主任 1 人。1988 年，区护林防火领导小组改称区森林防火指挥部区领导小组下设防火办公室，改称区森林防火指挥部办公室。区森防指挥部副总指挥成员增加总工程师、总会计师和资源专员。成员增加了集体经济管理处、森警队负责人。1989 年，主任由 1 人增加到 2 人。

1990 年，增设翠北分指挥部。成员单位增加电话所、翠北林场。1991 年，分指挥部防火内业、外业人员各增至 2 人。增设运输组。成员单位增加邮电局。1995 年，成员单位增加气象站，增设火因调查组。1997 年专业扑火队长格为副科级事业单位，设队长、指挥员各 1 人。1998 年，机构改革后，对区森林防火指挥部成员单位做出调整，总指挥由区（局）长担任，政委由区党委书记担任，副总指挥由 1 名副区（局）长、林业局总经济师、总会计师、总工程师担任，副政委由 1 名区委副书记担任。成员由宣传部、政府办、公安局、营林、人事劳动局、林政局、生产科、邮电局、电业局、气象站、物资局、森警队、卫生局、丽林实验林场、丰林国家级自然保护区管理局、翠北林场等相关部门、单位负责人组成。下设指挥组、宣传组、运输组、后勤组、救护组、火因调查组。

1999 年 8 月，防火办增设书记 1 名。

2002 年，局森林防火指挥部成员调整为总指挥由区（局）长担任，政委由区委副书记担任。副政委由 1 名区委副书记、宣传部部长、组织部部长、武装部政委、政法委常务副书记担任。副总指挥由副区（局）长、资源专员、武装部部长、丰林国家级自然保护区管理局局长、丽林实验林场场长、公安局局长担任。成员由林政局、财政局、人事劳动局卫生和计划生育局、生产机械科、翠北林场、检察院、法院、森调队、物资局、宣传部、政府办、气象局、通讯分局、武装部、森警队等单位、部门负责人组成。

2003 年，区防火办增设工会主席 1 名。

2004 年后，局森林防火副总指挥增加区工会主席。

2005 年 4 月，设区森防指专职副总指挥 1 名。同年 12 月，区森林防火指挥部办公室与区林政局分开，成为独立的事业单位，挂五营区人民政府森林防火指挥部办公室、五营林业局森林防火指挥部办公室两块牌子。主任由森防指专职副总指挥兼任，副主任 2 名，书记 1 名，工会主席 1 名，编制 117 人，下设专业扑火队。

（二）基层防火机构

1986 年，本区（局）基层单位普遍建立护林防火领导小组。1988 年，全区单位普遍建立护林防火领导小组。1988 年，全区共有基层森林防火领导小组 34 个。1990 年后，全区基层森林防火领导小组调整为 11 个（有林单位），由各单位党支部书记、党总支书记、场长（主任）担任组长，副组长由副场长担任，防火专职人员 22 人。2005 年，全区基层森林防火领导小组调查为 10 个，防火专职人员 10 人。

二、宣传教育

1986 年，五营区（局）认真宣传贯彻《森林法》及上级有关森林防火的指示和命令，配备防火宣传车 1 台，深入街道、林场（所）、村屯宣传《森林法》及上级有关森林防火命令，采取印制铁质永久宣传标语牌，张贴宣传标语，板报等多种形式宣传护林防火。

1988 年，开展全区性的森林防火宣传教育活动，防火办配备 1 台宣传车，在春、秋两季防火期到来之前就开赴到各林场（所）街道进行宣传，宣传内容主要以《森林法》《森林防火条例》为主要内容，临时性穿插上级有关规定及法令，全年出动宣传车 121 台次。根据天气变化情况，适时组织全区中小学校的学生上街宣传森林防火的重大意义，全年共有 9000 人次上街宣传。在春防期间区防火办和区文化馆联合举办《大兴安岭特大森林火灾》图牌展览，大力宣传森林火灾危害性和防火的重要性，并在主要街道、车站、贸易市场等人员集中的地方悬挂永久性大幅标语 300 条，张帖防火标语 3000 张，防火签名 35000 人次，在各林场（所）放映《大兴安岭火灾纪实》影片 10 场。

1990 年后，五营区（局）在森林防火工作中，认真宣传贯彻《森林法》《森林防火条例》，主要内容为“五个懂得”“五个一律”“九种教育”“十个明白”。“五个懂得”，即懂得入山人员要办入山证；懂得防火期内禁止一切室外、野外用火；懂得森林防火意义等内容。“五个一律”，即防火期在室外野外吸烟者，非公职人员，一律处以经济重罚或按治安管理条例予以行政拘留；国家公职人员，一律开除分职；在场不加制止的领导干部，一律撤职等内容。“九种教育”，即对在岗职工抓班前教育；对离退休职工抓活动日教育；对入山人员抓集中编组教育等内容。“十个明白”，即明白什么时间是防火期；明白生产用火的安全；明白防火工作人人有责等内容。宣传形式主要采取每年 4 月份举办“防火宣传一条街”和 5 月份组织“森林防火宣传月”活动，还在主要街道、公共场所挂宣传标语，在广播电视节目中增设“森林防火”专题节目，以及区防火办宣传车深入街道、林场（所）宣传森林防火知识，组织中小学生定期上街宣传森林防火。

1993 年后，主要宣传《伊春市预防和扑救森林火灾规定》即“一百条”。

1999 年，区森林防火指挥部采取多种形式，运用各种宣传工具，宣传防火，以新《森林法》，国家及省、市森防会议精神为主要内容，组织4次全区4个防火专业队上街宣传，出动宣传车6台上街和深入林场（所）宣传92次，办广播电视讲座72讲，每天电视广播都有防火专题节目，到年末，共设永久性标牌126块，印发防火简报8期1200份，张贴标语2000张。

2003年，防火宣传以《森林法》，国家及省、市森防会议精神为主要宣传内容，于3月15日、4月2日、5月6日、5月7日、5月23日、9月15日、10月1日、10月7日组织8次防火宣传1条街头活动，防火办每天出动1台宣传车深入林场（所）进行宣传，办广播讲座36讲，广电中心每天都播放防火专题节目，各林场（所）每天也利用学生、广播标语等多种形式进行广泛宣传，到年末，共设永久性标语牌45块，其中设国防路彩色喷绘悬挂标语牌6块，挂宣传横幅12幅，印发防火简报18期，2000份，张贴标语3000张，散发防火宣传单10000张。

2005年，区森林防火指挥部广泛宣传《森林法》《森林防火条例》，国家及省、市森防会议精神，每天7点30分出动1台防火宣传车沿街进行宣传；区新闻中心在五营新闻节目中都播放防火专题节目；于3月15日、4月25日、5月6日、5月23日10月1日共组织5次防火宣传1条街活动；全区共更新防火彩色喷绘宣传牌20块，横幅12幅，张贴“黑龙江省人民政府2005年春季森林防火命令”100张，入户散发防火宣传单10000张，张贴宣传标语4000张。在戒严期间，中小学生每周定期或不定期上街广泛宣传；派出森警、公安、专业队狠抓室外吸烟人员，对违反“五个一律”的人员进行公开处理，公开暴光，使人对防火引起高度重视。针对场（所）职工群众分散作业，不利于集中开会的现实，区8个林场（所）都恢复多年停止使用的广播，利用早、午晚时间反复进行防火知识的宣传；签定了“十户联防责任状”，加强宣传和监督，一户出现问题，十户共担责任。森林公园对外来旅游人员进行防火安全教育，利用横幅、标语、传单，采取灵活多样的形式，认真进行防火宣传，做到不留死角、死面。

五营区（局）二十年无森林火灾表彰大会图

三、扑火队伍及设备

（一）扑火队伍

1986年，五营区有区级专业扑火队1个，57人。基干扑火队20个，910人（不含丰林自然保护区、丽林实验林场），分别落实在贮木加工厂、工程处、前丰、永丰等20个基层单位。有快速扑火队员360人，远征扑火队员170人；实行后备第一、第二、第三梯队编制，其中第一梯队170人，第二梯队130人，第三梯队80人。

1988年，五营区组建了19个、970人的基干扑火队和远征扑火队，已分别落实在基层19个单位。

1991年，五营区有专业扑火队1个，47人。基干革命年火队伍发展到28个，1590人（含丰林国家级自然保护区管理局、丽林实验林场）。分别组建快速扑火队、远征扑火队和后备梯队。快速扑火队780人，远征扑火队450人，后备梯队360人，其中第一梯队130人，第二梯队120人，第三梯队110人。

扑火机具图

1993年，区级专业扑火队增至5个，83人。其中：区专业扑火队30人，森警队10人，丰林国家级自然保护区15人，丽林实验林场18人，翠北专业扑火队10人。林场（所）组建每队15人的快速扑火队8个，120人。区民兵快速扑火基干革命营300人，群众扑火队940人。并配备指挥车3台，运兵车12台，对讲机26台，灭火机44台。

1997年，有专业扑火队5个150人。其中：翠北专业队15人，保护区专业队15人，丽林实验林场专业队15人区专业队45人，森警队60人。民兵快速扑火基干革命营300人，林场所快速扑火队125人，群众扑火队850人，配备防火摩托车20辆，运输车辆25台，风力灭火机130台，对讲机126部。

2000年，有专业扑火队5个115人。其中：森警队40人，区专业队30人，翠北专业队15人，保护区专业队15人，丽林实验林杨专业队15人。林场（所）每队15人快速扑火队9个135人（含森林公园），民兵扑火基干营330人，林场所群众扑火队860人，山下基层群众扑火队413人。配备风力灭火机89台，大小对讲机132台，车辆34台。

2002年，专业扑火队调整为4个，130人。其中：森警队40人，丰林国家级自然保护区专业队15人，丽林实验林杨专业队15人，区专业队60人，林场所快速扑火队135人，民兵扑火基干营300人，林场（所）群众扑火队400人，配备风力灭火机89台，大小对讲机76台，车辆26台。

2005年，专业扑火队、各林场（所）快速扑火队重新组建，要求扑火队员不准有机关干部，年龄不得超过45岁。专业扑火队，快速扑火队按省森林扑火总队要求，进行军事业务训练，成立了训练领导小组，制定训练实施方案，训练进程表和教材，还聘请五营森警中队的教官当教练，全面提高了森林扑火队伍的整体作战能力和专业作战水平。五营区专业扑火队调整为1个，60人。将丰林国家级自然保护区专业扑火队、丽林实验林场扑火队纳入林场（所）快速扑火队增至11个，165人，民兵扑火基干革命营300人，群众扑火队400人。配备风力灭火机115台，对讲机88台，运输车辆28台。

2005年五营区扑火兵力、机具、通信设备统计表

表7-5-2

单　位	专业队（人）	快速扑火队（人）	群众扑火队（人）	座机（台）	手持机（台）	灭火机（台）	车辆（台）
翠北林杨	—	15	50	1	5	7	—

续表 7-5-2

单 位	专业队（人）	快速扑火队（人）	群众扑火队（人）	座机（台）	手持机（台）	灭火机（台）	车辆（台）
前丰林场	—	15	50	1	5	7	—
永丰林场	—	15	50	1	5	7	—
丽丰林场	—	15	50	1	5	7	—
平原经营所	—	15	50	1	5	7	—
平山经营所	—	15	50	1	5	7	—
五营河经营所	—	15	50	0	5	7	—
杨树河经营所	—	15	50	1	5	7	—
区专业队	60	—	—	5	12	40	13
保护区	—	15	—	4	8	7	3
实验林场	—	15	—	2	5	7	2
基干扑火营	—	—	300	5	5	10	—

（二）护林员

1986 年，五营区护林员 70 人（含丰林自然保护区 26 人，丽林实验林杨 10 人）。1988 年，五营区专职护林人员增至 87 人。1989 年，专职护林员增加至 107 人。1990—2005 年，护林人员达到 165 人，护林员改称巡护员。

（三）防火设备

1986 年，五营区有风力灭火机 20 台。

1987 年，购置风力灭火机 45 台，摩托车 30 台，汽车 4 台（其中巡视小车 1 台）。从安徽省合肥市购进了瓦同频兼职容机 5 部，M5 异频机 2 部，M5 同频机 4 部，更替了温州产背式对讲机。

1989 年，购置六凌指挥车 1 台。1990 年，购置风力灭火机 4 台。1991 年，购置 CY140 型汽车 2 台。1994 年，区森防指设备：CL50 型对讲机 14 台，450S 型电台 1 台，PCV-150 型中转机 1 台，DR-11 型座机 4 台，摄像机 1 台，照相机 1 台，录音机 1 台，传真机 1 台，林场（所）设备座式对讲机 6 台，手持对讲机 32 台，民兵营手持对讲机 3 部。

1995 年，本区购置水陆两用车 1 台。1996 年，购置 CA1091 型汽车 2 台，手持机 11 部，座机 2 台，中转机 1 台。1997 年，购置 208 型手持机 10 台。1998 年，购置卫星定位仪 2 个，风力灭火机 10 台。1999 年，购置座机 2 台，手持机 3 部，风力灭火机 20 台。

2000 年，市森林防火指挥部拨给本区森防设备有 TK868 型（400 兆）座机 2 台，400 兆手持机 3 台，150 兆手持机 10 部。2001 年，购置 THG71A 手持机 1 台，风力灭火机 10 台，微机 1 台。2002 年，本区购置 THG71A 型手持机 10 台。

2005 年，五营区投资 200 万元购买防火灭火机具、通信设备和扑火物资等，其中：风力灭火机 70 台，风水灭火机 20 台，指挥车 1 台，扑火运兵车 6 台，THG71A 型手持机 36 部，TM471A 型座机 9 台，中转机 2 台，GPS 定位仪 10 部，短波电台 2 部，灭火水枪 20 支，海事卫星电话 2 部，微机 1 台，多功能传真机 1 台，扫描仪 1 台，复印机 1 台，数码照相机 1 台，扑火装备 210 套，扑火组合工具 50 把。库存风力灭火机 40 台，风水灭火机 20 台，灭火水枪 10 支，组合工具 10 把。

四、预防措施

（一）防火线

1986 年秋季，五营区打烧防火线总长度是 219.5 公里，其中：国铁 31 公里，国防公路 23 公里，运材公路75公里，林缘公路90.5公里。技术要求：国铁每侧50米宽，用火烧。国防公路每侧5米宽，运材公路、林缘公路每侧3米宽，要求刀割，草花高度不准超过2厘米。到1989年末共打烧各类防火线878公里，其中国铁124米，国防公路92公里，运材公路300公里，林缘公路362公里。

1989年后，由于翠北林场划归五营区经营后，打烧防火线任务增加翠北草塘2300公顷。

1991年，五营区打烧防火线193.5公里，全年出动人员540人。

1995年，国铁两侧各打烧防火线50米，要求火烧，在火烧前，沿林缘一侧打出2米宽防火隔离带。国防公路两侧防火线宽度为3米，要求刀割，草茬不准超过3厘米，割后要将草清除。防火线的宽度从路基算起，路肩至路基的杂草必须割净，各林场（所）营林生产叉线，由本单位负责割打。全区共打烧各类防火线277千米。

1996—2000年共打烧种类防火线1307千米，草塘11500公顷。

2004年秋季，该区打烧防火线技术标准为：国铁两侧各打烧防火线宽50米，要求火烧，在火烧前沿林缘一侧打出2米宽防火隔离带，经区森林防火指挥部批准后进行火烧，公路两侧防火线宽度为3米，要求刀割，草茬不准确性超过3厘米，割后要清理干净；各林场（所）居民区四周割打100米宽的防火隔离带。

2005年年末，共打烧各类防火线1624千米，其中国铁155千米，公路1469千米。火烧草塘11500公顷，打防火隔离带160万平方米，每年平均出动人员5400人次。

（二）防火设施建设

1986年，五营区在前丰、丽丰、丰林保护区、平山等林场（所）建有6座瞭望塔，每座瞭望塔配有瞭望员4人，并配备对讲机、军用地图、望远镜。

1988年，在五营区东山增设瞭望塔1座。

1989年，在丽林实验林场增设钢铁结构瞭望塔1座。同年，友好林业局翠北林场、翠巍林场划归五营局后，移交给本局三座瞭望塔，五营局瞭望塔增至11座，瞭望员44人，并配有对讲机、军用地图、望远镜等。

2005年，在翠北林场新建1座瞭望塔，解决翠北林场防火瞭望所用在平原4.5千米外新建防火检查站1外；在翠北林场、丰林国家级自然保护区修建停机坪各1处，在平山老黑山新修防火公路5公里。

截至2005年年末，瞭望塔12座，瞭望员29人，配有对讲机、军用地图、望远镜等，一旦发现火情，可及时报告，做到打早、打小、打了，停机坪2处，防火公路65千米，防火检查站9处。

（三）防火网点

1986年，林业局在平山、杨树河、河北大桥（林企路丰林线3公里）、五营河等地设有防火检查站4处，配备4名检查员。

1989年，经省公安厅、省森工总局批准在原向阳站基础上建立公路林政防火检查站。

1990年，在翠北林场、前丰林场、永丰经营所、平原经营所、丽丰经营所增设检查站各1处，每站配备检查站4人（含原4处）。全局防火检查站增至9处，检查员36人。

2003年，国家林业局批准五营区设立防火检查站5处，主要有翠北检查站、公路检查站、杨树河检查站、平山检查站。

2005年，翠北防火检查站建设完工，有防火检查站9处（含林场所4处）。检查站主要检查春秋两季防火期过往的车辆及行人，把住野外火源关。

（四）区域联防

林场（所）单位联防

1986年，五营区按自然区域就近、方便、指挥有力的原则，把施业区划分成三大联防组。第一联防组，平原经营所、丰林自然保护区、丽林实验林场、丽丰林场、永丰经营所、前丰林场。第二联防组，中心苗圃、杨树河林场、多种经营公司。第三联防组五星镇。

1989 年，友好林业局翠北翠巍划归本局经营后，全区共划分为四大联防组。第一联防组，平原、永丰经营所、丽丰经营所、丽林实验林场、丰林国家级自然保护区、五营办事处。第二联防组，杨树河经营所、中心苗圃、平山经营所、技工校、丰林办、集体经济管理处。第三联防组，翠北林场、前丰林场。第四联防组，五星镇及五星镇内各单位。

1995 年，五营区（局）林场（所）、丰林国家级自然保护区、丽林实验林场划分为四大联防区。每个联防区选定一个值班单位的行政主要领导任总指挥。各场（所）也相应成立了防火分指挥部。每个联防区域分别确定牵头单位和主要负责人。明确地规定了各自防火职责范围。根据分片包干，互防互援互救，分兵把守，联合作战。健全联防制度，订立联防公约，真正做到思想上连心、组织上联防、信息上联通、措施上联保、扑火上联劳。

区（局）联防

1986~2005 年，五营区（局）与周围林缘相邻的红星区（局）、友好区（局）、上甘岭区（局）建立了联防制度，每逢春秋防火期前，都分别召开联防会议，明确责任，制定措施，密切配合，联防联检，发现火情，同时扑救，堵塞漏洞。

五、火险扑救

（一）区（局）火险扑救

1986 年，五营区（局）共发生火灾 1 次，火情 12 次。6 月 5 日，12 时 54 分，森调队两名职工在丽丰林场南皮沟 98、102 林班，设计 1988 年装车场集材道时，因两人吸烟，烟头落地，引起火灾。为扑救山火，全区出动扑火人员 1627 人，出动汽车 61 台次，摩托车 8 台，于当日晚 20 时 08 分将火扑灭。耗费 2988 工日，扑火费用 2.14 万元。公安部门分别给予两名职工罚款 350 元、300 元。同年 6 月 22 日，经第 19 次局长办公会议决定，给予两名职工开除公职留用 1 年处分。

1986—2003 年五营区森林火情、火灾统计表

表 7-5-3

年份	地点	类别	扑火人数	火灾面积（公顷）	处理
1986	丽林林场 102.98 林班	火灾	1627	255	罚款，开除留用 1 年
	丰林自然保护区	火情	—	2.1	—
	丰林自然保护区	火情	—	—	—
1987	丰林保护区 170 林班	火情	55	2.3	—
	丽林实验林场综合甸	火情	494	2.55	—
	五营河经营所	解除	—	9	—
1989	丰林保护区 65 林班	火情	280	0.35	罚司机 300 元，撤职
	平山经营所 148 林班	火情	229	—	—
	五营河经营所 149 林班	火情	463	0.1	拘留
1997	前丰林场 47 林班	火情	472	0.72	刑事拘留
1998	丰林国家级自然保护	火情	40	0.03	—
2003	丰林国家级自然保护	火情	165	0.84	—
	五营河经营所	火情	160	2.2	—

（二）外地火险扑救

1991 年 5 月 25—30 日，五营区派出两批 600 名扑火队员，在区武装部部长李子龙、宣传部部长宁宝利、副区（局）长杜兴堂、资源专员杨延广、纪委书记邢国锋率领下，赴友好林业局奋斗林场扑救山火。2000 年 6 月 18 日，区防火办副主任、专业扑火队李宝君队长带专业队 20 人，灭火机 6 台、水枪 2 支、汽车 1 台，去乌伊岭区扑火。次日，副区（局）长、人武部长刘长军带群众扑火队 100 人，汽车 4 台，去乌伊岭区扑火。2003 年 4 月 25 日—5 月 6 日，五营区共派出区委政法委常务副书记赵洪庆、防火办副主任尹立波、李宝君带领群众扑火队 150 人，专业扑火队 20 人，灭火机 10 台，汽车 6 台，去乌伊岭区宝山林场扑救森林火灾，此次扑火是本区（局）历史上援外扑火时间最长的 1 次，共计 12 天。到 2005 年，五营区（局）共支援友好、乌伊岭、汤旺河、红星等到区（局）扑灭森林火灾、火情 12 次，共出动人员 1090 人次，灭火机 68 台，车辆 23 台。

第六节　森林病虫鼠害防治

一、机构

（一）机构

1986 年，五营区（局）病虫鼠害防治站隶属局营林处股级事业单位，设站长 1 人，编制 8 人，实有 10 人。1991 年后，防治站编制增至 9 人，设站长 1 人。1997 年，根据伊办发〔1997〕4 号文件要求，本站升格为副科级事业单位，编制 4 人，设站长 1 人，隶属局营林科。2001 年，定编 5 人，设股级站长 1 人。2003 年，增设副站长 1 人。

2005 年，编制 5 人，实有 10 人，设站长、副站长各 1 人。

（二）设备、标本

防治站设备有 HHBII500B 型电热恒温培养箱 1 台，HY-35 型软 X 光机 1 台，GJ75 型干燥箱 1 台，XTD-A 型解剖镜 1 台，电热蒸馏水器 1 台，光照培养箱 1 台，超镜工作台 1 台，分析天平 1 台，阅片器 1 台，显微镜 2 个，微机 1 台。5 种动物标本：大野鸭、和平、金翅雀、斑鸠、环颈雉野鸡、植物标本 28 盒、储藏式标本 6 柜。

二、病害防治

（一）病害种类

五营区（局）森林病害有红松疱锈病、松针锈病、落叶松癌肿病、落叶松早期落叶病、落叶针病、红松红斑病、松苗立枯落叶枯梢病、松苗灰霉病、云杉叶锈病、樟子松红斑病。

（二）病害范围

1987 年，森林病虫鼠害防治站对五营局人工林病害进行普查，杨树河经营所 130 林班 3 小班发现红松疱锈病，在 200 公顷林地内，只发现病株 1 棵。苗圃地杨树锈病面积 0.2 公顷，受害株率 100%，普遍叶部着锈斑。新播红松零星地块发生立枯病，面积 0.87 公顷。1992 年，平山经营所发生落叶松早期落叶病，造成落叶松针大面积早期脱落，使 80% 以上落叶松停止生长。到 1994 年，平山经营所发生落叶松早期落叶病面积 333 公顷。1997 年，对五营局施业区森林病害进行普查，本次普查发现落叶松早期落叶病、落叶松枯梢病、红松红斑病、樟子松红斑病。其中落叶松早期落叶病被害面积 416.2 公顷，落叶松枯梢病被子害面积 191 公顷，红松红斑病被子害面积 234 公顷，樟子松红斑病被害面积为 64.3 公顷。1999 年，森林公园发生红松落叶病，使大片红松针叶脱落，被害率达 80%，病情指数 46，发生面积 595 公顷。2002 年，五营国家级森林公园发生红松红斑病，树叶大面积长满红斑，被害率达 80%，病情指数 46.8，2003 年后病情指数 45.2。2004 年 3—10 月，森林病虫鼠害防治站对全局 8 个林场（所）施业区进行森林病害进行普查，发现在全局林场所人工林、天然林、人工天然混合林中不同程度存在着红松红斑病、樟子松红斑病、落叶松落针病、落叶松早期落叶病、立枯病等森林病害。全局病害总面积 0.24 万公顷，其中轻度病害面积 0.05 万公顷，中度病害面积 0.16 万公顷，重度病害面积 0.03 万公顷。2004—2005 年，五营国家森林公园发生红松红斑病，发生面积 667 公顷。到 2005 年末，全局共发生落叶松早期落叶病 400 公顷，红松落针病 395 公顷，红松红斑病 1333 公顷。

（三）防治措施

1992 年，防治站防治落叶松早期落叶病采用百菌清兑水，用打药机对树枝进行喷药，防治效果为 95.5%，1993 年防治效果最低为 93.1%，1996 年防治效果提高到 96.2%。防治面积 400 公顷。1997 年后，全局没有发生落叶松早期落叶病。

（四）特种林防治

森林公园是林业局红松种子林基地。1999 年，五营区防治红松松落针病主要用百菌清兑水，用打药机对树枝喷施药液，防治效果为 95%。2002 年，防治红斑病主要用百菌清兑水，对树叶喷施药液，公顷用药量 1.5 千克，防治效果为 91.5%。2003 年防治效果最好为 94.1%，2004 年防治效果为 91.2%。2005 年，防治红斑病主要形成烟剂进行防治，防治效果 88.5%。到 2005 年年末，防治红松松落针面积 595 公顷，防治红松红斑病 1333 公顷。

三、虫害防治

（一）虫害种类

五营局虫害常见有落叶松毛虫、落叶松鞘蛾、落叶松球蚜、红松球蚜、松梢象甲、青杨天牛、云杉大黑牛、云杉花红天牛、朝鲜金龟子、松大象甲、松八齿小、金针虫、天幕毛虫、舞毒蛾、落叶松球果种蝇、杨金花虫、小地老虎、非洲蝼蛄。

（二）虫害普查

1987 年 6 月 16 日—8 月 25 日，对全局森林虫害进行普查，普查发现全局普遍发生松梢象甲，面积 502 公顷，其中轻度危害面积为 131 公顷，中度危害面积 90 公顷，严重危害面积 281 公顷。在全局七个林场（所），除前丰林场外，其余均有分布。从总的发生趋势看，南沟的平山经营所和苗圃较重，北沟的几个林场（所）较轻。1997 年，普查发现红松象甲被害面积 177 公顷。2004 年 3—10 月，对全局 8 个林场（所）施业区进行森林虫害进行普查，发现在全局林场（所）（不含平山经营所、中心苗圃）人工林、天然林、人工天然混合林中不同程度存在着落叶松毛虫、落叶松鞘蛾等森林虫害，全局虫害面积 5700 公顷，其中落叶松毛虫面积 1900 公顷，落叶松鞘蛾 1100 公顷。

（三）人工防治

1989 年，五营河经营所发生松梢、象甲虫害，发生面积 133 公顷，局营林处病防站组织组织进行人工剪枝，把病株枝条进行焚烧，防治面积 133 公顷，防治效果达到 94%。1991—1992 年，五营河经营所、永丰经营所发生松梢象甲虫害，受害面积 495 公顷，对病株枝条进行人工剪枝，防治面积 495 公顷，防治效果达到 93%。2003 年，丽丰经营所、杨树河经营所发生松梢象甲虫害，受害面积 666 公顷，有虫株率 11.25%，虫口密度 20.5%，局病防站组织 25 人对病株枝条进行人工剪枝，防治面积 666 公顷，防治效果 90.3%。截至 2005 年，五营局共发生松梢象甲虫害面积 1294 公顷，防治面积 1294 公顷。

（四）药物防治

1987 年，杨树河经营所、永丰经营所、五营河经营所（局中心苗圃）、平山经营所发生落叶松毛虫害，受害面积 373 公顷，局病防站采用敌敌畏制成烟剂，熏杀越冬幼虫，防治面积 373 公顷，防治效果达 93%。1997 年，五营河经营所、翠北林场发生落叶松毛虫害，面积 670 公顷，有虫株率达

78%，虫口密度 154 条 1 株，用毒蝇进行防治。2001 年，平山经营所、翠北林场发生落叶松毛虫害，受害面积达 1000 公顷，是本局历史上发生落叶松毛虫害最大的一年，有虫株率 49.5%（虫口密度条 / 株），用敌敌畏制烟剂熏，防治效果 90%。2005 年 4 月，平原经营所发生落叶松毛虫害，受害面积 333 公顷，局病防站采用溴氢菊酯进行防治，用毒蝇防治面积为 133 公顷，喷毒环防治面积 200 公顷。截至 2005 年，共采用药物防治落叶松毛虫害面积 3975.3 公顷。

（五）特种林防治

1988 年，丽丰经营所红松种子林发生落叶松毛虫害，面积 577 公顷，病防站采用进口药物性诱激素进行防治，防治面积 577 公顷，防治效果为 94%。

（六）物理防治

2004 年，病防站开始采用直流幼虫灯对发生在杨树河经营所、平山经营所落叶松毛虫害进行灯诱捕杀，杨树河经营所防治效果为 90%，平山经营所防治效果为 86%。2005 年，翠北林场防治落叶松毛虫害效果为 85%。至 2005 年年末，共采用灯诱捕杀防治落叶松毛虫害面积 867 公顷，防治效果为 83%。

1987—2005 年五营区森林虫害发生及防治情况统计表

表 7-5-4

发生时间	虫害名称	发生地点	发生面积（公顷）	防治面积（公顷）	防治措施	防治效果（%）
1987 年夏	落叶松毛虫害	杨树河经营所	15	15	烟剂熏	93
	落叶松毛虫害	永丰经营所	50	50	烟剂熏	93
	落叶松毛虫害	五营河经营所	228	228	烟剂熏	93
	落叶松毛虫害	平山经营所	80	80	烟剂熏	93
1988 年夏	落叶松毛虫害	丽丰经营所红松种子站	567	567	性诱激素	94
1989 年夏	松梢象甲	五营河经营所	133	133	人工剪枝	94
1991 年夏	松梢象甲	五营河经营所	195	195	人工剪枝	86
	松梢象甲	闷丰经营所	100	100	人工剪枝	92.3
1992 年夏	松梢象甲	五营河经营所	67	67	人工剪枝	93
	松梢象甲	永丰经营所	133	133	人工剪枝	94
1997 年夏	落叶松毛虫害	五营河经营所	335	335	毒蝇防治	97.0
	落叶松毛虫害	翠北林场	335	335	毒蝇防治	97.1
2001 年夏	落叶松毛虫害	平山经营所	400	400	烟剂熏	90.0
	落叶松毛虫害	翠北林场	600	600	烟剂熏	90.1
2002 年夏	落叶松毛虫害	平山经营所	333	333	毒蝇防治	90.0
	落叶松毛虫害	杨树河林场	466	466	毒蝇防治	90.5
2003 年夏	松梢象甲	丽丰经营所	333	333	人工剪枝	90.5
	松梢象甲	平山经营所	333	333	人工剪枝	91.5
	落叶松毛虫害	平山经营所	333	333	毒蝇防治	92.5
	落叶松毛虫害	杨树河经营所	333	333	毒蝇防治	94.0
2004 年夏	落叶松毛虫害	杨树河经营所	133	133	毒蝇防治	92
	落叶松毛虫害	杨树河经营所	200	200	灯诱杀	90
	落叶松毛虫害	平山经营所	333	333	灯诱杀	86
2005 年夏	落叶松毛虫害	平原经营所	133	133	毒蝇防治	85
	落叶松毛虫害	平原经营所	200	200	喷毒环	85
	落叶松毛虫害	翠北林场	333	333	灯诱杀	85

四、鼠害防治

（一）鼠害种类

五营区（局）鼠害有棕背鼠、红背鼠、大林姬鼠、黑线姬鼠、沼泽田鼠、花鼠、东方田鼠、松鼠等。其中：棕背鼠、红背 鼠 分布最广、数量最多、危害最大，它主要危害樟子松、落叶松、云杉、冷杉、杨树等树干、根部。特别对20年生以下的人工林危害最大。

（二）鼠害普查

2004年3—10月，病防站对全局8个林场（所）天然，人工林、人工天然混合林森林鼠害普查，发现在全局8个林场（所）普遍存在着森林鼠害，全局鼠害面积26400公顷，其中轻度鼠害面积8200公顷，中度鼠害面积14300公顷，重度鼠害面积3900公顷。

（三）鼠害范围

1986年，五营局8个林场（所）普遍存在森林鼠害，受害面积1838公顷。

1989年，友好林业局翠北林场、翠巍林场划归本局经营后，五营局9个林杨（所）森林普遍森林鼠害。1991年，森林鼠害面积3000公顷。

2004年，森林鼠害面积4333公顷，是五营局森林鼠害最大的一年。2005年，森林鼠害面积2333公顷，是五营局森林鼠害最少的一年。到2005年年末，森林鼠害面积合计59590公顷。

（四）防治措施

1986年，病防站采用药物防治鼠害，用敌敌畏杀鼠和杀鼠药丸，人工投撒毒饵（磷化锌）0.5公斤加拌土豆块或红松种子50千克，防治面积1838公顷，防治效果90%。1991年，病防站采用鼠剂防治鼠害，防治面积3000公顷，防治效果91.2%，比1986年提高1.2个百分点。1997年，鼠害防治效果达到95.7%，是五营局历史上防治森林鼠害效果最高的一年。2000年，五营局森林鼠害纳入全市面上森林鼠害治理工程，开始采用化防、物理（下鼠铗）清林等方法防治鼠害。分别建立常发区，偶发区、自控区。2001年，鼠害防治效果85%，是五营局森林鼠害最低的一年。2004年，防治鼠害面积4333公顷，是五营局历史上防治鼠害面积最大的一年。2005年，防治鼠害面积2333公顷，是五营局历史上防治面积最少的一年。到2005年年末，防治鼠害58275公顷，其中：化防47259公顷，物理防治5779公顷，清林1036公顷，生防114公顷，抗鼠树1000公顷，拒避剂1337公顷，不育剂防治1734公顷。

1986—2005年五营区森林鼠害防治情况统计表

表7-5-5

年 份	发生面积（公顷）	防治面积（公顷）	防治措施或施用药品	防治效果（%）
1986	1838	1838	毒麦、杀鼠药丸	90.3
1987	1628	1628	毒麦	89.5
1988	1302	1302	毒麦	90.5
1989	1993	1774	毒麦	89.5
1990	27S80	2767	杀鼠醚	90.8
1991	3000	2957	杀鼠剂	91.2
1992	3027	3000	杀鼠剂	92.2
1993	2654	2533	杀鼠剂	90.6
1994	3201	2933	杀鼠剂	90.7
1995	3379	3267	杀鼠剂	94.5

续表 7-5-5

年份	发生面积（公顷）	防治面积（公顷）	防治措施或施用药品	防治效果（%）
1996	4201	4133	杀鼠剂	94.1
1997	3872	3533	杀鼠剂	95.7
1998	3584	3500	杀鼠剂	91.3
1999	3378	3378	杀鼠剂	92.2
2000	—	2517	杀鼠剂	—
	3200	513	物理	91.2
	—	170	清林	—
	—	1533	杀鼠剂	—
2001	3000	600	物理	85
	—	667	不育剂	—
	—	200	清林	—
2002	—	1400	杀鼠剂	94.1
	—	733	物理	—
	—	333	清林	—
	—	667	抗鼠树	—
	—	133	拒避剂	—
	—	800	不育剂	—
2003	3667	667	生防	91.5
	—	1267	杀鼠剂	—
	—	733	物理	—
	—	133	清林	—
	—	1333	溴敌隆	—
2004	4333	1533	物理	91.6
	—	200	清林	—
	—	267	不育剂	—
	—	333	抗鼠树	—
	—	667	生防	—
	—	333	溴敌隆	—
2005	2333	1667	物理	89
	—	333	杀鼠剂	—

五、有害植物普查

2004年3—10月，病防站对全局8个林场（所）施业区首次开展对森林有害植物进行普查，发现人工天然混合林中普遍存在着森林有害植物，共计15种，发生面积1600公顷，其中轻度面积为1300公顷，中度面积为300公顷。延续至2005年。

第七节 天然林保护工程

一、机构

1998 年，天然林保护工程（后简称“天保工程”）开始实施，五营林业局成立以局长为组长、主管副局长和各林场（所）及相关科室负责人为成员的天然林保护工程领导小组，并成立专门办公室负责日常工作，基层成立 10 个领导小组。“天保工程”共配备专职人员 5 名，兼职人员 26 名。延续至 2005 年。

二、实施方案

2000 年，在全面完成“天保工程”试点工作取得经验的基础上，根据国家天然林保护工程的总体部署，《东北、内蒙古重点国有林区天然林资源保护工程实施方案》的具体要求，结合五营林业局的现状，局专门抽调一批有丰富经验的科技、业务、经济、管理等精干人员，特聘请黑龙江省林业设计研究院、伊春林业勘察设计院一道历经两年多时间，于 2002 年年底设计制定了《黑龙江省五营林业局天然林资源保护工程实施方案》。

三、天保工程管理

（一）工程管理

建立健全配套政策法规和管理办法，加强对工程的网络化管理，并积极探索引进新的管理机制和先进管理办法。理顺森林管理体制，精干人员队伍，层层负责，密切配合，充分发挥管理、监督、执法各项职能。同时制定了《天然林保护工程项目管理办法》和有关工程建设标准及工程检查验收细则，严格履行工程管理的各项程序（设计管理、实施管理、验收管理）。全方位的严格把住天保工程质量关，按标准检查验收。

（二）计划管理

“天保工程”按国家基本建设管理程序实施计划管理，并采取信息反馈的方法，对工程定期检查汇报，以便及时掌握工程进度适时制定阶段性实施计划和年度计划，使工程形成统一、协调、分级实行管理的完整体系。

（三）资金管理

为确保资金合理使用，建立健全内部稽查制度和内部控制措施，加强日常财务监督。实行专户储存、专款专用、分项目、分资金类型进行管理，单独核算，保证天保工程资金的专款使用与计划支出。会同财政、监察、审计等部门，做好综合检查、监察和稽查工作。按照国家林业局《天然林保护工程资金管理办法》《天然林保护工程会计核算办法》《五营林业局天然林保护工程专项资金管理与财务核算暂行办法》的规定，科学合理地分配使用天保工程资金。

“天保工程”资金来源

1998—2005 年，实施天保工程以来，国家和省级财政共拨款 25503.2 万元，天保工程项目收入 311.6 万元，可供天保工程使用资金共计 25814.8 万元。

天保工程建设资金使用情况

1998—2005 年，实施天保工程建设累计支出 26106.4 万元。其中森林管护费支出 2529.5 万元，政社性支出补助 15561.5 万元，养老保险统筹补助支出 5856.1 万元，职工分流安置费支出 84.7 万元，一次性安置职工 1266 人，支付安置费 2074.6 万元。在天保工程支出总额中有五营局企事业单位负担 291.6 万元。

1998—2005 年五营区天保工程经费收支情况统计表

表 7-5-6

单位：万元

项目 数量 年份	1998	1999	2000	2001	2002	2003	2004	2005	合 计
一、本年收入合计	1153.50	2819.90	3169.50	3196.70	5294.00	3292.90	3383.20	3515.10	25814.80
1. 国家拨入	1153.50	2803.20	3160.10	3146.70	5223.90	3244.60	3320.60	3450.60	25503.20
2. 学杂费收入	—	—	—	41.40	39.70	37.40	33.40	43.80	195.70
3. 医务收入	—	—	—	6.60	21.20	—	—	8.00	35.80
4. 其他收入	—	16.70	9.40	2.00	9.20	10.90	29.20	2.70	80.10
二、本年支出合计	1142.70	2814.00	3177.50	3275.00	5376.60	3334.30	3427.50	3558.80	26106.40
1. 森林管护费支出	86.70	230.90	359.90	358.60	355.10	355.00	397.30	386.00	2529.50
2. 政社性支出补助	621.70	1473.50	2081.50	2197.70	2245.60	2175.90	2311.50	2454.10	15561.50
(1)教育经费支出	301.20	307.10	712.10	752.10	762.30	751.90	822.10	817.50	5226.30
(2)医疗卫生经费	97.40	140.80	85.80	158.70	140.40	115.20	135.40	145.60	1019.30
(3)公、检、法、司经费	106.30	128.20	296.40	291.70	355.70	321.60	313.00	361.40	2174.30
(4)政府经费	116.80	897.40	987.20	995.20	987.20	987.20	1041.00	1129.60	7141.60
3. 养老统筹补助	434.30	1109.60	718.70	718.70	718.70	718.70	718.70	718.70	5856.10
4. 职工分流安置费	—	—	—	—	—	84.70	—	—	84.70
5. 其他支出	—	—	17.40	—	2057.20	—	—	—	2074.60
三、企事业单位负担费用	—	—	—	66.30	80.40	43.70	47.00	54.20	291.60
四、累计结余额	10.80	16.70	8.70	−3.30	−5.50	−3.20	−0.50	0	0

（四）信息、档案管理

“天保工程”实施后，1999—2004 年，加强管理，积累资料，总结经验，全面完成天保工程建设任务，在局天保办、财务科、人事劳动科、资源科、营林处、平山、翠北等 8 个林场（所）建立规范“天保工程”档案 13 处，安排专职 5 人，兼职 8 人管理档案，并购置微机、传真机、打印机、扫描机、GPS、数码相机等现代化办公设备 20 余台套，实现了“天保工程”微机化管理。

2005 年年末，共建立六项“天保工程”档案，公益林建设档案；富余职工分流安置，社会养老保险档案；“天保工程”财务档案；森林资源档案；木材生产档案；各种资料、文件档案等。实现了“天保工程”信息联网，资料翔实齐全，为总结经验，取长补短，顺利完成“天保工程”各项建设任务奠定了可靠基础。充分运用网络信息系统，完善档案管理。“天保工程”的实施，涉及劳动安置、资金使用、资源管护、造林运营等多方面计划管理。因此，建立和完善各种档案管理制度对工程实施信息进行收集、分析和管理，确保决策的科学和客观性。同时对工程计划实施的质量与资金使用情况进行监督检查。

四、森林资源培育

1998—2005 年更新造林累计完成 1453 公顷，森林抚育累计完成 10927 公顷。人工造林累计完成 1553 公顷，人工促进更新累计完成 1453 公顷，封山育林累计完成 7047 公顷，工程质量经省森林工业总局质检中心验收达到合格标准。森林资源通过培育和建设，林木生长量逐年增加。1998年，幼林面积比1997年增加887公顷，木材蓄积量比1997年增加14万立方米，增长率为2.91%。1999年，木材蓄积量比1998年增加14万立方米，增长率为2.83%。2000年，中幼林面积比1999年增加446公顷，木材蓄积量比1999年增加14万立方米，增长率为2.75%。2003年，中幼林面积比2000年增加319公顷，木材蓄积量比2000年增加45万立方米，增长率为8.60%。2004—2005年，木材蓄积量比2003年增加15万立方米，增长率为2.64%。2005年年末，中幼林面积比1998年增加1780公顷，木材蓄积量比1998年增加98万立方米，综合增长率为19.8%，平均增长率2.48%。森林木材总蓄积量，1998年为609万立方米，到2001年增加到633万立方米，比1998年增加24万立方米，增长率为3.94%。2005年年末，木材总蓄积量增加到707万立方米，比2001年增加74万立方米，增长11.69%；比1998年增加98万立方米，增长率为16.09%，平均增长率为2.01%。

五、封山育林

1998年，封山管护面积完成4000公顷，1999年完成1653公顷，2000年完成1394公顷。

2001—2005年，封山管护面积39780公顷，封山设卡11个，制作各种标识500个，封山育林面积完成7047公顷，完成上级下达的封山育林总量。

六、森林管护

1998—1999年，五营局天保工程试运行，在取得经验的基础上，森林管护工作实行经营承包责任制。

2000年，全局共区划管护面积39328公顷，安排管护人员599人，设管护站点5个。

2001—2005年全局区划管护面积增加到119626公顷。区划个人管护责任区828个，责任区总面积68980公顷，封山设卡11个，封山管护面积39780公顷，公共管护面积10864公顷。安排人员1326人。通信设备34台（套），交通工具4台。森林覆被率由1997年的76.8%，增长到89.2%。由于实施天保工程，特别是森林管护经营承包责任制的落实，森林资源得以恢复，森林总蓄积量逐年增加。到2005年年末，比1997年的608万立方米增加到707万立方米。通过人工造林，人工促进更新，森林抚育和封山育林使林分质量和林种结构有了明显改善，到2005年年末，中幼林蓄积量增加到593万立方米，使天然林资源得到恢复和保护，生态环境得到了明显改善。

第六章　林业机械

1986年，五营林业局机械管理工作，由局机械电力科负责，是一个拥有木材采运机械、营林生产机械、林产工业机械、基建机械、养路机械、生活服务机械等机械化程度较高的林业局。木材采运企业综合机械化程度98.2%，营林机械27台，基建机械26台，林产工业生产线10条，公路养护机械24台，生活服务机械7台，主要用于房屋维修。机电设备拥有量510台（套）。

1990年，随着木材生产任务调减和市场销售不畅等原因，全局生产设备开始出现闲置，林业局对闲置设备实行租赁和封存。当年，木材采运企业综合机械化程度降为97%，公路养护机械增至27台，增设供热机械、环卫机械、自来水维修机械等。

1998年，全局对木材运输阶段和伐区阶段管理方式实行改革，决定将运材汽车和绞盘机、拖拉机、电站等机械设备出售给职工个人。

2001年，机电科合并到生产科，称生产机械科。同年，将基建设备租赁给个人，对林产工业设备加大出售力度。2002年，贮木机械全部封停。

2005年，全局拥有营林机械20台，林产工业机械生产线3条，公路养护机械16台，生活服务机械39台，基建机械9台。刨花板生产线1条，家具生产线2条。全局27个单位机械设备拥有量为174台，

第一节　机　构

1986年，五营林业局机械电力科设副科长1人，负责全科工作。驻厂验收员1人，外业技术员1人，电力技术员1人，内业技术员工作由副科长兼管。1987年3月，增内业技术员1人；8月，增设科长1人。1989年3月，前任正、副科长变动，新任科长1人负责全面工作；9月，增外业技术员1人。

1991年11月，增设副科长1人。

1992年8月，增锅炉管理技术员1人。

1997年，机构改革，林业局给机械电力科核定编制为4人，正副科长各1人、内业技术员1人、电力技术员1人。

2000年4月，增设副科长1人。

2001 年 12 月，机械电力科合并到局生产科，称木材生产机械科。

2005 年，木材生产机械科，管机械设副科长 1 人，专职工作人员 1 人，兼职工作人员 2 人。

第二节 木材生产机械

一、采伐机械

1986 年，五营林业局木材生产中配属，柳州产 051 型采伐油锯 27 台，采伐机械化程度 99.1%。1988 年采伐油锯增至 31 台，采伐机械化程度 99.1%。1990 年，采伐油锯增至 51 台，采伐机械化程度 99.5%。

1999 年，五营林业局根据《五营林业局伐区阶段木材生产经营管理改革实施意见》（五林党发〔1999〕1 号），决定将采伐油锯出售给职工个人。

二、集材机械

1986 年，五营林业局拥有集材丁 –50 型拖拉机 36 台，集材丁 –80 型拖拉机 8 台。全局投入木材生产中拖拉机 38 台，台年效率为 3346 立方米，拖拉机利用率 43.9%。集材丁 –50 拖拉机 30 台，台年效率为 3340 立方米，集材丁 –80 拖拉机 8 台，台年效率为 3367 立方米。

1990 年，全局投入木材生产中集材拖拉机增至 60 台，台年效率为 2329 立方米，拖拉机利用率 35.9%。集材丁 –50 拖拉机 54 台，台年效率为 2231 立方米。集材丁 –80 拖拉机 6 台，台年效率为 3241 立方米。

1994年，五营林业局投入木材生产中集材拖拉机，减至39台，台年效率为2415立方米。1999年，该局根据《五营林业局伐区阶段木材生产经营管理改革实施意见》（五林党发〔1999〕1 号），决定将集材拖拉机出售给职工个人。经区物价局、体改办、机械科等部门作价后，将 42 台丁 –50A 型集材拖拉机出售给职工个人，延续至 2005 年。

三、装车机械

1986 年，五营林业局拥有常州产 Z105 型，双筒柴油绞盘机 12 台，主要用于山上林场装车作业，台年效率为 7794 立方米。1989 年，友好林业局翠北、翠巍林场划归五营林业局，翠北、翠巍双筒柴油绞盘机 6 台，全局柴油绞盘机增至 18 台。

1990 年，五营林业局投入装车场，双筒柴油绞盘机 16 台。1993—1997 年，林业局投入装车场，双筒柴油绞盘机均在 14 台。

1999 年，五营林业局根据《五营林业局伐区阶段木材生产经营管理改革实施意见》（五林党发〔1999〕1 号），决定将柴油绞盘机出售给职工个人。经区物价部门作价，本次将 12 台柴油绞盘机出售给职工个人（含翠北林场 5 台，局出售 7 台）。

四、运输机械

1986 年，五营林业局拥有木材运输车辆，CA10B 型老解放运材车 43 台，运材方式由 1985 年前长轴转盘式 7 吨拖车更替为短轴拖车。随着国产新型货运汽车的出现。1987 年，购置 CA141 型汽车 10 台，短轴拖车 8 台，投入木材运输，并更替了相应数量的 CA10B 型老解放运材车。此后逐年更替。1988—1989 年，五营林业局新购入 CA141 型运材车 25 台，短轴拖车 25 台。

1990 年，购置 CA141 型运材车 10 台。

1994 年，五营林业局购置改进后 CA142 型运材车 7 台，投入木材运输。经过设备更新，使全局的木材运输设备状态发生了根本性的变化，CA141 新型运材汽车的优点是功率大，135 马力，耗油低，驾驶操作舒适，1 块大风挡玻璃便于瞭望，平均载量也由原来的 13~14 立方米提高到 16~17 立方米，主要的是降低运输成本。

1998 年 10 月，五营林业局对局汽运管理处的资产进行评估后，入股路桥公司，改制为股份制企业。经局财务科、机电科、区物价局对汽运处的运材汽车经评估作价后，优先出售给主（本）车司机。依据《伊春市中小企业产权制度改革若干意见》，买车职工根据各自实际情况可一次性交款或分期（分 3 年）付款。一次性交款优惠 20%，分 2 年交款优惠 10%，3 年交款的第 1 年交全额的 50%，第 2 年交 30%，第 3 年交 20%。林业局不再承担汽运处管理费，运材按立方米成本核定运费，最后出售运材汽车 48 台，收回资金 89 万元。

五、贮木机械

（一）卸车机械

1986 年，五营林业局贮木加工厂拥有跨度 32 米起重量 30 吨和跨度 22 米起重量 25 吨的桥式吊车 2 台，用于卸原条。1998 年，天保工程实施后，木材调减到位。

2002 年，林业局决定不再生产原条，直接从山上下原木，改为人力卸车，桥式吊停用。

（二）造材机械

1986 年，贮木加工厂拥有 K–5 型电锯 14 台，用于原条造材，单班日产量 265 立方米，原条出材率在 93% 以上。

1989 年，增至 21 台，1994 年降为 14 台。

2002 年，停止原条造材，封存 K–5 型电锯 12 台。

（三）选材机械

1986 年，贮木加工厂拥有自制的有轨电瓶车 15 台，用于选材作业。由于在使用过程中经常烧毁直流电机，更换电机费用昂贵，于 1989 年电瓶车全部报废，选材作业改为人力平车。自制人力平车 50 台，用于选材作业。

2002 年，停止选材作业，人力平车封存。

（四）归楞和装车机械

1986 年，贮木加工厂拥有电动绞盘机 30 台，用于归楞和装车。同年，贮木加工厂用于归楞和装车机械电动绞盘机 16 台，台年效率为 6589 立方米，电动绞盘机利用率 58.6%。

1987—1994 年，贮木加工厂用于木材归楞和装车电动绞盘机 15 台。

1988 年，电动绞盘机台年效率最低 5065 立方米，绞盘机利用率 63.1%。

1993 年，电动绞盘机台年效率最高 15986 立方米。1998 年天保工程实施后，木材生产任务调减到位，电动绞盘机利用率逐年下降，电费居高不下，经请示林业局同意，贮木加工厂于 2002 年，停用电动绞盘机，封存电动绞盘机 22 台，改为人力装车和归楞。延续至 2005 年。

第三节　营林生产机械

一、育苗机械

1986 年，五营林业局中心苗圃，有育苗机械 11 台，其中推土机 2 台，胶轮 T–55 型拖拉机 1 台，胶轮 S–195 型拖拉机 1 台，起苗犁 1 台，作床机 1 台，载重汽车 3 台，卫生车 1 台，喷药机 1 台。

1988 年 6 月，购进江苏产巨荣牌前翻斗 2 台，主要用于圃地取土运输。1989 年 11 月，新购入天津产大轮 55 型拖拉机 1 台，用于牵引五铧犁、圆盘耙进行圃地作业兼运输。

1997 年 6 月，中心苗圃从南岔区，购入 ZC125 型作床机 1 台，由大轮 55 牵引用于圃地做床，可以节省劳力，提高效率。1998 年，新购入北京产福田农用车 2 台，用于圃地取土作业。1999 年，新购进东风卫生车 1 台，用于苗木积肥。

2000 年新购置光照发芽器 1 台，打药机 2 台，缺口耙和五铧犁各 1 台。光照发芽器用于检验林木种子发芽率。打药机用于幼苗防病。缺口耙和五铧犁由大轮 55 拖拉机引用于圃地作业。

2005 年，购入农用拖拉机 1 台，作于运送苗木及取土作业。到 2005 年末，中心苗圃拥有育苗机械 20 台。

二、造林割带机械

1986 年，全局拥有割灌机 10 台，用于造林打带。1988 年，新购进割灌机 6 台。1993 年，全局拥有割灌机增至 50 台。

1994 年，割灌机降至 42 台。1994 年后因割灌机耗油高，操作不便等原因停止使用，后已全部报废。

1986—2005 年累计，五营林业局造林工具为镰刀、植苗镐、郭氏锹、半圆形植苗锹等。

三、抚育伐机械

1986 年，五营林业局，在营林抚育伐生产中，配备集材 -50 拖拉机 6 台（永丰 1 台、平原 1 台、苗圃 4 台），柳州产 051 型油锯 15 台。1987—1989 年，本局在抚育伐生产中配备集材 -50 拖拉机 2 台（永丰 1 台、苗圃 1 台）。

1990 年，抚育伐生产中油锯增至为 30 台，集材拖拉机降至 1 台（永丰 1 台）。

1992 年，五营林业局决定不再抚育伐生产配备集材拖拉机，改为畜力集材。

1999—2005 年，油锯卖给职工个人。

第四节　林产工业机械

一、木材加工机械

1986 年，贮木加工厂制材车间有跑车带锯机 MJ3215 型 1 台，MJ3210 型 2 台，无跑车带锯机 MJ3110 型 2 台，卧式带锯机 1 台，分左、右两条生产线，纵向运输机 2 台，横向运输机 2 台。下设 2 个工组，木材加工年生产能力 50000 立方米。贮木加工厂制材车间，加工锯材 34，508 立方米。1987 年后，锯材产量逐年递减，板方材销售价格下调，加上生产成本增加（电费及人员工资和厂房设备折旧），亏损严重，不如直接销售原木。

1993 年 5 月，贮木加工厂决定制材车间全部停产，设备封停。随着市场经济发展，贮木加工厂于 1994 年 12 月投入带锯机 2 台，包给个人经营。1999 年停产。制材车间其他设备因管理不善而报废。

2003 年，林业局将贮木加工厂制材车间产权转让给科力奥公司，设备拆除。

二、造纸机械

1986 年，五营林业局造纸厂，拥有年产 3000 吨机制纸的生产线 1 条。生产机制纸 713.5 吨。1988 年，年生产机制纸达 1565 吨，为历史最好水平。1989 年后机制纸滞销，纸张大量库存积压，资金周转不灵，到 1991 年全厂停产，设备封停。1995 年 8 月，林业局将造纸厂整体租赁给黑龙江中植企业集团，租赁期 3 年（1995 年 8 月 2 日—1998 年 8 月 2 日）。租赁后经过设备维修等准备工作后，恢复生产 40 天后再次停产，设备闲置。1997 年 12 月 24 日，五营区委、区政府第二次造纸厂现场办公会议决定：终止林业局与中植集团关于使用造纸厂的合同，将造纸厂整体接收。2001 年，林业局将局造纸厂出售给河北省保定满城纸业公司。

三、胶合板机械

1986 年，胶合板厂是局属全民所有制企业。1996 年 8 月，林业局将胶合板厂的胶合板车间租赁给台商经营，时间 5 年。1998 年由林业局收回，一直分块出租。2003 年，胶合板厂整体出售给个人。

1986—1998 年胶合板厂主要生产机械设备统计表

表 7-6-1　　单位：台

名　称	型　号	数　量	名　称	型　号	数　量
热压机	Y51—1000	1	刨边机	MDB280	1
单板干燥机	MDG2030	1	磨刀机	BM1130	1
无卡轴旋切机	BQ1820	1	无纸带纵向拼缝机	BPF1312	2
单板旋切机	MQ8124A	1	四辊涂胶机	BS3427A	1
单板卷板机	MZ9720	1	四吨锅炉	—	2

四、刨花板机械

1986 年，经省科委立项，对五营林业局刨花板厂生产线进行技术改造，1986 年 6 月改造完毕。同年 7 月进行试产，一次试车成功。1996—1997 年全年停产，设备封停，1998 年，林业局决定将刨花板厂租赁给个人经营，改称五营人造板厂。2003—2005 年，由吉林客商李军业租赁。

1986—2005 年刨花板厂主要生产机械设备统计表

表 7-6-2　　单位：台

名　称	型　号	数　量	名　称	型　号	数　量
热压机	VBY4×8′×7 层	1	拌胶机	—	2
滚筒干燥机	ф2.2×8.8 米	2	气流铺装机	QP−1	1
双鼓轮刨片机	B×218	1	锅炉	KZL4−13	1
削片机	ф1000	1	锅炉	6 吨	1

五、细木工板、家具生产机械

1986 年，局木器厂拥有家具生产线，细木工板生产线各 1 条，主要机械设备有 16 种。

1987 年后随着生产发展，本厂陆续增加一些设备，到 1995 年主要生产设备 28 种。

1996 年，林业局决定局木器厂入股蓝剑木业有限公司。

2003 年，林业局收回原木器厂机械设备，7 月，租赁给森远木业公司，生产出口家具。

2005 年，有家具生产设备 29 台。

六、筷子生产机械

1986 年，五营局木制品厂有桦木筷子生产线 1 条，机械设备有大、小圆锯各 1 台，小截锯、木旋机各 2 台，磨盘机 36 台、烙花机 3 台。

1988 年，增设卫生筷子生产线 1 条，有生产机械设备 11 种。

1995 年，林业局对木制品厂实行租赁经营。

2001—2005 年，木制品厂实行零价出售，债权、债务及在册职工全部由买方接收。

七、沙发加工机械

1986 年，社会福利厂沙发加工机械设备平刨、木旋、缝纫机各 2 台，木工立铣、压刨、码边机各 1 台。

1997 年，林业局决定将社会福利厂租赁给个人，不再从事沙发生产，平刨、压刨、木工立铣等设备从事家具生产。

第八篇　农　业

1986年后，五营区（局）农业、多种经营、畜牧业，随着由计划经济向市场经济转变的历史进程，有了新变化。

1987年，区（局）政府出台一些激励政策，引导人们解放思想，承包耕地、水面、草场，租用闲置厂房、设备，搞农业、多种经营及畜牧业，培植了新的经济生长点，增加了收入。

1990年后，农业、多种经营及畜牧业，在缓危解困中发挥了作用，各种蔬菜及鸡、鱼、肉、蛋在市场上供给水平有新提高，部分多种经营产品，在外地市场中也占有一席之地。2000—2005年，农业、多种经营及畜牧业，又有了新发展。

农业机械，随着农业体制的改革而发生变化，农业生产场队撤销，土地承包给个人，过去各生产场队的农机具（包括拖拉机、播种机、喷灌机车），不适宜一家一户分散耕作使用，一般以三、四轮机械代替了拖拉机、播种机等机具。1986年，五营区（局）农业部门，配2人管理农业机械，1988年精减到1人。1998年，农机部门始负责管理三轮车。五营区（局）有三轮车40台，至2005年，五营区（局）有三轮车90台，四轮车25台。另外，农机部门还负责农机落户，发放牌照及农机推广。每年3—4月份进行三、四轮车年检，每车收费40元，全部上缴到市。对驾驶人员的培训、考试及平时考核，皆由市农机部门负责。

为推动五营区（局）多种经营的发展，五营区（局）政府于1987年11月18日下发了《关于发展多种经营的具体规定》即“十条规定”。1991年后，随着市场经济的发展，林业经济格局被打破，个体、私人经济在多种经营中崭露头角，林区经济由单一化向多元化迈进，非林替代产业随处可见。其项目、品种、门类，从业人员，不断增加，多种经营领域不断拓宽。

五营区（局）气候特点，不同程度地制约了本地畜牧业的发展。1986—2005年，五营区（局）根据市场、资源、技术等实际情况，确定了畜牧业的主攻方向，为常规养殖与特色养殖、小户分散养殖与鼓励大户养殖相结合，使畜牧业有新发展。

第一章 农业管理

第一节 机 构

1986 年，五营区（局）农业主管部门，称农牧科，与水利局、土地办合署办公。全科有 12 人。

1989 年 8 月，土地办从农牧科中分离出来，单独成立土地局。农牧科更名为农牧局。

1990 年年末，五营区（局）农牧局中的水利业务分离出来，单独成立水利局，配 8 人。农牧局减至 7 人。

1991 年 5 月，农业方面的工作交五营区（局）林业集体经济管理处（副处级单位）负责，在集体经济管理处挂五营区农业委员会牌子。农牧局合并到集体经济管理处为农委职能科室，下设农牧科，配 5 人。

1995 年年末，农牧科与多种经营科合并，更名为“农业多种经营科”，配 8 人。

1996 年 9 月，农业委员会取消，“农业多种经营科”更名为“五营区农业工作办公室”，不再隶属林业集体经济管理处，为区（局）政府直属职能科室，配 5 人。

1997 年，农业工作办公室，又改称“农委”，主抓农业、多种经营、畜牧业、水利，配 6 人，延续至 2005 年。

第二节 经营体制

一、土地承包责任制

1986 年，五营区（局）有土地 553.2 公顷，其中，属于全民的 93.33 公顷，属于集体的 133.33 公顷，属于个体的 326.53 公顷。五营区（局）农业工作，实行“上头主管，基层主抓，科室指导”纵向一条龙的三级经营管理机制。区（局）政府主管农业的副区（局）长负责全区（局）农业的领导工作。农业科室对全区（局）耕地的使用、农机具的管理、农技推广、病虫害防治、农用物资准备、土地承包、农业规划等，既搞好指导，又搞好服务，为区（局）长或主管农业的副区（局）长当好参谋。两个办事处（五营、五星）及山上林场（所），责专人具体抓本单位农业的各项事宜。

1990 年，农业的计划管理及经营方式，都发生了变化。生产计划，变指令性计划为指导性计划；生产活动，实行放开搞活，自主经营，面向市场，承包运作。

1992 年，五营区（局）有土地 1033.33 公顷，其中，属于全民的 133.33 公顷，属于集体的 153.33 公顷，属于个体的 746.67 公顷。

1995 年，全民、集体的土地，都已承包给个人耕种。

2005 年，五营区（局）有土地 1246.13 公顷，其中，属于全民的 120 公顷，属于集体的 100 公顷，属于个体的1026.13公顷。至2005年，由于简政放权，强化基层，加大了“两办”及林场（所）对农业的管理。

二、土地农业税

1988年，土地管理部门，按照地块土质，把土地分成一、二、三个等级。承包一等地，每0.07公顷收土地费10元；二等地每0.07公顷收5元；三等地每0.07公顷收2.1元。土地税每0.07公顷一律收8元。

1994年，土地费平均每0.07公顷收20~25元，农业税每0.07公顷增至13.5元。

1996年，农业税每0.07公顷增至20.9元。全区（局）承包者约80~90户，收费多少根据产量而定。

2001年，农业税每0.07公顷为18.8元。

2003年，取消农业税，直至2005年。

第三节　土地管理及开发

一、土地管理

（一）属地管理

1986年，按就近、易管、有利生产的原则，对山下的土地重新调整，明确隶属关系。

1987年，原跃进大队改为跃进村，由五营街道办事处管辖。在跃进村设党支部，书记制；设村委会，村主任1人，委员2人。有住户62家，农户占70%，土地70公顷，主要劳动力124名。同年，办事处与农户签订土地承包合同，登记造册，一定50年不变。在五星成立兴隆村，设村委会，村主任1人，委员2人。农户40家，劳力80名，土地40公顷，由五星办事处管辖。其土地全部包给农户，一定30年不变。区（局）政府又将向阳农场和畜牧场（两场原系企办，1984年撤销，有土地53.33公顷），划归桦林街道办事处管辖。

1995年10月，桦林街道办事处撤销归五营街道办事处管辖。河南大队、永丰大队（两队原系家属生产队，耕地20公顷）划归五营街道办事处管辖。河北家属生产队（耕地10公顷），划归丰林街道办事处管辖（2000年撤销），又划给五营街道办事处管辖。五星农场（原系企办农场）13.33公顷耕地划归五星办事处（2000年撤镇变办），33.33公顷划归当时的养鸡场（在养鸡场的基础上，建立了良种繁育场，以养猪为主。1992年养鸡场又划归中植企业集团）。至1992年，五星办事处共管辖土地53.33公顷，五营办事处管辖土地153.33公顷，都已承包给当地住户耕种，延续至2005年。

1986—2005年，山上各林场（所）的耕地仍由各场（所）负责，承包给本场（所）职工或家属耕种，30年不变。

（二）依法管理

1986年，农业部门、单位与土地局通力合作，宣传、落实土地法令，制止了随意挖沙或建筑而占用耕地现象。

2005年，仍坚持依法管理使土地得以保护。

二、土地开发

1988年，全区（局）各单位根据实力状况，组织职工开荒、熟化造林地。

1991年，全区（局）耕地由原来的553.2公顷，增至966.67公顷，至1993年又增为1033.33公顷。

2000年，增至1223.8公顷。

2005年，增至1246.13公顷。

第四节 农业机械

一、机构

1986 年，五营区农机管理站隶属于区农业科。市农机局给编制 2 人，实际工作人员只有 1 人。1989 年 8 月，农业科改称农牧局，农机管理站划归农牧局。

1991 年 5 月，农牧局划归区农业委员会领导，区农业委员会与林业集体经济管理处合署办公（副处级单位）。

1995 年，农牧局与多种经营科合并，称农业多种经营科，设农机管理人员 1 人。

1996 年 9 月，撤销区农业委员会，农业多种经营科划归区政府直属科室，改称农业工作办公室。农机管理站归农业工作办公室领导。

2001 年 12 月，五营区农业工作办公室，又更名为五营区农业委员会。农机管理站归区农委领导，设农机管理人员 1 人。

二、农业机械管理

1986 年，五营区农机管理站，负责小型四轮拖拉机驾驶员考试、考核、审验、培训、车辆落户、过户手续办理、年审、车辆档案管理等项工作。同年，四轮拖拉机保有量 30 台，轮式拖拉机 2 台。1987—1997 年，轮式拖拉机 2 台，四轮拖拉机 38 台。

1997 年，五营区农机管理站，开始负责农用三轮运输车驾驶员考试、考核、审验、培训；农用三轮运输车落户、过户手续办理、年审、车辆档案管理等项工作。同年，农用三轮运输车 10 台，此后每年以 10% 的速度递增，到 2003 年末，农用三轮运输车保有量达到 79 台。

2004 年，农用三轮车管理权移交给本区交警队管理。

2005 年，四轮拖拉机驾驶员培训工作，由市农机局管理，四轮拖拉机保有量 18 台。农用三轮运输车 343 台。

1986—2005 年五营区农业机械设备统计表

表 8-1-1

年 度	拖拉机		农用三轮运输车
	轮 式	四 轮	
1986	2	30	—
1987—1997	2	38	10
1998	—	36	20
1999	—	29	31
2000	—	26	55
2001	—	24	61
2002	—	22	70
2003	—	22	79
2004	—	22	—
2005	—	18	343

说明：农用三轮运输车 2004 年移交给区交警队

第二章　多种经营

第一节　种植业

一、粮豆生产

1986年，大豆价格看好，而且一直较为平稳（至2003年，价格稍升，每千克3~3.8元）。农户较大面积种植大豆。1986—1987年，引进了大豆种子北丰3号；1988—1995年，引进黑河11号；1996—1999年，又引进黑河13号、17号。

1986年，全区（局）播种大豆200.2公顷，1990年为231公顷，1995年为203.33公顷，2004年为270公顷，2005年为253.33公顷。另外，播种少量玉米。

1987年，引进伏尔拉玉米。其秸秆至秋青绿，可粉碎为猪饲料。每0.07公顷产玉米250千克。

1988年，引进了美国籽粒苋。0.07公顷产约2000千克（含秸秆总量）。每年6月5日前下种，8月末，收割整株，粉碎窖贮，发酵喂猪。

1991—1993年，又引进了承交1号、3号玉米，生长期皆为97~105天左右。

二、蔬菜种植

1986—2005年，春菜部分自给，夏菜自给有余，秋菜自行贮存。不足部分随时到菜市摊床上购买。随着人们生活水平的提高，吃菜向着好、少、鲜、细方向发展。农户根据情况，决定种什么。

（一）春菜

主要品种有韭菜、菠菜、小白菜、水萝卜、发芽葱等。

1986年，五营区（局）播种春菜3.33公顷，产菜150吨。

1995年，播种春菜33.33公顷，产菜553吨，较1986年增加了9倍面积，菜产量增加了403吨。

2000年，播种47.47公顷春菜，产菜712吨，分别比1995年增加14.13公顷和159吨。2000—2005年，每年春菜面积及产量，均徘徊在46.67公顷及750吨产量上下。

（二）夏菜

主要品种有黄瓜、茄子、番茄、青椒、早豆角、早甘蓝、芹菜、大葱等。

1986年，五营区（局）播种夏菜21公顷，产菜1255吨；1990年夏菜播种面积86.67公顷，产量为2804吨；1995年，夏菜播种面积为138公顷，产量为3595吨；2000年夏菜播种面积为401.67公顷，产量为7042吨；2005年夏菜播种面积为240公顷，产量为1088吨。

1995年，引进“春夏王”白菜（俗称朝鲜大白菜）。“春夏王”属细纤维白菜，气温适宜性强，外形美观，结球后复叶少，抱心率高。一年可种两茬：春季4月25日育苗，5月20日定植，7月15—20日上市；秋季6月30日育苗，7月20—25日定植，9月25日上市。最大的6千克（去掉青帮、复叶），小的3千克。1公顷可定植37500株，平均棵重3千克，1公顷产112500千克，每千克0.5~0.6元，1公顷可收入6000元，经济效益是其他白菜品种的3~4倍，直至2005年。

（三）秋菜

主要品种有土豆、白菜、萝卜、胡萝卜、芥菜等。土豆、白菜、萝卜是多数居民冬贮的品种。每年10月入窖，可食至翌年5月。

1986年，五营区（局）播种秋菜94.8公顷，产菜6294吨；1989年播种154公顷，产菜6900吨；1995年播种154.33公顷，产菜7605吨；1999年播种159.07公顷，产菜22532吨；2005年播种557.33公顷，产菜8500吨。

1986—2005年五营区蔬菜、大豆、玉米、饲料播种面积统计表

表8-2-1

年份	播种总面积（公顷）	蔬菜		大豆		玉米		饲料	
		面积（公顷）	产量（吨）	面积（公顷）	产量（吨）	面积（公顷）	产量（吨）	面积（公顷）	产量（吨）
1986	553.2	119.13	17699	200.2	314	40	358	103.93	1452
1987	551.87	130	4231	133.93	122	43.93	216	61.13	1502
1988	978.67	366.27	12226	166.67	236	40	200	204.67	699
1989	913.6	300.67	11130	214.67	258.5	48.93	183.5	345.07	840
1990	954.93	300	9505	231	381	53.33	128	66.67	500
1991	966.67	300.27	8155	167.53	250	46.67	138	116.07	868
1992	1033.33	448.07	14309	199	298	55	140	203	3092
1993	1033.33	399.93	8907	201	298	53	120	207.47	3735
1994	1033.33	392.33	10913	163.4	280	54.13	140	180	2950
1995	1033.33	325.67	11753	203.33	322	46.67	140	67.67	1504
1996	1064.33	312.33	10391	488.67	695	60	280	133.6	1535
1997	1097.67	319.87	10345	122.47	282	56	121	138.67	1540
1998	1131	427.33	16058	242.47	402	66.67	300	33.33	900
1999	1223.8	812.33	28284	253.33	380	78	350	20	900
2000	1223.8	872.47	29869	253.33	380	78	350	20	900
2001	1224.33	825	28451	253.33	380	78	350	20	900
2002	1224.4	825	24364	212	234	74	399	20	900
2003	1224	843	26366	253	360	78	402	20	900
2004	1246.13	823	23660	270	385	78	405	19.33	900
2005	1246.13	847.47	31284	520	400	84.67	350	20	900

1986—2005年五营区春、夏、秋菜生产情况统计表

表8-2-2

年份	播菜总面积（公顷）	蔬菜总产量（吨）	春菜		夏菜		秋菜	
			面积（公顷）	产量（吨）	面积（公顷）	产量（吨）	面积（公顷）	产量（吨）
1986	119.13	7699	3.33	150	21	1255	94.8	6294
1987	130	4231	3.33	75	26.67	741	100	3415
1988	366.27	12226	51.4	1174	103.67	3208	211.2	7844
1989	300.67	11130	46.67	1050	100	3180	154	6900
1990	300	9505	46.67	1060	86.67	2804	166.67	5641
1991	300.27	8155	31.33	453	104	1099	164.93	6603
1992	448.07	14309	57.2	1760	173.53	2739	217.33	9810
1993	399.93	8907	37.93	569	171.33	2488	190.67	5850
1994	392.33	10913	37.93	570	169.73	3355	184.67	6988
1995	392.33	11753	33.33	553	138	3595	154.33	7605
1996	312.33	10391	42.8	644	117.2	2320	152.33	7427
1997	319.87	10345	42.67	645	153.87	2720	123.33	6980
1998	427.33	16058	43	647	170.4	3984	213.93	11427
1999	812.33	28284	47.47	710	245.8	5042	519.07	22532
2000	872.47	29869	47.47	712	401	7645	424	21512
2001	825	28451	48.13	780	399.33	7605	377.53	20066
2002	825	24364	46.8	760	401.67	7042	376.53	16562
2003	839.47	26366	47.6	752	400.2	7052	391.67	18562
2004	849.6	29957	47.67	750	344.2	7645	457.73	21562
2005	847.47	31284	47.47	712	242.67	1088	557.33	8500

三、药材种植

（一）人参

1986年，五营区（局）在汽运管理处、杨树河经营所，建立了两处人参栽培基地，大面积栽种人参，其中，汽运管理处多种经营段，栽培人参6万平方米。

1988年，人参面积达到18.61公顷，产人参1.18万千克。

1989年，市场上人参价格开始下降，每千克最高只能卖10~12元。1990年秋，产鲜参近1.5万千克，销售十分困难。1994年，价格不见好转，只得将整个人参地卖掉。杨树河等单位，见状不好，也急于外卖参地。

2005年，五营区（局）只有少数个体户尚余少量参地面积。

（二）平贝、黄芪

1988年，五营区（局）播种平贝2.36公顷，黄芪0.68公顷；

1990年，栽种平贝23.33公顷，黄芪4公顷；

2003年，栽种平贝26.67公顷，黄芪6.67公顷；

2005年，平贝34.4公顷，黄芪12.93公顷。

（三）北五味子、刺五加

2004年后，五营区（局）开始注重北五味子、刺五加的开发利用。2005年将中心苗圃建成北五味、刺五加育苗基地，培育北五味子种苗100万株，刺五加种苗200万株。

四、果树种植

1986年，居民栽种果树较普遍。凡房前屋后有小园田者，都要栽上几株李子、沙果、樱桃等。有的则成了专业户，多者栽上几十株、甚至几百株。

1987年，汽运处多种经营段，在人参地池间栽种果树，效益较为可观。其中，栽种绥李3号和黄水核李子3000余株，栽大秋、黄太平、铃铛果等沙果树2000余株。

1990年，收李子3500千克。

1991年，收沙果2500千克。还扣了4架塑料大棚，每棚700平方米，共2800平方米，栽葡萄1600余株。1991年秋，收获葡萄3500余千克。

1997年，五营区（局）果类产300余吨，1999年，产果325吨。2000年，产果280吨。2001年，产果37.8吨。2003年，产果35吨。2005年，产果235吨。

第二节 采集业

一、林木种子类

红松子、榛子年约单产1000余吨。红松子，过去5年一大收，3年一小收。后来，经过人们的采摘，掰掉松枝，客观上起到了修剪枝条作用，每年皆收。丰林国家级自然保护区管理局所辖林内，古木参天，松子最多。每年8、9月份，环山搭棚，设岗看护松林。山上红松按株数包给大户，包打包收，禁止非包者采摘。打下的松塔，经过机器破碎和脱壳，人工挑拣，外运出售。松子大户，从秋至冬，每天有上百名女工为其挑拣。女工用手把果仁去掉红皮，分等存放，按等售价。每千克松子（不去壳）10~20元，去壳的每千克60~120元，有的售价更高。

二、山野菜类

山野菜有蕨菜、猴腿、刺嫩芽、黄瓜香、黄花菜、老桑芹、燕尾等40多种，年产约1000吨。1986—1997年，五营区（局）共采集山野菜4112吨。1997—2000年，五营区（局）共采集5500吨。2004年，采集1510吨，2005年，采集160吨。

三、山野果类

山野果类，有笃斯、山茄子、刺梅果、山葡萄、猕猴桃、山里红、托盘等20余种，年约产1000余吨。1986年，采集山野果100吨。1995年，采集170吨。2000年，采集130吨。2005年，采集250吨。

四、食用菌类

食用菌类，主要有榛蘑、元蘑、草蘑、猴头蘑等10余种，年产约250余吨。1986年，五营区（局）采集的菌类105吨。1990年，采集685吨。2005年，采集480吨（上述均为干蘑）。每千克可售28~80元。

五、药材类

主要有党参、五味子、刺五加等320多种，可用价值很高。1986年，五营区（局）采集药材20余吨。2000年，采集50吨。2005年，采集200吨。

1986—2005年五营区采集业统计表

表8-2-3 单位：吨

年份	松子	榛子	山野菜	山野果	山药材	蘑菇
1986	180	50	140	100	20	105
1987	160	40	121	101	25	110
1988	150	35	282	148.5	30	105
1989	350	33	300	120	34	90
1990	600	40	341	111	17	68
1991	650	41	510	80	5	28
1992	800	45	417	47.2	6	70
1993	700	13	410	112.2	10	13.5
1994	686	11	510	133	14	81
1995	375	18	630	170	13	85
1996	550	25	961	144	10	90
1997	800	30	1540	150	4	150
1998	1010	100	1500	200	10	165
1999	1100	30	1200	150	5	450
2000	1000	34	1300	130	50	125
2001	1120	35	1320	132	150	130
2002	1002	32	1500	200	17	134
2003	1050	55	1508	210	11	140
2004	800	60	1510	220	18	150
2005	900	65	1600	250	200	480

第三节 科学种田

一、提高地温技术

五营区（局）属高寒林区，气温较寒冷，影响作物生长。自20世纪60年代中期开始，到80年代普遍应用的“提高地温技术”，使农业生产有较大发展，“提高地温技术”一直延续到2005年。

（一）温室育秧

每年旧历正月，农户温室即点火，播种育秧。不仅解决自家所需秧苗，而且出售。每株0.10~0.30元，仅此一项，每户年可收入500~1500元。1986—2005年，五营区（局）累计有温室29.46公顷。

（二）塑料棚的应用

塑料小棚多用于春季播种小菜，塑料大棚用于定植黄瓜、茄子、番茄等，是农户的主要生产基地，也是供应市场夏季的重要场地。1986—2005年，五营区（局）累计有小棚66.67公顷，大棚81.4公顷。

（三）地膜覆盖

地膜覆盖是提高大地地温的措施。有关农业技术人员测定：地膜覆盖后，本地地温将提高到沈阳一带同季地温。主要栽种黄瓜、茄子、番茄、土豆、玉米、豆角、毛葱等。1988 年，贮木场职工朱立文在其承包地里，进行了土豆地膜覆盖试验成功。土豆成熟早、个儿大，与无地膜覆盖比，提高单产 3~4 倍。次年，在五营区（局）大面积推广。1986—2005 年，五营区（局）累计地膜覆盖 1393.87 公顷。

1986—2005 年五营区温室、塑料棚、地膜覆盖面积统计表

表 8-2-4 单位：公顷

年份	温室	大棚	小棚	地膜覆盖
1986	0.73	1.4	2.33	12.8
1987	0.87	1.53	2.4	16.6
1988	1	6	3	42
1989	3.07	6.13	3.13	42.73
1990	3.83	3.4	3.67	43.33
1991	3.4	1.8	1	6.07
1992	0.93	3.8	3.33	43.47
1993	0.8	3	3.67	36.87
1994	1.8	3.67	3.4	66.67
1995	1.13	3.73	3.47	67.33
1996	0.9	5.87	3.6	66.67
1997	0.87	4.67	3.73	93.33
1998	1.03	4.87	3.87	100
1999	1.2	3.87	4	94.67
2000	1.47	4	3.6	161.33
2001	1.67	4.13	3.93	163.33
2002	1.53	4.2	3.47	166.67
2003	1.6	3.93	3.53	165.33
2004	1.7	4.33	3.67	166.67
2005	1.73	7.07	3.87	170

二、蔬菜生产示范基地

1987 年，区（局）政府决定在原向阳农场（已于 1984 年撤销）一角建蔬菜生产基地。给每户投资 5000 元，建砖瓦结构房 4 框 50 平方米，内瓤由农户自装。并无偿给每户小径木一汽车（约 10 立方米）。第一年建 12 户，次年又建 6 户，计 18 户。故人们称这里为“18 家”。“18 家”每户坐北朝南，东西三栋，南北三排，每栋两家，每排 6 户。排距约 50 米，栋距约 10 米。安排有耕地经验的职工和青年到此从事农业生产，搞科学种田示范。每户房前 3 亩地，各自建温室约 20~40 平方米，建塑料大棚 500 平方米。另在房区外拨给足够的耕地。“18 家”，靠科学种田，每年到市场出售秧苗及蔬菜，户年收入 5000~10000 元。自 1987 年始，18 户农民，年复一年，劳作不息，以生产蔬菜为主，直到 2005 年。

2005 年，五营区（局）重点建立 3 个基地：原向阳农场建立春夏菜保护基地；以跃进村为主的

秋菜生产基地；以原五星农场为主的饲料种植基地。

三、引进优良品种

1986—1990年，五营区种子站引进北丰3号大豆品种。1991—1995年，引进黑河11号，1996—1999年又引进黑河13、17号。

1986年引进克山白土豆品种。1987年引进伏尔拉玉米；1991—1993年又引进承交1、3号。

1986年引进牡丹江1~3号白菜品种，1988年引进佳白2号、通北4号，1999年引进鲁白7号等。以后年份中引进品种不断增加，名目繁多。

1986年引进黄瓜津杂1号、鲁黄1号品种，其后逐年又有新品种。

1986年引进茄子黑又亮品种，1988年引进紫线品种。

1989年引进北京大粉西红柿品种。

1986年引进大红袍及“拌倒驴”等青皮萝卜品种。

1995年引进了小红灯笼萝卜品种。1996年后，引进小白萝卜品种。其后，陆续引进了菜花、冬瓜、丝瓜、花生等，农户有少量试种。

四、蔬菜病害防治

（一）黄瓜霜霉病

苗期、成株期均有发病。1986年后，农户根据农业科学部门建议，选择抗病品种，栽培无病苗，改进栽培技术，兼施药物，基本抑制了此病的发展。1990年后，再无此病发生。1998年起，随着农户掌握的农业技术不断增加，对黄瓜其他病害也有根治办法。至2005年趋于良好态势。

（二）柿子黑斑病

1986年，农户多采用及早喷药的办法进行防治。从青果期即喷药。主要是喷施扑海因可湿性粉剂。1990年后，对镰刀菌球腐病、炭疽病，于绿果期即喷洒药物，杜绝了此病的发生。

（三）茄子根腐病、枯萎病

1987年，农户为防治此病的发生、漫延，多实行轮作增施钾肥，进行种子消毒或新土育苗，发病前即喷洒药物，早加预防。1990年后，再无此病发生。

（四）辣椒软腐病

1987年，农户多采用土地轮作，及时清理菜园，雨前雨后喷洒药物等办法，基本根治了此病。1990年，逐渐推广保果药物，于初栽时即喷洒，促其花茂果壮。2000—2005年，栽植辣椒的办法，与1990年前基本相同。

（五）白菜萎蔫病、软腐病

20世纪80年代，农户为防治此病，尽量选用抗病品种，播种时避开高温干旱期，加强田间管理，地温过高则勤浇水降温，保持根系正常发育。结合防虫，喷洒药物，每10天左右1次，防治1~2次即可。1990年，对于白菜软腐病的防治，本区（局）农户多选择地块，早翻地，促进病残体腐烂分解。进行种子药物处理，用药物拌种，以防软腐病的发生，直至2005年。

五、农作物及蔬菜虫害防治

（一）瓢虫

瓢虫对马铃薯、茄子、黄瓜、白菜、辣椒、豆类等作物危害极大。1989年，农户主要采取观察办法，发现有瓢虫出现，即喷洒敌杀死等药物，大约每10天1次，喷洒1~2次即可根除。

（二）地甲（俗称地跳蚤）

1986—2005 年，地甲多在白菜、黄瓜等幼苗刚出土时，即食其子叶或真叶片。一般用敌杀死、氯氰菊酯等药物喷洒灭虫。

（三）地蛆

1986 年，本地农户一般用敌杀死等药液适时浇根，2000 年，农户改用敌百虫等药液浇根，1~2 次即可有效杀蛆保菜。

（四）蚜虫（俗称密虫）

1986—2005 年，人们一般采用“乐果”药物喷洒治虫。

六、农家新招

（一）野菜家种

1987 年始，就有一些居民到野外把蒲公英（人称婆婆丁）种子或根采集回来，播种或移栽到自家的小园田边缘。次年初春，蒲公英比任何作物都提前长出，成为餐桌上的小菜。1990 年，播种蒲公英的人多起来，有的自食，有的摆放在市场上出售，每千克 2~16 元。

（二）夏渍酸菜

1992 年，不少农户在夏季把早甘蓝或“春夏王”白菜用缸腌渍起来，加进酸菜鲜（市场上出售的快酸剂），使菜速酸，然后出售，每千克 2~3 元 .

（三）鲜菜速冻

家有冰箱、冰柜的住户多起来，1990 年始，至 2005 年，人们在秋季把豆角、茄子、西红柿等放入冰箱、冰柜或冷库速冻，冬季拿出来自食或出售。

（四）毛葱种子冬埋

1990 年始，有些农户或职工家属，深秋将次年拟栽种的毛葱种子，用编织袋装起来，埋入室外土中，第二年春取出，在以塑料薄膜扣好的垅上栽种，毛葱长得大而整齐，等地等量种子，比旧式栽种法多收 2 倍多。此种办法一直延续到 2005 年。

（五）反季节蔬菜

1989 年开始，有些居民在自家园田内，实行 . 棚膜扣葱技术。以 4 垅为一组，组距大约 30 厘米，垅距大约 25 厘米，栽上大葱。秋季，用柳条插成小棚状。次年 3 月中旬，扣上薄膜，称作“棚膜扣葱”。可提前 20 天上市，每千克可售 3~4 元。

1989 年，许多农户在秋季即翻地、整平，做成菜畦，进行初冬种菜。种上菠菜、生菜、香菜、小白菜等，均匀地培上一层薄土，用柳条或小木棍儿做成棚状，翌年 3 月中旬，扣上薄膜。可提前 20 天左右上市，每千克约售 4~16 元。

七、种、肥、农药等物资供应

1986 年前，区（局）有种子站 1 处，负责农药、农膜、化肥等进货、销售。1988 年，种子站挂“庄稼医院”牌子，增加了农业科技的宣传、农作物病虫害防治、咨询等业务。1988 年，五营区（局）农业科安置下岗职工，又建种子站 1 处。业务范围与前一种子站类似。1989—2005 年，种子站实行了个人承包，自主经营。其他个体摊床零星出售种子的，可作为补充。

第四节 黑木耳经济

一、政策措施

1998 年 3 月，五营区（局）在丽丰经营所召开了小型现场会。丽丰经营所班子成员及周茂友个人介绍了经验，1998 年起，公路两侧的疏林地统一划分给培植户放养菌袋，两年内免收资源补偿费和农业特产税。

1999 年 5 月，五营区（局）党委政府召开了“五营区（局）木耳生产动员大会”，党委书记做了动员报告，指出“积极鼓励和大力支持木耳经济的发展，创造一切有利条件，不加任何限制，能发展多大规模就发展多大规模”，“鼓励和提倡广大职工群众从事木耳生产，广泛就业，增加经济收入”，一个“抓龙头带一般，抓典型促全面”的木耳经济，迅速在全区（局）兴起。

2001 年，五营区（局）政府出台了发展木耳经济 12 条政策。结合该区实际，制定了积极鼓励和大力扶持木耳经济发展的若干规定。其中要求各级党组织加强对木耳经济的领导，区委、区政府把发展木耳经济作为主导产业来抓，层层建立责任制，区领导牵头抓，各单位书记、场长具体抓，主管副场长专门抓；鼓励和提倡领导干部和党员带头发展木耳经济。

1998 年至 2001 年 4 年中，五营区（局）累计为职工养菌提供开发式扶持资金 42 万余元；为养菌户提供房舍 3500 平方米；划出疏林地 900 余公顷；对养菌户所需小材小料，积极给予解决。延续至 2005 年。

二、宣传示范

（一）广泛宣传

1998 年始，五营区（局）各单位及部门，逢会必讲：大讲区情、场情；大讲黑木耳经济的可行性、重要性；大讲培植黑木耳的技术，提供销路的信息等。五营区（局）通过宣传与典型示范、政策与扶持并行的办法，使黑木耳经济迅速兴起，实现了工作重点的转移，一个木耳经济的普及、发展、兴盛的局面，基本形成，出现了“走向小康路的丽丰所”“走向富裕路的五营办”“脱贫致富的五星人”。

（二）典型示范

1998 年，在五营区（局）大面积推广了丽丰经营所及周茂友个人培植木耳的经验。组织群众代表到丽丰所及周茂友家观摩，聘请周茂友等人为技术顾问，为养菌户提供技术服务。从物资准备、拌料装袋、常规灭菌、接菌上架、菌室管理、放养地选择、入山摆放、采收管理等环节，逐一讲清看透。并在示范中，逐道工序都让观摩群众亲手做，直到学会、熟练为止。经过典型示范，家家户户都掌握了三级菌的栽培技术，各场（所）都有 100 余户可以生产二级菌。1999—2005 年，五营区（局）还引导人们发展互助生产，联户经营，形成大户帮小户，富户帮贫户的氛围。

三、生产经营

（一）五营办事处

五营办事处辖区共有丰林、育林、建林、茂林、森林、新林、桦林、松林八个社区。

1992 年，五营办事处辖区有少数人将木段放在草棵中培植木耳，年约 10 余户，万段左右。有的搞试验性生产。新产木耳自产自销。1993—2005 年，五营办事处把发展木耳经济纳入目标管理。

1993—2005 年五营办事处黑木耳生产统计表

表 8-2-5

年份	袋数（万袋）	产量（吨）	产值（万元）
合计	8775	2632.5	8514
1993	30	9	36
1994	50	15	60
1995	70	21	84
1996	80	24	96
1997	90	27	108
1998	90	27	108
1999	100	30	120
2000	150	45	180
2001	650	195	780
2002	765	229.5	918
2003	900	270	1080
2004	1000	300	1200
2005	4800	1440	3744

（二）五星办事处

五星办事处辖区（2001 年前称镇，之后变办事处），有创业社区、兴业社区。1993—1999 年，五星辖区仅生产 10 万 ~25 万袋。2000—2005 年黑木耳生产翻番。

1993—2005 年五星办事处黑木耳生产统计表

表 8-2-6

年份	袋数（万袋）	产量（吨）	产值（万元）
合计	791	231.3	865.2
1993	10	3.0	12.0
1994	15	4.5	18.0
1995	18	5.4	21.6
1996	20	6.0	24.0
1997	22	6.6	26.4
1998	24	7.2	28.8
1999	25	7.5	30.0
2000	80	24.0	96.0
2001	82	24.6	98.4
2002	85	25.5	102.0
2003	100	24.0	96.0
2004	110	33.0	132.0
2005	200	60.0	180.0

（三）丽丰经营所

1994 年，丽丰所党将 800 公顷疏林地划分成 100 块，承包给职工，并划分 7 大责任区，落实到每位班子成员身上，负责管理、指导、服务，帮助木耳养殖户解决实际问题。

1996年，丽丰所为群众无偿提供1000平方米空闲住房用做菌室；提供开发式扶持资金30余万元；两年中，举办各种免费技术培训班 9 次；提供各种信息等。

1997 年，丽丰所党支部发出“多帮少、富帮贫、大户帮小户、集体帮个人”的号召，对那些生活困难的职工家庭伸出援助之手，支部书记王立峰与困难户魏传旺结成帮扶对子，为其提供各种信息，并亲自出劳务。

2000 年，丽丰经营所户均收入 1.3 万元，培植户中有 6 户超过 10 万元。共生产木耳菌 600 万袋，产干耳 152 吨，创产值 540 万元。

2003 年则生产 800 万袋，产耳 202.7 吨，创产值 720 万元。

2004 年 8 月 26 日《伊春日报》以题为“木耳铺就丽丰‘小康路’”一文，介绍了丽丰所走向小康路的经验。

2005 年，丽丰所生产了 1000 万袋木耳菌，产耳 253 吨，创产值 900 万元。

（四）其他各场（所）

1993 年至 2005 年的 13 年间，五营区各林场（所）共生产木耳菌 11812.91 万袋（不包括丽丰所），产耳 2981.6 吨，创产值 10589.18 万元。其中翠北林场生产 626.5 万袋木耳菌，产耳 157.89 吨，创产值 562.61 万元。前丰林场生产菌袋 3225.4 万袋，产耳 812.8 吨，创产值 2902.86 万元。永丰所生产木耳 2058.8 万袋，产耳 514.7 吨，创产值 1811.76 万元。平原所生产木耳 1721.9 万袋，产耳 4366.79 吨，创产值 1549.7 万元。平山所生产木耳 1216.9 万袋，产耳 308.25 吨，创产值 1095.21 万元。五营河所生产木耳 490 万袋，产耳 124.6 吨，创产值 441 万元。杨树河经营所生产木耳 1305 万袋，产耳 330.58 吨，创产值 1174.5 万元。实验林场生产木耳 1168.4 万袋，产耳 295.99 吨，创产值 1051.54 万元。

四、生产技术与技术服务

（一）培训与技术推广

据不完全统计，至 2005 年，五营区（局）举办技术推广及技术培训班 40 余次，每次参加人数超 300 名。在技术推广中，发现有 20% 的人在制作木耳菌袋中，往往由于忙碌而错误配料，或忽视其中一个环节，或在调温室中，怕麻烦，怀有“差不多”了的思想；或在接菌中有给菌多、给菌少的状况，致使长耳疏密不同等等。

五营区（局）政府要求制菌户，要向丽丰所制菌户学习，做到不差一丝一毫，真正使技术成为黑木耳经济中的后盾。

五营区（局）采取“五结合”的方法，使黑木耳畅销。黑木耳也是传统的外销商品，远销我国港澳地区及日本、西欧、东南亚、北美各国，在国内外市场久负盛名。

（二）生产技术

物质准备　基础物质，锯末，一定数量的麸子或米糠，白糖、石膏粉或碳酸钙（白灰）等，也可备些豆饼、黄豆面、塑料袋、套圈、棉花。防护用品，塑料手套，酒精灯，消毒剂，口罩，套袖。菌室及室内用品，一定面积的房屋，取暖设备，电风扇，木架，温度计等。接菌用品，接菌箱，菌种，火柴，小勺或镊子等。消毒锅灶（如没有，可租用他人的）。晒耳用品，沙网、薄膜，小杆、木板等。

拌料装袋　配料比例，锯末子占 78%，麸子占 20%，白糖 1%，碳酸钙 1%，料与水的比例为 1∶1.2。同类项中可替换。培养耳基配制时，要掌握四个关键拌料力求均匀。将锯末子筛一下，去掉杂质。严格控制含水率，应以60%为宜。pH值要适宜。木耳喜欢偏酸的环境，在pH值5~5.6之间生长发育正常，但配制时应偏碱些。注意堵绝污染源。装袋方法：一端封口的12×25厘米长的低压聚乙烯栽培袋，初期要压紧，接近袋口5厘米时，装料已足够。再清理袋口、套圈、塞棉球。

灭菌，将培养料袋装入无菌容器内，将蒸仓门关紧关严。用旺火猛攻，在4~5个小时内，温度要达100℃，最高110℃，保持12~15小时撤火。

接种方法，从接菌箱中间两个圆口，把戴有套袖的两手伸进箱内。将无菌剂点燃后，放在准备好的小盘子内，防止把无菌烟雾放出来。点燃无菌剂20~25分钟后，即可接菌，接种前，先用酒精将手消毒。严格无菌操作，接种室消毒，菌种外表消毒。菌种选择，看外表、看菌丝、看耳基、看瓶内有无黄色水液沉积。

菌丝体培养：经过接种后的料袋，称为菌丝体或菌袋，它是子实体生长的物质基础。菌袋培育期需60~70天，当菌丝长到离袋底85~90%时，可提前两天曝光。

野外林地袋栽管理。场地选择，场地管理，. 移送菌袋，多为每年5月下旬至6月上旬，打眼立袋，每个面拍一下出3个眼，每个菌袋4个面，共12个眼。割眼打洞结束后，即可立袋。木耳采收，晾晒，晾晒场地的准备，立架，架高1.2米，宽1.5米为宜。木耳的保管，存耳库要通风、防潮、防鼠。

（三）技术实践

五营办事处森林社区，2000年有一家姐俩（王淑霞、王淑芬）都搞木耳菌生产，妹妹在配料中忽视了料与水的比例及杜绝污染源，结果木耳的产量低。而姐姐掌握和运用技术，参加了区（局）农委举办的木耳技术讲座，严格按科学比例操作，收获的木耳就比妹妹产量高。

五营办事处新林社区姓张的一家，在接菌操作中，没有按规范化灭菌，购买菌种属传代次数过多的产品，出耳早而多，木耳长得小，产量低、质量差。刘湘国一家，在接种中，严格要求，而且在购买好的菌种，他家的木耳肥头大耳，质量好、产量高。

实验林场郭玉明2001年把接种后的菌袋，由于不懂生产技术规程，放进菌室，温度不够，又不会调解室温。有一半以上的菌袋发霉变质，被迫扔掉。第二年，他早早地上了培训班。一年中，搞了2万袋木耳，精心照料，到采耳时，左右邻居都赶不上他家的。

五营办事处王宝兴，自2000年起从事木耳生产，当年培植木耳菌1万袋，产值达万元以上。以后逐年递增，对制菌中的技术掌握得娴熟，2004年培植6万袋，产值达8万余元。

（四）技术服务

1994年，先后试验推广了14个木耳菌种，其中“黑29”“958”“9809”“长城1号”，经过实验，确定为主栽木耳菌种。并加强与省微生物研究所的合作，在平原所建立了新菌种试验基地，帮助养菌户解决C：N失调、菌丝发育、温度控制等技术难题。实施了木耳倒置摆放、插棒技术，组织参观全日光地摆木耳和液态菌种的生产。请外地食用菌研究所的

地栽黑木耳图

专家到本区（局）传授绿色木耳种植技术，发放科学资料等。在搞好技术指导、技术服务的同时，五营区（局）还组织农业服务站、种子站等搞好生产资料的进货、出售工作。

2002 年，即进优质菌种 4500 万袋，其中共进北青优质菌袋 2200 万袋，省微生物菌袋 9000 万袋，其他 700 万袋，各种药品 4 吨。

2005 年，进优质菌种 6000 万袋，其中北青优质菌袋 2400 万袋，省微生物菌袋 1000 万袋，其他 900 万袋，各种药品 5 吨。

五、市场开发

从 1993 年起，凡外地举办的商洽会。如：哈洽会、大连农博会、广交会等，区（局）都派人参加，到展馆宣传木耳产量、质量、价格或与商家签订木耳销售合同。联系客商，直接或间接收购。五营区制定保护政策，对从事木耳及其产品收购和经销的本区或外来人员，维护其合法权益，严禁勒卡和乱收费。并创造宽松条件，吸引客商来本区办企业。制网页，促销售。区农业部门在网上制作网页，使用耳单位、地区或个人，在网上即能与该区联系。针对 2004 年初木耳价格偏低，销路不畅的问题，利用农业信息网发布区（局）木耳产量、质量、价格；区（局）及各林场所的领导，到辽宁、河北、山东等省推销木耳。通过网上促销和外出销售，打破了滞销局面，价格由年初每千克 26~30 元，上升为 34 元。截至 2005 年，五营区生产木耳 7041.58 吨，全部售出。

第三章 畜牧业

第一节 畜禽养殖

一、养马

1986年，五营区（局）养马130匹。

1998年，养马494匹。

2003年，养马480匹。

2005年，养马数量成倍发展，当年养马850匹。

二、养牛

（一）奶牛

1986年，五营区（局）养奶牛50头，1989年则下降为16头，而2004年又恢复为54头，2005年近成倍翻番，即100余头。所产牛奶皆就近售给住户。

（二）役牛

1987年，五营区（局）养役牛120头，1999年，有较大发展。五营区（局）养役牛1100头，2002年养役牛1122头，2004年发展为1500头，而2005年为1600头。

三、养羊

1986年，五营区（局）养羊1020只，而其后十年中，养殖数量有所下降。

1997年，全区（局）养羊1300只。

1999年，全区（局）养羊2000只。

2003年，全区（局）养羊2200只。

2005年，全区（局）养羊3000只。五营区（局）养羊最多的是回民。

1986—2005年五营区养马、牛、羊统计表

表8-3-1

年份	马（匹）	役牛（头）	奶牛（头）	羊（只）
1986	130	233	50	1020
1987	150	120	10	530
1988	131	215	15	405

续表 8-3-1

年份	马（匹）	役牛（头）	奶牛（头）	羊（只）
1989	100	570	16	690
1990	50	65	10	467
1991	60	102	8	460
1992	80	225	12	300
1993	75	329	13	325
1994	79	350	14	749
1995	84	360	15	740
1996	85	354	12	640
1997	88	400	17	1300
1998	494	870	18	1800
1999	400	1100	25	2000
2000	389	1120	28	2020
2001	380	1112	29	2100
2002	405	1122	30	2130
2003	480	1130	50	2200
2004	408	1500	54	3000
2005	850	1600	100	3000

四、养猪

1986 年，五营区养猪 1.46 万头，1992 年增至 2.082 万头。

1997 年年末，五营区（局）有养猪专业户 200 余家，养猪 3.5 万头（其中存栏 1.28 万头，出栏 2.22 万头）。

1998 年，养猪 3.6 万头，2000 年 3.64 万头。

2004 年 4 万头，其中养猪大户 300 户。

2005 年，五营区（局）养猪 3.6 万头。

五、养鸡

1987 年前，居民养鸡较普遍，但规模不大。1987 年，养鸡科学技术不断推广，养鸡户多起来。1988 年，五营区（局）养鸡 9.17 万只，中、小养鸡户 200 余户（每户 0.1 万 ~0.3 万只不等），大户 10 余家（每户 0.4 万 ~1 万只不等）。

1992 年，出现养菜鸡热主要原因是有了专门出售配制的混合饲料经营者；成鸡时间短，从育刍至成鸡，仅 40 天左右；菜鸡市场状况好，经济效益可观。

1995 年，养菜鸡大户 15 家之多，最多超过 15 万只。

2003 年，全区（局）养鸡 13.1 万只，有大户 13 户，超过万只的 1 户。另外，养菜鸡 6.8 万只。

2005 年，养鸡 13.3 万只。

六、养鸭

1986 年，全区（局）养鸭 2.23 万只。

1993 年，由于养鸭经验不足，一度下降为 0.34 万只，而 1997 年年末又增至 0.6 万只。

2002—2005 年，每年养鸭皆在 1 万 ~1.12 万只以上。

七、养鹅

1986 年，五营区（局）养鹅 2.91 万羽，是建局以来较高的年份。当时，区政协委员苏申经过反复研究，写了一篇关于养鹅的论文，对全区（局）养鹅事业推动很大。集体经济管理处派人赴上海、绥化等地考察。1988 年春，从外地购进 3 万只鹅刍，送至各林场（所）喂养。由于缺乏经验，不到二年时间死去大半，养鹅数量有所减少。

1990 年，政府再次号召养鹅，致使数量有所增加，达 1.08 万只。2000 年再度增至 2 万只。2004—2005 年，五营区（局）分别养鹅 2.15 万只、1.58 万只。

八、养兔

1986 年后，由于五营区（局）政府的重视，使养兔业有了新发展。

1987 年，五营区（局）养兔业发展至 0.7 万只。

1997 年，养兔 0.6 万只。

2000 年，养兔 0.67 万只。

2004 年，发展速度稍快，增至 5 万只。

九、养蜂

1989 年，五营区（局）养蜂 300 箱，养蜂户发展到 50 户，其中专业户 10 户，最多养蜂 40 箱。

1998 年，养蜂 350 箱，最多养 80 箱，年产蜜 3500~4000 千克，每千克蜜按 10 元计算，每年可收入 3.5 万 ~4 万元。

2003 年，养蜂 550 箱，蜜价增至 12 元 1 千克。

2004—2005 年，养蜂均为 1000 箱，为历史巅峰时期。2004—2005 年，全国劳动模范王仁宽每年养蜂 120 箱，群众称其为“养蜂专家”。

十、养鱼

1986 年，养鱼户较少。1987—1991 年，投放鱼苗多者达 9 万尾左右。翠北林场、平山经营所、苗卜、一中西南大泡子、平山检查站附近、原畜牧场等地，有若干天然水池，均被利用。1997 年，养鱼户积累些经验，利用机械深挖塘或排灌水，养鱼数量呈上升趋势。2002 年，养鱼 35 万尾。2004—2005 年，五营区（局）养鱼都在 80 万尾左右。

十一、养殖林蛙

五营区（局）养蛙起步晚，1988—2001 年，养蛙者有 13 户，60 万只。在平山、实验林场各有林蛙养殖示范区 1 处。

2002 年，伊春北药有限公司，落户本区（局），带动了林蛙养殖业。

2003 年，养殖林蛙 82 万只，2004 年 80 万只，而 2005 年，林蛙养殖则发展为 800 万只。

十二、养殖毛丝鼠

1991 年 1 月 29 日，五营林业局与加拿大美德企业有限公司合资，成立了“伊美达毛丝鼠养殖有限公司”。合同签订：合作 12 年。12 月 6 日，公司从加拿大引进毛丝鼠种鼠 800 只，其中母鼠 650 只，每只价格 230 美元（当时 1 美元兑换人民币 5.3 元）；公鼠 150 只，每只 300 美元。为提高毛丝鼠饲养技术，公司于 1992 年 9 月向省科委申报了“东北林区毛丝鼠养殖技术研究”可行性报告。当年，省科委拨给课题费 40000 元。

1992 年，售给加拿大 46 张，每张售价 33 美元；1993 年 7 月，种鼠存栏 1，823 只（其中母鼠 1421 只），大部分种鼠相继产仔，初具小群规模。

1993 年，售给加拿大 250 张，加方运来 1 吨鼠用砂粉； 1994 年秋，黑龙江省政府副省长马淑洁及省科委领导，在伊春市科委领导陪同下，考察了该公司，并增拨课题费 100000 元。

1991—1995 年 5 月，累计生产皮张 1352 张。

1995 年，运至天津鼠皮 930 张，做三件大衣和 28 个毛领；库内损失 120 张，已失去加工价值。1996 年 1 月 15 日，将公司租赁给加拿大客商艾特林・肯活地经营，租期为一年。至年末，又续签“租赁合同书”，承包经营者仍是艾特林・肯活地。租期为 4 年。

1998 年 10 月，毛丝鼠养殖有限公司迁至五营技工学校（技校撤销，校舍闲置）。

2001 年，养殖毛丝鼠 7000 只，其中艾特林・肯活地养殖多数，王广财养殖一部分。

2004—2005 年，各年皆养殖 5000 只左右。

十三、养鹿

2003 年，全区（局）养鹿。其中，镇内居民刘斌在原畜牧场养鹿 20 只，高忠在河南工业小区内养鹿 7 只。

2004 年养鹿 52 只。

2005 年养鹿 186 只。其中，高忠养鹿 80 只，刘斌养鹿 70 只，刘玉林养鹿 36 只。

1986—2005 年五营区养殖业情况统计表

表 8-3-2

年份	猪（万头）	鸡（万只）	鸭（万只）	鹅（万只）	兔（只）	蜂（箱）	鱼（万尾）	毛丝鼠（只）	林蛙（万只）	鹿（只）
1986	1.46	8.26	2.23	2.91	3500	—	9.3	—	—	—
1987	0.525	3.85	0.2	0.15	7000	—	5	—	—	—
1988	0.641	9.17	0.22	0.65	1400	140	3	—	—	—
1989	0.3	8.9	0.2	0.925	2350	300	5	—	—	—
1990	1.586	3.793	0.262	1.077	1175	60	1.5	—	—	—
1991	0.9221	12.37	0.258	0.95	11700	116	15	—	—	—
1992	2.082	9.11	0.42	4.62	1350	13	3	2000	—	—
1993	1.0978	8.55	0.34	1.715	1420	20	0.5	4500	—	—
1994	2.1970	—	—	—	6900	174	—	5500	—	—
1995	3	8.9	0.5	1.6	—	—	2.9	3500	—	—
1996	3.5	10.85	0.54	1.82	—	—	3.55	2000	—	—
1997	3.5	11.4	0.6	0.2	6000	—	32	2000	—	—
1998	3.6	13	1	2	7000	350	34	1000	—	—
1999	3.6	13	1	2	6600	540	34	1000	—	—
2000	3.64	13	1	2	6600	540	34	800	60	—
2001	3	8.5	0.5	1	6600	540	34	7000	50	—

续表 8-3-2

年份	猪（万头）	鸡（万只）	鸭（万只）	鹅（万只）	兔（只）	蜂（箱）	鱼（万尾）	毛丝鼠（只）	林蛙（万只）	鹿（只）
2002	3.6	13	1	2	6700	530	35	2000	60	—
2003	3.6	13.1	1.01	2.1	6800	550	34.5	4000	82	27
2004	4	13.2	1.1	2.15	50000	1000	80	5000	80	52
2005	3.6	13.3	1.12	1.58	50500	1100	81	5100	800	186

第二节 疫病预防

一、机构

1986 年，农委下设兽医站 2 处，五营、五星两办事处各 1 处。五营兽医站站址在河南桥头西侧。1988 年，站内有站长 1 名，干部 6 人，代干 2 人，工人 3 名（人员调出调入，各年不一）。五星兽医站，有站长 1 人，工作人员 4 人。1986—1993 年，每年由区财政局垫款购买万余元兽药。

1994 年，五营兽医站迁至良种繁育场，名为“动物检疫站”。年末，又迁回旧址，仍名为“兽医站”，由农委所辖。年内，实行“微循环”，即以售药收入再购药，然后再售，以此循环不断。兽医站实行常年防疫，春秋两季尤忙。1995 年春，实验林场青年养猪场发现 5 号病，因及时采取措施，未至漫延。

2005 年，五营兽医站有工作人员 9 名，五星兽医站撤销。五营区（局）投入各类疫苗 2 万余只，消毒药品 10 箱，强化了免疫工作。

二、疫病防治

五营区（局）有兽药点 3 处。为五营街里兽药点，成立于 1986 年，中间停售，后又于 1989 年成立。河北兽药点，成立于 1987 年。五星兽药点，成立于 1988 年，2002 年撤销。兽药点随时售药，并配合兽医常年巡诊。

三、医疗设备

1986—2005 年，五营、五星两处兽医站，皆备有一般性的医疗设备，站里有冰箱、显微镜、调节台等。有手术、解剖、产科、阉割、注射等畜禽医疗器具。

第九篇　工　业

1985年年末，五营区有工业厂家22家，生产120种产品。地方工业系统（五星木器、水泥厂除外），尚有从业人员1134人，产值375万元，经营亏损1.9万元。

1986—1992年间，五营区成立经济委员会，管辖范围较大，工业厂家也处于兴盛时期。当时，经委管“两大片，三条线”，有“五营”“五星”两大片，“三条线”是既管国营的（如五星水泥厂、木器厂），又管二轻工业，又管乡镇企业，最多时达47个单位。

1995—2000年，五营区有“黑龙江中植企业集团有限公司”，将五营区地方工业厂家及部分区街工业厂家，都划归或买断为“中植集团”下属企业，其所属员工总数达5200余人，资产总额为6.5亿元。

2001—2005年，五营区成立了经济科技贸易委员会。不断产生新的企业，私营、民营企业大量涌现。

第一章 管 理

第一节 机 构

一、区机关机构

1986 年 12 月，撤销工业科、工业公司，成立二轻工业科，增设区街工业公司。

1989 年 3 月，撤销二轻工业科，成立五营区经济委员会。在原工业科办公，后来迁至劳动工资科楼上（此楼已拆除）。原二轻工业所属的印刷厂、食品厂、工艺美术厂三家合而组建为五营地方企业联合开发公司，变区直属科级单位，业务隶属区经委。

1995 年 4 月，五营地方企业联合开发公司，变为“黑龙江中植企业集团公司”，后又扩大，组建为“黑龙江中植企业集团有限公司”，为独立企业，其业务仍隶属区经委。1997 年 5 月，撤销经济委员会，成立经济贸易委员会。

2001 年 12 月，在机构改革中，区政府将科技科、安全科、体改办与经济贸易委员会合到一起，称“经济科技贸易委员会”。地方工业业务归属经济科技贸易委员会管理。

2003 年，黑龙江中植企业集团有限公司，扩大外延，其总部迁至伊春市内，五营区只有几名留守人员处理善后。在五星、五营两办事处辖区的企业有水泥厂、养殖加工总场、印刷厂、服装厂等，其余的厂家早已陆续停产或转卖。

二、乡企管理机构

1986 年 12 月，五营区撤销社队企业科，增设乡镇企业管理科，对外称五营区区街工业公司，在原工业科办公。

1989 年 8 月，乡镇企业管理科，改称乡镇企业管理局，从 8 月至 11 月，办公地点未变。12 月，乡镇企业管理局迁至中植集团公司总部二楼办公。

1993 年 12 月，乡镇企业局与经济委员会合署，仍在中植集团公司总部二楼办公。

1997 年 5 月，区成立经济贸易委员会，撤销乡镇企业局。经济贸易委员会迁至区政府办公楼办公，并且管理乡镇企业业务。

2001 年 12 月，在区机构改革中，区政府成立非国有经济管理办公室，同时管理乡镇企业业务。非国有经济管理办公室设党委书记 1 人，主任、副主任各 1 人，共 10 人，在区政府办公楼一楼办公。至 2005 年未变。

第二节 体 制

1986—1995年五星木器厂、五星水泥厂在破产前，均属全民所有制的国有企业。其余的厂均系集体所有制企业，修表、刻字及其他修理业均为个体所有制。1996年五星木器厂、五星水泥厂归属黑龙江中植企业集团有限公司，延续至2005年。

1986—1995年，乡镇企业所属各厂皆是集体所有制企业，属股级单位。只有五营新兴针织厂、绣服饰品厂，由五营集体经济管理处管辖，分别于1987年、1992年变为科级单位。鑫源野生食品加工厂、雪源饮品有限责任公司，皆属民营企业。2000年后乡镇企业均属个体经营，至2005年。

1986年，五营区其他乡镇企业有16个，即百叶箱厂、活性炭厂、针织厂、新兴综合厂、永丰冰棍厂、运输队、卫生香厂、塑料再生厂、无尘粉笔厂、新峰综合厂、茂胜综合厂、五星煅造厂、保丰木器厂、幸福被服厂、幸福饭店、幸福砖瓦厂。全系统职工总数530人，其中青年195人，集体所有制职工338人。

1987年，对乡镇企业进行了整顿，由原来的16个企业，变为13个企业。其中属工业性质的企业8个，服务性质的企业5个，在13个企业中，有五星煅造厂、五营活性炭厂、百叶箱厂、针织厂、新兴综合厂（亦称“山野果汁饮料厂”）五个厂为五营区乡镇企业科直属厂。永丰冰棍厂、“五七”生产队（俗称老头队）、运输队为五营办事处领导；新峰综合厂、茂胜综合厂为丰林办事处领导；群益砖厂、幸福砖瓦厂由五星镇领导；山上有丽林生产队。整顿后，全系统职工总数830人，其中青年210人，集体所有制职工620人。全系统有固定资产269万元，年产值464万元。1993年停产。

第二章 工业门类

第一节 建材工业

一、白灰

五星镇（2001年由镇变办事处）境内，火车站西侧100米处，设有白灰厂1处。

1986年，由市二轻局直辖下放给五营区（局）管理。1986年后，白灰厂实行层层承包，但经验少、消耗大，管理差，逐年亏损，仅1987年就亏损4.7万元。是年，至1988年9月仅生产白灰2万余吨，1990—1998年，除1993年生产白灰2.2万吨外，其余年份只生产1万余吨，或不足万吨。

1998年，厂区占地面积68761平方米，建筑面积6757平方米。有在册职工313名，其中全民干部4名，集体工人309名，男职工200名，女职工109名，退休工人52名。为集体所有制企业。白灰厂为科级单位，下设财务、供销、生产、后勤4个股。另有4个生产车间和1个组，即采石、烧灰、矾灰、成品车间及修理组。白灰厂有立窖9座、半机械化高窖4座，有容积为70立方米的料仓1座；有平车16台，汽车、车床、刨床、空压机各1台，锅炉、变压器各2台。生产白云灰所需要的石灰石，经省地质队勘测，矿体深度为170米，整个五星东山由国铁至杨树河经营所地下，均埋藏着丰富的石灰石。生产的白云灰多销于市内铁力至嘉荫的各区（局）、厂、矿，部分销于绥化、呼兰、望奎等地。

1998年9月—2000年10月，白灰厂由原厂职工边树贵租赁，租金为74.2万元，仅用于该厂退休人员及遗属的开支。2005年2月21日又由陈学丰租赁，租金6万元，其间生产白灰1万吨，产值190万元，利润4万元，税金11.4万元。

1988年，成立了青年分厂，即塑料制品厂。有青年148人，其中男81人，女67人。有厂房、仓库、锅炉房、办公室等，共817平方米，围墙280米。有编丝机1台，织布机16台、挤出机1台；切粒机1台、经纱机1台、纬纱机1台；汽车2台。生产的塑料编织袋，主要销于本厂。由于原料聚丙乙烯供应不足，1997年停产。

二、水泥

水泥厂位于五星镇内，系全民所有制企业。1989年，由市工业局主管下放为五营区（局）主管。全厂占地面积为17000平方米，其中生产建筑面积为4580平方米，非生产建筑面积为1896平方米。主要产品：火山灰质硅酸盐水泥、矿渣硅酸盐水泥、普通硅酸盐水泥。水泥厂属科级单位，下设生产股、技术股、财务股、贮运股、行政办、技改办、供销公司、劳动服务公司。根据需要，设水泥车间、原料车间、机修车间、化验室、后勤队。1987年，全厂有职工273人，有固定工人231人，管理干部31人，代干11人。

水泥厂大理石矿山系伊春林业勘察设计院地质队勘察设计，总储量为438万立方米。开采方式为露天机械打眼，人工爆破，汽车运输到厂。外购的原料主要有无烟煤、铁粉、铝矾土、石膏、萤石、混合材（沸石、高炉矿渣等）。经过原料破碎、烘干、配料、粉磨、烧制、成球而制成水泥。主要生产设备:（1）破碎设备：PEF型400×600毫米复摆颚式破碎机、PCP ϕ800×600毫米锤式破碎机各1台;（2）运输设备：解放牌汽车、东方红——60型拖拉机、长春132S型客货两用车各1台、翻斗车2辆;（3）输送设备：有HL300提升机、D250提升机、GX150、250、300螺旋输送机、B400毫米、B500毫米胶带输送机等;（4）喂料设备：圆盘喂料机5台，其中ϕ600毫米、ϕ1000毫米喂料机各1台、ϕ800毫米喂料机3台;（5）粉磨设备：有ϕ1.5×5.7米生料球磨机、ϕ1.83×6.4米磨球机各1台;（6）成球设备：有自行设计制造的ϕ22米成球盘1台;（7）烧成设备：ϕ1.7×8米普通立窨1座;（8）包装设备：有双嘴包装机1台;（9）检验设备：有水泥抗折试验机、压力机、盘式研磨机、试验磨、箱式电阻炉、天平等;（10）机加设备：有车床、刨床、锯床、钻床、砂轮机、电焊机等;（11）除尘设备：有旋风除尘器1台、袖式除尘器2台;（12）烘干设备：有ϕ1.38×12米回转式顺流烘干机1台;（13）水暖设备：有蒸气锅炉、热水锅炉各1台、水泵4台。水泥厂于1983—1987年，累计投资206万元，分别对生料系统和烧成系统进行了技术改造。至1987年建成ϕ2.2/2.0×8米盘塔式立阱机房1座，购置安装ϕ2.2/2.0×8米盘塔式机械化立窨1座，ϕ2.8米成球盘、双轴搅拌预湿机、ϕ150双管下料机、D60—78×200/2000萝茨鼓风机、500毫米链斗输送机、DL350提升机、GX250螺旋输送机各1台，HL300提升机2台，GX300螺旋输送机4台。建ϕ6.5×16米生料库2座，对原ϕ6×14米2座生料库加高至16米，在4座生料库上建了库上房。自制安装GX300螺旋输送机、D250提升机、ϕ800圆盘喂料机各1台。

水泥厂1986年生产水泥1.3万吨，实现产值72.8万元，利润5.1万元；1987年生产水泥0.9万吨，产值65万元，利润3万元；1990年生产水泥0.3万吨，产值47万元；1994年生产水泥1.7万吨，产值129万元。由于连年亏损，1995年经市批准，宣布破产。

1997年年末，中植集团购买了五星水泥厂，称为“中植水泥有限责任公司”，与西钢五星石灰石矿合作经营。该公司对生产设备进行了系统改造，达到省内同类企业先进水平，形成规模效益。有资产原值2600万元，建筑面积21896平方米，职工320人。

1998年，中植集团投资300万元，对该厂进行了改造，新建料囤库4座；生熟料磨由开路改为闭路。对破碎系统、烘干系统、化验室、成品库、晾晒场进行了改造，使该厂生产设备更新率达80%以上。1998年，生产水泥2万吨，创产值371万元，销售收入825万元，利润160万元。

2001年，生产水泥3.65万吨，产值1330万元。

2004年生产水泥3.5万吨，产值1052万元。

2005年，生产水泥3.5万吨，产值1089万元。

三、沙石

沙石厂位于五星境内，始建于1974年3月，属区街工业集体经济。原归五星镇领导，1978年移交给五营工业科管理。1986年，人员不足40人。

1987年，全厂占地面积117068平方米，其中厂区890平方米，建筑面积300平方米。历年生产石灰石、水磨石、细面砂，产品销往南岔、友好、乌伊岭及伊春、绥化、庆安等地。

1988年，产值8万元。

1990年，产值59万元。

1997年，有固定资产10.4万元，职工减少至36人。因建筑砂石多是自备，石灰石与大理石等质量不好，产量产值急剧下降，产值3.6万元。1998年停产。

四、砖瓦生产

砖瓦生产单位有基建工程处建材厂（砖厂）；房产处青年队（砖厂）；林业局建材厂（砖厂）；五星镇个体瓦厂等单位。1986—1998 年，生产红砖 9624 万块，空心砖 531 万块；红瓦 75 万块；土瓦 95.5 万块。砖可满足本区（局）平房建筑需求，瓦可满足部分需求。

林业局建材厂，1999 年 9 月—2005 年年末，出售给盛显臣，改称永胜建材有限责任公司，仍然生产红砖，年产红砖推向市场。

五、水泥构件生产

水泥构件厂，始建于 1990 年 5 月 1 日，独立前是路电管理处青年点。办公室 270 平方米，厂房 500 平方米，仓库 200 平方米，车库 88 平方米，打水泥构件平台 2400 平方米，生产用水井 1 口。设党支部、厂长室、工会、工程股、财务股、后勤股、综治办。1994 年，设机构党支部、厂长室、工会、工程股、财务股、后勤股、综治办。职工 292 人。1997 年，职工 85 人，其中干部 11 人，其余为工人、集体工人和青年。书记兼厂长 1 人、副厂长 2 人、兼职工会主席 1 人（股级）。

2000 年，职工 85 人，其中干部 16 人，其余为工人、集体工人和青年、书记厂长各 1 人、副厂长 2 人、兼职工会主席人（股级）。2005 年，设机构党支部、厂长室、工会、工程股、财务股、后勤股、综治办。职工 83 人，其中干部 5 人，工人 10 人、集体工人 13 人、青年 55 人。书记、厂长各 1 人、副厂长 2 人、厂长助理、工会主席各 1 人。

截至 2005 年，龙门吊车 1 台，发电机 1 组，制作涵管滚压机 1 套，破碎机、卷扬机各 1 台，搅拌机 2 台，水泥管钢模 8 个，封闭配电柜 2 个，空心板模具 8 套，化验仪器 1 套，对焊机 1 台，钢筋调直机 1 台。

1990 年建厂以来，始终实行租赁经营，自负盈亏，严格管理，职能人员各负其责。

建厂以来，生产水泥预制板，分为两种类型即 A 型水泥预制板，规格宽为 60 厘米，厚为 12 厘米，长度根据建筑需要而定；B 型水泥预制板宽为 60 厘米，厚为 18 厘米，长度根据需要确定。

生产水泥涵管规格一般长为 200 厘米，直径 50~100 厘米不等。

1992—2005 年五营区水泥构件生产产量统计表

表 9-2-1

种类/数量/年份	预制板（立方米）	涵管			
		规格（厘米）	产量（节）	规格（厘米）	产量（节）
1992	1041	60×200	221	80×200	181
1993	1041	60×200	169	80×200	191
1994	1138	60×200	87	80×200	84
1995	210	60×200	53	80×200	58
1996	54	60×200	55	80×200	48
1997	443	60×200	49	80×200	48
				100×200	67
1998	800	—	—	—	—
1999	800	60×200	180	80×200	340

续表 9-2-1

种类 数量 年份	预制板（立方米）	涵管			
		规格（厘米）	产量（节）	规格（厘米）	产量（节）
				100×200	179
2000	100	—	—	—	—
2001	—	60×200	50	80×200	50
				100×200	50
2002	—	50×200	150	100×200	100
		60×200	80		
2003	—	50×200	60	80×200	60
		60×200	60	100×200	60
2004	停产	—	—	—	—
2005	8	100×200	425	60×200	210
		80×200	214	50×200	214

第二节　食品工业

一、酿酒

1983 年，商业酒厂关闭。1988 年 9 月，由退休干部宋坤牵头，从银行贷款，利用商业酒厂所余的厂房和肉食加工厂的旧猪舍、库房，以白酒生产为主，兼养生猪。

白酒厂设厂长 1 人，管理人员 4 人，工人 16 名，计 21 名。自 1988 年 11 月始，至 1989 年年末，产白酒（50 度）150 吨，耗玉米 300 吨，实现销售收入 30 万元。同时，修复原商业肉食加工厂闲置厂房 400 平方米，套圈 20 个，固定资产 10 万元。购入种公猪 2 头，母猪 8 头。至 1989 年年末，共繁育仔猪 51 头。未出栏，厂即停。白酒厂至 1989 年年末实现利润 2000 元。经审计局审计，发现亏损，令其停产，至 2005 年。

二、清凉饮料

五营区汽水厂以生产汽水、冰棍为主，始建于 1975 年，属区办集体所有制企业。

1987 年厂址：在爱林街，区工业科附近。厂区占地面积 700 平方米，建筑面积 352 平方米。

1988 年，拥有汽水、冰棍两个车间，有固定资产 12.6 万元，生产设备 6 台。职工 48 人。同年，汽水厂工业总产值 13 万元，利润亏损 2.5 万元，上缴税金 5000 元；1989 年，生产汽水、冰棍 135 吨，产值 10 万元。

五营区汽水厂图

1990 年，生产汽水、冰棍 290 吨，产值 41 万元。

1995 年，归属中植集团，生产汽水、冰棍 176 吨，实现产值 44 万元。

2000 年，生产汽水、冰棍 30 吨，产值 5 万元。

2001 年，生产汽水、冰棍 45 吨，产值 10 万元。2002 年解体。

三、面食、酱、醋

1986 年，五营区（局）有食品厂 1 处。其体制是二轻集体所有制。厂址：在区内十字街西北侧。1987 年厂区占地面积 1100 平方米，建筑面积为 860 平方米。拥有固定资产 20.9 万元，有各种设备 28 台，有职工 86 人。1987—1994 年，累计实现产值 288.7 万元。食品厂设备陈旧老化，工艺流程落后，1987 年亏损 1.6 万元；1988 年亏损 1.8 万元，产品销售额 29.2 万元，上缴税金 1.8 万元。随着个体食品、酱、醋、菜行业的竞争，至 1994 年上半年，食品厂处于停产状态，职工减少至 55 人。1995 年 5 月，全厂人员、资产等并入腐乳厂，归属中植集团。

四、腐乳

1986 年，五营腐乳厂有职工 83 人，1990 年有职工 97 人。为集体所有制企业。每年国家供应黄豆 80 吨，生产腐乳 180~250 吨。产值 30 万 ~50 万元，年销售 60 万元左右。主要生产青、红方，远销邯郸、武安、新乡、北京、新民、黑山等地。在生产中，需筛选大豆、泡料、上磨、过包、点浆、压榨、改刀、蒸、腌制、摆盒、发酵、装罐、配料等十余道工序。红方，配红曲，黄豆菌；青方，配大料水。盐度，红方为 14~16 度，青方为 9~13 度，属自然球菌。进入后期，发酵 100 天，室温 25℃ ~30℃，然后出厂。主料黄豆，770 公斤，需食盐 160 公斤，白酒 105 公斤，面粉 6.5 公斤，红曲 14 公斤，中草药 0.9 公斤（共 13 味中草药：凉姜、白芷、砂仁、白蔻、公丁香、母丁、贡桂、管木、三艾、紫寇、肉桂、甘草、陈皮）。青红方具有健脾、润胃、舒筋活血功效。腐乳青方和红方流程、配方科学，创精品品牌，深受用户欢迎，远销省内外，故以“顶峰”牌商标注册。

1986 年，五营腐乳厂生产腐乳 180 吨，产值 16 万元。1988 年，五营腐乳厂生产腐乳 211 吨，产值 22.1 万元。1989 年，五营腐乳厂生产腐乳 243 吨，产值 25 万元。1990 年，有厂房 1000 平方米，固定资产 6 万元。1991 年，从宿迁引进一套豆制品机械化自动流水生产线。安装中，副厂长康金富荣获区科技三等奖。1995 年年初，归属中植集团。1995 年年末，中植集团紧缩厂家，以 30 万元售给个人自主经营。

五、鑫源野生食品加工厂

1987 年 6 月，平原经营所青年点综合厂自筹资金成立罐头厂，为林业集体企业，归属林业集体经济管理处领导。有职工 14 人。主要生产设备有小型玻璃瓶罐头生产线和火腿肠生产线。设备投资 15 万元。年产山野菜（蕨菜、猴腿、刺嫩芽）罐头 30 万瓶，季节性生产火腿肠 1 万公斤。年创产值 55 万元。鑫源野生食品加工厂是伊春市加工山野菜（野果）较早的企业。生产的“亚翔”牌山野菜（野果）罐头，1991 年荣获伊春“七五”期间星火计划成果银奖。1992 年，该厂改扩建，由平原经营所迁至山下五营第六小学原址（第六小学与四小合并，六小学房屋闲置）。固定资产新投资 210 万元，新上了山野菜、山野果两条生产线。人员增至 140 人，年产值 79.3 万余元。同年，又上了软包装生产线。本年获黑龙江省新产品证书。

1998 年，鑫源野生食品加工厂又新上野果红酒生产线。以“亚翔”牌野果红酒和山野果纯汁为主。野果红酒类有都柿越橘酒、野玫瑰酒。另有都柿、蓝靛果、野玫瑰、五味子、山野蘑等纯汁；有盐渍蕨菜、刺嫩芽、五加参叶。

1999年，野果红酒荣获国家旅游局、商业部、轻工部“天马”优秀奖。同年6月6日，平原罐头厂实行产权出售，于洪军买断该厂，并将其迁至五营第二百货大楼后院。该厂变为民营企业，改称为“鑫源野生食品加工厂”。2000年鑫源野生食品加工厂荣获省级先进民营企业。

2001年后，其产品荣获沈阳食品展览会金奖，全国3·15质量万里行“荣誉产品”、国家环境与健康产业发展“贡献奖”。

2002年，被市政府定为开发山野果龙头企业。2002年在原料基地中，建中小型冷库6个，大型冷库2个，储存量2800吨以上。

2003年，企业培育树莓示范基地50亩。本企业利用高科技手段，打造纯天然“鑫野牌”特色产品4大类18个品种。产品销往广州、深圳、北京、上海、青岛、哈尔滨等地。单体蓝莓速冻果、蓝靛速冻果，远销日本、韩国、美国、新西兰、东欧各国。

2004年，鑫源野生食品加工厂加工野生蓝莓单体速冻果500吨，蓝靛单体速冻果300吨，树莓速冻果200吨。速冻刺五加叶、各种山野菜600吨，各种山野果原汁800吨，年生产能力2000吨。实现产值1277万元，

2005年，实现产值1585万元。被评为伊春市级推进多种经营的龙头企业。

1986—2005年五营区鑫源野生食品厂产值、利润统计表

表9-2-2 单位：万元

年份	产值	利润	年份	产值	利润
1986	—	—	1996	96	11
1987	55	5.5	1997	99.8	8
1988	60	6	1998	102	8.1
1989	68	6.9	1999	108	9.7
1990	71.4	7.2	2000	116	10.2
1991	74.9	7.5	2001	127	12
1992	79.3	8	2002	141.6	14
1993	83.2	8.6	2003	1124	16
1994	87.3	9	2004	1277	18
1995	91.6	10	2005	1585	20

六、雪源饮品有限责任公司

雪源饮品有限责任公司始建于1996年，在五营火车站南100米处。厂区占地面积为66600平方米，建筑面积52000平方米。下设3个分厂5个子公司，有以天然野生都柿为原料的果酒生产线2条，白酒、饮料生产线各1条，年产果酒、饮料、白酒5万吨。产品分4大系列28个品种。集发酵、装罐、包装于一体的全自动流水生产线，产品销往全国各地。

1997年，荣获中华首届食品、饮料、酒类、保健品博览会金奖。1998年，获得国家专利权，专利号为991072855，同年产品通过ISO G001国际质量体系认证，加入WTO促进会为会员单位。

2000年，赵广牌系列果酒、果汁被国家卫生部、国家技术监督检验检疫总局评为新产品开发贡献奖。同年省政府命名为“重合同、守信用”先进单位，为伊春市同行业四大龙头企业之一，省饮食行业龙头企业。

2003年，公司有高中级科研人才38人，全年实现产值2700万元。

2004年，与北京、西安、青岛、伊春等大专院校及科研部门联姻，科技实力较雄厚，实现产值4878万元，有资产总额8400万元。

2005年，生产各种酒及饮料572.3万瓶，实现产值5001万元。

第三节 木制品工业

一、五星木器

五星木器厂位于五星镇内，由伊春市二轻局主管，为全民所有制企业。产品有桌、凳、箱、柜、沙发、茶几等，以"双鹿牌"商标注册。产品远销北京、天津、银川、呼和浩特，近销沈阳、哈尔滨等地。

五星木器厂于1986年有职工253人，1988年有职工209人，建筑面积5617平方米。

1988年3月，伊春市光明家具有限公司，将出口产品酒吧凳投入该厂生产，并无偿投入50万元，包括进口设备16台。市财政局贷款100万元。4月12日，动土修建干燥室；8月设备陆续到厂；10月设备试车完毕。是年6月份，市二轻局在该厂招聘厂长，标底定为产值130万元，利润5万元。新班子由5人组成，车间主任实行聘任制，工人实行优化组合。此次改革，办公室工作人员由23人减到17人。全厂提前17天完成了生产任务。1988年，厂有2名干部参加了省举办的企管班学习，7人参加了其他培训。酒吧凳车间工人及管理人员23人，全部参加了伊春为期18个月的岗位培训，共花培训费3万余元。在各种培训中，有7人获得助理工程师、技术员职称，2人取得经济师职称，4人取得会计师、员职称。全年实现产值145.1万元，商品销售收入107万元，利润6.3万元，税金7.5万元。

1989年3月，伊春市政府决定将五星木器厂下放给本区管理，全年实现产值300万元。其后，产值逐年下降，1992年实现产值180万元，1993年产值150万元，1994年产值65万元，利润仅3.8万元，不够职工开支的。

1995年1月，五星木器厂划分为4个小厂对外出租。11月9日，伊春市政府下文关闭五星木器厂。12月5日中共五营区委下文同意该厂破产终结。

二、蓝剑木业有限公司

1990年，五营林业联合企业公司（亦称五营集体经济管理处）与香港信发利有限公司签订合同，约定由双方投资兴办蓝剑木业有限公司，以生产实木门、床、椅、高中档家具、地板块等木制品的合资企业，合资期限为12年。

1993年11月4日，香港信发利有限公司组建蓝剑木业有限公司，1994年10月，挂牌营业，由于双方投资未能及时到位，加之管理等方面的原因，1995年亏损60余万元。

1996年，该公司下设两个分厂，有员工198人，其中管理人员19人，技术人员12人。厂区占地3.5万平方米，固定资产508万元，其中设备308万元，生产能力为各类家具3万件。同年，蓝剑木业有限公司为了走出困境经董事会决定将该公司整体委托给中植集团经营，并重新调整了董事会机构。1996年6月，五营木器厂以全部资产入股蓝剑有限公司，同年中植集团出资70万元买断香港信发利有限公司股份，完全控股经营。公司先后投资270万元，进行设备改造和场区规划，进一步提高产品质量和生产能力。由于家具行业竞争激烈，外销数量有限，企业的生产主要依赖于中植房地产产业链拉动。

1999 年 8 月，台商租赁蓝剑，改称伊春洪森木业有限公司。

2000 年，全年共计完成产值 1.245 万元，实现销售收入 1.462 万元，利润 195 万元。

2003 年 7 月，林业局将原蓝剑木业有限公司租赁给杨万成，成立森远木业公司，生产家具。同年末，绥芬河张福林租赁蓝剑厂房，成立福林木业公司。皆为个体经营至 2005 年。

三、铅笔板

1986 年铅笔板厂，厂区占地面积 4340 平方米，建筑面积 1160 平方米，有固定资产 17 万元，生产设备 22 台，有职工 78 人。

1986 年后，隶属区工业科领导，为集体所有制企业。1986—1987 年主要产品为学生格尺、黑板、门窗套、扇、谍棋等。1988 年工业产值为 37.2 万元，销售收入 45.5 万元，上缴税金 2.4 万元。

1989 年，归属于五营区地企公司，当年实现产值 48 万元。

1994 年，转向生产铅笔板、包装箱板、产品销往天津等地。

1995 年，归属中植集团，更名为“铅笔板厂”。

1997 年 10 月，铅笔板厂兼并了中植工艺美术厂，专利产品“青山牌”多功能旅游桌、凳，生产销售权也同时转入。

1998 年，铅笔板厂投入 10 万元，进行产品工艺设计和设备改造，生产能力有所提高。全年共生产铅笔板 250 万箱、旅游桌凳 6000 套，加工板方 814 立方米，门窗套 1000 套，创产值 355 万元，销售收入 317 万元，利润 30 万元。

1999 年产值 260 万元，2000 年产值 239 万元，2001 年产值 378 万元，2002 年产值 378 万元，2003 年产值 1148 万元。

2004 年，因中植集团总部迁往伊春市内，铅笔板厂开始不景气，7 月份卖给个人。

四、工艺美术

1981 年，由丁丕茂组织 10 余名妇女和青年生产半成品骨灰盒销售。1982 年 9 月迁至桦林街，称工艺美术厂，由工业科接收变个体为集体所有制，属于区街工业。1985 年产品转项，进行灯具生产。厂区占地面积 2251 平方米，建筑面积 268 平方米。有大小圆锯等设备 3 台，固定资产 1 万元。厂内有大圆锯、小圆锯、光导、安装 4 个车间。

1986 年，有职工 41 人。主要产品有骨灰盒、门窗套、包装箱等，产品销往双城、天津、河北、山东等地。1986 年计划产值 10 万元，实际亏损 1.5 万元。1987 年完成产值 13 万元，利润 50.6 万元。

1990 年，实现产值 16 万元，利润 400 元，税金 1.6 万元。

1994 年，又上了专利产品“青山牌”多功能旅游桌凳，全年产值 200 万元。

1995 年，归属中植集团，实现产值 260 万元。

1997 年年末，被铅笔板厂兼并而停产，直至 2005 年。

五、光华木器

1987 年，建五营区光华木制品厂（前身是工业科下属的青年点），有青年 80 余人。厂址在桦林街，为区办集体所有制企业。厂区占地面积为 7500 平方米，建筑面积为 720 平方米，有固定资产 28 万元，生产设备 7 台，3 个生产车间。1987 年年末，职工增至 26 人，而青年减至 25 名。主要产品有门窗套、包装箱板、红砖等。

1988 年，工业产值 35.9 万元，销售额为 32 万元，利润 2.6 万元，税金 2.6 万元。1989 年，归属中植集团。

1991 年 1 月 18 日，该厂与林业集体经济的复合纸袋厂合并（道北为复合纸袋厂，道南为原光华厂），称包装材料厂。

1992 年春，因风大物燥而起火，将原光华厂大部烧为灰烬，只剩一栋办公室和一栋木板房。

1997 年，由原厂职工张少华利用厂区旧址和所剩办公室、木板房，办起了个人木材加工厂。

六、晨光木器

晨光木器厂是区办集体企业，厂址在桦林街。1986 年，全厂占地面积 2100 平方米，建筑面积 360 平方米。固定资产 7.8 万元，一个车间，生产设备 2 台。主要产品有门窗套。

1987 年，有职工 39 人。1986—1987 年，两年实现产值 23 万元。

1988 年，计划产值 20 万元，实际完成 26 万元；利润 7000 元，产品销售额 37 万元，比上年增加 10 万元；税金 2.3 万元，比上年增长 64.2%；1989—1990 年，两年实现产值 64 万元；

1991—1992 年，两年产值 96 万元；1995—1996 年两年产值 138 万元。

1995 年，归属中植集团。

1997 年，因中植集团紧缩厂家而停产。

七、五营百叶箱

五营百叶箱厂，厂址在五营河南，是集体性质的街办工业，属乡镇企业。1986 年，有职工 30 人，先后建厂房 563 平方米，总占地面积 2500 平方米。有设备 10 台，其中自制 1 台多用的扒槽机、倒铆咬尖机、手压刨机、开榫机等。“春雷”牌百叶箱销往 26 个省、市、自治区。1986 年被国家气象局指定为定点厂家。其产品被称为“信得过”产品，受到国家气象局的好评，同年，被评为市优质产品，获省乡镇企业系统优质产品称号。

1987 年，全省木制品行业评比中，取得第一名，获省颁发的优质产品证书，省全质管理证书，市标准计量局评为三级计量合格企业并颁发了证书，1989 年被评为省先进乡镇企业。

1986—1989 年，每年生产百叶箱 800~1000 个。1990 年，生产百叶箱 1282 个，实现产值 24 万元。

1992 年，生产百叶箱 1142 个，实现产值 20 万元。

1995 年，生产百叶箱 1000 个，实现产值 42 万元。1995 年年末，五营百叶箱厂因集资办厂的 30 名同志年岁已大，将该厂作价 30 万元卖给个人。

1996 年，被中植企业集团收买，并更名为“中植企业集团百叶箱厂”，1996—1997 年，生产百叶箱 3000 个，实现产值 100 万元。

1997 年年末，中植集团紧缩厂家而停产。

八、锯材生产

1986—1992 年 4 月，山下地区基本建设所需自用锯材指标，按工程项目需要，由计划部门核定，资源部门拨交伐区，基建工程处自行采伐、运输，自行加工所需不同规格木料。每年林业局拨给木材在 3000 立方米上下。1992 年 5 月—2005 年年末，基建工程处制材厂撤销，基本建设所需锯材推向市场。

山上林场（所），基本建设及居民生活所需木材，按基本建设任务核定自伐材指标，由各单位自行采伐、加工。

第四节　纺织工业

一、针织

五营林业局苗圃，1986年，以其青年点为基础，与辽宁省辽阳市新华针织厂联营，办起了小型织袜厂，称新兴针织厂，辽阳市新华针织厂负责供应织袜原料，包技术指导，包销售，并投入5万元。五营苗圃出设备、出人力。此时，为股级单位。

1987年，新兴针织厂有正式职工18人，大集体工人及青年200余人。有固定资产80万元，流动资金20万元。有织袜机30台，24锭的倒线机1台、高压不锈钢定型挂机、耐酸染色挂各1台、0.5吨蒸汽锅炉1台。实行三班作业，年产弹力丝袜80万双。

1990年，变为独立的科级单位，直属于五营林业集体经济管理处（也称五营联合企业公司）领导，由区（局）党委任命党支部书记，厂长、副厂长。其性质为林业集体所有制。同年，新兴针织厂自己负责购原料和产品销售。

1992年，招聘厂长，实行个人承包。

1994年6月，因管理不善，加之承包厂长兼搞倒卖木材生意，最后携款潜逃，该厂被迫关停。

1996年，五营木制品厂租赁新兴针织厂。

2000年12月19日，经区（局）常委会议讨论，决定撤销该厂。

二、绣服饰品（刺绣）

1987年3月份，五营贮木场在下设青年综合厂的基础上，成立了绣服饰品厂。开始，绥化抽纱厂派人教刺绣技术，工人给绥化抽纱厂刺绣半成品。

1989年，五营林业集体经济管理处投资，在五营街内第二百货商店北侧，建三层楼房（1200平方米）作为绣服厂办公室和生产车间。当时，有在册绣工300余人，固定资产54万元，其中设备10万元。同年4月，第一次在广交会上与黑龙江省外贸进出口公司签订了78万元的刺绣合同，给日本加工绣服饰品。

1991年秋，因街内刺绣车间解决不了水和蒸汽问题，又在河北蓝桥北侧贮木场菜地建厂房485平方米，占地1000余平方米，绣服饰品厂，便从街内迁至此处。

1992年1月，绣服饰品厂变为科级单位，隶属于五营林业集体经济管理处，厂长、副厂长由区（局）党委任命。

1989—1993年年末，绣服饰品厂先后自拟图样187个，与外商签订近300万元的加工合同，其刺绣产品远销日本、美国、加拿大、葡萄牙、西班牙、新加坡、澳大利亚等国家和香港地区。

1994年末，因缺少流动资金而停产。2000年12月19日，区（局）常委会讨论决定撤销该厂。

三、服装

五营服装厂，是集体所有制企业。1986—1989年，五营服装厂隶属二轻工业科领导，1990年归属于地方联合企业公司，1995年隶属于中植企业集团领导。主要产品有服装、线手套等。五营服装厂与西林钢铁厂建立了长年供货关系，同时为区内各生产单位提供劳动保护服。

1988年，生产线手套11.3万付，产值6.5万元，销售收入7.8万元，亏损560元。

1997年，停止线手套的编织，直至2005年。

1998年，产值23万元，销售收入47万元，利润4万元。

2000年，有被服、针织两个车间，职工70人，各种设备52台，其中有缝纫机30台、手套编织机 10 台、羊毛衫编织机 8 台、电动缝纫机 2 台、其他 2 台，设备价值 33.8 万元。

2002 年，五营服装厂与印刷厂迁入同院，位于原人事劳动局楼后。厂区占地 4000 平方米，建筑面积为 532 平方米。

2004 年，实现产值 19 万元，利润 4 万元，税金 1.15 万元；

2005 年，职工减至 50 人。针织制品是服装厂下属车间的产品，以线手套为主，从业者 20 人，设备 11 台，车间占地面积为 100 平方米。原料自购，产品自销。2005 年产值 9.5 万元，利润 650 元，税金 5700 元。

第五节　印刷业

中植印刷有限责任公司，前身是五营区印刷厂，属地方工业集体所有制企业。1958 年 6 月建厂，其后曾发生两次火灾，经济损失 9 万余元。灾后，已无再生产设备、设施，向工业科借款 8000 元，加上银行存款 2 万元，先购进两台印刷机，盖厂房 240 平方米，又恢复了生产。随后，再次购进印刷机 6 台，铸字机 1 台，新建木克楞房 200 平方米。生产各种表格、手册、办公用品、学生用本等印刷品，年均产量 4~5 吨。

1987 年后，五营区印刷厂实行承包经营，完善内部机制，加大促销力度，当年赢利 20 万元，成为五营区（局）地方工业赢利大户。

1989 年，区（局）政府决定以印刷厂为核心，组建五营区（局）地方企业联合开发公司，将 12 家地方企业划归地企公司统一管理。印刷厂隶属关系由原来乡镇企业管理局领导，变为“地企公司”领导。为扩大再生产，地企公司自筹资金为印刷厂兴建了 1505 平方米楼房，并于 1992 年 11 月 20 日搬入新址。

1993—1995 年，印刷厂生产形势稳定，客户较多。1995 年 4 月，地企公司组建为“黑龙江省中植企业集团”，印刷厂随之更名为“中植印刷”。

1997 年 6 月，印刷厂改制为有限责任公司。同年 7 月，新购进印刷机 4 台、烫金机、扣盒机、附膜机各 1 台，总计 40 余万元。至此，该厂固定资产达 128.5 万元，其中机械设备 46.5 万元。印刷生产由单一的铅字印刷发展为胶版印刷，彩色印刷；产品由单一的学生用品、办公用品向包装用品发展。

1998 年，创产值 260 万元，销售收入 100 万元，利润 6 万元。

2001 年，印刷厂搬到劳动局楼后平房。有人员 19 人，设备 10 台，年产值 350 万元，2002 年实现产值 403 万元。中植集团总部迁到伊春市内，印刷厂的客户已减少。

2004 年 8 月，印刷厂腾出一个屋来办起了幼儿园，2005 年没有产值。

第六节　日用杂品工业

一、白铁加工

1986 年，五营区（局）有白铁加工点 5 处，均个体经营，铺面小，基本是 1 铺 1 人。在路边挂有“白铁”或“白铁加工”字样。铺内加工水壶、水舀子、洗衣盆、水桶、拐脖等，小自黄瓜挠子，大到白铁房盖、水漏子。活计虽小，却用上了几何、三角等数学知识。月收入皆在 1000~2000 元。应缴款项，均由自己负责，直至 2005 年。

二、修表、刻字、修理业

1986年，五营区（局）有修表4人、刻字3人、修自行车13人、修摩托车8人，汽车修理部15户50余人，家电维修9处，修鞋19人。或自有房屋，或租用摊床。不定点，小型、分散，皆个体经营，分布于五营区（局）各地。1987年，均在工商部门办理了营业执照，月末自交税金和工商管理费。行业有别，收入不同。少则近千元，多则数千元。1992年，由于激烈的市场竞争，修表、刻字、修理业，干干停停，企业户数，各年不定。2005年，五营区有修表6人、刻字2人、修自行车9人、修摩托车9人、汽车修理部18处，家电维修6处，修鞋20人。

第七节　其他工业

一、制氧

制氧厂在五星办事处辖区，始建于1980年年初，由林产工业科投资兴办。年生产氧气6000~10000瓶。建厂初，有职工24人，其后增加至30人。为林产工业科管理的集体所有制企业。

1988年，制氧厂制氧车间占地面积为1344平方米，建筑面积300平方米。年生产氧气保持原有水平。1989年生产氧气800瓶，1993年则生产7000瓶。1996年10000瓶，1998年9500瓶，1999年9000瓶，2000年9000瓶，2001年6000瓶。此后，制氧厂不景气，实行生产自救，租赁给个人经营；制氧厂从此不生产氧气，靠买氧气装瓶对外销售，直至2005年。

二、废油再生

在五营汤旺河西，由工业科筹资兴建油化厂1座。为集体所有制企业。有贮油罐、炼油釜、空气压缩机各1（个）台，油泵3台，扩建砖瓦结构房舍700平方米（包括厂房、仓库、办公室）。1988年，经过改造，增添了设备，有炼油炉、配制炉、化验室、制腊车间，新增油泵、铁罐等，有固定资产170万元，职工增至72人。从大庆石油公司、哈尔滨化工厂、安达石油公司等地进料。加工出再生油脂型号：机油8号，柴油11号、14号，汽油10号、15号，机械油20号、30号，齿轮油20号、30号，防冻机油等，销售给各林业局、乌拉嘎金矿、伊春、七台河、鹤岗等地。

油化厂1986年炼油100吨，实现产值26万元，1988年炼油133吨，产值27.4万元；1990年炼油126吨，产值46万元；1993年炼油200吨，产值52万元。

1994年，归属地方联合企业公司，同年，做股170万元卖给炭厂而停产。

三、铸造业

五营铸造厂（也称机电厂）始建于1961年，位于火车站南50米处。1987年厂区占地面积1200平方米，建筑面积1120平方米。拥有固定资产27.7万元，生产设备12台；1988年，有职工76人，是五营地方工业集体所有制唯一以铸造加工为主的企业。五营铸造厂以回收废旧钢铁为原料，年约收购100吨，废旧钢铁冶炼后再用。主要生产J50集材拖拉机配件。

1988年，五营铸造厂向社会公开招标厂长，加强了内部管理，实现产值15万元。

1989年该厂划归五营区地方企业联合开发公司领导。

1990年，实现产值22万元，销售收入16.7万元；1991年，实现产值51万元，销售收入30.2万元。

1992年，产品出现了滞销积压现象，发生亏损1.1万元，1993—1997年累计实现产值456万元，收支基本持平。

1995 年，归属中植集团，1998 年因生产不景气而停产。

2004 年春，厂址改为五营区汽车客运站。

四、良种繁育场

1988 年，鉴于林区“两危”（经济危困、资源危机）的实际，调整产业结构，大上非林脱木项目，五营区（局）政府决定，在原区委党校毗邻创办良种繁育场，并兼养禽、兔、渔等业。当时仅有二栋废弃的猪舍，流动资金 5000 元，职工 17 人，为集体所有制，采取租赁的方式经营。当年购置汽车 1 辆，新建料库 1 栋、猪舍 2 栋，引进哈白种猪 60 头，进行仔猪良种繁育的尝试。

1989 年，固定资产增加到 30 万元，流动资金 42 万元，职工增加到 37 人。肥猪出栏 100 头，仔猪 300 头，蛋鸡 2200 只，肉兔 80 只，实现产值 37.5 万元，收支持平。

1990 年，该场隶属五营局集体经济管理处，集体所有制企业。实行目标管理，同年该场建立了党支部，在岗职工 47 人。固定资产发展到 108 万元，实现产值 100 万元。提供商品仔猪 1800 头，白条猪肉 45 吨，鲜蛋 15 吨，白条鸡 80 吨，鸡刍 1 万只。被省森工总局命名为省森工系统猪禽养殖两个一级基地。

1991 年，生产仔猪 2400 头，育肥猪 816 头，种猪 160 头，猪舍达到 4000 平方米，蛋鸡 1500 只，肉鸡 4 万只。新上肉鸡屠宰生产车间 300 平方米，屠宰加工能力 1000 吨，建熟食加工车间 200 平方米，固定资产增加到 220 万元。年实现产值 161 万元。职工人数达到 162 人。同年 5 月，该场聘请高级畜牧师庄庆士教授来场做技术指导，制定了养殖技术操作规程 62 条，收到了很好的效果。

1992 年，扩大了生产规模，在周边开垦饲料田 40 公顷，生产青饲料 220 万公斤。饲养种猪 330 头，后备种猪 160 头，公种猪 30 头，生产仔猪 5000 头。挖掘兴建鱼塘 6000 立方米，养鱼 6000 余尾，养种鹅 4000 余只，副食品加工 80 吨。当年创产值 171 万元，实现利税 7.5 万元，固定资产达到 300 万元，流动资金 70 万元。在专家指导下，开发了新的科研项目——野生青饲料的开发利用；高寒地区青贮技术研究；用树叶青饲、青贮喂猪的试验等获得成功；引进 12 种欧式风味肉制品加工技术；改建了 1325 平方米的猪舍，修建厂内水泥路 710 平方米，水泥甬道 600 平方米，扩建鹅舍 1500 平方米。6 月份，被市政府命名为“伊春市种猪示范场”。12 月份，被省森工总局评为“种猪基地建设标兵单位”。

1993 年，良种场改称养殖加工总厂，固定资产达到 540 万元，实现产值 380 万元，承担并完成了省科委星火办的“北方高寒林区年产万头商品瘦肉型猪的综合技术开发”课题的研究。1994 年，为扩大经营规模，在秦皇岛市设立了养猪分场，首开“北猪南调”的先例。在管理体系上划小核算单位，组建了商品猪场、饮料公司、副食品公司、肉食加工厂、农业队、银河公司、产品引销厅等 12 个核算单位。从业人员 302 人。固定资产增加到 800 万元，种猪 1000 头，生猪累计出栏 1.6 万头，实现产值 600 万元。

1995 年，继秦皇岛分场之后，又在辽宁阜新设立养猪分场。全年实现产值 700 万元，上缴利税 10 万元。1996 年由于市场、经营等原因，良种场陷入濒临倒闭的困境，拖欠职工工资九个月达 24.8 万元。五营区（局）于 1996 年 6 月将该厂委托给中植集团经营，评估资产为 720 万元，当年实现产值 45 万元，亏损 22.8 万元。

1997 年 3 月，由中植集团买断经营，场名更换为“黑龙江省中植企业集团星火养殖加工总场”。该场狠抓经营管理和科学养殖，全年生猪饲养量达 19515 头，仔猪 8532 头，实现销售收入 539.20 万元，实现利润 100 万元，较之上年，生产经营有很大变化。全场建筑面积 2.4 万平方米，占地面积 495891 平方米。

1998 年，研究开发了中植畜禽系列饲料西方及新方投料比，生产线建设得到市科委的验收，被纳入本年度市星火计划项目，上海展望集团对该品牌很欣赏，已达成联销协议。1998 年，以“总场”为基地，联结区域内个体养殖农户，产值、销售、利润、税金四项指标创历史最好水平，产值超 1500 万元，养殖量突破 2 万头大关。养殖量与上年比，增长了 33.58%；销售 12178 头，与上年比，增长 25.6%。但是，由于生猪市场出现疲软，“总场”也面临着艰难与考验，产品滞销，生猪存栏量大，死亡率高，利润下滑。

1999 年，亏损 40 万元。2000—2002 年持续亏损。2003 年，实现产值 571 万元，利润 5.3 万元。2004 年产值 572 万元，利润 10.35 元。2005 年产值 608 万元，利润 6.25 万元。

第八节　企业简介

一、中植集团

（一）服务业

1995 年，中植集团投资 5000 万元，在五营十字街东北兴建了中植宾馆，1996 年 7 月 1 日正式启用。总建筑面积为 5851.43 平方米，其中住宅 4606.08 平方米，宾馆用房 1245.35 平方米。设有中、高档客房 10 间，内有酒店、洗浴等服务设施，成为五营对外接待的重要单位。1998 年，中植集团投资 10 万元，对该宾馆又进行装修，对经理人员进行重新招聘，对服务人员进行上岗培训，服务质量上了一个台阶。

伊春区通河路中信酒店，是中植集团所属单位之一。该店总计五层，一、二层是餐厅，三至五层是客房，是一家集餐、饮、娱乐、客房为一体的综合性酒店，餐饮有奥、鲁、川菜。内部装修高贵典雅，有宽敞的大厅及豪华 KTV 包房 10 间、阁楼 7 间和 1 间贵宾厅；酒店设有标准客房 3 间，豪华套房 3 间，双人套间 24 间。房内设施齐全，有会客厅、卫生间、淋浴间、芬兰浴、冲浪浴。2003 年中信酒店与伊春大旅社对换，中植集团拆除大旅社另盖了新楼，之后，中植总部迁往市内。

（二）商贸业

中植集团在称地企开发公司时，1994 年成立了纸材销售公司。利用资金优势，经销发运小兴安岭林区造纸材，销给本省的佳木斯、齐齐哈尔、开山屯化纤浆厂，吉林省的石砚、哈达湾等大型造纸厂。经几年运作，已形成垄断经营之势，并将业务拓展到大兴安岭林区。截至 1997 年年末，发运纸材 60 万立方米，实现销售收入 1.2 亿元，1998 年，又发纸材 70 万立方米，销售收入 1 亿元。成为本地经贸的重要支柱产业。集团木业机构于 1999 年实行战略转移，由经销造纸材为主，转向木片生产与造纸材经销齐头并进。2000—2002 年仅造纸材经销近亿元。

（三）房地产业

1995 年开始，中植集团在哈尔滨市成立“中植房地产开发公司”。先后在五营、伊春、哈尔滨等地投资兴建了哈尔滨市中植酒店、29 层哈市中植大厦、哈市儿童娱乐大世界，在五营兴建中植宾馆大厦等，总面积达 10 万平方米。1997 年，又实施以伊春为基地，辐射上海、哈尔滨、嘉荫、五营等地，年承建的装修量在 15 万平方米左右，成为集团主营产业之一。1997—1998 年，承建的主要项目有：哈尔滨道里区田地街 28 层总建筑面积 3 万平方米的中植大厦；哈尔滨一曼街高 10 层总建筑面积为 8600 平方米的综合办公楼；伊春新兴西路 1 万平方米的中农（中国农行）、中工（中国工商银行）大厦；市人大办公楼和中植科技发展中心，总面积达 3.8 万平方米，其中科技发展中心高 20 层，成为伊春市最大建筑物；1.4 万平方米的伊春市工行办公楼；五营区工商路 6100 平方米的金融大厦；五营区国税局办公楼及公检法办公楼总面积达 5747 平方米。为加速城镇建设和改造，美化城镇，做出了贡献。1999 年，中植房地产公司，又承建了以下项目：嘉荫县 3400 平方米的大市场及 9400 平方米的住宅楼；伊春人民银行 1.3 万平方米的住宅楼；伊春市委 6100 平方米的住宅楼；伊春市合作银行 8000 平方米的建筑；伊春市 2.3 万平方米综合住宅楼；伊春市 2.5 万平方米的站前广场；五营区 5200 平方米住宅楼。1999—2000 年，还在哈尔滨市等地承建了如下项目：投资 12 亿元，在哈尔滨市承建了 30 万平方米的建筑；位于凯莱酒店对面的房地产业务；五营至森林公园公路等。房地产开发拉动了相关产业的发展。

二、忠芝集团简介

民营企业忠芝集团前身是忠芝木业有限责任公司，2005 年 5 月改称“集团”。位于五营区工业开发区内。占地面积 168300 平方米，建筑面积 19260 平方米，现有职工 528 人。总资产 8600 万元，其中固定资产 5400 万元，流动资金 3230 万元。下辖子公司有：忠芝木业有限责任公司、佳佳饮品有限责任公司、大山王酒业有限公司、联运有限责任公司、家具有限公司、宾馆有限公司、物业有限公司、腐乳厂、修配厂、洗浴中心、餐饮酒楼。忠芝集团是以一业为主，多业并举的综合型多元化的实业公司。主导产品是大山王白酒和以小兴安岭天然野果为原料的果酒、果汁、饮料等绿色饮品。该集团以诚信赢得了客户，除在成都、西安、连云港、张家口、石家庄、哈尔滨等地设有办事处外，正在向其他省、市辐射。忠芝集团于 2002—2004 年先后被授予伊春市“光彩之星”企业、“重合同、守信用”先进单位、“先进繁荣企业”、中国农业银行“AAA”级信誉企业、“再就业光彩企业”等荣誉称号。

忠芝木业有限公司始建设于 1996 年，位于五营区工业园区。公司注册资金 2450 万元，拥有总资产 4550 万元，有员工 140 余人，占地面积 102980 平方米，建筑面积 3200 平方米。以木材加工、木片加工、家具生产为生产经营的支柱。年加工木材 30000 立方米，加工木片 28000 立方米，加工生产的各种规格的办公桌、实木门、家具等木制产品，销往全国各地。上海、天津、沈阳、石家庄、大连等 20 多个城市及地区、产品已趋向供不应求的态势，年产值 4500 万元，实现销售收入 4200 万元。1998 年被市总工会授予“木材加工大王”的荣誉称号。2002 年公司实现产值 1500 万元，利税 148 万元；2003 年实现产值 1800 万元，利税 210 万元；2004 年实现产值 2800 万元，利税 240 万元；2005 年实现产值 4000 万元，利税 300 万元。

忠芝大山王酒店业有限公司是忠芝集团子公司，是伊春市饮品行业龙头企业之一，公司拥有总资产 1200 万元，员工 92 人。公司位于五营区工业园区，占地面积 10800 平方米，建筑面积 3800 平方米。公司以非林产业为基础，以山野果都柿（蓝莓）、五味子、黑加仑等为原料，开发出具有保健功能的果酒、果汁系列产品 20 余种以及白酒、纯净水系列产品。2005 年成立生产车间 2 个，自动灌装线 2 条，年生产果酒 6000 吨、果汁（饮料）6000 吨、白酒 3000 吨及山泉水 100000 吨。实现产值 3000 万元，利税 300 万元。

忠芝佳佳饮品有限公司是伊春市忠芝集团子公司，是全市饮品行业龙头企业之一。公司成立于 2003 年，在上甘岭区蔚兰所境内。拥有资产总额 1720 万元，员工 120 人；占地面积 12800 平方米，建筑面积 3200 平方米。有生产车间 4 个，全自动灌装线 5 条，年生产果酒 6000 吨，果汁（饮品）6000 吨、白酒 3000 吨及纯净水 10000 吨，共分 4 大类 20 多个品种。实现产值 800 万元，利税 90 万元；2004 年实现产值 1500 万元，利税 150 万元；2005 年实现产值 3000 万元，利税 280 万元。

忠芝宾馆有限公司于 2003 年成立，位于五营区工商路 36 号，注册资金 200 万元，有员工 35 人，占地面积 9600 平方米，建筑面积 4100 平方米，是集餐饮、洗浴、客房为一体的综合实体，是五营区唯一一家二星级宾馆，拥有高中档客房 65 间，床位 180 张。当年实现收入 40 万元，利税 6 万元；2004 年实现收入 80 万元，利税 8 万元；2005 年实现收入 100 万元，利税 10 万元。

忠芝家具有限公司于2002年成立，坐落在五营区工业小区，现有员工28人。占地面积4000平方米，建筑面积1500平方米，有固定资产100万元，流动资金70万元。本公司自成立以来加工制作各种高、中、低档家具，生产各式实木门，各种规格方材。除在上海、西安、自贡、大连、哈尔滨等地没有销售点外，其他地方也有销售，发展较迅速。2003年实现产值105万元，利税15万元；2004年实现产值120万元，利税18万元；2005年实现产值120万元，利税18万元。

忠芝联运有限公司始建于2004年，注册资金200万元，员工19人，占地面积7200平方米，建筑面积1020平方米。公司位于五营区工商路，有金龙客车8辆，年载客量80000人次。公司客运车每日往返于五营—伊春、五营—五星、五营—林场（所）之间。当年，创产值50万元，利税5万元；2005年实现产值80万元，利税8万元。

忠芝物业有限公司创建于2003年，在五营区育林街内。公司拥有总资产100万元，占地面积5000平方米，建筑面积1500平方米，有员工26人，可为本区12万平方米楼房供热。当年，实现产值35万元，利税7万元；2004年实现产值48万元，利税11万元；2005年实现产值52万元，利税12万元。

忠芝腐乳厂创建于2004年，坐落于五营区杨树河林场。有总资产80万元，占地面积9800平方米，建筑面积1920平方米，有员工25人。该厂以优质大豆为原料，以传统的生产工艺，生产出“顶峰”牌青、红方腐乳，很受消费者欢迎。该厂年产腐乳20吨，臭豆腐15吨。产品远销哈尔滨、牡丹江、佳木斯、长春、沈阳等十余个大中城市及地区。最高可年创产值90万元，年销售收入82万元。2005年产值20万元，实现利税5万元。

忠芝修配厂成立于2003年，拥有总资产50万元，现有员工12名，占地面积2100平方米，建筑面积5200平方米，有机械扒胎机、常制动声机、电焊机、空压机等设备，厂址位于五营区工商路。本厂聘请长春一汽工程师为技术指导，主要营业范围是以保养、维修各类型机动车，并直销各类型机动车配件，并检修各类型机动车1800辆，年创净利润35万元。2004年实现产值10万元，2005年实现产值20万元。

忠芝洗浴中心成立于2002年，位于五营区工商路，有注册资金80万元，现有员工30人。建筑面积1020平方米。洗浴中心规模较大，装修高雅。设有桑拿、冲浪、按摩、搓澡、修脚、拔火罐等服务项目，并设有舒适的休息大厅。2003年创产值38万元，实现利税8万元；2004年产值42万元，利税10万元；2005年产值50万元，利税12万元。

忠芝酒楼创办于2002年，位于五营区工商路。有注册资金120万元，现有员工32人，占地面积5800平方米，建筑面积1500平方米。本酒楼可接待会议、包办各种酒席、一次可安排300人就餐。2003年创产值32万元，实现利税10万元；2004年实现产值38万元，利税12万元；2005年实现产值40万元，利税15万元。

第三章 工业机械

第一节 建筑机械

1986年，五营局基建工程处，主要动力设备有汽车12辆，其中：解放CA10C型货车7台，解放CA340型自卸车2台，沈阳产金杯132型客货两用生活车1台。凿岩机YAF–25型2台，粉碎机PET–25型2台，卷扬机QY–1型1台。筑路机械有东方红–70型推土机1台，6135型压路机1台，红旗120型推土机1台，振捣器4台。拖拉机3台、截锯、二号锯各1台、卷扬机2台、粉碎机1台、搅拌机5台、小四轮车3台。同年，承担职业高中宿舍楼2300平方米的施工任务。1989年，购入4台东风EQF–1型汽车更替了CA10C货车。

1990年，主要机械有汽车10台，其中东风牌140型货运汽车4台，解放牌翻斗汽车6台，解放牌吊车1台。

1994年，购入水泥搅拌机1台。

1996年，购入胶轮压路机1台，平板振捣器2台，双卧轴搅拌机1台，红旗牌120型推土机1台。1996主要机械：东风牌140型翻斗汽车7台、装载机1台、压道机2台。1997年，一建公司实有运输设备EQF–1型汽车4台，江西五十铃客货两用车1台，CA10C型解放牌吊车1台。筑路机械有林业局去珠海筑路返回东风EQ340型自卸车6台，ZL140型装载机1台。

1997年，将140型货运汽车2辆及解放牌翻斗汽车6辆，出售给职工。1998年，五营区政府同意，将汽车卖给个人。

2000年，主要机械有140型货运汽车、搅拌机、压道机各2台，塔吊、撮装机各1台。2001年，五营区政府对一建公司实行租赁经营。

2005年，一建公司有机械设备9台。主要机械有挖掘机、刮道机、粉碎机、撮装机、拖车、混凝土三轴整平机各1台，装载机、压道机、塔吊、推土机、搅拌机各2台。

五营区城建工程队（第二建筑工程公司）1987年机械设备有货运载重汽车4台、北京吉普、大型搅拌机各1台、小型搅拌机4台。1995年机械设备有搅拌机2台、龙门吊架3付、北京吉普车1台。2000年机械设备有搅拌机1台（另1台报废），龙门吊架1付（另2付顶欠账）。2005年机械设备有搅拌机2台，龙门吊架1付。

五营建材厂（砖厂）。1986—2005年，主要机械设备有25台，汽车2辆，其中（东风牌140型、解放牌翻斗车各1辆），推土机2台，其中（移山牌120马力推土机、东方红牌75马力推土机各1台），四轮车、制砖机、破碎机各1台，隧道窑1座，长70米、底宽10米，中、上宽9米。年生产能量可达800万块，生产的红砖，可满足全区年建筑平房需求。

第二节　公路养护机械

1986年，公路管理处公路养护机械主要有解放CA10C型货车3台，CA340型自卸车5台，常州产ZL30型装载机1台，江苏句容产GY-1吨四轮翻斗车12台，12吨压道机1台，东方红75型推土机2台。

1990年，购入4台东风EQ341型自卸车更替了前期的CA340型自卸车，新增了T150B型红旗推土机1台，PYG160A型高原平地机1台，以及京岛牌轿货车1台。

1992年，购入ZL40型装载机1台。1993年，购入东方红120型推土机1台。

1994年，林业局去珠海筑路返回T150B型推土机1台。

1998年，购入14吨压路机1台。

2005年，公路管理处有公路养护设备16台。

第三节　环卫机械

1990年，五营区环境卫生管理处主要机械设备有140型吊斗车2台，140型吸粪车1台，东风140货车3台，CA341自卸车2台，江西五十铃客货车1台，液化气罐车1台，备有电站4台和取暖锅炉10台（6吨2台，其余为4吨），四轮拖拉机9台。1992年，四轮拖拉机增至12台。1998年，购置140型真空吸粪车1台。1999年5月，购置丰收150拖拉机1台，大四轮25马力拖拉机3台。

2000年，主要机械设备有东风140型吊斗车1台，140型真空吸粪车1台，解放CA141型货车1台，解放CA341翻斗车1台，小四轮拖拉机11台。

2003年8月，购置装载机1台，141型吊斗1台，同年报废小四轮拖拉机8台。

2004年，购置微型车1台，SF1410PDB型时风农用车2台。2005年，购置时风车1台。到2005年年末，区环卫处有环卫机械设备12台。

第四节　自来水机械

自来水公司成立于2000年12月19日，主要机械设备有213吉普车1台，140型汽车1台，小型勾机1台，2004年购置微型车1台，小解放半截汽车1台。为预防突发性事故备有Z110型柴油机组2台，S195型柴油发电机1台，12千瓦发电机组1台，柴油机气泵镐、凿岩机2套，电焊机1台，电动葫芦2台，分水机1台。

2005年，为预防突发性管道爆损事故，备有2110柴油发电机组2台、SI95柴油发电机1台、12千瓦发电机组1台，柴油机气泵、气镐、凿岩机各2套，电焊机、电动葫芦、分水机各1台，手动葫芦2台。还备有各种规格主管道零部件3套，可随时处理各种突发性管道爆损事故。

第五节　机械设备管理

1986年，五营林业局机电设备的综合管理工作，在主管木材生产的副局长领导下，由局机电科统一负责。机电科设检修技术员，负责安排各基层单位机电设备的大修。根据设备大修间隔期及设备技术状态编制大修计划，费用从局大修理基金中提取。设备按计划入局机修厂大修，机电科派员驻厂（机修）检查监督大修质量。中修一般由各单位自修。基层单位的设备维修，在主管生产的副厂（场）长的领导下，由机械员负责管理，编制机械设备月保养计划，在本单位检修网点进行设备保养维修，费用列入单位生产成本，实行单车核算。继续执行一日三检制和专人专机制度。实行机械员例会制度。局机电科在冬运木材生产期间，每月7日（星期天顺延）召开1次各单位机械员例会，听取汇报，交流管理方法，传达上级文件，布置下月工作。全区（局）有机械设备510台。

1988年，局机电科在机电设备统一管理基础上进一步实行了以设备为中心的综合管理，就是对设备从选型、购置、使用、保养、更新直至报废的全过程管理。改革单纯的技术管理为技术和经济相结合，配合区体改办、质检科，狠抓了木材生产、物运等机械设备的承包、检查及核算工作。改革单一的设备修理为技术改造与更新相结合，从而促进技术的进步。开展封车节油工作，全年封车80台，定量供油车辆66台，节约汽油206吨，柴油8.6吨，减少费用214600元。机电科对局所属13个生产单位198台设备进行全面检查，其中，一级设备127台，其余均为二级设备，消灭了三级设备，使本局设备的综合完好率提高了8%，保证了机械的安全运行。杨树河经营所获1988年度全局设备管理第1名。经市机电局年终检查集材拖拉机平均得分92.37分，运材汽车平均得分98.14分，制材设备综合得分94.5分，获全市制材系统单项设备年检第一名。

1989年，局机电科从浙江订购了一批机电设备卡片，设备登记册和档案盒，根据设备台数发到各单位，在设备清查的基础上，由机械员按实物填写卡片，做到机电科设备台账与卡片相符，并与各单位卡片实物相符，从而摸清了全局各类机电设备的基础数据。

1995年，五营林业局制定并下发《五营林业局加强机电设备管理规定》，规定共分九部分：（1）加强设备购置的管理；（2）加强设备大、中修管理；（3）加强设备维修和保养；（4）加强设备调剂工作；（5）做好设备的节能降耗工作；（6）加强设备稽查工作；（7）加强机电队伍自身建设；（8）机电设备事故处理；（9）机电设备管理奖惩制度。同年，机械员不再开例会。1997年，机电科统计，五营林业局所属企业设备有物运汽车、集材拖拉机、运材汽车等12类，共计248台。

1998年，国有企业产权制度改革的不断深入，本局机电战线是建局以来变化最大的一年。根据全市三级干部会议精神，机电战线的重点单位机修厂、汽运处、物资局实行改制。机修厂（详见第二节检修）、汽运处（详见第一节木材生产机械四运输机械）实行股份制经营，物资局实行股份合作制经营。物资局改制为股份合作制企业。物资经销公司总股本为150万元，其中林业局出资100万元，占总股本的66%；集体股30万元，占总股本的20%；职工法人出资20万元，占总股本的14%。物资科与物资经销公司彻底分离，物资科行使物资管理监督职能，负责全局物资消耗计划及物资消耗管理、检查、指导。物资经销公司完全面向市场，但对林业局内部保证供应，执行进货价格。通过固定资产清查，改制后的物资局机电设备原值为121万元。同年，本局制定并下发了《关于加强设备监督管理工作的通知》。

1999年4月初，根据五营林业局主管领导的指示，责成体改办牵头，由房地局、机电科、财务科参加对全局各单位（含集体企业）的固定资产进行一次全面清理，历时1个月时间，共清查了31个单位（其中集体企业7个），经查全局机电设备账面合计为459.73万元（其中集体企业109万元），账外设备合计576万元（其中集体企业166万元），账内账外原值合计为5003万元，扣除毁损、待报废设备，最后实有为4803万元（其中集体企业1073万元）。9月，根据局长办公会决定，由体改办牵头，机电科、物价科、财务科参加，共同对山上各林场所的集材拖拉机、绞盘机、电站进行评估鉴定，做价变卖给职工个人。本次共变卖集材拖拉机42台（全部变卖），柴油绞盘机7台，其中42台集材拖拉机原值为176万元，作价现值为32.7万元。林业企业的机电设备大中修仍由机电科安排年度大、中修计划，但是，大、中修设备已由过去的大修到局机修厂、中修变为自修而变为大、中修设备全部由各单位自行安排。

2000年，企业机电设备大修实行一事一议制度。2001年，局机电科合并到生产科后，设机电设备管理员1人，负责林业局所属企业机电设备选型、大修、报废鉴定以及林业局出租企业设备的监管工作。2004年，企业购买机械设备不再经过生产机械科。

2005年6—7月，五营林业局生产机械科与五营区国资办对五营区（局）27个单位机械设备进行清查，五营区（局）有机械设备174台，家具生产线2条，刨花板生产线1条。

第六节　检修网点

1986年，五营林业局有机械检修网点14个，其中，山上7个，即前丰、永丰、丽丰、平原、平山、杨树河、苗圃；山下生产单位具备维修能力的有汽运处、物资科、枝桠站、胶合板厂、基建工程处（一建公司）、防火办共7个单位。1989年，翠北林场从友好林业局划归五营林业局后，山上林场（所）检修网点增至8个。

1990年，公用事业管理处成立后，设检修网点1个。山下基层检修网点也增至8个。全局共有检修网点16个。其中，以汽运处设备和技术力量最强，不但可以维修，还可承担各种汽车的大、中修任务，本单位的各种车辆的大、中修历年来都是自己完成的，同时，还具备一定的配件加工能力。汽运处还下设检修段和对外修理的综合段。

山上各林场和山下各生产单位的检修网点主要承担本单位机械设备的杂修、中修，其中中修设备配件主要依靠外购，自己的加工能力有限。

1997年，全局检修网点设备总计80台。1998年，局检修网点减至3个，山上只有翠北林场1家，山下仅有汽运处、加工厂，其他单位的网点已不存在，在生产淡季设备检修时临时聘请退休的老技工包给他们修理。1999年，局的检修网点只剩汽运处1个，其他单位的检修网点都已自行撤销。

2005年，五营林业局检修网点1个（公路处即原汽运处）。

第四章 电力工业

1986年，五营区（局）供电量是1200万千瓦小时。五营区生产和生活用电由伊春林业发电厂供给，山上林场（所）继续采用柴油机自行发电。五营区电力管理工作由五营电业管理所管理。1987年3月，伊春市政府决定，全民与林业集体经济全面划开。1988年，五营局实施网电上山工程，到1990年完工，结束了林场（所）无长电的历史，是伊春市第一家网电全部上山的区（局）。随着林区经济的发展和家用电器增加，到2005年年末，供电量1980万千瓦小时，满足了该区生产和生活用电的需求。

1989年山上林场（所）除翠北外全部用电由伊春林业发电厂供给。1989年12月，五营电业管理所改称五营供电分局。1990年9月，翠北林场用电由库尔滨水库供给，至此，本区（局）供电由伊春林业电网和库尔滨农网两种供电方式馈电联网转供，已形成初具规模的供电体系。2004年，五营供电分局对山上林场（所）一村实行同网同价改造工程。到2005年，配电线路总长度172.515千米，主变容量为22545万千伏安。

第一节 机 构

1986年，五营电业管理所有职工62人，干部5人，下设8个班组，有后勤班、运行班、安装班、营业班、五星综合班、稽查班、停电班、综合班。

1989年12月，五营电业管理所改称五营供电分局。

1992年后，五营供电分局下设4室6班，稽查室、技术室、行政办公室、营业室。运行班、安装班、抄表班、综合班、五星综合班、1号2号线管理班，有职工80人。

1998年，分局职工增至为102人，设书记1人、局长1人、副局长2人、工会主席1人，增设购电厅。

1999年，职工减为65人。

2005年，五营供电分局有职工62人，设书记1人、局长1人、副局长2人、工会主席1人。下设4室7班1厅。稽查室、技术室、行政办公室，营业室；运行维修班、抄表班、综合班、后勤班、五星综合班、1号线管理班、2号线管理班；购电厅。

第二节 电力供应

一、自行发电

1986年，五营林业局采用柴油机发电的林场（所）有丽丰林场、前丰林场、永丰经营所、平原经营所、平山经营所等5个林场（所）。每个林场（所）有柴油发电机2台。由于发电机型号不同，各场具体情况各异，年发电量差别较大，但发电、用电情况又大体相同，一般都是白天用小型（40~50千瓦）发电机发电，仅供生产使用，夜晚用大型（90~170千瓦）柴油发电机发电，供生产及生活照明两用。1988年，林业局启动网电上山工程。1989年7月，翠北、翠巍两个林场采用电站进行发电，供生产生活两用，共有电站5台，同年，山上林场（所）除翠北、翠巍停止柴油机发电。

1990年10月，库尔滨水库发电，翠北林场停止自行发电。

二、联网供电

（一）配电线路

1986年，五营区生产和生活的用电（含五星镇）都是由伊春林业发电厂供给。伊春林业发电厂10千伏输电线路至五星变电所。五星变电所主变容量为6300千伏安，二次变电10千伏输电至本区供电。五星变电所—五营区10千伏输电线路有2条，五星变电所—五星供电所10千伏高压输电线路有2条。本区高压输电线路主线有4条，低压输电线路若干条，本区电网是由10千伏高压电网和0.4千伏低压线网构成的。

1986—1996年，五营区高压配电线路54.6千米，低压配电线路59.98千米。到1997年底，本区有低压配电线路109千米。1998年，据五营供电分局统计，本区高压配电线路138.3千米，低压配电线路145千米。

2000年，五营供电分局推行配电线路标准化建设，实行配电线路的分段、分片管理责任制，对不安全的隐患进行整改，更换高压危杆10级，低压危杆40级，加固配电线路拉线14条，延伸高压配电线路0.83千米，配电低压线路路改造1.75千米。2001年，供电分局加大配电线路改造力度，改造高压线路36千米，低压主干线13千米。为五星兴泰铁矿无偿办理用电，高压线路0.8千米。无偿为平山经营所改造高压分支线路1.2千米，低压线路1千米。

2004年，五营供电分局实施同网同价改造工程，将林业局山上林场所66千米自备高压电线路纳入五营供电分局管理。实行同网同价后，分局组织人员对各林场所、村屯的线路进行了一次全面检查，对查出的隐患进行整改，对不能保证安全供电的线路进行改造，共排除各类隐患10处，杆基扶正30级，调整加固拉线8条，调整线条2千米，改造配电低压线路7.2千米。全年共排除安全隐患19处，杆基扶正48级，增加或加固拉线13条，改造低压配电线路1.5千米，更换用户破损进户线50对。

2005年，五营供电分局对全区配电线路进行4次大检查，共排除隐患18次处，杆基扶正168级，增设或加固拉线19条，改造低压线路8千米，并对640多户居民进户线进行更换。对林场所配电线路的隐患进行整改，确保林场（所）安全供电。已整改完的林场所8个，扶正水泥杆80级，回填土方500多立方米，加固拉线210条。到2005年末，五营区共有高压配电线路172.515千米，低压配电线路主干线124.25千米。

1986—2005 年五营区配电线路延伸情况统计表

表 12-4-1 单位：米

年份	合计	高压	低压
1986	120	50	70
1987	1500	500	1000
1988	400	100	300
1989	9300	9000	300
1990	8000	5000	3000
1991	450	150	300
1992	—	—	—
1993	—	—	—
1994	1500	900	600
1995	800	500	300
1996	900	700	200
1997	—	—	—
1998	1800	800	1000
1999	900	450	450
2000	830	830	—
2001	350	200	150
2002	250	100	150
2003	15000	14000	1000
2004	66000	66000	—
2005	14000	14000	—

（二）林场（所）供电

1986 年林场（所）没有供电。1988 年 6 月，五营林业局实施网电上山工程，建设了区址——种子林、丽丰经营所 10 千伏高压配电线路 12 千米，设变压器 2 台，主变容量 300 千伏安。

1989 年 6 月，建设前丰、永丰、平山、平原 4 个林场（所）10 千伏高压配电线路 44 千米，设变压器 4 台，主变容量为 500 千伏安。

1990 年 10 月，库尔滨水库电站发电（农网），本局建设了翠北 10 千伏高压配电线路 23 千米，设变压器2台，主变容量为225千伏安。居民电费由林场（所）代收，电费由林业局统一与电业结算。

2004—2005 年，五营供电分局将企业自备线路纳入统一管理。

（三）变压器增容

1986年，五营区增容 50 千伏安变压器 1 台，有变压器 47 台，主变容量为 7 950 千伏安。1990 年，随着经济发展，电的需求量不断增加。五营区增容 180 千伏安变压器 6 台。1992 年后，随着林区个体私营经济的发展和家用电器增加，到 1998 年本区有变压器达 89 台，其中电业产权 30 台。

2000 年，五营供电分局加强标准化台区建设，新装变压器 2 台，改造变压器 3 台。

2001 年，五营供电分局加大电网改造力度，更换新变压器 42 台。2003 年，本区变压器主变容量为 24 000 千伏安。2004 年，五营供电分局改造对地安全距离不够变压器 4 台，改造林场（所）变压器 1 台，为五营城镇建设迁移变压器 1 台。

2005 年，五营供电分局无偿为伊春鑫盛矿业安装变压器 2 台。近 2 年由于木材加工厂点开工不足和铁路退出，导致变压器主变容量下降，到2005年底，五营区共有变压器153台，主变容量为22 545千伏安。供电分局产权变压器53台，用户自备100台。

1986—2005年五营区配电变压器增容情况统计表

表12-4-2

单位：台 / 千伏安

项目 数量 年份	变压器	容 量
1986	1	50
1987	2	100/200
1988	1	100
1989	3	50 100 200
1990	6	180
1991	1	180
1992	—	—
1993	—	—
1994	2	100/200
1995	1	320
1996	2	300/180
1997	—	—
1998	2	50/160
1999	1	180
2000	2	320
2001	42	—
2002	2	180/300
2003	2	100/200
2004	—	—
2005	2	—

（四）供电量

1986年，五营区供电量为1200万千瓦时，电度表3000块。随着林区经济的发展，到1991年本区供电量1300万千瓦时。1992年后，五营区个体私营经济发展和家用电器增加，到1999年，五营区供电量为1800万千瓦时。

2000年，五营供电分局全面完成居民住宅楼的计量改造，共改造居民用户1200户，对全区三分之二的平房进行集中表箱改造，电量回收率比改造前73.6%提高到75.1%，提高了1.5个百分点。2001年后，随着本区经济快速发展，特别是第三产业的发展，到2004年五营供电分局实施同网同价改造工程，安装集中表箱489个，装表1936块，更换用户电源线489对。经伊春电力公司验收，全部达到规定标准。分局自筹材料，组织职工对没有改造的部分台区进行改造，共安装集中表箱144个，安装计量表420块。全年供电量2004万千瓦时，是本区供电历史上最高的一年。

2005年，五营供电分局组织全区职工对“183”台区“白楼”（河北）进行表箱改造，共安装集中表箱310个，安装计量表980块，全年供电量1980万千瓦时。居民用户13000户，五营区单位（含个体户）1300户。

1986—2005年五营供电分局指标完成情况统计表

表 12-4-3

项目／数量／年份	供电量（万千瓦时）	工业用电（万千瓦时）	居民用电（万千瓦时）	电费（万元）	综合单价（元/千瓦时）	线损率
1986—1990	1200	700	500	364	0.329	15%~20%
1991—1995	1300	800	500	583	0.448	15%~30%
1996—1998	1500	800	700	653	0.435	15%~40%
1999	1800	1000	800	700	0.454	15%~50%
2000	1824	1000	824	951	0.5212	10.3
2001	1991	1000	991	1014	—	11
2002—2003	1800	1000	800	817	—	11
2004	2004	—	—	1178	—	11
2005	1980	—	—	1192	—	11

第三节 用电管理

一、电价管理

五营区电价管理是由伊春市物价局管理。根据市政府和林管局的要求本着收费平衡，略有盈余的原则制定电价政策，经市计委、财政局、物价局等联合发文后，由市供电局执行。电价分类有趸售电价、大宗工业电价、力率电价和照明电价。本区电价1986到2005年统一调整2次，居民用电价格调整4次。

1986~2004年五营供电分局电价变动情况统计表

表 12-4-4　　单位：元／千瓦时

年份	居民用电	营业用电	大宗工业用电	小工业用电
1986—1990	0.14	0.50	0.42	0.45
1990—2000	0.35	0.56	0.51	0.56
2000.10	0.384	0.56	0.51	0.56
2004.9	0.47	0.56	0.51	0.56

二、反窃电工作

1986年，五营电业管理所把反窃电作为重要工作来抓，成立专门机构，稽查班负责此项工作。1992年，五营供电分局把稽查班升格为稽查室（股级），作为打击窃电行为专门工作机构。至1999年。

2000年，五营供电分局对反窃电工作抓实抓靠，对用户宣传电是商品，窃电违法，以制约窃电，用法制的手段严厉打击窃电行为，全年共出动检查800人次，查出窃电用户15户，追补窃电电费3000元。2001年全年共出动800人次，查出窃电用户20户，追补电费3800元。

2004年1月，五营供电分局领导班子做出决定，对违章窃电加大查处力度，对违章窃电户的处罚罚款不能少于1000元。1月21日早接到用户举报，五星办事处一糕点加工点有窃电嫌疑，分局主管营业副局长亲自带领有关人员前去突查，查出窃电者。并作出处理。全年共查处7户，追补电费6500元。

2005年，五营供电分局给稽查室定任务，全年共检查各类用户300户，突击检查100户，查出窃电4户，追补电费3000余元。同时对20处违章用户进行立即整改。

三、营业管理

1986—1994年，五营电业管理所将全区划分为4片管理，有4名抄表员，4名收费员管理五营区用户的电费收缴工作。

1995年，五营供电分局对居民电费和单位电费实行微机管理。1998年，五营供电分局在营业管理方面实行抄表、分线管理和台区承包的管理方法；对电费实行购电，微机管理。对居民实行分片管理共分6片，每片配2人，台区承包，定指标、定任务。单位管理实行抄表，通过银行划拨，小单位到分局交费。

2000年，五营供电分局在营业管理方面，严密营业传递手续，全面推行双封、双检制。制定了《创建标准化购电厅管理细则》，开展了“三无一优”（无黑户、无违章窃电、无拖欠电费、优质服务）台区的创建工作。

2004年，五营供电分局在营业管理实行8项制度。一是起点台区传递小票制度。采取台区抄表员与相关管理责任人通过小票汇签的办法起到责任人之间相互监督制约的作用，防止了推诿、扯皮和逃脱责任，遏制了违章违规。自年初推行以来共传递小票338张，处理问题205件；二是脱卡抄表制度。分局班子成员和生产管理骨干组成工作组，不拿表卡，协同各台区承包人共同对用户进行抄表，检查用电情况。全年进行3次脱卡抄表，清理出拆迁、搬迁18户，先后查出高价低收18户，使用电量与抄见电量不符的11户，淘汰型电度表280块，整改计量装置68处，重新加锁加封计量箱（盘）34处。查出窃电3户，追补电费3500元；三是分局职工用电不定期检查制度。由班子成员组成工作组，全年对职工用电情况进行3次检查，磁卡表运行正常，没有出现违规、违章、违法乱纪纪行为；四是稽查按月对用户抽查，对重点用户突检制度。全年共抽查各类用户700户，重点突查160户，整改不符合用电规定设施8处，查出窃电1户，追补电费1000元；五是交叉换位大检查制度。全年累计时间近2个月，出动2300人次，共查出使用电量与实际电量不符的3户，保证不了安全用户线路和用电设施13处，窃电2户，追补电费2000元；六是每季一次三小企业、个体户检查制度。由营业室、稽查室和相关人员组成联合检查组，分局主管营业的副局长带队，对全区三小企业和个体户进行全面检查，全年共查出电价不符的3户，电度表与使用容量不匹配的5户，实际使用容量超过30千瓦的2户，改造不合量的计量装置7处；七是催缴电费上下联动跟踪问效追缴制度。分局与有关责任人签订目标责任状，大型用电企业，重点用电单位由局长和副局长亲自追缴。一般用电单位由各责任人跟踪追缴，对各台区实行电费月清制度，完不成回收任务按比例扣发当月工资。全年实现了电费回收率100%；八是更换事故表检查鉴定制度。分局成立鉴定领导小组，由班子成员任组长，对用户或各台区责任人申报的事故表进行严格检查鉴定，并采取视频登记的办法，以电子图像方式保留工作记录，防止了用事故表在用电上做文章。全年经检查鉴定后更换事故表29块，比去年减少7块。以防范为重点采取营业计量管理工作3项措施。高压计量装置检查、确认、加封措施。动力用电低压计量装置检查、校验、改造措施。对3个匹配不合理计量器进行调整更换，对22块动力计量表进行了检验，由室内改到户外计量装置78个。

2005年，五营供电分局在营业管理方面实行9项制度。查出电价不符合的8户，整改计量装置15处，重新加锁加封的计量箱4处。共传递小票278张，处理问题170件。对五营区三小企业和个体户进行全面检查，查出电价不符的2户，使用容量30千瓦2户，并进行处理。全年实现电费回收率100%。

第十篇　商贸　服务业

1986 年改革商品流通体制，在发展国营商业、供销合作社商业的同时，积极发展了集体商业和个体商业，逐步形成了多种经济成分，多条流通渠道、多种经营形式的商品流通新格局。在改革批发体制、放开国营商业小企业经营、推行经营承包责任制，实行租赁承包买断等形式，活跃了城乡市场、方便了消费者促进了商品生产的发展。尤其是个体商业发展迅猛。1986 年由 1985 年的 91 户，从业人员 123 人，发展到 170 户，从业人员 342 人。

1991 年全区个体零售网点增加到 307 户，从业人员 645 人。1998 年，个体经济发展到高峰，全区个体经济发展到 2340 户，从业人员达 3154 人，其中个体商业 1070 户，从业人员达 1321 人。

2005 年个体商业 505 户，从业人员 1115 人。

五营粮食流通领域体制改革从 1985 年开始就稳步推进，到 1999 年，实现了由计划经济向市场经济、国有国营向国有民营和民有民营、行政职能向法人实体的转变，直至 2005 年。

第一章 商 业

第一节 国营商业

一、机构

1986 年，区商业科更名为“五营区商业贸易总公司”。内设财务股、业务股、计统股、行政股、林场股、保卫股。有正副总经理 3 人、党总支书记 1 人。总公司下辖五个分公司：副食品公司、糖酒公司、百货公司、五金交电公司、纺织品公司。各分公司按业务范围分管区各商店、商场。各店均设 2 名营业主任。商贸总公司共有职工 380 人。

1987 年年初，商贸总公司将下属的五个分公司变为三个批发公司，即副食品批发公司、百货批发公司、糖酒批发公司。总公司直辖 9 个零售网点，五营百货商场、副食品门市部、糖酒公司门市部、五营河北商店、五营河南商店、供销商店、五星商店、民得力副食品门市部。各网点设营业主任 1 人，由总公司任命。10 月，区政府根据市精简机构精神，将商贸总公司与五营供销联合社合并挂两块牌子，即伊春市五营区局对面中心街路南二层楼。

1996 年，区商业科再次更名，变为经济实体。挂“伊春市五营区商业局”“伊春市五营区商贸公司”两块牌子。迁至原第二百货商店三楼办公，设公司经理、副经理、书记、工会主席各 1 名，公司职员 6 名，一直到 2004 年年末。

2005 年 2 月，五营商贸公司并入区经济贸易科技委员会。保留五营区商业局，设局长 1 人、副局长 2 人、工会主席 1 人、职员 4 人，共 8 人。

二、管理体制

1986 年，五营区（局）对商业贸易总公司在人事上实行两级管理。科级干部由区（局）党委任命，股级干部由组织部任免，一般干部由人事部门选派，工人由区（局）劳动工资科调配。当年，商业科改为商业贸易总公司，下设副食品、糖酒、百货、五金交电、纺织品五大专业公司。

1987 年，撤销五大专业公司成立副食品、糖酒、百货三大批发公司。零售网点增加到 9 个，饮食服务业 4 个。三大批发公司只管本公司的批发业务，不管各商店的进、销、存业务。各商店设营业主任各 1 名，由商贸总公司考核任命。同年 10 月，根据市政府精简机构精神，五营供销联合社与五营商贸总公司合并挂两块牌子，改名为“伊春市五营区商业科”和“伊春市五营区供销联合社”。原供销联合社下属的 9 个林场（所）商店直接归属林场（所）管理。1989 年各小型企业解体，部分租给个人经营。

1991 年，全区个体零售网点增加到 307 个。1992 年，随着市场开放，个体经营业主发展迅速。

1994 年，商业企业体制进行全面改革，改变了原来的经营模式，五星商店、五星饭店、五星旅店全部归属五星镇管理；河北商店卖给旅游工艺品开发公司；蔬菜公司和门市部卖给良种繁育场；糖酒批发和门市部、百货批发公司、第二百货商店、五营百货商场、废品收购部经过资产评估和商品清点，全部承包给个人经营，并带着本企业的职工，每年上缴租金，承包期为三年。这些单位的职工都采取了个人租赁柜台的形式经营，品种不限。林副产品收购站归商业科直属管理。由于施行小组、集体承包制，库存商品减少 4 成。

1996 年，五营区商业科变为经济实体，成立商贸公司，挂两个牌子（即五营区商业局、五营商贸公司）由原来的国营商业转变为“国有民营”，从国有民营到个人租赁承包经营，实行经济独立、经营自主、自负盈亏的管理体制。同年旅游工艺品开发公司破产，职工归商业局管理。河北商店经区政府资产评估全部卖给个人。1997 年，糖酒公司和门市部、第二百货商店、百货公司批发部全部解体，职工下岗待业。1998 年，废品收购站、商业车库、糖酒公司和门市部经区政府有关部门清点评估卖给了个人。同年产品收购站由于资金紧缺被迫停产、场地租赁给蔡九昆。

2005 年 2 月后，五营商贸公司与区经济贸易科技委员会合并。

三、经营管理

（一）进货

1986 年，以省站进货为主，伊春市站进货为辅。此期间以计划进货为主，各公司、商店提出进货计划报商业科，由业务股把关、业务科长审批后才能进货。

1991 年，实行进货双轨制，商店、公司统一进货和个人自行进货相结合、内部结算和外部结算相结合，自主经营。

1995 年后，各商场、商店自行组织进货。

（二）运输

1986 年，由商业科成立的“运输服务公司”汽车队运输和火车运输相结合。

1990 年，运输服务公司解体后，以零担运输和汽车或空车配货方式组织进货。

（三）仓储

1986 年，一直是木板库房储存商品。

1988 年，建成 4000 平方米的砖瓦结构仓库一处，内设有烟酒库、五金库、纺织库、针织库、文化库、鞋帽库、百货库、土特产、罐头糖果库、蔬菜水果库、干调库、冻肉库、还设油漆专库、鞭炮专库等。大库房安装了警报器和灭火设施。

1997 年，由于商业经营体制改革仓库卖给了私人经营管理。

四、财务管理

1990 年，商业科实行三级管理，结算实行双轨制，即内部结算和外部结算相结合对外货款两清，对内当月进货、月末还款。代销商品必须由经理批准入财务账方可销售，不准按进货价出售商品。资产用具购置，需经商业科批准否则后果自负。

1997 年由承包租赁业主自主经营、独立核算、自谋发展、自负盈亏，延续至 2005 年。

五、经销网点

（一）林场（所）商店

1987 年供销联合社归属商业科，原供销联合社下设的 9 个林场（所）和农场商店全部解体，商品削价处理，商店归林场（所）管理。

（二）五营百货商场

五营百货商场是该区最大的一家商场。地处五营区中心大街中心。建于 1976 年。1986 年，职工 68 人，营业面积 1400 平方米，经营品种 3445 种，主要有针纺、服装、日用品、文教、食品、五金建材、鞋帽等。年销售额 150 万元，库存 61 万元。1990 年，经营品种有所减少，品种 3225 种，库存不断增加，资金周转缓慢。1993 年，首先从针纺组实行经营改革、租赁承包、经营效果很好。1994 年，商业全面铺开、实行小组集体承包制，服务态度明显改善，销售额增加，库存商品减少。1995 年，商业改革后，将五营百货商场租给董大明个人经营，包期 5 年，每年上缴租金 6 万元，商店柜台全部出租。2001 年，在原址上重新盖起 6 层楼住房，其中一层楼全做百货商场，建筑面积 578 平方米，由董大明为首，实行股份合作经营，没加入股份的业主仍实行租赁柜台，经营摊位 30 个。直至 2005 年。

（三）第二百货商店

1986 年，由原名“五营振兴食品商店”易名而来，位于五营中心大街西道拐角处，面积 278 平方米。经营品种 556 种，主要经营食品、糖酒、肉类、小五金和土特产品等，销售额 80 万元。1988 年，将第二百货商店改建成 4 层楼，名称不变。经营面积扩大，一楼五金、家用电器、土特产品；二楼文化用品、化妆、儿童用品；三楼针织、纺织、服装、鞋帽。经营品种增加，职工 63 人，销售 80 万元自行进货，经营独立核算。1989 年上半年，租赁给司端云，因经营不善解体，部分职工下岗，其余的搬至一楼租赁柜台。1995 年后转交给林副产品站管理。一楼商店、二楼租给个人开办舞厅，三楼旱冰场。

（四）副食品门市部

副食品门市部，位于五营火车站南 200 米东侧。营业面积 400 平方米。主要经营水果、蔬菜、干调食品、鱼肉类产品 40 余个品种，批发兼零售。职工 48 人，是本区最大的一个副食品门市部，1986 年，销售额达 170 多万元。1994 年，副食品批发公司和门市部卖给良种繁育场，固定资产作价 80 万元。

（五）糖酒门市部

糖酒门市部，位于中植办公楼对过，营业面积 210 平方米，职工 33 人。主要经营烟酒糖茶、糕点等，品种达 370 多个，批零兼营，年销售额 200 万元左右。1995 年，门市部改为几户门市房承租给个人开起了小饭店。1996 年，糖酒公司解体职工下岗待业，直至 2005 年。

（六）河北商店

河北商店位于五营区北部，贮木场与机修厂中间地带。职工 41 人，营业面积 400 平方米，经营品种 2062 种，主要商品有针织鞋帽、文化用品、五金土特、烟酒糖茶、儿童用品、化妆、副食等。1986 年，销售额 100 万元左右。1993 年，开始柜组承包、包死基数、自行进货、价格放开。由于经营不善、市场竞争激烈，效益不佳。同年将河北商店卖给旅游工艺品开发公司，职工下岗待业。1995 年，又将河北商店卖给个人。

（七）百货批发公司

百货批发公司主要经营品种有纺织针织品类、服装鞋帽类、日用品五金类、文化家用电器类等。1986 年，职工 26 人，年销售额 10 万元，库存 60 万元。1992 年，在第二百货商店三楼成立“百货公司综合批发市场”批零兼营。1994 年，由于经营不善解体，职工下岗待业。

（八）民得利商店

1988 年，成立民得力商店，隶属副食品批发公司。原名“引销厅”。职工 26 人。主要经营烟酒糖、鱼肉和一些调味品。1990 年，搬迁到小区，一年后由于经营亏损解体。

供销商店图

（九）河南商店

河南商店1986年成立，由于地处五营河南大桥（汤旺河）以南得名。主要满足河南片区居民购货方便，成立后以个人承包的方式经营，经营面积200多平方米，主要经营一些大众商品，由于经营不利到1988年破产。固定资产归林业局处理。

（十）供销商店

供销商店原名“供销青年商店”，位于五营百货商场西侧。主要经营日用品和土特产品，属集体性质，自行进货，独立核算、自负盈亏。1990年，搬迁到五营农行二层楼，1992年，供销商店解体，租赁给“伊春市百货商场分店”经营。1995年，经营亏损倒闭，营业楼农行收回。

（十一）五星商店。

五星商店位于五星镇（2001年由镇变为办事处）中心地带，以面向本镇居民销售为主。职工47人，经营品种1638种，由五营百货批发部直接进货。1988年，销售34万元。1994年，移交给五星镇管理（还含饭店、旅店各一处）。

（十二）华昌商店

1986年，有职工15人。直属于工业科领导，为集体所有制企业。商店1987年占地面积800平方米，建筑面积为490平方米，拥有固定资产72万元。1988年，商店销售额为23.5万元，上缴税金0.76万元，实现利润0.1万元。由于市场的冲击，1989年关闭。

第二节　供销合作社

五营供销联合社1986年，内设行政、财务、业务3个股。管辖林副产品购销（俗名小杆站）、农副土特废旧物资收购站、批发站商店、青年供销商店。全系统员工237人，其中职工105人、青年132人。

1987年10月，区政府根据市精简机构精神，将商贸总公司与五营供销联合社合并，挂两块牌子，即伊春市五营区商业科（商贸总公司恢复原名称）、是五营区供销联合社。之后，供销联合社的职能由商业科所代替。1993年解体。

第三节　集体个体商业

一、集体商业

1986年，五营区有集体商业25家，从业人员97人，有创新商店、华昌商店、新华商店、林业建材五金商店、房产建材五金商店、汽运处建材五金商店、供销商店（原名供销青年商店）、民得力商店（原名引销厅）等，实行独立核算、自负盈亏。

1987 年 10 月，9 个林场（所）商店的经营管理权全部下放由林场（所）直接管理。1989 年，全部实行租赁经营，由个人承包，实行自主经营、自我发展、自负盈亏，实现民有民营。

二、个体商业

1986 年，个体户 170 户，从业人员 342 人。

1991 年，个体零售网点 307 户，从业人员 645 人。

1998 年，个体户 340 户、从业人员达 3154 人。

2005 年，个体商业 505 户，从业人员 1115 人。

个体商业由一般食杂店干鲜果品摊床扩展到日用百货、家具、服装、鞋帽、针织、化纤、布匹发展到家用电器，经营起五金、电料、油漆化工、建筑材料等，到后来凡是国营合作商业各行各业所经营的商品，个体户均有经营，并依次由低档向中档、高档方向发展，其中新潮服装鞋帽所占比重较大；进货渠道由近及远、范围逐渐延伸和扩大，由零售到批发，并出现长途运输户。

1993 年，区政府投资 270 余万元，建成一座面积为 2464 平方米大市场，共有摊位 288 个，营业单间 64 间，经营者 200 余人。

2000 年，将原工人文化宫危房拆除，建起一处面积为 7000 平方米的休闲广场，其周围盖起两座三层商务楼，总面积为 4176 平方米，出售或出租给个体工商户，经营各种商品和一些专业性商店。

第四节 服务业

一、饮食业

1986 年，全区有国营饭店 4 家，即五营饭店、振兴饭店、河北饭店、五星饭店。从业人员 44 人；集体饭店 12 家，从业人员 48 人；个体饭店 15 家，从业人员 50 人；熟食制品 6 家，从业人员 12 人。

1988 年，回民办起清真馆 8 家，到 1997 年发展到 18 家，从业人员由 58 人发展到 130 人。

1990 年，全区个体工商户发展到 1437 户，从业人员 1765 人，其中饮食业 216 户，从业人员 543 人。

1998 年，全区个体工商户发展到高峰达 2340 户，从业人员 3154 人，其中饮食业 276 户，从业人员 923 人。

2004 年，据区财政局对全区经济调查显示，全区个体工商业户达 729 户，从业人员 1654 人，直至 2005 年。

二、住宿业

（一）招待所

1986 年，五营区（局）有两处招待所，即林业局大招待所与五营宾馆（也叫小所）。

1996 年，五营宾馆扩建 1276 平方米，加上原有 2107 平方米，总共 3383 平方米，房间由原来的 20 间增到 32 间，床位由 96 张增至 134 张，新扩建的房间床位均属高档次，主要接待外宾和国家、省、市级领导。

1989—2005 年 1 月，均实行承包经营机制。2005 年 2 月始，五营宾馆全部租赁给浙江天松集团经营，更名为天松大酒店，2007 年收回。

另一处是五营林业局招待所（也叫大所），内设 12 个房间 46 张床位，设有食堂主要接待木材老客户，到2000年撤销。撤销前也是实行承包经营机制。

（二）旅店

1986年，有五营旅店、振兴旅店、五星旅店三家国营旅店，从业人员8人，个体旅店15家，从业人员28人。

随着林业体制改革的深入，林副产品经营销售的放开，从事这方面经营活动的外地客商纷纷踏至，客观上促进了个体旅店业和运输业的发展，从1987年至1998年个体旅店业由25家增至54家，随着木材产量的锐减等因素，到2004年个体旅店业减至33家，从业人员63人，直至2005年。

三、理发业

1986年，有全民理发2处，从业人员8人；集体理发1处，从业人员5人；个体理发7处，从业人员8人。

1987年，以后国营理发和集体理发均实行个人承包经营。

1987—1998年，先后办起个体理发店由7户，从业人员8人增到26户，从业人员28人。

2000年后，都变成个人经营。

2004年年底，数量减到24人，直至2005年。

四、洗浴业

1986年，林业局建有浴池1处，面积384平方米，设有男女两个池塘50张床位。

1987—2000年，实行承包经营。

2002年，城镇改造时林业局浴池拆除。截至2004年年底，统计全区有个人浴池16个，从业人员50人。

五、照相业

1986年，五营有东光照相馆1处，从业人员7人。

1988年，相继有银河照相馆（现名为银河数码婚纱摄影）、明星婚纱摄影、明星影都婚纱摄影中心（原东光照相馆）、兰天照相馆兴起。

2001年，全区共有照相服务业5处，从业人员10人。

第二章 粮 食

第一节 机 构

1986年，五营粮食分局分为五营粮食局、五营粮库、五营饲料公司三大家。五营粮食分局机构设下设人秘股、财务股、供应股、经营股，党总支书记1名（总支干事、纪检员1~2名）、分局局长1名、副局长1~2名、工会主席1名。粮库机构下设人秘股、财务股、保化股、调运股、工会主席，设支部书记、粮库主任、副主任各1名。饲料公司下设经营室、财务室、调运室，设公司经理1名。

1989年1月，粮食分局、粮库、饲料公司三家合为一体仍称五营粮食分局，是粮食第二次机构改革，机构下设人秘股、财务股、计调股、供应股；设总支书记1名（总支干事、纪检员1名）、分局局长1名、副局长2名、工会主席1名。粮库下设一部一站九大粮店：即河北饲料供应部、饲料站、一粮店、二粮店、三粮店、四粮店、五粮店、五星粮店、平山粮店、翠北粮店、红卫粮店。

1993年1月，五营粮食分局改为五营粮油公司。下设粮店改为粮油食品商店。

1995年，粮油经营公司和供应网点又恢复原名称。

1998年，机构下设财务股、办公室、粮库（内设财务组、保化组、后勤保卫组、搬运队）、供应股（1~8粮店，为五星粮店、红卫粮店、平山粮店、盐进站、饲料站、1.2人力店）；设党支部书记1名，下设工会、妇联、纪检。局长1名、副局长1名。

1999年，国家粮改出台新政策，粮油供应推入市场。市政府给五营粮食局企业下编40人，其中机关办公工作人员9人、盐业6人、粮库25人，直至2005年。粮企原有职工199人，除去定编40人外，其余159人下岗待业自谋生路。

第二节 体制管理

一、体制

1986年，第一次粮改将五营粮食分局一分三，即五营粮食分局、五营粮库、五营饲料站，财务各自独立核算，归口市粮食供应科、储运科、饲料公司领导。1989年年初，分局、粮库饲料三家合一统称为伊春市粮食局五营分局，管理人员由原来的40人减少到32人。

1993年，伊春市粮食局改革为伊春市粮油总公司，五营粮食分局同时挂两块牌子，即伊春市粮食局五营分局、伊春市粮油总公司五营分公司。企业的政府行为逐渐减少，企业职能逐步增大。五营分公司下设供应公司、储运公司、商贸公司、饲料公司，到1994年年底，商贸公司、饲料公司少量亏损，分局整体完成了市局下达的各项工作任务。但当时两个公司难以扭亏，五营粮食分局分公司决定撤销下属分公司，又恢复了1993年前的企业经营体制。

1998年6月，按中央粮改政策规定，五营粮食由一个法人单位改为两个法人单位，即五营粮食分局（正科级）、五营粮库（副科级）。粮库财经独立、储运业务归市局直管，其他工作隶属分局管理。由于粮油市场放开经营、个体粮店逐渐增多、市场销售粮油竞争激烈、企业利润下滑、职工工资难问题突出，遵照上级指示精神"粮食职工减员四分之三,三年完成的原则"，当年200名职工有一半下岗，从此结束了粮食职工靠政策补贴吃饭的旧体制。

2005年，粮食分局职工9人。

二、人事管理

科级以上干部由伊春市粮食局直接任免、股级干部由五营粮食分局任免，报伊春市粮食局人事备案，企业员工的调动权归伊春市局人事劳动部门。1986—2005年，五营粮食分局主要负责人宋德铭、孙立成、刘国臣、何平、单玉宏、李忠义、岑小玉、申文、白跃林、肖海涛。

三、供应管理

基层粮店按分管辖区逐户立卡、对外逐户发放供粮本，分三等11级逐人定量，原则上当月供出。随着市场副食品日益增多，每人供应量也随之减少，由3等11级供应量最后减少到人均9公斤，用粮多的居民不够可用议价粮补足，使其平价吃饱、议价吃好。1986—1998年期间总供应人数58.5万人左右。1999—2005年，由于粮油彻底推向市场，居民用粮油直接到个体粮店任意选购。

四、经营管理

1986—1991年，是计划管理形式。1992—2005年，随着国家粮食改革政策逐步深入，粮食企业计划经济转为市场经济，企业政策性亏损逐年减少、多种经营逐年增加，使企业走上了自负盈亏、自主经营、自我发展之路。

第三节　网点分布

1986年，五营粮食分局基层网点有10个。五营区内有粮店5个（第一至第五粮店）、饲料站1个、粮库1个；区外镇级五星粮店1个（兼管五星粮库），林场（所）有红卫粮店（下设丰林河点、丰岭点、红卫点三个点）、平山粮店1个。

1988年，饲料站又在河北筹建起饲料站的分站。

1989年7月，后增设翠北粮店。

1992年，镇内增加第六粮店。

1994年，河北饲料站的分站改为议价粮店（饲料兼营粮油）。

1996年，镇内小区居民增加，为方便居民买粮，分局多种经营的点改为第八粮店。

1997—2005年，在企业改革中粮店又下设若干分店，粮油销售的覆盖面在区内达95%以上，在五营粮油市场中发挥了主渠道作用。

第四节　调运储备

一、库容量

1986年，经营存量只有6 000吨砖瓦结构标准库房一个，位于局贮木加工厂东侧，其他都是简易板库。

1987年，东侧的北简易库改建成1260平方米的铁制永久型雨塔棚。

1990年，东侧的南简易库改建成760平方米的铁质永久型雨塔棚。

1991年，西简易库全部改造完工1000平方米的砖瓦定型标准库房，经过改建五营粮库达到全市标准库房的先进粮库，年经营存量可达1万吨。

1992—2005年，五营粮库一直沿用。

二、调运

1986—1992年期间，在粮食计划政策指导下，由伊春市粮食局统一安排粮库调运的数量和品种，主要品种有面粉、大米、玉米制成品和大豆、小杂粮。运输主要以铁路运输形式为主，库内人员到加工厂点装运袋数押车归库，由库内业务人员点袋验货、验斤接收入库。随着粮改步步深入，个体私营粮店逐渐增多，粮库储存粮油军需战备成分加大，铁路运输频率减缓，而个体粮店进货渠道五花八门，运输主要以汽运为主。

1998年以后，居民供应粮油部分主要由个体粮店所代替。

三、仓储

1986—1998年，粮食保管贯彻“以防为主、防治并举”原则。严格执行保粮制度，在接收粮食入库前对仓房进行清扫、维修和消毒，做到空一仓清一仓、不清仓不装粮，对露天粮场进行平垫，清理沟渠，做到货位堆放整齐，场内排水畅通，粮场坚实干燥整洁。在接收粮食时要验货检斤合理堆放；分品种按水分分级管理，不允许混等混水保管。严格进行“四查”：一查粮食品种数量摸清粮情分别记录水分、粮温、杂志、虫害情况，对安全粮、半安全粮、危险粮分别排队；二查储粮形态，仓房使用、粮食堆放、屯垛毡盖和铺垫是否安全有无漏雨潮湿、生虫鼠雀危害及仓墙爆裂歪斜等情况；三查器材数字是否准确，使用是否合理；四查制度落实。直至1999年。

四、作业方式

1986年，结束了人工搬倒形式，实行了人力车倒运，对接收入库的粮谷按预定销售时间、确定摆放位置，较长保管期限的粮、安全水分粮倒运定型库房，冬季码成保管垛、夏季码成保管溜。夏季汛期，根据保管员检测粮温变化情况，及时翻倒控制粮温升高和防止发生板结现象；对接收入库的半安全水分和高水分粮进行整理，通过过筛晾晒降杂质降水分达到国家规定等级标准，再进入保管倒段。

1996年，通过降低杂质降水的粮约占库储量的四分之一，每年在汛期来临之前，对半安全水分粮实施提前销售和分户保管，避免了坏粮现象。直至1999年。

1986—1996年五营区粮库调运粮豆储备量统计表

表10-2-1　　单位：吨

品种 / 时间	大米	面粉	玉米制品	大豆	杂粮
1986—1992	1200	3050	6075	800	400
1993—1994	800	3000	4500	750	200
1995—1996	600	2700	3200	50	40

第五节　粮油供应

1986 年，全区设有 8 个粮店，五营镇内 5 个，林场（所）2 个，五星镇 1 个（2001 年后五星镇改为五星街道办事处），后来五营镇内人口增多，又增设 3 个粮店。

1986—1992 年，城镇居民粮油供应是实行计划供应。实行以街为主、以户建卡、逐户核算供应定量，卡上人口的供应数过到居民粮油供应本上，发到居民手中，凭证供应。

1993—1998 年，国家逐年减少计划供应，实行宏观调控，计划供应减到 9 千克、议价放开经营，先执行购销同价后执行市场价格，最终退出计划供应，使粮油价格步入市场。

1999—2005 年，粮油供销推向市场，粮食企业供应居民用粮责任结束，工作重点由保居民用粮转移到粮库储管原粮和战备军用粮油上来。居民用粮改为市场机制供给，价格随市场行情顺价销售。在新的粮油销售政策指导下，五营粮食分局能起抑控五营市场粮价、保护消费者利益的作用。

第三章 物 资

第一节 机 构

1986 年，五营区（局）物资科内设综合股、财务股、材料股、配件股、燃料股、行政股、保卫股、汽车队、修配厂、废品回收站；设书记 1 人、科长 1 人、副科长 2 人、工会主席 1 人、职工总数从 158 人增至 171 人，干部由 41 人减至 30 人。

1990 年，设立五营区物资局与五营林业局物资科合署办公，一套人马，两块牌子，担负对内对外两种职能，科室设置同 1989 年；设书记 1 人，局（科长）长 1 人，副局（科）长 5 人，工会主席 1 人。

1992 年，物资科进行企业化经营，改为物资经销总公司，设书记总经理 1 人（兼）、副总经理 4 人、工会主席 1 人。将原来的材料、配件、燃料股、河北加油站、河南加油站、车队、修配厂、废品回收站易名为材料、配件、燃料、车队、修配、废金属回收公司。原来的综合、财务、行政股分别改为综合科、财务科、行政科，直至 1996 年年底。

1997 年，物资经销总公司，设书记 1 人，总经理 1 人，副总经理 3 人，工会主席 1 人。下设综合股、财务股、材料股、配件股、燃料股、行政股、保卫股、汽车队、河北加油站、河南加油站。

2000 年 12 月 19 日，区编委会决定撤销局物资经销总公司、撤销局物资供应科成立五营林业局燃料公司。设书记 1 人、经理 1 人、副经理 3 人、工会主席 1 人。

2001 年，恢复成立物资供应科承担林业局企业内部的物资保管工作和木材生产燃料成本核算工作。设科长 1 人、副科长 1 人、工作人员 4 人。

2002 年，物资供应科和燃料公司合并，内设材料、配件、后勤、燃料股、河南加油站、河北加油站；对燃料公司人员实行定岗定编，设书记 1 人、经理 1 人、副经理 1 人、工会主席 1 人。

2003 年，河南加油站实行股份制经营，由 15 人投资成立伊春市石油公司珠松股份有限责任公司。董事长 1 人、经理 1 人。

2005 年，燃料公司职工 97 人。

第二节 进货供货储备

一、进货

1986 年，五营区（局）所需的物资由物资科根据生产任务所需编制计划，按计划组织进货。主要品种有钢材、钢管、电器、炸药、雷管、油丝绳以及汽车拖拉机配件都由伊春市物资局进货；原煤从市燃料公司组织进货；大宗物资可自己直接组织进货。年均进货额在 900 万元左右。

1992 年，由于改革力度加大，物资科相对有了一定自主权。主要物资从市物资局统一组织进货，如电动设备、部分轴承、钢材、部分拖拉机配件、汽油、柴油。每年进货额在 700 万元左右。其余的物资由自己组织进货，年进货额 700 万元左右。1994—1997 年，物资供应科由原来的费用型改为利润型，成立了物资经销总公司，实行自主经营、自负盈亏的经营方式。加上市场的开放，进货渠道的扩大，一、二、三类物资全由自己组织进货。其中 1994 年生产单位分库储备金由原来的物资科管理改为区财政局统一管理。年进货额在 1600 万元左右。

1998 年，根据市场需求和林业局木材生产和其他生产所需，生产资料、机械配件年进货额在 700 万元左右。汽、柴油和原煤进货额在 950 万元左右。

2001 年后，成立纯企业燃料公司，每年进货汽、柴油和原煤金额达 350 万元左右，直至 2005 年。

二、供货

1986 年，林业局属于计划型管理，而物资供应是根据林业局计划和不同季度的生产任务不同按计划价进行定量供应。而医院、广播站、各学校、行政办、胶合板、刨花板、造纸厂和营林处等单位都按计划进度控制供应指标。并由综合股经常深入各单位检查物资消耗和指导工作。年均供货额 700 万元左右。主要物资由物资科配车，运送到生产一线，以避免用货单位过多囤积备用材料。另外集体经济下属单位到物资科购货，实行记账方式，每月转账一次，价格略高于计划价，平均销售额在 300 万元左右。所发生的利润补充物资科费用不足部分。

1992 年，企业内部仍然实行物资供应制度。为加强管理避免跑冒滴漏现象出现，进一步制订了油脂燃料及其他物资消耗管理、分配、核查、奖罚制度，使年均消耗比计划降低了 11%。随着改革的不断深入，销售面也逐渐扩大，实行了对外销售制度，供应和销售额年均达 1400 万元。

1994 年，由于物资科的体制转变，成立物资经销总公司，在区中心大街设立配件商店一个，每年销售额均在 1600 多万元。

2000 年，生产资料、机械配件、每年企业内部销售额 400 万元左右，企业外销售额为 315 万元左右，汽、柴油及原煤企业内年销售额 610 万元左右，企业外销售额 350 万元左右。

2005 年 4 月，由燃料公司经营的原煤交给物业管理处经营（热力公司）。

三、储备

1986 年，物资科对各生产单位的物资进行了“五统一”（统一计划、进货、管理、分配、调剂），对材料员制订了奖罚制度，对库存储备定期进行检查，发现超储现象，进行统一调剂，达到库存基本合理为宜，此期间，全局年均库存量 410 万元，年周转次数 2.36 次。1992—1993 年，由于物资供应科属于半供应半放开形式。在此基础上建立了进、出库制度，达到物、账、卡相符。围绕仓库管理建立健全了各种岗位责任制，定期对库存进行清点，年均库存量 653 万元。

1994 年，由原来的物资科变为物资经销总公司，原基层库存材料储备资金由林业局财政收回。由于扩大销售，年均库存物资在 700 万元左右。物资经销总公司对林业局各生产单位负责木材生产的物资需求和成本管理工作。

1998 年，物资的储备是根据林业局木材生产与其他生产的多少及林业局企业对物资要求而定。每年所需生产资料、机械配件的储备量在 580 万元左右，汽、柴油及原煤储备量在 340 万元左右，平时有的单位急需部分，各分库可进行统一调剂。

2001 年，成立局燃料公司，只负责储备汽、柴油和原煤，储备量 350 万元左右。

2005 年，局燃料公司只负责储备汽、柴油，从该年 4 月始原煤储备职能局交给热力公司管理。

第三节 验收管理

1986年，区物资局（科）对基层库存实行“五统一”管理。对材料员、保管员、记账员分批进行办班学习提高其业务能力和服务水平。建立健全各项规章制度，定期对库存物资进行盘点，采取促销制度，实行销售与经济效益挂钩的办法。在进库验收方面，专设了生产资料验收员、机械配件验收员、燃料计量员，每次进货都由他们负责验收，检斤后方可入库，作票入账；在财务方面，实行财务公开制度；在综合治理方面，设了专人管理。经理、副经理都定期或不定期进行检查，发现问题及时整改，做到万无一失。

1994年，物资科改制为物资经销总公司，直至2000年12月撤销物资经销总公司成立燃料公司，在物资经销上均实行严格的验收制度，延续至2005年。

第四节 修旧利废

1986年，物资科坚持管供应、管消耗、管节约的原则。为控制以坏充好、以旧顶新，出库采取了以旧换新的措施。平时组织各生产单位职工、家属，收进返交废旧物资，深挖企业内部潜力，降低木材生产材料消耗成本，做到物尽其用，变废为宝。2000年，共收废旧物资485吨。利用回收的废金属和其他原料，开展了修旧利废工作。翻新轮胎、修补内胎、加工钢套、加工各种螺丝及汽车、拖拉机麻垫等。实现金额200多万元。

2001—2005年，修旧利废分户经营自负盈亏，林业生产资料运材汽车、拖拉机、绞盘机、油锯等出售给个人。自主经营所需物资由市场调节，物资局不再担任物资供应职能。

1986—2000年五营区物资进货统计表

表10-3-1 单位：万元

年份	合计	生产资料	机械配件	油脂燃料
1986	865	312	186	367
1987	917	341	190	386
1988	892	326	187	379
1989	920	334	196	390
1990	914	331	191	392
1991	911	332	189	390
1992	1323	410	230	683
1993	1559	613	236	710
1994	1584	536	238	810
1995	1680	451	240	989
1996	1691	460	241	990
1997	1602	240	300	1062
1998	1680	450	280	950
1999	1690	430	290	970
2000	1500	410	260	830

1986—2000年五营区物资消耗统计表

表10-3-2　　单位：万元

年份	合计	生产资料	机械配件	油脂燃料
1986	829	302	158	369
1987	882	331	170	381
1988	915	340	191	384
1989	925	325	200	400
1990	907	327	186	394
1991	923	331	192	400
1992	1279	401	208	670
1993	1590	620	240	730
1994	1539	520	213	806
1995	1603	531	212	860
1996	1587	423	234	930
1997	1671	440	251	980
1998	1675	480	235	960
1999	1690	490	240	960
2000	1600	450	210	940

第五节　油料供应

一、油库

占地面积1400平方米，有卧式油罐21个（每个容量50立方米）、立式油罐2个（一个容量500立方米一个450立方米），设有2台卸油泵、1台真空泵、2台倒油泵，并设有175米183铁路专用线1条。

二、河北加油站

占地面积1300平方米，设加油机4台、地埋罐4个（每个容量20立方米）、加油房50平方米、办公室140平方米，油库和加油站均于1967年建成，主要负责全区各种机动车辆油脂燃料供应与储备，共有职工28人。

三、河南加油站

位于伊嘉公路67公里处，2002年9月4日建成，占地面积4888平方米，建筑面积140平方米，有加油机7台，实行股份制经营。董事长杨彬，总经理周长启，参服人员16人。

第四章 对外贸易

第一节 机 构

1986 年 4 月，五营区设立外贸科，归国家对外经济贸易部。负责五营区对外经济贸易的业务，同时也办理国内的有关经济业务往来。内设经理 1 人，副经理 2 人，科员 4 人。1987 年 7 月，将外贸科改为五营经济合作办公室，职能未变，另外负责松子、山野菜、木材的收集、销售。1989 年 9 月，经合办更名为总工办，内设主任、副主任各 1 人，科员 4 人。工作性质、职能与经合办相同。

1992 年 4 月，为促进经贸事业的繁荣，五营林业局又成立了北方经济贸易总公司，公司拥有资金 3 000 万元，下属 15 个生产厂家，形成十大支柱产业。

1993 年 5 月，项目开发办成立。主任 1 人，副主任 2 人，工作人员 8 人。与开发办合署办公。负责对外经济业务和新项目上马、开发工作。

1996 年 3 月 26 日，将项目开发办更名为对外经济办公室（简称外经办）与非国有经济办合署办公，内设主任 1 人，副主任 2 人，科员 8 人。负责对外经济业务。森林节洽谈会产品的征集等工作。

1997 年 5 月 20 日，五营经科贸委成立，内设主任 1 人，副主任 1 人，科员 5 人。延续至 2005 年。

第二节 外贸商品

一、外贸商品经营

1986—1987 年，出口商品有山野菜、人参、小径木、松子等，五营区出口的商品需报中华人民共和国鹤岗进出口商品检验局进行商检。

1990 年，继续抓好对外贸易和经济合作工作；发挥对苏优势，抓好与萨哈林区的合作，开展对苏劳务输出，并向国内过货，销往长春。此间又与加拿大美德公司“珍珠鼠”合资公司签约。1991 年，加工业发展迅速，加工山野菜罐头 47.4 万瓶、火腿肠 2.99 万千克、白酒 17 吨、袜子 44 万双、刺绣 500 套、生产面包等副食品 128 吨、糖果 12 吨、制钉 53 吨，销往全国各地。拓宽发展外向型经济渠道共签订出口木材合同 4 份、年创利 119.3 万元。对苏输出劳务 70 人，向国内过货木材 3930 立方米，销往东北各地。

1992 年 4 月北方经济贸易总公司成立。年实现产值 1 亿多元。公司在沿边地区和沿海地区设立了 7 个经贸分公司。

1993 年，加工业迅速发展，加工各种罐头 31 万瓶，山野菜软包装 7 万袋，织袜 27 万双，刺绣 1567 套，加工副食品 84 吨，糖果 10 吨，加工饲料 443.5 吨。全年出口材完成 3000 立方米。采集山野菜 410 吨，可创收 20 万元。

1994年，伊春市小兴安岭森林节家具展销会、经贸洽谈会期间，签订国内外经济技术合作项目合同、协议和意向23项，签约总额20456万元。与国内外签订贸易合同82份，贸易总额16256万元。展销会中心展厅商品零售17万元。

1995年，参加了市政府组织的哈伊联谊会、哈洽会、亚冬会展销。共签订国内外经济技术协作与经贸协议17份，总签约额5020万元。

1996年，木制产品年生产卫生筷子32000箱，桦木筷子50000把，木衣夹7 000万对，实木门2000件，家具42500件。地方工业年生产：多功能旅游桌8800套。铅笔板527780摞。活性炭100吨。多种经营年生产：果仁25吨，罐头35万瓶，采集山野菜961吨，山野果144吨。

1997年，五营林业局非国有经济发展较快，中植企业集团经过几年的发展，成为全市第一家由乡镇企业组建起来的跨地区、跨行业、跨所有制和跨国经营的国家级乡镇企业集团和国家大二型工业企业。它的快速发展极大地拉动了本区地方企业、乡镇企业及私营企业等非国有经济的发展。地方工业年生产多功能旅游桌8900套，百叶箱1000个；多种经营年生产果仁24吨，罐头30万瓶，电线240千米，采集山野菜970吨，山野果140吨。

1998年，积极参加哈洽会、森林节和京展会，共签订20个合作贸易项目，签约总额达18895.73万元。

为纪念林区建设50周年，市委、市政府决定在北京隆重举行小兴安岭家具展销会（简称京展会），在京展会期间，五营林业局共签订5个合作贸易项目，签约额达3994.7万元。

1998年五营区国内外贸易统计表

表10-4-1

单位：万元

序号	商品名称	合作对方名称	国外贸易					国内贸易		
			贸易方式	进口或出口	数量	单位	金额	数量	单位	金额
1	木材	供方：五营林业局	—	—	—	—	—	331	170	381
需方：南京木材公司	—	—	—	—	—	15000	M3	699	191	384
2	原木	供方：五营林业局	—	—	—	—	—	325	200	400
需方：津龙林产品供应站	—	—	—	—	—	25000	M3	1138	186	394
3	桦木筷子	供方：五营木制品厂	—	—	—	—	—	331	192	400
需方：韩国志淳商社	现汇代理	出口	10000	M3	80	10000	箱	80	208	670
4	都柿果酒	供方：五营平原罐头厂	—	—	—	—	—	620	240	730
需方：沈阳康阻宏公司南京超级市场	—	—	—	—	—	11000	箱	330	213	806

续表10-4-1

单位：万元

序号	商品名称	合作对方名称	国外贸易					国内贸易		
			贸易方式	进口或出口	数量	单位	金额	数量	单位	金额
1	果酒	供方：五营平原罐头厂	—	—	—	—	—	331	170	381
需方：河南省郑州市泰源副食品有限公司	—	—	—	—	—	450	吨	200	191	384
2	山野菜	供方：五营平原罐头厂	—	—	—	—	—	325	200	400
需方：大连国际商贸发展公司	—	—	—	—	—	300	吨	360	186	394

续表 10-4-1

序号	商品名称	合作对方名称	国外贸易					国内贸易		
3	木材	供方：五营林业局	—	—	—	—	—	331	192	400
需方：沈阳大连木材公司	—	—	—	—	—	5000	M3	280	208	670
4	林蛙油保真饲料	供方：五营林业局	—	—	—	—	—	620	240	730
需方：哈市中医医院	—	—	—	—	—	200	万瓶	800	213	806

1999 年，加大内引外联工作，招商引资 4 项，引资总额达到 1505 万元，木制品家具新产品获得 17 项奖励。

2001 年，制定《关于进一步加强固定资产出租管理的通知》。对木制品厂实行零价出售、债权债务及在册职工全部由买方接收；对改制企业建立了 36 户企业档案，注销了挂靠林业局的营业执照 30 户。撤销关停、出售等改制类型企业 21 户。

2002 年，组织企业参加哈洽会、赴浙闽经贸考察活动。在哈洽会上，五营区（局）在贸易项目上达成意向协议、签合同共计 1.3 亿元，被市政授予优秀成果奖；雪源饮品有限责任公司、丰林山特产品有限责任公司被授予优秀展品奖。

2003 年，引进科力奥生物工程有限公司、伊春市远东电子工业公司、伊春市双玉兔业有限公司、伊春市五营区红旗电缆电线厂等企业落户五营。

2004 年，组织参加天津春交会、上海外商投资项目洽谈、广交会、哈洽会、赴珠江三角洲暨浙、鲁、辽、沪招商活动等经贸活动，共签订经济技术合作合同 5 项，合同金额 5600 万元；签订合作意向 12 项，意向金额 3.8 亿元；签订贸易合同 17 项，贸易金额 2.3 亿元。截至 2004 年 11 月，五营区（局）实现外贸出口 16 万美元。

2005 年，五营区（局）全年实现外贸出口 50.3 万美元；五营区经科贸委对森远木业、福林木业、中艺公司、鑫源公司等进出口企业协助并进行外贸资格证书年检工作；为长瑞纸业办理了铁路运输重点保障企业证件，为林城野生食品有限公司无偿提供上网报关业务、为忠芝集团申请技术改造专项资金 50 万元等。

二、招商引资

1991 年，与加拿大美德有限公司，合资兴建了饲养毛丝鼠厂，引进种鼠 800 只，引进外资 22 万美元，合人民币 117.7 万元。1992 年，中外合资企业伊美达毛丝鼠养殖有限公司，年产仔鼠 760 只。

1993 年，伊春“93 年小兴安岭森林节”期间，五营区共洽谈项目 33 项，合同金额 4185.8 万元。其中经济技术合作项目 10 项，包括科研 2 项、技术引进 4 项、合资 3 项、租赁 1 项。签约金额 10403 万元。

1994 年伊春市小兴安岭森林节家具展销会、经贸洽谈会期间，引进资金 9890 万元。

1995 年，参加了市政府组织的哈伊联谊会、哈洽会、亚冬会展销，参加了烟台及香港的招商引资活动。共签订国内外经济技术协作与经贸协议 17 份，总签约额 5020 万元，木制品厂与韩国成林商社签订了合资扩建卫生筷子项目协议、伊美达公司与加拿大外商签订了租赁经营合同。

1996 年，中外合资的蓝剑木业公司改由中植企业集团承包经营。木制品厂嫁接改造成中韩合资顺安木制品有限公司，促其增产增效产品出口创汇。木制产品年生产卫生筷子 32000 箱，桦木筷子 50000 把，木衣夹 7000 万对，实木门 2000 件，家具 42500 件。

1998 年，参加“哈洽会”、森林节和京展会，引进资金 1993 万元。

1999 年，加快产业、产品结构调整，加大内引外联工作，招商引资 4 项，引资总额达到 1505 万元。

2001 年，制定出台了《五营区招商引资目标管理责任制》《五营区鼓励外来投资优惠政策》和《五营区招商引资奖励办法》。

2002 年，引进河北保定蒲城纸业等 8 户外来投资企业，引资额达 1920 万元。

2003 年，招商引资额 5330.3 万元。

2005 年，五营区（局）共引进东北虎园建设项目、翠宏山铁矿开采及选矿项目、鑫盛铅锌矿采选、大黑顶山旅游建设项目和宏远铁矿采选等 5 个项目，引进到位资金 3300 万元。

忠芝集团参加“哈洽会”图

第十一篇 旅 游

伊春市五营森林生态旅游区域，位于黑龙江省小兴安岭南坡腹部，汤旺河中上游，行政区划隶属于伊春市管辖，距伊春市57公里、省城哈尔滨市450公里。

五营区的旅游业蕴含着优势，它依托的森林、河流、湿地、清泉、怪石等旅游资源。五营森林公园于1990年创办。1993年，被林业部批准为国家级森林公园，其又以原始红松品牌在全国旅游风景区中闻名，并成为五营区（局）的支柱产业。2001年五营区被黑龙江省政府确立为全省唯一的森林生态旅游示范区，作为伊春市旅游开发的龙头。同年五营国家森林公园评为全国文明森林公园，翌年，五营森林公园又以强劲的实力跨入国家AAAA级风景名胜区行列。于是丰林自然保护区、五营森林公园就成了一双耀眼的明珠闪烁在小兴安岭上，也成为令人向往的旅游胜境。

2002年，翠北湿地自然保护区创建。2001年、2004年“两漂”（丰林河漂流、汤旺河漂流）先后“启航”接待游客。2005年4月19日，经黑龙江省森工总局批准，兴建黑龙江省伊春大黑顶山森林公园，它与自然保护区、五营国家森林公园形成三足鼎立之势。

第一章　公园　生态园区

第一节　五营国家森林公园

一、公园简介

五营国家森林公园，位于五营区址北 17 公里处，丽丰经营所辖区内。占地面积 14141 公顷，园内山俊林茂，古树参天，动植物丰富，为天然森林公园和自然博物馆。登塔远眺，万顷碧涛，及入眼底；目睹佳境，湖水泛舟、碧波荡漾；林内耳闻，百鸟争鸣、美丽动听……总之，公园山奇、林密、松茂、水秀、湖美、桥曲、塔巍……犹如美丽的山水画卷。五营国家森林公园山光水色奇异，季相景观富于层次和变化，一年四季皆有“灵性”，春有春情，夏有夏意，秋有秋韵、冬有冬味。春来，山花烂漫、鸟语花香、峰青峦秀、翠谷幽深；夏到，绿树成荫、松涛滚滚、清风徐徐、空气怡人；秋时，色彩斑斓、果木飘香、松塔满枝、兽肥鸟健；冬日，冰封雪飘、银装素裹、苍松负晶、山野益茫。

五营国家森林公园森林植被十分丰富，包括针叶林、阔叶林、针阔混交林。植被垂直分布特点：高山徒地为针叶纯林，平缓地带为针阔混交林，其中针叶树占 80% 以上；水平分布特点：大部分为针阔混交林，在公园东南部有部分纯红松林分布。据不完全统计，公园的野生动植物共有 113 科 568 种。主要有红松、云杉、冷杉、落叶松、山杨、青杨、白桦、椴树等。公园内红松平均年龄 220 年，最大树龄 500~600 年。树高可达 37 米。

五营国家森林公园旅游资源独特，生态环境优越，保持着最原始的自然古朴风貌，尤其保存着原始的动植物群落，有红松、云杉、黄菠萝、胡桃楸等针阔叶树木 170 多种。郁郁葱葱的树木千姿百态，红松古木高大，雄姿挺拔形成苍翠、幽深、神奇的森林海洋。

五营国家森林公园生长着人参、刺五加、五味子、黄芪等 300 多种中草药材；有山葡萄、蓝莓、榛子、松子等山野果；蘑菇、木耳等山珍；刺嫩芽、蕨菜等山野菜。还栖息着鹿、熊、狍子、山兔、飞龙等 200 多种猛兽珍禽。

五营国家森林公园已相继建成并对外开放的自然景观和人文景观有松乡桥、观涛塔、森林小火车、鸟语林、天赐湖、杜鹃园、森林浴场、虎啸山、黑瞎岭、动物观赏园、原始林山庄、园中园娱乐中心、绿野仙居、购物中心、植物标本室等。为伊春森林生态旅游龙头产业奠定了基础。

五营国家森林公园，已成为以红松原始林生态旅游为品牌，闻名国内外的重点旅游区；它集生态旅游、度假疗养、休闲娱乐、科普教育等为一体的公园，深受国内外游人高度赞誉。公园自建园以来，接待贾庆林、蒋正华、许嘉璐、彭珮云等国家领导人和国内外的游客达 27 万人次。伴随着人们回归大自然心态正兴，五营国家森林公园这颗小兴安岭上耀眼的明珠已成为人民向往大自然的独特胜境。公园生态平衡、环境优美、四季宜人、设备配套，是难得的旅游胜地。2000 年被评为省级文明森林公园；2001 年被国家林业局评为全国文明森林公园；2002 年通过 ISO 9001 服务质量体系认证，并以强劲的实力跨入国家AAAA级风景名胜区行列；2003年获得全国旅游行列“青年文明号”、黑龙江省文明风景旅游区荣誉称号。

二、景区类型

五营国家森林公园旅游资源包括两个景系：自然景系和人文景系。根据《中国旅游资源普查规范》（1999修订稿）中的分类体系，经过调查，五营国家森林公园旅游资源可分为6类28型基本景观。

（一）地文景观

有一般山地景型、探险山地景型、洞穴景型3种。

（二）气候、生物景类

有原始植物群落景型、野生动物生息地景型、空气景型、冰雪景型、雾景型、气候景型、风景林景型、观赏花草景型、游嬉渔猎地景型9种。

（三）水文景类

有风景河流景型、湖泊景型、泉景型3种。

（四）现代人文吸引场景类

有动植物景型、产业旅游地景型、景观建筑景型、购物旅游地景型、展览馆景型、健身康体设施景型、娱乐设施景型、雕塑景型、土特产工艺美术景型9种。

（五）历史遗产景类

有历史纪念地景型、革命纪念地景型2种。

（六）抽象人文吸引场景类

有民间传说，历史寻踪景型2种。

三、景区景点开发建设

兴建于20世纪80年代初的红松种子林，1993年，被林业部批准为国家级森林公园。五营国家森林公园山腹林茂，按照总体规划，把重点建设投放到森林公园的基础建设、服务设施等工程上。观涛塔破土动工。同年又建松乡桥、购物中心。1997年，建杜鹃园、绿野仙居，开辟黑瞎岭、虎啸山。1998年建天赐湖、鸟语林、森林浴、设置森林小火车；1998年、1999年、2000年，先后邀请北京大学、东北林业大学、黑龙江省城市规划勘测设计研究院对五营区森林生态旅游建设和发展方向做了详细的总体规划。

2000年，五营区（局）资金匮乏，景区（点）建设资金采取自筹、社会筹集、向上争取等业务渠道进行筹措，共引进资金96.25万元。新建景点两处、扩建1处。公园已粗具规模的景点有6处：购物中心、观涛塔、天赐湖、鸟语林、射击场、森林浴场。公园已形成可日接纳2000多名游客以及接待300人就餐，500人住宿的建设规模。还刷新了公园的全景图示、指路标示、警告牌、服务区牌示、树木牌示，对不规范、不合标准的全部进行更换。同时又对鸟语林进行修整，共运出土石方120多立方米，油漆刷新房屋260平方米。在公园内新建6座水刷式环保厕所。截至2000年对森林公园开发建设投入已达1200万元，初步达到与国际旅游标准接轨的要求。

2001年五营区又被省政府确定为森林旅游示范区。二次开发森林蒸汽小火车和黑熊岭、虎啸山景区，完成五营森林公园标准化建设，成为“伊春——21世纪森林生态旅游胜地”的典范，完成9项改扩建工程：湖坎体改建任务全面完成，湖底清理、加宽并延长水泥台阶，整修沿湖游道坎面升高等工程项目；完成对森林公园大门的改造工程，把大门陈旧与园不协改造更新，并突出特色，美化了门面，工程较快完成；维修鸟语林，使鸟语林焕然一新；对公园餐厅进行改造200平方米；对公园主楼内部进行全面维修；重新铺设主楼前平台水泥块800平方米；恢复了森林公园部分裸露沙地的植被；新建观涛塔景点的景观3处；更新和新增各类标志牌147块，9项工程投资近300万元。还兼顾软件建设，购置微机、复印机各一台；照相机、摄影机各一套，并设计五营旅游网页以及办公所需设备。此外，对旅游产业链条建设的“吃住行导购娱”6大环节，在行的环节上购置大巴车2台，电动观光车5台。

2002年，维修少奇号小火车；改造森林浴、园中园娱乐中心、原始林山庄、绿仙野居、动物观赏园5个景点，拆除有视觉污染或不合理资源6处。在设施设备上购置游园电瓶车10台，旅游信息触摸屏1台，建环保型厕所10个，还加大了创建精品景点力度，重点进行了标本室、绿野仙居、黑熊岭景点的扩建工程，提高了旅游项目的品味，延长旅游者在景区（点）的停留时间。

2003年，重点铺设森林公园虎啸山游道2726米，铺设公园循环条石路17000延长米，建公园环园路两侧绿地30000平方米。还修建了停车场服务区、绿野仙居至天赐湖游道和黑熊岭游道以及完成旅游线路路面等一批基础设施工程。

2004年，投资20万元，新建观涛塔至天赐湖1200延米的游道和长60米的1座吊桥及黑熊岭景区1000延长米游道。又增设了老爷府狩猎文化观赏区；新开发明代古树观赏、摄影景点，并修建和完善其步道、以增加游客的游园兴趣、延长游园时间。同时，又调整了游园线路，实行循环接力车服务。

2005年，浙江天松集团接管经营森林公园，新购进园内游人游览用电瓶车8台，建停车场1500平方米，建游客服务用房4000平方米，改建公园大门，同年完成20%工程，还购进景区员工通勤车1台。

五营国家森林公园景观点十处，主要集中在森林公园生态游览区内。

（一）松乡桥

松乡桥，雅名“松乡桥影”，1994年建造，位于公园大门东南，全长260米。它随地形变化建造，蜿蜒地伸向远处的一座钢筋混凝土曲桥，其横跨山谷，造型美观雅致，具有多种几何图形的园艺手法。此处红松高峻挺拔，长桥曲折，优雅宁静，曲径通幽，别有一番情趣。桥上三不既能体味原始森林的壮观宏伟，又能观赏深谷的微妙。同时，可亲眼看见高30米以上、树龄达400~500年的古老红松。

（二）观涛塔

观涛塔，雅名“流云飞塔”，位于公园的东南端，和天赐湖相连。其乃人文景观，公园之制高点。1993年破土动工，1994年建成，它坐落在海拔400米高的山顶，钢铁结构，造价百万元。基础深5米，塔基宽12米，塔身高46.8米，它拔地而起，巍然耸立在高山之巅。若沿螺旋式阶梯登攀塔顶，举目远眺，豁然开朗，林海波涛，尽收眼底。

（三）森林小火车

森林小火车景观，位于公园大门西侧，1988年开发，这列小火车造于20世纪40年代，是林区开发初期的主要运输机车，在小兴安岭穿梭近20年，它的功劳和贡献是不可磨灭的，当年就是这些小火车把建设祖国的栋梁之材运往山下。同时，森林小火车也是林区开发初期建设者们功不可没的见证和一座丰碑。坐上小火车环绕园内一周，既可观赏原始森林景观，又可体味小兴安岭开发初期建设者的心情。1961年7月23日，刘少奇同志亲临五营视察，就是乘坐这列小火车进入深山丰林河林场视察工作和慰问采伐工人的。为了纪念这位伟人入深山慰问一线工人和视察工作，这列小火车被命名为“少奇号”机车。

（四）鸟语林

鸟语林，雅名“百鸟争鸣”，位于公园东南部，观涛塔以北。1998年建，总面积4800平方米，长120米，宽40米。四周由20米高的钢柱围成，中央由两根30米高钢柱擎起尼龙网与周围的铁丝网构成巨大的樊笼。笼内树种多样，众鸟嬉戏、啼鸣，故名鸟语林。鸟语林内树种很多，光照、温度、湿度等气候均有不同，给各种鸟类创造了各异的生存环境。栖息在鸟语林内小兴安岭的各鸟有苍鹭、白鹳、豆雁、松雀鹰、细嘴松鸡、毛腿沙鸡、大杜鹃等17目，42科、220种。鸟鸣悦耳，别有情趣。

（五）天赐湖

天赐湖，雅名“天赐碧水”。位于公园最南端，建于1998年，湖面5万平方米，水深约5米。由数眼山泉和多条溪流汇集而成，湖水清澈透明。夏季湖水含绿，山水相连，青山倒映。湖水从130米长湖坝上流过，形成水帘，翻花洒珠。在坝的另一侧形成人工瀑布。湖面分为碧水泛舟、浅滩游泳、平台垂钓、湖滨野炊等小区。碧水泛舟备有碰碰船、脚踏船、可为游人游览湖光山色提供服务。浅滩游泳为游人游泳提供了群山环抱的清澈水面，游在湖中给人一种无比愉悦的快乐。平台垂钓，备有齐全的钓鱼用具和设施。湖滨野炊设在湖岸和湖畔中的20间木屋，给游人提供了野炊场所，并备有野炊餐具和食品，在此野炊可使游客真正体会到回归大自然的感受。这里是观赏山、林、水、天、云景观的佳境。

（六）杜鹃园

杜鹃园，又名“杜鹃山林”，建于1997年。位于公园东部，与公园主楼相继3000米。面积为20000平方米。兴安杜鹃是小兴安岭早春花卉里重要一员，称它为兴安报春花。春来，万千花朵争香斗艳，游人沿园步道漫步，呼吸新鲜空气，目视花海，香气扑鼻，使人陶醉，流连忘返。

（七）森林浴场

森林浴场建于1998年，位于主楼3000米处，与杜鹃园相对。面积为20000平方米。浴场内设有帐篷、吊床、桌椅、是游人沐浴大自然的最佳之处。这里春天冰雪消融、暖风习习；夏季树翠风清、绿草茸茸；秋来金风送爽；冬到银装素裹。这里空气含氧量高，植物芳香；负氧离子含量充足，清心洗肺、清除疲劳、排除烦躁、神清气爽；这里环境幽雅宜人，空气良好，集休闲、游乐、保健于一体。

（八）黑瞎子岭

黑瞎子岭，位于公园东部，与杜鹃园相对。1997年开辟。这里曾是黑瞎子蹲仓的地方（蹲仓就是黑熊冬眠于较大的树洞里越冬），建园前常有黑熊子在此出没，故名黑瞎子岭。此处山峰陡峭，怪石嶙峋。奇形怪状的岩石，状如各种动物，或矗立，或盘卧。这里的“始祖崖”崖态古老，令人思古；“蛤蟆石”，状如蛤蟆，栩栩如生；“鲸鱼头”，形似鲸头，活灵活现；“一线天”入岩缝内，观天一线。走进黑瞎子岭，犹入奇境，奇趣横生。

黑瞎子岭图

（九）石虎山

石虎山，又名“虎啸山”，1997年开辟。位于公园东端，占地5000平方米。山体陡峭，嶙峋的怪石突兀于山峰之上，被称为峰上峰，几株红松树干通苜、挺拔，巍然地盘活在岩石之上。登上山顶，寒风袭人，使您体会到，松的顽强、崖的伟岸。半山岩石上，人工雕塑的两只猛虎，宛若引颈怒吼，栩栩如生。通向呼啸峰的林间小径，有数段跳石塘，各色怪石卧于原始森林之间，拟人、拟物，充满神秘感。

（十）绿野仙居

绿野仙居是五营国家森林公园的一个精品景点，建于1997年。位置南达天赐湖，北通游览中心，东北与观涛塔毗邻，西北与森林小火车终点接壤。由北向南桥与游道相间布设于密林之中。游人漫步

森林公园一角

长桥步道，可尽赏松林美景。这里空气清新、草芳鸟鸣，浓荫遮地，环境幽雅。凉亭、茶园更是游人歇息、品茶、赏景亮点。仙居景点内设别墅，更堪游人夜宿佳境。绿野仙居是一个大景点，大景点又含小景点，这些小景点分别是：纪念品商店72平方米，猎人居12平方米，无忧居24平方米，陶然亭25平方米，凉亭7个，林中别墅52平方米，茶园20平方米。还有辅助设施木制桥250延长米，绿野仙居步道140延长米，绿野仙居至天赐湖游道1 500延长米，吊桥50延长米。纪念品商店，可供游人购买各类纪念品，猎人居、无忧居可供游人停步歇息之居处；陶然亭、凉亭、茶园可供游人小歇之佳点；林中别墅可供游人夜宿林中。

第二节　五营大黑顶山森林公园

一、公园简介

五营大黑顶山森林公园，位于黑龙江省五营林业局平山经营所施业区内，隶属五营林业局，是2002年经黑龙江省森林工业总局批准，并于2005年4月更名批建的省级森林公园。2004年启动筹建。地理位置：北纬47° 08′ 57″ ~48° 45′ 54″，东经129° 09′ 48″ ~129° 20′ 56″。距五营区址25公里。大黑顶山主峰海拔1047米，区域面积12098公顷。其中核心区开发面积2362公顷，保护区面积3736公顷，缓冲区面积6000公顷。是以云冷杉为主的原始森林。其以青山耸峙、俏石玉立、森幽林茂、沟系交错、石塘众多、绿水萦回为特点。因林貌相同、地形相似、植被一样，在密林中令人东西不分，南北不辨，被称为“森林迷宫”。欲进“迷宫”，本地人莫敢入，外来人望而却步，只有随向导，方敢涉足。又因冷湿气候，林暗潮湿，多生苔萝，大黑顶山森林环境特殊，成为伊春中部山区阴晴冷暖的“晴雨表”。较周边地区相比，其地域冬天雪大寒冷，夏雨多阴凉，对维持伊春中部区域生态平衡起着一定作用。

二、景区类型

大黑顶山森林公园生态旅游资源特征：以高山云冷杉原始林景观为主要特点，以山石、清泉、森林生态佳境为主体，可分为四大类：

（一）地文景观类

1. 山峰

大黑顶山森林公园地处小兴安岭腹地，为低山丘陵地带，多无名山。大黑顶山主峰为区域最高峰（海拔1047米），亦为小兴安岭中北部最高峰，山峰奇特险峻，人迹罕至。峰下低丘陵起伏跌宕，绵延不绝。

2. 奇特与怪形岩石

在攀登大黑顶山的过程中，沿途巨石横卧、怪石嶙峋，有的似金蟾，凝望游人；有的如猛虎，威风凛凛；有的像黑熊，憨态可掬，令人遐思凝想，美不胜收。

3. 石崖群

在大黑顶山峰顶下1000米处，散布着十多处天然石崖。这些石崖大小不一,千姿百态。大的周长有数百米，小的也有几十米。有的似扬帆起航的巨轮，有的像天然巨型蘑菇，有的如石门洞开，景色十分奇特。

（二）水域风光

1. 河流

公园内的主要河流为汤旺河支流五营河，由高山泉水汇集而成，在公园内由南向北贯穿。河水水质清澈甘美，富含多种矿物质，河流依山就势蜿蜒前行，最后汇入汤旺河。

2. 湖泊

在172林班10小班处，有两条五营河支流汇集于此，水资源十分丰富，俗称“两山夹一河”，此处有一人工湖——黑山湖，风光秀美，垂钓其中，既可体验其中乐趣，又可在群山环抱中，欣赏湖光山色，陶冶情操，愉悦身心，享受大自然的恩赐。

（三）生物景观

1. 森林

大黑顶山森林公园森林资源十分丰富，茂密的森林中，生长着众多的参天古树。主要有：云杉、冷杉、樟子松、白桦等。森林景观主要有高山徒地云冷杉针叶纯林、平缓地带针阔混交林、河谷地带阔叶混交林。

2. 民有林

在公园的入口处，有一片三代人工民有林，乔木、灌木、林下植被和谐生长，最高一层树高可达10米，层次结构十分清楚，特色鲜明，景观十分优美。

3. 古树名木

在攀登大黑顶山过程中，原始云冷杉混交林，尚未受到人为活动干扰，其中有多株古树有的同根而生，有的交错而长，树形美观，树龄可达500年以上。

4. 野生动物栖息地

广阔茂密的森林环境为野生动物提供了理想的栖息地。森林内栖息着猞猁、黑熊、马鹿等众多野生动物，其中包含着许多国家重点保护动物。这是进行野生动物观赏和科研等活动的理想境地。

（四）寺庙

在大黑顶山公园的东北部，距五营区址3千米处有1座北菩提寺，充分利用原有影响，扩大其知名度，可吸引更多的偏爱宗教文化的旅游者。

三、景区景点开发建设

（一）响水溪

景区中部的1条小溪，源于高山泉水，因落差大，水流湍急，时时发出似大风的响声，故以此命名。该溪水两岸景色独佳。

（二）龙潭鱼影

在响水溪上部，有一些天然潭水，清澈透明，引进冷水鱼，形成“潭水观鱼”美景。

（三）兴安第一泉

此泉水是高山顶上的泉水流入地下，在山腰处涌出，夏季时水可涌出4~6米高，非常壮观美丽。

（四）石崖独秀

在大黑顶山峰顶步道旁，有10处石崖群组成1组怪石群，形态各异，有的还可攀登，向上可直达顶峰。

（五）水帘幽洞

这处石崖有一个天然石洞，崖下有泉水涌出，将水引向石崖上形成水帘幽洞。

（六）黑松林

在大黑顶山区域，有一条自下到山顶的云冷杉林，茂密参天，树根裸露，攀枝错节，非常有欣赏价值。

（七）同根姊妹树

二树同根，胸径有 40 厘米，非常奇特，泉水又从树根地下流走，形成地下河，更添一层幽静。

（八）火牛阵

位于大黑顶山脚下，有千姿百态的卧牛石形成一个气势庞大的大牛阵、车马无法通入。

（九）四方览胜

大黑顶山主峰海拔 1047 米，山峰独特险峻。当游人来到山顶，俯视峰下低山丘陵起伏跌宕，绵延不绝。登高远眺，或观日出，或看日落，或望山川，使心胸开阔，荡涤一切杂念，是游览不可多得的理想之境。

（十）玉轮岭

可称之为秀美之岭，有金蟾石、仙车岩、拴马柱等景观，入此境。山之秀美，可让人赏心悦目。

第三节　翠北湿地保护区

2002 年 9 月，被林业部批准为省级湿地自然保护区。所用办公室非投资性兴建，由翠北林场拨给 200 平方米现成房舍。林业局投资 5 万元进行划界标界工程之用，标界工程总面积 31638 公顷。直至 2005。

翠北湿地保护区位于五营区的西北部，与友好区毗邻，该保护区地理坐标：北纬 48° 22′ 41″~48° 31′ 33″，东经 128° 26′ 37″ ~128° 53′ 12″。保护区总面积为 31638 公顷，其中，核心区为 19239 公顷，缓冲区 6183 公顷、实验区为 6216 公顷。是西玛鲁河和库尔滨河的源头，区内河流纵横交错，湖泊星罗棋布，是我国北方较高纬度地区具有代表性湿地类型，该区是红松阔叶混交林、针叶林交错地带，包括森林沼泽、草本沼泽、泥炭藓沼泽，水生植被和沼泽化草甸，称小片和岛

翠北湿地风光图

状分布。该保护区位于小兴安岭北坡。其显域性植被是红松阔叶混交林，明亮针叶林交错地带为该地区隐域性植被。

保护区湿地可分四大类：森林沼泽、灌丛沼泽、草丛沼泽、藓类沼泽，湿地面积占保护区总面积的70.24%。按土地资源现状分：森林面积31247.19公顷；灌丛330.72公顷；草甸及沼泽46.56公顷；水域13.53公顷，形成既有森林生态系统特征，又有湿地生态系统特征的独特的生态系统，具有典型代表性和极高的科研价值。

独特的自然条件蕴藏着丰富的野生动植物资源，经调查该地区有鸟类164种，其中之一国家Ⅰ级保护鸟类有3种（丹顶鹤、中华秋沙鸭和金雕），国家Ⅱ级保护鸟类有大天鹅、鸳鸯、凤头蜂鹰、苍鹰、黑熊等29种；兽类有37种，其中，国家Ⅰ级保护物种有紫貂、Ⅱ级保护兽类有棕黑熊、猞猁、青鼬、水獭、雪兔、原麝和马鹿9种；保护区有高等植物1112种，其管束植物103科337属909种，占高等植物总数的81.7%。其中，被列入国家Ⅱ级重点保护的植物有钻天杨、北方黑三棱等13种，被列入国家Ⅲ级重点保护植物有黄菠萝、核桃楸、紫椴、水曲柳、红松、刺五加和野大豆等。

第四节　沿河公园

2005年5月，五营区（局）投资350万元，兴建五营沿河公园116000平方米，铺彩色砖人行道1170米，并依人行道修车行道水泥路960米。人行道和车行道宽各4米。

沿河公园是五营区发展旅游业格局的“四园”之一（两森林公园、一科普园、一沿河公园）。是五营小镇重要组成部分和一道亮丽的风景线。沿河公园是1条线公园，重在这1条线上做文章。沿河公园的全线是区府所在地东南西三面环水形成门字型曲线长达4 800米。除全线堤坝上铺设水泥板步道，并安装路灯外，在重点地段放置休闲坐木。

此外，与健身广场斜对过（医院门诊大楼东侧），隔道相对的绿地工程也是沿河公园配套设施的组成部分，除施土种草还要建亭、设廊、植树，绿地备土工作也在同年启动。

2001年，黑龙江省委、省政府授予五营区“卫生文明城镇”荣誉称号。

2005年6月，黑龙江省人民政府授予五营区为“平安五营”荣誉称号，同年，五营区又被评为省级文明城市建设先进区。

第二章 旅游设施

第一节 餐饮住宿设施

一、餐饮设施

自 1993 年以来，坚持根据景区、景点需要进行设置。2000 年，设有 1 家餐馆，又根据游客的规律多游在景区、景点，吃住在林外，对吃住问题，重心放在五营镇区，充分利用已有条件为旅客提供食宿服务。即为旅客提供食宿条件，也为业主效益开通渠道，促进民营经济的发展。2004 —2005 年，各类餐馆 162 家，可提供餐位 3 000 个。

二、住宿设施

旅游住宿服务设施，根据游人游在林内、住在林外特点，把住的重心放在镇区，利用固有的住宿条件。2004—2005 年，镇区内五营宾馆、中植大厦、铁路公寓、电业招待所、松源招待所、忠芝酒楼、丽丰度假村等 14 家馆所，可提供标准床位 1200 张。

第二节 交通通信设施

一、公路

2000 年，南有 204 省道与国道哈伊公路、鹤伊公路相连接，进入国内公路网体系；东北距国家级嘉荫口岸 150 公里；乘车到伊春市区和省城哈尔滨市分别需要 40 分钟和 5 个小时。2003 年，修建五营区址至五营国家森林公园高等级柏油公路 17 公里。

二、铁路

有铁路线与哈尔滨、佳木斯相通，每日有三趟客运货车停靠五营火车站。

三、通讯

1993 —1998 年，通讯机构有五营邮电局 1 家。

1998 —2005 年，先后有中国网通、铁通、联通、移动、电信 5 家通信机构成立。

第三节　购物娱乐设施

一、购物设施

2004 —2005 年，旅游区域内外有大小商铺 594 家。其中食品零售 306 家，日用百货 21 家，旅游纪念品 11 家，林木产品 30 家，山特产品 15 家，其他 211 家。

二、娱乐设施

2004—2005 年，全区大中小娱乐场所有 72 处。

第三章 旅游市场

第一节 客源市场

1993—2005 年，五营区的旅游业划分为三级体系，一级客源市场为伊春区域范围内的居民。旅游者可以利用节假日到五营景区观光、休闲。是景区稳定的客源市场，消费水平较低。二级客源市场为黑龙江省东部佳木斯市、鹤岗市、双鸭山市，北部大庆市、齐齐哈尔市，南部哈尔滨市市域范围内的城市居民，拥有交通便利优势，是五营旅游景区近、中程客源市场。旅游者可以利用周末、节假日到景区休闲度假、观光旅游、运动健身，可停留 1~2 天。二级市场消费水平较高，是景区最具开发潜力的客源市场。三级客源市场为黑龙江省其他地区及省外中远程大中城市居民以东部省区为主，包括少量入境旅游者。与伊春市有业务往来的工商企业者和科技工作者是主要旅游群体，以商务差旅、观光和科研考察为主要形式，停留 1~2 天，消费水平高。

第二节 旅游项目

1993—2005 年，根据五营森林生态旅游示范区的旅游资源，该旅游区的项目可分为 10 大品系 48 个类型。

科学品系：山地森林、湿地科学考察。

森林观光品系：野生动物、原始红松林、针阔原始林、野生杜鹃观赏，形象奇石区游览、观天象、湖泊观光、原始林探险。

森林度假品系：森林蜜月游、森林避暑、周末度假游。

森林购物品系：木制工艺品、森林绿色食品、集邮珍藏、森林旅游文化衫、森林植物标本。

森林修学品系：大中院校学生实习基地、森林生物生态科研基地。

森林科普品系：森林科普、生态环境教育、学生夏令营、动物标本室。

康体运动品系：登山探险、山地自行车、水上运动、攀岩运动、渔猎活动。

森林保健品系：康复疗养、森林浴、高血压疗养。

文化旅游品系：林海猎人之家、民俗民风欣赏。

森林工业品系：森林食品工业、木制品生产、营林生产、木材生产、苗木生产、特种养（种）殖（植）业、绿色山特产品加工、矿产开采。

第三节 旅游线路

一、五营镇内游览

区址—综合服务区—沿河公园—科普园。

二、森林工业游览

（一）区址—科普生态园—营林生产旅游点—森林采伐旅游点。

（二）区址—鑫源野生食品加工厂—忠芝木业—远东北药—林蛙养殖（为北药提供原料）。

（三）区址—刨花板厂—铁矿开采。

三、森林观光游览

（一）区址—生态科普园—丰林自然保护区—汤旺河漂流。

（二）区址—丰林河漂流—翠北湿地保护区。

（三）区址—五营国家森林公园。

（四）区址—北菩提寺—大黑顶山森林公园。

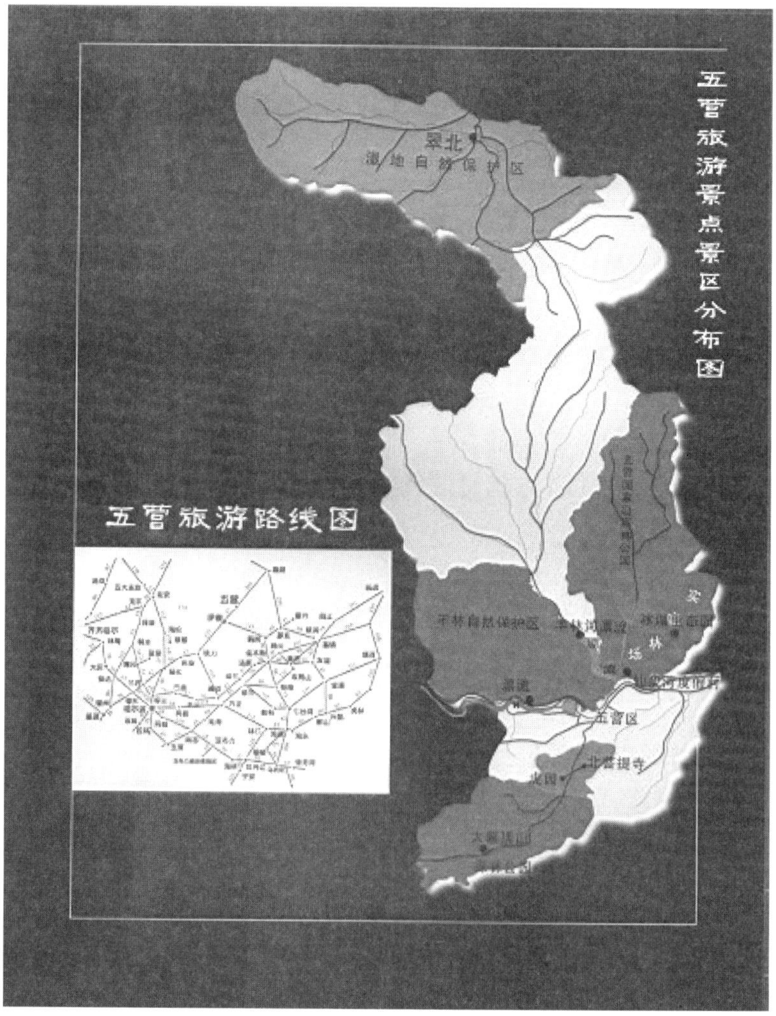

第四章 经营管理

第一节 管理体制

一、机构

五营国家森林公园始建于 1990 年，1993 年由林业部正式批准为国家级森林公园，由五营林业局营林处设公园办公室负责管理工作，配备专职人员 1 人。2000 年，五营区旅游局成立，设局长 1 人，副局长 1 人，办事人员 1 人，延续至 2005 年。

二、经营

1993 —2004 年，经营体制以国营为主体，并有少量租赁、私营。

2000 年，有森林浴场、园中园、动物观赏园和绿野仙居进行租赁。

2001、2004 年，分别有丰林河漂流和汤旺河漂流点私人经营。

2005 年，五营国家森林公园经营权转卖给浙江天松集团。

五营区生态旅游业共有旅游经营企业 3 家：五营林海旅游有限责任公司、五营林海旅行社和浙江天松集团。全区有旅游定点服务单位 7 家：五营宾馆、忠芝酒楼、鑫野野生食品加工厂、雪源饮料有限公司、绿野仙居纪念品商店、天赐湖纪念品商店和中艺商贸有限责任公司。

第二节 旅行社（公司）管理

一、林海旅游公司

2000 年，成立五营林海旅游有限责任公司，是五营国家森林公园、大黑顶山森林公园经营的主体。主要负责景区的旅游接待、宣传促销、场务管理、员工培训、生态旅游教育、卫生管理、环境保护、森林防火、安全管理等工作；向旅游者提供休闲度假、观光游览、登山、划船、娱乐、餐饮、住宿、购物等旅游服务。

2005 年，五营国家森林公园经营权转卖给浙江天松集团，其经营业务移交浙江天松集团。

二、林海旅行社

2000 年，五营林海旅行社成立。是五营区旅游业一家国营旅游营销企业，负责旅游各类促销活动，开发线路、开发市场、提供客源市场咨询、提供导游服务、还负责员工培训、对外宣传等工作。

三、浙江天松集团

2005 年 8 月，浙江天松集团，通过招商引资，买下五营国家森林公园经营权。下设两个机构：天松林海旅游公司，主管经营五营森林公园；伊春丰林河漂流公司，主管经营丰林河漂流点。森林公园和丰林河漂流的经营管理基本上沿袭旧制。五营宾馆接收后，更名伊春天松大酒店，对宾馆投资改扩建，床位由五营宾馆时 136 张增加到 147 张；餐饮接纳，由原宾馆时的 200 人增加到 400 人。

第三节 五营定点服务单位

一、五营宾馆

五营宾馆建于 1977 年，是五营区历来够档次的一家宾馆。1993 年，旅游业兴起就开始承担旅游接待任务，为旅游者提供住宿、餐饮、娱乐等综合服务。经营业务到 2005 年 8 月，有床位 136 张，餐饮可接纳旅客 200 人，同年 8 月后移交浙江天松集团经营。

二、忠芝酒楼（宾馆）

忠芝酒楼建于 1999 年 10 月，忠芝宾馆建于 2003 年，是合二为一的一家经营企业，同在一楼，分酒楼部和宾馆部。酒楼经营餐饮、住宿、洗浴业务，有床位 51 张；宾馆主要经营高间住宿业务，有床位 39 张。

三、鑫野野生食品加工厂

鑫野野生食品加工厂 1991 年建厂。主要经营生产山特绿色产品、饮料、果酒等的厂家，可为旅游餐饮提供食品保障。

四、雪源饮料有限公司

雪源饮品有限公司建于 1996 年。经营业务和鑫源食品厂基本相同，也是经营山特产品绿色食品，生产各种果酒、各种饮料等。为游客提供餐饮服务。

森林公园工艺品展厅

五、绿野仙居纪念品商店

绿野仙居纪念品商店，成立于 1997 年，这是建立在五营森林公园景区内的纪念品商店，经销具有地方特色的各种工艺品。为游人提供购物服务。

六、天赐湖纪念品商店

天赐湖纪念品商店，1998 年建立。是建立在旅游名点的一家纪念品商店。占有优越的地理优势。经营各种木雕工艺品和其他具有地方特色的纪念品。

七、中艺商贸有限责任公司

公司2002年建立。是专门生产工艺品的一家公司，公司厂址在河南苗圃，但所产工艺品却在景区景点畅销。工艺品极具地方特色，全部用天然材质为原料手工制作而成。在开发系列产品圣诞节产品、复活节产品、节日礼品的同时又开发了旅游纪念品产品系列，构成四大系列。旅游纪念品系列生产的手工工艺品为旅游者提供品种多而精美的纪念品。

第四节 旅游队伍管理

1993年，旅游从业人员8人。1997年，从业人员27人。2000年，从业人员达34人。公开聘用10名素质较好的导游员，组织统一培训。聘请市旅游学校的教师进行文明服务、礼貌接待为期一周的专业培训，培训合格后持证上岗。

2001年，五营国家森林公园评为全国文明公园。

2002年，为提高旅游从业人员的业务素质和职业道德素质进行多期培训。

2003年3月，举办为期1周的旅游培训班，对五营森林公园、丰林河漂流点和旅行社从业人员进行培训，内容涉及政策法规、礼貌礼仪、导游讲解、林学基础知识、旅行社业务和ISO 9001服务质量管理等方面知识，学习结束后对学员进行综合考评，并建立个人培训档案，把旅游从业人员培训工作纳入旅游行政管理体系之中，使旅游培训工作更趋规范化、标准化。5月组织导游人员参加市旅游局举办的全市导游人员及旅行社经营培训班；6月组织丰林河漂流点安全员参加市局举办的全市护漂员培训班学习。通过这些培训参培人员合格率达100%。到年底该区旅游从业人员达46人。

2004年，五营国家森林公园获得“全国旅游行业青年文明号”、黑龙江省“文明风景旅游区”荣誉称号。

2005年，为加强对导游人员管理，旅行社重新制定《导游管理制定》《导游人员奖励标准》《导游人员培训计划》等各项规章制定。又聘请市旅游局老师、区营林部门、有关旅游企业负责人，举办为期1周的旅游培训班，培训人员80人。2005年，五营区从业人员达到80余人。

第五节 旅游接待与效益

1993—2005年，生态旅游业，按照五营森林公园和旅游示范区总体规划的安排，旅游景区景点逐步完善和旅游城镇综合服务能力逐年得到提高，生态旅游产业已成规模，旅游接待人数年均以18%的速度递增，促进了旅游经济的推进，拉动了相关产业的发展，对五营区产业结构的调整强区富民，增加了活力。

1993—2004年五营区游客统计表

表11-4-1 单位：万人

年份	游客数量	游客类型				活动方式	
		会议	游览	度假	其他	观光	娱乐
1993	1.8	0.1	0.9	0.6	0.2	1.8	—
1994	2.1	0.2	1.0	0.6	0.3	2.0	0.1

续表 11-4-1

年份	游客数量	游客类型				活动方式	
		会议	游览	度假	其他	观光	娱乐
1995	2.4	0.2	1.1	0.7	0.4	2.3	0.1
1996	2.9	0.3	1.5	0.8	0.4	2.8	0.1
1997	3.7	0.3	2.1	0.8	0.5	3.6	0.1
1998	4	0.3	2.4	0.8	0.5	3.8	0.2
1999	5.3	0.4	3.5	0.8	0.6	5.1	0.2
2000	7.4	0.5	5.5	0.8	0.6	7.2	0.2
2001	9.6	0.9	6.5	1.2	1.0	8.8	0.8
2002	12.0	1.4	7.7	1.7	1.2	10.6	1.4
2003	14.4	1.6	8.9	2.2	1.7	12.3	2.1
2004	16.6	1.9	9.7	3.1	1.9	14.3	2.3

1993—2005 年五营区游客来源统计表

表 11-4-2 单位：万人

年份	游客数量	游客主要来源地			
		本市	本省	国内	海外
1993	1.8	1.3	0.4	0.1	0.002
1994	2.1	1.7	0.3	0.2	0.004
1995	2.4	1.9	0.3	0.2	0.006
1996	2.9	2.2	0.4	0.3	0.012
1997	3.7	2.8	0.6	0.3	0.008
1998	4	2.5	0.9	0.6	0.012
1999	5.3	2.7	1.8	0.7	0.010
2000	7.4	4.4	2.3	0.7	0.013
2001	9.6	5.9	2.7	0.9	0.016
2002	12.0	7.2	3.5	1.3	0.02
2003	14.4	8.4	3.8	2.2	0.04
2004	16.6	9.1	4.3	3.2	0.05
2005	20.01	10.01	5.0	4.0	1.00

1993—2005 年五营区公园旅游经营收入统计表

表 11-4-3

年份	直接收入（万元）	间接收入（万元）	年份	直接收入（万元）	间接收入（万元）
1993	0.5	1.5	2000	36.5	109.5
1994	5.6	16.8	2001	38.4	1152
1995	12.1	36.3	2002	900	2700
1996	17.6	51.9	2003	2016	4320
1997	21.2	63.6	2004	3922	5760
1998	28.9	56.7	2005	5500	11000
1999	32.1	96.3	—	—	—

第十二篇　交通　邮电

1986年以来，五营区的交通和邮电事业，紧跟时代步伐向前发展，不但发展速度快，档次也不断提升。

在交通方面，不仅路畅，行车也给全区人民群众的出行创造了快捷、舒适的条件；在邮电方面也同样，不但通信条件良好，也给全区广大用户提供了过去不可想象的方便、快捷的通信。至2005年，五营区的交通邮电为全区的经济发展、改革开放和人民群众对客货运输与通信的需求提供良好的服务。

第一章 铁路交通

五营铁路交通的发展是和林业局筹建的 1954 年同年起步的。在半个世纪的发展中承担着客货运输的主要任务，为五营区的林业建设和经济发展起作用。五营区的铁路交通又有别于同级地区的铁路交通。五营铁路交通独立机构有管辖双子河至乌伊岭 11 站的五营车务段；有五营车站；有五营站区各铁路交通系统的机务折返段、养路工区、电务信号工区、通信工区、电力工区、车辆检修所、给水所和公安派出所等机构，直至 1999 年。

第一节 机 构

一、五营车务段

1962 年，五营车务段始建，正科级单位，当时隶属南岔铁路办事处，翌年归属佳木斯铁路分局管辖。1986 年，五营车务段所辖 11 站。五营站为三等站，双子河、友好、红山、卫国、五星、红星、新青、汤旺河、东汤、乌伊岭各站为四等站；为客货兼营站。1987 年，党群机构设有党委、纪委、工会、团委。行政机构设有技术室、调度室、安全室、人事室、教育室、财务室、收入室、总务室 8 个职能室。全段有职工 475 人，工人 430 人，干部 45 人。

1991 年，党群机构仍设党委、纪委、工会、团委；行政机构设人劳室、财务室、计划室、技术室、安全室、调度室、教育室、总务室、路风建设办公室、企业管理办公室、多种经营办公室、劳动服务公司。定员 445 人，现员 476 人。工人 434 人，干部 42 人。

1995 年党群机构仍然设党委、纪委、工会、团委，党委下设 16 个党支部；行政机构设技术室、安全室、人事室、财务室、综合企管办公室、路风建设办公室、多种经营办公室。车务段仍管 11 站，三等站 7 个，四等站 10 个，全部分布在南乌线 118 公里以北。

1998 年 12 月 25 日，铁路生产布局调整，五营车务段、西林车务段、伊春车站合并，组建伊春车务段（伊春车站和伊春车务段一套班子，两个牌子），五营车务段撤销，五营车站又隶属伊春车务段管辖。延续至 2005 年。

二、五营车站

五营车站位于南乌线 179 公里处，隶属哈尔滨铁路局佳木斯分局所辖，穿越五营区境内 39.5 公里（上部志记述 31 公里，以此为准），上行进站信号机设在 181 公里 142 米处为站界，距五星车站 9 公里 607 米处；下行进站信号设在 178 公里 340 米处为站界，距卫国车站 18 公里 32 米处。五营车站 1954 年建站，1955 年初伊春至五营简易旅客列车开始运营，1957 年三棵树至五营旅客列车正式通车。

当时设施条件十分简陋，仅有几间木搭楞房办理一般业务，候车室、货运室、货场仓库等建筑 1400 平方米。接发列车是用路签牌，接发列车及作业信号用油灯（1985 年改半自动化）。建站初期有站线 3 条，机车出入库线 1 条，装卸车线 1 条，辖区内设有进入贮木场、粮库、油站和五星石灰石矿 4 条专用线。信号设备为壁板信号机，年货运量 40 万吨。

五营车站，不同于其他同级地区车站，既是伊春以北从起点双子河至终点乌伊岭唯一的 3 等站，又是管辖双子河至乌伊岭 11 站的五营车务段所在地，也是车站区设置比较完善的各系统职能机构的车站，分别设置机务折返段、养路工区、电务信号工区、电信工区、电力工区、车辆检修所、给水所和公安派出所等机构。

1986 年，该站下设客、货、运 3 个班组。设支部书记、站长、副站长、客运主任、货运主任各一人。全站各班组共有员工 61 人，其中：客运班组 10 人，货运班组 15 人，运转班组 36 人。1987 年有站线 4 条，装卸线两条。1994 年，仍设客、货、运三个班组，设支部书记、站长、副站长、客运主任、货运主任各 1 人，各班组共有员工 71 人。1998 年丰林工区终止停车，永续工区也相继终止停车。

2000 年 12 月 1 日伊春车务段、伊春工务段、伊春电务段、伊春房产车间、南岔水电段、伊春水电段合并，成立铁路公司，五营车站又为伊春铁路公司所辖；五营车站并设置为中心站，管辖范围为友好站至五营站间各站。人员配备设支部书记、中心站长、中间站长、副站长、客运主任、货运主任各 1 人，各班组共有员工 52 人，客运班组 9 人，货运班组 11 人，运转班组 32 人。

2001 年，五营站内共有 6 条线路，其中正线 1 条，到发线 3 条，其他线 2 条。建筑面积 2500 平方米。同年 9 月撤销中心站，恢复原机构设置。

2005 年 3 月 18 日，铁路体制改革后，五营车站隶属关系由哈尔滨铁路局佳木斯铁路分局伊春铁路管理中心所辖，改为隶属哈尔滨铁路分局佳木斯车务段管辖。全站职工人数 48 人。

第二节　客货运输

一、客运

1954 年，五营车站建站。1955 年春伊春至五营简易列车开始运营。

1986 年，五营车站每天有 4 对列车到站，其中两对经过，两对终到站，即三棵树—乌伊岭（301~302 次）；佳木斯—乌伊岭（533~534 次）；三棵树—五营；南岔—五营。

1995 年前后，五营车站有 3 对列车经过，即哈东—乌伊岭（601~602 次）；哈东—乌伊岭（4001~4002 次）；佳木斯—乌伊岭（6523~6524 次）。

2000 年前后，五营车站有 4 对列车到站，其中 3 对经过，1 对往返，即哈东—乌伊岭（601~602 次，快车）；哈东—乌伊岭（4001~4002 次）；佳木斯—乌伊岭（6523~6524 次）；乌伊岭—五营（6542~6541 次）。

2005 年五营车站有 2 对列车经过，即哈东—乌伊岭（601~602 次，快车）；哈东—乌伊岭（4001~4002 次）；佳木斯—乌伊岭；乌伊岭—五营两对列车，自该年停运。

1986 年至 1991 年，旅客列车客流量，保持在每年 100 万人次以上，1988 年最高达年 177，864 人次，1991 年后除有两年（1993 年、2002 年）达百万人次外，多浮动在 60 万人次上下。最低年份是 2005 年，旅客列车客流量 55115 人，与高峰期相比下降三分之二。其主要原因是公路运输的快速发展，很多旅客乘公路客车出行导致铁路客运客流量的下降。

二、货运

从20世纪50年代始，五营林业局木材运输量占货物运输的95%，铁路货运车辆高峰期每年达8000多辆。

1980年，木材生产开始呈递减趋势，到20世纪90年代木材削减到5万立方米上下，木材生产量与过去对比形成巨大反差，铁路运输量大跌，还有其他货物运输，仍可保持一定运输量，但随着公路运输的不断快速发展，很多货物多由汽车运出，进入2000年后铁路运输又一次大跌，到2005年装车量年量不达百，卸车量也相对减少。

1986—2005年五营车站铁路运输业务量统计表

表12-1-1

时间	装车		卸车		客流量	
	车数（量）	吨数（万吨）	车数（量）	吨数（万吨）	年（人次）	日（人次）
1986	5160	25800	4650	23250	146481	394
1987	3350	33351	4320	21600	148737	400
1988	4230	25380	3115	15570	177864	478
1989	3980	19805	2915	14570	171890	462
1990	4280	22780	2014	10270	114352	307
1991	5046	27580	2353	11766	107250	288
1992	6201	35351	1704	8520	89980	274
1993	3924	22165	1180	8520	100527	270
1994	4697	26947	1214	6070	81709	220
1995	5370	31270	1154	5770	40936	110
1996	6089	36534	1390	8340	62726	172
1997	5850	35106	1320	7920	61267	168
1998	5296	31776	1277	7662	54692	150
1999	4836	29016	473	2838	62276	171
2000	2491	14946	366	2196	61000	167
2001	1484	8904	350	2100	77522	212
2002	559	3354	795	4770	103720	284
2003	234	1404	271	1626	64526	177
2004	103	0.618	142	0.852	65154	178
2005	67	0.402	50	0.300	55115	151

第三节 经营管理

1986年以来，五营铁路客货运输始终坚持“人民铁路为人民”的宗旨，加强经营管理，加强安全管理，加强路风建设等。

1986—1994年，客运。1986—1999年，货运。客货运输形势比较好。客流量自1995年，货运量自2000年分别下跌。

2005 年，五营车站客货运输由于受到了公路客货运输的冲击，对经营管理愈加重视和加强。在客源和货源缺少和摊点较多的形势下，加强坚持“规范管理，强基达标”，紧紧围绕经营管理机制，坚持内涵控潜，力争对货源做到超前预测，掌握资源动态；客运方面，在客流量调查上下功夫。还加强安全管理、路风建设和坚持“人民铁路为人民”宗旨，不断转变观念，提高服务质量，开展优质服务，定期走访企业货主，虚心听取社会各界对路风的反映，使各项工作有序推进，也在一定程度上缓解了客源和货源下降的不良趋势。

第二章 公 路

五营区的公路交通事业发展比较早，其伴着各项事业的发展向前推进。20 世纪 70 年代初始有第一台大客车，先通勤用后增通林场（所），也为一线职工的通行提供方便。1976 年，森铁运材线路全部改为公路，到 1986 年，五营区公路总长为 276.05 公里。

建局始有 1 台货车，到 1986 年仅货车就增加近 300 台，是建局初的近 300 倍。1986 年以后公路旅客运输又有发展，公路客运 1990 年始有小客车通往伊春；1992 年始有大客车通往伊春；1993 年始有大客车通往哈尔滨，到 1993 年年底，五营到山上各林场（所），五营到伊春、五营到哈尔滨均有线路班车运行。1994 年成立客运站。

截至 2005 年，全区公路达 450.37 公里，区内公路畅通，多有升级为或黑（沥青）或白（水泥）上档次的公路。通往林场（所）有多条干道（既是运材干线，也是客运主道），且部分升级；过境白色公路 204 省道横贯五营；五营镇内区公路不仅长度有增，又大都升级为或黑或白色路面；农业路也起步改造升级；随着旅游业的发展又专设旅游公路 1 条。

第一节 机 构

1986 年，五营区交通科更名为交通局，人、财、物三权上收市交通局（上志记述 1984 年上收市交通局，以此为准），设正、副局长各 1 人，有工作人员 4 人。同年监理站更名为交通征费稽查所，交通局副局长兼所长；同年根据市交通局精神，又成立下属机构养路段。

1990 年，交通局设正、副局长各 1 人，有工作人员 8 人，工人 7 人。1994 年 1 月 1 日，根据省交通厅文件精神，交通征费所从交通局分离上收省交通征费局领导，隶属市交通征费稽查处管理，晋格为科级单位，全称为黑龙江省交通征费稽查局伊春处五营所至今。1996 年，交通局更名为伊春市交通局五营分局。1997 年，交通分局设正、副局长各 1 人，共有职工 18 人，其中干部 7 人，工人 11 人。

2002 年，市公路交通体制改革，省道五营段公路建设和养护任务划给友好养路公司，养路段也随之撤销。

2005 年，交通分局设正、副局长各 1 人，工作人员 7 人。

第二节　公路建设与养护

一、公路建设

（一）省道建设

1987 年，黑龙江省交通厅和伊春市政府投资 119 万元，由中国人民解放军 81323 部队筑路队施工，把省道简易公路改为三级沙石路 14 公里；将简易木涵改为水泥管涵 19 座，全部工程于 1988 年 10 月正式验收及交付使用。2001 年，修建五营汤旺河大桥。

2002 年将汤旺河大桥至五营森林公园旅游公路由沙石路改造升级为沥青路全长 17 公里，定名公园路。以上这两项比较大的工程项目，是属于 204 省道（原伊嘉公路）五营路段把沙石路改造升级为二级水泥路的配套工程，由省交通厅、伊春市交通局和五营区政府共同投资兴建。大桥于 2002 年，旅游公路于 2003 年先后竣工交付使用，延续至 2005 年。

（二）林企公路建设

1986 年通往各居民点干线分别为：五营沟里五营河口检查站至平山经营所 8.5 公里，平山至原青山林场 13 公里；丽林沟里丽丰大桥（实验林场大桥）至丽丰林场 6.5 公里；丰林沟里由丽丰大桥北端至平原经营所 15 公里；平原至前丰林场 11.5 公里；平原至永丰经营所 5.5 公里；由伊嘉公路 67 公里处至杨树河林场 10 公里，计 70 公里；直线 125.6 公里（在上志基建环保篇记述）；其他 32.05 公里，共 227.65 公里。

1989 年友好划给五营 47 公里（前丰至翠北 36 公里，翠北至翠巍 11 公里）。1990 年，站前公路（西河坝闸口至铁路派出所东）1.02 公里（1016 米），砂石路改造升级为水泥路，近年车站东 400 米路段因属僻道未修复。

1992 年，永建路三角线路段（第一小学至河北大桥）0.86 公里（860 米），砂石路改造升级为水泥路，解决了晴天扬尘，雨天泥泞的一条路段。1995 年，工商路从车站到十字路口修复硬化为水泥路面 400 米，这是多年上下火车雨天行路较困难的一段路，得以复修。

2002 年，新建公园路 17 公里（沙石路改造升级为沥青路），同年伊嘉公路改造升级杨树河公路被占去 8 公里；各林场（所）历年增建支岔线计 96.5 公里，共增建道路 144.45 公里，至 2005 年各林场（所）从居民点延伸修建的公路 24 公里，专用公路共达 372.1 公里，其中，干线 150 公里，支线 88.5 公里，岔线 133.6 公里；中小桥梁 33 座；涵洞 808 道。2002 年，中心大街公路，西河坝至汤旺河大桥出口 1.97 公里（1974 米），硬化为水泥路面分三期工程，分别为十字路口至医院 1114 米；十字路口至三小 150 米（向西延伸 350 米至河坝属僻道没有改造升级）；医院至汤旺河大桥出口 360 米 3 段施工，360 米路段属于延长部分，是沟通东西与 204 省道接通的重要组成部分。

2003 年，永建路南端至一小路段 0.3 公里（300 米）硬化为沥青路面，解决了雨天行路难，尤其一小学生上学多年泥泞的路段（取代附近原泥泞街道）。

2004 年从十字路口至河南大桥南端硬化为沥青路面 391 米（含桥面 151 米）。五营镇区二道街公路全长 1.12 公里（1116 米）砂石路改造升级为水泥路，实现了镇区人民群众多年欲想再修一条上档次的镇内公路愿望。

2005 年，兴建沿河公园，修建配套工程水泥路一条，全长 1.12 公里（1118 米）。五营镇区公路是以中心区为主体形成一个四横、两竖构成梯形公路网，四横是由北而南分别为站前公路、二道街公路、中心大街公路、沿河公园公路；两竖分别南跨河南大桥，东北越河北大桥而沟通河南区与河北区。东又跨汤旺河大桥与 204 省道接通，西由站前公路直达跃进村。

（三）乡村公路建设

1986年以后，全区农业公路经过20年的发展，变化很大。农业公路五营河南大桥通往五七农场2.5公里，五七农场至跃进3.5公里，跃进至猪场1公里，2002年，伊嘉公路（现204省道）改道剩余3公里（汽运处至养猪场路段），原不是农业公路，公路的变化属于农业性质也视为农业路。五营镇西坝检查站至跃进村址汤旺河北岸公路6.4公里。2005年，交通分局利用全省集中开展通乡（村）公路建设之机，对上积极争取通乡（村）项目投资，努力改善本区通乡（村）公路条件。一是争取通往五七农场和跃进这条线路项目，对上争取配套资金32万元，首期工程修建了河南大桥至河南工业小区（鼠场）路段砂石路改造升级为水泥路1.7公里；二是五星镇（五星街道办事处）公路项目，争取资金75万元修建了五星镇内公路砂石路改造升级为沥青路3.7公里。以上两项通乡（村）公路均于10月上旬顺利通车，提高了林区通乡（村）道路等级。

二、公路养护

（一）省道养护

1986年，成立公路养护段，隶属交通科所辖，配段长1人，全员9人，雇用部分临时工，负责行政区域内204省道，原伊嘉公路上甘岭至红星交界处五营段19.7公里（原22公里公路改造取直后变为19.7公里）养护工作。1998—2001年，养路段仍配段长1人，全员仍然9人。2002年，全市公路体制改革公路建设与养护任务，从五营区交通分局分离出去，划归给友好养路公司，撤销养路段。

1986—1997年，每年公路养路段要出动2000辆车次（大部分雇用）运送料土5000立方米，每公里250立方米，每年要投资养护费17万元。1998年，公路养护里程19.7公里，评定里程19.7公里；好路率58.3%，完成65%，完成计划的113%；综合值计划67.5，完成69.8，完成计划的103%；养护备料计划5000立方米，完成8600立方米，完成计划的172%，养路投资28.3万元。同年，还处理了伊嘉公路59~60公里处重型翻浆，翻浆达7400平方米/1105公里，用料2000立方米，耗资5.2万元，保障了公路的畅通。1999年，养路工作突出重点，分段处理，备料8600立方米，处理翻浆路段8000平方米/11公里，涵洞2处，投资19.7万元，本年好路率、综合值分别完成60%、67%，均超额完成上级下达指标。2000年，公路养护从抓早抓实入手，3月初就组织人力开始作业，备料156立方米，投入资金2000元，将辖区的路面全部铺垫。好路率完成58.4%，综合值完成67.5%，保证了辖区公路的畅通。2002年，全市公路体制改革省道公路养护业务交由友好养路公司管辖。

（二）林企公路养护

1986—1992年，养路段除五营河外，7个林场（所）各设1个道班，每个道班配备四轮翻斗车1~2台，配备人员10人左右。主要任务是运砂对公路进行路面养护。机运段负责全线备料和支岔线的养护工作。每年备料投砂量3万~9万立方米不等。1991年投砂量达9.1万立方米，为历年高峰。道桥段负责全线桥涵的大中修和维修工作。修建石拱桥6座，130延长米；修建水泥桥9座，180延长米；新建木桥11座，110延长米；修建永久桥（水泥）90道，540延长米；修建木制涵洞80道，480延长米。评为省市公路系统先进单位。1992年，公路管理处并入汽运管理处，公路养护任务不变。1992—1999年，每年投砂量为6万~9万立方米，其中1992—1995年投砂量基本持平，均在8万立方米以上。每年更换永久桥涵4~5道，木制桥涵每年也4~5道。2000—2005年，由于资金不足和木材任务量的削减，每年投砂量减少到2万多立方米。公路养护任务以干线为主、支岔线根据需要进行养护；对桥涵维修也根据需要临时安排进行维修，共更换永久桥涵40余道。

1986—2005年五营区专用公路养护投砂量统计表

表12-2-1

年份	总里程（公里）	投砂量（立方米）
1986	265.85	56.623
1987	249.9	41.980
1988	260.1	33.484
1989	260.25	35.027
1990	263.3	45.580
1991	283.15	91.282
1992	309.77	88.540
1993	314.17	82.808
1994	320	87.410
1995	312	85.178
1996	296	90.033
1997	276.8	85.708
1998	267.65	70.917
1999	310	60.987
2000	112.6	29.082
2001	101.75	25.835
2002	110	26
2003	113	27.148
2004	96	22.907
2005	91	22.007

1986—2005年五营区专用公路桥涵养护维修情况统计表

表12-2-2

年份	桥涵大中修和维修
1986	永久涵维修90道；木桥更替840米；涵洞改造36道
1987	维修木涵120道；小桥改造5座
1988	桥梁大中修10座；桥梁维修25座；木制涵洞维修120道；更替永久涵30道
1989	桥梁维修4座；桥梁维修25座；木制涵洞维修125座；更替永久涵30道
1990	桥梁大修7座；桥梁中修4座；桥梁维修20座；木制涵维修150道；更换永久涵20道
1991	桥维修20座；木桥维修150座
1992	木桥维修20座；木涵维修130道
1993	木桥维修8座；木涵维修100道
1994	木涵维修100道；更替永久涵20道
1995	木涵维修100道；木桥维修10座；更替永久涵40道
1996	木桥维修11座；木涵维修100道；更替永久涵40道
1997	桥梁大中修7座；木涵维修100道
1998	木涵维修5座；木涵维修50道
2000	维修排水沟50公里

（三）乡村公路养护

1986 年，乡村公路养护以通村路为重点。2005 年从河南大桥通往五七农场和跃进这条路，大桥至河南鼠厂路段沙石路改造省级为水泥路 1.7 公里和五星镇内沙石路改造升级为沥青路面 3.7 公里外，均为沙石路，对农业路的养护随时由公路养护管理处负责运沙石养护，确保畅通。

第三节 公路客运

一、沿革

1972 年，五营区小车队始有第一台大客车，20 世纪 70 年代后期又交由林副产品管理处管理，1979 年又交给房产管理处。大客车由小车队、林副产品管理处管理时一般为通勤所用，交由房产处后开始通往林场（所）和五星，当时不以营利为主，主要是为了方便工作和职工群众通行，只少量收费。不久车辆增加到 2 台，后又增加到 5 台，变为营利性经营。

1989 年，大客车增加到 7 台，线路仍通往林场（所）、五星。

1990 年，五营区有私人小客车通往伊春—红星。

1992 年，房产撤销大客车交由公用事业管理处经营管理，班车线路除林场（所）、五星又增加伊春线路。

1993 年大客车又由公用事业管理处交由北贸管理经营，开始有大客车夜间通往哈尔滨班车。到本年底五营到山上林场（所）和五星；五营到伊春；五营到哈尔滨，均有线路班车运行，以满足人民群众对公路交通的需求。

1994 年，该区又成立客运站，客运交通步入正轨，个体客运也不断发展和扩大规模。

2003 年，又有忠芝联营公司出现。

2005 年，公路交通不但满足人民群众通行的需求，也为改革开放，繁荣经济形成从五营始发与市县相连，县乡镇相通四通八达的客运网络。

二、国有运输

1994 年，五营区（局）投资 28 万元，修建五营公路客运站，独立设站，使旅客运输步入正轨和规范化。同年有班车 14 台，开往林场（所）5 台、五星 3 台，伊春 6 台。全员 14 人。

1997 年，投资 3.7 万元。在河南交通局对过建客运一分站，方便了候车旅客。

2002 年，客运站站址迁至忠芝大楼（工商路东 45 号）。

2003 年 10 月末，客运站又搬进新建客运站（工商路西侧 4 号）。本站新站址占地面积 2936 平方米，建筑面积 224.2 平方米，主要设施有停车场 1 000 平方米，售票厅 100 平方米，还有调度室、广播室、站务室、主任室、财会室、会议室和车辆检修室、行包托运室，营运车辆达 15 台等配套设备。客运站收归政办管理。

2004—2005 年，有营运客车 13 台，发往伊春方向 7 台，每天发送 7 个班次，运输旅客达 150 人；区内运往各林场（所）6 台，每天发送 12 个班次，运输旅客达 250 人。

三、私营运输

2003 年 11 月，交通部门本着支持社会力量，投资兴办道路运输业的宗旨，批准成立五营区忠芝客运联营公司，隶属于五营区忠芝木业有限责任公司，属于私营企业。注册资金 1000 万元，流动资金200万元，设经理和业务人员各1人。有办公楼42平方米，吸收个体户投入运营客车13台，其中中级以上客车3台。2004年1月正式投入运营，直至2005年。

2005年五营区忠芝客运联营公司客运班车营运线路一览表

表12-2-3

序号	营运线路	里程（公里）	班次	营运方式	班时	
					发车	返回
1	五营—伊春—西林	129	2	普客	6.30	15.30
2	五营—伊春	65	2	普客	循环	12.50、14.30
3	五营—伊春	65	4	普客	7.00、7.20	循环
4	五营—伊春	65	2	普客	8.20、12.50	10.30、16.50
5	永丰—五营—伊春	92	2	普客	8.00	14.30
6	五星—五营—伊春	79	2	普客	7.00、7.40	16.20、17.30
7	翠北—友好	89	2	普客	6.30	12.30
8	永丰—五营	27	4	普客	7.20、13.00	10.40、15.00
9	前丰—五营	33	4	普客	7.00、12.50	10.30、15.20
10	丽丰—五营	14	4	普客	7.00、13.00	10.20、15.30
11	平山—五营	12	4	普客	6.40、12.20	10.00、15.30
12	五星—五营	14	4	普客	7.20、13.20	10.10、14.50
13	五星—五营	14	4	普客	7.40、12.50	9.50、15.10

四、个体运输

1990年，首家个体私营赵成悦家庭小客车开通。首先把伊春作为起点站，将红星作为终点站，五营为中间站。1991年，增加1台班车，起点仍为伊春，终点从红星延伸到汤旺河。1993年，经营大客车，路线自五营通往哈尔滨。1994年，通哈班车增加一台。1996年，通哈大客车4台（从五营发车2台，从汤旺河发车2台）。2004年，增加白班通哈班车1台。2005年，赵家通哈昼夜班车已达5台，市内小客车2台。

第四节　公路货运

1986年，全区货运车辆达340台（含客运），私营约占10%左右。1992年货运经营国营开始承包给个人（一般3年）逐渐变为个体。

1997年，成立交通货运站，站址设在交通局，到年底营运车辆227台（含货运）。1998年后，五营区的货物运输市场主体发生了巨大变化，国营运输企业逐步由私有制运输联户和个体运输户所取代。主要运输物资是木材、煤炭、属你、商品、农副产品和其他建筑材料。5吨以上大货车占70%以上。

2002年，货运基本由国营转变为个体。

2005年，有大货车63台，小货车（客货）26台，共89台，与1986、1987年相比明显呈递减趋势，主要原因是汽运处撤销100多车辆卖掉和部分报废等多种原因。

第五节 公路客货运输管理

一、路政管理

1986年，为确保交通通畅无阻，坚持消除有碍交通的摊点、建筑物等。

1993年，严格执行临时建筑审批制度，对河北3家未经审批的违章建筑，责令拆除，排除了有碍交通的路障。

2000年，路政管理工作开展国家《中华人民共和国公路法》(以下简称《公路法》)和省《公路条例》的宣传，坚持每周不少于四天的路政巡查，清除了公路大量违章停摆的摊点和有碍交通的建筑，取得了全年交通畅达的好成绩。同时还建立了市处—站段—道路—养路4级路政管理网络，有效地维护了辖区的路产、路权，也为今后的路政管理工作奠定了良好基础。

2001年2月1日—7月31日，按照省市人民政府通知要求，在全区 范围内开展治理整顿道路客货运输秩序，清理有碍交通的摊点和障碍物等，保证道路的畅通无阻。

2002—2005年，仍然坚持4级路政管理，坚持宣传、贯彻国家《公路法》和省《公路条例》，进一步确保道路交通的通畅。

二、运输市场管理

1986年，对运输市场管理，严格坚持对交通运输队伍人员的培训，安全教育，保证上岗和线路审批、二级保养制度等管理程序。公路运输继续坚持改革开放方针，进一步放开公路运输市场，积极为运输市场的发展创造宽松环境，使客货运输、搬运等得到快步发展。

1998年，五营交通分局在市运管理稽查科的支持和配合下，对五营客货运输市场进行了3次清理整顿。共查处运营车辆70余台，查补费额达4000元，使本区的运输市场日趋合法化、规范化，也为今后运输市场打下良好基础。

1999年，伊春市道路旅客运输第三轮招标中标车辆上线运营，其中五营区经营五营至哈尔滨线路的卧铺大客2台，五营至伊春线路的大中小客车6台。同年又在市运管处扶持和配合下，在辖区内进行大规模的清理整顿工作，为运输市场创造了良好的经营环境，保障了个体经营的公平合理竞争。

2000年，制定方案，加大稽查力度，签订责任状，对“三无”(无营运证、无经营许可证、无交通规费手续)车辆进行大力清理；对正当经营的个体给予大力支持，保障了交通经营市场的合理、合法、平等竞争。

2001年，根据《黑龙江省道路旅客运输经营权招标管理办法》规定，全区停止客运线路经营权有偿使用，实行线路分级分类审批，逐步推进公司化经营。

2004年，治理整顿道路运输市场百日会战，治理违规车辆，清理占道修车、整顿超载、客货混装等。

2005年，按照年初部署结合会战和互检等活动，借运送木耳菌袋上山车辆集中之机，加大稽查力度，每天早4时许上路稽查，稽查上百台运输车辆，大大地打击了“三无”车辆，使运输市场得以进一步净化。

第六节　车辆维修

1985年，五营区存在国营、集体和个体多种经济成分的格局，打破了林业企业机修厂独家经营的局面。

1997 年，全区共有一级厂家 2 户，二级厂家 2 户，三级厂家 11 户，从业人员达 98 人，基本做到除部分高级轿车外，小修不出乡镇、车队，大修不出县区的要求。

1998 年，加强维修业的管理，对辖区汽车维修市场进行治理整顿，取缔非法经营业户，促进了维修行业健康有序地发展。1998 年后，交通分局对维修业不再管理和收缴管理费，交由区工商局管理和收缴管理费。

2000 年，有维修业厂家 3 户。2003 年，有维修业厂家 5 户。

2005 年，有维修业厂家 7 户。

第七节　规费征收

一、公路养路费征收

（一）征费机构

1986 年，五营交通监理站更名为交通征费稽查所，设所长 1 人，工作人员 1 人。

1994 年 1 月 1 日，根据省交通厅文件精神，交通征费稽查所改归省交通征费稽查局所辖，隶属市场交通征费稽查处领导。全称定名为黑龙江省交通征费稽查局伊春处五营所。配所长 1 人，工作人员 2 人。2000 年，所长 1 人，工作人员 2 人。

2005 年，所长 1 人，工作人员仍 2 人。

（二）规费征收

1986 年，征费机构隶属关系变更归省征稽局所辖，但原有设施产权归当地局所有。建起 220 平方米办公楼，安装铁栅栏围墙 150 米，院内铺水泥地面 500 平方米，建沙石场面停车场。征收 115 万元（计划 111 万元）。1994 年，连续 3 年评为市征费最佳征费所。1996 年被省交通厅授予文明单位标兵称号。1999 年完成征费 198 万元。 2001 年，制定了《稽查工作制度》等规章制度。完成征费任务 175 万元，超额 15 万元。2002 年，完成征费 180 万元。2005 年，开展百会战，重点打击“大吨小标”车辆，取得很好收效。全年完成征缴任务 140 元，超额完成 9 万元。

1994—1999 年五营交通征费情况统计表

表 12-2-4

年份	计划数（万元）	完成数（万元）	年份	计划数（万元）	完成数（万元）
1994	111	115	2000	185	190
1995	118	125	2001	175	190
1996	145	150	2002	180	182
1997	178	185	2003	165	145
1998	189	190	2004	160	160
1999	198	198	2005	140	149.9

二、运输管理费征收

1988年，运输管理费（当时客附费、货附费含在管理费中），计划5万元，完成5.3万元。地方养路计划48万元，完成48.1万元。

1997年，运输管理费计划16.8万元，完成16.89万元，完成计划的101%；客运附加费计划8.3万元，完成8.66万元，完成计划的104%；货运附加费计划12万元，完成12.2万元，完成计划的102%；地方养路费计划11.5万元，完成11.57万元，完成计划的101%；小汽修管理费计划0.6万元，完成0.61万元，完成计划的101%。1999年始，汽车修理管理费停收，归工商局管理。

2000年，坚持“应征不露”原则，对征费工作狠抓源头管理，大搞会战，联检互查，场检户查等，运输管理费计划17.5万元，完成19.56万元，完成计划的112%；客运附加费计划11万元，完成11.02万元，完成计划的100%；货运附加费计划12.5万元，完成计划12.81万元，完成计划的102%；地方养路费计划11.5万元，完成13.5万元，完成计划的117%。

2005年5月查补地方养路费达2万元。运输管理费计划20万元，完成20万元，完成计划的100%；客运附加费计划8.8万元，完成8.84万元，完成计划的100%；货运附加费计划12.5万元，完成12.53万元，完成计划的100%；地方养路费计划12万元，完成12.1万元，完成计划的101%。

1996—2005年五营交通规费征收完成情况统计表

表12-2-5　　单位：万元

项目 年份	运管费		客附费		货附费		地方养路费		汽车修理费	
	计划	完成	计划	完成	计划	完成	计划	完成	计划	完成
1996	15.00	17.35	8.20	8.37	—	—	10.00	13.78	0.60	0.61
1997	16.80	16.89	8.30	8.66	12.00	12.20	11.50	11.57	0.60	0.61
1998	18.10	19.19	8.40	8.85	12.00	13.38	11.50	11.57	0.70	0.35
1999	18.50	18.59	11.00	11.45	12.50	12.51	11.50	11.85	—	—
2000	17.50	19.56	11.00	11.02	12.50	12.81	11.50	13.50	—	—
2001	17.50	20.92	11.00	11.89	12.50	12.78	11.50	14.53	—	—
2002	19.00	19.13	11.00	12.28	12.50	12.65	12.00	12.10	—	—
2003	19.00	19.07	9.13	9.18	12.50	12.51	12.00	20.15	—	—
2004	20.00	20.05	11.00	11.03	12.50	12.55	126.00	15.00	—	—
2005	20.00	20.00	8.80	8.84	12.50	12.53	12.00	12.10	—	—

第三章 邮 电

第一节 邮 政

一、机构

1986年，邮政业务和电信业务合署办公，下设2组1办1所，即邮政组、电信组、办公室和五星邮电所，全员34人。设副书记、局长各1人，邮政组11人、电信组12人、办公室3人、五星邮电所6人。

1993年，成立丰林邮电所。

1995年，邮政业务配备人员共24人。

1998年，下设两所为五星邮政所、丰林邮政所、五营邮政支局全员16人，设局长1人，管理人员2人，一线职工11人，其他人员2人，此外，劳务人员6人。

2000年，全员23人。

2005年，全员24人，设局长1人，工作人员23人。

二、业务发展

1986年，邮政业务有函件、包件、汇兑、报刊发行、集邮等。1987年，增加邮政储蓄业务。1988年，开办了快递业务。1997年，实现邮政储蓄全市同存通取业务；为方便用户储蓄业务又实行上门服务，采取电话预订等不同方式方法服务等用户。

1998年10月24日，五营邮电局邮政和电信分营，同年年底邮政储蓄、包件、汇兑实现微机化作业。1999年，实现邮政储蓄全省通存通取业务。2000年，又增加代发退休职工工资中间业务。

2003年，以突出“效益年”为主题，坚持“三位一体、主体开发”八字方针，按照“抓前抓早、落实到位”经营思路，以“奖勤罚懒，奖金挂钩”（每增万元奖赏29.63元）办法开展“效益年”活动。营销战略保额达392.7万元。把民政最低生活保障金、遗属生活费、军人转业费等2670户，金额每月27万元的代发权争取到手，使中间业务达到7033户，增加了沉淀资金的余额并加大与联通合作代收话费、放号（销售手机卡）业务力度。2004年，制定了职工奖惩细则和签订责任状，加大业务的监督检查和对储汇资金和财务制度执行情况的监督、检查，严格执行支票、现金的审批制度和手续。

2005年，充分利用本区黑木耳培植的优势到山上8个林场（所）进行业务宣传，揽收木耳款。在报刊业务方面，仅校园征订就达万元。在工会组织的业务竞赛中取得团体第三名、单项点钞第一名、综合营业第三名的好成绩。

三、邮路

（一）邮件进出渠道

1986年，进出口邮件均由铁路运输，邮路是从邮局至车站1.3公里（路经西河坝铁道口跨入铁道北东行至车站）。

1995年始，进出口邮件改为伊春至嘉荫的公路运输，每天有两个专用班车经过五营进行接发邮件，提高了邮件接发时限，至2005年。

（二）区内投递网络

1986年，由邮电局投递的信、报刊共4条路线。1条是五星范围内的各单位和街道。另3条网络是五营镇区。山上邮件的投递，由各林场（所）的通信员担负投递任务；河北邮路由区通信员负责投递。

1990—2005年，信报刊投递网络略有变动。五营镇区分3段由邮电局负责投递，第1段是从原防火办巷路（现市场）到河北大桥挂上铁道北各单位和街道；第2段由原防火办巷路至河南各单位、街道与跃进；第3段从河北大桥至实验林场各单位和街道。

四、邮政业务

（一）函件

1986年函件数量为193728件。

1988年函件数量为324152件。随着电信事业的蓬勃发展，固定电话走入寻常百姓家和移动电话的勃兴，函件年量进入20世纪90年代逐渐递减。

2005年函件数量为24 863件。

（二）包件

1986年出口包件为6300余件。

1996年出口包件为1.2万件。

2004年出口包件为2888件。

（三）汇兑

1986—1993年历年汇兑出口业务年量在1.3万件之上，2万件之下。

1994年，全市实行“通存通取”方式，采用通存通取办法汇款。

1999年后，又实行全省“通存通取”办法，使汇兑年量逐渐下降。

2005年汇兑2867件。

（四）快递

1988—1996年，出口快递历年浮动在1000~2000件上下。

2005年快递增加到2131件。

（五）报刊发行

1986年，报刊发行量流转额浮动在20万~30万元之间。

1995年，开办了报刊零售专柜，报刊征订量为24万余元。

2000年，征订量为25万余元。

2005年，征订量为21万元。

1986—2005年各单位收发人员达50人。

（六）集邮

1986年售出125套。1987年售出150套。

1999年，开发校园市场，培养中小学生的集邮爱好者，并增加二类邮品的宣传力度。

2000—2001 年，售额为 685639 万元。

2005 年，售额 2.1 万元。

（七）邮政储蓄

1987 年 12 月 17 日，开始邮政储蓄。经营业务主要吸收个人活期、定期、整存整取等储蓄业务，执行国家统一利率。此项业务因接近年底开业，始年存额仅 3500 元。

1994 年 12 月一律采用微机办理业务，步入全市 14 区（局）微机联网，实现通存通取。

1996 年储蓄余额 5000 万元。

1999 年实现全省通存通取的方式。

2000 年储蓄额为 6000 余万元。

2005 年储蓄余额为 9000 余万元。

（八）代发工资

2000 年，代发工资 668 户。2003 年，代发工资 7173 户。2005 年，代发工资 7891 户。

1998—2005 年五营区邮政收入完成情况统计表

表 12-3-1

年份	计划数（万元）	完成数（万元）	完成（%）
1998	306	185.98	60.7
1999	310	209	67.4
2000	301.6	216.35	71.73
2001	257.7	241.14	93.57
2002	271.1	211	77.83
2003	284.8	256.3	90
2004	249.7	250.46	71.62
2005	304.6	255.93	84.02

说明：1998 年前邮政和电信（网通）合署办公

第二节　电　信

一、网通

（一）机构

1986 年，电信（网通前身）业务与邮政业务合署办公，人员 12 人。1995 年人员 22 人。

1998 电信业务与邮政业务分营，电信机构名称为黑龙江省电信公司伊春电信分公司五营电信分局，全员 21 人。设局长 1 人，工作人员 15 人，劳务 25 人。

2001 年 5 月，林业电话管理所与五营电信分局合并，有 5 人转入电信分局。

2002 年 10 月 18 日，中国电信业体制改革，南北分营后五营电信分局又更名为中国网通黑龙江省通信公司伊春通信分公司五营通信分局。

2005 年，全员 22 人，设局长 1 人，正式员工 6 人，招聘人员 15 人。

（二）业务发展

1986 年，主要经营业务是电报、电话，有固定电话 40 户。1992 年有固定电话 600 户，有长权号固话 24 户。

1995年始有模拟移动电话大哥大，标志通信事业已进入一个新时代，“大哥大”用户达712户，固定电话2200户。1998年，有固定电话达4872户。2000年，增加来电显示业务和数据业务，固定电话又达7352户。2001年，被市电信公司评为先进集体，在双文明评比活动中获窗口服务行业第一名。

2002年，在丽丰所投资100万元，增容电话200门，装机120余户；平原、平山进行投资增容电话600门。2003年，争回流失用户100余户，启动零次用户200户，启动ISO 9001质量管理体系。有固定电话用户10954户。2004年，投资40万元将二道街线路改入地下。

2005年，增值电信业务有语音短信、小灵通悦铃、宽带黑龙江等80余种。有固定电话万户，小灵通3300户，数据业务600户，还有来电显示3300户。连续3年在五营区“行风建设最佳最差单位”评比活动中评为服务行业第一名。

（三）电信业务

电报 1986年出口电报业务量总份数为33254件，使用的是55型电传机。1994年后传真机取代了人工译电码处理电报业务，全部使用真迹传真机。

长途电话 1986—1993年，专设长途电话对外服务项目。1994年程控数字电话在五营开通，全部实现长途自动化拨号，结束了人工长途接续的历史。

固定电话 1986年，固定电话的自动拨号只限于市内、拨打远距的电话需要通过邮电局人工转拨。1994年程控数字电话在五营开通，固定电话可不再经邮电局转拨，用户向省内外和全国各地通话可直拨电话号码。

移动电话 1995年开通模拟移动电话（大哥大），用户达712户。1998年移动电话用户达774户。1999年移动电话又从电信分局分离出去，由组建的黑龙江省移动通信公司伊春分公司五营营业部经营。

无线电话业务 2004年开通，用户为3200户。2005年用户为3300户。

无线寻呼 1994年开通无线寻呼（BB机），本年用户达百户。1999年用户1900户。2000年，无线寻呼业务又融入联通经营。

数据业务 2000年开通，数据业务（含宽带、窄带等），有用户38户。2003年有用户603户。2005年有用户600户。

（四）电话设施

市内电话设施 1985年，市内电话设备仅有100门的供电交换机，实装用户60门。1991年安装31000门JZB—1A型步进制交换机，实装用户600门。1994年安装西门子生产的EWSD8000门程控数字电话交换机，五星邮电所安装1000门程控交换机。1996年河北丰林邮电所成立模块局，容量2000门。市话杆路达到1856公里，水泥杆路6公里。该区电缆长度23.38皮长公里；该区电话明线23.387对公里。2003—2005年，开通所有林场（所）程控电话，共计1000门。

长途电话设施 1986—1991年，该区长途通信设备只有2M×29IV型3路载波终端机1部，经伊春转接。1992年安装微波设备，转接红星60路，五营120路，上甘岭60路，备用60路，使通信能力得到大幅度提高。1994年开通光缆长途线路，五营—伊春长途电话210路。直至2005年。

1986—2005年五营区电信投资情况统计表

表12-3-2

年份	线路（万元）	设备（万元）	设备容量
1986	7	1	100
1987	9	1	100

续表 12-3-2

年份	线路（万元）	设备（万元）	设备容量
1988	11	1	100
1989	12	20	100
1990	21	5	100
1991	30	7	100
1992	35	10	600
1993	60	30	750
1994	60	100	900
1995	70	90	4000
1996	80	60	9000
1997	40	60	—
1998	40	60	—
1999	40	60	—
2000	40	60	—
2001	40	20	—
2002	40	10	—
2003	40	30	—
2004	40	30	—
2005	40	30	—

二、移动通信

（一）机构

移动通信于 1999 年 10 月从五营电信分局分营独立。机构名称为黑龙江移动通信公司伊春分公司五营营业部，隶属伊春分公司，位于中心大街 171 号，营业、办公面积 147 平方米。主营移动电话业务、移动数据业务及其相关的服务业务。人员 2 名。2003 年人员 4 人，设经理 1 人，工作人员 3 人。2004 年 9 月 28 日更名为黑龙江移动通信有限责任公司伊春移动通信公司五营分公司。2005 年人员 6 人，设经理 1 人，营业员 3 人，司机 1 人，数据业务经理 1 人。

（二）网络建设

直放站（基站） 2001 年 9 月开通永丰、前丰、平山移动直放站。2005 年 6 月开通森林公园沿线公路和森林浴移动直放站。8 月又开通原汽运处、收费站（营业部）、前丰、平原、翠北基站。

服务网点 1999—2005 年，辖区内下设 2 个合作营业厅，3 个村屯服务站（含五星），7 个林场（所）代办点、服务网点遍布全区山上山下。

（三）基础设施建设

微机设备 1999 年有微机 1 台，2002 年有微机 2 台，2005 年有微机 4 台。

移动塔设备 2001 年、2003 年、2005 年分别在邮电大楼上、东山、森林公园建移动塔各 1 座（均为基站所用）。

（四）业务发展

模拟移动通信 1999—2002 年第一代移动通信模拟移动电话大哥大全部转换为第二代移动通信数字移动电话。

数字移动通信 1999 年移动电话用户 800 户（含电信分局移转数）。2000 年移动电话用户 1500 户。

2001 年移动电话用户 2000 户。2002 年移动电话用户 3000 户。2003 年移动电话用户 3800 户。2004 年移动电话用户 4700 户。2005 年用户达 5500 户。

三、联通

（一）机构

五营联通始建于 2000 年 7 月，机构名称为中国联通伊春分公司五营业务处，为全市 6 个县级业务处之一，并在邮政设立营业网店代理联通业务。主要经营移动网络电话、无线寻呼、数据专线、互联网等。营业室、办公室共 80 平方米，设经理 1 人，工作人员 9 人。2003 年被授予市青年文明号奖励，2005 年设经理 1 人，工作人员仍为 9 人。

（二）网络建设

网络 2000 年建 GSM 移动网（130、131、132）。2001—2005 年建 CDMA 移动网（133）。

代理业务网点 2005 年分别建网点：五营中心大街营业部、五星和翠北。

（三）基础设施建设

2000 年，投资 200 万元建通讯铁塔 1 座，塔高 60 米；购置微机 10 台；建通信线路 200 公里。2003 年在东山建铁塔 1 座，高 60 米，投资 200 万元。2005 年建铁塔 2 座，有微机 10 台。

（四）业务发展

移动网电话 2000 年，移动网电话用户 1200 户。2003 年，移动网电话用户 2500 户。2005 年，移动网电话用户 2800 户。

无线寻呼 2000 年，无线寻呼（BB 机 126、127）由五营电信分局融入联通，该年用户为 2500 户。2002 年，用户达 2800 户。2004 年 500 户。2005 年告停，即被其他移动电话所取代。

四、铁通

（一）机构

2001 年 4 月 22 日成立铁道通信有限责任公司伊春分公司五营通信站（前身伊春电务段五营通信工区）隶属伊春分公司，员工 11 人。主营提供覆盖本区大部分地区的基础业务数据通信网、智能网、视讯网等增值业务和互联网信息服务等业务。2003 年，由铁路公寓搬迁到中心大街租用的门牌 179 号门市办公。2004 年 8 月 20 日，铁通公司由铁道部移交国资委管理，五营通信站更名为中国铁道集团有限公司伊春分公司五营电信局，员工 6 人，设局长 1 人，工作人员 5 人，直至 2005 年。

（二）网络建设

2001 年始，经过几年的网络建设，至 2005 年，已拥有长途光缆 50 公里，程控交换网 4300 线，互联网 500 线（华为 MA5100），经过三次升级，设备已克服原有缺点，达到设备稳定，网络畅通的标准和要求。

（三）基础设施建设

铁通成立之前设备使用百门纵横交换机，2001 年 10 月，铁通公司投资百万元将原有设备淘汰，更新为先进的百门程控交换设备（华为 CC08 型），机房也由原来的车站后院平房搬迁至公寓楼下，区内缆线覆盖率达 95%。2004 年 7 月，五星镇、翠北林场的基础设施也建设完毕，交付使用。

（四）业务发展

铁通成立之初，通信业务由原来面向铁路内部（有固定电话 98 台），一转面向社会，服务于社会。

五、中国电信

（一）机构

2004 年 5 月 1 日，中国电信伊春分公司五营客户服务中心成立。2004—2005 年设经理 1 人，工作人员 2 人。

（二）基础设施建设

2004—2005 年主要设备有程控交换机 1 台，电磁柜 1 台，办公楼 73 平方米。

（三）业务发展

中国电信主要业务是固定电话、宽带互联网等。2004 年用户 100 户。2005 年用户达 400 户。

六、林业电话

（一）机构

1986 年，五营林业局电话管理所，下设 4 班 1 办：话务班、机械班、外线班、维修班和办公室。设所长、副所长各 1 人，工作人员 42 人。1987 年成立党支部，配书记 1 人。

1993 年，设书记、所长各 1 人，工作人员 46 人。

1999 年，设书记、所长、副所长各 1 人，工作人员 44 人。

2000 年，在册职工 54 人，在岗人员 43 人。

2001 年 5 月，五营林业局电话所并入网通，电话所 5 人转入网通，其中正、副所长各 1 人，工作人员 3 人，其余 27 人买断，11 人由林业局安排。

（二）网络建设

1991 年 6 月，开通伊春至五营高 12 载波电话，使双方的用户都可以直接拨打各方的用户，全区的各林业用户同时也可以直拨全市各林业局的林业用户电话，还取消了原有的话务员转拨方式，不但减少了话务员的劳动强度，更主要的缩短了用户拨打林业长途电话的时间，提高了通话效率。同时开通了区（局）公安局调度、营林、林产工业等通往伊春的专线电话，使林业专网的通信向前迈了一大步。

1997 年 4 月，林业电话正式与国网并网直拨，林业通讯专网的用户可以直接拨打全国各地乃至世界各国及地区，使林业电话的网络建设进一步到位。

2001 年 5 月林业电话并入网通。

（三）维修与养护

1986 年，全局共有通信线路 676 对公里，电缆 638 对，全部由电话所维修和养护，保障了全局的通讯联系，受到用户好评。

1998 年，外线班完成了汽管处至杨树河更换横担的中修任务；又完成了实验林场至平原经营所更换部分水泥杆的任务；维修班完成了全年检修电话 1500 台次以及部分线路维修任务；机械班按月、季检修了程控自动交换机及电源设备，保证了林业电话的畅通。

2001 年 5 月，电话所并入网通。

第十三篇 银行 保险

1986—1988 年，工商银行五营办事处；农业银行五营办事处，均属市行直接领导，按照市行的需要和国家金融政策，开展金融业务和储蓄业务。1989—1996 年，除上述两行办事处，又在 1989 年 4 月组建了建设银行五营办事处，正式开展建行业务，为本区经济建设提供金融服务。1996—2005 年，农村信用合作联合社五营信用社，同五营农行分家，具有法人资格独立核算的经济实体，开展了信用社的金融业务，对五营区农业、乡镇企业发展提供了资金保证。

1986—1995 年，中国人民保险公司五营办事处，根据市公司的部署，按照保险法的规定，开展财产保险和人寿保险业务。10 年累计各项保费收入 786.5 万元；各项理赔支出 363.2 万元。1996 年 4 月，人寿保险业务从保险公司分家，组建中保人寿股份有限公司伊春分公司五营驻在组。自此财、寿两险各自开展业务。1996—2005 年，财险公司保费收入 1281.3 万元；寿险公司保费收入 2228.32 万元，财寿两险各项保费收入后 10 年累计实现 3509.62 万元。比前 10 年增长 4.46 倍，增加保费收入 2723.12 万元。财险公司各项理赔支出 679.4 万元；寿险公司各项理赔支出 247.49 万元，两家理赔共支出 926.89 万元，比前 10 年各项理培增加支出 563.69 万元。

第一章 银行业

第一节 机 构

一、工商银行

1986年，中国工商银行伊春市分行五营办事处，内部机构设计划股、会计股、出纳股、信贷股、储蓄股、人秘股、五星分理处，正副主任各1人，全员编制56人。

1989年，在原机构基础上，增设保卫股，人员57人。

1996年，原办事处更名为中国工商银行伊春市分行五营支行。机构设置为信贷计划科、会计科、出纳科、储蓄科、行政科、五星分理处、文化储蓄所、储蓄专柜、正副行长各1人，全员56人。

2001年，机构设置变为办公室、业务管理部、市场营销部，储蓄机构未变，全员编制39人。

2005年10月，五营工行变为伊春五营支行，机构设置办公室、业务管理部、市场营销部、营业大厅，同时撤销了文化储蓄所、储蓄专柜、储蓄业务在营业大厅各窗口办理，正、副行长各1人，现有职工25人。

工商银行五营支行图

二、农业银行

1986年，中国农业银行伊春市分行五营办事处，内部机构设会计出纳股、储蓄股、信贷股、信用合作股、人秘股，安排正、副主任各1人，职工21人。

1990年12月25日，成立五星分理处，隶属信用社管理。

1996年10月9日，农村信用合作社分立，同年10月20日，五星分理处撤销，原业务归并农村信用社储蓄专柜办理。五营农行办事处把信用合作股划归信用社，其余机构未变。

1999年，农行五营办事处内部机构设办公室、财务会计部、拓展部、第一储蓄所。配备正、副主任各1人，职工15人。

2000年，农行五营办事处更名为：中国农业银行伊春市分行五营支行，内部机构设客户部、综合管理部、营业室、市场储蓄所。

2005 年，支行内部机构为计财信息部、客户经理部、综合管理部、营业室。红星农行办事处隶属五营支行管理。设正副行长各 1 人，现有 职工 27 人（含红星办事处 12 人）。

三、建设银行

1989 年 4 月 17 日，中国建设银行新青支行五营办事处正式组建，内部机构设信贷股、人秘股、会计股、储蓄股、储蓄专柜、配备正、副主任各 1 人，职工 23 人。

1990 年 4 月 1 日，建行五营办事处隶属关系，由伊春市分行直接领导。

1994 年，增设第二储蓄所。

1998 年，建行五营办事处内部机构变为人秘股、会计股、综合股、储蓄专柜、第一、第二储蓄所，现有职工 23 人。

2002 年，建行伊春市分行五营办事处更名为五营分理处，内设机构不变。

2003 年 3 月，撤销第一储蓄所。

2005 年，建行五营分理处内部机构设人秘股、信贷股、会计股、储蓄专柜、第二储蓄所。正、副主任各 1 人，现有职工 23 人。

四、信用社

1996 年，伊春市农村信用合作联合社五营信用社和农行分家，变成具有法人资格独立核算的经济实体，内部机构设会计股、信贷股、储蓄股、人秘股、第一、第二储蓄所，配正、副主任各 1 人，现有职工 14 人。

2001 年，撤销人秘股。

2005 年，内部机构设会计股、信贷股、储蓄股、第一、第二储蓄所，设正、副主任各 1 人，现有职工 17 人。

第二节 存 款

一、工商银行

1986 年，工商银行五营办事处各项存款年度计划为 1245.6 万元，实际完成 1208.2 万元，完成年度计划 97%。其中对公存款完成 275 万元，储蓄存款完成 933.2 万元。

1988 年，全年各项存款余额为 2919 万元，比上年同期完成 1500 万元上升 94.6%，增加存款余额 1419 万元；比 1986 年存款余额上升 2.42 倍增加 1711 万元。对公存款完成 457 万元，比 1986 年增加 182 万元；储蓄存款完成 2462 万元。比 1986 年增加 1529 万元，上升 1.64 倍。

1993 年，全年各项存款完成 6715 万元，其中对公存款完成 2159 万元，储蓄存款完成 4139 万元，其他存款 417 万元。比上年同期各项存款完成 4501 万元上升 49.19%，增加存款 2214 万元；比 1988 年上升 2.3 倍，增加存款 3799 万元；对公存款比 1988 年上升 4.72 倍，增加存款 1702 万元；储蓄存款比 1988 年上升 3.44 倍，增加存款 3206 万元。

1999 年，各项存款年末余额为 13690 万元，其中对公存款 1345 万元，储蓄存款 12070 万元，其他存款 275 万元。比上年同期余额 12011 万元，上升 13.98% 增加存款 1679 万元；比 1993 年上升 1.04 倍，增加存款 6975 万元。对公存款比上年同期完成 932 万元，上升 44.31% 增加存款 413 万元，比 1993 年下降 37.7% 减少存款 814 万元；储蓄存款比上年同期完成 10841 万元，上升 11.34% 增加存款 1229 万元，比 1993 年上升 1.92 倍增加存款 7931 万元。

2004 年，各项存款年末完成 9456 万元，其中对公存款完成 1527 万元，储蓄存款 7929 万元。比上年同期完成 11365 万元下降 16.8% 减少存款 1909 万元；比 1999 年下降 30.93% 减少存款 4234 万元。对公存款比上年同期完成 2065 万元，下降 26.05%，减少存款 538 万元；比 1999 年上升 13.53% 增加存款 182 万元。储蓄存款比上年同期完成 9300 万元，下降 17.29% 减少存款 1371 万元；比 1999 年下降 34.31% 减少存款 4141 万元。

2005 年，各项存款年末余额为 11497 万元，比上年同期实现 9456 万元，上升 21.58% 增加存款额 2041 万元。其中对公存款实现 3458 万元，同比增长 1.22 倍，增长额为 1868 万元；储蓄存款实现 8012 万元，同比增长 1.05%，增加储蓄额为 82 万元。

1986—2005 年五营工商银行各项存款统计表

表 13-1-1

项目 金额 时间	各项存款合计（万元）	对公存款额（万元）	储蓄存款			其他存款（万元）
			小计（万元）	活期存款（万元）	定期存款（万元）	
1986	1208.00	275.00	933.00	154.00	779.00	—
1987	1500.00	289.00	1211.00	204.00	1007.00	—
1988	2919.00	457.00	2462.00	406.00	2056.00	—
1989	2578.00	313.00	2265.00	385.00	188000	—
1990	2716.00	283.00	2433.00	41300	2020.00	—
1991	3225.00	291.00	2934.00	469.00	2465.00	—
1992	4501.00	1157.00	3344.00	568.00	2776.00	—
1993	6715.00	2159.00	4139.00	699.00	344000	417.00
1994	6018.00	507.00	5248.00	590.00	4658.00	263.00
1995	7522.00	620.00	6501.00	748.00	5753.00	401.00
1996	8845.00	655.00	8001.00	933.00	7068.00	18900
1997	9776.00	1215.00	8218.00	856.00	7362.00	343.00
1998	12011.00	932.00	10841.00	1914.00	8927.00	238.00
1999	13690.00	1345.00	12070.00	2644.00	9426.00	275.00
2000	12182.00	1941.00	9292.00	1337.00	7955.00	949.00
2001	12186.00	2061.00	1012500	2264.00	7861.00	—
2002	10720.00	1658.00	9062.00	1396.00	7666.00	—
2003	11365.00	206500	9300.00	158600	7714.00	—
2004	9456.00	1527.00	7929.00	1518.00	6411.00	—
2005	11497.00	3485.00	8012.00	1797.00	6215.00	—

二、农业银行

1986 年年末，农行五营办事处各项存款余额为 29.1 万元。其中对公存款 29.1 万元，在对公存款中全民农业企事业单位 6 万元、集体企业 4 万元、供销合作企业 1 万元，应解汇款及临时存款 12.3 万元、信用社存款 4.3 万元。

1990 年年末，各项存款余额为 500.7 万元。比 1986 年上升 16.21 倍，增加存款 471.6 万元。其中对公存款为 318.5 万元，比 1986 年上升 9.95 倍，增加存款 289.4 万元，储蓄存款完成 182.2 万元，1986 年没有开展储蓄业务，无可比。

1995年年末，各项存款余额为2381.6万元。比1990年上升3.76倍，增加存款1880.9万元。其中对公存款余额为933万元，比1990年上升1.93倍，增加存款614.5万元，储蓄存款完成1448.6万元，比1990年上升6.95倍，增加存款1266.4万元。

2000年，农行五营支行把工作重点定位于组织存款上，特别是通过“保牌子、保饭碗”的生存教育，坚定了全体员工一定要超越5000万元临界线的决心，把支行有限的钱倾注到激励上来，每季度都有奖励先进，鼓励后进。全年完成各项存款5136万元。是1986年的176.49倍，增加存款5106.9万元；是1990年的10.26倍；是1995年的2.16倍。特别是储蓄存款本年完成4565万元，比1988年完成30.8万元，上升148倍，增加存款4534.2万元；比1992年完成468.6万元，上升9.7倍；比1995年上升3.15倍；比上年同期完成3829万元，上升19.22%，增加存款736万元。

2004年，全年实现各项存款13942万元，与上年同期完成13788万元，上升1.12%，增加存款154万元；比2000年上升1.17倍，增加存款8806万元。在各项存款总额中对公存款完成1213万元，比上年同期264万元，上升4.59倍增加949万元；比2000年完成571万元，上升2.12倍增加存款641万元；储蓄存款完成12729万元，与上年同期完成13524万元，下降6.25%减少存款795万元；比2000年上升2.79倍，增加存款8164万元。

2005年，全年实现各项存款余额为15926万元，同比增长14.23%，增加存款1984万元。其中对公存款711万元，同比下降41.38%，减少存款502万元；储蓄存款15215万元，同比上升19.55%，增加储蓄存款2486万元。

1986—2005年五营农业银行各项存款统计表

表13-1-2　　单位：万元

项目 金额 时间	合计	对公存款						
		小计	国营农业企事业单位	集体企业	个体业户	供销合作	国营其他企业	机关团体
1986	29.10	29.10	6.00	4.00	—	1.00	1.00	—
1987	193.30	193.30	77.20	2.20	1.50	16.00	1.00	—
1988	181.70	150.90	33.10	6.20	4.20	1.70	1.60	17.10
1989	420.70	119.30	2110	8.60	2.30	4.20	6.00	9.50
1990	500.70	318.50	23.50	7.30	8.40	8.20	12.20	7.00
1991	703.90	436.40	140.40	10.70	3.70	6.80	47.70	7.10
1992	1302.50	833.90	115.40	23.00	1.90	7.80	8.20	1.50
1993	924.60	225.70	4.10	127.00	2.70	4.80	5.70	2.60
1994	1201.70	233.80	—	—	—	—	—	8.40
1995	2381.60	933.00	—	—	—	—	—	9.20
1996	3069.40	1110.00	—	—	—	—	—	2.20
1997	3119.20	634.10	—	—	—	—	—	4.80
1998	3859.00	731.00	—	—	—	—	—	11.00
1999	4216.00	387.00	—	—	—	—	—	16.00
2000	5136.00	571.00	—	—	—	—	—	15.00
2001	11408.00	951.00	—	—	—	—	—	27.00
2002	12731.00	816.00	—	—	—	—	—	20.00
2003	13788.00	264.00	—	—	—	—	—	16.00
2004	13942.00	1213.00	—	—	—	—	—	56.00
2005	15926.00	711.00	—	—	—	—	—	44.00

续表 13-1-2 单位：万元

项目 金额 时间	对公存款					储蓄存款		
	活期存款	农业存款	乡镇企业存款	乡镇企业存款	应解汇款及临时存款	小计	活期	定期
1986	—	—	—	4.80	12.30	—	—	—
1987	—	—	—	45.40	50.00	—	—	—
1988	—	—	—	19.30	67.70	30.80	13.80	17.00
1989	—	—	—	21.70	45.90	301.4	247.00	54.40
1990	—	—	—	217.30	34.60	182.20	46.50	135.70
1991	—	—	—	171.80	48.20	267.50	77.30	190.20
1992	—	—	—	602.70	73.40	468.60	163.30	305.30
1993	—	—	—	63.50	15.30	698.90	230.60	468.31
1994	10.60	42.50	30.00	99.50	42.80	967.90	270.40	697.50
1995	138.90	106.60	18.80	595.60	63.90	1448.60	398.20	1050.40
1996	819.70	208.80	54.30	—	25.00	1959.40	517.90	1441.50
1997	456.80	129.10	21.30	—	22.10	2485.10	544.80	1940.30
1998	472.00	162.00	26.00	—	60.00	3128.00	786.00	2342.00
1999	59.00	274.00	8.00	—	30.00	3829.00	935.00	2894.00
2000	—	58.00	480.00	—	18.00	4565.00	1580.00	2985.00
2001	452.00	93.00	41.00	208.00	130.00	—	—	6501.00
2002	113.00	177.00	68.00	356.00	82.00	—	—	7430.00
2003	—	4.00	2100	194.00	29.00	—	—	7313.00
2004	292.00	243.00	60.00	557.00	5.00	—	—	7106.00
2005	521.00	67.00	67.00	10.00.	2.00	—	—	7564.00

三、建设银行

1989 年 4 月 17 日，建行五营办事处成立，正式对外营业，年末各项存款余额仅为 170 万元。其中对公存款 31 万元；储蓄存款 139 万元。

1994 年，各项存款大幅度上升，全年完成各项存款 2639 万元。比 1989 年上升 15.5 倍，增加存款 2469 万元。其中对公存款完成 523 万元，比 1989 年上升 16.9 倍，增加存款 492 万元；储蓄存款完成 2116 万元，比 1989 年上升 15.2 倍，增加储蓄额 1977 万元。

1999 年，进一步扩大各项存款额，特别是对储蓄存款把任务落实到储蓄所、柜，实行小组承包，人人分担任务，并与效益工资挂钩，完成存款任务的正常开支，超额完成存款任务的给予一定奖励，完不成任务的，按比例扣发工资。在这种激励机制推动下，全年完成各项存款余额 7128 万元。比 1994 年上升 2.7 倍，增加存款 4489 万元。其中对公存款完成 436 万元，比 1994 年下降 16.63%；储蓄存款完成 6692 万元，比 1994 年上升 2.16 倍，增加储蓄额 4576 万元。

2004 年，五营办事处领导提出从改善服务方法，树立企业形象，通过上门报务，对各林场院（所）宣传建行服务新品牌。对社会养殖户承诺：只要给本行打个电话，就派专人、专车上门为客户办理存款业务。当年远东北药发展有限公司、电业局、浙江天松集团、远东摩托车有限公司等企业都在本行开了账户，使存款增加 1000 多万元。本行实施了龙卡、网上银行和电话银行战略，树立了建行个人银行业务的核心品牌。到本年 12 月 20 日，已累计发行储蓄卡 1444 张，本年新增 528 张，吸收存款 300 万元。网上银行签约 5 户，电话银行签约 4 户。储蓄速汇通业务累计汇出 1058 笔，汇出金额 1005 万元，累计汇入 1020 笔，汇入金额 1086 万元，实现速汇通手续费收入 3.27 万元。本年实现各项存款余额 9821 万元，比上年同期实现 9248 万元上升 5.8%，增加存款 573 万元；比 1999 年上升 27.42%，增加存款 2693 万元。

2005 年，全年实现各项存款总额为 10519 万元。同比增长 7.11%，增加存款额 698 万元。其中对公存款全年实现 2263 万元，同比增长 39%。增加存款 635 万元，储蓄存款实现 8256 万元，同比增长 0.8%，增加储蓄存款 63 万元。

1989—2005 年五营建设银行各项存款统计表

表 13-1-3　　单位：万元

项目/金额/时间	合计	对公存款	储蓄存款		
			小计	活期	定期
1989	170.00	31.00	139.00	18.00	121.00
1990	488.00	113.00	375.00	60.00	315.00
1991	513.00	94.00	419.00	75.00	344.00
1992	1153.00	213.00	940.00	199.00	741.00
1993	1750.00	197.00	1553.00	460.00	1093.00
1994	2639.00	523.00	2116.00	611.00	1505.00
1995	3666.00	291.00	3375.00	891.00	2484.00
1996	4708.00	362.00	4346.00	920.00	3426.00
1997	5486.00	420.00	5066.00	1020.00	4046.00
1998	5907.00	308.00	5599.00	1045.00	4554.00
1999	7128.00	436.00	6692.00	1140.00	5552.00
2000	7357.00	550.00	6807.00	1205.00	5602.00
2001	8040.00	572.00	7468.00	1187.00	6281.00
2002	8531.00	489.00	8042.00	1567.00	6475.00
2003	9248.00	582.00	8666.00	1853.00	6813.00
2004	9821.00	1628.00	8193.00	2090.00	6103.00
2005	10519.00	2263.00	8256.00	1426.00	6830.00

四、信用社

1996 年开始，伊春市农村信用合作社联合社五营信用社各项存款年末余额为 2616 万元，其中：对公存款 45 万元：储蓄存款 2571 万元。

1999 年，全年实现各项存款 3762 万元，比 1996 年上升 30.%，增长存款 1146 万元。其中，对公存款本年实现 33 万元，比 1996 年下降 36.%，减少存款 12 万元；储蓄存款本年实现 3729 万元，比 1996 年上升 31.%，增加储蓄额 1158 万元。

2002 年年末完成各项存款 5033 万元，完成年计划的 140%。比 1999 年上升 25%，增加存款 1271 万元。其中，对公存款完成 114 万元，比 1999 年上升 3.45 倍，增加存款 81 万元；储蓄存款完成 4919 万元，比 1999 年上升 24%，增加储蓄额 1190 万元。

2004 年，全年各项存款余额为 4805 万元，比 2002 年下降 5%，减少存款 228 万元，其中，对公存款完成 34 万元，比 2002 年下降 3.35 倍，减少存款 80 万元；储蓄存款完成 4771 万元，比 2002 年下降 3%，减少存款 148 万元。

2005 年，年末存款余额为 5714 万元，比 2004 年上升 18.92%，增加存款 909 万元。其中对公存款实现 9 万元，同比下降 73.53%，减少存款 25 万元，储蓄存款完成 5705 万元，同比增长 19.58% 增加储蓄额 934 万元。

1996—2005 年五营信用社各项存款统计表

表 13-1-4 单位：万元

时间＼金额＼项目	合计	对公存款			储蓄存款		
		集体企业	乡镇企业存款	应解汇款及临时存款	小计	活期	定期
1996	2616.00	4.00	29.00	12.00	2571.00	566.00	2005.00
1997	3117.00	51.00	36.00	42.00	2988.00	687.00	2301.00
1998	3698.00	43.00	56.00	10.00	3589.00	861.00	2728.00
1999	3762.00	—	22.00	11.00	3729.00	932.00	2797.00
2000	3595.00	—	25.00	10.00	3560.00	925.00	2635.00
2001	4383.00	10.00	—	2.00	4371.00	740.00	3631.00
2002	5033.00	97.00	—	17.00	4919.00	1338.00	3581.00
2003	5686.00	153.00	—	5.00	5528.00	1374.00	4154.00
2004	4805.00	30.00	—	4.00	4771.00	1257.00	3514.00
2005	5714.00	9.00	—	—	5705.00	3734.00	1971.00

第三节 贷 款

一、工商银行

1986 年，伊春市工商分行五营办事处，全年各项贷款计划 2099.8 万元，实际完成 2952 万元，完成计划的 99.8%。其中：国营工商企业贷款 1923 万元，集体工商企业贷款 151 万元，专项贷款 21 万元。

1990 年，在严格控制风险的情况下，全年发放各种贷款 3795 万元，较 1986 年增放贷款 1700 万元。其中：国营工商企业贷款 2952 万元，比 1986 年增贷 1029 万元；集体工商企业贷款 310 万元，比 1986 年增贷 159 万元；粮食企业贷款 425 万元；专项贷款 108 万元，比 1986 年增贷 87 万元。

1995 年，为壮大区域经济，增加再就业岗位，大力支持非国有经济发展，本年末贷款额增加到 6333 万元，比 1990 年增贷 2538 万元。其中：国营工商企业贷款 3903 万元，比 1990 年增贷 951 万元；集体工商企业贷款 2337 万元，比 1990 年增贷 2027 万元，是 1990 年的 7.54 倍；专项贷款 93 万元，比 1990 年年减贷 15 万元。1996 年五营工行办事处更名为中国工商银行伊春分行五营支行。

1998 年，五营办事处重点把合理投放贷款，防止发生新的风险，通过活化资产、转化风险，在优化贷款投向的同时，按照新的贷款分类办法，重新对贷款企业进行评优分类。其中：正常类贷款占贷款总额的 31%；次级类贷款占 13%；关注类贷款占 50%；可疑类贷款占 4%；损失类占 2%。根据掌握的翔实情况，采取积极措施，逐步合理调整投贷方向，使本行信贷资产质量不断提高，截至本年末不良贷款余额为 1092 万元，占贷款总额的 5.51%，比上年同期的 8.33% 下降了 2.82 个百分点。

1999 年，为确保信贷资产的安全，年初本行信贷专业对所辖贷款企业重新进行信用等级评估，评出 AA 级企业 1 户，A 级企业 2 户，BB 级企业 1 户，B 级企业 2 户。本年不良贷款由上年的 5.51% 下降到 0.6%，下降 4.91 个百分点，未出现新的风险贷款。

2000年，根据总行《关于调整企业信用等级、掌握发放流动资金贷款有关规定的通知》精神，严格按照企业的信用等级和综合授信额度，择优放贷，全年累计向A级以上信用等级的中植等五户企业放贷37870万元。全年向五营局发放流动资金贷款1400万元，解决企业木材采运及产品深加工的资金需要。为中植企业集团提供流动资金贷款12890万元。向永盛建材有限责任公司提供100万元贷款，用于伊五公路建设所用涵管等。向鑫源野生食品加工厂放贷50万元，发展天然野生食品工业。向旅游公司发放流动资金贷款50万元。技改贷款420万元，用于建设和扩大森林公园的基础设施。11月，以行长为首带领有关信贷人员，对中植企业集团、远在伊春、哈尔滨、上海等地的企业资产进行了全面考察，了解该集团各企业的生产经营情况。在全面掌握贷款对象的真实材料的基础上，本年末累计放贷41367万元。比1995年上升6.53倍，增加贷款额35034万元。其中：国有企业贷款13290万元，比1995年上升2.41倍，增加贷款额9387万元；集体企业贷款23517万元，比1995年上升9.06倍，增贷21180万元；粮食企业贷款90万元；专项贷款4470万元，比1995年上升47.06倍，增贷4377万元。不良资产占比由上年的0.6%，下降到本年末的0.22%，按市行下达的控制计划0.97%降低0.75%。降低风险，保证了信贷资产的安全。

2004年，年末贷款余额为14302万元。比2000年下降2.91倍，减少贷款额27396万元。其中：国企贷款13839万元，比2000年上升4%，增贷549万元；集体企业贷款216万元，比2000年下降108.88倍，减少贷款额23301万元；私营企业贷款200万元；个人消费贷款17万元；个人住房贷款30万元。

2005年，严格贷款审批程序，在做好贷款发放的同时，加大不良资产的清理力度，降低不良资产率。为配合工商银行的股份制改造工作，工商分行将五营林业局不良贷款13749万元和伊春粮油总公司五营公司的损失类贷款90万元全部进行剥离，大大地降低了不良资产额；同时为了保障信贷资产的安全，对两户信誉不好的贷款企业进行起诉，现金清收不良贷款78万元，到本年末不良资产由上年的2563降到138万元；不良资产率由17.6%下降到1.25%。年末贷款余额为370万元，比2004年下降了37.65倍，是20年来贷款最少的一年。其中国企和集体企业贷款为零、私营企业贷款338万元，同比上升69%，增贷138万元；个人消费贷款10万元，同比下降41.1%；个人住房贷款22万元，同比下降26.7%，减贷8万元。

1986—2005年五营工商银行贷款统计表

表13-1-5　　单位：万元

项目 金额 时间	各项贷款合计	国有企业	集体企业	粮食贷款	专项贷款	私营企业	个人消费	个人住房
1986	2095.00	1923.00	151.00	—	21.00	—	—	—
1987	2337.00	2205.00	111.00	—	21.00	—	—	—
1988	2155.00	1743.00	300.00	—	11200	—	—	—
1989	2743.00	2315.00	298.00	—	130.00	—	—	—
1990	3795.00	2952.00	310.00	425.00	108.00	—	—	—
1991	4535.00	3777.00	322.00	436.00	—	—	—	—
1992	5127.00	4174.00	345.00	618.00	—	—	—	—
1993	4535.00	2933.00	758.00	745.00	99.00	—	—	—
1994	5018.00	3133.00	1792.00	—	93.00	—	—	—
1995	6333.00	3903.00	2337.00	—	93.00	—	—	—

续表 13-1-5

项目 金额 时间	各项贷款合计	国有企业	集体企业	粮食贷款	专项贷款	私营企业	个人消费	个人住房
1996	8989.00	3969.00	4927.00	—	93.00	—	—	—
1997	9500.00	4319.00	5088.00	—	93.00	—	—	—
1998	15941.00	6203.00	5098.00	90.00	4550.00	—	—	—
1999	17847.00	8071.00	4795.00	90.00	4891.00	—	—	—
2000	41367.00	13290.00	23517.00	90.00	4470.00	—	—	—
2001	42388.00	13617.00	28553.00	—	—	100.00	44.00	74.00
2002	41967.00	13616.00	28153.00	—	—	100.00	35.000	63.00
2003	14334.00	13841.00	230.00	—	—	200.00	21.00	42.00
2004	14302.00	13839.00	216.00	—	—	200.00	17.00	30.00
2005	370.00	—	—	—	—	338.00	10.00	22.00

二、农业银行

1986 年，中国农业银行伊春市分行五营支行，按照上级安排和贷款原则，全年共发放贷款 280.9 万元。其中：工业贷款 179.9 万元，乡镇企业贷款 13.6 万元，农业贷款 66.2 万元，个人及商户贷款 11.2 万元，其他贷款 10 万元，有力地支持了全区工农业生产发展。

1990 年，五营支行年末贷款余额为 731.4 万元。比 1986 年上升 1.6 倍，增贷 450.5 万元。其中：工业贷款 504.3 万元，比 1986 年上升 1.8 倍，增贷 324.4 万元；乡镇企业贷款 74.4 万元，比 1986 年上升 4.5 倍，增贷 60.8 万元，农业贷款 125.7 万元，比 1986 年上升 90%，增贷 59.5 万元；个人及商户贷款 5.9 万元，其他贷款 21.1 万元，比 1986 年上升 1.1 倍，增贷 11.1 万元。

1995 年，年末贷款余额为 1549.1 万元。比 1990 年上升 1.12 倍，增贷 817.7 万元。不良贷款额 38.4 万元，占贷款总额的 2.48%。在年末贷款余额中工业贷款 558.5 万元；乡镇企业贷款 73.4 万元，农业贷款 642.8 万元，比 1990 年上升 4.11 倍，增贷 517.1 万元；个人及商户贷款 193.4 万元，比 1990 年上升 31.78 倍，增贷 187.5 万元；其他贷款 81 万元，比 1990 年上升 2.84 倍，增贷 59.9 万元。对发展本区农业、个体商户提供了资金保证。

1999 年，五营支行扶持地方经济发展，扩大生产规模，贷款种类增多、范围扩大，数量增加，在避免风险的原则下，保证贷款按期收回，即在盘活存量的同时积极争取增量。特别是对黑龙江中植企业集团投放贷款 5000 万元，解决了企业资金严重短缺问题。本年末贷款余额为 7320 万元，比 1995 年上升 3.73 倍，增贷 5770.9 万元。不良贷款额 897 万元，占贷款总额的 12.25%，比 1995 年上升 9.77 个百分点，增加不良贷款额 858.6 万元。在全年贷款总额中工业贷款 417 万元，比 1995 年下降 25.34%，减贷 141.5 万元；乡镇企业贷款 6607 万元，比 1995 年上升 89 倍，增贷 6533.4 万元；农业贷款 252 万元，比 1995 年下降 60.8%，减贷 390.8 万元；个人及商户贷款 44 万元，比 1995 年下降 3.4 倍，减贷 149.4 万元；其他贷款全部收回，本年没有放贷。

2004 年，五营支行把“做好信贷营销工作”和“企业的评级授信”作为全年信贷工作的基本方向，上半年完成辖内法人客户的信用等级评定和综合授信。其中：中植企业集团被市分行确认为“A+ 企业”，忠芝木业有限公司被省行确认为“AAA 企业”，雪源饮品有限公司被省行确认为“AA 企业”。在全年新增的贷款中，把非国有经济和个贷的门市房抵押贷款作为重点。本年四季度成功地营销了忠芝木业有限公司 300 万元流动资金贷款，并投放门市房抵押贷款 6 笔 45 万元，存单质押贷款4笔5万元，分红保险单质押贷款1笔1万元，优化了信贷结构，增加利息收入。年末贷款余额13972万元，比1999年上升90.87%，增贷6652万元．其中：工业贷款1320万元，比1999年上升2.16倍，增贷903万元；乡镇企业贷款9816万元，比1999年上升48.57%，增贷3209万元，农业贷款2475万元，比1999年上升8.82倍，增贷2223万元；个人及商户贷款17万元，比1999年下降1.59倍，减贷27万元；其他贷款344万元。全年盘活不良贷款480万元，年末不良贷款余额1062万元，占贷款总额6.7%，比1999年下降5.55个百分点。

2005年，确定以中植集团法人代表为主线，门市房抵押贷款、个人业务贷款为辅线的发展思想，全年完成辖内法人客户的信用等级评定和综合授信。经省行批准伊春市远东北药有限公司的授信额度为500万元，本行红星办事处年初成功地营销了存单质押贷款2笔，427万元，分红保险单质押贷款1笔，1万元，优化信贷结构，增加了利息收入。年末实现贷款总额为13821万元，不良贷款1060万元，不良贷款比重为7.67%。其中工业贷款1320万元、不良贷款250万元，比重18.94%；乡企贷款9771万元、不良贷款591万元、比重为6.05%；农业贷款2475万元，不良贷款95万元，比重为3.84%；个人及商户贷款7万元；其他贷款248万元，不良贷款124万元，比重50%。本年末贷款总量、不良贷款额和不良贷款比重于2004年比较基本持平。

1986—2005年五营农业银行贷款统计表

表13-1-6

单位：万元

项目 金额 时间	合计	工业	乡镇企业	农业	个人及商户	其他贷款
1986	280.90	179.90	13.60	66.20	11.20	10.00
1987	399.40	273.30	29.00	45.00	45.50	6.60
1988	340.80	190.90	25.70	82.30	18.70	23.20
1989	478.60	312.30	54.50	82.30	7.20	22.30
1990	731.40	504.30	74.40	125.70	5.90	21.10
1991	712.00	522.90	75.90	89.30	3.90	20.00
1992	548.10	405.50	53.20	66.20	3.80	19.40
1993	735.10	407.20	243.30	61.80	3.70	19.10
1994	832.90	390.40	175.70	41.70	175.10	50.00
1995	1549.10	558.50	73.40	642.80	193.40	81.00
1996	5741.00	549.00	1423.00	880.00	2841.00	48.00
1997	4987.00	481.00	123.00	322.00	1387.00	2674.00
1998	5978.00	317.00	5410.00	191.00	—	60.00
1999	7320.00	417.00	6607.00	252.00	44.00	—
2000	5728.00	417.00	5073.00	201.00	37.00	—
2001	13109.00	250.00	9858.00	2765.00	53.00	183.00
2002	12968.00	250.00	9858.00	2679.00	93.00	88.00
2003	13632.00	1020.00	9924.00	2594.00	16.00	78.00
2004	13972.00	1320.00	9816.00	2475.00	17.00	344.00
2005	13821.00	1320.00	9771.00	2475.00	7.00	248.00

三、建设银行

1989 年 4 月 17 日，中国建设银行五营分理处组建并正式对外营业。根据市行的部署，按照贷款的原则，坚持“三查”制度（贷前调查、贷中审查、贷后检查），防止发生不良贷款。全年共发放贷款 166 万元。其中；建筑业 45 万元；房地产 55 万元；技术改造贷款 36 万元；公司类贷款 30 万元。

1993 年，年末贷款余额为 716 万元。其中：建筑业贷款 15 万元；技改贷款 50 万元；公司类贷款 651 万元。

1998 年，年底贷款余额为 1608 万元。比 1993 年上升 1.05 倍，增贷 892 万元。其中：建筑业贷款 89 万元，比 1993 年上升 4.93 倍，增贷 74 万元；房地产业贷款 198 万元；专项贷款 5 万元；技术改造贷款 57 万元，比 1993 年上升 14%，增贷 7 万元；公司类贷款 1150 万元。比 1993 年上升 76 .65%，增贷 499 万元；小额抵押贷款 109 万元。

2002 年，为加强信贷资金管理，重点突出一个“严”字。认真实行审贷分离制度，分级管理，集体考查决策发放贷款制度，加强了制约。为压缩不良贷款，减少公司类贷款风险，先后在 6 月末为 4 户企业办理了转贷及收回再贷 1417 万元。其中：五营林业局转贷 1231 万元，五营百叶箱厂收回再贷 150 万元，五营中植集团印刷有限公司收回再贷 25 万元，五营服装厂收回再贷 11 万元，降低了贷款不良率。经信贷人员多次下去走访做企业工作，下达催贷通知书，收回呆滞贷款 10 万元，起诉 1 笔贷款 4 万元，完成了市行下达的回收计划。开办了个人贷款业务。特别是“乐得家”品牌的推广，就发展个人住房贷款 400 万元，使 60 户居民喜迁新居。本年末贷款余额为 1654 万元，与 1998 年基本持平。

2004 年，年末贷款余额为 600 万元，比 2002 年下降 2.76 倍，减贷 1054 万元。其中：建筑业、房地产、技改贷款、专项贷款全部收回，公司类贷款仅剩 6 万元，小额抵押贷款 10 万元，增加个人住房贷款 584 万元。

2005 年，根据市行的要求，积极开展信贷信用活动，在住房贷款中，建立自己的固定存款网络 98 个，累计 327 个，日均存款 10 万元以上。年末贷款余额为 508 万元。其中公司类贷款 4 万元，个人消费贷款 5 万元，个人住房贷款 499 万元，不良贷款率为 1%。

1989—2005 年五营建设银行贷款统计表

表 13-1-7 单位：万元

项目/金额/时间	合计	建筑业	房地产	专项贷款	技改贷款	公司类贷款	小额抵押贷款	个人住房贷款
1989	166.00	45.00	55.00	—	36.00	30.00	—	—
1990	365.00	28.00	92.00	—	40.00	205.00	—	—
1991	365.00	32.00	105.00	20.00	46.00	162.00	—	—
1992	331.00	30.00	86.00	—	60.00	155.00	—	—
1993	716.00	15.00	—	—	50.00	651.00	—	—
1994	635.00	91.00	—	—	50.00	494.00	—	—
1995	691.00	66.00	81.00	—	50.00	494.00	—	—
1996	1076.00	94.00	203.00	20.00	57.00	702.00	—	—
1997	1448.00	94.00	203.00	20.00	57.00	1074.00	—	—
1998	1608.00	89.00	198.00	5.00	57.00	1150.00	109.00	—
1999	1686.00	34.00	68.00	—	50.00	1534.00	—	—

续表 13-1-7

项目/金额/时间	合计	建筑业	房地产	专项贷款	技改贷款	公司类贷款	小额抵押贷款	个人住房贷款
2000	1799.00	34.00	68.00	—	50.00	1541.00	106.00	—
2001	1664.00	34.00	61.00	—	50.00	1495.00	24.00	—
2002	1654.00	34.00	61.00	—	50.00	1474.00	35.00	—
2003	1714.00	34.00	61.00	—	50.00	1558.00	11.00	—
2004	600.00	—	—	—	—	6.00	10.00	584.00
2005	508.00	—	—	—	—	4.00	5.00	499.00
2003	13632.00	1020.00	9924.00	2594.00	16.00	78.00	—	—
2004	13972.00	1320.00	9816.00	2475.00	17.00	344.00	—	—
2005	13821.00	1320.00	9771.00	2475.00	7.00	248.00	—	—

四、信用社

1990 年，五营信用社，本着信用社贷款原则，全年共发放贷款 1434 万元。收回贷款 938 万元。年末贷款余额 1353 万元。有力地支持了地方经济发展。

1995 年，全年发放贷款 249 万元，收回贷款 519 万元。年末贷款余额为 1826 万元。比 1990 年上升 35%，增贷 473 万元。

1999 年，共发放贷款 1534 万元，收回贷款 1535 万元。年末贷款余额为 1952 万元。比 1995 年上升 7%，增贷 126 万元。

2001 年，加强信贷管理，坚持收息收贷责任到人，确保贷款安全无损失。在清收不良贷款盘活资金方面，采取以下 3 种做法：明确任务，责任落实到位。即确定目标任务层层落实；确定对象清收企业逐户落实。确定人员，清收责任逐人落实；确定方案，清收措施逐项落实；确定考核奖惩措施按季落实；一户一策，清收手段到位。由于本信用社信贷资产质量较差，首先对所有的借款企业（个人）进行全面摸底，分类管理，对前期不规范的不良贷款采取补救措施，补办催收保全手续，确保信贷合同法律效力；在清收中运用法律手段依法清收，全年起诉不良贷款 7 笔本息金额 400 万元，逾期贷款下降到 780 万元，实际收回逾期贷款 17 万元。呆账贷款下降 118 万元，实际收回 37 万元，完成清收贷款年计划的 116%。同年共发放贷款 1227 万元，收回贷款 1288 万元。年末贷款余额为 1861 万元。比 1999 年下降 4.66%，减贷 91 万元。

2004 年，全年发放贷款 3043 万元，收回贷款 2671 万元。年末贷款余额为 4338 万元。比 2001 年上升 1.33 倍，增贷 2477 万元，有力地支持了地方经济健康发展。

2005 年，通过信用的改革，改变经营理念，加大贷款的营销，增加了贷款的投放，全年共发放贷款 5622 万元，比去年同期上升 84.75% 增贷 2579 万元；收回贷款 5123 万元，同比上升 91.80%，多收回贷款 2452 万元；年末贷款余额为 4837 万元，同比上升 11.50%，增加余额 499 万元。

1990—2005 年五营信用社贷款情况统计表

表 13-1-8

单位：万元

项目/金额/时间	本年发放贷款额	本年收回贷款额	年末余额
1990	1434.00	938.00	1353.00

续表 13-1-8

项目 金额 时间	本年发放贷款额	本年收回贷款额	年末余额
1991	1088.00	869.00	1572.00
1992	105.00	418.00	1259.00
1993	214.00	151.00	1322.00
1994	392.00	68.00	1616.00
1995	319.00	109.00	1826.00
1996	953.00	1094.00	1685.00
1997	1184.00	1021.00	1848.00
1998	712.00	609.00	1951.00
1999	1534.00	1533.00	1952.00
2000	1419.00	1449.00	1922.00
2001	1227.00	1288.00	1861.00
2002	3267.00	1968.00	3160.00
2003	2906.00	2100.00	3966.00
2004	3043.00	2671.00	4338.00
2005	5622.00	5123.00	4837.00

第四节　现金收支

一、工商银行

（一）现金收入

1986 年，工商银行五营办事处，全年现金收入总额为 2437 万元。其中：商品销售收入 1307 万元，服务业收入 201 万元、税捐收入 2 万元，储蓄收入 731 万元，汇兑收入 59 万元，其他收入 137 万元。

1990 年，全年现金收入总额为 8457 万元。比 1986 年增长 3.47 倍，增收现金 6020 万元。其中：增幅较大的是服务业收入 1149 万元，比 1986 年增长 5.72 倍，增收 948 万元，储蓄收入 2936 万元，比 1986 年增长 4.0 倍，增储 2205 万元，汇兑收入 1909 万元，比 1986 年增长 32.36 倍，增汇 1850 万元。

1995 年以后，现金流量逐年上升，1995 年现金收入实现 24588 万元，比 1990 年增长 2.91 倍，增收现金 16131 万元。其中：商品销售收入 2788 万元、服务业收入 1729 万元，税捐收入 49 万元，储蓄收入 10150 万元，比 1990 年增长 3.46 倍，增储 7214 万元；汇兑收入 9311 万元，比 1990 年增长 4.88 倍，增汇 7402 万元；其他收入 561 万元。1996 年工商银行五营办事处升格为五营支行。

1999 年，五营区黑木耳经济快速发展，加之松树子丰收，使现金流量猛增，全年现金收入实现 50185 万元，比 1995 年增长 2.04 倍，增收现金 25597 万元。其中：增长较大的有服务业收入 3584 万元，比 1995 年增长 2.07 倍，增收 1855 万元，储蓄收入 26042 万元，比 1995 年增长 2.57 倍，增储 15892 万元；其他收入 12271 万元，比 1995 年增长 23.33 倍，增收 11710 万元。

2004 年，黑木耳丰收，但销路不畅，大量黑木耳积压在种植户手中，加之松子是空年，受其影响全年仅实现现金收入 29938 万元。比 1999 年下降 59.66%，减少收入 20247 万元。其中：商品销售收入 1716 万元，比 1999 年减收 1480 万元；服务业收入 1503 万元，比 1999 年减收 2081 万元；税捐收入202万元，比1999年增收80万元；储蓄收入17545万元，比1999年减收现金8497万元；汇兑收入4868万元，比1999年减收102万元；其他收入4104万元，比1999年减收现金8167万元。

2005年，全年现金收入24261万元，比去年同期下降18.96%，减少现金收入5677万元，其中商品销售收入减少1423万元、服务业收入减少1264万元、税捐收入减少130万元、储蓄收入减少1046万元，汇兑收入减少3860万元；只有其他收入同比增收2046万元。

1986—2005年工商银行五营支行现金收入统计表

表13-1-9

单位：万元

项目 金额 时间	合计	商品销售收入	服务事业	税捐收入	储蓄收入	汇兑收入	其他收入
1986	2437.00	1307.00	201.00	2.00	731.00	59.00	137.00
1987	3205.00	1959.00	260.00	3.00	796.00	68.00	119.00
1988	3622.00	2118.00	320.00	6.00	846.00	96.00	236.00
1989	6900.00	1998.00	864.00	13.00	1898.00	1760.00	367.00
1990	8457.00	2007.00	1149.00	19.00	2936.00	1909.00	437.00
1991	12707.00	2010.00	1507.00	29.00	6090.00	2511.00	560.00
1992	15535.00	2114.00	1569.00	33.00	7118.00	4167.00	534.00
1993	18977.00	2309.00	1589.00	39.00	8248.00	6273.00	519.00
1994	22446.00	2617.00	1614.00	43.00	9374.00	8272.00	526.00
1995	24588.00	2788.00	1729.00	49.00	10150.00	9311.00	561.00
1996	27909.00	2877.00	1887.00	53.00	11494.00	11002.00	596.00
1997	36706.00	4107.00	2525.00	67.00	16554.00	11626.00	1827.00
1998	42100.00	3209.00	3890.00	90.00	18090.00	6040.00	10781.00
1999	50185.00	3196.00	3584.00	122.00	26042.00	4970.00	12271.00
2000	40549.00	2252.00	4109.00	212.00	19237.00	5380.00	9359.00
2001	43306.00	1234.00	2494.00	219.00	24790.00	11180.00	3389.00
2002	42289.00	4581.00	2398.00	150.00	23339.00	10004.00	1817.00
2003	44607.00	3712.00	2058.00	176.00	24051.00	12518.00	2092.00
2004	29938.00	1716.00	1503.00	202.00	17545.00	4868.00	4104.00
2005	24261.00	293.00	239.00	72.00	16499.00	1008.00	6150.00

（二）现金支出

1986年，全年现金支出3081万元。其中国家工资，奖金支出1047万元，国家对个人支出213万元，城镇集体工资、奖金支出288万元。行政企事业管理费支出268万元、农副产品采购支出101万元、储蓄支出654万元、汇兑支出16万元、其他支出494万元。

1993年，全年支出现金21437万元，比1986年增长6.96倍，增支18356万元。其中：变化较大的是本年国家对个人支出2117万元，比1986年增长9.94倍，增支1904万元；储蓄支出8742万元，比1986年增长13.37倍，增支8088万元；汇兑支出3673万元，比1986年增长230倍，增支3657万元。

1999年，全年现金支出56148万元，比1993年增长2.62倍，增支34711万元。其中增幅较大的是行政企事业管理费支出3125万元，比1993年增长3.2倍，增支2149万元；储蓄支出25412万元，比1993年增长2.91倍，增支16670万元；其他支出16250万元，比1993年增长5.05倍，增支13031万元。

2004 年，全年现金支出 37316 万元。比 1999 年下降 33 .54%，减支 18832 万元。其中减幅最大的是国家对个人支出本年 109 万元，比 1999 年 3113 万元减少 28.55 倍，减支 3004 万元；储蓄支出 18945 万元，比 1999 年减少 6467 万元；其他支出 6028 万元比 1999 年减支 10222 万元。

2005 年，全年现金支出 26629 万元，比上年同期下降 28.64%，减少现金支出 10687 万元。其中减幅较大的有城镇集体工资、奖金，减少现金支出 3223 万元；行政企事业管理费减少支出 852 万元；汇兑支出减少 5389 万元。

1986—2005 年工商银行五营支行现金支出统计表

表 13-1-10 单位：万元

项目 金额 时间	合计	国家工资奖金	国家对个人支出	城镇集体工资奖金	行政企事业管理费	农副产品采购	储蓄支出	汇兑支出	其他支出
1986	3081.00	1047.00	213.00	288.00	268.00	101.00	654.00	16.00	494.00
1987	3235.00	1099.00	224.00	302.00	281.00	112.00	686.00	19.00	512.00
1988	3854.00	1208.00	448.00	412.00	386.00	96.00	774.00	39.00	491.00
1989	5391.00	1611.00	769.00	698.00	491.00	102.00	1217.00	106.00	397.00
1990	9556.00	1864.00	1112.00	711.00	694.00	88.00	2937.00	1714.00	436.00
1991	12648.00	1901.00	1500.00	—	916.00	36.00	5032.00	2813.00	450.00
1992	17670.00	2011.00	1776.00	—	889.00	77.00	7611.00	3346.00	1960.00
1993	21437.00	2601.00	2117.00	—	976.00	109.00	8742.00	3673.00	3219.00
1994	25551.00	2986.00	2308.00	—	1019.00	121.00	9832.00	5372.00	3913.00
1995	28009.00	3145.00	2412.00	—	1117.00	129.00	10103.00	6984.00	4119.00
1996	32070.00	3355.00	2692.00	—	1248.00	131.00	10309.00	8940.00	5395.00
1997	42954.00	3770.00	2890.00	—	1224.00	432.00	15331.00	12094.00	7213.00
1998	48631.00	3890.00	2976.00	—	2536.00	192.00	22356.00	6051.00	10630.00
1999	56148.00	4032.00	3113.00	—	3125.00	202.00	25412.00	4012.00	16252.00
2000	45048.00	3838.00	3052.00	—	2888.00	115.00	21988.00	4232.00	8935.00
2001	35965.00	3365.00	205.00	940.00	926.00	998.00	21469.00	4289.00	3773.00
2002	44600.00	3526.00	159.00	826.00	841.00	821.00	25605.00	9816.00	3006.00
2003	47167.00	3657.00	182.00	1006.00	953.00	726.00	23816.00	7358.00	9469.00
2004	37316.00	1766.00	109.00	3223.00	852.00	679.00	18945.00	5714.00	6028.00
2005	26629.00	1570.00	48.00	—	—	43.00	18100.00	325.00	6543.00

二、农业银行

（一）现金收入

1986 年，农业银行五营支行，全年现金收入 698.8 万元。其中：商品销售收入 143.3 万元，农村信用社收入 522.2 万元，汇兑收入 3.9 万元，其他收入 29.4 万元。1986 年、1987 年没有开展储蓄业务。

1993 年，全年实现现金收入 5963.2 万元，比 1986 年增长 8.53 倍，增收现金 5264.4 万元。其中：增幅较大的农村信用社现金收入 3217.1 万元，比 1986 年增长 6.16 倍，增收 2694.9 万元；其他收入 891.90 万元，比 1986 年增长 30.65 倍，增收现金 862.5 万元；商品销售、储蓄收入、汇兑收入均增长不大。

2000 年，全年现金收入为 21432 万元，比 1993 年增长 3.59 倍，增收现金 15468.8 万元。其中：

商品销售收入3159万元，比1993年增长6倍，增收2631.2万元；储蓄收入15691万元，比1993年增长12.05倍，增收14388.6万元；汇总收入684万元，比1993年增长28.5倍，增收660万元；其他收入1898万元，比1993年增长2.13倍，增收现金1006.1万元。

2004年，全年现金收入71863万元。比2000年增长3.35倍，增收现金50432万元。其中：增长额最大的是储蓄现金收入56639万元，比2000年增长3.61倍，增长额40948元；汇总收入9659万元，比2000年增长14.12倍，增长额8975万元；其他收入1248万元，比2000年则下降了34.%减收现金650万元。

2005年，全年现金收入77087万元，比上年同期上升7.27%增长现金收入5224万元。其中增加现金收入额最多是储蓄5214万元，其他各项收入基本持平。

1986—2005年五营农业银行现金收入统计表

表13-1-11

单位：万元

项目/金额/时间	合计	商品销售	储蓄存款	农村信用社	汇兑收入	其他收入
1986	698.80	143.30	—	522.20	3.90	29.40
1987	1096.80	238.50	—	832.30	7.10	18.90
1988	1854.70	330.70	104.30	1366.40	7.50	45.80
1989	2411.60	459.70	136.90	1718.30	14.50	82.20
1990	2474.80	481.10	246.20	1673.20	1.60	72.70
1991	3656.10	497.60	530.80	2463.00	6.10	158.60
1992	4791.80	364.80	912.00	3192.90	32.10	290.00
1993	5963.20	527.80	1302.40	3217.10	24.00	891.90
1994	7413.00	1093.00	1821.60	3698.20	—	800.20
1995	1011.70	88.20	257.90	512.40	2.40	150.80
1996	11039.00	1609.00	4018.00	3362.00	19.00	2031.00
1997	14411.00	5838.00	6664.00	—	2.00	1907.00
1998	15337.00	3474.00	9539.00	—	137.00	2187.00
1999	15835.00	3333.00	11409.00	—	350.00	743.00
2000	21432.00	3159.00	15691.00	—	684.00	1898.00
2001	68109.00	—	48287.00	3877.00	12837.00	3108.00
2002	58458.00	—	47501.00	5849.00	3010.00	2098.00
2003	78012.00	—	60107.00	4629.00	11385.00	1891.00
2004	71863.00	—	56639.00	4317.00	9659.00	1248.00
2005	77087.00	—	61853.00	4017.00	9634.00	1583.00

（二）现金支出

1986年，农业银行五营办事处，全年现金支出1062.4万元。其中，国家工资性支出39.3万元；国家对个人其他支出9.9万元；集体单位工资性支出16.6万元；信用社支出951.7万元；行政企事业管理费支出32.7万元；农副产品采购支出3.3万元；其他支出8.9万元。

1993年，全年现金支出6 312.4万元，比1986年增长5.94倍，增支5250万元。其中：增幅较大的有国家工资性支出387.1万元，比1986年增长9.85倍，增支347.8万元；信用社支出3 928.2万元，比1986年增长4.13倍，增支2976.5万元，行政企事业管理费支出537.3万元，比1986年增长16.43倍，增支504.6万元；其他支出527万元，比1986年增长59倍，增支518.1万元。

2000年，五营农行办事处升格为五营支行，因本区特色经济黑木耳迅猛发展，加之松树子丰收，现金流量快速增长，全年现金支出21433万元，比1993年增长3.4倍，增支15120.6万元。其中增长额较多是行政企事业管理费4108万元，比1993年增长7.65倍，增支3570.7万元；储蓄支出13713万元，比1993年增长15.38倍，增支12821.1万元；其他支出2916万元，比1993年增长5.53倍，增支2389万元。

2004年，全年现金支出高达71666万元，比2000年增长3.34倍，增支50233万元。其中增速最快是汇兑支出4128万元，比2000年增长14.19倍，增支3837万元；储蓄支出59109万元，比2000年增长4.31倍，增支45396万元。

2005年，全年现金支出72139万元，比2004年上升0.66%，增支现金473万元，与上年同期比较基本持平。

1986—2005年五营农业银行现金支出统计表

表13-1-12　　单位：万元

项目 金额 时间	合　计	国家工资性支出	国家对个人其他支出	集体单位工资性支出	信用社支出	行政企事业管理费支出	家副产品采购支出	储蓄存款支出	其他支出
用	1	2	3	4	5	6	7	8	9
1986	1062.40	39.30	9.90	16.60	951.70	32.70	3.30	—	8.90
1987	1500.90	60.20	2.50	13.70	1327.00	63.20	—	—	34.30
1988	2542.40	132.30	9.90	23.20	2059.90	127.30	—	44.50	145.30
1989	3119.70	164.00	46.40	27.90	2563.10	139.00	—	89.80	89.50
1990	3133.80	192.50	9.20	16.00	2396.80	158.40	127.80	141.20	91.90
1991	4438.50	233.20	20.50	33.00	3284.20	215.00	21.00	453.20	178.40
1992	5685.10	237.00	19.40	15.10	4086.70	251.60	11.00	698.90	365.40
1993	6312.40	387.10	9.80	23.10	3928.20	537.30	8.00	891.90	527.00
1994	7842.40	565.90	3.20	2.80	3801.50	1080.70	2.40	1641.60	744.30
1995	10588.00	444.00	—	134.00	5360.00	1517.00	—	1569.00	1564.00
1996	11032.00	317.00	—	—	2845.00	3465.00	—	3150.00	1255.00
1997	13816.00	290.00	—	—	—	5262.00	—	6260.00	2004.00
1998	17622.00	324.00	—	—	—	5131.00	—	8778.00	3389.00
1999	18172.00	240.00	—	—	—	5499.00	—	10374.00	1820.00
2000	21433.00	405.00	—	—	—	4108.00	—	13713.00	2916.00
2001	68088.00	328.00	—	—	3800.00	—	—	58132.00	2999.00
2002	58410.00	189	—	—	5701.00	—	—	45174.00	3001.00
2003	78075.00	281.00	—	—	4791.00	—	—	66448.00	2189.00
2004	71666.00	309	—	—	5124.00	—	—	59109.00	2996.00
2005	72139.00	454.00	—	—	5315.00	—	—	59307.00	2845.00

三、建设银行

（一）现金收入

1993 年，建行五营办事处（2002 年更名为分理处），全年现金收入 923 万元。

1998 年，全年现金收入实现 6331 万元。比 1993 年增长 6.86 倍，增收现金 5408 万元。

2004 年，全年现金收入达 9210 万元。比 1998 年增长 45%，增收现金 2879 万元。

2005 年，全年现金收入高达 41616 万元。比上年同期增长 3.5 倍，增收现金 32406 万元。现金流量创历史新高。

（二）现金支出

1993 年全年现金支出 3421 万元。

1998 年，年末现金支出总额 8832 万元。比 1993 年增长 2.58 倍，增支 5411 万元。

2004 年全年现金支出 8458 万元，比 1998 年下降 4.23%，减少支出 374 万元。

2005 年，全年现金支出 40884 万元，比上年同期上升 3.83 倍，增加现金支出 32426 万元。

1993—2005 年五营建设银行五营分理处现金收支统计表

表 13-1-13　　单位：万元

项目 金额 时间	现金收入合计	现金支出合计
1993	923.00	3421.00
1994	962.00	3674.00
1995	1083.00	4262.00
1996	1436.00	5144.00
1997	1699.00	5428.00
1998	6331.00	8832.00
1999	7276.00	8759.00
2000	7407.00	8105.00
2001	6430.00	6509.00
2002	10592.00	11403.00
2003	7392.00	7310.00
2004	9210.00	8458.00
2005	41616.00	40884.00

四、信用社

（一）现金收入

1996 年，五营信用社变为独立核算单位，全年实现现金收入 4089 万元。其中：商品销售收入 896 万元；储蓄收入 3166 万元；其他收入 27 万元。

1999 年，全年现金收入 10921 万元。比 1996 年增长 2.67 倍，增收现金 6832 万元。其中：商品销售收入 1299 万元，比 1996 年增长 45%，增收现金 403 万元；储蓄收入 8731 万元，比 1996 年增长 2.76 倍，增收 6565 万元；其他收入 891 万元，比 1996 年增长 33 倍，增收 864 万元。

2004 年，全年现金收入 22178 万元。比 1999 年增长 2 倍，增收现金 11257 万元。其中商品销售收入 410 万元，比 1999 年下降 3.17 倍，减收现金 889 万元；储蓄收入 11483 万元，比 1999 年增长

31.5%，增收现金 2752 万元；其他收入 10285 万元，比 1999 年上升 11.54 倍，增收现金 9394 万元。

2005 年，本年累计现金收入 16767 万元，比去年同期下降 24.39%，减收 5411 万元。其中商品销售收入 263 万元，同比下降 36%，减收现金 147 万元；储蓄收入 15997 万元，同比增长 39%，增收 4514 万元；其他收入 507 万元，同比下降 19.29 倍，减少现金收入 9778 万元。

1996—2005 年五营信用社现金收入统计表

表 13-1-14　　单位：万元

项目 金额 时间	合计	商品销售收入	储蓄存款收入	汇兑收入	其他收入
1996	4089.00	896.00	3166.00	—	27.00
1997	7512.00	1690.00	4798.00	—	1024.00
1998	10585.00	1444.00	7601.00	—	1540.00
1999	10921.00	1299.00	8731.00	—	891.00
2000	7447.00	486.00	6083.00	—	878.00
2001	13858.00	741.00	12896.00	12.00	209.00
2002	14947.00	736.00	13852.00	52.00	307.00
2003	15239.00	750.00	14292.00	14.00	183.00
2004	22178.00	410.00	11483.00	—	10285.00
2005	16767.00	263.00	15997.00	—	507.00

（二）现金支出

1996 年，全年现金支出 4663 万元。其中：集体单位工资性支出 78 万元；农副产品采购支出 69 万元；储蓄支出 4176 万元；其他支出 340 万元。

1999 年，全年现金支出 10977 万元。比 1996 年增长 2.35 倍，增支 6314 万元。其中：国家工资性支出 186 万元、集体单位工资性支出 874 万元，两项比 1996 年增长 11.21 倍，增支 796 万元；行政企事业管理费支出 216 万元；农副产品采购支出 101 万元，比 1996 年增长 46%，增支 32 万元；储蓄支出 8591 万元，比 1996 年增长 206 倍，增支 4415 万元；其他支出 1009 万元，比 1996 年增长 2.97 倍，增支 669 万元。

2004 年，全年现金支出 22206 万元。比 1999 年增长 2.02 倍，增支 11229 万元。其中：增长最快的储蓄支出 15240 万元，比 1999 年增支 6649 万元；其他支出 6813 万元，比 1999 年增支 5804 万元。

2005 年，全年累计支出现金 17264 万元，比上年同期下降 22%，减支现金 4942 万元。其中减幅最多的是其他支出，本年其他支出 1570 万元，同比下降 77%，减少现金支出 5243 万元；其他项目支出额基本持平。

1996—2005 年五营信用社现金支出统计表

表 13-1-15　　单位：万元

项目 金额 时间	合计	国家工资性支出	集体单位工资性支出	行政企事业管理费支出	农副产品采购支出	储蓄支出	其他支出
1996	4663.00	—	78.00	—	69.00	4176.00	340.00
1997	7601.00	162.00	789.00	145.00	261.00	4388.00	1856.00
1998	10548.00	197.00	896.00	208.00	130.00	7001.00	2116.00

续表 13-1-15

项目/金额/时间	合计	国家工资性支出	集体单位工资性支出	行政企事业管理费支出	农副产品采购支出	储蓄支出	其他支出
1999	10977.00	186.00	874.00	216.00	101.00	8591.00	1009.00
2000	7443.00	61.00	198.00	57.00	168.00	6253.00	706.00
2001	13909.00	—	176.00	30.00	189.00	13102.00	412.00
2002	14130.00	—	223.00	24.00	230.00	13303.00	350.00
2003	14417.00	—	123.00	17.00	67.00	13674.00	536.00
2004	22206.00	—	35.00	1.00	117.00	15240.00	6813.00
2005	17264.00	—	38.00	8.00	74.00	15574.00	1570.00

第五节　结　算

一、工商银行

1986 年，工商银行五营办事处（1996 年升格为五营支行），结算方式上实行计划经济管理模式的结算制度，共有八种结算方法支票（现金支票、转账支票）、委托收款、汇兑、托收无承付、保付支票、国内信用证、托收承付、付款委托书。

1989 年 4 月 1 日开始实行新《银行结算办法》，规定六种结算方法汇票（银行承兑汇票、商业承兑汇票）、银行本票（定额本票）、支票（转账、现金、定额支票）、汇兑、委托收款、信用卡结算。新办法废止了托收承付结算、托收无承付、付款委托书、保付支票、信用证、省内限额支票等 6 种结算方式。同时在汇兑结算中取消了信汇自带业务。在停止异地托收承付结算办法后，有些企业不适应新的结算办法，同时考虑在当时治理整顿金融秩序期间还有一定作用，于 1990 年 4 月 1 日又恢复办理异地托收承付结算业务。

新结算办法，对银行汇票结算方式进行了改革，扩大了汇票的通汇面和兑付面，汇票可以背书转让，汇票可分次支取，汇票转汇票款，将全国跨系统签发汇票，改为只对本系统签发汇票。

取消全国通用密押，改为系统自己管理汇票和印章，防伪手段改为使用压数机的小写金额。对跨系统汇票通过同城票据交换，由本系统兑付，收妥抵用。上述新的《银行结算办法》沿用至 2005 年。

二、农业银行

1986 年，农业银行五营办事处（2000 年更名为五营支行）结算方法，主要有汇票（银行汇票、商业汇票）、本票、支票（转账和现金支票）、信用卡（信用卡分为金穗贷记卡和银行借记卡）、汇兑（信汇和电子汇兑），托收承付、委托收款等 7 种结算方法。结算原则主要依据中国人民银行颁发的《银行结算办法》执行。

1997 年，取消信汇结算业务。2000 年取消商业汇票结算业务。2004 年，取消银行汇票结算业务。其余的结算方法沿用至 2005 年。

三、建设银行

1993 年，建设银行五营办事处（2002 年更名为五营分理处），结算方法主要采取支票、本票、汇票、信用卡、汇兑、委托收款、托收承付等 7 种结算方法。上述 7 种结算方法沿用至 2005 年。

四、信用社

1996 年，五营信用社结算方法，分为异地结算有银行汇票、商业汇票、委托收款、托收承付、汇兑等五种结算方法；同城结算有支票、委托收款、银行本票等三种方法。上述结算方法沿用至 2005 年。

第六节 债 券

一、工商银行

1987 年，工商银行五营办事处（1996 年后改为支行）全年发行金融债务 8 万元；地方债务 9 万元。1994 年，发行国库券 180 万元；地方债券 26 万元。1995 年，发行国库券 100 万元。1996 年，发行国库券 30 万元。2000 年，代理发行国库券 1800 万元。

上述各年发行的各种债券本息全部兑付完毕。2005 年，本行承担发行国家第五期凭证式国债 50 万元。其中三年期 35 万元，年利率为 3.24%，五年期限为 15 万元，年利率为 3.60%。

二、农业银行

1986—1997 年，农行五营办事处（2000 年改为五营支行）共发行国库券 57.1 万元。1998—2000 年共发行国库券 88.3 万元。上述发行的国库券本息全部兑付完毕。2001—2005 年发行的国库券 567 万元。尚未到期。

三、建设银行

1998—1999 年，建行五营办事处（2000 年更名为五营分理处）1986—2005 年共发行凭证式国库券 190 万元。本息已兑付完毕。

第二章　保险业

第一节　机　构

一、中国人民财产保险股份有限公司伊春市五营区支公司

1986年，中国人民保险公司伊春市分公司五营办事处，有干部2人、代办员4人，其中经理1人。

1990年7月，中国人民保险公司伊春市分公司五营办事处升格为支公司。配经理1人、职员1人、代办员4人。

1996年7月，五营保险支公司更名为中保财产有限公司伊春市分公司五营区支公司，设经理1人、职员3人、代办员4人。

1998年10月7日，五营区保险支公司更名为中国人民保险公司伊春市五营区支公司。同年10月，国务院专门成立了保险监督管理委员会，依法统一监督管理保险市场。

2003年，原中保五营支公司更名为中国人民财产保险股份有限公司伊春市五营支公司。经理1人、职员1人、代办员4人。此机构延续至2005年。

二、中保人寿股份有限公司伊春分公司五营驻在组

1996年4月五营驻在组从五营财险公司分立出来，挂牌正式独立开展业务。经理1人、职员2人。1997年，随着人寿保险业务的发展壮大，工作人员也逐步增加，配备经理1人、员工增加到10人。2001年，经理1人、员工增加到17人。此机构和人员编制延续至2005年。

三、泰康人寿保险公司伊春支公司五营营销服务部

2004年1月2日筹建，同年6月18日经中国人民保险监督管理委员会批准，工商注册，开展人寿保险业务。经理1人、内勤1人、外勤24人。上述机构编制延续至2005年。

第二节　保险种类

一、中保财险五营支公司保险种类

1986年，中国人民财产保险股份有限公司伊春分公司五营支公司适用险种有企业财产保险、机动车辆保险、货运保险、家庭财产保险、人身意外保险、农业保险共6种，延续至2005年。

二、中保人寿股份有限公司保险种类

1996年，中保人寿股份有限公司伊春分公司五营驻在组适用险种主要有两大类：长期保险（99鸿福终身保险、66鸿运A型和B型保险、重大疾病终身保险、重大疾病定期保险、鸿寿养老保险、88鸿利终身保险等）共6种；短期保险（学生平安保险、简易人身保险、团体保险、儿童两全保险、独生子女年金险、公出旅游保险、美满家庭保险、福寿安康保险、司乘人员保险、个人养老保险、企业管理人员保险等）共11种，延续至2005年。

三、泰康人寿保险公司五营营销服务部保险种类:

2004年4类12种。其中健康类有医疗保险，重大疾病保险2种，保障类有定期保险、两全保险、终身寿险3种；传统人寿保险类有定期保险、传统的终身寿险、两全保险3种；创新人寿保险类有变额人寿保险、可调整的人寿保险、万能人寿保险、变额万能人寿保险4种。上述险种延续至2005年。

第三节　保险费收入

一、财险收入

1986年，中国人民保险公司伊春分公司五营办事处，全年保险费收入仅为32.3万元，其中：企业财产保费收入12.4万元、机动车保费收入18.6万元、货运保费收入0.3万元、家庭财产保费收入0.50万元、人身意外保费收入0.5万元。

1990年，保险事业逐步发展壮大，全年实现保费收入63.5万元，比1986年增长近1倍，增收31.2万元。

1995年10月1日起颁布实施《保险法》，使五营区各单位和广大群众，对保险业有了进一步认识，本年实现保费收入161.6万元。是1990年的2.5倍，增收保费98.1万元。

2000年，完成保费收入137万元，比上年同期完成134.9万元，上升1.56/%，比1995年下降15.23%，少完成24.6万元。

2002年，实现保费收入97万元，比上年同期完成165万元，下降41.21%减少收入68万元。减少保费收入的主要原因是中植企业集团总部搬迁和国有企业关、停、并、转等因素影响所致。

2004年，五营办事处制定了目标考核办法，将职工个人收入完全与保费收入和利润指标等个人业绩挂钩，调动干部职工的工作积极性，全年完成保费收入155万元，比上年同期完成128万元，上升21.10%，增收27万元。

2005年，五营办事处全年实现保费收入117.9万元，比去年同期下降24%，减少保费收入37.1万元。其中机动车辆保费收入93.7万元，同比上升28%，增收保费20.7万元，企财保费收入、家庭财产、人身意外等保费收入均有所下降。

1986—2005年中国人民财产保险五营支公司保费收入统计表

表13-2-1　　　　单位：万元

项目/金额/时间	合计	企业财产保费收入	机动车辆保费收入	货运保险收入	家庭财产保费收入	人身意外保险收入	农业保险收入
1986	32.30	12.40	18.60	0.30	0.50	0.50	—
1987	36.50	13.50	20.10	—	0.80	1.60	0.50

续表 13-2-1

项目 金额 时间	合计	企业财产保费收入	机动车辆保费收入	货运保险收入	家庭财产保费收入	人身意外保险收入	农业保险收入
1988	43.70	13.40	24.60	4.30	0.40	1.00	—
1989	50.40	22.30	24.90	0.30	0.60	2.30	—
1990	63.50	26.30	32.30	—	0.70	3.50	0.70
1991	90.40	41.10	41.40	0.60	2.10	4.90	0.30
1992	101.70	34.10	64.20	0.30	0.60	2.50	—
1993	97.90	39.70	51.80	0.30	3.60	2.50	—
1994	108.60	30.70	69.20	0.10	0.40	8.20	—
1995	161.60	40.20	93.70	16.40	5.70	5.60	—
1996	140.20	29.50	81.50	28.90	0.30	—	—
1997	158.30	69.40	84.60	3.20	1.10	—	—
1998	165.90	65.60	98.90	0.20	1.20	—	—
1999	134.90	54.30	79.40	0.70	0.50	—	—
2000	137.00	53.70	81.50	1.00	0.80	—	—
2001	165.00	78.00	64.00	15.00	8.00	—	—
2002	97.00	33.00	47.00	—	9.00	8.00	—
2003	128.00	56.00	53.00	—	9.00	10.00	—

二、人寿保险收入

1996 年 4 月成立中国人寿保险公司五营驻在组。全年完成保险费收入 48.4 万元。其中短期保费收入 27.8 万元，长期保费收入 20.6 万元。

1997 年，完成保费收入 87 万元。其中短险 67 万元；长险 20 万元。

2000 年，在年初制定计划，周密安排，又层层负责，把任务落实到人头。并制定了《员工岗位责任制度》《服务承诺制度》和《奖惩办法》等保证措施，全年实现保费收入 214.1 万元。比上年同期完成 182 万元增收 32.1 万元；比 1997 年增收 127.1 万元。

2003 年，完善各项规章制度，宣传人保法律法规，及时做好理赔工作。全年保费收入 614.9 万元。其中短险保费收入 37.5 万元、长险保费收入 577.4 万元。比去年同期完成 409.5 万元，上升 50.15%，增收 205.4 万元。比 2000 年上升 2.87 倍，增收 400.8 万元。

2005 年，全年实现保费收入 251.42 万元，比 2003 年下降 59%，减少保费收入 363.48 万元。其中短险保费收入 51.42 万元，比 2003 年上升 37%，增收保费 13.94 万元、长险保费收入 200 万元，比 2003 年下降 65%，减少保费收入 377.42 万元。

1996—2005 年中国人寿保险伊春分公司五营驻在组保费收入统计表

表 13-2-2　　单位：万元

项目 金额 时间	合计	短期保费收入	长期保费收入
总计	2228.32	298.76	1929.56
1996	48.40	27.80	20.60
1997	87.00	27.00	60.00

续表 13-2-2

项目 金额 时间	合计	短期保费收入	长期保费收入
1998	164.20	32.00	132.20
1999	182.00	34.00	148.00
2000	214.10	34.00	180.10
2001	269.16	35.09	234.07
2002	409.50	36.66	272.84
2003	614.90	37.48	577.42
2004	239.06	34.73	204.33
2005	251.42	51.42	200.00

三、泰康寿险五营营销服务部保费收入

2004 年保费收入共 60 万元。（五营营销服务部不设会计核算人员，实行微机联网每收一笔保费直接交伊春支公司，不统计险种收入）

2005 年保费收入 60 万元。

第四节　保险理赔

一、财产保险赔款

1986 年，中保伊春分公司五营办事处，全年处理保险赔款 16.8 万元。其中企业财产保险损失赔款 15.8 万元、家庭财产损失赔款 0.3 万元、人身保险赔款 0.7 万元。

1990 年，全年处理各种赔款 19.1 万元。其中机动车理赔 18.8 万元；家庭财产理赔 0.3 万元。

1993 年，全年处理赔款 74.7 万元。其中企业财产理赔 7.6 万元、机动车理赔 66.4 万元、家庭财产损失赔款 0.7 万元。

1998 年，全年共处理各种损失赔款 104.2 万元。其中：企财损失赔款 22.6 万元；机动车毁损赔款 80.8 万元；家庭财产损失赔款 0.8 万元。

2000 年，全年理赔 49.6 万元。其中：机动车理赔 48.4 万元；家庭财产损失理赔 1.2 万元。

2004 年，全年处理赔款 75 万元。其中：企财损失赔款 6 万元；机动车理赔 46 万元；家庭财产损失赔款 2 万元；人身保险理赔 5 万元；农业保险损失赔款 16 万元。

2005 年，全年支付赔款 82.4 万元。比上年同期上升 9.9%，增加赔款 7.4 万元。其中企业财产理赔 12.4 万元，同比上升 106.7%，增加赔款 6.4 万元；机动车理赔 58.3 万元，同比上升 26.7%，增加赔款 12.3 万元；家庭财产理赔 0.8 万元，同比下降 60%，减少赔款 1.2 万元；人身保险理赔 5.8 万元，同比上升 16%，增加赔款 0.8 万元、农业保险理赔 5.1 万元，同比下降 68%，减少赔款 10.9 万元。

1986—2005年中国人民财产保险五营支公司保险理赔统计表

表13-2-3　　单位：万元

时间＼金额＼项目	合计	企业财产理赔	机动车理赔	货运保险理赔	家庭财产理赔	人身保险理赔	农业保险理赔
总计	1125.00	194.40	857.50	0.50	28.70	22.80	21.10
1986	16.80	15.80	—	—	0.30	0.70	—
1987	18.10	1.60	16.00	—	0.50	—	—
1988	21.00	2.60	17.20	—	1.20	—	—
1989	17.20	—	16.10	—	0.40	0.70	—
1990	19.10	—	18.80	—	0.30	—	—
1991	54.60	7.90	45.30	—	1.40	—	—
1992	34.20	0.10	31.70	—	0.40	2.00	—
1993	74.70	7.60	66.40	—	0.70	—	—
1994	63.10	2.20	58.90	—	2.00	—	—
1995	44.40	4.60	37.70	—	1.50	0.60	—
1996	64.90	4.90	59.70	—	0.30	—	—
1997	65.20	9.60	53.20	0.30	2.10	—	—
1998	104.20	22.60	80.80	—	0.80	—	—
1999	55.50	4.30	48.20	0.20	2.80	—	—
2000	49.60	—	48.40	—	1.20	—	—
2001	88.00	35.00	48.00	—	5.00	—	—
2002	110.00	61.00	42.00	—	3.00	4.00	—
2003	67.00	12.00	49.00	—	2.00	4.00	—
2004	75.00	6.00	46.00	—	2.00	5.00	16.00
2005	82.40	12.40	58.30	—	0.80	5.80	5.10（奶牛）

二、人寿保险理赔

1996年，中国人寿保险股份有限公司伊春分公司五营驻在组，与财险分家独立营业时间较短，大部分业务还没有正常开展，全年只发生短险赔款3.94万元。

2000年，全年受理短险赔款10.8万元，其他没有发生。

2002年，全年受理赔款81.13万元。其中：短期保险理赔38.04万元；长期保险赔款43.09万元。

2004年，共处理赔款19.53万元。其中短险理赔1.44万元；长险理赔18.09万元。

2005年，全年受理赔款40.36万元。比2004年上升106.7%，增加赔款20.83万元。其中短险理赔21万元，同比增长13.6倍，增加赔款19.56万元；长险理赔19.36万元，同比上升6.7%，增加赔款1.27万元。

1996—2005 年中国人寿保险伊春分公司五营驻在组保险理赔统计表

表 13-2-4 单位：万元

项目/金额/时间	合计	短期保险赔款	长期保险赔款
总计	287.85	161.82	126.03
1996	3.94	3.94	—
1997	5.30	5.30	—
1998	7.60	7.60	—
1999	9.60	9.60	—
2000	10.80	10.80	—
2001	36.11	27.98	8.13
2002	81.13	38.04	43.09
2003	73.48	36.12	37.36
2004	19.53	1.44	18.09
2005	40.36	21.00	19.36

三、泰康寿险五营营销服务部理赔

2004 年，全年发生人寿保险理赔 8 万元。2005 年，寿险共赔款 10 万元。

第十四篇　中国共产党五营区地方组织

1984年随着中共丰林林业局委员会随企业名称变更为中共五营林业局委员会，原中共五营区（丰林林业局）委员会同时更名为五营区（林业局）委员会，政企合一沿用至2005年。1986年机构有书记1人，副书记3人，含区（局）长1人，下设党委办公室、组织部、宣传部、统战部、政法委；2005年，设书记1人，副书记4人，下设党委办公室、信访办、组织部、宣传部、政法委员会、纪律监察委员会。

第一章 中共五营区（局）委员会

1984 年 11 月 19 日，中共丰林林业局委员会，随着企业名称变更改为中共五营林业局委员会，由原来的中共五营区（丰林林业局）委员会同时更名为五营区（五营林业局）委员会，政企合一沿用至 2005 年。以下简称中共五营区（局）委员会。

第一节 机 构

1986 年，五营区（局）党委设书记 1 人，副书记 3 人，含区（局）长 1 人，下设党委办公室，组织部，宣传部、统战部、政法委（综合治理办公室）。

1987 年 8 月 13 日，增设老干部办公室，隶属于区委组织部。1989 年 3 月 20 日成立精神文明办公室、隶属于区委宣传部。同年 10 月 24 日，成立区对台办公室，隶属于区委统战部。

1990—1996 年，五营区（局）党委设书记 1 人，副书记 3 人（含区局长 1 人），下设党委办、保密局、党史工作办公室、组织部、老干部办公室、宣传部、精神文明办公室、统战部（对台办公室）、工商联、政法委员会（社会治安综合管理办公室）、区委党校（注：1990 年 5 月 17 日增设党史工作办公室。9 月 1 日成立保密委员会办公室与区委办合署办公。9 月 19 日成立五营区工商联合会，属党委群体部门。1991 年 5 月 14 日成立社会治安综合治理办公室、隶属于区委政法委员会）。

1997 年 4 月 20 日，撤销区委老干部办公室，职能并入区委组织部。档案局实行局（馆）合一体制，党史办、区志办职能并入，隶属于区委办公室。广播电视局更名为广播电视中心，隶属于区委宣传部。

2000 年，五营区（局）党委设书记 1 人，副书记 3 人（含区局长 1 人），下设党委办公室（保密局、档案局）、组织部、宣传部（精神文明办公室、广播电视中心、统战部、对台办公室）、工商联、政法委员会（综合治理办）、区委党校。

2001 年，档案局（区志办）隶属区政府办（事业单位）。

2003 年 5 月，伊春市编委批准统战部单独挂牌。

2005 年，五营区（局）党委设书记 1 人，副书记 4 人，其中区（局）长 1 人、区纪检委书记 1 人，下设党委办公室（与直属机关党委合署）、信访办（管理机构）、组织部（归口管理老干部管理办公室）、宣传部（统战部），政法委员会（综合治理办、610 办公室）、纪律监察委员会（监察局、内设机构：办公室、党风科、检查监察科、控申科、执法科、审理科）。

1986—2005 年党委班子成员更迭表

表 14-1-1

届次	时间	姓名	职务	任免职时间
中共五营区（局）第十二次党员代表大会	1987 年 10 月 15—17 日	孙芳礼	常委．书记	1987.10—1990.2
		王利民	常委。副书记	1987.10—1990.2
		霍明瑜	常委。副书记	1987.10—1990.1
		陈显义	常委。副书记	1987.10—1990.10
		于喜文	常委	1987.10—1990.10
		任柏枫	常委	1987.10—1990.10
		李子龙	常委	1987.10—1990.10
		唐世平	常委	1987.10—1990.3
		黎家顺	常委	1987.10—1990.10
中共五营区（局）第十三次党员代表大会	1990 年 11 月 19—21 日	刘殿武	常委．书记	1990.11—1992.11
		华景伟	常委．书记	1992.11—1993.9
		孙芳礼	常委．副书记	1990.11—1993.10
		陈显义	常委．副书记	1990.11—1992.4
		武学忠	常委．副书记	1992.5—1993.10
		唐世平	常委．副书记	1990.11—1993.10
		于喜文	常委	1990.11—1993.10
		李子龙	常委	1990.11—1991.11
		高兴学	常委	1990.11—1993.10
		邢国峰	常委	1990.11—1993.10
		李柏林	常委	1990.11—1993.10
中共五营区（局）第十四次党员代表大会	1993 年 10 月 19—21 日	华景伟	常委．书记	1993.10—1995.8
		陈茂华	常委．副书记	1993.10—1996.12
		霍明瑜	常委．书记	1995.8—1998.8
		李　江	常委．副书记	1996.12—1998.8
		唐世平	常委．副书记	1993.10—1998.1
		武学忠	常委．副书记	1993.10—1998.5
		于喜文	常委	1993.10—1996.12
		邢国峰	常委	1993.10—1994.6
		李柏林	常委	1993.10—1997.4
		宁宝利	常委	1993.10—1998.8
		于振台	常委	1993.10—1996.12
		李光复	常委	1993.10—1997.9
		唐加军	常委	1993.10—1997.4
		刘利敏	常委	1996.12—1998.8
		潘若飞	常委	1993.10—1998.8
		郭庆兰（女）	常委	1997.9—1998.8
		刘　丰	常委	1997.9—1998.2

续表 14-1-1

届次	时间	姓名	职务	任免职时间
中共五营区（局）第十五次党员代表大会	1998 年 9 月 20—22 日	霍明瑜	常委 . 书记	1998.9—1999.12
		王希宇	常委 . 书记	1999.12—2002.1
		李　江	常委 . 副书记	1998.9—1999.12
		潘若飞	常委 . 副书记	1999.12—2002.1
		武学忠	常委 . 副书记	1998.5—2003.9
		刘利敏	常委 . 副书记	1998.5—2004.3
		宁宝利	常委	1998.9—2003.9
		郭庆兰（女）	常委	1998.9—2003.11
		迟洪训	常委	1998.7—2003.11
		李　涛	常委	1998.5—2002.4
中共五营区（局）第十六次党员代表大会	2003 年 11 月 10—12 日	马新民	常委 . 书记	2002.1—2005.12
		张恒芳	常委 . 副书记	2002.1—2004.12
		迟洪训	常委 . 副书记	2003.11—2005.2
		董雅光	常委 . 副书记	2002.1—2005.12
		高迎春	常委 . 副书记	2002.4—2005.12
		张跃文	常委 . 副书记	2004.12—2005.12
		张跃文	常委	2001.12—2004.12
		敖明柱	常委	2002.6—2005.12
		冯丹发	常委	2003.10—2005.12
		郭庆兰（女）	常委	2003.11—2005.12
		刘国辉	常委	2005.4.26—2005.12

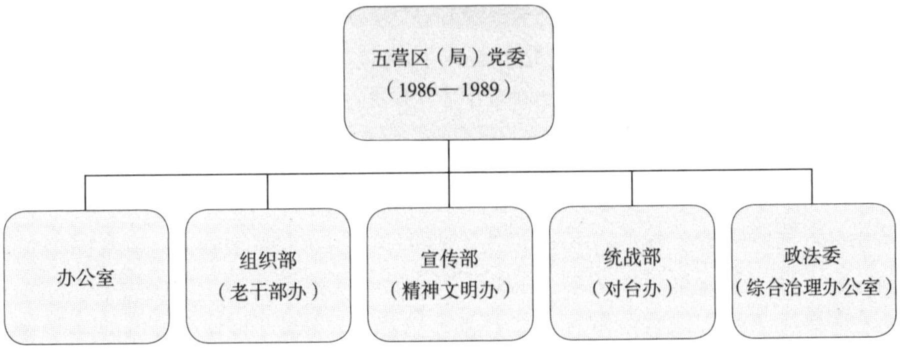

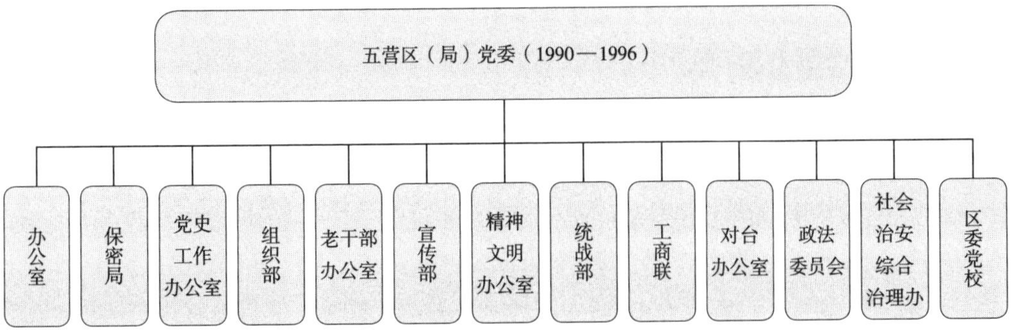

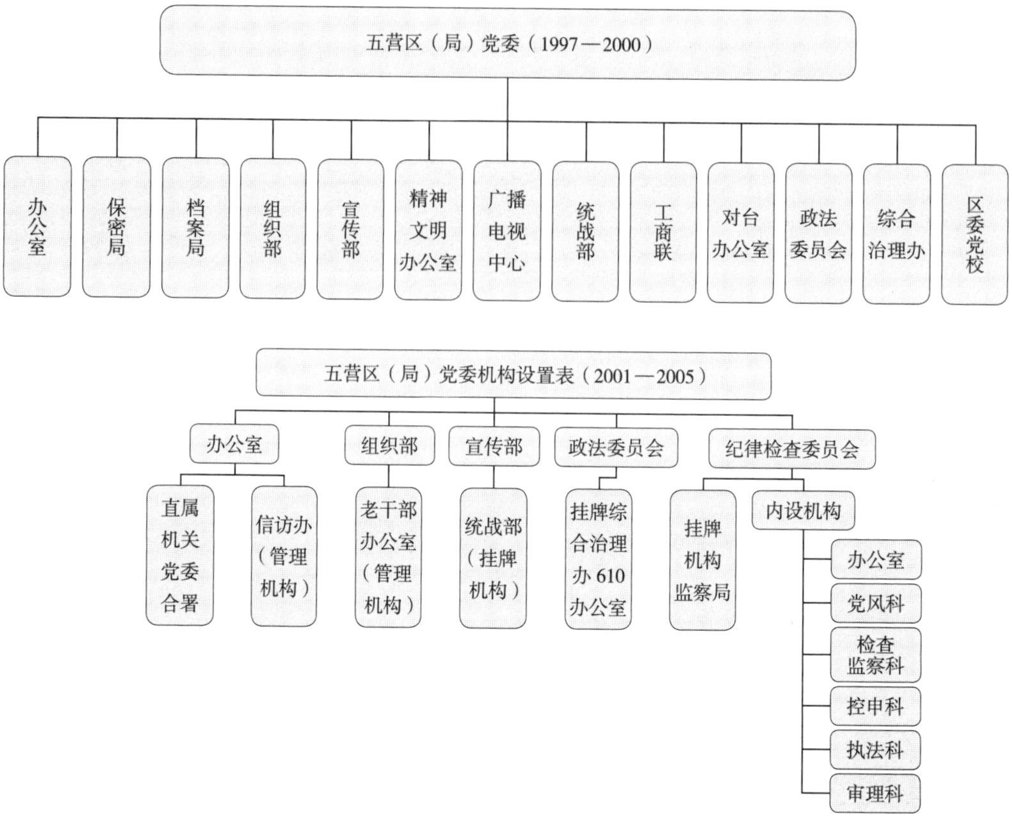

图 14-1-3　五营区（局）党委机构示意图

第二节　党代表大会

一、第十二次党代表大会

1987 年 10 月 15—17 日，中国共产党五营区（局）第十二次代表大会在区工人文化宫召开。出席会议的代表 171 名，代表全区 1637 名党员，占党员总数的 10.4%；在代表中各级领导干部代表 103 名占代表总数的 60%；各类专业技术人员和知识分子代表 34 人，占代表总数的 20%；工人、农民代表 31 名，占代表总数的 18%；其他党员代表 3 名，占代表总数的 2%。区委还确定了 37 名列席代表、5 名特邀代表，出席这次代表大会。会议听取和审议了孙芳礼代表前届委员会作的《加强党的建设，继续深化改革，为摆脱困境、振兴经济、繁荣五营而奋斗》的工作报告，全体代表一致通过党委的工作报告并作出关于党委工作报告的决议。会议还听取和审议了同级纪律检查委员会的工作报告。会议按照党章和选举程序，经过充分酝酿，选举产生了五营区（局）第十二届委员会和常务委员会。孙芳礼当选为书记，王利民、霍明瑜、陈显义为副书记，常务委员 9 人，委员 23 人。会议同时选举产生了中共五营区（局）纪律检查委员会。

二、第十三次党代表大会

1990 年 11 月 19 日至 21 日，中国共产党五营区（局）第十三次代表大会，在区工人文化宫举行。出席会议的代表 149 名，代表全区 1736 名党员，占党员总数的 8.6%。在代表中各级领导干部代表 104 名，占代表总数的 69.8%；各类专业技术人员和知识分子代表 21 名，占代表总数的 14.1%；劳动模范代表 13 名，占代表总数的 8.7%；离退休干部代表 5 名，占代表总数的 3.4%；其他劳动者代表 6 名，占代表总数的 4%。妇女代表 19 名，占代表总数的 12.8%；少数民族代表 7 名，占代表总数的

4.7%。大会列席代表72名、特邀代表13名。会议听取审议了刘殿武代表上届委员会作的《加强党的建设，发挥政治优势，带领全区人民为治危兴林振兴五营而奋斗》的工作报告，并通过了关于工作报告的决议。会议还听取审议了同级纪律检查委员会的工作报告并通过了相应的决议。会议经过充分酝酿和民主选举产生了由23人组成的中共五营区（局）第十三届委员会，由9人组成的常务委员会，由刘殿武当选为书记，孙芳礼、陈显义、唐世平为副书记。会议同时选举产生了中共五营区（局）纪律检查委员会。

三、第十四次党代表大会

1993年10月19日至21日，中国共产党五营区（局）第十四次代表大会，在区工人文化宫召开。出席会议代表150名，代表全区2104名党员，占党员总数的7.1%。在代表中各级领导干部代表96名，占代表总数的64%；各方面专业人员和知识分子代表24名，占代表总数的16%；各条战线先进模范人物代表26名，占代表总数的17.4%；其他劳动代表4名，占代表总数的2.6%。代表中，妇女代表21名，占代表总数的14%；少数民族代表9名，占代表总数的6%；大会列席代表79名，特邀代表20名。会议听取审议了党委书记华景伟代表前届委员会作的《用邓小平同志建设有中国特色社会主义新型林区而努力奋斗》的工作报告。刑国锋代表区委纪律检查委员会做了工作报告，大会审议并通过了这两个报告的决议。大会经过充分酝酿和民主选举，产生了中共五营区（局）第十四届委员会。华景伟当选为书记，陈茂华、唐世平、武学忠为副书记，常务委员11人、委员25人。会议同时选举产生了由15人组成的中共五营区（局）纪律检查委员会。

四、第十五次党代表大会

1998年9月20日至22日，在工人文化宫召开了中共五营区（局）第十五次党员代表大会。参加会议的代表147人，占全区2380名党员的6.2%。代表中各级领导干部代表115名，占代表总数的74.8%；各类专业技术人员和各条战线先进模范人物代表37名，占代表总数的25%；妇女代表24名，占代表总数的16.3%；少数民族代表10名，占代表总数的6.8%，解放军武警部队代表2名，占代表总数的1.4%，年龄在45周岁以下的中青年代表86名，占代表总数的58.5%。列席代表34人，特邀代表5人。会议听取审议了霍明瑜代表前届委员会作的《高举旗帜，团结奋战，带领全区人民为把五营建设成为新型林区而奋斗》的工作报告。听取和审议了迟洪训作的中共五营区（局）纪律检查委员会的工作报告，大会审议和通过了上述两个报告的决议。大会经过充分酝酿和民主选举产生了中共五营区（局）第十五届委员会，委员25人，常务委员9人。霍明瑜当选书记，副书记李江、武学忠、刘利敏。大会同时选举产生了中共五营区（局）纪律检查委员会，书记1人，副书记2人，常务委员7人。

五、第十六次党代表大会

2003年11月10日至12日，在区公安分局四楼会议室召开了中国共产党五营区（局）第十六次代表大会。参加会议的代表145名，占全区2457名党员的5.9%。其中领导干部代表98名，占代表总数的67.6%；各类专业技术人员和先进人物代表47名，占代表总数的32.4%；妇女代表32名，占代表总数的22.1%；少数民族代表8名，占代表总数的5.5%，45岁以下（含45岁）代表86名，占代表总数的59.3%。会议听取审议了马新民代表第十五届常务委员会作的题为《坚持与时俱进的创新精神，谱写全面建设小康社会新的历史篇章》的工作报告。报告在总结前五年工作成绩的基础上，对后五年工作作了部署，强调今后五年全区经济与社会发展的总体思路是：以邓小平理论和“三个代表”重要思想为指针，全面贯彻党的十六大精神和省市委的战略部署，紧紧围绕努力快发展，全面建设小康社会这个主题，以解放思想为实践先导，以加快发展为第一要务，以结构调整为工作主线，进一步加强社会主义物质文明、政治文明、精神文明和党的建设，集中精力把经济建设搞上去，把人民生活水平提上去，为实现全面建设小康社会的宏伟目标而努力奋斗。主要是整合发展好旅游、北药、绿色食品三大主导产业，集中打造优势规模产业、龙头企业和名牌产品，发挥整体优势，使“三大产业”的增加值达到全区经济总量的三分之二以上。大会通过充分酝酿和民主选举产生了中国共产党五营区（局）第十六届委员会。选举出党委委员 25 名，选举马新民、冯丹发、迟洪训、张恒芳、张跃文、敖明柱、高迎春、郭庆兰（女）、董雅光 9 名为新一届党委常委；选举马新民为书记，选举张恒芳、迟洪训、董雅光、高迎春为副书记。

同时选举产生了中共五营区（局）纪律检查委员会，选举书记 1 人，副书记 2 人，常务委员 12 人。大会审议并通过了相应决议。

第二章 组织工作

第一节 党组织建设

一、党员发展

1986 年，中共五营区委组织部根据中央、省、市组织部切实做好推荐优秀团员作党的发展对象的精神，当年全区共发展 43 名党员，其中有 4 名是青年推优发展的，占发展总数的 9.3%。

1988 年按照中组部关于加强在知识分子中发展党员工作的意见，当年发展知识分子 16 名、行政管理干部 14 名、生产一线工人 11 名、青年 3 名、营服人员 2 名，总共 46 名，其中妇女和少数民族占一定比例。

1994 年，遵照中央提出的“坚持标准、保证质量、改善结构、慎重发展”的十六字方针发展党员，看重发展生产一线和教学一线的骨干力量，本年度共发展党员 105 名，是建局以来年度发展党员的最高峰，其中生产一线、教学一线骨干力量 77 名。

1996 年 1 月根据市委组织部关于加强生产一线入党积极分子队伍建设的要求，结合本区生产一线入党积极分子比例低的实际情况，制定下发了《生产一线入党积极分子队伍建设规划》，实现了市委 1993 年提出的在全体入党积极分子中，工人入党积极分子要达到 70%，在工人入党积极分子中，纯生产工人占 70% 的 5 年总体“扩源”目标。1997 年年底全区共有入党积极分子 1100 名，党员预备 784 名，其中：生产工作一线占 60% 以上，积极分子和预选队分别比上年增加 10% 和 8%。截至 1997 年底全区共有党员 2388 名，正式党员 2294 名，预备党员 94 名。

2005 年，全区共有党员 2345 名，其中从 2000—2005 年 6 年中新发展党员 311 名，因机构改革，下岗再就业党员流动性比较大，党员总数略有下降。

二、党员管理

1986 年，按上级要求，实行年度报表。沿用了“两卡”“三表”“四簿”（党员卡片、党员名片；党员自然概况、增减变动表、党员入党时间变动表、党员年龄变动表；调出调入登记簿、发展党员登记簿、死亡党员登记簿）。实行“直接增减统计”。同时根据报表项目的变化更换了党员卡片，还建立了定期核对制度、卡片管理制度等。

离退休党员管理，截至 1986 年，全区共有离退休党员 281 人，主要管理形式有三种，在原单位参加组织生活有 46 人；在区机关成立单独支部有 18 人；在街道党支部参加组织生活有 217 人。

1995 年 7 月，经济体制改革和劳动人事制度改革的深入，党员流动数量越来越多，范围越来越广。根据中组部要求，五营区委组织部制定了《五营区流动党员管理暂行规定》。对临时到外地经商务工的党员，办理流动党员活动证。直至 2005 年。

三、党费管理

1986 年，按照市委组织部〔1985〕31 号文件规定交纳党费。同时根据本区的具体情况，建立完善了各项制度，即把党费工作列入组织工作日程，收缴党费做到月清季结；不跨年度上缴党费；建立了使用党费的审批权限和一支笔审批制度；使用党费统一使用市制的审批单；统一建账的要求和票据装订保管制度；建立月核对、季抽查、年终普查的检查制度；建立党组织收缴党费的逐级报告制度；建立账目、票据保管和交接手续制度和其他制度。

1992 年 7 月，根据中组部〔1992〕5 号文件《关于共产党员交纳党费办法的规定通知》精神，五营区委为增强党的观念履行党员义务重申两点：一是要求每名党员必须按规定每月向所在支部或小组交纳党费；二是各基层党组织必须每季末前 10 天内向区委组织部缴纳党费。党员交纳党费以基本工资收入作基数，按比例交纳党费。

1994 年 4 月，为适应工资改革后的新情况，中央组织部对党员缴纳党费作了新的规定，即凡有工资收入的党员，每月以比较固定的经常性工资收入总额为基数，按比例缴纳党费。同年，按上级要求，收缴党费新设立四本账目：党费分户账、党费明细账、党费总账、银行存款日记账。此种情况直至 2005 年。

四、组织生活

1986—2005 年以后，沿用了“民主生活会”和“双重组织生活”制度，各级党组织凡不能按期召开民主生活会的单位，要及时向组织上说明情况，民主生活会结束半个月内要向区委作专题报告，并将原始记录报送区委组织部审阅。

五、评议党员

1988 年 8 月，区委下发《在全区开展评论党员的试行方案》，目的在于加强党对党员管理、教育和监督，提高党员素质，建设一支经得起执政和改革开放考验的党员队伍，激发党员充分发挥先锋模范作用。

1994 年民主评议党员，全区共有基层党委、党总支、党支部 72 个，党员 2222 名，其中因公出差或离退休在外地居住及患病等原因未能参加评议 96 人，实际参加 2126 人，评出合格党员 1960 人，占参加评议党员总数的 92%，基本合格 205 人，占参加评议党员总数的 9.6%，不合格党员 4 人，占参加评议党员总数的 0.19%。

1997 年民主评议党员，在全区 2321 名党员参加评议的有 2206 人，通过评议合格党员 2115 人，基本合格 82 人。基本不合格党员 7 人，不合格党员 2 人，对 9 名党员进行了组织处理，其中开除党籍 2 人，党内严重警告 4 人，党内警告 1 人。

2004 年 11 月以后，根据中央、省、市委部署，按照党的十六届四中全会精神，在全区 2345 名党员中开展了加强党的执政能力建设和保持共产党员先进性教育活动，初见成效。

六、组织整顿

1989 年，区（局）共有直属基层党委、党总支、党支部 67 个，有党员 2321 名。其中，区（局）有林业基层单位 19 个、集体企业 7 个、地方国营企业 4 个、乡镇企业 3 个、合资企业一个、三权在上（人、财、物归上）11 个、事业单位 18 个。根据市委部署，五营区对国有企业党组织进行集中整顿，通过考核、分析、评估，确定分出一类单位 25 个，二类单位 36 个，三类单位 6 个，在此基础上确定重点和集中整顿的范围。对翠北林场、前丰林场、永丰经营所、丽丰经营所、杨树河经营所、五营河经营所、平山经营所、平原经营所、汽运管理处、贮木加工厂、枝桠站、机修厂，公用事业管理处、胶合板厂、林调队、一建公司、营林公司、物资经销公司、商贸公司 19 个单位的党组织进行集中整顿。同时把管理混乱，群众意见大的五星白灰厂、五营水泥厂作为重点解剖单位。这次集中整顿的 19 家企业党组织是全区主战线企业，共有职工 6000 人，占全区职工总数的 70%，共有党员 700 名，占全区党员总数的 30%。根据整顿中发现的问题，对基层党组织的设置进行了调整，撤销 3 个党支部，组建一个基层党委。新建 2 个直属支部，更名 3 个党支部，配齐配强书记。在整顿的 19 个单位中，对其中 12 个单位的书记进行了调整和交流，有了 3 个单位由党政一肩挑改为书记、厂长分设，有 2 个单位书记职务空缺已配上，1 个单位书记长病，办理病休重新配备书记。对不称职的领导进行了处理，撤职 3 名、免职两名、移交司法机关处理 2 名。1991—2005 年组织整顿变为组织调整，按照“四化”标准、“任人唯贤”原则随时配齐配强基层党组织成为制度化、经常化工作，充分发挥基层党组织的战斗堡垒作用。

七、开展创先争优活动（简称创先争优）

党的十一届三中全会后，恢复和开展了先进党支部和优秀党员评选活动。五营区（局）在市委组织部重新制定先进党支部和优秀党员条件后，坚持每年评比一次，在“七一”党的生日，进行表彰奖励，创先争优活动走向了经常化。

1994 年 7 月 1 日，区委表彰奖励了 16 个党支部，116 名优秀党员，15 名模范党务工作者，7 名支持党建工作好厂长（好经理）。同年年末全区 72 个基层党委、党总支、党支部，已有区级标准化党支部 60 个，占基层党组织总数的 83.3%。市级标准化党支部 9 个，占基层党组织总数的 12.5%。新发展党员中有 89 名出席区以上劳动模范和“双文明”先进个人，占发展总数的 82%。

1996 年 5 月，为加强支部建设，促进企业党的建设与经济建设同步发展，使企业党建工作再上新台阶。区委决定在深入开展和巩固标准化党支部建设工作基础上，在企业党组织中广泛开展创建优秀企业党支部和明星企业党支部活动。同年 6 月 25 日，区委为表彰先进，树立榜样，鞭策后进，推动全区工作，决定授予 99 名党员为优秀共产党员，并号召全区各基层党组织和全体党员向他们学习。

2005 年 4 月 11 日，区委组织部下发了五组发〔2005〕1 号文件，要求搞好“一个活动”即深入开展保持共产党员先进性教育活动，使每个党员在思想上、行动上当先锋作表率，做贡献；抓好领导班子、党员干部队伍、基层党组织三个建设，建好以科学化、民主化、制度化为目标，以贯彻落实《党政领导干部选拔任用工作条例》为重点，深化干部人事制度改革，不断完善干部监督工作机制，将创先争优工作进一步深化。

八、党史工作

1986—1997 年，五营区党史办隶属区委组织部。人员由组织部兼职。

1997—2005 年，五营区党史办与五营档案局、区志办合署办公。设主任 1 人，科员 1 人。

1983 年 7 月 11 日，中共五营区（局）第八次常委会通过，成立中共《五营区（林业局）志》编纂委员会。主任刘志忠，副主任王占林、张殿卿，委员 9 人，编纂委员会下设办公室，主任刘文焕具体负责党史资料征集。

1984 年 3 月初，成立五营区（局）组织史资料编纂领导小组，组长孙芳礼、唐世平、任柏枫；成员孟庆生、刘利敏、张铭昌、王国栋、车承元、张晓华、秦宪文、田桂春。下设编辑办公室，主编宫万才、唐世平、任柏枫、孟庆生；副主编刘利敏、孙凤山。编辑周成杰、孙玉华、方云山、冯善林、张淑清、阎振山。

1984—1994年，经过全体编史人员的共同努力，历经翻阅档案—查找资料、反复核实、分时段、分头撰写、数易其稿，最终于1995年定稿，将《中国共产党伊春市五营区（局）组织史资料》（1954—1987.10）后又延至1994年一书出版印刷，全书40万字。

1998年3月，成立中共五营区（林业局）简史编辑组。主编张景芝，副主编李业君、马立国、李金成，总纂稿刘利敏，编辑黎家顺、宫万才、赵庚信、袁道生、任洪波、王瑞玉、韩光荣，终审金学权。经过1年半的潜心撰写，终于完成了28万字的《中共五营区（局）历史简编》，于2001年2月，由中央文献出版社出版。

第二节 干部工作

一、干部管理范围

1986年，区委组织部管理在职干部500名，其中正科级195名，副科级205名、女干部53名、少数民族干部10名、股段级干部37名。副处以上干部由市委组织部管理。在干部范围内设有干部卡片、干部花名册、离退休干部名册、提职交流干部名册、调出干部名册、二线干部名册、后备干部花名册、降免职干部登记簿，并建有近亲回避制度和干部统计制度。

1997—2005年，先后出台了选拔任用干部公示制、干部任用承诺制、干部任期目标责任制、干部任期经济审计制等制度。

二、干部选拔调整

1986—1990年年末，五营区共培养选拔了201名科级干部。其中由一般干部选拔为副科级135人；由副科级提拔为正科级66人；35岁以下的年轻干部副科级44人，占提拔总数的22%；由副科级提拔为正科级的14人，占提拔总数的7%；提拔女干部22人，占提拔总数的11%；提拔少数民族干部6人，占提拔总数的3%；提拔非党干部28人，占提拔总数的14%。培养选拔股级干部65人，科级后备干部194名。

1997年，区委制定了《中共五营区（局）委选拔任用干部工作责任制》《组织部门与执纪执法机关及监督部门联系制度》《领导干部接待信访制度》《干部审查工作制度》《领导干部向党组织反映本人重大问题申报制度》等规定，沿用至2005年。

三、领导班子配备

1986年，坚持按照“德才兼备，任人唯贤”和“四化”（革命化、知识化、专业化、年轻化）标准使用干部，配备基层领导班子成员。

1997年，全区64个企事业单位中有在职科级以上领导干部476人。其中，正处级3人、副处级29人；正科级151人、副科级267人、科级员17人、科级干部总数435人。科级干部职数489人。年龄结构趋于年轻化，50岁以下的领导干部占97%、45岁以下的占68%；知识结构比以前有较大改善，大中专以上文化程度的占70%、中级以上技术职称的占65%。

2005年，在科级干部选任上全面实行差额推荐、差额考察、差额酝酿和差额表决。对干部队伍进行调整和充实，区委召开常委会4次，共调整提拔干部80名。其中免职8名，交流干部43名，提拔干部29名，改善了干部队伍结构，提拔35岁以下优秀年轻干部9名、女干部7名，非党干部2名，均按《条例》规定程序进行。

四、干部培训

1987年2月以来，为适应改革开放的新形式，提高干部的文化素质，对全区45岁以下干部进行分期培训，达到高中或中专文化程度的要求。

1986—1997年共培训1085人，其中学历培训482人，岗位和其他培训603人。

1998—2005年共培训2715名，其中学历培训528名，岗位和其他培训2187人。

五、干部审查

1986年区委重视干部的培养教育提拔重用和探索干部的制约机制管理工作，区委责成党委常务副书记担任干审工作领导小组组长，主管此项工作。

1996—2005年区委重新调整了干审工作领导小组，组长和副组长分别由常务副书记武学忠、常委组织部长潘若飞担任。相继制定和完善了《干部审查工作制度》《干部交流论岗制度》《干部任用回避制度》《干部离任审计制度》《干部诫勉谈话制度》。

第三节　知识分子工作

1987年，区委利用各种形式加大知识分子教育力度，强调要“自尊、自重、自爱”。

1988年4月，经基层单位推荐、组织部门考核，区委第七次常委会议讨论决定：被评委市级知识分子拔尖人才2名，区级知识分子拔尖人才8名，优秀知识分子15名。

1995年8月，重新调整了知识分子领导小组，调整后的领导小组组长和副组长分别由区委书记和副书记、局长担任，知识分子办公室设在区委组织部，建立了知识分子名册。9月，区委制定并下发了《五营区人才管理（暂行）办法》《中共五营区委区政府关于充分发挥知识分子作用促进经济发展的若干规定》。1996年，区委命名区级拔尖人才9名。1997年8月，五营林业局总工程师、高级工程师林宝岱、五营林业局调研员、高级工程师于喜文、中植集团总裁高级经济师解植坤参加伊春市知识分子拔尖人才研讨班。

1998年，成立以党委书记为第一组长、区委副书记、区（局）长为组长、区委副书记、组织部长、宣传部长为副组长的区人才工作领导小组，每年区委均召开人才工作领导小组会议。

2005年，区财政局局长郭凤斌、贮木加工厂厂长杨玉鼎分别选拔到区政协副主席、区长助理领导岗位上来；忠芝木业有限责任公司、中艺商贸公司分别聘请贾振岭、赵树文、王世坤和李光复、朱景全、胡学梦参与企业管理经营。培养在发展种、采、养、加、旅游、营销等方面的技术能手、骨干和乡土人才78名。全区有高级技能人才153名。

第四节　老干部工作

1992年9月3日，区委决定成立中共五营区老干部活动室总支委员会。由老干部活动室主任担任总支书记，总支隶属于区党委领导。同年为住房困难的老干部解决住房22户。

1994年5月，全区共有离休老干部146人，为做好老干部工作，五营区（局）党政领导与离退休老干部建立了联系制度，组织了“老干部首届夏令营”活动，订阅报刊23种202份。坚持对老干部定期走访制度，工作人员每月分片走访一次。凡春节、“三八”“五一”“七一”“八一”“九九”重阳、“十一”、元旦等重要节日都举行座谈联欢会。

1999 年，老干部办公室党总支下设五营、五星、河南、河北、营林、丰林（2 个）、机关 8 个支部，书记均由老干部选举产生，坚持总支每半月活动 1 次、支部每月活动 1 次，坚持每年出游 1 次。坚持每年对私营企业（科力奥、北药、“黑木耳”等）参观考察 1 次，并建有阅览室、健身室、游艺室、娱乐室（球类、棋类）。

2005 年 6 月底，全区老干部 81 名，其中退休 15 名、离休 66 名。

第五节　专题教育

一、“三讲”教育

1999 年 2 月，根据《中共中央关于在县级以上党政领导班子、领导干部中深入开展“三讲”教育为主要内容的党性党风教育的意见》的要求和省、市委关于开展“三讲”教育安排和部署，9 日，中共五营区十五届二次全委（扩大）会议通过了《中共五营区委关于深入开展“讲学习、讲政治、讲正气”、教育的决定》。下发了《中共五营区委中心组理论学习安排意见》《关于全区党员干部学习邓小平理论的安排意见》和《关于印发“三讲”教育必读篇目的通知》。建立了区委中心组和五大班子成员学习制度，采取集中学习和自学相结合的方法，每月集中专题学习2次，每次学习1篇。到年末，中心组和五大班子成员已集中学习了 15 篇“三讲”教育必读篇目，每次学习都有主要领导做中心发言。参加学习人员有笔记、有心得。各基层党组织结合“三讲”教育活动，制定学习规划，有组织、有目的开展理论学习。

在开展树形象工程活动中，区委、区政府、区人大、区政协和区公、检、法部门的处级领导干部采取结扶贫对子、“一加一”捐资助学等办法，帮助贫困职工、贫困学生解决实际困难，全区有 31 名副处级以上领导干部和 31 名贫困职工结成对子，副科级以上领导干部对子 271 对，其中，基层科级领导干部结对子 92 对，部门科级领导干部结对 24 对，副科级领导干部结对 155 对，截至 1999 年 11 月底，结对帮助 302 户特困职工全部脱贫。有 23 名副处级以上领导干部积极参加“一加一”捐资助学活动，资助贫困学生 23 名。

2000 年，参加“三讲”教育的区委、人大、政府、政协及纪委法检公 8 个班子成员，以对党的事业和对五营发展高度负责的精神，积极投身到“三讲”教育中来。通过“三讲”教育，使党员领导干部对五营区在深化企业改革、加快经济发展、招商引资、加强企业管理、优化产业产品结构的问题及离退休职工养老金发放等方面都有了突破性认识，在加强党的建设、接待群众来访，扶贫解困，纠正行业不正之风等方面都有了明显改善。

2001 年，开展了“三讲”教育回头看活动。班子主要领导以身作则，带头参加学习，做到工作学习两不误。为加强城镇建设，区政府投入 45 万元对排水系统不畅的工商北路进行了全面彻底的改造；兴建了 15000 平方米的住宅楼；投资 72 万元改造了自来水线路 1761 米；集资 120 万元资金，增加了一台 10 吨锅炉，全面改造了区内楼房供热系统，使居民供暖的问题得到了彻底解决。保证“回头看”活动取得成效。

二、“三个代表”重要思想教育

2001 年 7 月 10 日，五营区委制定并下发《关于在全区开展“三个代表”重要思想学习教育活动的实施方案》。从 7 月中旬开始到 9 月中旬结束，在全区各单位、区人大、区政府、区政协、机关各部门、中、市直单位中，有计划、有步骤地开展“三个代表”重要思想学习教育活动。区委成立“三个代表”重要思想学习教育活动领导小组，并设立专门办事机构。领导小组下设办公室，区委常委、区人大、区政府党员副区长及政协主要领导建立学习教育活动联系点。学习教育工作办公室设立秘书组、综合组、学习宣传组和9个指导督查组，负责全区“三个代表”重要思想学习教育活动的组织运作、检查指导和督办落实工作。

学习培训阶段，全区参加的单位和部门共计73个，干部798人。7月12日，召开全区“三个代表”重要思想学教活动动员大会。会上传达了市动员大会精神，区委第一责任人作动员讲话，市委指导督查组组长讲话，制定并下发《五营区“三个代表”重要思想学习教育活动学习培训阶段的实施方案》。

8月15日至9月10日召开了“三个代表”重要思想学教活动转入第二阶段动员大会，对全区“三个代表”重要思想学教活动第二阶段工作进行全面安排部署。下发了《对照检查阶段的实施方案》及相对应的工作日程表。区委书记作了《学习实践“三个代表”重要思想，坚定不移的贯彻执行党的基本路线，努力实践“二次创业、富民兴区”奋斗目标》的专题辅导。区长张恒芳作了《大力发展场所经济，努力实践代表先进生产力的要求》的专题辅导。包点领导深入基层进行专题辅导达到20余次。全区共征求意见3689条，梳理后有1276条。

2002年，“三个代表”重要思想学教活动回访复查工作，成立了由8名区委常委包点，16名具有较强工作能力的科级干部组成的8个驻场（所）指导督查组。制定了方案，同时对各工作组工作人员提出了具体要求，从上到下层层明确了目标，细化了责任。针对存在的突出问题进行整改，整改率达到97%，顺利地通过省、市学教办的验收。

三、“三个带头人”教育活动

2002年，全市纪念建党81周年暨开展“三个带头人”活动座谈会结束后，区委高度重视此项活动，及时召开了常委会议，传达学习全市《“三个带头人”活动方案》。区委发挥利用党校的阵地作用，组成宣讲小分队，到基层单位进行巡回宣讲。还对党员积极分子和预备党员举办了两期培训班。

从各部门、各行业和各岗位工作实际出发，开展“三个带头人”活动。鑫源野生食品加工厂，在党员中开展争当“三个带头人”做好“三手”活动。环卫处结合党员思想进行了“三比三看”活动。五营国税分局在活动中坚持“五项服务”即立足本职工作，为林区建设服务；依靠政策优势，为企业发展服务；结合地区特点，为个体经营户服务；狠抓文明建设，为纳税人服务；扶贫解困，为教育服务。全区各级党组织在开展“三个带头人”活动中，结合实际制定了操作方案，建立了约束力强的推动机制。在“三个带头”活动中，全区为贫困户提供技术或信息490条，与困难职工结成帮扶对子314对，助学助残救灾捐款捐物32.94万元，改善职工生产生活条件的实事280件，改善职工生产生活条件投入资金1337.1万元，党员义务献工5071天。区委区政府为职工群众办了八件好事、实事。投资68万元改造了中心大街，投资1000万元修筑新建大桥至森林公园旅游公路，整修改造看守所房舍，扩建了休闲广场。投资100万元，改造了输电线路，安装了100盏路灯，还投资100万元铺设新建大桥引桥水泥路面，使之与伊五路同时开通。

四、先进性教育

2005年，按照中央和省委、市委的部署，五营区保持共产党员先进性教育活动分2批进行，从1月26日开始，历时11个多月，参加的单位和部门有90个，党支部113个，党员2345人。区委在两批先进性教育开展之前组织近2000人党员收听收看了中央、省委、市委先进性教育活动电视电话会议，召开全区先进性教育活动动员大会，会后各部门、各单位召开了党员大会进行安排部署。区委对全区152名流动党员进行了全面调查摸底和造册登记，发放流动党员证121本，致流动党员公开信152封。与全区各基层党组织签订了查找失去联系的党员责任状，实行党支部书记为第一责任人，书记包单位，支委包党员，采取“一对一”“二对一”等结对方式，切实把查找失去联系的党员落到实处，使失去联系的15名党员全部“回到家”。全区两级党组织设立意见箱113个，召开征求意见座谈会243个，群众参与面近万人。共讨论、概括、提炼出了46个行业部门、90个单位、184个不同岗位保持党员先进性的具体要求。区委常委班子率先垂范，投入大量精力抓先进性教育活动，结合自己的工作分工建立了活动联系点，分别对机关、企业、学校、医疗卫生、街道社区等开展先进性教育活动进行专题调研和指导。区级党员领导干部建立联系点44个，深入基层调研指导132人次，为基层讲党课48次。两批活动共整改问题216个，党员与困难群众结成帮扶对子347对，帮助困难群众排忧解难423件，帮扶钱物15.9万元，资助困难学生185名。工作在生产、教学、科研、管理一线的党员开展业务创新78项，为企业解决发展难题69个，完善和新建群众公用设施24个。据不完全统计，先进性教育活动开展以来，全区党组织健全完善制度76项。

第六节　关心下一代工作

一、机构

1993年，成立五营区关心下一代工作委员会，成员由党委、政府有关部门负责人和部分离休老干部22人组成。下设办公室隶属于区委组织部。

2004—2005年，区关工委主任由党委副书记高迎春兼任，常务副主任由于喜文担任、副主任由郭庆兰、副区（局）长田宁兼任、设秘书长由侯福财担任并兼办公室主任。

二、主要工作

1993年6月，离退休老干部对在校的中小学生、青少年进行革命传统和艰苦奋斗教育。对青少年理想道德教育，1994年4月28日，区关工委老干部董德林、张殿卿深入第七小学讲《传奇英雄杨子荣》的故事，有210余名师生听讲反映甚好。

1999年，区关工委老干部为9所中小学6847名学生讲了142场。开展了各种适合青少年身心健康的活动，学雷锋做好事、清明节扫墓团队活动，“七一”“十一”举办“党在我心中”演讲会、“祖国在我心中”演唱会等。

进行法治宣传、帮教工作，以依法治国为出发点的法治教育。选派9名政治素质、法律业务素质过硬的政法干部兼任中小学法制课的副校长；以《中华人民共和国未成年人保护法》和《中华人民共和国预防未成年人犯罪法》为重点兼学《中华人民共和国交通安全法》《中华人民共和国森林法》《中华人民共和国野生动物保护法》等法律常识。开展帮教工作。全区帮教由区政法委牵头、司法局、公安分局、学校、社区有关人员组成10个帮教领导小组，对全区48名有劣迹行为青少年和两放人员进行帮教。2005年有46名青少年转好。同年有“留守生”222人、“流动生”85人、“两生”中有42名贫困生需救助7600元已到位，“两生”中有89名学习成绩较好，有174名学习一般，有44名学习较差。

开展好读书活动。从2000年起，在全区广大青少年中开展《中华魂主题读书》活动，以歌颂党、歌颂祖国、歌颂创业史、歌颂改革开放为主旋律，以新的姿态、新的风貌迎接新世纪，做新世纪的接班人。2003年3月25日，伊春市中华魂主题教育活动领导小组授予五营区关工委全市“新世纪宣言”主题教育活动先进集体标兵。

关心弱势群体，扶贫济困。自2000年起，区委区政府每年都为300名中小学困难生减免学杂费，为40名特困生解决课本。为130名特困生发放换季服装；区四大班子（区委、人大、政府、政协）成员与27名贫困生结帮扶对子每年捐助资金达5400元；离退休老干部为第四小学4名贫困生定人包扶每年捐助1000元；区武装部领导班子为第七小学4名贫困生定位帮扶每年捐助1000元。

2003年，区民政局将425户贫困学生家庭纳入低保发给救济金。

2004年，全区有253名特困生得到了资助，避免辍学生和流失生发生。

2005年，区教育局为全区中小学900名贫困生减免学杂费金额达6.19万元；区妇联组织社会各界为55名贫困女童捐助金额达1.65万元；区公安分局负责人与贫困生结对子捐资4900元；区工会为4名考上大学贫困生捐资900元，并为38名贫困生家庭发放救助贷款6.1万元。

第七节 党 校

一、机构

五营区（局）委员会党校（简称区委党校），1986—1989年2月，设党总支副书记、副校长各1名，教员9名；1989年2月—1993年2月，设党总支副书记、副校长各，教员8名。

1993年3月—1993年11月，三校合一（党校、教师进修校、职工校）成立成人教育中心校。设副主任1名，教员6名；1993年11月—1997年5月，区委党校与区委宣传部合署办公。设常务副校长1名，副校长1名，教员6名；1997年5月—2001年11月设党总支书记1名，副校长1名；2002年1月—2005年年底，设党总支书记1名，教员4名。

二、教学内容

1986—2005年，期间正是国家经济体制、政治体制改革从发展、深入、全面整体推进和攻坚决胜的全过程。在教学内容上，主要以马列主义、毛泽东思想、邓小平理论和“三个代表”重要思想的基础理论、党在社会主义初级阶段的基本路线、党章规定的基本知识为主旋律，突出邓小平建设有中国特色的社会主义理论、社会主义市场经济理论结合党的十二大、十三大、十四大、十五大、十六大精神和省市区委重要会议精神以及法律知识等方面内容，对不同班次不同层次的学员进行讲授与辅导。

教学主要采取教师授课与学员讨论共同提高相结合；集中培训与流动办学相结合；培养基层业余党校理论骨干与到基层辅导相结合。做到教学与科研融会贯通，用研究的实际成果覆盖教学，不断提高办学质量。

三、党员干部培训

办学的主体班次主要有入党积极分子培训班，预备党员培训班，基层党支部书记培训班，后备干部培训班，基层理论骨干培训班，女（妇女）、少（少数民族）、非（非党）及青年干部培训班。其他班次有结合工作需要举办“二五”“三五”“四五”普法理论骨干培训班，业余党校教师培训班、机关干部理论研讨班等。每年区委党校办班均达7次以上，年均培训人次可达500人左右。

1986—2005年，五营区党校共举办入党积极分子培训班、预备党员培训班、基层党支书书记理论研讨班、厂、场（所）长理论研讨班、政工干部培训班等各类培训班135期。

第三章　宣传工作

中共五营区（局）委员会宣传部（简称区委宣传部），1986 年有 7 名工作人员。

建立党委报告员、宣传员制度、政治工作例会制度和相应的目标责任制度。围绕党在各个历史时期的中心任务，采取形式任务报告会、专题演讲会、各种座谈会、举办培训班等形式对全区广大党员干部进行思想、政治、道德、纪律教育；利用电话、报刊、电视台、广播站、黑板报、橱窗、画廊、标语、口号、大字块办小报等宣传工具，大力宣传党的路线、方针、政策，调动各方积极性，促进各项事业的发展。

第一节　理论学习

1986 年，主要学习党的十二大精神。1987—1991 年，主要学习党的十三大精神以及企业思想政治工作、人口理论、法律等专题知识。1992 年，主要学习党的十四大精神、“三个有利于”标准（有利于提高综合国力、有利于发展生产力、有利于改善人民生活）。1993 年，学习邓小平建设有中国特色社会主义理论《学习纲要》、建党理论和党章；1994 年，区委下发《关于认真组织全区党员干部学习〈邓小平文选〉第三卷的安排意见》的通知，举办三期培训班，受教育人数达 245 人。

1995 年，区委下发《中共中央关于加强党的建设几个重大问题的决定》的实施意见，学习党建理论。

1997 年，区委下发《区委中心组 1997 年理论学习计划》，学习江泽民的《领导干部一定要讲政治》、邓小平理论、人口理论和有关法律知识。

1998—1999 年，深入学习邓小平理论和党的十五大精神，结合实际、重点围绕资本运营、资产重组、股份制、股份合作制、科技兴区、依法治区、深化对省情、市情、区情的认识、着力解决解放思想和发展经济的关系等问题。

2002 年，学习邓小平理论和党的十五届五中、六中全会，“三个代表”重要思想，“七一”讲话，《干部任用条例》《公民道德建设实施纲要》《毛泽东、邓小平、江泽民论社会主义道德建设》，WTO 知识（世界贸易组织），党的十六大精神。

2003 年，学习党的十六大精神、“三个代表”重要思想、邓小平理论、人口理论。

2004—2005 年，学习党的十六届三中、四中、五中全会精神，领导科学，干部选拔，市场经济，企业管理，法律知识，岗位业务，《保持共产党员先进性教育读本》。

区委宣传部每年都制定和下发全区党员干部理论学习安排意见的文件。做到有教材内容、有计划安排、有记录笔记、有测试成绩；基层党政班子成员每年每半月学习一次，职工群众每季集中学习1次。再次抓广大党员干部理论学习的“主体工程”，各单位利用早会、党员的“三会一课”（支部会、党小组会、全体党员会、上党课）进行理论学习，定期测试。区委宣传部对全区理论学习实行月指导、季抽查、半年一检查、年终考核评比，评出一、二、三类单位，通报全区，促进了理论学习。

第二节 社会宣传

1986年，在全区范围内深入开展坚持四项基本原则，反对资产阶级自由化宣传教育活动。1987年9月17日，在五营区召开了全市安全宣传教育工作会议，五营区委宣传部在大会上介绍了《警钟长鸣》的经验和做法。1989年，宣传党的十三届四中全会精神。1990—1991年，开展艰苦奋斗教育，举办“四代人”报告会。1993年，筹备小兴安岭森林节各项宣传活动。

1994年，开展解放思想、转变观念换脑大讨论的宣传活动。1996年，大力宣传铁力经验、大打缓危解困攻坚战。1997年，开展讲文明、树新风和香港回归的宣传活动。1998年，深入开展学习社会主义市场经济理论的教育活动。1999—2000年，大力宣传“澳门回归”“天保工程”“黑木耳”经济活动。2001—2002年，大力开展“三讲”（讲学习、讲政治、讲正气）“三个代表”重要思想、WTO（世贸组织）的宣传活动。

2004—2005年，大力宣传贯彻落实党的十六届三中、四中、五中全会精神、开展保持共产党员先进性教育和评选“十佳公仆”活动。

第三节 新闻报道

1986年，五营区（局）历任驻站记者都能认真贯彻党中央的指示精神，围绕区委、区政府的中心工作，及时报道在改革开放、经济建设、社会发展事件中涌现出的新人、新事、新气象的先进事迹和成功经验。同时发挥基层通讯报道员和通讯网络的作用。通讯员分别在省市电台、电视台、报刊上发表40篇以上。

1997年冬，驻站记者带领5名骨干通讯员参加伊春报社首届新闻培训班，5名通讯员通过考试，均获得了通讯员证书。

2001年，记者站采取文字报道与图像报道相结合的方式与区广电中心合作，共在“两报”上发稿87篇。其中《伊春日报》一版发稿24篇、经济稿9篇。另外在《黑龙江林业报》发稿14篇，在新华社发稿1篇《伊春发展黑木耳经济一举三得》。在《小兴安岭》杂志上发表长篇通讯《宣传舞台上的女高音》和游记《美哉、奇哉森林浴场》获优秀奖。消息《五营区委注重从源头上治理腐败》获市纪委——《伊春日报》征文二等奖。会议侧记《举起你们价格来》被收入《黑龙江林业报》十年新闻作品选《林海华章》中。消息《不拿今天赌明天——五营局发展黑木耳注重保护绿色》被评为全省林业好新闻二等奖。驻站记者王英新被省林业报评为优秀记者。通讯员尹燕国被评为优秀通讯员。报告文学《勇闯市场的队伍》被省文联“赞美黑龙江、讴歌黑土地”征文优秀作品奖。王英新的文学新闻作品选《燃烧的足迹》被省北方文艺出版社审查通过已出版发行。2004年，除保留《五营新闻》《信息与服务》栏目外，又新增《兴安咨询》《报刊时讯》两个栏目。

2005年，在保持共产党员先进性教育活动中出简报103期，并在《伊春日报》、伊春电台、伊春电视台发表50篇文稿，其中《伊春日报》头版25篇，头条3篇,《黑龙江日报》1篇。在五营自办节目中设“保先教育”（保持共产党员先进性教育简称）专栏，滚动播出电教片《群星灿烂——新时代优秀共产党员风采录》播发40篇新闻稿件、制作三集大型专题片“与时俱进，小康路上党旗红”“春雨润兴安，林城党旗红”和“文明公约”“文明守则”“十佳公仆”先进单位、先进个人事迹集中报道，涌现出“保先教育”先进典型单位8个，先进个人154人。报道《一方讲台美丽人生》获市三等奖，制作风光片《风景这边独好》在全市评比中获第三名。

第四节　思想政治工作

1986年以后，每年都制定下发《关于在全区做好思想政治工作的通知》，要求基层党组织把思想政治工作作为第一要务抓好抓实抓出成效，党委宣传部把思想政治工作作为思想宣传工作重中之重，不断总结探索思想政治工作经验和规律，切实做好新世纪思想政治工作。通过调查研究确定弱势群体作为思想政治工作的重点对象，协同区工会、妇联、共青团、民政局、司法局、劳动局、公安等部门对下岗职工、家庭妇女、残疾人员、单亲家庭、两劳（劳教、劳改）释放人员、流动人口、离退休职工、劣迹青少年等社会弱势群体，针对不同情况，深入其家中进行思想沟通，为他们解疑释惑；建立思想政治工作联席会和班子成员分工包片思想政治工作联系点制度，有专人负责；成立区思想政治工作理事会并定期召开思想政治工作研究会，每期研究会都收到论文在30篇以上，探索新路子，增强做好政治工作信心；树立思想政治工作典型，以点带面推动全局。

2005年，全区思想政治工作的“三保三有”做法（健全组织，保证思想政治工作有领导；完善制度，保证思想工作有方向；开展活动，保证思想政治工作有阵地），使五营区（局）思想政治工作迈入规范化、制度化、程序化的轨道健康发展。

第五节　职称评定

自1990年11月，五营区（局）职称评定办公室成立，至2005年，共评定高级政工师13人，政工师146人，助理政工师81人，政工员72人，总计312人，均按程序依省、市、区、高、中、初级逐级呈报审批。

第四章 统一战线工作

第一节 机 构

1983 年 7 月 9 日，成立中共五营区（局）委员会统一战线工作部（以下简称区委统战部）。

1989 年 10 月 24 日，成立五营区对台湾事务办公室（简称对台办公室），隶属区委统战部，区委统战部对团结和调动各民族党派、非党干部和知识分子、民族宗教、台胞台属、侨眷侨属和非公有制经济等各族各界人士的积极性和创造性，全身心投入改革开放的大潮中建功立业，在参政议政、谏言献策、合作共事展宏图谋发展中发挥了不可替代的作用。

第二节 民主党派工作

1986 年，五营区有一个民主党派。2005 年，共有三个民主党派：中国民主建国会（简称民建）于 1996 年 9 月成立民建五营小组，组长张仲良、成员何清江（2002 年病故）、刘相臣；中国民主促进会（简称民进）于 1996 年 9 月成立民进五营小组，组长傅丛生、成员李金萍、冯启山、魏铭杰、柳盘山，2002 年傅丛生、李金萍因工作调动，其组织关系也随之变动，选配了魏铭杰接替；2004 年，五营区（局）副区（局）长田宁加入九三学社，成为省九三学社伊春直属支社社员。区委统战部认真贯彻《中共中央关于坚持和完善中国共产党领导的多党合作和政治协商制度的意见》各项规定，支持民主党派加强思想、组织、作风和领导班子建设，在政治协商、民主监督、参政议政方面拓宽渠道、在区人大、区政协组织中和政府各科室尽可能地多安排民主党派成员和统战成员。在区党代会、人大会、政协会、职工代表会中少数民族代表都占一定比例。在 1998 年 9 月 20 日的中共五营区第十五次党员代表大会 147 名代表中，少数民族代表 10 名，占代表总数的 6.8%；在 2003 年 11 月 10 日的中共五营区第十六次党员代表大会 145 名代表中，少数民族代表 8 名，占代表总数的 5.5%；五营区第十一届人民代表大会共有代表 126 人，其中少数民族代表 9 人，占代表总数的 7.2%；政协五营区第五届委员会，共有委员 108 名，其中有少数民族代表 11 人，占委员总数的 10.3%，政协常务委员和副主席中民主党派成员占有一定比例，在政协 4 名领导层中民主党派和非党人士占 50%；在人大 4 名领导层中非党人士占 25%；在区人大每次换届时各族各界政协委员占委员总数的 60% 左右。有力地保证了参政议政、政治协商、民主监督、合作共事的严肃性和广泛性。

第三节 对台工作

1986年，全区台胞1人（高万友，1985年回大陆定居，1998年病故），台属35户、135人。

1995年，台商吴嘉明（1995年2月—1998年8月），台资企业1户（永森发木业有限公司）投资25万美元，租赁局胶合板厂、租赁期4年。

截至1997年年末，经市认定全区共有归侨9人，侨眷86人（其中归侨侨眷62人）、港澳同胞亲属11人、外籍华人亲属4人、一般亲属66人，延续至2005年。

按照中央统一部署，坚持“一国两制、和平统一”的方针，及时了解台湾岛内动态，对台胞台属做好宣传工作，深入开展反“台独”、反“分裂”的斗争，用他们在祖国大陆的切身感受，感化他们在台亲属。每年的中秋节、春节等重大节日，对台胞台属进行走访慰问，对生活有困难的台属进行帮扶，帮助他们解决实际困难。

区委、区政府把贯彻《中华人民共和国归侨侨眷权益保护法》及实施办法，落实到具体工作中。按省、市规定，每年对参加普通高等学校、普通中等专业学校考试的归侨学生、归侨子女、侨眷及其子女考生实行照顾。为其办理侨务身份审核手续，使符合条件的侨务对象得到相应照顾。

第五章 纪检监察工作

第一节 机 构

1986 年 2 月，中共五营区（局）纪律检查委员会（以下简称区纪检委），编制 8 人。1987—1989 年，区纪检委编制 10 人，内设 3 科 1 室（控申、检查、审理、办公室）。

1990 年 11 月 19 日，区委召开第十三次党员代表大会，选举产生中共五营区纪律检查委员会，编制 10 人，设常委 7 人，委员 14 人。1991 年，区纪检委编制增至 13 人。

1992 年，编制 12 人。1993 年 4 月 23 日，按上级文件要求，中共五营区纪律检查委员会与区监察局合署办公，编制 21 人。同年 10 月 19 日区委召开第十四次党员代表大会，选举产生中共五营区纪律检查委员会，设常委 7 人，委员 15 人。内设副科级科室 6 个：办公室、案件检查科、案件审理科、执法监察科、党风廉政教育科、控申科。区纠风办公室设在区纪检委。

1998 年 9 月 20 日，区委召开第十五次党员代表大会，选举产生中共五营区纪律检查委员会编制 15 人，设常委 7 人，委员 15 人。内设两办五科：区纪委办公室、区纠风办公室。五科为案件检查科、案件审理科、执法监察科、党风廉政宣教科、控申科（均副科级）。

2001 年 12 月 5 日，根据（伊发〔2001〕19 号）文件精神，区纪检委编制 14 人，内设办公室、党风廉政宣教科、检查监察科、执法监察科、案件审理科、控申科 6 个科室。延续至 2005 年。

第二节 纪检工作

1986 年，区纪检委工作主要集中力量管好党纪，协助区委抓好党风和廉政建设。区政府在管理制度、人事制度、政府工作程序、福利事业四个方面实行了 21 项公开办事制度。区纪检委制定了《关于在商品购销活动中开展清查活动的安排意见》，共收缴各种款项 62 万元；1988 年 3 月，纪委书记唐家军在中共五营区委召开的全委扩大会上做了题为《认清形势，明确任务，努力做好新时期党风工作》的讲话。4 月修订了五营区委常委抓党风责任制。1989 年 9 月对假职称进行了清理，共清理出不符合条件人员 53 人；清理了住房建房中的问题共清查了 662 人，对其中 39 人存在不同程度问题做了处理，累计收缴资金 2.03 万元；清理公费安装住宅电话，对不符合规定的 57 台住宅电话进行收缴。

1993 年 4 月 23 日，区监察局与区纪检委合署办公后，区纪检委担负着履行党的纪律检查和行政监察两项职能。区纪检委制定《贯彻落实（中共中央国务院关于党政机关厉行节约制止奢侈浪费行为的若干规定）实施意见的通知》。共审出违反廉洁自律规定问题 6 个方面 89 条；清理小汽车 36 台，其中封停 15 台、拍卖 21 台；清理房改中领导干部作假问题 11 件，挽回经济损失 2.86 万元；清理不符合规定住宅电话 108 台，为企业节约资金 7.3 万元。认真纠正部门和行业不正之风。6 年来共清理终止公路不合理收费 5 项；清理取消对企业不合理收费 6 项 25 件，查出不合理收费 5.4 万元，退回 1.96 万元，收缴 2.01 万元；清理预算外资金和“小金库”金额达 64.88 万元；清理出党政机关及工作人员无偿占用企业财务 122.39 万元。党风廉政教育不断深入。1999 年，在以“三讲”（讲政治、讲学习、讲正气）为内容的党性、党风党纪教育，先后组织中心组学习 46 次，参加 1 500 人次；举办培训及研讨班 23 期，学员达 3500 多人；巡回播放党风党纪教育片 100 多场，受教育 500 余人次；开展以《条例》《廉政准则》为主要内容的党纪政纪教育，通过开展知识竞赛、典型安全剖析和“以案说纪”演讲活动；制作了区廉政模范林宝岱事迹的电教片《坦荡无私的情怀》在全区播放，举办市“十佳公仆”孙树义事迹报告会；召开了 5 次案件公开处理大会，对 27 起典型案件进行了严肃处理。建立和完善了党风廉政建设制度。先后制定了《五营区党风廉政建设责任制》《五营区人民政府、五营林业局关于加强木材生产、加工、销售和林政管理的规定》等 30 余项规定。从 1999 年至 2005 年，在党员领导干部廉洁自律规范从政行为方面，区纪检委认真贯彻执行《中国共产党党员领导干部廉洁从政若干准则（试行）》文件狠抓责任制的落实，先后制定下发了《各有关部门切实落实责任履行职能推进党风廉政建设各项工作的通知》《党风廉政建设责任目标考核方案》《党风廉政建设责任目标考核方案》《党风廉政建设和反腐败工作责任分工的通知》，按照各单位和部门的责任权限将党风廉政建设工作细化，明确各自目标、责任和任务，坚持党风廉政责任报告制度和承诺制度。区级领导和基层党政主要领导坚持每年分别向市委、市纪检委和区党委、区纪检委上报个人抓党风廉政建设工作和个人廉洁自律情况的工作报告，并作出书面承诺，主动接受组织监督；完善领导干部廉洁从政的各项制度，结合“三讲”教育和“三个代表”重要思想学教活动，制定了对领导干部进行考廉、诫勉谈话、领导干部重大事项报告、领导干部述职述廉等制度规定共 7 个方面 96 条；开展了领导干部廉洁自律专项治理工作，6 年共清理纠正副科级以上领导干部公款安装住宅电话 27 部，违反规定购买移动电话 49 部，清理领导干部超标准配备小汽车 24 台；认真查办了贪污贿赂、徇私枉法、挪用公款、以权谋私、失职渎职、腐化堕落、国有资产流失和破坏社会主义市场经济秩序的案件。共立案 94 件，结案 94 件。其中，党纪案件 35 件，政纪案件 59 件，大要案 48 件。给予党纪政纪处分 103 人。

2002 年年末，区纪检委对群众反映比较集中的区职工医院在改制过程中大量医疗器械和备品 1000 余件被盗，折合人民币 24 万余元。所办案件得到市纪检委的认可。纠正行业不正之风。加强公路“三乱”（乱收费、乱摊派、乱罚款）工作治理，实现公路无“三乱”的目标；纠正医药购销中的不正之风，清理取缔了非法药贩和无证照或证照不全药贩以各种形式通过药品销售渠道谋取不正当利益的行为，实行了医药分开核算、分开管理；减轻企业和农民负担工作。

2005 年，通过对全区重点收费部门的收费罚没情况进行检查，清理取消对企业和农民不合理收费 5 项 20 件，查出不合理收费 51.25 万元，退回 3.6 万元，收缴不合理资金 1.8 万元；治理了教育乱收费。落实规范了中小学收费项目和收费标准，并将收费纳入区财政统一管理，对个别学校巧立名目违反规定乱收费问题进行了认真查处，收缴不合理收费 2.6 万元。

第三节　监察工作

1993 年，重点围绕整顿和规范市场经济秩序、建设工程招标投标、木材销售、安全生产、“天保”资金和社保资金的管理和使用等项目，会同有关部门开展专项检查：对一次性安置企业富余人员工作、征兵工作、劳动保障工作站竞聘人员工作进行全程检查；参加了 11 起重特事故的调查处理工作。

1998年，加强了党风廉政建设和工作作风建设，先后组织中心组学习22次，参加630人次，举办培训班和研讨班34期，学员达1800多人，较系统地学习邓小平理论，“三个代表”重要思想，党的十五大、十六大报告和党的各项路线、方针、政策及党内法规和廉政建设法规，利用电教设施在全区巡回播放《优秀共产党员江洋湖》《生死抉择》《高墙内的钟声》《胡长清案件警世录》等党纪教育片138场，举办了党风廉政建设知识竞赛、编写党纪政纪条规《百题问答》、开展“学党章、促廉政”、做“三个代表”重要思想忠诚实践者主题教育活动，开展“五个一”教育活动，党员干部受教育面达90%以上。各级党组织充分利用广播电视、板报、橱窗、标语等多种形式宣传反腐斗争取得的重大成效，广大党员干部提高了党性觉悟，增强了拒腐防变能力。

2003年上半年“非典”流行时期，深入基层对防治工作进行检查监督。坚持在经济管理部门、行政执法部门和公用事业单位开展树行业新风、促经济发展，最佳最差单位评比和以“正行风、促发展”为主题的民主评议行风活动，在活动中建立健全行风评议制度、完善评议方法，各参评部门结合行业特点，把纠风工作和行风建设纳入业务管理之中，向社会推行公示制和承诺制，实行“代理式办公”和“全程式办公”，有效地促进和改善全区经济发展环境，巩固了“创建”工作成果。改革行政审批制度，按上级要求取消了一些行政审批项目，对保留的行政审批项目简化审批手续，规范程序，加强监督制约，增强了审批工作的透明度；财政制度改革进度加快，成立了核算中心，将山下9个事业单位财务归入五营区财务核算中心集中核算，取消、废止了一些违反规定设立的收费、罚没项目和违反规定使用的收费罚没票据；加强了执收执罚部门行政事业性收费和罚没“收支两条线”工作，将部门收入纳入财政预算管理，在指定银行设立专用账户，取消了单位“账对账”和“小金库”，实行了大宗物资政府采购，节约资金48万元；推行选拔任用干部民主推荐、任前公示、推荐提名和任前考察责任制，干部选拔任用工作中民主、公开、竞争程度逐步提高；国有企事业单位主要领导任期经济责任审计工作有了加强，共进行领导干部离任审计51次，在职审计41次、专项审计26次，为国家挽回经济损失28.5万元。

2005年，侧重学习和贯彻《建立健全教育制度监督并重的惩治和预防腐败体系实施纲要》，提高纪检监察机关依纪依法查办案件能力。

第四节 案件查处

1986年，五营区纪检委全年共查办各类违纪违法案件5起，对5名违纪违法的党员领导干部，分别给予党内、行政处分。其中，给予开除党籍处分1人，留党察看1人，党内警告1人；给予行政记过处分1人，撤销行政职务1人。

1993年，区纪检委在查办案件工作中发挥信访主渠道的作用，了解核实了大量违纪违法和不正之风问题，为查办案件提供了三大量案源，同时还注重研究新形势下党员领导干部违纪违法的特点和规律，不断探索办案思路，改进办案方法。发挥区纪委在查办案件工作中的组织协调作用，加强同公、检、法、审计、林政等执纪执法部门的密切配合。全年共查办各类违纪违法案件7起，对7名违纪违法的党员领导干部，分别给予党内、行政处分。其中，给予开除党籍处分1人，留党察看1人，党内警告，3人；给予行政记过处分2人，开除行政职务1人。

2005年，区纪检委全年共办结各类违纪违法案件11起，对11名违纪违法的党员领导干部分别给予党内、行政处分。其中，给予留党察看1人，党内警告2人；给予行政记过处分3人，开除行政职务5人。

第十五篇　五营区人民代表大会

人民代表大会制度是国家根本的政治制度。五营区人民代表大会自1980年9月20日成立到2000年，按照《中华人民共和国宪法》和《中华人民共和国地方组织法》赋予职权，实行区、乡（镇）两级人民代表大会制度。2001年至2005年实行区级人民代表大会制度，仍坚持定期召开人大常委会和每年召开一次人大全体代表工作例会，听取并审议“一府两院”（区政府、检察院和法院）工作报告和人事任免工作。

第一章 历届人民代表大会

第一节 五营区第八届人民代表大会

1987 年 8 月 19 日至 24 日，五营区第八届人民代表大会第一次会议在五营工人文化宫举行。出席会议代表 90 人。会议听取了区人大常委会主任高启山作的五营区第八届人民代表大换届选举工作报告。会议选举产生了五营区第八届人大常委会，选出区人大常委会主任 1 人、副主任委员 3 人，人大常委会委员 10 人；选出区长 1 人、副区长 2 人；区人民法院院长 1 人、区人民检察院检察长 1 人、选出出席市人大代表 10 人。

1988 年 4 月 27 日至 29 日，第二次会议在区工人文化宫二楼会议室举行。出席大会代表 89 人、列席会议代表 70 人。会议听取人大常委会副主任刘义华传达全国人大七届一次会议传达提纲、听取审议区长王利民作的区政府工作报告、听取审议区人大常委会主任高启山作的人大常委会工作报告、听取审议法院院长李学贵作的法院工作报告、区检察院检察长徐兴福作的检察院工作报告。会议还听取了副区长于喜文作的关于区人大七届四次会议以来代表方案处理情况的解答报告。会议对上述工作报告分别做出了决议。会议补选区八届人大常委会副主任 1 人，委员 6 人。

1989 年 4 月 18 日至 20 日，第三次会议在区文化宫二楼举行。出席会议代表 98 人，政府各部门负责人列席会议 74 人。会议听取审议人大常委会副主任邓满林作的人大常委会工作报告、听取审议王利民、李学贵、苏再宪（代）分别作的区政府工作报告、区法院工作报告、区检察院工作报告。会议听取了副区长于喜文作的关于八届人大二次会议代表议案处理情况的报告，会议对上述工作报告分别做出了决议。会议选举了人民检察院检察长 1 人。

1990 年 4 月 19 日，第四次会议在区工人文化宫大厅举行。出席代表 98 人，列席代表 90 人。会议听取审议人大常委会主任高启山作的人大常委会工作报告，会议听取审议孙芳礼、李学贵、苏再宪分别作的政府工作报告、法院工作报告、检察院工作报告，还听取了副区长于喜文作的关于区八届人大第三次会议以来代表议案处理情况的报告，会议选举了五营区人民政府区长 1 人。

第二节 五营区第九届人民代表大会

1990 年 10 月 10 日至 11 日，五营区第九届人民代表大会第一次会议在五营区工人文化宫举行。出席代表 115 人，列席代表 89 人。会议听取审议了人大常委会主任高启山作的五营区、镇两级人民代表大会换届选举工作总结报告。会议选举产生了区第九届人大常委会。选出区长1人、副区长7人、法院院长 1 人、检察院检察长 1 人，选出出席市人大代表 9 名。

1991 年 5 月 5 日至 6 日，第二次会议在区工人文化宫举行。出席代表 106 人、列席 80 人。会议听取审议区长孙芳礼作的政府工作报告，审议了《五营区经济建设、社会发展十年规划和“八五”计划草案》。听取审议了区法院、区检察院工作报告，会议对上述工作报告分别做出了决议。会议选出区人大常委会副主任 1 人，补选人大常委会委员 3 人。

1992 年 4 月 9 日至 11 日，第三次会议在区工人文化宫召开。出席会议代表 102 人，列席 90 人。会议听取审议“一府两院”（政府、法院、检察院）工作报告，听取审议了人大常委会工作报告，会议对各项报告做出了决议。会议对区人大常委会任命的区政府各委、办、局、主任、局长进行了测评。会议补选了区人大常委会委员 2 人。

1992 年 10 月 16 日，第四次会议在五营区工人文化宫二楼举行。出席代表 114 人，列席代表 45 人。会议审议选举五营区出席伊春市第九届人民代表大会和补选区九届人大常委会委员。会议选出五营区出席伊春市九届人大代表 13 人，补选区九届人大常委会委员 1 人。第五次会议于 1993 年 3 月 30 日至 4 月 1 日在区工人文化宫二楼举行。出席代表 112 人，列席 86 人。会议听取审议了区人大常委会副主任闫德礼作的人大常委会工作报告；听取审议了“一府两院”工作报告。会议号召全区人民认清形势、解放思想、振奋精神、抓住机遇、满怀信心地去实现五营经济振兴而奋斗。

第三节　五营区第十届人民代表大会

1993 年 10 月至 11 月 1 日，五营区第十届人民代表大会第一次会议，在区工人文化宫二楼举行。出席会议代表 119 人，列席 98 人，政协委员列席 6 人。会议听取审议了区人大常委会副主任闫德礼作的五营区第十届人民代表大会换届选举工作报告。会议选出人大常委会主任 1 人、副主任 4 人（其中 1 人非党）、人大常委会委员 14 人。选出区长 1 人、副区长 6 人，选出区人民法院院长 1 人、区人民检察院检察长 1 人。

1994 年 3 月 31 日至 4 月 2 日，第二次会议在区工人文化宫二举行。出席代表 101 人、列席 67 人。会议听取审议人大常委会副主任闫德礼作的区人大常委会工作报告。听取审议区长陈茂华作的区政府工作报告；副区长王玉斌作的 1993 年财政（财务）预算执行情况和 1994 年预算草案的报告；听取审议区法院院长蔺思武作的人民法院工作报告；听取检察院检察长苏再宪作的检察院工作报告；会议通过了五营区人民代表大会议事规则草案，补选人大常委会委员 3 名。

1995 年 4 月 11 日至 13 日，第三次会议在区工人文化宫二楼举行，出席代表 112 人，列席 96 人。会议听取审议人大常委会工作报告和“一府两院”工作报告。会议确定全年的工作目标是动员全区职工群众以经济建设为中心，进一步深化改革搞好企业的改组改造，积极拓宽渠道，开辟经济发展第二战场，搞好产业产品结构调整，发展非国有经济和外向型经济，加强林木资源管理实现翻两番奔小康的目标而奋斗。会议补选区十届人大常委会委员 1 名。

1996 年 3 月 27 日至 29 日，第四次会议在区工人文化宫二楼举行。出席代表 102 人，列席 94 人。会议听取审议了区人大常委会工作报告和“一府两院”的工作报告。会议要求要坚持“抓住机遇，深化改革、扩大开放、促进发展、保持稳定”的基本方针，积极推进经济体制和经济增长方式的根本转变、管住森林资源，努力开辟经济发展第二战场，促使国民经济持续、快速、健康发展，社会全面进步。会议通过了五营区国民经济和社会发展“九五”计划及 2010 年规划纲要。会议补选区十届人大常委会委员 1 人。

第四节　五营区第十一届人民代表大会

1997 年 10 月 31 日至 11 月 3 日，五营区第十一届人民代表大会第一次会议，在区工人文化宫二举行。出席会议代表 126 人，列席 71 人，大会选出新的一届人大常委会组成人员 18 人，其中人大常委会主任 1 人、副主任 4 人、委员 13 人；选出区长 1 人、副区长 4 人、区法院院长 1 人、区检察院检察长 1；选出出席省第九次人代会代表 1 人、出席伊春市第十届人在代表 13 人。

1998 年 3 月 17 日至 19 日，第二次会议在区工人文化宫二楼举行，出席会议代表 126 人，列席代表 59 人，特邀代表 3 人。听取并审议了李光复代表十一届人代会第一次会议以来的人大常委会工作报告、听取并审议了区长李江、法院院长赵玺良、检察院检察长祝军分别代表“一府两院”所做的工作报告，听取并审议了财政局局长刘喜文作《关于五营区 1997 年财政预算执行情况和 1998 年财政预算草案的报告》、计划统计委员会主任高军作的《关于五营区 1997 年国民经济社会发展计划执行情况和 1998 年计划草案的报告》，大会对上述报告分别作了相应的决议。大会号召：深入贯彻落实党的十五大精神认清形势，解放思想、审时度势、抓住机遇，深化改革，加大优化资本结构工作力度，积极推进产权制度改革，依靠科技进步，加强企业管理，提高经济运行质量和效益，团结一致，开拓进取为实现缓危解困目标而奋斗。

1999 年 3 月 29 日至 31 日，第三次会议在公安分局四楼会议室举行。出席会议代表 124 名，列 68 人，特邀代表 9 人。会议听取并审议了人大常委会副主任杜兴堂代表区十一届第二次会议以来的常委会工作报告、代区长潘若飞、区法院院长赵玺良、区检察院检察长祝军分别作的“一府两院”的工作报告、区计委主任高军作的《关于五营区 1998 年国民经济和社会发展计划执行情况与 1999 年国民经济和社会发展计划草案的报告》，区财政局局长刘喜文作的《关于五营区 1998 年财政预算执行情况和 1999 年财政预算草案的报告》，大会对上述报告分别作了相应的决议。大会选举十一届人大常委会主任 1 人、区长 1 人、增补常务委员 2 名。

2000 年 3 月 8 日至 10 日，第四次会议在区公安分局四楼会议室举行。出席会议代表 125 名。列席代表 58 人，特邀代表 6 人。会议听取并审议了区人大常委会副主任李光复代表人大常委会第十一届三次会议以来的工作报告，听取审议区长潘若飞作的政府工作报告、法院院长赵玺良作的法院工作报告、检察院检察长祝军作的区人民检察院工作报告、计划统计委员会主任高军作的《关于五营区 1999 年国民经济社会发展计划执行情况和 2000 年计划草案的报告》、财政局局长刘喜文作的《关于五营区 1999 年财政预算执行情况和 2000 年财政预算草案的报告》。大会对上述报告分别作了相应的决议。大会号召全区人民在区委领导下、振奋精神、克服困难、同心同德、开拓前进，以崭新的姿态和优异的成绩迎接新世纪的到来。

第五节　五营区第十二届人民代表大会

2002 年 10 月 30 日至 31 日，五营区第十二届人民代表大会第一次会议，在区公安分局四楼会议室举行。出席会议代表 125 人，列席代表，听取了区人大常委会副主任刘义华代表十一届人大常委会向大会作的《五营区人大代表换届选举工作报告》。会议选举产生了五营区第十二届人大常委会组成人员 19 人，其中选出人大主任委员 1 人、副主任委员 4 人、委员 14 人；选出区长 1 人、副区长 3 人、法院院长 1 人、检察院检察长 1 人；会议选出出席市人大代表 12 名，其中下派 4 名。

2003 年 3 月 28 日至 30 日，第二次会议在区政法大楼四楼会议室举行。出席会议代表 125 名。

会议听取和审议了人大常委会副主任刘义华代表十二届常委会一次会议以来的工作报告，听取和审议区长张恒芳作的政府工作报告，会议审查和批准五营区2002年国民经济、社会发展计划执行情况和2003年国民经济社会发展计划草案的报告，审查和批准五营区2002年财政预算执行情况和2003年财政预算草案的报告，听取审议区人民法院、人民检察院工作报告，并就上述报告做出了相应的决议。会议补选十二届常务委员1名。

2004年3月13日至14日，第三次会议在区政法大楼四楼举行。出席会议代表119人。大会听取和审议了区人大常委会副主任刘义华代表常委会作二次会议以来的工作报告、听取审议张恒芳作的政府工作报告、听取并审议区法院院长赵玺良作的人民法院工作报告、听取并审议区检察院检察长祝军作的人民检察院工作报告，审查和批准区统计局局长高军作的五营区2003年国民经济社会发展计划草案的报告、审查和批准区财政局局长郭凤斌作的五营区2003年财政预算执行情况和2004年财政预算草案的报告，大会对上述报告分别作了相应的决议。大会补选十二届人大常务委员1名。

2005年2月26日至27日，第四次会议在区政法大楼四楼会议室举行。出席大会代表110人，列席代表58人。大会听取和审议了区人大常委会副主任刘义华代表人大常委会作的第十二届三次会议以来的工作报告，听取并审议了代区长张跃文作的政府工作报告，听取并审议了区法院院长赵玺良、检察院检察长祝军分别作的人民法院、人民检察院工作报告，审查并批准区财政局局长郭凤斌作的五营区2004年财政预算执行情况的2005年财政预算草案的报告，审查和批准统计局局长高军作的五营区2004年国民经济社会发展计划执行情况和2005年国民经济社会发展计划草案的报告，大会对上述报告分别做出了相应的决议，大会选举人大常委会主任1名、区长1名、常务委员1名。

第二章　人大代表

第一节　选举人大代表

1987年5月26日，五营区第八届人民代表换届选举工作开始，到7月25日结束。这次换届选举工作分为筹备、宣传教育、选民登记、提名酝酿确定代表候选人四个阶段。全区抽调科级干部15人，一般干部16人成立区换届选举工作委员会，由19人组成办公室。同年5月28日召开第一次换届选举委员会会议。换届选举委员会设主任1人、副主任4人。办公室下设组织组、综合组、指导组、宣传组。为搞好换届选举，对各选区的登记员、宣传员、各办事处主任等200多人进行了两期培训。在换届选举中加大宣传力度，利用广播电视媒体举办了电视专题讲座、各单位播放了换届选举实况录像、张贴标语647条、大字块20幅、出动宣传车20余台次。区选举委员会严格按照《中华人民共和国选举法》(后简称《选举法》)的规定进行登记。

全区共有选民27706人，痴、呆、傻、精神病和长期在外649人。是年7月15日各选区进行提名推荐、反复讨论、民主协商，全区第一轮提名推荐代表候选人409人。其中各党派、各人民团体提名138人，选民小组或选民10人以上联合提名271人，于6月15日前陆续张榜公布。在确定正式代表候选人中，各选区充分酝酿、协商，征求意见，几上几下最后确定正式代表候选人142人，其中中共党员98人占69%、非党44人占31%。于7月15日前张榜公布。7月25日是选举日，全区共有47个选区、设投票箱43个、流动票箱50个。参加投票的选民25392人，占选民总数的91.3%，最后选出区第八届人民代表大会代表109人。

1990年7月23日，五营区第九届人民代表换届选举工作开始，分6个阶段进行，9月27日结束。1990年7月25日，区委召开换届选举工作会议，抽调党委、人大、政府、政协、纪委33名干部组成工作指导组深入基层各选区指导工作，举办两期培训班。1990年8月1日集中宣传《宪法》《地方组织法》《选举法》《黑龙江省县乡两级人民代表选举工作实施细则》、印发“选民须知”，调动3台宣传车。8月4日举办换届选举宣传一条街活动，展出黑板报21块、出动宣传车4台，设立法律咨询1处、张贴标语2024条、永久性标语12幅、过街横标4幅、流动板报20块、图板17块、简报15期、办了换届选举专题节目。8月22日举办了全区换届选举知识竞赛，群众受教育面达95%以上。8月末进入选民登记阶段，对58个选区均派专人进行系统调查和审查，经选民资格审查，依法被剥夺选举权利的6人，未加入中国籍的7人，精神病、痴、呆、傻153人，选民总数为29119人，并填发了选民证。8月30日，各选区开始联合提名代表候选人。9月3日区选举委员会召开会议，提出在代表候选人的提名中，应该是该选区应选代表的几倍或十几倍。全区第一轮共提出初步代表候选人490人，是应选代表的3.9倍。经过三上三下，最后确定正式代表候选人188人，张榜公布。9月24日各选区采取无记名投票方式，选出五营区第九届人民代表大会代表124人。

1993年7月25日，五营区第十届人民代表的换届选举工作开始，历时3个月于10月20日结束。7月初，区人大常委会制定了《五营区人大代表换届选举工作方案》，7月10日，区委召开常委会讨论通过了这个方案并成立了由区委书记华景伟为主任的选举委员会，基层各单位也相继成立了换届选举工作领导小组74个，选区办事处76个，选民资格审查小组76个。全区抽调36名机关干部担任选举工作队员，配备宣传员163名、登记员206名、一般工作人员398名，利用10天集中培训、印发《五营区换届选举工作方案》《换届选举宣传教育工作方案》《换届选举验收标准》643份，举办培训班3期，张贴宣传标语404幅、编排播出电视节目36期，出板报、墙报286期，印发简报3期，新闻报道稿件6篇。受教育面达98%。合理划分选区，按规定登记把上届的58个选区调整为76个，其中独立选区72个、联合选区4个。从8月20日开始登记，全区总人口44645人，其中18周岁以上的28532人。经选民资格审查，依被剥夺选举权利的9人，精神病、痴、呆、傻104人，外出经商、外出劳务、予以缓登的1031人。全区选民总人数为27388人。是年9月20日是提名、推荐、酝酿确定代表候选人阶段，76个选区共提出初步代表候选人323人，是应选代表名额的2.6倍，其中各级党政组织提名推荐295人，10人以上联合提名推荐28人，于选举日20天前公布了初步候选人名单。经过反复酝酿讨论，最后确定正式候选人199人，经审查同选民见面、征求意见并于选举日5天前张榜公布，是年10月20日为全区选举日。全区76个中心选举会场、33个投票站、95个流动投票箱，采取无记名投票方式，选出区十届人大代表123名。

1997年7月15日，五营区第十一届人民代表换届选举工作开始，至9月29日为换届选举期间。7月初，区人大常委会制定了《五营区人大代表换届选举工作方案》，以区委书记霍明瑜为换届选举委员会主任，基层各单位也都成立了换届选举工作领导小组68个，全区抽调32名机关干部，担任选举工作队员，全区配备选举工作宣传员126名，登记员198名，一般工作人员297名，利用10天进行集中培训，系统学习《选举法》《中华人民共和国人民代表大会和地方各级人民代表大会代表法》（后简称《代表法》）《地方组织法》和《五营区人民代表换届选举工作方案》，全区共设立78个选区，在换届选举期间，印发宣传资料1400余份，悬挂永久性宣传条幅16条，张贴标语口号7500余条，出各种板报48期，每日还开辟了换届选举电视宣传节目。严格依法搞好选民登记工作，做到不错、不重、不漏、把好年龄、界限、政治关，从8月18日至9月5日选民登记工作结束，全区总人口42540人。18周岁以上的24136人，不能行使选举权（精神病患者）126人，全区应参加投票选举的选民总数为2264人。经过广泛提名全区78个选区提出初步代表候选人231人，是应选代表的1.8倍，各选区于选举日（9月29日）前20天公布代表候选人名单，以经过选民反复酝酿和区选举委员会审查，最后确定正式代表候选人196名是应选代表的1.55倍。9月29日是全区选举日共设立选举中心会场78个、投票站36个、流动投票箱38个共选出区第十一届人民代表126人。

2002年7月15日，开始五营区第十二届人民代表的换届选举工作，到9月27日结束。7月25日召开了全区换届选举动员大会，区委书记人大常委会主任马新民作了动员报告，并宣传了《五营区人大代表换届选举工作方案》，同时抽调政治素质好、工作能力强的13名机关干部担任选举工作队员，全区配备宣传员91人、登记员162人，进行集中培训，系统学习《选举法》《代表法》《地方组织法》和《五营区人大代表换届选举工作方案》。在换届选举期间，共召开各种不同类型的宣传会议58次，印发宣传资料1500余份，悬挂永久性宣传条幅15条、张贴标语口号8000余条、出宣传板报46期、培训宣传教育骨干345人次，广播电视中心开辟了换届选举栏目。严格依法搞好选民登记工作，做到不错、不重、不漏，把好年龄、界限、政治的登记关。针对有的单位长期放假、人员分散再加上社会流动人口多、分布广的特点和难点，采取分片包点、层层负责的办法。加快了选民登记进度、保质保量提前10天完成了选登记工作。全区总人口44516人。18周岁以上的29356人，应行使选举权的选民为27797人，不能行使投票权的1559人，经广泛提名，全区70个选区提出初步代表候选人 218 人，是应选代表的 1.7 倍。各选区于选举日前 20 天公布代表候选人名单，经广大选的反复酝酿和区选举委员会审查，最后确定正式代表候选人 195 人，是应选代表的 1.56 倍，符合差额选举的法律规定。9 月 27 日是全区选举日，这天全区共设立选举中心会场 70 个、投票站 32 个、流动投票箱 35 个，共选出区第十二届人大代表 125 名。其中党员 90 名，占代表总数的 72%；干部 80 名，占代表总数的 64%；女代表 29 名，占代表总数的 23.2%；工农 27 名，占代表总数的 21.6%；军人 1 名，占代表总数的 0.8%；少数民族 7 名，占代表总数的 5.6%；个体劳动者 4 名，占代表总数的 3.2%；其他 6 名，占代表总数的 4.8%。选民参选率为 93.3%。

第二节　出席伊春市人大代表

1987 年出席伊春市第八届的代表

王利民（下派代表） 刘淑芬（女）

吕忠信　孙芳礼　李仁荣（下派代表） 李云霞（女） 李学全　金自力

赵祉贵　许学习　蒋基荣（下派代表） 郑振声（下派代表） 程　毅（下派代表）

1990 年出席伊春市第九届的代表

王和林　王家骥（下派代表） 孙芳礼

吕忠信　刘淑兰（女）刘喜文　刘殿武（下派代表） 郑桂芝（女） 赵祉贵

秦丽兰（女） 徐衍民（下派代表） 徐翰斌（下派代表） 陈茂华

1993 年出席伊春市第十届的代表

朱景华（女） 李江　李大全（下派代表）李光复　李金平　李国兴　李桂艳（女） 李建伟

陈学平　赵振华　聂宏谋　霍明瑜　王希宇

1997 年出席伊春市第十一届的代表

马新民　石智仁（下派代表） 刘义华　李大全（下派代表）张恒芳　赵玉田

解香萍（女） 解植坤　霍明瑜（下派代表）

李兴凯　孔善月（女） 杨翠林（女） 葛增源　暴秀敏（女）

2002 年出席伊春市第十二届的代表

马新民　孔善月（女） 石智仁（下派代表）

刘义华　杨翠林（女） 李大全（下派代表） 张恒芳　赵玉田　李兴凯

解香萍（女）解植坤　霍明瑜（下派代表）

第三节　代表活动

1990 年，五营区人大把密切同代表的联系作为一项重要工作来抓，在人大主任会议上，制定通过了《五营区人大常委会同委员、人大代表联系暂行办法》《五营区人民代表小组活动暂行办法》，使代表活动有所遵循，发挥了代表参政议政的作用。

1994 年，在《代表法》颁布实施二周年之际，区人大举办三期代表培训班，重点系统地学习了《代表法》。广大代表明确了代表义务、权利和任务提高了参政议政意识，增强了“人民选我当代表，我当代表为人民”的责任感和使命感。

在庆祝人民代表大会成立 40 周年（1954—1994 年）区人大开展了纪念活动。除参加区委、人大、政府、政协领导各界代表的座谈会，还参加了市人大组织的《宪法》和人大建设理论研讨会。区人大第三代表团在1995年被市人大评为“先进集体”。活动中始终坚持每年8月和12月组织人大代表对全区私营企业、林政管理、旅游业、黑木耳经济、“天保”工程、城镇规划、环境保护、食品卫生。

1997—2002年，对重大事项进行视察82次、检查164次、调查189次。

2003—2005年，对重大事项进行视察41次、检查69次、调查12次。

第三章 主要工作

第一节 法治建设

1986—1991年，在第一个五年普法教育中，区人大常委会汇同区党委政治部门做了大量工作。人大常委会专题听取区普法办的《关于开展第一个五年普法教育方案和规划》、区人大常委会做出了《关于在全区开展第一个五年普法教育的决定》并将方案“规划”和“决定”印发全区各单位。为推动普法教育的开展，区人大分别深入基层单位57次，召开各种普及法律法规会议132次，大型宣传标语54幅、黑板报、墙报26期，出动宣传车8台次。

1991年年底至1992年年初，是区第二个五年普法启动阶段。第九届人大常委会第四次会议听取了区政府《关于五营区第二个五年普法教育规划》并做了《关于全区实施第二个五年普法教育的决议》，决议指出全区落实“二五”普法教育规划，对促进全区各项事业依法管理，保障全区十年规划和“八五”计划的顺利实施，推动治理整顿、深化改革治危兴林具有重要意义。在第二个五年普法中（1991—1995年）除对普法的宣传教育做出决定外，还经常在人大常委会上听取政府各部门，公检法司执行情况的报告，区八届、九届、十届人大常委会共听取32部法律法规贯彻实施情况的汇报，对直接涉及群众利益的如《食品卫生法》《城市规划法》《环境保护法》《婚姻法》等都认真审议，提出切实可行的意见和建议，特别是《森林法》的贯彻落实，针对群众提出的意见，组织人大代表深入基层各木材加工点，对违反《森林法》规定的，责成有关部门严肃查处，促进了“二五”普法工作的顺利开展。

在“三五”（1996—2000年）、“四五”（2001—2005年）普法期间除要求各单位做到领导、宣传、责任到位外，重点分别放在依法治区、执行监督上。在“三五”普法启动时，区人大常委会召开第28次会议审议通过了《五营区依法治区方案》，开展执法检查活动，侧重对《森林法》《环境保护法》《食品卫生法》《妇女权益保障法》《城市规划法》《审计法》《教育法》《黑龙江省文化市场管理条例》《黑龙江省社会治安综合治理条例》《黑龙江省审计条例》《民法通则》《民事诉讼法》等法律法规执行情况进行检查。

1998年10月，区人大由副主任带队、人大常委、市区人大代表、人大法制办、区普法办、区政府主要领导组成检查组对汽运处、林调队等六个普法试点单位进行检查并撰写《关于依法治区和“三五”普法工作进展情况》，在区十一届人大常委会第六次会议听取审议了区政府“三五”普法工作情况的报告，委员们在审议中提出了普法工作中存在企业改革、经营管理、城建环保、劳动工资等问题，区政府作了答复，为确保依法治区和“三五”普法目标如期实现起了促进作用。同时人大常委会制定了《区人大常委会对其任命的法职人员实行及行政执法部门工作人员逐步试行法律考试暂行办法》，为依法治区提供了保证。在“四五”普法期间，将“四五”普法与执法监督紧密结合。

2001 年 7 月，在区人大第十一届第 23 次常委会上专题听取区政府《关于“三五”普法规划实施情况和“四五”普法规划的报告》并做出《关于在全区继续深入开展法制宣传教育的决议》，要求全区各单位加大“四五”普法工作力度，确保“四五”普法目标的实现。认真贯彻省人大《关于监督工作暂行条例》，强化监督力度，保障全区各项工作步入法制轨道，加强执法检查。侧重对《行政监察法》《森林法》《会计法》《婚姻法》《药品管理法》《宗教事务管理条例》《工会法》《刑法》《刑事诉讼法》《预防职务犯罪条例》《物业管理条例》《旅游管理条例》《环境保护法》《食品卫生法》《传染病防治法》等法律法规执法情况的检查。执法监督与评议工作结合起来，对公安司法机关开展全心全意为人民服务的宗旨教育、实事求是的思想路线教育，严格公正文明执法的法治教育这“三项”教育的评议工作采用座谈会、测评会、评议会方法效果甚佳。对政府组成人员进行内部测评、人大代表测评、人大常委会评议等方法，增强公仆意识。

第二节　视察、调查与检查

1986—1991 年，“一五”普法期间，区人大组织由省市区人大代表组成的两个视察团，进行为期一周的执法检查，重点对企事业单位、国营、集体、个体的店、点、摊进行检查，共检查 201 家，其中个体食杂店 114 家、饮食业的流动熟食车 23 家、饭店 18 家、豆腐坊 4 家、集体及个体旅店 43 家，对发现的问题，限期整改、严重的实行经济处罚。

1992—2005 年，从“二五”普法到“四五”期间，区人大每年组织省、市、区三级人大代表对全区普法的执法情况，进行一周的视察、调查、检查的三查（察）活动，促进普法执法工作的开展。

第三节　人大监督

（一）依法监督

1986—2005 年，共召开人民代表大会 21 次，举行人大常委会 119 次审议区政府、区法院和检察院工作报告 71 次，作出决议、决定 75 项，在依法监督方面，九届人大常委会第五次、第六次、第八次和第十一次会议分别听取和审议了区政府、区公安分局、区法院和检察院执法情况的报告，还分别听取了《土地管理法》《水法》《城市规划法》《环境保护法》《婚姻法》《残疾人保障法》《药品管理法》《黑龙江省计划生育条例》《黑龙江省商品质量监督规定》贯彻实施情况的报告。

十届人大常委会第五次会议、第六次会议、第十次会议、第十五次会议、第二十次会议听取和审议了区政府关于《消费者权益保护法》《妇女权益保护法》《邮政法》《劳动法》贯彻实施情况的报告。还听取和审议了区检察院关于惩治贪污罪、贿赂罪补充规定和区法院关于民事诉讼法贯彻实施情况的报告和《中华人民共和国城市居民委员会组织法》《统计法》《保密法》贯彻实施情况的报告。

第十一届人大常委会第三次、第六次、第七次、第十二次、第二十三次会议听取和审议了区政府关于《劳动法》《森林法》《食品卫生法》《黑龙江省文化市场管理条例》《黑龙江省社会治安综合治理管理条例》《教育法》《民事通则》《审计法》《黑龙江省审计条例》《民事诉讼法》贯彻实施情况的报告，并配合工、青、妇、教委、公安等 8 个部门在青少年中开展禁毒知识教育活动。

第十二届人大常委会第五次会议听取审议区政府、区法院、区检察院关于《行政监察法》《工会法》《刑法》《刑事诉讼法》《防治职务犯罪条例》《会计法》《物业管理条例》《旅游管理条例》《药品管理条例》《治安处罚管理条例》《宗教事务管理条例》《传染病防治法》等法律法规的实施情况的报告，在加强依法监督的同时加大司法监督，加大执法责任制和错案责任追究制的推行力度，重点听取和审议了区法院执行情况、区检察院依法履行监督职能情况、区公安分局“三项教育”情况的报告，促进了一些涉法上访案件的解决，维护了社会稳定。

（二）工作监督

1988 年，区人大常委会在八届二次会议上，分别听取和审议了《区政府工作报告》《区政府关于职工越冬及春节安排情况》和《关于教育工作情况》的报告。在第三次、第六次、第八次和第十次会议上分别听取和审议了区政府关于民政、民族事务、计划生育、社会治安综合治理情况和城镇建设总体规划、二轻工业、农业工作、深化企业改革和企业升级情况，防汛、防火情况的汇报。

1991—1993 年，区九届人大第二次、第四次会议分别听取和审议了区政府关于廉政建设和贯彻执行《黑龙江省文化市场管理条例》的汇报。听取审议和通过了《关于五营经济建设、社会发展十年规划和“八五”计划草案》。

1995—1996 年，在区十届人大第三次、第四次会议上，审议并通过了《五营区国内生产总值翻两番规划，五营区国民经济和社会发展“九五”及 2010 年目标纲要》。在审议上述报告中，委员和代表们从不同的角度对本区经济发展、缓危解困、贯彻落实中央、省、市委的各项决定，继续坚持抓住机遇、深化改革、扩大开放、促进发展、保持稳定的基本方针，积极推进经济体制和经济增长方式的根本转变，进一步开辟经济发展“第二战场”，大力培育新的经济增长点调整优化经济结构，发展非国有经济和对外向型经济、依靠科技进步，强化企业管理、保证职工开支，抓好社会治安综合治理工作、严厉打击各种犯罪活动，维护社会稳定，提出了许多建设性意见和建议、委员们和代表针对木材流通领域出现的混乱局面和森林资源流失严重的势头提出五条建议：管住木材源头；实行统一管理；任何人不准随意设厂点；各方配合齐抓共管；整顿林政队伍。人大代表和委员的有力监督，有效地遏制了木材流通领域的乱砍盗伐、偷拉私运的混乱局面。

1997—2001 年，在第十一届人大常委会期间，重点对实施天然林保护工程，发展旅游业进行有效监督和积极支持，重点听取区政府关于天然林资源保护工程实施情况的报告，委员们对实施“天保”工程的宣传，森林资源管护力度，“天保”资金的专项使用等问题提出了意见和建议，区政府积极采纳，对全面实施“天保”工程起了促进作用。在工作监督中，常委会围绕加快产权制度改革，经济结构调整，发展非国有经济提高企业管理水平等，提出合理化建议。

2002—2005 年，在第十二届人大常委会期间主要采取“三个围绕”审议决定大事。一是围绕经济建设审议决定大事，每年定期听取和审议区政府年度国民经济和社会发展计划，财政预算执行情况，督促政府保证计划和目标的顺利实施。常委会先后审议了区政府关于国企转换经营机制、调整产业产品结构、发展非木替代普和非国有经济，发展旅游事业及“天保”工程的实施等情况的报告，提出了意见的建议，区政府认真采纳抓好落实，促进了区域经济的发展。二是围绕改革、改善经济发展环境来审议决定大事。区人大常委会紧紧围绕经济体制改革中的重要环节，认真组织代表进行视察、检查和调查，对在三查（察）中发现的问题，及时形成书面材料，反馈给政府，使一些问题及时得到解决。三是围绕人民群众普遍关心的热点问题审议决定大事。区人大常委会从关心群众生活、化解矛盾、稳定社会大局出发围绕群众反映的市场物价、林政资源管理、医药、食品卫生、教育质量、供水供热道路住房、传染病防治、公共环境卫生、城镇规划建设、社会治安综合治理等热点难点问题，听取审议政府工作报告，进行专项视察、调查和检查，提出建议，帮助和促进了这些问题的妥善解决和正常发展。

第四节 任免干部

从1986年至2005年，五营区人大常委会按照《地方组织法》的规定，遵循法律程序，共审议任免了区人大、区人民政府、区法院和区检察院干部866人，其中，任职793人，免职73人。在人事任免工作中，认真贯彻执行中共中央关于地方党委向地方权力机关推荐领导干部的若干规定，正确处理党管干部和人大依法任免干部的关系，认真行使人事任免权。人大常委会始终坚持党委推荐、政府两院提名，委员认真审议，充分发挥民主，坚持在任职前进行供职报告和无记名投票表决等方式，使干部任免工作走向程序化、法治化轨道。

第五节 代表议案办理

1986年，从五营区人大八届一次会议至十届四次会议期间（1986—1996年），区人大收到人民代表就企业改革、经营管理、林政资源、城建环保、劳动工资、医疗卫生、人民生活、文化教育、城镇防火、政权建设等方面提案计414件，经归纳整理为325件，并及时转交政府有关部门办理，加强督办检查答复代表，同时每次常委会委员们提出的意见建议的办理工作也做到及时反馈，做到件件有着落、事事有回声。

区人大十一届会议至十二届四次会议期间（1997—2005年），区人大收到人民代表就林政管理，城市规划、环境卫生、物业管理、旅游管理、行政监察、预防职务犯罪、传染病防治、义务教育、城镇防火等方面提案计387件，经归纳整理为342件，并及时转交给政府有关部门办理，其结果向代表答复。人民代表真正行使职权，尽了代表义务。

第六节 信访接待

1986—1999年，区人大没有接待人民群众来信来访工作；2000年开始，区人大十分注重人民群众来信来访工作，保障公民的合法权益，把人民群众来信来访作为加强监督的主渠道，不断完善信访制度，坚持主任会议成员接待制。

2005年5月1日，区人大根据上级要求，专门设置人大信访办公室，配备1名负责人主抓此项工作。

至2005年，共受理来信来访182件，662人次。对一些主要信访，常委会领导亲自督办，维护了法律的尊严和人民群众的合法权益。

第七节 人大常委会自身建设

为适应新形势新任务的要求，拓宽人大工作思路，常委会坚持把自身建设放在重要位置来抓。

在第九届和第十届人大常委会期间（1990至1996），分别制定了《五营区人大常委会议事规则》、《五营人大常委会主任会议议事规则》《五营区人大常委会人事任免办法等规章制度10章45条；从制度上打好人大自身建设的基础。加强政治思想建设，紧密联系每个时期的新形势新任务以及新旧体制转换中出现的问题，认真学习党的十四大、十五大、十六大文件和邓小平理论、“三个代表”重要思想，保持共产党员先进性教育，学习有关法律法规知识，进一步解放思想、更新观念、增强贯彻执行党的基本路线的自觉性，坚定干好人大工作的信心。为完善人民代表大会制度，拓宽人大工作范围，担负起管理地方国家事务活动，保证人大常委会正确行使职权，于 1992 年 7 月成立了区人大常委会人事、经济、教科文卫、法制四个工作委员会，使常委会的工作更加规范化、科学化。

1997—2005 年，再次加强组织作风建设。突出抓好人大机关办事部门的服务工作，在整顿机关作风，严明机关纪律，认真遵守人大工作制度，开展“三服务”活动：开展调查研究，为人大及其常委会审议决定大事服务；开展跟踪问效，为落实人大常委会的决议、决定服务；开展代表联络，为代表参政议政服务。发挥好人大代表及其常委会的整体功能。

1986—2005 年五营区历届人大常委会组成人员名一览表

表 15-1-1

<table>
<tr><th>届别</th><th>职务</th><th>姓名</th><th>任职时间</th></tr>
<tr><td rowspan="3">第八届人大常委会（1987 年 8 月 9 日—1990 年 4 月 19 日）</td><td>主任</td><td>高启山</td><td>1986.1—1990.7</td></tr>
<tr><td>副主任</td><td>邓茂林
刘义华
杨家生</td><td>1986.1—1990.7
1987.4—1990.4
1986.1—1990.4</td></tr>
<tr><td>委员</td><td>王利民
刘淑芬（女）
吕忠信
孙芳礼
李仁荣
李云霞（女）
李学金
金自力
赵祉贵
赵艳春（女）
徐学习
蒋基荣
郑振声
程　毅</td><td>1987.8—1990.4
1987.8—1990.4
1987.8—1990.4
1987.8—1990.4
1987.8—1990.4
1987.8—1990.4
1987.8—1990.4
1987.8—1990.4
1987.8—1990.4
1988.9—1990.4
1987.8—1990.4
1987.8—1990.4
1987.8—1990.4
1987.8—1990.4</td></tr>
<tr><td rowspan="3">第九届人大常委会（1990 年 10 月—1992 年 10 月）</td><td>主任</td><td>赵祉贵</td><td>1990.10—1992.10</td></tr>
<tr><td>副主任</td><td>刘义华
杨家生
闫德礼
郝宝琴（女）</td><td>1990.10—1992.10
1990.10—1992.10
1990.3—1992.10
1990.3—1992.10</td></tr>
<tr><td>委员</td><td>吕忠信
李贵友
车立群
姜荣芝（女）
黎家顺
张明本
刘丽敏
刘克华
王　峰
李忠臣
李永才
赵广学
孙玉华（女）
谢莲萍（女）</td><td>1990.10—1992.10
1990.10—1992.10
1990.10—1992.10
1990.10—1992.10
1990.10—1992.10
1990.10—1992.10
1990.10—1992.10
1990.10—1992.10
1990.10—1992.10
1990.10—1992.10
1990.10—1992.10
1990.10—1992.10
1990.10—1992.10
1990.10—1992.10</td></tr>
</table>

续表 15-1-1

届别	职务	姓名	任职时间
第十届人大常委会（1993年10月—1996年3月）	主任	赵祉贵	1993.10—1996.3
	副主任	闫德礼 宫万财 郝宝琴（女）	1993.10—1996.3 1993.10—1996.4 1993.10—1996.3
	委员	于闯文 张淑清（女） 任柏丰 于洪军 方云山 朱桂荣（女） 刘春荣 刘永文 刘利敏 齐　军 李贵友 周慧芝（女） 姜荣芝（女） 郝振财 赵振华	1993.10—1993.7 1993.10—1996.3 1993.10—1996.3 1993.10—1996.3 1993.10—1996.3 1993.10—1996.3 1993.10—1996.3 1993.11—1996.12 1993.11—1993.12 1993.11—1996.12 1993.11—1994.3 1993.11—1997.5 1993.11—1994.3 1994.11—1996.3 1993.11—1996.3
第十一届人大常委会（1997年10月—2000年3月）	主任	霍明瑜	1997.9—1999.1 1997.10—2000.3
	副主任	郝宝琴（女） 李光复 杜兴堂	1997.11—2000.3 1996.3—2000.3 1997.10—1997.11
	委员	于洪军 王孝勤 朱桂荣（女） 方云山 齐　军 赵振华 高兴学 崔学传 赵玉田 孔善月 杨翠林 葛增源 景秀敏	1997.3—2000.3 1997.10—1997.11 1997.10—2000.3 1997.10—2000.3 1994.11—1997.11 1996.3—1997.11 1996.6—2002.10 1997.10—2000.3 1997.10—2000.3 1997.10—2000.3 1997.10—2000.3 1997.2—2000.3 1997.10—2000.3
第十二届人大常委会（2002年10月—2005年2月）	主任	马新民	2001.12—2005.2
	副主任	刘义华	2005.2—2005.12
		徐景和	2000.12—2002.2
		林宝岱	2000.12—2002.2
		王玉斌	2000.12—2005.12
		刘义华	2002.2—2005.2
		刘春荣	2002.9—2005.12
		刁永会	2003.10—2005.12

续表 15-1-1

届别	职务	姓名	任职时间
第十二届人大常委会（2002 年 10 月—2005 年 2 月）	委员	崔学传	2000.1—2005.12
		刘长军	2002.10—2005.12
		杜娟（女）	2002.10—2005.12
		李业军	2002.10—2005.12
		李建国	2002.10—2005.12
		金艳（女）	2002.10—2005.12
		赵玉田	2002.10—2005.12
		党　华	2002.10—2005.12
		赵振华	2002.10—2005.12
		蒋喜凤（女）	2002.10—2005.12
		景化杰	2002.10—2005.12
		赵洪庆	2002.3—2005.12
		陈绍光	2004.9—2005.12
		颜承友	2005.2—2005.12
		高兴学	2002.10—2005.12

第十六篇　五营区人民政府

五营区人民政府（五营林业局）实行政企合一体制，1980年称五营区人民政府，与丰林林业局政企合一，于1984年11月19日更名为五营林业局，一直沿用至2005年。五营林业局为省属森工大二型企业，隶属伊春林业管理局，五营区人民政府隶属于伊春人民政府，实行区委统一领导，区人大依法监督和区政协、区工会民主监督的区政府区长负责制。

第一章 历届区人民政府

第一节 组织沿革

1954年10月，成立丰林森林工业局筹备处，1957年2月，成立丰林森林工业局，9月建立丰林森林工业局森铁管理处。1958年5月，改称丰林林业局。

1980年10月，改称五营区人民政府，与丰林林业局政企合一。

1984年11月19日，更名为五营林业局，五营区人民政府（五营林业局）实行政企合一体制，沿用至2005年。

五营区（局）机关位于五营区中心大街151号，是伊春市所属17个区（局）之一。全区行政区划面积为147251公顷，其中，丰林国家级自然保护区面积18165公顷，丽林实验林场面积8128公顷。五营林业局为省属森工大二型企业，隶属伊春林业管理局，五营区人民政府隶属伊春市人民政府。五营区（局）属县团级政企合一体制。实行区委统一领导，区人大依法监督和区政协、区工会民主监督的区政府区长负责制。

一、区政府领导组成

1987年8月19日至24日，五营区八届一次人民代表大会召开。会上，选举王利民为区政府区长、于喜文、于振台为副区长；1997年10月31日至11月3日，五营区第十一届一次人民代表大会召开，会上，选出区长李江1人、副区长潘若飞、刘永文、刘树茂、齐军4人。2002年10月30日至31日，五营区第十二届一次人民代表大会，选出区长张恒芳1人、副区长李长胜、沈智锋、田宁（女）3人。

至2005年，区政府领导组成人员多次发生变动，王利民、孙方礼、陈茂华、李江、潘若飞、张恒方、张跃文先后担任区政府区长职务。

1984—2005年五营区人民政府领导任职一览表

表16-1-1

名称	职务	姓名	任职时间	备注
五营区人民政府	区长 常务副区长 副区长 副区长 副区长	杨　海 王利民 朱灼信 朱喜文 郭仁和	1984.4—1987.6 1986.9—1987.6 1986.1—1987.6 1986.3—1987.3 —1986.3	1986.1—1987.3 李学平当选为副区长
	区长 常务副区长 副区长 副区长 副区长	王利民 于喜文 于振台 杜兴堂 赵祉贵	1987.11—1990.2 1987.8—1990.10 1987.6—1990.10 1987.10—1990.10 1988.12—1990.9	—
	区长 常务副区长 副区长 副区长 副区长 副区长 副区长 副区长	孙芳礼 于喜文 李晓明 杜兴堂 于振台 徐安生 刘玉庭 王玉斌	1990.10—1993.9 1990.10—1993.10 1989.4—1992.7 1990.10—1993.10 1990.10—1993.10 1989.8—1993.10 1990.10—1993.10 1990.10—1993.10	—
	区长 常务副区长 副区长 副区长 副区长	陈茂华 于喜文 唐家军 郭庆兰 冯国福	1993.11—1996.11 1993.10—1996.11 1995.4—1996.11 1995.8—1997.9 1994.3—1997.7	1996.12—1997.9 唐家军当选为常务副区长
	区长 常务副区长 副区长 副区长 副区长 副区长	李　江 潘若飞 刘永文 刘树茂 齐　军 李志远	1997.3—1999.3 1997.10—1999.3 1996.12—1999.3 1997.10—2000.12 1997.10—2002.1 1997.12—2000.12	2000.3—2001.1 潘若飞当选为区长 1999.3—2003.12 刘永文当选为常务副区长
	区长 常务副区长 副区长 副区长 副区长 副区长 副区长	张恒芳 张跃文 田　宁 沈智峰 李长胜 闫立海 尤安祥	2001.1—2004.10 2003.12—2004.12 2000.12—2005.12 1999.12—2003.12 1998.5—2005.12 2000.12—2005.12 2003.12—2005.12	2004.12—2005.12 张跃文当选为区长 2005.1—2005.12 迟洪训当选为常务副区长

二、林业局领导组成

五营林业局领导组成人员，由伊春市委考核任免。1986—2005年，杨海、王利民、孙方礼、陈茂华、李江、潘若飞、张恒方、张跃文先后担任五营林业局局长职务。

1984—2005 年五营林业局领导任职一览表

表 16-1-2

名称	职务	姓名	任职时间	备注
五营区林业局	局长 常务副局长 副局长 副局长 副局长 副局长	杨　海 王利民 朱灼信 朱喜文 李学平 郭仁和	1986.1—1987.6 1986.9—1987.6 1986.1—1987.6 1986.3—1987.3 1986.1—1987.3 —1986.3	—
	局长 常务副局长 副局长 副局长 副局长 总工程师 资源专员	王利民 于喜文 于振台 赵祉贵 杜兴堂 刘玉庭 杨延广	1987.11—1990.2 1987.8—1990.10 1987.6—1990.10 1988.12—1990.9 1987.10—1990.10 1987.10—1990.9 1989.8—1990.10	—
	局长 常务副局长 副局长 副局长 副局长 副局长 副局长 副局长 总工程师 资源专员	孙芳礼 于喜文 李晓明 徐安生 杜兴堂 刘玉庭 王玉斌 韩志金 林宝岱 杨延广	1990.10—1993.9 1990.10—1993.10 1989.4—1992.7 1989.8—1993.10 1990.10—1993.10 1990.10—1993.10 1990.10—1993.10 1990.11—1993.10 1991.8—1993.10 1990.10—1993.10	—
	局长 常务副局长 副局长 副局长 副局长 副局长 总工程师 总经济师 资源专员	陈茂华 于喜文 唐家军 郭庆兰 冯国福 韩志金 林宝岱 徐景和 杨延广	1993.11—1996.11 1993.10—1996.11 1995.4—1996.11 1995.8—1997.9 1994.3—1997.7 1993.10—1997.10 1993.10—1997.10 1993.2—1997.10 1993.10—1997.10	1996.12—1997.9 唐家军当选为常务副局长
	局长 常务副局长 副局长 副局长 副局长 副局长 副局长 总工程师 总经济师 总会计师 资源专员	李　江 潘若飞 刘永文 刘树茂 齐　军 李志远 韩志金 林宝岱 徐景和 王玉斌 杨延广	1997.3—1999.3 1997.10—1999.3 1996.12—1999.3 1997.10—2000.12 1997.10—2002.1 1997.12—2000.12 1997.10—1999.4 1997.10—2000.12 1997.12—2000.12 1997.12—2002.2 1997.10—2002.12	1999.3—2003.12 刘永文当选为常务副局长
	局长 常务副局长 副局长 副局长 副局长 副局长 副局长 森防副总指挥 湿地保护局局长	张恒芳 张跃文 田　宁 沈智峰 李长胜 闫立海 尤安祥 蔺成军 赵玉田	2002.1—2004.10 2003.12—2004.10 2000.12—2005.12 1999.12—2003.12 1998.5—2005.12 2000.12—2005.12 2003.12—2005.12 2005.12— 2004.5—2005.12	2004.10—2005.12 张跃文当选为局长 2005.1—2005.12 迟洪训当选为常务副局长

第二节　机构设置

1986年12月27日，五营区撤销工业公司、林产工业科（林产林业公司）。司法科改称司法局。撤销社队企业科，增设乡镇企业管理科。设立土地管理科、标准计量科、二轻工业科。至年末，五营区（局）机关办事机构设置47个，即政府办公室、生活管理科、计统科、物价科、财务科、审计局、教育科、职工培训中心、卫生科、文化体育科、广播电视科、档案科、区志办公室、计划生育办公室、信访办公室、民政科、科技科、司法科、人事监察科、劳动工资科、基本建设科、建筑设计室、城建环保科、土地管理科、标准计量科、生产技术科、安全监察科、机械电力科、物资供应科、产品销售科、外贸科、林政科、防火办公室、资源管理科、营林处、企业管理科、体制改革委员会办公室、农业科、商业贸易中心、多种经营公司、劳动服务公司、公安分局、检察院、法院、集体经济管理处、乡镇企业管理科、二轻工业科。

1987年8月15日，撤销商业贸易中心，恢复成立商业科。撤销教育科、职工培训中心，成立教育委员会。撤销生活管理科，原敬老院隶属民政科领导。其他业务隶属区政府办公室。成立防汛指挥部办公室与城建环保科合署。成立房地产管理科与房产管理处合署办公。成立经济技术合作委员会办公室。成立公证处，设在司法局。

1988年2月5日，成立区监察局。3月9日成立物价检查所。多种经营公司隶属集体经济管理处，改称多种经营科。6月15日成立矿产资源管理办公室，办公室成员由城建科、资源科人员组成。10月26日成立五营区社会治安综合治理办公室。

1989年3月，成立经济委员会。成立对外经济技术合作委员会办公室与经济技术合作委员会办公室合署。5月4日成立档案馆。8月成立清理资金成立残疾人联合会，为副科级团体，设在民政局。计统科改称计划委员会，统计局、物价科改称物价管理局。财务科改称财政局。卫生科改称卫生局。文化体育科改称文化局、体育运动委员会。广播电视科改称广播电视局。档案馆改称档案管理局。民政科改称民政局。科技科改称科学技术委员会。人事监察科改称人事局。劳动工资科改称劳动局。基本建设科改称基本建设委员会。房地产管理科改称房地产管理局。城建环保科改称城建环保局。土地管理科改称土地管理局。物资供应科改称物资管理局。外贸科改称外贸局。林政科改称林政局。农业科改称农牧局。交通科改称交通局。乡镇企业管理科改称乡镇企业管理局。商业科改称商业局。撤销二轻工业科。11月18日成立资源监督专员办公室。12月28日成立技术监督局，与产品质量管理科合署办公。

1990年6月28日，成立城镇防火指挥办公室。9月1日，成立爱国卫生运动委员会办公室。成立劳动定额站。12月14日，成立水利局、防汛指挥部办公室与水利局合署办公。

1991年3月20日，成立农业委员会，农牧局并入农业委员会。12月24日，撤销区委、区政府反腐败办公室，成立纠正行业不正之风办公室，挂靠监察局。社会治安综合治理办公室变为纯区委部门。成立普法办公室。恢复设立林产工业科，隶属集体经济管理处。

1992年3月，成立总工办公室。7月，成立民族宗教事务局。侨务办公室。人防办公室由政府办公室管理划归武装部管理。12月物资局改称物资经销总公司，物资科单设与经销公司合署。1992年末，五营区（局）机关办事机构设置72个局科室。它们是：政府办公室、民族宗教事务局、侨务办公室、计划委员会、统计局、物价管理局、物价检查所、财政局、清理资金办公室、审计局、经济委员会、经济技术合作委员会办公室、对外经济技术合作委员会办公室、教育委员会、卫生局、爱国卫生运动委员会办公室、文化局、体育运动委员会、文化馆、广播电视局、矿产资源管理办公室、城建环保局、防汛指挥部办公室、城镇防火指挥部办公室、土地管理局、安全监督科、安全生产委员会办公室、机械电力科、物资科、产品销售科、外贸局、林政局、森林防火指挥部办公室、资源管理科、档案管理局、区志办公室、档案馆、计划生育办公室、信访办公室、民政局、残疾人联合会、科学技术委员会、老龄工作委员会办公室、司法局、普法办公室、公证处、监察局、人事局、劳动局、劳动定额站、资源监督专员办公室、营林处、企业管理科、体制改革委员会办公室、农业委员会、水利局、乡镇企业管理局、商业局、多种经营公司、劳动服务公司、公安分局、检察院、法院、集体经济管理处、林产工业科、多种经营科、基本建设委员会、建筑设计室、房地产管理局。

1994 年 3 月，成立森林公园管理处。1995 年 5 月，撤销项目开发办公室，撤销总工办公室。成立非国有经济办公室。成立经济合作开发办公室。1996 年 1 月 8 日，林产工业科与林产工业公司合署。多种经营科改变隶属关系划归区政府。4 月生产技术科改称生产调度科。12 月，防汛指挥部办公室、水利局并入农业委员会。成立标准计量所。

1997 年 5 月，人防办公室再次划归政府办公室管理。撤销民族宗教事务局、侨务办公室其职能划归政府办公室。计划委员会与统计局合并为计划统计委员会。撤销经济委员会、乡镇企业管理局、非国有经济办公室、经济合作开发办公室，成立经济贸易委员会。文化局与体育运动委员会合并，成立文化体育委员会；撤销广播电视局，成立广播电视中心。撤销计划生育办公室，成立计划生育局。人事局与劳动局合并组建人事劳动局。安全监察科、安全生产委员会办公室并入人事劳动局。撤销营林处，成立营林公司，设立营林科。撤销企业管理科、体制改革委员会办公室，成立企管处。撤销农业委员会、多种经营科，成立农业工作办公室，撤销档案管理局，区志办公室、房地产管理局、产量质量管理科、商业局。1997 年年底，五营区（局）机关办事机构设置 58 个。

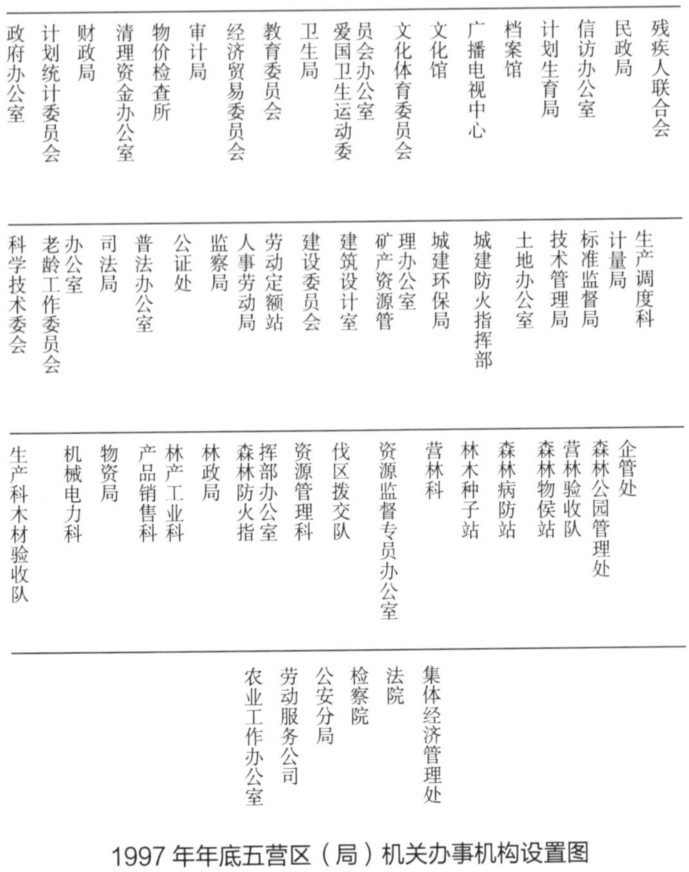

1997 年年底五营区（局）机关办事机构设置图

1998 年，土地管理局由市级垂直管理。1999 年 1 月 12 日，成立天然林资源保护工程领导小组办公室。1 月 21 日，物资科与物资经销总公司分离单设，独立承担林业局企业内部物资管理体制职能。8 月，技术监督局由市级垂直管理。

2000 年 3 月 20 日，广播电视中心有线电视部分与无线广播部分实行市级上收。4 月 25 日，成立旅游局。12 月 8 日，矿产资源管理职能实现市级垂直管理。12 月 9 日，撤销物资供应科、撤销森林公园管理处。

2001 年 12 月 5 日，区经济贸易委员会与科学技术委员会、体制改革办公室合并，组建区经济科技贸易委员会，加挂企业管理科牌子。区人劳局挂牌子的安全办。职能归属区经济科技贸易委员会。将计划统计委员会更名为计划统计局。教育委员会更名为教育局。卫生局与计划生育局合并组建卫生和计划生育局。建设委员会更名为建设局。农业工作办公室更名为农业委员会。档案馆与档案局、区志办合署，为区政府直属事业单位。旅游事业管理局（隶属区政府办公室）为具有行政职能的事业单位。成立非国有经济管理办公室（挂乡镇企业局和非国有经济发展局牌子），为区政府直属具有行政职能事业单位。成立社会保险事业管理局，隶属人事劳动局。生产技术科与机电科合并组建木材生产机械科。企管处更名为企管科。撤销木材销售科其职能并入木材经销公司。撤销商贸公司，其职能并入经济科技贸易委员会。撤销林产工业公司，其职能并入非国有经济管理办公室。2001 年 12 月 5 日，区政府机构设置 15 个，林业局机构设置 3 个，延续至 2005 年。

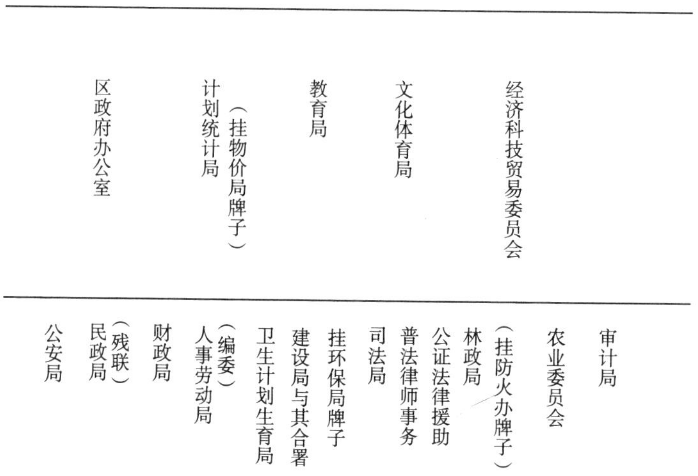

林业局机构设置图

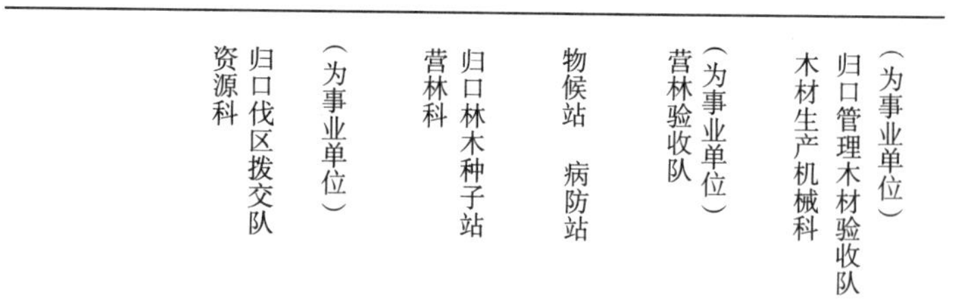

2001 年区政府机构设置图

第二章　信　访

第一节　机　构

1986年以来，五营区信访工作分别由区委常务副书记和区政府常务副区长主抓。设专门科室信访办公室具体抓此项工作，配备工作人员4名。设主任、副主任、接待员、文秘档案员各1名。延续到2005年。

第二节　信访工作

一、接待处理案件

1986—1997年，共接待处理3411件来访。其中，体制改革102件；党风廉政建设216件；思想文化建设52件；社会治安64件；发明创造2件；经济犯罪17件；“三乱”7件；打击报复的9件；党政纪律处分11件；公安处理73件；法院判决14件；检察院控申4件；历史遗留307件；工资劳保956件；就业安置853件；动迁开发4件；集资债券11件；承包土地9件；征用土地4件；优扶救济203件；其他493件。

1998—2003年6月，共接待处理来访3588件，超过前12年案件的总和。

二、受理来信来访

1986—1997年，共受理来信2256件，1986—1997年，12年间集体上访共计98次。从1998—2003年，共受理来信275件，来信数量下降了8.2倍。集体上访高达258次，上升了2.6倍。随着林区“两危”（资源危机经济危困）加剧，木材生产日益萎缩，致使引发信访问题错综复杂，呈现出多元化、集体化、反映问题共性化的特点。

2004—2005年，群众来访866件2421人次，其中，2005年群众来信10件比上年下降50%；群众来访337件835人次比上年同期比分别下降36%和47%。

2005年，集体上访15批396人次，个体访322件439人次，超级进京上访1件1人次，占全区人口比例的万分之0.25；发生越级到省上访1件1人次，占全区人口比例的万分之0.25，越级到市上访13件49人次，占全区人口万分之12。省、市下交的案件均在规定时间内100%办结。

三、主要工作

1987年，五星水泥厂因其在1987年，技改招收合同制工人工作中，要求每人拿3000元可带资入厂，3 年后还本付息，由于资金紧张等因素，此款没能及时还给职工，造成了这部分职工多次上访。区委区政府高度重视此项工作，组织纪委、劳动人事局、公安局、信访等有关部门组成的维稳组，多次深入上访职工家中，讲解政策法规，表明区委区政府将积极妥善处理好职工带资入厂，资金返还工作，维护全区政治安定，社会稳定。

1998 年，信访办整修了接待室，增设一部电话，安装了紫外线消毒灭菌灯、设立了便民服务箱，群众投诉意见箱、意见簿。备有为方便上访群众购买的感冒药、晕车药、消炎药、针、线、纽扣、脸盆、毛巾、茶具等制作了桌卡、张贴了铁路公路客车时刻表，制定了信访工作八要领，文明接待公约，并将《信访条例》《黑龙江省人民群众逐级上访和分级受理办法》《黑龙江省信访收容遣送工作规定》张贴上墙，进一步建立和完善了各种薄、卡、册。同年为 52 户困难户解决了烧柴、油纸、木板等生活中的实际困难，稳定了人心。

1999 年，为维护大局的稳定，区委、区政府多方筹集了 25.3 万元资金，及时返还五星水泥厂，积压招收合同制工人中，每人 3000 元带资入厂款，化解了不稳定因素。

2000 年，按照伊信联字〔2000〕1 号文件。关于转发省委宣传部、省信访办公室印发《在全省深入实施〈信访条例〉的宣传提纲》的要求，为切实开展好《信访条例》的宣传月活动，分别组织召开了党委常委会议，信访工作领导小组会议和专兼职信访员工作会议，认真学习了《信访条例》和《黑龙江省人民群众逐级上访和分级处理办法》等有关政策，印发 500 份《信访条例》和《黑龙江省人民群众逐级上访和分级处理办法》发给每个来访群众，并对他们宣传讲解《黑龙江省收容遣送工作规定》，使信访人员了解和掌握信访规定，用规定约束自己的行为。年内，对一些上访老户，给予了 1 万元的困难补助，终于使其停访息诉。对全区的 4 名老户，全部进行了清理，稳定率达 100%。

2005 年，定期组织有关离退休老干部、老党员、老工人和下岗人员参加的议政会议，并且还通过各种方式向职工群众公开局情，召开局情发布会及合理化建议恳谈会，向职工通报企业基本情况，采纳合理化建议，使他们理解了企业的困难，有效地减少了信访案件。

第三章 外事侨务

第一节 机 构

1986 年，五营区侨务工作由政府办公室兼管。

1991 年，按照省市部署，五营区抽调人员组成侨情普查领导机构，对全区侨务对象进行全面调查。普查结果为：全区共有侨务对象 43 户 148 人，其中男 72 人，女 76 人。

1992 年 8 月，区成立侨务办公室，主抓全区侨务工作，设主任、科员各 1 人。

1995 年新出现归侨、侨眷进行一次补充调查，重新认定 6 户 16 人为侨务对象。

1997 年，因精简机构、分流人员，撤并侨务办公室，职能再次并入政府办公室。编制未设，主任由政办副主任兼任。截至 1997 年年末，全区共有归侨 9 人，侨眷 86 人（其中归侨侨眷 62 人），港澳同胞亲属 11 人，外籍华人亲属 4 人，一般亲属 71 人。延续至 2005 年。

第一节 外事活动

1988 年 12 月，五营林业局陈显义、刘成刚、王振德带领 30 人，境外森林采伐队赴苏联到阿穆尔州图里亚林业局进行采伐作业。

1990 年 9 月 4 日，陈学忠接替刘成刚过境组织生产作业。同年 12 月 26 日，作业告一段落，林业局组织人员将木材运回国。1991 年 1 月 4 日采伐作业人员回国。

1992 年 12 月 21 日，第二批 25 人在宋秀华带领下，赴俄罗斯萨哈林岛霍尔姆斯克林业局进行采伐作业。1993 年 11 月 16 日，第三批作业人员 75 人过境，后因俄方不再接纳中方人员作业，在俄停留 10 天，1993 年 12 月 21 日回国。

1993 年 12 月 21 日，五营区政府接到日本厚生省社会援护企划中国孤儿对策室室长发来的通知，同意日本孤儿王德利回日本定居，五营区委统战部、区政府办公室及时为其办理退职手续和回日本手续，使王德利先生及其妻子邵连芬、子女王剑民、王春兰于 1994 年 2 月回到日本。

1995 年 9 月，接待了马来西亚 33 人旅游观光团。11 月接待加拿大林业专家一行 7 人到五营考察资源、营林情况。

第三节 亲情往来

1988 年，五营区居民高彬华、田凤琴分别申请出国定居，得到居住国批准，于当年 9 月都定居日本。同年，日本侨民延大成回中国探望亲属张光日；中国香港居民司思桐回中国探望亲属司佑凤。

1989 年，五营区居民袁恒良申请出国定居，得到居住国批准，于当年定居日本。1989—1991 年，日本侨民宋国平回中国探望亲属宋丽茹。1991 年，印度尼西亚侨民程英章回中国探望亲属程连英。

1995 年，日本侨民田凤琴回中国探望亲属田凤祥。

1997 年年末五营区归侨情况统计表

表 16-3-1

序号	姓名	性别	年龄	何时从何国归	其他
1	马士军	男	61	1945 年朝鲜	劳动科退休
2	马菊双	女	55	1945 年朝鲜	七小退休
3	张玉珍	女	83	1945 年朝鲜	马士军 马菊双之母
4	吕贵贤	男	65	1953 年朝鲜	苗圃退休
5	任乐仁	男	85	1947 年印度	青林街居住
6	庄秀云	女	82	1950 年韩国	文具厂退休
7	杜学义	男	51	1956 年苏联	物资局退休
8	杜学志	男	48	1956 年苏联	多种经营科工作
9	杜学礼	男	45	1956 年苏联	工程处工作

第四章 民 政

第一节 机 构

1986—1988 年 3 月，五营区民政科，设科长 1 人，副科长 1 人，科员 3 人。

1988 年 4 月—1990 年 10 月，设科长 1 人，副科长 1 人，科员 4 人。

1990 年 11 月，设科长 1 人，副科长 1 人，科员 5 人。

1993 年 12 月—1997 年 5 月，五营区民政局，设局长 1 人，副局长 2 人，科员 7 人。

2000 年 5 月—2004 年 4 月，设局长 1 人，副局长 1 人，科员 2 人。

2004 年 4 月—2005 年 4 月，设局长、副局长各 1 人，科员 3 人。

2005 年 4 月—12 月，设局长、副局长各 1 人，科员 4 人。

第二节 双拥工作

一、优抚

1986 年，根据国家民政部、财政部 1986 年《关于改进优抚对象定期定量补助工作的规定》通知精神，对定期定量补助工作进行调整。重新明确补助对象，提高定期定量补助标准。按照规定，补助对象重新确定为：孤老烈属和孤老病故军人、失踪军人家属；没有亲属抚养或虽有亲属但无力抚养的烈士、病故、失踪军人的家属；没有亲属抚养或虽有亲属但无力抚养的烈士、病故、失踪军人的未成年子女；丧失劳动力而其子女又无力供养的烈士、病故军人、失踪军人的父母和配偶；带病回乡不能经常参加生产劳动，生活特别困难的复员、退伍军人；完全丧失劳动能力，生活困难的复员军人。补助标准定为：小城市和一般县城镇，每人每月 10~15 元；对孤老烈属、烈士遗孤和抗日战争时期入伍、军龄较长、贡献较大的复员军人的补助，在不超过规定的补助标准内，适当优厚。对在乡的烈士父母、配偶和抗日战争时期入伍的复员军人，一般都要给予定期定量补助。

执行民政部和省民政厅调整抚恤标准规定，使烈属、因公牺牲军人家属和病故军人家属共 18 户 75 人，其中 8 户 10 人，由定期定量补助改发定期抚恤金，每年发放金额由原 2280 元，增加到 4200 元。革命残废军人 43 人，按残废等级每月分别增发 12 元、6 元、4 元生活补助费，生活待遇得到提高。

1987 年，对全区定期定量补助适当调整，重新明确补助对象，提高定期定量补助标准。1988 年，全区仍按 1986 年补助标准执行。在原有补助标准上每月每户增加副食补贴 6 元。全区享受定期补助 8 户 10 人，补助金额 5020 元；残废军人 44 人，补助金额 4827.26 元；烈属 18 户 73 人，补助金额 4827 元，延续至 2003 年。

2004年，全区有优抚对象34户，其中烈属1户、因公牺牲军人家属4户、在乡老复员军人3户、伤残军人26户。按照上级文件规定，民政部门将抚恤金按时、足额发放到每个优抚户手中。该区在经济危困的情况下，支出2万多元，为3户没住上砖瓦房的老优抚户解决住房问题，从而使本区优抚对象100%住上砖瓦房。同时，还将3户生活上有困难的优抚户纳入低保范围。区政府还专门就优抚对象医疗问题下发文件，在医院为优抚对象设立专门诊室，在医疗上给予一些优惠政策，每年免费为优抚对象检查身体1次，并建立健康档案。

2005年，为转业军人发放1994—2002年拖欠的20余万元优待金。根据民政部、财政部民发〔2005〕52号《关于提高部分优抚对象抚恤标准的通知》文件精神，对伤残人员等级重新审核界定。

截至2005年年末，全区有三级因战1人，年伤残金8960元；五级因战1人，年伤残金5600元；五级因公1人，年伤残金5040元；六级因病4人，每人年伤残金3600元；七级因战5人，每人年伤残金3360元；七级因公4人，每人年伤残金3 000元；八级因战6人，每人年伤残金2240元；八级因公1人，年伤残金1920元。

1986—2005年五营区伤残军人状况统计表

表16-4-1

年份	伤残军人总数（人）	伤残等级					年发放伤残金（元）
		一等	二等甲级	二等乙级	三等甲级	三等乙级	
1986	39	1	4	6	10	18	3026
1987	39	1	4	6	10	18	3800
1988	39	1	4	6	10	18	4827
1989	35	1	4	5	9	16	4845
1990	32	1	4	5	9	13	4075
1991	30	1	4	4	9	12	4109
1992	27	1	3	3	9	11	4206
1993	26	1	3	3	9	10	3307
1994	27	1	3	3	9	11	6701
1995	26	1	3	3	8	11	5448
1996	25	1	3	3	8	10	5263
1997	24	1	3	3	8	9	9028
1998	22	1	3	3	7	8	7760
1999	22	1	3	3	7	8	7855
2000	22	1	3	3	7	8	10985
2001	22	1	3	3	7	8	11505
2001	21	1	3	3	6	8	14435
2003	22	1	3	3	7	8	15575.5
2004	21	1	3	3	7	7	13977
2005	23	1	3	4	8	7	103567.5

说明：伤残军人含因战、因公伤残金

二、拥军优属

1986年，民政科组织优抚人员，乘车到种子林（五营森林公园前身）召开座谈会，区武装部长刘玉文讲话要求大家要发扬解放军优良传统，更好工作。会后，旅游观光种子林风景，并录像。

1987 年 1 月 26 日，在文化宫二楼由区委副书记陈显义主持召开春节茶话会，同时召开优抚对象座谈会，在优抚座谈会上区督导员刘玉文讲话，向大家拜年，祝愿在新的一年取得更大成绩。同年建军节期间，在宾馆会议室由副局长杜兴堂主持召开座谈会，并邀请筑路解放军代表 3 人、森警 1 人参加。区民政工作人员，经常到军烈属家进行走访慰问，帮助他们解决实际问题。烈属南粉玉家房屋动迁，科里雇车为其搬家。帮助一等残废军人侯德君解决住房问题等。

1988 年 2 月 13 日，在区文化宫二楼由副局长杜兴堂主持召开了新春茶话会。会上单贵宽、侯德君、刘广平代表优抚人员发言。7 月 29 日，五营区委、区人大、区政府、区政协、区纪委、武装部和民政科等部门，共分两组对筑路解放军、森警部队和烈属姜淑珍、南粉玉、尹景全及老山前线战士家属张振环、单贵宽，残废军人候德君、郭增强、王哲兴等进行走访慰问并录像。7 月 30 日，在区委会议室召开优抚座谈会。霍明瑜等区领导参加会议，烈属代表、残废军人代表、81323 筑路部队代表、森警部队代表参加会议。“八一”建军节，该区走访慰问优抚对象，并召开优抚座谈会。区民政部门工作人员经常到抚抚对象家进行走访慰问，帮助他们解决实际问题。老山前线战士家属住房有困难，民政人员帮助解决；老山前线战士父亲单贵宽有病，给找医护人员治疗。

2003 年，五营区有优抚对象 36 人，其中烈属 1 户、因公牺牲军人家属 1 户，在乡老复员军人（中华人民共和国成立前）4 人，伤残老军人 30 人。按照上级文件要求，将抚恤金按月、按时、足额发放到优抚户手中，并经常深入到他们家中了解情况、及时地解决他们住房难、医疗难、生活难等问题。每年“八一”建军节，区委、区政府都及时地为区人武部和森警部队官兵送去慰问品及慰问金。五营区从 2000—2003 年，连续 4 年被市委、市政府命名为“双拥模范城”光荣称号。

2004 年，五营区筹集 7 万余元优待金发放给军人家属，到年末将剩余军人家属优待金全部发放。

2005 年 5 月，当了解到人武部领导因宾馆正在改建，在住宿上有困难的时候，五营区为他们租一楼房。“八一”建军节走访当地人武部和森警队，送去慰问金 4000 元。春节，区领导和民政人员，带着大米和慰问金，走访人武部和森警队，邀请人武部和森警队官兵，参加五营区举办的春节团拜会。五营区有优抚对象 38 户，其中烈属、因公牺牲军人家属 8 户，在乡老复员军人 4 户、伤残军人 26 户，按照上级文件规定，民政部门将抚恤金按时、足额发放到每个优抚户手中。同时把重点优抚对象纳入到低保范畴，使他们生活受到双重保障。对“三属”（烈属、因公牺牲军人家属、病故军人家属）按政策每月发放生活费。除重大节日重点进行慰问外，从 2005 年开始还把他们全部纳入低保。

1986—2005 年，发放“三属”优待金共有 15.99 万元。

三、退伍军人安置

1986 年，接收退伍军人 40 名，其中，党员 23 名。团员 15 名，受各种奖励 35 名。服役年限分别为：5 年，2 人；4 年，6 人；3 年，13 人；2 年，16 人；1 年，3 人。按照伊政发〔1985〕1 号文件精神，本着“从哪里来，回哪里去”原则，一律分配回原征送单位。

1987 年，全区共接收退伍军人 70 人，其中，共产党员 59 人，团员 10 人。立三等功 2 人。军地两用人才 8 人，其中，汽车司机 6 人，卫生员 2 人。服役年限为：5 年，5 人；4 年，26 人；3 年，31 人；2 年，7 人；1 年，1 人。根据五政办发〔1986〕11 号文件规定，继续坚持“从哪里来，回哪里去”分配原则，对军地两用人才，根据需要也进行适当安置。区政府为做好安置工作，提出各单位做好接收前准备工作，报到后，根据特长和需要积极妥善安置；退伍军人要服从分配，继续发扬人民解放军优良传统，为“四化”建设做贡献。并成立五营区复员退伍军人领导小组。

1988 年，五营区共接收退伍军人 32 人，其中，党员 18 人，团员 13 人；军地两用人才 10 人，其中，汽车驾驶员 3 人，卫生员 5 人，炊事员 1 人，汽车修理工 1 人；服役年限：4 年，3 人；3 年，

28 人；2 年，1 人。在退伍军人安置前，区复原退伍军人安置领导小组成员首先召开会议，学习有关安置文件和分配方案，按照有关文件规定和安置方案，根据地方需要，及时妥善进行安置。在安置过程中，首先对退伍人员进行服从分配和岗前教育，要求他们在地方要把党和人民需要放在第一位，干好本职工作。

2004 年 7 月，将冬季退伍兵 33 人全部进行安置，确保退伍军人就业。

1986—2005 年，五营区共接收退伍兵 531 人，除农村 3 人外，已全部安置，共发放义务兵家属优待金 40.96 万元。

四、革命烈士 因公牺牲军人

五营区共有革命烈士 17 名。烈士杨玉山、张事安、张安顺、郭景盈、娄英怀、曹大荣、徐广铭 7 名没有抚养关系，亲属享受荣誉待遇；洪淳值、金发义、冯喜春、贺庆臣、陈凤民、尹殿祥、付青山、于占海、姚奎恒 9 名，直系亲属不发生抚养关系，停止发放生活费。正发放生活费的有烈士王本金之妻张锦英。

五营区有因公牺牲军人 3 名，病故军人 1 名。因公牺牲军人阎长辉之母张淑文、张令国之母沈红秀、金圣学之子金甲浩 3 名；病故军人享受因公牺牲军人家属政府发放生活费待遇。

第三节　基层政权建设

一、组织沿革

1986 年，五营区有两办一镇，即五营街道办事处、丰林街道办事处和五星镇。

五营街道办事处，辖 10 个居民委和 1 个村，即农林委、桦林委、红林委、丰林委、爱林委、育林委、永林委、建林委、壮林委、营林委和跃进村。丰林街道办事处辖 6 个居民委员会，即森林委、丛林委、新林委、青林委、胜林委、茂林委。五星镇辖 4 个居民委员会，即：矿山委、勤俭委、友好委、爱厂委。全区共有街道 21 条，正、副街长 31 人。为加强街道领导和街政建设，1987 年，又增加正副街长 19 人。1989 年，五营区除一镇两办外，7 个林场（所）（翠北林场、前丰林场；永丰经营所、平原经营所、丽丰经营所、平山经营所、杨树河经营所），都成立街道办事处，实验林场（三权在上单位）办事处，共有林场（所）街道办事处 8 个。

2001 年，有五营办事处（桦林办事处 1995 年与五营办事处合并，丰林办事处 2001 年与五营办事处合并），五星办事处（由镇变办事处），翠北街道办事处、前丰街道办事处、永丰街道办事处、平山街道办事处、杨树河办事处、丽丰办事处、平原办事处、实验林场街道办事处 10 个办事处，1 个村（跃进村）。

2003 年，有两个街道办事处和 10 个社区居民委员会，每个社区，都有独立办公场所、老年活动室（办公室平均面积 80 平方米，活动室平均面积 40 平方米）。每个社区配备一台电脑并安装电话，配齐社区工作人员。

2005 年，增设 1 个星龙村，隶属于五星办事处。

二、街政建设

（一）整顿居委会

1986 年 8 月，根据中华人民共和国宪法第 110 条和城市居民委员会条例具体规定，遵照省民政厅黑民字〔82〕12 号、13 号文件精神及市政府〔86〕105 号文件要求，五营区开始对居民委员会进行全面改选及整顿工作。区原有居民委员会 28 个，正式职工街长 22 人，家庭妇女街长 30 人。正式街长平均年龄 33 岁，平均文化程度 8 年，做居委会工作时间平均 3 年。家庭妇女街长，身体健康 6 人，患病 24 人，平均文化程度 3 年左右，党员 8 人。多数单位和居民意见大，认为家庭妇女街长身体多病，年龄大、文化低、能力差，行动迟缓，工作效率不高。该区针对单位领导和群众反映上来的问题，决定改选用正式职工街长，共有 48 人。对改选下来的家庭妇女街长，实行按月发给退休养老金。根据伊春市人民政府办公室〔1986〕99 号文件精神，连续从事居民委员会工作 15 年以上的，每月补贴 20 元，连续从事 25 年以上的每月补贴 30 元。经调查本区连续从事居民告别仪式荼 15 年以上的 14 人，连续从事 25 年以上的 1 人，对享受退养金补贴者从当年 10 月份开始执行。

1991 年 7 月，五营街道办事处，所辖 13 个居民委员会，1 个村民委员会，有 5400 户，18060 人。因区域面积大，居民居住分散，不利于管理。7 月 27 日，区政府向市政府以五政发〔1991〕55 号文件《关于增设五营区桦林街道办事处的报告》，以区内汤旺河为界，将五营街道办事处划出 6 个居民委，2182 户，7179 人，在汤旺河南岸增设 1 个桦林街道办事处，得到市政府批准。1995 年 10 月与五营街道办事处合并，称五营街道办事处。

2000 年，全区增加居民委员会 4 个。其中，五营街道办事处 2 个，即苗圃林委、松林委，共 12 个居民委，1 个村；丰林街道办事处增加 1 个，即振林委，共 7 个居民委；五星镇增加 1 个，即长治委，共 5 个居民委员会。

2001 年 5 月，组建中国共产党五营区五营街道办事处工作委员会和五星街道办事处委员会，由区委领导担任党工委书记。确立以 1000 户为社区规模起点，将原来街道居委会整合为 10 个社区居委会，最大社区居委会 1800 户，最小为 600 户。将丰林街道办事处与五营街道办事处合并，称五营街道办事处。下设 8 个社区：丰林社区、育林社区、建林社区、桦林社区、松林社区、森林社区、新林社区、茂林社区。同时，五星镇撤销，改称五星街道办事处，下设 2 个社区：兴业社区、创业社区。

2003 年，五营区按照市民政局安排于 11 月中旬至 12 月下旬，全区社区居民委员会进行换届选举工作，产生新一届社区居民委员会成员，并利用一周时间对新当选社区居委会专员进行培训，颁发省政府签发证书，持证上岗工作。每逢节日和有庆典活动时，各社区都举行不同形式庆祝活动。如举办我爱家乡社区文化广场演唱会、百名团员青年听团课报告会、书画展，组建老年秧歌队等，活跃本区居民业余文化生活。

2005 年，区民政部门加强社区政权建设力度，投资 10 多万元改造社区房屋，使社区综合面积平均在 80 平方米以上；其中，2003 年，投资 10 万元为社区配备微机、激光打印机等办公用品；2004 年，投资 8 万元为茂林社区安装锅炉、自来水和铁栅栏，维修桦林社区办公室。2005 年，投资 3 万元维修新林社区办公室，并为其购买 500 余册图书。同时，还为部分社区居民活动室配备桌椅、军棋、象棋、扑克、乒乓球等，丰富了社区文化体育活动。

（二）民主选举

居民委员会 居民委员会是居民自我管理、自我教育、自我服务、自我监督的基层群众组织。居民委员会坚持四项基本原则，依法进行自治活动。居民委员会通过民主选举产生，选举形式和程序与村委会相似，每届任期为 3 年，其成员可以连选连任。

村民委员会 五营区共有两个村。1986—2005 年，设有跃进村。2005 年 7 月，恢复五星星龙村。村民委员会通过民主选举产生，每届任期 3 年，届满应及时换届选举。村民委员会可以连选连任。在换届选举时，成立选举工作机构，选民登记，候选人的产生、选举程序。村民选举委员会在选举日的 10 日以前张榜公布选举时间和投票地点。10 月，该区做好农村自治工作。五星办事处所辖星龙村在 1999 年，村屯合并管理时被撤销。由于缺少自治管理，村民意见大，影响到社会稳定。基于这种情况，区民政局对上积极争取，恢复“星龙村”居民委员会，满足“星龙村”村民政治上要求民主，经

济上要求自治愿望，化解了社会矛盾。与此同时，按照省、市总体安排，对星龙村和跃进村进行第七届村民委员会换届选举，成功地推选出新一届村民委员会成员。

（三）村务公开

1989 年，实行村务公开，对新涉及工作内容、范围、规范、办法等公开上墙，接受社会公众监督。

1999 年，按照居民委员会工作细则，各社区坚持民主集中制原则，书记、主任分工协作，相互配合，定期召开委员会议和居民代表会议，充分发挥居民自治组织民主管理作用。实行办事公开，工作透明度得到增强，推动工作制度化、规范化。对特困户、低保户，按条件严格申报程序，认真调查摸底，上报前张榜公示。评选“五好文明家庭”“平安小区”，公示评选条件，代表居民心声，加大民主参与，使典型合乎民意。村民委员会坚持村务公开，财务收支账目公开，做到能上墙则上墙，该公示则公示，自觉接受村民监督。

2005 年，建立并执行各项规章制度，严格土地承包责任制，日常管理和重大问题处理，村民基本满足。

第四节　救灾　救济　养老

一、救灾

1987 年 9 月，全区遭受雨雪自然灾害，受灾面积 557.67 公顷，成灾 129.46 公顷，减产 3~5 成的 14.93 公顷，5~8 成的 21.67 公顷，8 成以上的 92.87 公顷。成灾人口合计 438 人，重灾民 189 人，缺粮人口 23 人。灾害发生后，区政府积极组织抗灾自救，进行生活救济，民政部门共下拨救灾款 2000 元，救济 5 户 28 人。大兴安岭地区遭受火灾，本区支援大兴安岭募集衣物 3042 件，送伊春市民政局后返回发给本区救济户，接收安置灾民 4 户 16 人，安置费 480 元。通过救灾救济，安定灾民情绪，保证基本生活，恢复生产。

2003 年，五营区给 308 户灾民发放救灾款 8 万元。

2005 年，五营区认真做好救灾工作，特别是做好灾情救助工作。灾情发生后能够及时上报、及时救助。年内，五营行政区域内共发生 4 次自然灾害，其中 3 次洪涝灾害、1 次风暴灾害，这 4 次灾害损失大，涉及人数多。民政部门对上积极协调，争取资金和物资，为灾民解决口粮问题，对下发动干部群众自力更生、生产自救、互助互济，灾民恢复正常生产和生活。

1986—2005 年，五营区用于救灾款物共计 53.18 万元。

二、救济

1986 年，五营区按照《小城市和一般县、城镇救济标准》进行补助救济。享受定期补助 75 户，152 人次，金额 2.15 万元；临时补助 81 人次，金额 1.07 万元。扶持贫困户 69 户 130 余人，发放救济费 4.34 万元；为灾区捐献衣物 1563 件，救济款 8.5 万元。

1987 年，享受定期补助 55 户 101 人，金额 1.94 万元；临时补助 203 人次，补助金额 10.40 万元。

1988 年，社会救济对象定期定量补助救济，标准仍按 1986 年标准执行。享受定期补助 64 户，115 人，补助总金额 2.26 万元。临时补助 251 人次，补助金额 1.92 万元。

2003 年，五营区发放救灾款 8 万元。同时对越冬有困难家庭进行走访，给 16 户解决煤、烧柴款计 5 000 元，确保本区特困户都能安全越冬。

2005 年，五营区对于社会上出现重病、车祸等突发事件弱势群体，民政部门都给予及时帮助，以保障他们正常生活。同年 10 月，对全区贫困家庭进行一次实地入户调查，全区有 60 多户重病、伤残没有劳动能力家庭越冬很困难，民政部门为他们送去煤和烧柴，以解决他们越冬取暖问题。还对全区危房进行了一次普查，了解全区贫困户危房问题。对确实存在危险的，及时为他们联系租房和买房。为贫困户租房4户，买房3户，确保他们生命财产安全。

三、城镇居民最低生活保障

1999年，五营区（局）开始对居民最低生活保障工作，全年发放低保16.9万元。

2000年，五营区在民政局成立了低保管理服务中心，建立了各项工作制度：申报对象的准入制度，低保工作的社会公示制度：低保工作的责任追究制度、低保对象的动态管理制度，低保档案管理制度，工作人员培训制度等。人均收入不足104元的家庭，林场（所）人均收入不足90元的家庭，均可纳入最低保障范围；“三无”人员，即无生活来源、无劳动能力、无法定赡养人员，可执行最低生活保障的最高标准；由国家集中供养的城市各类社会福利机构中的民政对象，包括特困孤寡老人、残疾人、精神病人、孤儿和育婴等。全年发放低保31.4万元。

2003年，五营区（局）享受最低生活保障的，累计68076人次，最低生活保障金3270312.50元，人均48.04元。

2004年，五营区（局）享受最低生活保障的，累计31322户，65005人次，发放最低生活保障金3427639.25元，人均52.73元。

2005年，五营区（局）享受最低生活保障的累计33265户58205人次，发放最低生活保障金3 782959.50元，人均65元。

四、敬老院

1986年，五营区有企业办敬老院1所，隶属生活管理科。原址在“五七”农场。

1987年8月15日，撤销生活管理科，区政府决定将敬老院交由民政科领导，其他业务隶属于区政府办公室。敬老院收养孤鳏人员5人，其设置管理人员和职工10人。

1988年，五营区社会福利事业进一步发展。坚持为养老者服务的宗旨，承担起对养老者医疗保健、清洁卫生、饮食服务、房间取暖等各项工作。敬老院收养孤鳏老人6人。有管理人员2人、职工9人。

2002年，五营区养老院由“五七”农场迁至中心苗圃，改称社会福利院。

2005年，端午节前夕，五营区政府、民政局等有关领导走访看望敬老院老人，给他们送去慰问品，了解他们生活和困难情况。为在有限面积内，增加福利院居住人员，改变环境，全区投资1.6万元，把每个室内火炕改为床，由原来每屋住2人，变为4人。为保暖室内增加暖气片，铺上电褥子；为改变福利院伙食，由原来每天两顿饭改为三顿饭；原来15天改善1次伙食变为每周改善1次，五营区社会福利院，有养老人员22人，其中，男13人，女9人。

1986—2005年，五营区有民营老年公寓等社会养老所两处，共接纳养老人员13人。

第五节　婚姻登记

1986年，五营区民政工作人员，参加伊春市举办婚姻登记人员训练班，并通过考试。同年，健全婚姻档案，在登记工作中贯彻执行《婚姻法》和《婚姻登记办法》。当年，结婚登记438对，离婚登记64对。

1987年年末，发给婚姻登记员证书。年内，结婚登记354对，离婚登记96对。

1988 年，五营区为优质优生，根据黑民字〔1981〕4 号文件精神，积极开展婚前身体检查工作。男方到医院外科、女方到妇幼保健站进行检查，有检查医生签署意见可以结婚，婚姻登记机关方可准予登记结婚。为加强婚姻登记工作，伊春市民政局开展全市婚姻登记联检活动，检查婚姻档案是否齐全，有无违反婚姻法行为。通过检查，更加促进本区婚姻登记工作的规范化。年内，准予登记结婚 767 对，初婚 709 对，再婚 54 对，复婚 4 对，晚婚率 88%，离婚 152 对，调解不离 372 对。婚姻登记工作严格按照全国人大颁布《婚姻法》和登记条例办理。

2003 年，五营区结婚登记 199 对。其中复婚 9 对，再婚 37 对。经检查没有违法登记的，合格率达 100%。被市局评为优胜单位，年年兑现与区计生局签订合同。

2005 年，五营区婚姻登记工作，严格按照全国人大颁发的《婚姻法》和登记条例办理，登记合格率达 100%。

1986—2005 年五营区结婚离婚登记统计表

表 16-4-2

单位：对、%

年份	结婚登记	离婚登记	离婚占结婚百分比
1986	438	64	14.61
1987	354	96	27.12
1988	767	160	20.86
1989	533	179	33.58
1990	608	200	32.89
1991	450	231	51.33
1992	462	207	44.81
1993	548	237	40.58
1994	405	195	48.15
1995	346	197	56.94
1996	369	226	61.25
1997	352	254	72.16
1998	348	186	53.45
1999	328	218	66.46
2000	271	137	44.95
2001	255	148	50.55
2002	219	136	58.04
2003	199	170	62.10
2004	212	157	82.93
2005	198	89	74.06

第六节　殡葬管理

1985 年 12 月 10 日，五营区实行火葬，在五营至五星 6 公里设置灵憩殿，并由专人进行骨灰盒管理。

1986 年 4 月，五营区政府下发关于移坟深葬通知，对五营区国防公路（现 204 省道）两侧移迁深葬坟墓105穴。同年，全区死亡214人，其中，回民9人，火化尸体205人，火化率100%。

1987年，全区死亡245人，其中，回民7人，火化尸体238人，火化率100%。同年加强对殡葬改革宣传教育和殡仪馆管理，维修骨灰寄存处。

1988年，全区死亡255人，其中，回民8人，火化尸体247人，火化率100%。1989年，翠北林场划归五营，经市民政局批准，延续实行土葬，回族因传统习俗仍实行土葬。

2002年，殡葬改革工作取得进展，设施逐步完善。五营区相继有殡仪车3辆，灵憩殿1处，公墓1处。

2003年，五营区共死亡303人，除翠北林场土葬7人、回族土葬11人外，其余285人全部火化，火化率达100%。

2004年，五营区集资50余万元，建立五营区殡仪服务中心，取消医院太平间，以净化区内环境。区殡仪服务中心11月投入使用。五营区除回族和翠北林场实行土葬外，其他死亡人员一律实行火葬，火化率达到100%。同年还按照市政府部署，利用一个半月时间，清除伊嘉公路五营段两侧散埋乱葬坟墓200多穴，经市局验收合格。

2005年5月，区政府投资10万元，在灵憩殿院内建成烧纸房，并进行绿化，建停车场，改变殡仪馆内杂乱无序环境。同时，对殡仪馆管理制度和收费制度上墙公示，增加服务对象对殡仪馆管理和收费诚信度。五营区殡葬服务中心是民营企业，在经营过程中，从收费、管理、环境等方面存在不足，民政部门跟踪管理，对殡葬服务中心乱收费和服务质量逐步地进行规范。

1986—2005年五营区人口死亡统计表

表16-4-3　　单位：人

年份	死亡	年份	死亡
1986	214	1996	240
1987	245	1997	279
1988	255	1998	390
1989	250	1999	222
1990	281	2000	325
1991	219	2001	204
1992	247	2002	221
1993	221	2003	303
1994	254	2004	267
1995	213	2005	281

第七节　残疾人联合会

一、机构

1989年8月，五营区成立残疾人联合会，为副科级团体，设在区民政局。一套人马两块牌子，直至2005年。设副主任1人，工作人员2人。发展福利事业和福利生产，为残疾人谋福利。

二、主要工作

1988年，五营区为发展福利事业和福利生产，为残疾人谋福利，6月开展有奖募捐活动，经过3个月努力，完成传统型有奖募捐券4万张，即开型有奖募捐券2万张，共计6万元。为发展福利事业和福利生产，解决资金4万元。

1990—1995年，区政府对丧失劳动能力的残疾人给予社会救济，子女上学免交学杂费，住房、医疗优先照顾；对具有一定劳动能力，并想自谋职业的残疾人，积极引导，帮助解决困难，给予政策上扶持；对残疾人就业，集中安排到社会福利厂工作，这期间是残疾人就业高峰期，常年上班达135人，单位根据其身体特点，相应安排在制材、油漆、沙发、粉笔、木旋等车间，使他们人残志不残，力所能及地为社会做贡献。

2003年，五营区召开全区第二届残联代表大会，总结全区残疾人事业，布置之后一个时期残联工作，选举产生新一届五营区残疾人联合会成员。除上级有关残疾人优惠政策外，五营区还制定一些特殊政策。如对残疾人放宽低保条件，把生活有困难残疾人都纳入低保队伍。区政府还出资扶持一些，有脱贫能力残疾人做力所能及工作。如修鞋、修家电、修自行车、开小吃、开食杂店、小被服等。

2004年，开展残疾人工作，做到底数清，报表准。当年助残日，利用标语、板报、电视等形式宣传助残好人好事以及残疾人自强、自立典型事迹。还把生活有困难残疾人优先纳入低保范围，残疾人子女入学读书给予减免学费。年内，支出两千余元为残疾人解决困难。

2005年，区委区政府主要领导对残疾人工作高度重视，经常听取民政部门汇报。区领导春节前走访慰问残疾人。为3户贫困家庭白内障患者免费进行手术，让他们重见光明。全区残疾人享受低保人员360人，残疾人从事劳务、加工、维修等个体行业有38人，享有减免税待遇。

第五章 人事 劳动 监察

第一节 机 构

1986年，区人事监察科编制5人，设科长1人。人事监察科控制全区机构编制定员，负责一般干部管理、调配、培训、考试录用、工资福利、离退休干部管理、大中专毕业生转正定级、干部奖惩等项工作。

1988年2月，监察工作移交给新成立的区监察局。

1989年8月，区人事监察科更名为区人事局。

1990年1月，科技人员职称评定工作，由区科委移交给区人事局，并办理科技津贴。同年5月，增设副局长1人。

1993年，设局长、副局长各1人，工作人员3人。

1995年，增设目标责任制管理工作。

1997年5月，机构改革，人事局与劳动局合并，组建区人事劳动局，内设安全办。定额站、劳动服务公司为副科级事业单位，隶属于区人事劳动局（以下简称区人劳局），区人劳局定编15人，设局长1人，副局长3人。劳动定额站定编3人，设站长1人。劳动服务公司定编9人，设经理1人。

1998年，增设人才交流工作。4月，成立劳动监察大队。

2000年12月，增设副局长1人。

2001年12月1日，成立区社会保险事业管理局，为副科级事业单位，隶属区人劳局。人劳局（编委办与其合署）；负责一般干部，工人调配管理，劳动力需求，人才交流，专业技术职称评审，目标责任制，机构编制管理工作；编制全区（局）月、季、年度工资计划、审批计划完成情况，协调平衡工资问题；负责劳动力市场、劳动监察和劳动争议处理及信访、仲裁工作；劳动保险、福利、离退休干部管理、劳动鉴定和疾病救济费、遗属补助、困难补助的发放；综合管理全区养老、失业、医疗、工伤、生育社会保险工作和社会保险经办机构；社会保险基金的审核、收缴、支付、管理、监察工作。设局长1人，副局长2人。社保局定编8人。

2003年，区编制委员会制定《五营区人事调动管理办法》。同年5月，成立就业局，隶属区人劳局。

2004年，目标责任制管理工作移交区委组织部。

2005年，区人劳局下设就业局，社会保险事业管理局。定编10人，设局长1人，副局长2人。其中，就业局定编15人（含劳动保障事务所、劳动保障站）设局长1人。社保局定编7人，设局长1人，副局长1人。

第二节 编制管理

一、干部编制

1986年，五营区（局）机关实有编制607人，其中，局机关270人，区政府156人，其他181人。

1990年，五营区（局）编制774人，其中，干部454人，工人320人。

1992年，五营区党政群机关43个，实有人数589人，与1991年相比，实有人数增加61人。其中，党委部门减少9人，区人大减少5人，政府增加77人，人民团体减少2人。林业局科室比1991年增加21人，商业局增加22人，物资局增加31人，民族宗教局新增加机构，人员3人。减去党委部门9人，区人大5人，人民团体2人，实增加61人。

1997年2月，根据伊办发〔1997〕4号文件精神，当时区党委、人大、政府、政协、纪委、群团、林业局科室编制数477人。伊春市编委下达给五营区（局）党政群机关定编275人（其中：干部258人，工勤人员17人）。同年5月，进行机构改革。改革后，区党委机构设置5个，区政府机构设置20个，林业局机构设置5个。人员编制数为275人，分流人员202人。

2000年，五营区对党政群机关各部门所属事业单位，公检法机关，文教卫生各单位的编制进行了严格核定，全局职工总数为9 687人，职工编制计划是4 500人。市党政机构改革办公室的通知下发后，五营区成立了机构改革领导小组，下设办公室，办公室设在区人劳局，按照市机构改革办公室通知要求，对党政群机关，公检法机关，“一镇两办”的机构设置，人员状况进行了调查摸底，进一步搞清了各部门的职能范围，内设机构，岗位设置，人员情况，逐一进行了梳理分析，做到了底数清楚，工作到位。

同年，五营区党政机构设置35个，其中，党委机构5个；政府机构19个（1997年机构改革时，根据市里要求，政府机构设置20个，土地局和技术监督局已上收，根据本年区发展旅游业的要求，成立了旅游局）；林业局机构6个（1997年机构改革时，林业科室5个，因1998年成立了物资科）；群团组织5个，上级派出机构1个，区人大内设机构3个，区政协内设机构3个，区纪律检查委员会内设机构7个，区公安分局内设机构19个，区检察院内设机构7个，区法院内设机构8个，区委机关附属单位3个，区政府（林业局）附属事业单位22个。五营区党政群机关人员配备是284人，增加编制9人，增编的原因：成立了旅游局，定员3人；成立了物资科，定员6人。

2001年3月，五营区（局）依照《伊春市辖区党政机构改革实施意见》（伊发〔2001〕19号）、《伊春市群众团体机构改革方案》（伊办发〔2001〕47号）文件精神，开始进行机构改革，市编委给本区归为二类区（局），核定的编制总数为220人（内含省定行政编制20名），这个编制控制数包括区委、人大、区政府、林业局、区政协各部门、群团组织；以及信访办、610办公室的编制。以1997年核定的编制275人为基数，精减比例为20%，其中，党群机关人员精减比例是17%，政府、林业局机关人员精减比例23%，人大、政协机关人员精简比例为19%。使用专项编制的区公安分局机关，市编委核定的编制49人，司法局机关编制4人。2个办事处市核定编制是44人。改革后，本区（局）党政群机构由原来38个减到30个，人员由原275人减到220人，精减比例为20%，减下来的人员都得到了妥善安置，确保了人员平稳过渡。编制220人包括区级领导27人，正科级26人，副科级40人，一般干部109人，工勤18人。

2004年，五营区对党政群机关各部门及所属事业单位，公、检、法机关单位的编制进行了严格核定。全局职工总数8690人，职工编制计划为5380人。根据市党政机关改革办公室的要求精神，该区成立了机构改革领导小组，下设办公室，办公室设在区人劳局。按照要求组织人员对党政机关，公、检、法机关人员状况进行调查摸底工作，党政机关设置基本按照2001年全市政企合一区（局）机关设置的。根据市人事局的文件精神，对全区机构编制现状结构进行了详细调查工作，共计76个单位，其中党政群机关28个，人员编制在2001年机构改革市编委核定的220人。机关事业单位32个，公、检、法、司4个，人员编制控制在专项编制内。中小学10个。办事处2个，人员编制按市编委核定44人，现实有人数126人（含10个社区），由于社区工作加大，主要负责社区保险、低保、社区性服务等工作。

2005年，区编委决定，将资源局和林政局合并，组建资源林政局，为林业局直属科室。五营区（局）机构设置28个，不含人大、政协内设机构。区党委工作部门6个，区政府机构设置14个科室，林业局3个，群团组织机构设置5个，人员编制控制在220人。2个办事处因工作需要，突破了市编委核定编制数。

二、干部来源

1986年，五营区（局）干部来源主要接收国家统一分配大学、中专（含师范类）毕业生，接收大中专毕业生32人。1987年，区人事局按省、市人事部门有关文件，为本区公、检、法3家61名民警改办了干部手续。接收安置军队转业干部1人。1988年为区税务局在社会公开招聘干部2人。

1990年，五营区（局）接收大中专毕业生128名，五营区（局）干部来源主要有除接收大学、中专（含师范类）毕业生外，按省、市人事部门有关文件，还从非在职“五大”（刊大、电大、职大、业大和函大）经考试录用为国家干部，从全民所有制工人、集体所有制工人经考核录用为国家干部。

1991—1998年，五营区（局）共接收录用国家干部579人。1998年，林业局经济困难，人员过剩，区人劳局不再办理在职“五大”毕业生录用干部工作。

1999年，区人劳局统计，非在职“五大”毕业生通过考试录用为国家干部21人，根据上级文件精神，经培训考试吸收国家干部185人（其中调出9人，提前退休3人，死亡1人，副处级1人，科级48人）。接收本年毕业生39人，区教委接收本年中等师范毕业生9人。

2004年，据区人劳局统计，五营区共有军转干部47人，其中离休24人，退休20人，下岗3人。

至2005年年末，五营区（局）共接收录用国家干部1014人。

第三节　干部构成

1985年年末统计，五营区（局）共有干部1403人（不含教育系统）。按年龄结构分：25岁以下43人，占干部总数的3.1%；26~30岁124人，占总数8.8%；31~35岁317人，占22.6%；36~40岁212人，占15.1%；41~45岁216人，占15.4%；46~50岁253人，占18%；51~55岁172人，占12.3%；56岁以上66人，占4.7%。按文化结构分：大专81人，占干部总数的5.8%；中专213人，占15.2%；高中173人，占12.3%；初中936人，占66.7%。处级干部25人，占干部总数的2%；正科级干部28人，占干部总数的2%；副科级干部329人，占干部总数的23%。

1991年，五营区（局）有干部1955人（含教育系统）。其中，女干部740人，占干部总数的38%；少数民族31人，占干部总数的2%。文化结构分：本科38人，占干部总数的1.59%；专科327人，占总数的16.73%；中专80人，占总数的29.67%；高中学历412人，占总数的21.07%；初中以下598人，占总数的30.59%。按政治结构分：中共党员650人，占干部总数的33.25%；共青团员101人，占总数的5.17%；民主党派2人，占总数的0.1%；无党派1202人，占总数的61.48%。按年龄结构分：25岁以下111人，占干部总数的5.68%；26~30岁207人，占总数的10.59%；31~35岁

216 人，占总数的 11.05%；36~40 岁 449 人，占总数的 22.97%；41~45 岁 347 人，占总数的 17.75%；46~50 岁 246 人，占总数的 12.58%；51~55 岁 216 人，占总数的 11.05%；55~59 岁 163 人，占总数的 8.34%。企业干部 1920 人，占干部总数的 98.21%；具有技术职称的干部 1334 人，占干部总数的 68.24%。处级干部 34 人，占干部总数的 1.74%，正科级干部 139 人，占总数的 7.1%；副科级干部 269 人，占总数的 13.76%。

1992 年，五营区（局）加强干部学历教育工作，通过自学考试、电大、函授等多种形式，提高干部素质，使该区（局）干部队伍素质有了很大提高。

1995 年，五营区（局）有干部 1909 人，女干部 678 人，占干部总数的 35.52%；少数民族 39 人，占总数的 2.04%；按文化结构分：本科增至 81 人，占干部总数的 4.24%；专科增至 355 人，占总数的 18.6%；中专增至 794 人，占总数的 41.59%；高中降至 325 人，占总数的 17.02%；初中降至 354 人，占总数的 18.54%。按政治结构分：共产党员增至 808 人，占干部总数的 42.33%；共青团员增至 167 人，占总数的 8.75%；民主党派人士 3 人，占总数的 0.16%；无党派人士降至 931 人，占总数的 48.77%。按年龄结构分：25 岁以下 78 人，占干部总数的 4.09%；26~30 岁 195 人，占总数的 10.21%；31~35 岁 280 人，占总数的 14.67%；36~40 岁 353 人，占总数的 18.49%；41~45 岁 422 人，占总数的 22.11%；46~50 岁 239 人，占总数的 12.53%；51~54 岁 213 人，占总数的 11.16%；55~59 岁 129 人，占总数的 6.76%。企业干部 1884 人，占干部总数的 98.69%，具有专业技术职称的干部 1334 人，占干部总数的 69.98%。科级干部 629 人，占干部总数的 32.95%；一般干部 1280 人，占干部总数的 67.05%。

1998 年，五营区（局）有干部 1956 人，其中，女干部 844 人，占干部总数的 44.3%；少数民族 15 人，占干部总数 0.01%；按文化结构分：本科 189 人，占干部总数的 9.66%；专科 592 人，占总数的 30.27%；中专 707 人，占总数的 36.15%；高中 261 人，占总数的 13.34%；初中及以下 207 人，占总数的 10.58%。按政治结构分：共产党员 549 人，占干部总数的 28.07%；共青团员 72 人，占干部总数的 3.68%；民主党派 2 人，占总数的 0.10%；无党派人士 1333 人，占总数的 68.15%。按年龄结构分：30 岁以下 280 人，占干部总数的 14.31%；31~35 岁 361 人，占总数的 18.46%；36~40 岁 423 人，占总数的 21.63%；41~45 岁 381 人，占总数的 19.48%；46~50 岁 311 人，占总数的 15.9%；51~54 岁 103 人，占总数的 5.27%；55~59 岁 97 人，占总数的 4.96%。企业干部 1924 人，占干部总数的 98.36%；具有技术职称 1797 人，占干部总数的 91.87%。区级机关干部 275 人，占干部总数的 14.06%。

2002 年，五营区（局）有干部 1917 人，其中，女干部 850 人，占干部总数的 44.34%；少数民族 15 人，占总数的 0.78%；按文化结构分：本科 190 人，占干部总数的 9.91%；专科 579 人，占总数的 30.2%；中专 691 人，占总数的 36.05%；高中 250 人，占总数的 13.04%；初中 207 人，占总数的 10.08%。按政治结构分：共产党员 578 人，占干部总数的 30.15%；民主党派 2 人，占总数的 0.1%；无党派人士 1337 人，占总数的 69.74%；按年龄结构分：35 岁以下 661 人，占干部总数的 34.48%；36~45 岁 804 人，占总数的 41.94%；46~54 岁 389 人，占总数的 20.29%；55 岁以上 63 人，占总数的 3.29%。具有技术职称的干部 1742 人，占干部总数的 90.87%，区级机关干部 220 人，占干部总数的 11.16%。

2005 年，五营区（局）实有干部 1 253 人，具有专业技术职称干部 1178 人，占干部总数的 94.01%；少数民族 8 人，占有技术职称干部总数的 0.67%；按文化结构分：本科 98 人，占总数的 8.32%；专科 415 人，占总数的 35.23%；中专 524 人，占总数的 44.48%；高中及以下 141 人，占总数的 11.97%。按年龄结构分：35 岁以下 397 人，占总数的 33.7%；36~40 岁 531 人，占总数的 45.08%；41~45 岁 38 人，占总数的 3.23%；46~50 岁 165 人，占总数的 14.01%；51~54 岁 27 人，占总数的 2.29%；55 岁以上 20 人，占总数的 1.7%。中共党员 173 人，占有专业职称干部总数的 14.69%。

1986—2005年五营区（局）干部变化情况统计表

表16-5-1

年份	干部总数	科技干部	年增	年减	绝对增减
1986	1416	409	31	18	+13
1987	1939	861	595	52	+543
1988	1817	805	21	143	−122
1989	1882	841	114	94	+20
1990	1927	1291	74	29	+45
1991	1955	1330	83	55	+28
1992	1792	1247	61	189	−28
1993	1789	1335	47	50	−3
1994	1855	1259	119	53	+66
1995	1909	1352	65	39	+26
1996	1906	1709	55	58	−3
1997	1953	1797	83	36	+47
1998	1956	1820	81	78	+3
1999	1970	—	28	14	+14
2000	—	—	—	—	—
2001	2012	1742	—	—	—
2002	1917	1712	—	95	−95
2003	1851	1712	2	62	−60
2004	1840	1712	26	43	−17
2005	1253	1178	13	600	−587

第四节　干部管理

一、干部培训

1986年，五营区（局）干部培训工作由区（局）下达培训计划，由各单位自行组织岗位培训。

1992年9月，区人事局与区成人教育考核委员会联合，举办一期企业管理干部岗位培训班，培训人员33人，1993年8月1日结束。

1994—2001年，区人事局、区人劳局没有举办干部培训班。

2002年，按省人事厅、市人事局文件的要求，区人劳局举办了WTO基础知识培训班10期，培训人员499人，选出3人参加全市首届WTO基础知识竞赛，取得团体第三名的成绩。

二、干部奖惩

1986—1987年，区人事监察科按照奖惩条例，为5名干部落实了政策，使他们放下了思想包袱；按照企业职工晋级奖励条例，为部分干部晋升了工资；对14名犯有不同程度错误的干部给予政纪处分。

1988年，干部监察工作移交给新成立的区监察局。

三、干部调配

1986年，区人事监察科设专人负责普通干部的调配工作（除教师、财务人员外），大中专毕业生分配工作，代干管理工作。1988年分配大中专毕业生11名。对毕业生分配采取了供需见面的方法，把专业对口，供需协商和实际需要有机地结合起来，按适才适新的原则，使毕业生的分配更切合实际，达到了满意。

1990年，毕业生分配工作由区人事局提出分配意见，报区长办公会审批，由区人事局开干部介绍信，到分配单位报到。1995年，普通干部由基层单位调入区机关，必须经主管人事的区（局）长签字。1997年，人事局与劳动局合并后，区人劳局设专人负责干部（除教师、财务人员外），工人调配工作。1998年，因林业局经济危困，企业裁员，大中专毕业生分配出现困难。

2000年，区人劳局对大专毕业生实行指令性分配，对中专生实行“双向选择，自主择业”的原则，年初，滞留在人劳局待分配的毕业生103人，经过多方联系和毕业生的努力，现已安置15人。接收了29名中专毕业生。

2003年5月，区编委制定了《五营区人事调动管理办法》，使干部调配工作进入规范化管理轨道。2004年，五营局对大中专毕业生继续实行“双向选择，自主择业”的原则，全部走向人才市场。年初滞留在人劳局待分配的毕业生206人，安置56人。

2005年，滞留在五营局大中专毕业生216人。

四、人才交流

五营区（局）人才交流工作始于1998年。年内，区人劳局抓住市人才交流大会的机遇，在市人才交流大会召开前，组织召开基层企业负责人座谈会，宣传人才在经济建设、企业发展中的重大意义，区人劳局会同区科委等部门，在东北林业大学为乡镇企业宏源化工厂联系聘用了1名林业化工方面技术人才，并办理聘用手续。在人才交流大会期间，认真进行洽谈，招聘人才，达成意向型协议31人，成交3人。中植集团聘用了5人。

1999年，在夏秋两季人才交流大会上，共接待咨询人员1189人次，为45人办理了求职登记，签订意向协议18人，成交12人。

2000年，鑫源绿色食品加工厂计划招聘2名食品工程专业人才。由于福利待遇等问题始终没有成交，企业改制后，报酬与效益挂钩，区人劳局积极为企业想办法，采用了灵活的聘用方式，先后在哈尔滨和双城聘请了2名食品工程方面的人才。4月，为了更好地发展森林旅游业，区委、区政府决定建立一支高素质的导游队伍。区旅游局、区人劳局联合举行招聘大会，并聘请人大1名副主任和有关人员当评委，对应聘人员现场进行综合素质考核，参加应聘42人，聘用8人。根据市局关于夏季、秋季人才交流大会的通知要求，组织召开了有关部门和部分企业负责人座谈会，搞好对接工作。在人才交流大会上，为旅游局、鑫源绿色食品加工厂签订了人才招聘意向协议书，聘用12人。

五营区十分重视发挥“乡土人才”在经济建设中的作用，丽丰经营所工人周茂友通过到外地学习和实践，掌握了黑木耳养殖技术，成功培育了木耳菌，区委、区政府积极推广了周茂友的经验，并为发展黑木耳经济提供了优惠政策，使黑木耳经济在五营发展迅速。原庆安县青年赵广，高中毕业后来到林区考察，发现山野果是饮料加工的好原料，在五营区投资创办了伊春市雪源饮品有限公司，经过几年的艰辛创业，开发了蓝莓系列饮品、五味子等饮料，年产值240万元，利润70万元，雇工36人。并从上海、南京聘请了2名工程师进行技术指导和产品开发。区人事劳动局把周茂友、赵广作为“乡土人才”，建立了人才档案，加强同他们的联系，帮助他们解决一些具体问题。

2001–2005年，区人劳局没有组织人员参加市人才交流会。

五、技术干部管理

1986 年，五营区（局）技术干部管理工作由区科技科负责，主要负责干部技术职称的评审工作。1988 年 8 月 2 日五营区职称改革领导小组成立，12 月 1 日区集体企业职称改革领导小组成立，全面开展职称评定工作。

1990 年 1 月，技术干部管理工作由科委划归区人事局管理。负责干部技术职称的评审、聘任工作。有技术干部 1291 人，有高级技术职称 20 人，中级技术职称 326 人，初级技术职称 945 人。1995 年，五营区（局）有技术职称的干部增至 1329 人，其中，有高级职称增至 51 人，中级职称增至 527 人，初级职称 751 人。1996 年，区人事局开始对技术干部实行年度考核工作，同时开展经济类职称考试工作。

1997 年，区人劳局严格按照黑人联字〔1994〕24 号文件进行，考核标准和条件能量化的一定要量化，在民主评议的基础上对 1559 名科技人员评出优秀、合格和不合格等次。其中，评出高级优秀 6 人，合格 31 人；评出中级优秀 114 人，合格 455 人；评出助级优秀 129 人，合格 386 人；评出员级优秀 111 人，合格 327 人。并健全考绩考核档案。1999 年，区人劳局对全区 1641 名专业技术人员分高、中、低三个档次进行考核，考核出优秀 377 人，合格 867 人，基本合格 397 人。

2000 年，区人劳局对各类专业技术人员的技术职称进行复查，共复查 1341 人，其中，高级职称 47 人，中级 780 人，初级 514 人。2003 年，五营局对全区各类专业技术人员职称进行复查，共复查 1712 人，其中，高级职称 70 人，中级职称 718 人，初级职称 924 人。2004 年，五营局对全区各类专业技术人员的技术职称进行复查，共复查 1330 人，其中，高级职称 91 人，中级职称 620 人，初级职称 619 人。延续至 2005 年。

六、离退休干部管理

1986 年，五营区人事监察科设专人负责，全区离休、退休、退职干部手续办理工作。离休干部管理工作由区委老干部办负责。退休老干部管理由各单位自行负责。

1986—1987 年，区人事监察科根据《干部劳保条例》，为 17 人办理了干部离退休手续，并为退休干部 98 人办理退休补贴费。

1988 年，区人事监察科办理离休干部 16 人，退休干部 72 人，退休改离休的 1 人。该科协同老干部办，为离休干部建立了体检卡，一年 2 次为老干部进行身体检查，并不定期召开离、退休老干部座谈会，及时听取和解决他们的意见和问题。

1991 年，区人事局办理离休干部 9 人，退休干部 21 人。1992 年，干部退休 167 人，是本区历史上干部退休的最多一年。1994 年，区人事局统计，全区离休干部 131 人（享受副处待遇 44 人，科级待遇 65 人）。

1997 年 5 月，区人事局与劳动局合并后，区人劳局设专人负责干部、工人退休事宜办理工作。离休老干部工作。离休老干部工资、福利、医疗等由区老干部活动办公室统一管理。

1999 年，区人劳局统计，全区有离休干部 90 人，退休干部 674 人（其中科级干部 63 人，普通干部 611 人）。

2002 年，离退休干部增至 740 人，其中中华人民共和国成立前 77 人。

第五节　目标责任管理

1995 年，区委、区政府制定下发《五营区 1995 年经济目标责任制管理办法》，将 2 个责任状规定的各项指标进行层层细化分解，落实到各战线主管领导及相关部门，区政府与各基层单位签订了经济目标责任状，把各项指标分解落实到部门和单位。目标办设在区人事局。该区签订合同的单位和部门有 66 个，其中受奖单位和部门 42 个，发放奖金 31 万元，不奖不罚单位和部门 16 个，受罚单位和部门 8 个，罚金 1.7 万元。

1996 年，签订合同的单位和部门 65 个，其中受奖单位和部门增至 49 个，奖金 21.4 万元，不奖不罚单位和部门 16 个，对为经济建设做出特殊贡献的 5 位企业领导人给予特殊贡献奖。

1997 年，区人事局与区劳动局合并后，区人劳局负责目标责任管理工作。区人劳局和体改委联合制定了下发了《五营区工作目标责任制管理办法》。同年，签订合同单位和部门 54 个，其中受奖单位和部门 50 个，奖金 21 万元，不奖不罚单位 4 个，对 3 位做出突出贡献的企业领导人给予特殊贡献奖。

1999 年，对前丰、丽丰等 10 个委托经营单位，对公用事业处、医院等 21 个费用包干单位，对目标管理单位中植集团给予奖励；对法院、检察院两个单位不奖不罚；对翠北林场、技工校、枝桠站不予兑现合同；对全面完成各项指标，做出一定贡献的永丰、平原、杨树河、平山、苗圃、翠北、枝桠站、林调队 8 个单位的领导班子给予鼓励奖。

2000 年，对永丰经营所、贮木加工厂等 11 个委托经营单位，对职工医院、第一小学等 18 个收费包干单位，对目标管理单位中植集团给予奖励；对法院、检察院、公安局 3 个单位不奖不罚；对发生经费超支、计划外生育的五营办事处取消奖励资格，给予经济处罚；对经济合同目标责任状指标取消奖励资格，给予经济处罚；对没有全面完成经济合同目标责任状指标的翠北林场、平原经营所给予一定的经济处罚。鉴于贮木加工厂、一建公司等 13 个单位，在对全区经济发展、社会稳定方面所做的贡献，决定给予领导班子特殊贡献奖。

2004 年，区目标责任制管理移交给区委组织部。

第六章 劳动工资

第一节 机 构

1986年，五营区劳动工资科编制11人（含定额站4人）；同年12月，区劳动服务公司划归劳动工资科管理，定编14人（含调配站3人）。设科长1人，副科长2人，其中副科长兼任劳动服务公司经理1人。下设技工校。五营区（局）劳动工资科负责全民所有制工人录用、调配、全民所有制合同制工人录用、调配；工资、劳动定额、退休职工管理。新增设劳动服务公司，负责林业集体职工录用、调配、青年安置等项工作，对新录用的工人实行劳动合同制。

1987年，增至22人（含劳动服务公司10人），设科长1人，副科长兼劳动服务公司经理1人。同年10月1日，五营区正式启动失业保险，只有合同制职工参保。1988年，五营区基本养老保险合同制工人开始缴费。1989年8月，劳动工资科改称劳动局。

1990年9月，成立劳动定额站，隶属区劳动局，为副科级事业单位，定编4人，设站长1人。同年9月，增设副局长1人。1992年，全区各企事业单位职工开始参加失业保险。

1993年，区劳动局定编14人，设局长1人，副局长2人，劳动服务公司定编10人；区劳动定额站定编3人，设站长1人。同年12月，五营区基本养老保险正式实施。

1997年5月，区劳动局与区人事局合并后，称区人劳局，职工开始分流工作。同年9月26日，成立区再就业服务中心，服务中心设在区劳动服务公司。

2000年8月，五营区全面启动森工企业基本养老保险市级统筹。2002年6月，增设职业介绍所。

2003年5月，五营办事处、五星办事处设立劳动保障事务所，各林场所及五营办、五星办10个社区设立劳动保障工作站；林场所劳动保障工作站工作人员由工资员兼任。建立了劳动力市场，进一步完善了劳动保障体系，区政府把劳动保障站纳入区人事劳动局管理。12月1日，本局职工基本医疗保险正式启动实施。2004年12月1日，五营区正式启动工伤保险。

第二节 职工队伍

一、职工来源

1986年，五营区劳动工资科共招收录用固定工人981人，其中，离退休职工子女接班842人，安置复员退伍军人44人，技工毕业生2人，属于照顾（归侨子女、1966年以前大专以上学历人员子女、省级以上劳动模范子女）就业93人。工人数5433人。

1987年，五营区开始对新招收工人实行劳动合同制，在顶岗的三手合同工和季节合同工中，有

602 人转为合同制工人，并安置复转军人 56 人，接收技校毕业生 28 人，共招收新职工 684 人。

1988 年，正常退休与死亡职工子女不允许顶替接班，五营区的劳动力主要是技工校毕业生、复员转业军人、招收的城镇待业青年为合同制工人，临时工转为合同制工人，外地来该区工作的工人（含合同制工人）。1990 年，五营区开始录用部分职高毕业生。

1991 年，技工校毕业生利用为合同制工人 140 人，临时工转为合同制工人 426 人。工人数 5388 人，合同制工人增至 1278 人。1995 年，五营局录用城镇待业青年为合同制工人 274 人，技工学校毕业生 145 人。1997 年，五营区职工开始分流。1998 年，五营局不再招收合同制工人，合同制工人数 3393 人。1999 年，区人劳局统计，技工校为本区培训毕业生 1391 人，共录用合同制工人 2855 人。

2000 年，五营区（局）职工主要来源接收退伍转业军人，外地来该局工作的职工。

2005 年，在册职工 8567 人。

1986—2005 年五营区职工人数工资统计表

表 16-6-1

年份	年末人数（人）	固定职工（人）	合同制职工（人）	在岗职工（人）	不在岗职工（人）	年工资总额（万元）
1986	7360	7359	1	—	—	1247.5
1987	8020	7418	602	—	—	1188.1
1988	7479	6876	603	—	—	1527.3
1989	7965	7249	716	—	—	1682.8
1990	8074	7362	712	—	—	930.1
1991	8621	7343	1278	—	—	3158.5
1992	7952	6970	1162	—	—	2347.7
1993	8001	6478	1523	—	—	1532.4
1994	8312	6492	1820	—	—	2856.3
1995	8630	6406	2224	—	—	2849.7
1996	9040	6426	2614	—	—	2576.1
1997	9358	6455	2903	—	—	3253.4
1998	9820	6427	3393	7259	2561	2724.1
1999	9687	6334	3353	5879	3808	2391.5
2000	9696	—	—	5924	3772	1736.5
2001	9577	—	—	5411	4166	1750.3
2002	8259	—	—	5380	2915	1484.0
2003	8690	—	—	5380	3310	1319.8
2004	8690	—	—	3962	4728	—
2005	8567	—	—	3969	4598	—

说明：空格处没有资料

二、职工类别

1986 年，五营局有职工 8209 人（包括临时工 849 人），其中，生产工人 3938 人，工程技术人员 252 人，管理人员 683 人，服务人员 2750 人，其中，社会服务性人员 1929 人，其他人员 586 人。

1990 年，五营局有职工 8237 人，其中，生产工人 188 人，工程技术人员 316 人，管理人员 711 人，服务人员 3451 人，其中，社会服务性人员 2635 人，其他人员 571 人。1993 年，五营局有职工 8176 人，其中，生产工人 2867 人，工程技术人员 345 人，管理人员 573 人，服务人员 3093 人。其中，社会服务性人员 1851 人，其他人员 1298 人。1996 年，五营局有职工 9040 人，其中，生产人员 5658 人，占全局职工的 62.59%；其中生产工人 5532 人，占全局职工的 61.19%。非生产人员 1607 人，占全局职工的 17.78%；管理人员 669 人，占全局职工的 7.4%；服务人员 938 人，占全局职工的 10.38%；社会性服务人员 1 775 人，占全局职工的 19.63%。

2000 年，五营局有职工 9696 人，其中，在岗职工 5924 人，占在册职工的 61.1%；在岗女性职工 1859 人，占在岗职工的 31.38%。生产人员 3243 人，占在岗职工总数 54.74%；非生产人员 2681 人，占在岗职工总数 45.26%。2003 年，五营局职工 8690 人，其中，在岗职工 5380 人，生产人员 1937 人，其中工人 1550 人；非生产人员 6753 人，在岗职工 3443 人。其中管理人员 900 人，服务人员 1961 人。

2005 年，五营局有职工 8567 人，在岗职工 3970 人，占在册职工总数的 46.34；非在岗职工 4597 人，占在册职工总数的 53.66%。生产工人 843 人，其中，木材生产 539 人，营林生产 304 人。非生产人员 3127 人，其中，在岗 2646 人，二线 85 人，长病 264 人，退养 132 人。在岗 2646 人，其中，山上林场管理人员 200 人，公、检、法、司、卫生在岗人员 236 人，教育在岗人员 694 人，管护人员 386 人，管理人员 1130 人（含事业单位人员）。

三、劳动调配

1986 年，五营区劳动工资科设专人负责工人调配，制定《工人违纪处罚制度》等管理制度。工人本人因故要求调动时，由本人提出申请征得所在单位领导同意，报劳动科审定。凡是生产单位调往非生产单位者，须经主管劳动的区（局）长批准，由山上调往山下者，须提请区（局）长办公会讨论通过后，由劳动工资科下达劳动调配命令。专业技术工人调动由劳动科与有关部门协商后确定，余缺由劳动工资科平衡调剂。工人违纪，应及时给予批评教育和纪律处分。工人违纪的警告、记过、记大过处分由所在单位决定并报劳动工资科备案。工人的降级、降薪、留用察看和开除厂籍处分，由所在单位呈报劳动科，劳动工资科接到呈报后的半月内，必须审查完毕，提请区（局）长办公会议论后批复执行，开除厂籍处分须报市劳动局备案。工人 15 天以内的请假手续由所在单位办理，15 天以上的由劳动工资科办理。工人要求停薪留职自谋职业时，由本人申请，所在单位同意并签订合同，经区劳动工资科批准后执行，合同期满亦按上述程序由劳动工资科批准并办理复工手续。

1987 年，合同制工人在五营区（局）内原则上不做调动，必须调动时，应解除合同再商定。

1992 年，市劳动局将“三种”权力下放，调出局的工人不需到市劳动局办理有关手续。

1997 年，区人事局与劳动局合并后，区人劳局设专人负责干部，工人调配。

2003 年，区编委制定《五营区人事调动管理办法》，任何单位不经区编委会同意，不准进人。

四、职工分流

1997 年，五营区（局）按照全市三级干部会议精神、认真学习推广铁力林业局和中植经验，以“深化改革、管住资源、管住资金、分流人员、搞活分配和转机制、严管理、求高效、快发展”为重点，开始职工分流工作，到年末共分流职工 3199 人，其中，分流林产工业 398 人，多种经营 1299 人（含农牧业 714 人），自谋职业 527 人，其他 975 人。

1998 年，五营区（局）加大企业富余人员分流的力度，广开分流安置，采取了分流下岗与就业安置同步进行的措施。全年共分流富余人员 1351 人，比年初确定的 1200 人分流指标超额 12 个百分点，减少企业管理费，制造费和营业外支出 142.2 万元。

1999 年，五营区（局）着重对企业整体剥离、政府机关及事业单位加大转岗分流力度，全年共分流职工 1994 人，完成分流计划的 106%。其中，对路桥公司、物资公司、机修厂、一建公司等改制企业进行整体剥离，分流 1888 人，对机关托儿所、技工学校实行解体，分流 106 人，转岗安置 1627 人。

2000 年，五营区（局）从推广双丰局的“两调一转”经验，大胆进行国有企业的改革和改制，大力发展私营经济和特色经济，用产权制度改革推动职工的分流，把转岗分流同经济发展、深化改革、保持稳定结合起来，认真解决虚转假分的问题。特别是对党政机关，企办事业单位进行严格的定岗定编，分流分立。伊春市政府给下达的分流计划是 1389 人，实际分流 1740 人，其中分流到公益林建设方面 179 人，分流到森林管护方面 546 人，分流到多种经营方面 879 人，解除劳动关系 36 人，其他 100 人，完成分流计划的 125%。

五、再就业工作

1997 年 9 月 26 日，成立区再就业工程领导小组和区职工再就业服务中心，办公地点设在区劳动服务公司。

1998 年，成立 3 个下岗职工培训站，对托管职工进行再就业培训，培训下岗职工 800 人次，并为 387 名下岗职工发放了最低生活保障费。上级财政拨付再就业基金 22.45 万元，自筹再就业资金 13 万元。安置分流下岗职工 1143 人，剔除整体剥离因素，安置率达到 80.5%。在大力安置下岗职工的同时，还安置城镇新增劳力 403 人，城镇求职登记失业率控制在 3% 以内。

1999 年，五营区（局）在 3 个培训站共办班 36 期，通过培训，使下岗职工掌握了一技之长，增大了就业机会。根据再就业基金筹集原则，上级财政配给资金 45 万元（含保险金、失业金），该区匹配再就业资金 23 万元，为进入托管中心的 365 名下岗职工足额发放了基本生活费共计 59 万元，并为其代缴了养老保险及失业保险金，基本保障了下岗职工的生活，对稳定大局起到了一定的积极作用。进入托管中心的 365 人中，当年安置 229 人再就业，安置率为 62.7%，完成了上级要求的 60% 的安置率指标。

2001 年，五营区（局）开始落实全省“三年八十万”再就业培训计划。2002 年，本区（局）开展下岗失业人员统计工作，经区人劳局调查统计，本区共有下岗失业职工 5749 人，关闭破产企业 2 户 431 人，就业转业 37 人，其他失业 3946 人（含林业大集体）。在岗失业人员中，40~50 岁以上的有 2603 人。2002 年 6 月，五营区（局）在区人事劳动局设立职业介绍所，开始办理本区职业介绍工作。

2003 年，成立就业局，机构设在区人事劳动局中。在五营、五星两个街道办事处成立劳动保障事务所；在 10 个社区中成立劳动保障工作站，设 10 名专职工作人员，配备 12 台微机及购置其他办公用品，把社区工作站纳入人劳局统一管理。同年，五营区（局）2 个街道办事处 10 个社区、8 个林场（所），共有全民职工 8568 人，其中在岗职工 5380 人，不在岗职工 3187 人。不在岗全民职工加上集体工人、家属等，共有劳力 21169 人，从事各业人员 12479 人，需要再就业人员 8690 人。同年，安排公益岗位人员 274 人，其中保洁 197 人，保绿 15 人，保安 62 人。并及时核发“再就业优惠证”，做好税费减免政策的落实工作。

当年，五营区实现“三年八十万”再就业培训人数为 1450 人，其中女性 582 人，创业培训人数 1280 人，其中，女性 510 人，创业合格人数 1280 人，培训合格率 100%，培训后成功自谋职业有 858 人。根据中发〔2002〕15 号文件精神，按照准确发放的要求，以优惠证发放工作促进摸清下岗失业人员的基本情况，搞清大龄就业困难对象的现状。本区符合领取“再就业优惠证”的人员 5543 人，其中，下岗失业人员 1038 人，国企下岗职工 2628 人，关停破产企业 431 人，享受低保一年以上人员 1466 人。市就业局下达给区就业局发放“再就业优惠证”指标是 2582 人，实际完成 2770 人，占总数的 107%，其中，男性 2077 人，女性为 693 人，“4050”（注：年龄达到女 40、男 50 周岁的）人员 1190 人。

2004 年，全年计划就业人数为 1400 人，实际完成 1500 人，完成全年计划 107%，其中：个体私营企业 290 人，公益性岗位 230 人，灵活就业 418 人，种植业、养殖业、采集业 562 人。下岗人员再就业全年计划为 1200 人，全年实际完成 1215 人，完成计划 101%，其中，“4050”人员实现再就业 230 人，开发公益性岗位 230 个，其中保洁 169 个，保安 32 个，完成劳务输出 905 人。同年，全区有 70 户享受“再就业优惠证”减免税的优惠政策，年免税额 16.8 万元，享受免工商管理费的 70 户，年免费额 12.6 万元。全年计划培训下岗失业人员 800 人，实际培训 827 人，其中，汽车修理 1 期 41 人，摩托车组装 1 期 50 人，厨师培训 1 期 43 人，黑木耳栽培 1 期 479 人，香菇栽培 1 期 214 人。同年，区政府投资 198127 元，对职业介绍所进行改造，利用电视台播发招工信息 9 次，各社区的招工信息板报 9 次，全区有 21 家企业招工，有 2053 人到职业介绍所办理求职登记，成功就业 1215 人。

截至 2004 年，五营区（局）共为 3215 人领取了优惠证，享受减免工商管理费 106 户，月减免 1.28 万元，享受减免地方税 98 户，月减免 1.96 万元；享受减免卫生防疫费 32 户，月减免 3000 元；提供领取小额贷款 31 人，共计 62 万元；为下岗失业人员领取再就业各项补贴资金 143.80 万元，其中社会保险补贴 24.64 万元，再就业培训补贴 21.75 万元，职业介绍补贴 5920 元，公益性补贴 77 万元，劳动力市场建设 19.81 万元。

2005 年上半年，再就业各项补贴资金为 63.56 万元，其中再就业培训补贴 12.48 万元，职业介绍补贴 5.22 万元，公益性岗位补贴 45.87 万元。同年，安置再就业人员 1313 人，完成计划的 109%，其中领取“再就业优惠证”人员完成 1113 人，到年末，全区共有 3249 人领取了“再就业优惠证”。其中，国有企业下岗职工 2037 人，国有失业人员 1064 人，国有破产需要安置人员 148 人。“4050”人员为 1782 人，其中“50”人员 758 人，“40”人员 1024 人。全区下岗失业人员凭《再就业优惠证》办理“个体工商营业执照”，免收工商管理费到 2005 年年末为 106 户，每年减免工商管理费 15 万元，地税 98 户，每年减税 24 万元，全年减免费税 39 万元。五营区依托劳动力市场，大力宣传招工信息，与省内各大企业联络到本区招工，同年 6 月末，全区完成劳务输出 710 人，其中，国外劳动力输出 29 人，省内劳动力输出 370 人，省外劳动力输出 311 人。到年末，有 1934 人到职业介绍所办理求职登记，成功就业 1200 人。累计求职登记 3987 人，成功就业 2415 人。

截至 2005 年年底，去外地打工人员 1545 人，其中男 1250 人，女 295 人，通过组织介绍到外地的 290 人，男 225 人，女 73 人，在五营上岗的 6080 人。

六、清理劳动关系

1999 年，区人劳局按照伊政办发《企业下岗职工有关问题的处理意见（试行）》，区人劳局通过调查论证，结合本区下岗职工状况及职工队伍管理中存在的问题，制定相应的实施办法，在企业中共清理出不在岗职工 2285 人，其中全民固定工人 1564 人，全民合同制工人 721 人。这些不在岗的职工中 547 名全民所有制工人有意愿办理辞职，614 名合同制工人准备终止合同，通过清理劳动关系，对缓解林业企业的就业压力，促进经济发展都将产生积极的影响。

2002 年 10 月，五营区（局）按照省森工总局有关富余职工一次性安置工作有关文件精神，开展富余职工一次性安置工作，五林办发制定了《五营林业局富余职工一次性安置实施方案》，并在全区进行宣传，省森工总局下达给五营林业局的一次性安置指标为 1071 人，经过严格审核，全区有 1071 人符合文件规定，对安置人员名单进行了公布，工作顺利完成。

第三节　工资管理

一、工资标准

1986 年，五营区（局）开始执行新的工资标准，企业工人在执行技术等级标准的基础上实行等级工资制，企业干部和工程技术人员实行职务等级制。

1992 年，五营区（局）进行工资标准套改，将工资标准完全统一到一起，既工人、干部工资标准完全一致，文教战线工资标准基础上向上浮动 10%。1996 年，按伊劳发〔1996〕9 号文件，对全区

（局）职工进行工资标准调整，并把各种副食补贴、煤电补贴纳入工资标准中，合计76.52元/月。

2005年，五营区（局）按照伊政纪字〔2005〕21号文件，伊春市人民政府市长办公室会议精神，从2005年10月1日起，对森工企业纳入天保工程补助范围的社会性人员和管理人员，兑现黑政办发〔1994〕17号文件，执行1994年调整后工资标准。

二、工资定级升级

1986年，五营区（局）开始实施1985年的工资改革工作，工资改革主要有3个方面，即调整偏低工资标准，重新定级和套改升级。这次工资改革是建区以来人数最多，范围最广，增资额和升级面较大的一次，是按照黑龙江省森林工业局黑森总劳字〔1985〕569号文件和伊春市企业工资制度改革领导小组办公室、伊春市劳动局伊企工改字〔1986〕3号文件规定精神制定的《五营林业局企业工资制度改革实施方案》进行的，参加工资改革职工合计7180人，其中，重新定级2187人；调整偏低标准1204人；套改6361人；升级6377人。

1987年，五营区（局）按照国务院企业工资改革研究小组、劳动人事部〔1987〕97号和伊企工改字〔1987〕1号文件规定精神，结合本局具体情况，通过认真测算制定《五营区（局）企业部分职工实行工资浮动升级方案》进行企业职工工资浮动升级的，在全局7661名职工（含季节合同工432人）中，有2140名职工浮动了半级工资，并按其表现，在年内分批分期予以固定。按照伊春市劳动局伊劳字〔1987〕81号文件规定，对本局新招用职工和工人工种变动重新定级有925人。百分之三奖励晋级工资是本区（局）1985—1986年2年指标，是在1987年合并使用的，2年共428人晋级。

1988年7月，经伊春市劳动局批准使用1987年百分之三奖励晋级指标。在落实过程中，为解决晋级指标中存在的具体问题，经局领导研究，决定改变历年一个指标只能给一个职工升级的做法，根据各单位的不同情况，可以一个职工使用一个晋级指标，也可以把一个指标分解为2个半级，供2个职工使用（即各升为半级）。因此，1987年，虽然只有255个晋级指标，却有308名职工升了级，其中，升半级人数为106人，占升级人数的34.4%。

1989年，按国发〔1989〕83号文件，对全区（局）职工普调1级工资，并兑现了各种职称和职务工资。

1990年，按伊劳字〔1990〕136号文件，对全区（局）职工普调半级工资。1991年，按黑劳发〔1991〕61号文件，五营区局进入国家二级企业，对全区（局）职工普调半级工资。

1994年，按黑政办发〔1994〕17号文件，在1993年调整职工工资标准基础上，对全区（局）职工调整0.5级至4.5级不等的工资，人均52元。林企干工资级制，1994年标准1级—16级副，工人工资级制2副—17级。嗣后，省森工总局下发黑森林字〔1994〕255号文件，文件就工资兑现问题，做出明确规定“核增工资总量后，具有支付能力的企业，可按人均月增资额的规定一步到位”。对支付能力差或暂不具备支付能力的企业，可根据企业的经济情况分步实施，也可先升档案工资，条件具备时，再予以兑现。

1996年，按伊劳发〔1996〕9号文件，对全区（局）职工进行工资标准调整，林企干工资级制，1996年标准级—39级；工人工资制1—39级。此次调资后，由于本区（局）资金困难，仍未兑现，记入职工档案工资。

2004年，按黑森字〔2004〕334号文件，对全区（局）职工普级1级工资，平均34元/月，此次调资给予兑现。

三、工资基金管理

1986年，全区（局）工资基金由市劳动局审定，当地银行掌握，区（局）劳动部门根据月份作业计划平衡劳力，控制工资基金并经常分析工资基金变化情况。

1997年，市劳动局不再审定工资基金。

2000年，随着工资社会化发放，取消工资基金账户。

四、工资审查与支付

1986年，五营区（局）工资审查基本由工队、段或组做出工资支付明细表，计件工资由验收员做明细表，经基层工资员和领导审查签章，报区（局）劳动工资科工资定额员审查批准，干部工资的审查由区人事监察科负责审查批准，到财务科办理支款手续，由基层财会人员（或单位工资员）发放职工手中。

1990年，区政府根据市政府八届第三十次会议纪要的决定精神，区政府决定，原归区人事局审批的企业干部工资，从4月1日起归区劳动局审批。20世纪90年代开始，随着国企改革和企业经营机制转换，一些企事业单位同政府间能剥离的剥离，能出售的出售，改变所有制形式，工资的支付形式也随之发生变化。很多企事业单位由原来吃“皇粮”变为自收自支，自负盈亏。山上林场（所）完成木材生产和营林生产任务后，除从事森林管护经营由天保工程开支外，其余职工放假不开支，靠发展林下经济、家庭经济自行创收。因转制或转岗为私营企业、股份制企业等单位职工，由私营业主根据企业的具体情况，实行计件工资（或计时工资）由企业自行支付。

2000年，五营区（局）在岗职工工资由财务科发放工资折，到银行支取工资。区政府制定了《五营区（局）工资审批办法》，工资审批由劳动科、营林科、资源科、生产科、计划统计科和财务科按各自管理职能范围分工负责各自把关的原则进行审批，到

2005年，五营区（局）工资审查继续执行五政办发《五营区（局）工资审批办法》，实行联审联批制度。

第四节　定额管理

一、定额标准制定

1986年，五营区（局）企业定额标准，是由劳动工资科定额站根据省林业统一定额。1987年，伊春市林业企业生产定额，建工部建筑安装工程劳动定额和林业部林业建筑安装工程定额。共编制五营林业局企业定额37项。

1988年，充实完善了木材生产伐区阶段综合立方米计件单价。原来的综合立方米的计价单位，只包括基本生产和辅助生产项目，自冬运开始，把伐区生产工队（段）的生产服务人员，如食堂炊事人员、更夫、烧炉工、打运烧柴工、材料加工等全部人员计算到伐区木材生产综合立方米计件单价中去了，从而使直接生产和生产服务工人挂起钩来，全队（段）工人都关心伐区木材生产的成果。为贮木加工厂的制材生产制定机械制材劳动定额标准，实行计件工资时，改变了历年来机械生产都是执行计时制的“大锅饭”状况，使机械制材工人的工资和产品数量、质量挂起钩来。根据伊春市劳动局的部署，定额考察组深入贮木加工厂对K5电锯造材进行技术测定，其测定资料经伊春市劳动局定额站鉴定为合格，为K5电锯造材制定劳动定额标准。

1992年，伊春林管局制定下发了《伊春林业企业生产定额标准》。

1997年，林业局全面推行了年度定量分配法，森工生产单位真正按生产任务量核定人员工资费用。

二、定额执行

1986年，五营区（局）执行劳动定额，除1986年省林业统一定额和伊春市林业企业生产定额外，还执行五营林业局补充定额。

1987 年，五营区（局）执行市政府下达的《伊春林业企业生产定额》。

1988 年，五营区（局）执行劳动定额新增木材生产伐区阶段定额和制材生产、造材劳动定额。

1997 年，林业局推行年度定量分配法。

1986—1998 年五营区木材生产定额完成率情况统计表

表 16-6-2

单位：%

年份	伐区阶段定额完成率（采打集装清）	运输阶段定额完成率（汽车运原条）	贮木场阶段定额完成率（卸造选倒归装）
1986	111	118	109
1987	113	121	108
1988	110	125	115
1989	115	126	119
1990	119	129	123
1991	121	129	124
1992	124	134	129
1993	125	137	131
1994	129	136	130
1995	132	138	132
1996	133	141	135
1997	136	145	128
1998	125	129	117

三、定额工资审批

1986 年，五营局劳动定额工资审批由劳动工资科定额站（股级）管理，依据生产部门产量通知单、检验部门产量验收单，劳动部门的计件单价，由劳动、财务、计划、生产等部门联合进行审批。

1987 年，调整计件单价工作，是在工资改革的基础上进行的，调整后的计件单价木材生产、营林、综合利用平均提高 18%，基本建设平均提高 19%。

1990 年 9 月，成立劳动定额站，为副科级事业单位，负责全局生产计件工资的定额、审批。

1997 年，劳动定额站不再审批定额工资。

1990—1998 年五营区木材生产定额工资审批情况统计表

表 16-6-3

单位：人、万元

年份	伐区阶段		运输阶段		贮木阶段	
	人数	金额	人数	金额	人数	金额
1990	685	—	197	—	285	—
1991	648	—	195	—	273	—
1992	643	—	189	119	263	142
1993	354	—	150	118	235	125
1994	369	—	150	95.7	225	116
1995	410	—	115	97.8	228	121
1996	404	—	150	102.7	253	165
1997	425	—	145	97	256	148
1998	624	—	140	87	236	108

第五节 社会保险

一、劳动保险

1986 年，五营区劳动工资科设专人负责劳动保险工作，宣传贯彻国家劳动保险方针政策，负责审查办理工人退休、退职手续，对退休、退职人员管理，审批劳动保险费，对老弱病残人员进行医务劳动鉴定。

1997 年 5 月，人事局与劳动局合并后，设专人负责工人、干部退休、退职手续办理、审批保险费，对老弱病残人员进行医务劳动鉴定。延续至 2005 年。

二、养老保险

1987 年，五营区劳动工资科，在下属劳动服务公司，设立失业保险、养老保险及经办人员。

（一）参保范围

1988 年，五营区合同制工人开始缴费。

1993 年 12 月五营区养老保险正式启动，只有林业局 1 家参保。1994 年，地方国有企业开始参保。1998 年，五营区以中植集团为试点，正式开展了乡镇企业集团职工养老保险统筹工作，五营区养老保险参保企业有 3 户，五营林业局、中植集团、粮食局。

2000 年 8 月，该区养老保险进入市级统筹。2001 年 12 月 1 日，成立五营区社会保险事业管理局。

2003 年，五营区共有 9870 人参加养老保险，其中企业 3 户 8584 人，一次性安置人员 1477 人，森工为 1268 人。本区现有参保企业 3 户，森工、粮食和地方。森工企业实际参保 7844 人，本年冻结 835 人，实际缴费人数为 7009 人。粮食局参保职工为 114 人。2003 年，经一次安置后，实际在岗参保职工 34 人。中植集团参保职工为 626 人，实际参保 626 人。

2005 年，五营区有参保企业 3 户，森工、粮食和中植集团。林业局新增林业集体职工参加养老保险。共有 9859 人参加养老保险，其中企业 8360 人，森工企业实际参保人员 7887 人，粮食局参保职工为 12 人。实际在岗参保职工为 9 人，中植集团参保职工 461 人。

（二）缴费标准

养老保险实行社会统筹和个人账户相结合的原则，以工资总额为基数，由企业和职工本人分别缴费，企业缴费比例为 30%(2000 年，企业缴费的 77% 为天保资金)。个人账户情况，1993 年 12 月—1995 年 12 月，以个人工资总额为基数，个人缴费比例为 2%，个人账户没有企业划转部分。1996 年 1 月—1997 年 12 月个人账户总额为 16%，个人缴 3%，企业划转 10%，省里划转 3%。1998—2004 年 6 月，个人账户总额为 11%，其中个人在 1998 年缴费比例为 4%，1999 年为 4.5%，2000 年为 5%，2001 年为 6%，2002 年为 7%，2003 为 8%，2004 年 1—6 月为 8%，其余差额由企业划转。2004 年 7 月以后，个人账户总额为 8%，全部由个人所缴。

（三）养老保险金收缴与发放

1993 年，五营区自养老保险制度改革后，养老保险金收缴与发放实行自收自支，差额部分由企业拨款。

2000 年 8 月，进入市级统筹后，实行全额拨缴，确保了本区离退休人员养老金及时足额发放。

2004 年，经区社保局调查，林业局欠费情况，扣减天保资金存款，2001 年企业欠费 280 万元，2002 年欠费 174 万元，2003 年企业不欠，所以忽略 2001 年以前年度欠费，2001 年和 2002 年实际欠费为 454 万元。拖欠离退休人员养老金情况，经查区拖欠的均为 1999 年补发养老金没有兑现的文件号，森工拖欠为1530万元，粮食局拖欠为17万元。

1998—2005年养老保险收缴与发放情况一览表

表16-6-4

项目/数量/年份	五营林业局			粮食局			中植集团		
	缴费		发放	缴费		发放	缴费		发放
	企业	个人		企业	个人		企业	个人	
1998	1255	117	1258	29	—	47	54	—	75
1999	1360	121	1459	25	—	47	59	—	76
补发一次性拖欠	—	—	1376	—	—	7.4	—	—	—
增资款	—	—	122	—	—	1.7	—	—	—
2000	966	197	1349	24	3.2	34	42	9.9	73
增资款	—	—	238	—	—	8.4	—	—	8.6
2001	454	197	1710	28	5.2	47	85	16	93
老干部拖欠工资	—	—	53	—	—	—	—	—	—
老干部拖欠药费	—	—	14.9	—	—	—	—	—	—
2002	556	193	1984	13	2.6	54	75	16	122
2003	791	347	1970	25	3.7	55	69.6	17	129
2004	1321	231	1901	2.7	0.51	54	65	15.9	137
补发94.17	—	—	308	—	—	—	—	—	—
补贴取暖费菜金	—	—	241	—	—	6.2	—	—	7.4
2005	1050	311	1987	1.5	0.4	57	73	34	156

三、失业保险

（一）参保范围

1987年10月1日起启动失业保险，当时只有合同制职工开始参保。

1992年1月1日起，全区各企事业单位开始参保。1998年，中植集团开始参加失业保险。

2002年，该区失业保险新增2户企业，工商银行和农业银行。

2004年，新参保企业2户，五营粮食局和五营建设银行。五营区失业保险参保企业6家，参保人员8253人。其中，林业局参保职工7687人，中植集团参保职工为481人（已由伊春区征缴），工商银行参保23人，农业银行参保33人，建设银行参保18人，粮食局参保11人。

（二）缴费标准

1987年，单位缴纳失业保险费的标准按单位职工标准工资总额的1%记入，个人缴费为零。

1992年1月1日—1998年7月31日，单位缴纳失业保险费的标准按每人每月1元缴纳额记入。

1998年8月1日以后，单位缴纳失业保险费的标准按单位职工月工资总额的2%记入，个人缴纳失业保险的标准按本人月工资总额1%记入。缴费基数的确定：2003年，除林业局按全市核定275元缴费外，其他企事业单位，由社保局，依据参保单位上月职工工资总额核定缴费基数。延续至2005年。

（三）保费收入

1987年，五营区失业保险参保职工只有合同制工人，保费收入仅8000元。

1992年，该区全面开展失业保险后，保费增至19万元。

1998 年，发展到 15 万元，当年领取失业保险金 10 万元。

2003 年，保费收入增至 63 万元。

2004 年，经区社保局统计，林业局失业保险历年欠费为，企业 2001 年前为 100 万元，2002 年欠费为 27 万元，共计 127 万元。

2005 年，保费收入 61 万元。

1987—2005 年五营区失业保险费收入与支出情况统计表

表 16-6-5　　单位：万元

年度	计划应缴	实缴	欠缴	领失业金人数	失业金支出
1987	0.8	0.8	—	—	—
1988	7.9	7.9	—	—	—
1989	7.6	7.3	−0.3	—	—
1990	7.5	18.5	+11	—	—
1991	8	10	+2	—	—
1992	19.6	18.5	−1.1	—	—
1993	21	24	+3	—	—
1994	21.1	23.7	+2.6	—	—
1995	25	23	−2	—	—
1996	33	24	−9	—	—
1997	32	14	−18	—	—
1998	29	15	−14	90	11
1999	53	15	−38	144	23
2000	54	20	−34	155	14
2001	54	53	−1	—	—
2002	68	42	−27	—	—
2003	63	63	—	—	—
2004	47	48	—	—	—
2005	60	61	—	—	—

四、基本医疗保险

2003 年 12 月 1 日，林业局的职工基本医疗保险正式启动实施。到 2003 年年底，该局共有 6480 人参保。

2004 年，林业局参保人员 6484 人，其中，在职职工 3107 人，离退休人员 3377 人。个人缴费 17 万元已收缴完毕进入个人账户。参保职工住院治疗的 190 例，其中外诊为 91 例，需医保资金 60 万元，支付退休人员门诊费用 8 万元，共需医保资金 68 万元。年底，林业局医保基金 68 万元全部核销。

2005 年，林业局参保人员 5572 人，其中，在职参保职工 2195 人，个人缴费 17 万元已收缴完毕进入个人账户。个人支付在职职工门诊费 9 万元。在职职工住院医疗费 16.4 万元，退休住院医药费 36 万元，林业局全部核销完毕。

五、工伤保险

2004 年 10 月 1 日，五营区工伤保险开始实施，参保企业只有五营林业局。参保职工 3962 人，林业局缴费 9.5 万元。

2005 年，参保职工 3970 人，林业局缴费 21 万元。

第六节 退休职工管理

1986 年，区劳动工资科负责退休、退职工人的管理，由所在单位发给退休费。

1988 年，全局离休、退休费由统筹经费支付，全年共提取统筹基金 407.5 万元，占全局职工工资总额的 29.81%。实行统筹后，保证了离、退休费的按时支付。

1993 年，养老保险制度改革，离、退休职工退休费由养老保险金支付，差额部分由企业拨款，林业局因经济困难，时有拖欠职工退休费。

1998 年，中植、粮食退休职工退休费由基本养老保险金支付。

2000 年 8 月，养老保险进入市级统筹，养老金及时足额发放。

2002 年，五营区共有离退休人员 3924 人，其中，离休 78 人，中华人民共和国成立前工人 65 人。根据黑劳社发〔2002〕133 号文件，对全区 3369 名退休人员（符合文件要求的）进行了调资。这次调资从 2002 年 7 月 1 日执行。全区退休人员月增资 11.1 万元，11 月份补发增资额 55.3 万元，提高了退休人员的生活水平。

2004 年，离退休人员纳入社区管理。

2005 年，五营区现有离退休人员 3832 人，其中，森工有 3343 人，粮食局一次性安置和中植集团 501 人。森工退休人员中含林业大集体退休工人 312 人。

第七节 劳动服务和管理

一、青年与集体工人管理

1986 年，待业青年安置就业和林业集体工人管理工作由区劳动服务公司负责。同年 12 月末，区劳动服务公司划归区劳动工资科管理。负责集体所有制单位的工资审批、人事调配、待业青年的安置就业、社会劳力管理、职业介绍所等。成立林业集体经济管理处，为副处级单位，主要负责审核集体单位执行工资定额情况，对全局各综合厂的全面管理，为五营区集体所有制联合企业。下设计财科、人劳科、生产技术科、供销科、多种经营科、办公室等 6 个科室。所属有永丰经营所综合厂、平原经营所综合厂、前丰经营所综合厂、丽丰经营所综合厂、杨树河经营所综合厂、苗圃综合厂、汽运管理处综合厂、机修厂综合厂、公路处综合厂、基建工程处综合厂、木制品厂、木器厂、社会福利厂、刨花板厂、林副产品综合厂、枝桠站综合厂、物资供应科综合厂、营林处综合厂、商业科综合厂、多种经营综合厂、人防办综合厂、处饲料加工厂、河北产品管理站、河南产品管理站、处汽车修理部、创新商店等 5 个科级企业，23 个股级企业的联合企业，是五营区安置待业青年就业和林业集体工人的主渠道。

1988 年，区政府成立待业青年开发公司。安排就业青年 831 名从事有报酬的生产劳动。集体管理处有职工 7970 人，其中全民职工 229 人，集体所有制工人 3165 人，青年 4567 人，拥有固定资产原值 1830 万元，净值 1364.4 万元，流动资金 751.7 万元。产品达 11 类 150 个品种。集体工人的各种补贴及福利待遇按时发放，劳动保护高于全民企业，年人均收入也由 1986 年的 711 元上升到 1988 年的 1212 元。

1989 年，安置了 467 名待业青年就业。

1991 年，集体所有制企业的知青、集体工人进行重新定级，使知青有了固定的工资标准。区劳动服务公司录用集体工人 150 余人。

1993 年，区政府鼓励待业青年自谋职业，到私人企业、乡镇企业区就业。

1995 年，集体经济管理处解体，返还各单位借贷款，实行独立经营。

1996 年 1 月 2 日，成立永恒实业开发公司。集体工人所执行的工资标准与全民制工人一致。

1997 年，山上林场所青年点撤销，山下集体企业都出租给个人，集体工人和青年开始下岗待业。

1998 年，区劳动服务公司安置待业青年 403 人。

2000 年，集体企业改制，撤销或卖给个人，集体工人和青年全部下岗失业。

2003 年，成立区就业局，负责全民集体工人、青年就业。

2004 年，完成就业 1500 人，其中个体私营企业 290 人，公益性岗位 230 人，灵活就业 418 人，种植业、养殖业、采集业 562 人。

2005 年，有的待业青年和集体工人去外地打工，到个体私营企业就业，从事种植业、养殖业、服务业等。在人劳局有档案的集体工人 3525 人，青年 8010 人。都未参加养老保险。

二、二轻工人管理

1986—1990 年，二轻工人录用、调配由市二轻工业局管理。二轻工人管理由区二轻工业科负责。

1989 年，二轻工人管理工作由区经委负责。

1990 年，二轻工人录用、调配划归区劳动服务公司管理。二轻工人管理工作由地方企业联合开发公司负责。

1995 年，二轻工人管理工作由地方企业联合开发公司发起组建黑龙江中植企业集团负责。

1998 年，中植集团参加养老保险。

2000 年后，因中植集团紧缩业务，二轻工人开始下岗。

2004 年，中植集团总部迁往伊春市内，二轻工人管理由中植集团留守处负责，后已全部下岗待业。

2005 年，区人劳局有档案的二轻集体工人 809 人。

第八节 劳动监察 信访 仲裁

一、劳动监察

1992 年，开始五营区劳动监察工作，劳动监察员持证上岗，对企业的劳动用工、劳动安全卫生、工资总额使用情况等进行监察，规范劳动纪律。

1998 年 4 月，成立五营区劳动监察大队，配备专兼职监察员 5 人，检查用人单位 17 户次，下达限期整改通知书 7 份。

2002 年，区劳动监察大队对 16 户私营企业、用工单位进行了检查，补签劳动用工合同 80 份，下达劳动保障监察限期整改指令书 3 份；检查建筑企业 11 户，补签劳动用工合同书 136 份，下达询问通知书 2 份；对全区从事美容、美发、保健、汽车修理等行业从业人员持证上岗情况进行了专项检查，下达整改指令 14 份，检查用人行业 30 家；对矿山、采石等行业进行了检查，对 5 家用人单位补签了劳动合同 47 份，保证了用工的合法性。

2003 年，对全区国有、集体、个体私营企业用工单位进行了检查，鉴定和补签劳动用工合同 433 份，下达劳动监察限期整改指令书 8 份；检查建筑企业 2 户，补签劳动用工合同 131 份；对矿山、采石行业进行了检查，使用工单位补签了劳动合同62份。

2005年，区劳动监察大队按市劳动和社会保障局部署，认真开展劳动监察工作，对全区国有、集体、个体私营企业用工单位进行检查，鉴定和补签劳动用工合同320份，签证率达100%，下达劳动保障监察限期整改指令书3份，劳动保障覆盖率达90%以上。

二、信访

1986—2001年，区人劳局未有信访工作，职工信访意识不强。

2002年，区人劳局共接待来访106人次，对符合政策的按政策规定加以纠正。按照中组部、劳动人事部〔1983〕3号文件的规定，对兰广仁等21名退休老工人享受工资待遇问题进行了纠正。对于在各项生产中受伤致残，已完全丧失劳动能力的6名职工经市劳动鉴定委员会鉴定，办理了工伤退休，得到了妥善处理。

2003年，接待来访56人次，对符合政策的按照政策规定加以纠正。按照中组部、劳动人事部的文件规定，对15名退休干部、工人享受工资待遇问题进行纠正，对生产中受伤致残，已完全丧失劳动能力的8名职工经市劳动鉴定委员会鉴定，进行妥善处理。

2005年，接待来访400人次，对生产中受伤的32名职工经市劳动鉴定委员会鉴定，进行妥善处理。

三、仲裁

1995年4月25日，按照伊劳发〔1995〕31号文件，成立区劳动仲裁委员会，劳动仲裁委员会设在区劳动局，主任由劳动局局长兼任。设仲裁员1人。

2000—2005年，共仲裁劳动用工案件12起，结案11起，仲裁14人。

2000—2005年五营区劳动仲裁案件统计表

表16-6-6

年份	案件数	仲裁人数
2000	1	2
2001	2	4
2002	2	4
2003	2	4
2004	2	—
2005	3	—

第十七篇 中国人民政治协商会议五营区委员会

1984年6月11日，中国人民政治协商会议五营区委员会（以下简称“区政协”）成立。由中共五营区委、民主党派、人民团体、无党派民主人士和各族各界代表组成，对五营区政治生活、经济建设、文化教育和社会发展等方面的重大问题，进行政治协商、民主监督、参政议政，发挥了应有的作用。

中国人民政治协商会议五营区委员会，是在中共五营区委员会的领导下，广泛团结各民主党派、人民团体、无党派民主人士、少数民族和各界爱国人士参加的重要政治组织。其基本职能是围绕区委、区政府中心工作，开展政治协商、民主监督、参政议政活动。在民主政治建设中起参政议政和民主监督作用；在改革和建设中起谏言献策作用；在对外开放中起桥梁纽带作用。

第一章　组织沿革 重要会议

第一节　机　构

1984 年 6 月 11 日，中国人民政治协商会议五营区委员会成立，李春明任区政协主席。下设办公室。同年 7 月 26 日，区政协成立三个委员会：工作组委会、设主任、副主任各 1 人、委员 6 人（分设农林、医药卫生、妇女、科技、文体、民族宗教等 6 个工作组）；文史资料委员会，设主任、副主任各 1 人，委员 3 人；学习委员会设主任、副主任各 1 人，委员 5 人。三个委员会主任、副主任均由政协副主席及工作人员兼任。

1986 年，五营区政协设主席 1 人，副主席 4 人；（不驻会 3 人）。

1987 年，区政协设主席 1 人，副主席 4 人（不驻会 3 人）、办事机构即三个委员会：工作组委员会、文史组委员会、学习组委员会。

1990 年，区政协成立五委一办，即政协办公室，经济技术委员会，学史委员会，文教卫生委员会。委员会主任、副主任均由政协副主席和政协办事人员兼任。

1997 年，区政协下设五委一办，即经济科技委员会、文卫法制委员会、学史委员会、民族宗教祖国统一委员会、提案委员会、政协办公室。

2002 年，五营区政协设主席 1 人，副主席 3 人；其中，副主席 1 人不驻会。下设三委一办，即文教卫生民族宗教法制委员会、学史提案委员会、经济科技对外联络委员会、政协办公室。

1984—2002 年五营区政协领导成员更迭一览表

表 17-1-1

届　次	姓　名	职　务	任免时间	备　注
第二届一次全委会 1987.12.10—1990.10.18	李春明	主　席	1984.6—1990.10	—
	张殿清	副主席	1984.6—1990.10	不驻会
	孙志才	副主席	1984.6—1990.10	—
	程合理	副主席	1984.6—1990.10	不驻会
	单瑞昌	副主席	1984.6—1990.10	不驻会
第三届一次全委会 1990.10.19—1993.11.22	林宪凤	主　席	1990.10—1993.11	—
	黎家顺	副主席	1990.10—1993.11	不驻会
	李学平	副主席	1990.10—1993.11	—
	单瑞昌	副主席	1990.10—1993.11	不驻会
	郝　谦	副主席	1990.10—1993.11	—
	李子龙	副主席	1990.10—1993.11	—

续表 17-1-1

届　次	姓　名	职　务	任免时间	备　注
第四届一次全委会 1993.11.23—1997.10.29	林宪凤	主　席	1993.11—1997.10	—
	黎家顺	副主席	1993.11—1997.10	1996 年驻会
	李子龙	副主席	1993.11—1997.10	—
	张仲良	副主席	1993.11—1997.10	不驻会
	李学平	副主席	1993.11—1994.2	调北贸
	解植坤	副主席	1993.11—1994.2	不驻会
	苗志洲	副主席	1993.11—1994.2	—
	高兴学	副主席	1993.11—1994.2	—
第五届一次全委会 1997.10.30—2002.10.27	高兴学	主　席	1997.10—2002.10	—
	李子龙	副主席	1997.10—2002.10	—
	张仲良	副主席	1997.10—2002.10	不驻会
	苗志洲	副主席	1997.10—2002.10	不驻会
	解植坤	副主席	1997.10—2002.10	不驻会
第六届一次全委会 2002.10.28—	高兴学	主　席	2002.10—	—
	张仲良	副主席	2002.10—	—
	张玉华	副主席	2002.10—	—
	盖德怀	副主席	2002.10—	不驻会

1986—2005 年五营区政协会议成员更迭一览表

表 17-1-2

届　次	职　务	姓　名	时　间
第二届一次	常务委员	马富、尹国清、刘玉廷、孙志才、李春明、李延祥、杨宝瑞、李旭峰、沈智峰、单瑞昌、张殿卿、张琦、张烈武、周文斌、金万植、徐庆、徐景和、郭宝泉	1987.12 1990.10
第三届一次	常务委员	丁树森、于敏、王振铎、尹国清、付从生、李子龙、苏申、单瑞昌、李旭峰、苗志洲、张琦、张仲良、徐景和、徐庆、郭裕宁、郝谦、黎家顺	1990.10 1993.11
第四届一次	常务委员	丁宏、于敏、于俊元、尹国清、王振铎、李子龙、李学平、苏申、陈树民、何清江、吴志远、张仲良、孟庆生、苗志洲、林宪凤、金万植、姜斌、付从生、黎家顺	1993.11 1997.10
第五届一次	常务委员	刁永会、苏申、苏立强、李子龙、李桂艳、何清江、张仲良、张希峰、陈树民、郎文英、孟庆生、郑军成、苗志洲、周景春、赵成悦、赵树文、郭庆兰、高兴学、黄先喜、盖德怀、付从生、解植坤	1997.10 2002.10
第六届一次	常务委员	马振明、王世坤、王彦波、王焕勇、朱长发、杜娟、李兴凯、李君成、吴晓峰、张希跃、张明锡、孟庆林、赵广、潘世东、魏铭杰	2002.10

第二节　历届政治协商全体会议

一、五营区政协第二届一次全委会议

1987 年 12 月 10 日，五营区政协召开了第二届一次全委会议。出席会议委员 90 人、列席 38 人。会议听取中共五营区委书记孙芳礼、政协主席李春明分别发表的讲话，听取了王利民区长关于五营经济形势的通报，审议了副主席孙志才关于一届四次会议以来提案处理情况的报告，通过了大会决议。大会选举产生了政协五营区第二届委员会及其组成人员。选出主席李春明、副主席孙志才、张殿卿（不驻会）、成合理（不驻会）、单瑞昌（不驻会）；选举马富等19位为新一届政协常务委员。本届政协委员90名比第一届委员增加了30名，代表15个界别。

二、五营区政协第三届一次全委会议

1990年10月19日，五营区政协在工人文化文化宫召开了第三届一次全体委员会议。出席会议委员92人、列席35人。会议听取了区委书记刘殿武和政协主席林宪凤分别作的讲话，审议了单瑞昌副主席关于二届四次会议以来委员提案处理情况的报告，大会通过政治决议。会议选举产生了政协五营区第三届常务委员会及其组成人员。选出主席林宪凤、副主席黎家顺（不驻会）、李学平、单瑞昌（不驻会）、郝谦。

1991年10月21日，经市委组织部提名李子龙任五营区政协副主席，按程序在本届三次全会上通过，1992年6月，李学平调任北方贸易总公司副总经理（兼）。会议选举丁树森等19位为新一届政协常委。大会号召全体委员和各界人士旗帜鲜明地反对资产阶级自由化、反对一切危害国家稳定的言行，及时反映各界群众的意见和要求，积极提出兴利除弊的各种建议为稳定大局、振兴五营服好务。本届委员92名比上届委员增加2名，代表18个界别。

三、五营区政协第四届一次全委会议

1993年11月23日至25日，五营区政协在五营宾馆三楼会议室，召开了第四届一次全体委员会议。出席会议委员97人，列席45人，特邀17人。会议听取了区委书记华景伟的重要讲话，听取并审议了政协主席林宪凤代表第三届委员会所做的常委会工作报告，听取并审议了副主席李子龙所做的委员提案工作报告，通过了大会政治决议。会议选举产生了五营区政协第四届常务委员会及其组成人员。选出主席林宪凤、副主席黎家顺（不驻会）李子龙、张仲良（不驻会）、李学平（1994年，因病辞去副主席职务）、解植坤（不驻会，四届三次会议当选）、苗志洲（四届三次会议当选）。选出丁宏等19名为新一届政协常委。本届委员97名比上届增加5名，代表21个界别。1996年3月29日，在政协五营区第四届五次会议上增补副主席高兴学。

四、五营区政协第五届一次全委会议

1997年10月30日，五营区政协在五营宾馆三楼会议室，召开了第五届一次全体委员会议。会议听取了区委书记霍明瑜的重要讲话、高兴学主席的讲话、统战部长郭庆兰作了关于五届一次全委会筹备工作情况的报告、党委副书记武学忠作了关于政协五营区五届委员会主席、副主席、常务委员候选人协商名单的说明，酝酿协商“一府两院”、人大、政协人事安排。会议选举产生了政协五营区第五届常务委员会及其组成人员。选出主席高兴学、副主席李子龙、张仲良（不驻会）、苗志洲、解植坤（不驻会）、选出刁永会等22位为新一届政协常委。本届委员108名、代表25个界别。会议号召全体委员要适应新形势，迎接新任务，充分发挥政协组织在民主政治建设中参政议政和民主监督作用，在改革和建设中献计献策作用，在对外开放中的桥梁纽带作用。认真学习中共十五大会议精神，高举邓小平理论的伟大旗帜，为全区的社会稳定、经济发展、改革开放和人民生活水平的不断提高做出新的更大贡献。

五、五营区政协第六届一次全委会议

2002年10月28日至29日，五营区政协在宾馆三楼会议室，召开了第六届委员会第一次会议。

出席本届会议委员102名，其中保留上届委员45名，新增委员57名，在全体委员中，中共党员40名，占委员总数的60.8%；妇女32名，占委员总数的31.4%；少数民族7名，占委员总数的6.8%。会上，党委书记马新民做了重要讲话；强调人民政协作为爱国统一战线组织是坚持中国共产党领导的多党合作和政治协商制度的重要组织形式，政协组织在全区“三个”（经济、政治、精神）文明建设中发挥了不可替代的重要作用。区政协五届委员会已圆满完成他的历史使命，区政协六届委员会将肩负起新的历史重任，要充分发挥职能作用，与时俱进、开拓创新，为实现全区“二次创业、富民兴区”的战略目标做出更大贡献。高兴学代表区政协五届常委会做了工作报告，在总结前5年工作成绩的基础上对后五年工作提出了总的目标：牢牢把握政协工作的政治方向、以经济建设为中心，加强“两化”建设，夯实工作基础，把政协工作提高到新水平的工作建议。大会选举产生了王焕永等19名政协常务委员，选出主席高兴学、副主席张仲良、张玉华、盖德怀（不驻会）。高兴学代表新一届党委会发表了题为《不负重任，尽职尽责，为实现二次创业宏伟目标而奋斗》的讲话。讲话着重强调新一届政协工作要围绕中心、服务大局、突出主题、履行职能、完善制度、加强建设与时俱进、开拓创新。

1986—2005年五营区政协会议成员更迭一览表

表17-1-3

名称 时间	委员	非党 委员	非党委员 百分比	常委会 组成人员	委员界别	
					数量	名称
第一届二次会议 （1986年4月21—24日）	63	42	66.6%	13	15	中共、工青妇、科教、新闻、农民、少数民族、工商、宗教、台属特邀
第一届三次会议 （1987年4月22—25日）	71	47	66.2%	13	15	同上
第二届一次会议 （1987年12月9—10日）	90	57	63.3%	19	19	中共、工青妇、文教卫生、科技、政法、社科、民族宗教、农村、工商、侨属台属特邀
第二届二次会议 （1987年12月9—10日）	92	57	61.9%	17	19	同上
第二届三次会议 （1989年4月13—15日）	90	56	60%	15	19	同上
第二届四次会议 （1990年4月18—20日）	92	50	55.5%	16	19	同上
第三届一次会议 （1990年10月19—21日）	92	56	60.8%	21	22	农村、中共、科、文教卫体、工青妇、民建、民进、工商、政法、经济、金融、民族宗教（特邀）
第三届二次会议 （1991年5月3—6日）	99	57	57.5%	17	22	同上
第三届三次会议 （1991年10月21—22日）	99	57	57.5%	17	22	同上
第三届四次会议 （1992年4月9—11日）	100	57	57.5%	17	22	同上

续表 17-1-3

名称 时间	委员	非党委员	非党委员百分比	常委会组成人员	委员界别	
					数量	名称
第三届五次会议（1993年3月30日—4月1日）	96	56	58.3%	21	22	同上
第四届一次会议（1993年11月23—25日）	97	57	58.7%	19	22	同上
第四届二次会议（1994年4月1—2日）	102	63	61.7%	19	22	同上
第四届三次会议（1994年10月6—7日）	102	63	61.7%	19	22	同上
第四届四次会议（1995年4月11—13日）	102	63	61.7%	19	22	中共、经济、文教卫体、科技、政法、工青妇、民进、民建、社科、工商联、民族宗教特邀
第四届五次会议（1996年3月27—29日）	106	64	60.3%	19	22	同上
第四届六次会议（1997年3月11—13日）	104	62	59.6%	19	22	同上
第五届一次会议 1997年10月29—30日）	108	63	58.3%	22	22	同上
第五届二次会议 1998年3月17—19日）	108	63	58.3%	22	22	同上
第五届三次会议（1999年3月29—31日）	107	62	57.9%	22	22	同上
第五届四次会议（2000年3月8—9日）	102	60	58.8%	22	22	同上
第五届五次会议（2001年3月14—15日）	103	60	58.2%	22	22	同上
第五届六次会议（2002年3月18—19日）	97	59	60.8%	19	22	同上
第六届一次会议（2002年10月28—29日）	102	57	55.8%	19	22	同上
第六届二次会议（2003年3月27—28日）	101	57	56.4%	19	22	同上
第六届三次会议（2004年3月13—14日）	104	58	55.7%	19	22	同上
第六届四次会议（2005年2月25—26日）	101	57	56.7%	19	22	同上

第二章 主要工作

1986—2005 年，五营区政协紧紧围绕区委区政府的中心工作，开展学习活动、调查研究活动、建言献策、委员自身建设活动，其目的是实现政治协商、民主监督和参政议政的职能。

第一节 学习活动

1986 年，五营区（局）经济体制改革起步和发展阶段，面临诸多矛盾和问题：新旧体制产生冲击、新旧观念发生碰撞、新旧思维模式相互交锋，不少人在改革浪潮中茫然失措。区政协多次召开主席会、常委会、各专门委员会学习座谈讨论统一思想、统一到“中国只有改革开放才有出路”“发展才是硬道理”。政协委员思想统一后，行动上更自觉地与区委、区政府改革步伐合拍，有力地促进全区改革稳步有序进行。

1992—1997 年，是全区（局）经济体制改革整体推进阶段。这一时期问题集中、矛盾突出是思想认识问题，而且还涉及广大职工切身利益的实际问题。诸如产权制度改革、人事制度改革、分配制度改革、劳动用工制度改革、下岗分流等。在改革实施的每一步，区政协委员都认真学习中央、省、市、区文件精神，坚持从服务大局出发，想大事、议大事，为区委、区政府宏观决策提供服务。1997 年，针对企业改革后，下岗职工和待业青年增多的实际，区政协经科委组成调查组，深入基层调查研究，对下岗职工、待业青年的现状和存在的问题进行认真分析提出了解决这些问题的意见和建议，并以“报告”的形式报送区委、区政府，引起党政领导的高度重视，从而有力地稳步地促使改革的整体推进；

1998—2005 年，是全区（局）体制改革的攻坚和决胜阶段。区政协始终坚持委员学习日制度，把基本理论学习、时事政策学习、现代科学和市场经济理论学习有机结合起来，把握一个时期中心工作，明确努力方向，促进企业产权制度改革、党政府机关机构改革、企业职工养老保险改革、城镇住房制度改革、加大招商引资力度，特别是城镇职工失业保险、城镇居民最低生活保障等制度建立、使改革扎实有效稳步推进。这方面是与政协委员认真学习、积极参政议政踊跃建言献策是分不开的。

第二节 调查研究

1986 年 4—6 月，区政协和区政府组成考察组历时 36 天，行程 11000 公里，先后到 6 个省市考察了 7 个单位、11 个专业厂家，收集了大量信息，写出了《关于五营立体开发几个项目的初步考察报告》，提出了利用石灰石矿建年产万吨轻钙厂，利用轻钙废渣建年产1500万块硅酸盐砖厂的建议，区政府采纳并于同年7月将两个项目报市审批。

1987年，区政协工作组在多次考察和调查的基础上，提出了《五营经济发展战略探讨》的建议。其经济发展战略概括为：以体制改革为引导、以营林为基础、以开展加工为主体、以采（伐）、掘（矿）、种（植）养（殖）为两翼，以市场为依托促进一、二、三产业协调发展。其战略目标：近期争取经济状况的根本好转，远期完成经济持续发展。其战略步骤：体制改革（1987年）、战略转移（1988~1990年）持续发展（1990~1995年）三个阶段。此战略构思是对五营经济开发献计献策和重大建议，受到区委、区政府的高度重视。

1991年7月，区政协经济科技委员会组织本战线委员参加营林调查活动。先后利用10天时间调查了苗圃、平山等8个单位初步掌握了全局营林工作的基本情况，并就调查中发现的问题直接与主管营林工作副局长和有关部门进行协商。

1992年4月16日，区政协组织考察组到山东、河南等地考察学习，并带着山特产品和林副产品样品，每到一处都积极宣传本区（局）独特的自然景观和丰厚的林区资源，同时也学习了外地如何为经济建设服务的经验和做法，还考察了家庭造纸厂和玉米插条机两个项目，全部被区政府采纳。1994年3月区政协组建文史资料征集编委会，聘请了一批资深的文史资料征集员进行编撰工作，主要内容围绕区（局）开发建议、艰苦创业、先进人物，遵循“广征博采”和亲身“经历、所见、所闻”的原则，把重要的历史事件和历史人物写进文史资料里去。当年11月,《五营文史资料》第一辑问世。

1998年3月，加强了文史资料的征集工作，聘请了部分编撰人员，加大编纂力度，于当年10月份出版了《五营文史资料》，与广大读者见面。

2005年，随着改革的步步深入，区政协号召全体委员针对群众反映最强烈的焦点、热点、难点问题进行深入细致调查研究，提出解决问题的办法。并写入委员提案中形成议案，提交相关部门处置。

第三节　建言献策

1989年，五营区政协机关同上海科学技术开发交流中心建立了经济技术信息交流关系。经牵线与区集体经济管理处同该中心签订了引进技术在本区建年产值1200万元、年利100万元以上、年产1000万条复合包装袋的转让合同。同时该中心提供的开发浮雕胶合板新产品、微薄木加工胶合板表板等技术以及法国烤木等技术信息对林区木材综合利用具有普遍意义。

1990年，区政协副主席成合理等委员向市政协市政府提出的《建议伊春林区开展对苏贸易》提案被采纳，采取寻找合作伙伴、扩大贸易往来、审慎签约三步走措施，经过半年多工作，已和苏联湟留格里市和南萨哈林洲的萨林林管理局，以及阿穆尔州等30多个企业，建立了经济合作贸易关系，到年末已签订9项经济合作项目。从此五营区（局）年均有50~80人不等的劳务输出，取得了很好的经济效益和社会效益。1993年，苏申提出的《大力发展养鹅及其加工业》的建议，被区委区政府列为区（局）“八五”计划。1995年，苏申委员提出的《在全区发展规模养猪业》的提案，被区委区政府采纳列入全区重点发展项目。

1996年11月29日，区委部署，区政府委托，由区政协牵头，邀请市委、市政府、市政协领导及有关部门负责人参加的在五营宾馆召开的大力发展“褚经济”的研讨会，会后区政协及时形成建议案，呈报区委，被区委、区政府列为区“九五”发展计划。在每年一次的全委会上，委员们都认真听取和讨论了“一府两院”工作报告，以高度的政治责任感和历史使命感对全区深化国企改革、经济社会发展目标、加快个体私营企业发展、党风廉政建设等重大国计民生问题进行充分讨论，提出重要的意见和建议，受到区委、区政府的重视、部分建议纳入了决策中。

2000年，区政协五届四次全会上委员提案34件；企业管理方面的提案5件；城镇建设方面提案9件；职工生活方面提案4件；教育和精神文明建设方面提案4件；其他方面提案3件，截至10月30，34件提案已全部办理完毕。34件提案中，采纳，部分采纳列入计划的24件，占全部提案的70.3%。这些提案对促进全给经济发展和社会进步起到了积极推动作用。

第四节　自身建设

为适应改革深入发展的需要，不断提高政协委员参政议政水平充分发挥政协政治协商民主监督参政议政的整体功能。历届政协领导班子成员不断探索、大胆实践、寻找差距、闯出路子。

首先是整章建制。1990年，先后制订和完善《区政协常委会工作规则》《区政协专门委员会工作通则》《政协五营区委员会工作条例（试行）》《区政协关于加强政治协商、民主监督规定的实施细则》《关于加强区政协常委会建设的若干规定》和《政协五营区委员会提案工作实施细则》。使政协工作有章可循。并随着形势的发展，上述的规章制度一些内容条款也随之而改变并使其逐渐充实和完善。保证各个阶段工作的顺利开展。

其次在政协全体委员中开展“五个一”活动和“四佳一优”活动。1991年初，开始在委员中开展“五个一”活动：即写一份提案、提一条有价值的建议、反映一条社情民意、写一篇有分量的文章或史料，为扶贫解困办一件实事。1992年下半年，开始在“五个一”活动基础上，又开展“四佳一优”活动，即最佳调查报告、最佳建议、最佳提案、最佳咨询服务和优秀委员。这两项活动的相继开展，不仅提高了委员们政治协商的能力和水平，还增强了参政议政、民主监督的紧迫感和历史责任感。这些活动一直开展到2005年。

第十八篇　人民团体

1986—2005年，五营区（局）工会、共青团、妇联、科协、工商联等人民团体，在区（局）党委直接领导下，紧紧围绕党委各个时期的中心工作，积极开展各自工作，把全区（局）广大人民群众团结在党委周围，在“治危兴林”“科技兴区”“二次创业”“富民兴区”等各项实践中，成为区（局）党委联系工人群众、青少年、妇女、科技人员和工商业者不可替代的桥梁和纽带，发挥了党的参谋和助手作用。

第一章 工 会

第一节 机 构

五营区（局）工会是全区（局）广大职工群众自己的组织。从 1981 年起扩编，设“五部一办”。即组织改管部、宣教部、女工部、生活部、生产劳动保护部和办公室。

1985 年年末，区工会机关编制增加到 16 人。

1997 年，因机构改革，设置不变，人员减少到 11 人。

2005 年年末，机构设置不变，人员减少到 8 人。

1984—2005 年五营区（局）工会负责人更迭一览表

表 18-1-1

姓 名	职 务	任免职时间
林宪凤	主 席	1984.8—1990.10
任柏枫	主 席	1990.10—2001.11
李业君	主 席	2002.9—2005.12
孟庆生	副主席	1987.10—2001.4
董 福	副主席	1994.7—2001.11
孙秀芬	副主席	1994.7—1998.2
盛连宝	副主席	2001.11—2004.7
高 伟	副主席	2004.5—2005.12
杨旭峰	副主席	1984.8—1991.11 1997.6—2005.4

第二节 历届职工代表大会

1986 年 4 月 8—9 日，五营区（局）工会第十五届职工代表大会，在区工人文化宫二楼会议室召开。出席会议代表 400 名，其中正式代表 342 名，列席代表 53 名，特邀代表 5 名，代表听取审议五营林业局局长杨海作的行政工作报告、职代会常委会工作报告，评议局级党政领导及科级中层领导干部，改选五营区（局）工会委员会和工会经费审查委员会，选出工会委员 34 名、常委 8 人、主席 1 人、副主席 1 人。经费审查委员会 5 人。大会并通过上述有关决议。

1989 年 11 月 10—11 日，五营区（局）工会第十六届职工代表大会，在区工人文化宫二楼会议室召开。出席大会代表 239 名。工人代表 105 名，占代表总数的 43.9%；技术管理人员代表 72 人，占代表总数的 30.1%；干部代表 62 人，占代表总数的 26%；党员代表 119 人，占代表总数的 50%；女职工代表 34 人，占代表总数的 14%；少数民族代表 8 人，占代表总数的 3%；大专文化程度代表 52 人，占代表总数的 21.7%；高中中专程度代表 122 人，占代表总数的 51%；初中程度代表 65 人，占代表总数的 27%；省市劳模代表 8 人，占代表总数的 3%；区劳模代表 54 人，占代表总数的 23%。

会议还邀请列席代表 21 人、特邀代表 5 名参加了大会，会议听取和审议了林业局局长王利民作的行政工作报告、职代会常委会工作报告、工会财务工作报告、职工提案解答报告，并做了相应的决议。会议经过充分酝酿，民主选举产生了五营区（局）第十六届工会委员会委员 21 人。职代会常务委员会主席林宪凤、副主席孟庆生、杨旭峰；常务委员孙秀芬、刘德顺、陆士臣、张明本、金日红、闫国忠。

1994 年 8 月 25 日，五营区（局）工会第十七届职工代表大会，在区工人文化宫召开。出席大会职工代表 254 人。代表中专职工会工作者 73 名，占代表总数的 29%；工会积极分子 90 名，占代表总数的 35%；知识分子代表 23 名，占代表总数的 9%；生产一线工人代表 50 人，占代表总数的 20%；妇女代表 27 名，占 11%；少数民族代表 9 名，占代表总数的 4%；非党群众 12 名，占 5%。

这次会议进一步贯彻落实党的十四大、十四届三中全会和中国工会第十二次代表大会精神，听取了局党委副书记武学忠的讲话，审议通过了五营区（局）工会第十六届委员会工作报告、财务工作报告和经费审查委员会工作报告。选举产生了由 25 人组成的五营区（局）工会第十七届委员会和 11 人组成的常驻主席团，选举主席 1 人、副主席 3 人，选举产生了新一届经费审查委员会。

2004 年 11 月 4 日，五营区（局）工会第十八次代表大会，在公安分局四楼会议室召开。出席大会代表 187 名，其中有专职工会工作者 53 名，占代表总数 28%；工会积极分子 71 名，占代表总数的 38%；知识分子代表 11 名，占代表总数 6%；生产一线工人代表 37 名，占代表总数的 20%；区以上模范人物 15 名，占代表总数的 8%；妇女代表 44 名，占代表总数的 24%；少数民族代表 5 名，占代表总数的 3%；非党群众代表 13 名，占代表总数的 7%。

会上李业君代表五营区（局）工会第十七次代表大会作了题为《与时俱进，发挥作用，团结和带领全区广大职工为全面建设林区小康社会而努力奋斗》的工作报告。报告在总结前 10 年工作成绩和基本经验的基础上，对今后 5 年工作作了总体部署：以“三个代表”重要思想为指导，深入贯彻党的十六大和中国工会十四大精神，认真履行《工会法》赋予的基本职责，围绕区委十六次党代会确定的工作任务，找准位置，发挥作用，开拓创新，真抓实干，团结和带领广大职工为全面建设林区小康社会而努力奋斗。

大会根据中华全国总工会关于组成地方工会委员会的规定和要求，选举产生了五营区（局）工会第十八届委员会委员 19 人，大会选举李业君为主席、杨旭峰、高伟为副主席。大会同时选举产生了五营区（局）工会第十八届经费审查委员会委员 5 人，选举杨旭峰为主任委员，卢法林、奕秀云为副主任委员，徐欣、孙逢生为委员。经过全体代表认真审议，一致通过了五营区（局）第十七届委员会工作报告及其相应决议。

第三节　组织建设

1997 年，全区职工总人数达 14883 人，其中全民职工 9398 人，林业集体职工人数达 2637 人，地方集体职工 2848 人。会员总数 14366 人。全区基层工会委员会 54 个，工会小组 477 个，专业工会干部52名，兼职13名。全区共有职工代表629名，其中局级57名，厂级572名。全区共有42个基层单位实行职工代表大会制度。坚持每年对职工代表和基层工会干部进行轮流培训。不断提高基层工作的需要，坚持“哪里有职工，哪里应有工会组织”的原则，最大限度地把职工组织到工会中来。充分把工会组织的活力激发出来，建设好“职工之家”。

2005年，全区基层工会组织44个，其中新建企业工会组织3家，有专兼职工会主席44人。区工会经常深入私营企业中宣传《工会法》和《劳动法》，促进企业的民主管理，维护了私营企业职工在工资、劳动保护和社会福利等方面的权利，推动了私营企业的健康发展。

第四节 劳动竞赛

1986—1988年，组织开展“班组标准化”建设竞赛活动，其成功经验在全市得到推广。

1989—1990年，针对林业资源日益枯竭的严峻状况和生产任务锐减的形势，组织开展“兴林杯”建功立业登台阶竞赛活动。

1992—1994年，连续3年组织开展十工种“状元杯”大赛，三年竞赛评选出30个工种30名技术业务状元。

1995年后，随着改革的日益深入、产业产品结构调整、社会主义市场经济的初步建立和企业内部生产经营管理的要求，生产劳动竞赛从形式到内容侧重以优质高效、技术革新、新产品开发、提质增效、安全生产为主，经常性开展提合理化建议活动，推动企业和经济建设深入发展。

2005年，全区广大职工在提质达标、革新挖潜、双增双节、提合理化建议、岗位练兵等活动中，涌现一大批先进模范人物：有2人荣获全国“五一”劳动奖章、有1人获省级劳动模范、有3人获森工系统劳动模范、有47人获市级劳动模范、有1296人获区级劳动模范称号。

第五节 宣传教育

1986年，五营区（局）工会宣传贯彻党的十一届三中全会以来的路线、方针、政策；组织职工群众深入学习马列主义、毛泽东思想、邓小平理论，宣传学习《劳动法》《工会法》《企业法》及其相关的法律法规；宣传新时期在各行各业涌现出来的先进人物和典型事迹，利用板报、电视等形式宣传马永顺、王仁宽、王启民等先进事迹。

1992年，连续3年在全区窗口服务行业中开展“四职三优”（职业道德、职工岗位读书、职工岗位练兵、职工文体活动和优秀职工、优质服务、优异成绩）竞赛活动。

1995年，在全区职工中开展“四情”教育活动，结合改革发展和林区经济发展现状，使广大职工明确国情、区情、厂情、家情，宣传职工家庭经济先进人物和先进事迹，鼓励职工自立自强，共谋发展。每年组织一次“五营之春”职工演唱会、台球赛等活动；组织举办职工交谊舞大赛和职工趣味体育运动会、篮球赛等，每年春节期间组织举办元宵节灯展。增设退休职工活动室牌、棋类等娱乐用品丰富退休职工文化生活。

1997年，组织开展窗口待业职业道德“林城杯”大赛，培养职工良好的职业道德和社会风尚；一直坚持开展职工岗位读书自学活动，鼓励自学成才。

2005年，为活跃职工业余文化生活，经常地组织开展各种文体活动，建立区工人文化宫舞厅、台球室等。

第六节 职工家庭经济

1993年，五营区（局）工会有计划有组织地开展职工家庭经济活动。截至1997年，全区（局）职工家庭经济总产值达到5374万元，占全区工农业总产值的四分之一，职工从业人数8673人，占全区职工总数的61.4%，从业户数4305户，占全区总户数的44.2%，全局累计投入扶持基金33万元，物资扶持折合人民币达200多万元。区（局）工会连续5年被市评为发展职工家庭经济先进单位，1997年5月20日全市职工家庭经济工作会议在五营召开。

1998—2003年，全区职工家庭经济有了长足发展，从规模上1993年为1401万元，2003年为11928万元，总规模是1993年的8.5倍，占全区国民生产总值的三分之一；总规模超百万元单位，由1993年的3个发展到1997年的23个，占全区基层单位的二分之一；经营大户年纯收入5万元达445户；基地建设初步建成以家庭经济为主体的养殖林蛙、食用菌培植、种采、大棚蔬菜、山野菜加工、工艺品加工、旅游、运输、商贸、山野果加工等十大基地。从业人员和分流人员，1993年家庭经济户数（产值超2000元作统计基数）1923户，2003年发展到8138户，占全区总户数55%；1993年从业人员为4422人，到2003年发展到20345人，其中级纳下岗职工3540人。从收入水平看，职工家庭经济年收入超万元户由1993年的226户，发展到1997年的5969户，1997年后扶贫工作通过发展家庭经济由过去输血型扶贫为主变为造血型扶贫为主，当年全区有1409户实现脱贫。

第七节 扶贫解困工作

1995年，全区开展“扶贫解困献爱心”活动，全区科级以上干部与特困户结帮扶对子302对、党员结帮扶对子270对。并制订严格的制度和方案。全区共建立局厂两级扶贫基金累计达75万元，扶持特困职工发展家庭经济，截至1997年，全区有516户特困职工脱贫。

1998—2005年，全区共开展了三轮扶贫解困活动。第一轮扶贫解困工作（1997—1999年），政府共筹措扶贫资金75.9万元，实现脱贫507户。第二轮扶贫解困工作（2000—2002年）继续开展扶贫解困献爱心活动，引导和扶持贫困职工走勤劳致富之路。截至2001年11月，全区1392户贫特困职工中已有1044户实现脱贫，脱贫率达75%。第三轮扶贫解困继续开展“一帮一”的扶贫工程活动。将126户贫困户与部门科室以上干部结成帮扶对子，其中处级干部结对子29对，科级干部97对。对126户特困职工启动脱贫项目的107户，项目134个，其中种植业（木耳菌、平贝）74户、养殖业19户、商服业35户、运输业6户。

全区共建立扶贫基金会13个，累计投放资金57.6万元，无偿提供各类物资折合人民币46万余元，共办理发放特困职工证222个、下岗职工优惠证3048个，为特困职工减免税费77万元。

第八节 企业民主管理

1986年，按照《工会法》《企业法》的要求，以建立健全职代会基本运行机制，规范和完善企业民主管理各项制度。在局厂两级工会建立职工代表大会制度，实行行政与工会签订集体合同制度和开展民主评议企业领导干部活动。

2002 年，全区 51 个基层单位，除 7 个停产外，其余 44 个单位都召开了职代会，健全和完善了职代会的职能。在局第十七届九次职代会上局工会与局行政签订了 2002 年度基层 18 个单位的集体合同。同时加大民主管理监督机制的力度，抓住职代会领导述职、民主评议、民主测评、评先表彰四个环节加强对企业领导干部和推行厂务公开制度的考评机制。在本年度职代会上，全局 7 名党政工领导在会上作了述职报告，接受职工代表评议，基层职代会评议科级干部 218 人。

按照伊纪发〔2002〕7 号文件精神，在企业改革中推进厂务公开制度，成立局厂两级厂务公开领导小组 47 个、公开栏公布实施方案、培训班培训 158 人、落实公路处等 5 家单位为试点单位，把实施方案中 12 项主要公开内容分解为 30 项具体工作目标，对每一项每一阶段的工作落实到每一位局领导、每一个部门、每一个具体负责人，具体规定了公开范围、公开时间、公开形式，力求落到实处。延续至 2005 年。

第二章 共青团

第一节 机 构

1973年3月1日，恢复中国共产主义青年团五营区（局）委员会（简称区团委）后，一直沿用至2005年。

1986年，区团委设置书记、副书记各1人、干事2人，定编4人。

2001年12月，区团委设书记1人、干事1人，定编2人。基层团组织根据各单位团员和青年人数的多少，分别设立团委、总支、支部，均设委员制。延续至2005年。

1986—2005年五营区（局）基层团组织设置一览表

表18-2-1

年 份	总 数	基层团委数	团总支数	团支部数
1986	56	3	33	20
1987	56	3	33	20
1988	56	3	33	20
1989	56	3	33	20
1990	56	6	13	37
1991	56	6	13	37
1992	56	6	13	37
1993	56	6	13	37
1994	54	6	11	37
1995	54	6	11	37
1996	54	6	11	37
1997	44	6	11	27
1998	44	6	11	27
1999	39	6	11	22
2000	39	6	11	22
2001	39	6	11	22
2002	39	6	11	22
2003	42	6	11	25
2004	42	6	11	25
2005	42	6	11	25

第二节 团 员

1986—2005年，历届区团委根据每年初制定的团员发展计划，按照《中国共产主义青年团章程》规定，基层团组织对要求入团的青年进行培养考查，按先考查后发展，成熟一个发展一个的工作方针，不断吸纳和壮大团组织的新生力量。

1986年发展团员2440人。

2005年发展团员2043人。

1986—2005年五营区发展团员统计表

表18-2-2 单位：人

年份	团员总数	输送党员数	年份	团员总数	输送党员数
1986	2440	52	1998	1994	48
1990	1671	29	1999	2016	50
1991	1767	30	2000	2068	51
1992	1789	28	2001	1947	47
1993	1803	35	2002	1997	49
1994	1819	42	2003	2027	51
1995	197	45	2004	2032	46
1996	1986	47	2005	2043	51
1997	1982	50	—	—	—

第三节 团代会

1986年10月29日，召开共青团五营区（局）第八次团员代表大会。参加会议代表179名，会议确定共青团主要任务：以“两个文明”建设为核心，以改革为动力，努力加强自身建设，为建设一支思想作风正派、工作锐意进取、文明的知识丰富的青少年队伍而奋斗。大会选举产生了共青团五营区（局）第八届委员会，选举副书记2人、委员25人。

1990年9月6日，召开了共青团五营区（局）第九次代表大会。出席代表208名。会议确定了五营区共青团工作的基本任务：认真贯彻党的基本路线，进一步加强青少年思想政治教育和团组织自身建设，坚定共产主义信念，争做“四有”（有理想、有文化、有道德、有纪律）新人，为治危兴林建功立业，为五营的稳定与发展贡献力量。会议选举产生了共青团五营区（局）第九届委员会，选举书、副书记各1人、委员25人。

1994年8月30日，召开了共青团五营区（局）第十次代表大会。出席会议代表198名。会议确定五营区团委主要任务：以党的十四大和十四届三中全会精神为指针，认真贯彻落实团中央十三大提出的各项任务，着眼于培养跨世纪的一代新人，坚持不懈地用邓小平同志建设有中国特色社会主义理论教育青年，脚踏实地带领青年为加快社会主义新型林区建设做贡献，一心一意地为青年的成长成才服务，在建立社会主义市场经济体制进程中努力构筑五营区共青团工作社会化的新格局。会议选举产生了共青团五营区（局）第十届委员会，选举书记、副书记各1人、委员25人。

1997年9月18日，召开了共青团五营区（局）第十一次代表大会，出席会议代表128名。会议确定了区团委5年的工作任务：高举邓小平建设有中国特色社会主义理论伟大旗帜、坚定不移地贯彻党的基本路线、紧紧围绕党的中心工作，加强青少年思想教育，夯实团的组织基础，培养一代“四有”新人，开展“二次创业”，团结和带领全区青年争做两个文明建设的生力军，为实现全区跨世纪宏伟目标而艰苦奋斗。会议选举产生了共青团五营区（局）第十一届委员会，选举书记、副书记各1人、委员27人。

第四节　重要活动

1986年春节，“三八”“五四”“六一”“十一”期间，都要求各基层团组织组织广大团员、青年、各中小学生清理白色垃圾、清扫积雪，大搞街道卫生，到森警队、消防队、老干部办、敬老院和孤寡老人家中献爱心送温暖、擦玻璃、搞卫生、挑水劈柴、表演文艺节目等。

1999年9月28日，区团委、区教委在五营高中举行“祖国在我心中”升旗、宣誓、签名仪式。50名中小学生代表在“爱祖国、爱家乡、争做跨世纪合格接班人”巨幅横标上签了名字，高中学生团员代表闫佳、少先队代表三小学生李亚楠分别在大会上进行了表态发言。一中、二中、高中、一小、三小800名青少年参加了此项活动。在东山风景林营造了青年林和“红领巾林”。同年12月27日，举行百名青少年迎接新世纪宣誓仪式。

2000年，“三五”普法期间（1996~2000年），区团委在广大青少年中，开展“为未成年人办好事办实事”两法一例，宣传周活动，重点宣传《未成年人保护法》《预防未成年人犯罪法》，学会运用法律武器，保护自身权益；举办“税收与未来”税法宣传演讲赛，共12名选手参赛讲解内容深刻、生动鲜明、结合实例、发人深省，起了震撼人心、唤人警醒；开展法律知识宣传普及系列活动。利用团会时间学习《交通安全法》《消防法》《铁路治安管理处罚条例》《野生动物保护法》等法律法规，占领广播、板报、墙报等阵地进行法制宣传和图片展览。

2004年，区团委组织开展“讲文明树新风”签名仪式，一中学生代表李亚楠进行表态发言全区800余名中小学生在写“讲文明树新风”条幅上签名。同年9月，联合国税，开展“国税杯”迎十一誓做时代新人演讲比赛，10名选手参加了决赛，全区近300名青少年观看了比赛。

2005年，区团委联合国税地税局开展税法宣传一条街活动，并将税法宣传板报进行评比，评出一等奖1个、二等奖2个、三等奖6个。同年4月29日区教育局、区文体局、区团委在区党委门前举行千名青少年迎“五一”备奥运环城赛活动，各中学学生和各小学五年级以上学生2000余名参加此项活动。

第五节　少先队工作

1986年，五营区各小学，含林场（所）小学，均设大队专职和兼职辅导员主抓少先队工作。全区16所小学，共有少先队员3824人，设大队6个，专职辅导员6人。中队129个、小队451人，设兼职辅导员172人，校外科辅员8人。各大队部或中队部按照区团委部署结合各自学校的实际、围绕教育教学这个中心，开展一些有利于学习和身心健康的活动。先后开展了“讲文明、树新风”义务劳动、“一帮一、结对救助”“手拉手、助残助弱献爱心”。“爱祖国、爱家乡、争做跨世纪合格接班人”“尊老敬老”“爱鸟周”等活动。

1998年9月，由团省委、省青联、省教委联合评选出五营区第七小学教师张国芹获全省青年教师现代园丁奖，作为全市唯一的获奖教师参加了在省城哈尔滨举行的颁奖仪式。

1999年7月29日，区团委、区科协、区教委联合举办青少年科技夏令营活动。以“实施天保工程，加强环境保护”为主题，进行作文比赛。第四小学学生吴楠作的《我是夏令营中的一只小鸟》获一等奖；第三小学学生何森写的《达子香的梦》和第一小学学生仇新宇作的《大山的福子》获二等奖。

2002年3月，区政府决定将永丰、平原、丽丰、平山、杨树河学校撤销，合并到区内第一小学、第六小学合并到第四小学、铁路小学自然解体。

2003年9月，五营区第三小学三年级学生陈泽伊，在全国《少儿画苑》第7届少儿书画作文大赛中，她的水彩画《看谁飞得高》作品荣获金奖。并被日本世界儿童画展览入选。

2004年被世界儿童画展览组委会、日本美育文化协会、中国少儿艺教网、全国少儿书画作文大赛组委会评为“派通奖”在世界百十个国家和地区主要城市巡回展出。

2005年5月31日伊春市妇联授予陈泽伊为伊春市“六讲”“六做”十佳好儿童荣誉称号。年内，全区小学校共7所，设大队5个、专职辅导员5人，中队2个，兼职辅导员2人。

第三章　妇女联合会

第一节　机　构

1986年五营区（局）妇女联合会（简称区妇联）机构设置有宣传部、组织部、生产部、儿少部、办公室，编制4人。街道办事处妇联2个、林场妇联7个、镇妇联1个，专职妇女干部14名。

1990年，区妇联机构设置有宣传部、组织部、生产部、儿少部、权益部、办公室，编制5人。街道办事处妇联3个、林场（所）妇联8个、镇妇联1个、基层妇代会36个。

1992年，区妇联设置有宣传部、组织部、生产部、儿少部、权益部和办公室，编制5人。街道办事处妇联3个，林场（所）妇联8个，镇妇联1个，基层妇代会36个，专职妇联干部16名。

1997年，区妇联机构仍设五部一办。即宣传部、生产部、组织部、权益部、儿少部和办公室，编制3人。街道办事处妇联10个、镇妇联1个、基层妇代会35个。

2000年末，区妇联机构仍设5部1办，即宣传部、生产部、组织部、儿少部、权益部和办公室，编制3人。基层妇联11个，含8个林场（所）妇联，镇妇联1个、基层妇代会35个。

2005年，区妇联机构设置仍是五部一办。编制2人。街道办事处妇联10个，社区妇联10个，基层妇代会35个，妇女委员39人。

第二节　妇女代表大会

1990年7月5—6日，召开五营区第四次妇女代表大会。出席代表150名，其中正式代表137名、列席代表9名、特邀代表4名。解桂凤作《树立“四自”女性意识，做“四有”新型妇女，为振兴五营“治危兴林”做贡献》的工作报告。

大会主要任务，是以党的十三届四中、五中、六中全会精神为指针，深入贯彻《中共中央关于加强和改善党对工会共青团妇联工作领导的通知》、全国第六次妇女代表大会和中共五营区委第十二届四次全委（扩大）会议精神，组织动员全区妇女走向经济建设的主战场，为进一步深化改革“治危兴林”振兴五营做出贡献。

大会选举执行委员25名，解桂凤为主任、姜荣芝为副主任。执行委员于秀兰、卞广英、尹国清、孙秀芬、代艳秋、白海俊、刘春艳、牟庆荣、朱桂荣、李桂梅、李淑娟、郑广芹、范平、金艳、周凤华、杨桂兰、张云玲、张凤芝、张阴华、姜荣芝、赵艳春、赵淑清、蒋喜云、蒋喜凤、解桂凤计25名。

1995年11月8—9日，召开五营区第五次妇女代表大会。出席代表177名，其中正式代表150名，列席代表10名，特邀代表17名。孙秀芬作《团结全区妇女肩负历史重任，为振兴五营经济顶起半边天》的工作报告。大会主要任务，是认真贯彻落实中共中央十四届五中全会和区委十四届三次全委扩大会议精神，解放思想，转变观念，动员全区广大妇女积极投身于开辟经济发展“第二战场”中去，为振兴五营、建设五营做出贡献。

大会选举执行委员25名，选举孙秀芬为主任、朱桂荣为副主任。选举于秀兰、卞广英、牛淑艳、石淑英、孙化芝、孙秀芬、朱桂荣、刘春艳、刘淑民、李淑娟、宋德华、张凤芝、张庆莲、郎文英、周凤华、贲杰、赵淑凡、赵淑清、高玉芬、郭庆兰、郭亚茹、曹新苓、闫淑坤、蒋喜云、蒋喜凤等25名为执行委员。

2004年11月5日，五营区第六次妇女代表大会，在区公安分局四楼会议室召开。出席大会代表140名。其中妇女工作者64名占代表总数的46%；家庭妇女致富女能手23名，占代表总数的16.4%；工业战线代表4名占代表总数的3%；非国有经济代表3名占代表总数的2%；党政领导干部7名占代表总数的5%；政法工作者3名占代表总数的2%；文教卫生战线代表13名占代表总数的9.3%；新闻工作者1名占代表总数的0.7%；金融财贸战线代表5名占代表总数的3.6%；林业战线代表10名占代表总数的7.1%；农业代表1名占代表总数的0.7%；侨眷台属宗教界代表6名占代表总数的4.2%。代表中中共党员61名，占代表总数的44%；非党群众79名占代表总数的56%；代表中具有大专以上文化程度的妇女54名，占代表总数的42%；初中文化程度的24名占代表总数的17%；小学文化程度3名占代表总数的2%。

代表中有出席省、市、区的劳动模范、“三八”红旗手、“十大女杰”“五好文明家庭”“致富之家”、致富能手和优秀个体劳动者76人，占代表总数的54%。还有特邀代表25名列席代表3各参加了本次会议。

蒋喜凤代表第五届执行委员会，做了题为《与时俱进开拓创新努力实现全区妇女工作新跨越》的工作报告。在充分总结前10年工作成就的基础上，对后5年工作提出了奋斗目标：紧紧围绕区委的中心工作，充分发挥妇联的政治优势和组织优势，坚持“一手抓发展一手抓维权”的工作方针，树立科学的发展观，全面推进妇女儿童发展规划的实施，继续推进“四大工程”（巾帼再就业工程、巾帼科技致富工程、女性素质工程、家庭文明工程），深入开展“三大主体”（五好文明家庭、双学双比、巾帼建功）活动，加大维权力度，夯实组织基础，优化妇女儿童发展环境，实现全区妇女工作新突破。

大会选举产生了五营区妇女联合会执行委员会主席1名，副主席1名，常务委员卞广英、王丽华、刘春燕、李淑娟、杨翠林、张洪滨、苗春利、殷玉平、蒋喜凤计9名。

第三节　主要活动

一、经济建设活动

1986年，区妇联为落实市妇联为生产生活服务经验交流会议精神，创办以妇女为主体的生产生活服务网点106个。至1988年，举办种植业、养殖业培训班13期，受训妇女427名。

1989年，区妇联在全区家属妇女中开展“双学双比”竞赛活动，成立活动领导小组。“双学双比”即学文化、学技术、比成绩、比贡献。

1990年，参加“双学双比”竞赛活动的家属妇女3063名，参赛率达85%以上。

1991年，区妇联举办种植业养殖业培训班7期，受训妇女630人，其中快速养猪培训班4期、蔬菜栽培班2期、养鸡培训班1期。在“两双”活动中，基层妇女组织成立扫盲班11个，对246名文盲妇女进行补课考试，100% 脱盲。

1992 年，在全区妇女中开展“双增双节”和企业有困难妇女怎么办大讨论活动，提合理化建议 3 条。

1993 年，区妇联成功地举办了“三八”大集，大集面积为 0.8 万平方米，1284 个摊位，2086 个品种，“三八”大集妇女经营者达 1222 人，成交额 87.8 万元。1994 年全区家属妇女在“三八”绿色活动中义务植树 3700 株、绿化街道 5 条、育苗 27 亩、210 万株。1995 年在全区妇女中开展了“十赛十比”巾帼建功活动和“富我家、兴我乡、比学赶帮奔小康”“富我家、兴我厂、比学赶帮闯市场”活动。在岗妇女 2424 名，参加巾帼建功妇女 1718 名。

1998 年，举办各类技术培训班 37 期，培训妇女 523 人，95% 掌握了 1~2 项实用技术。7 月份，聘请有经验的教师深入 7 个林场（所）举办 7 期木耳菌实用技术培训班，有 613 人接受了一、二、三级木耳菌的制作方法及消毒方法的培训，95% 的人掌握了此技术。

1999 年，举办养鸡技术培训班 4 期、养猪技术培训班 4 期、蔬菜栽培班 6 期、木耳菌实用技术培训班 14 期，累计培训妇女 2630 名，95% 的家庭妇女掌握了 1 至 2 项实用技术。

2001—2005 年，举办科技培训班 51 期，培训妇女 2130 人次，有 1500 名妇女掌握了 1~2 项实用技术、涌现出区级以上“双学双比”女能手 64 人，妇女科技示范基地 4 个。在“巾帼手拉手”扶贫活动中，在资金、技术、项目上提供服务，全区共结手拉手扶贫对子 185 对，帮助贫困妇女脱贫 160 人。在“三八绿色工程”活动中共义务植树 11982 株，参加“三八”苗圃生产的妇女达 230 人，区苗圃被评为省级“三八”苗圃。

二、妇女儿童权益保障

1986 年，区妇联与区委党校联合举办了基层妇女主任、女工组长普法学习班，67 人参加。全区 6702 名妇女参加了普法学习。至 1989 年，各级妇女组织接待上访妇女 317 人次、案件 273 起，全部结案。

1990 年，全区共建立维护妇女儿童合法权益的举报箱和举报站 36 个。接待来访 140 件。其中区妇联 5 件，基层妇联 21 件，妇代会 114 件。

1991 年，区妇联动员全区广大妇女参与社会治安综合治理和扫除“六害”活动。建立健全各种自治组织，成立禁赌会 33 个，建立联防组织 128 个，互结对子 2600 对，帮教小组 35 个，送温暖小组 35 个。平原街道办事处妇联在市妇联整治社会治安综合治理交流会上介绍了经验。

1992—1998 年，利用发放宣传单 500 张、张贴标语 150 条、板块 29 块、办学习班 55 期学习宣传《妇女权益保障法》和《黑龙江省妇女权益保障法实施细则》，还认真做好信访接待工作，及时疏导各种纠纷化解矛盾。

1999 年，区妇联接待来访 14 件 18 人次，经调解均得妥善处理，制止被盗案件 4 起，避免火灾发生 5 起。

2000 年年末，区妇联接待来访案件 15 起 24 人次，其中婚姻家庭纠纷案件 10 起、儿童医疗求助案件 2 起、第三者插足案件 1 起、丈夫施暴案件 2 起。基层妇联、妇代会接待来访案件 56 起。其中婚姻家庭纠纷 49 起，邻里纠纷 7 起。经各级妇女组织和有关部门协调工作，化解各种矛盾纠纷，使来访案件结案率达 98%。

2001—2005 年，区妇联和各级妇女组织按照《妇女权益保障法》《婚姻法》《妇女发展纲要》，开展了“妇女维权月”和“宣传新婚姻法，维护妇女权益”知识竞赛活动。在社会治安综合治理工作中全区基层妇女组织建立自治组织达 57 个、妇女参加人数 2234 人，共调解纠纷 397 件，成功率为 98%。在参与国家和社会事务管理方面有了加强，区人大女代表 29 名，占代表总数的 23.2%，区政协女委员32名，占委员总数的31.3%。处级女领导干部2名，科级女干部42名。通过竞争上岗公开选拔，其中1名女干部走上副处级领导岗位，2名女干部走上科级领导岗位。

三、五好文明家庭

1986年，全区妇联转发伊春市妇联《关于加强五好家庭建设，促进党风好转的通知》文件。全区基层妇联组织，结合文件精神开展五好家庭文明创建活动。

1987年，五好家庭户数达4574户。其中知识型235户、事业型903户、致富型264户、和睦型3 172户。1989年，对五好家庭标兵进行了表彰10户。

1997年，区妇联印发《五营区家庭守则》14000份，送至每家每户，为300户五好文明家庭挂牌并举办了“我爱我家”家庭知识竞赛，平原队获一等奖。全区五好家庭已达到7355户，其中勤俭之家610户，勤劳致富之326户。

1998年，区妇联成立五营区五好文明家庭创建活动协调小组，下发《关于在全区深入持久开展“五好文明家庭”创建活动的通知》。同时开展“尊老爱幼活动月”活动。各基层妇女组织悬挂尊老爱幼标语563条，板报33块，全区妇女共为老人儿童做好事56件，走访慰问孤寡老人14人，送衣物82件、慰问金432元。

2000年，在“五好文明家庭”创建活动的基础上，实施“家庭文明工程”大力提倡男女平等、夫妻和睦、勤俭持家、邻里团结，反对封建迷信，树社会文明新风。年底全区五好文明家庭总数达6 623户，占全区总户数的47%。

2001—2005年，涌现出“五好文明家庭”7867户，占全区总户数的60%，以家庭文明促进了社会文明，促进了党风和社会风气的好转。

四、儿童少年工作

1986年，举办了五营区第三届幼儿运动会。

1987年6月，举行了幼儿智力测验，召开了第四届幼儿运动会、幼儿文艺会演。

1990年，五营区成立儿童少年工作委员会。“六一”期间有关部门为儿童捐款总额为1.06万元，赠送各种读物和书刊2026册（本）、价值5300元。区广播电视科播放家庭教育讲座5讲、撰写家教论文12篇。

1996年，区党委、人大、政府、政协四大班子领导本着“米少先尽孩子吃、钱少先尽孩子花”为祖国培养新人的指导思想，在“六一”节期间，对全区部分幼儿园、小学校进行了走访慰问，为孩子送去玩具教具书刊价值达8000元。

1997年，全区开办家长学校12所，家庭教育辅导站（班）57个，参加活动的人员达到16 391人次，发放家教教材1 500本，征集家教论文9篇，获市优秀论文奖1篇。

1998年“六一”期间，区妇联和团委表彰10名好家长、25名好儿童、30名优秀少先队员、13名优秀辅导员、18名优秀保育员。

1999年，连续两年开展“爱心献春蕾”活动，处级领导干部帮扶儿童23对（其中女童13名、男童10名）并亲自到自己帮扶贫困儿童家中进行走访慰问，将资助金和学习用品送到贫困儿童手中，使其顺利完成学业，累计资助金4000余元，衣物和学习用品30余件，价值1000余元。

2001—2005年，区妇联组织编制了《2001—2010年五营区妇女儿童发展规划》并结合《中国小公民道德建设计划》的要求进一步量化细化逐项落到实处。在“爱心献春蕾”活动中，全区共有29名女童得到资助，为其完成九年义务教育提供了保障，维护了女童受教育的权利。

第四章　科学技术协会

第一节　机　构

1984年6月，五营区科学技术协会（简称区科协）设立。配备专职主席（或副主席）1名，工作人员1名。基层科学技术协会领导小组65个，区属学会13个，会员183人。1986年，各类学（协）会为12个，各类会员为285人。1987年，各类学（协）会为14个，各类会员249人。9月，成立伊春市微机学会五营分会。1988年各类学（协）会13个，会员266人。1998年，各类学（协）会人事调整任职。

2001年12月后，区科协定编1人。

2005年11月22日，五营区委下发文件《关于五营区科普之冬活动领导小组更名为五营区科学技术普及工作领导小组的通知》，组长由区委副书记高迎春担任，副组长由党委常委宣传部部长郭庆兰、主管副区长田宁担任，成员由经科贸委主任盖德怀、区委组织部副部长颜承友、区委宣传部副部长五立峰、区农业委员会主任乜关锁、教育局局长邹建途、文化体育局局长郝波、非国有经济管理办公室主任孙立平、财政局副局长国有资产管理办公室主任卢法林、区妇联主席蒋喜凤、区科协主席王英新、区工会副主席高伟、区民政局局长关华、区团委副书记尹燕玲、下设办公室主任王英新（兼）。

第二节　主要活动

1989年6月17日，区科协举办首届科技情报信息发布会，会上发布各类信息70余条之后，区科协为给科技工作者办实事，从尚志市购回草莓苗5万株，发给贫困户，拓宽致富门路。并在五营电视节目中增设“科技致富”内容，重点介绍农作物籽粒苋、南瓜等经济作物的种植方法，及经济效益的科普课件。并举办“种、养、采、加、服”多种经营培训班，要求林场所科协领导小组干部都能掌握一两项种植或养殖业技术，使科普有组织保证。物资局职工郭晶、阎同柱分别以养猪、培植木耳菌收入各达6000元和12000元，为下岗职工找到了出路。

1990年，自来水工程建设中，区建委张仲良，研究和应用推广自来水非保温性浅埋技术的应用成功，为该项目节约资金60余万元，1993年，张仲良分别获市科协个人标兵、省科协先进个人奖。

1991年12月20日，召开五营区科学技术协会第四次代表大会，出席大会代表135人。会议听取党委副书记唐世平的讲话，科协主席赵振华做了题为《团结全区广大科技工作者同心同德为繁荣五营经济做贡献》的工作报告。大会选举产生了科协主席1人，常委11人、委员33人。大会授予唐世平、于喜文、李晓明名誉主席的决定、金万植荣誉委员的决定。大会通过执行《黑龙江省科学技术协会章程》的决定。

1992 年，区科协组织工程技术人员，开展“讲理想比贡献”活动。机电科郑君成、罗森联合改造使承压锅炉变为常压锅炉，继续使用先进技术为林业局，节省资金 70 余万元。

1993 年，郑君成获市科协先进个人奖。同年，贮木加工厂朱立文研究出“地膜土豆栽培技术”亩产万斤（市斤），1994 年被市科协授予“土豆高产大王”荣誉称号。

1998 年 8 月初，市林学会在五营区召开了林业可持续发展的研讨会，局丽丰经营所所长王喜志、五营河经营所（中心苗圃）书记景化杰在会上发了言，受到了市林学会领导的表扬。1999 年，全区共组织撰写论文 70 篇。其中，获奖的有林业经济学会庄德厚的论文《浅谈审计监督如何揭示和控制国营企业潜亏挂账问题》、营林学会沈智锋的《五营国家级森林公园总体规划》、高利民的《木制健身器的制作及应用效果初探》获区级科技进步二等奖。

2001 年 9 月，召开五营区第五届科协代表大会，出席大会代表 140 人，选举主席周成杰和 13 名常委，35 名科协委员。至 2005 年，学会没有开展工作。

截至 2005 年，共办“种、养、采、加、服”培训班 349 期，参加人数 4591 人；各种知识竞赛 190 次，参加人数 1660 人；广播科技稿件 107 篇；播放科技录像 37 次，收看人数 1023 人。并印制农业养、种多种经营、安全生产为主的技术资料 1500 份，送到基层科技领导小组手里，区科协周成杰、张晓明被市科协评为科普之冬先进个人。全区评出区级科普之冬先进集体 4 个、先进个人 14 名。

1982—1997 年五营区专业学会统计表

表 18-4-1

学术团体名称	会员数	成立时间	理事长	副理事长	秘书长
营林学会	23	1982	沈智锋	王喜志	顾福华
采运学会	24	1982	刘永文	闫庆阶	冷　矛
林产工业学会	8	1982	于阎文	李永奇	赵树文
机电学会	16	1982	郝振财	郑君成	裴金友
农牧学会	6	1982	乜关锁	吕　臣	王志宏
科普学会	10	1982	周成杰	韩爱华	张晓明
青少年科技辅导员学会	16	1982	邹建途	李　莹	张晓明
数理化学会	12	1982	刘玉奇	赵玉华	刘　忠
林业经济学会	9	1982	刘喜文	高　军	齐琢颖
医学会	10	1982	王明杰	尹宝山	宋延华
土木建筑学会	7	1982	修士权	党　华	唐德文
中国林学会	35	1986	林宝岱	王喜志 周成杰	张晓明
艺术电影学会	7	1997	闫国忠	朱景全 郝　胜	张志国

1988—1998 年五营区科协学会工作获奖名单一览表

表 18-4-2

所在单位	姓名	评奖单位	获奖缘由	获奖时间	获奖名称	等级
林业局	林宝岱	市林学会	1988 年年会	1988	刨花板厚度差的控制	一等
林业局	赵士强	高林学会	1988 年年会	1988	高山角拖拉机循环索集材法	一等
一中	刘　强	省科协	科技小论文奖	1988	母鸡带小鸡的奥秘	二等

续表 18-4-2

所在单位	姓名	评奖单位	获奖缘由	获奖时间	获奖名称	等级
机械科	郑君成	市科协	“讲比”活动	1993	承压锅炉变常压锅炉	先进个人奖三级工资
建委	张仲良	市科协	“讲比”活动	1993	自来水浅埋技术	市标兵
建委	张仲良	省科协	“讲比”活动	1993	自来水浅埋技术	先进个人奖三级工资
区委	武学忠	省科协	“讲比”活动	1993	优秀组织者	—
贮木加工厂	朱立文	市科协	市科普评高产大王	1994	地膜土豆栽培技术	土豆高产大王称号
区科协	赵振华	省科协	科普之冬	1994	—	播种奖
区委	武学忠	省科协	科普之冬	1995	—	播种奖
区委	武学忠	省科协	科普之冬	1996	—	播种奖
区科协	周成杰	市科协	科普之冬	1998	—	先进个人
区科协	张晓明	市科协	科普之冬	1998	—	先进个人

第五章　工商业联合会

第一节　机　构

1990 年 9 月 19 日，五营区工商业联合会（简称区工商联）正式成立。隶属党委群团部门，设主委 1 人、办事员 1 人。

2001 年 12 月定编 1 人，直至 2005 年年末。

第二节　历届工商业联合会

1990 年 9 月 19 日，召开第一届五营区工商业联合会代表大会。出席大会会员代表 108 人。大会选举刘湘洲为第一届工商业联合会执行主任，选举苗志洲、李洪潭、崔立民、杨波、张宝印、沈德连为副主任。选举于福太、纪有德、李洪潭、刘湘洲、沈德连、杨波、苗志洲、陈民新、陈树民、张宝印、张桂芬、周景春、崔立民、窦贵泉、解植坤为执行委员。

1992 年 9 月 29 日，第二届工商业联合会代表大会在五营宾馆三楼会议室召开，出席大会会员代表 85 名（请假 18 名）。大会选举于喜文为名誉主委，选举苗志洲为主委，选举解植坤、杨占军、张桂芬、韩晓菊为副主委、选举于福太、马祥、王焕勇、刘月娥、刘洪鹏、纪有德、李君成、李艳春、杜占佳、何清江、何忠元、邵连伟、杨占军张桂芬、张振霞、苗志洲、赵明利、秦玉章、陶景龙、韩晓菊、解植坤、翟学富为执行委员。

1997 年 4 月 14 日，五营区第三届工商业联合会代表大会在宾馆三楼会议室召开。由 181 名会员中推选 78 名代表出席大会。大会选举解植坤为会长，选举刘湘洲、周文学、陈树民、钟伟、张少华、杨喜兰为副会长，选举马祥、刘湘洲、陈树民、张少华、张秋菊、邢佳文、邹文伟、邹秀兰、何清江、杨占军、杨喜兰、杨秀莲、周文学、郎文英、钟伟、苏乃萍、赵广、刘喜文、姜术文、姜玉芳、陶景龙、解植坤、翟传英为执行委员。

2001 年 12 月 21 日，五营区工商业联合会第四届会员代表大会在公安分局四楼会议室召开。出席大会代表 82 人。大会审议通过杜娟代表区工商联第三届代表大会执行委员会所做的工作报告，认真听取区委副书记刘利敏的重要讲话，选举产生了由 35 人组成执行委员会，第一次执委会上选举区委副书记刘利敏、副区（局）长刘永文为工商联名誉会长，选举解植坤为工商联会长、选举王荣昌、于洪军、王永财、孙志刚、杜娟、谢忠民为副会长。

第三节 主要工作

1990 年，区工商联成立后对全区工商业特别是私营企业和个体工商业者担负起“团结、教育、引导、服务”的职能。把“爱国、敬业、守法”教育作为一项长期任务坚持不懈抓在手里。认真履行工商联作为党和政府联系非公有制经济人士的桥梁和纽带、政府管理非公有制经济助手的职能，发挥商会优势，构建非公有制经济发展的平台。

1997 年，区工商联积极引导非公有制经济人士，弘扬民族美德，推动光彩事业发展。自觉地把自身企业的发展与国家的发展结合起来，把遵循市场法则与弘扬社会主义道德风尚结合起来，使非公有制经济人士致富思源、回报人民的良好形象得到社会广泛认同。如：远东北药公司为下岗职工免费发放价值万元的中草药种子、忠芝木业有限公司为困难职工帮扶中心捐款 5000 元、雪源饮品有限公司为区一中捐资助学金 5000 元、水泥构件厂常年捐助区二中两名特困生就学、雅娜美容中心与 3 名贫困女童结成帮扶对子等。广大非公有制经济人士在扶贫助学、拥军优属、安置下岗职工再就业等社会公益性活动中发挥了重要作用。

1999 年，与区科协、区工会等部门联合聘请吉林长白山食用菌研究所及长城所长为全区木耳养殖户义务培训 2 次，受训 200 人次。

2002 年，组织民营企业学习《发展非国有经济优惠政策》《鼓励外来投资优惠政策》《关于培育非公有制大户的实施意见》等一系列优惠政策和规章制度，使他们及时熟悉、了解党和政府方针政策。在全区非公有制企业内开展调查走访，对招商引资企业落户后生产经营情况及制约民营经济发展的主要因素进行广泛调查研究，及时了解民营企业在经营中所思所想，并形成调查报告，上报市工商联及有关部门供决策参考。

2004 年，区工商联分别于 6 月 28 日和 9 月 23 日召开座谈会和专题教育讲座，引导广大非公有制经济人士认清形势，明确责任，把握机遇，加快发展，坚定了一心一意听党的话，全心全意走社会主义道路，诚心诚意做有中国特色社会主义事业建设者的信心。同年新发展远东北药、科力奥、福林木业、长瑞纸业 4 个企业会员，壮大了会员队伍。全区共有会员 110 人。其中企业会员 8 个、团体会员 9 人。

2005 年，协同配合区妇联、区卫生计划生育局、区医院为在民营企业工作的育龄妇女免费进行生殖保健检查，很受欢迎。

截至 2005 年 12 月，区工商联共为 14 户非公有制企业，挂上纪委“重点保护单位”牌子，有效遏制“三乱”（乱收费、乱罚款、乱摊派）现象发生。举办黑木耳经济培训班 13 期培训 500 余人次。为私营企业个体工商解决贷款、加工原料不足等实际问题。

第十九篇　精神文明建设

五营区（局）精神文明建设指导委员会是区委、区政府主管全区（局精神文明建设工作的领导机关。主要职能是制定全区（局）精神文明建设工作规划、指导群众性精神文明创建活动培养树立先进典型，推广先进经验、总结改革开放富民兴区工作中精神文明建设方面的丰硕成果。

自1986年以来，历届区（局）精神文明建设工作指导委员会的主任均由区（局）党委书记担任，区（局）长、区（局）党委主管党群工作的副书记、党委常委、常务副区长、区（局党委宣传部长、区（局）四大班子（党委、人大、政府、政协）的主要领导担任精神文明建设指导委员会的副主任。

成员由区（局）工会、共青团、妇联、区（局）有关部门的主要领导担任。在领导层上保证了全区（局）精神文明建设的组织领导和工作协调。

为搞好全区（局）精神文明建设的组织、协调、综合、指导工作，成立专门的办公部门：即精神文明建设办公室（简称文明办），办公地点设在区（局）委宣传部，并配齐专职的主任、副主任及工作人员，负责开展日常工作。直至2005年末。

1986年后，区委、区政府本着精神文明建设党政领导主管，部门配合协管，上下齐抓共管的原则，深入开展军校共建、警民共建、企校共建活动。截至2005年年底全区共结共建对子38对，其中警企共建对子23对，警校共建对子12对，军民共建对子3对。使共建单位的厂（场）容厂貌、校容校貌、街容街貌发生了日新月异的变化。

第一章　文明单位建设

第一节　机　构

1985 年 2 月，五营区（局）成立“五讲”（讲文明、讲礼貌、讲卫生、讲秩序、讲道德）、“四美”（心灵美、语言美、行为美、环境美）、“三热爱”（热爱祖国、热爱社会主义、热爱党）活动委员会，主任由区（局）党委书记兼任，副主任由党委主管党群工作的副书记、区（局）主管常务的副区（局）长、党委宣传部部长担任，成员由区（局）工会、共青团、妇联、区（局）有关部门的主要领导担任。下设“五四三”办公室，隶属区委宣传部，宣传部长兼任办公室主任，配副主任 1 人、工作人员 1 人。负责制订《五四三活动规划》《文明单位竞赛标准》《文明单位检查评分办法》《文明单位的实施方案》等在全区范围内开展文明建设竞赛活动。

1989 年 3 月 20 日，根据《中共中央社会主义精神文明建设指导方针的决议》精神和省市要求，五营区（局）成立社会主义精神文明建设工作指导委员会，主任由区（局）长、常务副书记、人大常委会副主任、政协副主席、宣传部长担任，成员由群团部门的工、青、妇和区（局）有关部门的主要领导组成。下设精神文明建设办公室，隶属区委宣传部，宣传部长兼主任，配副主任 1 人、工作人员 1 人，直至 2005 年。

第二节　文明城区建设

1986 年始，历届区委区政府领导班子十分重视城区文明建设。注重居民棚户区、企事业单位办公服务楼、镇内区容区貌的改造和建设。

截至 2005 年年末，统计共建居民住宅楼 29 栋，建筑面积 100578 平方米，3344 户搬进新居；林场（所）和山下用以木换房统建砖瓦房 63610 平方米，1439 户职工住上了新房。农行、医院、国税、地税、邮电、政法、人大、政协、休闲广场商服、百货、铁路车务段、高中校舍、第四小学、第一小学、第三小学等 15 栋楼拔地而起，建筑面积 50089 平方米，极大地改善了居民的生活条件和企事业单位的办公条件，同时从整体上改变了区容区貌。

一、治理脏、乱、差

1986 年，棚户区住房已变成了简陋易燃危房，并且街道狭窄、巷道崎岖不平，房子连棚子、棚子连柈子、柈子连障子的居民区，构成脏、乱、差的火灾隐患的危险地段。

1988 年至 1990 年，连续三年时间，区委区政府大力整治镇内居民区的脏乱差，清理拌子，城镇打通防火道工作力度，集中清除占道烧柴 2000 立方米，拆除棚厦 51 个，移动障子 10000 米，改移电柱 50 余根，清除沙子、石头、土堆达 1000 余立方米，使 53 条被阻道路变得畅通无阻，一些主要街道的主道、巷道和甬道都用风化沙石铺平。

1991 年后，区委、区政府对城区文明建设着力从规划、措施上下功夫，本着“量力而行、尽力而为”的原则，突出抓好中心大街基础设施建设（地下供热供水网管、电信网线、排水网管，地面上的道路硬化、灯饰亮化、两旁的绿化美化、中心街道延伸和拓宽等）采取层层铺开，稳步推进。并以中心大街为轴向四周辐射，特别是各林场（所）的场容场貌、各街道办事处和街容街貌每年都有新变化。区内中心路几经修缮终未达到国家二级路标准。

2001 年，区政府投资 260 万元，实施了中心街改造工程，投资 50 万元修建和新建（五营汤旺河大桥）两端引路和部分道路延伸，用彩砖铺人行步道 15291 平方米，种植草坪 5199 平方米，栽花 1360 平方米，绿化树 12360 株，不断修整小区楼间草坪、花坛、甬道增加乡土树种和公共绿化、拓宽“两亮”（大街路灯、楼内路灯）工程，清除不合理占道 28 处，撤销占道摊点 14 个，更换不规范不合理牌匾 30 块。

2004 年，投资 67 万元，铺设中心路和工商路沥青混凝土路 1.5 万平方米，投资 700 万元，建混凝土路 1.1 千米，完成二道街的改造，修建工业园区水泥道路 1.8 千米（乡村路）；投资 20 万元改造小区 6 幢楼供热管网，投资 6 万元更新中心路路灯 29 盏，投资 6 万元新铺中心路路沿石 1800 米，新增 36 万元提高低保人员生活标准。

2005 年，改造第二小学危房 2 193 平方米，新建水泥篮球场地 510 平方米，新建健身广场 5600 平方米，购置安装各类健身器材 20 台（套），新建小区铁栅栏 6275 延长米，彩砖铺设人行步道 2300 平方米，植树 1500 株，种草 1500 平方米；新建三角地休闲小区 18000 平方米，铺设人行步道 240 米；改造供热面积 7349 平方米，维修改造锅炉 5 台，更新锅炉 2 台；维修第四小学门前道路 6600 平方米。新建排水沟 1100 米，安装涵管 11 处 36 节；改造河南大桥桥面 152 米；新建第一中学学生厕所 120 平方米；新建第三小学教学楼 3000 平方米；维修五星、五营两办事处水井 7 眼，改造自来水管线 934 米，新挖排水沟 401 米。

二、解决“四难”问题

1986 年后，人民群众最普遍关心的问题是吃水难、住房难、走路难、上厕难（简称“四难”）。区委、区政府对群众反映强烈的老大难问题下大气力予以解决。

（一）解决吃水难问题

1988 年，五营区开始自来水工程建设。工程分三期进行。第一期工程是从 1988—1990 年，完成投资 379.7 万元。其中国投 299.8 万元，企投 80.6 万元，完成主支管线 9900 米，镇内居民首先告别吃地表水的历史；第二期工程是 1998—2004 年期间完成国投 458.2 万元，企投 458.2 万元。完成主支管线 22370 米，一二期共完成主支管线 32270 米，水源地打深水井 3 眼，容量为 4800 立方米，高位水池 1 座，供水管理站 800 立方米，输电线路 1500 米。使区址 27000 人饮用至自来水。第三期工程自 2005 年始，待资金到位后，五星地区户居民 4962 人，就能饮用到放心的自来水。

（二）解决住房难问题

1986 年，区委、区政府利用以木换房和自建公住的方式，重点对脏乱差的结合部和“三连”（房子连棚子、棚子连栟子、栟子连障子）较严重地段实行改造，共建砖瓦结构房子 25200 平方米，720 户搬进新居。1988 年后，重点改造城区中心街两侧和继续改造棚户区。

1990 年，共盖新房建筑面积 56280 平方米，其中，楼区建筑面积 32006 平方米，棚户区改造建筑面积 27274 平方米，共有 1420 户搬进新居，其中，816 户第一次住进新楼。

1994 年，共有建筑总面积 34788 平方米，有 694 户搬进新居，有 7028 平方米门市房开商店办饭旅店和理发店。

2005 年，共建筑面积总计 19929.30 平方米，改善了临街企事业单位中植宾馆、五营宾馆、地税局、国税局、政法机关、人大及政协机关、百货商场、远东北药厂等单位的办公条件，同时临街的五营建设银行、邮政大楼、工商银行、农业银行、党委楼、政府楼、工商行政管理分局等单位，进行楼盖改造、门面装潢使中心大街面貌焕然一新，此期共建住宅楼总面积 26403.8 平方米，有 452 户居民搬进新居。

（三）解决出行难问题

1986 年，区委、区政府把解决群众“走路难”问题，作为改善民生一项重要工作来抓，改变“晴天一身土，雨天一身泥”的多年“一贯制”。至 1989 年，共修建公路 90.595 千米，其中，区内中心街上等级路段 2.895 千米。

1990—2000 年，共修建沙石路面公路 216.09 千米，大大改善了区局通往各林场（所）路况。

2001—2005 年，共建公路 64.682 千米，其中区内上等级公路 23.86 千米，自此，区内内中心大街、工商路、二道街、三角线、沿河公园五条主要道路以中心街为轴相互联通，既方便了学生上学、职工上班，更利于个体户运输和消费者购物，同时以工商路延伸的 1.8 千米工业园区路（乡村路），以中心街延伸的 17.5 千米的旅游路不仅与省道 204 接通还与森林公园相连，这样把山上山下、区内区外的距离缩短了。

2005 年 5 月，区政府投资 350 万元，新建五营沿河公园 116000 平方米和中心大街拓宽工程（路面由原来的宽 8 米扩至 13 米），提升五营城区文明建设的品位。

（四）解决上厕难问题

1986 年，针对群众反映强烈的“上厕难”问题，区委区政府按照统筹规划合理布局，侧重从建公厕的布局和公厕质量上下功夫。年内，投资 4 万元建厕所 7 座，面积为 189 平方米。

1990 年，投资 2 万元建公厕 2 座，面积为 60 平方米。

1991 年，投资 5 万元建公厕 5 座，建筑面积 100 平方米。1992 年投资 2.5 万元建公厕 2 座，建筑面积 50 平方米。

1993 年，投资 2.5 万元建公厕 1 座，建筑面积 30 平方米。

1995 年，投资 2.3 万元建年筑水冲式公厕 1 座，建筑面积 50 平方米。

1986—2005 年，共投资 18.3 万元，共建公厕 18 座，总面积为 479 平方米，公厕结构均属水泥墙达到标准化程度，方便了行人用厕。

第三节　文明单位建设

1986 年，区文明单位建设重点是落实《黑龙江省文明单位建设暂行规定》，强化活动领导。

1989 年 3 月 20 日，五营区（局）成立社会主义精神文明建设指导委员会，下设区（局）精神文明建设办公室（简称文明办），由“五四三”活动委员会“五四三”办公室易名而来。开展“讲文明、树新风”活动。

1990 年，贯彻《中共中央关于社会主义精神文明建设指导方针的决议》和深入落实《黑龙江省文明单位建设暂行规定》，区文明办下发《五营区文明单位创建活动实施细则》，要求基层单位制定精神文明创建活动规划图板。标明组织领导、创建目标、主要措施等，做到了抓机关带基层；抓执法部门促进廉政建设；抓中小学校培养青少年文明礼貌行为；抓窗口服务单位，提高职业道德和优质服务水平。并在城区主要街道明显位置上树立起“说文明话、办文明事、做文明人、创文明单位”永久性标语牌 14 块。

1991 年，区文明办对已建原评定的 17 个区级文明单位进行复查对一个不合格单位给予摘牌处理。

1992 年，对 1989 年前本区被评定的省、市、区级文明单位进行严格复查，按百分制细则评比打分建立档案。

1995 年，重点对 1990 年前的区级文明单位建设重新申报审核，经审核后，18 个区级文明单位全部合格。市级文明单位区初查报市复查 5 个单位全部合格。

1997 年，主要在党政机关和文明单位中开展“转变观念、转变职能、转变作风、廉洁奉公、服务基层、塑公仆形象”为内容的思想教育。

1998 年，以弘扬伟大的抗洪精神为主题，继续开展艰苦奋斗爱国主义教育。在全省森工系统举办的“深广奔建兴企富民杯”大赛活动中，五营林业局被命名为“金杯”单位。中心苗圃、丽丰经营所、第三小学、第七小学、营林处、公用事业管理处、林调队、第一中学等单位获得“银杯”荣誉称号。

1999 年，以纪念改革开放 20 周年、中华人民共和国成立 50 周年、澳门回归、新世纪到来为契机，在全区开展“三迎”“三颂”活动。继续组织林业各单位参加森工总局开展的“深广奔建兴企富民杯”大赛，参赛的 40 个单位中有 1 个被评为金杯标兵单位、5 个被评为金杯单位。区级文明单位由 21 个增加到 35 个，市级文明单位由 6 个增加到 16 个。申请省级文明单位重新命名的 3 个。

2000 年，广泛开展了精神文明建设活动，印发《伊春市文明守则》《文明公约》1000 份发至机关、学校、街道、家庭以此来规范人们的言行。在中小学中普遍开展“向不文明言行告别”的主题团队会活动；在窗口行业单位开展“为人民服务，树行业新风”活动；并进一步推行“公示制”“承诺制”规范了服务行为，提高了服务质量；开展学习马永顺、王仁宽先进事迹活动深入开展“文明家庭”创建活动涌现出文明家庭 1402 户，文明家庭标兵 10 户。

2002 年，区文明办制定印发《五营区精神文明建设工作要点》重点落实《公民首先建设实施纲要》（以下简称《纲要》），把 20 字道德规范（爱国守法、明礼诚信、团结友善、勤俭自强、敬业奉献）同树新世纪五营人形象结合起来，要求各单位组织广大干部形象结合起来，要求各单位组织广大干部职工群众、学生个体私营业主认真学习《纲要》，准确把握主要内容精神实质达到家喻户晓，人人明白，使拳世纪五营人形象在贯彻《纲要》中得到进一步塑造，在创建优良经济发展环境中等到进一步展示，创建积极向上，健康文明的社会风尚。

2005 年，区文明办着力研究制定《五营区人民文明公约》和《五营区人民文明守则》，用以规范全区人民的文明行为，把党员先进性教育引向深入，形成与经济发展相适应的良好社会文明风尚，全面推进小康建设进程，构建五营和谐社会。

第二章 共建活动

第一节 军地共建

1998 年 9 月，区人武部与远离城镇的第七小学结成军校共建单位，区人武部党委领导精心组织，并亲自带领全体机关干部和民兵 30 余人，为第七小学植树绿化 150 株，运风化岩沙石 4 汽车，整修运动场 2 万平方米，修缮校舍 300 平方米，使该校环境焕然一新。

2001 年，“六一”儿童节和教师节，区人武总为第七小学 17 名贫困学生两次捐款金额达 2400 元，使这些贫困生交上了学费，有了书念，免于辍学。同年 9 月，区人武部党委在资金运力困难情况下，在政委、部长亲自带领下，组织 9 台车拉运沙石 200 平方米，为第七小学修沙石路面 300 米，解决了师生及周边群众行路难的问题。

2003 年 5 月，区人武部部长刘长军与两名贫困生家庭结成帮扶对子，政委敖明柱、副部长桑悟云各与 1 名困难学生家庭结成帮扶对子，随时帮助贫困生解决学习中遇到的各种困难，直至完成学业为止。其他机关干部为第本小学其他贫困生捐助学费 1200 元。

2005 年，区人武部两名领导与两名困特困职工、其他干部与 4 名特困学生结成帮扶对子，共捐款 2600 元。

截至 2005 年，区人武部连续 9 年被五营区委、区政府评为尊师重教先进单位，第七小学也多次评为先进单位。

第二节 企校共建

一、一建公司与第一小学共建

五营区（局）第一建筑安装公司（简称一建公司），自 1997 年始与第一小学结成了共建关系。每年教师节资助一小教学 3000~5000 元（其中，3 年是 3000 元）帮助贫困生解决学习中的实际困难。2003 年，夏季在一小改建校舍时，一建公司领导考虑一建公司人手紧，如果学校校舍改建拖延了，就会影响正常的教学工作，可先修校舍，就有可能延误别的工程错过了挣钱的机会，在这个关键时刻，一建功立业公司经理毅然决定将学校工程放在第一位，在抢时间抓进度保质量的前提下，组织工人们起早贪黑、加班加点，在最短的时间内完工了，当孩子们如期坐在宽敞明亮的教室里学习一建功立业公司领导和工人们脸上露出了满意的微笑。

第一小学位居区内中心地带，每年的 5 月末 6 月初，区田径运动会都定在第一小学召开。

2005 年 6 月 3 日一场疾风骤雨后把已经划好跑道线的操场冲得坑坑洼洼，一建公司出动了 3 台大翻斗车装满风化岩沙子和十几名带锹的工人整修运动场，劳动到晚上 8 点才结束，保证了第二天的盛大隆重的运动会如期举行。同年 7 月中旬，一建公司经理党华当得知第一小学老师和学生自行车无处存放时，立即给学校送来了 4 车沙子，两吨水泥，修复了自行车棚和水泥地面。当年一建公司被评为尊师重教先进单位、党华被评为尊师重教先进个人标兵。

二、贮木场与第四小学共建

五营林业局贮木场自 1986 年始与第四小学结成文明建设对子。第四小学入校生 99% 是林业职工孩子，学校周围都是林业职工住户，为解决就地入学故成立该校。贮木场领导班子每年教师节资助第四小学 400~500 元。帮助解决贫困生入学难问题，以解除林业职工后顾之忧。并从 1986—1998 年每年支援第四小学引火烧柴 4 至 5 汽车，以解决冬季学生学习取暖。

2001 年资助第四小学学生运动会费 500 元。2002—2005 年支援第四小学种草坪、栽树草籽款、树苗费 800 元。

2005 年，区委、区政府决定授予第四小学为五营区教育系统先进单位，授予贮木场为出席区尊师重教先进单位。

三、营林处与第三小学共建

1997—2000 年，营林处每年奖励第三小学为学生购置文体用品 2000 元。

1998 年营林处为第三小学修建一个标准化水泥地面篮球场，并平整操场拉沙子 10 翻斗车 50 立方米，1997—2005 年每年为学校维修门窗学生桌椅提供元钉、板方材、油漆等物资计 2400 元。

2005 年，区委、区政府授予营林处为出席区尊师重教先进单位。

第三章 文明新风

第一节 职业道德

1998 年 1 月 17 日，驻前丰林场民警冯善文，在前丰辖区巡逻时发现刘刚躺在炕上身体抽搐，冯善文进屋后闻到有异味，想到可能是煤气泄漏，立即将门打开，并将刘刚背到院里，后又将刘刚送往医院，经抢救刘刚脱险了。

驻翠北林场民警黄永义，于 1998 年 4 月 10 日在换户口本时，得知辖区孤寡老人生活困难，就掏出 10 元钱为老大娘买了户口本，至此黄永义坚持经常到老大娘刘淑芳家帮助修烟筒、刨冰雪扫院子……

1998 年 7 月 30 日，驻丽丰经营所民警王志文看到周茂友家晒木耳，忽然天下起大雨来，家没人，就急忙把晒的 20 余袋木耳，装好迅速扛运到避雨地方。

2002 年 3 月 24 日 23 时，于福忠、王占跃等 4 名交警巡逻时，在区宾馆附近路上突然发现有一妇女倒在人行道上，他们立即上前救助，找来一辆车把这名妇女送回家（这名妇女心脏病发作，当发现时病人已经苏醒）。

2002 年 4 月 5 日晚，大队民警范国平驾车从伊春执行任务归来，在途经伊嘉路 59 公里处，碰到两个人在道上截车，停车后询问得知，那二人是友好区三轮车司机，车翻在路下需救助，范国平截了一辆大车和那两位司机一起将翻在道下的三轮车，拉上来救助后回家已是半夜 12 点。

2002 年 8 月 30 日，治安巡警大队接到群众电话求助，称五营新建大桥中间有一个女孩坐在大桥的栏杆上，企图跳河。闻讯后区公安分局副局长赵文学，立即命令队长吴立臣带领民警姚景国、葛运波、李志甫三名民警赶赴现场，组织实施抢救工作当机立断，上去抱住女孩，制止了女孩的轻生行为。

2003 年 1 月 6 日、2 月 28 日，宋国铭、于福忠、韩景利等 5 名交警，连续两次在镇内主要路段进行防滑。2004 年 1 月 5 日、2 月 15 日、2 月 26 日，于福忠、韩景利等 5 名交警，连续 3 次在镇内主要路段进行撒炉灰、防滑保安全。同年 1 月 27 日，宋国铭、刘永波等 6 名交警，到五营汤旺河新大桥东侧路口，集体参加清冰雪确保人车通行安全。

2005 年 7 月 19 日深夜，阴云突变大雨降临，杨树河经营所职工刘忠臣家的屋里被淹，屋里积水达半米多深，在这突如其来不知如何是好毫无办法的时候，抱着试试看给林场派出所打了求助电话（该项所地址在五营镇离杨树河 25 里），让刘忠臣没有想到十多分钟功夫，林场派出所所长共产党员谢植军带领民警来到他家，组织民警向室外排水，搬运物品，经过两个多小时的奋战，排除了险情，民警们带着汗水和被雨水浇湿的衣服连口水都没喝又回到了单位，这时天已经亮了，事后，刘忠臣在给公安分局感谢信中说道："深深地感谢，林场派出所全体干警，救民于水火之中"。

2005年7月28—29日，五营区内连降大雨，河北派出所辖区新林委、胜林委出现山洪，部分住户遭受水灾，有的居民家中进水达60米深，灾情发生后，公安分局党委书记，局长张金山及其班子成员按照区委、区政府要求和部署率领河北派出所、消防大队全体干警赶赴一线投入抗洪抢险会战。河北派出所全体民警因离事发地近，首当其冲在分局领导指挥下，冒着急雨搬运沙袋，拦截洪水，踏着齐腰深的水帮助群众转移物品，排除积水，由于雨越下越大，洪水漫过河道冲向居民区又涌过公路，似乎在吞噬一切，有的地方被洪水冲出的漩涡达1米多深，随时都有发生生命危险的可能，但参战的民警没有惧怕，有的民警水靴灌满了水，有的民警手上磨起了血泡，没有一个喊苦叫累的，他们心里唯一揣着的是老百姓的生命和财产安全，尽早尽快安排好受灾群众。消防大队全体干警也奋勇直前参加到抗洪抢险第一线，在大队领导率领下顶风冒雨挖排水沟、扛运沙袋，截挡洪水，全然不顾靴子进水，衣服浇透，手被划破，脚被水泡的发白，发扬公安干警连续作战泊优良传统。连续奋战十多个小时，圆满完成任务。这次抗洪抢险共出动公安干警100余人次，使70余户受灾居民的财产免遭重大损失。

2005年7月28—29日，五营区内连降大雨山洪暴发，贮木厂附近职工家属凡居住在地势低洼，靠近溪沟的家庭财产都受到不同程度的损害。为了不让辖区内职工家庭财产受到大的损失，特别是生命。贮木场党总支书记陈修坤于29日早4点中又带领一部分职工来到受灾地段，看望受灾职工，并指挥组织抢险。当得知一位80多岁的张老太，儿女不在家，洪水快上炕了，吓得张老太哭了起来，陈修坤二话没说，不顾靴子灌满了水，快速进屋将张老太背起来就走，转移到安全地方，张老太十分感激地说：“你真是党教育的好干部，群众的救命恩人。”

2005年9月，双鸭山市一企业派人到五营区河北派出所，请求民警帮助查找辖区居民谢瑞山的亲属，因谢瑞山在这企业打工时突发脑出血，不省人事生命垂危。现正在双鸭山市医院抢救，急需家人前去处理。得知这一情况后，所长焦永军马上安排民警去查找谢的家属，民警走访谢瑞山的老邻居及谢瑞山的父亲单位老同事，都不知道，民警们东奔西跑不辞辛苦到晚上8点多钟，终于找到谢的妹妹谢淑珍，民警们将谢瑞山病危情况及时转告了她，当她得知民警们尽早找到他们亲属，几经周折连饭都顾不上吃时，深受感动，将上面写着“人民警察心系百姓”的一面锦旗送到了河北派出所之后就去了双鸭山。

第二节　社会公德

谈子龙，系五营区（局）平山经营所合同制工人，1990年2月20日（农历正月十五）刚过完春节，则被批准录用为林业合同制工人的谈子龙，怀着新一代林业工人的豪迈气魄和喜迎新春的余波，与战友陈英阁一起上山采伐了，说起采伐他们并不陌生，对操作规程和注意事项早就倒背如流，都经正规培训过，但偏有事不随人意的时候，陈英阁在选择好，一棵胸径40厘米的树倒方向后，下锯采伐，当伐过一多半后，弯把子锯卡壳了，风向转了，在这关键时刻，谈子龙说：“陈哥你快躲开，我来。”他迅速将两块木楔子打进锯口，弯把子锯又可以锯树了，当快锯断树时，他大喊树倒了快躲开的一刹那，树真的倒了，没来得及想伐倒树溜墩砸伤自己左腿膝盖下部，后经医院抢救治疗，医生说：“谈的左下腿已被树砸的粉碎性骨折，只有小腿截肢才能保住生命。”

一个风华正茂的青年（当时23岁）变成残疾人，经区安全生产委员会和区医疗委员会鉴定为公伤残疾，区党委书记刘殿武得知后，亲自到谈家安慰，并为谈子龙介绍对象成了家，安上了假肢，2005年年末又去北京换上了新式假肢，提前退休（照顾40岁不到退休年龄），家里搞些副业养殖木耳，生活安稳。

卞广英，1961 年生，中共党员，大专学历，任五营区翠北林场妇联主席。自 1989 年，翠北林场、翠巍林场划归五营林业局管辖后于 1990 年 2 月，两林场合并为翠北林场任妇联主席以来，热心妇女儿童工作，充分发挥妇女特点和优势，强化“双学双比”“由帼建功”“五好文明家庭”三大主体活动，实现科技致富、社区服务、家庭文明和女性素质四项工程，开展了卓有成效的工作。1999 年，她接待妇女来访 11 人次，切实维护了妇女权益，使 6 户家庭破镜重圆，重归于好。卞广英热心妇女工作，想妇女群众所想，急妇女群众所急，卞广英三番五次跑民政局，解决贫困妇女的低保问题，最终于 2000 年，为她们申请低保费 100 元，使她们非常感动。贫困妇女种植黑木耳缺小杆、架子板等，卞广英就请求单位领导为她家解决 4 立方米，使其顺利做起木耳，并且摆脱了贫困。林场大龄男青年较多，她就千方百计为他们牵线搭桥，帮助他们解决个人问题，先后有 9 对组成了美满幸福家庭。卞广英 2002 年，当选市“十佳公仆”，同年被评为市“兴安百面旗”。2004 年，当选为市妇联七届委员会委员，先后被除数评为“双文明”先进个人，区“三八”红旗手、优秀妇女干部荣誉称号。

金艳 ，1986 年，在深入基层调查研究中发现孤寡老人田喜春年事已高，无儿无女无人照顾，就主动承担了照顾田大爷的义务，坚持 13 年如一日（1986—1999 年），直至为田喜春老人送终。生前田喜春逢人便讲：“金艳比我亲闺女还亲啊。”

金艳定期走访发现勤俭街孤寡老人关淑清，年近 80 岁无人照顾，她就带领办事处和社区工作人员定期到老人家收拾卫生，买米买面，给漏雨的房屋重新铺上油毡纸，把脱落的墙皮重新抹好，老人病了就给请医送药，并组织党员为老人捐款捐物，又与民政局联系，从 2003—2005 年，陆续将孤寡老人关淑清、盖政国、全有翠、郭万昌送进敬老院安度晚年。金艳十分关注弱势群体的生活。该辖区长治街残疾人武秀娟、勤俭街潘凤兰是残疾人，失去丈夫一个人领着孩子生活，长治街精神病人杨永占，孤独一人无人照顾，生活困难，1993—2005 年，先后户纳入低保范围，生活有了保证，让他们感受到党和政府的温暖。

2001 年 5 月，担任五星办事处主任，维修水井 8 眼，维修五星中心街路面 2000 米。2002 年 7 月，为五星百姓安装了闭路电视。2005 年 7 月，对“三无”人员派专人看护，对五星河险要地段进行加固，对道路进行维修深挖排水沟 2000 米。7 月 29 日凌晨，五星中心大街发生内涝，当时患病在家休息的金艳，闻讯后不顾身体的虚弱亲临第一线顶风冒雨，趟着膝盖深的洪水到居民家中通知险情，又与区政府联系，调来一台抽水机帮助百姓抽水、排水，并和群众一道为受灾群众搬运物品。还协调石矿给河堤运送沙石 20 车（100 立方米）和职工群众一起扛沙袋，堵缺口，在她的带领下筑起了一条长 200 延长米的堤坝，使 86 户受灾居民及时安全转移，无一人伤亡。受灾居民感动地说：“如果不是金主任带领干部，深更半夜到家敲门通知涨水了，还不知道后果会是怎么样！”

五营中心苗圃下岗职工王传海，自 2000 年，种植木耳并开办了木耳技术推广站以来，不仅带头发展职工自营经济，种植黑木耳，年收入万元以上，当年首告脱贫后，积极主动帮助其他下岗职工发展木耳种植，共同致富。他免费传授黑木耳技术，上门服务指导，并聘请长白山食用菌研究所的技术骨干到五营开办培训班，对生活困难的职工杨道春等 30 户赊欠黑木耳菌种和用品 10 多万元。2003—2005 年，连续不断帮扶终于摆脱了贫困。王传海这种团结友爱精神，深受职工群众的赞誉，2005 年，被区委区政府授予他发展职工自营经济先进个人称号。

丽丰经营所下岗职工刘永用，自 2000 年后一直从事黑木耳种植，不仅自己靠劳动改变了生活面貌，实现了脱贫致富，而且还帮助周围的职工群众共同走上了富裕道路，他通过刻苦学习和反复实践掌握了黑木耳种植技术，并毫无保留地传授给职工群众，及时提供优质黑木耳菌种、市场信息、帮助职工经销黑木耳。2003 年，他又开办了食用菌用品商店为职工群众提供优质菌种、菌袋等对困难职工免费送货上门，3 年期间，赊欠给职工群众的食用菌用品 15 万元。群众赞誉道：“刘永胜不仅是劳动致富能手，而且是带领大家共同致富的强手”。2005 年，被伊春市政府授予“全市职工自营经济致富能手”荣誉称号。

第三节 家庭美德

阮芳，留着一头黑黑的长发，圆圆的脸上挂着甜蜜的笑容，浑身有一股使不完的劲。她就是大家公认的好儿媳。1994年，她刚结婚，一直就与公公婆婆生活在一起，十多年期间，把公公婆婆当成自己的父母一样来孝敬、孝顺，在生活上无微不至的关心照顾已70多岁的两位老人。生活中的点滴小事她都做的那样好。一次单位的同事家中有事中午不能值班，她也知道婆婆今天有事出去了，公公一人在家，午饭没人做，她急忙跑回家给公公做好饭，又急忙赶回单位替同事值班，看到她满头大汗的样子，使大家佩服地说，“阮芳，好样的，值得我们学习”。2004年，她公公得了脑血栓，手脚不好使，在医院治疗期间，婆婆年龄大，丈夫又要工作，她默默地承担起照顾公公。她每天给老人喂饭、喂药，一日三餐从不让老人吃剩饭菜，由于老人不能翻身，她每天及时为老人翻身。给老人按摩，为老人洗脸、洗手、洗脚，为老人洗衣服，从不嫌脏，有时老人脾气不好，说她、甚至骂她都不生气，只是一笑了之，因为她理解老人的心情，同病房的人都说老人养了一个好女儿，当得知是儿媳时人人都竖起大拇指，夸老人有福气，有这么好的儿媳妇真让人羡慕呀！在家中她是孩子的好妈妈，丈夫的好媳妇，在工作中，她是一名工作积极认真，思想要求进步的好职工，2005年，被评为出席伊春市好儿媳。

在森林社区提起韩兆太、张学芹夫妇俩，邻里们没有不伸出大拇指称赞的，夸他（她）们是“活着的雷锋”。韩兆太、张学芹俩已入党32年了，对邻里无论谁家有大事小情都满怀热忱跑前跑后帮助解决困难。邻里孤寡老人王静云是“三无”人员（无工作、无依靠、无收入）。自1990年，韩兆太、张学芹俩一直承担起照顾她的义务，始终像亲人一样照理，坚持十五年如一日，无论是晴天、雨天、风天、雪天都到她家料理家务，看缺东少西就想办法帮助解决，特别是居家过日子缺不了的柴米油盐，他（她）俩都时刻挂职在心上，王静云老人深有感触地说：“他（她）们像兄弟姐妹一样照顾我，真是前辈子修来的福”。2005年5月，区政府看韩兆太、张学芹需要人照顾，决定将王静云老人送进区敬老院，可韩兆太、张学芹俩还十分惦记着她，只要一有空他（她）俩就买些水果去看望她，感动得王静云老人热泪盈眶。韩兆太、张学芹两口助人为乐，和乐观正直的人生态度潜移默化影响着儿女们，浓浓的亲情洒满了整个家庭，连续15年被区评为五好文明家庭。

徐继礼系五营公安分局后勤工人。1991—1996年年末，连续25年义务承担照顾原区（局）长王德福遗孀王国清（无儿女）老人。帮助挑水劈柴，清理院子侍候园子（房前屋后小园田）无论春播夏锄，秋收秋耕都处处精心，事事牵挂，比自己的事还上心。王国清老人逢人便说：“徐继礼不是我儿子胜似我儿子，家里大事小情他都挂念在心，用心去做好。使我晚年生活过得很舒坦”。1996年8月16日，王国清老人患病高烧不止，老干部办的工作人员知道后立即找来吉普车由徐继礼背着老人送上汽车开往区（局）职工医院住院治疗，请求区（局）领导解决住院费和护理费，经医护人员精心医治，16天后出院回到原住处，徐继礼考虑王国清老人年势已高81岁体弱多病，不能自理，与其爱人王文丽商量于1996年9月初，将王国清老人接到家中夫妻俩亲自照顾，老人大小便失禁，有时大小便拉的满炕全是，恶臭熏人，徐继礼夫妇不嫌脏、不怕累，拆洗被褥、洗衣服、洗头、洗脚、给老人擦身子、擦炕等，直到1997年6月，老人病故。徐继礼以尊老敬老的实际行动受到人们的尊重。

刘淑珍老太家住建林街，无儿无女，年老体弱。街长张凤芝自1989—1998年（刘老太由77岁至87岁）一直坚持照顾刘老太，经常给刘老太缝补洗涮，刘老太多次患病，街长给买水果、鸡蛋、新鞋、小药品，先后9年共捐助刘老太钱物300余元。区公安分局，林场派出所民警张国华、陈吉安、钏继胜，三民警自1996—1999年，每年都多次帮助打扫卫生、清理垃圾、打扫积雪劈柴等一些家务活。1997 年冬，给刘老太拉一车烧柴，每年春节三民警集资买米、面、油送到刘老太家，并帮助维修房子两次。

五营区“十佳公仆”名单一览表

表 19-3-1

第一届（1999 年 8 月 20 日）	第三届（2003 年 7 月 8 日）	第五届（2005 年 9 月 23 日）
卞广英	王云杰	高　军
李忠阳	曹　颖	候福财
刘淑君	杨翠林	张玉杰
景义春	徐振祥	杨红梅
孙淑媛	金　艳	王云杰
赵文学	李德清	徐兴宝
左玉杰	丁屹峰	王长顺
于胜彦	董志国	孙卓铭
关春生	王志彦	张淑萍
吴云阳	候福财	张兴琴

第二十篇　政法　军事

1986—2005年，五营公安局始终坚持政治理论学习，坚持法治建设，实行制度管理，坚持弘扬“爱人民、讲奉献、保平安”的精神，为全区经济发展、社会稳定、职工群众安居乐业和除暴安良做出了贡献。五营区人民检察院，围绕党的中心工作，贯彻落实“公正执法、加强监督、依法办案、从严治检、服务大局”工作方针，深入查办职务犯罪，积极开展严打整治斗争，为加强民主法治建设、维护社会稳定、促进区域发展做出了应有贡献。五营区人民法院根据法律，对同级人民检察院提起公诉案件、刑事自诉案件、民事纠纷和经济纠纷案件，行使诉讼审判活动，严格执行“有法可依、有法必依、执法必严、违法必究”政策，坚持维护人民群众合法权益，为全区经济发展、社会稳定、保障改革和现代化事业顺利进行发挥了其作用。司法行政机关坚持四项基本原则，坚持改革开放总方针，为经济建设服务，为社会主义民主与法治服务，为便民服务，认真开展司法行政工作。区人武部围绕全军后备力量建设指导思想，坚持党对军队的领导，搞好人民武装工作，发挥民兵在经济、政治、精神文明建设中的积极作用。

第一章 公 安

1986—2005 年，五营公安分局，始终坚持政治理论学习，坚持法治建设，实行制度管理，坚持弘扬“爱人民、讲奉献、保平安”的精神把“建一流领导班子、带一流干警队伍、创一流工作业绩、融一流警民关系”作为工作的总体目标。为全区经济发展、社会稳定、职工群众安居乐业和除暴安良做出了贡献。

第一节 机 构

1986 年，五营公安分局，内设治安科、政保科、内保科、户政科、政工科、刑侦科、预审科、技术科、消防科、秘书科，下设五营派出所、河南派出所、河北派出所、五星派出所、林场派出所、刑警队、贮木加工厂保卫股。

1987 年 3 月 12 日，增设森保科。同年 10 月 23 日增设治安民警队、市场治安派出所，共增加定员 11 名。11 月 20 日区交通管理机构为五营区公安交通管理科、加挂五营区交警大队牌子，为副科级单位。

1988 年 8 月 4 日，根据伊春市公安局要求：治安科、户政科、治安民警队合署办公；政保科、内保科合署办公；各驻场民警划归居地派出所领导；看守所归预审科领导；撤销河南派出所。1989 年 4 月，恢复五营公安分局河南派出所。

1990 年 5 月 19 日，增设五营公安分局治安巡警队。同年 12 月 26 日增设法制科。

1991 年，恢复五营公安分局政保科。

1997 年 6 月 12 日，根据全国 19 次公安工作会议和伊春市公安工作改革方案，以及五营区政法和机关干部人事管理制度改革实施方案要求，五营区委、区政府对五营公安分局进行人事制度改革，改革后机构重新组建。设置政治处、纪律检查委员会、指挥室（含 110 指挥中心）、刑事警察大队（内设刑侦一中队、刑侦二中队）、森林案件侦查大队、交通警察大队、治安巡警大队、消防大队（内含消防监督科）、预审监管科（内含看守所）、法制科、政保科、户政科、五营派出所、河北派出所、河南派出所、五星派出所、林场派出所等 17 个职能机构。人员实行聘任制。原秘书科、预审科、内保科、治安科、技术科、看守所、行政拘留所撤销、并入有关机构。1997 年 7 月 26 日，对改革后的落聘干警安置到新组建的保安公司工作，公司隶属于分局领导。

1998 年 4 月 10 日，增设经济案件侦查中队，隶属刑事警察大队领导。同年 5 月 20 日，根据全国刑侦工作改革交流会议精神“侦审合一”要求、撤销预审监管科，预审业务与办案单位业务合二为一。同年 7 月 1 日增设城管监察大队。

1999 年 8 月 26 日，撤销刑事侦查大队经济案件中队、成立经济犯罪侦察大队。

2002 年 6 月 24 日，根据伊编发《关于基层公安局（分局）机关机构改革的意见》要求，五营公安分局增设办公室（业务与指挥室分离）、政保科更名为国内安全保卫大队、设刑事技术大队（原刑事侦查大队技术中队撤销），成立 610 办公室、警卫室、公共信息网络安全监察大队（大队业务与指挥室合署办公）。延续至 2005 年。

1986—2005 年五营区公安分局负责人更迭一览表

表 20-1-1

姓名	职务	任职时间	离职时间
赵祉贵	局长	1982.8.26	1989.4.2
徐兴福	局长	1989.4.2	1990.11.1
徐守余	局长	1991.8.9	1997.5.22
张齐彬	局长	1997.5.22	2001.1.26
张金山	局长	2001.1.26	—
于喜波	副局长	1978.10.10	1990.7.23
徐守余	副局长	1984.4.17	1990.11.1
苏再宪	副局长	1984.11.19	1988.2.5
张　果	副局长兼副教导员	1986.1.15	1988.10.20
包　发	副局长	1988.3.9	1991.4.8
张　果	副局长	1989.10.25	1993.12.23
马卫东	副局长	1990.9.12	1991.4.8
何　军	副局长	1991.4.8	1991.11.20
孙忠岩	副局长	1991.5.31	1998.8.30
邵连营	副局长	1992.8.25	2000.4.13
朱云志	副局长	1992.8.25	—
何　军	副局长	1997.5.13	2004.7.28
赵建华	副局长	1998.10.6	—
赵文学	副局长	2000.7.15	—
宋国铭	副局长	2004.7.28	—
包　发	副教导员	1984.4.17	1991.4.8
马卫东	副教导员	1991.4.8	1992.8.25
姜卫国	教导员	1992.8.25	1993.12.23
张　果	教导员	1993.12.23	1994.3.24
张　果	政委	1994.3.24	2003.12.8
何　军	政委	2004.7.28	—
翟成德	纪委书记	1997.7.7	—

第二节　社会治安管理

一、公共场所管理

五营区公共场所管理，主要是旅游场所管理，1986—2005 年，在旅游旺季，分局根据治安形势需要投放一定数量警力，配合主管部门建立健全各项管理制度和警示标语投放于醒目位置。在

“五一”国际劳动节、“六一”儿童节、“十一”国庆节等重大节日，旅游人数最多可达10000多人，各种车辆可达百量以上，给森林防火和人身安全带来难度。分局除了增加警力死看硬守外，还组织公开和便衣巡查小分队，一旦发现违规吸烟和安全隐患，立即采取措施，配合主管部门进行整顿，确保旅游场所和游客生命财产安全。1986—2005年，旅游场所未发生火灾和其他安全案件。

二、禁止赌博

1986年以来，五营公安分局根据省、市公安部门指示：多次发布禁止赌博通告、召开群众大会宣布严禁赌博禁令，采取必要措施，加大了赌博工作力度，从重从严处理参赌人员。1987年通过群众举报和包片、包街民警、治安员明察暗访等办法，一举破获赌博案件5起，端赌窝5处，处罚参赌40人，其中拘留15人，罚款17人，警告8人，收缴赌资1000元，没收全部赌具。1989年，在打击“黄、赌、毒”等专项斗争中，破获赌博案件10起，行政拘留8人，罚款2人，其余参赌人员实行批评教育。

1990—1991年破获赌博案件2起14人。1992—1997年，分局在“破大案、打团伙”、“反盗窃”、“禁毒”、“严厉打击抢劫、流氓滋扰”等各项专项斗争中，共查处赌博案件16起62人，收赌资54000元，其中区级领导为首重大赌博团伙1起。对参赌人员实行公开处理，分别给予拘留、罚款、教育等处罚。1998年之后，五营区委、区政府广泛开展禁赌宣传教育，分局采取对经常参赌人员集中办学习班，劝导他们遵纪守法、做文明公民、学习禁赌方面法律法规。2005年，选有代表性好赌人员讲自己转变，现身说法、教育他人。对屡教不改、继续参与赌博人员给予行政拘留或罚款处罚。对赌头、赌棍、设赌、抽头情节严重者，予以劳动教养或依法追究刑事责任。通过这些有效办法，使赌博案件逐年减少。

三、扫黄、打非工作

1986年，五营公安分局根据伊春市公安局“扫黄打非”专项治理部署，五营区委、区政府成立“扫黄打非”工作领导小组，通过发动群众、依靠群众、充分发挥治安组织开展侦破工作。1988年查处暗娼9人，卖淫和嫖客26人；贩卖淫秽书刊3起8人；取缔卖淫窝点1处。收缴淫秽录像带10盘，黄色书刊3本，淫秽扑克25副。1989—1991年，分局实行广大群众与公安干警相结合，全面检查与抽查，白天查与夜间查相结合方法、共查处卖淫嫖娼案件13起22人；流氓滋扰案件18起23人；黄色书刊1起5人；传播淫秽录像1起6人；私种罂粟1起1人；利用封建迷信骗取钱财3起6人；传播淫秽物品12起12人。1998年案件逐渐减少。1992—1997年，共查处卖淫嫖娼案件24起31人，巫医神汉5起11人，种罂粟1起1人，自用封建迷信骗取钱财3起6人，传播淫秽物品12起12人。1998年后，由于采取得力的防范措施，类似案件逐年减少。2004—2005年218起治安案件中没有发生案件。

四、特种行业管理

1986年，五营公安分局每年都配合工商部门对特种行业进行登记复查，完善管理制度。1987年五营区共有特种行业79家，其中旅店业42家，收购业29家，印刷业3家，刻字业3家，出租业2家；公共复杂场所23处。对特种行业和公共复杂场所普遍进行了清理整顿、健全了规章制度，对问题较多的旅店业、农贸市场进行专项治理。采取便衣暗访、突击夜查等办法，打击了旅店内奸宿流氓活动，并提供破案线索9条。对农贸市场打击了克扣群众、哄抬物价等不法行为11人，并采取现场揭露公开处理办法，稳定了市场秩序。1997年五营区特种行业发展到158家，其中旅店业36家、刻字业2家、废旧收购业34家、印刷业4家、修理业13家、出租车68辆、信托寄卖业1家。有公共复杂场所 161 家：其中旅店 92 家、歌厅 15 家、舞厅 6 家、游戏厅 8 家、台球室 7 家、浴池 10 家、干洗按摩 5 家、录像厅 18 家。在这些特种行业和公共复杂场所管理中，采取定期、不定期形式对行业、场所检查整顿，同时开展夜巡夜查工作，全年共检查 61 次，夜查 78 次。办理特种行业许可证 9 个，公共复杂场所登记证 18 个，提供各类案件线索 8 条。2002 年五营区共有特种行业 225 家、公共复杂场所 200 多处，五营公安分局对这些特种行业和复杂场所逐个进行了重新登记，对这些从业人员分批办班培训，参加培训从业人员占总数 95%。培训后发放了许可证和警示标语。全年汇同文化、工商等部门开展联检 6 次，专项清理整顿 12 次。进一步理顺了特种行业和复杂场所治安秩序，预防和减少了案件发生。2005 年五营区特种行业 86 家，公共复杂场所 645 家，五营公安分局以"保安全、查隐患、防事故"为工作目标，加强管理，保护合法、取缔非法、促使依法经营。特种行业、公共复杂场所涉及面广，经营规模小，平时不易引起人们注意，是犯罪分子隐匿、窝藏、销赃较为理想活动场所，容易被犯罪分子利用。五营公安分局充分发挥治保组织作用，得到信息后，采取突击夜查，勤换证、勤登记等办法来加大管理、整顿力度。全年共受理治安案件 94 起，比 2004 年 126 起减少 32 起，下降 25.4%；比 2003 年 192 起减少 98 起，同比下降 48.9%。

五、危险物品设施设备

1986 年，五营公安分局对化学危险品、枪支、民用爆炸物品、剧毒品、放射性物品等采取监督、检查、预防措施。实行生产、运输、销售、购买和使用、备案、登记、审批管理制度。

1989—1997 年，分局根据伊春市公安局指示，五营区（局）清查核对非军事系统各类枪支 392 支，同时建立枪支保管、佩带、使用管理制度，对清查核对出来的 46 支各种黑枪、匕首 94 把、雷管 102 个，炸药 50 余公斤，导火线 100 多米，其他凶器 35 件、全部收缴。

1998 年后，五营公安分局按伊春市公安局指示、有计划发动和依靠群众，开展侦破被盗枪支案件、查找丢失枪支、收缴各种凶器。在广大群众、治保组织"耳目"协助下，每年都侦破数量不等的黑枪凶器等。

1998 年，收缴黑枪 12 支。1999 年收缴黑枪 10 支。2001—2005 年收缴黑枪 61 支，管制刀具 3 把。

六、治安保卫

1986—2005 年，五营区有闻名遐迩的原始森林保护区和国家级森林公园。对重点地方加大警卫力度。1993—2005 年，国家领导人视察、外宾观光考察密度加大，给警卫工作带来特殊而艰巨的任务。做好深入细致的调查研究分析工作，还做好严密周全的警卫方案，对驻地、行动路线、要害部位、社会面均都做好严密部署，特别是把现场警卫作为警卫工作之要点。

七、治安防范

1986 年，受理案件 139 起，结案 139 起，处罚 167 人，其中拘留 132 人，罚款 35 人。1990 年受理治安案件 309 起，比 1986 年增加 170 起，结案 309 起，处罚 422 人，其中拘留 333 人，罚款 88 人，警告 1 人。1996 年发生治安案件 158 起，结案 153 起，结案率 96.8%，是破案率最低的一年。1998 年受理治安案件 230 件，比 1990 年少 79 件，结案 230 件，处罚 310 人，其中拘留 243 人，罚款 67 人。2003 年受理治安案件 192 件，比 1998 年减少 38 件，结案 192 件，处罚 249 人，其中拘留 198 人，罚款 51 人。2005 年共受理治安案件 94 起，比 2003 年减少 98 起，处罚 121 人，其中警告 11 人，罚款 33 人，拘留 77 人。截至 2005 年累计共受理治安案件 4 260 件，结案 4254 件，结案率 99.85%。处罚 5639 人，其中拘留 4352 人；罚款 1196 人；警告 39 人；其他处理 52 人。

1986—2005年五营区治安案件查处情况统计表

表20-1-2

年度	受案数	结案数	结案率%	处罚人数				
				合计	拘留	罚款	警告	其他
1986	139	139	100	167	132	35	—	—
1987	197	197	100	262	230	32	—	—
1988	247	247	100	333	280	52	1	—
1989	276	276	100	357	284	73	—	—
1990	309	309	100	422	333	88	1	—
1991	273	273	100	414	246	27	5	36
1992	194	194	100	283	186	96	1	—
1993	178	178	100	264	175	87	2	—
1994	138	138	100	224	147	72	5	—
1995	161	161	100	229	155	70	4	—
1996	158	153	96.8	201	143	57	1	—
1997	187	187	100	286	218	68	—	—
1998	230	230	100	310	243	67	—	—
1999	377	377	100	507	399	105	3	—
2000	281	281	100	358	286	64	5	3
2001	272	272	100	343	295	44	—	4
2002	231	231	100	278	231	46	—	1
2003	192	192	100	249	198	51	—	—
2004	126	126	100	131	94	29	—	8
2005	94	94	100	121	77	33	11	—
合计	4260	4254	99.85	5639	4352	1196	39	52

第三节　刑事案件侦破

1986—1991年，6年中主要打击盗窃、强奸、杀人、流氓、伤害等，平均年发案108起，其中，盗窃案件突出，占发案率总数81.6%，特大、重大案件主要是杀人、强奸等，占发案总数16.3%；1993—1995年，年均发案68起，特大、重大案件占发案总数37.7%，比前6年16.3%上升21.4%。2001—2005年，年均发案数124.4起，其中，特大、重大案件占发案总数的22.2%，比1993—1995年37.7%下降15.5%。盗窃、伤害类案件比较突出，占发案总数82.7%。1986—2005年，累计发生各类刑事案件1908起，破获1305起，综合破案率68.4%；其中，特大案件发生42起，破获37起，破案率为88.1%；重大案件发生410起，破获329起，破案率为80.2%；一般案件发生1456起，破获939起，破案率为64.5%。

第四节　户政管理

一、户籍管理

1987年，全面铺开颁发身份证工作。1988年1月份，把居民身份证发到33465人手中，发证准确率100%。

1990年，居民身份证，派出所设专人进行管理，健全了登记制度，对递增、缓发、补发人员，都要进行核对登记，对漏办居民身份证人员，办理临时身份证。1995年根据市公安局指示，五营公安分局组织有关人员对全区居民身份证进行了查验，这次检验核查，摸清了全区已发证数，缓发数，各年度递增数。根据查验工作发现的问题，决定办理临时身份证，由辖区派出所出具临时申请表，方可办证；各派出所必须设专人管理此项工作，并完善、登记、查验各项管理制度；各派出所对身份证管理必须每年核查一次，及时纠正出现的问题，五营公安分局户政部门每年抽检1~2次。1997年通过核查发现36个身份证是错号或一人多证号，及时得到纠正。延续至2005年。

二、重点人口管理

1986年，五营区重点人口原有346人，本年撤管69人，其中捕判29人，迁出13人，经过排查撤管27人。经过民警、治保组织、耳目提供线索新列管43人，本年实有重点人口320人。并全部实现正副两卷档案。1996年对五营区原掌握重点人口399人，全部进行审查，通过调查摸底撤管50人、重新列管245人、实有重点人口594人，掌握了重点人口活动规律，落实了监管措施。2001年伊春市开展了安全防范百日会战活动，五营公安分局为了进一步完善“打、防、控”一体化新型警务体制、迅速有效预防和打击违法犯罪活动。对全区实有人口的基本情况调查摸底，特别是对原掌握691个重点人，采取与本人见面，直接谈话进行排查，通过排查撤管92人，重新列管84人，实有重点人口683人。并通过治保组织和耳目落实了监控措施。2005年通过对全区人口大排查专项行动，建立实有人口管理手册，实行分层次管理，通过排查对上年掌握560名重点人，撤管167人，新列管63人，全年实有重点人口456人。通过排查、调查发现案件线索11条，侦破11起案件。

1986—2005年五营区重点人口管理情况统计表

表20-1-3

年份	重点人口管理情况表			
	上年掌握数	本年新增人数	本年撤管人数	本年实有人数
1986	346	43	69	320
1987	320	42	53	309
1988	309	38	44	303
1989	303	228	151	380
1990	380	98	89	389
1991	389	16	11	394
1992	394	31	17	408
1993	408	5	14	399
1994	399	6	7	398
1995	398	11	10	399

续表 20-1-3

年份	重点人口管理情况表			
	上年掌握数	本年新增人数	本年撤管人数	本年实有人数
1996	399	245	50	594
1997	594	60	22	632
1998	632	75	32	775
1999	775	20	109	686
2000	686	43	48	691
2001	691	84	92	683
2002	683	40	134	589
2003	589	50	74	565
2004	565	58	63	560
2005	560	63	167	456

三、流动人口管理

1985 年，五营区流动人口，主要是来林区伐木、清林、采种等务工人员来多少、住多长时间、什么时候走、住什么地方，他们的基本情况等，公安部门管理不够严密，发案率较高。

1986 年，本区流动人口有 869 人，全部核查登记后，根据他们务工时间，全部办了暂住证。对底数掌握不准的 65 人，向外地发户口通报 65 份，对有犯罪嫌疑暂住人口 5 人，列入重点人口进行管理、并落实了监管措施。

1989 年，后采取包街、街长、治保主任联手逐街、逐楼、逐户进行调查登记，实行按房装户、按户装人办法，检查户口、身份证等，不但掌握流动人口数量、也掌握了他们到五营目的。在 2150 人流动人口中，办暂住证 1417 人。妻子投靠丈夫、父母投靠子女、子女投靠父母有 271 人；投亲靠友 190 人；务工 527 人；经商 365 人；务农 109 人；探亲访友 51 人、其他 637 人。发现有问题 4 人，列为重点人口管理。

1996 年，流动人口有 1 167 人，其中子女投靠父母、父母投靠子女、妻子投靠丈夫有 271 人；投亲靠友 246 人；经商 127 人；务农 209 人；务工 294 人，探访 2 人。全部登记后，由街道治保组织和包街民警共同落实管理措施。

2001 年，在清理核查流动人口中，发现违法犯罪线索 3 起，破获刑事案件 11 起，抓获犯罪嫌疑人 4 人。2002 年，五营公安分局根据上级公安部门部署和上年发生在流动人口中的案件，对流动人口进行了专项治理，实行治理统一行动。各派出所干警、各街治保主任、按分管辖区、采取“以房装人”，核对户口与身份证。除搞好登记外，对外来人口逐个见面谈话。对 739 名流动人口，摸清了底数，掌握了流动人口全部情况，办理暂住证 354 人。

2005 年，开展了出租房屋调查登记百日会战活动，对全区所有出租房、旅店、娱乐场所、中介场所等实行拉网式清查、请查时与房屋主人、承租人见面，并核对户口簿、房屋产权证书、身份证，按房装人，按户找人的办法逐户清理，填写出租房屋登记表，并与房主签订治安管理责任保证书。共清理登记出租房屋 145 户，并办理暂住证。查清了全区流动人口 675 人，其中妻子投靠丈夫、子女投靠父母、父母投靠子女有 12 人；投亲靠友 65 人；经商 73 人；务农 144 人；务工 310 人；借读培训 14 人；其他 57 人。

第五节　消防管理

一、机构

五营区消防机构隶属关系几经变化，到 1985 年 6 月，五营区消防中队退出义务兵役制，吸入地方公安序列，区政府核定编制 35 人。1987 年 3 月，增编 42 人。1997 年 6 月 12 日，公安体制改革，消防科与消防中队合并，机构名称为消防大队，编制核定 52 人。

二、消防队伍

1997 年，五营区企事业单位组建 29 个专兼职消防队，专兼职消防员 150 人。

1999 年，通过整顿，专兼职消防队 17 个，专兼职消防队员 90 人。在居民区内分单位、街道办事处、社区街、划分责任区，组建义务消防队 61 个，由民兵组成消防队员 3000 人左右，责任区设有消防监督员。

三、消防设施

1985 年 6 月，将原贮木场办公室（面积 800 平方米）改修为消防大队用房，其中，办公室 60 平方米，食堂 120 平方米，其他为车库和营房 620 平方米；1991 年在区委、区政府支持下，建营房 1 000 平方米，车库 200 平方米，食堂 100 平方米。1997 年，重新修缮与装修。1999 年购进传真机一部。2003 年实现了电脑办公。2004 年更新一台消防检查指挥车。

1986 年，有 1.8 吨水车 1 台，3.6 吨水车 3 台；1987 年，增加 1.8 吨和 3.6 吨水车各 1 台；1991、1993 年，各增加 1 台 7 吨加长水车；1997 年，增加 1 台 5.5 吨水炮车；2001 年，又增加 1 台 7 吨加长水车。这些设备经多年使用报废和不断更新，到 2004 年年底主要消防设备有：7 吨加长水车 3 台，5.5 吨水炮车 1 台，3.6 吨水车 2 台，1.8 吨泡沫车 1 台。此外还有 6 米拉梯、挂钩车、金属切割器、断电钳子、空气呼吸机、手台泵等消防设备。

五营区有消防加水点 11 处，电动报警器 3 处，区内河南、河北各 1 处，五星办事处 1 处，林场所居民区内制高点设有瞭望塔，各企事业单位和重点消防部位都配有水缸、沙箱、灭火器、水桶、梯子、二齿子、大斧等灭火工具，重要企事业单位配有改造型消防车 1 台。设备维修、更新、各项经费均由区政府按规定保障。

四、消防宣传工作

1986—1990 年，主要采取开会时进行防火宣传教育，做到开会、集会都要讲几句防火问题，以增加群众防火意识；重点单位、繁华地段、交通要道、百货商场、进入林内道口等处设永久性防火标牌和防火重点期张贴宣传标语。除了上述防火宣传方式外，1990 年，消防部门在春、秋两季火灾多发期，组织各企、事业单位利用板报、出专刊，开展“防火一条街”活动，扩大宣传教育面；居民区内实行防火监督宣传员轮流值班制度，各住户都要建立防火公约，实行大人包小孩、家长包全家等办法，控制火灾的发生。为了加大防火力度，春秋两季防火部门设立 1~2 台宣传车，出动宣传车最少出车年份 1990 年宣传 12 天，多在 20 天，出动宣传车天数最多年份 1996 年，多达 45 天。深入到大街、小巷、林场所宣传教育。

1995—1998 年，消防部门又在火灾多发期到来之前，对接触火源较多的保管员、电工、电焊工、警卫、汽车司机、锅炉房、饭店、食堂厨师等特殊工种人员进行防火知识培训，每年不少于 2 次，消防部门还在区委宣传部配合下，开展防火知识问答竞赛和开展全民性防火知识答卷活动，扩大防火知识教育面，以增强防火意识。

1998—2005 年期间，防火部门在区委、区政府支持和区领导带领下、组织机关各部门，分别到社区、街道与包街民警、社区领导、防火监督员对接，逐家逐户进行防火宣传教育，发现隐患立即整改；此外每到防火期组织学校学生，手持小旗，高呼口号，走街串巷，宣传防火，每年在 20 天左右。6 岁以上人口，人人懂得防火知识，人人注意防火，人人宣传防火，使防火安全在人民群众中深深扎根。

1986—2005 年，共发生火灾、火情 60 起，是全市发生火灾、火情较少单位之一，直接经济损失 24 万余元。

五、火灾预防

1986 年以前，城镇建设比较混乱，无规则，私建乱建严重，房舍多为油纸盖，板夹泥，木刻楞，木袢墙壁，黑天棚保温层上锯末，整个房舍构体皆为易燃物。街道狭窄，居民烧柴乱放，房子连棚子，棚子连烧柴，一旦发生火灾，火烧连营，街道不畅，消防车又难以进入扑救，隐患严重。

1986 年，发生 6 起火灾，经济损失最严重的一年。区委、区政府高度重视，决心用 2~3 年时间整治，以加强火灾预防工作。

1988—1990 年，首先从三角线建林街、永林街开始，将木袢房、板夹泥等简易房重新规划，改造成砖瓦结构房舍。对一时改造不完的通过房产管理部门整修，确保防火安全。对企事业单位的办公室、厂房、居民住房凡是用锯末做保温层的一律覆盖一层煤质渣或细沙。清除占道烧柴 2000 多平方米；拆除占道棚厦 51 个；后移板障子 10000 多米，改移电柱 20 根；清除占道沙子、石头、土堆 1000 多立方米，使 53 条被阻巷道畅通；改造老化电线 3 000 多米，整修老化电闸 150 多处。

1994—1997 年，又加大了预防力度，增加消防检查、联查、夜查次数，查出隐患及时整改。对五营区 18 个重点防火单位进行整顿，全部落实了整改措施和完善了领导责任制度以及专兼职防火人员值班、巡查、交接班责任制度。二、三级消防重点单位也通过整改、实行制度管理。五营区消防形势 4 年只发生火灾 5 起，其中，1995 年，火灾次数为零，是 20 年间最好的一年。

2003—2004 年，火灾次数有所上升，两年发生 13 起，引起防火部门重视，2004 年开展了“火灾隐患大排查、大整改、保安全”活动，对重点防火部位：油库、炸药库、液化气站等完善消防设备，进一步明确责任制度，对木材加工点、居民区易燃建筑密集区，对公众聚集场所和商场等部位进行治理，发现火灾隐患 520 多处，处理 401 处，火灾预防工作得到加强。

2005 年，5 月 6 日、5 月 23 日、11 月 9 日为防火宣传日，消防大队共出动消防车 5 台，干警 39 人，深入到中心大街、居民区、企事业单位宣传消防法规和防火常识，发放宣传单 1760 张，设立大幅标语 2 处，消防咨询站 1 处。在各学校开展了“小手拉大手、消防进学校”活动，讲解《消防法》《黑龙江省消防条例》和防火、灭火、逃生、自救常识 12 课时。对消防重点单位、人员密集场所、易燃易爆化学品贮存场所采取经常检查和夜查等办法发现问题，及时整改。

全年清除占道物 208 处，清理垃圾 73 处，清除房子连棚子，棚子连烧柴等“三连”43 处，清理超储烧柴 74 立方米，拓宽防火主干道 7 条。为各单位配备灭火器材 290 个、应急灯 40 个，安全出口 40 个，疏散指示标志 40 个。本年发生火灾 2 起，比 2004 年 5 起下降 3 起。

第六节　交通管理

1983 年，交通管理业务由交通监管部门移交公安局管理，公安局内设交警科（对外称交警中队，1987 年改称交警大队）设正、副科长各 1 人，直至 2005 年。交通管理业务接管后，加强交通法规宣传，采取各种措施和改善交通环境，交通安全，交通秩序，交通环境良好。

1986 年五营区有各种车辆 5400 台。1987 年交通事故发生 1 起，1999 年交通事故严重攀升，发生事故达 43 起，是 1986—2005 年事故最多的一年。

2003 年，出现伤亡事故 1 起和 1987 年持平，为 1986—2005 年期间事故最少年份。本年全区各种车辆增加到 12882 台，比 1986 年增 7842 台，其中汽车 501 台，四轮车 25 台，三轮车 90 台，港田类车 50 台，摩托车 625 台，自行车 11560 台，马、牛车 31 台，由于管理加强，虽然车辆增多，发生事故数保持平稳局面。

2004—2005 年，伤亡人数有所上升，两年伤亡 22 人，其中：死亡 3 人，伤 19 人。

一、交通法规宣传

1985—1986 年，交警部门办一处 200 平方米的交通教育展览室，组织五营区的司机、有车单位领导、中小学生、广大职工群众参观，受教育人数达 8 万人次。1987 年在教委协助下，组织学生观看“红绿灯下”“瞬间的灾难”两部电视片，全区 2000 多名学生受到交通安全教育。1988 年，利用板报、简报、宣传画、标语、录像等多种形式对司机和广大群众进行交通安全宣传教育。1992 年夏在区工会、团委、妇联协助下，举办中小学生交通安全夏令营活动。把交通法规编成小节目演出，以增强学生的安全意识。还为全区中小学生进行交通安全常识讲座 4 次，受教育达 86%。1994 年，举办交通安全讲座 10 次，电视讲座 32 次。1997 年交警部门与各学校签订了交通安全责任状，要求学校对学生上学、放学实行“路队制”，一律纵向列队，右侧行走，教育学生从小养成遵守交通规则的好习惯。1998 年对全区交通警示牌重新刷新、写字、使之更加醒目。投资增加永久性交通牌 9 处，设交通警示标语 5 条。2004 年开展了“小手牵大手”保安全交通法规宣传教育活动能够，建立了教师包学生责任制。至 2005 年各交通关键处，要道处警示牌、标语都保持完好。

二、安全教育活动

1986 年，采取不同形式开展 2~3 次安全无事故竞赛活动，内容有“百日安全无事故、安全日、安全周”等。1988 年 7 月份开展“百日安全无事故”竞赛活动；11 月份又开展了冬季交通安全会战，检车近 4000 辆，取缔违章车辆 465 台次，罚款 5600 元，拘留 8 人。

2005 年，开展了创建“平安大道”和实施“畅通工程”活动，以“严管街”为突破口，认真贯彻《道路交通安全法》对客运超员，机动车超速、货车载人、酒后驾驶、无牌无证和报废车上路行驶等采取严检严罚，全年处罚 1145 人，是 1986—2005 年期间处罚人数最多的一年。

三、车辆管理

1986 年，五营区有各种车辆 5400 台。2003—2005 年，全区各种车辆 12882 台。

车牌证管理。车牌号以类别核发，其编号以省、区代号为标准或按市、区编号编排。

车检对机动车辆每年进行春检，年检两次，对没有车检或车检后不合格者，不准上路行驶。对改装车、肇事车、加长车、外宾车需进行特殊检验。

档案管理。车辆档案内容含购车单据、介绍信、车辆所有权转籍证明、年检表等，都一一存档。

四、驾驶员管理

1986 年，驾驶员上岗严格履行一定程序。首先必须向区交通管理部门提出申请，经过审验各种证件、考察思想品德、智力测验等合格后进行专训。获取学习驾驶证，再经半年学习后，通过交通规则，机械常识、驾驶技术等考核合格后，办理正式驾驶员手续，方可成为正式驾驶员，并对履行的相关手续归入档案，作为事后考核依据。交通管理部门认真贯彻《道路交通安全法》对驾驶员遵章驾驶严加管理。对超速行驶、酒后驾车、疲劳驾驶、无证开车、违章超车和会车、逆向行车、违章停车、违规使用车灯等各类驾车违章违规的驾驶员严加惩处。1987 年，共发生行车违章 956 人次，拘留 16 人，罚款 950 人，金额 4100 元，缴销驾驶证 2 人，吊扣 4 人。对违章驾驶员办班 3 期 51 人。1992 年检车 21260 台次，其中违章 10342 人，对严重违章者拘留 6 人，吊销驾驶证 2 人，其他通过教育，本人写出书面保证书或口头保证后，返还驾驶证。2005 年检车 13948 台次，处罚违章驾驶员 1145 人。1986 年至 2005 年发生交通事故 191 起，其中重大事故 56 起，占 29.3%，一般事故 112 起，占 58.6%，轻微事故 23 起，占 12%。

五、交通秩序

1986 年，对交通秩序严加管理和整顿。

1996－1997 年，进行交通秩序整顿中，贯彻“安全第一、预防为主”的方针，区交警部门加强了路检、夜查、夜巡次数，两年发生 6 起交通事故，是事故发生率较低的时段。

2004 年，开展交通安全专项政治活动，加大了交检力度，增加晨检、夜查次数，处罚违章行驶 52 人，降低了事故发生率。

2005 年，交通部门配合工商管理部门，对集贸市场小摊、小贩违章占道和道边经营等进行经常性整顿，以保障良好的交通环境，杜绝或减少交通事故的发生。对职工上下班和来往车辆高峰时，采取增加警力执勤、对车辆限时、限速通行，杜绝违章停车，对拥挤不通畅的车辆，疏导车流、缓解交通堵塞，使车辆、行人畅通行进，以避免事故的发生。

六、交通环境

1986 年，五营区区址所在地为闹市中心，辐射 7 条公路主干线，10 多条支岔线，把全区工厂、林场（所）农业点、居民区、企事业单位连接起来，形成纵横交错的公路网，就是在这一闹市区一条繁华街，又是一条路，给交通管理带来极大的压力和隐患，且有的路段路况很坏。1992 年将中心大街北段三角线路段，晴天车过尘扬，雨时泥泞难行筑成水泥路，结束了行路难历史。其他公路、道路狭窄、坑洼不平，每年由公路处整修一次。1993－1995 年，由汽运管理处采取闲时整修，随坏随补的办法，确保各条公路畅通。2004 年对规划的二道街公路，经筹措资金，1100 米水泥路段构成，安装路灯 29 盏，并对失修的中心大街主要路段进行整修，使闹市区的交通大为改善，并排除了隐患。2005 年，修筑通向本区蔬菜基地通乡水泥公路 1800 米。

第七节　森林保卫

一、专项整顿

每年木材生产和木材销售旺季，犯罪分子利用管理上的疏漏、寻找机会，搞“权钱、权木”交易，进行违法犯罪活动。森保部门找准时机，在林政、木材生产等部门配合下，制定方案，开展专项整治。

1987年，森保部门通过调查摸底，治保组织调查，群众举报，全年受理森林案件55起，处罚76人，其中捕判8人，拘留14人，其他处罚54人，收缴木材108.7立方米，挽回经济损失6万余元。

1992年，在专项整顿木材领域斗争中，森保部门制定了专项打击方案，在林政部门、广大群众支持和配合下，一举破获森林案件10起，处罚29人，其中捕判5人，收容审查10人，拘留3人，罚款处罚11人，挽回经济损失1.5万余元。

1998年，森保部门在分局支持下，开展三次打击盗伐、乱砍滥伐专项斗争，对辖区木材加工点进行三次清理整顿，共破获森林刑事案件11起，森林治安案件62起，收缴木材66.8立方米。

2004年，在打击破坏森林资源违法犯罪活动中，开展了“飓风行动”“绿剑行动”专项整顿，重点打击盗伐、滥伐、非法采伐、毁坏珍贵树木等违法犯罪活动，共破获森林刑事案件11起，森林治安案件12起，收缴木材50立方米，挽回经济损失2万元。

二、堵截私运偷运

1986年，各林政检查站设专人配合林政部门对过往运材车实行盘查验证。

1990年后，为严防盗运木材案件的发生，又在各交通要道口设临时验证点，对运材车行驶方向与进贮木场方向相反时，除盘查验证外，还详细查问运材车为什么不进贮木场，谁批准外运，有什么手续，什么地点装车等，同时做好登记，发现疑点，立即组织警力，不管时间多晚，查清为止。

1993年4月12日，犯罪团伙在永丰经营所施业区12公里装车场偷盗红松原木31立方米，在转运赃物过程中抓获，折价4.6万元。

1995年10月6日，建材厂青年张某某、赵某某等在劳务市场雇用6人，携带伐木工具，窜入东山风景林，盗伐白松30棵，立木材积12.21立方米，在转运赃物过程中，被分局森保部门查获。

2000年以后，分局除了交通道口设卡堵截非法运输木材外，常年出动警力在通往林场所及木材加工厂点公路线上进行巡逻盘查。

2004年7月15日，居民乔某某、李某某、苏某某等9人携带作案工具，窜至前丰林场施业区33林班，用油锯放倒红松23棵，材积21.89立方米，折价1.5万元，在转运赃物过程中，被巡逻干警查获。

2005年1月，居民武某某等在杨树河经营所施业区偷盗白松原木16根，材积1.344立方米，折价719元，在偷运过程中被巡逻民警查获。

三、治理非法加工

1986—2005年，对各木材加工厂点，森保部门在包片、包街民警和“耳目”“眼线”配合下，除正常管理外，采取夜查、饭店查、清晨查、蹲坑守点等方法，严管加工木材来源。

1988年在清理整顿木材加工厂点等专项斗争中，通过群众提供线索、突击进行夜查、清晨查、破获盗伐、盗窃木材案件7起。

1995年森保部门开展了三次打击木材领域违法犯罪专项斗争，对木材加工厂点木材来源进行严密调查，跟踪追击，共破获森林案件23起，收缴木材83.1立方米，挽回经济损失9.2万余元。

2001年，通过清理整顿木材加工厂点，查破森林案件101起，其中森林刑事案件43起，森林治安案件58起，处理违法犯罪分子131人，收缴木材114.6立方米、挽回经济损失2万元。

2003年，破获森林刑事案件15起，治安案件23起，刑事处罚21人，治安处罚28人，收缴木材70立方米，挽回经济损失4.5万元。扣押改装车12台。

四、打击盗伐

1986年，针对某些犯罪分子盗伐林木时，多采取白天在林内放树截断，集中于能够行车地点堆放，确定行车路线和销赃地点、规定联络暗号、雇用或租用车辆偷运，森保部门接到举报后，组织警力采取搜山办法抓捕罪犯，不断打击盗伐犯罪分子。

1996年2月8日，接到举报后，组织警力深入到翠北林场施业区，将正在盗伐林木犯罪分子抓获，收缴木材20立方米。

1997年6月份，接到报案后，组织警力将正在林内盗伐林木犯罪团伙7人抓获，收缴木材10.32立方米。同年9月12日组织警力深入五营河经营所147林班搜查，将正在盗伐林木犯罪团伙10人抓获，收缴木材7.62立方米。

1998年5月1日，根据五营河经营所护林员、治安组织、民警举报，森保部门组织警力搜查施业区，将正在盗伐林木两个团伙抓获，收缴木材29.3立方米。

1999年4月份，森保部门根据本区纪委举报，组织警力深入平山经营所，将正在该所施业区150林班盗伐林木犯罪分子5人抓获，收缴木材15.68立方米。

2005年3月18—19日，居民徐继文等携带油锯、大斧等工具窜至平原经营所83林班，盗伐白桦、白松活立木72棵，材积9.54立方米，截成60厘米长柈子，于盗伐现场被抓获。

五、查结案件

五营公安分局森保部门在查处森林案件中，依据法律、坚持快查快结、不拖不靠，发扬连续作战作风，一查到底，杜绝或减少说情风等外来压力，杜绝或减少积案。

1986—2005年，共发生森林刑事案件453起，侦破453起，破案率100%；森林治安案件655起，侦破655起，破案率100%，总计收缴木材1 676立方米，挽回经济损失99.7万余元。

第八节　预审与监所管理

一、预审

1988年，受理预审人犯54人。实现了“拘留转捕率、案件审结率、批捕率、移送起诉合格率、定性准确率”均达100%。通过预审、扩大案件线索，侦破一般刑事案件8起，重大刑事案件3起，追捕外逃犯罪分子7人，追缴赃物价值2700元。

1994年，预审部门采取严格依法办案，严把案件质量关。受理预审人犯55名，比1988年增加1人，案件审结率100%，人犯审结时间最长40天，最短2天，平均审结时间21天。通过预审扩大案件线索7件。

1997年，共受理预审人犯79人（含批捕在逃8人），预审部门通过认真学习新《刑法》和新《刑事诉讼法》、制定可行的审讯计划后，认真细审细查各类案件，保证了办案质量和办案时限，案件审结率为98.57%，比1994年下降1.43%。人犯审结时间最长60天，最少2天，平均审结时间为31天，比1994年增加10天，通过预审追破案件3起，提供破案线索5件。

1986—1997年，共受理各类预审犯罪分子642人，案件审结率为98.23%，其中1995年82.2%，为这段时期最低。通过预审追破各类案件134起（含有关部门处理24起），追诉犯罪分子27人。1998年根据上级公安部门指示，结合分局实际，进行侦、审改革，撤销了预审部门，实行办案单位立案、侦查、审讯、提请逮捕、移送起诉“一条龙”作业，至2005年。

二、监所工作

（一）管理制度

从1986年开始，五营公安分局根据上级公安部门要求和各项法规、结合五营区监所多年管理经验、不断完善，重新建立犯人收监、出监制度、学习和放风制度、检举揭发其他犯罪制度、伙食监督制度、犯人财、物保管制度、监所卫生制度、清监制度、犯人入监填写卡片制度、已决犯与未决犯、同案犯分监号关押制度、男犯与女犯分监号制度、所长包全面、管教包监号、执勤班长包责任区和时间段等各项岗位责任制度等，直至2005年。

（二）教育改造

1988年，共收押犯人358人，通过学习法律常识、学习党的政策，开展形势、前途教育和清监，避免报复伤害案件1起。

1992年，收押犯人437人，比1988年增加79人，通过采取政治攻势，反复交代政策，有9人交代了余罪，避免人犯自杀案件1起，提供案件线索37件，破获7起。

1997年，收押各类犯人356人，比1992年减少81人。

1999年，共收押犯人577人，比1997年增加221人。当年增设了电视监控系统和警卫室，设专人24小时座机值班。

2004年，收押犯人112人，比1999年减少465人，是1986—2005年期间最少的1年。分局采取24小时谈话制度和加强了“耳目”汇报制度，实现全年无事故。

1986—2005年，共收押犯人7515人，提供各类案件线索59件，避免犯人自杀2起，避免伤害案件1起。

（三）监所设施建设

1997年，监所设施不全，给管理带来难度。

1998年，安装了监视器，增设两处瞭望塔楼和完善了广播系统。

1999年，安装了电视监视系统和增设警卫室，警卫室设专人24小时座机值班，双管齐下、人机结合，增强了监所安全系数。

2000—2005年，对监所围墙、大门、铁网、铁栅栏等进行加固整修，警卫室、办公室、监舍等进行了装修，全部达到上级公安部门要求标准，杜绝人犯逃跑、自杀、自伤、自残、毁灭证据、串供发生。

2005年，改革了监所勤务模式：实行人防、物防、技防相结合的有效措施，设立了过渡监室和严管监室，对新入监人犯在过渡监室关押不少于7天，并在24小时内做好谈话记录，监室安装报警装置，避免发生有害行为。

第九节　干警队伍建设

一、领导班子建设

1986—2005年，领导班子主要是通过政治理论、业务学习、岗位培训，开展教育活动等办法，提高分局领导班子成员政治素质和业务素质，提高领导水平和领导艺术，增进班子成员努力工作，团结协作提高科学决策和驾驭全局能力，充分发挥班子整体功能。其中支部班子建设采取多种方式，外培是重要方法即分期分批选送科、所、队支部成员，到省市警校学习或专业培训。并把支部成员放到要害部门，挂职锻炼，不断提高他们独立与协调工作能力，实行岗位轮换制度，坚持3~5年轮换1

次，提高他们综合能力。截至 2005 年，各类培训人员达 100 余人次。

二、干部队伍建设

（一）政治学习

1986 年，主要抓党风、警风和纠正不正之风为重点，组织学习。

1987 年，五营公安分局有 40 名干警参加大中专法律专业函授学习，有 60 名干警自学法律专业知识，出现了新型警民关系，受到群众好评。

1991 年，五营公安分局除加强思想教育工作外，开展党的“三会一课”“学雷锋”“学东莱”活动。

1999—2000 年，以开展“讲学习、讲政治、讲正气”为主要内容的“三讲”学习教育活动。采取集中学习、分散学习、自学方法。五营公安分局人均学习笔记 25000 字。每月写学习论文一篇。提高全体干警政治业务、思想道德素质。

2002 年，集中学习“三个代表”重要思想，五营公安分局 206 名干警人均写笔记 35 000 字，撰写论文 928 篇，召开干警和社会各界人士参加座谈会 18 次，面向社会发放征求意见函 800 多份，回访率 81%，选送 26 名干警到伊春警校统一学习，占干警总数 12.6%。158 名干警参加“三个代表”重要思想学习教育活动。写反思材料人均 1600 字，考试成绩平均 87.5 分，及格率 100%。

2003 年，开展“三个带头人”活动，坚定干警奋发向上，争创一流业绩决心和勇气，明确执法为民服务的观念，干警素质得到明显提高。

2005 年，开展保持共产党员先进性教育活动和学习，任长霞、白连友先进事迹教育活动，通过学习活动，抄写学习笔记 1 万字，发征求意见函 100 多份，征求群众意见 226 人次，意见和建议 179 条。落实整改措施 10 项，完善 12 项规章制度，干警写心得体会 160 篇，使党员和干警的素质和两级党组织的凝聚力、战斗力得到进一步提高。

（二）制度建设

1986 年，制定和完善 14 项规章制度并汇编成册，下发到各科所队，实行干警内部监督管理制度。每年向人大报告工作 2 次，召开人大代表座谈会 2~3 次听取代表意见和建议，接受人大法律监督，同时向政协汇报工作，请政协委员对分局民主监督工作进行评议。

1988—2005 年，聘请群众监督人员 78 人，召开座谈会 45 次，征求意见 150 份，主动征求意见 200 多人次，发放征求意见函 4000 份。对反馈回来的意见及时落实整改。

（三）干警培训

1986—2005 年，五营公安分局根据上级公安部门要求，抓好干警培训工作。坚持每年年初制定培训计划，并具体落实。方式主要以政治培训包括邓小平理论，十四大、十五大、十六大文献，党章，各种法律为学习内容，加强干警政治素质，确保队伍政治上绝对合格和业务培训为主。内容有法制部门制定的培训大纲，重点开展实体法、程序法方面培训。提高干警综合素质和办公自动化能力。

截至 2005 年，实行定期考试，考核和评估制度，并把干警培训作为提拔征用干警的依据。

（四）纪律教育

1986 年，五营公安分局认真贯彻公安竞技“严禁违反枪支管理使用规定违者予以纪律处分，造成严重后果的，予以辞退或者开除等五条禁令”，严查严办干警违纪行为。1989 年，成立了整顿纪律作风纠察队，对 5 名违纪干警调出公安队伍。1994 年，五营公安分局在开展廉政建设工作中，对违纪行为 7 人进行处理，1 人调出公安队伍；4 人亮黄牌警告；2 人在干警大会作检讨，进行批评教育。1996 年，在加强干警反腐败斗争中，查处违纪案件 2 起 2 人，违纪行为 4 起 7 人，行政记过 1 人，调离公安机关 1 人，警告 1 人，写检讨 6 人。1998 年，查处违法违纪案件 5 起，处理干警 20 人，其中党内严重警告2人，警告1人；解聘的科级4人，调离公安队伍4人，辞退1人；警告5人；通报批评3人。1999年，在反腐败和纪检监督工作中，查处违纪案件1起1人，一般违纪行为3起3人，受理群众投诉5件。处罚6人：其中开除公安队伍1人，党内警告1人，黄牌警告1人，分局干警大会批评教育易岗3人。同年为群众办实事、好事441件，收到锦旗14面，表扬信33封，伊春市电视台报道15项，《伊春日报》《林城晚报》报道28次，《黑龙江日报》报道1次。2005年，为人民群众办实事好事757件，收到锦旗23面，表扬信61封，市级报刊报道28次，区电视台报道71次，树立了良好的公安机关和人民警察的形象。

（五）警务体制改革

改革前，没有完善的责任制度，出现问题追究责任，处理责任人无章可循，无法定论。1997年6月，实行所长领导下警长负责制。五营区5个派出所设10个警务区。警务区设若干责任区。警务区设警长1人，责任区配1名外勤民警。警务区内人口管理预防工作治安管理、打击各种违法犯罪，维护辖区稳定、接处警、群众工作由警务区警长、责任区民警共同负责。

1999年，五营公安分局实行“打击、防范、控制”一体化新型警务工作体制。明确警务区工作目标、工作制度和“三警”联动制度（户籍、巡警、刑警的职责和任务）。这种新型警务体制沿用至2005年。

第二章　检　察

1986—2005年，五营区人民检察院，围绕党的中心工作，贯彻落实“公正执法、加强监督、依法办案、从严治检、服务大局”工作方针，深入查办职务犯罪，积极开展严打整治斗争，不断提高干警执法水平，为加强民主法治建设、维护社会稳定、促进区域经济发展做出了应有贡献。

第一节　机　构

五营区人民检察院属副处级单位。1986年之前，区检察院机构设置三科一办，即批捕科、起诉科、经济法纪检察科、办公室。1986年后，进行机构调整和人员增编。调整后机构设三科、二局、一办，即批捕科、起诉科、法纪控告申诉检察科、法纪侦查局、反贪污贿赂工作局、办公室。增加一名副检察长。

1990年4月，增设协理员一职。

1992年，设立民事行政检察科。

1997年，政法体制改革时设立控告申诉检察科，检察委员会组成由4人，增加到7人，编制由原来18人增加到25人。

1999年，原批捕科改为侦查监督科，起诉科更名为公诉科，法纪侦查局和反贪污贿赂工作局合并为职检局，原设协理员一职取消，增设政工科。

2002年，增设监所检察科和职检局一科、二科，直至2005年。

1986—2005年五营区人民检察院历任负责人更迭一览表

表20-2-1

姓名	职务	任职时间	离职时间
徐兴福	检察长	1984年3月	1989年10月
苏再宪	检察长	1989年10月	1997年6月
祝　军	检察长	1997年6月	2006年12月
王立忠	副检察长	1984年8月	1988年3月
王志波	副检察长	1988年3月	1997年6月
李忠阳	协理员	1990年4月	1993年12月

表 20-2-1

姓名	职务	任职时间	离职时间
朱　凤	副检察长	1990 年 9 月	1993 年 12 月
李忠阳	副检察长	1993 年 12 月	1996 年 4 月
李贵友	协理员	1993 年 12 月	1996 年 4 月
李贵友	副检察长	1996 年 4 月	2001 年 1 月
曹　颖	协理员	1996 年 4 月	1997 年 12 月
孙晓光	协理员	1997 年 12 月	1998 年 7 月
曹　颖	副检察长	1997 年 12 月	2002 年 7 月
李学友	副检察长	2001 年 12 月	—
刘兆法	副检察长	2002 年 7 月	—

第二节　刑事检察

一、审查批捕

1987 年，在受理公安机关呈捕各类刑事案件 26 件 31 人。其中重大刑事案件 9 件 9 人，普通刑事案件 16 件 21 人。案件性质为强奸案 7 件 7 人，流氓案 1 件 1 人，盗窃案 8 件 13 人，伤害案 7 件 7 人，诈骗案 1 件 1 人，过失杀人案 1 件 1 人，非法买卖枪支案 1 件 1 人。批捕准确率达到 100%。

1990 年，区检察院采取提前介入方法，将审查批捕介入到公安机关的侦查环节和预审环节中。全年受理公安机关呈捕各类刑事案件 40 件 57 人，比 1987 年增加 14 件 26 人，其中杀人案 4 件 4 人、抢劫案 3 件 7 人、强奸案 9 件 9 人，盗窃案 12 件 20 人、伤害案 4 件 4 人、流氓案 1 件 1 人、诈骗案 1 件 2 人、过失杀人案 1 件 1 人、非法买卖枪支案 1 件 1 人、毁坏公私财务案 1 件 1 人、滥伐森林案 2 件 2 人、贪污案 1 件 3 人。经审查批准逮捕 40 件 55 人、2 人不满 18 岁，罪行较轻建议公安机关撤回作其他处理。批捕准确率达到 100%。1996 年区检察院根据省政法会议精神，积极参加区委部署的严厉打击严重刑事犯罪，打击盗伐林木等专项斗争和加强社会治安综合治理工作，积极落实检察环节各项综合治理措施，严格审查把关、防止错捕错诉。全年受理公安机关移送审查批捕各类刑事案件 44 件 93 人，比 1990 年增加 4 件 36 人，批准逮捕 39 件 83 人，其中杀人案 4 件 4 人、强奸案 2 件 2 人、放火案 1 件 1 人、伤害案 3 件 3 人、盗伐林木案 11 件 36 人、盗窃案 13 件 32 人、流氓案 3 件 3 人、诈骗案 1 件 1 人，行贿案 1 件 1 人。

2004 年，审查批捕工作坚持实行“四对照”审查方法，即对照呈捕意见书中指控被告人犯罪事实与被告人供述、被害人陈述和证言是否一致；对照被告人口供与被害人陈述和证据之间是否相符有无反证；对照被告人供述有无矛盾；对照被告人的犯罪事实、认罪态度及其辩解理由，从而保证批捕质量。全年受理公安机关提请批准逮捕刑事案件 28 件 38 人，比 1996 年减少 16 件 55 人，其中故意杀人案 2 件 6 人、爆炸案 1 件 1 人、抢劫案 2 件 2 人、强奸案 1 件 1 人，放火案 2 件 2 人、盗窃案 10 件 14 人、转移赃物案 1 件 1 人、诈骗案 1 件 2 人、故意伤害案 5 件 5 人、盗伐林木案 2 件 3 人、交通肇事案 1 件 1 人。以上受理案件全部批准逮捕，实现批捕准确率 100%。1986—2005 年，审查批捕受案 770 件，批捕 1104 人，不批捕人数 71 人。

1986—2005年五营区检察院经济案件情况统计表

表 20-2-2

项目 年份	受案数（件）	立案（人数）	其中		
			起诉（件）	免诉（件）	不诉（件）
合计	118	71	46	17	8
1986	1	—	—	—	—
1987	6	6	6	—	—
1988	9	4	1	2	1
1989	8	2	2	—	—
1990	9	4	3	1	—
1991	2	1	1	—	—
1992	9	4	1	3	—
1993	10	1	—	1	—
1994	4	2	2	—	—
1995	3	2	—	2	—
1996	7	4	2	2	—
1997	12	9	5	1	3
1998	7	6	2	3	1
1999	5	5	5	—	—
2000	3	3	2	—	1
2001	7	10	9	—	1
2002	4	4	1	2	1
2003	3	3	3	—	—
2004	0	0	—	—	—
2005	3	1	1	—	—

二、审查起诉

1987年，共受理公安机关移送起诉案件29件34人，决定提起公诉28件33人，报送市院审查起诉1件1人。受理案件坚持“三看三核对”审查，即看公安机关认定的犯罪事实和证据是否一致，核对案件性质与犯罪行为是否吻合；看证据之间有无矛盾，核对认定罪名与适应法律条款是否得当；看供词、证据是否相符，核对有无遗漏罪行和其他应追究刑事责任的人。实现起诉案件一次性交付审判，准确率达到100%。

1992年，受理公安机关和自侦移送审查起诉案件55件75人，审查起诉49件68人，比1987年增加21件33人，有罪免于起诉4件5人，重特大案件移送市院2件2人。办案人员通过提前介入，参与公安机关侦查、预审等环节并参加现场勘查等办法，实现审查起诉平均办案时间为9天，比法定时限平均提前21天，起诉准确率100%。1996年区检察院在审查起诉工作中坚持“以事实为根据，以法律为准绳”对案件进行全面细致审查，分析口供与证据的真实性、可靠性，以防错诉。仍坚持提前介入制度，参与公安机关的侦查、预审环节、参与现场勘查、尸检、讯问等侦查手段。全年受理审查起诉案件64件114人，经过审查、核实后起诉52件97人（含追诉被告9人）比1992年增加3件29人，免于起诉7件14人，报市院特大案件3件8人，退补2件4人。

2002年，办案人员认真贯彻“一要坚决、二要慎重、务必搞准”的原则，注重防错防漏，严格把好审查起诉关口，坚持提前介入和深挖余罪和漏犯。全年共受理审查起诉案件74件106人，经审查起诉64件93人，比1996年增加12件，减少4人，报市院提起公诉2件4人，不起诉4件4人，待起诉4件5人，平均办案时限15天，比法定办案时限提前15天，实现起诉准确率100%。

2005年，区检察院公诉部门积极开展审查起诉、保护公民合法权益，打击各类刑事犯罪。全年共受理审查起诉案件16件20人，经审查后起诉16件20人，比1996年减少48件73人。1986—2005年审查起诉984件，审查起诉1184人，免于起诉52人，不起诉22人，退捕39人，报市院61人、待结26人。

1986—2005年五营区检察院审查起诉案件情况统计表

表20-2-3

项目 年份	受案数（件）	起诉数（人）	免于起诉数（人）	不起诉数（人）	退捕数（人）	报市院数（件）	待结数（件）
合计	984	1184	52	22	39	61	26
1986	43	55	1	—	—	2	—
1987	29	33	2	—	1	1	—
1988	27	38	3	—	—	13	—
1989	29	35	5	—	—	1	9
1990	34	46	6	—	—	6	8
1991	37	33	4	—	1	—	—
1992	55	68	5	—	—	2	—
1993	33	46	6	2	—	2	—
1994	37	45	3	—	3	4	—
1995	43	40	3	—	—	—	—
1996	64	97	14	—	4	8	—
1997	56	46	—	2	2	6	—
1998	36	55	—	—	1	1	—
1999	77	114	—	—	12	—	4
2000	86	85	—	1	—	3	—
2001	98	137	—	—	14	3	—
2002	74	93	—	4	—	4	5
2003	67	63	—	12	—	3	—
2004	43	35	—	1	1	2	—
2005	16	20	—	—	—	—	—

第三节　经济检察

1987年，区检察院经公安、法院等部门的协同配合，通过广泛发动群众，按犯罪分子犯罪的时间、地点、分段分片侦查，加快办案进度，确保案件质量。全年受理经济案件线索6件7人，调查、审核立案侦查4件4人。年底办结5件6人（含1986年结转1件2人）挽回经济损失2.34万元。

1994年，在侦破经济案件中，实行领导包案责任制，特别是大、要案查处，坚持由检察长、副检察长亲自调查、亲自参与制定侦查计划和询问提纲，排除各种阻力和干扰为侦破各种经济案件打下基础。全年受理经济犯罪案件4件4人，立案侦查2件2人，结案2件2人，比1987年减少3件4人，其中大案1件1人，挽回经济损失5万元。

1999年，区检察院按照中央关于开展反腐败斗争，围绕省检察院提出的打击惩处、执法监督、预防犯罪“三位一体”格局，加强领导，集中警力，集中查办职务犯罪大案要案工作。全年共受理各类经济案件8件8人，比1994年增加4件4人，其中涉嫌贪污7件7人，涉嫌挪用公款1件1人，经审查立案5件5人，比1994年增加3件3人。其中涉嫌贪污4件4人，涉嫌挪用公款1件1人。移送其他部门处理3件3人。共挽回经济损失10万元。

2002年，按着全国第五次反贪污贿赂侦查工作会议和全省查处职务犯罪工作会议精神，实行统一工作安排，统一执法思想，加大打击工作力度，在狠抓办案上下功夫，集中查办职务犯罪工作，全年共受理各类经济案件7件7人，其中贪污6件6人，挪用公款1件1人，在受理案件中，经过审查、细致调查立案4件4人，比1999年减少1件1人，其中贪污案件3件3人，挪用公款1件1人，转纪委1件1人，查否2件2人。共挽回经济损失5万元。

2005年，区检察院认真贯彻高检确定的“加大工作力度，提高执法水平和办案质量”总体工作要求，积极查处贪污贿赂经济案件。全年 共受理3件3人，其中经审查立案1件1人，比2002年减少3件3人。移送纪委1件1人，移送起诉1件1人，查否1件1人，挽回经济损失1.7万元，侦结率100%。1986—2005年，共受理经济案件118件，立案71人，起诉46人，免诉17人，不诉8人。

1986—2005年五营区检察院经济案件情况统计表

表20-2-4

项目 年份	受案数（件）	立案（人数）	其中		
			起诉（件）	免诉（件）	不诉（件）
合计	118	71	46	17	8
1986	1	—	—	—	—
1987	6	6	6	—	—
1988	9	4	1	2	1
1989	8	2	2	—	—
1990	9	4	3	1	—
1991	2	1	1	—	—
1992	9	4	1	3	—
1993	10	1	—	1	—
1994	4	2	2	—	—
1995	3	2	—	2	—
1996	7	4	2	2	—
1997	12	9	5	1	3
1998	7	6	2	3	1
1999	5	5	5	—	—
2000	3	3	2	—	1
2001	7	10	9	—	1
2002	4	4	1	2	1
2003	3	3	3	—	—
2004	0	0	—	—	—
2005	3	1	1	—	—

第四节 法纪检察

1986年，将法纪检察工作从经济法纪检察科分离出来，单设法纪控告申诉检察科，在具体工作中，坚持以预防为主，将“侵权、渎职”犯罪案件作为工作重点，结合实际开展工作。1987年初，区委组织开展“反对官僚主义”“整顿机关作风”等教育活动，基层生产单位结合教育活动和本单位工作实际开展“玩忽职守”是企业管理者责任事故的主要根源。这些活动为预防和减少法纪案件打下基础。全年立案1起、审结1起。

1990年，区检察院先后深入贮木加工厂等18家企事业单位宣讲“重大责任事故和玩忽职守”案件犯罪构成和其他法律知识。向全区所属70个基层单位印发70多份《法纪案件立案标准的规定（试行）》，利用党校办基层领导干部培训班机会，上法纪课。通过多种形式宣传，受教育者达5000多人次。全年受案4起、立案、结案各1起，转其他部门处理3起。

1996年，根据党和国家严厉惩治腐败指示，区检察院把法纪检察工作作为惩治腐败重要组成部分，根据市院指示：把主要精力放在“侵权”“渎职”犯罪法律监督上。全年受案3起、立案1起、结案1起，转其他部门处理2起。挽回经济损失5.5万元，为林业企业清回货款20万元。

1999年，区检察院针对法纪案件犯罪对象主要是国家机关、企事业单位工作人员，他们具有一定社会地位和权势，懂政策、熟业务、有经验，具有反侦查能力。采取把好“两关”：立案抓个“实”字，在初查阶段获得一定证据后，迅速立案；侦查取证抓个“准”字，把证据搞准，是办好案件的依据。全年受理法纪案件2件2人、立案工件2人、结案2件2人，挽回经济损失2万元。

2002年，区检察院认真执行市院提出的“打击、监督、预防、保护”四位一体工作格局，在法纪检察工作中突出抓好“预防职务犯罪”，成立领导小组，制定了“预防职务犯罪、促进经济发展、社会稳定”工作实施方案。在6月份宣传活动中，接待群众法律咨询20人次，受教育群众达600多人次。全年受案3件4人，立案3件4人，起诉2件2人，继续侦查1件2人。2005年受案1件1人，立案1件1人。

1986—2005年，共受案51件56人。其中起诉23件24人；免诉3件4人；继续侦查3件4人；改其他处理22件24人。

1986—2005年五营区检察院查处法纪案件情况统计表

表20-2-5

项目＼年份	受案		其中							
	（件）	（人）	起诉		免诉		继续侦查		其他处理	
			（件）	（人）	（件）	（人）	（件）	（人）	（件）	（人）
合计	51	56	23	24	3	4	3	4	22	24
1986	1	1	1	1	—	—	—	—	—	—
1987	1	1	1	1	—	—	—	—	—	—
1988	5	7	1	2	1	2	—	—	3	3
1989	2	2	—	—	2	2	—	—	—	—
1990	4	4	1	1	—	—	—	—	3	3
1991	1	1	1	1	—	—	—	—	—	—
1992	3	3	1	1	—	—	—	—	2	2

续表 20-2-5

年份 \ 项目	受案		其中							
			起诉		免诉		继续侦查		其他处理	
	（件）	（人）	（件）	（人）	（件）	（人）	（件）	（人）	（件）	（人）
1993	2	2	—	—	—	—	—	—	2	2
1994	7	7	1	1	—	—	2	2	4	4
1995	1	1	1	1	—	—	—	—	—	—
1996	3	3	1	1	—	—	—	—	2	2
1997	3	3	3	3	—	—	—	—	—	—
1998	5	7	1	1	—	—	—	—	4	6
1999	2	2	2	2	—	—	—	—	—	—
2000	1	1	—	—	—	—	—	—	1	1
2001	4	4	4	4	—	—	—	—	—	—
2002	3	4	2	2	—	—	1	2	—	—
2003	2	2	1	1	—	—	—	—	1	1
2004	—	—	—	—	—	—	—	—	—	—
2005	1	1	1	1	—	—	—	—	—	—

第五节 控告申诉

一、举报宣传

1997 年，控告申诉检察科成立后，为拓宽案源，干警经常深入到全区企事业单位进行举报宣传，开展宣传月、宣传周活动 5 次；院领导利用有线电视做专题讲话 3 次。

1999 年 6 月，一次举报宣传周活动，出动干警 13 人，在繁华地段设立举报宣传站、法律咨询台，展出重大经济案件挂图 10 幅，宣传扳报 10 处，接待法律咨询 40 多人次，拓宽案源达 17 件。

2004 年，区检察院开展大型举报宣传活动 3 次，出动干警 30 多人次，通过区电视台，设举报宣传站、出扳报挂图和张贴标语等形式宣传“检务十公开”（注）全年接待群众来访 38 人次，受理案件举报线索 3 件。

二、来信来访

1997 年，建科以来，始终把人民群众来信、来访工作作为大事来抓，建立了检察长接待日制度，实行检务公开制度，使广大人民群众深知本院受理案件范围，控告申诉举报人权力和义务。1997 年接待来信来访就达 86 人次，受理控告申诉举报案件 21 件、28 人，查结 14 件 20 人，有效地拓宽了案源。

2001 年，接待群众来访 34 人，受理举报线索 20 件，移送纪委 2 件，公安机关 11 件，区检察院反贪局 2 件，本科初查 5 件，其中移送本院法纪局立案侦查 3 件。

2004 年，区检察院把接待群众信访工作当成服务群众的“窗口”，对信访群众服务的好坏，直接关系到案源多少。全年信访工作无一起越级申诉、赔偿和重复申诉。全年信访 38 人次，受理举报线索 13 件，其中转市院 3 件，转其他部门处理 4 件，本院初查 4 件，待处理与存查各 1 件。

三、接待工作

1997年，区检察院积极开展创建文明接待室活动，在原设有举报箱基础上又增设专用举报电话，接待群众信访上至检察长下至干警实行挂牌办公。

2002年，区检察院根据个别接待信访干警存有“态度生硬、不耐烦”心态，在干警中开展控申举报工作以“文明接待、热情服务、内强素质、外树形象”活动。切实有效地发挥检察机关控申举报职能作用。使来访者把心理话说出来、把举报问题留下，把问题解决在基层，防止出现越级访、集体访、告急访发生。

2003年，经省检察院调查，同年10月份，接待室被省院命名为省级规范化接待室。一直坚持到2005年未变。

四、案件审理

自1997年，开展控告、申诉举报工作以来，审理控、申案件注重防错、防漏、贯彻“一要坚决、二要慎重、务必搞准”原则。严格执行办案制度，注意调查研究，实行全案审查，杜绝或减少复查案件中的错案发生，提高案件审理质量。由于区检察院控告申诉工作宣传教育到位，热心周到服务，使群众有事愿意来办、有话愿意来讲，有效拓宽了案源。

1997—2005年，区检察院共受理来访控、申362人次，受理案件线索130件：向市院转送3件，区检察院初查51件，转其他部门处理69件，存查6件，待处理1件。

1997—2005年五营区检察院控告申诉情况统计表

表20-2-6

年份	控申人数（人）	受理线索（件）	转送市院（件）	初查（件）	待处理（件）	存查（件）	转有关部门处理（件）
计	362	130	3	51	1	6	69
1997	86	21	—	14	—	—	7
1998	20	10	—	4	—	—	6
1999	40	17	—	4	—	2	11
2000	45	13	—	7	—	2	4
2001	34	20	—	5	—	—	15
2002	38	12	—	4	—	1	7
2003	36	14	—	—	—	—	14
2004	38	13	3	4	1	1	4
2005	25	10	—	9	—	—	1

第六节　民事行政检察

1992年，区检察院根据上级检察部门指示，成立民事行政检察科，按区委、区政府要求和区检察院工作目标，本着“立检为公、执法为民”思想积极开展民事行政工作。

1992—1997年，该院根据民事行政检察工作起步晚，缺乏案源，院党组决定实行一把手工程，建立了责任制度，检察长亲自抓，主管副检察长具体抓机制，采取向全区各企事业单位发送民行检察宣传单、区中心大街设民行检察咨询台、主管检察长发表民行内容电视讲话等方法来拓宽案源。共受理民事行政案件 7 件，其中，提请抗诉 2 件、建议提请抗诉 1 件、息诉处理 4 件。

2000 年，区检察院为进一步增强广大群众对民事行政工作认识和了解，还采取在中心大街设立宣传站开展咨询活动，张贴民行工作宣传挂图并配有讲解员，正、副检察长亲自上街接待、解答群众提出的法律热点和难点问题。全年受理民行案件 4 件，其中，提请抗诉 3 件，并经市检察院向市中级人民法院提出抗诉 3 件，另一件因不符合控诉条件而终止审查。

2002 年，区检察院把宣传教育工作与日常工作相结合，采取抽出部分干警深入到企事业单位群众中进行宣传，增强群众对民事行政工作认识了解。为群众解答法律问题 40 多条。全年共受理民行案件 5 件，立案 5 件，提请抗诉 3 件，经市检察院向市中级人民法院提请抗诉 3 件，提请检察建议 2 件。

2005 年，为适应规范执法、保护当事人的合法权益，维护国家民事、行政法律正确开展，干警经常深入到广大群众中开展宣传教育，向基层单位发放宣传单 500 多份；在中心大街人员密集处多次设立法律咨询台，解答群众提出的问题；有时出动宣传车深入到林场所和人口密集处进行宣传。全年受理民行案件 3 件、立案 2 件、息诉 1 件，提出抗诉 1 件，向市院提出抗诉、提请检察建议 1 件，年底前市院未作决定。

1992—2005 年，共受理民行案件 33 件，立案 27 件，检察建议 6 件，提请抗诉 19 件，市院向中级人民法院提请抗诉 19 件、息诉 8 件。

1992—2005 年五营区检察院民事行政案件情况统计表

表 20-2-7　　单位：件

年份	受案	立案	检察建议	提请抗诉	市院向市中级人民法院提请抗诉	息诉
计	33	27	6	19	19	8
1992—1997	7	3	1	2	2	—
1998	4	3	2	1	1	1
1999	4	4	—	3	3	1
2000	4	4	—	3	3	1
2001	1	1	—	1	1	—
2002	5	5	2	3	3	—
2003	3	3	—	3	3	—
2004	2	2	—	2	2	—
2005	3	2	1	1	1	1

第七节　监所检察

区检察院在监所检察中积极主动与公安、法院、政法委等部门密切配合，1986 年始，对监所监政管理、监所秩序、遵守监规、教育罪犯认罪服法等进行检察，把执法检察放在首位。

1987 年，区检察院依据法律规定，把监所检察原则性与灵活性密切结合，讲究方法、注重实效，对执行监外人犯建立了档案和定期检察制度，全年纠正公安部门超侦查时限 1 人，超收审时限 21 人，无证押人 8 人，检察自侦案件超时限 1 人。

1994 年，区检察院对监所坚持把执法检查放在首位。重大节假日、重要活动日必检，半年进行联合检查，驻监所干警每月检察不少于 20 次，及时整改发现的问题，确保监所安全。全年安全检察 60 次，提整改意见 8 次。发现违法违纪问题 4 件。

2000 年，区检察院重视监所执法检察工作，主动与公安、法院、政法委协商，积极开展安全防范检查，全年大型联合检查 7 次，对保外就医等监外 5 种人犯联检两次，对违法违纪无证押人 4 件 4 人得到及时纠正，纠正率 100%。

2005 年，区检察院配合公安部门加强监所管理，监所执法检查 66 次，安全防范检查 93 次，参与清监 9 次、大型联合检查 3 次、与人犯谈话 42 人次、检查人犯食堂 26 次，召开政法有关部门参加联席会议 2 次。

第八节　队伍建设

一、领导班子建设

1986—1988 年，组织干警学习马列主义毛泽东思想同时，加强自身学习，党组成员学习组先行一步，然后在全院干警学习时，结合工作实际介绍自己的学习体会和经验。1990 —1994 年，院党组根据社会上存在一些不正风气，在加强干警政治素质教育同时，院党组首先加强自身拒腐防变教育，学习党和国家制定的法律、法规，学习党章，学习有关廉政建设方面的文件。找反面人物贪赃枉法案例，做到警钟长鸣，使党组成员增加了反腐蚀能力，在办案过程中，带头冲破各种阻力，排除各种干扰，拒绝吃请 20 多次，拒绝送礼品 10 余次，依法秉公办案，为全院干警做出榜样。

2000 年，根据最高检察院和省院队伍建设工作会议精神，把队伍建设作为一项长期的任务，坚持常抓不懈。在民事行政检察宣传教育中，以院长为首全体党组成员上街，亲临现场接待，并解答群众提出的法律热点和难点问题。在接待来访群众工作中，院长、副院长为来访者点烟、泡茶，礼貌相待，已成习惯。

2002—2005 年，院党组为强化“坚持集体领导和个人分工责任制度”，每年年初制定目标管理责任制度，实行目标分解，层层落实，院党组成立各项工作督办领导小组，除平时检查督办之外，每月 25 日听取汇报，研讨解决各种问题。党组自身建设中，采取发征求意见书，聘请检风检纪监督员等形式以加强自身建设。

二、干警队伍建设

1986—1989 年，社会上丑恶现象时刻影响干警的思想，院党组始终坚持思想政治工作，要求干警贯彻执行“公正执法、加强监督、依法办案、从严治检、服务大局”20 字方针。

1994 年，区检察院党组在干警队伍建设中，开展了“三职”教育，即职业道德、职业纪律、职业责任。并把“三职”教育同为检清廉、反腐败斗争、执法执纪大检查和整顿干警队伍结合起来。全年在办案中拒说情 12 人次，拒吃请 31 人次，拒礼 3 人次 5000 元。

1998 年，区检察院党组把干警队伍建设细化为“思想建设、组织建设、班子建设、教育整顿”四个环节。从新修订“政治理论学习制度”制定“学习经济理论和市场经济知识教育计划”，完善“学习考试考核制度”。全年有 7 人参加全国统一“初任检察官”考试，全部达到合格以上成绩。制定干警争当优秀检察官活动，并以此作为提拔重用干警依据；班子建设中要求党组成员要率先垂范，既当指挥员又当战斗员，要求干警做到的，自己首先做到，此外党组成员严格执行民主集中制，自觉维护班子成员间团结、经常交流交换思想，充分发挥班子整体功能。在教育整顿中，把自己摆进去，查找自己存在问题；不但查找单位集体存在问题，也查自己存在问题，向企事业单位、司法战线发出 50 多封征求意见书，召开社会各类人员座谈会征求意见 3 次；抓执法重点环节，对上年查处案件进行自检、互检、联检、总计复查案件 82 件；对整顿中查摆出的问题制定整改措施，并在整改中制定出“五营区人民检察院办案纪律”等制度。

2000—2005 年，开展“三讲”“三个代表”重要思想（讲学习、讲政治、讲正气和共产党员要代表先进生产力、代表先进文化、代表广大人民群众根本利益）教育活动，年初制定学习方案，定期考试、考核；每月写一篇学习心得体会或论文；采取多种形式征求社会各界职工群众意见。按党员标准和“三个代表”重要思想要求，召开民主评议会，对党组集体、个人和全体干警分层次评议。评议后制定整改措施和完善管理制度。

第三章 审 判

1986—2005年，五营区人民法院依据《中华人民共和国刑法》《中华人民共和国刑事诉讼法》等一系列法律；对同级人民检察院提起公诉案件和刑事自诉案件、民事纠纷和经济纠纷案件，行使诉讼审判活动。严格执行“有法可依、有法必依、执法必严、违法必究”政策，坚持维护人民群众合法权益，确保司法公正原则，为该区经济发展、社会稳定、保障改革和现代化建设事业顺利进行，发挥其职能作用。

第一节 机 构

1986年，区法院设院长1人，副院长1人。职能机构设刑事审判庭、民事审判庭、经济审判庭。

1991年1月，设行政审判庭、执行庭。使“民告官”行政案件步入正常轨道。1991年4月，为强化思想政治工作，提高法警政治素质，设协理员一职，负责全院思想政治工作和职工队伍建设、纪检监察工作。

1997年5月，根据国家审判工作需要增设告诉立案庭、审判监督庭。全院实现立、审分开，审、执分开，审、监分开，使整个审判工作进入规范化、法律化轨道运行。

2002年8月，取消协理员一职，成立政工科。

1986—2005年五营区法院负责人更迭一览表

表20-3-1

姓名	职务	任职时间	离职时间
李学贵	院长	1984年3月6日	1993年9月
蔺思武	院长	1993年9月	1997年7月
赵玺良	院长	1997年7月	—
李柏林	副院长	1985年2月3日	1988年3月19日
王立忠	副院长	1988年3月25日	1996年3月25日
刘淑敏	协理员	1991年4月	1996年3月25日
刘淑敏	副院长	1996年3月25日	2002年8月
李忠阳	副院长	1996年3月25日	—

续表 20-3-1

姓名	职务	任职时间	离职时间
徐慧征	协理员	1997 年 4 月	2002 年 8 月
曹　颖	副院长	2002 年 7 月	—

第二节　刑事审判

1986 年，区法院在刑事审判中，认真贯彻实施《刑法》《刑事诉讼法》等法律法规，坚持依法办案原则和执行宽、严相济政策，从重、从严、从快审理各类案件。全年共受理强奸、盗窃、盗伐林木、交通肇事、诈骗等各类案件 38 件。案件审结率 100%。

1987 年，区法院采取“三查”办法审判案件。一查侦查起诉的法律文书是否完备；二查证据是否真实可靠；三查起诉书对犯罪事实与犯罪事实认定及运用法律条款是否正确。同时采用与被害人和证人直接见面谈话等办法严把案件事实关、证据关。全年共受理盗窃、强奸、盗伐林木、贪污等各类刑事案件 29 件 32 人，判 5 年以上重刑面占 18.7%，实现结案率 100%。

1990 年，区法院采取提前介入检察机关，了解案情，严把案件质量关，实行合议庭组成人员交叉阅卷，人人把关，保证办案质量。全年受理故意杀人、强奸、抢劫、诈骗各类刑事案件 33 件 45 人，比 1987 年的 29 件 32 人分别上升 4 件和 13 人，判 5 年以上重刑面占 40%，比 1987 年上升 21.3%.

1996 年，根据五营区治安形势积极开展法制宣传教育，通过新闻媒体及时公布重点案件审理结果，壮大从重、从快打击违法犯罪分子严打声威。全年受理检察机关提起公诉案件 57 件 96 人，比 1990 年 33 件 45 人上升 24 件 51 人，判 5 年以上重刑面占 15.6%，比 1990 年重刑面 40% 下降 24.4%。

2001 年，为保证审判案件质量，规定所有刑事案件均由审判委员会讨论全年受理刑事案件 92 件 127 人，比 1996 年 57 件 96 人上升 35 件 31 人：其中奸淫幼女案 4 件 4 人；故意伤害案 11 件 11 人；放火案 2 件 2 人；盗窃案 16 件 20 人；贪污案 4 件 6 人；挪用公款案 2 件 3 人；抢劫案 1 件 1 人；盗伐林木案 32 件 54 人；非法收购盗伐林案 1 件 1 人；其他 6 件 7 人。实现案件审结率 100%，审结时限 17 天，比法定审限 30 天减少 13 天。判 5 年以上重刑面占 7.1%，比 1996 年 15.6% 下降 8.5%。

2005 年，根据五营区治安形势，重点打击严重暴力杀人、强奸、故意伤害、盗窃、抢劫等严重影响群众安全感多发性犯罪和盗伐林木严重破坏森林资源犯罪分子予以严惩。全年受理各类刑事案件 45 件，比 2001 年 92 件减少 47 件，其中，杀人案 1 件；强奸案 3 件；故意伤害 7 件；交通肇事案 5 件；抢劫、贪污案各 1 件；盗窃案 13 件；重大盗窃案 1 件；盗伐林木案 7 件；猥亵案 1 件；其他 5 件。案件审结率 100%。判处各类人犯 47 人，比 2001 年 127 人下降 81 人；判处有期徒刑的 27 人，占 58.6%；判 5 年以上重刑犯 6 人，占 12.8%，比 2001 年 7.1% 上升 5.7%。

1986—2005 年，审结各类刑事案件 939 件；一审刑事案件处理被告人 1287 人，其中 5 年以上重刑犯 172 人，占 13.4%。

1986—2005年五营区人民法院刑事案件情况统计表

表 20-3-2

单位：件

年份＼犯罪名称	杀人	过失致人死亡	强奸	转移赃物	故意伤害	交通肇事	奸淫幼女	拐卖妇女	抢劫	贪污	流氓	重大盗窃	诈骗	放火	挪用公款	非法收购	其他	合计
合计	9	2	58	13	89	33	13	2	22	52	21	2	16	6	5	6	81	939
1986	1	—	6	—	—	1	2	—	—	—	—	—	1	—	—	—	5	38
1987	—	—	3	—	1	2	3	—	—	2	1	—	3	—	—	—	2	29
1988	1	—	3	—	11	3	—	—	—	—	4	—	1	—	—	—	—	30
1989	—	—	6	—	—	2	2	—	1	—	2	—	—	—	—	—	2	29
1990	2	—	7	—	—	—	2	—	1	—	1	—	1	—	—	—	2	33
1991	—	—	1	—	3	—	—	—	—	1	1	—	—	1	—	—	—	32
1992	—	—	9	—	9	1	—	—	2	—	4	—	—	—	—	—	3	47
1993	2	—	3	—	—	—	—	—	—	—	3	—	—	—	—	—	6	33
1994	—	—	2	—	1	—	—	—	4	4	1	—	—	—	—	—	—	32
1995	—	—	—	—	—	—	—	—	2	5	—	—	—	—	—	—	—	41
1996	1	—	3	—	—	—	—	—	—	6	4	1	3	1	—	—	—	57
1997	—	—	2	—	—	—	—	—	1	11	—	—	2	—	—	—	—	42
1998	—	—	1	—	5	1	—	—	1	8	—	—	1	—	1	—	6	49
1999	—	—	2	—	—	2	—	—	3	8	—	—	2	—	2	—	10	82
2000	—	—	3	—	4	5	—	2	2	1	—	—	—	—	—	—	10	62
2001	—	—	—	9	11	1	4	—	1	4	—	—	—	2	2	4	6	92
2002	1	2	—	4	14	1	—	—	1	1	—	—	—	—	—	—	10	70
2003	—	—	1	—	10	8	—	—	1	—	—	—	1	—	—	—	8	51
2004	—	—	3	—	13	1	—	—	1	—	—	—	1	2	—	2	5	45
2005	1	—	3	—	7	5	—	—	1	1	—	1	—	—	—	—	6	45

1986—2005年五营区人民法院一审刑事案件情况统计表

表 20-3-3

单位：人、%

年份＼项目	判决人数	其中											重刑面
		二十年以上	十五年以上	十年以上	五年以上	不满五年	缓刑	拘役	管制	免处	罚金	其他	
合计	1287	—	1	43	128	421	298	137	159	20	26	54	13.4
1986	47	—	—	1	14	14	9	8	1	—	—	—	31.9
1987	32	—	—	4	2	8	7	6	4	1	—	—	18.7
1988	42	—	1	1	6	15	7	11	—	1	—	—	19.0
1989	37	—	—	3	7	19	6	2	—	—	—	—	27.0
1990	45	—	—	8	10	16	4	7	—	—	—	—	40.0
1991	49	—	—	—	10	17	17	2	—	1	—	2	20.4
1992	71	—	—	4	9	38	15	4	—	1	—	—	18.3
1993	37	—	—	—	8	14	12	1	—	2	—	—	21.6
1994	41	—	—	3	13	11	11	—	—	3	—	—	39.0

续表 20-3-3

项目 年份	判决人数	其中											重刑面
		二十年以上	十五年以上	十年以上	五年以上	不满五年	缓刑	拘役	管制	免处	罚金	其他	
1995	63	—	—	5	7	20	26	1	—	4	—	—	19.0
1996	96	—	—	3	12	39	31	6	—	2	—	3	15.6
1997	68	—	—	2	4	10	27	2	12	1	5	5	8.8
1998	79	—	—	1	4	17	12	24	18	—	3	—	6.3
1999	121	—	—	3	5	27	29	20	16	—	11	10	6.6
2000	78	—	—	1	2	12	10	15	29	1	—	8	3.8
2001	127	—	—	—	9	24	20	15	44	2	—	13	7.1
2002	97	—	—	—	2	50	12	8	20	—	—	5	2.0
2003	60	—	—	—	1	24	19	2	6	—	—	8	1.6
2004	50	—	—	1	—	26	9	2	8	—	4	—	2.0
2005	47	—	—	3	3	20	15	1	1	1	3	—	12.8

第三节　民事案件审判

1987 年，民事庭有 9 人，全年立案达 110 件（含旧存 1 件），其中抚育案 2 件；赡养案 2 件；离婚案 83 件；房产纠纷案 2 件；债务案 7 件；继承案 2 件；宅基地案 1 件；劳动与医疗赔偿案 8 件；其他 3 件。结案 107 件，其中调节成功 82 件，占结案总数 76.6%；撤诉 15 件占 14%；判决 10 件，占 9.3%。未结 3 件，结案率 97.3%。

1990 年，全年立案 260 件（含旧存 6 件）比 1987 年 110 件增加 150 件。其中离婚案 186 件；抚育案 2 件；赡养案 4 件；财产纠纷案 10 件；房屋案 4 件；债务案 31 件；赔偿案 10 件；继承案 6 件；宅基地案 3 件；其他 4 件。审结 257 件，其中调节成功 170 件，占结案件总数 66%，比 1987 年 76.6% 下降 10.6%。撤诉 64 件，判决 17 件，移送 7 件，终止 2 件。结案率为 98.8% 比 1987 年 97.3%，提高 1.5%。

1996 年，区法院从稳定社会大局出发，耐心细致做好疏导和调节工作，严格执行国家法律，遵守审判纪律，努力提高办案质量，结案率为 100%，比 1990 年 98.8% 提高 1.2%。全年共受理民事案件 277 件，比 1990 年 260 件上升 17 件，比 1987 年 110 件上升 167 件。其中离婚案 215 件；房屋案 4 件；债务案 45 件；赔偿案 11 件；继承案 1 件；其他 1 件。调节成功 155 件，占案件总数 56%，比 1990 年 66% 下降 10%，撤诉 67 件；判决 51 件；终止 4 件。

2000 年，法院在审理民事案件中，强化当事人举证责任，在强化庭审功能的同时，继续采取会同涉案人单位领导、群团组织负责人、亲朋好友配合，反复耐心、细致工作化解矛盾等有效方法，实现结案率 100%。全年共受理民事案件 230 件，比 1996 年 277 件减少 47 件。其中离婚案 122 件；抚育案 3 件；赡养案 2 件；房屋案 2 件；债务案 45 件；赔偿案 44 件；宅基地案 2 件；其他 10 件。调节成功 86 件，占案件总数 37%，比 1996 年 56% 下降 19%，比 1990 年 66% 下降 29%；撤诉 65 件；判决 79 件。

2005 年，印制了“举证须知”“诉讼风险告知书”各 260 份，采用了“简易程序”和设立“速裁庭”办法，解决当事人难题。全年共受理民事案件 99 件，比 2000 年 230 件下降 131 件，比 1996 年

277件下降178件。其中离婚案62件；抚育案4件；财产纠纷案1件；房屋案1件；赔偿案28件；其他3件。审结99件，结案率100%，调节成功50件，占案件总数50.5%，比2000年37%，提高13.5%，比1996年56%下降5.5%；撤诉21件；判决28件。

1986—2005年，共发生民事案件4356件，审结4347件，结案率为99.79%；调节成功2520件，占审结案件总数57.97%。

1986—2005年五营区人民法院民事案件审结情况统计表

表20-3-4

单位：件

项目 年份	立案	结案	未结	结案率%	收案分类										
					离婚	抚育赡养	财产纠纷	解除同居	房屋	债务	赔偿	继承	宅基地	其他	调解
1986	68	68	0	100	52	3	2	—	1	5	3	—	1	1	50
1987	110	107	0	97.2	83	4	—	—	2	7	8	2	1	3	82
1988	176	176	0	100	143	6	—	—	2	14	4	3	—	4	125
1989	215	215	0	100	167	4	2	—	—	17	5	4	6	10	172
1990	260	257	3	98.9	186	6	10	—	4	31	10	6	3	4	170
1991	277	277	0	100	217	4	6	—	4	33	8	3	2	—	198
1992	286	286	0	100	200	5	8	—	4	45	14	4	6	—	189
1993	284	284	0	100	229	—	—	—	4	44	7	—	—	—	204
1994	244	244	0	100	187	—	—	—	3	44	8	1	1	—	147
1995	238	238	0	100	188	—	—	—	5	31	12	2	—	—	150
1996	277	277	0	100	215	—	—	—	4	45	11	1	—	1	155
1997	309	309	0	100	234	—	—	—	6	47	15	2	—	5	140
1998	236	236	0	100	168	—	—	—	7	35	22	1	—	3	121
1999	293	293	0	100	207	—	—	—	—	40	37	1	7	1	120
2000	230	230	0	100	122	5	—	—	2	45	44	—	2	10	86
2001	204	204	0	100	135	7	—	4	—	28	23	1	—	6	92
2002	195	193	2	99	125	5	—	4	—	20	29	—	—	12	78
2003	204	204	0	100	151	8	—	1	1	—	30	1	—	10	86
2004	151	150	1	99.3	120	5	2	—	—	—	18	—	—	6	103
2005	99	99	0	100	62	4	1	—	1	28	—	—	—	3	50

第四节　经济案件审判

1986年，区法院在审理经济纠纷案件中保护企业合法权益、帮助企业审查签订经济合同中，把服从和服务经济体制改革和经济建设作为出发点、落脚点、积极参与经济管理。全年共受理经济案件27件，审结27件，结案率100%。

1987年，区法院以《中华人民共和国经济合同法》《中华人民共和国民事诉讼法》为武器为五营区腐乳厂索回货款5万元。为林业局索回货款46万元。全年共受理经济案件27件，审结27件，结案率100%。其中购销案4件；合同纠纷案2件；借款案21件。调处解决25件，占案件总数92.6%；撤诉2件。解决争议标的额70.85万元。

1991 年，区法院把为经济建设和改革开放作为经济审判的出发点和落脚点，积极参与清理企业“三角债”，全院有 8 人，平均每人在外办案 200 天，为企、事业单位回收货款 82 万元。全年受理经济案件 48 件，审结 48 件，结案率 100%，比 1987 年 27 件增加 21 件。其中加工承揽合同案 4 件；购销案 14 件；合同纠纷案 6 件；借款案 24 件。调处成功 25 件，占案件总数 52%，比 1987 年 92.6%，下降 40.6% 诉讼标的额 110 万元，比 1987 年 70.85 万元增加 39.15 万元。

1996 年，经济案件审理工作在人少、工作量大的情况下，采取抓主要案件、抓案件重要环节。院领导亲自参与办案，使很多案件得到审结。全年受理经济案件 27 件，比 1991 年 48 件减少 21 件。其中加工承揽合同案 1 件；购销案 11 件；承包案 1 件；合同纠纷案 3 件；借款案 11 件；审结 27 件，结案率 100%。调处成功 16 件，占案件总数 59%，比 1991 年 52% 增加 7%；撤诉 2 件；移送 1 件；判决 8 件，诉讼标的额 120 万元，比 1991 年 110 万元增加 10 万元。

1999 年，举办了国有企业、集体企业、个体经济管理人员参加的新《合同法》辅导班，法警还深入到企业单位，帮助企业审查签订经济合同 40 余份，为企业、公民提供法律咨询服务 60 余人次。这些措施为降低经济案件发案率打下了基础。全年受理经济案件 1 件，是 1986—2005 年期间最少 1 年，结案 1 件，调处成功 1 件。为企业清收贷款、欠款 67.4 万元。

2004 年，区法院法警采取经常深入到企业、集体和个体经济中去，服务上门，帮助他们整章建制，完善管理办法，保障债权人合法权益，为企业创造良好经济发展环境，同时也拓宽了案源，全年受理经济案件 19 件，比 1999 年 1 件增加 18 件，结案率 100%，其中加工承揽合同案 1 件，合同纠纷案 14 件，借款案 2 件，其他 2 件。调处成功 1 件，占案件总数 5.3%，判决 13 件，撤诉 5 件。

2005 年，全年共发生经济案件 24 件，结案 24 件，结案率 100%。

1986—2005 年，共发生经济案件 441 件，结案 441 件，结案率 100%，调处成功 225 件，占发案总数 51%。

1986—2005 年五营区人民法院一审经济案件情况统计表

表 20-3-5　　单位：件

项目 / 年份	立案	结案	结案率 %	调处
合计	441	441	100	225
1986	27	27	100	24
1987	27	27	100	25
1988	10	10	100	9
1989	28	28	100	—
1990	31	31	100	27
1991	48	48	100	25
1992	48	48	100	26
1993	23	23	100	14
1994	10	10	100	4
1995	29	29	100	14
1996	27	27	100	16
1997	21	21	100	14
1998	3	3	100	3
1999	1	1	100	1
2000	2	2	100	—
2001	9	9	100	3

1986—2005年五营区人民法院一审经济案件情况统计表

续表 20-3-5

单位：件

项目 年份	立案	结案	结案率 %	调处
2002	14	14	100	2
2003	40	40	100	10
2004	19	19	100	1
2005	24	24	100	7

第五节　行政审判与执行

一、行政审判

1989年，《中华人民共和国行政诉讼法》（后简称《行政诉讼法》）颁发后，院党组根据省院、市院要求，组织执法人员学习《行政诉讼法》，并结合上级法院有关行政审判案例，摸索和探索行政案件的处理方法与量刑尺度；结合普法教育工作的开展，配合其他司法

部门采取不同形式组织群众学习和向群众宣传《行政诉讼法》，宣传教育面达86%。

1990年，根据上级法院要求，成立行政审判庭。使行政审判工作步入法治化轨道。

1991年，受理行政案件2件，审结2件，结案率100%。

1996年，受案2件，审结2件，结案率100%，全部实现法定时限内审结。

2000年，区法院利用宣传车、广播电视讲座等多种形式向全社会宣传《行政诉讼法》，促进了行政机关依法行政、维护公民、法人的合法权益。全年受理行政案件3件，结案3件，结案率100%。

2005年，受理行政案件3件，结案3件，结案率100%。

1991—2005年，共发生行政案件35件，连续14年（不含1994年）结案率均为100%。

1991—2005年五营区人民法院一审行政案件审结情况统计表

表 20-3-6

单位：件、%

项目 年份	收案	结案	未结案	结案率
合计	35	35	0	100
1991	2	2	0	100
1992	3	3	0	100
1993	3	3	0	100
1994	0	0	0	—
1995	3	3	0	100
1996	2	2	0	100
1997	3	3	0	100
1998	4	4	0	100
1999	2	2	0	100
2000	3	3	0	100
2001	2	2	0	100
2002	1	1	0	100
2003	1	1	0	100
2004	3	3	0	100
2005	3	3	0	100

说明：1990年前，查不到收审行政案件数

二、立案执行

1991 年 1 月，依据国家法律规定和上级法院要求，区法院成立执行庭，把涉及财务、债务等给、付执行程序从审判庭剥离出来，实行审执分开。区法院根据执行难问题，将一次给付变通为分期给付或延期给付期限；变通给付财产等措施。全年受理执行案件 41 件，结案 41 件，执行率 100%。执行标的额 22.5 万元。

1999 年，院党组决定成立“执行年”活动领导小组，制定了活动方案，利用宣传车、咨询台、电视讲话等方式向社会各界及广大群众广泛宣传，责令被执行人申报财产，召开被执行人会议，督促被执行人履行义务。全年受理执行案件 46 件，比 1991 年增加 5 件。结案 46 件，自动履行义务就有 20 件，占执行案件总数 43.48%，执行标的额 36.5 万元，比 1991 年增加 14.0 万元。

2005 年，保护当事人的合法权益，采取全力收集有关证据多方查找义务人的经济来源，防止将财物转移隐匿，躲避执行；依法照顾弱势群体，凡涉及抚养、赡养、养老金、劳动报酬等案件，优先予以执行，坚持与相关单位协助办案原则，慎重使用强制措施。全年受理案件 22 件，比 1999 年减少 19 件，审结 22 件，结案率 100%，执行标的额 26.48 万元，比 1999 年减少 10.02 万元。

1990—2005 年五营区人民法院执行案件情况统计表

表 20-3-7

项目 年份	旧存 （件）	新收 （件）	结案 （件）	未结 （件）	审结率 （%）	执行标的额 （万元）
合计	24	648	648	24	96.43	457.6
1990	—	15	15	—	100	18.9
1991	—	41	41	—	100	22.5
1992	—	51	51	—	100	28.6
1993	—	82	62	20	75.6	19.7
1994	20	15	35	—	100	43.7
1995	—	31	31	—	100	16.0
1996	—	10	10	—	100	8.1
1997	—	41	41	—	100	16.9
1998	—	33	33	—	100	19.8
1999	—	46	46	—	100	36.5
2000	—	81	81	—	100	97.19
2001	—	57	57	—	100	13.54
2002	—	59	55	4	93.22	34.1
2003	3	26	29	—	100	29.94
2004	1	38	39	—	100	25.65
2005	—	22	22	—	100	26.48

第六节 人民陪审与信访接待

一、人民陪审

1986 年，院党组认真贯彻执行《中华人民共和国法院组织法》，始终坚持实行人民陪审员参与陪审制度。对原有陪审人员存在年龄偏大、法律专业知识低，文化基础不高等问题，院党组采取在全区各企事业单位、部门中、实行边工作、边发现人才，通过一段时间调查了解、并经多方面考核，于 1998 年聘请省法学会会员、省法学会系统先进工作者，即有法律专业知识、应辩能力强，又热爱此项工作的高济昌等 6 人为区法院陪审员，区人大常委会又颁发了任命书。

1998 年以后，区法院针对企业单位纠纷案件发案率较高，组织陪审人员和全院法警维护中植集团等企业的利益，避免经济损失 650 万元。

2002 年，高济昌撰写的《依法治企的需要》一文，获黑龙江省法学会社会科学优秀科研成果三等奖。陪审员高济昌撰写的《加快司法陪审制度发展和完善》在黑龙江省法学会 2003 年度法理学、宪法学、学术论文评比中，荣获优秀论文一等奖。

陪审人员积极参加法院调研活动，拉动了法官与陪审员整体素质的提高。区法院坚持实行陪审员制度，提高办案质量、防止冤、假、错案的发生，至 2005 年。

二、信访接待

1986 年，信访接待工作只是一般性接待，有时接待人员态度生硬，使来访者望而却步，全年信访接待收案只有 120 件，在收案 120 件中，立案 101 件，说服息诉 17 件，占立案总数 16.8%。1988 年，做到文明上岗、文明接待，先后制定了《五营区人民法院信访接待制度》《五营区人民法院信访接待员工作目标责任制度》《五营区人民法院信访接待工作文明用语》等文件，规范了来信来访工作。全年收案 213 件，比 1986 年增加 93 件，立案 193 件，说服息诉 15 件，占立案数 7.8%，比 1986 年减少 9%。

1992 年，信访接待工作由过去“办事型”向“参谋型”转变，通过认真分析研究后，把重要问题及时反馈给领导和有关部门，使之有针对性地采取对策化解矛盾，维护社会稳定。全年发生信访接待案件 392 件，比 1988 年增加 179 件，比 1986 年增加 272 件。立案 377 件，说服息诉 11 件，占立案总数 2.9%，比 1988 年减少 4.9%，比 1986 年减少 13.9%。

1998 年，信访工作从社会稳定大局出发，对各类来信来访当事人采取及时慎重处理，不积压，不准发生误转、误办、不准出现推脱，接访后不准再有重访、缠访，对群体性、突发性来访当事人要耐心做思想工作，控制情绪并及时向区委、区政府和有关部门通报，共同协调化解矛盾。全年发生信访接待案件 269 件，比 1990 年减少 123 件，比 1988 年增加 56 件。立案 241 件，说服息诉 25 件，占立案数 10.4%；比 1992 年增加 7.5%，比 1988 年增加 2.6%。

2005 年，区法院设立了速裁厅，积极推行便民、快速立案措施，全年当天立案率达 98%，对老弱病残当事人到法院起诉不方便，采取“上门立案”，受到群众好评。全年信访接待收案 187 件，比 1998 年 269 件减少 82 件，比 1990 年 392 件减少 205 件。立案 150 件，说服息诉 27 件，占立案数 18%；比 1998 年 10.4% 增加 7.6%，比 1992 年 2.9% 增加 15.1%.

1986—2005 年五营区人民法院信访接待工作情况统计表

表 20-3-8

单位：件

年份	收案数	立案数	说服息诉	调处
合计	5651	5240	280	131
1986	120	101	17	2
1987	145	137	7	1
1988	213	193	15	5
1989	261	244	13	4
1990	321	308	9	4
1991	381	375	6	—
1992	392	377	11	4
1993	367	356	9	2
1994	301	289	9	3
1995	331	297	25	9
1996	334	315	16	3
1997	413	404	—	9
1998	269	241	25	3
1999	313	297	10	6
2000	265	237	4	24
2001	238	215	5	18
2002	230	211	6	13
2003	303	282	17	4
2004	267	211	49	7
2005	187	150	27	10

第四章　司法行政

1986—2005年，司法行政机关，坚持四项基本原则，坚持改革开放总方针，为经济建设服务，为社会主义民主与法治服务，为国家长治久安服务，为便民服务，认真开展司法行政工作。无论是人民调解、劳改劳教、律师公证、还是普法宣传等工作，都开展得较好而卓有成效。尤其在以法治国，以法治企和提高广大人民群众法律意识等的新形势下，把“一五”至“四五”（1986—2005年）的普法宣传工作，做重点工作来抓，取得很好的实效。

第一节　机　构

1981年4月7日，成立五营区司法科。

1986年12月27日，司法科更名为司法局。

1990年3月，设立劳改劳教工作站。

1991年7月，设普及法律办公室，设副主任1人。

1997年6月，五营区律师事务所改称为伊春市五营律师事务所，设主任1人，同年7月，朱桂兰兼公证员至2001年6月。

2005年3月，更名为黑龙江五营律师事务所。司法局设局长1人，副局长1人，科员4人。

第二节　人民调解

1986年，民调工作化解矛盾，主要坚持“调防结合、以防为主”的方针，民调人员为使这一方针落到实处，不断摸索民调工作经验，提高调解能力，有效地预防由民事纠纷激化而导致恶性案件发生，以真正起到“第一防线作用”。年内，民调案件发生75起，调解成功72起，成功率96%。

1991年，民调案件发生80起，调解成功78起，成功率97.6%，比1986年提高1.6%。

2002年，发生民调案件75起，调解成功75起，成功率100%，比1991年提高2.4%。

2005年，发生民调案件21起，调解成功21起，成功率100%。

1986—2005年，全区共发生民间纠纷案件1616件，调解成功1579件，成功率占97.7%。

1986—2005年五营区民事调解工作情况统计表

表20-4-1 单位：件

年份	民调案件			大排查次数
	发生数	调解数	成功率（%）	
合计	1616	1579	97.7	41
1986	75	72	96.0	2
1987	70	68	97.1	2
1988	88	86	97.7	2
1989	80	78	97.5	2
1990	90	87	97.6	2
1991	80	78	96.6	2
1992	102	99	97.0	2
1993	92	90	97.8	2
1994	80	78	97.5	2
1995	67	65	97.0	2
1996	92	90	97.8	2
1997	80	78	97.5	2
1998	67	65	97.0	2
1999	75	74	98.7	2
2000	77	75	97.4	2
2001	79	78	98.7	2
2002	75	75	100	2
2003	77	76	98.7	3
2004	149	146	98	2
2005	21	21	100	2

第三节 法治宣传

一、“一五”普法（1986—1990年）

“一五”普法宣传期间，全区普法对象28499人，参加学习人数27813人，普及率为97.6%。普法验收测试人数23419人，占应测试总数84.2%，合格率96.9%。顺利通过市级普法部门检查验收。

二、“二五”普法（1991—1995）

五营区“二五”普法宣传期间，全区普法对象28566人，参加学习27860人，普及率97.5%，其中干部总数2342人，参加学习2337人，普及率为99.7%；工人总数9935人，参加学习9451人，普及率为95.1%；青年（含学生）5249人，参加学习4912人，普及率为93.5%；街道妇女和退休人员3418人，参加学习3245人，普及率为94.9%；个体劳动者645人，参加学习575人，普及率为89.1%。全区参加“二五”普法验收测试22862人，占应测试总数82%，合格率99%，顺利通过市普法部门检查验收。

三、“三五”普法（1996—2000年）

“三五”普法宣传期间，全区参加人数有干部2911人，工人9954人，学生7021人，居民、农民、个体户等8736人，总计28622人，普及率为98.1%，合格率100%。司法局成立普法领导小组，制定了五营区“三五”普法检查验收方案和细则，成立三个检查验收组，通过听、查、议、考、评等方法进行验收，经过对865名抽查测试，及格率为98.5%。完成省、市下达“三五”普法工作任务，通过上级主管部门验收。

四、“四五”普法（2001—2005年）

“四五”普法宣传期间，全区普法对象22460人，参加普法人数20030人，普及率为89.2%。其中干部1800人，参加普法1680人，参普率为93.3%，考核合格率为93%；职工8200人，参加普法7600人，参普率为92.6%，考核合格率为92%；居民5100人，参加普法4200人，参普率为82.3%，考核合格率为82%；青少年2300人，参加普法2200人，参普率为95.6%，考核合格率为95%；个体、私营者4700人，参加普法4000人，参普率为85.1%，考核合格率为85%；行政执法人员360人，参加普法350人，参普率为97.2%，考核合格率为97%。

2005年6月，全市“四五”普法验收，抽检全区4个单位2300人。占应参加测试总人数11.5%，考核合格率100%，全区“四五”普法综合得分98.5分，顺利通过上级普法部门验收。

第四节　劳改劳教

1986年，未设劳改劳教专门机构。

1990年3月3日，成立五营区劳动改造劳动教养工作站，配站长（副科级）1人，工作人员1名。

1986年，对“刑释、解教”两放人员回来后建档登记造册，对他们经历、亲属及住址和本人体貌特征详细登记归档。对他们的帮教情况、表现、就业情况、家庭生活状况实行定期考核，将考核情况装入本人档案，便于以后考核管理。

1997年，五营区“两放”人员帮教组织64个267人。178名“两放”人员，登记建档后，帮教组织成员再分工落实帮教对象，建立周见面、月谈话，随时汇报责任制度，“两放”人员接茬教育率达100%。表现较好率95%。1986—1997年178名“两放”人员，除9名年老体弱多病从事家务工作处，其余169名全部按规定协商解决。其中回原单位安置69人；社会安置43人；其他安置25人；自谋职业32人；从事家务9人，安置率94.94%。

1998年，职工发展家庭经济，养木耳、采收松子、采山野菜、野果、种药材、经商、种菜、外地打工等人员逐年增多。“两放”人员回来后，认清了形势，除年龄大、体质弱回原单位、靠领导帮助解决生活出路，多数人员加入到自谋职业行列。

1999年，劳教劳改工作站接收的50名“两放”人员，实行单位包职工、街道包居民、领导包重点，帮教人员全部由党、政、工、青、妇领导组成，接茬教育率100%，帮教对象转好率达96%。当年17名“两放”人员，就有15名自谋职业，占88.23%；

2003年，30名“两放”人员，有26人主动提出自谋职业，占86.66%，其他4名年老体弱或因病由原单位安置就业，实现安置率100%。

2004年，实现“两放”人员无一人重新犯罪。帮教对象表现较好率达96.5%。

截至2005年，为“两放”人员管理建档326人；登记建档率100%。全区有22名“两放”人员自谋职业，安置率达100%。帮教组织10个40人，转好率达96.6%。

1986—2005年，接收“两放”人员326人，其中，自谋职业140人，回原单位安置工作105人；社会安置43人；其他安置26人；从事家务12人。安置率达96.32%。对326名“两放”人员接茬教育率100%，没有发生失控脱管现象。

1997—2005年五营区“两放”人员情况统计表

表20-4-2 单位：人

项目 年份	两放人数			安置情况						帮教组织	帮教人数	转好率%
	刑释	解教	合计	自谋职业	原单位安置	社会安置	其他安置	从事家务	安置率（%）			
合计	245	81	326	140	105	43	26	12	96.32	—	—	96.5
1997	137	41	178	32	69	43	25	9	94.94	64	267	95
1998	12	1	13	8	4	—	—	1	92.31	64	207	96
1999	13	4	17	15	1	—	—	1	94.12	68	36	97
2000	11	4	15	8	6	—	—	1	93.33	12	36	95
2001	9	6	15	12	2	—	1	—	100	20	36	98
2002	11	3	14	13	1	—	—	—	100	20	36	98
2003	22	8	30	26	4	—	—	—	100	20	36	97
2004	15	7	22	4	18	—	—	—	100	12	36	96.5
2005	15	7	22	22	—	—	—	—	100	10	40	96

第五节 律 师

一、机构

1981年，律师机构名称为五营区律师事务所。

1997年6月，更名为伊春市五营律师事务所，人员编制为3人。

2005年3月，更名为黑龙江五营律师事务所，人员编制仍为3人，其中主任律师1人，律师2人。

二、主要工作

1986年，共受理法律顾问14件；刑事辩护10件；民事代理18件；经济代理4件；行政代理1件；非诉讼法律事务25件；解答法律咨询、代写法律文书等185件。

1993年，全年为企、事业单位、社会团体、公民等提供法律服务达222件。

1995年5月15日，全国人大常委会十九次会议通过了《中华人民共和国律师法》（以下简称《律师法》），为律师事业发展，提供了强有力的法制保障。

2000年，五营律师事务所遵循《律师法》各项规定，积极开展工作，全年担任18家企事业单位法律顾问，完成市司法局下达目标任务180%，其中区（局）法律顾问1家，大中型企业11家、乡镇企业2家、事业单位2家、个体企业2家；办理各种案件90件，完成市局下达任务100%，其中，刑事辩护6件；民事诉讼代理34件，涉及财产标的额64万元；经济案件诉讼代理18件，涉及财产标的额120万元；索回赔欠款61万元，避免经济损失31万元；行政诉讼代理6件；非诉讼法律事务26件。办理法律援助案件3件，完成市局下达目标任务的100%。义务法律咨询95件，代写法律文书30件，共提出司法建议64条，出具法律意见书14份。

2005年，为20家企业担任常年法律顾问。其中，区（局）法律顾问1家、大中型企业2家、乡镇企业2家、事业单位12家、个体企业3家；办理各种案件85件，其中：刑事辩护17件；民事诉讼代理21件；经济案件诉讼代理3件，索回赔款12万元，避免经济损失8万元；行政诉讼代理2件；非诉讼法律事务42件。办理法律援助案件3件，义务法律咨询98次，代写法律文书29件，写论文2篇。

1986—2005年，累计为450家企、事业单位担任常年法律顾问；为235名犯罪嫌疑人、被告人进行刑事辩护，维护了被告人合法权益；为611名法人、公民进行民事代理，为他们共挽回或避免经济损失2491万元；为236名公民、法人进行经济代理，挽回或避免经济损失6834万元；为36名公民法人进行行政代理，维护政府部门依法行政形象，也对滥用职权、超越职权责任的行为起到了禁控作用。为537名公民、法人提供非诉讼法律事务服务，收到良好的社会效益；直接面对1521名公民解答法律咨询，为法人和公民代写法律文书464件；法治宣传129次。

1986—2005年五营区律师事务情况统计表

表20-4-3

项目 年份	法律顾问（个）						刑事辩护（件）			
	政府法律顾问	大中型企业	中外合资企业	乡镇企业	事业单位	私（民）营企业	被告人委托	人民法院指定	刑事附带民事原告	法律援助
合计	20	122	8	62	198	40	178	15	4	38
1986	1	2	—	4	7	—	8	1	—	1
1987	1	3	—	4	7	—	8	1	—	2
1988	1	3	—	6	6	—	10	—	1	1
1989	1	3	—	7	7	—	10	—	—	1
1990	1	5	—	6	7	—	12	1	—	2
1991	1	4	1	6	8	—	10	—	—	1
1992	1	4	1	—	8	8	9	2	—	2
1993	1	6	1	4	10	1	9	—	—	2
1994	1	5	1	3	10	1	9	1	—	2
1995	1	5	1	3	12	1	12	—	1	1
1996	1	7	1	3	13	1	10	1	—	1
1997	1	4	1	2	15	3	10	2	—	2
1998	1	12	1	2	12	4	7	1	—	2
1999	1	12	—	2	10	4	10	—	—	1
2000	1	8	—	1	13	5	12	—	—	2
2001	1	10	—	1	11	6	10	1	1	3
2002	1	12	—	1	10	4	7	1	—	3
2003	1	13	—	—	12	5	4	1	1	3
2004	1	2	—	2	12	3	7	1	—	3
2005	1	2	—	1	8	1	4	1	—	3

1986—2005年五营区律师事务情况统计表

续表 20-4-3

单位：件

项目 / 年份	民事代理						经济代理			行政代理		
	婚姻家庭	继承	房产宅基	人身损害	交通肇事	其他	合同	金融证券	其他	代理原告	代理被告	代理第三人
合计	165	14	14	176	132	110	101	2	133	26	8	2
1986	6	—	—	6	4	2	2	—	2	1	—	—
1987	7	—	—	4	3	1	3	—	2	1	—	—
1988	4	—	1	7	5	1	4	—	1	2	—	1
1989	5	1	—	7	5	3	3	—	2	1	—	—
1990	3	1	—	10	7	5	2	—	3	2	—	—
1991	4	—	—	12	6	4	3	—	4	1	1	—
1992	7	—	2	10	8	6	4	—	6	2	—	—
1993	8	—	—	10	4	6	4	2	7	1	—	—
1994	8	2	—	9	7	7	7	—	9	1	—	—
1995	10	—	—	9	7	7	7	—	10	1	—	—
1996	7	—	3	7	9	—	2	—	10	1	—	—
1997	7	—	—	8	10	10	14	—	10	3	3	—
1998	12	—	—	8	12	9	10	—	12	2	—	—
1999	10	2	1	10	4	9	12	—	14	2	1	1
2000	13	—	—	12	12	8	8	—	17	1	—	—
2001	14	1	—	12	10	8	6	—	4	1	—	—
2002	10	1	1	14	9	10	2	—	7	—	—	—
2003	12	2	2	14	9	10	2	—	9	1	1	—
2004	10	3	4	—	—	4	3	—	—	1	1	—
2005	8	1	—	7	1	—	3	—	4	1	1	—

项目 / 年份	非诉讼法律事务							其他		
	审查起草修改合同	出具法律意见书	提供咨询意见书	参加项目谈判	企业破产清算	参与调解仲裁	涉外港澳台	解答法律咨询	代写法律文书	法治宣传
合计	348	56	58	23	5	44	3	1571	464	129
1986	22	2	—	—	—	1	—	87	19	1
1987	17	1	—	—	—	3	—	78	27	2
1988	22	2	—	—	2	2	—	46	13	3
1989	16	2	—	—	2	2	1	38	10	4
1990	14	4	1	—	1	1	—	58	12	5
1991	17	1	1	—	—	4	—	46	12	5
1992	10	1	2	—	—	2	—	72	40	5
1993	12	2	1	—	—	3	—	93	28	7
1994	10	1	1	—	—	2	—	82	13	7
1995	12	2	3	—	—	2	—	133	17	4
1996	17	3	2	—	—	1	—	129	22	4

续表 20-4-3

单位：件

项目 年份	非诉讼法律事务							其他		
	审查起草修改合同	出具法律意见书	提供咨询意见书	参加项目谈判	企业破产清算	参与调解仲裁	涉外港澳台	解答法律咨询	代写法律文书	法治宣传
1997	34	7	4	4	—	4	—	98	22	7
1998	28	8	3	2	—	5	1	72	32	8
1999	29	3	5	1	—	2	1	75	18	7
2000	35	4	1	1	—	1	—	95	30	6
2001	12	3	2	2	—	2	—	69	26	3
2002	7	2	2	2	—	1	—	46	28	10
2003	10	2	2	4	—	4	—	59	28	12
2004	14	2	10	6	—	2	—	98	29	10
2005	10	4	18	1	—	1	—	47	38	19

第六节　公证工作

1983 年 4 月，五营区公证处成立，1986 年，五营区公证处，全年办理公证案件 160 件，起草、修改法律合同 26 件，主动为老年人、残疾和患病人员上门服务 5 次。

1996 年，公证处为提高公民的公证意识，利用电视讲座等各种形式进行宣传，收到较好效果，全年办理公证案件 220 件，比 1986 年 160 件增加 60 件。

2000 年，办理公证案件 390 件，比 1996 年的 220 件上升 170 件，其中经济公证案件 218 件，民事公证案件 172 件。帮助企事业单位起草修改合同 28 份。拒办假证、伪证 6 件。

2001 年 6 月，因五营区公证处，资格人员不足 3 人，被省司法厅撤销，中止一切业务。

1986—2001 年，共办理公证案件 3265 件，其中，经济案件 1915 件；民事案件 1495 件；到基层企事业单位办证 534 件；回访调查 701 次，帮助企事业单位起草、修改合同 283 件；解答法律咨询 807 人次。防止和减少经济犯罪，审查各种经济合同、民事合同条款的真实性与合法性，拒办假证、伪证 104 起。避免经济损失 92 万元，维护了双方当事人合法权益，公证信誉得到提高。

第五章 军 事

1959 年 11 月 27 日，五营区人民武装部始建立，属地方建制，归属区委、区政府领导。

1996 年 4 月，根据中央〔1995〕12 号文件精神，收归部队建制，由上级军事机关垂直领导，隶属伊春军分区。多年来，区人武部围绕全军后备力量建设指导思想，以适应国防建设需要，坚持党对军队的领导，搞好人民武装工作和进行“组织、军事、政治”职能三落实。对民兵加强政治思想、国防知识教育、搞好军事训练，提高民兵军事素质，完成征集兵员工作，协助民政部门做好复员、转业、退伍军人安置，履行民兵双重职能，发挥民兵在经济、政治、精神文明建设中积极作用，在保卫国家安全、维护社会稳定和促进国家经济建设中发挥了重要作用。

1986—2005 年，区人武部受到中共五营区委 、区政府各种奖励 9 次，个人奖励 9 人次；受到伊春军分区，中共伊春市委、市政府各种奖励 7 次，个人奖励 13 人次；受到黑龙江省军区，中共黑龙江省委、省政府各种奖励 9 次，个人奖励 3 人次；受到沈阳军区各种嘉奖 2 次。

第一节 机 构

1986 年 5 月，根据中央和省军区有关文件精神，五营区人民武装部定为副团级别，内设军事科、政工科。人员编制为部长 1 人、科长 2 人、参谋 3 人，干事 1 人。

1990 年 4 月，根据黑龙江省人民政府、黑龙江省军区文件要求，区人武部增设办公室、设主任、管理员各 1 人。

1996 年 4 月 1 日，根据中央文件精神，五营区人民武装部收归部队建制，全称为：中国人民解放军黑龙江省伊春市五营区人民武装部。为正团级别，设部长、政治委员（正团职）、副部长各 1 人；内设军事科、政工科、后勤科，为正营级别，设科长 3 人、参谋 2 人、干事 1 人、助理员 1 人。

2004 年 11 月，根据全军体制编制调整改革要求，区人武部仍为正团级别单位，设部长 1 人、政委 1 人、副部长兼军事科长 1 人、政工科长、后勤科长各 1 人、军事科参谋 1 人。

1986—2005 年五营区人民武装部负责人更迭一览表

表 20-5-1

姓名	职务	任职时间	离职时间
李子龙	部长	1984 年 10 月 13 日	1991 年 9 月 1 日
周守仁	部长	1991 年 9 月 1 日	1993 年 10 月 10 日
高兴学	部长	1993 年 10 月 10 日	1996 年 3 月 18 日
宁宝利	政治委员	1991 年 10 月 10 日	2000 年 1 月 8 日

续表 20-5-1

姓名	职务	任职时间	离职时间
王孝勤	部长	1997 年 2 月 10 日	2001. 年 2 月 18 日
刘长军	政治委员	2000 年 1 月 8 日	2000 年 9 月 20 日
张晓东	政治委员	2000 年 8 月 1 日	2002 年 1 月 8 日
刘长军	部长	2000 年 9 月 20 日	—
敖明柱	政治委员	2002 年 1 月 10 日	—
赵纯祥	副部长	1997 年 10 月 8 日	1999 年 5 月 8 日
刑国春	副部长	1999 年 5 月 6 日	2001 年 5 月 6 日
桑悟云	副部长	2002 年 1 月 10 日	2003 年 12 月日
王洪恩	副部长	2005 年 3 月	—

第二节 民 兵

一、民兵组织

1986 年，全区民兵建制设 1 个营，基层建制设 23 个。1997 年，全区民兵建制设 1 个营，基层建制设 16 个。2005 年，全区民兵建制设 1 个营，基层建制设 11 个。

二、政治思想教育

1986 年，五营区人民武装部党委坚持把政治工作放在首要位置，并以此带动各项工作的开展。党委中心组理论学习、机关干部理论学习，都安排在全年工作计划中。按计划安排进行学习，使党委班子成员和全体干部不断提高政治理论水平，每年安排一定时间给基层民兵组织和人民群众上国防教育课、形势任务课等，不断增强广大民兵和人民群众国防观念，增强忧患意识。

1999 年，区人武部党委决定开展讲学习、讲政治、讲正气“三讲”教育，首先在党委班子成员中开始，除学习外，还采取“请进来、走出去”的方法，广泛征求机关干部、基层人武部、广大民兵和人民群众的意见，使“三讲”教育有序进行。通过这次教育活动，提高了觉悟，增强了党委凝聚力和战斗力。部党委还把“三讲”教育活动扩展到党委机关和广大民兵中，党委领导以身作则，解剖自己，带头查找不足，制定整改措施，为机关干部和广大民兵树立了榜样，激发了学习热情，提高了广大干部和民兵政治素质。

2000 年，党委决定在基层人武部党组织中，开展“三讲”正面教育和团级党委班子“三讲”教育回头看。按党员标准、“十二条准则”、执行民主集中制情况，查找领导集体、每个成员以及每个党员存在的问题，通过“三讲”教育，对存在的问题和不足、自查与互查相结合，并提出整改措施。

2001 年，在党内开展“保持共产党员先进性”教育活动。分为“思想发动与专题学习”、“对照检查与民主评议”、“制定措施与总结提高”三个阶段，这次活动对全体党员、专武干部的思想觉悟、工作热情、军事素质、为人民服务宗旨、有了更显著提高。

2005 年，区人武部党委在党内开展正确树立“三观”即“权利观、地位观、利益观”教育活动，使全体党员干部爱岗敬业意识、无私奉献精神得到巩固和提高。

三、军事训练

1986 年，区人武部依据总参谋部和沈阳军区军事训练大纲规定，进行军事训练，人数每年均在

300 人左右。基本训练项目有，练习各种目标射击、战术、爆破、刺杀、土木作业、地雷、投弹为主要内容的“三打三防”，即打坦克、打飞机、打空降；防原子、防化学、防生物训练。专业训练项目有炮兵分队，侦察兵，通信分队，有线电话守机员，司号员。

2001 年，“八一”建军节前，在伊春军分区举办民兵应急分队比武竞赛中，区人武部取得“警棍盾牌操”第一名；“阅兵式”第二名，团体总分第四名好成绩。

2004 年 8 月 10—29 日，按军分区统一部署，对五营区民兵应急分队 40 人进行民兵应急拉动、手榴弹投掷、半自动步枪不动目标射击军事训练，经军分区考核验收，取得优异成绩。

2005 年 8 月 15—24 日，区人武部按军分区对民兵应急分队进行军事考核验收要求，组织民兵应急分队进行了战术基础动作、手榴弹投远、冲锋枪不动目标射击等内容的民兵军事训练，为分区考核验收打下基础。

四、维稳、抢险救灾

1986 年以来，每年都抽掉部分基干民兵配合辖区派出所抓治安工作。区贮木加工厂、汽运处、集体经济管理处、一建公司、物业管理处、五营街道办事处等 30 家企事业单位，坚持在基层民兵组织或从区基干民兵营应急民兵分队中抽掉部分民兵组建护场（厂）、护院、巡逻小分队与单位治安员、警卫人员抓好本单位治安保卫工作。

1992 年，区人武部根据市委、市政府关于“破大案、打团伙”电话会议后，在区委、区政府统一领导下，区人民武装部抽调基干民兵近 60 人，组建民兵巡逻执勤小分队，遍布全区各林场所和居民区中，行动中，协助公安部门破获重大案件 12 起；打掉犯罪团伙 5 个，19 人；抓逃犯 7 人；缴获现金 0.23 万元，木材 14 立方米，总价值 1.24 万元。

2001 年 10 月，友好区绿源林场发生森林火灾，接到伊春市森林防火指挥部和军分区命令后，在区人武部后勤科长高军带领下，先后三次出动民兵 120 人，与友邻单位互相配合，奋战 10 个昼夜，扑灭山火。

2005 年，区人民武装部，根据治安、防火等工作需要，特别是春秋两季大风天多，持续时间长，组建民兵应急分队，配合包片警长、包街民警、街道治安员巡护在分担区内，一旦发生火灾等情况，立即配合公安、消防等部门组织扑救。年内，共组织民兵 300 人次参与治安巡逻、火险排查、整治安全隐患 30 件。

第三节 基层武装建设

1999 年，根据中共中央办公厅、国务院办公厅《关于基层武装部机构设置、干部配备原则等问题的通知》精神及省、市关于基层武装部建设要求，区人武部分别在五星镇、五营街道办事处、丰林街道办事处、贮木加工场组建基层武装部，并按上级军事部门要求，完善了各项驵建工作。

2000 年 4 月 25 日，各基层武装部和八个林场所等单位，配齐了专武干部。

2001 年 5 月，根据地方机构改革、调整、原五星镇撤销、设五星街道办事处，五星镇人民武装部改为五星街道办事处武装部；丰林街道办事处并入五营街道办事处，原丰林街道办事处人民武装部并入五营街道办事处人民武装部。贮木加工场人民武装部不变，前丰林场等 12 个企事业单位，各设武装助理员 1 名，直至 2005 年。

第四节　退役军人安置

1998年前，执行的是1955年颁布的《中华人民共和国兵役法》(以下简称《兵役法》)，实行服役三年后，退出现役的规定。

1998年，按当年12月28日颁布的《兵役法》，实行服役期两年后退出现役的规定。根据伊政发〔1985〕1号文件精神，除专业技术兵种进行对口分配外，其余人员本着从哪来，回哪去的原则，即一律回原单位。五营区对退役士兵，按照政策要求，发放一定数量优抚金后，由区民政部门在区委和区政府领导下，结合本人素质和特长，优先安排工作。对伤残士兵退役，除按《兵役法》具体规定评出伤残等级，领取伤残金外，当地政府还要依据伤残士兵的家庭经济状况、本人身体情况、安排适当工作或协助发展家庭经济等。

至2005年，全区共安置退伍军人531名。

第六章 政法委工作

第一节 机 构

1984年5月，成立中共五营区（局）委员会政法委员会（以下简称区政法委）。1985年初，组成区委整顿社会治安综合治理办公室（以下简称区综治办）。

1986年，区政法委与区综治办合署办公。

1988年5月，撤销区政法委、区综治办，全区政法工作由区委办公室负责。10月成立五营区委政法领导小组办公室，11月成立五营区综治办。

1992年，区政法委、区综治办又重新合署办公。

1997年5月，区政法委、区综治办、区司法局三个部门合署办公，编制为14人。

2001年12月后，区司法局单独成立，迁至区公安局楼内，区政法委编制为5人。延续至2005年。

第二节 政法主要工作

1986年，区政法委担负着对政法各部门实行领导和执法检查监督工作，先后制定下发了《政法委执法检查监督办法》，区政法委协管政法干部以及政法机关评先选优、重大疑难案件必须报请政法委等有关规定，界定了区政法委对政法工作所起的领导职能地位，配齐配强领导班子，历届党委常务副书记兼任政法委书记，配副处级专职副书记1人抓政法委常务。配正科级2人，工作人员3~5人以上。

1998年，根据中央省市的统一安排部署，区政法委制定了在全区政法系统中集中教育整顿方案，针对政法队伍思想、作风、纪律、组织等方面存在的问题进行全面整顿，以群众反映强烈的突出问题为主攻方向，重点整治了有的政法部门和少数干警中存在的有法不依、执法不严、违法办案、权钱交易、刑讯逼供、官官相护、徇私枉法、贪赃枉法等腐败问题，清除违法违犯和不适合做政法工作的干警16人，调整两级班子9个19个。

2000年，全区稳定工作信息网络建设已初具规模，建立信息网176个，专职信息员27名，兼职信息员302名，切实做矛盾纠纷调处化解工作。区信访办、区司法局等部门在全区范围内认真开展细致的矛盾纠纷排查工作，对存在的不安定因素：部分职工要求兑现档案工资、核销医疗费、下岗就业等，通过拓宽就业门路，开展“三情”（国情、区情、厂情）教育，投入资金等多方面工作妥善处置这些问题，有效避免了集体越级上访事件的发生；发挥职能作用，坚决打击各种渗透破坏活动。政法机关尤其是公安机关采取有效措施，及时打击和抵制境内外敌对势力的渗透破坏活动。

2005年，全区人口40209人，14963户，在册职工8816人。有企事业单位56个，其中，林场（所）8个，办事处两个，有5个派出所，10个社区，10个警务室。全区有专职治安员75人，兼职治安员350人，义务治安员389人。治保会11个72人，调委会12个，调解员80人。全区有流动人口659人重点549人，被市综治委命名的安全单位46个，安全社区10个。同年6月，五营区被省评为“平安县区”达标单位，颁发“平安五营”牌子。

第二十一篇　教育　科技

1986 年，五营区（局）教育科设正、副科长各 1 人，科员 4 人，主抓全区普通教育工作。1987 年，成立五营区教育委员会，沿用至 2005 年。

1986—2005 年，五营区坚持“科技是第一生产力”“科教兴区”的战略，适应科技体制改革，促进科技事业发展。2005 年，五营区（局）共完成科研项目 166 项，各类专业科技人员在各条战线把科研成果应用于实践，为五营区（局）经济建设做出贡献。

第一章 教 育

第一节 机 构

1986 年，五营区（局）教育科，设正副科长各 1 人，科员 4 人。主抓全区普通教育工作。

1987 年 8 月 15 日，撤销教育科，成立五营区教育委员会（以下简称区教委），设主任 1 人，副主任 3 人，工作人员 7 人。

1988 年 11 月，成立五营区人民教育督导室，设主任 1 人，督导 2 人。

1990 年 5 月，区教委与教育督导室合署办公，编制 11 人（含财务 3 人，督导室 1 人）。

1994 年 2 月，区教委设普通教育办公室、综合办公室、财务等。

1996 年，区教委定员 18 人（含财务 3 人，督导室 4 人）。

1998 年，区教委设主任 1 人，副主任 2 人，工作人员 15 人。

2001 年 7 月，撤销区教委综合办公室和财务室。12 月，撤销教育委员会，设教育局，设正副局长各 1 人，工作人员 6 人。直至 2005 年。

1986 年 8 月，五营区设工农教育办公室，设副主任 2 人，工作人员 2 人。负责全区职工教育、培训和电大工作站及职工学校工作。

1987 年 8 月 15 日，撤销区职工学校，成立区成人培训中心学校，教师进修学校与其合署办公。

1988 年 11 月 3 日，成立职业高级中学。

1991 年 5 月 31 日，教师进修学校与成人培训中心学校分设。

1992 年 12 月 24 日，教师进修学校、成人培训中心校、党校合并成立成人教育中心。

1994 年 2 月，设教委成人教育办公室，设主任 1 人，副主任 2 人；职业高级中学并入普通高级中学。

1980 年 8 月，建立技工学校，职业技术教育由区劳动科主管。

1999 年 10 月 7 日，技工学校撤销。

2001 年 7 月，成立教育办公室改为职业教育、成人技术教育科。

2004 年，将职业教育、成人技术教育科改为成人教育中心。设党支部书记 1 人，主任 1 人，副主任 2 人，直至 2005 年。

第二节 学前教育

1986 年，五营区只有一个幼儿教育场所——机关幼儿园，另外就是有些单位设置的托儿所和儿家个体幼儿班。有幼儿园、托儿所共计 25 个，幼儿班 8 个，入园、入托儿童总数 1218 人，入园入托率为40%。有保育员63人，幼儿教师46人。

1987年9月，五营区第三小学成立了全区第一个学前班，并且在教师中挑选一批有责任心和事业心，懂得教学方法的骨干教师担任学前班的幼儿教师。1987年幼儿园、托儿所减至23个，幼儿班增至15个，入托儿童总数1575人。

1988年，机关幼儿园新增保育员1人，全园教职工39人。有入学校幼儿班1班38人。新收婴儿40人，幼儿30人。婴儿班分两个班（大乳班、小乳班），幼儿班分4个班，幼儿176人。分设语文、计算等课程。

1989年，机关幼儿园教职工49人。其中行政人员6人，幼儿教师12人，保育员31人。幼儿入园180人。

1990—1996年，机关幼儿园干部4~6人，职工38~47人。

1998年，五营区幼儿园、托儿所学前班已发展到18所（其中幼儿园1所，学前班17个）。本区共有4~6岁儿童1258人，入园入托儿童739人，入园率73%。

1999年初，机关幼儿园有教职工总数47人，其中行政人员5人，幼儿教师10人，保育员32人。幼儿186人。1999年4月21日，区政府办公室决定拆除广播电视中心办公楼，撤销了机关幼儿园，此后，幼儿教育由社会办学承担。

2005年，全区有幼儿园、托儿所17个，入园、入托儿童497人，有保育员12人，幼儿教师33人。

1986—2005年五营区幼儿园教育情况统计表

表21-1-1 单位：人、家

时间	幼儿入园人数			幼儿教师人数			幼儿园数			保育员数		
	全民	集体	个体	全民	集体	个体	全民	集体	个体	全民	集体	个体
1986	310	280	234	23	23	10	9	8	6	7	13	6
1987	349	350	281	23	25	9	10	7	7	7	13	7
1988	364	410	293	28	31	8	10	10	7	6	14	7
1989	369	280	310	26	28	10	11	9	9	8	15	9
1990	347	360	313	26	35	11	11	12	9	4	16	9
1991	357	384	321	26	29	10	12	11	8	2	13	8
1992	357	298	351	26	30	12	11	13	10	2	14	10
1993	377	391	305	28	32	10	12	12	11	1	16	11
1994	358	385	289	26	28	9	11	11	7	—	17	7
1995	290	315	312	24	31	10	9	10	8	—	16	8
1996	322	410	341	26	29	11	10	12	9	—	15	9
1997	278	280	321	26	32	10	8	13	10	—	13	10
1998	365	357	351	25	29	9	8	11	7	—	11	7
1999	207	390	394	23	30	10	6	11	8	—	15	8
2000	196	—	415	23	—	16	6	—	10	—	—	10
2001	207	—	429	23	—	17	6	—	11	—	—	11
2002	196	—	410	23	—	16	6	—	11	—	—	11
2003	176	—	317	23	—	14	6	—	11	—	—	11
2004	163	—	333	21	—	15	6	—	11	—	—	11
2005	146	—	351	21	—	12	5	—	12	—	—	12

说明：1999年撤销了集体幼儿园

第三节　小学教育

1986年，五营区共有小学14所，即五营区第一小学、第二小学、第三小学、第四小学、第六小学、第七小学，五营河小学，平山小学，杨树河小学，跃进小学，丽丰小学，前丰小学，永丰小学，平原小学。其中有5所林场学校，即平山学校、前丰学校、永丰学校、平原学校，丽丰学校。另外有实验小学、铁路小学。全区14所小学中已有11所小学“四率”（入学率、巩固率、毕业率、普及率）达到国家要求标准，占小学总数的78.5%，毕业生合格率达到了95.5%，提前两年完成普及初等义务教育任务。

1987年，五营区小学“四率”再次达到国家要求标准。实现普及初等教育人口占全区总人口的92.8%，实现普及初等教育学校占全区小学总数的91%。1988年9月，各林场学校中学撤销，所有林场学校均变成纯小学班。各学校普遍实行校长负责制和招聘制。小学及格率由1987年的90.2%，上升到95%。1989年，有4所小学达到标准化学校建设标准，3所小学达到标准化学校建设合格标准。9月，又增加了翠北小学一所。

1990年，五营区第一小学、第三小学已达到省级规范化学校标准。五营区被黑龙江省评为学校内部建设先进单位。1991年8月19日，五营第六小学与第四小学合并，合并后校址在第四小学，挂牌五营区第四小学。9月，五营河小学并入平山小学。1992—1993年，五营区内小学均达到市级合格学校标准。

1994~1996年，小学毕业生合格率均达到95%以上。

1997年，共有小学13所。即：五营区第一小学、第二小学、第三小学、第四小学、第七小学，平山小学，杨树河小学，丽丰小学，翠北小学，前丰小学，永丰小学，平原小学，跃进小学。共有教学班134个，学生3801人，教职工463人。其中镇内小学5所，有教学班78个，学生3130人，教职工328人；林场（所）小学8所，教学班50个，学生611人，教职工125人；铁路小学1所，教学班6个，学生55人，教职工10人；实验林场小学1所，教学班6个，学生90人，教职工14人。

1998年，取消了百分制，实行“等级加评语”的办法。在区教师进修学校成立了教育研究所。

1999—2001年，小学双科及格率全部超过了95%，体育达标率均超过了98%。2002年，五营区将丽丰、永丰、平原、平山四所林场（所）小学撤销，并入五营区第一小学；将杨树河经营所小学撤销，并入五营区第二小学。

1986—2005年五营区小学教育状况统计表

表21-1-2

项目／时间	学校（所）	班级（个）	在校生（人）	毕业生（人）	招生（人）
1986	14	164	5646	1110	819
1987	14	157	5522	790	706
1988	13	150	4711	945	775
1989	16	132	4226	916	434
1990	13	131	3909	770	627
1991	14	130	3784	731	609
1992	13	141	3885	638	835
1993	13	141	4310	758	733

续表 21-1-2

时间 \ 项目	学校（所）	班级（个）	在校生（人）	毕业生（人）	招生（人）
1994	13	144	4488	512	647
1995	13	144	4648	565	725
1996	13	144	4683	511	541
1997	13	145	4858	487	662
1998	13	137	4498	1019	659
1999	13	137	4385	631	518
2000	13	138	4370	639	624
2001	7	138	4303	655	588
2002	6	109	3871	582	578
2003	6	112	4312	—	441
2004	6	94	2369	458	407
2005	6	84	2227	411	286

2005 年，五营区毕业生及格率达到 100%，升学率达到 100%。有小学 6 所，84 个教学班，在校生 2 227 人。年内，前丰、翠北小学撤销。

第四节　学制与课程设置

一、学制

1986 年 9 月—1998 年 7 月，五营区各小学实行六年制；1998 年 9 月—2003 年 7 月，实行五年制；2003 年 9 月—2005 年，又实行小学六年制。

二、课程设置

五营区各小学按照国家教委颁布的教学大纲来落实教学计划，小学六年制课本采用人民教育出版社出版的全国统编教材。2004 年，五营区被列入课改实验区，逐渐实行国家、地方、学校三级管理课程制度。小学自然改为科学、美术、音乐、体育仍为术科。此外，每学期还进行民族团结课 4 节，环保教育课 2 节，毒品预防及健康教育（性教育）1 节，体育双周 1 节。

第五节　小学简介

一、五营区第一小学

第一小学始建于 1957 年春，原名为“丰林林业局职工子弟校”，1979 年更名为“五营区第一小学”。学校坐落于五营中心大街北段路西，东与五营高中比邻，南与原铁路机务段相邻。辖四个街道（永林街、壮林街、丰林街、建林街）。学校占地面积 13941.5 平方米，校舍面积 2076 平方米，建筑面积4191.46平方米。学校现有图书6500册，有电视机 3 台，录像机 1 台，VCD 机一台，录音机一台，投影仪每班一台，使用率达 95% 以上，演示试验及分组试验开课率为 100%，各类实验器材达到了国家规定标准，教学设备达到国家二类配备。1993—2003 年连续 11 年被评为市级教育系统先进单位，文明标兵单位等。

1986 年，有教学班 14 个，学生 510 人（少先队员 395 人），教职工 65 人。其中专任教师 41 名，中学高级教师 1 名，小学高级教师 27 名，小学一级教师 13 名。学校现有专科学历的教师 33 名，中专学历的 8 名，文化程度达标率 100%；有省级骨干教师 1 名，市级骨干教师 4 名，区级骨干教师 15 名，骨干教师占教师总数的 61%。

1994 年，有教学班 15 个（含学前班 2 个），学生 567 人。教职工 66 人，其中教师 42 人，小学高教 15 人，小学一级教师 17 人；二级 6 人。

2004 年，有专任教师 36 人（市骨干教师 18 人，省骨干教师 1 人），大专学历的 22 人，中专学历 14 人。

2005 年，学校有微机室、舞蹈室、体育室、美术室、实验室、阅览室等十几个专用活动室。同时备有宿舍、食堂供住宿生使用。校园建有永久性主席台和旗杆，还有体育联合器械及小篮球场地和排球场地。现有供教学使用微机 25 台，其中 4 台已上网，为教育教学工作提供了信息服务。

二、五营区第三小学

五营区第三小学始建于 1960 年，当时校名为五营公社小学，1965 年名为五营小学，1967 年再次改名为五营区第三小学。学校坐落于五营区中心大街西段路北。1986 年学校占地面积 4800 平方米，建筑面积 1800 平方米。2005 年，学校占地面积 13500 平方米，有一栋 3164 平方米的教学楼，一栋 1476 平方米的办公楼，二栋 616 平方米的平房，总建筑面积 5378 平方米，绿化面积 2075 平方米，校园东、西两侧有青松杨柳环抱，南侧有水泥篮球场地和运动场。学校现有美术室、音乐室、语音室、体育室、劳动室、图书室、卫生室、远程教育室 8 个专用教室，投影仪每班一个，实验室一间，微机室 2 间，实验器材可基本满足实验课的要求。学校布局合理，建有篮球场地 2 个，足球场、排球场各一个。

1986 年，学校有教学班 18 个，学生 853 人，教职工 62 人，其中，教师 53 人。

1990 年，学校跨入省森工系统规范化学校。

1991 年，学校跨入省级标准化小学行列。

1992 年，被评为省“四文明”兴林杯大赛银杯单位，同时被评为省“全面贯彻教育方针，全面提高教学质量”先进学校。

五营区第三小学

1998 年，获省级庭院绿化先进单位、省森工总局文明单位标兵。

1999 年，被评为省森工奔建杯金杯单位、省级爱国卫生先进单位。

2003 年，被评为市教科研先进单位、市优秀家长学校、省心理健康教育优秀实验学校。

2004 年，被评为省绿化先进单位、市双文明标兵单位。

2005 年，学校有 19 个教学

班，学生 737 人，学前班 2 个，幼儿 76 人；教职工 59 人，其中，中学高级教师 1 名，小学高级教师 43 名，一级教师 3 名，二级教师 1 名，大专学历的 36 名，中师学历的 10 名，学历全部达标。同年，被评为市青少年科技先进单位、市关心下一代先进集体。

第六节 中学教育

一、初中教育

1986 年，五营区有第一中学、第二中学、第三中学以及 5 所林场戴帽中学。此外，实验林场学校也设有初中班。中学入学率达 95%。

1988 年 9 月，林场（所）学校附设初中班摘帽，各林场学生全部到五营高中就读，五营区共有中学 4 所，即五营区第一中学、第二中学、第三中学和五营区高级中学。其中五营高级中学含初中，为完全中学。各学校普遍实行校长负责制和教师聘用制，各中学为国家输送中专 38 人。各学校及格率普遍有所提高，中学由 1987 年的 25% 上升到 33.2%。

1994 年，教育工作实行定岗定编，优化教师队伍，推行校长负责制和教师聘用制，保证教育经费的增长，教育教学质量明显提高。初中毕业生合格率达 65%，考入重点高级中学学生 11 人。

1997 年，五营区共有中学 4 所，共有教学班 37 个，学生 385 人，专任教师 204 人。校舍总面积 15 040 平方米。五营区教学质量稳步上升，初中毕业生及格率达到了 75.26%，超出全市平均水平 12 个百分点；考入省级重点中学学生 20 人，其中全市中考前 10 名考生中有本区 2 人，创历史最高水平。第一中学为出席市教育系统先进集体。

1999 年，五营区考入中专院校学生 76 人。全区中考成绩排在全市前三名，毕业生体育达标考试成绩在全市名列前茅。

2003 年，五营区报考重点高中学生 314 人，升入省重点高中 13 人，市重点高中 52 人，自费生 50 人。

2005 年，五营区有初中毕业生 329 人，报考重点高中学生 297 人。其中考入市一中公费 20 人，自费 69 人；友好三中公费 54 人，自费 29 人，升学率 57.9%。中考成绩全市排名第九位，初中毕业考试成绩全市排名第四位。毕业生体育达标考试成绩在全市名列前茅。

二、高中教育

1986 年，五营区有独立高中 1 所。高中入学率达 34.1%，比上年提高了 27.7 个百分点，高中入学难问题基本解决。

1987 年，高考生考入大中专院校 22 人；1988 年 9 月，林场（所）学校附设初中班摘帽，各林场学生全部到五营高中就读，其中五营高级中学含初中，为完全中学。各学校普遍实行校长负责制和教师聘用制，各中学为国家输送大专、中专学生 50 人，其中：大学本科 5 人，专科 7 人。

1989 年，五营区普通初级中学办学条件，全部达到规范化学校标准。考入大专、中专院校 36 人。

1991 年，五营区为大专院校输送学生 21 名，其中本科 5 人，专科 16 人；1992 年，该年全区考入大、中专院校学生 46 人。

1997 年，五营区高中部教学班 3 个，学生 96 人。校舍总面积 15 040 平方米。考入大专、中专及师范院校学生 62 人。

2000 年，五营区考入大专、中专院校学生 96 人。

2003年，五营区没有高中学生。

1986—2005年五营区初级中学教育统计表

表21-1-3

时间＼项目	学校（所）	班级（个）	在校生（人）	毕业生（人）	招生（人）
1986	8	53	3271	1279	790
1987	8	55	3380	1216	788
1988	4	53	2794	1024	996
1989	4	56	2454	862	763
1990	4	53	2800	644	744
1991	4	51	2735	814	745
1992	4	56	2250	773	599
1993	4	46	2022	746	724
1994	4	45	1997	616	536
1995	4	45	2035	473	511
1996	4	46	2216	339	520
1997	4	47	2347	382	513
1998	4	56	2903	488	1044
1999	4	57	3162	372	631
2000	4	57	3057	744	639
2001	4	59	3030	682	655
2002	4	65	3142	460	572
2003	4	66	2709	433	572
2004	4	44	1487	489	458
2005	4	41	1424	405	401

1986—2002年五营区高级中学教育状况一览表

表21-1-4

时间＼项目	学校（所）	班级（个）	在校生（人）	毕业生（人）	招生（人）
1986	1	14	712	212	400
1987	1	20	890	244	300
1988	1	14	655	292	270
1989	1	14	492	248	270
1990	1	6	253	123	112
1991	1	6	318	431	53
1992	1	7	277	47	100
1993	1	14	528	178	190
1994	1	6	193	27	80
1995	1	6	240	33	80

续表 21-1-4

项目 时间	学校（所）	班级（个）	在校生（人）	毕业生（人）	招生（人）
1996	1	12	248	42	50
1997	1	12	291	37	80
1998	1	9	299	16	24
1999	1	9	315	14	30
2000	1	9	283	68	40
2001	1	7	217	70	—
2002	—	—	—	89	—

三、学制与课程设置

（一）学制

1986 年 9 月—1998 年 7 月，实行“六 · 三制”，小学六年、初中三年。

1998 年 9 月—2003 年 7 月，实行“五 · 四制”，小学五年，初中四年。

2003 年 9 月—2005 年，又恢复“六 · 三制”。使用全国统编教材。

（二）课程设置

1986 年，学制三年，一学年课程：数学、语文、英语、政治、地理、历史、植物、体育、音乐、美术、劳技。二学年课程，有数学、语文、英语、政治、地理、历史、物理、动物、体育、音乐、美术、劳技。三学年课程有，数学（代数、几何）、语文、英语、政治、历史、物理、化学、生理、体育、音乐、美术、劳技。

2005 年，学制三年，一学年课程有思想品德、历史、地理、生物、语文、数学、外语、体育与健康、音乐、美术。二学年有思想品德、历史、地理、生物、物理、语文、数学、外语、体育与健康、音乐、美术。三学年有思想品德、历史、物理、化学、语文、数学、外语、体育与健康、音乐、美术、综合实践活动（信息技术教育、研究性学习、社区服务与社会实践、劳动与技术教育）。

四、五营区第一中学简介

1958 年，五营区第一中学始建，原名为丰林局职工子弟校。1979 年学校改名为五营区第一中学。学校坐落于汤旺河南岸，东临中心苗圃，西靠伊嘉公路，南与成人教育中心相邻。学校占地面积 24000 平方米，建筑面积 7397 平方米。学校设有标准化物理、化学、生物实验室各 3 个，音乐教室 2 个，体育教室 1 个；图书阅览室 1 个，藏书 1.5 万册；微机室 2 个，配备 586 型微机 56 台，486 型微机 7 台，服务器 1 台；医务室设有校医 1 人，并建有学生健康档案。

有专任教师 78 人，其中高级教师 28 人，一级教师 42 人，省骨干教师 1 人，市骨干教师 2 人，区骨干教师 12 人。

1986 年，五营一中有教学班 24 个，学生 1 600 余人，教职工 120 人；2005 年有毕业班 6 个，毕业生 258 人，升学 154 人，升学率 59.69%。

1997 年，学校被评为省级爱国卫生先进单位。

1998 年，被评为省级示范初中和省级示范学校。

1999 年，学校被黑龙江省中小学心理素质教育研究课题组定为“九五”心理健康教育实验基地。

2002 年，被黑龙江省课题组定为心理健康实验基地。

2003 年，被省课题组评为优秀实验学校。

2004年，学校“十五”规划课题验收合格。学校还多次获得区级、市级双文明单位、先进集体等荣誉称号。

1991—2005年五营区中学毕业生升学统计表

表21-1-5 单位：人

年份	合计	大学	大专	中专
1991	37	10	14	13
1992	16	1	7	8
1993	58	1	7	50
1994	76	2	7	67
1995	43	—	3	40
1996	77	—	—	77
1997	62	—	1	61
1998	55	—	3	52
1999	74	1	—	73
2000	55	—	14	41
2001	38	—	3	35
2002	10	—	10	—
2003	10	—	4	6
2004	23	1	9	13
2005	30	6	11	13

1986—2005年五营区中学统计表

表21-1-6 单位：人、个

年份	班级	在校学生	毕业生	招生人数	教职员
1986—1987	202	8590	1981	1416	803
1988	212	8102	1982	1327	755
1989	213	7429	2186	1632	771
1990	172	5679	1689	1346	716
1991	195	6669	1537	1486	850
1992	174	6183	1482	1388	780
1993	164	5816	1404	1286	749
1994	180	5710	1306	1191	760
1995	179	4673	1220	1217	760
1996	164	5252	1094	1227	760
1997	171	5259	954	1209	760
1998	186	5411	852	1191	715
1999	154	4899	1613	1502	659
2000	161	4801	963	1069	659
2001	156	4679	942	1078	676
2002	156	4370	1021	962	690
2003	131	4176	899	950	675

续表 21-1-6

年份	班级	在校学生	毕业生	招生人数	教职员
2004	131	3948	888	343	625
2005	119	3601	877	791	618

第七节　职业教育

1985 年，五营职业高级中学（以下简称五营职高），地处五营区中心大街东侧，与五营第一小学相邻。五营职高分别附属区第一中学和独立高中。

1987 年 9 月 1 日开始正式招生，设细木工和营林两个专业。4 个班，有学生 180 人，教师 12 人。

1988 年，学校有专任教师 24 人，行政人员 9 人，后勤人员 6 人。有教学班 6 个（高一 2 个班，高二 4 个班）。在校生 260 人，招生 96 人。学生及格率 55%。1989 年，本区职高招生 78 人，在校生 299 人，是历年在校生最多一年。

1990 年，招生 61 人，在校生 178 人，毕业生 100 人，是历年毕业生最多一年。其中品学兼优毕业生被录用 19 人。

1991 年 ~1993 年，本区职业教育得到发展，专业设置趋于合理，面向生产，面向实际组织施教，技术水平和专业知识进一步提高，为林区建设培养出合格劳动者。职业高中 3 年共招生 280 人，有在校生 738 人，毕业生 221 人。

1998 年，与五营高级中学（普通高中）合署办公，一套班子、挂两块牌子，各负其责。

2000—2004 年，五营职业高中招生 128 人，在校生 843 人，毕业生 203 人。

2005 年，职业高中招生 20 人，在校生 10 人，毕业 5 人，由于生源不足，职业高中陷入低谷。

五营职高占地面积 8 000 平方米，建筑面积 824 平方米，绿地面积 550 平方米。学校教学设施完备。有标准化的物理、化学、生物实验室。设备先进的微机室、语音室。资料室藏书 6 000 多册。卫生室有专职校医。

职业高级中学学制三年，课程设置文化课设有政治、语文、数学、化学、物理、英语、体育。专业课设有建筑制图与识图、建筑材料、建筑力学、建筑施工技术、建筑测量、钢筋混凝土、民用建筑设计、建筑预算、施工组织与管理、应用电子。营林专业设有林学基础知识、森林植物学、土壤肥料学、测量学、测树学、林木栽培学、森林经营学、病虫害防治学。细木工专业：木材学、细木工工艺学、细木工机械学、木材干燥学、家具油漆涂饰、切削原理与刀具。

1987—2005 年五营区职业高级中学统计表

表 21-1-7

年份 \ 数量 \ 项目	学校（所）	班级（个）	在校生（人）	毕业生（人）	招生（人）	教师（人）
1987	1	4	180	—	—	36
1988	1	6	260	—	96	35
1989	1	8	299	—	78	35
1990	1	5	178	100	61	32
1991	1	6	221	57	100	30

续表 21-1-7

项目/数量/年份	学校（所）	班级（个）	在校生（人）	毕业生（人）	招生（人）	教师（人）
1992	1	6	247	96	100	28
1993	1	6	270	68	80	12
1994	1	6	131	37	70	12
1995	1	6	136	45	60	19
1996	1	6	158	18	40	19
1997	1	6	162	26	30	19
1998	1	6	168	14	20	19
1999	1	3	183	15	30	20
2000	1	3	166	37	20	19
2001	1	3	163	31	28	19
2002	1	2	259	60	28	25
2003	1	6	221	75	37	25
2004	1	2	34	—	15	25
2005	1	2	10	9	20	12

第八节　技术教育

1980年8月，五营林业局技工学校创建。学校占地面积12000平方米，建筑面积1716平方米，是一所中等职业技术培训学校。基本任务是培养能熟练掌握生产技能技巧、身体健康的中级营林技术工人。技工学校设有图书室、物理实验室、化学实验室、标本室，课程设有文体、机械学、森保、植物、测量学。

1986年，技工校在校生180人，教职工50人，其中专任教师24人，行政管理人员7人，工人19人。

1988年，被省森工总局技校系统评为二类学校。

1990年，考入技工校学生71人。

1999年10月，五营林业技工学校撤销。

1986—1999年五营技工学校统计表

表 21-1-8

项目/数量/年份	在校学生（人）	平均学生（人）	教职人员（人）	学校（所）	班级（个）
1986	180	174	50	1	4
1987	224	202	56	1	6
1988	315	293	61	1	7
1989	345	324	64	1	8
1990	330	330	70	1	8
1991	365	360	72	1	8
1992	365	362	72	1	8

续表 21-1-8

项目 数量 年份	在校学生（人）	平均学生（人）	教职人员（人）	学校（所）	班级（个）
1993	345	345	71	1	8
1994	302	302	67	1	6
1995	213	213	68	1	5
1996	195	195	67	1	5
1997	120	120	68	1	4
1998	60	60	52	1	2
1999	60	60	52	1	2

第九节　成人教育

一、成人教育简介

1988 年，五营区成人培训中心学校严格执行教学大纲和教学计划，11 月，进行初中数学、化学、语文三科的公开课教学。

1992 年 12 月 24 日，教师进修校、成人培训中心学校与党校合并，成立五营区成人教育中心。

1999 年，开设法律大专函授班 2 个，共有学员 65 人；电算会计班 6 个，有学员 29 人。法律班毕业生 30 人。

1986—2005 年，五营区有职工教育办学单位 36 个，专职教师 35 人，全区成人教育校舍总面积 3902 平方米。教学设备有电视机 2 台，录音机 2 台，录放机 1 台，图书 5000 册，桌椅 1365 套。

二、职工教育

1983 年 9 月，五营区职工学校成立。负责职工教育。学校占地面积 7 000 平方米，建筑面积 1350 平方米。

1986 年，职工学校由文科组、理科组、财会、后勤等部门组成。有教职工 25 人。

五营区职工学校 1986 年，学校开办职工高中班 2 个，招生 99 人，毕业 93 人，毕业率达 93%；输送外培大专学员 27 人，中专 28 人；函授大专入学 107 人；自学成才大专生 91 人。还举办各种类型培训班 20 个，参与办班单位 14 个，共培训职工 1166 人。

1987 年开办各种类型培训班 49 个，参与办班单位 10 个，共培训职工 2384 人。

1988—1999 年，成人教育岗位职务培训逐步规范化。举办专业技术培训班 311 个，厂长、段长班 96 个，共计 17346 人；非规范化岗位培训班 890 个，40463 人；另有政治理论学习班 152 个，6449 人；新工人岗前培训班 56 个，1455 人；计划生育培训班 112 个，4151 人；其他培训班 79 个，2309 人。

2000—2005 年，举办成人教育信息化 57 期，5951 人次，成人大专班 10 个，366 人；学历教育培训班 28 期，2851 人次。

2005 年，职工校把岗位培训、实用技术培训、转岗、下岗再就业培训作为重点，共举办各类培训班 307 期，受训人数 10628 人次。

第十节 师资及教育经费

一、教师队伍

1986年，共有小学教师286人，中师（高中）174人，初师（初中）112人。

1988年，改革人事制度，将竞争机制引入教师队伍。各学校普遍实行校长民主选举制、教师聘任制、校工合同制，层层招聘，分级组阁。本年度择优聘用教师20名，落聘教师86名，给教育工作带来了新的生机和活力。

1989年，全区有小学专任教师298人，学历达标298人，合格率100%。其中：大专以上学历123人，占全区小学教师总数的41.2%；初中专任教师171人，学历达标165人，合格率为96.5%。其中本科学历25人，占全区初中教师总数的14.6%。

1991年，采取多种形式加强对教师的培养，教师的文化达标率不断提高。小学教师的文化达标率由1990年的93%上升到1993年的97%；初中教师文化达标率由1990年的62%上升到1993年的73%。1997年，全区从提高教师队伍整体素质入手，积极开展各项工作。

2005年，全区共有小学专任教师283人，初级中学专任教师199人，文化达标率全部合格。

1986—2005年五营区教师状况一览表

表21-1-9　　单位：人

年份＼人数＼级别	幼儿教师	小学教师	初中教师	高中教师	合计
1986	23	303	214	56	596
1987	23	315	209	61	608
1988	28	292	177	52	549
1989	26	319	189	38	572
1990	26	363	199	32	620
1991	26	304	193	26	549
1992	26	306	182	24	538
1993	28	322	183	21	554
1994	26	322	183	21	552
1995	24	322	183	21	550
1996	26	322	183	21	552
1997	26	253	157	16	452
1998	25	304	164	16	509
1999	23	302	163	18	506
2000	23	298	171	12	504
2001	23	301	186	—	510
2002	23	288	200	—	511
2003	23	277	195	—	495
2004	21	283	180	—	484
2005	21	294	199	—	514
合计	—	—	—	—	10725

二、教师培训

1978 年 9 月，五营区教师进修学校成立。校建筑面积 1235 平方米。

1986 年，有教职工 22 人，教师 18 人，有 90% 以上中、小学教师参加中师以上学历进修。

1987 年，有教职工 47 人，教师 38 人，其中大专 26 人，中专 12 人。

1999—2001 年，共培训中小学教师 424 余人次。注重实行考核、聘任制度，完善《校长岗位责任制》《教师岗位责任制》《教师目标考核细则》《五营区中小学督导评估细则》等规章制度。每学期按照德、能、勤、绩四个方面对每个教师进行综合评价，根据评价考核结果对教师进行聘任。

2005 年，培训办班 2 次，人员 70 人。

1986—2005 年五营区教师学历统计表

表 21-1-10　　单位：人

年份	本科与大专	中专含高中	初中以下	合计
1986	59	399	152	610
1987	75	373	125	573
1988	157	310	102	569
1989	153	306	85	544
1990	173	360	75	608
1991	164	402	55	621
1992	184	366	26	576
1993	195	247	124	566
1994	193	364	—	557
1995	183	363	—	546
1996	183	364	—	547
1997	183	364	—	547
1998	199	229	—	428
1999	236	248	—	484
2000	289	194	—	483
2001	332	149	—	481
2002	338	149	—	487
2003	339	149	—	488
2004	362	110	—	472
2005	379	84	—	463

三、教师待遇

1986 年，为 20 年以上教龄、大专以上文化程度的教师子女，优先安排就业 10 人。全区建住房 42 户，分给教育系统 17 户，占建房总数的 40.5%。

1987 年，区政府拨款 40 万元，为中小学改善办学条件；评选出占教师总数 10% 的优秀教师给予奖励；每名教师供应原煤 2 吨，家在林场的教师，每人免费供应烧柴 2 车；全额发放书刊费，教师每人 30 元，优先安排教师子女就业 7 人；建住房 40 户，分给学校教师 14 户，占建房总数的 35%。

1998 年，区委、区政府在经济危困的情况下，为 4 名优秀教师解决 4 户住宅楼，还想方设法解决 1996 年拖欠教师的两个月工资。

1999 年，教师节期间，区委、区政府对教育系统先进单位、先进个人予以表彰奖励。授予五营高级中学等 4 所学校为教育系统先进单位；王喜芬等 5 名教师为区级优秀教师标兵；李红梅等 10 名教师为区级师德先进个人；廉庄妍等 64 名教师为优秀教师。

2005 年 6 月起发放教师课时补贴费，中学每节课 8 元，小学每节课 6 元，每年区政府下拨资金 40 万元。

四、教育经费

1986 年，五营区筹备高级中学，进修人员增加、开支增大等因素，教育经费增支 79.6 万元，全年投入教育经费 257.2 万元。技工学校教育经费由林业局统一拨款，该年拨款 24 万元。成人教育经费，按全区职工工资总额的 1.5% 提取使用。全年拨款 15.7 万元，实际使用 17.9 万元。

1987 年，新增设职业高级中学 1 所，教育经费增支 42.2 万元。主要用于开班费及购置设备。技工学校新增 2 个班，经费增支 8.3 万元。全年技工学校教育经费投入 24.6 万元。成人教育经费，本年拨款使用 17.8 万元。全年教育经费 306.5 万元。

1988 年，各林场（所）中学摘帽，镇内各学校增加住宿生费用和教育增设“新三室”（微机室、语音室、电教室）及教学仪器等，教育经费增支 80.9 万元。全年投入教育经费 393.1 万元。

2003 年，区委、区政府在全区危困的情况下，多渠道筹措教育经费，改善办学条件。本区投资 15 万元维修中小学校校舍，投资 20 万元购置电子计算机 60 台。

2005 年，区委、区政府本着“再穷不能穷教育，再苦不能苦孩子”的原则，优先保证教育经费落实。全年教育经费总投入 817 万多元。

1986—2005 年五营区教育费用统计表

表 21-1-11　　单位：千元

年份	数量＼项目	收入情况		支出情况				合计
		学杂费	经费	工资	公务费	设备费	业务费	
1986	中学	31	1040	472	314	146	26	1071
	小学	30	1074	633	214	67	33	1104
	中等技术学校	—	218	69	118	10	4	218
	教育机构	—	179	—	172	6	1	179
	合计	61	2511	1174	818	229	64	2572
1987	中学	32	1253	467	395	153	35	1285
	小学	30	1283	595	328	70	34	1313
	中等技术学校	301	65	148	34	5	301	—
	教育机构	—	166	—	147	—	19	166
	合计	62	3003	1127	1018	257	93	3065
1988	中学	45	1658	656	634	145	61	1703
	小学	35	1620	673	417	102	44	1703
	中等技术学校	5	368	98	94	22	20	373
	教育机构	—	200	—	154	—	6	200
	合计	80	3846	1427	1299	269	131	3931

续表 21-1-11

单位：千元

年份	项目	收入情况		支出情况				合计
		学杂费	经费	工资	公务费	设备费	业务费	
1989	中学	61	1962	625	655	254	30	2023
	小学	57	1358	661	321	121	55	1415
	中等技术学校	—	307	104	135	—	21	307
	教育机构	—	200	—	189	—	11	200
	合计	118	3827	1390	1300	662	117	3945
1990	中学	65	2191	894	567	134	68	2256
	小学	53	1656	829	30	67	63	1709
	中等技术学校	—	355	114	218	2	10	355
	教育机构	—	183	—	120	—	63	183
	合计	118	4385	1837	935	203	204	4503
1991	中学	57	2292	1054	138	153	598	2349
	小学	42	1897	1072	44	22	393	1939
	中等技术学校	—	478	200	191	10	48	478
	教育机构	—	198	—	137	—	7	198
	合计	99	4865	2326	510	185	1046	4964
1992	中学	80	2533	1014	504	141	734	2613
	小学	59	1636	1019	37	121	218	1695
	中等技术学校	—	415	163	101	13	113	415
	教育机构	—	262	—	161	10	13	262
	合计	139	4846	2196	803	285	1078	4985
1993	中学	87	2528	688	546	40	35	2615
	小学	89	2027	1050	343	62	47	2116
	中等技术学校	—	502	164	119	10	103	502
	教育机构	—	—	—	—	—	—	—
	合计	176	5057	1902	1008	112	185	5233
1994	中学	61	2602	689	727	50	55	2663
	小学	83	2073	1059	318	60	49	2156
	中等技术学校	—	526	165	125	23	61	526
	教育机构	—	—	—	—	—	—	—
	合计	144	5201	1913	1170	133	165	5345
1995	中学	57	2667	705	791	51	60	2724
	小学	84	2197	1102	351	21	23	2281
	中等技术学校	—	525	171	149	—	—	525
	教育机构	—	—	—	—	—	—	—
	合计	141	5389	1978	1291	72	83	5530

续表 21-1-11

单位：千元

年份	数量 项目	收入情况		支出情况				合计
		学杂费	经费	工资	公务费	设备费	业务费	
1996	中学	116	2941	1304	325	21	—	3057
	小学	90	2381	1354	238	17	—	2471
	中等技术学校	—	511	171	163	—	—	511
	教育机构	206	5833	2829	726	38	—	6039
	合计	—	—	—	—	—	—	—
1997	中学	101	2283	857	389	26	—	2384
	小学	95	2183	921	305	23	—	2278
	中等技术学校	—	558	133	270	—	—	558
	教育机构	—	—	—	—	—	—	—
	合计	196	5024	1911	964	49	—	5220
1998	中学	94	935	882	24	—	—	1029
	小学	104	1588	1449	40	—	—	1692
	中等技术学校	—	239	204	6	—	—	239
	教育机构	—	52	45	1	—	—	52
	合计	198	2814	2580	71	—	—	3012
1999	中学	187	1377	612	149	—	—	1564
	小学	234	1075	663	51	—	20	1309
	中等技术学校	—	144	57	44	—	8	144
	教育机构	—	54	26	23	—	—	54
	合计	421	2650	1358	267	—	28	3071
2000	中学	234	3251	1527	269	103	583	3485
	小学	188	3215	1797	266	30	441	3403
	中等技术学校	—	66	19	10	—	—	66
	教育机构	—	167	73	41	14	16	167
	合计	422	6699	3416	586	147	1040	7121
2001	中学	228	2901	1127	149	62	293	3129
	小学	186	3117	1567	156	6	137	3303
	中等技术学校	—	24	14	2	—	—	24
	教育机构	—	1065	311	174	35	50	1065
	合计	414	7107	3019	481	103	480	7521
2002	中学	225	2836	1464	190	8	436	3052
	小学	172	3237	1821	161	23	100	3409
	中等技术学校	—	7	2	—	—	—	7
	教育机构	—	1155	338	120	218	53	1155
	合计	397	7235	3625	471	249	589	7623

续表 21-1-11 单位：千元

年份	项目	收入情况		支出情况				合计
		学杂费	经费	工资	公务费	设备费	业务费	
2003	中学	201	2923	1444	162	267	149	3124
	小学	173	3401	1801	161	120	150	3574
	中等技术学校	—	420	251	24	—	11	420
	教育机构	—	401	60	98	4	196	401
	合计	374	7145	3556	445	391	506	7519
2004	中学	158	3025	1673	126	4	71	3183
	小学	176	3890	1988	130	5	115	4066
	中等技术学校	—	435	258	18	—	5	435
	教育机构	—	537	67	165	8	253	537
	合计	334	7887	3986	439	17	444	8221
2005	中学	201	3115	1076	177	156	60	3316
	小学	237	3806	1493	240	154	55	4043
	中等技术学校	—	396	216	20	—	4	396
	教育机构	—	420	41	105	15	224	420
	合计	438	7737	2826	542	325	343	8175

说明：合计数为收入、支出总数，其中支出还包括福利、工会、失业、取暖、维修、其他

五、办学条件

1986 年，五营区各小学校舍全部实现砖瓦化，校舍总建筑面积 13120 平方米，每生平均占地 11.44 平方米，基本实现“一无两有”，取消“三部制”授课。全区学校共建围墙 1850 米。学校实现暖气化 1 所，实现办公室暖气化 6 所。

全区小学共建实验室 2 个，图书阅览室 3 处，新建高中楼建筑面积 919 平方米。

1988 年，区政府投资 150 万元，新建校舍 1935 平方米，改造校舍 842 平方米。“三室”已基本完善。此外，区政府又拨款 80 万元，专门用于改善办学条件，平均每生占有校舍面积达到国家要求。

1997 年，区政府筹措资金对学校基础设施进行了改造和新建，完善办学条件。为第一中学新建大门一座，有两所林场小学搬迁，对 7 所学校校舍进行了维修，全年共投入资金 20.2 万元。

1999—2000 年，区政府投入经费 16 万元，维修了第一中学一座 480 平方米的教学楼，解决了校舍漏雨的问题；投入 4 万元装备了高级中学电教室；投入 8 万元为第四小学铺设水泥甬道；投入 12 万元为第七小学更新取暖设施；投入 3 万元为第三中学装修理化实验室，解决了该校“两室”因年久失修及冻害所造成不能上物理、化学实验课的难题；投入 18.3 万元修缮各学校校舍。

2001 年，五营区根据市政府调整林场（所）小学网点布局要求，撤并林场（所）小学 5 所，保留 2 所。区政府投入近 30 万元改造维修第一小学宿舍楼。

2003 年，区政府投入 33 万元用于维修校舍。

2005 年，全年教育总投资 610 万元，主要用于改善中小学办学条件。将第二中学同第四中学合并，优化教育资源的配置和使用。为第二小学修建了排水设施、水泥球场、更换了塑钢窗、彩钢瓦，彻底改造了第二小学办学条件。为第三小学新建教学楼 3146 平方米。同时更换了第三小学实验室，一小宿舍楼，四小教学楼，四中教学楼、办公楼塑钢窗、彩钢瓦。为第一中学新建学生厕所 720 平

方米。

六、教学设备

1986年，五营区小学共有教具1665件，图书阅览室藏书4300册，有课桌椅3140套。

1997年，五营区各学校购置一部分音乐、体育、美术教学器材，补充和更新一些教学仪器。

2000年，筹措资金20余万元，为区中小学配备微机、打印机等设备，为教师进修校、第二中学建立微机室。为全区中小学添置实验仪器，完善实验室建设。

2001年，区政府投资近30万元，购置了餐桌、餐具、电视机等，为学生的学习和生活创造了良好条件。教学仪器设备区内小学达到B类810%以上。

2003年，区政府投入42万元，完善教学设备和设施。其中，购买微机90台，投入32万元；购置多媒体、投影仪1台，投入4万元；购置桌椅400套，投资2.5万元；购置黑板50块，投资3.5万元。

2005年，为第二中学修建了排水设施、水泥球场，购买微机80台。全区中小学微机室已达到25台以上标准。

第十一节　两基巩固与控辍工作

一、两基工作

1986年，五营区按照全国教育工作会议精神，落实两基巩固提高工作。区委、区政府成立了“两基”工作领导小组，每年召开一次教育工作会议，制定方案，强调任务，保证有步骤、有质量地完成任务达标。区五大班子领导实行定点包校，解决工作中出现的困难和问题。

2000年，先后以宣传《义务教育法》《中国教育改革和发展纲要》《扫除文盲条例》等为主要内容，营造义务教育法律效力和氛围，并且区委、区政府下发了《批转教委关于中小学实施素质教育几点意见的通知》《批转区教委关于深化教育改革，加强教育教学管理意见的通知》《关于印发五营区争创省、市级“两基”巩固提高工作先进区实施方案的通知》《关于印发五营区扫盲后巩固提高工作方案的通知》《关于印发五营区控制中小学辍学工作安排意见的通知》等文件。用于指导本区素质教育、“两基”巩固提高等项工作。当年，小学及格率96.8%，中学及格率64.5%。

2002年，全区各中小学学习《国务院关于基础教育改革林区的规定》，将素质教育引向深入。

2005年，五营区在各中小学校实行“两免一补”政策，为部分贫困学生减免书费和杂费共计73元，减少中小学生辍学。区政府下发《五营区争创省级、市级“两基”巩固提高工作先进区实施方案》《五营区中小学评估细则》，对“两基”工作下达指标，并且进行分解强化，确保完成两基工作，通过省、市的检查验收，九年义务教育普及率达98%以上，教学质量有较大程度提高，小学升初中升学率98%以上。初中升高中升学率达到30%。

二、控辍工作

1986年，五营区强化政府行为，形成控辍网络，区政府及各林场、中小学校分别成立控辍工作领导小组，组长是行政一把手，主管教育副区（局）长与各学校签订控辍管理责任状，学校与家长签订控辍责任状。要求学校包学生、街道包家属、职工包子女，形成全方位控辍网络采取行政和经济手段，完成者奖，未完成者罚。

1989年，区政府下发《五营区关于控制中小学流失生暂行规定》。全区各中小学校认真学习贯彻落实《五营区关于控制中小学流失生暂行规定》要求。

2000 年，五营区普及九年义务教育，小学适龄儿童入学率 100%；初中适龄少年入学率达 98.7%。小学辍学率控制在 0 以内；初中辍学率为 1.65%。

2002 年，五营区小学流失率不超 1%，中学不超过 2%。2005 年，五营区小学无流失生，辍学率为 0；初中辍学 6 人，辍学率为 0.39%。中小学辍学率均未超过省级规定标准。

2005 年 6 月，区迎接伊春市督导评估检查，组成评估小组，依据《五营区中小学督导评估细则》对五营区中小学进行自检评估，并将评估结果作为学校评选先进单位的重要依据。11 月 27 日，经市督导评估组的检验，五营区综合分为 272.5 分。第一小学、第三小学、第四小学和第一中学，分别以 900 分以上的成绩通过验收。被评为市一类学校。

三、尊师重教

1986 年，丰林自然保护区为第三小学购买电子琴 5 台；汽运处、加工厂、路电处为第四小学铺水泥地面 80 平方米；五营粮库为第六小学美化环境，支援红砖 500 块，水泥 10 袋，汽车台班 2 个；枝丫站、工程处、实验林场为第二中学赞助财物折合人民币 4000 元；营林处捐资 5500 元，解决学校桌椅。

1987 年，营林处、木材综合加工厂、汽运处、胶合板厂、路电处、枝丫站分别为五营第三小学、第四小学、第六小学、第一中学各捐助财物折合人民币 3500 元、3000 元及越冬取暖烧材等。

1988 年，五营铁路车务段支持五营铁路小学 500 元，永丰小学与永丰厂工会赠资 250 元，开办运动会。

1997 年，五营区贯彻实施《中华人民共和国教师法》《中华人民共和国教育法》，注重舆论宣传，区委、区政府确保教师工资发放。中植企业集团资助贫困学生 4 万元。北方航空公司总经理王振华资助 7 名学生，每学期学杂费金额为 4 200 元。区委、区政府授予建安公司、五星石矿、汽运处、物资局、前丰林场、翠北林场、杨树河经营所等单位为尊师重教先进集体，授予党华、王树范等 14 人为尊师重教先进个人。

1999 年 9 月，落实国务院关于《深化教育改革全面推进素质教育的决定》和国家教育部制定的《面向 21 世纪教育振兴行动计划》，注重科教兴区战略，印发《五营区五大班子领导及部分单位包校实施方案》文件，实行包校责任制并制定包校明细表。全年为尊师重教捐资 5000 元。

2000 年，表彰尊师重教先进集体 14 个、先进个人 26 个。

2001 年，捐资 24.6 万元，为各学校办好事、实事。中植集团为出席伊春市尊师重教先进集体，区委书记王希宇为出席市尊师重教先进个人。

2002 年，全区表彰尊师重教先进集体 17 个、先进个人 19 人。中植集团出席市级先进集体，区（局）长张恒芳出席市级先进个人。

2005 年，全区表彰尊师重教先进集体 15 个，先进个人 20 人。

第二章 科 技

1986—2005年，五营区（局）坚持“科技是第一生产力”“科教兴区”的战略，适应科技体制改革，促进科技事业发展。

1986年，有科研单位5个，学会12个，会员311人，各类技术人员27479人。各类学会，开展学术系统，情报联系，技术引进，科学普及等活动，并取得一批科研成果。

1987年，各类学（协）会为14个，各类会员249人。6月成立伊春市科技咨询中心五营区咨询部，主任于喜文、副主任金万植、成员有林宝岱、尹国清、孟宪昌、郭全胜、贺玉、周成杰8人组成。

2005年，五营区（局）共完成科研项目166项，各类专业科技人员，在各条战线把科研成果应用于实践，为五营区（局）经济建设做出贡献。

第一节 科技组织

一、机构

1986年，五营区科技科设科长1人，科员3人。

1989年8月，科技科改成五营区科学技术委员会（简称科委），挂科委、科技科2块牌子，一套人员，设主任1人，科员4人。

1990年，成立科技推广站、设站长1人，科员2人。

1999年，科委成立防震减灾工作领导小组，办公室设在科委。

2000年，设主任1人，副主任2人。

2001年12月，科委与经贸委，安全科合并，更名为五营区经济科技贸易委员会，设主任1人，副主任3人，科员3人，负责科技工作1人。

2005年6月，五营区（局）编制委员会第二次会议决定，科技工作从五营区经济贸易委员会分离出来，独立。称五营区科技与信息中心，隶属于区政府，为科级单位，核定编制3人。其中，设副主任1人，科员2人。五营区科委主要负责科技项目的立项、审批、申报、鉴定、申请专利、推广应用、地震预测中心工作、信息中心工作。

二、科技队伍

1986年，五营区共有专业技术人员409人，其中，中级职称24人、初级职称385人，占干部总数29%。

2005年，五营区各类技术人员1178人。其中，高级职称59人，中级职称580人，初级职称

539 人，占干部总数的 94%。

1986—2005 年五营区科技专业技术人员统计表

表 21-2-1

单位：人

年份	干部	技术人员	高级职称	中级职称	初级职称	占干部总数（%）
1986	1416	409	—	24	385	29
1987	1939	861	—	32	829	44
1988	1817	805	—	30	775	44
1989	1882	841	—	29	812	45
1990	1927	1291	20	326	945	67
1991	1995	1342	20	320	1003	67
1992	1792	1247	16	329	903	70
1993	1789	1335	32	449	854	75
1994	1855	1259	48	510	701	68
1995	1909	1329	51	527	751	70
1996	1906	1352	62	692	598	71
1997	1953	1709	62	698	949	88
1998	1956	1797	69	771	957	92
1999	1970	1820	70	780	970	92
2000	2052	1887	72	788	1027	92
2001	2012	1851	70	768	1013	92
2002	1917	1742	70	768	904	91
2003	1857	1712	70	768	874	92
2004	1840	1712	70	768	874	93
2005	1253	1178	59	580	539	94

三、科技代表大会

五营区（局）科技代表大会，主要是对科研项目的单位和个人，科研研究成果进行表彰奖励。

1986—1990 年召开一次。

1993 年、1995 年、1997 年分别召开一次。

1998—2005 年未召开科技大会。

1990—1997 年科技成果受奖表

表 21-2-2

单位：℃

项目名称	完成单位	参加人员	等级	级别	时间
刨花板技术改造	东北林业大学	302	158	369	—
伊春林管局	882	331	170	381	—
刨花板厂	于喜文　林宝岱　尹国清 赵树文　裴金友	2	省科技进步奖	1990	—
薄木镶嵌画	木器厂	郭全胜　陈民新　王兰太	3	伊春市科技进步奖	1990
钢质折式车立柱	汽运管理处	327	186	394	—

续表 21-2-2

项目名称	完成单位	参加人员	等级	级别	时间
机修厂	马 坤 宋国太 王振德 于振台 刘克华	3	伊春市科技进步奖	1990	—
铝镁合金装饰板	胶合板厂	401	208	670	—
五营区科委	陈宪柱 邢世祯	620	240	730	—
汝兴平	3	伊春市科技进步奖	1990	806	—
聚丙烯编织布覆盖针叶大苗越冬的研究	中心苗圃	531	212	860	—
伊春林业科学院	张文忠 杜兴堂	423	234	930	—
刘丽霞 李学文 姜 冠	3	伊春市科技进步奖	1990	980	—
五营区企业标准	五营区质量管理科	冷海廷 尚庆祥 王金城 常贵清 范绍军	2	伊春市科技进步奖	1990
蓝牛皮纸技术攻关改造	造纸厂	于喜文 池龙石 沈逢安	2	五营区科技进步奖	1990
混合饲料生产线	五营良种繁育场 五营区科委	于阎文 刘铁城 霍 君	210	940	—
尹国清 邢世祯 汝兴平	2	五营区科技进步奖	1990	—	—
木材生产统筹运输	五营生产调度科	刘玉廷 倪凤书 王新斌	2	五营区科技进步奖	1990
塑料薄膜保温猪舍	五营区科协	金万植 周成杰	3	五营区科技进步奖	1990
山野菜罐头	平原罐头厂	姚玉德 于红军	—	—	—
吴忠岭 徐继仓	3	五营区科技进步奖	1990	—	—
永磁式交流发电机	五营区机电科	蒋茹明 曲福志	3	五营区科技进步奖	1990
在集林与拖拉机的应用	机修厂	贺立君 张再华	3	五营区科技进步奖	1990
豆制品机械化生产线	五营区经委	—	—	—	—
腐乳厂	李洪潭 于福太康金副	3	五营区科技进步奖	1990	—
年产 80 万双弹力袜子生产线	新兴针织厂	李开清 赵省河 袁玉堂	3	五营区科技进步奖	1990
年产 3000 套刺绣产品生产线	绣服饰品厂	于喜文 张春生 王玉凤	3	五营区科技进步奖	1990
胫骨陈旧性骨折不连接行滑移性植骨术一例	五营职工医院	王明杰 尹宝山	3	五营区科技进步奖	1990
科技信息微机管理系统软件	五营区科委	张希跃	3	五营区科技进步奖	1990
树叶青贮技术	市种猪示范场	—	—	—	—
五营区科委	于阎文 尹国清 邢世祯	—	—	—	—
盛会臣 庄福春 吕 臣		—	—	—	—
张希跃 陈 刚	1	五营区科技进步奖	1993	—	—
刨花板干燥机技术改造	刨花板厂	林宝岱 王守国 郭全胜	—	—	—
尹国清 肖贵林 高振树	1	五营区科技进步奖	1993	—	—
季节性冻土给水管道非保温浅埋技术在五营给水工程中应用	五营区城建局	孙芳礼 于振台	—	—	—
张仲良 张承贤	1	五营区科技进步奖	1993	—	—
马铃薯地膜覆盖优质高产新技术	木材加工厂	—	—	—	—

续表 21-2-2

项目名称	完成单位	参加人员	等级	级别	时间
五营区农业科	朱立文　李忠臣　赵振华	—	—	—	—
乜关锁　张希跃	2	五营区科技进步奖	1993	—	—
改废旧锅炉为常压锅炉在采暖中的应用	五营区机电科	—	—	—	—
五营区安全科	郑君成　罗　森　刘铁成	—	—	—	—
赵　福	2	五营区科技进步奖	1993	—	—
山野菜、蔬菜脱水生产技术	平原罐头厂	—	—	—	—
五营区科委	于红军　尹国清　邢世祯 张希跃　佟晓楼　翟清林	2	五营区科技进步奖	1993	—
文书、档案、微机管理系统	五营区科委	—	—	—	—
五营区档案局	张希跃　尹国清　杨　伟 陈　刚　苏艳梅　阎德琴 张淑萍	2	五营区科技进步奖	1993	—
清洁化工系列保健产品	五营二建工程公司	钟启立　姚文海　韩志芳	2	五营区科技进步奖	1993
V 型植苗锹的研制	五营区营林处	—	—	—	—
杨树河经营所	高立民　高伟平　阎金香	—	—	—	—
顾福华　郭海菊　王喜志	—	—	—	—	—
宁树堂	3	五营区科技进步奖	1993	—	—
塑料电线生产技术引进	五营一建工程公司	郭万林　姚国权　崔存秀	3	五营区科技进步奖	1993
北方高寒林区年产万头产品瘦肉型肥猪的综合技术开发	五营区养殖加工总厂	—	—	—	—
五营区科委	于闯文　庄福春　郭庆兰 邢宝成　李义杰　钟启立 吕臣　张希跃	4	省星火计划奖	1995	—
树叶青贮技术和喂猪效果实验	五营区养殖加工总厂	—	—	—	—
五营区科委	于闯文　尹国清　邢世祯	—	—	—	—
盛会臣　庄福春　吕　臣	—	—	—	—	—
张希跃	2	伊春市科技进步奖	1995	—	—
多功能旅游桌的研制	工艺美术木器厂	—	—	—	—
伊春市科技开发公司	范青山　郭庆兰　张希跃	—	—	—	—
冷	2	伊春市科技进步奖	1995	—	—
毛丝鼠饲养技术的研究	伊美达毛丝鼠养殖有限公司	—	—	—	—
省野生动物研究所	王广财　孙海义　马文龙 金　煜　李艳冰　杜兴堂 于喜文　路秉信	2	伊春市科技进步奖	1995	—
生物助长剂在林业育苗生产中的应用	中心苗圃	—	—	—	—
五营区科委	刘淑兰　韦庆和　郭庆兰	—	—	—	—
王喜志　景化杰	2	伊春市科技进步奖	1995	—	—
仿形组合木工车床的研制	伊春市五星新登木工机械厂	—	—	—	—

续表 21-2-2

项目名称	完成单位	参加人员	等级	级别	时间
五营区科技开发中心	林宝岱 王安民	—	—	—	—
张延森	1	五营区科技进步奖	1995	—	—
计算机软盘驱动器故障检测系统	五营区科技开发中心	张希跃 赵树文 林宝岱	1	五营区科技进步奖	1995
一头母猪年产 28 头苗猪的攻关实验	五营养殖加工总厂	于闯文 吕 臣 钟启立 邢宝成	1	五营区科技进步奖	1995
防腐镀锌铁丝生产技术开发	五营区电线厂	郭万林 吕维福 姚国权	2	五营区科技进步奖	1995
热管技术在小型民用锅炉上的应用	机修厂	—	—	—	—
五营区科委	赵 福 赵树文 张希跃	—	—	—	—
车颜祥	2	伊春市科技进步奖	1997	—	—
高效节能民用锅炉的研制	机修厂	—	—	—	—
五营区科技开发中心	赵 福 赵树文 张希跃	—	—	—	—
车颜祥	1	五营区科技进步奖	1997	—	—
汽车防爆消音器的研制	汽运处	—	—	—	—
五营区科技开发中心	刘永文 林宝岱 赵树文 张希跃 张庆华 徐家伟 赵桂芹	1	五营区科技进步奖	1997	—
微机主板故障检测与维护系统	五营区科技开发中心	张希跃 林宝岱 赵树文 刘德友 郭 海	1	五营区科技进步奖	1997
塔头上植苗造林试验	五营区营林公司	苗成祥 张希跃 沈智峰 刁永凯	2	五营区科技进步奖	1997
新型单轴拖挂的研制	汽运处	刘永文 张庆华 周向阳 赵桂芹 徐永伟	2	五营区科技进步奖	1997
木制系列健身器的开发研制	五营区营林公司	高立民 郭海菊 沈智峰 阎金香	2	五营区科技进步奖	1997
新型实用林木测量仪的研制	技工学校	—	—	—	—
五营区科委	李长洲 郭海菊 宋国文 刘德友	2	五营区科技进步奖	1997	—

加拿大科学家到五营考察图

美国科学家到五营考察图

第二节 科技应用与推广

一、科技活动

（一）学术交流

1986年2月，在伊春市“挖潜力增效益”讨论会上，宣读论文4篇，获优秀奖1篇；12月在《五营区经营战略转移献计献策》大会上，征集论文97篇，交流18篇。

1987年1月，林产工业学会召开学术年会上，征集论文13篇，交流6篇；2月，营林学术会征集论文24篇，交流8篇。3月，机电学术会征集论文17篇，交流10篇；同年，应伊春市林学会征文，推荐论文6篇，获奖3篇；在省级刊物上发表论文20余篇。

1988年，除林经学会、科技辅导员学会外，其他11学会交流论文67篇，送市林学会交流论文6篇，获奖3篇，林宝岱《刨花板原度差的控制》获一等奖，赵士强《高山角拖拉机循环牵索集材法》《清林作业的改革》获二等奖。5月9日，科协主席金万植、周成杰分别参加广西桂林、广州学术研讨会。

（二）科技情报信息

1986年，五营区（局）科技科，设情报室1处，基层设兼职情报员26人，个体情报信息社2个，建立网点24个，与国内218个厂家有情报联系，并交流信息单27份。

1988年，参加由市科协举办的技术交流展销会。11月，参加北京国际产品展销会与杭州星火计划成果适用技术展销会。参展6项：根雕、仿自然立体画、桦木筷子、铝镁合金装饰板、YQ—1型自动起瓶器、刨花板二次贴面。1989年，共搜集信息267条，其中采用26条。

1990年，与中国技术市场联合开发集团、中国专利局等34个情报信息单位建立信息网，年收信息1000余条。

1991年发布信息68条，采用11条；1994年举办1次科技宣传月活动，举行信息发布会、发布信息60余条。

1999年，与区科协、文化局、卫生局、宣传部联合，进行2次“文化、科技、卫生三下乡”活动，把科技信息送到林场（所）群众手中，共发放科技信息380条，图书资料1 300册，为富民兴区、脱贫致富奠定基础。

2000年，丰林自然保护区管理局印发《丰林信息》6期，收到各种交流信息78份。2005年，实行办公自动化，各部门各单位实行宽带上网、查阅信息方便快捷。实现各单位自行查阅方式。信息交流自动化。

（三）科技培训

1986年3月，区数理化学会举办知识竞赛2次，培训71次。

1987—1989年，培训技术职称中级人员91人次。

1993年，举办农业培训班5期，450人。推广农业新技术。

1994年举办4期培训班，参加人员52人。

1998年举办食用菌培训班5期，300人；微机培训班3起220人；专利技术培训班2期200人。

1999年，与工会、人劳局举办微机培训班2期80人；锅炉、五加参、食用菌技术培训班12期520人。

2000年，举办食用菌、微机、锅炉工岗前培训等23期780人。

2002年，举办WTO培训班1期15人。

2005 年，举办林场所食用菌培训班 4 期 238 人。

二、科普宣传

1986 年 3 月，举办爱鸟周活动，放映科普宣教电影 1 场，参加 450 人次；宣传画廊 1 期，促进了爱鸟活动的开展。5 月，举办青少年科技小发明、小论文竞赛活动，经评选，获奖小发明、小论文 9 件 22 人，论文获一、二、三等奖 13 人；获伊春市竞赛纪念奖有小发明 3 件，小论文 2 篇；7 月，组织科技夏令营活动，90 人参加；通过活动，扩大学生视野、增长知识、促进科普普及与推广。1987 年元月，举办书画展，展出作品 42 幅。3 月，举办“全区中小学生全科智力竞赛”，参加人数 150 人，通过评比，提高学生综合发展的素质能力。

1988 年 3 月 10 日—5 月 10 日，为全区第一届“科普三春”活动时间，首届活动注重“实际、使用”原则，有效地支持“科普之春”工作；出黑板报、墙报 71 期，广播科普文章 45 篇，新闻 20 条，电视录像新闻 1 次，专题录像讲座 1 期 16 讲，播出科普文章 227 篇；巡回演讲 7 场，参加 700 人次，征集论文 17 篇；计生图片展览 8 套；文艺演出 2 场。6 月，第四届“科技小发明、小论文竞赛”活动，共有小发明 19 件，小论文 85 篇，1989 年 7 月、10 月，举办青少年书画展览 2 期，参展作品 50 余幅，通过画展，丰富了学生的第二课堂知识。

2003 年 3 月，区科协创办《五营科普》期刊，每月 1 期，一年 12 期，编辑王英新，内容为市场经济知识、种养采加工技术等自然和社会科学知识，对科普知识进行普及。

2005 年，举办“青少年防震减灾知识竞赛”参加 20 人，取得较好成绩，并在各中小学校张贴宣传画，普及宣传，提高青少年防震减灾避险知识。12 月，年底在教师进修中心举行“小论文小发明制作评选活动”，共有 114 件小制作、98 篇小论文参赛，评选出一等奖 10 名，二等奖 20 名。

三、科技引进

1986 年，五营区造纸厂，为提高产品质量、增强经济效益，在天津市造纸公司引进蓝牛皮纸技术，主要工艺流程为选材、蒸煮、打浆、除渣器、旋翼筛等工序。通过引进技术，在原有基础上，试制产品后，产品实验成功。经过市级科委鉴定，产品合格达到国家标准，年产值 200 吨，获得明显经济效益。

1987 年，区科协从齐齐哈尔市引进种植沙棘技术。沙棘是一种野生灌木、适应性强，抗风沙、耐严寒和酷暑，适于瘠薄土壤。其果实富含维生素 C，其含量居一切果蔬之首。沙棘非常适合本区种植。

1988 年春，引进沙棘种子 1 公斤、沙棘苗 3000 株，种子由苗圃育苗，沙棘苗由杨树河经营所栽植。

1990 年，区农委引进地膜覆盖马铃薯，种植朝鲜大白菜等技术，菜农受益。1991 年，区科委引进技术人才 38 名，促进本区综合立体开发项目的发展。1993 年，区科委聘请东北林业大学、农业大学、省林科院、省畜牧研究所、八一农垦大学、红兴龙农业科研所等 12 名高科技人才，为五营区种猪繁育场提供技术支持。

1994 年，聘请东北林业大学陆仁书教授，研制耐候性刨花板项目；聘请北京一化厂胡淑兰教授，研制芳菲化工厂产品系列；聘请北京林学院经济管理分院院长任恒琪教授，为本区经济技术顾问；本区挂靠大专院校科研单位 12 个，专家学者 16 人，经济顾问 10 人；引进技术 6 项。即欧式风味水晶肠生产技术、软包装罐头生产技术、洁厕香球生产技术、皮件制品加工技术、饲料青贮新技术、母猪良种繁育技术。

2002 年，外聘吉林省通化果酒厂，高级技术员林占海、刘冬极，为五营雪源饮品有限公司的技术主管，开发出具有高附加值无糖型山野果酒系列新产品，在哈洽会上深受客商好评，被市政府授予优秀展品奖。

2005 年，区科委与农委、木耳养殖户合作，引进木耳菌种，达到木耳菌种规范化，通过推广收到很多经济效益。

第三节 科技项目与成果

一、刨花板生产线技术攻关

刨花板生产线技术攻关，是五营刨花板 1986 年的科技项目，经省科学鉴定，达到部颁标准，填补省内空白，获省科技进步一等奖，也为全国林业刨花板生产提供借鉴。

二、钢质折式车立柱

“钢质折式车立柱”是五营汽运管理处 1987 年研制的项目，主要采用 160*140*100 毫米槽钢和 6 毫米厚铁板焊接而成。它的研制成功，节约森林资源，取代木立柱，每年节约木材 792 立方米，折合金额约 2 万元，填补伊春市级空白，达到省内同类科研先进水平。

三、苗圃喷灌管道自动化的改进

1990 年，“苗圃喷灌管道自动化的改进”研究，该项目是营林处、中心苗圃、伊春市林科院共同合作项目。该项目对土壤中水分和地表温度进行巡回检测，达到实现苗圃灌溉系统有效地调节，满足幼苗对水分需要。在速生丰产林，标准化苗圃实验地，发挥重要作用。

四、“YQ–I 型启瓶盖器”

是和哈工电学院共同研制科技成果，该项产品已打入市场。

五、“JCW 型激光林火望远镜”及定位仪

该项成果能及时发现火情，确定距离和方位，为森林防火起到关键作用。

六、“山野菜罐头生产线改扩建”

五营区平原罐头厂研制了“山野菜罐头生产线改扩建”项目，发挥五营区山野菜资源丰富优势，充分利用森林资源，填补国内市场生产山野菜罐头空白，同时还引进开发“山野菜真空软包装系列罐头”“山野菜蔬菜脱水新技术”“欧式风味水晶肠”等 3 项新产品、6 项新技术。

七、“硅酸盐道路水泥的研制”

1995 年，“硅酸盐道路水泥的研制”列入省星火科技项目，由五星水泥厂开发，利用立窑水泥生产线，改造部分设备及工艺流程，采用微机配制和暗火煅烧方法及高细磨先进技术，生产 425 #、525 # 硅酸盐水泥，投产后可新增产值 900 万元，利税 200 万元。

八、多功能旅游桌

多功能旅游桌，是省星火计划项目。1995 年上报，是工艺美术厂科研项目，是利用小材小料精深加工，集生活、娱乐、旅游于一体，美观实用，通过 1994 年小兴安岭森林节及科委展销会，产品销路广，供不应求。

九、“瘦肉型猪扩繁”

是 1995 年列入省星火计划项目。由中植星火养殖加工总厂研制。

十、“YS 系列全介颗粒饲料的研制”

列入市星火计划项目，由中植星火养殖加工总厂研制。

十一、1998 年开发新产品

主要有 4 项：锅炉消烟除尘装置产品（中植公司开发）、野果红酒（平原罐头厂开发）、山都柿果汁饮料（雪源饮料厂开发）、木制工艺雕刻门（五营区胜达木制品公司开发）。

十五、“山野果汁生产线改造”。

十六、“变频调速自动控制系统”。

十七、“高寒林区珍贵阔叶树种、杆、播育苗实验”“丽丰木耳菌生产技术推广”“微机网络系统管理”“无糖越橘果酒”“冻干洋参胶囊”“哈士蟆油胶囊”等新产品的研制成功，投放市场后深受广大消费者的喜爱。

1986—2005年，五营区（局）科技项目228项；五营科委计划项目166项，其中，林业项目44项，农业项目13项，工业项目73项，畜牧业15项，医药产品8项，管理产品9项，其他4项。科技成果中，完成林业技术推广项目8项；开发新产品研制10项；列入省科研项目5项、其中2项是列入省星火计划；国家科委1项；列入市星火计划项目4项；在第一届五营森林节中，洽谈科技项目8项；市科技项目8项，市攻关项目3项，与市林科院合作项目9项；与省东北林科院、省科大、哈尔滨电工学院协作5项，申请国家专利产品6项：其中适用新型专利产品2项；第三届（1999）年，爱因斯坦世界博览会国际金奖1项；绿色食品3项。

“铝镁合金装饰板”

五营林业局胶合板厂的“铝镁合金装饰板”，1988年经过市科委鉴定，填补省内空白，为推广增添新的生机，创双重效益，年产胶合板2.5万张，产值195万元，利税45万元。

“混合饲料生产线”

1990年，五营区科委与五营良种繁育场研制的《混合饲料生产线》，当年列入伊春市星火计划项目，该项目是充分利用当地特有资源：树枝、锯末、树叶、山野菜、豆秸等20余种与50%玉米、豆饼等精饲料混合而成，含营养价值高，无毒的禽、畜饲料，含有18种氨基酸，12种微量元素与多种维生素及植物抗生素等禽、畜必需的营养成分。经市级鉴定，实践证明，混合饲料年产量2000吨，可供五营区各林场所与大型家禽养殖户需要，用混合饲料养猪，肉猪增重可提高15%~20%，瘦肉率提高2%；养鸡，蛋鸡产蛋率提高8%，蛋黄色泽提高1~2级，效果良好，经济效益可观。该项科技成果研制成功，填补伊春市空白、是一项新品种，新型混合饲料，充分利用林区资源优势，安排120人就业。

平原罐头厂的山野菜、蔬菜脱水生产技术

1993年，平原罐头厂的山野菜、蔬菜脱水生产技术，通过市级鉴定，完成率达100%，并列入省星火计划项目。

“北方高寒林区年产万头安昌瘦肉型肥猪的综合技术开发”

1995年，良种繁育场的“北方高寒林区年产万头安昌瘦肉型肥猪的综合技术开发”是省星火计划项目，通过省级鉴定，可年产2万头，创造了可观的经济效益。

松鼠牌薄木镶嵌画

松鼠牌薄木镶嵌画，是一种新型工艺产品，采用本林区珍贵树种为主要原料，利用不同木材的自然色泽和独特纹理绘制而成。1986年获伊春市科技进步三等奖；1988年获省轻工新产品“黑龙奖”；省优质产品“百花奖”；1989年被评为省优产品；1990年获国家轻工部工艺美术新产品一等奖；获北京可劳斯国际博览会优秀展品奖；1990年，桦木胶合板被评为省优质产品。1992年获黑龙江全国科技成果展览交易会金奖。

丰塔牌白桦木筷

丰塔牌白桦木筷，采用小兴安岭林区白桦木为原料，选料精良、加工精细，有3个系列16种规格。1988年被评为省优产品；1991年被评为部优产品，1992年，在黑龙江全国科技成果展览交易会上获银奖。

亚翔牌山野菜罐头

亚翔牌山野菜罐头，1990年获国家轻工业部“天马”优秀奖；1991年获伊春市科技进步三等奖；在“七五”全国星火计划成果博览会上获银奖；1992年获全国科技成果展览交易会银奖。

饲料研究、洁厕香球、人参莲子罐头

1991—1994年，饲料研究、洁厕香球、人参莲子罐头参加历届全国大型产品交易会（国家“七五”期间星火计划成果博览会，大连第二届新产品新技术产品交易会）。刨花板技术改造，1987年获省科技进步二等奖，1989年由美国KRAUSE公司举办的国际林业及木材技术展览会获优质产品奖。桦木胶合板与1990年被评为省优产品。

1986—2005年五营区科研项目统计表

表21-2-3

年份	项目名称	主持单位（或课题负责人）	承担单位
1986	0616	朴真雨	贮木加工厂
1986	兰牛皮纸	池龙石	造纸厂
1986	集材80改装吊车	宋永和	公路处
1986	育苗新途径探讨	赵唯科	农牧委
1986	大棚黄瓜病虫害防治问题研究	赵唯科	农牧委
1986	保温猪舍	金万植	科协
1986	电话障碍自动显示器	刘学坤	电话所
1986	酚醛树脂胶	林宝岱	刨花板厂
1986	短周期低压三氢胺胶	林宝岱	刨花板厂
1986	曲木成型热压机	杨经民	刨花板厂
1987	短周期三聚氰树脂胶	区科委	刨花板厂
1987	酚醛树脂胶	区科委	刨花板厂
1987	三聚氰胺浸渍纸贴面板试生产	区科委	科技科
1987	不饱和聚酯树脂贴面新工艺	区科委	刨花板厂
1987	多孔钻	区科委	局木器厂
1987	引齿刨	区科委	局木器厂
1987	汁烷醇在育苗中的作用	区科委	苗圃
1987	林地施肥	区科委	苗圃
1987	造纸机改造	区科委	造纸厂
1987	人参种植业	区科委	杨树河、汽运处
1988	刨花横压沙发生产线	区科委	联合企业公司
1988	家具部件浸渍纸贴面生产线改造	区科委	联企公司、区科委
1988	单板横向拼缝机	区科委	胶合板厂、区科委
1988	四省种源试验	区科委	营林处
1988	红松优树子代测定	区科委	营林处
1988	短周期三聚氰胺树脂胶	区科委	联企公司、区科委、刨花板厂
1988	珍珠岩苗木防寒试验	区科委	五营苗圃
1988	编织布苗木防寒试验	区科委	五营苗圃
1988	间歇性水湿地改造试验	区科委	五营苗圃

续表 21-2-3

年份	项目名称	主持单位（或课题负责人）	承担单位
1988	酚醛树脂胶	区科委	联企公司、区科委、刨花板厂
1989	铝薄板贴面	区科委	胶合板厂
1989	果参间作及果参丰产的研究	区科委	营林处、永丰所
1989	人参丰产及其加工的研究	区科委	永丰所
1989	应用配套技术造速生丰产林	区科委	营林处、永丰所
1989	无公害杀虫剂防治八齿小蠹虫实验	区科委	营林处
1989	四省种源试验	区科委	营林处
1989	红松优树子代测定	区科委	营林处
1989	细木工板整张化	区科委	局木器厂
1989	刨花板二次加工	区科委	区科委、刨花板厂
1989	三聚氰胺贴面胶	区科委	刨花板厂
1989	刨花板 ND—10 号低毒胶	区科委	刨花板厂
1989	桌面生产	区科委	胶合板厂
1989	锯木粉饲料	区科委	良种场
1989	复合袋	区科委	营林处、综合厂
1989	木砂原纸	区科委	实业开发公司
1990	全方位火情自动报警装置	区科委	区科委
1990	珍珠岩尾矿综合利用	区科委	水泥厂
1990	永磁性交流发电机在 J—50 拖拉机上的应用	区科委	机电科、机修厂
1990	三松幼苗立枯病的防治	区科委	营林处、苗圃
1990	苗圃喷灌管道自动化的改进	区科委	营林处苗圃、市林科院
1990	高铬铸铁球	区科委	经委、机电厂
1990	高山脚造林技术的研究	区科委	苗圃
1990	V 型植苗锹的研制与应用试验	区科委	营林处
1990	铝合金膜坑板的研制	区科委	科委、胶合板厂
1990	早熟尖椒	区科委	五星镇、刘延贵
1990	铅蓄电池翻新	区科委	供应科
1990	雏鸡病前检测及预防的研究	区科委	种禽繁育场
1990	MTY3A 按全点式带锯进尺装置	区科委	加工厂
1990	炉灰配料控制器	区科委	建材厂
1990	万亩短论期纤维原料林的营造	市科委	市营林局
1990	“迎春五号杨”山地育苗与营造	区科委	营林处、平山
1990	苗圃土壤综合治理的研究	区科委	营林处、苗圃
1990	科技及成果档案管理系统	区科委	科委、微机办
1990	利用微机控制开发新产品、新技术的综合管理	区科委	科委、微机办
1990	文书、科技档案现代化管理	区科委	档案局、微机办
1991	水稻引种实验	区科委	农牧局、农场
1991	强力蒸汽二改风在锅炉上的应用	区科委	胶合板厂、刨花板厂、木器厂
1991	邱氏灭鼠技术	区科委	营林处
1991	豆制品机械化生产线	区科委	腐乳厂

续表 21-2-3

年份	项目名称	主持单位（或课题负责人）	承担单位
1991	纸布复合袋	区科委	纸袋厂
1991	优化调查设计方案	区科委	林调队
1991	人工红松种子林生长规律初探	区科委	林调队
1991	开发我局园林及经济植物资源	区科委	营林处
1991	两种整地方式造林效果初探	区科委	营林处
1991	天然种子林最佳抚育强度的选择	区科委	营林处
1991	球果害虫的种类鉴别及生物特性初探	区科委	营林处
1991	锅炉热水循环及锅炉自动补水自控系统	区科委	营林处
1991	防火线割草机	区科委	科委
1991	黑琴鸡驯养	区科委	农牧委、多种经营科
1991	人参罐头	区科委	平原罐头厂
1991	人参莲子罐头	区科委	平原罐头厂
1991	珍珠鼠养殖	区科委	伊美达公司
1992	洁厕芳香球	区科委	五营芳菲化工厂
1992	山野菜罐头生产线改扩建	区科委	平原罐头厂
1992	不饱和聚酯树脂装饰板	区科委	刨花板厂
1992	红松落叶病的综合治理	区科委	营林处病防站
1992	贸工农一体化	区科委	良种繁育场
1992	林区猪饲料的开发与利用	区科委	良种繁育场
1992	猪饲料青贮的研究	区科委	良种繁育场
1992	生态养殖的研究	区科委	良种繁育场
1992	提高母猪单产效益的研究	区科委	良种繁育场
1992	新建中国鹅养殖业	区科委	良种繁育场
1992	建材厂制砖生产线改扩建	区科委	建材厂
1992	引种仔粒兔	区科委	良种繁育场、平山所
1992	引种南瓜	区科委	良种繁育场、平山所
1992	刨花板生产线改扩建	区科委	刨花板厂
1992	引进造纸蒸煮废气回收利用技术	区科委	造纸厂
1992	无阀门大流量快速给水设备	区科委	消防科
1993	塑料电线	区科委	工程处电线厂
1993	洗发香波摩丝	区科委	芳菲化工厂
1993	山野菜微薄脱水生产线	省科委	平原罐头厂
1993	毛丝鼠饲养技术的研究	省科委	毛丝鼠厂
1993	饲养商品牛	区科委	翠北林场
1993	金针菇、平菇	区科委	平山所
1994	北方高寒林区年产万头安昌瘦肉型肥猪的综合技术开发	省科委	良种繁育场科技开发中心
1994	刨花板生产线改扩建	区科委	刨花板厂
1994	电气装备用电线、电缆	区科委	一建公司
1994	耐候性刨花板的研究	省科委	科技开发中心

续表 21-2-3

年份	项目名称	主持单位（或课题负责人）	承担单位
1994	洗衣膏	区科委	地企公司、平原所
1994	枝桠加工活性炭	区科委	地企公司、经贸委
1994	小尾寒羊	区科委	平山所
1194	植物生长调节剂在林业育苗生产中应用	区科委	苗圃
1994	自生燃气远红外多功能同步炉	区科委	汽运处
1995	65234 系统工程	国家科委	养殖加工总厂
1995	多功能旅游桌生产线改扩建	省科委	工艺美术厂
1995	菲丁生产技术开发	市科委	永丰所
1995	防腐镀锌铁线生产线的开发	市科委	电线厂
1995	植物生长剂在林业育苗生产中的应用	市科委	苗圃
1995	缩短红松苗木培育年限的试验	区科委	苗圃
1995	利用猪废弃物培育鱼饵料	区科委	养殖加工总厂
1995	耐候性刨花板的研究	省科委	五营林业局
1996	YS 系列饲料的研究	市科委	良种场
1996	汽车防爆消音器的研究	区科委	汽运处
1996	塔头上植苗造林试验	区科委	营林处
1996	缩短红松苗木培育年限的试验	区科委	苗圃
1997	高效节能民用锅炉的推广应用	区科委	机修厂
1997	汽车防爆消音器推广应用	区科委	汽运处
1997	塔头植苗造林试验	区科委	科技开发中心、营林处
1997	活性炭生产技术改造	区科委	宏源化工厂
1997	棚室自动换气装置的研究	区科委	科技开发中心、五营办
1998	科技富民十项	区科委	科技开发中心
1998	新兴土豆起收机的推广应用	区科委	机修厂
1998	ABT 生根粉在林区马铃薯生产栽培中的应用	区科委	科技推广站
1998	全局微机网络管理系统	区科委	科技开发中心
1998	提高新播苗保苗率的研究	区科委	苗圃
1999	变频调解节能电机控制系统研制	区科委	科技推广站、公用事业管理处
1999	微机网络管理系统开放	区科委	科技开发中心
1999	高寒林区珍贵阔叶树种插播育苗试验	区科委	苗圃
2000	锅炉强化燃烧节能除尘装置试验	区科委	中植集团
2000	木耳小型干燥设备开发	区科委	机修厂
2000	108 生根宝大面积在林业育苗推广应用	区科委	苗圃
2000	科技情报网络技术开发	区科委	微机办
2001	高效转动干燥机推广	区科委	科技推广站
2001	玫瑰茄保健茶生产线开发	区科委	兴安保健公司、鑫源开发公司
2001	科技情报网络建设	区科委	微机办、市科委
2001	YQ 复合汽柴油技术研究	区科委	科技开发中心、清华大学
2001	108 生根宝大面积在林业推广应用	区科委	苗圃、科技推广站
2001	优质黑木耳研究开发	区科委	招标

续表 21-2-3

年份	项目名称	主持单位（或课题负责人）	承担单位
2002	黑木耳加工生产线	区经科委	科技推广站
2002	立木多形拼接装饰材料快生产线	区经科委	锅炉安装公司
2002	草坪人口培植训化试验	区经科委	苗圃、科技推广站
2002	科技信息情报网络建设	区经科委	微机办
2002	森林公园环形路小火车建设	区经科委	五营林业局
2003	哈士蟆油冻干胶产品产业化项目	省科技厅	远东北药
2003	黑木耳等药用真菌制品产业化项目	省科技厅	哈市众生北药科技公司
2003	数字林业信息管理政务信息平台开发	区经科委	微机办、政府办
2003	常夏石竹在高寒林区引栽试验	区经科委	苗圃
2004	酶解热浸生物技术开发香菇系列产品	区经科委	科力奥生物工程公司
2004	生物工程技术在獭兔养殖业的应用试验	区经科委	双玉兔业
2004	木耳素的提取试验	区经科委	远东北药
2004	无糖山野果酒系列产品开发	区经科委	雪源饮品公司
2005	关东功效系列保健茶开发	区经科委	五营关东茶业实验厂
2005	中艺松乡园园林少数民族风清旅游区建设项目	区经科委	中气公司
2005	年产 60 万件纯手工制作自然工艺品开发	区经科委	中气公司
2005	酶解热浸生物技术开发香菇多系列产品	区经科委	科力奥生物工程公司
2005	五味子种子多种催芽方法试验	区经科委	苗圃

第二十二篇
文化　体育　卫生

五营区的文化艺术自建置区（局）始，在每个领域都取得相当的成就。1986年，五营区文化体育科设科长1人，文化、体育干事各1人，2001年更名为文化体育局，沿用至2005年。为国家、省、市输送数名运动员，获省体委、省教委的各项奖励。五营区卫生医疗事业于1957年建局始，由1个卫生所发展为有医院、卫生院、卫生所，2005年，一般的重患都能在五营职工医院治疗，卫生防疫、妇幼保健、爱国卫生、环境卫生、红十字会等卫生事业都相应得到一定发展。

第一章 文 化

五营区的文化艺术自建置区（局）始，在每个领域里都取得相当的成就。每个文化艺术领域里涌现出一批人才，多较有造诣，可谓地灵人杰。一方水土，养一方人，五营这方水土也着实造就了一方人。五营的灵山秀水，尤其得天独厚的原始森林自然保护区和五营国家森林公园，引来顶尖级的不少艺术家来本区，给五营区的文化艺术注入了血液，更加推进本区文化艺术的发展。

1985 年前，在绘画基础上经过多年的研究，首创工艺美术品薄木镶嵌画。进入 1986 年，技艺达到高峰，薄木镶嵌画开始闻名省内外，曾一度在北京人民大会堂展销，其他工艺美术品又多是远方的游人和国际友人的珍贵纪念品。有的工艺品还批量生产，乃至远销国外。概言之，五营区的工艺美术不但已达到一定高峰，且独具特色而居于很强的优势。同时，其他文化艺术领域也与之相互媲美。在文学创作方面，又有一批力作在文坛上达到一定的高度而展示文采；在书法艺术方面有一批书法艺术爱好者，有的也达到了一定的高度和水平；在音乐领域，声乐和器乐，尤其声乐有一批佼佼者；在乐坛上，声乐一展歌喉，器乐余音缭绕；摄影这瞬间艺术也展示其魅力，乃至春节的文化艺术活动一度达全年的巅峰，受到市的大力表彰，而且推为全市的样板，号召全市学习。

第一节 机 构

1986 年，五营区文化体育科，设科长 1 人，文化、体育干事各 1 人。

1988 年 3 月，区文化体育科挂两块牌子，名称分别为文化局、体育运动委员会，仍为 1 套班子。文化局局长兼体育主任 1 人，文化干事 1 人，体育干事 2 人。

1995 年，为加强文化市场管理，成立文化市场稽查科，文化局长兼科长。

1997 年，机构改革，文化局、体委名称又合二为一，名称为文化体育运动委员会，设主任 1 人，文化干事 1 人，体育干事 2 人。

2001 年 12 月 7 日，文化体育运动委员会更名为文化体育局，设局长 1 人，文化干事 1 人，体育干事 1 人。

2005 年，五营区文化体育局（以下简称区文体局）设局长 1 人、文化干事 1 人、体育干事 1 人。

第二节 文化设施

一、工人文化宫

1985 年后，电视逐渐普及千家万户，电影放映跌落，文化宫逐步走向萧条，营业不景气。到 20

世纪80年代后期，每月至多上映影片6~7部，上座率也不高。1991年，电影上映停业，大厅闲置。二楼会议室归机关管理，无会议期间兼做舞厅。1998年，公检法大楼建成，机关会议室迁至公检法四楼，同年文化宫二楼会议室，3人轮流承包做舞厅，2000年，文化宫拆除。

二、青年电影院

1981年建，开始电影上映；1991年，电影上映停业，大厅闲置。

三、五星俱乐部

1958年，始建五星俱乐部，建筑面积870平方米（简易房），1960年盖砖瓦结构980平方米，为五星地区文化娱乐中心场所，除放映电影还接纳外地戏剧团演出，也是五星地区大型会议的场所。

1985年后，俱乐部亦然发挥着多功能的作用。因俱乐部年久失修成危房，不能再继续使用，1987年拆除。

四、林场（所）俱乐部

1986年，丰岭、丰林河、平原、杨树河、丽丰5个林场（所）俱乐部停止放映影片。只有平山因设专职人员，没有停止放映，坚持到1987年。

1988年，山上林场（所）俱乐部电影就全部停止放映。

五、退休职工活动室

20世纪70年代末，建退休职工活动室，隶属区工会管辖。初建地址设在工人文化宫西侧厅，面积100平方米，建室初期有方桌10张，椅子约40张左右，屏风近10个，设有3室：阅览室、象棋室、扑克麻将室。

1989年，区工会开办商店占用活动室而停止。

1990年，又恢复活动室，地址设在文化宫1楼12平方米小屋。

2000年，文化宫危楼拆除，动迁到劳动局楼下100平方米的地方做室舍。

2001年，区劳动局办公楼拆除建休闲广场，活动室暂停。

2002年，区公安局房舍100平方米的空间为活动室。

2005年，活动室人流日均达50余人次。

六、文化馆

1986年，文化馆馆址在现五营百货商场建楼前址，馆舍面积250平方米（含图书馆面积）平房。文化馆和图书馆合署办公，一套人马，两个牌子，设馆长1人（兼图书馆长），馆员4人，图书员4人。1988年春节的文化娱乐活动受到市总工会、市文化局的大力表彰，市里并号召各区（局）向五营学习。

1992年，拆除文化馆、图书馆和武装部500平方米（两馆为250平方米）平房，建五营百货商场，大楼建成在工商楼辟出500平方米为两馆馆舍。文化馆办公室为47.63平方米，其余452.37平方米为图书馆所用。两馆馆长仍为1人承担，文化馆馆员12人（含图书员）。第一届森林节文艺演出活动内容丰富多彩，后连年举行森林节文艺演出活动。

1995年，设馆长兼图书馆馆长1人，馆员7人（含图书员），文化馆除组织区的和参加市的文艺会演演出和配合区的大型活动外，每年组织森林节演出。

2002年，文化馆的一些文艺活动由区文体局主抓。

七、图书馆

1986 年，为区级图书馆。1987 年，伊春市文化局图书馆年检，认定五营区图书馆已具备公用图书馆的标准条件，由文化局呈报黑龙江省文物管理委员会审批，于 1988 年 10 月转入省公共图书馆系列。

1991 年，实行图书开架服务，每年阅读人数达 4500 余人次。每年借书册数 6000 余册，办长期图书证者达 400 余人。

1992 年，五营百货商场二楼 500 平方米，除文化馆办公室（47.63 平方米）外，大部为图书馆所占用，总面积达 452.37 平方米，分别为馆长室 4.28 平方米，采编工作室 29 平方米，少儿阅览室 43.7 平方米，普遍阅览室 104.49 平方米，阅览室座席 50 个，藏书室为 270.9 平方米。

1993 年，图书藏量册数由进馆初期千余册达 29000 册（含杂志），期刊达 129 种，报纸达 21 份，馆员由初期的 2 人增加到 6 人。

1997 年，由于经济危困，人员编制减到 3 人，期刊降为 30 种。1998 年，藏书量为 27343 册，书刊外借册次为 5971 册，书刊外借人次为 3903 人，发放借书证 100 人。阅览人次为 4512 人。

2000 年，办公地点搬迁到新华书店。

2002 年，图书馆人员编制撤销，图书馆的借阅活动停止。

八、新华书店

五营新华书店是唯一的一家国营书店。负责全区各类书籍的征订和销售工作。1986 年，建筑面积 120 平方米，有人员 6 人。1990—2000 年，人员仍为 6 人。2004 年，五营新华书店有 5 人。2005 年，建筑面积 120 平方米，人员 4 人。

九、个体书店（屋）

1994 年，五营区个体经营书刊者，只是有地摊售书。1995 年起，私营书刊业的发展开始相继有书店和书屋、书亭 4 家。2005 年，五营个体书店剩 3 家。

第三节　文化市场管理

1989 年，成立区社会文化管理委员会，负责对各文化场所进行管理和开展稽查工作，规范其经商、经营和遵规守纪。

1990—1993 年，配 1 名专职稽查员加强稽查工作。1995 年，调整区社会文化管理委员会。1997 年调整文管会，更名为区社会文化管理委员会。

2000 年，文管会稽查人员与公安、工商、广播电视等部门相配合，开展“扫黄打非”活动。查缴了宣传各种功法与迷信活动的非法出版物 16 册，没收违法经营中小字数学用书 178 册，先后取缔非法博采电子游戏经营光盘和距中小学校园周围不足 200 米远的文化娱乐场所家，依法没收 5 台博彩型游戏机和 150 千克铁币。

2003 年，区文体局会同公安、工商、广电等部门开展“扫黄打非”活动，先后取缔了 1 家博彩型号电子游戏经营场所和两家距中小学校园周围不足 200 米远的文化节娱乐场所，取缔不合格和非法网吧 2 家。

2004 年 1 月，组织由公安、工商等部门对全区网吧、歌舞厅、书刊经销点等文化场所进行联合大检查，查封不合格歌厅 2 家，整改 5 家，没收盗版书 50 册，取缔游戏厅 3 家，进一步净化了文化市场。

2005 年，为两家印刷厂和三家复印社办理了许可证。先后取缔两家博彩型电子游戏经营场所和两家距中小学不足 200 米远的网吧，取缔非法网吧 3 家。本年组织联合大检查 6 次，专项检查 8 次，“扫黄打非”集中整治 4 次，还对网吧安装了监控系统，外聘 4 名持有文化市场监查证文化监督员，对文化市场进行监督活动。

1988 年、2005 年五营区文化市场情况统计表

表 22-1-1

项目 数量 年份	1988 年	2005 年	备注
歌舞厅	4	1	—
歌厅	19	12	—
录像厅	3	—	—
电子游戏厅	3	—	—
书屋书亭	4	3	—
台球室	4	4	—
新华书店	1	1	国营
复印打字社	4	5	—
网吧	5	5	—
印刷厂	2	2	—

第四节　群众文化艺术

一、文艺演出

（一）区级文艺演出

1987 年，市教育局在五营区召开音体美研讨会，组织第三小学学生排练文艺节目 15 个，演出 4 场受到好评。1988 年文艺演出编导的大型舞蹈《吹口哨》在文艺演出中获全区 1 等奖。1989 年，庆祝中华人民共和国成立 40 周年，在工人文化宫举行文艺庆典活动，演出节目 108 个，参加演出的人员 200 余人，选出专场公演 24 个节目，深受观众好评。

1990—1991 年，举办文艺会演两次，文艺演出 4 次，参加节目演出人员 400 余人；评出优秀节目一、二、三等奖，优秀歌手 10 名。1991 年 10 月 5 日拍摄电视小品《心境与车祸》获优秀奖。

1992 年 6 月，市举办的首届小兴安岭森林节暨家具展销会在五营召开，五营区组织文艺晚会两场。

1993 年 7 月，省森工系统信访工作会议在五营区召开，赶排短剧《信访办接待的一天》，为大会演出受到好评。9 月 11 日，庆祝第二个森林节在五营森林公园举行文艺演出。12 月 26 日纪念毛泽东主席 100 周年诞辰，举行文艺演出活动。

1994 第三个森林节，组织排练文艺节目《拥抱大森林》等在联欢会上演出。同年，全市教育工作会议在五营召开，举行联欢晚会，演出节目 18 个，并和与会教育战线领导同志同台表演。7 月又组织全区文艺会演，评出优秀舞蹈节目 2 个；优秀集体舞蹈一等奖 1 个，二等奖 2 个，三等奖 3 个，

优秀节目4个，优秀合唱歌曲2个，优秀歌手12人，24个优秀节目通报表扬。9月30日，庆祝建国45周年在在文化宫举办文艺演出。

1997年7月，在工人文化宫举办“迎接香港回归”歌咏大会，组织9个单位300余人参加演出，文艺节目24个。9月3日，在文化宫又组织1台纪念抗日战争胜利60周年歌咏大会，演出人员多达1200人。

1998年，第七个森林节，五营区在森林公园与俄罗斯文艺团体同台演出。1999年，庆祝漂流节在森林公园演出；迎接全国优秀旅游城市评估验收及团也在森林公园演出。9月30日在工人文化宫举办庆祝中华人民共和国成立50周年大型文艺晚会。12月31日在公安局四楼会议室举办“喜迎澳门回归跨越新世纪”文艺演出。

2000年，积极抓好“迎接新世纪、歌颂新林区、创造文明城”为主题的文艺系列活动。春节期间组织迎新春联欢会和东北大秧歌展演活动。在小兴安岭漂流节和迎接国家优秀旅游城市评估检查团期间，在森林公园组织“绿色之声”篝火晚会。在新千年的活动中，与鑫源野生食品加工厂联姻在区公安分局门前举办了首届“五营之夏”歌曲演唱会。该区组织的文艺演出小分队还与伊春林业文工团、俄罗斯滨海艺术团的演员们联合在森林公园同台演出。

2001年6月30日，庆祝建党80周年，在五营中心大街休闲广场，大型文艺演出在广场举办，观众达万人。

2003年，分别在区迎新春联谊会和老干部茶话会上演出文艺节目50多个。7月29日森林节演唱会，组织各中小学、公安、森警、医院、老干部办等单位演出节目70余个，共演出4场。节日期间还为市老干部参观团演出1场，还接待了“韩国艺术团”和伊春林业歌舞团，并分别同台演出各1场。

2004年，组织10个单位排练30多个文艺节目，在迎接新春联欢会上和春节期间演出。7月接待外地旅游团演出1场，演出节目20个。

2005年，开展“歌颂新林区，创建文明城”为主题的文艺系列活动。在春节期间，为新春联欢会、职工茶话会、老干部茶话会进行文艺演出4场；从春节到元宵节组织东北大秧歌展演4次；还在社区进行文艺演出3场。

（二）市级文艺演出

1986年，组织一中参加市委宣传部等7个部门主办的第二届师生文艺会演，获舞蹈创作奖。1989年4月，参加市第三届师生文艺会演，获集体表演奖。参加市总工会主办的《小兴安岭之声》文艺会演，获十佳歌手称号1人；获1等到奖2人；3等奖4人；优秀奖1人。

1993年，小品《考试之前》，参加市委宣传部等7部门主办的“工商杯”大赛，获优秀奖。1995年，参加市第二届“蓓蕾标”器乐大赛演出，获3等奖1人。5月，参加省“建设家乡，振兴黑龙江（北国杯）”暨市“建设林区，振兴伊春（兴安杯）”文艺系列活动获歌曲创作2等到奖1人；获歌手2、3等奖各1人；获优秀奖1人。

1997年9月，参加市“中植杯”歌手大赛，获2等奖1人；优秀奖4人；区文化局获优秀组织奖。1998年，组织第二小学舞蹈队参加全市少儿舞蹈大赛，集体舞蹈《中国娃》获大赛唯一的1等奖，集体舞《井冈山下种南瓜》、单人舞《猜谜语》都获3等奖，区文化局获优秀组织奖。

2001—2002年，获得市卡拉O K大赛及“中国移动杯”声乐、器乐大赛组织奖。

2003年5月，参加市举办的“大森林之声”第四届青年歌手电视大赛，3名选手全部获奖。五营区区代表队又获组织奖。6月，李慧媛参加伊春市第六届少儿歌曲大赛，获2等奖；李家新、刘欢分别获歌曲演唱事业奖；张英卓萨克斯独秦获3等奖。

2004年，参加黑龙江省第五届“希望杯”及文化部“中华艺术新秀”选拔赛伊春赛区比赛，舞蹈获省参赛资格。

2005 年，荣获市青少年卡拉 OK 大赛一等奖 1 人；二等奖 1 人；三等奖 1 人；优秀奖 3 人。

1986—2005 年五营区参加伊春市文艺演出情况统计表

表 22-1-2

时间	举办单位	举办演出名称	演出作品	演出者	获奖
1986	市教育局	第二届师生文艺会演	《祖国的花朵》	编舞李静波	创作奖
1989	市教育局	第三届师生文艺会演	《小红帽》	集体舞	表演奖
1989	市总工会	小兴安岭之声文艺调演	歌曲《乌苏里船歌》	贺玉彬	一等奖十佳歌手称号
1989	市总工会	小兴安岭之声文艺调演	决不让美帝匪帮一人逃窜	大号独奏 郝波	一等奖
1989	市总工会	小兴安岭之声文艺调演	走上这高高的兴安岭	郭裕天	三等奖
1989	市总工会	小兴安岭之声文艺调演	远方的书信乘风来	男女重唱 路林阁　苗春艳	优秀奖
1989	市总工会	小兴安岭之声文艺调演	主持节目	李静波	优秀报幕员
1991	市艺术馆	交际舞比赛	舞蹈《喜洋洋》	李静波	二等奖
1993	市委宣传部	“工行杯”大赛	小品《考试之前》	刘英辉 3 人	优秀奖
1993	市文化局 市艺术馆	首届“百灵杯”大赛	歌曲《晚秋》	毛立东	优秀奖
1995	市文化局 市艺术馆	第二届“蓓蕾杯”大赛	手风琴演奏《赛马》	苏海全	三等奖
1995	市文化局 市艺术馆	建设林区振兴伊春“兴安杯”系列活动	歌曲《绣荷包》	李静波	二等奖
1995	市文化局 市艺术馆	建设林区振兴伊春“兴安杯”系列活动	歌曲《长城长》	沈丽萍	三等奖
1995	市文化局 市艺术馆	建设林区振兴伊春“兴安杯”系列活动	歌曲《珊瑚颂》	路萍	优秀奖
1995	市文化局 市艺术馆	建设林区振兴伊春“兴安杯”系列活动	歌曲《孔繁森》	沈立伟	三等奖
1995	市文化局 市艺术馆	建设林区振兴伊春“兴安杯”系列活动	歌曲《在森林的大海中扬帆》	李静波	二等奖
1997	市文化局 市艺术馆	伊春市“中植杯”	歌曲《木鱼石的传说》	路林阁	二等奖
1997	市文化局 市艺术馆	伊春市“中植杯”	《星光灿烂》	赵文彬	优秀奖
1997	市文化局 市艺术馆	伊春市“中植杯”	歌曲《前门情思大碗茶》	刘英辉	优秀奖
1997	市文化局 市艺术馆	伊春市“中植杯”	《羞答答玫瑰静悄悄开》	李春玉	优秀奖
1997	市文化局 市艺术馆	伊春市“中植杯”	《嫂子颂》	沈丽明	优秀奖
1998	市文化局 市艺术馆	伊春市“中植杯”	舞蹈《中国娃》	二小集体舞	一等奖
1998	市文化局 市艺术馆	伊春市“中植杯”	舞蹈《井冈山下种南瓜》	二小集体舞	三等奖

续表 22-1-2

时间	举办单位	举办演出名称	演出作品	演出者	获奖
1998	市文化局 市艺术馆	伊春市“中植杯”	歌伴舞《猜谜语》	孙婷婷	三等奖
1998	市文化局 市艺术馆	伊春市“中植杯”	歌伴舞《猜谜语》	区文化局	优秀组织奖
1999	市文化局 市艺术馆	伊春市声乐大赛	《公仆赞》	沈丽明	三等奖
2001	市广电局 市文化局	第三届青年歌手电视大赛	《再见了大别山》	朱纯利	三等奖
2001	市广电局 市文化局	第三届青年歌手电视大赛	《好日子》	沈丽明	三等奖
2001	市广电局 市文化局	第三届青年歌手电视大赛	《祖国慈祥的母亲》	王海波	三等奖
2003	市广电局 市文化局	第四届青年歌手电视大赛	《好日子》	刘英辉	三等奖
2003	市广电局 市文化局	第四届青年歌手电视大赛	《清粼粼的水蓝莹莹的天》	沈丽明	二等奖
2003	市广电局 市文化局	第四届青年歌手电视大赛	《祖国慈祥的母亲》	张春蕾	三等奖
2004	省广电局 文化局	黑龙江省第四届舞蹈选拔赛	《梦想》	一小集体表演	铜奖
2005	市广电局 市文化局	第六届青年歌手电视大赛	《我爱你中国》	刘英辉	优秀奖
2005	市广电局 市文化局	第六届青年歌手电视大赛	《祝福祖国》	沈丽明	优秀奖
2005	市广电局 市文化局	卡拉 OK 大赛	《山丹丹花开红艳艳》	沈丽明	第二名
2005	市广电局 市文化局	第六届青年歌手电视大赛	《真情永远》	沈丽明	二等奖
2005	市广电局 文化局	第六届青年歌手电视大赛	《兰花花》	马薇	三等奖
2005	市广电局 市文化局	卡拉 OK 大赛	《山丹丹花开红艳艳》	沈丽明	第二名
2005	市广电局 市文化局	第六届青年歌手电视大赛	《真情永远》	沈丽明	二等奖
2005	市广电局 文化局	第六届青年歌手电视大赛	《兰花花》	马薇	三等奖

二、节庆文化活动

（一）春节文艺茶话会

1978 年始，连续多年区文化馆在春节来临之际，召开全区文学艺术积极分子茶话会。茶话会主要以文学艺术为中心，内容畅所欲言，畅叙文学艺术有关问题。进入 20 世纪 80 年代，茶话会随着与会者文学艺术底蕴的不断深厚更加别开生面，涉谈文学道路、艺术步履的探求，对推进全区的文化艺术事业及其活动提出具有建树性的意见和建议。同时在茶话会上评出文学艺术积极分子优秀者，给予物质奖励，还在茶话会上征集书画作品，作为节日展览所用。1995 年后，由于人员的更迭和其他因素这项活动终止。

（二）秧歌娱乐

秧歌是流行于我国北方十分欢快的民间舞蹈，开发初期就被人们带入林区。其每逢重大庆祝，庆典活动，时而出现在公共场所。本区所办秧歌，扮成各种人物，身着彩装，披红挂绿，手持扇子、手帕、彩绸等道具，以锣鼓唢呐伴奏而舞，给人以愉悦欢快之感。有时秧歌队中还穿插舞狮子、耍龙灯、跑旱船和其他逗趣等表演形式。

1988 年，全区有秧歌队 10 支，春节期间在区政府院内进行表演比赛。优秀者有苗圃的高跷秧歌队、工程处秧歌队。

2000 年，一般不再由单位组织。由群众自发组织的大秧歌队已发展到 100 多人，政府还投资 5 000 元添置服装、花冠、道具、锣鼓等。与新青区秧歌队互访友情表演。

2003 年，春节组织展演，由社区、文教等组成 7 个队，参加人数 400 多人，在休闲广场展演，观众达 2 万人。

2004 年，秧歌队伍人数达 500 人，在春节期间进行表演。

2005 年，有建林、桦林、茂林 3 支社区秧歌队走上街头，聚集在休闲广场表演，3 支队伍各具特色，建林的秧歌队形式多样，穿插跑旱船、挑花篮、骑驴等形成；茂林有孙悟空、猪八戒、沙和尚；桦林的秧歌队以欢快见长。

（三）灯谜晚会

每年春节元宵节之夜搞灯谜晚会活动，以增加元宵佳节文娱活动的意趣。1987－1989 年，文化馆馆长曲武亲笔用五彩纸写出 2000 多条谜语，悬挂于文化宫大厅二楼三面墙壁上。猜谜的人们蜂拥而至。灯谜内容有科技方面的、工农业生产方面的，还有文化名人、地名，等等。1995 年后，此项活动渐少，1999 年，停止活动。

（四）游艺晚会

游艺晚会始于 20 世纪 80 年代初，每当元宵佳节之夜，文化馆在区文化宫举办游戏活动晚会。活动内容主要有套圈、吊瓶、摇奖等。1987－1988 年，较为活跃，参加游戏的人也较多，深受参与活动者所欢迎，带来较浓的春节文化娱乐气氛。1995 年后，此项活动停止。

（五）烟花篝火晚会

春节燃放烟花始于 20 世纪 80 年代，进入 90 年代，烟花和篝火并举，多集中在原广场（医院北侧）。每年春节元宵之夜组织篝火烟花晚会。多由区委宣传部主办，文化馆协办。1998－2000 年，篝火烟花晚会增加一道瀑布烟花。2001 年，此项活动停止。

（六）灯展

1986－2000 年，所展灯种繁多，既有传统的正六角或八角形绢纱画面下垂流苏（穗状饰物）的宫灯和彩纸剪成各种人物骑马和其他形象，旋转了灯内的走马灯；又有反映时代特征造型新颖的电动人物活动机械革新模型等各种彩灯。每当正月十五夜幕将临，各单位提灯聚集闹市中心一字排开，每灯待展，自序齐明，一展灯彩。1988 年，每当元宵佳节灯展开始，男女老幼，齐来观灯，人流渐多，速达高潮而水泄不通，擦肩拥挤，遂使老幼不便观展，只好高龄老者，亲人扶观；年少儿童，长者牵手，如此场面，时有观展，持续到 20 世纪 90 年代末。

（七）舞会

20 世纪 80 年代初，每年春季多搞舞会活动，会场设在文化宫二楼会场，由区工会和文化馆主办。活动参加者有青年、中年和老年人。舞会快四步、慢四步和其他步法交替进行。1998 年，会场迁到公检法四楼，场地租赁给个体，这项春节文化娱乐活动，不以公办的形式出现，变成个体营业舞厅。2000 年，文化宫拆除，这项活动终止。

（八）放风筝

放风筝是春季的一项活动。20 世纪 80 年代在民间盛行，由团委主办文化馆协办。该区以“三月三”放风筝为习俗，每年放风筝的时间也安排在旧历的三月初三。场地多选在汤旺河畔。该区放风筝活动所选风筝的造型各异，多以飞禽如蜈蚣、蝴蝶、雄鹰等为主，画面有白纸或薄绢，再加以彩绘，或自制或购买。这些风筝一线在握，可在天空自由翱翔，给放风筝者以快乐的意趣，参加活动者，以青少年居多，近年活动时断时续。

（九）棋类比赛

春节棋赛活动始于 20 世纪 80 年代后期，由体委主办，文化馆协办。棋赛种类有象棋、围棋、军棋和国际象棋。1988—1989 年春节组织的棋赛，4 个种类一同开展竞赛活动。各种棋类爱好者踊跃参赛。每一棋项都评出优胜者，给予物质奖励。进入 20 世纪 90 年代初，春节棋赛活动渐停。

（十）冰雕、冰灯、冰挂

1988 年，春节冰雕、冰灯造型美观。临街单位大都雕塑，形成冰雕 1 条街。

进入 20 世纪 90 年代，各单位冰雕渐少，逐渐以“冰挂”取代冰雕。“冰挂”是以树林为围壁，喷水结冰形成冰壁，在冰壁上布景、悬字、置场、设灯，造价低廉。

2005 年，休闲广场有 6 家照相馆设点布景。

第五节　文学艺术

一、文学作品

（一）诗歌

五营区诗歌起步发展晚于散文，始于 20 世纪 70 年代，先后有宫万才、陈显荣、魏鹏飞、孟宪龙等人开始搞诗歌创作。

1988 年，宫万才、魏鹏飞继续坚持诗歌创作。

1994 年，又有王英新步入诗歌创作队伍的行列。

2005 年，魏鹏飞被吸收黑龙江省诗词协会会员。其作品有：1988 年,《红松赞美你》在《伊春日报》发表，1993 年,《达子香》在《中国林业报》上发表，1997 年,《归来，东方之珠》在《伊春日报》上发表；1998 年,《兴安颂歌》在《小兴安岭》杂志上发表；1999 年,《共和国礼赞》在《小兴安岭》杂志上发表；2001 年,《党旗颂》在《伊春日报》上发表；2003 年,《忆秦娥》在北京《纪念毛泽东同志诞辰一百一十周年艺术精品集》上发表；2005 年,《小兴安岭之冬的风光》《怀念父亲》《水调歌头一组纪念抗日战争胜利 60 周年（词）》获优秀奖,《神舟六号组诗》旧体诗获“和协杯”全国诗书画大赛中国硬笔书法一等奖。

宫万才作品有 1993 年,《雨后》在哈尔滨《大森林文学》杂志上发表；1994 年，自由诗《大山蜿蜒》《正月雪》发表在哈尔滨《大森林文学》上。

1990 年，王英新自由诗《静谧的林冈》在北京《儿童文学》上发表。

2005 年，王瑞玉旧体诗《续志抒怀》在《黑龙江史志》二期上发表。

（二）散文

1985 年前，先后有曾强吾、宫万才、陈显荣、魏鹏飞的散文发表。1985 年后，王英新步入五营区散文创作的队伍。1986—1999 年王英新的散文作品在《光明日报》等报刊发表；2001—2005 年，又有魏鹏飞的散文作品被《文艺生活》杂志社等评为不同奖项。魏鹏飞作品有 1986 年发表散文《石油城一瞥》在《伊春日报》上；1994 年被吸收伊春市作家协会会员；2001 年发表散文《雪花赋》在

《长江文艺生活》上；2005年，发表《峥嵘岁月三部曲》获北京《中华名人文论大全》编委会一等奖。王英新作品：1992年，发表《光明的使者》报告文学在北京光明日报上；1998年，发表报告文学《伟人的远见卓识》在《黑龙江省日报》上；散文《妈妈的眠歌》发表在武汉《少年文学报》上；1999年，发表散文《五营国家森林公园览胜》在北京《林业文坛》上。

（三）小说

进入20世纪80年代后期，有人开始创作小小说，作者为数不多，仅王英新和李永福两人。虽然创作人数较少，但作品都很具特色，有的短小精悍，有的构思精巧。王英新1992年，被中国林业文化艺术工作者协会吸收为会员；1994年，被中国作家协会黑龙江分会吸收为会员。王英新作品：1987年，发表小说《两地书》在石家庄《未来》10期；1990年11月3日，发表小说《后继无人》在成都《改革日报》上；1991年4月19日，发表小说《吃饭了没有》在石家庄《杂文报》上；同年《上课》小说发表在北京《中国校园文学》6期上；1993年，发表小说《初恋情节》在沈阳《芒种》6期上；1994年，发表小说《一票》在西安《喜剧世界》11期上；同年发表短篇小说《雪天》在北京《林业文坛》3期上；1995年，发表小说《快讯》在《广西文学》2期,《突变》在《伊春日报》12月26日；1996年，发表小说《辛老师拉烧柴》在大连《海燕》2期;《三摘帽子》在北京《林业文坛》2期。李永福作品：主要是小说，1992年，小说《一女骗二男》在湖北省获优秀奖；1996年,《傻子借贷款》在绥化市《文联》，并被伊春市政府评为三等奖；2000年,《桑主任找存款》在《跨世纪文学新人》获优秀奖；2001年《捞回来》在《南腔北调》“中原杯”获优秀奖；2004年,《忠真的爱情》在《文学与人生》上获优秀奖；2005年,《报案》在《星火文学》上获优秀奖。

二、书法

1986—2003年，区文化馆每年春节都举办书法展览，不仅活跃了春节的文化气氛，也推动书法艺术的创作活动和书法爱好者技艺的提高，并涌现出一批对书法艺术具有一定水平的爱好者。这些人有袁传礼、于宪恩、朱景全、魏鹏飞、宫万才、曲武、范子哲、王树华、周文宾、周健清、朱信、何蔬园、胡学梦、吴跃中、郭庆兰、林宪风、刘汉、李少俭、马安贵、曹颖等。1986年，书法展橱窗设在工人文化宫门前，2003年，迁移到公检法大楼前。2002—2005年，有少数人的书法作品入编省级出版物并获奖。

三、美术

1986—2005年，出现了一批绘画艺术者，有贺玉龙、马海山、朱景全、胡学梦、张志国、孙鹏飞、刘仁学、康世柱、张泰、姜法春、朱云志等。有部分人达到很高的水平，到异地的5人中有李怀信、张志国、贺玉龙从事美术教育工作，贺玉龙被评为全国优秀美术教师。1987年，张志国被全国林业美术协会吸收会员，朱景全、胡学梦两人被中艺美术厂聘去搞工艺美术设计，此外，五营区绘画艺术领域，少年儿童画出现一批新秀，有一些儿童画获国家级奖励。

1984—2005年五营区美术作品参展情况统计表

表22-1-3

作者	作品名称	参展时间	办展部门	展览名称	获奖情况
胡学梦	小憩中国画	1984	伊春市文化局、文联、美协	伊春市美术作品展览	—
张志国	夏日油画	1995	伊春市文化局、文联、美协	伊春市“兴安杯”画展	一等奖
张志国	小苍油画	1998	黑龙江省文化厅	“群星奖”画展	铜奖

续表 22-1-3

作者	作品名称	参展时间	办展部门	展览名称	获奖情况
张志国	冬日有约油画	200105	文化部、台湾	爱我中华	—
张志国	2003 一起来油画	200405	黑龙江省文化厅	“群星奖”画展	银奖
张志国	农民工油画	200405	黑龙江省美协	“十届美”展	优秀奖
贺玉龙	香菇	1988	林业部、中国美协、林业美协	全国林业美术美术作品展览	—
贺玉龙	雪乡情	1988	林业部、中国美协、林业美协	全国林业美术美术作品展览	—
贺玉龙	白衫布上的陶罐与苹果水彩画	200305	中国教育美术研究会	2003 年全国教师美术书法作品大赛	一等奖
宋国军	三春秋色	2003	—	《中国油画十期》	—
卞师淼	辅导教师邢秀珍	2003	中国青少年研究中心、中央广电文学营销社	第三届星星河全国少儿美术大赛	一等奖
谭兴禹	辅导教师邢秀珍	2003	中国青少年研究中心、中央广电文学营销社	第四届星星河全国少儿美术大赛	二等奖
刘亚龙	辅导教师邢秀珍	2004	中国青少年研究中心、中央广电文学营销社	第四届星星河全国少儿美术大赛	二等奖辅导一等奖
刘亚东	辅导教师邢秀珍	2004	中国青少年研究中心、中央广电文学营销社	第四届星星河全国少儿美术大赛	三等奖
程瑶	辅导教师邢秀珍	2004	中国青少年研究中心、中央广电文学营销社	第三届星星河全国少儿美术大赛	三等奖
王姬	辅导教师邢秀珍	2005	中国青少年研究中心、中央广电文学营销社	第五届星星河全国少儿美术大赛	三等奖
小学组	—	—	—	—	—
陈泽伊	辅导教师马丽华	2003	中国少儿艺术网、中国少儿书画作文组委会	《少儿画苑》全国少儿书画作品大赛	金奖
石露彤	辅导教师马丽华	2004	全国少儿书画竞赛委员会	十七届《双龙杯》全国少儿书画作品大赛	银杯奖
简伊彤	辅导教师马丽华	2004	全国少儿书画竞赛委员会	十七届《双龙杯》全国少儿书画作品大赛	铜杯奖
刘明鑫	辅导教师马丽华	2004	全国少儿书画竞赛委员会	十七届《双龙杯》全国少儿书画作品大赛	铜杯奖
王婉侨	辅导教师马丽华	2005	中华人民共和国教育部、艺术教育委员会	十届全国中山文艺绘画、书法作品比赛	三等奖

四、摄影

摄影艺术在该区的发展历史较长，开发初期就有林业局筹备处主任温光剑摄下林业局筹备时期情景作品达 100 多幅。20 世纪 80 年代中期，谭春林的作品在哈市、北京、四川九寨沟等地展出。1988—2003 年，有郝波、宋国君、张晓东等人在省市的摄影比赛和摄影展览中先后获奖。1998 年，郝波《兴安秋色》参加伊春市群众艺术馆举办的市摄影比赛二等奖；2001 年，郝波《春晓》参加市群众艺术馆举办《喜迎新世纪》获优秀奖。2003 年，宋国军的《雪影》参加市联通杯比赛获二等奖、《晨曲》获省摄影一等奖。张晓东的《烈火砺精兵》参加省 21 届摄影展。

第二章 体 育

五营区为国家、省、市输送谢玉臣等数名运动员。1986 年，范丽华、黄晶在省运动会的田径比赛中都获得第 1 名的优异成绩（范丽华在省市还双双夺魁；秦宏影国际象棋在省的比赛中取得第二名）；杨志欣、刘泽、赵淑芹在市国家象棋中获得第 1 名；高羽在市乒乓球比赛中获得第 1 名。第二、第三、第四小学曾先后是省市的体育基点校；群众体育、社区体育也开展得比较活跃。

1994 年，五营区获省体委、省教委实施《国家体育锻炼标准》先进集体奖励。1995－1996 年度五营区又获省体委、省教委全省“百万青少年上冰雪”活动先进集体奖励。1997 年五营区再次获省体委、省教委实施《国家体育锻炼锻炼标准》工作先进集体奖励。

2000－2001 年度，五营区又获省体育局先进体育社区奖励。2001－2002 年度，五营区体育运动上了一个新台阶，获国家体育局群众体育运动先进集体的荣誉称号。2003 年，在市第七届运动会和七运会田径赛中获风格奖。

第一节 学校体育

1986 年，全区中小学按《国家体育锻炼标准》达标率均在 85% 以上。为加强学生的体育锻炼和达标工作，坚持上好体育课，抓好两操（眼保健操、课间操），认真贯彻《学校体育卫生工作条例》；五营区各中小学都有操场、篮球场、单杠、双杠、跳箱、爬杆、秋千等设施，备有篮球、排球、冰刀、跳绳等器材和用品。各学校“六一”前后，召开 1 次田径运动会。在体育锻炼中，中学侧重篮球项目，小学侧重田径和乒乓球项目。1989 年，第四小学为市的田径基点校，向市体校输送 1 名体育生。

1992 年，第二小学为市的乒乓球基点校。该区在市少年乒乓球比赛中获单打第一名。1994 年，在全省实施《国家体育锻炼标准》中，第四小学获省体委、省教委先进学校，该校秦丽兰、孙连成获省先进工作者。小学体育达标率为 85%；中学体育达标率为 90%。

1997 年，第三小学是伊春市乒乓球基点校。一中教师沙国良获省体委、省教委实施《国家体育锻炼标准》先进工作者。

2003 年，在伊春市七届全运会上第三小学获少年男子团体第 8 名。2004 年，第三小学在市少年儿童乒乓球赛，女子 11~12 岁组团体单打均获第五名。第四小学向大庆体育学校输送 1 名体育生；该年一小培养的体育尖子于婷婷毕业后，投哈市教练徐刚，在省级和南岗区比赛中，在女子 200 米项目上跑出 25 秒 5 的好成绩。

第二节 群众体育

五营区的群众体育运动，建局初期就开展活动。是以篮球运动为主，之后逐渐增加排球、乒乓球、棋类、钓鱼等多项活动。

1986 年，除坚持开展这些活动还有自发性的跑步、打拳、做操、练气功、打羽毛球、舞剑等业余体育活动。

1990 年，在国际象棋、乒乓球、钓鱼等各项比赛中秦宏影、高羽、关守礼等人在省市的比赛中都先后取得好成绩。

1995 年，群众体育的组织者孙连成获市体委、群众体育先进个人奖励。

2000 年，姜羽获省体育局群众体育先进工作者奖励。

2001－2002 年，获国家体育局群众体育运动先进集体奖励，直至 2005 年。

第三节 社区体育

2000 年，成立了五营体育社区，以丰富职工群众的业余文体生活。3 月份启动工作，把 7 号楼展厅 150 平方米改做室内健身房；将原 8 号楼与 9 号楼（现 4 号楼与 5 号楼）中间的空闲地 1 000 平方米做室外健身场。9 月区政府投资 30 余万元。竣工后省体委又拨给 13 万元的体育器材，11 月中旬全部安装完毕，投入使用。12 月 17 日，室内健身房开业时，省体委群众体育处处长亲临剪彩。健身房每天对外开放 4 次，时间为早晨 5:30~6:30，上午 9:00~11:00，下午 2:00~4:00，晚间 6:30~8:00。下设 6 个协会，即健身协会、门球协会、钓鱼协会、篮球协会、乒乓球协会、羽毛球协会。

2003 年，健身房活动停止。健身场地直至 2005 年。

第四节 竞技体育

一、赛事活动

1986 年，五营区举办第六届田径运动会，设小学组、中学组、高中组、成人组，共有 248 名男女运动员参加比赛。运动员尹西义打破 200 米小学（男）组项目，破 200 米小学（男）纪录等项目。

2004 年，五营区派 9 名运动员，参加伊春市少年儿童（11~12 岁）乒乓球赛，荣获团体总分第五名。

1986—1993 年五营区田径运动会最高纪录统计表

表 22-2-1

年份	组别	项目	成绩	姓名	单位
1986	小学组（男）	200 米	27 " 9	尹西义	一小
1986	小学组（男）	3000 米	11 ' 5 " 5	孙长全	四小
1986	小学组（男）	三级跳远	8.20 米	李长伟	四小
1986	小学组（男）	标枪	37.44 米	张云成	平山
1986	小学组（女）	1500 米	5 ' 26 " 8	何　颢	四小
1986	小学组（女）	3000 米	13 ' 21 " 5	孟丽红	七小

续表 22-2-1

年份	组别	项目	成绩	姓名	单位
1986	小学组（女）	4×100 接力	1＇3＂6	—	七小
1986	小学组（女）	铅球	6.93 米	赵桂兰	四小
1986	小学组（女）	铁饼	16.44 米	胡丽影	四小
1986	小学组（女）	标枪	19.93 米	郭焕香	平山
1986	小学组（女）	5000 米	23＇42＂2	张房玲	四小
1986	小学组（女）	跳远	3.63 米	杜红杰	四小
1986	初中组（男）	100 米	12＂1	李春满	三中
1986	初中组（男）	400 米	1＇5＂1	刘振全	一中
1986	初中组（男）	800 米	2＇25＂8	寇雷丰	二中
1986	初中组（男）	1500 米	4＇56＂7	寇雷丰	二中
1986	初中组（男）	5000 米	18＇6＂6	毛半勤	四中
1986	初中组（男）	跳远	5.2 米	裴兆君	二中
1986	初中组（男）	三级跳远	10.87 米	赵显明	四中
1986	初中组（男）	铁饼	22.61 米	胡延侠	一中
1986	初中组（女）	100 米	14＂3	宋　杰	二中
1986	初中组（女）	200 米	31＂1	宋　杰	二中
1986	初中组（女）	跳远	3.54 米	吴秀清	二中
1986	初中组（女）	铅球	8.12 米	齐晓波	四中
1986	初中组（女）	铁饼	21.55 米	齐晓波	四中
1986	初中组（女）	标枪	32.40 米	齐晓波	四中
1986	高中组（男）	铁饼	24.30 米	张云成	技校
1986	高中组（男）	200 米	25＂	李学元	高中
1986	高中组（男）	400 米	1＇2＂7	段文光	高中
1986	高中组（男）	800 米	2＇29＂4	段文光	高中
1986	高中组（女）	跳高	1.15 米	高范云	高中
1986	高中组（女）	铁饼	15.30 米	徐世辉	高中
1986	高中组（女）	标枪	35.12 米	范丽华	二中
1986	成人组（男）	200 米	24＂5	姚春生	一小
1986	成人组（男）	800 米	2＇28＂5	苏云龙	技校
1986	成人组（男）	1500 米	5＇7＂6	杨　全	枝桠站
1986	成人组（男）	跳远	5.52 米	林晓东	一小
1986	成人组（男）	三级跳远	11.35 米	王殿学	技校
1986	成人组（男）	标枪	42.20 米	刘力春	贸易
1986	成人组（女）	100 米	14＂8	赵艳杰	技校
1986	成人组（女）	200 米	32＂4	辛　华	枝桠站
1986	成人组（女）	400 米	1＇22＂6	孟庆霞	杨树河
1986	成人组（女）	800 米	3＇14＂	吴　丽	技校
1986	成人组（女）	1500 米	6＇48＂2	姜连云	杨树河
1986	成人组（女）	3000 米	15＇16＂4	姜连云	杨树河
1986	成人组（女）	铁饼	15.24 米	寇来杰	木器厂

续表 22-2-1

年份	组别	项目	成绩	姓名	单位
1986	成人组（女）	跳高	1.33 米	陈素清	一小
1991	小学组（男）	100 米	12 " 4	韩学伟	四小
1991	小学组（男）	400 米	1 ' 8 "	韩学伟	四小
1991	小学组（男）	800 米	2 ' 29 "	马俊丰	四小
1991	小学组（男）	1500 米	5 ' 9 " 8	李红义	四小
1991	小学组（男）	5000 米	19 ' 29 " 9	杨晓君	四小
1991	小学组（男）	4×100 米接力	54 " 5	—	四小
1991	小学组（男）	跳高	1.30 米	李志强	杨树河
1991	小学组（男）	跳远	4.40 米	韩江春	杨树河
1991	小学组（女）	5000 米	23 ' 42 " 2	张房玲	四小
1991	小学组（女）	跳远	3.62 米	杜红杰	四小
1991	初中组（男）	200 米	25 " 4	吕士明	一中
1991	初中组（男）	3000 米	10 ' 52 " 6	方晓杰	二中
1991	初中组（男）	110 米栏	20 " 5	王全波	三中
1991	初中组（男）	4×100 接力	51 " 5	—	二中
1991	初中组（男）	跳高	1.50 米	刘世全	高中（初中）
1991	初中组（男）	铅球	9.96 米	周晓东	一中
1991	初中组（女）	800 米	2 ' 57 " 7	秦永丽	高中（初中）
1991	初中组（女）	3000 米	12 ' 54 " 2	张志欣	一中
1991	初中组（女）	5000 米	22 ' 20 " 5	李克芬	二中
1991	初中组（女）	110 米栏	25 "	李文雅	一中
1991	初中组（女）	4×100 接力	1 ' 0 " 8	—	高中（初中）
1991	初中组（女）	跳高	1.30 米	卢金革	高中（初中）
1991	高中组（男）	100 米	12 " 1	王云龙	高中
1991	高中组（男）	1500 米	5 ' 12 " 2	张成福	高中
1991	高中组（男）	3000 米	10 ' 29 "	张春峰	高中
1991	高中组（男）	5000 米	18 ' 31 " 5	张春峰	高中
1991	高中组（男）	110 米栏	19 " 9	王云龙	高中
1991	高中组（男）	4×100 接力	49 " 8	—	高中
1991	高中组（男）	跳高	1.55 米	吴和东	高中
1991	高中组（男）	跳远	5.56 米	李铁群	技校
1991	高中组（男）	高级跳远	11.73 米	宋纪伟	高中
1991	高中组（男）	铅球	10.47 米	贾文武	技校
1991	高中组（男）	标枪	31.39 米	宋力伟	高中
1991	高中组（男）	铁饼	24.30 米	张云成	技校
1991	高中组（女）	100 米	15 " 2	刘宝珍	职高
1991	高中组（女）	200 米	32 " 5	范丽杰	技校
1991	高中组（女）	400 米	1 ' 21 " 5	刘丽霞	职高
1991	高中组（女）	800 米	3 ' 2 " 2	孙香艳	高中
1991	高中组（女）	1500 米	6 ' 10 " 1	孙香艳	高中

续表 22-2-1

年份	组别	项目	成绩	姓名	单位
1991	高中组（女）	3000 米	13＇43＂5	张春怡	高中
1991	高中组（女）	5000 米	25＇22＂	张春怡	高中
1991	高中组（女）	110 米栏	28＂6	庞桂莲	高中
1991	高中组（女）	4×100 接力	1＇3＂7	—	技校
1991	高中组（女）	跳远	4.02 米	杨玉霞	技校
1991	高中组（女）	铅球	7.24 米	滕冠玉	技校
1991	成人组（男）	100 米	11＂5	李炳顺	三中
1991	成人组（男）	400 米	1＇51＂4	鲍兴东	机关
1991	成人组（男）	3000 米	10＇51＂4	刘德山	森调队
1991	成人组（男）	4×100 接力	48＂8	—	高中
1991	成人组（男）	跳高	1.53 米	吕井山	高中
1991	成人组（男）	铅球	10.10 米	吕井山	高中
1991	成人组（男）	铁饼	25.94 米	刘希文	医院
1991	成人组（女）	5000 米	28＇54＂	冷冬梅	医院
1993	成人组（女）	4×100 接力	1＇0＂7	—	技校
1993	成人组（女）	跳远	3.55 米	崔玉玲	技校
1993	成人组（女）	铅球	6.80 米	张风莲	三小

1985—1997 年五营区体育竞赛情况统计表

表 22-2-2

年份	篮球		排球		乒乓球		棋类		钓鱼	
	地点	人数	地点	人数	地点	人数	地点	人数	地点	人数
1985	机关	360	机关	140	文化宫	90	文化宫	70	—	—
1986	机关	330	机关	120	文化宫	70	文化宫	80	—	—
1987	机关	300	机关	100	文化宫	80	文化宫	90	—	—
1988	机关	340	机关	120	一中	70	文化宫	90	—	—
1989	体育场	320	—	—	二中	60	体育场	60	大平台	34
1990	体育场	200	—	—	文化宫	70	体育场	60	—	—
1991	体育场	180	—	—	文化宫	70	体育场	60	翠北	30
1992	体育场	180	—	—	二小	70	文化宫	80	—	—
1993	体育场	240	—	—	文化宫	60	文化宫	70	翠北	30
1994	—	—	—	—	—	—	—	—	翠北	30
1995	—	—	—	—	—	—	—	—	翠北	30
1996	—	—	—	—	—	—	—	—	农场	34
1997	—	—	—	—	—	—	—	—	顺达	34

1986—2004 年五营区参加体育竞赛统计表

表 22-2-3

年份	地点	竞赛名称	参赛单位	取得成绩
1986	哈尔滨	省六运会	秦宏影	国际象棋第 9 名
1896	伊春	市射击比赛小口径步枪	范国仁	第 12 名
1988	伊春	市第四届钓鱼比赛	五营区	团体第 7 名
1989	伊春	市第二届青少年运动会	张福生	丙组男子跳远第 3 名
1989	伊春	市第二届青少年运动会	黄　晶	乙组女子铁饼第 3 名
1989	伊春	市第二届青少年运动会	范丽华	乙组女子 100 米第 1 名
1989	伊春	市第二届青少年运动会	黄　晶	乙组女子铅球第 2 名
1989	伊春	市第二届青少年运动会	范丽华	乙组女子标枪第 1 名
1989	友好	市少年棋类比赛	秦宏影	女子甲组国际象棋第 2 名
1989	友好	市少年棋类比赛	李春义	甲组国际象棋第 4 名
1989	友好	市少年棋类比赛	闫平平	乙组国际象棋第 3 名
1998	友好	市少年棋类比赛	陆继宝	乙组国际象棋第 4 名
1998	友好	市少年棋类比赛	秦宏影	获体育道德风尚奖
1989	友好	市少年棋类比赛	五营区	获体育道德风尚奖
1989	伊春	市首届老年人运动会	揣桂林	60 米第 4 名
1989	伊春	市首届老年人运动会	尹正千	中国象棋第 5 名
1989	伊春	市首届老年人运动会	五营区	中国象棋团体第 5 名
1989	海伦	全省少年分龄赛	黄　晶	14 岁组女子铁饼第 2 名
1989	海伦	全省少年分龄赛	范丽华	15 岁组全能第 1 名
1989	海伦	全省少年分龄赛	范丽华	15 岁组女子标枪第 1 名
1990	哈尔滨	省国际象棋赛	五营区	团体第 4 名
1990	哈尔滨	省国际象棋赛	五营区	体育道德风格奖
1990	哈尔滨	省国际象棋赛	秦宏影	第 2 名
1990	哈尔滨	省国际象棋赛	闫平平	第 5 名
1990	哈尔滨	省国际象棋赛	陈继宝	第 6 名
1991	伊春	市少年篮球赛	五营区	少年女子组第 3 名
1991	伊春	市少年篮球赛	五营区	少年男子组第 1 名
1992	哈尔滨	省国际象棋少年比赛	闫平平	第 5 名
1992	哈尔滨	省国际象棋少年比赛	邹晓伟	第 11 名
1992	哈尔滨	省国际象棋少年比赛	吴鹏娜	第 10 名
1992	哈尔滨	省国际象棋少年比赛	韩来树	第 9 名
1992	哈尔滨	省国际象棋少年比赛	陈继宝	第 11 名
1992	哈尔滨	省第 7 届运动会	黄　晶	女子铁饼第 1 名
1992	伊春	市第二届老年人运动会	五营区	体育道德风尚奖
1992	伊春	市第二届老年人运动会	五营区	田径团体总分第 1 名
1992	伊春	市第二届老年人运动会	五营区	田径团体总分第 3 名
1992	伊春	市第二届老年人运动会	马秀梅	60 米第 1 名
1992	伊春	市第二届老年人运动会	田秀玲	60 米第 3 名

续表 22-2-3

年份	地点	竞赛名称	参赛单位	取得成绩
1992	伊春	市第二届老年人运动会	郑为武	60 米第 4 名
1992	伊春	市第二届老年人运动会	马秀梅	60 米钓鱼第 1 名
1992	伊春	市第二届老年人运动会	郑为武	60 米钓鱼第 3 名
1992	伊春	市第二届老年人运动会	王亚斌	60 米巡物第 2 名
1992	伊春	市第二届老年人运动会	揣桂林	60 米巡物第 5 名
1992	伊春	市第二届老年人运动会	马秀梅	60 米巡物第 1 名
1992	伊春	市第二届老年人运动会	田秀玲	60 米巡物第 3 名
1992	伊春	市第二届老年人运动会	李　影	60 米巡物第 6 名
1992	伊春	市第二届老年人运动会	王亚斌	60 米智力第 2 名
1992	伊春	市第二届老年人运动会	郑为武	60 米智力第 5 名
1992	伊春	市第二届老年人运动会	田秀玲	1500 米第 1 名
1992	伊春	市第二届老年人运动会	五营区	男子 4×100 米接力第 2 名
1992	伊春	市少年乒乓球	邬　迪	男子 10 岁组第 5 名
1992	伊春	市少年乒乓球	李继林	男子 10 岁组第 6 名
1992	伊春	市少年乒乓球	高　羽	11~12 岁第 1 名
1992	伊春	市少年乒乓球	高　辉	11~12 岁第 5 名
1992	伊春	市少年乒乓球	五营区	11~12 岁女子团体第 2 名
1993	伊春	市第五届运动会乒乓球比赛	五营区	少年甲组女子团体第 3 名
1993	伊春	市第五届运动会棋类赛	五营区	成年组中国象棋团体第 6 名
1993	伊春	市第五届运动会棋类赛	刘　洋	少年国际象棋金牌
1993	伊春	市第五届运动会棋类赛	邹晓伟	少年国际象棋银牌
1993	伊春	市第五届运动会棋类赛	杨志欣	少年国际象棋铜牌
1993	伊春	市第五届运动会棋类赛	秦念宝	少年组围棋第 3 名
1993	伊春	市第五届运动会棋类赛	陈时利	少年组围棋第 4 名
1993	伊春	市第五届运动会棋类赛	五营区	少年组围棋团体第 2 名
1993	伊春	市第五届运动会田径	黄　晶	成女组铅球第 3 名
1993	伊春	市第五届运动会田径	黄　晶	成女组铁饼第 3 名
1993	伊春	市第五届运动会篮球赛	五营区	成年男子组第 5 名
1993	伊春	市第五届运动会篮球赛	五营区	成年女子组第 3 名
1994	伊春	市第八届钓鱼比赛	关守礼	单尾重量第 2 名
1994	伊春	市第八届钓鱼比赛	五营区	全体重量第 6 名
1994	伊春	市职工少年棋牌比赛	陈时利	成年组第 8 名
1995	哈尔滨	省国际象棋比赛	杨志欣	第 3 名
1995	哈尔滨	省国际象棋比赛	邹晓会	第 4 名
1995	哈尔滨	省国际象棋比赛	张力琼	第 5 名
1995	伊春	市国际象棋比赛	杨志欣	第 1 名
1995	伊春	市国际象棋比赛	邹晓会	第 2 名
1995	伊春	市国际象棋比赛	刘　洋	第 3 名
1997	伊春	市围棋比赛	齐振东	第 2 名

续表 22-2-3

年份	地点	竞赛名称	参赛单位	取得成绩
1997	伊春	市围棋比赛	陈时利	第 3 名
1997	伊春	市国际象棋比赛	刘 洋	第 1 名
1997	伊春	市国际象棋比赛	张 顺	第 2 名
1997	伊春	市国际象棋比赛	赵淑芹	成年第 1 名
2003	伊春	市七运会	五营区	少年男子团体第 8 名
2004	伊春	市少年儿童乒乓球赛	五营区	女子 11~12 岁团体第 5 名
2004	伊春	市少年儿童乒乓球赛	李 沫	第 5 名

二、裁判队伍

1986—2005 年，五营区等级裁判员 15 人，篮球等级裁判员 8 人，其中，一级 1 人，二级 4 人，三级 3 人。排球三级 1 人，田径三级 2 人，国际象棋二级 1 人，乒乓球三级 1 人，中国一级、二级各象棋 2 人。

第三章　广播电视

1996年，建立有线电视台，可收视电视频道22套，到1998年达30套，至2000年又达到36套。2000年，广播、电视分立，广播隶属区（局），机构名称为五营区广播电视中心，电视隶属市，机构名称为伊春市广播电视综合信息网络有限公司五营分公司，网络公司通过电视台无偿地接收广电中心的新闻传输任务。

第一节　机　构

1985年，五营区广播电视系统设有线广播、广播实验台（干扰台）、电视转播台、广播服务部。

1986年，发展为包括电视转播台、无线转播台、有线电视台、编辑部四位一体的广播电视系统。

1989年，更名五营区广播电视局，设局长、副局长各1人，工作人员45人。

1997年，更名为五营广播电视中心，配主任、副主任各1人，全员40余人。

2000年3月26日，广播业务单位名称仍沿用五营广播电视中心名称，电视传输业务由市广播电视综合信息网络有限公司接收，单位定名伊春市广播电视综合信息网络有限公司五营分公司。

2003年，广播电视中心设总编室，下设编辑部、制作部。全员9人，其中副主任1人，新闻采编4人，新闻播音2人，节目制作1人，设备维修1人；办公室面积420平方米，主要设备有摄影机2台，非线性编辑机1套，录播灯光及照明设备1套。

2005年，设主任1人，调出播音员1名，人员为9人。办公地点由宾馆移址到党委6楼，面积为90平方米。

第二节　广　播

一、有线广播

1986年，维修广播线路，保证了线路畅通和广播的覆盖。维修站里设备和基层设备容量4000W，设备完好率都在同级标准，保证了中央、省、市电台广播节目的覆盖和传播，区广播站设备运行2 190小时。

1987年停播率达到了市局要求的广播站每百小时不超过30秒；10公里有线广播线路全部进行了检修；录音机（601）虽然老化，但工作性能操持比较稳定，安全播出达到上级要求标准。

1988 年，有线广播停播。

二、无线广播

1986 年，对广播转播台进行了设备改造，台址由松林街搬迁到河南砖场南侧，此项工作两年完成。该区投资 1.5 万元，在东山顶海拔 86 米建转播站一处及转播塔一座。

1987 年广播实验台功率达到额定输出功率，设备状态良好，广播安全播出 3522.5 小时。

1988 年，处于长期维持转播状态。

2003 年，国家投资建 50 瓦调频台，原是中波发射改为调频。延续至 2005 年。

三、自办节目

1986 年，采编、播音各设 2 人，设 1 名摄像员，配 1 名灯光员辅助其工作。

1989 年，共办专题报道 36 期，发展理论文章 144 篇。组织对“十三大”的宣传报道，邀请各界人士撰写文章，共发表稿件 154 篇。

1994—1995 年，自办节目由单一无线传输变为无线电视和有线电视双轨传输。

1996 年，系列报道《为了明天的太阳》《一位特殊的上访户》，均获市首届新闻奖 1 等奖。

1998 年，编播了《转岗就业天地宽》《鲜花铺就致富路》等系列报道、专题报道。该年共播发各类稿件（口播、图像、电视讲话等）1122 篇，向上级电视台投稿 96 件。在 1998 年度全市广播电视系统好新闻评奖活动中共有 6 篇作品获市级奖励；两名同志被授予“全市广播电视系统建功立业活动优秀编辑”。

1999 年，由模拟信号编辑设备转变为数字化信号编辑设备，由线性更新为非线性编辑系统，使自办节目摄制质量达到全市领先水平。1999 年前每周办两期节目，全年 104 期；1999 年后每周 3 期，全年达 156 期节目。

2000 年，可收视 36 套节目，开设的《99 工作回顾，2000 年展望》《巾帼风采》《党员先锋》《发送经济发展环境》《切实加强思想政治工作》等栏目，到年底共发稿 1207 条。

2001 年，精心制作了记者观察《黑木耳——富民兴区的希望之路》和旅游风光专题片《兴安明珠》，系统地宣传报道了丽丰经营所周茂友等一批黑木耳培植大户。制作了专题片《前进中的五营——五营区（局）深化改革、创新管理工作纪实》。

2002 年，拍摄播发了大型系列报道《前进中的五营，开发中的热土》，共分《经济建设篇》《城镇建设篇》《为民服务篇》3 篇进行宣传报道；拍摄了《森林生态旅游胜地——五营国家森林公园》电视风光片；摄制了《兴安明珠——五营产品目录》，对本区旅游产品、旅游产业和绿色食品、山特产品进行了介绍，为该区招商引资和发展旅游业起到了一定的推动作用。9—10 月拍摄了《风景这边独好——五营国家森林公园风光》旅游宣传片。参加“伊春电视新闻奖”电视新闻稿件参评活动，有两篇作品分别获第二、三等奖。

2005 年，完成了 7 个专题片即《奏响努力快发展，全面建设小康社会，构建社会主义和谐社会的新乐章》《希望之路》《谱写再就业的乐章、铸造五营新辉煌》《林城五营党旗红》《筑牢林城百年大计之基》《兴安思源曲》和《风景这边独好》。其中对原《风景这边独好》风光片进行了重新加工制作，该片在全市风光篇评比大赛中获第 2 名。此外《一方讲坛，美丽人生》先进人物专题片在全市新闻作品大赛中又获 3 等奖。

四、栏目设置

1986 年，播发内容主要有新闻类、科普类、文艺类。新闻类主要播发中央、省、市的主要新闻及区（局）各条战线的地方新闻，科普类有医疗保健知识、生活小常识、家庭种类知识等；文艺类有著名作家、诗人的散文、诗歌和本区文学爱好者的散文、诗歌等。除《五营新闻》外，每周还交替播出《知识窗》和《文化生活》等栏目内容。同时还不定期安排《理论与实践》《科学与生活》《中学生文圃》等及配合各时期的形势和中心工作随时安排“专题”与“讲座”栏目。主要以每年春秋两季的防火和爱国卫生运动为主要内容。1987 年宣传十三大精神，安排“讲座”四期，“专题”报道文章 154 篇；安排安全教育专题片《警钟长鸣》。

1990 年，突出《五营新闻》《科普知识》《为您服务》等栏目。1992 年，宣传十四大精神，安排了“专题”栏目，进行大量宣传报道。1993 年，“五四”期间安排《青春之歌》专栏；国庆期间安排《迎接国庆》专栏等。

1996 年，增加《信息与服务》《文学园地》等专栏。1997 年，设“专题”栏目宣传十五大精神。1999 年，《五营节目》在设备更新基础上，栏目进行革新、改版，栏目设置除《五营新闻》还有《荧屏点播台》《一周要闻回顾》《信息与服务》《记者观察》等栏目。

2000 年，设置《99 工作回顾，2000 年展望》《巾帼风采》《党员先锋》《发送经济环境》《双评》《防火》等专栏。2002 年，开设《春防信息服务》专栏，介绍各类防火常识，有用火、用电、液化气使用等安全知识。7 月开设《学习“三个代表”，争做三个带头人》专栏；8 月开设《争创最佳政法单位，积极为人民服务》专栏，报道政法机关“内强素质，外树形象”为民服务打击各类犯罪；9 月开设了《学习兴安百面旗》专栏，对先进人物进行报道；10~11 月开设《迎庆十六大，歌唱新五营》专栏和《认真学习贯彻十六大精神》专栏。对《五营节目》还增设了《兴安资讯》，还有《生活常识》《家庭经济致富信息》《企业富裕人员就业信息》《点击中考》等小快板，受到群众欢迎。此外，还有《公益广告》等专栏。2003 年，在关键时期“非典”内容专题报道每天 6 次滚动播出。

2005 年，新增 1 个《报刊时讯》栏目，该栏目将《人民日报》《黑龙江日报》《伊春日报》三大媒体连接，将静态新闻变成动态新闻，增强了三大日报的可视性。全年共播出《报刊时讯》44 期，报刊新闻 220 条。

第三节　电　视

一、机构

2000年3月26日，网络公司配经理1人，下设3部即综合部、维护部和技术部，各部配部长1人，全体员工 31 人。

2005 年，设经理 1 人，部门设置未变，各部仍配部长 1 人。在岗人员 26 人，退休、待岗共 5 人。

二、电视转播

1986 年，集资建 1 座卫星地面接收站，10 月 23 日安装完毕，经调机测试达到技术指标，并做到播出 1 次成功。设备包括室外 6.3 米直径网状天线和室内 3 部卫星地面接收机 SR-531C 波段，可同时接收中央 1 套、2 套、中央电视教育 3 套节目。1987 年在原有两个电视发射频道的基础上，又增加 2 个频道节目。投资 20 万元购置 300 瓦分米波机和 100 瓦分米波机各 1 部，从而使全区广大观众能同时收视 4 套以上电视节目。同年还投资购置 1 套日本索尼 1820PK 摄像机。总体设施情况，机房为两层楼建筑，面积 162 平方米；高压输线电路、电话线路 1.1 公里，安装 30 千瓦变压器 1 台；发射塔高 56 米，边宽 1 米，天馈线为 4 层蝙蝠翼天线，馈伐型号为 50-37-3，天控系统的调整自行完成，驻波比为 1:2，设备是北京广播器材厂产单通道 300 瓦电视发射机和 10 瓦四频道电视发射机各 1 部。

电视转播台及自办节目摄像编播系统主要设备有 GY-9 型 300 瓦单通道电视发射机；日本产 9200、5630、4800 录像机；索尼 3000APK 摄像机、6800 便携式录像机；松下 200N、M3000、OP200 摄像机；索尼 5850 编辑机；国产 980 字幕机。

1994 年有线电视起步发展，1996 年正式兴建，在电视的发展上把重点投入放在有线电视上，电视转播用户逐渐减少，多向有线电视倾斜，电视转播处于维持状态。

1998 年，电视转播投入逐年减少，被有线电视所取代。直至 2005 年。

三、有线电视

1994 年，有线电视起步发展，前端设在五营宾馆 2 楼，主要设施为国产隔频前端设备，地面接收站，国产 3.2 米科创抛物面天线，覆盖率（入户率）为 400 户，用户发展主要在区中心地段，转播卫星电视节目 8 套。1996 年，为进一步丰富职工群众文化生活，同时根据广播事业发展的需要，经省广播电视厅、市广播电视局、地方政府批准，建立五营区有线电视台，进一步扩大了有线电视网络，也提高了入户率。有线电视台前端中枢设在区宾馆 4 楼全层，转播卫星电视节目增加到 22 套，进一步丰富了微机管理系统，并逐渐开发可寻址，多功能有线电视网络系统。主要设备有美国优力 550 兆临频前端，主干线采用美国 540 电缆传输；还有美国优力 63C 型调制主机；14 英寸 16 部牡丹彩色电视机组成电视监视墙；4.5 米抛物面天线和两套 3.2 米抛物面天线。

1998 年，有线电视加强网络建设，使用美国优力前端设备，架设有线电视主干线 10 公里、转播卫星电视频道节目 30 套。镇内有线电视网覆盖率达 90%；8 个林场（所）通过共用天线系统可收看到卫星电视频道节目，其中距区址 90 公里远的翠北林场设置了美国优力前端设备可收看到 14 套卫星节目。有线电视的建设丰富了全区山上山下职工群众的文化生活，深受群众的欢迎。同年，还利用小微波回传技术完成了会议室建设，对及时传达市电视电话会议精神，起到了重要作用。

1999 年，全区有线电视主干革命线延伸至 14.5 公里，镇内有线电视入户率为 98%，林场（所）有线电视入户率为 70% 以上，实现了有线电视无盲场（所）。有线电视台改进了干线放大器，AGC 自动控制器，使总距离传输信号得到保证，引进有线电视（卫星电视）解码器，使中央 3、5、6、8 套加密节目自行接收，改变了原有电视伊春台信号的状况，中央 3、5、6、8 套节目信号质量得到保障。有线电视还增加了 KO 波极，使北京、河北、山西等卫视节目可以收视，有线电视收看节目达 31 套，居全市节目套数前列。

2000 年，改变了传输设备，全市用 1 条光缆传输有线电视信号，一改原来自己设立的电视前端，可收视 34 套节目。2001 年，新架支线 2000 多米，施工质量达标，有线电视覆盖率达 98%。2004 年，投资 10 万元设立了有线电视 9 个光节点，1 个光发射机，9 个光接收机。

2005 年，对原有线路进行改造，改善了红林、圃林和营林各区域用户的信号质量，改造了老化有线电视网 3 公里。7、8 月份该区遭遇雷雨灾害，在光发机、光收机、放大器被雷击毁后，致使大部分有线电路瘫痪，组织人力修复放大器 40 多台。全年共排除有线电视网络大小故障近 2000 次。

1994—2005 年五营区有线电视用户情况统计表

表 22-3-1

年份	用户数	备注
1994	170	—
1995	200	—
1996	1800	—
1997	2800	—

续表 22-3-1

年份	用户数	备注
1998	3100	—
1999	3600	—
2000	4000	—
2001	4400	—
2002	5100	—
2003	5500	—
2004	7250	含林场（所）
2005	5800	—

第四章　档案　地方志

第一节　档　案

一、机构

1986年至1997年12月，五营区档案局由地方志办公室和党史办公室三个科室合并而成，三块牌子一套人马，区党委办公室负责业务指导，区政府办公室负责事务安排。五营区档案局（科）长同时兼任方志办和党史办主任，定编16人。

1989年10月，档案科易名档案管理局。

1997年5月13日，由五营档案管理局易名为五营区档案馆（局），隶属党委办领导。配备具有中级职称，大学以上学历的两名正副馆长。定编14人。其中中级职称4人，初级职称6人，大专以上学历6人。

1998年5月，工人、集体档案由区劳动局划归档案馆，定编16人。

2001年12月5日，档案馆（与档案局、区志办、党史办合署）为区政府直属事业单位。据区党委、政府缩编减员要求，分流人员10人，定编7人。

2005年12月5日后，党史办归口党委办。

二、设施设备

1988年10月，由政府3楼一个套间40平方米迁入劳动局大楼二层和三层楼内总面积760平方米，实用面积480平方米，设3室6库，即办公室、阅览室、声像处置室；6库为文书、科技、财会、人事、技术、资料库；有铁质档案柜90套、木质档案柜11套、云湿机1台、吸尘器1台、油印机1台、温湿度表6支、打字机1台、计算机1台、库内专设防火栓。

1989年4月，被评为省级先进档案管理企业。1990年9月，通过省市档案局验收，晋升为国家二级档案管理企业。

1997年，按照黑森总办字〔1997〕7号文件精神，根据《企业档案工作目标管理考评标准》着于进行自检和重新申报工作，本着缺啥补啥的原则，经过努基本上具备了重新申报国家二级档案管理企业的条件，上报国家。同年5月，档案馆再次迁至中植印刷厂二层和三层楼内。总面积820平方米，实用面积520平方米，分别增加60和40平方米。

2003年5月，五营区工人、集体档案，又从档案馆划归劳动局管理。其中工人档案1300卷，集体档案、青年档案13000卷。

2004年8月9日统计，馆藏党群工作类、行政管理类、经营管理类、技术管理类档案总计24526卷，1315件。

2005 年 6 月 26 日，五营区档案局又从中植印刷厂二层和三层楼内搬迁至区政府楼四层、三层楼内总面积 200 平方米（其中 4 个办公室近 100 平方米）。定编 7 人，大专以上学历 5 人，其中，大本 1 人、大专 4 人；中专 1 人，中级职称 3 人，初级职称 3 人。

第二节　地方志

一、方志编撰

1982 年，成立五营区（局）志编纂委员会，开始编撰《五营区（林业局）志》（1954—1985 年），经全体修志人员辛勤耕耘，于 1999 年 10 月，交付方志出版社正式出版，全书 100 万字。

2004 年 2 月 22 日，《五营区（林业局）志》（1986—2005 年）的编纂工作，正式启动。五营区人民政府办公室，印发区志办拟写的《五营区（局）续志编纂工作实施方案》的通知，五政办发〔2004〕1 号文件。全区第二轮修志全面展开。

二、编纂机构

2004 年，五营区人民政府下发《关于调整五营区（局）志编纂委员会成员的通知》，五政发〔2004〕3 号文件。张恒芳任主任；张跃文、齐君、李长胜、闫立海、尤安祥、田宁任副主任。乜关锁等 58 名同志为委员。编委会设主编张跃文；副主编孙立君；特邀总纂魏鹏飞、黎家顺；编辑王辉华、王瑞玉；特邀编辑王国栋、孙树义、徐仁清、宫万才、赵庚信。编委会下设办公室：主任孙立君（兼）。工作人员：牛淑艳、谢桂英、张林英。区志办公室制定了编修工作八条制度，对出刊《五营方志信息》，每周一为区志例会日、工资报酬、工作分工责任、承编包干等方面作了明文规定。并就地方志的基本知识编写了《方志知识问答五十题》印发给编委会成员。在特邀编辑中最高年龄超过“古稀”，最低年龄也超过“花甲”，平均年龄 65 岁。技术职称高级 4 人，中级 3 人，初级 1 人。该届区（局）修志人员是专、兼、聘相结合，初期人员流动性大，中期较稳定。聘请的 7 名修志人员全是中共党员，政治思想素质高，精力充沛，在编纂志书过程中能自觉地坚持用马克思主义、毛泽东思想和邓小平理论及“三个代表”重要思想作为编纂《五营区（林业局）志》的指导思想，在征集资料过程中克服有的单位解体，人员分散，原始资料保存的困难。人人以修志为己任，默默无闻伏案修志。

2005 年，区政府下发五政发〔2005〕76 号文件，对续志编纂委员会作了如下调整，主任：张跃文，副主任：迟洪训、齐君、李长胜、闫立海、尤安祥、田宁，以乜关锁等 57 名为委员。主编迟洪训。常务副主编孙立君。特邀总编魏鹏飞、黎家顺。编辑王瑞玉、王辉华。特邀编辑王国栋、孙树义、宫万财、赵庚信、徐仁清。编纂委员会办公室主任孙立君。工作人员牛淑艳、谢桂英。

第五章 卫 生

五营区卫生医疗事业于1957年建局始，经过40多年的发展变化，由原来1个卫生所发展为有五营职工医院、五星卫生院、基层卫生所，1993年卫生防疫站撤销，成立防保中心，计划生育指导站撤销；1994年五营河卫生所撤销，敬老院卫生所撤销；2002年工程处卫生所、苗圃卫生所、汽管处卫生撤销。2004年五营职工医院一门诊撤销合并，在河北成立森林社区卫生服务站；五营职工医院三门诊撤销，在河南成立桦林社区卫生服务站；2005年丰林河卫生所、五星卫生院撤销。有个体卫生所（1996年多达30余家）和防保中心等，还有三级在上单位卫生所3家，个体药店（多时近10家）。由建局初期只能医治一般病症，现除特别疑难病患者外，一般的重患都能在五营职工医院治疗。内科心衰、呼衰等，外科开颅、肝 等都能医治和处理。卫生防疫、妇幼保健、爱国卫生、环境卫生乃至红十字会等卫生事业都相应地得到一定的发展。

第一节 医 疗

一、行政管理机构

1986年，区卫生科（含爱国卫生和红十字会工作）设科长1人，科员3人。

1988年，爱国卫生运动成立爱卫会和爱卫办，与卫生科合署办公，一套人马两个牌子。

1991年4月，爱卫办分立。1993年爱卫办又与卫生科合署办公，对外两个牌子。1997年卫生科更名卫生局，设副局长1人，工作人员3人。

2001年，卫生局与计划生育办合并，定名卫生和计划生育局（含爱卫办和红十字会工作），设局长、副局长各1人，工作人员4人。

2005年，设正副局长各1人，工作人员3人。

二、服务单位

（一）五营职工医院（含爱婴医院、计划生育指导站）

五营职工医院是五营林业局企办医疗单位，业务受市卫生局领导。1986—1987年医院设党支部、院长办公室、会计室、后勤办公室。一门诊设在医院，二三门诊设在河北。医院门诊设内科、外科、妇科、儿科、五官科、中医科、针灸科、中西医药局、预防科；住院处设病房分别是内科、外科、妇科、儿科，医技科室设X光室、手术室、检验室、心电室。有职工236人。

1988年，建3300平方米6层门诊大楼，1990年竣工，1992年又拆除原房舍，建3600平方米，

4层住院处大楼1栋。1990年后，建第三门诊部，地址在河南。

1997年，住院处病房床位达151张，门诊部增加到3个。住院处设临床科室有：内科、外科、妇产科、儿科、五官科、中西医科、传染病科、急诊科；医技科室设有：药剂科、检验科、放射线科、麻醉科、物理，诊断科和手术室。同年，第一门诊部设有内科、外科、五官科、儿科、妇科、口腔科、针灸科、心电、B超、中西医科、传染病科、急救科。职工达284人。其中高级职称2人，中级职称68人，初级职称142人，管理人员15人，后勤人员15人，其他37人。

1999年4月，妇幼保健站（1993年撤销，职能并入防疫站）为创建三院合一的医疗机构并入职工医院。五营医院已发展为“爱婴医院、妇幼保健院、二级乙等医院”三院合一的综合性医院。计生指导站也并入职工医院。

2002年，五营医院占地面积20000平方米，建筑面积达6350平方米。拥有职工210人，其中副高级职称3人，中级职称64人，初级职称108人，党务和行政管理人员15人，后勤人员20人；拥有床位150张；下设科室15个，其中临床科室6科，医技科室5人，辅助科室4个。

2005年，职工229人，其中中级职称78人，初级职称86人，管理人员15人，后勤19人，其他31人。设书记、院长各1人。医院门诊科室设有内科、外科、妇科、儿科、口腔科、急诊室；医技科室设有，药剂科、检验科、放射线科、麻醉科、手术室；住院处临床科室设有，内科、外科、妇科、五官科、儿科、传染病科。

1996年4月10日，五营区职工医院向省申报创建“爱婴医院”。经省卫生厅爱婴医院评审团评审验收，五营医院总体达到爱婴医院标准，黑龙江省卫生厅于1996年7月4日正式授予五营医院为爱婴医院”称号，并发牌匾。爱婴医院对外称爱婴医院，对内称妇产科。配主任1人，医护人员18人。有产床10张，根据创建三院一体的需要，妇幼保健站从防保中心分离出，并入职工医院，使五营医院成为“爱婴医院、妇幼保健站和气职工医院三位一体的综合性医院。2000年，医护人员增加到19人。2005年，在分娩技术方面，一般的难产都能处理。全员12人。有产床3张，电脑胎儿监护仪1套，高频电灼器流产吸引器各1台，吸引器3台、婴儿保温箱1台。

1992年，成立计划生育指导站，配站长1人，医师、医士各1人。主要计生任务是上环、取环、结扎、人工流产。上环、女扎、取环、人流年均分别为1000、100~200、400~500、100例左右。当时的器械主要有上环、取环器械各1台，人工流产器械1套，女扎术包在医院取。1993年防疫站、妇幼保健站、计划生育指导站，3站合并，各防保中心业务各有分工。1995—1997年，每年对山上育龄妇女计划生育生殖健康普查年均300例左右。对全区上环年均300余例，人流年均100例左右，取环平均200例左右。1999年计划生育指导站又从防保中心并入职工医院，有工作人员3人，诊床2张。2000年，上环50例，取环45例，人流25例。2005年上环39例，取环22例、人流25例。工作人员1人。

（二）五星卫生院

1986年，五星卫生院房屋面积580平方米，有职工24人，其中，医疗技术人员15人，中西医士（师）4人，中西医护药士及其他11人，管理人员3人，后勤6人。主要医疗设备有高压灭菌锅、显微镜、X光机等。

1994年房屋面积增加到716平方米，购置200毫安X光机、B超阶级诊断仪、培养箱等设备。

1997年，职工23人，其中医疗技术人员17人。中西医士（师)3人，中西医护药士及其他14人，管理人员1人，后勤5人。

1986—1997年五星卫生院门诊治疗统计表

表22-5-1　　单位：人

年份	门诊人数	年份	门诊人数
1986	31846	1992	13560

续表 22-5-1

年份	门诊人数	年份	门诊人数
1987	34723	1993	7614
1988	28345	1994	5160
1989	36872	1995	4768
1990	35647	1996	5364
1991	22488	1997	7893

（三）基层卫生所

1986 年，属于林业系统的基层卫生所有五营河、丰林河、永丰、平原、丽丰、汽管处、工程处、苗圃、敬老院、杨树河、平山等 11 个。还有三权在上单位卫生所 3 家，分别是实验林场、铁路、五星石矿。达到 1 医 1 护 4 室 1 房的要求（4 室 1 房：诊室、观察室、处置室、计免室和药房）。

1997 年，基层卫生所 11 家，其中：翠北卫生所医士 2 人，护士 1 人；2005 年，增加医师 1 人；丰林河卫生所 1997 年，主治医师 1 人、医士 1 人、护士 1 人；永丰卫生所 1997 年医士 1 人、护士 1 人；2005 年，医师 1 人；平原卫生所 1997 年，医士 1 人，护士 1 人，2005 年，医师 1 人；丽丰卫生所 1997 年，医士 2 人，2005 年，医师 1 人；汽运处 1997 年，医师 1 人；工程处卫生所 1997 年，医士 1 人，护师 1 人；苗圃卫生所 1997 年，主治医师 1 人；敬老院卫生所 1997 年，医师 1 人；杨树河卫生所 1997 年，主管护师 1 人，护士 1 人，2005 年，医师 1 人；平山卫生所 1997 年，医士 1 人，护士 1 人，2005 年医师 1 人。

2005 年，医疗设备情况为，翠北卫生所 50 毫安 X 光机一台、电冰箱、显微镜一台；平原卫生所 30 毫安 X 光机一台，显微镜一台；杨树河卫生所、平山卫生所、丽丰卫生所都配置 30 毫安 X 光机一台，杨树河卫生所电冰箱一台。2005 年，汽运处、苗圃、敬老院、丰林河、卫生所已撤销，仅剩 6 家，三权在上单位 3 家。

（四）社区卫生服务站

五营区社区卫生服务站，成立于 2004 年。根据《黑龙江省社区卫生机构暂行管理办法》要求，积极开展社区卫生服务，以方便职工群众就近医治。一年即形成医疗网点，建社区卫生服务站 5 处，主要是：森林、桦林、丰林、建林、育林社区卫生服务站。森林社区法人代表是王继林，职称主治医师；桦林社区法人代表是陈平，职称主治医师；丰林社区法人代表是殷玉红，职称药师；建林社区法人代表是周敏，职称主治医师；育林社区法人代表是沈伟，职称护师。

（五）个体卫生诊所

按从医条件要求必具主治医师职称，经审批后取得执照方可行医。1986 年有 4 家个体卫生所和牙所。1996 年，五营区个体卫生所（牙所）多达 30 余家。2005 年，有 8 家。

1987—2005 年五营区个体卫生所（牙所）统计表

表 22-5-2

名称	成立时间	撤销时间
张凤梅卫生所	1987	1992
李焕章诊所	1989 年 7 月	1992
周占岐诊所	1990 年 8 月	1992
育林牙所	1991 年 8 月	1994
于文牙所（于占江牙所）	1991 年 8 月	2005 年更名

续表 22-5-2

名称	成立时间	撤销时间
孙丽娟卫生所	1991 年 11 月	1993
齐辉牙所	1911 年 12 月	—
刘振远诊所	1993 年 09 月	2000
王文珍诊所	1993 年 09 月	—
车仁杰诊所	1993 年 09 月	1993 年 12 月
金自力诊所	1993 年 09 月	2002
闫喜明诊所	1993 年 10 月	2002
吴桂兰诊所	1993 年 10 月	—
王秀珍诊所	1993 年 10 月	1995
韩忠义诊所	1994 年 03 月	2002
赵文凯诊所	1994 年 03 月	—
程国贤诊所	1994 年 03 月	—
苗志财牙所	1994 年 03 月	1997
医文会诊所	1995	—
周玉云诊所	1995 年 09 月	—
孟庆新诊所	1995 年 10 月	2002
马景兰诊所	1995 年 12 月	—
周凤芹诊所	1995 年 12 月	—
尚国志牙所	1995 年 12 月	2005 年 12 月
李玉芝诊所	1995 年 12 月	—
周文志诊所	1995 年 12 月	2001
井传江诊所	1995 年 12 月	—
庞宪尧诊所	1995 年 12 月	—
郑启花诊所	1996 年 01 月	2002
唐淑珍诊所	1996 年 01 月	2002
杨景林诊所	1996 年 01 月	—
高友富诊所	1996 年 01 月	2005

三、医疗设备

1987 年，先后购置 B 超、胃镜、冰箱、侧操纵手术床。1988 年，购置 10 联 X 射线灯，X 光透视照相机，规格 C30/TDZ。1989 年购置康宁生物显微镜。

1990—1992 年，分别购置普通子母手术灯，分光光度计，规格 T21。1993 年，购置医用高速离心机，电动手术床。1994 年，购置冷光子母手术灯，移动式诊断 X 光机，规格 F30，高频电刀、矩形蒸汽消毒器，柜式空调机，规格 RF75WD。1995 年，购置生化分析仪，规格 BTR815。1996 年，购置多功能麻醉机一台，规格 RY-11。

1997 年，购置自动平衡离心机，规格 LDE。1998 年，购置 5 台一套是：电解质分析仪，规格 ACG02，双用生物显微镜，*CIV 规格，光电卓导心电机。规格 ECG6511，高频电灼器，规格 DCD300B，双功能洗胃吸痰机，一套惠普黑白 B 超机。1999 年购置电脑胎儿监护仪，制氧机。

2000 年，购置 7 台综合牙科椅，高速涡轮牙钻机，洗牙机，规格 B3，银汞胶调和机，规格 YCS，台式钻牙机，规格 307-6，尿八项分析仪，规格 MA-4210，恒频磁共振治疗仪。2001 年，购置血液冷藏箱，流产吸引器，心电监护仪；5 项电脑监护仪，一套 X 光机，规格 F99-JCT，蒸汽吸收机。2002 年，购置立式电蒸汽消毒器。

四、医疗技术

内科　对心衰、呼衰、肝衰、肾衰这些疑难重病都可得到抢救和治疗；心肌梗死、脑梗死的溶治疗；对脑出血、脑梗死的抢救治疗；对糖尿病、肾衰酮症、酸中毒抢救和治疗；对急慢性肾炎、脑炎、肝炎、风湿热、肺心病、肝性脑病的治疗都有不同程度的突破。

外科　外科对高难手术开展了开颅擦查术、硬膜外、硬膜下及颅内血肿清除术、甲状腺大部切除术、开胸擦查术、肺破裂、肺叶修补术、胃癌根治术、胃大部切除术、肝修补术、脾切除、脾片移植术、门脉高压断流术、右半结肠切除术、尿道断裂会师术、肾外伤修补术，这些疾病的手术技艺均有一定突破和不同程度的医疗效果。还对大血管断裂修补吻合术、神经纤维瘤切除术、四肢骨折钢板内固定术，肾不连接滑移植骨术、离体骨再植术也作了医疗技术上的推进。对感染性休克和创伤性休克的抢救与治疗等都有新进展。

1986—2005 年五营区医院门诊住院人员统计表

表 22-5-3　　单位：人

年份	门诊人数	住院人数
1986	62785	3651
1987	150076	4489
1988	111419	3709
1989	62785	3651
1990	67441	3417
1991	71187	3065
1992	32350	2474
1993	20367	1819
1994	14248	2544
1995	10924	1947
1996	6853	1697
1997	16948	1733
1998	17589	1902
1999	20039	1945
2000	19418	1758
2001	21374	1832
2002	29893	1754
2003	25721	1506
2004	25553	1255
2005	20344	1004

第二节　预防保健

一、卫生防疫机构

1986年，防疫站（1979年建）、妇幼保健站（1977年建）两站分立，同年各有人员分别为10人，2人。1992年两站人员又分别为10人，3人。1993年5月，防疫站、妇幼保健站和计划生育指导站（1990年启动1992年正式建站），三站合并，机构定名为五营区防疫保健中心。合并后房舍面积为200平方米，人员达50人。

1997年，防保中心设防疫科、食品卫生监督科、公共环境监督科、计划免疫科、检验科、消毒科、妇幼保健站、计划生育指导站、行政办公室。房舍面积为620平方米，人员达70人。

1999年4月，妇幼保健站和计划生育指导站并入五营职工医院，两站分出后，保健所剩防疫站机构名称仍沿用五营区防疫保健中心。

2000—2001年，防保中心人员在岗54人，有职称人员24人，其中高级职称1人、中级职称13人、初级职称10人。设9个功能科室，分别是传染病防治科、食品卫生监督科、公共环境监督科、计划免疫科、检验科、消毒科、学校卫生监督科、冷链室、行政办。

2005年，在职人员35人，其中中级职称15人，初级职称15人，党政5人，设书记1人，行政4人。下设科室有卫生防疫科，人员主治医师2人，医师2人；食品卫生监督科，公卫医师8人；公共环境监督科，公卫医师7人；计划免疫科，医师3人，护士2人；检验科，检验师3人；冷链室，护士1人；疫情分析室，师士1人；生命统计室，医师1人。

二、传染病防治

1986年11月，计划免疫工作获黑龙江省政府先进集体奖励。1989年，经伊春市评审五苗（卡介苗、乙型肝炎、白百破、脊髓灰质炎、麻疹）覆盖率为96%，单苗接种率为97.6%，控制了各类传染病暴发流行。

1992年，把传染病防治工作也纳入重要日程，认真贯彻《中华人民共和国传染病防治法》（以下简称《传染病防治法》），建立单位传染病管理和疫情报告制度。医疗单位传染病报告露报率为0。按照要求严格执行计划免疫程序，达到了免疫、接种全程安全、足量、有效。

1996年，大力宣传计划免疫工作的重大意义，其中区（局）长做了两次电视讲座，投稿4份，出黑板报23次，大字标语2幅。并积极开展“4・25”全国儿童预防接种日活动。

1998年，为加强卡介苗接种工作，由防保中心将这项工作统一归结防所管理各项指标完成100%，由后进跃为先进受到省市的好评，同年秋，五营区又代表伊春市接受省计划免疫（脊髓灰质炎）检查，各项任务指标均合格达标，获省市高度评价。同年12月5日和1999年1月5日，五营区对全国开展的第六次计划免疫糖丸服药工作得到全面落实。2000年，计划免疫工作被评为市先进集体。

2001年，实现了消灭脊髓灰质炎目标，坚持每年进行两轮消灭脊灰强化免疫活动，对市随机抽样检查适龄儿童服苗率达100%，并完成了全国第4次结核病流调任务，妥善地处理了食物中毒事件。

2002年，对五营区3082名0~7周岁适龄儿童进行免疫接种，年免疫接种为脊髓灰质炎糖丸99%；白百破制剂为99%；麻疹为98%；乙肝疫苗搁率为99%。此外急性传染病的防治情况是，肠道传染病3例，呼吸道传染病7例，都得到及时医治；血液性及性传染病0例，鼠疫0例。

2003年，贯彻落实全市“非典”预案方案和各项组织措施，首先为加大宣传力度，除领导电视讲话，对“非典”知识每天6次滚动播出，购买防治“非典”宣传画5000余份，书籍2000余册；发放防治传单及资料28000余份；开办防治“非典”学习班3期限200余人次参加学习；投入防治“非典”资金 50 多万元（含设备）。排查外来人员 12000 余人次，重点排查处理疫情事件 4 起。同年 8 月本区荣获防治“非典”先进集体奖励。2004 年，“非典”疫情过后，仍未放松警惕。全国个别专区发生禽流感，为防治禽流感发生派出两人对该区所有养鸡户进行排查和消防工作，防止了禽流感的发生。同年根据国家《传染病防治法》和黑龙江《传染病管理条例》，传染病监督人员对人群集中的单位、公厕，易发生传染病的角落医院、卫生所、学校、幼儿班等地方进行了监督、监测和向广大群众宣传传染病知识。

2005 年，在“3・24”世界结核病日进行了具有规模的宣传活动。以电视（3 次）、发传单（3600 张）等形式进行广泛宣传，收到良好效果。

三、地方病防治

1986 年，对地方性甲状腺肿防治工作每年要进行一次检查，对发病者进行及时治疗，由于对这项工作的重视，使地甲病逐年下降。

1986—2005 年五营区地甲病患者统计表

表 22-5-4　　单位：人

年份	地病人数	年份	地病人数
1986	343	1996	63
1987	278	1997	57
1988	229	1998	67
1989	186	1999	53
1990	97	2000	62
1991	94	2001	60
1992	87	2002	59
1993	81	2003	45
1994	73	2004	38
1995	64	2005	32

四、结核病防治

1986 年，成立结核防治所，隶属五营职工医院所辖，工作人员 4 人。配置了显微镜、电冰箱等器械。

1993 年，除开展正常结防工作外，又对新生儿进行卡介苗接种，接种率达 100%，此外还对各小学 1 年级和 6 年级学生注射加强针卡介苗。

1994 年，五营区的结防居全市上游，负责人马景兰获市结防所防痨先进个人奖励。1999 年荣获省结核病工作先进集体称号。

2002 年设立了三室，即诊室、卡介苗接种室、痰检室，形成以基层卫生所为网底，以区结防所为中心的结防工作网。对卡介苗接种覆盖率、接种率以及接种质量都有较大的进展。结防所还举办了学习班培训接种人员以不断提高接种技术。同年，卡介苗接种 PPD12 周阳转率达 95%，卡介苗接种率达 98%，有效地控制了儿童结核病的发生。在过去的几年里诊断肺结核及肺外结核 323 人，其中新发涂阳病 116 人，治愈率达 85%。该年发现肺结核病 26 人，对因病致贫者都得到了完全化治疗。2002 年，通过 10 年的“项目”工作，共检查可疑者 2080 人次，6 月 21 日，结合实际，实施启动国务院下发的《全国结核病防治规划（2001—2010）》。2003 年，增加 1 台双目显微镜，为 48 人痰检，做图片 264 张。

2005 年，对 31 名结核病患者，其中，涂阳 15 人，涂阴 16 人，治愈率达 85%，判断可疑者 107 人。卡介苗接种 PPD12 周阳率达 95%。在“3・24”世界结核病日进行大型宣传活动，电视宣讲 3 次，发传单 3600 张，宣传折页 1800 份，宣传画 200 余张。

五、妇幼保健

（一）机构

1986 年，妇幼保健站房舍面积 50 平方米，人员 3 人。1993 年 5 月，妇幼保健站和计划生育指导站并入防疫站，定名五营区防疫中心，成立三位一体的机构之一，配备人员 2 人。1999 年 4 月，职工医院为创建“爱婴医院、妇幼保健院、二级乙等医院”综合性医院，妇幼保健站并入职工医院，又作为三院一体的机构之一。延续至 2005 年。

（二）卫生保健

1986 年，对五营区 3846 名儿童（0~3 岁 1870 名，4~7 岁 1976 名）进行保健工作。对患有各种疾病的儿童建卡管理 539 人。接种卡介苗 98 人，接种率为 17.62%；对 1089 名妇女进行了普查。经普查患病总人数 787 人，发病率占 72.20%，其中 135 人治疗及时。根据卫生部、民政部联合下发的〔1986〕卫妇字第 14 号文件《关于婚前健康检查问题的通知》精神，对婚前检查 101 对。妇幼保健站还负责对全区妇女和高龄前儿童建立健全各基层妇幼保健网，做好普查、普治、预防、管理和宣传工作。1992 年始，加强对妇女儿童健康检查和进行疾病预防工作，每年人数均达 500 以上。1999 年，婚检 292 对，对五星卫生院、平山、前丰、丽丰、永丰、翠北和一小、三小、四小、七小各小学等群体的普检工作，同时加强对艾滋病的检查，检查 531 人，未发现病患。

2001 年，孕产妇和儿童系统保健覆盖率达 99%；新婚夫妇婚检率达 95% 以上；新生儿死亡率控制在 1.6% 以下；全年婚姻保健门诊和婚前指导 396 人次，开展了《母婴保健法纪》《黑龙江省母婴保健条例》宣传活动，并开展了新生儿疾病筛查工作。2002 年，对全区近 750 名 0~15 岁儿童进行麻疹强化工作，为 80 余人次进行妇幼保健咨询 1 次。2003—2004 年，分别对全区 318 名 0~4 岁儿童进行查漏补种五苗（卡介苗、乙肝肝炎、白百破、脊髓灰质炎、麻疹），接种率分别为 100%、95%。

2005 年，聘请市妇幼保健院的专家组为广大育龄妇女进行普查，项目有乳腺扫描、固有荧光癌症早期诊断、盆腔 B 超、尿化验、测血压和内诊检查，普查率为 90% 以上，各种疾病患病率为 20% 左右。

1986—2005 年五营区妇女保健普查统计表

表 22-5-5　　单位：人

年份	妇女总数	普查人数	患病人数	外阴（炎白、斑）	阴道炎（滴虫）	宫颈（息肉、白斑）	宫颈炎	子宫肌瘤	卵巢囊肿
1986	13617	616	203	37	145	1	13	2	5
1987	12941	432	87	4	75	1	2	3	1
1988	13702	511	162	12	128	–	18	4	—
1989	13673	702	304	49	193	8	39	7	8
1990	14169	600	256	44	149	2	48	5	8
1991	14603	2210	896	110	528	2	217	18	13
1992	12897	1068	337	125	146	3	56	3	4
1993	13163	726	289	51	162	–	59	8	9
1994	14865	987	367	91	204	4	54	11	3

续表 22-5-5

年份	妇女总数	普查人数	患病人数	外阴（炎白、斑）	阴道炎（滴虫）	宫颈（息肉、白斑）	宫颈炎	子宫肌瘤	卵巢囊肿
1995	14217	432	81	3	72	1	5	1	—
1996	15161	1017	432	99	258	5	66	2	2
1997	15873	1286	327	103	169	2	47	3	3
2000	14612	2312	896	106	420	—	343	14	13
2001	13217	1967	745	140	479	2	201	14	9
2002	15310	1806	545	126	308	6	100	3	2
2003	14913	1900	367	100	165	3	90	5	4
2004	14889	1996	327	86	141	2	93	3	2
2005	14800	2000	340	103	150	—	84	2	1

说明：1998—1999 年没有统计数据

六、爱国卫生运动

（一）机构

1986 年，爱国卫生运动没有专设管理机构，由卫生科专人主抓此项工作。

1988 年，成立爱国卫生运动委员会，并设爱国卫生运动委员会办公室（爱卫会、爱卫办两枚公章 5 月 3 日发文同时启用），爱卫办与卫生科合署办公，一套人马两块牌子。

1991 年 4 月爱卫办公室，设正副主任各 1 人，办事人员 1 人。1993 年爱卫办配副主任 1 人，工作人员 1 人，与卫生科合署办公，对外两块牌子。1997 年，卫生科更名卫生局。

2001 年，卫生局与计划生育办合并，机构定名为卫生和计划生育局，爱卫办又与卫生和计划生育局合署办公，机构中含红十字协会工作，直至 2005 年。

（二）活动开展

1986 年，区委、区政府广泛动员全区人民行动起来，树立大卫生观念，搞好环境卫生工作，积极开展灭鼠、灭蝇、清除垃圾活动。

1989 年，五营区政府为贯彻国务院《关于加强爱国卫生工作的通知》和省市爱卫会《关于开展“爱国卫生月”活动的通知》精神，全区在 4 月 20 日至 4 月 24 日开展 1 次爱国卫生运动活动。出动 1 台爱国卫生运动宣传车上街宣传，全区非生产人员停止办公搞室内外卫生 1 天；同日爱国卫生月活动电视讲座 1 次；第一、三、四、七小学 910 人走上街头进行宣传，在爱国卫生月活动中出动 4300 多人次，出宣传板报 50 多块，出动大小车辆 200 多台次，清运垃圾 2000 多吨，播发广播稿 3 件，张贴大字标语 1 次，录像放映 10 场约 2000 人次观看。1991—1992 年共印发传单 2300 份，新闻专题报道 30 多次，出板报、墙报 60 多期，办卫生知识培训班 2000 多人次参加培训，同年投资 12 万元为职工医院建 1 座污水处理站，1992 年，该区进入省级卫生先进镇。1998 年 8 月，五营区代表伊春市接受全国卫生城的检查，先后几次召开区（局）长办公会议，主管领导多次深入检查；区委常委会听取汇报 3 次；召开 6 次五营区爱国卫生委员扩大会议布置落实具体工作，投入资金改变卫生环境，全区修干道、次干道 7 条，巷道 50 条，达 11300 平方米。在这次迎检中受到省市好评和表彰。

2002 年，开展了春季爱国卫生月活动，以三清一排为主要内容搞好环境卫生活动，将活动重点放在背街、小巷和公共场所，全区春季植树镇内 8600 株。出动四轮车 13 台，运载 3508 车次，运出垃圾 9260 吨；吊斗车辆 677 车次，运出垃圾 860 吨；清理排水沟 5700 米；动员学生 486 人次，清理拾拣路两侧白色垃圾 180 公斤，废纸垃圾 123 公斤。参加活动共动员 6400 人次，并向广电投稿两份，对这次活动进行报道。

2003 年，结合“非典”防治工作，加大环境卫生的治理和监督检查的频率，全年共监督检查 26 次。在爱卫活动中出动车辆 150 次，出动人力 800 余人次，修整中心街 800 余延长米（宽 9 米）。

2004 年，组织开展好春秋两季群众爱国卫生运动，按照门前三包（包环境、包卫生、包绿化），和各单位、各部门卫生责任区域清理规范标准，坚持严格的监督检查制度。重点治理死角、死面和公厕卫生环境。

2005 年，加大环卫治理和监督检查频率，全年共监督检查 24 次，成立环卫监督组，按区（局）长办公会议要求，每月对中心街、工商路、三角线支路的环境卫生及积雪、污冰清理进行监督检查评比。全年集中清理垃圾 3 次，在爱国卫生活动开展中，全区共出动车辆 160 次，出动人力 1200 余人次，运载垃圾 6240 吨，清理了春季道路的积雪。

第三节　卫生行政监督

一、医政

1986 年，对于个体行医者的管理坚持执行《黑龙江省卫生厅关于个体行医管理条例》，必须具有当地户口和技术职称两个主要条件；在卫生行政管理上坚持道德行医教育，保证医疗质量与管理收费，不定期地检查监督，对市场上的游医一经发现立即取缔。

1998 年，按省市整顿规范医疗市场文件要求，利用半年时间对该区的个体卫生所进行规范整顿，由原来 31 家个体卫生所经过整顿变为 17 家，并成立 6 个联合卫生所取缔无证行医卫生所 6 家。

2001 年，对医疗市场进行清理工作。对该区范围内的医疗机构、医疗分支机构、企事业卫生所、个体联合卫生所进行执法检查，对不符合《医疗机构管理条例》《黑龙江省医疗机构管理办法》规定的分支机构超范围执业，不达标的个体卫生所予以整改，该区共验收企事业卫生所 7 家，个体卫生所 18 家，合格率为 100%。全年监督检查 8 次，各项全区性的联合检查 4 次，配合市检查 3 次。2002，对医疗现有个体开业人员进行专业理论考试和检查验收工作，成绩不合格和不符合条件者，不予重新核发医疗执业许可证和行医许可证，取缔 4 家无证行医卫生所，没收部分药品和器械，下发行政处罚意见书 12 份。此外，还配合上级部门检查 7 次。

2005 年，对 14 家个体卫生所进行了资质验证，对医疗市场检查 8 次，下发行政处罚意见书 14 份。配合上级部门检查 6 次，取缔 4 家无证行医卫生所，没收部分药品和器械。

二、药政

1986 年，《中华人民共和国国家药品管理法》（以后简称《药品管理法》）颁布后，对五营区医院和五星卫生院的药品使用实行定期监督检查，对剧麻毒药品实行专人保管核定专人处方权；药品品种限量，取消自制自配药品，对各林场（所）卫生所药品要求每月向科内报该药品使用和消耗表。

1999 年，制定《五营区纠正医药购销中不正之风工作方案》，遏制了医疗卫生单位的行业不正之风。

2000 年，对零售药点、各医疗单位进行药品监督检查，覆盖率分别为 98%、100%，药品抽样合格率为 98% 以上。2001 年，医疗机构开始试行药品集中招标采购工作，职工医院还实行了医药核算制度，采取各种措施增强了药品采购的透明度。该区药品零售药店监督检查覆盖率达 98% 以上；各医疗单位药品监督检查覆盖率达 100%，药品抽样合格率达 98% 以上。在整顿医药市场工作中，依据《药品管理法》配合市药品监督局抽样药品检查两次，采集药品检验两次，药品质量合格率达 99%，对违反《药品管理法》有关规定销售劣药的药店进行了罚款 3000 元（市里带走）。按照上级《关于组织清查过期失效药品的紧急通知》精神，由区卫生局牵头，与区财政局、审计局、物价局、技术监督局、广电局 6 个部门对五星镇中心卫生院的过期失效药品进行销毁，共 360 种，总金额 248 万元。

2002 年推行“医药分开”分别管理制度。

2005 年降低药品的价格，50% 的药品按市药品招标办、要求进行采购。

1986 年有 1 家药店。康福药店 1980 年成立，1985 年更名育林药店，1992 年更名康福药店。中心药店 1988 年成立，为职工医保定点单位。济世药店 1990 年成立。为民药店 1993 年成立，2005 年撤销；利民药店 1990 年成立。森林药店 1995 年成立，1998 年撤销。兰桥药店 1999 年成立，2005 年撤销。康宁药店 2000 年成立。健康药行 2003 年 3 月 18 日成立。德馨堂连锁店 2005 年成立。2005 年，有 9 家药店。

三、卫生监督监测

（一）学校卫生

1986 年，检查中学 1548 人，其中，近视 151 人，患病率是 9.71%；龋齿 224 人，患病率是 14.41%；沙眼 730 人，患病率是 46.3%。小学是 2790 人，其中，近视 311 人，患病率是 11.15%；龋齿 759 人，患病率是 38.17%；沙眼 1365 人，患病率是 48.92%；蛔虫 782 人，患病率是 35.5%。

1995 年，对五营区 3 所中学学学生 3800 人，6 所小学学生 4767 人进行了健康检查。其中，患近视 788 人，患病率是 38.7%；龋齿 651 人，患病率是 21.7%；沙眼 128 人，患病率是 41.01%；地甲病 394 人，患病率是 11.4%。小学：患近视 703 人，患病率是 16.6%；龋齿 255 人，患病率是 29.3%；沙眼 2524 人，患病率是 61.8%；地甲病 830 人，患病率是 19.7%。1996 年，中小学健康教育课每学期每个班级达 18 课时，开课率达 100%。

2002 年，开展学生常病防治工作，为小学普查龋齿 800 人次，并发放普查卡。对该区 4 个初级中学，5 个小学进行了月频次的环境卫生监督检查，检查合格率 100%。对全区 9 所中小学生 3803 人进行卫生抽检；沙眼 34 人、龋齿 20 人、视力不良 195 人。卫生监督人员还经常到学校了解学生健康状况。

2005 年，全区各中小学抽查常见病患病率明显下降；沙眼患病率为 0.9%，龋齿为 0.5%，视力不不良为 51%。

1986 年，五营区各中小学均设有校医室，并配备专兼职医务人员，具有医疗器械和药品。定期体检、注重验光等。五营区各中小学对学生健康教育受教育面均达到 85% 以上。

（二）劳动卫生

1986 年，五营区有害于职工身体的企事业单位先后有刨花板厂、造纸厂、五星石矿、五星水泥厂、五星白灰厂、第一小学印刷厂、职工医院 X 光室、五营印刷厂。

1996 年，有五星石矿、五星水泥厂、五星白灰厂、第一小学、职工医院、忠芝木业。每个部门的有害工种职工，历年均有安全防护措施，厂房有通风设备。其中，五星石矿 20 人，从事有害工种人员共计 55 人；五星水泥厂 20 人；五星白灰厂 5 人；第一小学 4 人；职工医院 5 人；忠芝木业 5 人。

2005 年，全区开展职业病体检中，无一职业病确诊病例。

（三）食品卫生

1986 年始，卫生防疫及其有关部门，对食品生产、食品销售和饮食部门以及从业人员加强管理，严格监督，每月对 250~300 头屠宰的生猪进行检疫，把好肉食卫生的源头。

1992 年 4 月，完成了饮食、食品加工行业的规范化改造，对 1140 名从业人员进行健康检查和岗位知识的培训，健康检查率为 98%；五病（痢疾、伤寒、病毒性肝炎、活动期肺结核、化脓性或渗出性皮肤病）调离率为 100%；卫生知识培训率为 98%；餐具消毒抽样率分别为 89% 和 90%；地产食品合格率达 81%；外进食品索证率达 78%，控制了食品中毒的发生。

1993 年始，针对当时食品行业的不规范行为，区工商局配合防疫部门采取一系列措施，制定方案，专人负责，要求食品行业必具 3 证即营业执照、卫生许可证、健康证；经营生熟食要分开，钱货要分开；要有防蚊蝇罩及其专用的售货工具，以保障食品卫生安全。对注水肉行为加大打击力度，成立了屠宰场，要求生猪必须集中屠宰，集中检疫，对私屠乱宰工商局采取死看硬守，并坚决堵住不检疫生猪肉上市销售的口子。1996 年，为饮食服务行业上岗培训 500 人次，调离不合格人员 11 人。为加强食品卫生监督检测监督人员还用照相机取证；对违反《食品卫生法》的单位和个人严加查封，或罚款。

1997 年，对全区食品行业 280 家，从业人员 800 人，先后举办《食品卫生法》学习班 20 次，参加学习人数达 700 人次。

2001 年，食品卫生检查合格率达 95% 以上；食品餐具消毒合格率达 85% 以上；患病服务人员调离率 100%，食物中毒发病率控制在 10 万分之 4 以下。2002 年，开展食品卫生联合检查两次，整顿改进 48 家，进行罚款 1 家，并随时发现问题随时处理。对该区大中小企业进行严格卫生监督管理，其中，食品从业人员体检率 98%，培训 100%；五病调查率 100%；发放卫生许可证率 98%；建档率 100%；餐饮具消毒效果监测 915 件，合格 898 件；地方食品检测率 95%，合格率 90%；饮食业、冷饮业、肉制品加工、豆制品加工卫生监督覆盖率 75%。警告 89 人次，改进户 146 户。食物中毒事件为零。

2003 年，“非典”期间个体劳协还向全区个体工商户发了协议书，要求个体户按规定进货，保障食品粮食、蔬菜等商品的安全性。2004 年，在监测中责令整改 16 家，处罚 3 家，并对生产经营厂家进行法制教育。对五营区饮食业 80 户、销售业 110 户、加工业 13 户进行宣传教育。在国内外出现禽流感时，对禽注射防疫针 6 万多支。

2005 年，五营区食品饮食行业 212 家，从业人员 420 人，均 100% 体检上岗。未发生一起禽畜疫情。

（四）饮水卫生

1992 年，伊春市防疫站对五营自来水厂监测抽查出厂水 14 项指标全部达标。末梢水月监测次数为 50 次，监测率达 89.9%。1997 年，防保中心环境卫生监督科成立始，一直坚持每年对水的从业人员（10 人左右）进行五病体检（五病：痢疾、伤寒、病毒性肝炎、活动期限肺结核、化脓性或渗出性皮肤病），一经发现马上调离岗位。

2005 年 3 月以前，由市防疫站对水质负责监测，3 月以后，对水质的监测变更为由市卫生监督负责监测，年监测均为 4 次。

第二十三篇　社会生活

社会生活篇重点记述1986—2005年，五营区人口、民俗以及社会社务事务，还含宗教、侨务工作和民族生活习俗，以及岁时、婚姻、祭祀、寿庆、丧葬方面习俗。城镇居民最低生活保障等内容。人民群众物质、精神文化生活丰富和提高，也有详细记述。

1985年后，五营区（局）有汉族、回族、满族、朝鲜族、蒙古族、赫哲族等民族。其中汉族人口占绝大多数，1988年，有汉族人口39875人，占总人口的93.6%，少数民族人口2714人，占总人口的6.4%；1992年，汉族人口为42927人，占总人口的96.2%，少数民族人口为1718人，占总人口的3.8%；1997年汉族人口为41072人，占总人口的95.9%，少数民族人口为1756人，占总人口的4.1%；2005年汉族人口为35247人，占总人口的95.85%，少数民族1528人，占总人口的4.15%。

第一章 人口与计划生育

五营区（局）自建置后，人口一直处于上升状态，至20世纪90年代初期，1992年，全区（局）总人口上升为45196人。1995年后，人口则合理下降，人口增长得到有效控制，2000年，全区（局）总人口为40707人，2005年，全区（局）人口又降至36775人，其主要原因：一是改革开放步伐加快，外地对户籍要求宽松，外迁人口渐增；二是五营区（局）升学率不断提高，考入外地学生逐年增多；三是人口的计划管理，使自然增长率逐年下降（尤其1995后），这就为减轻经济压力，提高人口素质，奠定了基础。

1986—2005年，在人口计划管理中，与基层单位签订了责任状，提倡晚婚晚育，少生优生。每年都完成了市下达的各项指标，兑现了责任状。

第一节 人口发展

一、人口变动

1986年，全区总人口为44003人，当年出生514人，死亡205人，自然增长309人，增长率7.02‰。1990年，全区总人口为45173人，当年出生703人，死亡295人，自然增长408人，增长率为9.03‰；1995年，全区总人口为43197人，当年出生412人，死亡260人，自然增长152人，增长率为3.52‰。

2000年，全区总人口为40707人，当年出生271人，死亡249人，自然增长22人，增长率为0.54‰；2005年，全区总人口为36775人，当年出生125人，死亡242人，负增长117人，负增长率为93.6‰。

人口的迁出迁入，也是人口更迁的一个因素。1985—1994年，迁入五营区（局）的人口1483人，男749人，女734人。其中，工作调动的28人，分配录用的13人，务工经商的349人，学习培训的18人，投亲靠友的458人，随迁家属50人，婚姻迁入的277人，其他的290人。1995—2000年，迁入本地居住的3681人。

1990年7月—2000年11月，迁出的人口109人，其中，迁入省内的66人，国家机关、企事业单位负责人43人。迁出人员中，专业技术人员7人，办事人员7人，农林牧渔人员24人，生产、运输设备操作人员7人，其他17人，计62人，直至2005年。

1986—2005 年五营区人口变动统计表

表 23-1-1

年份	总人口	出生		死亡		自然增长	
		（人数）	（‰）	（人数）	（‰）	（人数）	（‰）
1986	44003	514	11.68	205	4.77	309	7.02
1987	44265	610	13.78	234	5.29	367	8.29
1988	43591	655	15.03	230	5.28	425	9.75
1989	45075	741	16.44	243	5.39	498	11.65
1990	45173	703	15.56	295	6.53	408	9.03
1991	45045	571	12.68	261	5.79	310	6.88
1992	45196	571	12.63	281	6.22	290	6.42
1993	44756	479	10.70	262	5.85	217	4.85
1994	44076	467	10.60	293	6.65	174	3.95
1995	43197	412	9.54	260	6.02	152	3.52
1996	42566	361	8.48	282	6.63	79	1.86
1997	41741	362	8.67	251	6.01	111	2.66
1998	41821	333	7.96	277	6.62	56	1.34
1999	40482	304	7.51	239	5.90	65	1.61
2000	40707	271	6.66	249	6.12	22	0.54
2001	38602	236	6.11	266	6.89	−30	−0.78
2002	38090	200	5.25	240	6.30	−40	−1.05
2003	37501	168	4.48	272	7.25	−104	−2.77
2004	37262	147	3.91	238	6.39	−91	−2.44
2005	36775	125	3.4	242	6.58	−117	−93.6

二、人口分布

1986 年，五营区（局）人口分布于五营办事处、五星镇、丰林办事处、桦林办事处、跃进村及山上 7 个林场（所）前丰林场、永丰所、平原所、丽丰所、平山所、杨树河所、实验林场。

1995 年，撤销桦林办事处，划归五营办事处。全区（局）人口分布于五营办事处、五星镇、丰林办事处、跃进村及山上 8 个林场（所），有上述 7 个林场（所）及翠北林场，翠北林场于 1989 年从友好区划归五营区管辖，向阳农场（隶属于五营办事处管辖），于 1984 年撤销农场，但住户尚在，有 90 户，261 人，其中，男 135 人，女 126 人。

2000 年，五星镇变为五星办事处。撤销丰林办事处，划归五营办事处管辖。全区（局）人口分布于五营办事处、五星办事处、跃进村及上述 8 个林场（所）（五营办事处下辖 8 个社区，有丰林社区、育林社区、建林社区、茂林社区、森林社区、新林社区、桦林社区、松林社区；五星办事处下辖 2 个社区，有创业社区、兴业社区）。实验林场虽直属于省林业科学院管辖，但行政区划却隶属于五营办事处，有 318 户，920 人，其中，男的 457 人，女的 463 人。

2005 年，五营区（局）36775 人，分布于五营办事处的 8 个社区，五星办事处的 2 个社区，及山上 8 个林场（所）：前丰林场、永丰所、平原所，丽丰所、平山所、杨树河所、翠北林场、五营河（所）人口包括在五营办事处，实验林场。

三、人口密度

人口密度 1986 年，五营区（局）总人口为 44003 人，总面积为 1040.95 平方公里，每平方公里为 42 人。

1989 年，五营区（局）总人口为 45075 人，面积增加为 1472.45 平方公里，人口密度每平方千米为 30.61 人。

2000 年，五营区（局）人口为 40707 人，人口密度每平方公里为 27.65 人。

2005 年，五营区（局）总人口为 36775 人，人口密度每平方公里为 24.98 人。

第二节 人口构成

一、民族结构

1990 年 7 月 1 日，全国第四次人口普查时，五营区（局）有汉族 42684 人，回族 1613 人，朝鲜族 191 人，满族 580 人，赫哲族 14 人，蒙古族 56 人， 彝族 1 人。

2000 年 11 月 1 日，全国第五次人口普查时，五营区（局）有汉族 38701 人，回族 1384 人，朝鲜族 137 人，满族 404 人，蒙古族 56 人，赫哲族 16 人，侗族 2 人，藏族 2 人，维吾尔族 1 人，苗族 1 人，彝族 1 人，布依族 1 人，独龙族 1 人。

2005 年 5 月，五营区（局）有汉族 35247 人，回族 1177 人，满族 229 人，朝鲜族 85 人，蒙古族 31 人，赫哲族 6 人。

二、性别结构

1990 年 7 月 1 日，全国第四次人口普查时，五营区（局）总人口 45140 人，男 22909 人，女 22 231 人，性别比（女＝100）为 103.05；2000 年 11 月 1 日，全国第五次人口普查时，五营区（局）总人口为 40707 人，男 20 734 人，女 19973 人，性别比 103.81。2005 年 5 月，五营区（局）总人口 36775 人，男 18252 人，女 18523 人，性别比为 98.54。

三、年龄结构

1990 年 7 月 1 日，在 45140 人口中，100 岁以上的 1 人。2000 年 11 月 1 日，100 岁以上的 2 人。

1990—2000 年五营区年龄结构统计表

表 23-1-2　　单位：人、%

1990 年 7 月 1 日			2000 年 11 月 1 日		
年龄段	人数	百分比	年龄段	人数	百分比
合计	45193	—	合计	40707	—
0~4	3444	7.62	0 岁	278	0.68
5~9	2935	6.50	1~4	1366	3.36
10~14	3452	7.65	5~9	2439	5.99
15~19	5201	11.52	10~14	3181	7.81
20~24	5804	12.86	15~19	2027	4.98
25~29	5885	13.04	20~24	2233	5.49
30~34	3899	8.64	25~29	4096	10.06

续表 23-1-2

1990 年 7 月 1 日			2000 年 11 月 1 日		
年龄段	人数	百分比	年龄段	人数	百分比
35~39	3118	6.91	30~34	5166	12.69
40~44	1833	4.06	35~39	5289	12.99
45~49	1958	4.34	40~44	3435	8.44
50~54	2716	6.02	45~49	2768	6.80
55~59	2099	4.65	50~54	1667	4.10
60~64	1317	2.92	55~59	1563	3.84
65~69	723	1.60	60~64	2192	5.38
70~74	345	0.76	65~69	1577	3.87
75~79	225	0.50	70~74	881	2.16
80~84	123	0.27	75~79	371	0.91
85~89	48	0.11	80~84	122	0.30
90~94	11	0.02	85~89	34	0.08
95~99	2	0.004	90~94	15	0.04
100 岁以上	1	0.002	95~99	5	0.01
—	—	—	百岁以上	2	0.005

说明：百分比是指占人口总数的百分比

四、家庭构成

1990 年 7 月 1 日，五营区（局）有 12917 户，其中，家庭户 12904 户，44891 人，其中，男 22750 人，女 22141 人；集体户 13 户，249 人，其中，男 159 人，女 90 人。家庭户平均每户 3.49 人。

在 12904 户家庭户中，一人户 393 户，二人户 1674 户，三人户 5714 户，四人户 2751 户，五人户 1546 户，六人户 595 户，七人户 163 户，八人户 52 户，九人户 13 户，十人及十人以上户 3 户。

在家庭户中，单人户 321 户，一对夫妇户 1261 户，二代户 9826 户，三代户 1055 户，四代户 2 户。

2000 年 11 月 1 日，五营区（局）有 14442 户，其中，家庭户 14416 户，集体户 26 户。家庭户 40599 人，其中男 20643 人，女 19956 人；集体户 108 人，其中男 71 人，女 37 人。家庭户平均每户 2.82 人。

在 14416 户家庭户中，一人户 1164 户，二人户 3699 户，三人户 7202 户，四人户 1579 户，五人户 592 户，六人户 132 户，七人户 29 户，八人户 15 户，九人户 2 户，十人及十人以上户 2 户。

在 14416 户家庭户中，一代户 4165 户，二代户 8939 户，三代户 1299 户，四代户 13 户。

五、职业构成

（一）农业户与非农业户

1990 年 7 月 1 日，五营区（局）有农业户 2035 人，男 1064 人，女 971 人；非农业户 42767 人，男 21660 人，女 21107 人。2000 年 11 月 1 日，五营区（局）40219 人中，有农业户口的 1788 人，男 964 人，女 842 人；非农业户口 38431 人，男 19550 人，女 18881 人。非农业人口占人口的比例为 95.55%，男占 48.61%，女占 46.95%。

（二）在业人口与非在业人口

1990 年 7 月 1 日，全国第四次人口普查时，五营区（局）有在业人口 20497 人，其中，男 12300

人，女 8197 人。有专业技术人员 2207 人，男 898 人，女 1309 人；有国家机关、党群组织、企事业单位负责人 871 人，男 720 人，女 151 人；办事人员和有关人员 778 人，男 532 人，女 246 人；商业工作人员 854 人，男 331 人，女 523 人；服务性工作人员 2347 人，男 1370 人，女 977 人；农、林、牧、渔劳动者 4493 人，男 3036 人，女 1457 人；生产工人、运输工人和有关人员 8793 人，男 5352 人，女 3441 人；不便分类的其他劳动者 154 人，男 61 人，女 93 人。

1990 年 7 月 1 日，全国第四次人口普查时，五营区（局）不在业人口 14812 人，男 5618 人，女 9194 人。其中，有在校学生 2903 人，男 1371 人，女 1532 人；料理家务 6238 人，男 23 人，女 6215 人；待升学 38 人，男 18 人，女 20 人；待业人员 1657 人，男 777 人，女 880 人；离退休退职人员 3122 人，男 2925 人，女 197 人；丧失劳动能力 534 人，男 255 人，女 279 人；其他 320 人，男 249 人，女 71 人。

2000 年 11 月 1 日，五营区（局）除在校学生外，未工作人员 1750 人，男 672 人，女 1078 人。其中料理家务 747 人，男 6 人，女 741 人；离退休 407 人，男 305 人，女 102 人；丧失工作能力 67 人，男 25 人，女 42 人；从未工作正在找工作 167 人，男 94 人，女 73 人；失去工作正在找工作 170 人，男 116 人，女 54 人；其他 192 人，男 131 人，女 61 人。

六、文化构成

1990 年 7 月 1 日，五营区（局）6 岁及 6 岁以上的人口为 41166 人，男 20851 人，女 20315 人。其中大学本科 73 人，男 52 人，女 21 人；大学专科 488 人，男 320 人，女 168 人；中专 834 人，男 413 人，女 421 人；高中 6371 人，男 3212 人，女 3159 人；初中 20023 人，男 10929 人，女 9094 人；小学 7790 人，男 4103 人，女 3687 人；文盲、半文盲 5587 人，男 1822 人，女 3765 人。

2000 年 11 月 1 日，五营区（局）6 岁及 6 岁以上人口为 38640 人，男 19697 人，女 18943 人。其中未上过学的 3239 人，男 934 人，女 2305 人；进扫盲班的 203 人，男 81 人，女 122 人；小学 6757 人，男 399 人，女 3258 人；初中 20447 人，男 11056 人，女 9391 人；高中 5390 人，男 2815 人，女 2575 人；中专 1441 人，男 650 人，女 791 人；大学专科 1036 人，男 582 人，女 454 人；大学本科 125 人，男 78 人，女 47 人；研究生 2 人，男性。

七、婚姻构成

1990 年 7 月 1 日，五营区（局）有 15 岁及 15 岁以上人口 35309 人，男 17918 人，女 17391 人。其中未婚 8750 人，男 4918 人，女 3832 人；有配偶的 24701 人，男 12348 人，女 12353 人；丧偶 1514 人，男 473 人，女 1041 人；离婚 344 人，男 178 人，女 166 人。

2000 年 11 月 1 日，五营区（局）有 15 岁及 15 岁以上人口为 3002 人，男 1512 人，女 1490 人。其中未婚的 332 人，男 207 人，女 125 人；初婚 2276 人，男 1139 人，女 1137 人；再婚 155 人，男 81 人，女 74 人；离婚 69 人，男 38 人，女 31 人；丧偶 170 人，男 47 人，女 123 人。

八、生育构成

1990 年 7 月 1 日，五营区（局）有 15 ~ 64 岁妇女 16694 人，没有产子女的 4632 人，产 1 孩的 5362 人，产 2 孩的 1855 人，产 3 孩的 1173 人，产 4 孩的 1213 人，产 5 孩的 1123 人，产 6 孩的 703 人，产 7 孩的 372 人，产 8 孩的 167 人，产 9 孩的 58 人，产 10 孩的 28 人，产 11 孩的 3 人，产 12 孩的 4 人，产 13 孩的没有，产 14 孩的 1 人，平均每个妇女产子女 1.92 人。

15 ~ 64 岁 16694 名妇女中，没有存活子女的 4672 人，存活 1 孩的 5403 人，存活 2 孩的 1850 人，存活 3 孩的 1224 人，存活 4 孩的 1292 人，存活 5 孩的 1152 人，存活 6 孩的 651 人，存活 7 孩的 303 人，存活 8 孩的 102 人，存活 9 孩的 30 人，存话 10 孩的 12 人，存活 11 孩的 3 人。平均每个妇女存活子女 1.85 人。

2000 年 11 月 1 日，在 15 ~ 50 岁妇女中，活产子女数为 1167 人，其中男 576 人，女 591 人；存活子女数为 1146 人，其中男 563 人，女 583 人。存活子女数占活产子女数 98.2%；妇女平均活产子女 1.06 人，平均存活子女数为 1.04 人。

第三节　人口控制

一、机构

1986—1997 年 4 月，五营（局）计划生育委员会，下设计划生育办公室，配主任 1 人，副主任 1 人，工作人员 3 人。

1997 年 4 月，计划生育办公室更名计划生育局，配局长 1 人，工作人员仍为 3 人。

2001 年 12 月，区计划生育局与区卫生局合署办公，名称卫生、计划生育局，设局长 1 人，副局长 1 人，工作人员 3 人，计 5 人，直至 2005 年。

二、计划生育管理

1986 年，五营区（局）人口出生 514 人，自然增长率为 6.01‰。

1987—1995 年，五营区（局）实行计划生育一票否决制，区（局）对下层层签订责任状，单位、部门一把手亲自抓，责成一名副手主抓， 并配有计划生育员，具体抓好宣传、人群管理等工作。

1990 年，五营区（局）人口出生 703 人，自然增长率为 9.03‰。

1995 年，五营区（局）人口出生 412 人，自然增长率为 3.69‰。

2000 年，中共中央、国务院颁发《关于加强人口计划生育工作稳定低生育水平的决定》，黑龙江省颁布《黑龙江省流动人口计划生育管理办法》。五营区（局）认真组织学习、宣传、贯彻。开展了婚育新风进万家活动，围绕结婚、怀孕、生育及育龄的实际情况，创造优质服务，改革计划生育工作内容、方法。

2004 年，五营区（局）人口出生 147 人，死亡 238 人，自然增长率为 -2.44‰。

2005 年，五营区（局）人口出生 125 人，死亡 242 人，自然增长率为 -93.6‰。

1986—2005 年五营区独生子女领证情况统计表

表 23-1-3　　　　单位：人、%

年份	领证人数	领证率
1986	2989	67
1987	3006	81
1988	3771	61
1989	4361	56
1990	5004	63
1991	5374	65
1992	5699	59
1993	5852	53
1994	6346	50
1995	6493	47

表 23-1-3

年份	领证人数	领证率
1996	6601	35
1997	6805	36
1998	6856	20
1999	6497	33
2000	6828	24
2001	6937	91.3
2002	6945	92.1
2003	7152	94.6
2004	6812	91.3
2005	7010	94.2

三、晚婚晚育

1986 年后，五营区（局）按照新《婚姻法》(即 1981 年 1 月 1 日以后开始实施的《婚姻法》)规定，男满 22 周岁，女满 20 周岁，予以结婚登记。如男女双方年龄均在法定婚龄三年以上结婚的，为晚婚；已婚妇女达到晚婚年龄后生育第一个子女为晚育。对晚婚的职工，增加婚假 15 日，假期工资照发。对晚育的女职工，产假可延长至半年，不影响聘任、工资调整、职级晋升；男职工享受护理假 5 ~ 10 日。对领取独生子女父母光荣证的，从领证之月起至子女 18 周岁止，每月发给 10 元钱的子女父母奖励费。同时，为了搞好优生优育，还实行了婚前检查制度，凡有遗传病或近亲者不予登记结婚，直至 2005 年。

第二章 民 族

五营区（局）有汉、回、满、朝鲜、蒙、赫哲、藏、彝、布衣、侗、独龙、苗、维吾尔等 12 个民族。据 2000 年统计，从民族种类上看是个多元的区域，但少数民族人口数量很少，占比很小，汉族居多，多达 3 万有余。

五营区（局）各族人民在党政领导和民族政策的指引下，团结如一家人，和睦相处，共同发展生产，互相尊重民族风俗习惯，选拔任用少数民族干部，帮助少数民族群众解决实际困难，各民族的社会地位及生活水平不断提高。

第一节 民族构成

一、汉族

1990 年 7 月 1 日，全国第四次人口普查时，五营区（局）有汉族人口 42684 人，其中男 21637 人，女 21047 人，占全区（局）总人口的 94.56%。

2000 年 11 月 1 日，全国第五次人口普查时，全区（局）有汉族人口 38701 人，其中男 19700 人，女 19001 人，占全区（局）总人口的 95.07%。

2005 年，全区（局）有汉族人口 35247 人，占全区（局）总人口的 95.85%。

二、回族

1990 年 7 月 1 日，五营区（局）有回民 1613 人，其中男 836 人，女 777 人，回民占五营区（局）总人口的 3.57%。

2000 年 11 月 1 日，五营区有回民 1384 人，其中男 706 人，女 678 人，回民占全区（局）总人口的 3.40%。

2005 年，五营区有回民 359 户，1177 人，占总人口的 3.20%。

三、满族

1990 年 7 月 1 日，全国第四次人口普查时，五营区（局）有满族 580 人，男 315 人，女 265 人，满族占五营区（局）总人口的 1.28%。

2000 年 11 月 1 日，全国第五次人口普查时，五营区（局）有满族 404 人，男 233 人，女 171 人，满族占五营区（局）总人口的 0.99%。

2005 年，五营（局）有满族 91 户，229 人，满族占五营区（局）总人口的 0.62%。

四、朝鲜族

1990 年 7 月 1 日，全国第四次人口普查时，五营区（局）有朝鲜族 191 人，男 92 人，女 99 人，占五营区（局）总人口的 0.42%。

2000 年 11 月 1 日，全国第五次人口普查时，五营区（局）有朝鲜族 137 人，男 64 人，女 73 人，占五营区（局）总人口的 0.34%。

2005 年五营区（局）有朝鲜族 31 户，85 人，占五营区（局）总人口的 0.23%。

五、蒙古族

1990 年 7 月 1 日，全国第四次人口普查时，有蒙古族 56 人，占五营区（局）总人口的 0.18%。

2000 年 11 月 1 日，第五次全国人口普查时，有蒙古族 56 人，占五营区（局）总人口的 0.14%。

2005 年，五营区（局）有蒙古族 14 户 31 人，占五营区（局）总人口的 0.08%。

六、赫哲族

“赫哲”来源于赫哲人自称，意为“下游”“东方”，还有“那贝”“那乃”等自称，也有“当地人”“本地人”的意思。是黑龙江省独有民族，也是全国人口最少民族之一。古代的“肃慎”“黑水”，清代的“黑斤”“赫哲哈剌”，据说就是赫哲族的先民。新中国成立后，统一定名为“赫哲族”。主要分布在黑龙江省同江、抚远和饶河等县沿江地区，少数居住在勤得利、苏苏屯、佳木斯和富锦、集贤、桦川、依兰等县境内。

1990 年 7 月 1 日，全国第四次人口普查时，五营区局有赫哲族 14 人，占总人口 0.03%。

2000 年 11 月 1 日，第五次人口普查时，五营区有赫哲族 16 人，占总人口的 0.04%。

2005 年年末，五营区有赫哲族 6 人，占五营区（局）总人口的 0.02%。

七、其他少数民族

五营区（局）其他少数民族不多。1990 年 7 月 1 日，全国第四次人口普查中，有彝族 1 人，占总人口的 0.002%。

2000 年 11 月 1 日，第五次全国人口普查时，有布依族 1 人，侗族 2 人，独龙族 1 人，苗族 1 人，维吾尔族 1 人，藏族 1 人，彝族 2 人，共计 9 人，占总人口的 0.02%。

2005 年，藏族、彝族、布依族、侗族、维吾尔族在五营区（局）已迁出。

2005年五营区民族构成统计表

表23-2-1

单位		合计		汉族		回族		满族		朝鲜族		蒙古族		赫哲族	
		户数	人口	户数	人口	户数	人口	户数	人口	户数	人口	户数	人口	户数	人口
合计		13731	36775	13232	35247	359	1177	91	229	31	85	14	31	4	6
五营办事处小计		10319	27967	9866	26552	355	1166	69	170	19	56	7	20	3	3
其中	丰林社区	1987	4596	1963	4552	6	14	11	16	4	11	—	—	3	3
	育林社区	1209	3489	1195	3441	6	24	5	15	—	—	3	9	—	—
	建林社区	1445	4158	1411	4057	17	51	9	21	7	25	1	4	—	—
	跃进村	74	212	70	198	—	—	4	14	—	—	—	—	—	—
	茂林社区	1022	2722	898	2338	123	382	1	2	—	—	—	—	—	—
	森林社区	948	2492	906	2312	35	167	2	3	3	7	2	3	—	—
	新林社区	1113	3206	938	2660	162	506	11	33	2	7	—	—	—	—
	桦林社区	1490	4152	1467	4105	3	9	18	34	2	4	—	—	—	—
	松林社区	1031	2943	1018	2889	3	13	8	35	1	2	1	4	—	—
五星办事处小计		1245	3387	1213	3314	4	11	17	44	6	13	5	5	—	—
其中	创业社区	622	1640	606	1598	4	11	6	22	2	5	4	4	—	—
	兴业社区	623	1747	607	1716	—	—	11	22	4	8	1	1	—	—
林场（所）小计		2167	5421	2153	5381	—	—	5	15	6	16	2	6	1	3
其中	翠北林场	577	1293	571	1277	—	—	2	6	3	7	1	3	—	—
	前丰林场	284	726	283	723	—	—	1	3	—	—	—	—	—	—
	永丰林场	231	616	230	613	—	—	—	—	1	3	—	—	—	—
	平原林杨	282	781	281	778	—	—	1	3	—	—	—	—	—	—
	丽丰林场	291	731	290	728	—	—	—	—	—	—	—	—	1	3
	平山林场	239	579	237	573	—	—	1	3	—	—	1	3	—	—
	杨树河林场	263	695	261	689	—	—	—	—	2	6	—	—	—	—

第二节　节庆习俗

一、纪念节日

“五一”国际劳动节

5月1日是全世界劳动人民团结、战斗的节日。按国家规定，原放假1天，近年来国家提倡“五一”假日旅游黄金周，五营区工人、干部放假七天（包括双休日串休）。在假期有的职工到外地旅游或探亲访友等。

国庆节

10月1日，是中华人民共和国成立纪念日。国家规定放假两天，从执行双休日开始，串休7日，被称为十一长假，或称“黄金周”。有钱人家一般携家带眷外出旅游，或探访亲友。

其他节日

“三八”妇女节（3月8日）、“五四”青年节（5月4日）、“六一”国际儿童节（6月1日）、“七一”中国共产党成立纪念日（7月1日）、“八一”建军节是中国人民解放军建军的节日（8月1日）等，都不放假，只有纪念活动或开座谈会。为了提高人民教师的政治地位和社会地位，在全社会形成尊师重教的风尚，从1985年起，国家又把9月10日作为教师节。这天，当地党政领导要走访慰问教师，召开教师节庆祝大会。

二、传统节日

元旦

俗称阳历年，俗称阳历年，又称岁首。即新年的第一天。国家规定，1月1日放假一天。

春节

俗称旧历年，即农历正月初一，也兼指初一以后几天。是我国民间最隆重的传统节日。从农历腊月廿三始，各家开始置办年货。腊月廿六七，各家开始大扫除，把屋里屋外彻底打扫一遍。腊月“三十”（大月是三十，小月是二十九）开始“过年”。除夕之夜（腊月三十或二十九晚），人们都不睡觉，玩通宵，俗称“守岁”。是夜，屋外灯笼高挂；屋内，温暖如春。家家包饺子，围在电视机旁收看中央电视台播放的春节联欢晚会。12点进入午夜，整个山城一片欢腾，鞭炮声此起彼伏，响成一片。家家煮饺子，过年气氛达到了高潮，预示着辞去旧的一年，迎接新的一年。真是“一夜连双岁，五更分二年”。正月初一至初三这几天，走亲戚，同志间互相拜年，各单位的秧歌队上街，并到各单位拜年。

元宵节

又称上元节、元夜、灯节。即农历正月十五之夜。这天，早饭吃饺子，晚饭吃元宵。元宵，是用白糖、干果仁混制成馅，外面滚以糯米粉制成。灯节，一般是活动三个夜晚（即十四日至十六日）。秧歌队，人人手提花灯、花束，耍龙灯、舞狮子，锣鼓声、喇叭声响彻云霄，人人欢歌笑语，热闹非常。这一夜，全区灯展。在广场一字排开，有转灯、龙灯等种类很多的灯笼。观灯的人围得水泄不通。

二月二

即农历二月初二，俗称龙抬头的日子。旧时，这一天，大人给小孩子上衣挂上布条和秫秸串成的“龙尾”，寓为“龙子”；大人小孩一般正月不剃头，专等这一天才剃，叫作剃“龙头”。这种习俗正在淡化，但吃猪头、猪爪的习俗却沿袭至今。

清明节

每年公历4月5日前后，太阳到达黄经15℃时开始，是廿四节气之一。此时，气温开始升高。历史较悠久，与寒时并称。旧时，这一天人们去坟地给故人烧纸，俗称“上坟”。少先队员们为了向革命烈士表示敬意，这一天都有组织地去祭扫烈士墓。因正值林区“春防期”，不准野外烧纸，用塑料花、水果祭祀以表哀思。

五月节

即农历五月初五，又称端午节，端阳节。这个节日与纪念屈原有关。传说战国著名爱国诗人屈原遭贬去职，怀才不遇，于公元前278年农历初五日怀石自沉汨罗江身亡。前人羡慕其清高，嘉其文采，哀其不遇，每到阴历五月初五举行纪念活动。人们担心鱼吃屈原的尸体，向汨罗江投放粽子类食品，五月节吃粽子，既怀念屈原，也成人们习俗，每逢节日，粽子盈市。是日，早晨天刚放亮，人们成群结队到野外“踏青”，回来时每人手持一把树枝条或艾蒿，有人在小河边洗把脸或用艾蒿泡过的水洗脸，说是可以清脑明目，防治疾病。早饭，家家吃粽子、鸡蛋。房檐、仓房以及大门上插上树枝，并拴有彩色纸葫芦。小孩没起床时，大人就在孩子的脖子上、手腕、脚腕系上五彩线，以图吉利。

八月节

即农历的八月十五日，也称中秋节。这天，家家买月饼、水果。早饭家家吃饺子；晚饭全家人围坐在桌旁进食美味佳肴，或吃过晚饭后，在院落中放上桌子，上面放有月饼、水果之类的东西，全家围坐在桌旁，边闲谈、边吃、边赏月，象征着全家人团圆。

小年

即旧历腊月廿三。祭灶君，即祭灶王爷（神纸）之举。将灶王爷在灶坑处烧了，然后过年时换上新的。有的用大块糖（一种白色的用大麦芽做成的糖），将“灶王”的嘴抹一抹，意为“上天言好事，下界保平安”也以此为“灶王”对联，（还有的写“炉火通三界，青烟透九霄”等字样的对联），现在这种迷信活动已消失。但，这天早饭吃饺子的习惯却沿袭至今。

第三节　民族习俗

一、汉族习俗

（一）婚姻习俗

汉族青年男女，实行自由恋爱，到结婚，一般须经6个阶段：（1）恋爱。男女双方，有的经人介绍，有的自行相识，从相识、相知，达到相亲、相爱的程度。（2）会亲家。女方父母及亲朋好友到男方家里，男方家里须备酒菜，热情款待。在会“亲家”时，男方家说明“过礼”数目，男方家须向女方家说明结婚筹备情况。（3）登记。男女双方（法定结婚年龄为男满22周岁，女20周岁）须持户口、身份证（含一方户口在外地者到另一方户口所在地的）到民政部门登记，领取结婚证书，即视为合法夫妻。（4）过礼。男方将财礼，送给女方，并征求女方家里的意见。（5）结婚。按照预订的结婚日期，由男方家里操办婚事。迎亲。首先，在洞房、大门、结婚仪式场所等，均贴上结婚对联。然后，新郎、傧相、亲朋好友，坐车去女方家接媳妇（去时，人员必是单数，回来时加上新娘则是双数）。到女方家先由新郎给岳父、岳母点烟并“改嘴”（此时，新郎称女方父母为爸爸、妈妈）。女方家把各种包裹、“离娘肉”（四根猪肋、四棵葱、四把粉条，男女双方各一半）及“红包”（女方家给新郎的“改嘴钱”），交给男方随人带回。女方家也有亲朋好友随车而去，称为“送亲”。接媳妇车回来时，男方家要燃放鞭炮，婆婆接新媳妇脸盆（内装洗漱化妆品），婆婆给押轿钱（押轿人一般为新娘之弟），新媳妇给婆婆戴花，将新媳妇迎进屋内。举行结婚仪式：须请司仪，照相、摄像、乐队等。司仪宣布“结婚仪式”开始。先是由新娘给公婆点烟、改嘴，公婆将“红包”（“改嘴钱”，包内所包钱数按习俗是女方家送给新郎的两倍）交给新娘。其次，按司仪的指挥，新郎、新娘一拜天地、二拜高堂（父母）、三夫妻对拜。证婚人宣读结婚证书……待客人用餐后，新郎、新娘入洞房。“闹洞房”，新郎、新娘吃“宽心面”（有的新娘须吃“子孙饺子”，意为子孙满堂）。（6）回门：结婚后第三天，新郎、新娘须携带礼品去女方家，称为“回门”。

（二）祭礼习俗;

汉族民间祭祀习俗，一般在每年清明节、农历七月十五、春节期间，给已故亡人烧纸（纸钱）、上供，祭祀亡灵。

清明节时，每家每户都要到墓地看一看，祭扫一下，给坟添土。因为清明时节是春季，正是护林防火戒严期，不能烧纸，可以在坟头放点供果、糕点之类的东西以表祭意。学校学生一般到烈士墓前祭扫，缅怀先烈。在灵憩殿寄放骨灰的家属，一般都要去灵憩殿，取出骨灰盒，摆放供品，以表哀思。

每年农历七月十五，人称“鬼节”，家家户户都要到茔地或灵憩殿，烧纸上供祭祀先人，或者祈鬼神保佑家人平安。有的人也在十字路口烧纸，祭祀鬼神。

春节前及农历正月十五（元宵节），按照习俗，人们也都要到墓地及灵憩殿烧纸上供。元宵节晚，要去墓地送灯，家中房前屋后也要点上蜡烛，或用锯末子拌上柴油，到处“撒灯”。其意是给鬼照路，不致走错道。

（三）寿庆习俗

汉族人一般在60岁或66岁生日这天，举行“寿庆”。亲朋好友携礼金前来祝贺，主人家准备酒席，款待客人。用餐时，人们频频举杯，祝寿庆者“长命百岁”，寿庆者吹灭生日蛋糕蜡烛，将蛋糕分给大家，亲朋好友唱起《生日快乐歌》。

（四）丧葬习俗

1986年后，除翠北林场和回民外，一律实行火化。在五营六公里处设灵憩殿一处，配有专人管理。

人死时，有的将尸体停放在太平房，有的在家搭灵棚，一般停放3天，死时逢“七”“八”日，要在家停放5日。搭灵棚（一般为子午方向，即正南正北向）。亡人头上蒙黄纸、黑布，点长明灯，放五个馒头，一碗倒头饭（用小米做），碗里插上用棉花缠头的三根红筷子（中间一根开光用，其他二根合葬用），亡人左手拿打狗干粮（白面馒头或饼），右手拿打狗鞭子。亡人断气后，长子拿扁担站在凳子上喊三声：“某某，走西南大路”，即指明路。之后，挂幡、守灵，在亡人家大门上挂过头纸（亡人年令数外加2张，即天、地各1张），挂过头纸为男左女右，即亡人是男的则挂大门左边，是女的则挂大门右边。守灵，即把亡人抬入灵棚内，到出灵前，重孝者（子女）身披白孝衣或扎白孝带，头带白布，臂戴黑纱，出灵前灵棚内始终不离人。每日早、午、晚饭前，各烧香烧纸祭祀。子女戴孝，如父母一人先故，重孝白布带为七尺布一半，即7尺布2个子女带，每人一半。亡人孙子及其他晚辈为7尺布每人带三分之一，即7尺白布分3份，3个人带。其白布带系扣，按亡人男左女右（不分戴孝人男女）。如亡人是男的，子女戴白孝带，系扣自身左边，是女的则系扣于右边，其两孝带头一长一短。如父母都故，白孝带可用8尺长，除白布带两头系齐外，其他均同。亡人子女、子孙臂戴黑纱，与戴白孝带均同。以亡人为准（男左女右），亡人的儿子、儿媳只戴黑纱，其孙子辈、曾孙子辈在黑纱边缘缝1块红布条；玄孙子辈在黑纱边缘缝1块黄布条。未结婚的女婿，其岳父或岳母故，可在黑纱里面戴一块比黑纱大一圈的红布，称瞒孝，即求女婿给戴孝，之后赏女婿钱（数量不限，可多可少）。 亲人故后，孝子到各家报丧，见人无论辈分大小随即磕头，替老人谢罪。前来吊孝至哀，并拿钱以示哀悼。吊孝人先到灵棚前哭三声，并给亡人三拜九叩，作揖磕头。此时，守孝子女均给吊孝人磕头，俗称“还头”。守孝期间，亡人的儿子、儿媳及女儿忌洗脸、洗澡，儿子不穿鞋，不吃油，防亡人上双合山，奈河桥路滑。出灵前一天晚，除给亡人烧纸外，男烧纸马，旨在死后高官得做，骏马好骑。女烧纸牛，旨在替亡人喝脏水。男烧金童，女烧玉女，说是在阴府给亡人放牛牧马。牛、马头朝西南方向，同时，把亡人生前睡觉的枕头瓢子烧掉，俗称“辞灵”。也有的人家将牛、马、金童、玉女于出灵当日烧或死后五期烧。出灵前，拿出亡人嘴里的压口钱，打开绊脚丝，长子或侄子为亡人开光，拿倒头饭中间那根红筷子，蘸白酒点擦亡人眼、鼻、嘴、耳、心、手、脚部，口念“开眼光看四方，开鼻光闻五香，开嘴光吃猪羊，开耳光听八方，开心光亮堂堂，开手光抓钱粮，开脚光上天堂”等咒语，祈祷来生福禄。起灵前，长子顶“丧盆”，灵柩刚起动前走，即摔“丧盆”，之后，执灵幡在前引路，家属及亲友哭送。起灵时，女婿坐前车，撒买路钱。每过一桥，即多撒，旨在顺利通过。至新青区火葬场后，先办理火化手续。亡者家人出示在医院、派出所和当地民政局开的死亡证件，购买骨灰盒及塑料花等。然后，去告别厅。告别厅工作人员为亡人美容，并放哀乐，亲朋好友及家人绕亡者转一周，最后告别，外出等待骨灰。骨灰出来后，家属及亲朋好友，将骨灰装入骨灰盒。往回走时，每人要吃一块干粮，喝一口白酒，俗称不空嘴。最后，将骨灰盒存放在灵憩殿，或至墓地安葬或与先故者并骨。到家后，亡人家门口摆放几盆清水、毛巾、香皂等，待送葬人洗手之后，进屋吃饭。吃饭时，孝子给出灵的人磕头并敬酒，谢亲朋好友帮忙。出灵后，立即拆掉灵棚，并在亡人屋内打殃净宅。之后，把亡人家门前悬挂的“过头纸”拿到水沟或十字路口烧掉。烧期以亡人故去当天算起，一般均烧单，即头期、三期、五期、其次烧百天或周年、三周年。烧五期与其他有区别，烧五期时，由亡人女儿制作五盆纸花烧掉。相传阎王爷看见花，拿花就走，不降罪亡人。孝子不过百天不准剃头，第一年不贴对联，第二年可贴黄对联，第三年贴蓝对联。

二、回族习俗

伊斯兰教重大节日有3个，即开斋节、古尔邦节、圣纪。开斋节（又称肉孜节）伊斯兰教历十月一日。古尔邦节，又称宰牲节或牺牲节。为伊斯兰教历十二月十日。这一天要宰牛、羊等作为献礼。圣纪，伊斯兰教历三月十二日，纪念穆罕默德诞辰日。

五营区（局）党委、政府尊重回民丧葬习俗，在回民聚居区附近划出一块回民墓地。由于通往墓地的占道物增多，不利行走，1994年区（局）政府组织人员对占道物进行清理，方便了通行。回民群众喜爱清洁，在清真寺设男、女沐浴室。每天提供热水，供广大穆斯林洗浴，1999年，为清真寺解决薪炭材20立方米。区（局）为清真寺扩建殿堂出资3000元，每年还为清真寺提供原煤10吨，供其烧水及越冬取暖用。随着改革开放，回民群众有了自己的个体饭店、摊床、食品加工厂，保障了回民群众在饮食上的需求。

饮食，穆斯林以食牛羊肉为主，屠宰牲畜时，均由阿訇屠宰。总之，饮食习俗为“净洁为宜，污浊受禁”。婚育：穆斯林结婚需具备四个条件：第一，男女双方自愿结合；第二，双方父母同意不包办；第三，举行婚礼仪式时证婚人必须到场；第四，男方给女方结婚聘金（数量不限）。婚礼仪式上，要写婚书“依扎布”，新婚男女要交换礼品（卡宾），男方给女方压兜钱。婚礼仪式由教长主持，桌子上摆花生、糖块、大枣、茶水等招待贵宾和亲朋好友。男女双方父母到场祝贺，规定星期五（主麻日）结婚。孕妇生下婴儿3天、7天或15天，请教长（阿訇）给婴儿起伊斯兰教经名。丧葬：穆斯林正常故去后，实行土葬。死后亡人在家灵棚停灵。将亡人以水净身，用白布缠裹放入经匣里移至灵棚内，烧巴兰香，儿女及亲属日夜守灵。子女戴孝（白布带），不戴黑纱。出灵时不准用车拉，一律抬灵，由教长（阿訇）主持丧葬仪式，亡人长子在抬灵架子前走，教长指挥，其他人抬灵，一直抬到墓地。到墓地阿訇诵读《古兰经》，亲人给阿訇和参加送葬人“撒乜贴”（施舍）后埋葬。去掉经匣，将亡人埋在已挖好的墓穴内。回民埋葬不用棺椁，尤其坟墓底不许用非土物质铺垫，《古兰经》中说：“你们是从土里来的，必须回到土里”。亡人死后7天、40天、100天、1周年、3周年，亡人子女由教长领着到墓地祈祷，念《古兰经》。之后，把教长请到家里，宰羊款待。

三、满族习俗

（一）生活习俗

服饰　旗袍是满族极具传统的服饰，旗袍从样式到做工都十分讲究。在旗袍领口、衣襟、袖边等处镶嵌几道花条或采牙儿，有的还要镶上18道衣边才算是美。旗袍的样式后来发生了一些变化，开衩从四面改成两面；下摆也由宽大改为收敛；袖口也由窄变肥，又由肥变瘦，使其穿起来更加合体。现在，穿旗袍的已不限于满族妇女了，它已成为各族妇女普遍喜爱的服饰之一。

马褂　马褂是满族男子骑马时常穿的一种褂子，为了骑马方便，在长袍的外边套一种身长至脐、四面开衩的短褂，以御风寒。旗袍与马褂在清代极为盛行。当时，不仅满族人穿，就是中原和南方一些地区的其他民族，或由于被迫，或出于自愿，也渐渐地穿上了一些类似旗袍、马褂的衣服。后来由于满族受了汉族和其他民族的同化，所以旗袍和马褂融进了其他民族服饰的优点。这样人们也就在一定程度上接受了它。虽然马褂现在已经很少有人穿了，但是，改良的马褂仍然到处可见。

饮食　满族饮食文化比较纯朴，其先人有点燃篝火，烧烤兽肉的吃法，被称为“天火肉”。20世纪的满族人饮食习惯是传统习俗的延续，以小米、玉米为主食，兼食杂粮；喜养猪，吃“白肉烫饭”、“白肉血肠”、“酸菜火锅”等。满族饮食特点概括说是酸、黏、酥、凉。满汉全席形成于清中叶，它不仅是满汉饮食的集萃，也吸取了蒙、回、藏等民族食品的精华。

居室　烟囱满族在居住方面是很讲究的。他们住的房子一般都高大敞亮，多为1户3间，其烟囱不是从房顶上矗起的，而是建在房屋的侧面。它通过道孔与屋内的“万字炕”相通。而且窗户纸大都糊在外面。这种1户3室的建筑形式，便于屋内通风，既可以使屋内空气保持新鲜，又可以使室内保持一定的温度。土炕 围着屋里转的“万字炕”，又称“转圈炕”。它以西为尊，是供祖先，祭神灵的地方。在满族人看来，客人要是坐在了西炕，便是不礼貌行为，是对主人家祖宗的极大不尊重，主人会因此而不快。长辈一般睡在南炕，而晚辈则睡在北炕。满族的枕头呈方形，长短不一，枕头的两头是用袼褙（用碎布裱成的厚片）做成的堵头。满族人家炕琴上整齐地叠放着被褥，两侧整齐地摆放着若干枕头，一个个都是精美的绣片。满族妇女非常注重枕头顶的制作，女孩从十二三岁就开始学习刺绣。最常见的是图案之上配有古诗文或具有吉祥祝福的文字。

（二）丧葬习俗

满族在人死之后，要给死者剃头或梳头，然后穿上无领、无扣的“装老衣裳”。同时，需用黑幔或红布将祖先供位和镜子遮上，将尸体遗至西屋地中的木板上，少亡人则置于东屋或外屋的土坯上。捻纸绳拴铜钱含亡人口中，称“含口钱”；胸压铧铁1块，脚下放乌盆1个，头前设供桌，陈设扣饭、鸡、猪肉等。在大门口挂起4条头尾镶饰黑布的“红幡”，日出挂起，日落取下，直至出殡。亡人的长子由族中的长者带领沿街报丧；随后回家守孝，日夜有人跪于亡人之侧，并向祭吊者叩头还礼。在第二天早晨，要烧“鸡鸣纸”1次，日落时孝子持“哭丧盆”跪灵前大呼3声，叫亡灵起身；由亲友随同，将扎彩（用纸扎物）、钱搭、褥套等送到去坟地的十字路口，奠酒3次后焚烧。第3次再烧“鸡鸣纸”后，准备入殓。棺内垫一层黄纸；按亡人年岁加天地各一，铺上如数纸钱；内棺用白布围上，称“裙材”。开光后由孝子抱头，不忌属相者4人连褥抬起尸体入棺，入棺时忌见日月星辰，需用黑布遮掩。入棺后盖上镶北斗七星和太阳、月亮的棺盖，用缠有白布的铁斧，将寿钉3枚钉上，男左2右1，女右2左1，孝子在钉钉时跪棺前呼“躲钉”；然后停于灵棚。满族的灵棚正面用蓝布系成门窗样花格，贴有蓝色对联，棚前高挂扎彩和纸幡；富有者灵棚呈角楼状，高达10米，脊顶有双龙尾形木雕，称作“大吻”。灵前设素菜、供果、香炉、腊台、清钱等。在出殡前1夜还要举行“辞灵”仪式。长子执香在前，服孝人按辈分随后排列，先绕灵枢左转3圈，出灵棚后再右转3圈，名为“转棺辞灵”；然后在灵前跪下，烧纸箔、吊挂、对联等，守灵至天亮。满族出殡日多选在单日，发引（出殡）时灵柩外面还要罩上长方形尖顶棺罩，死者的子孙用白布做成的纤绳在灵柩前拉引；沿途鼓乐不断，由丧家抛撒黄纸剪制的大钱，俗称“买路钱”。死人下葬后，若属夫妻先死一人，则将红幡去掉黑裱收回，待后死者出殡再用；后死者葬后，多在坟地上抢回幡布，给小孩做兜肚，据说能保佑孩子平安长大。入葬后的祭奠活动，仍是丧葬仪礼的继续。满族早年有“烧饭”的祭祀习俗。“其祭祀饮食尽焚之，谓之烧饭”，其后演变为焚烧枕头、谷类、纸扎人马等象征仪式。还有“至六十日，则烧船、桥。桥有二：一金色，一银色。船桥，供其冥渡”“清明墓祭，新坟插佛朵，旧坟插柳枝”。满族传统的棺材前后一般高矮，上盖呈三角尖顶形。满族亡人头向东北，脚向西南，以示怀念故乡。满族男孝服前后开衩，马蹄袖，为白粗布制成，腰间扎白孝带，帽子上圈一圈白布。女孝服为不开衩的白布衫，头围宽幅布折叠成的“包头”，发髻放下，编成发辫。一老人去世，腰带和包头垂带一长一短，若二老双亡则两头等长。亡者孙子辈孝服，需在带子一端加一红布条，重孙辈加两条，俗称“戴花孝”。人死后，一律实行火化，骨灰盒送至灵憩馆内。

四、朝鲜族习俗

（一）生活习俗

朝鲜族人们一般比较喜爱素白服装。妇女喜爱各种色泽鲜艳的花布。服装的特点是短衣长裙，上衣为斜襟，无纽扣，以布带打结；裙子长及脚面，有筒裙及缠裙两种。常穿船形胶鞋。男子服装主要是短上衣，外加坎肩，裤腿宽大。饮食风俗。朝鲜族人们喜吃大米、打糕、冷面及狗肉等习惯。还喜欢吃以白菜为主料的大众菜——腌辣菜。居室风俗。朝鲜族房屋大都是以木搭架的平房，屋顶为四斜面，用稻草、谷草或瓦片覆盖（现在一般都和汉民差不多了）。朝鲜族住的房子里，一般都无床，也没有高桌和椅子，用土砖和平整的石块铺成平炕，进屋则脱鞋上炕，盘腿而坐。地炕在冬天是十分温暖的。

（二）娱乐习俗

朝鲜族人们能歌善舞。朝鲜族舞蹈的传统特点：柔如腊焰，舞如鹤腿，动如垂柳。

白鹤，是朝鲜族人民非常喜爱的动物。民间传说中说：朝鲜族舞姿来自白鹤。朝鲜族人民还把白鹤作为高尚、圣洁、自由、娇美的象征。朝鲜民族，对鹤的喜爱及鹤给予他们的风姿、气质代代相传。朝鲜族人民很喜爱荡秋千的活动。姑娘们随着秋千荡来荡去，长裙被风吹成扇形，从高高的空中落下来，像一朵飘悠的花朵。又像一只飞燕。朝鲜族诗人以“非天非地半空中，青山绿水自进退；形如二月落花来，容似三月飞燕去”的诗句赞美荡秋千。

（三）婚姻习俗

男女双方订婚，必有媒人介绍和父母同意。要喝订婚酒，媒人、男方及附近亲朋好友都到女方家，边喝边跳，欢乐一夜。登记，买东西（男方拿钱）。东西买回后，放在婆家，装进一个大箱子内。东西有女方的一套衣服，一般是粉色的。还有毛衣、背心、被面等，然后将箱子送至女方家。附近的亲朋好友都来看东西好不好，如都说挺好的，则将被面之类的东西由男方带回，以便做被。这一天，订结婚的日子。结婚时，远道的亲朋好友提前来。由爸爸、叔叔或姐夫等领着新郎到女方家。女方家要举行简单的仪式，摆放喜桌。给新郎、傧相、亲人各放一个大桌，上面摆着水果、糖之类吃的，然后“打包儿”，把所有的东西都摆出来。要走时，新郎、新娘要给父母磕头，与亲人见见面以示告别。临走时，众人用黄豆、小豆往新郎、新娘身上打。婆家用红布或稻草从大门一直铺到屋门，老婆婆穿新衣服跳着舞外出接新娘。屋里放大桌，有新娘一个，桌上的东西谁也不许动，待送亲人归时带回家去，让家人看看。接着婚礼会餐，载歌载舞至深夜。第二天，给爸爸妈妈磕头，第三天“回门”（回娘家）。朝鲜族人民有一种风俗：认为姑娘出嫁那天下雪，是吉祥预兆，表示姑娘一辈子不愁吃，过上幸福生活。有瑞雪兆丰年之意。

（四）生育习俗

女人生了小孩，一个月不下地干活，七天前谁也不去。七天后，亲朋好友拿着小被面、小衣服等物，前去祝贺。妇女生孩子要吃海菜，“撤火”、奶水多，不吃鸡蛋。孩子一周岁时，要大办，做白打糕，附近的人都来祝贺、喝酒，并带来白线，戴在孩子的脖子上，以祝长寿。

（五）岁时习俗

正月初一为大年，要大过。吃打糕，喝黄酒。吃自己做的糖。小辈人给长辈的磕头。过十五要吃五谷饭（黏大米、笨大米、黄豆、小豆、小米），是大丰收的意思。年期从初一一直到十五。

（六）丧葬习俗

人死时，放在炕上，穿上白短衣、白大衣，脸蒙上，用白布捆 7 道，点上蜡烛，用白布挡着。亲人守灵，不准离开。来的人都要带钱或物，进屋后给亡人磕头，并啼哭。三天入殓并出殡，入殓时，将亡人从窗户抬出来，意思是门槛不过三。凡戴孝的人都要出去在车前哭。到坟地（女的不去）时，先由长子埋第一锹土，之后去的人开始埋土。人故去后，将照片挂在墙上，初一、十五都上供、都哭泣，三周年时，还得大办。儿媳妇戴白线，姑娘戴白布条（在头发里戴着）。到三年时，除了岁数大的把孝布给孙子留下外，应烧之物全部烧掉，照片拿下来，一切结束。

（七）其他习俗

运物习俗　背：汉族人搬运重物喜欢肩担，故用扁担。而朝鲜族人民则惯于背负。从外观上看，背负似乎 笨拙，可是用物理学的角度看，背负者，其支点在两肩一背，三点成面，压力相对分散，有稳当、牢靠的优点。顶：朝鲜族妇女在搬运物件上，有用头顶物的传统习惯。头上先放一个布做的垫圈，然后将物件放在上面，手不用扶着，走起路来稳当。

六十一岁大寿　朝鲜族人除了年年过生日，六十一岁时，必须大办。亲朋好友都拿钱或物前来祝寿，小辈人给长辈过生日者磕头。边喝边跳，会餐一天

朝鲜族习俗图

五、蒙古族习俗

（一）畜牧习俗

畜养马匹，以蒙古族居多，素有“马背民族”之称。蒙古族在定居以后，仍沿袭一种游牧方式，称作“走敖特”。即在夏季为保留居家附近的草场，特意带上蒙古包，赶着畜群到远方游牧，秋后再返回家园，进入家附近的冬季牧场畜养。

（二）服饰习俗

蒙古族男女都穿较长布袍，单衣称“其莫赤”，棉衣称“芭莫”。男服绲边，女服多用彩色绸缎镶饰领、袖、襟、摆。男子喜着蓝、绛、墨绿等深色服装，女子则多喜欢红、粉、花色。在长袍外也可配穿无袖背心（奥吉），男性的短及腰间，女性的长至过膝。蒙古族裤子（额莫德）高腰、肥腿，有单、棉、皮3种。蒙古族男子冬季爱戴“贝尔帽”或“四耳帽”，暖季戴蒙古红顶帽“扎拉台玛拉格”，“卷沿毡帽”。现在多戴“前进帽”。女子冬季戴桃形羊皮“耳包”，扎皮围脖。蒙古妇女未婚时，将头发从中分开，扎成两辫，发根饰以圆珠，发梢用碧玉、玛瑙等物装饰。蒙古族多以腰带作为服饰的修饰。男子在腰带上佩挂精制的雕鞘猎刀、火镰袋及荷包。男女冬季均穿着半筒式皮靴，靴中有长筒毡袜。

（三）饮食习俗

蒙古族有食炒米的习惯，多用糜子经蒸、炒、碾加工而成。蒙古语的“萨横饽饽”是用荞麦面和好后捏成的套环形，用火烧熟做成的面食。蒙古族的面汤有多种吃法。如“图古勒汤”“削面汤”“猫耳朵汤”“布拉汤”等。手扒肉，蒙语称“秀斯”，以全羊“布合勒”最具特色。现在则习惯于将牛羊肉带骨拆卸成块，放锅煮至七八成熟后上桌，肉质鲜嫩，味美可口。一般以羊大腿“乌叉”和羊胸脯“车吉”招待客人。蒙古族的奶制食品最为丰富。其饮食分“乌兰依德根”和“查干依德根”两大类，即红、白色肉制和奶制食品。马奶酒，蒙语称“额速吉”，通常色白而浊，味酸而膻。搅之七八日储放，则色清而无膻味，称作“黑马奶”。蒙古族的奶茶，加入牛、羊奶或骆驼奶，以及葡萄干、萝卜干、蜂蜜、黄油、食盐等，点火烧沸后饮之，蒙古语称作“苏差”。蒙古族不食白马肉，因为白马是成吉思汗（一说是佛爷）生前骑坐的，吃了不吉利。还不食死牲肉及驴肉、狗肉。

（四）居住习俗

蒙古包，蒙古语称“勒格尔”，是传统住房。实是用羊毛毡围成的木架、凸顶、圆形的房舍，分移动和固定的两种。包顶中央有圆形天窗以便通风、采光，蒙语称“ 掏恩”。门为木制或毡制，包

中间设有火炉，地铺上铺有毛毡。现在，蒙古族多已择地定居。

（五）婚姻习俗

蒙古族受汉族的影响，其订婚及婚礼仪式遵循“问名”（通媒妁）、“纳吉”（合婚）、“纳采”（过小礼）、“纳征”（过大礼）、“请期”（议婚）、“亲迎”（婚礼）等“六古礼”行事。蒙古族多以牛、马、羊为聘礼，外加首饰、衣物，女方富有者，有以毡房、勒勒东作为嫁妆的。婚礼之前，要由男方家组成的迎亲队伍，到女家接亲。迎亲队伍由“跟姑爷”、主婚人、亲友、歌手与新郎共同组成。到女家门前，由女家亲友在蒙古包前列队拦截，男方歌手或主持上前与之对唱婚礼歌。几个回合之后，放新郎入门。新郎先将弓箭摘下，放在马窗西面，面北拜佛、拜火，再向岳父母献哈达、敬酒，向亲友献鼻烟壶、请安。女方设席接风。头道晏称“问名晏”，俗称“讨小名”，即由新郎向新娘讨问小名、属相，男方歌手与女方的嫂子等人展开喜剧性对歌、斗智，直到新郎献上“哈特刀”，唱罢祝刀歌才告结束。由于男女两家多相距较远，所以新郎一般在女方留住一夜。晚间的“沙恩吐晏”则更具情趣。“沙恩”，俗称嘎拉哈，是男女联姻的象征。席间，女家的姑娘们与新郎争夺“沙恩”，由歌手唱起《赞沙恩》《亲家歌》《姑娘歌》《额莫（母亲）歌》等。新娘头罩红纱上马，绕娘家三圈启程。当迎亲的喜车到男家的门口时，由男家的妯娌上前敬酒，新娘的嫂子接酒后向四方洒酒敬神。进家后，由“分头妈妈”用“沙恩”，给新娘梳“媳妇头”。举行婚礼时，新娘脚踏白毡，双双通过两堆篝火，来到桌前。桌上供有弓箭、羊骨、佛像，桌旁生一盆火，象征家族生命的延续。新婚夫妇跪拜火神、天地，喇嘛在一旁念经祈福。婚宴开始时，乐舞四起，赞马、祝酒、贺喜等婚礼歌此起彼伏，新郎领着歌手逐桌陪歌敬酒。新人入洞房时，歌手手执新娘亲手绣织的荷包大加赞美，然后将它抛向空中，围观者则奋力争抢这一吉祥物。婚后第三日或第七日，由女方亲朋到男方家送礼；3 个月后，新郎陪新娘回家省亲。随着大城市“文明婚礼”及改革的深入，蒙古族婚俗有较大的变化，包办、买卖等级婚姻基本废除，实现了男女平等，变革了彩礼、送亲等不正当要求。

（六）丧葬习俗

蒙古人死时，采取“野葬”，亦称“天葬”“风葬”“鸟葬”“树葬”。吊棺葬是在四棵树中间用绳索吊起棺材施行“天葬”。担棺葬则是在两树相距 1 米多远的树干间放一平行衡木，将棺材稳固地担在上面“风葬”。“按天葬旧说，蒙古人以土葬或伤龙脉，不利牲畜，人死则载尸于车或置于驼、马之背，振策疾驰，以尸坠处为葬地……三日后往视，尸亡则以升天而喜，倘犹存在，则以为死者罪恶未消，即请喇嘛诵经忏悔，必至尸灭而后已”。蒙古族丧服一般为白衫、兰裤，象征纯洁的本色。蒙古族服孝，儿女穿长衫，披麻戴孝；孙子辈孝衫至膝；重孙辈穿粉衫孝服；玄孙辈男着花衣，女擦粉戴花并缠红脑包。从重孙到玄孙见孝，一般认为是“喜丧”，所以悬红而不挂素。蒙古族也有请喇嘛为亡灵念经、指路的习俗，称“顺思木日扎那”以此引导亡者去“德博占”没有灰尘、享福的地方去。蒙古族在实行土葬之后，习惯在墓中埋一桌子，放上一杯马乳和一盘肉；有的则杀一匹马，将肉吃掉后，用草将马皮撑起，拴在柱子上，以此象征亡者可以吃、行随心。因汉族与少数民族杂居，人死一律火化。

六、赫哲族习俗

（一）文化习俗

赫哲族有自己的语言，没有本民族的文字。由于长期与汉人杂居，现在绝大多数人通晓汉语，学校用汉语、汉文教学。赫哲族虽然没有本民族文字，却流传下来丰富的文化艺术遗产。民间说唱文学“依玛堪”是人们喜爱的文化遗产之一。只靠口头说唱相传，歌舞也是赫哲人传统的文化艺术。

（二）生产习俗

赫哲族人民一向以捕鱼为生，从开江的“谷雨”到“小满”一个多月的时间为春季捕鱼，主要捕杂鱼类；端午节前后是一年捕鱼的旺季；从“白露”开始的一个多月时间到秋季鱼汛期，主要捕大马哈鱼和鳇鱼；冬季则凿冰眼用大拉网捕鱼。勤劳智慧的赫哲人冰下捕鱼的技巧令人惊讶。100多米长的大拉网，在说说笑笑的同时便下到近两米厚的冰层下，看上去是漫不经心，实际上早在下网之前就观察好鱼群，选择好了地点，因而一网可获成千上万斤鱼。

（三）饮食习俗

鱼片　拌生鱼片叫杀生鱼。多选用鲟鱼、鳇鱼、鲤鱼。过去，赫哲人食鲜鱼的方法是将鱼肉片下来，切成鱼肉丝，把大葱切碎，用鱼肉丝、辣椒面、食盐拌在一起食用。现在，将活鱼去头、去皮、剔骨，切成细丝，用好米醋浸泡，待鱼肉变白，加入盐、调料和土豆丝、菠菜、香菜、豆芽，拌匀即可，吃起来鲜而不腥，凉滑爽口，味美异常。生鱼片既是赫哲人平时经常吃的菜，也是招待客人必不可少的佳肴。

鱼楼　早年赫哲人中看谁家富裕，就看谁家的鱼楼子大小。鱼楼子是赫哲人储藏食物的地方，里面储藏着一捆捆、一袋袋的鱼条子、鱼肉干等食品。只有靠储备的鱼楼肉类做补充食物。

鱼干　夏天是捕鱼的淡季，气候炎热，苍蝇多，不适宜晒肉干。如果必须晒时，只有用烟熏火烤，而且只能用脂肪少的瘦鱼。“稍鱼”是一种用火烤干的便于储藏的鱼肉块，鱼条子。吃时，炒、炖、煎均可。烤熟的鱼肉块掺在鱼肉松中吃，是很香酥的。赫哲人常把它当点心给孩子吃，这叫“他拉哈”。用不同柴火，放不同调料，可以烤出风味不同的“他拉哈”。还有一种烧烤鲜鱼肉的方法，将鱼肉串起来烧烤，撒上食盐面，使其掺进鱼肉里，吃起来香嫩鲜美。

叉鱼　赫哲人在严寒的冬天用鱼叉叉鱼，是一种传统的捕鱼方法。鱼叉又分不脱柄和脱柄两种。他们根据不同的情况用不同的鱼叉。赫哲人吃生鱼的一种方法，即先将冻鱼的皮用刀削掉，然后用刀或刨子将鱼削成刨花一样的薄片，加一些食盐、大葱等调料即可，据说这是赫哲人冬季下酒的好菜。这种吃鱼的方法，又叫“苏拉卡”，可随地就餐。赫哲人早年日常吃鱼肉、穿鱼皮衣、盖鱼皮被、点鱼油灯。现在，布衣布被代替了鱼皮，电灯代替了鱼油灯，粮食成了主食。赫哲人过去的交通工具夏季用木船，冬季用狗拉雪橇，赫哲人称“拖日气”。

（四）丧葬习俗

赫哲族“出魂”和“撂档子”仪式，是有特色的。“出魂”即向死者灵魂告辞，在男人死后的第七天，女人死后的第九天的晚上在死者生前睡过的炕上放一装入干草的布口袋，将死者用过的烟袋、碗筷等摆在炕前，款待亡人的灵魂。“撂档子”则是送魂仪式，一般在百天或一年后脱孝时进行。届时在院内搭棚，用白布圈起；做一木头人偶，称“木古法”，穿戴死者衣帽以象征死者灵魂。请萨满跳神3天，在第三天晚上，将“木古法”放在爬犁上，萨满念唱“套十五条狗送走你”，“我保护你到阴间，放心走去不要恋家”等词，送死者亡魂去“布尼”（地府）。随后，萨满站在高处，向西北连射3支拴有火炭的箭矢，并由一木制的神鹰“阔力”指引亡灵的方向。丧主将亡人用品在墓前烧掉，始可脱去孝服。赫哲族在出殡时，还有请萨满跳神，以使死者到“伊木耳汗”（阎王）处不致受罪的信仰习惯。赫哲族早年一些富户直接殉葬“木林马”“伊罕牛”“伙尼羊”“五尔肩猪”“替库鸡”“尼合鸭”等；男子则以妻子的头发做陪葬品。赫哲族亡人的妻子除着白孝衣带外，还曾有在身后腰间系一铃铛，以便亡夫灵魂相随不致迷失方向的旧俗。赫哲族曾实行将死者两膝屈起、仰卧入葬的形式。首西足东为赫哲族的葬俗。树杈卡尸仅限于夭折的婴儿，以为婴孩的魂魄如鸟儿一般，只有无拘无束地任其飞走才能再生转魂。

第四节　民族姓氏

2005年年末，五营区有姓氏363个，较1985年的311个姓氏，多52个姓氏，其中，母、江、买、齐、狄、员、郁、重、阁、溥、增、欧阳12个姓氏已无，多出井、丹、斗、丰、戈、可、北、多、伍、扬、伟、伏、汲、刑、良、谷、花、芽、宗、波、冼、侨、果、俄、封、将、相、柏、种、骆、俞、神、茄、诸、索、谈、铁、菊、鹿、随、龚、苍、腾、幕、詹、靖、管、赫、静、臧、潭、冀、暴、藤、滕55个姓氏。2画的姓氏有4个300人，3画的姓氏7个1619人，4画的姓氏23个4723人，5画的姓氏27个1345人，6画的姓氏有44个6144人，7画的姓氏有42个10992人，8画的姓氏有34个1954人，9画的姓氏有46个3009人，10画的姓氏有36个2771人，11画的姓氏有23个1427人，12画的姓氏有23个1540人，13画的姓氏有20个268人，14画的姓氏有11个202人，15画以上的姓氏有23个481人，共计363个姓氏36775人。其中最多的王姓、李姓、刘姓、张姓、赵姓、孙姓、杨姓，8个姓氏超过千人；其余的356姓，未有超过千人的姓氏。

2005年五营区姓氏人口统计表

表23-2-2　　单位：人

二画	叶　6	祁　8	刑　1	杜　200	冼　3	姚　107	郭　427	景　34	翟　11
卜　23	布　6	迁　1	七画	肖　412	侨　1	侯　164	高　624	蒋　80	裴　31
乜　11	东　2	阴　3	良　1	宋　312	果　1	姜　453	徐　715	焦　61	谭　41
刁　26	卢　23	伦　7	来　4	吴　428	九画	赵　1124	诸　1	谢　92	蔡　86
丁　240	生　17	回　11	别　1	陈　795	羿　1	相　10	索　6	程　102	管　11
三画	包　78	米　4	步　3	苍　1	施　3	柏　3	谈　4	傅　105	赫　3
门　4	边　71	吉　11	佘　1	杨　1036	律　1	种　1	铁　1	董　410	静　1
才　1	冉　15	师　12	怀　3	张　3124	咸　2	骆　1	十一画	韩　457	十五画以上
山　15	皮　14	伊　6	邴　3	李　3279	郗　9	俞　2	尉　1	琚　11	黎　3
卫　11	左　19	匡　15	连　2	八画	南　12	神　2	屠　1	紫　1	燕　4
马　570	艾　74	汝　30	岑　9	易　1	郜　2	茹　5	寇　20	童　1	潭　1
万　20	申　25	池　13	邻　2	呼　1	柯　6	十画	矫　9	嵇　1	阚　11
于　998	兰　21	邬　14	闵　9	明　15	费　12	晁　1	麻　9	湛　1	樊　26
四画	宁　49	全　23	邸　13	居　1	祖：5	涂　1	戚　11	富　1	颜　30
勾　8	史　70	安　31	郤　11	法　8	柳：63	席　3	宿　13	十三画	潘　103
亢　2	从　4	汤　32	严　21	所　3	冠：13	原　7	盖　19	鄢　7	暴　6
文　10	冉　15	华　30	初　31	官　22	贲：17	展　1	梅　11	满　4	滕　9
韦　7	皮　14	仲　21	沙　31	卓　15	哈：9	部　8	康　29	訾　3	薄　5
亓　5	左　19	多　1	沈　69	郎　20	项：12	奚　6	盛　45	解　30	霍　31
井　15	艾　74	伍　1	时　38	依　1	钟：32	都　5	商　45	廉　9	臧　3
丹　1	申　25	江　41	汪　20	和　9	彦：10	朗　1	隋　47	裘　11	冀　1
斗　1	兰　21	庄　24	谷　23	季　21	胥：18	凌　3	常　102	鲍　21	穆　25
计　16	宁　49	毕　41	花　1	宛　11	战　10	敖　7	曹　209	甄　12	薛　80
仇　30	史　70	乔　45	芽　1	国　30	俄　1	桑　14	梁　156	靳　20	藉　1
卞　31	从　40	牟　40	谷　23	尚　41	封　4	莫　4	阎　204	楚　21	鞠　6

续表 23-2-2

尤 15	司 43	那 72	花 1	屈 15	将 1	姬 26	崔 250	路 21	戴 5
历 19	代 90	纪 81	芽 1	房 41	荣 46	钱 14	黄 233	褚 11	藤 1
车 30	田 201	曲 101	谷 23	岳 51	祝 21	顾 25	菊 2	窦 24	端木 1
邓 57	白 102	邢 105	花 1	罗 70	洪 20	栾 21	鹿 2	鲁 47	魏 113
尹 116	石 150	关 114	芽 1	单 61	宣 29	殷 49	随 7	雷 13	藏 2
毛 85	冯 203	齐 102	冷 38	苗 98	洪 20	党 31	龚 1	蒲 3	—
方 87	司 43	许 118	佟 46	武 73	宣 29	聂 42	十二画	稽 14	—
牛 64	代 90	任 201	邵 66	庞 101	修 31	倪 30	舒 1	腾 7	—
孔 78	田 201	朱 305	陆 64	范 107	荆 34	柴 48	惠 6	幕 1	—
王 4048	白 102	吕 218	辛 78	林 112	娄 45	陶 52	黑 8	詹 1	—
丰 2	石 150	孙 1092	邱 90	郑 207	贺 55	秦 106	曾 30	靖 2	—
戈 1	可 4	刘 3177	邹 92	金 190	段 97	夏 103	揣 11	十四画	—
五 画	北 1	扬 7	迟 49	孟 203	宫 113	袁 112	强 13	熊 2	—
由 5	六 画	伟 1	苏 285	周 406	郝 101	耿 30	彭 31	慕 2	—
龙 2	朴 20	伏 1	芦 93	宗 6	胡 201	唐 105	温 32	廖 8	—
礼 4	阮 11	汲 1	何 207	波 1	胜 1	贾 118	葛 51	蔺 6	—

第三章 宗 教

第一节 佛 教

1986年，五营区没有固定佛教活动场所，信教群众在自家供奉佛像，烧香、祈祷。随着改革开放的不断深入，人们思想意识得到解放，党的宗教信仰政策进一步落实，信教群众不断增多。在佛教节日，有部分信教群众要到伊春、金山屯等地的佛堂去拜佛。

1993年8月5日，区政府向市民族宗教局发函，拟在五营森林公园自筹资金修建佛教念佛堂。

1994年4月12日，市宗教局下达批复，同意本区修建。后因国务院下发国发〔1994〕123号文件而没有动工修建。

2002年，经伊春市宗教局批复，在五营至平山经营所5公里东山（原平山青年综合厂养殖场旧址）修建伊春市北菩提寺，同年，利用原有房舍进行佛事活动。

2003年9月举行大雄宝殿奠基仪式，2004年正式修建并于当年竣工，有登记佛教人数14人，常年从事佛教活动的40人，经常有外地人员到寺里烧香拜佛。

五营区北菩提寺

第二节 伊斯兰教

1986年，五营区有教徒1600余人，随着林区受“两危”（资源危机、经济危困）的困扰，有部分穆斯林举家迁回原籍。阿訇为杨宝玉，是五营清真寺第四任阿訇，管寺乡老为李金福。伊斯兰教有活动场所——清真寺1处，砖瓦结构房屋，面积480平方米。内设殿堂、沐浴室、办公室等。教会中有教长（阿訇）1人，管委会成员3~5人，负责管理教会中事物。

1988年，五营区通过选举，王振铎担任第五任阿訇，管寺乡老为张文朝、张殿明。

1996年，代任阿訇为张文朝，管寺乡老为肖福禄。

1997年，信徒总人数为1300余人。由张希峰接任阿訇之职，管寺乡老为肖福禄、张宝军、王长义、马玉青。在1300多名信教群众中，能够坚持每周五主麻日活动有40余人，坚持每日5次拜功有

10余人，其他穆斯林只是到重大节日时参加聚会等庆祝活动。清真寺没有固定的经济来源，它的活动费用是靠教徒的自愿奉献。伊斯兰教历每年5月29日为开斋节（回族称小年），8月5日为古尔邦节（回族称大年），这是伊斯兰教的两个重大节日。每到这两个节日，穆斯林们要举行隆重的庆祝活动。

2005年，每逢回族过古尔邦节，区领导、区统战部、区民族宗教局等部门都派人参加，体现出党和政府对回族群众的关心和爱护。

第三节　天主教

作为基督教三大宗派之一天主教，在五营区有少数人信奉。五营区区苗圃退休工人丛永凡，自1986年在哈尔滨接触天主教，并参加哈尔滨市宗教活动。1990年5月，丛永凡带着全家人在家信起天主教。

1990年，丛永凡曾去过哈尔滨市及友好区天主教堂过宗教生活。

1991年，丛永凡在家设置天主教活动家庭聚会点，吸收邻居几个上了年纪老太太参加。他们活动时间为每周日上午8点至10点，活动内容是念教经，唱圣歌、做祈祷。

1993年，五营区共有13人参加活动。1994年，五营区治理整顿宗教活动场所时被取缔。

第四节　基督教

五营区基督教是1981年传入的，经过6年的家庭聚会，至1987年，人员增多，有了积累，已不适应在家庭搞聚会活动，准备购买房屋，建立正规活动场所。此打算得到信教群众的大力支持，他们积极捐助，主动奉献，参加义工。周围教会也伸手支援，曾得到乌伊岭教会资助1000元、新青教会资助2000元及哈市教友王长延和赵美香的援助，新青教会还派来70~80人到五营，同五营的信教群众一起劳动，筹集资金。

1987年7月用1.8万元在新林街购置四间平房88.3平方米，并进行修缮。

1988年9月5日，在省基督教协会成员孙兆贵牧师的主持下，五营基督教会正式成立。信教群众161人，其中受洗51人，望友110人。

1986—1992年，宗教事务由区委统战部负责领导。

1992年8月，区政府成立民族宗教局，负责全区宗教事务。9月5日，伊春市“三自”爱国委员会主任陈继贤牧师来五营基督教会整顿领导班子。任命徐芝为执事长，与于桂芳共7人组成领导班子。

1996年，教会班子成员进行了调整，班子成员共9人组成。

1997年撤并民族宗教局，其职能并入区政府办公室。

1999年，教堂面积由原来的88.3平方米扩大到150平方米，2000年10月竣工，同年10月8日举行隆重的献堂典礼。信教群众

五营区基督教堂

811 人，其中受洗 317 人，望友 494 人。

2002 年 8 月 23 日，教会执事换届。

2005 年 8 月 23 日，教会执事换届信教群众发展到 859 人，其中受洗 402 人，望友 457 人。基督教会每周活动 2 次，即星期三的祈祷会和星期日的主日会。比较大型的活动是庆祝宗教节日，如“复活节”“圣诞节”等。每到“圣诞节”，信徒们唱赞美诗、祈祷、念经文，表演文艺节目，场面甚为热闹。

第四章　人民生活

20 世纪 80 年代，随着改革开放不断深入和经济建设快速发展，人民生活开始发生变化。特别是 20 世纪 90 年代后，人民衣、食、住、行以及文化娱乐、生活消费、生活方式等观念更新，人民生活向高层次、高质量方向过渡。

第一节　物质生活

一、衣

20 世纪 70~80 年代，人们普遍穿化纤布、尼龙布和棉花布料服装。1986 年，人民开始追求穿各种涤纶和毛料服装。样式由制服向中山装和西服发展。进入 20 世纪 90 年代，人们又告别中山装向呢子大衣、高档西服、高档皮鞋、皮夹克贴近，甚至不惜高价购买。穿牛仔裤也是这个时期青年人一大时尚。穿西服、打领带是男士普遍服装。女性穿戴更讲究，喜穿色彩鲜艳花色服装。夏季穿短裙，结婚着婚纱。进入 21 世纪，人们更新潮，追着时髦买，跟着流行穿，冬天普遍穿实用美观羽绒服。

二、食

1986 年，人们吃统购统销粮。为改善职工生活，能多吃点大米、鱼、肉等，每年有条件的单位都要从外地购进发给职工、家属。进入 20 世纪 90 年代，国家取消“居民粮食供应证”，既不定量又不限制品种，大米、面粉随便买。此后，全区居民家天天以大米和面粉为主食。偶尔吃顿粗粮是为“改善生活”。过去逢年过节才能见到鱼、肉、鸡、虾，如今想吃随时都可买到。各种新鲜蔬菜和水果长年不断。

三、住

五营区人民居住条件从 20 世纪 80 年代开始逐步改善，每年都盖新房，人均面积逐渐扩大，基本告别“三世同堂”历史。一些家庭开始购买电视机、录音机、VCD、电冰箱、摩托车等。

1990 年，全区有 80% 住户有客厅和多居室。多数家庭开始购买彩色电视机、家庭影院、摩托车、金首饰等。

1992 年，五营区实行房产产权制度改革，将公产房合理折价卖给职工和居民。职工按工龄长短享受优惠政策。多数副科级以上领导干部住进楼房。“十五”期间，人均住房面积达到 8.5 平方米。有条件退休职工离开当地去伊春、佳木斯、哈尔滨等大城市买楼房居住，安享晚年。

四、行

1986年，人们出行主要靠步行、骑自行车或搭乘单位便车。汽运处、实验林场有通勤大客车。一般人出行很不方便。1995年，营运客车增加，实验林场到五营镇内上学的学生每天包乘面包车，早晚定点接送。1998年，各林场（所）开始出现个体营运客车，有的还通往伊春，木耳养殖户和采松树子人员，多为骑摩托车往来于施业点之间。镇内个体出租车及面包（两元一位）、港田开始运营，人们出行招手便停，十分方便。

2000年，五营区黑木耳培植业迅速发展，有多数人家添置三轮、四轮小型机动车，供养殖黑木耳用，直至2005年。

第二节 业余生活

1986年前，人民文化生活主要是在家听广播、看电视、打扑克、下象棋、打麻将，去工人文化宫看电影，或者在家放录音机听。1986年，人们文化娱乐生活出现新变化。先是青年人买VCD听歌、唱歌、看电影，接着开始学习跳舞，社会兴起跳舞风。区中心广场设有可容百人舞厅，每晚都对外营业。有一些歌厅也附带舞厅。有的林场（所）也办起舞厅。实验林场宋金权等人就办起个体舞厅。

1997年，五营街道办事处、桦林、建林等社区和实验林场等单位相继组建秧歌队。夏天傍晚，街中心休闲广场唢呐高奏，锣鼓喧天，一些老年人身着五颜六色服装，挥舞彩扇，扭起欢快的东北大秧歌，吸引居民驻足观看。

2005年，随着城区功能日益完善，人们休闲方式呈现多样化、广场舞、书法、绘画、摄影、垂钓等，丰富人们业余文化生活。

第三节 收支水平

1986年，全区居民储蓄存款933万元，户均850元，人均212元。五营区城镇居民在视频、衣着等方面每人每月消费支出总额37元，为20年中最低消费水平。

1987年12月，五营区体改办对全区社会人口收入，进行一次抽样调查。全区在册户11010户，总人口42048人。调查135户，占全区总户数12.3%；人口523人，占总人口12.4%。抽样调查人口中，职工占30%，副业人员占21.22%，家务及学生占48.75%。抽样调查收入中，工资收入占92.9%，副业收入占7.09%。人均收入为：五营办事处39.94元，丰林办事处34.37元，林场32.28元，五星镇26.19元，全区总平均收入34.33元。

1990年，全区储蓄存款总额3900万元，户均2937元，人均863元。

1995年，全区储蓄13614.60万元，户均9826元，人均3152元。

2000年，全区存款24224万元，户均16590元，人均5951元。

2005年，全区储蓄存款37188万元，户均24306元，人均10112元。储蓄存款比1990年人均增长11倍多，较1986年人均增长47倍之多。同年，五营区人月均支出总额206元，是20年中最高消费水平。

1986—2005年五营区居民储蓄存款统计表

表 23-4-1

年份	全区储蓄总额（万元）	全区总户数（户）	户均储蓄额（元）	全区总人数（人）	人均储蓄额（元）
1986	933	10981	850	44003	212
1987	1211	11079	1093	44265	274
1988	2492.8	11363	2194	43591	572
1989	2705.4	12398	2182	45075	600
1990	3900.2	13278	2937	45173	863
1991	4714.5	13596	3468	45045	1047
1992	6131.6	13615	4504	45196	1357
1993	8038.9	13960	5759	44756	1796
1994	10247.9	13939	7352	44076	2325
1995	13614.6	13856	9826	43197	3152
1996	16877.4	13421	12575	42566	3965
1997	18757.1	14254	13159	41741	4494
1998	23157	14243	16259	41821	5537
1999	26320	14322	18377	40482	6502
2000	24224	14602	16590	40707	5951
2001	32421	14671	22099	38602	8399
2002	33938	14916	22753	38090	8910
2003	37018	14939	24779	37501	9871
2004	33622	15137	22212	37262	9023
2005	37188	15300	24306	36775	10112

1986—2005年五营区部分年份城镇居民家庭消费支出统计表

表 23-4-2　　单位：元/人·月

项目 \ 数量 \ 年份	合计	1986	1991	1996	2000	2005	年均额
消费支出总计	546	37	63	106	134	206	109
其中服务性支出	23	—	—	—	5	18	5
一、食品	314	29	42	71	73	99	63
1. 粮油类	202	25	29	44	45	59	40
2. 肉禽蛋水产类	58	1	8	16	15	18	12
3. 蔬菜类	20	1	3	4	5	7	4
4. 调味品	4	—	—	1	1	2	1
5. 糖烟酒饮料类	13	—	—	3	4	6	3
6. 干鲜瓜果类	10	1	1	2	2	4	2
7. 糕点及奶制品	7	1	1	1	1	3	1

续表 23-4-2

项目 \ 数量 \ 年份	合计	1986	1991	1996	2000	2005	年均额
二、衣着	56	2	6	10	14	24	11
1. 服装	32	2	3	6	8	15	6
2. 衣着材料	3	1	2	—	—	—	1
3. 鞋类	14	1	1	2	3	7	3
4. 其他用品	4	—	—	1	1	2	1
5. 衣着加工费	3	—	—	1	2	4	1
三、家庭用品	23	2	3	4	5	9	5
1. 耐用消费品	10	1	2	2	2	3	2
2. 家庭日用杂品	13	1	1	2	3	6	3
四、医疗保健	17	1	2	3	4	7	3
1. 药品费	15	1	2	3	4	5	3
2. 医疗费	2	—	—	—	—	2	0.4
五、交通、通信	36	1	3	6	10	16	7
1. 交通	12	1	2	2	3	4	2
2. 通信	24	—	1	4	7	12	5
六、教育文化娱乐	28	1	3	4	6	14	6
1. 文化娱乐用品	2	—	—	—	1	1	0.4
2. 文化娱乐服务	6	—	—	—	1	5	1
3. 教育	20	1	3	4	4	8	4
七、居住	39	—	1	5	15	18	8
1. 住房	9	—	1	1	8	4	2
2. 水电燃气及其他	27	—	—	4	11	12	5
3. 居住服务费	3	—	—	—	1	2	1
八、杂项商品	18	1	3	3	4	7	4
九、饮食服务	15	—	—	—	3	12	3

第二十四篇　人　物

五营区人物篇收入逝世人物传4人，新闻人物6人，党政主要领导6人，五营区共有出席国家系统级先进集体9个次；省级（含系统）先进集体134个次；市级先进集体43个次。出席国家级（含系统）劳模先进人物23人次，省级（含系统）劳模先进人物235人次，市级劳模先进人物141人次（其中特等劳动模范5人次）。全区各级出席市以上劳动模范先进人物606人次。

第一章 人物传

高清林（1903—1987）

高清林，1903年出生，汉族，雇农出身，山东省昌邑县人，五营基建工程处木工。高清林上班工作时，电刨崩出木节子将右眼崩坏，导致右眼失明。他60岁应退休而没退，又工作10多年。1987年3月，因病去世，享年84岁。

他刻苦钻研技术，大搞发明创造。1952年在佳木斯林业管理局61厂工作时，发明削料机等木工机械9件。1953年，被评为省制材局劳动模范。1955年荣获东北内蒙古地区森林工业先进经验交流大会奖章。1956年7月，被评为伊春林业管理局先进生产者。1958年，到丰林林业局基建工程处工作后，为减轻体力劳动，提高木工生产效率，又自行设计、制造压刨机、平刨机、三面刨机、打眼机、锹把机、倒卯机、地板裁口倒楞机等木工机械7件，均在东北林区推广。3月，出席黑龙江省工业交通先进生产工作者会议，并获林业系统先进生产者荣誉和称号奖章。1959—1960年，他与孟广宪研究水力发电，在铁路桥上游制作大木轮置于汤旺河内，春天发电供物资供应站使用，约有半年时间。1961—1962年，荣获伊春林管局、伊春市总工会先进生产（工作）者奖章。1958—1961年连续评为黑龙江省劳动模范。1959年11月，出席全国工业交通运输基本建设财贸群英会，在人民大会堂宴会厅受到周恩来总理的宴请。荣获全国劳动英雄称号。1960年8月，出席中共五营人民公社首届代表大会。

高清林他公私分明，从不损公利己，爱护国家财产。1961年8月，五营山洪暴发，他不顾家人生命和财产安全，首先到工程处木工房抢救和保护电动机，然后才回家。当他从厂房回到家时，家中大水已涨到腰深。妻子因护送儿女和抢救东西，头部受伤，昏了过去。他迅速把家人送到自家房上黑天棚里，在房上一直待了6天，房两头大山被水冲走。在危急时刻，工程处党支部副书记程国安等人，摆船将他们全家人营救出去。1964—1965年，高清林在伊春林业企业“五好”竞赛立功活动中，成绩显著，连续两年被全国农林工会丰林分区工会、伊春市林管局丰林林业局授予“五好工人”光荣称号，并颁发立功证。

高清林在伊春开发建设40年中，做出突出贡献。1988年11月，中共伊春市委员会、伊春市人民政府，授予他“小兴安岭优秀儿女”荣誉称号，并颁发证书。

杜桂芹（1931—1991）

杜桂芹，1931年12月出生，曾用名，杜杰，女，汉族，吉林省辽源市人。6年文化，1949年8月参加革命工作，1958年12月加入中国共产党。杜桂芹1986年3月离休。1991年6月26日9时15分，因患肺癌医治无效病故，终年60岁。骨灰葬于伊春陵园公墓。

杜桂芹来到林业局工程处卫生所工作后，她忠于卫生事业，工作热情高，对人民健康极端负责任，是一位很要强的医务工作者。在工程处职工多，医务人员少情况下，能起早贪黑为职工看病。特别是工程处施工点分散，人员不集中，她就利用业余时间给工人洗衣服，帮食堂做饭等。工人有病不能起床，她就去工人宿舍给打针、送药、做饭、送饭。她对工作，有一种毫不利己、专门利人的白求恩精神，常常把两个孩子托付给朋友帮助照看，自己背上药箱，亲自送医送药巡回到生产第一线，连星期天节假日也不休息。

1958 年 6、7 月间，她的二女儿黄艳掉进饭锅里烫伤，当时山上工地正有 10 名工人患病需要打针治疗。她没有马上回家，却托别人给孩子治疗，她仍继续给工人看病。1961 年 8 月 7 日，五营发生特大洪水威胁着医务所，她不顾存放在医务所自己心爱好料衣服、缝纫机等家中物品，带着 7 个月的身孕，趟着没膝深的洪水，用麻袋、药箱把医务所药品和器材背到工人文化宫二楼，为跑水患病灾民打针送药服务三天三夜。并为工人姜仲秋妻子张桂玲成功接产。

洪水过后，仍不顾自己的身体，继续昼夜给职工看病。有一次，她得知工人赵永森在桥上作业砸伤，工人为抢修桥梁不肯下来治疗。她立即背起药箱上桥去。那时，桥身还没修完，临时搭起一个吊桥作业，很危险。领导不让她上去，可她坚持去现场治疗。除为工人治疗外，还在现场帮助工人们干推刨子、刷油和剥树皮等活。

杜桂芹关心患者如亲人。工作在零下 40℃露天作业工人吴风忠双足冻坏，无法在地上行走，不能上班工作。尤其在过新年时，全体职工都放假过新年，她抛开不满 1 周岁吃奶孩子，到离家两公里远工程处工人宿舍为吴风忠打针换药，端茶送饭。

工人韩铁奎工作时被子石头砸伤，她也是亲人般耐心治疗，端水送饭，精心护理。有一次，她背药箱巡回医疗时，不慎从桥头掉下摔伤，仍不忘为职工服务。她还赡养孤独老人。

退休老工人王有林 80 多岁，双目失明，无儿无女，瘫痪在炕上四五年。杜桂芹把他接到自己家里，精心治病和调养，直到老人病故。她还自采药材，补充药源不足。采集黄柏、三棵针等中草药 100 余种，并加工成粉剂、片剂、药丸、药水等，既解决少药困难，又为患者解除病痛。

1960 年 6 月，她出席全国教育文化卫生体育新闻群英会，荣获劳动英雄称号。

1963 年 3 月 6 日《健康报》以《汤旺河畔一护士》为题，报道杜桂芹先进事迹。

1959—1964 年连续 6 年被子评为黑龙江省先进工作者和模范工作者。

刘洪田（1931—1991）

刘洪田，男，1931 年出生，汉族，辽宁省建平县人，6 年文化，物资科助理统计师。1951 年 8 月参加工作，1985 年 2 月加入中国共产党。刘洪田 1988 年 6 月退休。1991 年 12 月 2 日，因病去世，终年 60 岁。

刘洪田自参加工作以后，先后在佳木斯林管局检尺员训练班学习，双鸭山林业局森铁处做文书、中心车间当出纳员。

1954 年 9 月—1957 年 6 月，在伊春林业管理局红旗勘测队当出纳员，丰林筹备处记账员。带岭实验学校工段长班学员。

1957 年 7 月—1986 年在伊春林业管理局丰林林业局第一林场任工段长、物资科保管员、枝丫站保管员、五营区（局）物资科统计员、助理统计师等工作。

刘洪田为人忠厚诚实，少言寡语，性格内向，他善于刻苦自学。1951 年后，通过自学达到高中以上文化程度。1960 年做物资统计工作时发现用国外计算油罐容积方法误差很大，造成能源浪费。为加强能源管理和统计报表中库有准确，开始研究卧式金属罐容积计算。不会高等数学，除自学和请教老师外，还向清华大学、北京大学写信求教。节假日也不休息，经常将资料拿到家里研究，在各方面支持和帮助下，克服种种困难，通过自学求教，经过 15 年多努力，终于在 1975 年 4 月推导出“卧式金属罐水平球缺容积计算公式”。只要测下油罐里油面高度，即可从容积表上查出油容量，迅速准确，使用方便。伊春地区普遍采用刘洪田油罐容量计算法。

1978—1980 年，他先后 4 次被邀请参加国家计量总局在西安、成都、杭州和乌鲁木齐召开“卧式金属容积检定规程会议”。

1981 年，国家讲师总局颁发中华人民共和国计量器具检定规程《卧式金属罐容积》（JJG266—81）规程中“卧式金属罐水平球缺容积系数表”采用刘洪田提供公式。该规程后经国家计量总局批准，从 1982 年 12 月起施行。此公式比国外同类公式更为精确。

1982 年他被评为市和省森工总局“节能先进工作者”。1983 年被评为伊春市节能先进工作者，并获市优秀科技成果二等奖，获得奖金 200 元。1986 年 7 月，被评为伊春市“优秀自学成才者”。

郑永良（1931—2005）

郑永良，男，汉族，1931 年出生在吉林省农安县新农乡平安堡村（拉拉屯），1991 年 5 月退休。2005 年 9 月 20 日，因病去世，终年 74 岁。

1959 年，成为全局第一个油锯手。他刻苦钻研技术，逐步摸索总结出“一看油、电路是否畅通，二看混合油比例是否正确，三看汽缸积炭多少，四看锯链料大小”等一套使用和维修油锯经验。提高了生产效率，创造月采伐量 4000 多立方米好成绩。同时，他严守操作规程，利用“留弦、挂耳、加楔、支杆”等方法控制树倒方向，既保护幼树，又有利于集材。

1960 年，他所在小队被评为出席局和市先进小工队。他被评为出席市劳动模范。

1961 年 7 月，国家主席刘少奇视察丰林局第四林场 16 公里岔线采伐现场时，他进行采伐技术汇报表演。1964 年获省“五一”劳动奖状，7 月，他参加伊春市油锯表演团，为全市各林业局及吉林省临江林业局做油锯采伐表演和推广经验。1965 年，他担任第五小工队长，工作积极肯干，认真负责。干活时，把脚扎坏还带伤工作，拄棍到装车场指挥工队完成生产任务。11 月，任林场副主任。同年，被选为省人大代表，被评为省劳动模范。1966 年春节，他主动要求值班，下班后，主动帮助大家截烧柴。

1971 年 5 月，任平山经营所党支部书记、主任。此后，他被打成“走资本主义道路当权派”，粉碎“四人帮”后，他又走上领导岗位。1977 年 8 月，郑永良任平山经营所主任，他到场外作业点检查工作时，脑部被雷电击伤，耳膜穿孔，因工负伤。1978 年 7 月，任平山林场党支部副书记、主任。1980 年《伊春日报》发表了他的《油锯声声表衷情》文章。1981 年 8 月，他晋升为党支部书记。1983 年 6 月，任五营区巡视员，1984 年 4 月，任五营区中心苗圃研究员。

第二章　人物简介

王仁宽

王仁宽，男，1937年出生，汉族，辽宁省庄河市人，6年文化，1955年3月参加工作，1970年1月加入中国共产党。历任五营林业局汽运管理处司机、副主任、主任；五营区工会主任、副主席等职。

王仁宽

王仁宽从1966年起，连续驾驶汽车16年，安全行驶60多万公里。至1982年3月末，他驾驶185号解放牌运材汽车安全行车46万多公里，运材效率3534622公里，累计运材186469立方米，为社会主义建设做出贡献，被誉为林海“铁人”。

1972—1982年，王仁宽被评为区（局）、市、省先进生产者（先进包车组）、劳动模范、模范标兵、“铁人”式模范标兵、劳动英雄、特等劳动模范等20多次。

1977年8月，他当选为中国共产党第十一次全国代表大会代表；11月作为工人阶级代表，出国访问罗马尼亚。1978年5月，参加全国劳动模范“五一”劳动座谈会。同年，出席中国工会第九次全国代表大会，1978年9月，林业部向全国林业战线发出创办200个王仁宽式先进车组号召。《伊春日报》《黑龙江日报》《工人日报》《人民日报》等都相继报道他先进事迹。全国各地汽车驾驶员纷纷给王仁宽去信，表示向他学习。他曾多次立功受奖。10月，当选为中华全国总工会第九届执行委员会候补委员。1979年，被林业部树为林业战线汽车运材排头兵，10月，被国务院授予全国劳动模范称号。

1982年4月，王仁宽晋升为汽运管理处副主任。他地位变了，工人阶级本色没变。任领导工作后，更加严格要求自己，不管负责检修、后勤，还是抓多种经营，都努力认真做好。1985年春，区政府号召大力发展多种经营。王仁宽承担汽运处种植人参任务。他带领8名职工和40多名青年，到距汽运处3公里开荒种参。截至1987年，已开荒4万平方米，播种人参15700平方米，扣蔬菜大棚500多平方米，暖窖320平方米。同时，还栽种沙果、李子、铃铛果等经济树种。经过几年辛勤劳动，获得可喜成果。使昔日荒山变成花果山。王仁宽退休后，从事养蜂事业。他把自己养的蜜蜂无偿送给贫困户，并传授技术。伊春电视台以《蜜蜂事业》为题报道了他的事迹。

于喜文

于喜文，男，1938年10月生，汉族，黑龙江省海伦市人，大学文化，高级工师。1964年8月参加工作，1972年6月加入中国共产党。于喜文自参加工作以来，先后在五营区（局）任木材综合加工厂副厂长，林产工业科科长，集体经济管理处主任，区委常委，五营区（林业局）副区（局）长等职。系伊春市知识分子拔尖人才联席会会员，中国林学会理事、林产工业分会理事长。1993年，国务院授予他国家政特殊津贴证书，享受政府特殊津贴待遇。1966年，于喜文任木材加工厂副厂长时，主管生产技术工作。当时，林业部在本局筹建年产6万立方米的枝丫木片厂，他被调到木片厂任厂长，负责工艺设计，设备安装、调试及试生产工作。他在本局内部积极进行移动式削片生产试点探索，为充分利用伐区剩余物，解决枝丫材用途开创了新的门路，并配合林业部试点工作组总结林区枝丫木片生产的新途径，考察木片生产实践有关技术数据，为林区发展木材综合利用提供技术数据和资料。

1969—1970年，于喜文参加锯材车间锯机发行小组，为减轻工人笨重体力劳动，提高机械化水平，对锯机进行改造。经全组半年多工作，将大带锯改为“四自动”，即实现翻木、摇尺、上料、挂钩四自动实现机械化，保证产品质量，提高工作效率和经济效益。1971—1973年，本局筹建一处年产1500吨纸袋纸厂，于喜文参加筹建工作。该厂是局自行设计，土建自己施工，设备自己安装，调试自建项目。他承担该项目课题负责人，并承担制浆工段工艺设计任务。同时，参加该车间设计安装调试及试生产工作。1974—1975年，他组织筹建局木器厂，并承担年产1.5万件家具车间工艺设计及设备安装工作。1976年，参加局研制解放汽车用的纸浆、锯末机油滤清器芯工作，1976年，项目获市科技成果奖。1978—1979年，设计年产2000立方米细木工板车间，并亲自组织该车间设备安装、调节器试等项工作。同时，又组建年产20万把桦木筷生产车间，并负责该项目的工艺设计和设备安装试生产工作。

1980—1981年，参加年产万立方米刨花板厂工艺设计和设备安装及5万立方米锯材车间火灾复建工作。1983年，为使刨花板生产配套，解决胶料自给能力，拟建年产3000吨制胶车间。他担任该车间工艺设计任务并编制扩建设计任务书。1984年，于喜文参加刨花板厂组织枝丫刨花板生产线技术攻关发行项目，并担任该项目课题负责人，承担该项目设计安装调试等项工作。经过1年多技术攻关，终于取得成功。他当年获省科技进步二等奖。1988年，他参加编制年产万吨牛皮包装纸厂的设计任务书。

王立忠

王立忠，男，汉族，1941年11月27日生，中共党员，1963年毕业于肇东师范学校，曾任五营区法院副院长。

王立忠自1988年任五营区法院副院长以来，工作勤勤恳恳，任劳任怨。他主要分管法院刑事庭和经济庭工作。在他领导下两个庭工作成绩都比较突出。刑事庭自1989—1993年上半年，收结案件156起，199人。案件的平均审限为12天，结案率100%，无一上诉案件。1991年刑事庭被市中院评为先进庭室。经济庭自1989—1993年6月，办案189起，王立忠亲自外出办案42起。仅1992年9月他带领队员到福建一次清回呆滞货款46.1万元。几年来，经济庭为林业企业和金融系统挽回呆滞货款和贷款500余万元。1993年7—8月，又办理8起征收土地使用税案件，标的1.2万元。

1991年，刑事庭被市中院评为“从重从快，打击刑事犯罪”先进集体。他清正廉洁、立党为公，1989年荣获市级“廉洁之家”荣誉称号；1991年被评为区先进工作者；1992年，他的调研文章获伊春市中级人民法院二等奖；1993、1995年被评为区优秀共产党员。

任柏枫

任柏枫，男，1943年9月生，汉族，辽宁义县人，中专文化，高级政工师、编辑。1964年参加工作，1970年3月加入中国共产党。1963年3月，任五营铁路小学教员；1965年8月，在哈尔滨师范学院政训班学习；1966—1973年，在五营东方红校、五七中学任教员，副教务长；1973年7月—

1984 年，任中共五营区委办公室秘书、副主任，宣传部副部长；1984 年 4 月—1987 年 7 月，任五营区劳动服务公司副经理，1987 年 7 月—1990 年 10 月，任中共五营区委办公室主任；1990 年 10 月—2004 年，任五营区工会主席。

在他担任区工会主席的十几年里，他以良好工作作风和较高的工作能力赢得全区广大职工的信任和尊重。组织职工广泛开展职工岗位读书自学活动，进行传统教育和爱国主义系列教育，组织开展多种形式的劳动竞赛，连续 3 年开展十二种“状元杯”大赛；组织开展“班组标准化”建设活动，其成功经验在全市进行推广；积极引导和组织全区职工从事家庭经济，促进扶贫解困和“送温暖”活动。

1994 年家庭经济总产值达 2305 万元，占全区工农业总产值 20.3%。1997 年家庭经济总产值达 5374 万元，被市评为发展家庭经济先进单位，被省评为扶贫先进单位。连续 5 年被评为全市先进单位。

按照新时期对工会工作要求，任柏枫把工会组织维护职能落到实处，建立健全企业民主管理各项机制，在集体企业和三资、股份制企业组建工会，确保职工主人翁地位。连续几年被市评为民主管理先进单位。1992 年，区工会被省总工会命名为模范职工之家。任柏枫也多次受到区、市、省表彰奖励。1995 年 10 月，被全国总工会授予全国优秀工会干部；1997 年 4 月，被省政府授予劳动模范，5 月 1 日获全国“五一”劳动奖章。

林宝岱

林宝岱，男，1945 年 9 月生，汉族，吉林省双阳区人，大学文化，局总工程师，高级工程师。1969 年参加工作，1981 年 10 月加入中国共产党。1993—1994 年当选中共五营区第十四届委员会委员，中共伊春市第七、八届党代会代表。1993 年 10 月 1 日，由中华人民共和国国务院批准享受政府特殊津。1998 年 3 月 15 日，被推选出席黑龙江省第八次党代会代表。

1969 年 8 月，林宝岱毕业于东北林业大学机械系，木工机械设计与制造专业。先后被分配到五营区五营河林场任技术员（民电工），林业局林产工业科助理工程师，刨花板厂厂长，五营林业局林产工业科科长，中国林学会会员，副总工程师、总工程师、高级工程师、区人大常委会副主任等职。他为苗圃设计制造木线槽生产设备，为木制品厂设计白桦木筷生产线，仿型木工组合车床，这些设备为发展小木制品生产起到重要推动作用。为节约能源研制过锯末机油滤清器，进行过刨花板生产线和刨花板贴面线设计，并取得突出成绩。

1982 年，参加省科委论证并批准大型科技攻关项目“刨花板生产线技术攻关”。完成刨花板生产线和浸渍纸贴面生产线设计。通过省级鉴定后，刨花板产量质量合格率达 97%，居省内刨花板厂家之首，获黑龙江省科技进步二等奖，并由省科委颁发科技成果证书。

1987 年，被市政府命名为“伊春市优秀知识分子拔尖人才”。《刨花板厚度差的控制》论文，在伊春友好林学年会上交流，获一等奖。1988 年，他撰写《刨花板生产工艺设计计算》一文，载入刨花板生产工人培训参考书中。1990 年，他与人合著《铝镁合金复合板的研究》一文，获伊春市林学年会优秀论文。1994 年 7 月，与人合著《枝丫木片生产最佳工艺的研究》论文，在国际林联系三学部国际研讨会上交流。林宝岱注重人才培养。1980—1988 年，对刨花板操机工 156 人进行刨花板制造工艺学、刨花板设备应用及有理、产品质量检验等内容进行培训，能独立操作。他在林产工业生产技术方面取得 9 项科技成果和 1 项新产品出色成绩。

赵德龙

赵德龙，男，1947 年 6 月生，汉族，吉林省德惠市人，高中文化，技术员，1962 年 9 月参加工作，1975年加入中国共产党。

1984年，汽运管理处25名职工组成综合段，赵德龙任综合段段长兼党支部书记。1989年，职工增加到28人。赵德龙带领这个综合段实行全民职工集体管理，财经独立，自负盈亏，对外进行汽车修理、加工等劳务。进行4项改革。同单位签订长期集体承包合同，合同期内，盈亏自理，上缴费用不变；建立严格班组管理制度，设置班组管理“七大员”，负责工管的质量监督；建立用户回访卡，坚持报务上门；工资分配打破原工资等级界线，实行三等六级分配制。创产值52万元，纯利润12.5万元。

赵德龙带领综合段能够正确处理国家、集体和个人三者利益关系。全年每人义务献工140小时，增加收入2.6万元。人均工资达到300元。他们承包富了没有忘记国家和集体。1989年认购国库券时处职工每人购40元，而他们段每人购100元。

1988年，汽运处综合段被评为省总工会先进工会小组，1989年被评为区标兵班组、先进集体。赵德龙多次被评为区优秀共产党员。1977—1985年，被评为区先进生产者，1986年—1988年，被评为区劳动模范标兵、市劳动模范，特等劳动模范，1989年，被省政府授予劳动模范。

于红军

于红军，1952年11月生，1971年6月毕业于五营高中，中共党员，工程师，区人大常委会委员，工商联副主席，市绿色食品协会理事，市工商联执委。1971年参加工作，先后在本区平原经营所任教师、采运技术员、副主任等职。1982年，他试制开发“亚翔牌”系列山野菜罐头，产品供不应求。当年获利2.8万元。1987年6月，于红军创建平原罐头厂，1990年10月，在中国旅游购物节旅游产品评比中荣获天马优秀奖；1991年11月，在“七五”全国星火计划成果博览会上荣获银奖。同年，被评为省森工系统多种经营集体经济工业达标竞赛先进工作者。1992年3月，获伊春市政府颁发科技进步三等奖。同年，于红军荣获全国“七五”星火计划带头人称号。1993年8月，荣获区知识分子拔尖人才称号 。同年，获省森工总局创建“四文明”活动银杯奖。1996年，荣获全国“合理化建议”金牌。1997年7月2日，企业改制，将平原罐头厂改称为鑫源野生食品加工厂，成为经济独立级单位，隶属林业集体企业。开发出野果红山都柿果酒、野生蓝莓果酒、五味果酒、野生蓝莓果汁、野生蓝莓罐头、野生蓝莓单体速冻果、林工老酒、林工之春酒、速冻刺五加叶等4大类18个品种，1998年，企业总资产由建厂初期360万元发展到1120万元。年生产加工能力1500吨。同时，建有大、中、小型冷库6个，山野果收购网点21个，树莓示范基地200亩，安置就业200多人。

2001年6月，该厂获第十二届哈尔滨经济贸易洽谈会优秀展品奖，产品连续获沈阳食品展览会金奖。10月，在全市发展非公有制经济工作会议上，授予于红军为2000年度发展非公有制经济“光彩之星”。2001年9月—2002年12月，中国质量检验协会确定鑫源野生食品加工厂生产工艺的野生蓝莓干红、野生蓝莓甜酒为本年度全国“3·15”质量宣传荣誉产品。2002年，于红军获市级明星企业家称号。2003年4月，产品销往国内各地外，还出口德国、丹麦、日本等国。中央电视台第七频道曾采访报道。荣获国家环境与健康畜牧业发展贡献奖。2003年，野生蓝莓单体速冻果出口日本。2004年，野生蓝莓等成型产品销售台湾等地。4月，获市（香港、广州）产品展示、展销暨经贸洽谈会优秀展品奖。还荣获市2000年度“先进乡镇企业”。2003—2004年，该厂被市政府授予“守合同重信用企业”，又被省工商行政管理局授予“省级守合同重信用企业”。10月，于红军被市政府授予“光彩之星”称号。2005年6月，该厂新产品野生蓝莓果酒、果汁系列产品荣获省第五届优秀新产品三等奖。

1997年，他为希望工程捐款3000元；1998年，北京学生夏令营到五营，他赞助5000元；2000年，为丰富林区人民文化生活，举办“五营之夏”音乐会，出资5000元；后来救助灾区捐款2000元。

此外，每年都到敬老院探望老人，去驻地官兵处和学校，慰问官兵和学生，捐赠礼品，奉献爱心。参与公益事业，捐赠款达 4 万多元。

刘忠

刘忠，男，汉族，1955 年 1 月生，吉林蛟河人，中学高级教师。1985 年，在五营一中任高中物理，班主任。他所带的班级连续多年被评为精神文明班级，他也多次被评为优秀班主任。并于 1986 年荣记五营区政府二等功两次。1989 年 12 月他被中国教育学会物理教学研究会、中学物理编委会评为优秀通讯员。

1993 年 8 月，他被评为五营区第二批知识分子拔尖人才。同年 12 月，被《中学物理》编委会评为特优通讯员。1994—1995 年，被区政府授予先进科技工作者。1994 年 5 月，他被区政府、区工会授予职业岗位自学成才标兵。1997 年，被省教委评为省级高级中学骨干教师。在他的指导和带领下，五营高级中学在两小（小论文、小发明）科技活动中，有《杆秤的尾部低垂与上翘重量差多少》等 3 篇小论文和 4 项小发明，其中小发明《自动窗插》获市科协三等奖和区科技一等奖。

1987—1988 年，小论文《浅谈自行车的刹车原理》《从力学角度浅析一种气功》获区科协一等奖，小发明“斗智游戏机”获上海市电视台举办“天使杯大奖”的获奖证书。小论文《浅谈自行车刹车原理》获市科协二等奖。1988 年 7 月，他撰写科林论文，获区科学技术协会优秀论文一等奖，8 月，他的《研究学生心理改革课堂教学方法》论文，他采取“引入课题—创设情景—启动思维—学生举例填表—总结—指导阅读质疑——讨论释疑”的教学程序，激发了学生学习积极性和主动性。该论文获中国教育学会物理教学法研究会三等奖，获伊春市优秀教育科研成果二等奖。1990 年 3 月，黑龙江教育出版社出版的《高中物理经要与分析》一书中第三章牛顿运动定律与动力学解题是他编写的。8 月,《论物理目标教学实施的可行性》论文，获中国教育学会物理教学研究会《中学物理》杂志三等奖。

1991 年，他利用业余时间自制横波演示器、地磁偏角的测定仪、牛顿第三定律演示仪等教学仪器，其中牛顿第三定律演示仪在伊春首届中小学自制教具展评会上获二等奖。1992 年 5 月，他撰写的《融德育于物理教学之中的探索》论文，在全国第五届中学物理教学研讨会上发表，获中国教育学会物理教学研究会二等奖。7 月，他撰写的《论物理学史在课外科技活动中的应用》一文，获全国中学物理研究者协会优秀教学教研成果一等奖。1993 年 1 月，他撰写的《论文面性思维障碍》一文，获黑龙江省物理教学研究会一等奖。他被黑龙江省物理教学研究会聘为 1993 年 ~1995 年度常务理事兼副秘书长。1992—1993 年，他所教的班级参加全省高中物理会考合格率达 84%。在担任教研组长时，带领全组成员探索教学规律，指导青年教师周衍玲参加 1993 年 6 月全市中学物理教师的基本功大赛，获二等奖，1995 年 6 月，获全区物理实验教学竞赛优质课。物理教研组也多次被评为出席区先进集体。1994 年 7 月，撰写的《培养学生的学习策略》论文，在北京召开的“国际物理教育研讨会”上发表，被评为一等奖。1996 年 8 月，他的《物理教学中学生分化现象研究》论文，在全国第七届中学物理学改革研讨会上发表，被评为优秀论文二等奖。1999 年 5 月，他制作的原子核烈变演示仪获市二等奖。

高军

高军，男，1955 年 9 月生，汉族，黑龙江省青冈县人，大专文化，1971 年 9 月参加工作，1992 年 11 月加入中国共产党。他先后在湖北省武汉市电信局江汉分局任自动机务员，黑龙江省丰林林业局路电处任电话机务员，五营林业局计统科科员，伊春市五营区物价局科员、副局长、局长、计划统计局局长等职。

1993年12月，担任五营区计划统计局局长。他锐意开拓创新，积极参加全区各项改革，先后制定五营区工资审批管理办法，统计管理办法、计划管理办法、项目管理办法及固定资产投资管理办法。他主持编制天然林资源保护工程实施方案，每年为林业局节约资金几十万元。他组织实施项目库建设，使项目库储存量由原来27项达到70项，其中有13项被市、省和国家采用。对上争取，到位资金达4000多万元，为促进五营经济发展做出突出贡献。在投资管理上，制订五营区（局）对上争取工作方案明确责任实行目标管理。进一步规范投资管理程序，严格改选项目开工，设备购置手续，加强对在建功立业项目监管力度，严格审核工程预算，确保有效资金发挥更大效益。在营林生产管理费用上，对防病、幼扶和透光抚育实行项目形势报告制度，经林业局批准后方可进行生产作业。在工资管理上严格执行五营林业局工资审批办法，按计划编制和工资定额严格把关。为林业局节约20余万元。在基本建设管理方面，制定工程预算联审制度，在项目管理工作中，共编制可行性研究报告38项，项目建议书7项，项目初步设计书1项，被国家和省市采用批准13项。他还认真执行项目管理办法和项目奖励办法，使项目储存量由2002年27项增加到70项。并定期向网上发布和搜集项目信息，共完成对上争取项目27项，争取到位资金4043.2万元。

高军积极为五营区外来投资者及个体私营企业创造良好经济发展环境。免费为远东北药发展有限公司、忠芝木业有限责任公司、科力奥生物工程有限责任公司、双玉兔业有限责任公司等企业编写项目可行性研究报告，初步设计等有关资料，亲自为这些企业外出跑项目解决资金问题。尤其在帮助雪源饮品有限责任公司早报年产5000吨山野菜加工产业龙头项目过程中亲自到哈尔滨修改可行性研究报告，3天3夜加班加点，吃方便面，喝开水，带病坚持工作，最后争取到位资金400多万元。使这个企业不仅扩大规模，提高效益，而且安置就业60多人。对忠芝集团，高军积极落实区里各项优惠政策，使原来一个小木制品厂发展到拥有固定资产总值2400万元。

计划统计局曾连续多年被区委、区政府评为“双文明”先进科室。高军也因业绩突出，贡献卓越，多次受到上级嘉奖。1996、1997、2000年荣获区劳动模范，1996、1999、2004年荣获区优秀共产党员，2002年荣获全市计划系统“创先争优”先进个人，2002—2003年荣获全市计划系统先进个人，2003年获省物价系统先进个人，2004年，获省森工总局劳动模范标兵，2005年8月，在全市第五届“十佳公仆”命名表彰大会上被市委、市政府授予伊春市第五届“十佳公仆”荣誉称号。

解植坤

解植坤，1961年11月生，黑龙江省依兰县人，大专文化，高级政工师，经济师，1977年8月参加工作，1989年8月加入中国共产党。

1985年，解植坤承包五营印刷厂。自荐厂长上任后，精兵简政，把办公室11人减至5人，实行一人多职，业务一包到底，利润55%提成办法，使厂5个月就还上银行贷款2.8万元。3年期间，每年产值利税翻一番，共创利润19.8万元。

1989年10月，任地方企业联合开发公司副总裁时，合并两家濒临倒闭，资不抵债的食品厂和工艺美术厂。他带领职工经过1年奋斗，投资50万元盖起一座食品厂大楼。公司产值100万元，完成计划147%，实现利税12万元，完成计划221%。

1990年4月，区委、区政府决定把区经委所属服装厂等8家亏损企业归并到地企公司统一经营管理，制定一整套改革方案。投资30万元用于食品厂技术改造和设备更新，年产值提高4倍。投资60多万元建起服装生产楼。投资10万元为腐乳厂新上一条先进豆制品生产线，年增产值7万元。1991年，成立综合、边贸、信息三个部。全年完成产值730万元，超额200万元，实现利润60万元，超额39万元，新增固定资产260万元。1992—1993年，公司先后在辽阳新技术开发区投资40万元搞土地转让，在嘉荫边贸也入股经营，成立宏源股份有限公司，是全市第一家股份制企业。

解植坤关心职工生活，帮助解决一些实际问题。公司规定职工子女考入本科生奖500元，专科生300元，中等生200元。他为保证地方工业退休工人开支，将所有退休工人都拿到公司开支，任职4年来，每年每月都及时给退休工人开支。

解植坤关注社会公益事业，关心职工生活，提倡尊师重教，先后投资20多万元扶持职工从事家庭经济，捐款10万元投入区扶贫解困基金，共计无偿出资770万元。1998年抗洪救灾，为伊春南部水灾提供救助捐款15万元，总共捐助100万元。为发展教育事业投入大笔资金，用于改善教学条件和教师生活。解植坤领导的企业，被省政府授予“明星企业”和“企业管理优秀单位”等荣誉称号。1989~1993年，连续5年被评为区“双文明标兵”和“拔尖人才”称号；1994~1995年获市“特等劳动模范”、省“劳动模范”称号；1990—1992年，被评为省明星企业家，省森工企业“双文明”先进个人，1996年被评为省“十大青年企业家”之一。1998年7月，市政府授予“伊春林区开发建设五十周年创业功臣”，11月，被农业部授予“全国优秀乡镇企业董事长”，1999年2月，获中国当代慈善企业家称号，4月，获全国“五一”劳动奖章。

谢忠民

谢忠民，男，1965年6月生，汉族，河南省夏邑县人，中专文化，毕业于黑龙江省广播电视大学企业管理专业。经济师。1982年在该区杨树河林场任林政科科员，1994—2005年，任伊春市五营区忠芝木业有限责任公司总经理、伊春市忠芝大山王酒业有限公司总裁。

1994年初，谢忠民停薪留职，下海经商。原单位党政领导帮助筹集资金3万元，自筹2万元，兴建厂房，招用十几名职工，办起个体锯材厂。由于管理有方，经营得法，第一年便实现销售额10多万元。1995年销售额翻一番。1998年出资10万元买断原光华木器厂，1999年出资源共享20万元买断原百叶箱厂，2000年出资22万元买断商业局小杆站，又出资7万元买断原粮食局招待所（1300平方米），经几年发展，已拥有木材加工、家具、洗浴中心等五个经营点，在外销售点10多个，年加工木材3万多立方米，占地总面积31200平方米，建筑面积3800平方米，有职工260人。2001年筹建成一座集餐饮、洗浴、客房为一体的大型酒楼。2002年，为公司贫困户捐款4000元。公司拥有总产值650万元。年创产值1500万元。经营项目有板材、木片、家具等十余项，实木家具等产品广泛销往上海、徐州、佳木斯、连云港等地。他与大专院校和科研单位挂钩，选择有前途的高科技产品，共同开发生产，成为林区家具生产龙头企业。忠芝木业有限公司，年加工生产实木家具24000件，生产木片3000多吨。年产值1840万元，实现利润240万元。

他被评为区1997年度“私营企业优秀厂长”、1998年度“发展非国有制经济标兵”、“市级优秀乡镇企业厂长”等荣誉称号。2000年12月，被伊春市工商行政管理局伊春市个体劳动者协会授予“光彩之星”企业。2001年，捐资助学在公司内部设立助学基金款，参与公益事业，在扶贫助残活动中捐款2万元。在支教帮教职工工作中成绩显著，被评为尊师重教先进单位。9月，被伊春市再就业工程领导小组授予“再就业光彩企业”。2000—2001年度出席区劳动模范，被区政协选为政协委员，2002年，荣获伊春市“青年创业明星”称号和第四届“伊春市十大杰出青年”提名奖。

杨红梅

杨红梅，女，1972年4月7日生，汉族，大专文化，中共党员，小教一级，1991年参加工作，系五营区第一小学教师。

杨红梅从事教育工作10多年期间，一直担任班主任工作，她既教学生知识，又教他们如何学会做人，在对学生进行基础道德教育同时，坚持将“五爱”教育溶于平时活动中，即：爱祖国从爱班级、爱学校做起；爱人民从爱父母、爱同学做起；爱劳动从做值日、搞好卫生做起；爱科学从认真听讲、大胆发言、独立作业、积极参加竞赛活动做起；爱社会主义从爱护公物、做好事、热爱集体做起。她通过召开主题班会、演讲会，使班级学生既上进又团结，思想道德、文化水平都有很大提高。曾多次获优秀班级和少先队先进集体称号。她所教的班成绩连续在全区名列前茅，深受家长好评。她任学校大队辅导员，政教处主任，她为红领巾事业呕心沥血，把慈母般的爱奉献给孩子们。她辅导的四一中队被评为“全国雏鹰假日小队”“学习雷锋先进集体”等称号。杨红梅个人也多次被评为“优秀辅导员”“优秀教师”。

1996 年被评为省森工系统“优秀教师”，1997 年获区“新长征突击手”，1999 年获“五营区十大青年标兵”，连续 4 年获区“双文明先进个人”。并先后于 1994 年、1998 年分别获全区教师五项竞赛“全能”第一名，伊春市教师五项技能竞赛单项一等奖，伊春市百校小学教师六项基本功竞赛三等奖，市级优秀少先队大队辅导员。

第三章　人物名录

1986—2005 年，五营区出席国家级（含系统）劳模先进人物 23 人次，省级（含系统）劳模先进人物 235 人次，市级劳模先进人物 141 人次（其中特等劳动模范 5 人次）。全区各级出席市以上劳动模范先进人物 606 人次。

第一节　国家级（含系统）劳模先进人物

五营区国家级（含系统）劳模先进人物 23 人次。

1992—2005 年五营区国家级劳模先进人物统计表

表 24-3-1

姓名	性别	年度	授予单位	荣誉称号
于红军	男	1992—1993	全国农林工会	先进个人
赵树范	女	1993	中华人民共和国教育委员会	优秀教师
任柏枫	男	1995	全国总工会	优秀工会干部
		1997	全国总工会	全国五一奖章
朱景全	男	1995	全国总工会	先进个人
马玉增	男	1995	全国农林工会	全国见义勇为先进个人
张庆莲	女	1995	交通部见义勇为基金会	先进女职工
卞广英	女	1995	全国总工会	优秀居委会主任
苗成臣	男	1996	林业部	全国青年星火带头人。
孟庆生	男	1997	全国科学技术委员会	优秀工作工作者
解植坤	男	1999	全国农林工会	全国五一奖章
董运宝	男	1999	全国总工会	全国自然保护区管理先进个人
仇永胜	男	2002	国家林业局、国家环保局、农业部、国土资源部	劲松奖
杨延广	男	2002	中国林学会	劲松奖
阎志国	男	2002	中国林学会	劲松奖
刘德友	男	2002	中国林学会	劲松奖
汝志平	男	2002	中国林学会	劲松奖

续表 24-3-1

姓名	性别	年度	授予单位	荣誉称号
马士军	男	2002	中国林学会	劲松奖
赵庚信	男	2002	中国林学会	劲松奖
赵振华	男	2002	中国林学会	劲松奖
侯福才	男	2005	中国关心下一代工作委员会	“中华魂”主题读书教育优秀辅导员
吕守双	女	2005	国家统计局	全国经济普查先进个人
			国家统计局	全国百分之一人口抽样调查先进个人

第二节 省级（含系统）劳模先进人物

五营区出席省级（含系统）劳模先进人物 235 人次。

1986—2005 年五营区省级（含系统）劳模先进人物统计表

表 24-3-2

姓名	性别	年度	授予单位	荣誉称号
王淑华	女	1986	黑龙江省气象局	先进个人
		1995	黑龙江省气象局	先进个人
		1998	黑龙江省气象局	先进个人
		2001	黑龙江省气象局	先进个人
		2004	黑龙江省气象局	先进个人
		2005	黑龙江省气象局	先进个人
牛立家	男	1986	黑龙江省人民检察院	先进工作者
		1987	黑龙江省人民检察院	全省检察系统先进工作者
		1988	黑龙江省人民检察院	全省检察系统先进工作者
崔英杰	男	1987	中共黑龙江省委员会黑龙江省人民政府	省严打斗争先进个人
		1988	中共黑龙江省委员会黑龙江省人民政府	全省政法战线先进个人
		1989	中共黑龙江省委员会黑龙江省人民政府	全省政法战线先进 个 人
崔英杰	男	2001	中共黑龙江省委员会黑龙江省人民政府	全省同法轮功邪教斗争先进个人
贾淑梅	女	1988	黑龙江省科学技术协会 黑龙江省教育委员会	优秀青少年科技辅导员
		2000	黑龙江省教育厅	教育督导先进个人
高兴学	男	1989	黑龙江省森林工业总局党委	精神文明先进个人标兵
沈智锋	男	1989	黑龙江省森林工业总局党委	精神文明先进个人标兵
		1991—1995	黑龙江省森林工业总局	“八五”期间育林功臣
		1996—2001	黑龙江省森林工业总局	“九五”期间劳动模范
张绍萍	女	1989	老龄工作委员会	敬老好儿女
赵德楷	男	1989	黑龙江省人民政府	劳动模范
侯宝成	男	1989	黑龙江省公安厅	省政工系统先进个人
邢会桢	男	1990	黑龙江省军区	40 火箭筒射击第二名
刘广贵	男	1990	黑龙江省军区	40 火箭筒射击第二名
刘　杰	男	1991	黑龙江省人民政府	劳动模范
郭庆兰	女	1991	中共黑龙江省委员会黑龙江省人民政府	省精神文明先进个人
		1999	黑龙江省森林工业总局	富民兴企森林杯先进个人
徐丽娟	女	1991	黑龙江省森林工业总局	优秀教师
苗成祥	男	1991—1995	黑龙江省森林工业总局	“八五”期间育林功臣
		1999	中共黑龙江省委员会	优秀共产党员
		1996—2004	黑龙江省森林工业总局	“九五”期间劳动模范
魏鹏飞	男	1992	黑龙江省地方志办公室	修志先进工作者
王兆义	男	1992	黑龙江省高级人民法院	省级文明干警
邹建途	男	1992	黑龙江省教育委员会	实验室建设先进个人
李学友	男	1993	黑龙江省人民检察院	省检查系统先进个人
刘盼君	男	1993	黑龙江省公安厅	全省优秀看守系统先进个人

续表 24-3-2

姓名	性别	年度	授予单位	荣誉称号
赵彬成	男	1993	黑龙江省公安厅	全省公安系统先进个人
赵彬成	男	1994	黑龙江省公安厅	全省公安系统先进个人
孙树义	男	1993	黑龙江省关心下一代工作委员会	全省关心下一代工作先进个人
		1996	中共黑龙江省委组织部省老干部局	全省老干部工作先进工作者
		1996	黑龙江省老龄工作委员会	全省老龄工作系统先进个人
王明强	男	1994	黑龙江省森林工业总局	优秀教师
任柏林	男	1994	高级人民法院	省法律大专证书班优秀学员
华景伟	男	1994	黑龙江省总工会	优秀工会积极分子
武学忠	男	1994	科学技术学会	先进个人
唐家军	男	1994	黑龙江省森林工业总局	优秀经理
张仲良	男	1994	黑龙江省经济委员会 黑龙江省科学技术委员会	先进个人
王书志	男	1994	黑龙江省森林工业总局	先进个人
苏立强	男	1994	黑龙江省森林工业总局	先进个人
黎家顺	男	1994	中共黑龙江省森林工业总局	统战先进工作者
		1995	中共黑龙江省委员会统战部	全省统战系统模范工作者
周凤彬	女	1994	黑龙江省人民政府	信访先进个人
王英新	男	1994	黑龙江省林业报社	优秀通讯员
田风武	男	1994	黑龙江省人民政府	信访工作先进个人
吕守双	女	1994	黑龙江省森林工业总局	计统工作先进个人
黄先喜	男	1994	黑龙江省森林工业总局	先进个人
朱宝君	男	1994	黑龙江省森林工业总局	先进个人
冷　矛	男	1994	黑龙江省森林工业总局	先进个人
司端雷	男	1994	黑龙江省森林工业总局	先进个人
武模建	男	1994	黑龙江省环保局	先进个人
于国林	男	1994	黑龙江省广播电视厅	先进个人
郝　盛	男	1994	黑龙江省广播电视厅	先进个人
杨红梅	女	1994	黑龙江省森林工业总局	优秀教师
王喜芬	女	1994	黑龙江省儿童少年工作委员会	先进个人
孙连成	男	1994	黑龙江省教育委员会黑龙江省体育委员会	先进个人
周福琳	男	1994	黑龙江省军区	国防知识竞赛个人第三名
		2004	黑龙江省“基本单位普查”领导小组	“基本单位普查”先进个人
张国芹	女	1994	中国共产主义青年团黑龙江省委员会	优秀大队辅导员
张国芹	女	1995	黑龙江省教育委员会黑龙江省人事厅	优秀教师
		1996	黑龙江省森林工业总局	森林系统优秀教师
		1996	黑龙江省教育学院	学科优秀教师
		1998	黑龙江省教育委员会	第四届青年教师现代园丁奖
李学顺	男	1994	黑龙江省建设银行	先进个人
杨德义	男	1994	黑龙江省森林工业总局	伐区管理先进个人
		1997	黑龙江省森林工业总局	先进个人
任柏枫	男	1995	黑龙江省林业工会	先进个人
—	—	1995	黑龙江省总工会	优秀工会工作者
孟庆生	男	1995	黑龙江省总工会	优秀工会工作者
朱景全	男	1995	黑龙江省林业工会	先进个人
		1997	黑龙江省森林工业总局	劳动模范
孙淑媛	女	1995	黑龙江省总工会	优秀工会积极分子
张庆莲	女	1995	黑龙江省妇女联合会	“三八”红旗手
		1995	黑龙江省人民政府	城市市容环境卫生行业先进个人
		1996	黑龙江省森林工业总局	森工系统服务明星
		1996	黑龙江省妇女联合会	“巾帼建功”标兵
陆士臣	男	1995	黑龙江省总工会	优秀工会积极分子
赵淑范	女	1995	黑龙江省教育委员会人事厅	优秀教师
张彦起	男	1995	中国人民解放军 51069 部队	荣立个人三等功
韦庆和	男	1996	黑龙江省森林工业总局	科技进步三等奖
刘淑兰	女	1996	黑龙江省森林工业总局	科技进步三等奖
		2000	黑龙江省林业工会　森林工业总局　营林局	“三八”绿色工程活动绿化女能手
林　伊	女	1996	黑龙江省文化厅	文化市场管理先进个人
		1997	黑龙江省文化厅	全省文化市场目标责任管理先进个人
刘永文	男	1997	黑龙江省森林工业总局	劳动模范标兵
李忠臣	男	1997	黑龙江省森林工业总局	劳动模范

续表 24-3-2

姓名	性别	年度	授予单位	荣誉称号
严兆群	男	1997	黑龙江省森林工业总局	劳动模范
李君成	男	1997—2001	黑龙江省消费者协会	全省保护消费者权益先进工作者
		2005	黑龙江省消费者协会	全省消费者协会系统“维权天使”先进个人
吴立臣	男	1997	黑龙江省公安厅	省法制战线先进个人
		2000	黑龙江省公安厅政治部	省“公安控申”优秀干部
		2003	黑龙江省公安厅	省“治安巡逻部门”先进个人
董运宝	男	1997	黑龙江省森林防火指挥部	森林防火模范
贺清伟	男	1997	中共黑龙江省森林工业总局委员会	优秀共产党员
高兴玲	女	1997	中共黑龙江省森林工业总局委员会	优秀党务工作者
		1999	中共黑龙江省森林工业总局委员会	优秀准备工作者
		2004	中共黑龙江省森林工业总局委员会	模范党务工作者
		2005	中共黑龙江省森林工业总局委员会	模范党务工作者
柴方胜	男	1998	中共黑龙江省委员会 黑龙江省人民政府	党政系统密码密码先进个人
		2000	中共黑龙江省委员会 黑龙江省人民政府	先进个人
		2005	中共黑龙江省委员会 黑龙江省人民政府	嘉奖 奖励
李长胜	男	1998	黑龙江省森林工业总局	先进个人
		1999	黑龙江省森林工业总局	先进个人
		2000	黑龙江省森林工业总局	先进个人
		2001	黑龙江省森林工业总局	先进个人
		2002	黑龙江省森林工业总局	先进个人
李长胜	男	2003	黑龙江省森林工业总局	先进个人
		2004	黑龙江省森林工业总局	先进个人
		2005	黑龙江省森林工业总局	先进个人
汝兴平	男	1998	黑龙江省森林工业总局	先进个人
		2000	黑龙江省森林工业总局	先进个人
		2001	黑龙江省森林工业总局	先进个人
		2002	黑龙江省森林工业总局	先进个人
		2002	黑龙江省安全生产监督管理局	先进个人
		2003	黑龙江省安全生产监督管理局	先进个人
		2003	黑龙江省森林工业总局	先进个人
		2004	黑龙江省森林工业总局	先进个人
		2004	黑龙江省安全生产监督管理局	先进个人
		2005	黑龙江省森林工业总局	先进个人
赵 广	男	1998	工商行政管理局个体劳动者协会私营企业协会	省个体私营，98 抗洪救灾先进个人
宋光田	男	1998	黑龙江省森林工业总局	严打先进个人
李兴庆	男	1998	公安厅 伊春市公安局	省市身份证编号清理先进个人
		2002	黑龙江省消防总队	省消防练兵先进个人、优秀指挥员
		2005	黑龙江省消防总队	省消防执勤岗位练兵先进个人
王喜志	男	1999	黑龙江省森林工业总局	富民兴企森林杯先进个人
付英科	男	1999	黑龙江省森林工业总局	先进个人
景化杰	男	1999	黑龙江省森林工业总局	先进个人
潘若飞	男	1999	黑龙江省森林工业总局	先进个人
		2001	黑龙江省森林工业总局	先进个人
张淑清	女	1999	黑龙江省森林工业总局	富民兴企森林杯先进个人
杨旭峰	男	1999	黑龙江省森林工业总局	先进个人
		2001	黑龙江省森林工业总局	先进个人
张树忠	男	1999	黑龙江省森林工业总局	先进个人
关春生	男	1999	中国工商银行股份有限公司黑龙江省分行	先进个人
王昆仑	女	1999	中国农业银行黑龙江省分行	劳动模范
		2000	中国农业银行黑龙江省分行	劳动模范
		2001	中国农业银行黑龙江省分行	劳动模范
张功民	男	1999	黑龙江省物价局	全省物价系统先进工作者
		2004	黑龙江省物价局	全省物价系统先进工作者
		2005	黑龙江省物价局	全省物价系统先进工作者

续表 24-3-2

姓名	性别	年度	授予单位	荣誉称号
宋国华	男	1999	中共黑龙江省森林工业总局委员会	优秀共产党员
		2004	中共黑龙江省森林工业总局委员会	优秀共产党员
		2005	中共黑龙江省森林工业总局委员会	优秀共产党员
姜　羽	男	2000	黑龙江省体育局	群众体育先进工作者
马洪生	男	2000	黑龙江省森林工业总局	经销工作先进个人
冼吉尊	男	2000	黑龙江省森林工业总局	经销工作先进个人
张玉华	男	2000	黑龙江省社会治安综合治理委员会	社会治安综合治理先进工作者
栾秀云	女	2000	黑龙江省森林工业总局	审计先进工作者
周志刚	男	2000	中国工商银行股份有限公司黑龙江省分行	先进个人
张金山	男	2000	黑龙江省交通管理局	省交警战线先进个人
		2001	黑龙江省交警总队	省交警战线先进个人
		2005	黑龙江省公安厅	个人三等功
赵相木	男	2000	黑龙江省公安厅	全省流动人口管理先进个人
宗继胜	男	2000	黑龙江省公安厅	派出所基层工作先进个人
秦中淮	男	2001	黑龙江省人民政府	环境卫生战线先进个人
赵　宇	女	2001	黑龙江省森林工业总局	“九五”劳动模范
刁永凯	男	2001	黑龙江省森林工业总局	“九五”劳动模范
郭建勋	男	2001	黑龙江省森林工业总局	“九五”劳动模范
宋丽云	女	2001	黑龙江省教育厅	优秀教师
		2004	黑龙江省教育厅	骨干教师
金　艳	女	2001	黑龙江省人民政府	第四次人口普查先进个人
		2005	第一次全国经济普查领导小组	第一次全国经济普查工作省级先进个人
袁兴林	男	2001	黑龙江省人民政府	第四次人口普查先进个人
刘淑贤	女	2001	黑龙江省广播电视厅	优秀行政工作者
张希跃	男	2001	黑龙江省森林工业总局	全省森工科技先进工作者
张恒芳	男	2001	黑龙江省森林工业总局	全省森工科技先进工作者
		2004	黑龙江省森林工业总局	先进个人
兰　春	男	2001	价格鉴证协会物价局	全省价格鉴证工作先进工作者
陈修坤	男	2002	黑龙江省林业工会	积极分子
		2003	中共黑龙江省委员会	优秀党务工作者
于亚维	男	2002	黑龙江省森林工业总局	劳动模范
张兴琴	女	2002	黑龙江省人民政府	第二次全国基本普查工作省级先进个人
王瑞玉	女	2002	黑龙江省森林工业总局	先进个人
王瑞玉	女	2004	黑龙江省地方志办公室	先进个人
李文杰	女	2002	黑龙江省人民政府	第二次全国基本普查工作省级先进个人
张秀玲	女	2002	黑龙江省人民政府	第二次全国基本普查工作省级先进个人
		2005	第一次全国经济普查领导小组	第一次全国经济普查工作省级先进个人
王增亮	男	2002	第一次全国经济普查领导小组	劳动模范
王殿学	男	2002	黑龙江省建设厅	全省建筑市场管理先进个人
		2003	黑龙江省建设厅	全省建设系统诚信文明优质服务竞赛活动先进个人
		2003	黑龙江省人事厅　建设厅	全省建设系统先进工作者
		2004	黑龙江省人事厅　建设厅	全省建设系统先进工作者
		2005	黑龙江省人事厅　建设厅	全省建设系统先进工作者
赵雪峰	男	2002	黑龙江省公安厅	全省射击第二名
高　军	男	2002	黑龙江省森林工业总局	劳动模范
		2003	黑龙江省物价局	全省物价系统先进个人
		2004	黑龙江省森林工业总局	劳动模范标兵
张　伟	男	2003	黑龙江省物价局	森林管护先进个人
孙成海	男	2003	黑龙江省物价局	森林管护先进个人
宋志超	男	2003	黑龙江省物价局	森林管护先进个人
杨红梅	女	2003	黑龙江省教育厅	优秀教师
		2004	黑龙江省教育厅	骨干教师
		2004	黑龙江省心理健康教育课题组	优秀教育科研心理健康实验工作者
赵玉兴	男	2003	黑龙江省审计厅	劳动模范
何　利	男	2003	黑龙江省技术业务能手委员会	省技术能手
陈　伟	男	2003	黑龙江省司法厅	省司法行政系统“双文明”先进个人
王锁军	男	2003	黑龙江省人民检察院	省检察系统优秀侦察员
张玉杰	男	2004	黑龙江省教育厅	优秀教师
王秀霞	女	2004	黑龙江省教育厅	骨干教师

续表 24-3-2

姓名	性别	年度	授予单位	荣誉称号
丁屹峰	男	2004—2005	中共黑龙江省委政治委员会	人民满意政法干警标兵
徐慧征	女	2004	黑龙江省高级人民法院	纪检工作先进个人
吕　琢	男	2004	黑龙江省高级人民法院	工作满 30 年法官
董志国	男	2004	中共黑龙江省委政治委员会	政法干警标兵
王增亮	男	2004	黑龙江省人民政府	劳动模范
于喜文	男	2005	中共黑龙江省委办公厅 中共黑龙江省人民政府办公厅	全省关心下一代工作先进个人
张跃文	男	2005	黑龙江省森林工业总局	先进个人
迟润海	男	2005	黑龙江省森林工业总局	先进个人
宁守君	男	2005	黑龙江省交通厅	先进个人
褚红蕊	女	2005	黑龙江省关心下一代工作委员会	道德楷模
王长青	男	2005	黑龙江省森林工业总局	优秀党员
于红军	男	2005	黑龙江省人民政府	省第五届优秀新产品三等奖
崔清林	女	2005	黑龙江省人民政府	省第五届优秀新产品三等奖
霍长琨	女	2005	黑龙江省人民政府	省第五届优秀新产品三等奖
于浩淼	男	2005	黑龙江省人民政府	省第五届优秀新产品三等奖
高淑芳	女	2005	黑龙江省人民政府	省第五届优秀新产品三等奖
张维华	男	2005	黑龙江省公安厅	消防工作优秀民警
阎喜军	男	2005	黑龙江省公安厅	全省“三查两清专项行动先进个人”
韩晶	女	2005	黑龙江省换发第二代身份证小组	省换发第二代身份证先进个人
李福军	男	2005	黑龙江省消防部队	全省消防战训工作先进个人
张宪宇	男	2005	中共黑龙江省宣传部 高校工作委员会等 6 部门	省青少年“崇尚真善美、学做诚信人” 主题教育活动读书三等奖
侯福才	男	2005	中共黑龙江省宣传部 高校工作委员会等 6 部门	优秀个人组织奖
孙　烨	男	2005	黑龙江省关心下一代工作委员会	读书状元
刘永胜	男	2005	黑龙江省关心下一代工作委员会	致富能手
李凤玲	女	2005	黑龙江省人事厅	职称评定系统先进个人
魏秀艳	女	2005	黑龙江省教育厅	全省教书育人管理育人服务育人先进工作者

第三节　市级劳动模范　先进人物

五营区（局）出席市级特等劳动模范 5 人次,“双文明”模范、劳动模范（先进工作者)136 人次、141 人次。

一、特等劳动模范

五营区（局）出席市级特等劳动模范 5 人次。

1990、1999 年五营区出席市级特等劳模先进统计表

表 24-3-3

姓名	性别	年度	授予单位	荣誉称号
王仁宽	男	1990—1991	伊春市八届人大常委会	特等劳动模范
刘永文	男	1992—1993	伊春市九届人大常委会	特等劳动模范
解植坤	男	1994—1995	伊春市九届人大常委会	特等劳动模范
		1996—1997	伊春市十届人大常委会	特等劳动模范
孙永鹏	男	1998—1999	伊春市十届人大常委会	特等劳动模范

二、双文明模范、劳动模范（先进工作者）

五营区出席市级双文明模范、劳动模范（先进工作者）136 人次、141 人次。

1986—2005年五营区双文明模范、劳动模范统计表

表24-3-4

姓名	性别	年度	授予单位	荣誉称号
赵德龙	男	1986—1987	中共伊春市委员会伊春市人民政府	双文明模范
韩宗义	男	1988—1989	中共伊春市委员会伊春市人民政府	双文明模范
李学全	男	1986—1987	中共伊春市委员会伊春市人民政府	双文明模范
朱景仁	男	1986—1987	中共伊春市委员会伊春市人民政府	双文明模范
李秀娟	女	1986—1987	中共伊春市委员会伊春市人民政府	双文明模范
梁士英	女	1988—1989	中共伊春市委员会伊春市人民政府	双文明模范
赵山修	男	1986—1987	伊春市人民政府	劳动模范
张　财	男	1986—1987	中共伊春市委员会伊春市人民政府	双文明模范
		1990—1991	中共伊春市委员会伊春市人民政府	劳动模范
李全祥	男	1986—1987	中共伊春市委员会伊春市人民政府	双文明模范
韩殿军	男	1986—1987	中共伊春市委员会伊春市人民政府	双文明模范
杨则运	男	1986—1987	中共伊春市委员会伊春市人民政府	双文明模范
董振奎	男	1986—1987	中共伊春市委员会伊春市人民政府	双文明模范
范　萍	男	1986—1987	中共伊春市委员会伊春市人民政府	双文明模范
罗　森	男	1986—1987	中共伊春市委员会伊春市人民政府	双文明模范
田桂春	男	1986—1987	中共伊春市委员会伊春市人民政府	双文明模范
		1988—1989	伊春市人民政府	劳动模范
林宝岱	男	1986—1987	中共伊春市委员会伊春市人民政府	双文明模范
		1992—1993	伊春市人民政府	先进工作者
李忠臣	男	1986—1987	中共伊春市委员会伊春市人民政府	双文明模范
		1994—1995	伊春市人民政府	先进工作者
		1996—1997	伊春市人民政府	劳动模范
曹美英	女	1986—1987	中共伊春市委员会伊春市人民政府	双文明模范
韩晓菊	女	1986—1987	中共伊春市委员会伊春市人民政府	双文明模范
		1990—1991	伊春市人民政府	劳动模范
高成安	男	1986—1987	中共伊春市委员会伊春市人民政府	双文明模范
张　朋	男	1986—1987	中共伊春市委员会伊春市人民政府	双文明模范
吴开利	男	1988—1989	中共伊春市委员会伊春市人民政府	双文明模范
朱树林	男	1988—1989	伊春市人民政府	劳动模范
曹洪春	男	1988—1989	伊春市人民政府	劳动模范
刘克华	男	1988—1989	伊春市人民政府	劳动模范
		1990—1991	伊春市人民政府	先进工作者
李秀莲	女	1988—1989	伊春市人民政府	劳动模范
刘喜文	男	1988—1989	伊春市人民政府	劳动模范
陈鹏涛	男	1988—1989	伊春市人民政府	劳动模范
刘　杰	男	1988—1989	伊春市人民政府	劳动模范
杨德义	男	1988—1989	伊春市人民政府	劳动模范
		1990—1991	伊春市人民政府	劳动模范
		1994—1995	伊春市人民政府	劳动模范

续表 24-3-4

姓名	性别	年度	授予单位	荣誉称号
郑桂芝	男	1988—1989	伊春市人民政府	劳动模范
		1990—1991	伊春市人民政府	劳动模范
邹长兴	男	1988—1989	伊春市人民政府	劳动模范
		1990—1991	伊春市人民政府	劳动模范
宋福祥	男	1988—1989	伊春市人民政府	劳动模范
王元伟	男	1988—1989	伊春市人民政府	劳动模范
		1990—1991	伊春市人民政府	劳动模范
王继学	男	1988—1989	伊春市人民政府	劳动模范
		1990—1991	伊春市人民政府	劳动模范
刘春荣	男	1988—1989	伊春市人民政府	先进工作者
房好明	男	1988—1989	伊春市人民政府	劳动模范
		1990—1991	伊春市人民政府	劳动模范
		1994—1995	伊春市人民政府	劳动模范
纪维刚	男	1990—1991	伊春市人民政府	劳动模范
		1992—1993	伊春市人民政府	劳动模范
徐 钊	男	1990—1991	伊春市人民政府	劳动模范
		1994—1995	伊春市人民政府	劳动模范
解植坤	男	1990—1991	伊春市人民政府	先进工作者
		1992—1993	伊春市人民政府	先进工作者
孟庆华	男	1990—1991	伊春市人民政府	先进工作者
张秀芳	女	1990—1991	伊春市人民政府	先进工作者
尹宝山	男	1990—1991	伊春市人民政府	先进工作者
		1992—1993	伊春市人民政府	先进工作者
		1994—1995	伊春市人民政府	先进工作者
于闯文	男	1990—1991	伊春市人民政府	先进工作者
		1992—1993	伊春市人民政府	先进工作者
徐贵强	男	1990—1991	伊春市人民政府	先进工作者
		1992—1993	伊春市人民政府	先进工作者
王玉华	女	1990—1991	伊春市人民政府	先进工作者
赵德武	男	1990—1991	伊春市人民政府	劳动模范
		1992—1993	伊春市人民政府	劳动模范
钟启立	男	1992—1993	伊春市人民政府	先进工作者
李春平	男	1992—1993	伊春市人民政府	劳动模范
崔英杰	男	1992—1993	伊春市人民政府	劳动模范
张庆莲	女	1992—1993	伊春市人民政府	劳动模范
		1994—1995	伊春市人民政府	劳动模范
		1996—1997	伊春市人民政府	劳动模范
段志国	男	1992—1993	伊春市人民政府	劳动模范
刘永文	男	1994—1995	伊春市人民政府	先进工作者
王喜志	男	1994—1995	伊春市人民政府	先进工作者

续表 24-3-4

姓名	性别	年度	授予单位	荣誉称号
严兆群	男	1994—1995	伊春市人民政府	劳动模范
		1998—1999	伊春市人民政府	劳动模范
孙永鹏	男	1994—1995	伊春市人民政府	劳动模范
		1996—1997	伊春市人民政府	劳动模范
刘显刚	男	1994—1995	伊春市人民政府	劳动模范
赵文学	男	1994—1995	伊春市人民政府	劳动模范
		1996—1997	伊春市人民政府	劳动模范
		1998—1999	伊春市人民政府	劳动模范
徐丽娟	女	1994—1995	伊春市人民政府	劳动模范
陶景龙	男	1994—1995	伊春市人民政府	劳动模范
卞广英	女	1994—1995	伊春市人民政府	劳动模范
		1996—1997	伊春市人民政府	劳动模范
		1998—1999	伊春市人民政府	劳动模范
李　涛	男	1996—1997	伊春市人民政府	劳动模范
宫庆阁	男	1996—1997	伊春市人民政府	劳动模范
		1998—1999	伊春市人民政府	劳动模范
许风武	男	1996—1997	伊春市人民政府	劳动模范
苗成祥	男	1996—1997	伊春市人民政府	劳动模范
		1998—1999	伊春市人民政府	劳动模范
周晓华	女	1996—1997	伊春市人民政府	劳动模范
王喜芬	女	1996—1997	伊春市人民政府	劳动模范
		1998—1999	伊春市人民政府	劳动模范
卢海成	男	1996—1997	伊春市人民政府	劳动模范
赵淑清	女	1996—1997	伊春市人民政府	劳动模范
李福兰	女	1996—1997	伊春市人民政府	劳动模范
		1998—1999	伊春市人民政府	劳动模范
王增亮	男	1998—1999	伊春市人民政府	劳动模范
阎喜东	男	1998—1999	伊春市人民政府	劳动模范
郑文启	男	1998—1999	伊春市人民政府	劳动模范
张立新	男	1998—1999	伊春市人民政府	劳动模范
李兴庆	男	1998—1999	伊春市人民政府	劳动模范
解莲萍	女	1998—1999	伊春市人民政府	劳动模范
魏秀芬	女	1998—1999	伊春市人民政府	劳动模范
杨红梅	女	1998—1999	伊春市人民政府	劳动模范
王明忠	男	1998—1999	伊春市人民政府	劳动模范
赵全影	男	1998—1999	伊春市人民政府	劳动模范
刘永胜	男	1998—1999	伊春市人民政府	劳动模范
王瑞玉	女	2000—2004	伊春市人民政府	劳动模范
谢桂英	女	2000—2004	伊春市人民政府	劳动模范
张林英	女	2000—2004	伊春市人民政府	劳动模范

续表 24-3-4

姓名	性别	年度	授予单位	荣誉称号
李蕙媛	女	2003	中共伊春市委员会伊春市人民政府	劳动模范
齐宝红	女	2003	中共伊春市委员会伊春市人民政府	劳动模范
刘荣芳	女	2003	中共伊春市委员会伊春市人民政府	劳动模范
吴耀中	男	2004	中共伊春市委员会伊春市人民政府	劳动模范
董志国	男	2005	伊春市人民政府	劳动模范
袁凤阳	男	2005	伊春市人民政府	劳动模范
高　军	男	2005	伊春市人民政府	劳动模范
宋丽云	男	2005	伊春市人民政府	劳动模范
王云杰	男	2005	伊春市人民政府	劳动模范
王　华	男	2005	伊春市人民政府	劳动模范
谢忠民	男	2005	伊春市人民政府	劳动模范
王立财	男	2005	伊春市人民政府	劳动模范
王淑玲	男	2005	伊春市人民政府	劳动模范
杨翠林	男	2005	伊春市人民政府	劳动模范
李红梅	男	2005	伊春市人民政府	劳动模范
高　伟	男	2005	伊春市人民政府	劳动模范

第四节　国家级（含系统）先进集体

五营区共出席国家系统级先进集体 9 个次；省级先进集体（含系统）先进集体 134 个次；市级先进集体 43 个次。这些先进集体，为建设社会主义新林区起到骨干带头作用。五营区共出席国家级（含系统）先进集体 9 个次。

1986—2005 年五营区先进集体统计表

表 24-3-5

单位	年度	授予单位	荣誉称号
五营区防火办公室	1991—1993	林业部	先进单位
五营林业局工会	1995	全国农林工会	职工技协先进集体
	1997	全国农林工会	先进基层单位
五营区第一小学	1995	国家少年工作委员会	国家雏鹰大队
五营区统计局	1997	国家统计局	先进集体
丰林森林自然保护区	1999	国家森林防火总指挥部	全国森林防火先进单位
	2002	国家林业局	全国自然保护区先进集体
五营区第二中学	2004	中国青少年研究中心中国广播电视大学出版社	国家级“星星河”全国儿童美术书法大赛集体优秀奖
五营区统计局	2005	国务院第一次经济普查领导小组	先进集体

续表 24-3-5

单位	年度	授予单位	荣誉称号
五营林业局	1989	黑龙江省森林工业总局	种子站、病防站、物候站三项总评全省第一
	1991	黑龙江省森林工业总局	“四文明”兴林杯大赛银杯单位
	1997	黑龙江省森林工业总局	深广奔建兴企富民银杯单位
	1998	黑龙江省森林工业总局	深广奔建兴企富民金杯单位
	1998	黑龙江省森林工业总局	先进企业
	1999	黑龙江省森林工业总局	先进企业
	2000	黑龙江省森林工业总局	先进企业
	2001	黑龙江省森林工业总局	先进企业
	2002	黑龙江省森林工业总局	先进企业
	2002	黑龙江省森林工业总局	先进单位
五营区	2001	黑龙江省人民政府	省级风景名胜区
人民武装部	1993	黑龙江省人民政府黑龙江省军区	征兵工作先进单位
	1994	黑龙江省军区	先进人武部
	1995	黑龙江省军区	征兵工作先进单位
	1996	黑龙江省人民政府黑龙江省军区	“六个五活动”先进单位
	1997	黑龙江省军区	先进人武部
	1998	黑龙江省军区	先进人武部
	1999	黑龙江省军区	先进人武部
	2000	黑龙江省人民政府黑龙江省军区	落实人武部建设三年规划先进单位
	2000	沈阳军区	正规化建设先进单位
	2000	黑龙江省军区	先进党委
	2001	沈阳军区	落实三年规划先进单位
丰林自然保护区	1988—1990	黑龙江省人民政府	省级森林防火先进单位
	1991—1993	黑龙江省人民政府	省级森林防火先进单位
	1994—1996	黑龙江省人民政府	省级森林防火先进单位
	1997	黑龙江省人民政府	森林防火先进单位
	1998	黑龙江省森林工业总局	林政工作先进集体
	2000	黑龙江省人民政府	森林防火先进单位
	2002	中共黑龙江省森林工业总局委员会	党建一把手先进单位
	2005	中共黑龙江省森林工业总局机关委员会	先进党委
	2005	中共黑龙江省森林工业总局机关委员会	三级联创“六个好”基层党组织先进单位
区工会	1994	黑龙江省农林工会	先进集体
	1995	黑龙江省总工会	模范退管职工之家
	1996	黑龙江省总工会	模范退管职工之家
	1997	黑龙江省总工会	模范退管职工之家
区法院	1995	黑龙江省高级人民法院	档案管理省一级先进单位
	1995	黑龙江省高级人民法院	省级文明法院
	2000	黑龙江省高级人民法院	档案管理标兵
区纪委	1997	黑龙江省纪律检查委员会	纪律监察系统先进单位

续表 24-3-5

单位	年度	授予单位	荣誉称号
区委宣传部	1998	中共黑龙江省委宣传部黑龙江省新闻出版社邮电管理局	报刊发行先进单位
五营公安分局	2001	黑龙江省政法委员会	政法单位标兵
中植集团	2001	中共黑龙江省委员会 黑龙江省人民政府	省级文明单位
五营气象局	1986	黑龙江省气象局	“双文明”先进单位
	1995	黑龙江省气象局	“双文明”先进单位
	1998	黑龙江省气象局	“双文明”先进单位
	2001	黑龙江省气象局	“双文明”先进单位
	2004	黑龙江省气象局	“双文明”先进单位
	2005	黑龙江省气象局	“双文明”先进单位
信访办公室	1986—1991	中共黑龙江省委员会黑龙江省人民政府	信访工作先进单位
	1991—1995	中共黑龙江省委员会信访办公室 黑龙江省人民政府信访办公室 黑龙江省人事厅	先进集体
检察院刑事检查一科	1987	中共黑龙江省委员会黑龙江省人民政府	严厉打击严重刑事犯罪斗争先进集体
	1988	黑龙江省人民检察院	全省检察系统 系统先进集体
	1989	黑龙江省人民检察院	全省检察系统 系统先进集体
	1991	黑龙江省人民检察院	全省检察系统 系统先进集体
	1998	中共黑龙江省委政法委员会	“学东莱，创建人民满意政法基层单位”达标单位
	1999	中共黑龙江省委政法委员会	“学东莱，创建人民满意政法单位、政法干警”活动达标单位
中心苗圃	1991	黑龙江省森林工业总局	“四文明”兴林杯银杯单位
	1992	黑龙江省森林工业总局	省级标准化苗圃
	1992	黑龙江省精神文明办公室	省级精神文明单位
	1997	黑龙江省森林工业总局	深广奔建兴企富民金杯单位
	1998	黑龙江省森林工业总局	深广奔建兴企富民金杯单位
	2001	黑龙江省森林工业总局	全省森工科技工作先进集体
五营派出所	1991	黑龙江省政法委员会	学东莱人民满意政法单位
	1993	黑龙江省公安厅	人民满意派出所
信访办公室	1991	中共黑龙江省委员会黑龙江省人民政府	信访工作先进集体
	1995	中共黑龙江省委信访办公室黑龙江省人民政府信访办公室 黑龙江省人事厅	信访工作先进集体
二建公司	1992	黑龙江省乡镇企业管理局	省级先进乡镇企业
	1994	黑龙江省乡镇企业管理局	精神文明先进单位
鑫源野生食品加工厂	1993	黑龙江省森林工业总局	创建“四文明”活动银杯奖

续表 24-3-5

单位	年度	授予单位	荣誉称号
第一小学	1994	黑龙江省人民政府	先进集体
	2002	黑龙江省教育委员会	标准化学校
第三小学	1994	黑龙江省教育委员会	双全先进学校
	2002	黑龙江省教育委员会	标准化学校
第四小学	1994	黑龙江省教育委员会	标准化先进单位
	1997	黑龙江省教育体育委员会	先进单位
农业银行	1992	黑龙江省农业银行	全省第二届金融杯先进单位标兵
	1993	黑龙江省农业银行	全省农行金融杯先进单位标兵
	1996	黑龙江省农业银行	全省金融系统青年文明号单位
	2000	黑龙江省农业银行	全省金融系统青年文明号单位
信访办公室	1995	黑龙江省人民政府	先进集体
广播电视局	1995	黑龙江省广播电视厅	先进单位
平原罐头厂	1995	黑龙江省森林工业总局	十强基地
五营交通分局	1995	黑龙江省交通厅	文明单位标兵
养殖加工总场科学技术委员会	1995	黑龙江省科学技术评审委员会	科学技术进步星火四等奖
文体局	1995—1996	黑龙江省体育局、教育局	先进集体
	1997	黑龙江省体育局、教育局	先进集体
五营防疫站	1996	黑龙江省卫生厅	防保中心计划免疫工作先进单位
档案局	1997	黑龙江省森林工业总局	先进单位
消费者协会	1997—2001	黑龙江省消费者协会	全省保护消费者权益先进集体
第一中学	1997	黑龙江省教育委员会	省级示范初中
第一中学	2002	黑龙江省教育委员会	标准化学校
地方税务分局	1998	黑龙江省地方税务局	先进分局
	2000	黑龙江省地方税务局	文明税务分局
	2005	黑龙江省地方税务局	文明税务分局
环卫处中心街组	1998	黑龙江省妇女联合会	省级“巾帼文明示范岗”
一建公司	1999	黑龙江省人民政府	先进施工单位
工商银行	2000	中共黑龙江省委员会黑龙江省人民政府	省级文明单位
五营人民法院	2000	黑龙江省高级人民法院省档案局	省级档案管理标兵
法院执行厅	2000	黑龙江省政法委员会	学创先进集体
河北派出所	2000	黑龙江省公安厅	档案管理标兵单位
国家税务局	2000	黑龙江省国家税务局	文明单位
	2002	黑龙江省档案局	省级标兵
	2005	黑龙江省爱国卫生运动委员会	省级卫生单位
第四中学	2001	黑龙江省卫生厅	省卫生先进单位

续表 24-3-5

单位	年度	授予单位	荣誉称号
汽运处	2001	中共黑龙江省委员会 黑龙江省人民政府	省级文明单位
区妇联	2001	中共黑龙江省妇女联合会	“五好文明”家庭工作先进单位
	2003	中共黑龙江省妇女联合会	“双学双比”工作先进单位
五营街道办事处 丰林社区	2001	黑龙江省综合治理委员会	省级文明小区
五营街道办事处营林委	2001	黑龙江省计划生育 委员会等 4 个单位	省级先进村 （居）民委员会
五营街道办事处 建林社区	2005	黑龙江省劳动保障厅	优质服务窗口
五营街道办事处	2005	黑龙江省第一次全国 经济普查办公室	省第一次全国 经济普查先进集体
区个体劳动者协会	2001—2005	黑龙江省个体劳动者协会黑龙江省 私营企业协会	全省个私协会系统法制宣传教育先进单位
五营信用社	2002	黑龙江省妇女联合会	巾帼文明示范岗
统计局	2002	黑龙江省人民政府	省级先进单位
雪源饮品有限责任公司	2002	环境与健康产业成果展览会组委会	环境与健康产 业发展贡献奖
雪源饮品股份有限公司	2005	黑龙江省农业产业化领导小组	农业产业化省级重点龙头企业
安全生产监督管理局	2002	黑龙江省安全生产监督管理局	先进单位
	2003	黑龙江省安全生产监督管理局	先进单位
	2004	黑龙江省安全生产监督管理局	先进单位
区委办公室机要室	2002	中共黑龙江省委员会黑龙江省人民 政府	先进单位
	2003	中共黑龙江省委员会黑龙江省人民 政府	先进单位
区委办公室机要室	2004	中共黑龙江省委员会黑龙江省人民 政府	先进单位
	2005	中共黑龙江省委员会黑龙江省人民 政府	先进单位
贮木加工厂	2002	中共黑龙江省委员会黑龙江省人民 政府	先进集体
	2004	黑龙江省森林工业总局	优秀贮木场
	2005	黑龙江省森林工业总局	优秀贮木场
五营河经营所	2003	黑龙江省森林工业总局	森林管护先进单位
鑫源野生食品加工厂	2003—2004	黑龙江省工商行政管理局	省级重合同守信用先进单位
自来水公司	2004	黑龙江省综合治理办公室	省级安全单位
建设局	2005	黑龙江省建设厅	省建设系统“双评”先进集体
国土资源局	2005	黑龙江省国土资源厅党组黑龙江省 国土资源厅	端正政风、行风、优化发展环境最佳单位
看守所	2005	黑龙江省公安厅	国家二级看守所

第五节 市级先进集体

五营区（局）出席市先进集体16个次。

1988—2005年五营区出席市先进集体统计表

表24-3-6

单位	年度	授予单位	荣誉称号
五营林业局	1988	伊春林业管理局	兑现国家木材合同先进单位
	1993	伊春林业管理局	木材经营工作先进单位
中植企业集团公司	1994—1995	伊春市人民政府	先进集体
	1996—1997	伊春市人民政府	先进企业
	1998—1999	伊春市人民政府	先进集体
公安分局	1998—1999	伊春市人民政府	先进企业
五营区（局）	2001—2002	伊春市人民政府	“安康杯”竞赛优胜单位和优秀组织单位
	2001—2004	中共伊春市委员会 伊春市人民政府	招商引资工作先进单位
五营林业局	2003	中共伊春市委员会 伊春市人民政府	发展民营经济先进单位
	2003	伊春市总工会	全市职工自营经济金牌单位
五营区人民政府	2003—2005	中共伊春市委员会 伊春市人民政府	实绩考核一档单位
	2004	伊春市人民政府	安全生产先进单位
五营区（局）	十五期间连续3年	伊春市人民政府	优秀单位
五营区关工委	2003	中共伊春市委员会 伊春市人民政府	先进集体标兵
五营区档案局	2004—	伊春市人民政府	先进集体
五营林业局	2005	伊春市人民政府	模范单位

科级以下出席市先进集体29个次。

1986—2005年五营区出席市级先进集体统计表

表24-3-7

单位	年度	授予单位	荣誉称号
前丰林场	1986—1987	中共伊春市委员会 伊春市人民政府	“双文明”先进集体
	1998—1999	中共伊春市委员会 伊春市人民政府	先进集体
汽运管理处	1986—1987	中共伊春市委员会 伊春市人民政府	“双文明”先进集体
	1990—1991	中共伊春市委员会 伊春市人民政府	先进集体
	1992—1993	中共伊春市委员会 伊春市人民政府	先进集体

续表 24-3-7

单位	年度	授予单位	荣誉称号
—	1998—1999	中共伊春市委员会 伊春市人民政府	先进集体
永丰经营所	1986—1987	中共伊春市委员会 伊春市人民政府	“双文明”先进集体
第一小学	1986—1987	中共伊春市委员会 伊春市人民政府	“双文明”先进集体
中心苗圃	1986—1987	中共伊春市委员会 伊春市人民政府	“双文明”先进集体
财政科	1986—1987	中共伊春市委员会 伊春市人民政府	“双文明”先进集体
公路管理处	1986—1987	中共伊春市委员会 伊春市人民政府	“双文明”先进集体
枝丫管理站	1986—1987	中共伊春市委员会 伊春市人民政府	“双文明”先进集体
物资供应站	1986—1987	中共伊春市委员会 伊春市人民政府	“双文明”先进集体
刨花板厂	1986—1987	中共伊春市委员会 伊春市人民政府	“双文明”先进集体
翠北林场	1990—1991	中共伊春市委员会 伊春市人民政府	先进集体
	1992—1993	中共伊春市委员会 伊春市人民政府	先进集体
	2005	中共伊春市委员会 伊春市人民政府	模范集体
贮木加工厂	1994—1995	中共伊春市委员会 伊春市人民政府	先进集体
丽丰经营所	1996~1997	中共伊春市委员会 伊春市人民政府	先进集体
公用事业管理处	1996—1997	中共伊春市委员会 伊春市人民政府	先进集体
中植集团 星火养殖加工总场	1996—1997	中共伊春市委员会 伊春市人民政府	先进集体
木材综合加工厂检验队	1988~1989	伊春市人民政府	先进班组
	1990—1991	伊春市人民政府	先进班组
贮木加工厂检验队	1988—1989	伊春市人民政府	先进班组
汽运处综合组	1988—1989	伊春市人民政府	先进班组
永丰经营所生产第一小队	1988—1989	伊春市人民政府	先进班组
平山经营所 46 号包车组	1990—1991	伊春市人民政府	先进班组
公路管理处永丰道班	1990—1991	伊春市人民政府	先进班组
翠北林场生产小队	1994—1995	伊春市人民政府	先进班组
第四小学	2004	中共伊春市委员会 伊春市人民政府	先进集体

附　录

重要文献选编

文件选编

五发〔1997〕9号 中共五营区委 五营区人民政府 关于印发《五营区（局）1997年改革工作总体方案》

各基层党委、总支、支部、区直各党组，区委、区政府各部、委、办、局、科：

现将《五营区（局）1997年改革工作总体方案》及五营林业局林场所分类经营实施办法、《五营区（局）山下分块搞活分散突围实施办法》、《五营区（局）机关和事业单位精减分流实施办法》印发给你们，请结合本单位、本部门实际，认真组织实施，坚决、积极、稳妥地完成各项改革任务，加快缓危解困步伐，加快我区经济发展的新局面。

五营区（局）1997年改革工作总体方案

按照市委八届五次全委（扩大）会议及全市三级干部会议的部署和区委十四届五次全委（扩大）会议确定的总体工作思路，为深化改革，推进经济发展，特制定本方案。

一、指导思想

以党的十四届四中、五中全会精神为指导，全面贯彻落实全市三级干部会议精神，认真学习推广铁力和中植经验，以“深化改革、管住资源、管住资金，分流人员、搞活分配、分散突围”和“转机制、严管理、求高效、快发展”为重点，实现减人转岗、压费增效，为缓危解困和经济发展注入活力，促进两个文明建设健康发展。

二、遵循的基本原则

1. 有利于社会主义市场经济的发展，加速建立现代企业制度的原则；
2. 有利于分类经营、分块搞活、分散突围、致富基层的原则；
3. 有利于精简机构，分流人员，压缩经费，增加效益的原则；
4. 有利于搞活分配，增加职工收入的原则；
5. 有利于发展新兴产业，实施再就业工程，坚持自我消化矛盾，保持稳定的原则。

三、改革的主要内容

1. 山上林场（所）实行委托经营。局对山上8个林场（所）全部实行整体委托经营，局只管一个受托人，一纸合同和一本资源、资金账，局给予受托人必要的经营管理自主权：⑴允许受托人自行组阁，聘用编制内副职及管理人员；⑵允许受托人自行确定生产经营管理方式；⑶允许场所生产、加工、销售国家规定的伐区剩余物和一切多种经营产品；⑷允许场所在本企业内自主用工，自行确定分配形式和劳动报酬；⑸允许场所利用自有资金自行采购除汽油、柴油、原煤以外的其他物资；⑹允许场所在财务结算中心设立账户，有权支付自有资金。受托人依据双方签订的委托经营合同履行自己的义务，承担责任和风险，局依据年终考核结果兑现奖惩。

为全面实施综合立体开发战略，局从各场（所）资源情况出发，进行分类指导，一场一策，发挥优势，突出特色。⑴精深加工型，对距局较远，施业区面积大，剩余物多的翠北林场和前丰林场，坚持建设综合加工基地的原则，走林加综合之路，大上小木制品，削片、卫生筷子等木材精深加工项目，新上项目全部实行民有民营或股份制及股份合作制经营。同时，要充分利用土地，草原等其他资源，大力发展种植业、养殖业；⑵矿产开发型。对矿产资源丰富的杨树河经营所，走林矿结合之路，逐步实现以矿为主，以矿养林，以矿自立；⑶多种经营型。对苗圃、平山、平原、永丰、丽丰等场所，走一业为主，多种经营全面发展之路，重点抓好山野菜、山野果、松子的采集、加工。同时，要加大五荒资源开发力度，在明确所有权，放活经营权的前提下，实行分户经营，尽快形成“以场自立”“以户自立”的经济格局，总之，由于各场所资源情况不同，因此，要发挥各自的优势，因地制宜，确定好各自的主攻方向。与此同时，要搞好综合立体开发，宜农则农、宜副则副、宜矿则矿，种养采加运建服多业并举，逐步达到“全自立”目标。

2. 山下生产经营单位实行分块搞活。按照区委抓大放小的基本思路，对山下生产经营单位，从转换经营机制入手，采取委托经营、股份制经营、国有民营、民有民营、租赁经营、承包经营、兼并、破产等形式，各单位对所属适于独立经营的车间、分厂，要化整为零，与母体分离，自主经营，自负盈亏，剥离分流富余人员，压缩生产经营费用支出，开辟新的生产门路，培育新的经济增长点，提高经济效益，实现分块搞活，分散突围。

⑴对汽运管理处、贮木加工场、枝桠站、机修厂、刨花板厂、一建公司、电话所、物资经销总公司实行委托经营。委托经营的单位享受林场所自行组阁、自行确定生产经营管理方式、自行确定用公、分配形式等自主权，并按照各自所签委托经营合同履行义务和承担风险，年终兑现奖罚。

⑵对强力包装股份合作公司、宏林木业股份合作公司、伊春宏源有限公司、伊春兴业路桥有限责任公司、伊春宏业矿产开发有限责任公司、蓝剑公司继续实行股份制、股份合作制经营，坚持董事会领导下的经理负责制，健全董事会（理事会）、股东会、监事会三会管理制度，完善公司法人治理结构，并按《公司法》及上级有关规定进行规范。

⑶对社会福利厂、平原罐头厂、水泥构件厂、建材厂、木制品厂、森工产品经销公司、胶合板厂、毛丝鼠养殖公司实行租赁经营。要定期缴纳租金，进一步转换经营机制，强化内部管理，确保各项指标的完成。

⑷对宾馆、林调队实行承包经营，采取目标管理、包死基数的办法，超支不补，结余留用。对公用事业管理处实行限额补差。

⑸对商贸公司、外贸公司及托儿所等福利型单位，实行租赁、拍卖、承包经营等形式，全部剥离推向市场，局不再承担任何费用。

⑹对养殖加工总厂、五星白灰厂、五星木器厂、胶合板厂、永恒公司、北贸、造纸厂、一建公司实行破产。对局木器厂以股份制形式加入蓝剑公司。

⑺恢复五营林业联合企业公司，创立新产业、开发新项目，使其真正成为自主经营、自负盈亏、自我约束、自求发展的市场经济主体，并以此为龙头，带动全区多种经营产业的发展。

⑻对地方工业、乡镇企业的所属厂家能包则包、能股则股、能卖则卖，逐步实现国有民营或民有民营。对效益不好，前景无望的厂家，要依据资产和负债实行租赁、兼并或破产。

3. 对机关企事业单位实行分流人员。按照全市三级干部会议的部署，为实现减人转岗，压费增效的目标，我们要进一步加大分流人员的力度，要坚持机关向基层分流；非生产单位向生产单位分流；国营职工向非国有企业分流；统一安置与自谋职业相结合的原则，对区直机关和企事业单位进行精简机构，减人转岗。

⑴精简机构。以市场关于政企合一区（局）党政群机关机构设置方案为依据，对职能交叉、业务相近部门进行撤并；调整后党群机构设置10个（不含纪检委）。其中区委5个；群团5个。调整后区政府、林业局机构设置25个。其中区政府机构设置20个，林业局5个。把具备经营条件的部门变为经济实体；对自己有正常收入来源的部门，断掉“皇粮”，自收自支，面向社会有偿服务；对不属于机关性质的部门，变为单位，实行费用包干，超支自负。

⑵定岗定编。党政群机关按照市政府下达的275人的编制限额，重新定岗定编；学校按高中4、2，初中3、7，小学2、5的比例配备教师和行政工勤人员；医院按床位1∶1配备医护人员；公安局按4‰配备工作人员；检法各按万分之五配备工作人员；其他单位的非生产人员的比例不能超过职工总数的9.6%。采取层层聘用的办法，择优选用，竞争上岗，富余人员另谋出路。机关和公检法定岗定编工作，6完成，学校在7—8完成。

⑶富余人员转岗渠道。一是向生产一线转移。动员机关和山下单位富余职工向山上转移，目标200人，非生产单位富余职工向生产单位转移。各生产单位尽可能开辟新的替代产业或举办经济实体，拓宽就业门路，使富余职工愉快地转向新岗位。二是向农业转移。动员企业下岗职工，通过大面积开荒，熟化林地，落实就业田、工资田、劳保田，使一部分职工由林业转向农业，以农谋生。三是向发展猪经济转移。充分利用养殖加工总厂这一得天独厚的优势，制定优惠政策，鼓励下岗职工发展家庭猪经济，各生产单位饲养10头猪以上的养猪户不得低于50户，中植集团将兴建大型肉食加工厂，以解决养猪肝户卖猪难的问题。四是向木材精深加工方面转移。给山下加工厂点接纳核定下岗劳力数，制定相应政策，搞好政策性转移。计划向加工厂点转移1000人。五是向开发利用地下矿产资源转移。充分发挥我区地下矿产资源优势，搞好勘测，摸清底数，在国家允许范围内，能自己开采的自己开采，自己无力开采权的，可吸引外援带资开采。六是向旅游业转移。抓住国际旅游年这一有利契机，利用我区得天独厚的森林旅游优势，积极开发国家级自然保护区和国家中医药管理局级森林公园两条旅游线，使更多的林业富余职工从事旅游业。七是向非国有经济转移。鼓励中植集团、乡镇企业、私营企业吸纳聘用国有企业下岗职工，使下岗职工重新找到用武之地。八是向自谋职业转移。鼓励具有一定市场经济意识、经营能力和专业特长的职工领办、创办私营企业或发展职工家庭经济，走自谋职业的道路。九是向多种经营转移。积极引导职工从事种、养、采、加、运、建、服等多种生产经营活动，使一总分剥离出来的职工有业可就，收入稳定。十是向国外和国内沿海及经济发达地区转移。充分利用我区与俄罗斯哈林林业局以及广州、山东、四川、哈市等友好协作关系，广泛搜集信息，多渠道输出劳务，今年向俄罗斯萨哈林输出劳力64人。

⑷实施再就业工程。这次改革的目的是缓危解困，达到冲出低谷，走向振兴的目标。因此，我们不能把这次改革单纯看成是沽人压费的改革，要把改革的重点放在富余职工转岗上，要广开就业门路，千方百计做好转岗人员安置工作，基本达到有活干，有收入。区成立富余职工转岗服务中心，办公地点设在劳动科，具体负责下岗人员的培训和介绍就业工作。

⑸精减分流后经费改革。精减分流后，按新定编制核定费用。一是对党委、人大、政府、政协、经委及公检法和群团部门按编制核定费用，直接砍给各科室、部门，超支不补，结余留用。对机关各部门的附属单位一律实行自收自支，局里不承担任何费用。二是对一镇两办、各中小学、培训中心等单位实行费用包干，局定期拨款，超支受罚，结余有奖。三是针对广播电视局、防保中心等有收费项目单位，把应收取的费用打足后，不足部分由局定期补给。

四、实现目标

通过深化改革，转换机制、精简机构，减人转岗，压缩费用，强化管理，节约支出，增加收入等办法实现如下目标：

1. 全区（局）精减分流人员3199人，减少工资额571，8万元，其中机关和事业单位分流1353人，山上山下生产经营单位分流富余人员1846人。9月末将分流出来人员全部安置到位。全区（局）节约费用596.1万元。其中：生产单位减人压费、节支增收336.7万元；山下生产经营单位及机关及事业单位减人压费、节支增收259.4万元。

2. 全区（局）非生产人员控制在14%以下，其中管理人员控制在8%以下。

3. 林场所全部实现全自立，自行解决制造费、劳保费和子弟校经费；山下生产经营单位坚决杜绝亏损，盈利单位在原来盈利的基础上再盈利10%；机关及事业等费用单位，实现费用不超。

五、具体措施

为确保上述改革落实到位和目标的实现，具体措施如下：

1. 实行领导分工负责制。由体改部门将改革作目标详细分解到各战线、部门和单位，本着“谁主管、谁负责”的原则，林场所的改革由刘永文、徐景和同志负责；山下生产单位的改革由潘若飞、徐景和负责；林产工业战线的改革由林宝岱同志负责；农业、多种经营、地方工业的改革由冯国福、刘义华同志负责；基建改革由徐景和同志负责；文教卫生战线的改革由郭庆兰同志负责；机关、公、检、法的改革由唐加军同志负责。各主管领导要亲自挂帅，制定具体实施办法和方案，研究落实措施，并由牵头部门和单位负责人组织实施。区委、区政府把落实体改责任目标的好坏，作为考核领导工作业绩的主要依据。

2. 加强调查研究和指导。区对基层实行分类指导，逐步推进。由主要领导带队，深入各单位，帮助基层出谋划策，确定主攻方向和具体措施，确保各项改革尽快进入实质性动作。

3. 抓好试点。本次改革力度大，涉及面广，各条战线都要抓好试点，要及时总结经验教训，不断完善相应的措施和办法，积极稳妥地推进各项改革。

4. 搞好协调。主要领导，党办、政办体改办、计划、财政、人事、劳动等综合部门要充分发挥综合、协调、指导作用，加强同各基层单位联系，指导改革全过程，对需要上面解决的具体问题，要及时与有关领导和部门搞好协调，防止推诿扯皮，互相掣肘和“中梗阻”等问题。

5. 强化督办，限期落实。方案措施出台付诸实施后，有关领导和部门必须跟踪问效，加大检查督办力度，严肃纪律，限期推进。对行动迟缓，推诿扯皮，执行走样的要公开曝光，严肃处理，确保每一项改革措施都江堰市能落实落靠，抓出成效。

6. 加强组织领导

为确保今年改革工作稳步进行，区成立推进改革与发展领导小组

组　长：霍明瑜

副组长：李　江

成　员：各位副书记、副区（局）长、总工程师、总经济师

领导小组下设办公室，办公室设在体改办，办公室工作人员从体改、党办、政办、计委、财政、人事、劳动部门的负责人中抽调，与原单位工作脱钩。共划分为四个小组，即：分类经营、分块搞活、分流人员和综合指导组，具体负责方案制定、材料综合、协调指导工作。

五发〔1997〕3号　中共五营区委　五营区人民政府关于印发五营区（局）一九九七年经济体制改革总体方案的通知

各单位：

现将《五营区（局）一九九七年经济体制改革总体方案》印发给你们，望你们结合本单位实际，认真组织实施。

一九九七年三月七日

五营区（局）一九九七年经济体制改革总体方案

为了进一步加快我区（局）的经济体制改革进程，不断建立和完善社会主义市场经济体制，促进我区经济建设持续、快速、健康发展，特制定本方案。

一九九七年全区经济体制改革工作总的指导思想是：坚定不移升学中的十四届六中全会精神，紧紧围绕市委、市场政府确定的经济发展思路，按照“抓大放小”“两分战略”“三年解困战略”的要求，以国家优化资本结构试点和林业部改革试点为契机，经学习推广铁力、中植经验为突破口，通过深化改革，分流人员，搞活分配，分散突围，开辟一条有五营特色的改革之路。

一、认真学习推广铁力、中植经验

我们要按照全市三级干部会议的安排和部署，结合我区实际，认真学习和推广铁力、中植经验，铁力经验的精髓是“一改两管三分”即坚持改革，管住资源、管住资金，分流人员，搞活分配，分散突围。中植被经验是机制灵活，用人能上能下，运营高效。我们要抓住这个有利契机，以改革总揽全局，按社会主义市场经济的要求，深化产权制度，人事用工制度，工资分配制度的改革，大力推进全区改革的进程。管住房资源，充分利用资源优势，坚持采伐限额，对私拉偷运木材者，要坚决打击，严肃处理。在管住资金上要开源节流，加大清欠力度，盘活滞死资金，把有限的资金用在保生产、保开支、保教育、保发展上。分流人员是我区一九九七年的重点工作，要统筹规划，分步实施，步步紧逼，全面推开，采用多种形式转移富余劳力，积极妥善安置富余人员。搞活分配是推行定向定量分配办法，按着干什么活，挣什么钱，干多少活，挣多少钱，彻底解决吃泡企业的现象。在分散突围上要以抓大放小为基点，划小核算单位，以场为战，以人为战，自谋生存、自谋发展，把一些管理型和服务型的单位和部门逼向市场，以缓危解困，发展我区经济。

二、积极推进“两分”战略的实施

一九九七年我区改革重点是推进“两分”战略的实施，即林场、经营所实施分户经营，对山下生产经营单位及分厂、车间、相对独立的二级法人单位实行分块搞活。

对林场、经营所实施分户经营过程中，要从实际出发，因地制宜，在总结和推广杨树河经营所、五营河经营所分户经营试点单位的基础上，推行工资田、养老田、工资林、养老林。各林场（所）要充分利用畜牧业区内的耕地、荒地、荒山、荒水、有林地等自然资源，在明确所有权、放活经营权的前提下，积极鼓励职工从事种、养、采、加等方面的分户经营。在落实好有林地、荒地分户经营的同时，各林场（所）要积极为职工分户经营创造条件，提供必要的服务，以确保分流人员工作落到实处，尽快形成“以户自主”的经济格局，使各林场（所）逐步达到“全自立”的目标。

今年，林业局将对局址部分林缘地带的有林地和翠北林场疏林地在调查及规划的基础上，划分若干经营小班，以小班为单位，对采伐强度、数量等方面进行统一调查设计，进行分户经营。对相对较好的林地资源，可实行林业生产工序承包办法，依据林场（所）木材生产和营林生产作业设计资料，实行联户或分户生产承包经营。对部分严禁采伐的森林，要加强管理，落实好目标责任制，实行结实母树林看护采种承包。

对林业局山下生产经营单位及分厂、车间、相对独立的二级法人单位实行分块搞活，要不断加大放开搞活的力度，实行一厂一策，该放开的一律放开，能推向市场的坚决推向市场，在改革中求生存、求发展。按照《伊春森工企业分户经营、分块搞活总体方案》的精神，主要采取委托经营、租赁经营、承包经营、股份经营、国有民营、产权出售、企业破产、分立重组等多种形式，使其从企业母体中剥离出来，实行分而治之，自主经营，自负盈亏，自谋发展的多种形式的深化改革。

一是全面推进委托经营。委托经营是在不涉及现行国有企业产权，实现所有权与经营权彻底分离的前提下，搞活国有企业的有效途径。实行委托经营要对企业进行全面清产核资，摸清家底，多种途径产生受托经营者，建立相应指标体系及利益驱动机制、风险机制。对林场（所）实行委托经营要严格森林资源管理制度，严格按采伐限额、设计资料组织生产。

对局胶合板厂、机修厂、刨花板厂、木器厂、蓝剑公司、养殖加工总厂过道这，上述六户企业要在取得阶段工作成果基础上，加大运作力度，在改革的重点、难点上取得突破，并率先体现出委托经营的特征。按照总局三年解困和搞活林场（所）的要求，对前丰林场手、平原经营所、平山经营所、杨树河经营所、翠北林场、丽丰经营所、永丰经营所、五营河经营所及一建公司、电话所、物资经销公司也实行委托经营。

二是继续完善租赁经营。今年，对局木器厂、社会福利厂、平原罐头厂、水泥构件厂、建材厂、局森工产品经销公司、毛丝鼠养殖公司继续实行租赁经营。通过两年来的实践，实行租赁经营的单位在转换企业经营机制方面起到一定的作用，但也存在一定的问题，要在完善的基础上进一步转换经营机制，强化内部管理，新的机制要有新的起色，以确保各项指标的完成。

三是对汽运管理处、枝桠站、贮木加工厂等三个单位实行成本包干承包经营；商贸公司、外贸公司实行车有民营，完全推向市场；公用事业管理处要改变以往的经营策略，从企业内部入手，划小核算单位，将供水、供热单独核算，逐步实行以水养水，以热养热；对局森调队要在“三模拟”的基础上，实行按工作量支付费用，使其逐步转为企业化经营；对既有管理职能又收费的单位，逐步减少费用，逐渐剥离。

三、继续深化地方工业的改革

五星水泥厂委托中植集团经营后，生产形势和经济效益明显提高，水泥厂要进一步强化管理，开拓市场，研制新产品，增加市场竞争力。同时，积极做好股份制改革工作。五星木器厂继续实行分立重组，已划开的各分厂要根据本厂实际情况，生产适销对路的产品，利用灵活的机制去闯市场。五星白灰厂实行剥离经营后，剥离的鑫峰高钙石厂要实行新的经营机制，通过改革，闯出一条生路。同时，要认真贯彻市政府关于加快地方工业小企业的改革步伐，使地方工业小企业面向市场，自求生存，自求发展。

四、加快林产工业基础企业的改革步伐

林产工业是我区经济发展的支柱产业，也是劳动密集型产业，加快推进林产工业改革和发展是当务之急。要在总结经验的基础上，进一步转换企业经营机制，使林产工业企业真正体现出委托经营、租赁经营的特征，使企业真正按着委托经营、租赁经营的机制支运作，严格按照合同的条款支执行。同时，要以木制品厂和改革后的刨花板厂为林产工业龙头企业，带动林产工业的快速发展。

五、加快发展和完善股份制和股份合作制履行步伐

实行股份制和股份合作制是企业向市场经济过渡，摆脱计划经济束缚，加仑企业管理，提高经济效益的有效途径。现在我区已有八户股份制和股份合作制企业，今后新办企业都要推行股份制或股份合作制。对已运作的八个企业，要按照《公司法》及省、市有关文件的要求，做好规范和完善工作，正确处理好股东大会、董事会、监事会、经理层等法人治理关系，切实加强民主管理，使企业按照股份制的机制规范运作。同时，要做好中植股份制有限公司筹组工作，为股票上市做好前期准备工作。

六、加快劳动用工、人事制度和分配制度的改革

今年，要切实加大剥离分流富余人员的力度，贯彻落实省委、省政府提出的“三、三”制及全市三级干部会议精神，把分流富余人员工作当作一项中心工作来抓。实施紧逼战略，确保完成市三级干部会议提出的分流人员的任务，将我区分流人员的工作落实到实处。对山上林场（所）要根据木材生产和生产任务核定生产成本，工资含量。生产结束后，分流职工人事农业及多种经营生产，这样就解决了职工生产淡季等、靠的问题，减少企业工资支出。山下单位在上年分流人员的基础上，再分流职工20%，以此为基数，核定成本，费用及工资，富余职工由本单位自行安排解决。要压缩管理人员和非生产人员。各单位管理人员和非生产人员的比例不能超过职工总数 的3.6%。区机关在定岗、定编、定员的基础上，按照市委、市政府下发的《全市政企合一区（局）党政群机关机构设置、人员分流方案》的精神，加大工作力度，组织好党政机关人员的分流工作，要保证完成市下达的压缩机构，压缩人员指标。

七、用足用活优化资本结构试点城市政策，帮助企业增资减债

优化资本结构试点，是国家给予的最大的优惠政策。我们要抓紧学习，认真研究有关政策，借鉴先行试点城市经验，结合我区实际，抓紧进入实质性运作。

八、深化社会保险制度，住户制度的改革

按照国家、省、市提出的关于建立社会保险体系的目标，要以完善养老、失业、医疗保险为重点的社会保险制度的改革，初步形成社会保险、社会救济、社会福利和个人储蓄积累保险相结合的多层次社会保障体制。医疗制度改革要在总结过去经验的基础上，不断充实和完善。要结合我区的实际情况，合理确定职工医疗、家属医疗的费用，实行企业和职工共同负担的原则。同时，积极探索建立医疗保险机构，医疗单位，投保职工相互制约的机制。住房制度改革要继续抓好公用住房提租促销工作，采取多种形式销售公有住房，不断提高商品房的比重。创造条件出台住房公积金制度，实施安居工程，逐步改善职工群众的居住条件。

为确保我区1997年经济体制改革工作的顺利进行，并达到预期目的，成立区经济体制改革领导小组：

组　长：李　江

副组长：唐加军　潘若飞　郭庆兰　冯国福　刘永文
　　　　林宝岱　徐景和　于闯文　刘义华

成　员：高　军　刘喜文　王铁树　王书吉　刘玉坤
　　　　刘金元　邹建遐　张合清　张景海　曹薪苓
　　　　刘德友　李德友　周景春　徐继刚　陈树民

领导小组下设办公室（设在体改办）

主　任：王书吉

副主任：王景武　苏力强

五营区鼓励外来投资优惠政策

为扩大对外开放，鼓励外来投资，共同促进经济发展，根据国家、省、市有关规定，结合我区实际现制定本政策。

一、税收优惠政策

（一）对经营10年以上，符合下列条件之一的外商投资企业，在执行国家二年免税政策期满后，并将按规定缴纳的企业所 得税通过税务机关征收、财政部门返还的办法，连续8年返还给企业。

1. 收买或兼并我区关停、亏损企业、安置原有企业富余职工占50%以上，外资金额占收购或兼并资产额的50%以上的。

2. 外方投资在3000万美元以上，对企业进行高新技术改造的。

（二）外来投资者收购区属企业全部产权的，在评估作价的基础上，价格可以优惠30%，并免收契税。

（三）引进先进技术从事农、林、渔业开发经营的投资企业，在享受国家“免二减三”企业所得税优惠政策期满后，按缴库级次，由财政部门返还实际以缴纳所得税的50%。

（四）对外来投资企业从开业起免征城市房地产税、车船使用牌照税5年，对外来投资者兴办的产品出口企业、先进技术企业，以及资源开发、节约能源和农、林、牧、渔业生产企业和项目，免征城市房地产税、车船使用牌照税。

二、用地优惠政策

（一）以受让方式取得国家土地使用权的，免收地价评估费、地籍调查登记费、土地勘测设计费，根据项目性质、规模、地址，在降低1～3个土地级别价格的基础上，再适当下浮收取土地出让金。一次性付清土地出让金给予九折优惠，一次性付清土地出让金有困难的，在企业有收益后，可按受让是所定价逐年交付。

（二）投资建设基础设施、公益事业、能源、交通、水利等项目开发用地的，按行政划拨方式供应土地。

（三）租赁国有土地使用权的，可按现行地价标准8%计算，按年交纳地租。

（四）外来投资者在我区通过受让方式取得土地使用权最长受让期限：居住用地70年；工业用地50年；教育、科技、文化、卫生、体育用地50年；商业旅游、娱乐用地40年；其他用地50年、在使用期内，可以将土地使用权转让、出租、抵押。

三、金融优惠政策

（一）外来投资企业向金融机构借款，只要符合国家信贷政策和贷款条件，有贷款资金时，一个月内给予办理；没有贷款资金时，积极筹集资金，尽快给予解决。

（二）在开立账户的金融机构提取现金，给予方便。

四、收费优惠政策

（一）行政事业性收费在符合国家、省、市有关规定的前提下，有上下限的，按最低标准收取。

（二）减免收费项目：办理建设项目环保审批，免收手续费。要求环境监测，只收成本费。办理房屋产权登记，免收产权登记费。办理卫生许可证，免收登记费、审查费、办证费、工本费、检测费。要求卫生防疫检疫，免收防疫检疫费。办理暂住证，免收暂住证费。请求消防抢救，免收咨询服务费。进行金融、环保、卫生、气象、价格、法律等咨询，免收咨询服务费。

五、其他优惠政策

（一）符合区级审批权限的项目，项目文件齐备，办理审批时限不超过5天，需要上报审批项目，区有关部门派人协助办理。

（二）对有发展潜力，能带动区域经济发展的，年实现税金20万元以上的企业，五年内予以资金支持，具体标准为投资者年实现税金地方所得的50%。

（三）外来投资者租赁林业局厂房、设备等资产从事生产经营活动，投资超1000万元、产值超1500万元、安置下岗职工超过150人的，租赁金在原来基础上降低30%；投资超600万元，产值超1000万元、安置下岗职工超100人的，租赁金降低15%；投资超300万元、产值超500万元、安置下岗职工60人的，租赁金降低10%。

（四）对投资超过1000万元，经营期超过10年以上的企业，企业在享受税收优惠政策的基础上，前三年税收由政府协调税务部门再进行适当优惠。

（五）对进行木材精深加工的外来企业，年缴税额超过20万元的，区政府将优先保证该企业的原材料供应。

（六）为了给投资者创造宽松发展环境，未经区政府主要领导同意，任何部门不得以任何形式到外来投资企业进行评比、检查、摊派、干预企业的正常生产经营活动。

（七）区监察部门对外来投资企业一律实行重点挂牌保护。

（八）外来投资企业通过铁路运输产品，铁路部门要给予优先安排。

（九）对外来投资企业所需的水、电、气、热、排水、运输、通讯等必要条件，有关部门要优先给予解决。

（十）各有关部门对外来投资企业实行“代理”式服务，尽量简化办事程序，任何部门不得刁难、勒卡、梗阻。

（十一）区政府对外来投资者统一发放《外地客商身份证明》，实施特别重点保护，保障其生活及人身安全。

六、本优惠政策执行中遇有特殊情况，可一事一议，一企一议。

七、本优惠政策所指外来投资者，为我区所属企业以外，在我区投资的单位及个人。

八、外来投资企业在我区除享受本优惠政策外，还享受国家、省、市制定的其他优惠政策。

九、五营区内的投资者同时也享受本优惠政策。

十、本优惠政策由区经贸委负责解释，在执行中遇到具体问题时，由区经贸委负责协调解决。

十一、本优惠政策自 2001 年 10 月 27 日起施行。

五发〔2001〕27 号　中共五营区委 五营区人民政府关于印发《五营区党政群机构改革实施意见》的通知

区党政群机关各部门：

现将《五营区党政群机构改革实施意见》印发给你们，望结合本部门实际，认真组织实施。

中共五营区委员会

五营区人民政府

2001 年 12 月 4 日

五营区党政群机构改革实施意见

根据《伊春市辖区党政机构改革实施意见》（伊发〔2001〕19 号）、《伊春市群众团体机构改革方案》（伊办发〔2001〕47 号）文件精神，结合我区（局）实际情况，制定本实施意见。

一、指导思想和原则

（一）指导思想

以“三个代表”重要思想和党的十五大精神为指导，认真贯彻中央关于地方党政机关机构改革的方针和政策，适应社会主义市场经济发展的需要，有利于加强和改善党的领导，促进政府职能转变，调整组织机构，精简人员编制，完善运行机制。通过改革，逐步建立廉洁高效、运转协调、行为规范的管理体制。

（二）改革的原则

1. 加强和改善党的领导，理顺党政部门之间的关系。加强党委宏观管理职能，简化一般性具体管理事项，集中精力搞好党的建设。

2. 转变政府职能，加快实现政企、政事、政社分开，适应社会主义市场经济和社会发展的要求。

3. 科学界定职能，合理划分事权。理顺党政机关与企事业单位的关系，合理界定部门之间的职能分工，相同或相近的职能交由同一个部门承担，克服多头管理，政出多门的弊端。

4. 精兵简政，优化结构，按照精简、统一、效能的原则，调整组织机构，严格控制机构数额，综合设置有关部门、压缩机关人员编制，精干机关工作人员队伍，提高工作效率，降低行政成本，减轻财政负担。

5. 依法行政，规范管理。加强行政管理制度化、规范化和法制化建设，逐步由主要依靠行政手段转向综合运用经济的、法律的和必要的行政手段管理经济和社会事务；同时加强机构编制的监督管理，建立机构编制管理与财政预算管理相互配套协调的约束机制。

二、改革的内容

（一）加快实现政企、政事、政社分开，进一步转变政府职能。主要是加快经济发展，加强城镇管理，搞好环境整治，维护社会稳定。要集中精力创造良好的市场环境。改变政府与企业的行政隶属关系，全面落实企业自主权，充分发挥市场在资源配置中的基础性作用。所有行政性公司一律改为经济实体，原来的行政职能交给政府有关部门。大力发展城镇社区服务组织，搞好社区服务，发展和规范社会中介组织。

（二）注意理顺各方面的关系，改进和完善行政运行机制，要理顺区与街道办事处的事权关系，区应进一步下放属于街道办事处的管理权限。要理顺部门之间的关系，合理调整部门之间的职能，减少和避免交叉；要按照“一件事情由一个机构管理为主”的原则，对于调整、转移、下放的职能，都要以“三定”的形式规定下来。

（三）切实改革行政审批制度，减少政府部门的审批事务。要把清理、减少审批事项作为转变政府职能的一项重要任务。对没有法律法规依据的要坚决取消；可改为备案的，要改为备案管理；可由市场机制替代的，要通过市场机制来处理。对确需保留的行政审批事项，要简化程序，减少环节，规定时限，提高效率，改进服务。要建立健全监督制约机制，公开审批程序和结果，接受群众监督。行政审批事项减少的比例要不低于65%。对保留的审批事项，在审批程序、环节、时限以及监督制约等方面进行规范。

（四）改革行政执法体制，整顿和规范市场秩序。清理和规范行政执法队伍。根据我区的实际情况，综合设置精干、统一的行政执法队伍，实行相对集中的行政处罚制度，强化行政执法监督机制，在行政执法体制上有所创新。

三、机构设置和主要职能、人员编制

（一）机构设置和主要职能

根据《伊春市辖区党政机构改革实施意见》的要求，改革后，我区党委机构设置5个，政府机构设置15个，林业局机构设置3个，群团组织机构设置5个，人大、政协内设机构根据上级要求设置，纪检委内设机构6个，区工会内设机构5个。

1. 党委机构设置和主要职能

（1）办公室（区直属机关党委与其合属）：负责政策研究，区委文件、报告的起草、印发，机要，保密，信访，机关建设等工作。信访办由区委办、政府办管理，以区委办管理为主。

（2）组织部（归口管理老干部管理办公室）：负责党的基层组织建设、干部培训、考察及合理调配、使用，党员的教育、管理和发展党员工作，以及离休干部和遗属的管理工作。

（3）宣传部（挂统战部牌子）：负责全区社会宣传、理论学习、党员思想教育、精神文明建设、统一战线，对台、广播电视和全区思想政治工作人员专业技术职务评定审批等工作。

（4）政法委员会（综合治理办公室、610办公室）：贯彻上级关于政法工作的方针、政策、统一政法各部门的思想和行动，协助有关部门加强政法队伍建设，负责全区社会治安综合治理，处理法轮功邪教等工作。

（5）纪律检查委员会（监察局与其合属，内设机构6个：办公室、党风科、检查监察科、控申科、执法科、审理科）：负责全区党员干部的党风党纪和廉政建设，查处违犯党纪、政纪的案件，处理人民群众来信来访，解决群众反映强烈的热点问题，搞好全区党风建设和反腐败斗争的全面工作。

2. 政府机构设置及主要职能

区经济贸易委员会与科学技术委员会、体制改革办公室合并，组建区经济科技贸易委员会，加挂企业管理科牌子。在区人劳局挂牌子的安全办，职能归属区经济科技贸易委员会。

将区计划统计委员会更名为计划统计局。

将区教育委员会更名为区教育局。

将区文化体育委员会更名为区文化体育局。

区卫生局与计划生育局合并，组建区卫生和计划生育局。

区建设委员会更名为区建设局。

区农业工作办公室更名 为区农业委员会。

调整后的区政府机构设置15个。

（1）区政府办公室：负责外事任务、人防、法制、民族宗教、旅游、档案（区志）等工作。围绕区政府重点工作和区领导的指示，组织专题调查研究，负责区政府文件、重要情况通报、汇报、领导讲话、报告的起草和印发工作。

（2）区经济科技贸易委员会：负责企业管理、体制改革、外经外贸、商业、物资、安全生产监督、科技、信息产业等工作。

（3）计划统计局（保留物价局牌子）：负责编制全区一、二、三产业的国民经济和社会发展的年度计划和长远规划，负责全区工农业经济效益指标统计的综合工作，负责物价市场价格的统计监测，审核全区执行行政、事业性等收费项目及全区价格调节基金的征收、使用和管理。

（4）教育局：负责贯彻执行国家有关教育的路线、方针、政策和制定全区教育事业发展和年度发展计划，指导和管理全区幼儿、中小学、职工教育；负责招生管理、教工管理、学校规划、建设及教育经费管理工作；负责全区教育督导评估，管理全区学历教育、指导成人自考、社会力量办学及指导各级学校的思想政治工作。

（5）文化体育局：负责举办全区性文化体育活动，组织参加省、市级文艺会演，并负责基层业余文化的辅导，依法对议论产经营活动进行监督和检查，研究制定并组织实施全区各类体育竞赛计划，促进以学校体育、社会体育为主的全区群众性体育活动的开展。

（6）司法局：负责全区法制宣传教育工作，管理人民调解工作，对两放人员进行安置帮教，指导监督律师、公证和法律援助工作，促进依法治区工作的开展。

（7）公安局

（8）民政局：负责婚姻登记、政权建设、殡葬管理、社会福利、区域划分、地名管理、社团登记、社会扶贫、救灾救济及“三无”人员的收容、遣送和安置；负责双拥、优待、抚恤、退伍军人安置、民政信访、民政统计；负责残联、老年人权益保护，检查、督促有关部门做好老龄工作。

（9）财政局：负责编制全区年度财政预决算草案、企业财务计划、搞好经济核算，指导全区会计工作、培训财会人员、保证企业财务核算的高效能；检查财政政策、规章制度执行情况和财政收支管理中的重大问题，提出加强财政管理的政策建议，查处违反财经纪律问题，政策并负责财政调研、财政信息、财政报告和财政宣传工作。

（10）人事劳动局（编委办与其合署）：归口管理社会保险事业管理局。负责一般干部、工人调配管理、劳动力需求，人才交流，专业技术职称评审，目标责任制，机构编制管理工作；编制全区（局）月、季、年度工资计划，审批计划完成情况，协调平衡工资问题；负责劳动力市场、劳动监察和劳动争议处理及信访、仲裁工作；劳动保险、福利、离退休干部管理、劳动鉴定和疾病救济费、遗属补助、困难补助的发放；管理全区养老、失业、医疗、工伤、生育、社会保险工伤和社会保险经办机构：社会保险基金的审核、收缴、支付、管理、监督检查。

（11）审计局：负责全区（局）财政、财务、工交、商贸、固定资产、农业审计等；组织对所属基层企事业单位法定代表人和行政主要负责人任期经济责任审计：受理财政、财务收支违纪行为以及其他违反财经纪律行为的审计工作。

（12）卫生和计划生育局：依据卫生法规标准对社会公共卫生、劳动卫生、食品、药品、妇幼保健、医用生物制品和生物材料、医疗器材行使监督职权，对重大疾病及医疗技术服务、计生药品发放、统计等工作。

（13）建设局（环保局与其合署）：负责城市规划、基本建设、城市行政执法、公用事业、房改房屋交易评估作价、环境保护等工作。

（14）林政局（挂防火办公室牌子）：负责全区林政监督管理和检查及森防工作，查处违反森林法的案件和对违反森防条例规定的人员依法进行处理。

（15）农业委员会（挂北药开发办牌子）：负责全区农业、多种经营、水利、农机、畜牧、水产等工作。

档案馆（与档案局、区志办合署）为区政府直属事业单位。

旅游事业管理局（隶属于区政府办公室），为具有行政职能的事业单位。

成立区非国有经济管理办公室（挂乡镇企业局和非国有经济发展局牌子）并履行林产工业科职能，为区政府直属具有行政职能的事业单位（不占机构和人员编制）。

成立社会保险事业管理局，隶属人事劳动局，为副科级事业单位。

监察局、老干部办、信访办不计机构个数。

3. 林业局机构设置及主要职能

将生产技术科与机电科合并，组建木材生产机械科。

企管处更名为企管科。

调整后的林业局机构 3 个。

（1）资源科（局）（归口管理伐区拨交队，为事业单位）：负责宣传贯彻党和国家关于林业的政策、法律法规，准确地掌握森林资源的数量、质量、消长动态，指导和组织制定森林经营方案，建立森林管护档案，并负责森林采伐更新审批、拨交检查、监督、验收；定期组织林木、林地及野生动植物管理执法检查，查处破坏森林资源责任单位及个人。

（2）营林科（局）（归口管理林木种子站、物候站、病防站、营林验收队，以上均为事业单位）：负责全局林木种子、育苗生产、更新造林、义务植树、森林抚育、森林物候气象、森林病防、林木检疫、营林道路、生产设施、机械设备、营林生产计划、统计、调度、技术指导、检查、验收等工作。

（3）木材生产机械科（归口管理木材检验队，为事业单位）：负责编制全局木材生产年度计划和作业计划，并组织实施；负责林区道路、伐区、电力、机械设备管理和产品验收工作。

4. 区人大、政协机构设置

区人大、区政协的内设机构根据上级规定设置。

5. 群团组织机构设置 5 个：区工会（区工会内设机构 5 个：办公室、生产宣传部、生活部、女工部、组织民管部）、团委、妇联、科协、工商联。

6. 上级派出机构 1 个：专员办（不占机构数和人员编制限额）。

7. 撤销木材销售科，其职能并入木材经销公司。

8. 撤销商贸公司，其履行的管理职能并入经济科技贸易委员会。

9. 撤销林产工业公司，其职能并入非国有经济管理办公室。

（二）人员编制和领导职数

我区为二类区（局），市给我区核定的编制总数为 220 名（内含省定行政编制 20 名）。这个编制控制数包括区委、人大、政府、林业局、政协各部门，群团组织，以及信访办、610 办公室的编制。以 1997 年核定的编制 275 人为基数，精减比例为 20%，其中，党群机关人员精减比例是 17%，政府、林业局机关人员精减比例是 23%，人大、政协机关人员精减比例是 19%。

区党委、区政府领导职数配置：区委书记配备1职，副书记3职；区政府区长配备1职，副区长3职，林业局副局长3职，资源专员1职，总会计师1职。

区属事业单位的编制不进市下达的编制限额，由区编委根据职数范围自行核定。

使用专项编制的区公安分局机关，市编委核定的编制49人，司法局机关编制4人。

两个办事处市核定的编制是44人。社会保险事业管理局市核定编制9人。

这次机构改革中保留科协机构，由相应人员兼职。

区纪委、区工会的内设机构规格为副科级，不占科级机构限额，每科室只配1名科级干部，不占科级干部职数。

区政府不设助理职务。

四、人员分流及相关政策

在机构改革中要按照带职分流、定向培训、充实非国有企业、优化结构的要求，积极探索机关人员分流的具体途径和办法。人员分流的任务在2003年年底前完成。要把机构改革与干部人事制度改革结合起来，引入竞争机制，实行竞争上岗，通过人员分流，优化机关工作人员队伍结构，提高整体素质。

根据市党政机构改革实施意见规定，以工代干人员（不含已任命的科级干部）不得参与机关干部岗位定岗，不享受机关人员分流政策，借调人员一律清退。

已经办理聘用制干部手续的以工代干人员（经市人事局备案的），这次可参加机关干部定岗竞聘。

1997年机构改革后不在编人员（以各部门上报区机构改革办公室的编制内人员名单为准），不参加这次机构改革的竞争上岗，不享受此次机构改革的人员分流政策。

适当鼓励机关工作人员提前退休和离岗休养，严格执行退休制度，对已到退休年龄人员，应及时办理离退休手续。对未到离退休年龄的机关人员，机构改革期间，参照省市有关规定：男1948年12月31日前（含12月31日）、女1953年12月31日前（含12月31日）出生的科级工作人员，不再安排科级领导职务任职，如果安排科级领导职务，可以不占科级领导职务职数。

党政机关工作人员中（含领导干部），在2003年12月31日前（含12月31日），连续工龄满28年（执行28年的连续工龄计算时间下限为1976年12月31日前）或者男满52周岁、女满47周岁，本人自愿，经组织批准，可提前办理退休或离岗休养手续。符合上述条件的人员，提前退休或离岗休养的比例原则上控制在20%以内。提前退休的人员，比国家规定的退休年龄提前一年不满三年的，可按现行工资上调一级企业工资；提前三年不满五年，可上调二级企业工资；提前五年以上的，可上调三级企业工资。提前退休人员的工资，由企业在管理费中列支，并确保在机构民革期间予以兑现。提前退休人员按规定缴纳养老金，待达到法定退休年龄时，按新办法计发退休金标准，另外加上这次机构改革时所增长的工资额，再纳入社会统筹。离岗休养的人员，职务免除，保留原职级待遇，纳入机关退休人员管理。机关调整工资时，按原职级调整工资档次，待达到国家规定的退休年龄时，再正式办理退休手续。退出工作岗位年限可与以前的工龄合并计算。提前离岗休养期间，每人每月发给20元补助费，直至达到退休年龄为止。

这次机构改革中，凡2001年9月30日前在岗人员，所涉及的提前退休、离岗休养的副职变正职人员，按干部管理权限报有关部门审批后，依据市机构改革有关规定，由区人劳局统一报市劳动局，办理审批备案手续，待达到国家规定的退休年龄时，办理正式退休手续，纳入社会统筹。

现年满51周岁以上，担任副科级职务8年以上，符合提职条件的，提前离岗休养或提前退休后，可享受正科级工资、住房和医疗待遇。机构改革期间拟提高待遇人员，按干部管理权限履行报批手续。

所有分流人员一律保留原干部身份和原职务级别。分流对象确定后，便不在本机关安排工作。已办理退休手续或离岗休养人员一般也不再返聘。分流到企事业单位并人事专业技术工作人员，凡具备相应任职资格条件的，可在同等条件下优先参加相应级别系列专业技术职务任职资格的评审。机关工作时间连续计算专业工龄。

机关工作人员创办、领办各类经济实体、从事开发性生产等，其人事关系挂靠当地人才交流服务机构，实行人事代理，由单位按有关规定一次性补缴分流前养老保险费。分流人员在新单位需要参加社会保险的，其社会保险单位和个人应缴纳部分分别由所在单位和个人按比例缴纳。

人大、政协领导班子的处级领导干部，按省规定进行分流执行相应政策。机关科级以下工作人员执行本实施意见的分流政策规定。

分流安排实施办法在机构改革期间有效，分流政策只适用于党政群机关的分流人员，以及具有行政职能的信访办、老干部办、档案馆、专员办和原木材销售科、机电科、林产工业科、物价所的分流人员。各基层单位、党政机关其他所属事业单位不参加本次机构改革，不享受人员分流政策。人员分流工作从市机构编制委员会批复区机构改革方案并完成“三定”后开始，要坚持“工作需要，群众参与、综合考评、竞争上岗、组织决定”的办法确定人员去留。其他分流人员的工作安排，原则上截止时限2003年末完成。

五、时间安排及方法步骤

这次党政机构改革从10月22日起，到12月30日结束。

第一阶段：调查摸底、制定方案，从10月22日至11月30日。

第二阶段：动员、组织实施，从12月1日至12月15日。

第三阶段：总结验收，从12月16日至12月20日。

凡符合提前退休年龄的人员和离岗休养的人员需本人提出申请。个人申请务于12月13日前报到区党政群机构改革办公室。

各部门及两个办事处把被选用人员名单（按编制数），务于12月18日前报区党政群机构办公室。

六、加强领导

为确保党政群机构改革工作的顺利实施，成立区党政群机关机构改革领导小组。

组　长：王希宇　区委书记

副组长：张恒芳　区委副书记、区（局）长

　　　　刘利敏　区委副书记

　　　　迟洪训　区委副书记、纪检委书记

　　　　刘永文　区委常委、副区（局）长

　　　　李　涛　区委常委、组织部长

　　　　崔怀文　区人劳局局长

成　员：吴修真　区委组织部副部长

　　　　王铁树　区人劳局副局长

　　　　郭凤斌　区财政局局长

　　　　高　军　区计划委员会主任

　　　　李业君　区委办公室主任

　　　　赵洪庆　区政府办公室主任

领导小组下设办公室

主　任：李　涛

副主任：崔怀文

成　员：苗炳超　潘世东　李俊双　韩光荣

办公室设在区党委6楼

电 话：3817530、3817531

七、几点要求

1. 要切实加强思想政治工作，及时准确地掌握干部职工的思想动态，有针对性地搞好宣传教育，讲明政策，释疑解惑，增强心理承受能力。

2. 要处理好机构改革和其他各项工作的关系，各部门的主要负责人是本部门改革第一责任人，要切实抓好改革和各项工作，真正做到思想不散，秩序不乱，工作正常运转。对擅离职守，贻误工作造成损失的，要坚决追究责任。

3. 要严格财经纪律，严禁突击花钱，不得私分、挥霍、损害公共财物，严禁在领导干部和人员调整中搞迎来送往，大吃大喝。

4. 各部门选拔作用工作人员，要严格按政策办事，普遍实行竞争上岗，坚持公开、平等、竞争、择优的原则，增强工作透明度，不得在竞争上岗和人员分流中搞串联、拉选票，以及借故打击报复。

5. 所有空编部门需要调入人员的，由区机构改革办公室综合平衡，在机关富余人员中选聘。

6. 要严肃保密纪律，机构变动的部门，要做好档案的移交和印章的废止、封存和上交工作，切不可因机构改革而发生重大的失密、泄密事件，保证机构改革顺利进行。本实施意见，只限于本次机构改革。

五发〔2001〕28 号 中共五营区委 五营区人民政府关于印发《五营区党政群机构改革竞争上岗实施办法》的通知

区党政群机关各部门：

现将《五营区党政群机关机构改革竞争上岗实施办法》印发给你们，望结合本部门实际，认真组织实施。

中共五营区委员会

五营区人民政府

2001 年 12 月 4 日

五营区党政群机构改革竞争上岗实施办法

在党政机构改革中，采取竞争上岗的方式选用干部，使优秀人才脱颖而出同，是建设高素质干部队伍的有效措施，也是机关人员定岗和分流顺利实施的重要保证。根据中组部、人事部《关于党政机关实行竞争上岗的意见》（组通字〔1998〕33 号），市委组织部、市人事局《关于在机构改革中全面推行竞争上岗的实施意见》（伊组联字〔2001〕3 号）和省、市委的有关文件精神以及竞争上岗工作实际需要，特制定本实施办法。

一、基本原则、范围、条件

1. 基本原则。竞争上岗就是坚持公开、平等、竞争、择优的原则，在区属党政群机关的工作人员中实行岗位竞争。采取本人申请、综合考评、组织审核的办法产生拟竞岗人选，经过公示后，由考评委员会确定竞岗人选。

2. 范围。这次竞争上岗的人员范围，只限于 1997 年机构改革中编制内的在职机关工作人员。

3. 条件。具有较高的政治素质，能够认真学习马列主义、毛泽东思想、邓小平理论和江泽民同志“三个代表”重要思想，认真学习党的十五届六中全会精神，坚决贯彻执行党的基本路线和国家的各项方针政策；符合岗位层次结构、专业知识结构、年龄结构要求；应具有高中、中专以上学历；具备同竞争职务相适应的工作能力和必要的工作经历；工作称职、身体健康、能够坚持正常工作。

以工代干人员（不含已任命的科级干部）、借调人员不得参与机关干部岗位定岗、岗位竞争。

二、程序与方法

1. 召开动员大会。召开本部门全体人员会议，传达区机构改革有关精神，宣布机构改革办公室对本部门的“三定”意见，部门主要负责人作动员讲话。

2. 公布职位。通过张贴公告、会议通告等形式公布竞争上岗职位、数量、任职条件以及竞争上岗的程序、方法等事项，要使部门全体人员皆知。竞争的职位及数量要依据机构编制部门核定的编制确定。

3. 组织报名。符合竞岗条件的人员，由本人自愿提出拟竞争岗位申请，表明竞争上岗的态度，并且要在规定时间内将个人申请交到考评委员会，否则按自动放弃竞岗对待。

4. 资格审查。报名结束后，由考评委员会按照机构改革方案确定的定编定岗的基本条件和有关要求，对申报者进行资格审查，然后将符合条件的竞争者名单，向本部门全体人员公示。

5. 竞职演说。凡参加竞岗人员，一律采取公开的方式进行竞职演说答辩，竞职演说答辩由考评委员会主持，在本战线或本部门会议上进行。由竞职者向到会人员简要介绍自己的工作经历、德才与众不同和做好拟部委职位工作的设想。演说时间一般确定为 6 至 8 分钟。答辩结束后，评委会将答辩的考评分数记入评分表，并公布答辩结果。

6. 民主测评。民主测评采取无记名投票方式进行，主要是由与会人员通过对每个竞争者的竞职演说及对其德、能、勤、绩、廉的全面衡量，表达自己的意见。量化评定，即德、能、勤、绩、廉各占 20 分，总分为 100 分。参加竞职演说会与民主测评会的人员为本部门的全体人员。参加会议人数不得少于应到会人数的 80%。民主测评的结果不对外公布，作为组织考核任用的重要依据。

7. 考核。此项工作由战线考评委员会负责，采取领导考核和群众考核相结合的办法进行。

8. 组织决定。竞职演说、民主测评和组织考核结束后，由区（局）各战线主管领导和本部门主要负责人主持召开考评委员会议，根据考评的结果，按照择优的原则，讨论确定拟上岗人员，然后进行张榜公布，并将被选用人员名单报区机构改革办公室。

三、加强领导

1. 区党政群机关竞争上岗工作要在区委领导下进行。

2. 成立考评委员会。由区（局）各战线主管领导牵头，部门主要负责人负责，组建竞争上岗考评委员会，负责本战线干部竞争上岗的报名、资格审查、竞职演说，民主测评、考核定岗等项工作。

3. 要严肃干部人事纪律。各部门、科室主要负责人，要认真负责，按条件和程序办事，要以身作则、公道正派、严守人事纪律，不许跑风漏气，徇私舞弊。符合条件的机关工作人员要积极参加竞争上岗，并自觉遵守有关规定，不能串联拉票，或采取其他不正当手段。违者要视情节取消竞岗资格或给予必要的纪律处分。

4. 原在岗人员不申请竞争岗位的，要写出文字说明材料，表明态度。

5. 对个别无人申请的工作岗位，由区（局）各战线主管领导与部门主要负责人研究提出若干人选，经考评、考核择优任用。

6. 对专业性比较强的岗位，如遇有特殊情况，可采取考评、考核、考试相结合的形式择优确定人选。

四、要求

1. 作好宣传动员工作，各部门要做好动员工作，提高本部门人员对机构改革工作的认识，积极支持和参与这次改革，根据个人的能力和条件，积极参加岗位竞争。

2. 要耐心细致地作好思想政治工作，引导本部门人员解放思想，转变观念，正确对待机构改革。

3. 进一步增强工作透明度，对竞争上岗的岗位、条件、办法、程序、考评、考核的结果要进行公开，坚持原则、秉公办事，坚决抵制各种不正之风，确保竞争上岗工作的顺利进行。

五营区国民经济和社会发展“十五”计划及2015年规划纲要

第一章 “九五”时期经济和社会发展的回顾

第一节 “九五”时期经济和社会发展的主要成就

“九五”时期，全区人民在区委、区政府的正确领导下，高兴邓小平理论伟大旗帜，认真贯彻落实党的十五大精神，以铁力、双丰为榜样，以改革和发展为主题，以经济建设为中心，紧紧围绕缓危解困、富民兴区的奋斗目标，深化改革强化管理，全面实施天然林保护工程，大力调整经济结构，不断解放思想，开拓进取，真抓实干，克服了重重困难，较好地完成了“九五”计划确定的各项目标。

一、经济稳步增长

五营区“九五”计划期实现社会总产出14.3亿元。国有经济实现4.3亿元，非国有经济实现10.0亿元。按产业分布，第一产业实现1.9亿元，第二产业实现9.0亿元，第三产业实现3.4亿元。

国内生产总值“九五”计划实现7.6亿元，其中：国有经济完成2.6亿元，非国有经济完成5.0亿元。产业分布为：第一产业完成1.1亿元，第二产业完成4.3亿元，第三产业完成2.2亿元。

国内生产总值在社会总产出中的含量由1995年的52.1%到2000年增加到53.2%，国内生产总值的构成（按现价计算）：劳动者报酬实现7.0亿元，固定资产折旧实现1.0亿元，生产税净额实现1.4亿元，营业盈余实现2.4亿元。国家、企业和劳动者的利益关系为11.9 ∶ 28.8 ∶ 59.3。

五营区“九五”时期发展总速度实现183.9%，年均增长13.2%。其中：国有经济发展总速度实现97.6%，年均增长－0.5%，非国有经济发展总速度实现260.5%，年均增长21.1%。按产业分布为：第一产业发展总速度实现210.5%，年均增长16.0%；第二产业发展总速度实现176.6%，年均增长12.0%；第三产业发展总速度实现184.5%，年均增长13.0%。

二、经济结构调整取得了明显的成效

“九五”期间，全区上下大力进行经济结构、产业结构和产结构的调整，努力收缩国有经济，大力发展非国有经济。国有经济与非国有经济的比重由1995年的47.0 ∶ 53.0，到2000年调整到25.0 ∶ 75.0，三个产业的比重由1995年的14.5 ∶ 53.1 ∶ 30.4，到2000年调整为16.6 ∶ 52.9 ∶ 30.5。在产品上积极发展非林脱木产品，初步形成了以木材精深加工、木旅游、木耳栽植、山特产品加工等特色产业。在经济结构调整上，积极鼓励非国有经济的发展，个体私营企业由1995年的447户发展到现在的831户。职工家庭经济不断发展壮大，职工家庭经济产值由1995年的9128万元发展到现在的10573万元。

三、以营林为基础的地位进一步增强

“九五”期间，林业的生态作用得到了党和国家领导的高度重视，森林工业的生产经营政策进行了重大调整，以营林为基础的地位进一步加强，森林培育力度加大。“九五”期间更新造林总面积完成11068.3公顷，幼林抚育实际面积完成43697.7公顷，封山育林面积完成16000公顷，成林抚育面积完成23605公顷，育苗面积完成79公顷。一九九八年天然林资源保护工程的实施，累计投入公益林建设资金1809.7万元。完成了人工造林1550公顷，人工促进天然林更新1450公顷，森林抚育总面积完成10925公顷，封山育林面积完成7047公顷，苗圃基础设施建设完成175.5万元。

“九五”期间，森林管护力度进一步加大，实行了森林分类经营，分片管护责任制在全区逐步推开，群专结合的森林入护队伍不断扩大，有效地保护了现有森林资源。木材产量由1995年的8.5万立方米，到2000年调减到6.0万立方米，森林覆盖率由1995年的76.9%提高到现在的89.2%，连续

14年无重大森林火灾，基本实现了生态、经济和社会效益的协调发展。

四、企业管理明显加强

“九五”期间，在企业管理上采取了超常规的措施，向管理要效益，一是加强木材生产全过程的质量管理，强化合理造材，原条造材出材率达到95%以上；二是加强了资金管理，努力增收节支，严把了资金支出关，实行一支笔审批和资金平衡会计制度，坚决按计划办事；三是加强了机械和电力的管理。对非生产性用车费用进行了大幅度的压缩，生产性用车实行季节性封停，取消了全局性的机械大中修，年可减少支出30多万元；在用电管理上划小核算单位，制定了严格的奖罚办法，电工的工资与电费收缴额相挂钩，进一步压缩用电容量，年节支70多万元；在取暖面积上，重新核定了林场（所）的办公用房面积，将大锅炉改为小锅炉、洋锅炉改为土锅炉，对三个林场（所）的锅炉改造进行了试点，年节支50多万元；四是加强转岗分流和再就业人员的复写是，坚持以产定人，以人定效，大力压缩企业管理人员，非生产人员控制在8%以内。通过超常规的强化企业管理，在木材产量大幅度调减、伐区条件不断变差，各种费用不断上升的情况下，生产成本基本保持了相对稳定。企业职工工资也得到了按时发放。

五、各项改革步伐加快

改革是“九五”计划期间重要工作任务之一，区委、区政府把经济体制改革作为头等大事来抓，分年度制定了“经济体制改革总体工作方案”，用以指导全年的经济体制改革工作。“九五”计划我区在经济体制改革方面主要内容有，一是对经营体制进行了重大改革，实行委托经营的单位有各林场（所）共8户，实行放开经营的单位有一建公司、电话所、物资经销公司共3户，实行承包经营的单位有汽运处、贮木加工厂共2户，实行国有民营的有商贸公司、外贸公司共2户，实行股份制改造的有五星水泥厂、志淳公司等2户，实行分立重组的有五星木器厂1户，实行剥离经营的有五星白灰厂1户，实行租赁经营的有社会福利厂、木制品厂、水泥构件厂共4户；二是对生产经营方式进行重大改革。对林业生产单位进行了年度定量分配法，将木材生产和生产按照成本任务量一次包给班组，实行全额计件，超支自负，节余归己的经营方式，对伐区阶段和运输阶段的生产设备卖给职工，改变了林业企业40多年来用公有设备生产木材的局面，增强了职工的责任感，调运了职工生产和节约的积极性，减少了机械修理费用的支出；三是对劳动用工，人事制度和制度进行改革，在劳动用工方面实行全员合同化管理，打破了全民、集体、合同制工人和青年的界线，实行劳动用工双向选择，择优上岗，优化组合。在人事制度改革方面实行层层聘任制，对租赁经营和委托经营的单位由局长聘任行政一把手，行政一把手聘任行政副职，行政副职聘任股段级负责人，股段级负责人聘任工作人员。党、政、工、青人员可交叉任职，一人多职；四是对医疗、教育、住房和社会保险制度进行了改革。医院内部以科室为单位进行了经营承包，解决了吃大锅饭的问题。教育实行了竞争上岗，提高了教师的责任心和使命感。素质教育在中小学逐步展开，学生的总体素质有所增强。职工保险基本实现了全市统筹，退休职工生活费逐年增加。通过改革国有经济在车内生产总值中的比重大幅度减少，非国有经济大幅度上升，结构趋向合理，改革促进了生产要素的合理流动和自然结合。

六、对外开放不断扩大

“九五”期间，区委区政府把对外开放作为经济工作的一项重要任务来抓，制定了五营区“招商引资工作方案、奖励实施细则和外来投资优惠政策”，落实招商引资的工作目标，同时积极参加哈洽会和各种招商引资工作会议，加大对外招商的力度，开展了发千封信，打千个电话的“双千”活动，通过积极发动、广泛宣传、创造宽松环境，“九五”期间引进五营液化气站、哈慈集团五营保健茶厂、五星高钙石厂等5户外资企业，引进资金1500多万元，促进了五营区的经济发展。

七、固定资产投资逐年增加

“九五”累计完成固定资产投资6673.6万元。其中：林业全民完成投资4177.1万元，林业集体完成投资 240 万元，地方工业完成投资 680.5 万元，经济实用住宅投资 1140 万元，其他单位完成投资 436 万元。

新建职工经济实用住宅楼 6 栋，面积 17000 平方米，有 248 户居民搬进了新居，缓解了全区人民住房困难的局面；安装了闭路电视，使电视节目由过去的三套增加到现在的 26 套，丰富了全区人民的文化生活，为闭路电视与全国联网奠定了基础。购置数码编播设备和摄像设备各一套，提高了五营自办节目的质量，改造了中心街两侧人行道 2166 米，新铺沥青路面 1353 米，安装广告灯箱 21 个，建设商服大楼一栋面积 2025 平方米，新建设中心广场一处面积 3744 平方米，安装磁卡电话 26 部，中心街两侧新建设绿地 15000 平方米，城镇面貌焕然一新；自来水二期工程开始起动，延伸自来水分支管线 1800 米，改造了河南自来水主管线 623 米，解决了河南自来水主管线冻害问题，可新增 300 户居民用上自来水；为医院新购了 B 超机和部分医疗设备，解决了部分医疗设备老化问题，提高了医疗诊断水平。

八、科技、文化、教育等各项事业全面进步

——科技是第一生产力的思想在全区范围内进一步增强“九五”期间全区完成省科技攻关项目 2 项，市级项目 7 项，区级项目 24 项，提高了经济发展中的科技含量。

——全区人民文化体育生活进一步丰富。成立了老工人活动室并增添了部分设备。新建设成体育运动场一处，体育运动室 200 平方米，购置各种体育器材 23 件，特别是中心广场的建成为全区人民开展丰富多彩的体育、文化生活创造了条件。

——教育事业不断发展。“九五”期间教育投入不断加大，累计投入资金 324.0 万元，新建第四小学教学楼一栋面积 3105 平方米，改造了第七小学锅炉房和锅炉，对部分学校的教室进行了大修，教学环境有了很大改善。九年义务教育普及率达到了 98%，中小学在校生辍学率控制在 1% 和 2% 以内。有 33 名学生考入中午专业学校，有 9 名学生考入了大学，为我区培养了大量的后备人才。

——计划生育工作取得了好成绩。人口自然增长率由 1996 年的 1.9‰到 2000 年下降到 0.5‰，人口出生率由 1999 年的 8.5‰到 2000 年下降到 6.8‰，计划生育率五年控制在 99.4%。全区总人口由 1996 年的 42566 人到 2000 年下降 39687 人，完成了上级下达的各项调控指标。

——民族、宗教、侨务等各项社会事业都取得了新成绩。

第二节 “九五”期间经济和社会发展中存在主要矛盾和问题

“九五”期间，五营区的经济和社会发展虽然取得了一定的成绩，但是在经济和社会上各种各样的矛盾十分突出，主要表现在以下几个方面：

一、现代化的管理体制尚未形成

在“九五”期间五营区委区政府在经营管理体制上进行了重大改革，国有经济进一步收缩，对林业局的一些附属企业按照现代化接待室毯子改革，基本解决了多年经营管理体制不活和吃大锅饭的问题，但是林业局主体改革还不到位，机构臃肿人浮于事的现象不普遍存在，新的经营机制和企业管理机制尚未形成。

二、经济发展仍受结构性矛盾的制约比较突出

从国有经济与非国有经济发展上来看，尽管“九五”期间有了较大幅度的调整，但是非国有经济的总体实力还比较薄弱，与市场需求还有一定差距。以林业局为主体的区域经济对林业经济的依附性很大，林业政策正处在重大调整时期，国有经济收缩战线，深化企业内部发票，在调整改革中一些深层次矛盾逐步暴露，需要较长的时间内逐步解决；从产业结构上来看，第一和第三产业的增加值比“八五”期间略有上升，但是离“九五”规划的目标还有一定的距离；从产品结构上来看，五营区仍然以木材为主导产品。特别是近年来国家实施天然林资源保护工程后，木材产量由 1997 年的 9.3 万立方米，到2000年下调6万立方米，年减少产值1000万元，年减少销售收入1500万元，严重地制约了五营区的经济发展。

三、整体经济运行质量不高

全区“九五”期间实现社会总产出143262万元（按不变价计算），实现国内生产总值76267万元，国内生产总值占总产出的比重为53.2%，与“九五”规划的目标相差6.8个百分点，同时也说明我区经济发展速度与经济运行质量还有一定的差距。

四、人民群众生活水平相对较低

“九五”期间由于林区资源锐减，为保护生态环境和木资源，国家大幅度调整林业产业政策，同时受经济发展滞后的制约，职工现行工资与国家调整后的工资还有大的差距，人民生活还不富余。林区的经济发展与职工就业矛盾还相当突出。由于建设局初期国家对林业的投资不足，对职工的生活设施欠账较多，林业的基础设施还比较薄弱。

五、科技在国内生产总值中含量不高

林区的经济发展离不开科技，从全区科技贡献率上来看，由于科技进步带来的国内生产总值的增加还相当低，科技成果转化率不高，“九五”期间对科技的投入比较少。

第三节　经济发展的机遇和有利条件

一、党的“十五”届五次全会《中共中央关于制定国民经济和社会发展第十个一年计划的建议》是指导我们跨入二十一世纪纲领性文献，为我区的经济发展指明了方向。

二、森林资源虽然枯竭，但恢复培育森林后备资源，建立森林生态体系受到国家的高度重视，天然林资源保护工程的实施给林业经济带来了发展机遇，为我区的经济发展创造了有利的条件。

三、我区有得天独厚的自然资源，可利用这些自然资源大力发展森林旅游业、山特产品加工业和各种养殖业。五营区经过多年的开发建设，现已形成以木材采运、木材加工和多种经营为主体的经济发展格局，同时经森林旅游、山特产品采集和加工、林产品的种植和养殖簸析的经济增长点正在形成，为我区的经济发展增加后劲。

四、五营区“九五”期间的经济体制改革，为“十五”经济发展奠定了坚实的基础，特别是新的经营管理体制的形成和非国有经济的不断发展壮大为“十五”经济发展创造了有利条件。

五、五营区经过四十多年的开发建设，有党委和政府的正确领导，有区人大的依法监督，有区政协的大力支持，有一批领导能力强，政治业务素质高、能吃苦耐劳的干部和职工队伍，有全区人民的同舟共济、团结一致共同努力，“十五”规划目标一定能够实现。

第二章　经济和社会发展整体构想

第一节　指导思想

“十五”计划时期是我区经济发展的关键时期，是实现缓危解困、富民兴区，构筑五营经济发展新格局的重要时期，根据伊春市国民经济和社会发展“十五”计划纲要，结合我区经济和社会发展的客观实际，确定我区国民经济和社会发展总的指导思想是：高兴邓小平理论伟大旗帜，深入贯彻党的十五届五中全会精神，以“三个代表”的重要思想为指导，坚持以发展为主题，以结构调整为主线，以实施“天保”工程为重点，以改革为动力，以提高人民生活水平为根本出发点，正确处理好改革、发展和稳定的关系，规划好今后五年的国民经济和社会发展总体布局，制定有利于区域经济发展的政策和措施，促进全区经济健康发展和社会各项事业全面进步。

第二节 基本原理

一、坚持以发展为主题。发展是硬道理，发展是解决所有问题的关键，必须扭住发展不放松，坚持发展不动摇，只有加快经济发展，才能促进社会全面进步、提高人民生活水平。“十五”计划的制定要以发展为主题，围绕如何发展来研究制定我区实际的经济发展战略，要保持相应的经济发展速度，跟上全市乃至全省的经济发展步伐。

二、坚持以结构调整为主线。要促进经济发展，就必须调整经济结构。要按照有进有退，有所为、有所不为的原则，加快国有经济的退出步伐，大力发展非公有制经济，要把发展非公有制经济作为重点，积极推进第一、第二产业的增长速度，依托资源优势，大力发展非林脱木产品，使我区的经济逐步趋于合理。

三、坚持以改革和科技创新为动力。要继续深化经济体制改革，打破传统的思维惯式，全方位推进改革，加快建立和完善市场经济体制，努力转换经营机制。要实施“科技兴区”战略，促进科技教育成果的转化，提高经济增长中的科技含量，把经济增长转移到主要依靠科技进步和提高劳动者素质上来。

四、坚持以提高人民生活水平为根本出发点。要坚持“三个代表”的重要思想，把提高全区人民生活水平放在首位，最大限度地为人民群众办好事、办实事，要致力于解放生产力，发展生产力，解决人民群众在生产生活中遇到的实际问题，不断改善和提高全区人民的生活水平。

五、坚持依托自然资源优势，大力发展特色区域经济。要充分利用我区森林资源和矿产资源的优势及优美的自然环境，进一步加大力度，加快培育区域特色产业和特色企业群体，发展高质量、高产量、高效益的特色产品，加快资源转化增值，提高资源综合利用率，尽快使资源优势转化为商品优势。

六、坚持招商引资，努力扩大对外开放。要继续坚持“全方位”对外开放方针，进一步加大招商引资和横向联合的力度，努力提高我区对外开放的程度、层次和效益。

七、坚持精神文明建设和物质文明建设一起抓，促进经济和社会协调发展。在大力推进经济发展的同时，要切实重视各项社会事业的全面发展进一步加强精神文明建设，努力提高全区人民思想道德水平和科学文化素质，促进物质文明建设和精神文明建设共同进步，经济和社会协调发展。

第三节 发展目标

按照上述指导思想和基本原则，我区国民经济和社会发展在总体部署上分为前五年和后十年两个阶段。

一、“十五”发展目标（2001—2005 年）

（一）经济问题目标

1. 到 2005 年，全区国内生产总值达到 26790 万元（按 1990 年不变价计算，下同）比 2000 年增长 46.9%，年均递增 8.0%。其中：第一产业增加值 4860 万元，年均递增 10.0%；第二产业增加值 12960 万元，年均递增 6.1%；第三产业增加值 8970 万元，年均递增 10.0%。

2. 人均国内生产总值达到 5800 元，比“九五”时期年均增长 57.1%（按可比价计算）。

（二）经济结构调整目标

到 2005 年，全区经济结构趋向合理。第一、第二、第三产业之间的比例关系由 2000 年的 16.6 ：52.9 ：30.5 调整为 18.1 ：48.4 ：33.5；国有经济与非国有经济占国内生产总值的比重由 2000 年的 25% 和 75% 调整为 20% 和 80%。

（三）经济发展目标

到 2005 年工农业总产值达到 38260 万元，年均递增 8.0%。

（1）到2005年工农业总产值达到28760万元，年均递增6.4%；其中：森林工业产值达到11800万元，年均递增5.0%；地方工业产值达到1310万元，年均递增20.%；乡镇工业产值达到6370万元，年均递增8.0%；校办工业产值达到30万元，年均递增14.9%；个体私营工业产值达到9250万元，年均递增8.0%。

（2）到2005年农业总产值达到9500万元，年均递增13.9%。其中：种植业产值达到790万元，年均递增20.%；养殖业产值达到2270万元，年均递增6.0%；营林及林副业产值达到6440万元，年均递增20.5%。

（四）固定资产投资目标

到2005年全区固定资产投资总规模为21100万元。其中：林业全民固定资产投资为10450万元；其他单位投资为9250万元；经济实用住宅投资1400万元。

（五）科技发展目标

到2005年开发科技项目6项，科技资金投入104万元，科技成果转化率达到80%以上。

（六）社会发展目标

积极发展社会各项事业，全面提高社会文明程度和劳动者和科学文化素质。到2005年基本普及九年义务教育，青壮年文盲率控制在1%以内。人口自然增长率控制在0.9‰人，全区人口总数不突破39990人。医疗条件要有较大的改善，每千人中拥有医院床位5张。初步建立起以养老、医疗、失业保险为主体的较为完善的社会保障体系。环境保护得到进一步加强，城镇建设更加完善，法制建设有较大的发展，社会治安更加稳定，人民群众生活水平有所提高，人均住房面积达到9平方米，局址自来水入户率由现在的25%提高到80%。广播电视有较大的发展，闭路电视进入省级网络，全区闭路电视普及率达到80%以上。

二、2015年我区经济发展目标（2006—2015年）

在实现“十五”目标的基础上，再经过十年的努力，到2015年，把我区建设成为经济繁荣富强，社会各项事业发达的新型林区。

（一）到2015年全区国内生产总值达到47970万元，比“十五”规划末期增长80.0%，年均递增6.0%；人均国内生产总值达到9300元，比“十五”增长60%。

（二）经济结构更加合理，到2015年国有经济与非国有经济占国内生产总值的比重达到15%和85%，三个产业结构分别到16.5%、48.4%和35.1%。

（三）到2015年全区工农业总产值达到75260万元，年均递增7.0%。其中：工业总产值达到62100万元。年均递增8.0%，农业总产值达到13160万元，年均递增3.6%。

（四）科技进步为推动经济发展的主要因素。到2015年科技进步对经济增长的贡献率达到50%以上。

（五）各项社会事业全面进步。文化、体育、娱乐设施更加完善，人民生活水平再上一个台阶，小康水平更加宽裕，卫生保健体系更加健全，人口素质明显提高，人口自然增长率控制在0.3‰以内。现代教育体系基本建立并逐步完善，基本普及高中阶段教育。民主法制健全，治安秩序良好，社会道德高尚，精神文化生活充实，社会文明程度提高到一个新水平。

第三章　经济和社会发展的主要任务

第一节　第一产业（农业）

第一产业发展的基本方针是：以实施天然林资源保护工程为重点，加速森林资源的培育和生态体系的建设，充分利用劳动力资源，大力发展黑木耳经济，认真抓好三大基地建设，形成种、采、养、加、销一条龙的农业产业化新格局。

一、种植业。要充分利用有限土地，通过引进优良品种，科学种植；要加大对农业的投入，扩大暖棚面积和保护地面积，提高复种指数，增加蔬菜种类和单产，在满足全区人民四季蔬菜需求的基础上，发展青贮饲料的种植，为牧业提供饲料来源。到2005年种植业总产量达到22000吨。

二、养殖业。一是以中植养殖总场为龙头，带动职工家庭养殖业的发展。逐步向繁育、养殖、加工、销售有机结合的产业化方向拓展。到2005年猪的饲养量达到50000头；二是以毛丝鼠养殖场为龙头，不断向家庭扩展，到2005年毛丝鼠养殖量达到10000只，加大与国外的合作力，力争开拓国际市场；三是在养殖林蛙上要有新的突破，积极鼓励全区人民大力发展林蛙的养殖，到“十五”期末林蛙养殖量力争突破1000万只。

三、采集业。在充分利用野生植物的基础上，建立刺五茄等中药材栽培基地，扩大越橘、野玫瑰、五味子保护区域，集栽培、保护、采集于一体，形成良性发展格局。

四、营林及林副业。实施天然林资源保护工程，加速森林培育是第一产业发展的重点。要遵循森林的生态规律，依据森林资源现状，以保护现有森林资源为出发点，模拟自然，加快人工林建设、次生林恢复、低产林改造的步伐，大力营造经济林。全面实施森林经营管护责任制，提高有林地的经营管护质量，使森林资源尽快得到恢复，发挥森林资源的更大效益。“十五”期间更新造林总面积为2700公顷，封山育林面积为74750公顷，成林抚育面积为17000公顷。造林成活率达到85%以上，面积保存率达到100%。“十五”期间进一步加强苗圃基础设施建设，力争达到部级苗圃标准，为“十五”后上把中心苗圃建成生态科圃园奠定坚实的基础。

五、大力发展木耳经济，是“十五”期间我区经济发展的重点。要积极利用居民手中的闲置资金和富余劳动力加速木耳经济的发展，把我区建成木耳生产基地，逐步向产业化方向拓展。到“十五”期末木耳菌产量达到5000万袋，年产木耳1100吨。

第二节 第二产业

深化改革，调整结构，转变经营机制，提高经济运行质量，逐步壮大第二产业经济基础，缩小国有企业战线，加速非国有经济的发展是第二产业的主要任务。

第一，林业企业以改革为动力，把重点转移到森林培育和发展非国有经济上来，进一步加大企业改革力度，对国有企业闲置的资产能出售的则售，能出租的则租，最大发挥资产使用效率。要加快国有经济的退出步伐，对林业局附属的全民单位、林办集体单位，要逐个定转型目标，定改制模式，定退出期限；要加快公共服务业市场化运作，产业化经营，尽快将其从林业局母体中剥离出来，推向社会。到“十五”期末国有经济在国内生产总值中由现在的30%调整为20%，非国有经济由现在70%调为80%。木材产量由现在的6万立方米调减到定产水平5万立方米 。森林覆盖率由现在的89.2%增加到91.1%。

第二，木材加工企业要以木材产量为依据，合理调整生产布局，规划好工业小区建设。重点扶持和发展木材精深加工企业，使有限的木材资源产出更大的经济效益。

第三，优先和重点发展特色工业。建立起以鑫源野生食品加工厂为龙头山野菜加工基地，以雪源饮品有限公司为龙头山野果加工基地，以哈慈五茄参加工厂为龙头的山药材加工基地。在重点抓好上述三个龙头的同时，要加大招商引资和对上争取的力度，加快开发含锌矿泉水、木耳加工、水泥刨花板、物理活性炭等新项目的建设。到“十五”期末力争新项目增加值达到5600万元。

第四，继续发展地方工业、乡镇企业、校办工业和民营工业。对现有的工业企业主要进行技术改造和产品质量的提高，同时要以市场为导向不断护墙生产规模，促进企业发展。在巩固、提高、发展老工业企业的同时，重点发展民营工业企业，到“十五”期末民营工业企业由现在的6户增加到

10户。

第五，建筑业在“十五”规划期内要高质量地完成全区的基础设施和重点项目建设，实现国内生产总值590万元，年均增长5.4%。同时要加强职工队伍建设，不断提高技术水平，力争企业等级达到二级，为开拓省、国内建筑业市场奠定基础。

第三节 第三产业

第三产业是我区经济发展的重点产业，第三产业发展的基本方针是加速森林生态旅游开发步伐，依托森林旅游的发展来带动全区交通、通信、金融、商服等行业的全面发展。

一、交通、通信，是我区经济发展的基础产业，“十五”规划期内在协助省、市抓好伊五路建设的同时，千方百计筹集资金对五营区镇内道路进行改造，力争建设五营到森林公园公路；通信事业在现有的基础上重点开发五营至林场（所）有线和无线通信。

二、全力发展森林旅游业。“十五”期间要加快对五营国家森林公园建设步伐。采取多渠道筹集资金，按照省规划设计院、东北林业大学和北京大学对五营国家森林公园总体规划设计要求，进行公园景点建设和公园基础设施建设，森林公园年环境容量规模达到50万人次，到“十五”期末年游客达到30万人次，实现国内生产总值1810万元。

三、进一步发展商饮服务业。按照社会主义市场经济的要求，鼓励个体经营者投资，形成合理的经营布局和网络，提高服务质量，文明经商，繁荣五营商业市场，要按照划框框区生态旅游城镇的特点，把五营的商贸市场办出具有地方特色的新型商贸市场，吸引外来游人前来我变迁观光旅游。

四、大力发展社会服务业。在巩固、提高原有报务业的基础上，尽快建成社区服务业，为职工群众提供良好社会服务。

第四节 城镇建设

五营区是伊春市“十五”规划中生态旅游城主要发展项目这一，因此搞好五营建设是“十五”期间的重要任务。

一是以新建五营大桥两侧引道为重点，同时搞好大桥两侧景观建设，美化环境，突出五营生态旅游区的特点和风貌。

二是以拓宽五营新建大桥二道街至工商路的道路为重点，进一步缓解中心大街机动车流量，为造价创造安全方便条件。

三是继续抓好环境整治工作，对中心街两侧的破旧房屋按照规划有步骤地进行改造，不规范的灯箱和牌匾逐个进行清理和规范，对市场商贩严格进行管理，不准占道经营，各单位门前要进一步搞好三包，把环境管理的责任落实到单位和个人。

四、继续抓好城镇绿化工作。对中心街和工商路两侧凡是漏土地带，要进行全面绿化种花种草，继续完善小区绿化建设，到“九五”期末基本消除漏土地带，使镇内环境有明显改善。

五是对中心街和工商路两侧污水排放进行改造，彻底解决行路难的问题。

第五节 固定资产投资

“十五”期间固定资产投资规划安排21100万元。其中：林业全民企业规划投资10450万元，其他单位规划投资9250万元，经济实用住宅建设规划投资安排1400万元。

在总投资中按项目划分：经营性项目投资规划安排15310万元，其中：第一产业规划投资450万元，进一步完善三个基地建设；第二产业规划8800万元，在巩固提高鑫源野生食品规划加工厂、雪源饮品有限责任公司的同时，重点开发建设木耳加工生产线，林蛙系列加工生产线、含锌矿泉水、水泥刨花板等项目；第三产业规划投资6060万元，进一步开发建设国家森林公园，使其达到规划设计要求。非经营性项目规划投资3210万元。其中：继续完善局址给水二期工程，规划投资670万元；改造林业局油库，使其储油能力达到2000吨，规划投资290万元；局址污水排放工程规划投资300万元；学校改造校舍投资300万元；局址供热工程规划投资300万元；镇内公路和环境建设规划投资1060万元；危房改造工程规划投资290万元。

第六节 社会各项事业

一、科技

五营区是以木材为主的资源性城镇，长期以来产业发展的思维取向受到一定的限制，产品产业的科技含量不高，经济发展来自科技进步的因素较低。“十五”期间要坚持科技是第一生产力的原则，把科技兴区拿入领导的议事日程，进一步加大对科技投入的力度，将“十五”规划的科技发展目标按领导分工进行落实，实行目标管理责任制，确保科技发展目标的完成。

二、教育

“十五”期间，我区教育工作要按照社会主义市场经济不，全面贯彻落实党的教育方针和政策，深化教育体制改革，在巩固“两基”成果的基础上，大力推行素质教育，提高教育整体水平。一是基础教育以培养学生的创新精神为重点，对教育内容、教学方法、教育评估进行改革。优化教学过程，建立和完善学生素质全面提高的教学质量，促进学生德、智、体、美、劳全面发展；二是进一步发展职业教育，使现有职业高中形成规模，完成初中阶段引入职业教育三加二模式的改革，逐步形成社会化的终身教育体系；三是成人教育实行多种教育形式，为转岗、分流、下岗职工提供培训创造条件，逐步形成社会化的终身教育体系；四是优化教育结构，合理调整教育布局。到2005年完成局址与林场（所）学校网点布局的调整。同时以五星为重点，完成薄弱学校的改造，以适应教育事业的发展。

到“十五”期末，全区规范化学校要达到100%，有两所小学达到省级示范小学，有一所中学达到省级示范中学的标准。

三、人口

要坚定不移地贯彻执行计划生育这一基本国策，严格控制人口出生率，稳定低生育率水平，要把工作重点放在农村和流动人口上，要大力加强计划生育，提倡晚婚晚育、优生优育。要加强计划生育培训中心、技术服务站和卫生保健站等设施建设，搞好计划生育工作人员的培训，提高医疗技术水平。到“十五”计划期末，全区人口自然增长率控制在0.4‰以内，人口出生率控制在0.5‰以内，计划生育率不低于98%。

四、文化、广播电视

文化事业是以丰富人民群众精神文化生活为目的，要经常开展丰富多彩的文艺活动，进一步完善文化设施建设。要加强对文化市场接待室是，提高精神文化商品的质量，为全区人民创造一个良好的环境；广播电视事业，要重点建设有线网络，增加有线电视入户率。同时要搞好无线电视与有线电视的衔接，确保电视普及率达到954%能上能下、力争家家有电视。

五、卫生、体育

卫生事业要以实现人人享有卫生保健为目标，重点加强妇幼保健、医疗机构设施建设，进一步完善林场（所）、村镇、区址三级医疗预防保健网络建设，改善医疗服务条件，提高人民健康水平。深化医疗机构内部运行机制改革，对医疗机构分类管理，医疗单位药费收入分别核算，完善药品、医疗设备招标采购制度，制定医疗服务项目收费标准。大力开展社会卫生服务，实行病人选择医生工作。到2005年，每千人口床位达到5张，人口健康行为形成率达到80%以上，治疗有效率达到95%以上。体育事业积极推行全民健身计划，进一步完善体育基础设施建设，动员全区人民积极参加各种体育活动，增强全区人民的体质。

第七节 在发展经济的基础上进一步改善人民生活

进一步提高全区人民的生活水平和生活质量，是区委区政府的重要职责，更是全区人民共同努力的方向。一是进一步实施菜篮子工程，增加肉、禽、蛋、蔬菜、水果等副食品的比重；二是加快经济实用住房建设，到“十五”期末人均住房面积达到9平方米以上，力争全部消除危房户。推进住宅小区社会化管理，配套发展商服网点，卫生设施，文化体育场所等公共设施，创造优美的居住环境；三是加快自来水工程的建设，到2005年，自来水入户由现在的3500户增加到10000户，力争五营镇内80%住户上自来水。四是对贫困家庭继续实行扶持政策，帮助尽快解贫脱困。

第四章 实现规划纲要目标的对策与措施

实现“十五”及2015年规划目标是一项长期艰巨的任务，要付出十分艰苦的努力，必须采取超常规的措施，真抓实干，才能如期完成规划的目标。

第一节 加强党的建设，提高党组织的凝聚力和战斗力，为经济发展提供政治保证

要高举邓小平理论伟大旗帜，进一步加强党的基层组织建设。增强各级领导班子战斗力，充分发挥广大党员和基层党组织在经济建设中先锋模范和战斗堡垒作用。加强民主与法制建设，不断完善人民代表大会制度，进一步加强政治协商，保证人民当家做主的权力。要改善对经济工作的领导，建立健全科学决策、民主监督的程序和制度，进一步提高各级领导干部驾驭市场经济的能力和水平。要进一步加强基层政权建设，努力做好社会稳定工作，为经济发展分行良好的环境。

第二节 继续实施能人战略，加大干部制度改革的力度，为经济发展提供组织保证

实行能人战略，公开招聘，平等竞争，促使能人脱颖而出。逐步形成推荐、自荐、考核、评审、录用、储备等规范化体系。要选拔一批懂经济、会管理、干实事的人才，充分到各级领导岗位上去。对选聘上来的干部和能人要建立一套适应市场经济需要的竞争、激励与监督并行的管理机制，确保任期内各项指标的全面完成，要加强干部培训，不断提高政治、文化、业务素质，为经济发展提供有力的组织保证。

第三节 加强管理，狠抓目标责任制的落实，为经济发展提供制度保证

要把落实目标责任制贯穿到各项工作中去，坚持定期考核，跟踪问效；要转变工作作风，勤政廉政，树立为人民服务的思想，提高工作效率；要严肃纪律，兑现奖惩，确保“十五”计划的完成。

第四节 全区上下形成合力，把一批关键项目搞上去，为经济发展提供物质技术保证

“十五”期间，我区重点项目是发展第一和第三产业，要采取多渠道筹集资金的办法，使建设项目资金能够落到实处。对策人考察、立项、建设及投产建立全程的目标管理，并实行项目法人责任

制。加大项目推进的领导力度，强化推进机制，做到责任清楚，任务明确，落到实处，确保科技含量高的项目，能够尽快形成拳头产品不。同时，产品与市场必须紧密结合，产出多少销售多少。

第五节 加大改革力度，为加快经济发展提供动力保证

改革是经济发展的动力，因此“十五”期间要加快改革的速度。一是从适应市场经济的要求为，确定适应我区经济发展的改革方案；二是加快国有经济退出的步伐，到2005年非国有经济占国内生产总值的比重达到80%，非国有经济的运行质量要有大幅度的提高；三是加快国有经济经营机制转换的步伐，到2005年新的经济运行机制基本形成；四是加快用人制度的改革，到2005年新的用人机制基本形成；五是在国家的调控下，加快医疗、保险、劳动就业等方方面面的改革。

五营区招商引资奖励实施细则

总　则

1. 按照《五营区鼓励外来投资优惠政策》的有关规定，为充分调动招商引资积极性，鼓励招商引资有功人员，全方位推进招商引资活动，特制定本实施细则。

2. 凡为我区在资金、设备、技术、项目等方面成功引荐，经确认和认证后均在奖励范围内。

引进资金的奖励标准

3. 引进无偿资金的，按实际到位金额的20%给予奖励。

4. 引进有偿无息资金，使用期在1年以上的，按到位额度、当期年银行贷款利率标准，在使用年限内逐年给予奖励。

5. 引进1年以上资金，利息低于人民银行对外公布的当期利率标准的，按利率差在使用期限内逐年奖励。

6. 引进1年以上资金，利率相当于同期银行利率的，按同期银行贷款年利率标准的50%给予性奖励。

7. 引进外汇资金的，根据外汇资金到位时国家公布的外汇牌价折成人民币价款，按上述奖励标准执行。

8. 对于区直机关及其工作人员，无论是在职责内或职责外争取计划外无偿资金的，按实际到位资金的5%给予1次性奖励。

争取有偿无息资金的，按同期银行贷款年利率的50%给予奖励。

争取有偿低息资金的，按同期银行年利率差的50%给予一次性奖励。

9. 企业因资金周转困难生产难以维持时，为企业提供预付款或解决原材料资金占用期限在6个月以上，使企业起死回生的，可按资金占用期限参照本实施细则第5条、第6条之规定的奖励标准执行。

引进合资、合作项目的奖励标准

10. 引进以货币资金进行合资合作的项目，按实际到位资金额的3%给予一次性奖励。

11. 引进以设备投入进行合资使用的项目，在投产运行后，按设备作价的3%给予一次性奖励。

引进有关项目技术的奖励办法

12. 引荐埠外工程的，按工程价的 0.5% 在工程形式后给予一次性奖励；引进境外工程的，按施工费用的 1% 在工程开工后给予一次性奖励。

13. 引荐劳务输出埠外、境外的，按劳务总收入的 1% 给予一次性奖励。

审核实施细则及奖励资金来源

14. 引荐人在申请资金时，应向区经贸委提出申请，并提供相应的证明材料，由区经贸委审定后，报区政府批准，按企业隶属关系，由受益方负责兑现资金。

15. 对有特殊贡献的引资成功者（超亿元的大项目，引进无偿资金超 5 千万元的，或引进设备、技术、专利技术及专利产品创利税千万元的）设重大突出贡献奖，奖励标准由区政府另外确定。

16. 违反本细则规定骗取资金的单位和个人，由区经贸委负责追回资金，并提请区政府对直接责任人给予相应的行政处分。引荐人得奖后，引荐标的在三年内撤离或变相撤资的，由区经贸委负责追回全部资金，拒不追究回的要的、追究其法律责任。

附　则

17. 名词解释："引荐人"是指引进资金、设备、技术、项目的单位和个人；"确认和认证"是指会计师事务所、审计师事务部门、技术专利、项目主管部门验收标准认定。

18. 党政机关、国营企业工作人员在招商引资中表现突出的，除按本细则给予奖励外，还可按贡献大小给予晋升工资奖励，并在条件相同的情况下优先择用。

19. 本细则由五营区财政局负责解释。

20. 本细则自 2004 年 4 月 19 日开始执行。

五政办发〔2004〕13 号五营区人民政府办公室
关于印发五营区重特大安全事故应急处理预案的通知

各有关单位及部门：

经区政府同意，现将区安全生产监督管理制定的《五营区重特大安全事故应急处理预案》印发给你们，望认真遵照落实。

二OO四年五月十一日

五营区重特大安全事故应急处理预案

（区安全生产监督管理局　2004 年 4 月 28 日）

根据《国务院关于重特大安全事故行政责任追究的规定》和伊政办发〔2001〕75 号文件要求，结合我区实际，特制定本预案。

一、指导思想

以党的十六大精神、"三个代表"重要思想为指导，认真贯彻执行国家、省、市关于安全工作的具体要求，按照"谁主管、谁负责"的安全工作管理原则，全面细致地做好重特大安全事故应急处理工作，把事故的损失和影响降到最低限度，为我区保稳定、促发展创造良好环境。

二、重特大安全事故范围及标准

按照国家规定，重特大安全事故标准为：死亡 3 人以上为重大事故；死亡 10 人以上为特大事故。重特大安全事故范围：重特大火灾事故；重特大道路交通事故；重特大建筑质量安全事故；民用爆炸物品和化学危险品重特大安全事故；木材生产和矿山重特大事故；锅炉、压力容器、压力管道和特种设备重特大事故；其他重特大安全事故。

三、组织领导

为妥善做好我区重特大安全事故应急处理工作，特成立五营区重特大安全事故应急处理工作领导小组：

组　长：张恒芳　区（局）长
副组长：张跃文　副区（局）长
　　　　齐　君　副区（局）长
　　　　李长胜　副局长
　　　　李业君　区工会主席
　　　　张金山　区公安分局局长
　　　　刘长军　区人武部部长
　　　　田南江　武警森林部队五营中队队长
成　员：盖德怀　区经济科技贸易委员会主任、区安全生产监督管理局局长
　　　　邹建途　区教育局局长
　　　　吴修真　区监察局局长
　　　　宋延华　区卫生和计划生育局局长
　　　　王殿学　区建设局局长
　　　　汝兴平　区经济科技贸易委员会副主任、区安全生产监督管理局副局长
　　　　宋国铭　区公安分局交警大队队长
　　　　李兴庆　区公安分局消防大队副队长
　　　　盛贤臣　区交通局局长
　　　　王淑华　区气象局局长
　　　　范绍军　区质量技术监督局局长
　　　　于振财　区财产保险公司经理
　　　　刘英辉　区人寿保险公司经理

领导小组下设办公室，办公室设在区安全生产监督管理局，办设在区安全生产监督管理局，办公室主任由盖德怀兼任。成立 6 个具体工作组，成员及工作任务如下：

（一）事故调查处理组

组　长：汝兴平　区经济科技贸易委员会副主任、区安全生产监督管理局副局长
副组长：杨旭峰　区工会副主席
　　　　赵文学　区公安分局副局长
　　　　宋国铭　区公安分局交警大队队长
　　　　李兴庆　区公安分局消防大队副队长
　　　　范绍军　区质量技术监督局局长

主要任务：协助上级事故调查组查清事故原因，认定事故性质，对事故有关责任人提出初步处理意见。

（一）医疗救护组

组　长：宋延华　区卫生和计划生育局局长

副组长：孙宇飞　局职工医院院长

成　员：局职工医院外科全体医护人员

主要任务：救助伤员、妥善处理死亡人员遗体。

（三）抢救组

组　长：刘长军　区人武部部长

副组长：田南江　武警森林部队五营中队队长

成　员：预备役军人、武警森林部队五营中队全体官兵

主要任务：事故发生后迅速及时组织人员赶赴现场进行抢救，把各种损失减少到最低限度。

（四）后勤供应组

组　长：任红波　区政府办公室主任

副组长：张河清　局燃料公司经理

主要任务：负责事故抢救、调查工作所需物资、器材及饮食供应。

（五）事故发案现场保卫组

组　长：吴立臣　区公安分局巡警大队队长

副组长：张兴和　区公安分局巡警大队副队长

成　员：区公安分局巡警大队全体干警

主要任务：负责事故现场警戒、维护交通和社会治安秩序，保证事故的调查处理顺利完成。

（六）联络组

组　长：盖德怀　区经济科技贸易委员会主任、区安全生产监督管理局局长

副组长：汝兴平　区经济科技贸易委员会副主任、区安全生产监督管理局副局长

主要任务：一旦发生重特大安全事故，负责与区重特大事故应急处理领导小组主要领导和事故处理现场联络工作，及时通报事故处理进展情况。

四、几点要求

（一）一旦发生重特大安全事故，事故发生单位及责任单位要迅速向区重特大安全事故应急处理领导小组主要领导及办公室报告事故发生的地点、伤亡人数、事故发展趋势等情况。同时组织人力进行救助，并保护好事故现场，不得隐瞒不报、迟报、谎报。

（二）区重特大安全事故应急处理领导小组办公室接到报案后，要在最短的时间内，组织工作组赶赴事故现场，进行调查，同时向市安全生产监督管理局报告。

（三）凡参加处理重特大安全事故的有关人员要严格服从命令，听从指挥，严禁在事故处理之机向事故发生单位及责任单位索要、勒卡钱物，一经发现严肃处理。

（四）区重特大安全事故应急处理领导小组每年要组织两次以上模拟演习，不定期安排进行实地训练，提高应急处理能力。

在中共五营区（局）十六届三次全委（扩大）会议上的报告

马新民

（2005 年 2 月 24 日）

各位委员、同志们：

下面，我代表区委常委会向全会报告工作。

一、坚持实事求是的科学态度，正确地把握形势，努力增强加快发展的责任感和紧迫感

过去的一年，是全区上下团结奋进、开拓进取、谱写全面建设小康社会伟大篇章取得重大成就的一年；也是我们解决改革和发展的深层次矛盾取得重大突破的一年；又是我们解放思想、独立思考、谋求和探索自身发展之路取得重大进展的一年。主要表现为：

——经济运行保持了持续快速健康的发展态势。2004 年全区生产总值完成 42886 万元，同比增长 12.1%；税收完成 539.4 万元；财政收入完成 321.9 万元；全社会固定资产投资额达到 6403 万元，同比增长 20%；人均可支配收入达 3114 元，同比增长 3.1%。

——结构调整取得了实质性突破。三次产业比重已调整到 20.6 ∶ 49.8 ∶ 29.6；优势特色产业增加值实现 19323 万元，同比增长 26.4%；非国有经济实现增加值 34710 万元，同比增长 16%。工业兴区走势良好，一年适合自身特点的、相对独立的工业体系已具雏形，以旅游业、加工制造业和特色种养业为三大支撑的区域产业发展格局初步形成。

——对外经济技术合作进入了新的境界。打开了浙江、江苏等南方经济发达地区的广阔市场，拓宽了招商引资各种渠道，建立了与部分企业、政府和社会各界的广泛密切关系。2004 年，引进外资 5，660 万元，完成计划的 236%；完成招商项目 11 项，落地 6 项。成功地实现了招大商、引巨资的计划。

——政治工作发挥了强有力的作用和优势。以提高素质、发挥作用、转变作风、强化约束为重点的党的建设得到了进一步加强；以提高城区文明程度和公民素质为重点的精神文明建设水平得到进一步提升；以依法监督、民主监督和依法行政为重点的政治文明建设得到了进一步增强；以以人为本、执政为民为重点的党的群众路线和群众观点得到了进一步落实。同时，很好地处理了改革、发展和稳定的关系，创造了安稳的社会环境。

总结一年来的工作，有如下几点体会，值得我们认真思考和努力提高。

第一，必须善于刻苦学习，固本强基。学习是解放思想的基础，学习是创造性开展工作的前提。我们要时时刻刻反学习作为发展和工作的第一要务摆在首位，不能有丝毫懈怠。必须明确市场经济是知识经济，市场经济是高科技经济，市场经济是法制经济，市场经济是综合性经济，在现代社会，知识含量是与领导能力和效益成正比的。

第二，必须善于独立思考，研究问题。分析和研究问题是创新思维方式和工作方式的关键。寻求发展，谋求创新，就是要深入研究区域发展的重大问题、改革发展中的深层问题、社会矛盾的突出问题、群众关注的难点和热点问题，形成一种独特的思想方法和工作方法，提高创新能力。

第三，必须善于协调关系，调动一切积极因素开展工作。协调是学问，协调是本事，协调是能力，协调是创造。实际工作中，纵向要协调好上下的关系，争取有利于我们发展的政策、资金和有利条件，充分调动基层的工作积极性和主动性；横向协调好左右的关系，取得各方面的支持，形成工作合力，从而建立起良好的工作关系和机制。

第四，必须善于推动工作落实，力求实效。落实是工作之本，是成功之道。抓落实要有强烈的事业心和责任感，要有保证目标实现的硬性措施，要有踏实苦干的工作作风，同时还要不断总结经验。

2005 年是我区实现新的历史跨越，走向新的振兴具有决定意义的一年。我们面临的机遇难得、问题很多、希望也很大。一方面，国家实施“天保”工程、东北老工业基地改造、资源型城市转型和加快林业发展的战略决策，为我们提供了宏观经济政策的有力支持，可以说这样的机遇千载难逢；另一方面，这些相关配套政策的实施，是有时间要求、适用范围和条件限制的，我们能否利用到、利用好这些政策，需要做出艰苦不懈的积极努力，而且这样的机遇会稍纵即逝。一方面，通过几年的努力，我们在加快调整实现转型上迈出了新的步伐，并在某些关键环节上取得了实质性突破，发展态势良好；另一方面，必须承认我们这些工作仍然是准备性和基础性的，而且起点低，条件差，还没有真正进入高层次，良性循环阶段，全市场上下竞相发展的强劲竞争势头仍然需要我们励精图治，不断进取。一方面，现在我们还有4.5万立方米木材生产指标的经济支撑，为我们赢得了缓解暂时经济困难、彻底实现经济转型的喘息之机；另一方面，木材产量可能随时调减到位，我区必然是为数不多的停伐局之一，那时独木支撑不复存在，相关产业的拉动条件将全部丧失，财政缺口和压力将立即增大。一方面，我们已经有了明晰的工作思路和明确的工作目标，更不缺乏广大干部群众的工作干劲和创业热情；另一方面，我们的思想观念、干部素质和领导水平特别是驾驭市场经济的能力还与时代发展的要求相距甚远，主观制约因素显得更加突出。等等。面对这样的形势，我们必须头脑清醒，居安思危，信心坚定；必须解放思想，与时俱进，敢于创造；必须趋利避害，抢抓机遇，迎难而上，进一步增强加快发展的责任感、紧迫感，把中央和省、市委的要求和全区人民的热切企盼谈现实。

基于民上的分析，我区2005年工作的总体思路是：以邓小平理论和“三个代表”重要思想为指导，用科学发展观统揽全局，深入贯彻落实市委九届十四次全会精神，紧紧围绕提高执政能力这个核心，牢牢抓住加快发展这个第一要务，立足于争创超越发展、优化结构、科技兴区、生态旅游城镇建设和人的全面发展的新优势，加强重点项目、发展环境、领导能力建设，加大招商引资、对上争取、深化改革力度，加固思想、作风和社会基础，加快生态旅游业、加工制造业和特色种养殖业发展，加速工业化、产业化、城镇化进程，全面提高经济运行质量和执政能力，努力推进全区经济持续健康快速发展和社会全面。

2005年的预期目标是：全区生产总值达到47190万元，同比增长10%以上；优势特色产业增加值实现22000万元，同比增长13.8%；工业增加值实现23100万元，同比增长18%；非国有经济增加值实现40010万元，同比增长15.3%；财政收入达到350万元；城镇居民可支配收入增长5%以上。

二、坚持与时俱进的创新精神，实施重点突破，创造性地完成经济和社会发展的各项任务

新的一年要打开新的局面。我们要在更高的起点和更深层次上谋求更快更大的发展，必须以解放思想为先导，按照市场经济规律和要求来推进我区经济建设和各项事业的全面协调可持续发展。

（一）进一步加强重点项目建设。重点项目建设是我们实现经济转型、加快结构调整的核心和根本。今年，我们要把重点项目建设作为经济工作的重中之重，集中主要力量切实抓出成效。旅游项目重点抓好基础设施完善，争取在7月底之前完成。同时，组织好大规模的市场开发和宣传活动，邀请全国200家大旅行社领导来五营观光洽谈，争取举办全国性大型活动。力争今年实现游客最少不低于10万人次。天松集团服装厂年底前完成基本建设，投入生产。非金属喷涂项目明年7月份之前完成厂房建设。对天松三大重点项目主要为其提供好优质服务，促其尽快投入运营。对远东北药、远东电子、远东摩托车主要是帮助融通资金，促其达产达效，取得规模效益。对忠芝等项目要促其提档升级，搞好改造，建立现代企业制度。二是推进重点项目的规模扩张，走集团化经营之路。今年要在天松集团落地的基础上，组建远东和忠芝集团，进一步壮大企业实力，打造企业集群优势。三是推进重点项目责任制的落实。建立重点项目包点、研究、检查、服务的有效机制，保证重点项目的良性运作。四是加强项目库建设和项目储备工作，保持投资不断层，发展不停步。

（二）进一步加大招商引资力度。加强对外经济技术合作是市场经济的必然要求，是加快发展的唯一现实选择。我们要不断提高招商引资的质量和水平，在继续坚持“五个面向”的基础上，做到“三个延伸”，即：在招商内容上，由引进资金和项目向引进技术和人才方向延伸；在招商方式上，由直接招商向间接招商和代理招商方向延伸；在招商方向上，由发挥自身优势向市场配置资源方向延伸。区级领导特别是主要领导和分管要集中主要精力和时间用于招商引资。今年初步拟定组织60家浙商来五营洽谈观光。

（三）进一步加大深化改革力度。改革是发展的动力，发展必须进行改革。第一，改革要遵循市场经济规律来运作。一建公司、环卫处、物资局等单位主要是进行制度创新，通过改造的方式全部进入市场，彻底解决权责不明、积极性不高，效益低下、费用成本过高的问题。积极推进投资主体的多元化，启动民间资本参与国企改革，进行制度创新。第二，改革要按照经济结构战略性调整的方向和实现经济转型的要求来运作。山上林场（所）改革要逐步从林业局的车间变成独立的企业法人，走向市场，搞成公司制的经营单位，重点由林业生产向发展非林替代产业方向转变，为木材产量调减到位和可能实现全部停伐寻求新的发展出路做好准备，奠定基础。第三，要考虑改革的成本和职工群众的利益，不能引起社会震荡，不能留下后遗症，改革要有利于充分调动积极性，要有助于职工群众得实惠。

（四）进一步加大对上争取力度。利用国家相关政策的支持发展自己，是我们抢抓好机遇的先决条件。我们要力争能够用到、用好、用足、用活国家和省、市的一切政策。一是要注意学习和提高政策水平。要研究好政策，掌握好国家宏观经济政策、投资政策和产业政策，特别对政策的适用范围、政策资金数额、政策具体要求和争取途径等都要了解透彻，这是争取政策的前提。各级领导、各单位、各部门都江要多下功夫、下大功夫学习和研究好政策。二是要搞好项目配备。要围绕国家有关实施“天保”工程、东北老工业基地改造、资源型城市转型、加快林业发展的政策和对口相差政策搞项目，抓好项目来争取政策，突出做好转产项目和非经营性投资项目立项、可研和实施的一切工作，争取更多的政策支持和更多的资金扶持。三是要搞好协调。要建立与上级部门的广泛密切联系和有效沟通渠道，开动脑筋，调动一切积极因素，全方位、多角度积极对上争取。

（五）进一步加强财源建设。财源建设是我们发展经济和社会各项事业的物质基础，抓好财源建设至关重要。一是发挥民营经济的主体作用，培植一批民营企业大户，抓好规模以上民营企业的财源建设。力争在短时期内培植相当数量纳税超百万元和千万元的、对地方经济起支撑作用的纳税大户。同时，要积极引导民营企业加快结构调整步伐，加强技术改造，提高装备水平，造就一批科技型企业，促进产业和产品结构的优化升级。并且有效整合相差产业和资源，形成整体优势，发挥产业集聚效应，取得规模效益。要集中抓好生态旅游业、绿色食品加工业和特色种养殖业和相关产业的整合，进一步提升优势特色产业增加值，壮大经济实力。二是调整和扩大财源建设范围，开辟多种财源建设渠道。进一步延长生态旅游业、加工制造业和特色种养殖业的产业链条，培育与之相差的旅游产品、餐饮服务、文化娱乐、房地产开发、科技服务等多种产业项目和财源，形成多种产业、多种项目、多种渠道并举的财源建设格局。三是加大税收征管力度。严格执行国家相关税收政策，制定和落实好税收目标责任制，达到预期征收和实际征收相一致。纪检、检察、公安机关要进入经济建设的主战场，在整顿和维护好社会经济秩序的同时，支持和协助税务部门做好征税工作，严厉查处各种偷漏税行为，避免跑、冒、滴、漏现象的发生，达到应收尽收。要切实加强对税法的宣传，形成浓厚的舆论氛围。增强企业和商户依法经营、照章纳税的自觉性和主动性。

（六）进一步加强发展环境建设。环境就是生产力，环境就是竞争力，环境就是吸引力。经济发展环境建设要立足于打造服务质量最优、政策支持最宽、社会秩序最好，从而达到吸引力最大这样一个总体目标。在政策支持上，要按照政策随着项目转、职能随着项目变的要求，完善和细化我区的招商引资政策，尽可能做到别人有的我们要有、别人没有的我们也要有。在服务要求上，继续实行一站式服务、代理式办公的方式，为外资提供一切方便条件，并相应地采取一企一策，一事一议的办法，帮助解决外资落地经营中的一切实际问题，从而取得外资企业的信赖，打造高标准服务的品牌。在硬件建设上，重点抓好工业园区的基础设施建设。同时要把城镇建设同工业园区建设、生态旅游示范区建设、文明城市先进区建设有机结合起来，进一步完善城市整体功能。特别要注意抓好道路、供水、供电等重点硬件建设、保证外资企业的正常生产经营。

（七）进一步营造安稳的社会环境。坚持稳定压倒一切的方针，正确处理好改革、发展和稳定的关系，在保持稳定中加快发展，在加快发展中保持稳定。继续推进“四五”普法和依法治区，不断增强全民特别是各级领导干部的法制观念，坚持依法执政，加强执法监督，维护社会公正。深入开展

“平安五营”建设活动，坚持不懈地开展“严打”整治斗争，毫不手软地惩治各类违法犯罪行为。全面落实社会治安综合治理措施，构筑全方位的社会治安防控体系。切实抓好安全生产，坚决杜绝重特大事故的发生。高度重视和加强信访工作，严格落实维护稳定领导责任制，规范信访秩序，切实解决问题。要高度关注困难企业职工、下岗职工、贫困户等弱势群体的生产生活。继续抓好就业和再就业工作，广辟就业门路，增加就业岗位，城镇登记失业率控制在5.6%以内。进一步做好“低保”工作，切实把低保资金用在最困难、最需要救助的人身上。继续落实“一帮一”扶贫工作机制，到年末使第三轮扶解对象全部脱贫。围绕落实好10项利民行动，着重做好与群众生产生活密切的好事实事。

（八）进一步推进城镇化进程。城镇化是经济发展的重要标志，是社会文明和进步的集中体现，要按照突出特色、品味、重点和标志的原则，把推进城镇化进程同发展旅游业和创建生态旅游示范区有机结合起来；同发展工业和辟建工业园区有机结合起来；同发展商贸流通和服务业有机结合起来。首先，要做好和完善城镇建设整体规划，明确城区建设的指导思想、功能定位、风格特点和总体框架。其次，要采取突出重点、整体推进、分步实施的办法，以完善城区功能建设为基点，集中解决路、水、电、热等问题。同时，抓好河南、河北两处工业园区标志性建筑兴建和老城区改造以及各企业厂区外观美化等工程，全面实现城区建设的提档升级。第三，搞好城市经营与运作，实现投资多元化、运营企业化、管理社会化，启动民间资本和外资参与城镇建设和改造。第四，实施硬件建设和软件建设同时并举的方针，广泛开展群众性精神文明创建活动，全面提升城镇文明程度和公民素质。

三、坚持以人为本的方针，以提高党的执政能力为重点，全面加强和改进党的建设

全面加强和改进党的建设，最根本的是要把坚持以人为本、提高执政能力和落实科学发展观有机地统一起来，体现在加快发展的实践中，贯彻到党的建设的各个方面。

（一）以增加党的凝聚力、战斗力和创造力为重点，切实提高各级领导班子的工作能力和水平。按照中央十六届四中全会提出的提高“五种能力”建设和市委提出的建设学习型、发展型、创业型、服务型班子的要求，从提高素质、优化结构、改进作风和团结协调入手，抓好各级班子建设。一是大兴刻苦学习之风，抓好武装头脑、提高素质工作。集中组织各级班子学好科学理论，树立正确的世界观、价值观、群众观、政绩观、权力观、方法论；学好社会主义市场经济理论及相关经济理论，树立与时俱进的市场意识、开放意识和竞争意识；学习党的重大方针政策特别是与区域经济发愤相关的宏观经济政策、产业政策和投资政策，树立强烈的机遇意识和争取意识。总的要求是做到重点深入和面上普及相结合、理论和实际相结合、集中培训和分散学习相结合，有针对性地提高学习的质量和水平。二是大兴唯才是举之风，坚持正确的用人导向。从优化结构、强化功能入手，真正把那些年富力强、德才兼备、作风正派、有文化节、有道德、有能力的干部选拔到各级领导岗位上来，特别要注意把这样的干部选派到最困难的地方支打开新局面；选派到最复杂的地方去改革创新；选派到最重要的岗位上去独挡一面。适当地进行干部交流和轮岗，以保证我们的工作活力和创造性。同时，从优化班子的年龄、知识和专业结构，增强班子整体功能入手，搞好后备干部的储备和培养，抓好领导干部队伍、企业家队伍和专业技术人才队伍建设，优化人才资源配置。三是大兴团结协作之风，增强班子的亲和力。大力开展以思想好、作风好、工作好、形象好为主要内容的“四好”班子创建活动；坚持和健全民主集中制，实行科学决策、民主决策、依法决策，对重大问题议事决策达到规范化、科学化、和民主化；各级班子成员要增强大局意识和整体意识，时刻从大局出发，一切以大局为重，全力维护班子团结。四是大兴求真务实之风，推动工作落实。要经常深入实际调查研究，准确大量地掌握政策信息、市场信息、基层和群众信息，做到胸中有数。展开工作布局和解决实际问题要有针对性，采取硬性措施保证各项工作任务和目标的完成。细化领导责任，建立强有力的工作推进机制，加强督促检查，经常去查找问题总结经验，形成真抓实干、不等不靠、一抓好到底、务求实效的良好风气。各级领导、各部门、各单位都要树立争先创优意识，工作要站头排，做出样板，切实消除保守观念，坚决克服形式主义，解决不切实际的倾向性问题。五是大兴艰苦奋斗之风，发扬党的优良传统。继续认真贯彻《发扬艰苦奋斗作风的若干规定》，各级领导干部特别是党员领导干部要牢记“两个务必”，做出表率，与广大人民群众同甘共苦，艰苦创业。

（二）以开展党员先进性教育为载体，切实加强党的基层组织和党员队伍建设。严格按照中央和省、市委的要求，正确把握先进性教育的指导思想、目标要求和基本原则，围绕提高执政能力这个核心，突出先进性这个主题，从我区实际出发，扎实有效地开展先进性教育活动。立足于解决实际问题，把开展先进性教育与区域经济发展的实际、党员队伍的实际、群众关心和反映的实际问题全，集中解决思想观念、发展信心、精神状态、队伍素质问题。通过开展先进性教育，积极探索在市场经济条件下以改革的精神推进党的建设，提高执政能力的新思路；总结发挥党的基层组织的战斗堡垒作用和党员先锋模范作用的典型经验；建立党员队伍管理、监督和发挥作用的长效机制。真正达到“提高党员素质、加强基层组织、服务人民群众、促进各项工作”的目标要求。

（三）以深入开展“两风”建设为契机，切实抓好党风廉政建设和反腐败斗争。要坚持从严治党，遵循标本兼治、综合治理、惩防并举、注重预防的方针，切实加强党风廉政建设。一是要把治本源头与查办违纪违法案件结合起来。建立教育、制度、监督并重的惩治和预防腐败体系，加强对权力运行、从政行为的约束和规范，重点加强对主要领导干部和管钱、管物、管人等重点岗位的监督，重点查处滥用权力、谋取非法利益的违法违纪案件，标本兼治，加大惩治腐败力度。二是要把思想教育与发挥正反典型的示范和警示作用结合起来。广泛开展以“四大纪律八项要求”为主的纪律教育、以先进典型为主的示范教育、以违纪违法案件为主的警示教育活动，丰富教育内容，创新教育方式，把教育和对正反典型的宣传融入工作的各个环节，发挥反腐倡廉的基础作用，筑牢拒腐防变的思想道德防线。三是要把领导干部廉洁自律与维护群众利益结合起来。牢记党的宗旨，加强自身修养，严格执行廉洁从政各项规定，重点解决乱收费、乱罚款、乱摊派、以权谋私、办事不公、执法不公等群众反映强烈的突出问题，坚决纠正损害群众利益的不正之风，切实做到为民、务实、清廉。四是要把落实党风廉政建设责任制与建立长效机制结合起来。严格落实党风廉政建设责任制，各班子成员要把日常工作和廉政建设同部署、同落实、同检查，严明责任，严肃追究，要继续在完善制度上下功夫，真正形成用制度规范从政行为、按制度办事、靠制度管人的有效机制。

（四）以民主政治建设为重点，加强社会管理，努力构建和谐社会。一要加强政治文明建设，充分调动各个方面的积极性。按照党委统揽全局、协调各方的原则，不断改善领导方式，充分发挥党委对人大、政府、政协等多种组织的领导核心作用，支持保证人大常委会依法改造监督、人事任免和重大事项决策职能；支持政府依法行政；支持政协发挥民主监督的职能。加强和改进对工会、共青团、妇联等人民团体的领导，充分发挥联系群众的桥梁纽带作用。二是加强思想政治工作，努力为全面建设小康社会提供强有力的精神动力。积极做好解放思想、更新观念的工作，努力营造勇于进取、干事创业的浓厚舆论氛围；积极做好振奋精神、鼓舞士气工作，引导广大干部群众坚定发展创业的信心；积极做好宣传政策、理顺情绪、化解矛盾的工作，在解放思想中统一思想、凝聚人心。三是坚持党的群众路线和群众观点，尽心竭力为人民群众办实事。从维护人民群众最直接、最现实、最关心和利益入手，千方百计地为人民群众谋利益。第一，多办从根本上解决问题的事，不断提高人民群众的生活质量和水平；第二，多办长远起作用的事，做好满足人民群众物质文化需要的基础性工作；第三，多做调整利益关系的事，化解各种社会矛盾，建立人与人之间融洽的社会关系。同时，教育、科技、卫生、文化、体育、人口与计划生育等方面工作都要有新的发展。最终创造一个经济繁荣、生活富裕、环境良好、心齐气顺的和谐社会。

同志们，新的一年翻开了新的历史一页，我们将以新的姿态迎接新的挑战，将用新的创造谱写新的辉煌。只要我们精诚团结，与时俱进是，扎实工作，奋力拼搏，就一定能够创造五营更加美好的明天。

五城防指发〔2005〕4号 五营区城镇防火指挥部
关于印发五营区扑救大面积火灾及抢险救援预案的通知

各有关单位及部门：

现将《五营区扑救大面积火灾及抢险救援预案》印发给你们，请认真组织实施。

二OO五年四月十日

五营区扑救大面积火灾及抢险救援预案

为做好扑救大面积火灾及社会抢险救援工作，提高灭火及抢险救援能力，使一旦发生各种事故，消防队伍和社会救援力量能够迅速有效的处置，最大限度地减少国家和人民财产损失，有效地保护公民人身和公私财产安全，特制定本预案。

一、以“三个代表”重要思想和党的十六届四中全会以精神为指导，以创建平安五营为目标，立足于“打大仗、打恶仗”，全面做好灭火救援的各项准备工作。在区委、区政府的领导下，动员和组织各有关部门的力量，调运一切可以利用的人力、物力，最大限度地减少灾害损失；积极拓展消防队伍抢险救援职能，从单一灭火向多功能救援方面发展，保护国家和人民生命财产安全，努力为经济社会创造良好环球产。

二、组织机构

为加强对扑火和抢险救援工作的领导，成立五营区扑救大面积火灾和抢险救援指挥部：

政　委：马新民

副政委：董雅光　高迎春　冯丹发　敖明柱

总指挥：张跃文

副总指挥：迟洪训　齐　君　李长胜　闫立海
尤安祥　田　宁　刘长军　张金山

成　员：杨玉鼎　张宝森　任红波　王殿学
闫庆阶　蔺成军　宋延华　朱云志
赵文学　赵建华　宋国铭　张景芝
王云杰　周向阳　张河清　党　华
徐兴宝　高景海　吴立臣　马洪全
李兴庆　朱云泽　高洪生　钟敬民
孙宇飞

指挥部下设办公室，办公室设在公安消防大队，

联系电话：380557

三、工作分工

（一）灭火救援作战组

组　长：宋国铭

副组长：李兴庆

任　务：侦察火情和灾害事故情况，提出灭火和抢险救援方案或战斗部署，组织协调各方面力量协同作战。

（二）开拓空间隔离带组

组　长：杨玉鼎

副组长：王殿学

任　务：根据火灾及抢险救援现场的需要，贮木加工厂备汽车2台、大斧20把、30米长钢丝绳5根，组建60人扑火抢险救援队伍；燃料公司备油锯10台，吊车1台；公路养护管理处备汽车2台、吊车1台、推土机1台、铲车1台，组建50人扑火抢险救援队伍；一建公司备汽车2台、推土机1台、铁锹20把、挖掘机2台、铲车1台、吊车1台，组建50人的扑火抢险救援队伍；物业管理处备汽车2台、铲车1台、推土机1台，组建50人的扑火抢险救援队伍。各单位接到指挥部命令后立即赶到现场，进行破拆、疏通道路和开拓隔离带等抢险救援工作。

（三）供水组

组　长：徐兴宝

任　务：负责灭火和抢险救援供水。

（四）供电保障组

组　长：朱云泽

任　务：根据需要确定局部断电、送电、保证灭火及抢险救援工作的需要。

（五）通讯联络给

组　长：高洪生

任　务：保障灭火及抢险救援现场的通讯联络。

（六）扑打飞火组

组　长：张宝森

副组长：钟敬民

任　务：森防快速扑火队用风力灭火机守护林缘，防止飞火上山。党政机关、人武部各组建20人扑打飞火队伍，防止火势蔓延。

（七）交通、治安、警戒组

组　长：赵文学

副组长：吴立臣

任　务：负责灭火和抢险救援现场的警戒，维护交通和社会治安，保证灭火和抢险救援现场有良好秩序，使战斗顺利进行。

（八）火灾事故调查组

组　长：赵建华

副组长：马洪全

任　务：调查火灾原因和火灾损失情况。

（九）机械抢修组

组　长：闫庆阶

任　务：及时组织各单位的机械修理人员抢修各种灭火抢险机械，保证使用。

（十）医疗救护组

组　长：宋延华

副组长：孙宇飞

任　务：组织医护人员，携带药品、器械迅速赶到火场，对火场受伤人员进行紧急救护。

（十一）宣传报道组

组　长：张景芝

副组长：宋继辉

任　务：及时了解灾情和救援情况，对救援工作进行录像、拍照、记录、报道灭火救援工作。

（十二）后勤保障组

组　长：任红波

副组长：高景海

任　务：负责灭火和抢险救援现场食品、物资、车辆燃料、器材的供应工作。

四、扑救火灾和抢险救援工作的主要任务

（一）扑救各类火灾；

（二）参与处置各种化学危险品泄漏事故；

（三）参与洪灾、风灾、地震等自然灾害的抢险救灾；

（四）参加重大交通事故的抢险救援；

（五）参加高层建筑倒塌的抢险救援；

（六）参加恐怖袭击和破坏等突发性事件的应急救援；

（七）在有关单位和群众遇险求助时的提供救援救助工作。

五、组织指挥

在区委、区政府的统一指导下，对灭火和抢险救援队伍实施三级指挥。指挥的主要任务是：组织调动参战人员，充分发挥装备器材的作用，以最快的速度扑灭火灾和处置灾害事故、突发事件、努力减少人员伤亡和经济损失，协调指挥其他社会救援力量。

（一）收集灾害事故现场信息，决定灭火、抢险救援对策。通过多种办法，快速、广泛地搜集事故现场信息，如被困人员数量、地点、建筑物倒塌以及化学物品泄漏等情况，为灭火救援作战组的指挥，科学分配救援力量提供决策依据。

（二）调整灭火、救援力量，协调灭火、救援行动。在施救现场，参战力量多，加上现场情况不断变化，需要及时调整力量部署，灭火、救援作战指挥员通过指挥手段，协调行动步伐，实行统一指挥、逐级指挥。

六、扑救火灾和抢险救援对策

接到报警后立即调动消防部门和社会灭火及抢险救援力量前往事故现场，由指挥部向市委、市场政府、市公安局、市场消防大队报告。靠本地力量不能控制灾情时，启动市预案。

常见灾害事故处理对策如下：

（一）扑救大面积火灾对策

1. 下风堵截，重点设防。以下风方向某一重点单位或部位为根据地，进而增加力量，逐步形成一个完整的战斗区段，并随着战斗力量的增加，将几个战斗区段互相衔接，形成牢固的堵截阵地。

2. 侧风防御，穿插分割。在部署下风方向堵截力量的同时，要将部分扑火力量部署在侧风方向，防止火势蔓延。待控制火势后，应适当调集灭火战斗力量，逐渐增加灭火剂供给强度，抓住战机，适时穿插分割，分片消灭火灾。

3. 消灭飞火。为防止出现跳跃式燃烧形成大面积火场，必须在指挥部统一指挥下，组织灭火力量在下风方向可燃建筑或堆垛区设立防线，进行警戒，扑打飞火，防止因飞火造成新的燃烧区。

4. 采取一切手段，保障火场不间断供水。在利用专用消防水源的同时，可以在河流上设置应急水源，利用机车、排污车、绿化专用车运水。

5. 消灭残火，防止复燃。

（二）扑救高层建筑火灾对策

1. 坚持救人第一的原则，正确处理救人与灭火的关系。一般情况下救人与灭火应同步实施，即以水枪射流消灭人员被困点及疏散通道的火势，驱散烟雾，打通疏散救人通道。

2. 确定进攻起点层。

3. 内功为主，内夹外攻，上下合击，堵截火势。首先是充分利用固定消防设施内攻；其次利用举高消防车、水泡消防车等打击从外部窗口、阳台窜出的火焰以及飞火。

4. 启动消防水泵，救援人员直接利用墙式消火栓出水灭火。

5. 利用广播系统通知各楼层的人员，引导他们选择正确的逃生路线。

（三）扑救易燃易爆火灾对策

1. 划定警戒区域，疏散群众。

2. 禁止无关人员进入，杜绝明火、电火、静电等火种产生。

3. 冷却降温，防止爆炸。

4. 利用水枪射流驱散可燃气体。

5. 关阀堵漏，消灭火焰。

（四）化学灾害事故处置对策

1. 到场救援车辆要停靠上风或上风方向，选择上风或侧上风方向水源。

2. 做好个人防护，佩带防护器材。

3. 划定警戒区。

4. 询问知情人员，了解泄漏物性质、泄漏时间、被困人员数量等情况。

5. 设置火幕，稀释泄漏物浓度，采用喷雾水枪形成水幕墙，防止泄漏物向重要目标或危险源扩散。

6. 采取关阀断料措施。

7. 实施堵漏。

8. 进行洗消，对所有参战人员、器材进行全面洗消。

（五）公路交通事故处置对策

1. 接警应问清事故发生的时间、路段、人员伤亡等情况。

2. 救援车辆到达现场时，救援人员携带破拆、救生等装备，及时投入救援。

3. 使用液压切割、扩张等破拆工具，积极营救破损车厢内的被困人员；破拆车体时，应用雾状水实施掩护，防止金属碰撞产生火花引起油蒸汽爆炸，发生二次火灾。

4. 快速控制火势，采取冷却油箱，用泡沫覆盖地面流淌燃油等方法，消除潜在的危险，为长时间营救被困人员创造条件。

5. 对伴随有次生化学灾害发生的事故，应及时控制有毒有害物质的扩散，遏制易燃易爆危险物品的燃烧或爆炸。

七、要求

（一）以党政机关，易燃易爆物品密集区，木材加工企业集中区，高层、商贸、公共聚集场所以及供电、供水、金融、粮库、交通和通信等单位为重点进行实地演练，并协调相关职能部门，密切配合，协同作战；针对消防保卫任务和技术要求高的特点，积极开展预防处置方法和技术措施研究，加强在复杂危险环境中救人、灭火抢险救援的模拟训练，以增加消防人员心理和生理承受能力，提高战斗力。

（二）要加强对车辆、器材装备，特别是特勤装备、器材的维护、保养，确保完整好用。

（三）消防大队要加强执勤战备工作，严格执行值班制度，做到接警必出，严禁贻误战机。

各部门条例：

机械事故处罚标准　1986年，本局制定并下发《机械事故处罚标准》（五林发〔1986〕26号），标准中规定将机械事故分为一般事故、大事故、重大事故。

具体内容如下：一般事故包括发动机抱瓦、曲轴折断等 7 个方面，以及造成人身轻伤，零部件严重损坏，损失价值 500~1500 元之间，除责令事故者写出书面检查外，并罚款 150~250 元。

大事故包括发动机碓缸、发电机烧毁等 6 个方面，以及造成人员人身重伤致残、总成或主要部件严重破损，损失价值在 1500~2500 元者，除责令事故者写出书面检查外，并罚款 150~250 元之间。

重大事故包括撞车、大架子及其总承报废、锅炉爆炸等 5 个方面，以及造成人员死亡，机器或主要总承严重损毁，损失价值在 2 500 元以上者，除扣缴操作证外并罚款 250~500 元。

凡属机械事故均由基层单位写出书面报告，机电科检查处理，重大事故交局务会讨论决定，对隐瞒事故不报者，对单位给予罚款 50 元。

有下列情况之一予以罚款：

（1）罗栓丢失，每个罚款 0.20 元。

（2）润滑油部位缺油、每处罚款 1.00 元（缺黄干油每处罚款 0.20 元。）

（3）机油表失效，罚款 2.00 元。

（4）设备刮碰，每处罚款 1.00 元。

（5）机械缺件，每件罚款 2.00 元。

（6）漏油漏水（明显形成水滴者每处罚款 1.00 元。）

（7）风挡玻璃损坏，每块罚款 1.00 元。

《机械事故处罚标准》颁布实施，本局对机械事故处理走向规范化管理轨道。

机械事故处理规定

1992 年 12 月 15 日，本局制定并下发《关于机电设备事故处理规定》（五林发〔1992〕12 号）规定分为 4 部分。

（1）机械事故　按照机械损坏和直接经济损失的程度的不同分为一般事故、大事故和重大事故。

①一般事故包括发动机抱瓦、拉缸等 8 个方面以及造成人员轻伤，零部件严重损坏，直接经济损失 500~1500 元之间，对事故责任者给予批评教育，并视情节赔偿损失费 50~150 元。

②大事故包括发动机碓缸，追尾造成车架严重变形报废等 5 个方面以及造成人员重伤致残，总承或主要部件严重破损，直接经济损失在 1500~3000 元之间，除责令肇事者写出书面检查外，并赔偿损失费 150~300 元，肇事者下岗进行技术培训，培训期间工资减半。

③重大事故包括撞车、翻车等 6 个方面及造成人员死亡，机械总承严重损毁，直接经济损失 3000 元以上，除责令肇事者写出书面检查外，并赔偿损失费 300~400 元，并视情节可同时给肇事者降薪一年或半年处罚；或吊销驾驶执照，开除机械队伍，直至追究肇事者的刑事责任。

（2）锅炉事故　根据锅炉的损坏程度，锅炉事故可分为重大事故、大事故和一般事故。

①重大事故对单位处以 1 万元以下罚款，追究领导责任，追究司炉长责任，追究直接责任者刑事责任，每个责任者赔偿损失费 300~500 元。

②大事故包括锅炉简壁变形、锅炉爆管、省煤器爆裂，对单位处以 2000~5000 元的罚款，追究领导责任，追究司炉长责任，追究化验人员责任，追究司炉工责任，每个责任者赔偿损失费 100~200 元。

③一般事故包括缺水事故、满水事故等 12 个方面，对单位处以 1000 元以下罚款，每个直接责任者赔偿损失费 50~150 元。违反 11、12 方面，对单位处以损失总额 30% 的罚款，每个责任者赔偿损失总额的 10%。

（3）事故处理（略）

（4）罚款收缴办法（略）。

本规定自 1993 年 1 月 1 日实行。本规定是本局历史上第一个关于机械设备事故处理规定性文件，具有很强的可操作性。

1998 年，国有企业产权制度改革的不断深入，本局机电战线是建局以来变化最大的一年。根据全市三级干部会议精神，机电战线的重点单位机修厂、汽运处、物资局实行改制。机修厂（详见第二节检修）、汽运处（详见第一节木材生产机械四运输机械）实行股份制经营，物资局实行股份合作制经营。物资局改制为股份合作制企业。物资经销公司总股本为 150 万元，其中林业局出资 100 万元，占总股本的 66%；集体股 30 万元，占总股本的 20%；职工法人出资 20 万元，占总股本的 14%。物资科与物资经销公司彻底分离，物资科行使物资管理监督职能，负责全局物资消耗计划及物资消耗管理、检查、指导。物资经销公司完全面向市场，但对林业局内部保证供应，执行进货价格。通过固定资产清查，改制后的物资局机电设备原值为 121 万元。同年 ，本局制定并下发了《关于加强设备监督管理工作的通知》具体内容如下：（一）对近年来各单位转让、租赁及承包给外单位或个人的机电设备进行一次清查，清查表要如实填写，务于 6 月 5 日前由各单位主管领导报送局机电科，有合同的要携带合同文本一并上报，逾期不报者，后果自负；（二）今后任何单位或个人不准擅自调动、转让、租赁、承包或外雇机电设备。确因工作需要经主管局长批准，由机电管理部门办理相应手续；（三）加强委托、租赁、承包、合资等单位的机电设备全过程监管工作。林业局与各单位、各单位之间及各单位内部起草涉及机电设备的经济合同时，必须有机电监管部门参与；（四）对违反本规定的责任者要给予相应的纪律和经济处罚。

关于发展多种经营的具体规定

五营区（局）于 1987 年 11 月 18 日下发了 101 号文件：“关于发展多种经营的具体规定”即 10 条规定。其原文内容附录如下：

一、纳入计划管理，作为考核单位经营成果和领导班子的条件之一。凡是做到青年全部得到安置；人均收入递增 10%；从业人员人均产值超过 5 千元；多种经营实现利润 5 万元的单位，对单位的党政一把手、综合厂厂长向上浮动工资一级。

二、对发展多种经营所需用地和物资材料，有关部门要优先解决，以适当的优惠价格售给，对报计划的，纳入企业物资计划。

三、对能带领十名以上青年开辟就业门路的全民职工，除由企业照发三年工资外，还可参与集体青年队分红，其产品免征所得税三年。

四、积极支持个人自费营造经济林。林业局的沼泽地、零散的荒山荒地，面积不超过一垧的，允许个人自费营造经济林，自造自有，产品自销，收益归已。

五、实行生猪保险制度。每头猪交保险金 10 元。由于疾病造成的生猪死亡，每头猪赔偿保险金 60 元。各林场（所）必须集体投保，各专业户个体投保。

六、实行兽医包干包片制度，定期巡回防治，服务到门。

七、各单位必须建立 1~2 个专业种禽基地，以优惠价格供给饲料，饲养种公猪每头供给饲料六百斤，种母猪每头供给饲料五百斤。

八、积极为用户提供信息，寻找市场、销路。凡是计划内产品负责销售。

九、对具有开拓精神和一定组织能力的集体工人、优秀青年，可提拔到集体厂队领导岗位，并实行岗位工资。

十、对饲养猪禽大户，饲料价格优惠。按市场价格下浮 20%。饲养肥猪五头以上者，每头供应饲料三百斤；饲养五十只以上的养鹅户，每只鹅供应八斤；饲养一百只以上的养鸭户，每只鸭供料八斤；二百只以上的养鸡户，每只鸡供料五斤；一百只以上的养兔户（十只成母兔）每只兔供料三斤；奶牛专业户，每头奶牛供料一千斤；养鱼专业户，每投放万尾鱼苗供料一千斤。

中共五营区委　五营区人民政府关于发展木耳经济的若干规定

为加快推进“二次创业、富民兴区”的奋斗目标，把实施森林资源管护承包责任制与发展木耳经济结合起来，做到长远有林可持续发展，近期有木耳经济可生存致富。结合我区实际，特制定积极鼓励和大力扶持木耳经济发展的若干规定。

第一条　在全区范围内积极鼓励和大力支持木耳经济的发展，创造一切有利条件，不加任何限制，能发展多大规模就发展多大规模，自主经营，自负盈亏，自我发展。

第二条　凡从事木耳生产的养殖户，两年内减免资源补偿费和减免农林特产税。

第三条　对在本区内建立木耳产品加工企业的单位或个人，采取积极扶持的办法，放宽政策，创造条件，大力发展。

第四条　对从事木耳产品收购和经销的本区或外来人员，实行保护政策，维护经营者的合法权益，严禁勒卡和乱收费。

第五条　鼓励和提倡领导干部和党员带头发展木耳经济，带动更多的职工群众从事木耳生产，广泛就业，增加经济收入。要加大扶持力度，提供方便条件，抓紧好典型示范，扩大发展规模。

第六条　对在林内放养木耳的养殖户，要结合森林资源管护承包责任制实行统一管理。山上职工凡在林内放养的，一律实行挂牌管理，明确责任；山下职工到林内放养的，需提出申请，由所在单位同各场（所）协商，经林场（所）统一规划确定放养小班，签订合同，方可在林内放养，并严格遵守林政、资源、防火有关规定。

第七条　各林场（所）要加强对木耳放养承包责任区的管理，与木耳放养户签订合同，实行森林管护、培育、防火、卫生“四包”责任制。对木耳养殖户每万袋收取500元的林内卫生清理抵押金，放养结束后，达到合理规定要求的退还抵押金。对没有完成合同规定要求的扣除抵押金，下年不予安排木耳养殖地块。各林场（所）要抓好“四包”责任制的实施，严格检查，严格管理，林业局要对此项工作进行检查。

第八条　加强林政资源管理，发展木耳经济不能以破坏资源为代价，严格禁止养殖户在林内私自砍伐林木，不准在林内破坏地表修便道。凡用于木耳生产的林木原料必须由林场（所）统一组织在生产伐区、抚育伐区内进行捡集，不准个人私自到山场捡集和随意采伐活立木。各林场（所）党政组织、资源监督站要切实负起责任，管住管好资源。

第九条　各养菌户在盖菌房时，要保证消防通道的畅通，要按照消防条例，落实好防火措施，做到安全生产。

第十条　农委要发挥服务职能，帮助木耳养殖户引进优良品种，进行岗前培训，提供技术服务，保证木耳质量。营林部门要巡回指导，防止森林病虫害的发生和蔓延。

第十一条　对具有一定生产规模的单位和个人，鼓励成立联合体，以市场为导向，从事木耳加工和销售，向规范化和规模化方向发展。

第十二条　加强对木耳经济的领导，区委、区政府要把发展木耳经济作为主导产业来抓，层层建立责任制，区领导牵头抓，各单位书记、场（所）长具体抓，主管副场长专门抓，工会主席配合抓，抓实抓靠，抓出成效。做到发展户数、规模、地点“三清”，并立卡建档。区委、区政府把发展黑木耳经济纳入年终目标管理，作为考核领导班子和领导干部政绩的一项主要内容，严格进行考核。

本规定自2001年10月30日起实行。

诗文选集

1. 蘑菇：榛蘑，质量最佳。未长大时，腿粗盖小，被称为“蘑菇丁”。鲜卖每千克平均6元钱。无论是晒干，还是鲜吃，都很可口。每年9月，在市场上摆卖，一花筐一花筐的从山上背来。元蘑，片大肉厚，鲜嫩滑爽，适于鲜吃或腌制。猴头蘑，呈浅黄色，毛绒状，拳头大小，对生，即这边树上发现一株，再到对面树上去找，准能找到。草蘑，生命力极强，在湿地上的水草中、树根上，成片生长，有时两大片可采一花筐。90年代以来，人们根据条件加工蘑菇，宜晒则晒，宜腌则腌。多吃蘑菇，有防癌之功效。

2 药材：许多药材，在李时珍《本药草目》中均有记载。小兴安岭被人们称为“药库”。认识者，眼中药材满山遍野，到处皆是。有的取其根，有的取其果，有的取其茎叶。党参，状若人参。食之，可大补。五味子，红色，在藤蔓上生长，很像葡萄，串状浆果。收购者，在大街两旁晾晒，看上去鲜红一片。对失眠等有很高疗效。刺五加，营养极为丰富，人们采摘嫩叶，做馅或炒食皆可，味道清香鲜美。入药，可治疗心脑血管等疾病。故，人称小兴安岭为“养生宝地”。

3 关于笃斯名称的由来及营养、药用价值。关于笃斯名称的由来，有一个传说。据说，一个外地人来到了小兴安岭，正是初秋时节，遍山野果芬芳。她见一位姑娘，正拿着一个小桦树皮桶，津津有味地吃着里边紫红色的浆果。姑娘满嘴都是紫红色。他问姑娘：“姑娘，在吃啥”？他的口音有点怪。姑娘以为他在问：“哪采的”？姑娘手往山上一划啦：“都是”！那个人以为这野果的名字是鄂伦春的叫法，便重复了一句：“啊，笃斯，笃斯，俺知道了。”从此便名为笃斯。山笃斯——学名越橘，属于杜鹃科多年生落叶矮小灌木，每年六月份开花，八月初果实便可成熟。果实为蓝紫色扁球形或椭圆形浆果，直径1厘米左右，比葡萄小，晶莹剔透，皮薄、味酸甜，果肉呈紫红色，可生食。山笃斯的鲜果出汁率达75%，味道独特，醇厚、清香、爽口，浓酸稍甜，色泽鲜艳，pH值为3~4，含糖量为8%~12%，还含有多种氨基酸，大量维生素B、维生素C和丰富的柠檬酸，以及植物碱等。山笃斯发酵后，可产生较高乙醇量。由于笃斯生长在气候寒冷的大、小兴安岭原始森林中，不受任何环境污染，地表70厘米以下是常年不化的永冻层，地上是原始森林，素有“天山小雪莲”之美称。再加上营养价值很高，所以是酿酒、制饮料、做水果糖和果酱等极佳原料。山笃斯的药用价值很高，具有利尿解毒，有防止心脑血管病及癌症的强大功效，对软化血管，激活人体细胞再生，特别是对眼睛视网膜，有非常好的保护作用，对痢疾及淋病性尿道炎有很好的治疗作用。更据科学家研究证明，笃斯有抗疾病，延缓衰老之功效。

4.“木耳文化”的产生、发展五营区（局）原来没有“木耳文化”，自群众搞起木耳菌袋生产以后，在林缘放养，即须搭屋做饭，或制菌、摘耳等，一系列生产活动，都成了文化人笔下描绘的对象。从上甘岭局往北，高速公路两侧林内断断续续排放着木耳菌袋，放眼望去，林下一片白色。晒耳架前拴着狗，狗吠之声，空谷传响，到处可闻。群众形容说：“身在木耳乡，采耳往来忙”。群众面对丰收的木耳，乐而高呼：政策结瓜瓜儿甜，政策开花花儿香，一香香到大山里，一甜甜到心坎上。木耳经济，造就了“木耳文化”。一些业余作者作诗讴歌木耳经济，为其发展推波助澜。这里，采撷小诗两首，以志。（作者 宫万才）

小　屋

塑料薄膜搭小屋，
木杆干草可作床；
挖坑造饭炊烟起，
把酒临风对斜阳。

摘　耳

林下摘耳人倍忙，
三三两两臂悬筐，
欢乐小姐相随去，
是谁小曲唱过岗。

5 其他诗歌

《松涛》

容汇着多少壮士呐喊，
蕴藏着多少岁月的雷电，
因此，棵棵古松一声呼喊，
涛声呵，才这样动地撼天。
春寒抖峭，嫩枝舒卷，
狂风猛吹，涛声更远，
暴雨如剑，任它砍，
组成涛阵的海家庭，
个个都是红心赤胆。

1978 年

《走进森林》

走进森林随手就会拾起雄浑和粗旷，
迎面扑来的是混沌和苍茫，
脚下有路却不知路在那里，
我是进入了宝藏还是迷藏。
我是从酷暑炎夏中走来，
大森林为我撑起荫凉，
城市的噪音潮水一样退去，
广阔和博大撞进被压挤的胸膛。
翠油油的绿呀滴湿我的衣襟，
阳光在林海上抹一片金黄，
我生怕把这幽境碰破，
一万步又怕把寂寞踏响。
白桦林纯洁了我的灵魂，
红松树诞直了我的脊梁，
条条溪水弹奏着唐诗宋律，
鸟语花香在耳边流淌。
抗联遗址耸立起一部风景，
我百看不厌地翻看那历史的华章，
生息繁衍苦难欢愉沧海桑田，
大森林的年轮里凝集多少春雨秋霜。
走进森林我的诗句都被洗涤得发亮，
每个音节都韵味绵长，
别让斧锯砍坏这幅美丽的图画，
当心猎枪打中这千古绝唱。

1980 年

森林三友

《松》

在战火中渡上一层枪声，
松之骨是亮铮铮的，
在闪电中渡上一层雷声，
松之骨是响铛铛的。
将岁月挺立得笔直，
把时间凝固成绿色雕像，
我用松之骨作准星，
瞄准每一个弯曲的脊梁

《桦》

继继阳光暖溶溶照耀，
大森林在热水里烫藻，
春风细雨，云蒸雾罩，
失去的冬景那里去寻找。
青山葡笼，脱去了冬装，
松林着翠，只见绿浪涛涛，
只有那亭亭玉立的白桦林呵，

留下一片雪塑冰雕。

《椴》

大森林有一座丰富的矿基藏，
储的不是钢铁而是蜜糖，
因此，椴树开花的时光，
引来只只蜜蜂日夜繁忙。
椴树没有魁梧俊的形象，
默默无闻，不求颂扬，
宁愿把生命化为甘甜，
调拌在生活里供人品尝。

《达子香》

在冬和春的夹层里，
睁开了眼睛，
印着雪花的棉被里，
捂不住五光十色的梦；
严冬折不断的愿望，
在枝头上打起了骨朵，
撑开粉红色的大伞，
支起一个迷人的童话；
伐木工来采育林工来摘，
手里捧起一束束春光，
于是达子香张开翅膀，
春，便向四面八方飞去。

《小溪》

向山石草木伸出触角，
用生命将路开拓，
在思索中前进，
在前进中思索。
雾来遮盖，岩来封锁
每一步都是一次拼搏，
一次挫折，留下一段弯曲，
再向前，还有更大的坎坷。
信念，一次次锤打，
理想，一次次淬火，
小溪从幼稚走向成熟，
加速向大海奔波。
大雪和青松
茫茫林海，大雪压青松，
一半是白，一半是青。
是冬里嵌着春，
是春里含着冬，
一半是暖，
一半是冰。
象首抒情诗，
韵几美，情几浓，
一半读得懂，
一半读不懂。
象幅鸟意画，
泼泼洒洒冲来功，
一半明明白白，
一半朦朦胧胧。
松上雪，无灵魂，
雪下松，有生命，
一半是暂时，
一半是永恒。

《支边青年》

七十年代，
上海、浙江，
知识青年来林区边疆。
采伐、小青年，
说他棒棒棒；
集材，老年人，
说他象象象；
装车，绞盘手，
说他好好好；
运材，司机们，
说他强强强。
曾记得，
青年刚从上海来，
白面皮，细身段嫩手掌。
几个月工夫一转眼哪，
林区建设挑起大梁。
班组开会是成员，
安全生产是闯将。
文明建场出良策，
处处事事做榜样。
学文化办战报写总结，
他是教员编辑小组长。

访贫问苦团结群众，
他是热情务实好心肠。
上海浙江小青年，
林海搏击大浪迎风成长。
开发建设发展新林区，
无私无畏贡献青春年华时光。

1982年10月8日

《森山晨歌》

油锯声声脆，
恰似进军号，
震醒兴安岭，
笑迎天破晓。
绿波万顷添异彩，
森林千里齐献宝。
阳光照群山，
晨风舞松涛，
林翠人更美，
青山分外娇。
林海回荡颂歌情，
彩霞化作旗飘。

1988年春

《林区木材队》

风呼啸呵雪纷飞，
千里林海闪银辉，
喇叭“嘀嘀”震山谷，
那是林区运材队。
越过十里盘山路，
辗碎薄冰涉河水，
喇叭应和喇叭唱，
车轮追着车轮飞。
方向盘呵贴胸口，
热血奔腾暖心肺，
安全运输记在心，
春夏秋冬不知累。
透过车窗往外看，
群山峻岭多豪迈，
棵棵红松插向天，
翠绿树苗长着追，
条条大路宽又平，
座座桥梁跨河水，
养路工人抖精神，
大山昂头也助威。
改革开放绘蓝图，
祖国河山分外美，
一幕一幕连咱心，
驾车干劲添百倍。
猛踩油门登高崖，
喇叭阵阵更清脆，
车车木材装满崭，
穿山越岭头不回。
抖落星星甩掉月，
车灯引来朝霞飞，
这是林区运材队，
拉运春光多明媚。

1989年9月16日

《林区检尺员》

卡尺、账本，
在你手中紧攥，
人民大会堂的梁柱，
是你精心挑选，
你量得铁路万里长，
一直扑向四海五山，
你算出高楼千万座，
一座座高耸白云端。
哦，所有的树木呵！
一齐涌向你的眼前，
你像一位威严的将军，
在把百万雄兵调遣。
你心里装着农村工厂矿山，
你送走了枕木矿柱电线杆。
笃！马锤打在红松上，
倾注下一片真挚的情感。
林区的检尺员，
肩负着时代的重担，
也把自己那颗火热的心，
交给祖国去检验。

1989年10月17日

《五营是个好地方》

五营是个好地方，
人杰地灵真风光，
围城玉带汤旺河，
兴安群山做屏障，
锦绣前程无限好，
伟大祖国好边疆。
五营是个好地方，
林海无边尽栋梁，
野果野菜山药材，
成群野兽闹山冈，
矿产资源真丰富，
绿水青山旅游旺。
五营是个好地方，
林业工人有理想，
改革开放大发展，
文明生产奔小康，
市场经济讲计划，
各条战线凯歌扬。
五营是个好地方，
城镇建成美画朗，
载歌载舞人欢笑，
四化建设有力量，
实现新型森林区，
五营事业放光芒。

1992年8月20日

《森林之魂》

那边是，
群山峻岭，林海翻卷，
野兽成群，古树参天，
巍巍的兴安。
这边是，
春夏秋冬，越峻踏山，
育林选材，赤胆忠心，
林区的工人！一天天，
黎明、烈日、晚霞，
密林深处的兴安，
震荡着快乐歌声；
一阵阵，
暴雨　狂风　雪花，
生产繁忙的林区，
躲闪着强壮身影。
千锤百炼一代代，
林业战线的工人，
啊！森林之魂。
钢铁的双手，
大山的壮身，
红松的性格，
火热的红心。
为国家昌盛繁荣
战天斗地敢打敢拼
上山去送天边月
下山接来满天星
举斧劈开冰冻的河，
挥锯截断万年的山
看！树苗迎风抖精神
荒山秃岭绿成片
听！机声隆隆山岭动
万木滚滚堆成山
祖国人民感谢你
森林之魂
小兴安岭的林业工人。

1992年11月6日

《赞森林公园》

小兴安岭密林深处，
有座五营森林公园，
园内漫山美丽风景，
奇闻趣事传遍大山。
看！“松香桥”十八弯，
“观涛塔”耸云天，
“天赐湖”鱼中游，
“射机场”彩旗卷。
听！叽叽喳喳鸟语林，
鸟语花香“杜鹃园”，
鸣笛声声“少奇号

威震四方“虎啸山”。
走进浩瀚森林，
陶醉独特公园，
吸着绿色氧气，
吃着山珍野餐。
登山攀树显身手，
健身避暑真清闲。
坐车观赏万花筒，
修养度假寿百年。
讲神话，奇相传，
国内姑娘小伙靓又棒，
服务热情音容美又甜。
虽到公园走一走，
恰似仙镜看一看，
来年今日再重游，
五营的森林公园。

1998年7月16日

《运木材》

眼前是蜿蜒的公路，
脚下是巍峨的群山，
胸膛是一颗火热的心，
双手紧握着方向盘．
“解放牌”汽车飞驰，
兴安岭道路弯弯，
我为祖国运木材，
多拉快跑保证安全．
迎风冒雨车轮滚滚，
松涛林浪任其回旋，
身在驾驶胸怀四海，
新世纪做出新贡献．

1999年6月19日

《赞五营》

祖国九百六十万平方公里，
镶嵌一道小兴安岭，
朝阳处闪亮一颗明珠，
红松围绕美丽五营。
国家级丰林自然保护区，
五十六年代世界知名，
五营国家级森林公园，
上世纪九十年代落成。
计划经济时期高举红旗，
无数栋梁运四方进北京。
市场经济时代改革开放，
林业工人绘出昌盛美景。
天保工程天地变了样，
几万人民群众脸绽笑容。
城乡楼房拔地起，
铁路公路四面通。
市场繁荣物美价廉，
公共事业呈现文明。
政通和谐社会稳，
特产野味传美名。
党政要员指导又关怀，
世界名流一波又一行。
五营天天换新貌呵；
小兴安岭明珠越来越明。

2002年6月20日

《看“虎啸山”》

兴安五营红松故乡，
密林深处看“虎啸山”
孤傲神奇做着二虎。
守护国家森林公园。
相传以前虎雄遭遇，
争夺宝地撕咬残战，
虎威雄风天翻地覆，
大树枯木折断一片。
雌雄双虎战败猛熊，
百兽纷纷四处逃窜，
山林吹过一缕青风，
化座“虎雕”遗留万年。

2002年8月20日

《老伐木工》

你老了，
日子纷纷落下下来。

"顺山倒"的喊声，
变成遥远的撕哑.
埋在岁月里的记忆，
酿得很醇.
你品尝年轻时的奉献，
皱纹里笑意流淌。
板斧退役的年龄，
在林海开发史里陈列着。
你在书页里抚摸它的时候，
却抚摸出一段辛酸。
林子光秃秃的了，
留给子孙是大段空白，
你分不清是功是过，
于是便把自己反复咀嚼。
拣起走过的脚印，
反刍着一生的风风雨雨。
当你咀嚼出一点味道时，
熟了一枚沉甸甸的松果。

《林海人家》

木刻楞房换红砖，
林海开朵红牡丹，
房前泊着一片林，
门窗衔着半架山。
吸口空气松脂香，
尝口野菜味儿鲜，
松鼠山鸡家常客，
引得小院笑声颠。
闲不住的双手，
绣着林呵雕着山，
青山常绿春常在，
热汗掉洒心儿甜。
林海人家如条船，
乘风破浪正扬帆。
转载《绿土情》

前志补遗

1980年9月24日（农历八月十六），本区河北办事处居民刘国江（回民）带领儿子刘金庄、刘金柱去杨树河林场山中打采红松树籽，当日下午突降大雪16.8厘米，气温降至-2.3℃~5.4℃，其父子3人，衣服单薄，加上饥饿和迷路，当天夜里冻死山中，被家属及亲友找到尸体。

首志勘误

页码	行数	误	正
4	14	种值业	种植业
31	倒 14	委员	委员会
61	20	平山林场	平山经营所
67	倒 6	东径	东经
83	14	丽林	丽丰
83	16	丽林	丽丰
101	倒 16	衫	杉
121	14	填乘	删去
127	表 5-8	枕资	枕木
135	11	网	网点
163	7	部	台
183	4	爿	个
184	12	爿	台
184	18	1.200	1 200
186	2	张桂芳	张桂芬
193	21	8.000	8 000
220	4	进贷	进货
229	表 12-12	玉米渣	玉米
252	19	保安科	安全技术监察科
280	7	计货	计划
331	1	宣叛	宣判
345	表 16-24	575	185
352	倒 3 行	文公宫	文化宫
353	2	检察	删去
358	续表 17-4	郭人和	郭仁和
363	表 1985 年	保安监察科	安全技术监察科
372	5	汔	汽
374	表 17-18	张杰本	张志本
381	表 17-18	刘玉珂	刘玉柯

续表

页码	行数	误	正
389	表 17-18	邢国锋	邢国峰
435	4	菜窑	菜窖
439	6	财政厅	省财政厅
451	续表 20-3	全国科学会	五营区科协
469	19	2.500 元	2 500 元
481	表 22-5	邢会珍	邢会桢
491	续表 22-9	山谷鸣春	山谷鸣春
500	表 22-3	F—30	F—0
513	表 23-5	红卫	平原
519	9	10，480	10 480
519	10	42，758	42 758
520	倒 7	1，649	1 649
523	18	42，758	42 758
529	倒 10	和	删去
552	18	放长	放心
555	8	峻工	竣工

索 引

一、表格索引

二、会议索引

三、人名索引

编后记

2004年2月24日，五营区（局）第二轮续志工作启动。五营区委办公室、区政府办公室于2月17日先后印发《五营区（局）续志编纂工作实施方案》和《关于调整五营区（局）续志编纂委员会成员的通知》；区志办主任孙立君主持，特邀总纂魏鹏飞、副总纂黎家顺拟定《五营区（局）续志篇目》，制定《五营区（局）续志编纂工作相关制定》并向承编志稿单位部署任务，外聘编辑11人，志办副主任王瑞玉、编辑王辉华参加编纂工作；拟定篇目22篇98章328节，征集资料550万字；6月28日按黑志委发〔2004〕7号文件规定，志书断限上自1986年，下限由2000年延至2005年。区志办极时下发通知118个承编单位，按时上交志稿资料；8月31日重新调整篇目为25篇96章420节；至2004年底又征集资料150万字。区志办采取以会代训方式对各单位114名撰稿人进行培训，督促收集和整理资料，编辑们责任分工，各负其责，对没有上报和志稿差的单位及时补充和督促指导。

2005年元月至6月，外聘编辑由11人为7人，编辑2人，进行初稿试写阶段，并于6月底完成8篇初稿；7月至12月，原志办主任孙立君因病回家退养，续志工作由副主任王瑞玉主持。为提高续志编写进度，2006年元月，上报区政府主管领导，为外聘人员争取上涨工资幅度；为保证如期高质量完成续志任务，区委、区政府于2007年9月调整区志编纂委员会成员，原志办主任孙立君退居二线，副主任王瑞玉任职主任，重新制订区志编纂和评审工作计划，承编志稿推进计划和编审人员工作职责。区志办4名工作人员和7名编辑兵分3路，一路到承稿单位指导和催办；一路整理文稿和图片；一路打印初稿并校对审核。至2007年底完成初稿16篇，审稿8篇，打字16篇。2008年元月至6月，黎家顺、王国栋完成5篇初稿，8月最后3篇由魏鹏飞交稿；耽误了初稿编写进度，9月辞退外聘编辑7人，重新外聘编辑5人，至12月对25篇志稿重新修改补充，增删，征集资料50万字，照片230余张，完成打印8篇初稿任务。

2009年元月至6月，由志办主任王瑞玉对篇目进行最后一次调整，共计24篇103章475节，在区志办三次讨论修改后，印发给区志编纂委员会成员及部分老干部二审。于7月印刷上报省、市地方志办公室评议。同时，筹备评议会及送审稿；2010年至2011年6月，编写目录、凡例、概述、附录、编后记、索引等；2011年8月16日，在五营宾馆二楼召开《五营区（局）续志》评议会，邀请上甘岭、新青、汤旺河、乌伊岭四区局领导参加；2012年到2014年，根据集中起来的各方面评议意见，区志办进行修改补充，并经编委会主要领导审查同意，报送伊春市志方志办公室终审。

“治天下者以史为鉴，治郡国者以志为鉴”。《五营区志》（1986—2005）的编纂工作得到五营区几届领导，特别是现任领导关心热衷修志人员的支持以及区直各部门、驻区有关单位的鼎力相助，是全区上下密切协作的结晶。许多单位干部职工编辑视修志工作为己任，积极提供资料，编修人员深受鼓舞和鞭策。省志办赵景新副处长、省志办基层指导处处长刘树波、市志办主任曹永杰、马燕主任、基层指导科科长周尧和市志办修志专员田绍奎亲临五营区指导；得到南岔区志办主任习仲平、西林区志办主任郭世俊、友好区志办主任刘国平等兄弟区（局）的鼎力帮助；五营一小印刷厂于福彬副校长的辛勤排版印刷校对，旅游局李春玲、政办宋国军、党办、宣传部等部门提供的照片，对此，一并表示诚挚的感谢。

“千滴汗水一行字，万般辛苦一卷书”。续志成书凝聚着修志人员的心血，是集体劳动的成果。

2004年、2006年、2008年分别获得省地方志及森工系统先进工作者；2012年6月获省地方志先进集体荣誉称号。

编写地方志，是一项开拓性系统文化工程。由于水平有限，时间跨度大，人员变动频繁，资料缺乏，书中疏漏、错误在所难免，敬请专家、学者给予批评指正；恳请广大读者，提出宝贵意见，以期再版时修订。

2017年12月1日

编　者

五营区（局）志（1986—2005）志稿评审会

出版说明

根据国务院办公厅颁发的《全国地方志事业发展规划纲要（2015—2020年）》规定，到2020年必须全面完成第二轮地方志书规划任务。为确保这一目标顺利实现，针对当前部分民族地区与贫困地区志书出版经费困难的情况，在中国地方志指导小组组长王伟光、常务副组长李培林的亲自倡议和领导下，自2015年8月起中国地方志指导小组办公室启动民族地区与贫困地区志书出版资助工程，对经国务院扶贫开发领导小组办公室认定的国家级贫困县（区、旗、县级市），中西部地区、少数民族边疆地区、经济欠发达地区存在出版经费困难的省市县三级综合志书进行出版资助。

民族地区与贫困地区志书出版资助工程既是地方志系统的政治工程，又是全国地方志事业协调发展的促进工程，对于推进第二轮地方志书规划任务按期完成，实现地方志事业区域发展平衡，促进民族地区与贫困地区基础文化建设，具有重要的政治意义和文化意义。2016年4月，该工程入选国家新闻出版广电总局实施的“十三五”国家重点图书、音像、电子出版物出版规划项目。

本书经民族地区与贫困地区志书出版资助工程领导小组批准，入选民族地区与贫困地区志书出版资助工程。

民族地区与贫困地区志书出版

资助工程领导小组办公室

2015年9月